U0948494

杨宽著作集

战国史料编年辑证

上

杨宽 著

上海人民出版社

出版说明

杨宽（1914—2005），字宽正，上海青浦人。1936 年毕业于光华大学国文学系，师从吕思勉、蒋维乔、钱基博等。1936 年参与上海市立博物馆筹建工作，1946 年任上海市立博物馆馆长兼光华大学历史系教授，1953 年任复旦大学历史系教授，1959 年调任上海社会科学院历史所副所长，1970 年又调回复旦大学历史系工作。1984 年赴美国迈阿密定居至逝世。历任上海市文物保管委员会主任秘书、古物整理处处长，上海博物馆副馆长，中国先秦史学会第一至第三届副理事长。

杨宽先生是我国著名的历史学家，治学涉及墨子、古史传说、西周史、战国史、科技史和制度史等诸多领域。先生少年时有志于学，高中时代已发表多篇有分量的论文，专注于墨学研究及先秦史料考辨。在“古史辨”运动后期，发表《中国上古史导论》，提出神话分化说，补充发展了顾颉刚的“层累造成说”，被顾颉刚、童书业誉为“古史辨派”的生力军和集“疑古”的古史学大成之人。日本著名历史学家贝冢茂树评价“从疑古派中出现了像杨宽先生这样的人物，在充分摄取释古派的方法和成果的同时，正积极开拓一个可以推动现代古史研究前进途径，可以称为‘新释古派’的新境地”。稍后其学术兴趣由上古史转向战国史，潜居故乡青浦撰写《战国史料编年辑证》，为日后铸就《战国史》这一断代史经典奠定了基础。20世纪50年代，开始探索中国古代冶铁技术发展史、西周的社会结构和礼制，著有《西周史》、《古史新探》；80年代应日本学界邀请讲学，完成《中国古代陵寝制度史研究》、《中国古代都城制度史研究》姊妹篇。杨宽先生生平出版专著十余部，发表论文360余篇，取得了卓越的学术成果。

杨宽先生也是中国博物馆事业的先驱。他参与筹建了上海市博物馆，并长期担任上海市博物馆馆长，为上海博物馆的筹建、发展作出了不可磨灭的贡献；对保护国宝毛公鼎与阻止著名的山西浑源李峪村出土铜器盗运出口作出了巨大贡献。另外，杨宽先生还参与了修订《辞海》古代史条目、编绘《中国历史地图集》先秦部分、标点《宋史》等工作。

杨宽先生与上海人民出版社结缘始于1955年版《战国史》，自此以后，主要著作几乎皆由我社出版。先生生前已有计划，集中各种著述在我社出版《杨宽著作集》。如今，《杨宽著作集》由我社分批出版，不仅完成了先生遗愿，也可以使读者更为全面地认识杨宽先生的学术成就。

上海人民出版社
2016年7月

目 录

前　言

战国时代是中国历史上一个重大的变革和创新的时期，从此变革了古代贵族统治的礼制，开创了秦、汉以后统一的局面。王夫之称之为“古今一大变革之会”（《读通鉴论》卷末《叙论》四），是不错的。这时无论经济、政治和文化学术等方面，都有重大的新发展，对于此后两千多年的文化历史有着极其深远的影响。秦、汉以后，不但以小农经济作为立国的基础，是沿袭战国的成就；而且所有经济和政治上的重要制度，都是沿袭战国而有所发展的。战国时代文化学术上的光辉成就，对于中国传统文化的影响尤其巨大，其中九流十家的学说与理论，可以说一直影响到了今天。

为此，我们对战国史很有深入研究的必要。然而要作深入研究困难很大。因为现存的战国史料，残缺分散，问题很多，年代紊乱，真伪混杂，既不像春秋时代的历史有一部完整的编年体的《左传》可以凭信，更不像秦、汉以后每个朝代有完整的历史记载。战国史料所以会如此残缺散乱，有个特殊原因，就是秦始皇的“焚书”所造成的。秦始皇焚烧"《诗》、《书》、百家语"与《秦记》以外的东方诸侯史记，因为"《诗》、《书》、百家语"，民间多有收藏，秦始皇不能尽烧，后来能够重新发现，而东方六国史官的记载只藏在官府，一经焚毁也就完了。当司马迁著作《太史公书》(即《史记》)的时候，号称"天下遗文古事靡不毕集于太史公"，可是战国史料只有《秦记》和纵横家书。由于秦国原来文化比较落后，秦国史官所记的《秦记》，比较简略，"不载日月，其文略不具"。正因为如此，《史记》中战国部分记载有不少错乱，特别是所记东方六国的史事，不但很多缺略，而且年代有很多紊乱。

司马迁所作《史记》，所凭的战国史料，除《秦记》以外，主要是战国纵横家书。司马迁说"战国之权变亦有颇可采者"，即指纵横家书而言。秦、汉之际和汉代初年，纵横家游说和献策之风，相沿未替，所谓"纵横长短之术"正递相传授，因而纵横家书的各种选本仍多流传，不为"秦火"所烧尽，汉初皇家书库和民间都有收藏，后来刘向曾把皇家书库所有多种选本汇编成为《战国策》一书。但是，纵横家书并非历史记载，而是纵横家用以学习和揣摩的资料，因而这些资料都不记年月，只说明其游说或献策的前因后果。正因为这是纵横家用作学习和揣摩的资料，其中就有不少夸大虚构和模拟伪托的作品。苏秦和张仪一纵一横，是战国晚期和秦、汉之际纵横家所推崇的代表人物，他们的游说辞和献策书，正是纵横家学习和揣摩的榜样，因而其中就有许多模拟伪托的作品，所说史事前后年代错乱，矛盾百出。司马迁早已看到这点，因而说："然世言苏秦多异，异时事有类之者皆附之苏秦。"因此《战国策》所载苏秦、张仪的资料是真伪混杂，而且是"伪"多于"真"。可惜司马迁不能明辨，认"伪"作"真"，因而《史记·苏秦列传》所载苏秦游说辞全是伪作，反而把真的苏秦作品改为苏代或苏厉所作。

一九七三年长沙马王堆汉墓出土帛书《战国纵横家书》，第一部分十四章，提供了真实的苏秦资料，由此可以判明苏秦发动合纵攻秦的真相及其目的，而且苏秦为燕间谍的阴谋得到了证实。原来苏秦是作为燕的间谍被燕昭王派遣入齐的，得到齐滑王的信任和重用，受封而为齐的相国。他发动合纵攻秦，是为了使齐得以乘机攻灭宋国。他促使齐滑王用力大举攻灭宋国，是要使齐的国力损伤而衰落，从而加深齐与赵、魏等国的矛盾，由此促成五国合纵攻齐，使得燕将乐毅成为合纵五国的统帅而一举攻破齐国。这已是齐滑王十七年（公元前二八四年）的事。苏秦是比张仪晚一辈的纵横家，《苏秦列传》把苏秦说成与张仪同时而一纵一横，完全出于后世纵横家的虚构和伪托。由此一例，可知整理战国纵横家的史料，鉴别真伪与考订年代，是非常重要的工作。

特别要注意的，纵横家多游士出身，常常夸大策士游说与献策的作用和结果，因而记载失实。例如纵横家的记载，把“乐毅破齐”归功于燕昭王初年招聘游士，归功于乐毅奉命约合楚、魏、赵而合纵攻齐，归功于乐毅率燕师攻入齐的河北（齐的河北与燕接界），经济上而长驱攻入临淄。其实，乐毅并非因燕昭王初年招聘游士而入燕的，他是魏名将乐羊之后，原为赵武灵王的大臣，当齐宣王伐破燕国时，就曾为赵主谋合纵“伐齐而存燕”。他的入燕是在赵沙丘之乱、武灵王被困饿死之后，已在燕昭王十七年以后。当苏秦为燕间谍而为齐相之时，齐、秦两强正东西对峙。燕昭王二十四年即秦昭王十九年（公元前二八八年），秦相魏冉约齐并称为东西帝，齐用苏秦计策，取消帝号而发动五国合纵攻秦，迫使秦废除帝号，而归还了部分赵、魏之地。

齐乘此时机经两年攻灭了宋国，使三晋感到威胁，于是秦主谋合纵三晋与燕伐齐。秦昭王二十二年秦攻取齐河东九城，作为合纵攻齐的先声，并与赵推定乐毅为赵、燕两国的“共相”而兼为五国联军统帅。乐毅先以赵相国而率五国之师，由赵攻齐，取得灵丘（今山东高唐南）。次年乐毅就统率五国之师大破齐于济西，继而乐毅又以燕相国而独率燕师乘胜长驱追击，一举攻破齐都临淄。由此可见，乐毅《报燕惠王书》称乐毅为燕约合楚、魏、赵四国，率燕师由河北经济上而长驱攻至临淄之说，都出于夸大而伪托，徒以文采华丽，为世传诵而人多信之。由此又可见，所谓燕昭王收破燕即位，尊郭隗为师，于是乐毅自魏往，邹衍自齐往，剧辛自赵往，全出虚构。不仅乐毅入燕已在昭王十七年以后，邹衍与剧辛都是战国末年燕王喜的大臣，不可能于昭王时已入燕。

更要特别指出的，司马光《资治通鉴》称：乐毅于济西大捷之后欲长驱追击，剧辛劝阻，以为宜于攻取边城以自益，乐毅不听，以为“其民必叛，祸乱内作，则齐可图也”。其后齐人果然大乱，湣王出走，乐毅因而攻入临淄。此说不见于《史记》、《战国策》以及先秦著作，当出于后世策士进一步的夸大和伪托。《资治通鉴》接着又有乐毅具体分兵五路，“六月之间下齐七十余城”的记载，这和《乐毅列传》所说“留徇五岁下齐七十余城”不同，也该出于后人夸大伪托。后来司马光又著《稽古录》，先于周赧王三十一年记“燕独追齐师遂入临淄”，再在三十五年记“燕乐毅徇齐地数岁下齐七十余城”，正好首尾五年，当是依据《乐毅列传》的。看来司马光已发现《资治通鉴》误据伪托之说而不及追改了。《资治通鉴》又载有燕昭王斩杀攻击乐毅的人而要“立乐毅为齐王”的故事，很不合情理。看来《资治通鉴》所载有关“乐毅破齐”的长篇记载，不见于先秦著作和《史记》、《战国策》的，都采自伪托的作品，不可信据。

司马迁的《史记》和司马光的《资治通鉴》，都是历史学家的名著，可是其战国部分，既有不少错乱和失误，又有依据伪托作品的，很有必要加以纠正。《史记》所载东方六国史事，年代有很多错乱，西晋初年汲县魏墓出土竹简中有魏国编年的史书，定名为《竹书纪年》，可以纠正《史记》年代的错乱。不幸原书在宋代已散失，今本《竹书纪年》乃出于后人重编。清代以来学者曾据宋以前人们所引用的《古本竹书纪年》加以辑录考订，尚不免有脱误。历来学者曾根据《古本竹书纪年》纠正《史记》所有年代的错误，取得了很多成绩，但是考订尚不够完善，还有待于我们作细密的考订。《战国策》是战国纵横家书的汇编，其中夹杂有虚构伪托的篇章，又有夸大失实的作品，尚有待于我们做好“去伪存真”的工作。同时所有纵横家史料的年代，前人虽已有所考订，也还不够确实，尚有待于我们作进一步的确定。《史记》和《战国策》两书以外的战国秦、汉著作，包括诸子百家、重要的地理著作以及新出土的简书、帛书、铜器铭文与石刻，所有其中述及战国史事，以及引用战国史事作为历史经验和教训的，都有待于我们广为搜辑，以补充过去文献记载的不足。因此，我们有对所有战国史料加以搜集、考订而按年汇编的必要。清代学者已开始从事这方面工作，如黄式三的《周季编略》，曾综合所见战国史料按年编排，并注明出处，但限于他们的时代和认识，还不够缜密和完善，不合我们研究的需要。

我编这部书，经历了半个世纪，是我所有著述中历时最久的，也是最费功夫的。我开始这一工作，是在抗日战争时期。一九四一年十二月太平洋战争爆发，日军入侵上海租界，不久我就隐居到我的家乡青浦县白鹤镇，开始作战国史料的考订和编年，花了两年又九个月的时间，编成了一百八十多年的初稿，还有六十年没有编成。从一九四六到一九四九年间，我依据这个稿本，对一些重要历史事件和重要历史人物，作过考证，先后写成了三十篇考证文章，发表在上海《东南日报》的副刊《文史周刊》（魏建猷主编）上，和上海《益世报》的副刊《史苑周刊》（顾颉刚主编）上。到一九五五年，我就依据这个稿本以及所作考证和研究，写成了初版《战国史》，在这年九月出版。随着新的史料陆续出土，我逐渐补作未完成的部分，并补充新史料。从一九七二年起，我又依据补订稿，对《战国史》补充、修订和改写，于是在一九八〇年七月出版了《战国史》第二版，先后曾印行五万多册。近年，我又把这部书稿作了系统的修订补充，完成了全书的定稿工作。除卷首有两篇引论和附录订正的年表以外，全部编年的史料及疏证，分为二十一卷。其中第十七和第十八两卷，承蒙高智群同志帮助我编著完成，特此志谢。

我在长期从事这部书的编辑考订工作中，对所有史料真伪的鉴别以及年代的考订，认识是不断提高的。例如苏秦的年世，我在四十年代所作《苏秦合纵摈秦考》（发表于《益世报》副刊《史苑周刊》）已断定苏秦做齐相在五国合纵伐齐的前后，苏秦发动五国合纵攻秦是在五国合纵伐齐之前，但还未敢断言苏秦是为燕的间谍而入齐的，直到帛书《战国纵横家书》出土，《孙子兵法》竹简出土，有战国时人附加的“燕之兴也，苏秦在齐”的话，得到了证实。我在四十年代所作《乐毅仕进考》和《乐毅破齐考》，作为《乐毅报燕惠王书辨伪》上下两篇（发表于《东南日报》的副刊《文史周刊》），已断言“乐毅破齐”的史料中有夸大失实而出于伪托的,包括乐毅《报燕惠王书》在内。但是为郑重起见,我在《战国史》中没有谈及,直到如今最后定稿,才加以确定。

这是一部上接《春秋》、《左传》的编年体的战国史料汇编和考订,使原来分散杂乱、年代错误、真伪混淆的史料,有条不紊而真伪分明。这是我长达半个世纪从事战国史研究所取得的一个重要成果。我最近增补修订定稿的《战国史》(增订本),就是依据此稿完成的。我曾在《战国史》中提到此稿,承蒙国内外学术界朋友们关心,现在发表出来,希望能够进一步推动战国史研究工作的开展。

杨 宽

一九九七年三月

凡　例

一、本书按年编辑之史料，上接《左传》之终年，下迄秦之灭六国与统一，即起于周贞定王元年（公元前四六八年），止于秦王政（始皇帝）二十六年（公元前二二一年），凡二百四十八年。每年之首，列有周朝及重要列国之纪年，并注明“公元前”之年数，使分散杂乱、年代错误、真伪混淆之战国史料，若网之在纲而有条不紊，脉络清楚而承前启后，史实正确而真伪分明。（其中周贞定王三年、九年、十年、十九年，周考王三年、五年，因无史料可以辑录而缺略。）

二、本书史料采自下列四方面：（一）战国秦汉之史书与纵横家书以及诸子，如《史记》、《古本竹书纪年》（宋以前古注、类书所引）、《战国策》、《墨子》、《孟子》、《荀子》、《韩非子》、《吕氏春秋》、《淮南子》、《新序》、《说苑》、《韩诗外传》等。（二）近年新出土之竹木简、帛书及瓦书，如《孙膑兵法》、《战国纵横家书》、秦简《编年记》、四川青川《田律木牍》、《秦封右庶长歜宗邑瓦书》等。（三）纪年或年代可考之铜器铭文与刻辞以及石刻，如商鞅方升、秦诅楚文、楚熊章钟、鄂君启节等。至于纪年之铜兵器刻辞，仅取其与史事有关联者。（四）秦汉以后之地理书述及战国史事有助于说明史实者，如《水经注》等书引及战国史料者。一般叙述地理沿革及考释地名者不录。

三、本书每年史料之编排，着重阐明当年之大事，首列史书之大事记，并将有关同一大事之史料加以汇编，包括纵横家所记纵横权变之掌故、游说辞与书信等，并收录诸子书及当时人论著中引为历史经验与教训者，以便有助于剖析重大历史事件之真相及其前因后果。

四、本书所辑每条史料，均于末尾括号中注明出处。所引古书皆注明书名与篇名，惟所引《史记》与《战国策》，为简省计，略去书名，仅注篇名或章次。所引《史记》，仅称某本纪、某世家、某列传，其篇名繁复者如《齐太公世家》、《田敬仲完世家》，简称为《齐世家》、《田世家》。所引《战国策》，仅注明某国策及其章次，本书所引《战国策》章次，均按诸祖耿《战国策集注汇考》（江苏古籍出版社一九八五年版）之编定。

五、为便于读者理解与引用本书所辑之史料，用括弧附注有简要之校勘，或注明古字之通假（常见之通假则不注）。校勘中有改正之字，皆有简要说明。凡《史记》、《战国策》以及诸子中，有内容相同而字句大体相同之篇章，以一书为主（常以战国著作为主），附注他书字句之异同。其文字出入甚大者，则一并加以辑录，以便参考。

六、本书引用《战国策》较多。今所传《战国策》有南宋初年之姚宏校本与鲍彪校注本，本书以姚本为主，附注有鲍本之不同处，一般虚字不同者从略。亦或引有姚本之校注，姚宏所说之刘本即刘敞刻本，集本即集贤院刻本，曾本即曾巩刻本，钱本即钱藻刻本。

七、笔者所作疏证，皆附于主要史料之后，以“案”字或“又案”开头。主旨在于考订史事之年代，明辨史实之真相，阐明史料之价值。亦或考辨前人所作考订之是非得失，亦或考辨史料之真伪，以求去伪存真。所有疏证，不在为史料作注解或考释，但时或由于发覆纠谬的需要，不得不作必要之注解或申辩。

八、为便于读者阅读与理解本书所辑录之史料，撰有《战国史料之鉴别》一文，作为《引论》上篇而冠于卷首。用以说明主要史料之特点，分析纵横家书及诸子中史料之性质，并论及若干史料之去伪存真。同时，为便于读者查考与使用本书编年辑录之史料，撰有《列国纪年之考订》一文，作为《引论》下篇，对《史记·六国年表》（简称《六国表》）所载列国纪年之紊乱错误，分别依据《古本竹书纪年》及可靠史料，加以比勘而订正。并编成《列国纪年订正表》，以便读者查考。

九、顾观光作《国策编年》，常以不能考定正确年代之史料，附于相近之有关年代之后，颇便学者参考。今沿用此例，设有“附编”之史料，既收录年代相近之有关史料，又收辑伪托之史料有待于明辨者，附有考辨之疏证，使读者由此可以明辨真伪。

引论上篇　战国史料之鉴别

(一) 战国主要史料之特点

战国乃中国历史之重大变革时期，王夫之所谓“古今一大变革之会”(《读通鉴论》卷末《叙论》四)。此时政治、经济、文化、学术，皆有剧烈之变化与重大之发展，秦汉大一统之结局即由此而形成，秦汉政治、经济之重要制度皆由此发展而来。司马迁曰：“秦取天下多暴，然而世异变，成功大”(《史记·六国年表序》)。盖秦顺应战国“世异变”之潮流，变法图强，奖励耕战，从而得以暴力兼并六国，成其统一之大功，但秦以残暴统治，不久即亡。

战国时代变革与发展之历史，极其重要，然而战国初期之史料已大多散佚，顾炎武所谓：“自《左传》之终，至周显王三十五年(按即齐威王与魏惠王“会徐州相王”之岁)，前后一百三十三年之间，史文阙轶，考古者为之茫昧也”(《日知录》卷十三“周末风俗”条)。及战国中期以后，史料增多，但所记大事尚甚简略，年代颇多错乱，大多为纵横家所记述之计谋、权变与游说故事，或为长篇游说辞，或为献策之书信。其中有真实之历史记载，有著名纵横家真实之作品，亦有夸张扩大，随意附会，甚至假托虚构者。亦或记载有出入，传闻异词者。例如苏秦、张仪游说诸侯合纵连横之长篇游说辞，其中即有真伪之别，司马迁有见于此，尝云："然世言苏秦多异，异时事有类之者皆附之苏秦"(《史记·苏秦列传》太史公赞语)。但司马迁仍不免以真为伪，反而误以异时事附之者为真，以致真伪颠倒。

战国史料所以如此缺佚与错乱，主要是秦焚书坑儒之结果。司马迁曰："秦既得意，烧天下《诗》、《书》，诸侯史记尤甚，为其有所刺讥也。《诗》、《书》所以复见者，多藏人家，而史记独藏周室，以故灭。惜哉！惜哉！独有《秦记》，又不载日月，其文略不具，然战国之权变亦有可颇采者。"又曰："余于是因《秦记》，踵《春秋》之后，起周元王，表六国时事"(《六国年表序》)。所谓"诸侯史记"，即指关东六国史官之记载。秦始皇焚书，烧《秦记》以外之"诸侯史记"，诸侯史记独藏于周室以及诸侯宫室，民间无有保藏者，因而全部散佚，独有《秦记》保存。秦孝公以前，"秦僻在雍州，不与中国诸侯之会盟，夷翟遇之"(《史记·秦本纪》)，因而战国初期《秦记》罕记中原诸侯之事，战国中期以后《秦记》亦仍简略。

当司马迁著作《太史公书》(即《史记》)时，汉兴以来百年之间，天下遗闻古事毕集于太史公，并得阅读皇家藏书，即所谓"石室金匮之书"，但所见战国史料，独有《秦记》与纵横家之"从衡短长之说"，即所谓"战国之权变亦有可颇采者"。其时司马迁所见战国时代之纵横家书，当如此后刘向编校"中书"时所见者，有多种不同名号之选本，后经刘向按国别重加编辑，删去重复，定名为《战国策》。《汉书·司马迁传》称迁“采《世本》、《战国策》”，此乃班固取刘向定名，非迁时已有《战国策》也。

司马迁未见诸侯史记，独用《秦记》以表六国时事，而《秦记》又简略，因而所表魏、齐、赵等国君主之年世，颇有脱误错乱。晋太康二年（公元二八一年）汲县古墓出土大批竹书，其中有《纪年》十三篇，用夏正，按年记载自夏至战国初期之大事，自周幽王以后用晋国纪年，三家分晋以后用魏国纪年，至今王（魏襄王）二十年（公元前二九九年）为止。整理者定名为《竹书纪年》。此乃魏之史记，当为魏国史官之记载。杜预《春秋左传集解后序》谓其《纪年篇》“大似《春秋经》，惟此足见古者国史策书之常法也。”刘知幾《史通·惑经》篇亦云：“《竹书纪年》，其所记事，皆与《鲁春秋》同。”自晋代以来，学者常据此书校正《史记》所记魏、齐等国君主年世之错误脱漏。不幸原书宋代散失，《今本竹书纪年》出于后人重编，已非本来面目（其中春秋战国部分全用东周纪年）。幸而《史记索隐》、《集解》以及《水经注》等书，引有与《史记》不同之《古本竹书纪年》佚文，尚可辑录据以与《史记》作比较研究。

清代学者雷学淇著《考订竹书纪年》与《竹书纪年义证》两书，考订今本《竹书纪年》而为之疏证，并引用《古本竹书纪年》佚文，对《史记》失误有所改正。清代学者朱右曾将古本佚文汇编为《汲冢纪年存真》，王国维继之重辑为《古本竹书纪年辑校》，并作《今本竹书纪年疏证》，证明今本出于后人搜辑而成。近人范祥雍又为《辑校》校订增补，编为《古本竹书纪年辑校订补》。余因以上三家所辑《古本竹书纪年》尚不完备详确，于六十年代主持上海历史研究所古代史研究工作时，曾将重新搜辑疏证“古本竹书纪年”列为余之研究计划，并指导徐鼎新、王修龄、蒋德乾三位青年分头从事搜辑佚文工作，以便编著成《古本竹书纪年辑证》一书。至一九六五年佚文已搜辑齐备，并编排次序，因参与农村“四清运动”未能编写案语。后因“文化大革命”开始而停顿。一九七〇年余调离历史研究所而至复旦大学工作，所有搜辑全部资料由王修龄保存，余未再过问。“文革”以后由方诗铭与王修龄合作，重加编订，补作案语，编著成《古本竹书纪年辑证》，于一九八一年出版。

一九七六年湖北云梦睡虎地秦墓出土竹简《编年记》，起于秦昭王元年，终于秦始皇三十年，乃墓主年谱性质，兼及每年战争大事，文虽极简，亦可补正《史记》之缺失。

（二）战国纵横家与诸子著作之史料性质

战国七强之间，合纵连横之斗争变化多端，纵横家极为活跃。纵横家所记述有关计谋、策略、权变与游说之故事，用作后学揣摩者为数众多。

西汉末年刘向领校皇家藏书，即所谓“中书”，其中战国纵横家书，有六种不同名称：《国策》、《国事》、《短长》、《事语》、《长书》、《修书》。刘向“以为战国时游士辅所用之国为之策谋，宜为《战国策》”（刘向《校战国策书录》）。王国维论之曰：“窃疑周、秦游士甚重此书，以策书之，故名曰策。其札凡一长一短，故谓之《短长》。比尺籍短书，其简独长，故谓之《长书》、《修书》。”并谓刘向“以策为策谋之策，盖已非此书命名本义”（王国维《简牍检署考》）。王氏此说似若有据，实为谬论。《国策》之“策”，原为策谋之“策”。“短长”亦非书策之短长，原指策谋之短长，因而“短长”常与“纵横”连称。《六国表序》云：

六国“务在强兵并敌，谋诈用而从衡短长之说起。”可知从衡短长之说与谋诈之策相关。史称主父偃“学长短纵横之术”(《平津侯主父列传》)，著有《主父偃》十八篇，《汉书·艺文志》列为纵横家。《史记·田儋列传》曰：“蒯通善为长短说，论战国之权变，为八十一首。”而《汉书·蒯通传》又曰：“通论战国时说士权变，亦自序其说，凡八十一首，号曰《隽永》。”颜注：“隽，肥肉也。永，长也。言其所论甘美而又深长也。”牟庭《战国策考》论之曰：“其书号曰《隽永》，与中书本号《长书》、《修书》者亦相似，修、长皆永之义也。《史记》名为长短说，亦中书本号或曰短长者是也。”(诸祖耿《战国策集注汇考·附录》)考《淮南子·要略》云：“晚世之时六国诸侯……力征争权，胜者为右，恃连与国，约重致，剖信符，结远援……故纵横修短生焉。”盖纵横家乃谋士，不仅主张合纵连横之策略，并议论为国计谋之短长，而自称其策谋之隽永，因而称为纵横短长之术。

纵横家一贯重视计谋策略之作用。《战国策·秦策二》第一章，记张仪欺骗楚王，请楚绝齐之交，将献商於之地六百里。陈轸进谏，楚王不听。待楚使人绝齐，楚不能得地，于是出兵伐秦，结果大败。著者于文末有评论曰：“计失于陈轸，过听于张仪。计听知覆逆者，唯(通“虽”)王可也。计者事之本也，听者存亡之机也。计失而听过，能有国者寡也。故曰：计有一二者(指先后有次序)难悖，听无失本末者难惑。”《史记·淮阴侯列传》记蒯通游说韩信叛汉，亦曰：“夫听者事之本也，计者事之机也，听过计失而能久安者鲜矣。听不失一二者，不可乱以言；计不失本末者，不可纷以辞。”盖蒯通沿用前辈纵横家之格言。

自战国迄于秦汉，纵横家游说献策之风相沿未替，纵横长短之说递相传授，蒯通、主父偃辈续有编纂，并对前辈有所论列，此所以太史公曰："始齐之蒯通及主父偃，读乐毅之报燕王书，未尝不废书而泣也。"（《乐毅列传》赞语）此为秦火所不及，因而有多种选本藏于汉之皇家，能为太史公所采用；亦多藏民家，常为游士所诵习揣摩，既用以学习长短纵横之术，以游说当世之君主；亦用以评论战国之权变，成为探究战国大事之史料。一九七三年底，长沙马王堆三号汉墓出土一种类似《战国策》之帛书，定名为《战国纵横家书》，此即藏于民家之一种选本，为司马迁、刘向所未见者。全书共二十七章，分为三编，出于不同来源。上编十四章当采自一种原始之苏秦游说资料，内容相互联系，编排亦有次序，所用文字又有相同特点。盖苏秦向燕昭王献策，密谋伐破齐国，并出使至齐为反间，发动合纵攻秦，以便齐借机攻灭宋国，借此使齐国力疲劳，然后合秦、赵、燕三国之力，一举破齐。《苏秦列传》谓齐大夫因争宠而使人刺苏秦，"不死，殊而走。齐王使人求贼不得。苏秦且死，乃请齐王曰：臣即死，车裂臣于徇于市，曰'苏秦为燕作乱于齐'，如此则臣之贼必得矣。"但下文又云："苏秦既死，其事大泄。齐后闻之，乃恨怒燕。"可知苏秦确因为燕反间而车裂于市。故文末太史公曰："苏秦被反间以死，天下共笑之。"此一帛书之出土，可以由此辨明苏秦发动合纵攻秦之主要目的，以及苏秦为燕反间之真相，并据此可以鉴别《战国策》与《史记》中所有苏秦游说史料之真伪。上编十四章中，惟第四、第五两章有部分与《战国策》相同。中编五章中，除第十七章外，皆见于《战国策》或《史记》。下篇八章中，前五章皆见于《战国策》或《史记》。第二十四章记韩朋（即公仲倗）当秦向韩进攻时，主张献一都邑于秦，与秦讲和而联合伐楚，而楚王听从陈轸计谋，假作出兵模样以救韩，韩王信以为真，不听韩朋，因而为秦大败。著者结论曰:“过听于陈轸,失计于韩朋,故曰:计听知顺逆,唯(同“虽”)王可。”《韩策一》第十七章与此相同,结论亦曰:“过听于陈轸,失计于韩朋也(“朋”原误作“明”)。”《韩非子·十过》篇亦载此事,与此大体相同,但结论曰:“内不量力,外恃诸侯者,则国削之患也。”盖前者为纵横家而重视计谋,以为得计而听从,即可建成“王”业,故曰:“计听知顺逆,虽王可。”此与前文所引《秦策二》第一章之结论:“计听知覆逆者,虽王可也”,主旨相同。盖纵横家以为“外事大可以王,小可以安”(《韩非子·五蠹》),“纵成必霸,横成必王”(《韩非子·忠孝》),而法家则主张变法改革,从而增强国力,建成“王”业,不能依靠外力,因而《韩非子》以此为“内不量力,外恃诸侯”之失败教训。

由于纵横家重视计谋、策略与权变,其所搜辑汇集之历史经验教训,不限于合纵连横之游说,包容所有谋求对外胜利之计策,兼及法家与兵家谋求胜利之故事。如帛书《战国纵横家书》第十八章与《赵策四》记左师触龙进谏赵太后,以长安君为质于齐,使齐出兵救赵,以为君王骨肉之亲“不能恃无功之尊,不劳而奉”,所持乃法家主张。《秦策三》第八章记范雎因王稽入秦而献书昭王,第九章记范雎进见昭王,第十章记范雎进言昭王,第十一章记应侯谓昭王,范雎主张论功行赏,因能授官,集中主权,剥夺宣太后与穰侯之权势,采取远交近攻之战略,皆为法家之政治理论与对外策略。《赵策二》第四章记赵武灵王主张军事改革,推行胡服骑射,以增强战斗力,以便攻灭中山,并略取胡地。其所持理论,亦为法家改革之主旨,兼有“兵技巧家”讲求改革战斗技艺之性质。今本《战国策》末章(姚宏据苏辙《古史》辑入者)记白起对秦昭王之长篇回答,反对围攻赵都邯郸,并阐明所以能拔楚都鄢郢、大破韩魏于伊阙之原因，以及不宜于此时进围邯郸之理由。并谓:“皆计利形势、自然之理，何神之有哉?”此乃“兵形势家”之见解，为白起所精通者，此所以白起能为常胜将军而不败。

《战国策》一书,《汉书·艺文志》列之春秋家,《隋书·经籍志》列之史部杂史,南宋晁公武《郡斋读书志》列之子部纵横家,“谓其纪事不皆实录,难尽信,盖出于学纵横者所著”。《文献通考》从之。当属子部纵横家为是。战国诸子争鸣,《汉书·艺文志》分为儒、墨、道、名、法、阴阳、农、纵横、杂以及小说十家。所有著作,或为一人所作,或为一家之说。各家著书立说,往往引证历史故事,从中吸取经验教训,用作立论根据,甚至作为学习榜样。不仅《战国策》汇编有大量战国计谋、权变与游说之故事,法家如《韩非子》,杂家如《吕氏春秋》,皆引证了许多春秋、战国之故事。《韩非子》之《说林》上下篇,《内储说》上下篇,《外储说》左上、左下、右上、右下四篇,《十过》以及《难一》、《难二》、《难三》、《难四》等篇,皆汇编有许多历史故事。其中内外《储说》与《十过》篇,皆先总挈立论之大纲,分叙条目,然后列举历史故事作为证明。韩非引证之历史故事,颇有与《战国策》所载相同或大同小异者,但因立场观点不同,往往同一故事,所得经验教训相异,如上节已提及者。汉代此风相沿未替,儒家如刘向《新序》与《说苑》,皆分类编辑先秦及汉初故事,以阐明儒家政治思想与伦理道德。又如韩婴《韩诗外传》,分卷编辑历史故事,对每一故事引用《诗经》语句作为论断。其中皆有战国史料可取。

(三) 关于苏秦、张仪、乐毅等人史料之去伪存真

战国末年与秦、汉之际,纵横家颇有夸大游士合纵连横之作用

而加以虚构伪托者，其中以苏秦、张仪以及乐毅之史料尤为显著，因而有去伪以存真之必要。

张仪为秦相而推行连横之策，颇有成效，“拔三川之地，西并巴、蜀，北收上郡，南取汉中”（李斯《谏逐客书》），奠定秦国强大之基础。苏秦为齐相而发动五国合纵攻秦，亦尝烜赫一时，迫使秦废除帝号（是时秦昭王在宜阳自称西帝），并归还所侵中原都邑温、轵、高平等地于魏、赵，使秦之声势为之一挫。因而战国后期，苏、张成为纵横家所学习揣摩之榜样，两人之游说辞与献计书信，成为传诵一时之读物。苏秦以洛阳农民出身，因发愤揣摩纵横长短之术，游说诸侯，一跃而为东方最强国之相国，得以发动五国合纵之举，尤为游士所仰慕。及战国末年，秦正谋兼并六国，东方游士纷纷谋求合纵抗秦，因而苏秦游说资料成为学习揣摩之范本，于是后人伪托之长篇苏秦游说辞应运而出，而隐讳其为燕作反间之真相。与之同时，伪托之张仪游说辞亦相应而作，于是苏、张成为同时对立之纵横家。其实张仪死于魏襄王九年（公元前三一〇年），史有明文，而苏秦因反间而处死，当在燕将乐毅方始攻齐之际，约在齐湣王十六、七年间（公元前二八五至二八四年）。苏秦之死，在张仪死后约二十五年，两人未尝同时作对立之策略。当时与张仪连横策略对立者，实乃公孙衍之合纵。是故景春曰：“公孙衍、张仪岂不诚大丈夫哉！一怒而诸侯惧，安居而天下熄。”（《孟子·滕文公下》）

《汉书·艺文志》纵横家类，著录有《苏子》三十一篇与《张子》十篇，《苏子》居首位而篇数最多，《战国策》所载纵横家游说辞与献计之书信，亦以苏秦最多，盖此中夹杂有大量伪托之作品，即司马迁所谓“异时事有类之者皆附之苏秦”。《史记·苏秦列传》即据大量伪作而成，隐讳其为燕作反间之事，而连载其伪作之长篇游说辞，并称“苏秦为从约长，并相六国”使“秦不敢窥函谷关十五年”。宋黄震《黄氏日钞》云：“前辈谓苏秦约从，秦兵十五年不敢窥山东，乃游士夸谈，本无其事。”法国汉学家马伯乐(Henri Maspero)有《苏秦的小说》一文，刊于越南河内远东法国学校二十五周年纪念刊《亚洲研究》(《北平图书馆馆刊》七卷六号有冯承钧译文)，更以《苏秦列传》所载，年代错乱，不符事实，可谓“一种理想中之小说”。其书并非小说，盖出于战国末年纵横家所伪托，用以夸大苏秦合纵之计谋者。司马迁误信伪作为真，误认苏秦与张仪一纵一横而为同时对立之纵横家，误以为苏秦早死于张仪之前，因而在《史记》中反而将原为苏秦之事，改属之苏代或苏厉。帛书《战国纵横家书》中十四章苏秦资料，起首皆未署名，惟其中有六章游说者自称秦或苏秦，其为苏秦所作无疑。帛书第二十二章“谓陈轸”云云，内有“今者秦立于门”，而《史记·田世家》改属于苏代，并改作“今者臣立于门”。帛书第二十一章“献书赵王”云云，《赵策一》第九章作“苏秦为齐上书说赵王”，而《史记·赵世家》改属于苏厉。《史记》中，其他类此者尚有多处，皆当加以校正。

今本《战国策》中，所有张仪、苏秦游说资料，可谓真伪混杂，必须经过比较而去伪存真，已为学术界所公认。但《战国策》与《资治通鉴》中关于乐毅之史料，颇有出于后来游士为夸大乐毅合纵破齐之计谋而伪托者，尚有待于明辨而去伪存真。

《燕策一》第十二章与《史记·燕世家》俱称：燕昭王收破燕即位，礼贤下士，尊郭隗为师，于是乐毅自魏往，邹衍自齐往，剧辛自赵往，士争凑燕，经二十八年而殷富，士卒乐战，于是乐毅“与秦、楚、三晋合谋伐齐”，大破齐国。《资治通鉴》因于周赧王三年(公元前三一二年)，即燕昭王即位之年，书“昭王以乐毅为亚卿，任以国政”，此以乐毅为游士出身，因昭王初立，礼贤下士而得重用，计谋合纵伐齐而得以破齐。其实不然。剧辛为燕将在战国末年，赵悼襄王三年(公元前二四二年)为赵将庞煖擒杀(《赵世家》)，上距燕昭王即位已七十年，去乐毅破齐亦已四十二年。《资治通鉴》既记“剧辛自赵往”在周赧王三年，又记庞煖杀剧辛在秦王政五年(即赵悼襄王三年)，相距七十年。若剧辛年二十入燕，岂九十岁而为燕将乎？其不可信显然可见。(梁玉绳《史记志疑》已疑之，以为剧辛之来似不在此时。)邹衍至赵见平原君，已在信陵君败秦存赵之后，入燕与剧辛为同僚，见于《韩非子·亡征》，已当赵悼襄王时，去信陵君存赵已十五年，其自齐赴赵已在齐王建时，自赵往燕亦当在燕王喜时，衍亦不及见燕昭王、齐宣王。据《乐毅列传》，毅由中山入赵为臣，及赵武灵王有沙丘之乱，去赵适魏，后为魏昭王使者入燕，可知乐毅入燕已在燕昭王十七年以后，不得在燕昭王初即位时。由此可见，所谓燕昭王即位礼贤，乐毅、邹衍、剧辛等人争相凑燕之说，全出游士之夸饰，非其实也。

据《赵策三》第三章，当齐宣王破燕时，赵武灵王欲伐齐而存燕，乐毅谓赵王：不能无约而攻齐，请以赵之河东易燕地于齐，以河东之地强齐，使楚魏憎之，楚魏必皆事王以伐齐，是因天下以破齐也。赵王从其议，于是楚魏令大臣淖(昭)滑、惠施至赵，请伐齐而存燕。可知当燕昭王未即位时，乐毅已为赵之大臣，正为赵主谋与魏、楚合纵伐齐而存燕之大事。由于乐毅主谋合纵“伐齐而存燕”成功，又因燕人群起抗齐，即孟子所谓“燕人畔”(《孟子·公孙丑下》)，于是赵武灵王得以召燕公子职于韩，使乐池送入燕，立以为王(见《赵世家》及《集解》所引《纪年》)，即是燕昭王。据《乐毅列传》，毅为魏将乐羊之后，魏文侯因乐羊有攻取中山之功，封乐羊于中山之灵寿，其子孙因家焉。乐池亦当为乐羊之后，乃毅之前辈，初为中山之相，出使赵国（《韩非子·内储说上》），秦惠王后元七年（公元前三一八年）一度入秦为相（《史记·秦本纪》），后又归赵为大臣，因而是时能担当送立燕昭王之重任。乐池盖配合乐毅主谋“伐齐而存燕”而得以成功者。毅原为赵之朝廷大臣，因沙丘之乱而去赵入魏，又以魏昭王之使者入燕，即为燕昭王所重用，当与乐毅在赵尝主谋“伐齐而存燕”，赵使乐池送立燕昭王有关。由此可见，乐毅非游士出身，非因燕昭王即位礼贤而前往为亚卿者。

《史记·乐毅列传》称：乐毅因燕昭王屈身下士，先礼郭隗以招贤者，于是为魏昭王使于燕，燕王以客礼待之，乐毅辞让，委质为臣，燕昭王以为亚卿。所谓乐毅《报燕惠王书》，称燕昭王为“成功之君”，自比于“立名之士”，谓毅见燕昭王“有高世主之心，故假节于魏，以身得察于燕”。由于燕昭王过举，“厕之宾客之中，立之群臣之上，不谋父兄，以为亚卿”。虽皆以乐毅为魏之使者入燕，仍以乐毅为游士。因燕昭王礼贤，而举以为亚卿。盖皆战国末年游士为夸张游士之作用而伪托者。

至于《燕策》与《燕世家》所谓乐毅“与秦、楚、三晋合谋伐齐”因而破齐之说，亦采自所谓乐毅《报燕惠王书》。“书”称：燕昭王“欲以齐为事”，乐毅以为“必与天下图之。与天下图之，莫若结于赵，且又淮北、宋地，楚魏之所欲也，赵若许而约，四国攻之，齐可大破也”。燕昭王以为然。南使乐毅于赵，顾反命，起兵击齐。《乐毅列传》更谓燕昭王使乐毅约赵王，别使连楚魏，令赵嚪说秦以伐齐之利，诸侯害齐湣王之骄暴，皆争合纵与燕伐齐。乐毅还报，燕昭王悉起兵。此以乐毅破齐全由于毅之主谋合纵燕、赵、楚、魏四国，并出使约赵之结果，与当时秦、赵、韩、魏、燕五国合纵伐齐之形势不合。《荀子·王制》篇云："闵王毁于五国。"《吕氏春秋·权勋》篇亦云："昌国君（即乐毅）将五国之兵以攻齐。"《赵世家》载赵惠文王十四年（公元前二八五年）"相国乐毅将赵、秦、韩、魏、燕攻齐。"《秦本纪》亦载秦昭王二十三年（公元前二八四年）"尉斯离与三晋、燕伐齐，破之济西"。《魏世家》亦云："与秦、赵、韩、燕共伐齐，败之济西。"楚不与合纵伐齐之列，《田世家》谓"楚使淖齿将兵救齐，因相齐湣王"。其说是也。若楚参与合纵伐齐，楚又何以淖齿将兵救齐？齐湣王又何以淖齿为相乎？《齐策六》第五章记齐之幸臣相与语于王曰："燕之伐齐之时，楚王使将军将万人而佐齐。"淖齿当即佐齐之楚将。齐湣王因兵败出奔，经卫、邹、鲁等国，得以回国至莒，重建政权，即赖楚之救助，淖齿因而得以为相。后因猜疑而相恶，湣王为淖齿所杀，并收回往昔为齐所取淮北之地。《吕氏春秋·正名》篇论及齐湣王，谓湣王"任淖齿而信公玉丹，岂非自仇邪？"《韩非子·内储说上》又谓："淖齿闻齐王之恶己也，乃矫为秦使以知之。"由此可知，乐毅《报燕惠王书》所谓主谋合纵燕、赵、楚、魏四国因而破齐之说，亦出于后世游士夸大乐毅计谋而伪托者。《燕世家》、《楚世家》与《乐毅列传》以楚亦参与合纵伐齐，即因乐毅《报燕惠王书》而误。

当时，齐、秦、赵三强正争夺宋地，秦相魏冉与赵相李兑皆欲取得宋之定陶以为封邑，盖宋为中原富庶之区，定陶为最繁华之商业城市，工商业税收（即所谓"市租"）最巨。由于三国争夺宋地，先后引发一系列合纵连横之变化与战争。秦昭王十九年（公元前二八八年）秦相魏冉约齐、秦并称为帝，秦昭王于宜阳称西帝，尊齐湣王为东帝，约五国合纵伐赵而三分赵地。二月后，齐滑王听从苏秦之谋，放弃帝号，转而与赵相约，合五国攻秦，迫使秦废除帝号，归还赵、魏所侵中原之若干城邑，以便乘机攻灭宋国。由于齐欲乘机灭宋，激起赵、魏抗争，五国攻秦之役无功而罢。于是赵将韩徐为，与由齐出走而入魏为相之孟尝君（即薛公）合谋联燕而伐破齐国。赵因而首先遣赵梁攻齐，再由韩徐为将而伐齐。齐经多次攻宋，终于齐滑王十五年（公元前二八六年）攻灭宋国，于是激起各国谋求对策。秦于是以破宋为齐罪，主谋发动五国合纵伐齐，而以秦、赵、燕三国为主力，并由秦出质于赵燕两国以为信，并推举乐毅兼为赵、燕两国之相，并为赵、秦、韩、魏、燕五国联军之统帅而攻齐。秦且首先发动大规模之进攻，秦昭王二十二年（公元前二八五年）秦将蒙骜伐齐，攻取河东九城，以为秦之九县，作为合纵伐齐之先声。此次五国合纵伐齐，出于秦之主谋与主动，非如乐毅《报燕惠王书》所谓出于乐毅约赵惠文王而起兵伐齐者。

《赵世家》称：赵惠文王十四年（公元前二八五年）相国乐毅将赵、秦、韩、魏、燕攻齐，取灵丘。赵与秦会中阳。十五年燕昭王来见，赵与韩、魏、秦共击齐，齐王败走，燕独深入，取临菑。赵惠文王十四年即秦昭王二十二年，是年秦、赵两王相会，秦遣蒙骜伐齐河东取九城，而赵相乐毅率五国兵攻齐取灵丘，盖秦赵先结盟而发动攻齐。灵丘在今山东高唐县南，靠近赵之东边。次年燕昭王来见赵惠文王，秦王先后与魏王、韩王相会。盖燕与赵结盟，秦又与魏、韩结盟，于是乐毅率五国兵大举攻齐，破之济西。是以燕、魏、韩、田《世家》以及《六国年表》皆只记次年合纵伐齐而破之济西之事。盖此次五国合纵伐齐，由秦主谋，先由秦约赵相合，再由赵约燕，更由秦约魏、韩而形成，非如乐毅《报燕惠王书》由乐毅约赵惠文王而成功。

帛书《战国纵横家书》第二十一章，苏秦献书赵王曰："秦岂忧赵而憎齐哉！欲以亡韩，吞两周，故以齐饵天下。恐事之不成，故出兵以割革（通"勒"）赵、魏。恐天下之疑己，故出挚（通"质"）以为信，声德与国，实伐郑韩。"《赵世家》所载大体相同，惟改苏秦作苏厉，"饵"作"啖"，"割革"作"劫"。所谓"出兵以割革赵魏"，谓劫持强制赵、魏，即指秦先出兵攻取齐之河东九城，以此要挟赵、魏合纵伐齐。《赵策一》第九章亦大体相同，亦云："故以齐为饵，先出声于天下，欲邻国闻而观之也。"亦指秦先伐齐取河东九城之事。《燕策二》第一章记苏代约燕王亦云："秦王已得安邑，塞女戟，因以破宋为齐罪，秦欲攻齐，恐天下救之，则以齐委于天下。"可知此次五国合纵伐齐，确出于秦之主谋与主动，非如乐毅《报燕惠王书》谓出于燕之主谋。乐毅《报燕惠王书》盖战国末年游士为夸张乐毅计谋破齐而伪托，徒以文采华丽而为世传诵，感人至深而人多信之，此所以蒯通及主父偃读之"未尝不废书而泣也"。

帛书《战国纵横家书》第十七章，记五国约定伐齐，秦遣御史起贾至魏，主持"天下伐齐"之事，有人为齐游说起贾云云。御史为国君之秘书而兼监察性质，起贾以秦之御史在魏主管"天下伐齐"之事，盖秦以盟主监察五国合纵伐齐之行动，事在乐毅破齐之前。说者分析当时形势，谓燕将取得齐之河北，即所谓"阳地"，又得赵之死交，地又不与秦相接，将难以听从于秦；同时赵将攻取齐之济西，以防河东，乐毅为"燕、赵共相，二国为一，兵全以临齐，则秦不能与燕、赵争"。是时乐毅因原为赵之大臣，被推为"燕、赵共相"而兼五国之统帅。乐毅先以赵之相国率五国之兵攻齐，以赵为主力，由赵的东南边攻齐取灵丘，作为赵攻取齐济西之据点。盖灵丘正当高唐西南，高唐为齐五都之一，设有都大夫，驻有重兵，为济西必争之地。乐毅破齐，主要经历两大战役，即济西之战与秦周之战。济西之战，齐将触子败走，齐兵因而退守秦周（当临淄西门雍门之西），以保卫临淄。秦周之战，齐将达子战死，于是临淄不能守，齐滑王出走。事见《吕氏春秋·权勋》及《齐策六》（《齐策》"触子"误作"向子"）。《吕氏春秋·贵臣》论及齐滑王之失败，亦云："此触子之所以去之也，达子之所以死之也。"秦周之战乃乐毅独率燕师，乘济西大胜而深入进攻。燕军既在秦周得胜，得以焚雍门而攻入临淄。《说苑·奉使》第十八章记楚使谓齐王曰："昔燕攻齐，遵雒路，渡济桥，焚雍门"，"饮马于淄、渑，定获乎琅邪，王与太后奔于莒"。"雒"与"络"通，"遵络路"盖谓绕道。燕军未南下攻齐河北，绕道经赵之东部边境南下，追随赵军攻克齐济西，由此渡济水浮桥，攻克秦周而焚雍门，一举而攻入临淄。正如说者谓起贾曰："兵全以临齐，则秦不能与燕、赵争。"齐即指齐城，亦即临淄。乐毅《报燕惠王书》自称："以天之道，先王之灵，河北之地随先王举而有之济上。济上之军奉令击齐，大胜之，轻卒锐兵长驱至国。"与事实不合。盖战国末年游士为夸大乐毅破齐之功勋而伪托者（已有较详考辨在周赧王三十一年案语中）。

不仅乐毅《报燕惠王书》出于战国末年游士所伪托，《资治通鉴》所载乐毅破齐之详细经历，不见于《史记》、《战国策》以及先秦诸子书中，亦出于后人为夸大乐毅计谋与功绩而伪造。《资治通鉴》称乐毅在济西大败齐师之后，还秦、韩之师，分魏师以略宋地，部赵师以收河间，身率燕师长驱逐北。剧辛谓宜及时攻取齐边城以自益，深入无益于燕。而乐毅以为"其民必叛，祸乱内作"，遂进军深入，齐人果大乱失度，滑王出走，乐毅因而入临淄。《资治通鉴》不载触子于济西败走与达子于秦周战死之事，以为齐滑王因内乱出走，乐毅因而入临淄，其出于虚构无疑。所载剧辛与乐毅之对话，更是出于伪造。《资治通鉴》又称：乐毅修整燕军，禁止侵掠，宽其赋敛，除其暴令，后人因此谓："此孟子所以教齐者，齐王不能用之于燕，而乐毅能用之于齐。"（吕祖谦《大事记》引延平陈氏语）其实皆出于杜撰。《吕氏春秋·权勋》云："燕人逐北入国（国都），相与争金于美唐甚多。"高注："美唐，藏金所在。"可知燕兵攻入临淄，争相掠夺财富，并非如儒家所谓"王者之师"。《资治通鉴》又谓乐毅入临淄后，除"中军据临淄而镇齐都"以外，分兵四路出击，"左军渡胶东、东莱，前军循泰山以东至海，略琅邪，右军循河、济，屯阿鄄以连魏师，后军旁北海以抚千乘"，因而"六月之间下齐七十余城，皆为郡县"。此与《乐毅列传》称："乐毅留徇齐五岁，下齐七十余城"不合。黄式三《周季编略》云："《稽古录》于周赧王三十五年书乐毅徇齐地，数岁下齐七十余城，是司马氏后知其误而不能追改《通鉴》也。"其实《资治通鉴》所载燕军分四路出击，全出虚构。据前引《说苑·奉使》楚使谓齐王之语，燕兵克临淄后，"定获乎琅邪"，盖乘胜向东南攻至琅邪，以巩固其胜利所得，固未尝分兵四路出击也。《资治通鉴》于周赧王三十六年言"乐毅乃并右军、前军以围莒，左军、后军围即墨"。以为原来分向四方出击之四路军队，又分别从远处调来会合，以围攻莒与即墨，更不可信。至于《资治通鉴》称：乐毅"祀桓公、管仲于郊，表贤者之闾，封王蠋之墓。齐人食邑于燕者二十余君，有爵位于蓟者百有余人"。亦不可信。《田单列传》谓燕之初入齐，闻王蠋贤而欲封之，蠋自经其颈而死，未言封其墓。整个战国时代燕之封君可考者不过数人，安得齐人食邑于燕者二十余君？盖皆后人推尊乐毅为"王者之师"而为之夸饰者。相传周武王克商，

"释箕子之囚，封比干之墓，表商容之闾，封纣子武庚禄父"(《史记·殷本纪》)，盖后人有以乐毅破齐比之周武王克商而仿制者。

《吕氏春秋·应言》记公孙龙说燕昭王曰："日者大王欲破齐，诸天下之士，其欲破齐者，大王尽养之，知齐之险阻要塞、君臣之际者，大王尽养之，虽知而弗欲破者，大王犹若弗养，其卒果破齐以为功。"可知燕昭王确有为破齐而养士之事。苏秦即为燕昭王重用之破齐谋士。苏秦为齐相而为燕作反间，发动五国合纵攻秦，使齐得以攻灭宋国，从而引发五国合纵攻齐，确为齐破败之主因。是故《吕氏春秋·知度》称："齐用苏秦而天下知其亡。"《燕策二》第十一章结尾论之曰："因其强而强之，乃可折也；因其广而广之，乃可缺也。"《魏策一》第一章记知伯索地于魏桓子，任章请魏与之，云："重欲无厌，天下必惧，君予之地，知伯必骄……命不长矣。"并引《周书》曰："将欲败之，必姑辅之，将欲取之，必姑与之。"王应麟因谓："《周书》云云，此岂苏秦所读《周书阴符》者欤？老氏之言出于此。"

原来春秋战国之际兵家，皆用间谍工作配合军事行动，《孙子兵法》中即有《用间》篇，以为"能以上智为间者，必成大功，此兵之要，三军之所恃而动也。"彼辈以殷之伊尹与周之太公望作为榜样，因云：昔殷之兴也，伊挚(即伊尹)在夏；周之兴也，吕牙(即太公望)在殷。《秦策一》第二章称苏秦得太公《阴符》之谋，伏而诵之，简练以为揣摩。《苏秦列传》亦称苏秦得《周书阴符》伏而读之，期年以出揣摩。所谓《阴符》乃假托太公望所作讲"用间"之书。当时兵家讲"用间"，纵横家亦讲"用间"。《楚策一》第八章策士伪托所造张仪游说楚王之辞，云："苏秦封为武安君而相燕，即阴与燕王谋破齐，共分其地，乃佯有罪，出走入齐，齐王因受而相之，居二年而觉，齐王大怒，车裂苏秦于市。”(《张仪列传》同)所谓“乃佯有罪,出走入齐”并不确实,然而苏秦为燕昭王使齐为反间,确实取得破齐之大功,因而银雀山出土竹简《孙子·用间》篇中,于“周之兴也,吕牙在殷”之后,增加“燕之兴也,苏秦在齐”二句。

(四)关于李悝、商鞅等法家史料之考订与辨伪

战国初期,魏秦两国先后因变法而强盛,对此后战国、秦、汉政治经济之变革与发展,所起作用甚大。魏文侯任用李悝为相,变法图强,作“尽地力之教”,推行“平籴法”,使魏国富强。见于《汉书·食货志》,李悝又撰次诸国法,著有《法经》六篇,在法制设施上具有承前启后之重大作用,不仅商鞅携之入秦作为变法之基础,而且成为此后秦、汉法律之根源。《汉书·艺文志》载李悝所著《李子》,多达三十二篇,列为法家之首,不幸散佚,自《隋书·经籍志》以下不见著录。惟有《吕氏春秋·勿躬》篇开首引有《李子》一节论法家统治之“术”者。所著《法经》六篇,仅见《晋书·刑法志》有概括之叙述,内容不详。司马迁又未为李悝作传,于是作为法家祖师之李悝,有关法制史料贫乏。《资治通鉴》卷首有大段叙述魏文侯礼贤下士,却无一语及李悝。《史记·孟子荀卿列传》尝言及“魏有李悝尽地力之教”,而《货殖列传》、《平准书》又误作“李克尽地力”。近人有误以李悝与李克为一人者,以为“悝克一声之转”。其实确为二人,《汉书·古今人表》列李悝三等、李克四等,《汉书·艺文志》列李子于法家,《李克》七篇在儒家,乃子夏弟子是也。《吕氏春秋》、《韩非子》等书记两人事迹,区别甚明。李克为魏武侯分封于中山之相,苦陉令上计而入多,李克谓之窕货(《韩非子·难二》),此与李悝主张“尽地力”而“入多”不同。

近人因李悝《法经》不见于《汉书·艺文志》,《晋书》述魏陈群等撰《新律十八篇序》不言李悝,以为《晋书》所述李悝《法经》出于伪托,其实非是。吾人追溯秦、汉法典之起源,可以确定李悝确有《法经》六篇之作,当即包容于《汉书·艺文志》所著录《李子》三十二篇之中。明末董说所编《七国考》,卷十二"魏刑法"中有《法经》条,载有大段《法经》资料,自称引自桓谭《新书》(当是《新论》之误)。西方汉学家有认为此乃依据《晋书·刑法志》而伪造者,乃双重之伪造。其实,《晋书·刑法志》所述非出伪托,《七国考》所载确出于伪造。桓谭《新论》亡于南宋,《七国考》所引既不见于宋代类书,亦不见于严可均《新论》辑本,无从查考,确为杜撰。就《七国考》所引《法经》条文内容考核,可知即出于董说本人所伪托。

《七国考》伪托引用桓谭《新论》,首段袭自《晋书·刑法志》,后段分别引有《法经》条文,分为《正律》、《杂律》与《减律》,与《晋书·刑法志》所言《法经》分为《盗》、《贼》、《囚》、《捕》、《杂》、《具》六篇不合。《七国考》所引《杂律》,分为淫禁、狡禁、城禁、嬉禁、徒禁、金禁,与《晋书·刑法志》所谓"其轻狡、越城、博戏、假借不廉、淫侈逾制为《杂律》一篇",亦有出入。所谓"徒禁"与"金禁"皆不见于《晋书·刑法志》。"徒禁"严禁"群相居","群相居,一日以上则问,三日、四日、五日则诛"。试问魏、秦之官吏将如何执行?"金禁"乃"丞相受金,左右伏诛;犀首以下受金则诛"。董说并有解说:"刑不上丞相,故诛左右。"所谓"刑不上丞相",乃沿用旧贵族"刑不上大夫"之法制,此与法家主张"罚不讳强大"不合。考魏文侯时,尚无丞相之官名,犀首乃武将称号而非官名,犀首尝作为公孙衍之专称已在魏惠王时。而《七国考》卷一"魏职官"中,误认丞相、犀首为魏官名。据此可知《七国考》所引

《法经》条文，即出于董说本人伪作。董说所作《七国考自序》(《丰草庵前集》卷二)云:“尝读秦书至《十族之法》及魏李悝《法经》，不寒而栗也。作《刑法》第十二。”其实《法经》条文即出于董说伪作而故弄玄虚也。近年颇有为董说所蒙蔽者，或在论文中引用，或在历史教科书中引述，因而有明辨之必要。

商鞅以李悝《法经》为根据，依照秦国实情，在秦两度变法，制定连坐法，奖励军功，禁止私斗，制定二十等爵制，重农抑商，奖励耕织，开阡陌封疆，以二百四十步为亩，实行“一夫百亩”之授田制，推行按户征收口赋之税制，规定民有二男以上不分异者倍其赋，推行县制，统一度量衡制，从而统一法令，发展小农经济，使国富兵强，奠定此后秦完成统一之基础。正如王充所谓“商鞅相孝公，为秦开帝业”(《论衡・书解》)。孝公去世，商鞅虽遭杀害，其变法措施仍贯彻执行而有效，商鞅学派在秦仍得继续有所发展，《商君书》即为战国晚期秦商鞅学派所著，民间颇为流行，韩非所谓“藏商、管之法者家有之”(《韩非子・五蠹》)。

《商君书》原有二十九篇，现存二十四篇。《文献通考》引周氏涉笔论之曰:“《商鞅书》亦多附会后事，拟取他辞，非本所论著也。其精确切要处，《史记》列传包括已尽，今所存大抵泛滥淫辞，无足观者。”又云:“凡《史记》所不载，往往为书者所附合而未尝通行者也。”其实，《商君书》本非商鞅所论著，乃战国晚期秦商鞅学派所作，成书已在长平之战后。书中论及秦“三战之胜”:“周军之胜”即伊阙之战，秦大胜韩魏，斩首二十四万;“华军之胜”即华阳之战，秦大胜赵魏，斩首十五万;“长平之胜”即长平之战，秦大胜赵，坑杀四十五万。此“三战之胜”，奠定此后秦统一战争之胜利基石。是时秦将完成统一，乃大势所趋。《商君书》之主旨，即在于发挥商鞅厉行法治与奖励耕战政策，从而谋求“治”、“富”、“强”、“王”。“王”即完成统一而创建王朝。是时秦向四周扩展，形成地广人稀之局面，所谓“今秦之地方千里者五，而谷土不能处二，田数不满百万”，再加“三战之胜”，大量杀伤三晋之人，“秦所亡民者几何？民客之兵不得事本者几何，臣窃以为不可数矣”（《商君书·徕民》），因而在推行奖励耕战政策时，“垦草”与“徕民”成为当务之急。此《商君书》所以卷首作《更法》而欲出“垦草令”，并作《垦令》与《徕民》。

《垦令》实际并非“垦草令”性质，乃按商鞅重农抑商政策而提出之二十项垦荒措施。《徕民》主张以“利其田宅而复之三世”（即三代免除徭役）之奖励政策，招徕三晋之民开垦荒地。使秦民得专战于外。全文为臣下向秦王献策性质，多处自称“臣窃以为”或“今臣”，对“王”或“今王”而言。可知“垦草”与“徕民”为《史记》所不载者，仅为战国晚期商鞅学派之献策或建议，尚未成为事实。杜佑《通典》称商鞅徕民，失之远矣。

《商君书·更法》以为“垦草令”乃商鞅在秦变法之主要法令，且为商鞅与甘龙、杜挚在秦孝公前辩论变法胜利而发出者，盖出于战国晚期商鞅学派所伪托。《更法》所载商鞅与甘龙、杜挚之辩论，一方面依据比较原始之辩论史料如《史记·商君列传》所载者，加以增饰，另一方面大量因袭赵武灵王与肥义、赵文、赵造等人辩论胡服之辞，加以附会而成。因此辩论内容与辩论结果“于是遂出垦草令”，前后不相符合，与《商君列传》谓辩论结果“以卫鞅为左庶长，卒定变法之令”不同。近人有据此以为商鞅变法首先推行“垦草令”者，非其实也。

引论下篇　列国纪年之考订

（一）战国历法之验证

今日欲考定战国时列国之纪年，不可不知当时各国所用之历法。春秋战国之际，历法有所谓三正，即周正、殷正与夏正。周正以冬至所在之月为正月（即正月建子），殷正以冬至月以后一月为正月（即正月建丑），夏正以冬至月以后二月为正月（即正月建寅）。三正皆为阴阳合历，以月球绕地球一周形成之朔望为一月，以地球绕太阳一周而形成四时寒暑为一年。为调整岁与月之配合，采用十九年插置七闰月之法，置闰月往往在岁末。春秋时各国杂用三正，惟鲁国因有《春秋》传世，记有历法之史料较多，据以推定之鲁历较别国为详确。《左传》兼采各国史策，因而历日杂用三正。大抵春秋时晋国已用夏历，战国时魏国史官所编《竹书纪年》及《魏奔命律》亦沿用夏历。云梦出土秦简《为吏之道》所引《魏户律》及《魏奔命律》，记有"廿五年闰再十二月丙午朔"，正合于魏安釐王二十五年（公元前二五一年）之夏历

（张培瑜《中国先秦史历表》二一五页）。《史记·赵世家》载赵襄子剖竹得朱书曰："赵毋卹，余霍泰山山阳侯天使也，三月丙戌，余将使女（汝）反灭知氏。"其后赵与韩、魏果以三月丙戌反灭知氏。考三晋灭知氏在周定王十六年（公元前四五三年），即晋出公二十二年，夏历三月丁丑朔（《中国先秦史历表》第一七五页），丙戌为三月初十，可知《赵世家》所记干支必据实录。

司马迁据《秦记》以作《秦本纪》、《秦始皇本纪》及《六国年表》，独于秦有较详之月日干支以及日食之记载，可据以检验秦所用历法之变迁。秦于战国中期以后，尝用颛顼历，以十月建亥为岁首，闰月在岁末谓之"后九月"。《秦始皇本纪》称：二十六年初并天下后，"改年始，朝贺皆自十月朔"。其实早在秦昭王时已尝用颛顼历，南宋吕祖谦《大事记》已言之，清初阎若璩作《尚书古文疏证》亦尝论之。

《秦本纪》载昭王四十二年（公元前二六五年）"十月宣太后薨，葬芷阳郦山，九月穰侯出之陶"。可知此年已用颛顼历，十月为岁首，九月为岁末。秦简《编年记》载"昭王四十五年（公元前二六二年）十二月甲午鸡鸣时喜产"。按十月为岁首，十二月辛巳朔，甲午为十二月十四日。若按正月为岁首，十二月乙巳朔，有甲寅、甲子、甲戌而无甲午，可知是年确已用十月为首之颛顼历。然而，《秦本纪》又载：昭王四十八年"十月韩献垣雍，秦军分为三军。……正月兵罢，复守上党。其十月五大夫陵攻赵邯郸"。此年前后有两"十月"，清代学者对此有多种不同之见解。梁玉绳《史记志疑》不信昭王时已用颛顼历之说，以为《秦本纪》四十二年之"十月"为"七月"之误，四十八年开首之"十月"为衍文。日本泷川资言《史记会注考证》从梁说，并引古钞、南本《史记》于四十二年"十月"作"七月"为证。《秦本纪》又载昭王四十九年“正月益发卒佐陵”云云，“其十月将军张唐攻魏”云云。黄盛璋《云梦秦简〈编年记〉地理与历史问题》，以为据《编年记》，至迟至秦昭王时已用颛顼历，四十八年第二个十月与四十九年正月后之十月，可以断定是七月之误（《历史地理与考古论丛》七十页）。今案此说不确。《史记·白起列传》记昭王四十八年事，与《秦本纪》大体相同而内容加详，先记“十月秦复定上党郡，秦分军为二”云云，再记“正月皆罢兵”云云，后记“其九月秦复发兵，使五大夫王陵攻赵邯郸”。《资治通鉴》从《白起列传》作“九月五大夫王陵复将兵伐赵”。可以相互比勘，可知“十月”非“七月”之误。

张文虎《校刊史记集解索隐正义札记》不以为《秦本纪》有误字，以为秦于昭王四十八年后复用夏正。其言曰：“上四十二年先书十月，后书九月，此年（指四十八年）先书十月，后书正月，《大事记》、《尚书古文疏证》谓秦先世已尝改十月岁首是也。”此年以后复用夏正，故下文书其十月云云，遂不以为岁首。四十九年先书正月，后书其十月，文甚明白。梁玉绳《史记志疑》乃以四十二年之十月为七月之误，四十八年之十月为衍，“考之未审矣”。张氏以此年以后复以正月为岁首，甚是，但以为“复用夏正”则不确。考《秦本纪》记载史事，用字极有分寸，于四十八年先书“十月”，继书“正月”，后书“其十月”，分明此“十月”已不作岁首，因而特加“其”字。于四十九年先书“正月”，后书“其十月”亦然。若为“九月”则不必加“其”字。通观《秦本纪》全文，其记月，别处无加“其”字者，惟有此二年称“其十月”，以示有别于作岁首之十月。《白起列传》作“其九月”，“九”当为“十”字之误。

日本齐藤国治与小泽贤二合著《中国古代天文记录检证》（一九九二年雄山阁出版），其中第三章《史记（战国时代）中之天文记录》，依据《史记》及秦简《编年记》所载秦之历日史料，详细考核秦于战国晚期用岁首之变迁，证明前引张文虎所说正确。盖秦昭王四十八年（公元前二五九年）以前用十月岁首制，至四十八年欲变更为正月岁首制，于是在此年岁末九月之后，延长至十二月，此年前后共十五月，因而昭王四十九年以后复用正月岁首制。及至秦王政二十六年（公元前二二一年）"改年始"，翌年开始再用十月岁首制。不仅《秦本纪》载昭王四十九年先书"正月"、后书"其十月"足以证明；《秦始皇本纪》载四年"三月军罢"云云、"十月庚寅蝗虫从东方来"云云；十三年"正月彗星见东方，十月桓齮攻赵"云云，皆足明证此一阶段秦尝恢复使用正月岁首制。

但是必须指出，秦昭王四十九年以后，虽恢复用正月岁首制，仍沿用颛顼历之日月干支，仍以"后九月"作闰月，尚沿用十月举行大朝之礼制，并于十月举行即位改元之礼。《秦本纪》载："昭王五十六年秋昭襄王卒，子孝文王立，尊唐八子为唐太后而合其葬于先王。韩王衰绖入吊祠，诸侯皆使其将相来吊祠，视丧事。孝文王元年赦罪人，修先王功臣，褒厚亲戚，弛苑囿。孝文王除丧，十月己亥即位，三日辛丑卒，子庄襄王立。"秦简《编年记》亦载："五十六年后九月昭死。""孝文王元年立，即死。"可知《秦本纪》载五十六年秋昭襄王卒，"秋"即指"后九月"，此年虽已以正月为岁首，仍沿用颛顼历置闰于后九月。据此可知昭王五十六年之丧礼甚为隆重，不仅韩王入吊祠，诸侯皆使其将相来吊祠而视丧事，而孝文王待逾年除丧之后，至十月行改元即位之礼，亦尚沿用十月举行大朝之礼制。

阎若璩《尚书古文疏证》论之曰："秦自昭襄以后，庄襄以前，既首十月，则孝文王之事，有可得而论者。""盖昭襄王五十六年庚戌秋，去孝文王元年辛亥冬月仅二三月，此二三月竣丧葬之事，明年新君改元，方大施恩礼，至秋期年之丧毕。然后孝文王除丧，犹胜既葬而除者多矣，犹为近古。然其失礼处，亦不可不知。秦既用建亥为岁首，孝文王元年应有十月，今于除丧后，又书十月，分明是孝文王已逾二年矣，岂享国一年者乎？故予以庄襄王元年壬子，原孝文王之二年，但秦之臣子以孝文王甫即位三日，不仍之为二年，遂改为庄襄之元年，观书于庄襄立下无事可知。明年改元，厥由于此，一年二君，固已非终始之义，况又革先君余年以为己之元年乎？失礼莫大焉。”阎氏此论，基于误认是时以十月为岁首，因定孝文王在位已逾二年，不确。昭王死于五十六年后九月，至十二月，仅三月，明年即孝文王元年。待孝文王除丧，于十月行改元即位之礼，三日而死，则孝文王在位确为一年。《编年记》载：“孝文王立，即死”。“立”当读为“位”，即指改元即位之礼。盖孝文王于十月行改元即位之礼，仅三日而死，故云即死。《周礼·小宗伯》“掌建国之神位”下，郑玄注：“故书位作立。郑司农云：立读为位，古者立位同字，古文《春秋经》公即位为公即立。”《编年记》此处之“立”，指改元即位，非指因昭王之丧而继立。所谓“即死”，指逾年行改元即位之礼后即死，非谓继昭王而立之后即死。

秦孝文王于元年十月己亥即位，即行改元即位之礼。依据颛顼历之月日干支，按正月为岁首，十月丙申朔，己亥为十月四日。若按十月为岁首，十月壬寅朔，是月有己酉、己未、己巳而无己亥。可知秦昭王四十九年以后，确曾恢复用正月岁首制，直到秦王政二十六年完成统一，再改用十月岁首制。

今以《史记》及秦简所载秦之月日干支，作秦历法之验证，可知秦自昭王四十二年以后，确已改用十月为岁首之颛顼历，自秦昭王四十九年至秦王政二十六年共三十七年间，虽已恢复正月为岁首，但仍沿用颛顼历之月日干支，仍以后九月为闰月，日本齐藤氏等所著检证，既已明辨此三十七年间已恢复以正月为岁首，但又误以为秦始终使用同一历法。齐藤氏以为《史记》与秦简所载秦之月日干支，皆符合于方诗铭、方小芬编著之《战国历日表》（见于《中国史历日和中西历日对照表》），亦即符合于董作宾《中国年历总谱》（因方氏之表即据《总谱》），其实不然。如秦简《编年记》载秦王政二十年七月甲寅，据《总谱》是年七月乙卯朔，七月有甲子、甲戌、甲申而无甲寅。于是齐藤氏以为"七月"乃"十月"之误。此说大谬。《史记》由于传写，可能"七""十"形近而讹，秦简《编年记》乃墓主亲笔记其行事者，岂得有误？其实，是时秦用颛顼历，据张培瑜《中国先秦史历表》与汪曰桢《历代长术辑要》所推算制定之颛顼历，秦王政二十年七月正是甲寅朔，可知秦自昭王四十二年以后确用颛顼历无误。

（二）秦历法验证表

年　　代	记事之年月	历法之验证
献公四年（公元前三八一年）	正月庚寅孝公生。（《秦本纪》）	依据董作宾《中国年历总谱》（以下简称《总谱》），是年周历正月壬午朔，庚寅为正月初九。
孝公十八年（公元前三四四年）	十八年齐逵（率）卿大夫众来聘。冬十二月乙酉，大良造鞅爰积十六尊五分尊之一为升。（商鞅方升铭文，"尊"读作"寸"）。	依据《总谱》，是年十二月壬申朔，乙酉为十二月十四。
惠文君四年（公元前三三四年）	四年周天子使卿大夫辰来致文武之酢（"酢"读作"胙"），冬十壹月辛酉大良造庶长游出命曰：……顀以四年冬十壹月癸酉封之：……（秦封右庶长歜宗邑瓦书）。	依据《总谱》，是年十一月甲辰朔，辛酉为十八日，癸酉为三十日。

续上表

年　　代	记事之年月	历法之验证
惠文君十三年(公元前三二五年)	四月戊午君为王。(《六国表》) 四月戊午魏君为王,韩亦为王。(《秦本纪》)	依据《总谱》,是年四月乙卯朔,戊午为四月初四。
武王二年(公元前三〇九年)	二年十一月己酉朔,朔日王命丞相戊(“戊”读作“茂”,即甘茂),内史匽□□更修田律,……(一九八〇年四川青川出土木牍)	依据《总谱》,是年十一月确是己酉朔。汪曰桢《历代长术辑要》(以下简称《辑要》)与《总谱》同。依据张培瑜《中国先秦史历表》,(以下简称《先秦历表》),是年十一月,周历为己酉朔,夏历与颛顼历皆为戊申朔。
昭王四十二年(公元前二六五年)	十月宣太后薨,葬芷阳郦山。九月穰侯出之陶。(《秦本纪》)	从此年起,秦改用颛顼历,以十月为岁首,九月为岁末。
昭王四十五年(公元前二六二年)	十二月甲午鸡鸣时喜产。(秦简《编年记》)	据《先秦历表》与《辑要》,是年颛顼历以十月为岁首,十二月辛巳朔,甲午为十二月十四。若以正月为岁首,十二月乙朔,无甲午日。
昭王四十七年(公元前二六〇年)	四月龁因攻赵。……七月赵军筑垒壁而守之。……至九月,赵卒不得食四十六日……卒四十万人降武安君。(《白起列传》) 攻长平。十一月敢产。(秦简《编年记》)	按九月为岁末,《白起列传》记赵卒四十万人降秦,在此年九月。《秦本纪》、《六国表》亦云是年白起破赵长平,杀卒四十五万,惟赵、韩《世家》及范雎、春申君《列传》皆记在次年,盖战争胜负在此年,结束坑杀已在次年。
昭王四十八年(公元前二五九年)	十月韩献垣雍。……正月兵罢……其十月五大夫陵攻邯郸。(《秦本纪》) 十月秦复定上党郡。……正月皆罢兵。……其九月秦复发兵,使五大夫王陵攻赵邯郸。(《白起列传》)	是年以十月为岁首,《秦本纪》又称“其十月五大夫陵攻邯郸”,盖是年延长三月至十二月,以便明年改以正月为岁首。《秦本纪》于是年与明年两称“其十月”者,以有别于作为岁首之“十月”,加“其”字有其特殊用意。《白起列传》作“其九月”,盖出于后人误改。

续上表

年　　代	记事之年月	历法之验证
昭王四十九年(公元前二五八年)	正月益发兵佐陵,陵战不善,免,王龁代将。其十月将军张唐攻魏……(《秦本纪》) 正月陵攻邯郸少利……秦王使王龁代陵将,八九月围邯郸不能拔。(《白起列传》)	是年恢复以正月为岁首,《秦本纪》下又称"其十月",以示有别于作为岁首之十月,与上年记载同例。秦从此恢复以正月为岁首,但仍沿用颛顼历之历法。
昭王五十年(公元前二五七年)	十月武安君白起有罪为士伍,迁阴密。……十二月益发卒军汾城旁。武安君白起有罪死,龁攻邯郸,不拔,去,还奔汾军二月余……即从唐拔宁新中……(《秦本纪》) 楚使春申君及魏公子将兵数十万攻秦,秦军多失亡。……于是免武安君为士伍,迁之阴密。武安君病,未能行。居三月,诸侯攻秦益急……秦王乃使人遣白起……赐之剑自裁。武安君之死也,以秦昭王五十年十一月。(《白起列传》)	是年以正月为岁首,《秦本纪》不记十月以前事,但记十月武安君被迁及王龁还奔河东等事,盖讳言十月以前楚、魏合纵救赵攻秦,秦军大败,与秦之主将郑安平以三万人降赵等事。《白起列传》虽叙明武安君之被迁由于楚、魏攻秦,"秦军多失亡",亦有所隐讳。
昭王五十六年(公元前二五一年)	秋昭襄王卒,子孝文王立。(《秦本纪》) 后九月昭死。正月遬产。(秦简《编年记》)	《秦本纪》言"秋昭襄王卒",即《编年记》称"后九月昭死"。盖是年虽以正月为岁首,仍沿用颛顼历法,于"后九月"置闰。《编年记》"正月遬产"记在"后九月昭死"之后,盖《编年记》之体例家事记在国事之后。
孝文王元年(公元前二五〇年)	赦罪人,修先王功臣,褒厚亲戚,弛苑囿。孝文王除丧,十月己亥即位,三日而卒,子庄襄王立。(《秦本纪》) 孝文王元年立,即死(秦简《编年记》,"立"当读为"位",即指即位改元)。	是年以正月为岁首,据《先秦历表》与《辑要》,按颛顼历,是年十月丙申朔,十月己亥为十月初四,若按十月为岁首,十月壬寅朔,无己亥日。昭王死于上年后九月,待逾年除丧,仍按旧例,于十月行改元即位之礼,即位三日而卒。《编年记》谓"孝文王元年立","立"读为"位"。即位三日而卒,故云"即死"。非谓继昭王立而即死。

续上表

年　代	记事之年月	历法之验证
庄襄王元年(公元前二四九年)	大赦罪人，修先王功臣，施德厚骨肉而布惠于民。(《秦本纪》,《秦始皇本纪》引《秦记》同)	《秦本纪》于孝文王元年记“赦罪人”云云，又于庄襄王元年记“大赦罪人”云云；《秦始皇本纪》所引《秦记》又同。《六国表》又称秦二世元年“十月戊寅大赦罪人”，皆当为改元即位之大朝中宣布者，为后世帝王所谓“改元肆赦”之起源。秦用颛顼历，常于十月举行改元之礼而“肆赦”。
庄襄王二年(公元前二四八年)	三月(原误作“三年”，三年于天文无日食，当为“三月”之误)。蒙骜攻魏高都、汲，拔之。攻赵榆次、新城、狼孟，取三十七城。四月日食。(《秦本纪》)	《六国表》记庄襄王二年日食，是年四月二十四日有深食，在咸阳可见。
庄襄王三年(公元前二四七年)	五月丙午庄襄王卒，子政立，是为秦始皇帝。(《秦本纪》)	按《先秦历表》与《辑要》，颛顼历是年五月辛巳朔，丙午为五月二十六日。
秦王政(始皇帝)三年(公元前二四四年)	蒙骜攻韩取十三城。王齮死(“齮”与“龁”音同通用)。十月将军蒙骜攻魏氏畼、有诡。岁大饥。(《秦始皇本纪》)	按蒙骜于是年攻韩取十三城。至十月转而攻魏畼、有诡，《秦始皇本纪》下文即云：“四年拔畼、有诡。”可知是年十月非岁首，仍以正月为岁首。
秦王政(始皇帝)四年(公元前二四三年)	拔畼、有诡，三月军罢。……十月庚寅蝗虫从东方来，蔽天，天下疫。百姓内粟千石，拜爵一级。(《秦始皇本纪》) 七月蝗蔽天下，百姓纳粟千石，拜爵一级。(《六国表》)	此以正月为岁首，故先记三月。蝗灾，《秦始皇本纪》在十月，《六国表》在七月，《通鉴》从《六国表》作七月，《周季编略》亦云：“年表作七，《秦记》讹十，十月无蝗。”按《先秦历表》与《辑要》，颛顼历是年七月丁亥朔，庚寅为七月初六。
秦王政(始皇帝)七年(公元前二四〇年)	正月甲寅鄢令史。(秦简《编年记》)	按《先秦历表》与《辑要》，颛顼历是年正月癸卯朔，甲寅为正月十二日。

续上表

年　代	记事之年月	历法之验证
秦王政（始皇帝）九年（公元前二三八年）	四月上宿雍，己酉王冠，带剑。（《秦始皇本纪》）	按《先秦历表》与《辑要》，颛顼历是年四月己丑朔，己酉为四月二十一日。
秦王政（始皇帝）十二年（公元前二三五年）	四月癸丑喜治狱鄢。（秦简《编年记》）	按《先秦历表》与《辑要》，颛顼历是年四月壬寅朔，丁巳为七月十一日。
秦王政（始皇帝）十六年（公元前二三一年）	七月丁巳公终。自占年。（秦简《编年记》）	按《先秦历表》与《辑要》，颛顼历是年七月丁未朔，丁巳为七月十一日。
秦王政（始皇帝）二十年（公元前二二七年）	廿年四月丙戌朔丁亥南郡守腾谓县、道天……（秦简《语书》） 七月甲寅□□（秦简《编年记》）	按《先秦历表》与《辑要》，颛顼历是年四月确为丙戌朔，丁亥为四月初二。是年七月正是甲寅朔。
秦王政（始皇帝）二十六年（公元前二二一年）	改年始，朝贺皆自十月朔。（《秦始皇本纪》）	秦于是年再改岁首，从正月岁首又改为十月岁首。

根据上表对秦所用历法所作之验证，可知秦昭王四十二年（公元前二六五年）以前所用历法，符合于董作宾推定之《中国年历总谱》，从此以后，改用十月为岁首之颛顼历，至昭王四十九年又恢复以正月为岁首，但仍用颛顼历法之月日干支。至秦王政二十六年再改为十月岁首，仍沿用颛顼历。所有颛顼历之月日干支皆与汪曰桢《历代长术辑要》和张培瑜《中国先秦史历表》所推定之颛顼历相符合。

（三）逾年改元与当年改元之礼制

战国时列国史事，皆按君王在位年代以纪年，因而考订列国君王在位年代，从而重建正确之战国年表，至为重要。从来考订之法，无非以《秦本纪》、各国世家、有关列传与《六国年表》相比勘，再以《古本竹书纪年》与《史记》相对校，从而补正《史记》之错脱。司马迁因《秦记》以表六国时事，著成《六国年表》，虽所表魏、齐、赵、宋等国君王年世多所错乱，其于秦以及有关秦之大事，固宜信也。此中所记君王在位年代有一年之差者，大多出于计算方法之不同，盖是时列国君王之继立，大多采用逾年改元之常礼，但亦有未逾年而采取当年改元之礼制者。前人以《秦本纪》、《秦始皇本纪》所附《秦记》与《六国年表》相比勘，已有见及此。

春秋时嗣君继位，已通行逾年改元之常礼，此于《春秋》及《左传》有明证，非出于汉代经学家之臆说。盖嗣子继承君位，虽在初丧中作嗣子而即位，必待逾年元旦"朝正于庙"之大礼，回朝听政，会见群臣，然后"改元"即位而重定群臣上朝位次，此所以尊祖也。《春秋》于鲁之十二君，大多于元年书"元年春正月公即位"，即指"改元正位"之事。《春秋》于隐、庄、闵、僖四公之元年不书"公即位"，盖别有缘故，《左传》皆有解说。《左传》于隐公元年云："不书即位，摄也。"《史记·鲁世家》亦谓："惠公卒，为允少故，鲁人共令息（即隐公）摄政，不言即位。"杜预于《左传》桓公元年"春正月公即位"下作注，概括叙述"逾年改元"之礼云："嗣子位定于初丧，而改元必须逾年者，继父之业，成父之志，不忍有变于中年也。诸侯每首岁必有礼于庙，诸遭丧继位者，因此而改元正位，百官以序，故国史亦书即位之事于策。桓公篡立而用常礼，欲自同于遭丧继位者，《释例》论之备矣。"其说信而有征。

春秋以前，宗庙不仅为祭祀祖先之处，且具有礼堂性质，举凡政治大典，如即位、朝聘、策命以及宗族内部之礼仪，皆当于此举行。是以春秋时代君主每月必告朔听政，以朝于庙；每年元旦必行"朝正"之大礼于庙。《春秋》于襄公二十九年书“春正月公在楚”,《左传》云:“公在楚,释不朝正于庙也。”“朝正”为大礼,故“改元正位”必待“朝正”之礼而为之,因而嗣君继位必待逾年而改元。及战国之世,中央集权之政治体制确立,朝廷之重要远过宗庙,政治大典常于朝廷举行,于是春正月有“大朝”之礼,如赵武灵王十九年“春正月大朝信宫,召肥义与议天下,五日而毕”(《赵世家》)。秦亦有岁首“大朝”之礼,秦王政二十六年完成统一,定“朝贺皆自十月朔”,即沿用此常礼。因用颛顼历而以十月朔为岁首。是时改元正位必待岁首“大朝”之礼而为之,因而继嗣之君沿用逾年改元之常礼。此于《秦本纪》有明证。

《秦本纪》载:“(昭王)五十六年秋昭襄王卒,子孝文王立。”“孝文王元年赦罪人,修先王功臣,褒厚亲戚,弛苑囿。孝文王除丧,十月己亥即位,三日辛丑卒,子庄襄王立。庄襄王元年大赦罪人,修先王功臣,施德厚骨肉而布惠于民。”梁玉绳《史记志疑》论之曰:“孝文之立,书之重,言之复,读史者或疑为羡文错简,宜衍去赦罪人十五字。谓赦罪人等事,皆庄襄王事,增出于孝文王元年之下,而孝文王除丧、十月己亥二语,当互易之,移于孝文王元年。盖既葬而除丧,其时不独三年之丧久废,即期年亦不行耳。兹说未知然否。但余考古者天子崩,太子即位,其别有四:始死则正嗣子之位,《尚书·顾命》:逆子钊于南门之外,延入于翼室是也。既殡则正继体之位,《顾命》:王麻冕黼裳入即位是也。逾年正改元之位,《春秋》书公即位是也。三年正践祚之位,舜格于文祖及成王免丧,将即位,朝于庙是也。则所谓孝文王立者,正嗣子之位也。昭襄王卒于庚戌秋,丧葬之事皆毕,斯数月中,不言既殡正继体之礼,秦省之而不行也。所谓孝文王元年者,正改元之位也。所谓孝文王除丧,十月己亥即位者,正践祚之位也。

是年岁在辛亥，三年之丧废，故孝文期年便除，而因以知昭王之卒必在秋九月，窃意史公缘孝文即位三日便卒，恐后世疑莫能明，特备载当日行事，至今秩然可见，不得以为羡文错简矣。乃阎氏摘十月己亥一句，谓孝文已逾二年，史称享国一年为误，庄襄王以先君崩年改元，失礼莫大，其辨甚新，殊不知尔时秦尚未以十月为岁首也。”沈家本《史记琐言》云：“孝文、庄襄之赦，即为后世改元肆赦之权舆矣，大赦之名亦始见于此。”今按：所谓“孝文王立”者，确即正嗣子之位。所谓“十月己亥即位”者，即是“正改元之位”，即举行“改元即位”之礼。所谓“赦罪人”云云，即于“改元即位”之大朝中所宣布者，沈家本谓此为后世改元肆赦之权舆是也。战国之世何尝有三年或期年丧毕而正践祚之礼？梁氏之说非是。孝文王年五十三而立，享国一年，除丧即位三日而卒，其行事可称者，服丧、改元即位及肆赦而已，此其所以谥“孝文”欤？

秦孝文王于改元即位之“大朝”中，宣布“赦罪人，修先王功臣，褒厚亲戚，弛苑囿”，继而庄襄王又在改元即位之大朝中，宣布“大赦罪人，修先王功臣，施德厚骨肉而布惠于民。”此后秦二世元年（公元前二〇九年）“十月戊寅大赦罪人”（《六国年表》），亦当为元年改元即位之大朝中宣布者。盖是时以十月为岁首，是年十月甲戌朔，戊寅为十月初五。孝文王于元年十月己亥即位，以正月为岁首，十月丙申朔，己亥为十月初四。盖秦制于岁首上旬举行大朝之礼，新君亦于元年岁首上旬举行改元即位之礼。据此可以推知，秦孝公元年“布惠，振孤寡，招战士，明功赏”，下令国中招徕“有能出奇计强秦者”，亦当为是年岁首举行改元即位之大朝礼中宣布者。

《秦本纪》载献公二十三年与魏战少梁，“二十四年献公卒，子孝公立，年已二十一岁矣。”据《六国表》，献公二十三年秦与魏战少梁，次年为秦孝公元年。若如《秦本纪》所载，秦孝公元年即秦献公二十四年，秦孝公亦为未逾年而改元。但《魏世家》云：魏惠王九年“与秦战少梁，虏我将公孙痤，取庞。秦献公卒，子孝公立”，可知秦献公卒，子孝公立，与秦、魏战少梁在同年，《六国表》亦记秦魏战少梁在秦献公二十三年，即魏惠王九年（按《史记》记魏惠王年世误前一年，当作魏惠王八年）。考《秦本纪》与《六国表》皆按秦献公逾年改元记事，《六国表》所载秦献公时三次日食之纪年，皆与天文相合。《秦本纪》所载献公四年“正月庚寅孝公生”，亦与历法相合。孝公生于献公四年，至二十三年继献公而立，正如《秦本纪》所谓二十一岁矣。《秦本纪》所谓献公二十四年卒，盖献公杀出子而继立，未逾年而改元。《秦本纪》既按献公逾年改元记事，又按未逾年改元记其卒年，因有误差一年。秦献公确实在位二十三年，《秦始皇本纪》所引《秦记》亦作“享国二十三年”，《索隐》云：“《世本》称元献公，立二十二年，表同。”既同于表，亦当作二十三年。秦孝公于元年“改元即位”之大朝中，宣布“布惠，振孤寡，招战士，明功赏”而下令国中云云，乃秦之特大要事，《秦记》盖详载之，《秦本纪》因亦记载特详。

《赵世家》载赵武灵王二十七年（公元前二九九年）“五月戊申，大朝于东宫，传国，立王子何以为王。王庙见礼毕，出临朝，大夫悉为臣，肥义为相国，并傅王，是为惠文王。惠文王，惠后吴娃子也。武灵王自号为主父。”查是年夏历，五月壬子朔，有戊午、戊辰、戊寅而无戊申。是年周历五月癸丑朔，有戊午、戊辰、戊寅而无戊申。而赵惠文王元年（公元前二九八年）夏历五月丁未朔，五月初二即戊申。父亲自传其君位于子之礼，原与嗣子遭父丧而继承君位之礼不同，本不必逾年而改元。此“传国”之礼，本具有新君改元即位之“大朝”性质。“王庙见礼毕，出临朝，大夫悉为臣”，本为春秋以来嗣君即位之传统礼制。此礼本行于赵惠文王元年，《赵世家》误以为惠文王逾年改元，因而记于赵武灵王二十七年下，而于赵惠文王元年则未有记事，然而“五月戊申”之干支合于赵惠文王元年之夏历。

春秋时继立之君罕见当年改元者。以《左传》与《齐世家》、《十二诸侯年表》比勘，可知春秋末年田乞杀晏孺子而立阳生（即悼公），鲍子杀悼公而立壬（即简公），田常杀简公而立其弟骜（即平公），齐君三代见杀而另立，亦皆逾年而改元，未见当年改元之例。《古本竹书纪年》载晋出公二十三年奔楚而立敬公，亦未见当年而改元。至战国初期，乃见前君见杀而继立者，常于当年改元。此春秋、战国之际，由于时势变化，从而改元即位之礼制亦有所变革。

钱穆《先秦诸子系年·自序》以不逾年改元为变例，以为“不逾年而改元，古人自有其事，然大率前君被弑，后君以篡逆得国，不自居于承前君之统绪，则往往以前君见弑之年，改称篡立者之元年，不复逾年而改元。此在春秋时不多见，而战国屡有之。”钱氏举秦献公为例云：“据《秦记》献公前承出子，出子二年庶长改迎献公于河西而立之，杀出子及其母，沈诸渊。其事亦见不韦《吕氏春秋·当赏》。盖献公实弑君自立，故未逾年而改元。出子之末，即献公之初。”因而《秦始皇本纪》所引《秦记》、《六国表》称献公二十三年，而《秦本纪》作二十四年。此说甚是。《秦本纪》言秦献公元年“止从死”。所谓“从死”即随从秦君之殉葬者。《秦本纪》载秦武公二十年“武公卒，葬雍平阳，初以人从死”。出子二年出子见杀，《秦始皇本纪》引《秦记》云：“出公享国二年，出公自杀，葬雍。”盖讳言见杀而葬之于雍。秦献公“止从死”，即禁止以人从死于出子之葬地，可知秦献公元年必即秦出子二年，献公确未尝逾年改元也。钱氏又以秦灵公，《秦始皇本纪》引《秦记》、《六国表》作十年，而《秦本纪》作十三年乃十一年之字讹，亦因前怀公为诸臣所围而自杀，灵公因亦不逾年而改元。钱氏更以秦简公，《秦始皇本纪》引《秦记》、《六国表》作十五年，而《秦本纪》作十六年，亦因简公篡献公之统，上溯其父怀公之绪，亦不俟逾年而改元。

至于钱氏谓秦庄襄王，《秦始皇本纪》引《秦记》、《六国表》作三年，而《秦本纪》作四年，因孝文王即位三日而卒，而即以是年称元。其说非是。云梦出土秦简《编年记》亦谓“庄王三年庄王死”，并无四年。《编年记》于“孝文王元年立，即死”以后，并有“庄王元年”，可知庄襄王确是逾年改元者。《秦本纪》云：“（庄襄王）二年使蒙骜攻赵，定太原。三年蒙骜攻魏高都、汲，拔之。攻赵榆次、新城、狼孟，取三十七城。四月日食。四年王龁攻上党，初置太原郡。魏将无忌率五国兵击秦，秦却于河外，蒙骜败，解而去。”以《六国表》与此对勘，梁玉绳以为“使蒙骜攻赵，定太原，三年”十字为羡文，是也。张文虎以为“四年二字涉上四月而衍”，不确。“四年”当是“三年”之误。秦庄襄王二年即公元前二四八年，四月确有日全食经黄河流域，三年四月并无日食。据此可知，以《秦本纪》与《六国表》对勘，秦君年数《秦本纪》较《六国表》多一年者，多因秦君未逾年改元之故，但亦有出于字误者，未可一概而论。

以《秦本纪》与《六国表》比勘，知《秦本纪》有按政变篡立之君未逾年改元者，而《六国表》则仍按逾年改元之常例记之，以期统一。然《六国表》亦有按篡立之君未逾年改元者。《赵世家》惠文王二十八年载“燕将成安君公孙操弑其王”。《集解》徐广曰：“《年表》云是燕武成王元年。"《索隐》云："按乐资云其王即惠王。"《燕世家》："惠王七年卒，韩、魏、楚共伐燕。燕武成王立。"《索隐》云："按《赵世家》惠文王二十八年燕相成安君公孙操弑其王，乐资以为即惠王也。徐广按《年表》，是年燕武成王元年，武成即惠王子，则惠王为成安君弑明矣。"今按《燕世家》未言燕武成王为惠王子，《索隐》言武成即惠王子，不确。公孙操以公孙为氏，当为燕之公族，盖为封君兼相国而专权，杀惠王而拥立武成王者。上年秦、楚助韩、魏伐燕，见于《秦本纪》、楚、韩、燕《世家》及《六国表》，或因燕内乱而干预之。可知燕武成王因政变、弑君而被拥立者，未逾年改元，因而《六国表》即以是年为燕武成王元年。而《燕世家》讳言惠王见杀，乃谓惠王七年卒，似若燕武成王继位，而逾年改元者。其实惠王八年见杀，《燕世家》因讳言见杀而缩减为惠王七年。

上述秦、燕等国皆有政变、弑君即位者于当年改元之实例，盖经政变而即位者，自以为创建新君统，有别于已革除之旧君统，因而不用逾年改元之常礼，改用当年改元之变礼，以示不继承前君之统绪。《秦本纪》载孝公于元年，下令国中招徕"出奇计强秦者"，尝言："会往者厉、躁、简公、出子之不宁，国家内忧，未遑外事，三晋攻夺我先君河西地，诸侯卑秦，丑莫大焉。献公即位，镇抚边境，徙治栎阳，且欲东伐，复缪公之故，修缪公之政令，寡人思念先君之意，常痛于心。"盖孝公以下，自认继献公之新君统，不同于厉、躁、简公、出子之旧君统，是以云梦出土战国晚期之《秦律》，有云："何谓甸人？甸人守孝公、献公冢者也。"甸人为守祖冢之官，以守孝公、献公冢为首要。《秦始皇本纪》末尾所引《秦记》，前后分两大段：前段自"襄公立"至"庄襄王享国三年"，记历代秦君之统绪，每君享国年数及葬地。后段自"献公立七年初行为市”以下，则记每君最要之大事，直至秦二世为止。前段记秦君之全统绪，后段则特记献公以后之新统绪及其最重之大事。盖秦献公以后之秦君，尤其重视于新君统之新成就，因而秦史官特记之。

战国时君主称侯称王有改元者。《田世家》称“田和立为齐侯，列于周室，纪元年”，是当年改元，魏惠王于三十六年改元，由于是年齐魏两君相会于徐州，互尊为王，即所谓“会徐州相王”，亦为当年改元。惟有秦惠文君于十三年四月戊午称王，次年更为元年，又逾年而改元。

战国时君王又有因君位传授而改元者，并无定制，《六国表》列燕王哙九年燕人共立燕昭王，《燕策一》第九章，称燕王哙三年与楚、三晋攻秦，不胜而还，传位于相国子之。子之三年燕国内乱，齐乘机破燕，二年燕人立燕昭王。可知子之得传位，盖逾年而改元。赵武灵王传位于王子何即惠文王，《六国表》、《赵世家》以为逾年改元，但据《赵世家》所载举行“传国”“大朝”之月日干支考核，当在惠文王元年，盖即于立年改元。

(四) 秦日食纪年之验证

《史记·六国年表》之秦表与《秦本纪》，载有战国时九次日食，只记年而不载月日，当采自简略之《秦记》，盖出于秦史官之实录，虽其文简略，亦足资考订战国时秦之纪年。

《六国年表》载秦厉共公三十四年（公元前四四三年）“日蚀、昼晦、星见”。此乃深食之象，但是年并无日食能在中国见及。新城新藏、朱文鑫、渡边敏夫先后断言当是公元前四四二年之误。盖公元前四四二年三月十一日有环食,能为秦都咸阳所见。齐藤国治以为三人所作论断尚不够恰当。因公元前四四二年日食时,金星之光度不强,尚不足以有“星见”之象。而公元前四四四年十一月初一日有环食,金星之光度确能“昼见”。因此断言当为公元前四四四年之误,《六国年表》盖误后一年。

《六国年表》又载秦躁公八年(公元前四三五年)“六月雨雪。日、月蚀”。“六月雨雪”与“日蚀”、“月蚀”当为三件事,并非同时发生于六月,“六月雨雪”乃指气候失常。朱文鑫以为是年日食在十月十五日,月食在六月八日。渡边敏夫以为是年日食在五月二十日,月食在十月三十日。齐藤国治以为二人所作论断皆不适合,因是年日食非咸阳所能见,因而断言当为公元前四三六年之误,盖公元前四三六年七月初一有日食能为咸阳所见,同年十一月九日有月食。《六国年表》亦误后一年。

《六国年表》又载秦简公五年(公元前四一〇年)“日蚀”。查是年无日蚀能在中国见及。新城氏、朱氏、渡边氏皆以为公元前四〇九年之误。盖公元前四〇九年六月一日有日食能为咸阳所见。齐藤氏以为当与上述两次日食,同为误后一年。盖公元前四一一年一月二十七日有日食能为咸阳所见。齐藤氏以为三次日食所以误后一年,由于新君立年与改元之年之安排有不同,并引《秦本纪》简公十六年,而《六国年表》作十五年为证。

上节已辨明,齐、秦、燕三国皆有政变弑君即位者于当年改元之实例。秦襄公、简公与献公皆为未逾年而当年改元之君,《六国年表》因仍按逾年改元之常例安排,以致与《秦本纪》所载有一年之差。《六国年表》所记秦简公五年日蚀所以误后一年,当以此故。颇疑《六国年表》所记秦厉共公与躁公时之日蚀误后一年，亦由于两君是在内乱中被拥立者，未逾年而改元。

当春秋末年与战国初期，秦正处于内乱时期，秦君常为若干庶长所杀或废除，所立之君常不按原有之统绪，直至秦献公杀出子而自立，重建新君统绪。《秦本纪》于献公元年前，有云："秦以往者数易君，君臣乖乱，故晋复强，夺秦河西地。"秦孝公于元年下令国中，亦曰："会往者厉、躁、简公、出子之不宁，国家内忧，未遑外事。"以厉共公、躁公与简公、出子同为"不宁"之君。当春秋末年秦惠公与秦悼公时，秦已混乱而衰弱，《秦本纪》载惠公立十年卒，悼公立十四年卒，二十四年所记，皆晋、齐、吴、楚之事，竟无一语及秦，盖局势混乱，《秦记》讳言，未有记载。厉共公为继悼公而立者，悼公以"悼"为谥。从来以"悼"为谥之君大多被杀或短命而死，如齐悼公立四年而被杀，周甘悼公亦见杀，许悼公尝药而死，《春秋》作"弑"，宋悼公即见执于韩文侯之宋君。秦悼公亦其俦乎？厉共公亦称厉公，不仅秦孝公称之为厉，《十二诸侯年表》及《后汉书·西羌传》亦称为厉公。从来谥厉之君，皆有昏德而不得善终，如周厉王放于彘，齐厉公以暴虐见杀，晋厉公被杀，郑厉公尝见逐，陈厉公以淫乱见杀，秦厉公亦其俦乎？厉公继悼公而立，躁公继厉公而立，与简公同为"不宁"之君，疑皆未尝逾年而改元，而《六国年表》仍按逾年改元之常例记载，以致所记日食皆误后一年。

《六国年表》载秦惠公三年（公元前三九七年）"日蚀"，是年五月初一确有环食能为咸阳所见。《六国年表》又载：秦献公三年（公元前三八二年）"日蚀、昼晦"，是年八月初一日有深食，正过秦都。《六国年表》又载秦献公十年（公元前三七五年）"日蚀"，是年三月初一日有浅食能为咸阳所见。《六国年表》秦献公十六年(公元前三六九年)“日蚀”,是年五月初一日有深食为咸阳所能见及。上述四日蚀,《六国年表》皆记载确实,足见《六国年表》所列秦惠公与秦献公之年世无误。惟《六国年表》称惠公十一年“太子生”,而《秦本纪》作“十二年子出子出”,仍有一年之差异。《六国年表》称秦献公四年(公元前三八一年)“孝公生”,《秦本纪》作“四年正月庚寅孝公生”,是年正月壬午朔,庚寅为正月初九,可知《秦本纪》所载正确。上节已辨明,秦献公当为未逾年改元之君,《秦本纪》所载献公元年止从死。献公元年即是出子二年,因而《六国年表》记献公在位二十三年,而《秦本纪》称“二十四年献公卒”,有一年之差。但《秦本纪》于秦献公二年以下所记事实,与《六国年表》所载全合,未有一年之差,盖《秦本纪》亦已按逾年改元之常例作记载。

《六国年表》又载秦昭王六年(公元前三〇一年)“日蚀、昼晦”。是年八月五日有分食,秦都所见不及一分,不能有“昼晦”之象。惟上年(公元前三〇二年)七月二十六日有深食,秦都约见七分以上,有“昼晦”之象。因而新城氏、朱氏、渡边氏皆以秦昭王六年当是七年之误,以为《六国年表》误前一年。查《秦本纪》与《六国年表》俱言秦惠文王十三年(公元前三二五年)四月戊午魏君为王,是年四月乙卯朔,戊午为四月初四。秦简《编年记》记昭王四十五年十二月甲午鸡鸣时喜产。甲午为十二月十四日(前已论及),可知《六国年表》所记秦昭王之年世无误,当是所记日蚀误前一年。

《六国年表》载“秦庄襄王二年(公元前二四八年)击赵榆次、新城、狼孟,得三十七城。日蚀”。《秦本纪》载庄襄王“二年使蒙骜攻赵,定太原。三年,蒙骜攻魏高都、汲,拔之。攻赵榆次、新城、狼孟,取三十七城。四月日食。"《赵世家》载孝成王十八年"秦拔我榆次三十七城"。赵孝成王十八年即秦庄襄王二年，以三者比勘，梁玉绳《史记志疑》以为《秦本纪》"二年"下"使蒙骜攻赵，定太原"八字乃羡文，此下"三年"二字亦羡文，是也。朱文鑫《历代日食考》之《战国及秦日食考》云："日食，《六国表》书在二年亦不误，且二年四月之日食，经黄河流域确为中原可见之全食。三年四月并无日食，益足证《六国表》之无误。"其说亦是。公元前二四八年四月二十四日有深食在咸阳可见。

根据《六国年表》所载秦日食加以考核，可知《六国年表》中秦表之纪年，战国初期厉共公、躁公、简公时误后一年，秦惠公以后大体正确，惟秦昭王六年日蚀乃误前一年。

平势隆郎《关于战国纪年组成之试论》(《史学杂志》一〇一编八号)，推定秦国纪年，孝公以前皆据立年改元，颇有可能。钱穆已指出怀公、灵公、简公、献公四君皆因政变弑君或统绪改变而未逾年改元，齐藤国治又因秦厉共公、躁公、简公时之日食，《六国表》皆误后一年，亦疑三君未逾年改元，《秦本纪》谓秦简公十六年卒，子惠公立，惠公十三年卒，子出子立。但《秦本纪》、《秦始皇本纪・索隐》所引《纪年》云："简公九年卒，次敬公立，十二年(一作十三年)卒，乃立惠公。"如此则简公、惠公之间，又多出敬公一代，简公九年而卒，加敬公十二年，则惠公不过七年。秦自厉共公至出子，九十年间，共立八君，皆在内乱中被拥立，又或被杀，非按原有君主之统绪继立，因而不用继嗣之君逾年改元之常礼，改为当年改元。

(五) 魏惠王年世之考订

自晋代出土《竹书纪年》以来，治史者皆据以纠正《史记》所载战国纪年之失误。此中魏惠王年世之考订，实为关键所在。《六国表》记惠王元年在周烈王六年（公元前三七〇年），而《晋世家·索隐》引《竹书纪年》云："魏武侯以[晋]桓公十九年卒。"据《竹书纪年》所载晋出公以下之年世推算，晋桓公十九年正当周烈王六年，似乎魏惠王于立年改元，因而《六国表》以此为惠王元年。其实不然。

《魏世家》言魏武侯十六年卒，"子䓨立，是为惠王。"其实武侯卒年，䓨并未得立。《魏世家》于惠王元年下云："初武侯卒也，子䓨与公中缓争为太子"，公孙颀谓韩懿侯曰："魏䓨与公中缓争为太子，君亦闻乎？"其后赵韩乘机干预，战于浊泽，魏䓨大败被围，旋因赵、韩不和，韩先退兵，䓨乃得转败为胜。文末有评论，并谓："君终无適子，其国可破也。"《资治通鉴》据此不取当年"子䓨立"之说，改作"魏武侯薨，不立太子，子䓨与公中缓争立，国内乱。"司马光《稽古录》亦同，"不立太子"作"无適子"，意义相同，其说是也。

《魏世家》载魏惠王元年，赵、韩"合军并兵以伐魏，战于浊泽，魏氏大败，魏君围（魏君指魏䓨）"。赵欲除魏君，立公中缓，割地而退；而韩欲使魏分为两。赵不听韩，韩以卒夜去。《六国表》亦记赵成侯六年"败魏涿泽，围魏惠王"。涿泽即浊泽，"围魏惠王"亦即"魏君围"。《赵世家》亦云："成侯六年伐魏，败湪泽，围魏惠王。"《正义》曰："湪音浊。"赵成侯六年已是周烈王七年。据此可知，魏惠王元年即周烈王七年。《魏世家·索隐》引《竹书纪年》云："赵侯种、韩懿侯伐我，取葵，而惠成王伐赵，围浊泽（"泽"原误作"阳"，从日本南化本、伊佐早谦藏本所据古钞校记改正）。七月（"月"原误作"年"，从雷学淇改正），公子缓如邯郸以作难。"所记同为魏惠王元年之事。所谓"惠成王伐赵，围浊泽"，该是浊泽之战，韩先退走，魏惠王反攻，对赵反包围，转败为胜。《水经·浊漳水注》引《竹书纪年》云："梁惠成王元年邺师败邯郸师于平阳。"邺师即梁惠王所统率之师，击退赵师于赵都邯郸东南之平阳。《通鉴》将《魏世家》所载惠王元年战于浊泽之事，系于周烈王七年，并云："䓨遂杀公中缓而立，是为惠王。"颇具卓见。盖魏䓨既对赵转败为胜，排除赵之干预，遂又战胜争立太子之公仲缓，得以自立为君。所谓䓨杀公仲缓，不见于《史记》与《国策》，当别有所据。司马光《稽古录》亦称："韩怒，以其师夜去。赵师亦归，魏䓨遂灭缓。"

《魏世家》称文侯二十五年"子击（即武侯）生子䓨"，时在周安王二年（公元前四〇〇年），至魏惠王元年，魏䓨年方三十，未立为太子。《魏世家·索隐》引《竹书纪年》云："武侯元年封公子缓"，盖公子缓为武侯所宠而得封。是年魏䓨与公仲缓争为太子而得胜，自立为君，盖亦未逾年而改元，即以立年改元。《魏世家》所记惠王元年战于浊泽等事，即按立年改元而记载。《资治通鉴》不取"武侯卒而子䓨立"之说，定"䓨遂杀公仲缓而立"在周烈王七年，甚为确当。但又误从《六国表》，记魏武侯卒于周烈王五年，以致《资治通鉴》于周烈王六年与前后脱节，而记"魏败赵师于怀"。《魏世家》记败韩于马陵、败赵于怀在魏惠王二年，即周烈王七年。而《赵世家》与《六国表》又记魏败我怀在赵成侯五年，即周烈王六年。当以《魏世家》为是。魏之败赵于怀，当在赵韩攻取魏葵之后。怀即在葵之东南。葵为赵韩合攻魏时所取，魏败赵于怀，当在魏转败为胜时。

《开元占经》卷一〇一引《竹书纪年》曰："惠成王元年昼晦"，与《六国表》载秦献公十六年"日蚀"，盖同为一事而出于秦、魏史官之不同记载。可知魏惠王元年，当即秦献公十六年，亦即周烈王七年。今《六国表》以魏惠王二年即周烈王七年，盖误多一年。此为《史记》所记魏惠王误多一年之铁证。

今以《史记》与《竹书纪年》比勘，凡魏惠王改元以前三十五年中，《史记》记事皆较《竹书纪年》误多一年，兹列表如下：

《古本竹书纪年》	《史　　记》
(1) 梁惠成王元年昼晦。(《开元占经》一百零一引《纪年》) 今案："昼晦"即是较深之日蚀。如《六国表》称："厉共公三十四年日蚀昼晦。""秦献公三年日蚀昼晦。"皆以日蚀与昼晦连称。 梁惠成王元年韩共侯、赵成侯迁晋桓公于屯留。(《水经·浊漳水注》引《纪年》) [晋]桓公二十年赵成侯、韩共侯迁桓公于屯留。 今案：据此可知《纪年》梁惠成王元年当晋桓公二十年。据《纪年》所载晋出公以下年世推算，晋桓公二十年当周烈王七年。	秦献公十六年(当周烈王七年，魏惠王二年)日蚀。(《六国表》) 据朱文鑫《历代日食考》，此年为公元前三六九年、西历四月十一日十三时九分确是日有环食。按当时历法，乃五月初一。《六国表》秦献公十六年当魏惠王二年。《史记·六国表》依据《秦记》，盖出于秦史官之记载，而《竹书纪年》则出于魏史官之记载。此次日蚀，为秦魏两国都城所能见，于是同为一事而分别出于秦、魏史官之不同记载。
(2) 梁惠成王二年齐田寿率师伐我，围观，观降。(《水经·河水注》引《纪年》，"我"原误作"赵"，从赵一清、戴震校本改正，今本《纪年》亦作"我")	[惠王]三年齐败我观。(《魏世家》) 齐威王十一年(当作桓公七年)伐魏取观。(《六国表》) 今案：《田世家》亦云："魏惠王请献观以和解。"
(3) 鲁恭侯、宋桓侯、卫成侯、郑釐侯来朝皆在[梁惠王]十四年。(《魏世家·索隐》引《纪年》)	惠王十五年鲁、卫、宋、郑君来朝。(《魏世家》，《六国表》同，惟"君"作"侯"，无"朝"字。)
(4) 梁惠王十七年齐田忌败梁于桂陵。(《孙子吴起列传·索隐》记王劭引《纪年》) 梁惠成王十七年齐田期伐我东鄙，战于桂阳，我师败逋。(《水经·济水注》引《纪年》，并云桂阳亦曰桂陵，其实"阳"乃"陵"字之误。)	惠王十八年拔邯郸。赵请救于齐，齐使田忌、孙膑救赵，败魏桂陵。(《魏世家》，《六国表》作"邯郸降，齐败我桂陵"。)

续上表

《古本竹书纪年》	《史　记》
(5) 梁惠成王十七年宋景敾、卫公孙仓会齐师围我襄陵。十八年惠成王以韩师败诸侯师于襄陵。(《水经·淮水注》引《纪年》)	惠王十九年诸侯围我襄陵。(《魏世家》,《六国表》同)
(6) 梁惠成王二十七年十二月齐田肦败梁马陵。(《孙子吴起列传·索隐》记王劭引《纪年》) 梁惠成王二十八年齐田肦战于马陵。(《魏世家·索隐》引《纪年》) 《孟尝君列传》"败之马陵"下《索隐》云:"《纪年》当梁惠王二十八年。" [齐]威王十四年田肦伐梁,战马陵。(《田世家·索隐》引《纪年》)	惠王三十年太子果与齐人战,败于马陵,虏魏太子申,杀将军涓。(《魏世家》) 齐宣王二年(即魏惠王三十年)败魏马陵,田忌、田婴、田肦将,孙子为师。(《六国表》)
(7) 惠王二十九年五月齐田肦伐我东鄙。九月秦卫鞅伐我西鄙,十月邯郸伐我北鄙。王攻卫鞅,我师败绩。(《魏世家·索隐》引《纪年》) 梁惠王二十九年齐田肦及宋人伐我东鄙,围平阳。(《水经·泗水注》引《纪年》) 梁惠王二十九年秦卫鞅伐梁西鄙。(《商君列传·索隐》引《纪年》)	惠王三十一年秦、赵、齐共伐我。秦将商君诈我将军公子卬而袭夺其军,破之。(《魏世家》) 魏惠王三十一年秦商君伐我,虏我将公子卬。(《六国表》) 齐宣王三年(即魏惠王三十一年)与赵会,伐魏。(《六国表》)
(8) 梁惠成王三十年秦封卫鞅于邬,改名曰商。(《水经·浊漳水注》引《纪年》) 秦封商鞅在惠王三十年。(《商君列传·索隐》引《纪年》)	秦孝公二十二年封鞅为列侯,号商君。(《秦本纪》) 楚宣王三十年秦封卫鞅于商。(《楚世家》) 《六国表》列"封大良造商鞅"在秦孝公二十二年,即魏惠王三十一年,楚宣王三十年。

以上比勘魏惠王称王改元以前三十五年中,《竹书纪年》与《史记》所载相同之事,《史记》误多一年者有六例,误多二年者有两例,无有年代不相差者。其中误多二年皆为战争,战争或连续二年也。《史

记》之所以误多一年,与魏惠王之立年改元无关,因为《竹书纪年》所载之惠王年数,已是据立年改元计数者。因此《史记》之所以误多一年,当别有原因在。

杜预《春秋经传集解·后序》云:"古书《纪年篇》,惠王三十六年改元,从一年始,至十六年而称惠成王卒,即惠王也,疑《史记》误分惠成之世以为后王年也。"《魏世家·集解》引荀勖曰:"和峤云:……案《太史公书》,惠成王但言惠王,惠王子曰襄王,襄王子曰哀王。惠王三十六年卒,襄王立十六年卒,并惠、襄为五十二年。今案古文,惠成王立三十六年,改元称一年,改元后十七年卒。《太史公书》为误分惠成之世,以为二王之年数也。"杜预、荀勖、和峤皆亲见竹书,所言当可信。《魏世家·索隐》亦云:"惠成王三十六年改元称一年,未卒也。"考魏惠王之所以在三十六年改元,盖是年齐、魏会徐州相王,齐威与魏惠互尊为王,并有韩及小国参与。即《魏世家》谓襄王元年(当作魏惠王后元元年)"与诸侯会徐州相王也"。魏因与齐互尊为王,并得韩等国之推尊,于当年改元。此与秦惠文王称王而逾年改元不同,而与"田和立为齐侯,列于周室,纪元年"(《田世家》)相同。既然魏惠王于三十六年改元又称一年,未逾年改元,则惠王未改元前,实只三十五年。由于司马迁误以"魏惠王三十六年改元"为"三十六年卒",于是《史记》魏惠王在改元前之年世多一年,因而将惠王元年与武侯卒年提上一年。《史记》与《竹书纪年》所载魏惠王未改元前三十五年之事,所以相差一年,即以此故。

不仅《竹书纪年》与《史记》所载魏惠王时史实年代相差一年,所载魏文侯、魏武侯之年代亦有相差。《魏世家》与《六国表》记魏文侯在位三十八年,魏武侯在位十六年,而《魏世家·索隐》引《竹书纪年》云："文侯五十年卒"，"武侯二十六年卒"。雷学淇《竹书纪年义证》、王国维《古本竹书纪年辑校》据此上推文侯、武侯之年世，定文侯元年在周定王二十三年（公元前四四六年），武侯元年在周安王六年（公元前三九六年）；但《魏世家·索隐》引《竹书纪年》云："魏武侯元年当赵烈侯之十四年。"赵烈侯元年在周威烈王十八年（《赵世家》与《六国表》在赵烈侯后误多武公一代），赵烈侯十四年当为周安王七年。何以雷学淇、王国维推算又与此相差一年，当与上述《竹书纪年》与《史记》所载魏惠王时史实相差一年有关联。《史记》所载魏武侯年世较纪年短少十年，但以《史记》与《竹书纪年》所载魏武侯时史实相比勘，只相差九年而非十年，如《魏世家》载武侯二年城安邑王垣，而《索隐》引《竹书纪年》作"十一年城洛阳及安邑、王垣"。《韩世家》载韩哀侯二年"灭郑，因徙都郑"。《史记》韩哀侯二年当魏武侯十二年，而《索隐》引《竹书纪年》云："魏武侯二十一年韩灭郑，哀侯入于郑。"其所以短少九年而非十年，有一年之差，盖《史记》将魏惠王三十六年改元，误作魏惠王三十六年卒，将魏惠王之纪元与魏武侯之卒年提上一年，于是魏文侯与魏武侯之年世皆提上一年。

根据以上比勘《竹书纪年》与《史记》，可知魏文侯元年当在周定王二十四年、晋敬公七年，即公元前四四五年。魏武侯元年当在周安王七年，晋烈公二十一年，即公元前三九五年。魏惠王元年当在周烈王七年，晋桓公二十年，即公元前三六九年。魏惠王三十六年改元又称一年，即魏惠王后元元年，当在周显王三十五年，即公元前三三四年，《史记》误以为魏襄王元年。魏襄王元年当在周慎靓王三年，即公元前三一八年，《史记》误作为魏哀侯元年。

一九四六年八月余以上述见解，写成《梁惠王的年世》一文，刊于上海《东南日报》副刊《文史周刊》第六期（发表于八月八日），当即引起讨论。钱穆作《关于梁惠王在位年岁之商榷》，刊于《文史周刊》第十期（发表于九月五日）。以为余改梁惠王在位五十二年之旧说为五十一年，实无坚确之凭证，并谓“此等相错，古书多有，实难深论，若据此递将梁惠王年减去一岁，以求符合，则符合者实小，而牵动者实大，实当为考古者所审慎也”。因此，余又作《再论梁惠王的年世》一文（发表于十月三日《文史周刊》第十四期）作进一步阐释。盖以《史记》与《纪年》比勘，魏武侯、魏惠王之年世皆有一年之差，而无相合者，惟所记战事有差二年者，盖《史记》据《秦记》。《秦记》于他国战事只记胜负之年，因而战争连续二年者，往往记在次年。《纪年》载梁惠王元年日食，而《六国表》记秦献公十六年日蚀。查公元前三六九年确有日食，更为明证。

一九四八年至一九四九年间，陈梦家发表《六国纪年》（原刊于《燕京学报》第三十四、三十六、三十七期，合订本于一九五五年由学习生活出版社出版），以《古本竹书纪年》考订东方六国之纪年，亦断定《史记》于魏惠王之年世误上一年，确定梁惠王元年当周烈王七年，与上述见解相同。但仍以为梁惠王未改元前有三十六年，改元后又有十六年，于是将梁惠王后元定于周显王三十六年，即公元前三三三年，并定魏襄王元年在周慎靓王四年，即公元前三一七年。即将《史记》所谓魏襄王、魏哀王元年一律移后一年，其说不确。

今以《史记》与《纪年》比勘，凡魏惠王改元以后与魏襄王时之记事，年次基本相合，兹列表如下：

《古本竹书纪年》	《史　　记》
(1)［梁惠成王后元］十年齐田肦及邯郸韩举战于平邑，邯郸之师败逋，获韩举，取平邑、新城。(《水经·河水注》引《纪年》) 《纪年》云韩举赵将……又《纪年》云：其败当韩威王八年。(《韩世家·索隐》) 下败韩举在威侯八年，而此世家即以为宣惠王之年。(《韩世家·索隐》)	［韩宣惠王］八年魏败我将韩举。(《韩世家》) 韩宣惠王八年魏败我韩举。(《六国表》) 今案：《水经注》引《纪年》邯郸韩举，即谓赵将韩举，盖《纪年》文例，称赵为邯郸。《韩世家》、《六国表》误以韩举为韩将，但未误其年，《史记》之韩宣惠王即《纪年》之韩威侯或韩威王。韩宣惠王八年，《六国表》当魏襄王十年，实即梁惠王后元十年。
(2) 梁惠王后元十三年四月齐威王封田婴于薛。(《孟尝君列传·索隐》引《纪年》)	［齐］宣王卒，湣王即位。即位三年而封田婴于薛。(《孟尝君列传》) ［齐湣王］三年封田婴于薛。(《田世家》,《六国表》同。) 今案：梁惠王后元十三年，据《六国表》，乃魏襄王十三年，即齐湣王二年，与《孟尝君列传》称湣王即位三年而封田婴于薛相合。《田世家》及《六国表》作湣王三年，则误后一年。
(3)《史记·集解》于《赵世家》“赵武灵王十一年王召公子职于韩，立以为燕王，使乐池送之”下，引徐广曰“《纪年》亦云尔”。又云：“当是赵闻燕乱，遥立职为燕王。”《索隐》又云：“今此云使乐池送之，必是凭旧史为说，且《纪年》之书，其说又同，则裴骃之解得其旨矣。” 《六国表》赵武灵王十二年下，《集解》徐广曰：“《纪年》云立燕公子职。”	赵武灵王十一年王召公子职于韩，立以为燕王，使乐池送之。(《赵世家》) 今案：赵武灵王十九年当齐宣王五年、燕王哙六年(即子之三年)，赵因燕内乱而谋送立公子职，次年齐破燕，赵谋合纵而伐齐存燕，因而送入公子职，立以为燕王。《赵世家》与《纪年》相合。
(4) 魏襄王七年，秦王来见于蒲坂关，四月越王使公孙隅来献乘舟始罔及舟三百，箭五百万，犀角象齿焉。(《水经·河水注》引《纪年》)	魏哀王六年与秦会临晋。(《魏世家》,《六国表》同) 秦惠文王更元十二年王与梁王会临晋。(《秦本纪》) 今按：蒲坂关与临晋关隔黄河而相对，为秦、魏交界。《史记》据《秦记》言相会于临晋，《纪年》乃魏史，又言见于蒲坂，当为一事。《史记》所记前于《纪年》一年。

续上表

《古本竹书纪年》	《史　记》
(5)《史记·集解》于《韩世家》襄王十二年"楚围雍氏"下引徐广曰:"《秦本纪》惠王后元十三年、周赧王三年、楚怀王十七年、齐湣王十二年,皆云楚围雍氏。《纪年》于此亦说楚景翠围雍氏,韩宣王卒,秦助韩共败楚屈丐,又云齐、宋围煮枣。皆与《史记·年表》及《田完世家》同。"	秦惠文王更元十三年庶长章击楚于丹阳,虏其将屈匄。……楚围雍氏。(《秦本纪》) 齐湣王十二年攻魏。楚围雍氏。秦败屈丐。(《田世家》) 韩宣惠王二十一年秦助我攻楚(原误作"我助秦攻楚"),围景座。(《六国表》,按景座即景翠) 今案:《秦本纪》、《田世家》、《六国表》皆与《纪年》合。
(6)魏襄王八年翟章伐卫。(《魏世家·索隐》引《纪年》)	魏哀王八年伐卫,拔列城二。(《魏世家》) 魏哀王八年围卫。(《六国表》)
(7)[张仪以]今王九年五月卒。(《张仪列传·索隐》引《纪年》)	秦武王元年张仪、魏章皆死于魏。(《六国表》) 秦武王二年张仪死于魏。(《秦本纪》) 魏哀王十年张仪死。(《魏世家》,《六国表》同) 秦武王元年仪重至魏。张仪相魏一岁,卒于魏也。(《张仪列传》) 案:《六国表》秦武王元年张仪死于魏,与《纪年》合。
(8)魏哀王十二年秦公孙爰("爰"当作"疾")率师伐我,围皮氏,翟章率师救皮氏围,疾西风。(《水经·汾水注》引《纪年》,"风"乃"去"字之误。) 今案:公孙疾即樗里疾,时为围皮氏主将。"风"乃"去"字之误,《樗里子列传》可证,即"未拔而解"。	魏哀王十二年秦来伐我皮氏,未拔而解。(《魏世家》) 魏哀王十三年秦击皮氏,未拔而解。(《六国表》) [秦]昭王元年还击皮氏,皮氏未降,又去。(《樗里子列传》) 今案:《魏世家》与《纪年》合,《六国表》与《樗里子列传》迟一年。
(9)《史记·索隐》于《魏世家》"魏哀王十六年秦拔我蒲坂、阳晋、封陵"下,云:"《纪年》作晋阳、封谷。"	魏哀王十六年秦拔我蒲坂、晋阳、封陵。(《六国表》) 魏哀王十六年秦拔我蒲坂、阳晋、封陵。(《魏世家》)
(10)[魏襄王十九年]楚入雍氏,楚人败。(《韩世家·集解》徐广引《纪年》。)	韩襄王十二年楚围雍氏,韩求救于秦……于是楚解雍氏围。(《韩世家》) 今案:韩襄王十二年即魏襄王十九年,《韩世家》与《纪年》合。

以上比勘十例，除第(4)例有一年之差外，其余九例，《史记》皆与《竹书纪年》相合。第(4)例记秦、魏两王相会，事在年底年初，《秦记》载于上年，《竹书纪年》为魏史而记于次年。其中(2)(7)(8)三例，《史记》各篇记载有一年之差，盖此中有误记者。陈梦家《六国纪年》尝举此三例，以为《史记》与《纪年》所记魏惠王后元以及魏襄王纪年有一年之差之证据，出于片面之选择，并不可信。余已于《战国史》第二版《后记》中加以驳正：(一)《竹书纪年》载梁惠王后十三年四月齐威王封田婴于薛，陈氏举《六国表》齐湣王三年“封田婴于薛”以相比勘，以为《史记》迟一年。其实《孟尝君列传》云：“湣王即位三年而封田婴于薛”，所谓“即位三年”，除去即位之年，从其改元起算，正当《六国表》之湣王二年。《六国表》及《田世家》作湣王三年，盖误后一年。(二)《竹书纪年》载张仪以今王(即襄王)九年五月卒，陈氏举《六国表》魏哀王十年“张仪死”以相比勘，以为《史记》迟一年。其实，《六国表》又载秦武王元年“张仪、魏章皆死于魏”。秦武王元年正当魏襄王九年。《六国表》所载魏哀王十年张仪死，盖出于误记。(三)《竹书纪年》载魏襄王十二年“秦公孙疾率师伐我，围皮氏，翟章率师救皮氏围，疾西去”。陈氏举《六国表》魏哀王十三年“秦击皮氏，未拔而解”，以为《史记》迟一年。其实《魏世家》正记在魏哀王十二年，亦云：“秦来伐我皮氏，未拔而解。”《六国表》盖误后一年。据上可知，《六国纪年》将魏惠王后元与魏襄王纪年比《史记》移后一年，不符史实，不足信据。

(六) 田齐君王年世之考订

自田氏代吕氏而有齐国，至为秦所灭，凡十有二世。《庄子·胠篋》谓:"田成子(即田常)弑齐君,十二世有齐国",是也。而《史记》所载,自田常而下,经襄子盘、庄子白、太公和、桓公午、威王因齐、宣王辟疆、湣王地、襄王法章,至王建而灭,共十世,以《古本竹书纪年》与《史记》比勘,知《史记》于庄子以后脱去悼子一世,田和以后又脱侯剡一世。《史记》自田和以后,既脱失侯剡九年,又误桓公"十八年"为"六年",短少十二年,以致威王年世移前二十一年,宣王、湣王年世亦皆依次移前,于是所载史实,皆与齐君年世不相符合。例如《孟子》、《战国策》等,皆谓齐宣王因燕内乱而伐破燕国,《史记》却误作齐湣王十年事。

今以《史记》与《古本竹书纪年》比勘田齐君王年世,列表如下:

《古本竹书纪年》	《史　　记》
(1) 齐宣公四十五年(公元前四一一年)田庄子卒("四"字原脱,从雷学淇《考订竹书纪年》补),明年立田悼子。(《田世家・索隐》引《纪年》)	襄子卒,子庄子白立。(《田世家》) 庄子卒,子太公和立,田太公相齐宣公。(《田世家》) 今案:据《纪年》,可知《史记》脱悼子一世,太公和不得为齐宣公。
(2) 晋烈公十一年(即齐宣公五十一年,公元前四〇五年)田悼子卒。田布杀其大夫公孙孙,公孙会以廪丘叛于赵。田布围廪丘,翟角、赵孔屑、韩师救廪丘,及田布战于龙泽,田布败逋。(《水经・瓠子水注》引《纪年》) [齐]宣公五十一年,公孙会以廪丘叛于赵,十二月宣公薨。(《田世家・索隐》引《纪年》)	[齐]宣公五十一年(公元前四〇五年)田会以廪丘反。(《六国表》) [齐]宣公五十一年卒,田会自廪丘反。(《田世家》) 今案:田悼子卒于齐宣公五十一年,则和之元年当为齐康公元年(公元前四〇四年)。
(3) 悼子卒,乃次立田和。(《田世家・索隐》引《纪年》)	[齐]康公之十九年(公元前三八六年)田和立为齐侯,列于周室,纪元年。(《田世家》) 齐康公十九年田常曾孙田和始列为诸侯。(《六国表》列于周安王十六年) 今案:《史记》此一记载,当有所据。

续上表

《古本竹书纪年》	《史　　记》
(4) 齐康公五年田侯午生。二十二年(公元前三八三年)田侯剡立。后十年(公元前三七四年)齐田午弑其君及孺子喜而为公。(《田世家·索隐》引《纪年》) 田午杀田侯及其孺子喜而兼齐,是为桓公。(《田世家·索隐》引《春秋后传》) 今案:雷学淇《考订竹书纪年》按二十二年田侯剡立推算,以为"后十年"实侯剡改元之九年,即在魏武侯二十二年,"齐桓实以是年弑其君,且即以此年为己之元年也"。其说不确。若田午弑君在魏武侯二十二年,此年即晋桓公十五年。《晋世家·索隐》引《纪年》云:"韩哀侯、赵敬侯并以桓公十五年卒,"而未言田侯剡亦以此年卒。	齐康公二十年(公元前三八五年)田和卒,二十一年田和子桓公午立。(《六国表》) 齐侯太公和立二年,和卒,子桓公午立。(《田世家》) 今案:田和以后,《史记》脱去侯剡一世。钱穆《先秦诸子系年》云:"田和以齐康公二十年卒,田剡即以是年立,《年表》书之隔岁,依人君即位翌年改元之例也。《索隐》引《纪年》作齐康公二十二年田剡立,误衍一'二'字。"并谓"知《史记》于此误其世系而未误其年也"(第一八九页)。其说甚是。田侯剡元年在齐康公二十一年,其十年,即魏武侯二十一年,当周烈王元年,田午杀侯剡而为公,逾年而改元。齐桓公元年当周烈王二年(公元前三七四年)。《田世家·索隐》:"案《纪年》,梁惠王十三年当齐桓公十八年后威王始见,则桓公十九年而卒。"可见桓公确是逾年而改元。
(5) 梁惠王十三年(公元前三五七年)当齐桓公十八年后威王始见。(《田世家·索隐》引《纪年》并云:"则桓公十九年而卒") 齐桓公之十八年而威王立。(《魏世家》魏武侯九年"齐威王初立"下《索隐》引《纪年》,"桓公"原误作"幽公",今据《田世家·索隐》引《纪年》改正) 今案:梁惠王十三年即齐桓公十八年,是年桓公卒而威王立,《索隐》云:"则桓公十九年而卒。"意谓包括逾年改元在内。	[桓公]六年救卫,桓公卒。子威王因齐立。是岁齐康公卒,绝无后。(《田世家》) 《六国表》于周安王二十三年下记齐康公二十六年卒,于周安王二十四年(公元前三七八年)下记齐威王元年。 今案:《史记》记桓公六年卒,"六"乃"十八"二字之误。《史记》自田和以后,既脱侯剡十年,又误桓公十八年为六年,短少十二年,因而误将威王年世移前二十一年。据《纪年》齐桓公十八年而威王立,威王元年当在周显王十三年(公元前三五六年)。

续上表

《古本竹书纪年》	《史　　记》
(6) [梁惠王]二十七年(公元前三四三年)十二月齐田肦败梁于马陵。(《孙子列传·索隐》引《纪年》) [齐]威王十四年(公元前三四三年)田肦伐梁,战马陵。(《田世家·索隐》引《纪年》) [梁惠王]二十八年与齐田肦战于马陵。(《魏世家·索隐》引《纪年》,《孟尝君列传·索隐》于宣王二年,败之马陵下亦云:"《纪年》当梁惠王二十八年) 今案:据此可见齐威王十四年当梁惠王二十七年。	齐宣王二年(公元前三四一年)败魏马陵。(《六国表》) [齐宣王]二年……齐因起兵,使田忌、田婴将(《集解》引徐广曰:"婴一作肦"),孙子为师("师"原误作"帅"),救韩、赵以击魏,大败之马陵。(《田世家》) 魏惠王三十年(《史记》记魏惠王皆误多一年,当作二十九年)……太子果与齐人战,败于马陵。(《魏世家》) 今案:所谓马陵之战,指一大战役,起于梁惠王二十七年之岁末,决战于二十八年,结束于二十九年,首尾及三年。
(7) 梁惠王后元十五年(公元前三二〇年)齐威王薨。(《孟尝君列传·索隐》引《纪年》) 今案:梁惠王后元七年即周慎靓王元年齐威王卒,则齐宣王元年当在周慎靓王二年(公元前三一九年)。	[齐威王]三十六年卒,子宣王辟疆立。(《田世家》) 《六国表》列齐宣王元年在周显王二十七年(公元前三四二年)。 今案:齐威王在位实有三十七年,《史记》威王卒年误前二十三年。 [齐宣王]十九年卒,子湣王地立。(《田世家》) 《六国表》列齐湣王元年于周显王四十六年(公元前三二三年)。 今案:宣王在位十九年。宣王卒而湣王立,当在周赧王十四年(公元前三〇一年)。《荀子·王霸》称齐闵、薛公南破楚。即指此年杀楚将唐昧而破楚事。盖《史记》虽误宣王之年世,而在位年数固不误。湣王元年当在周赧王十五年。

依据上表比勘,可知田庄子卒于齐宣公四十五年,即周威烈王十五年(公元前四一一年)。田悼子继田庄子而立,其元年在齐宣公四十六年,即周威烈王十六年(公元前四一〇年)。田和继田悼子而立,其元年在齐康公元年,即周威烈王二十二年(公元前四〇四年)。齐康公十九年即周安王十六年(公元前三八六年)田和立为齐侯,纪元年。齐康公

二十年田和卒，侯剡继立，其元年在齐康公二十一年（公元前三八四年）。后十年，田午杀侯剡而自立，是为桓公，其元年在周烈王二年，即晋桓公十五年（公元前三七四年）。桓公十八年卒，威王继立。威王元年在周显王十三年（公元前三五六年）。宣王继威王而立，其元年在周慎靓王二年（公元前三一九年）。湣王继宣王而立，其元年在周赧王十五年（公元前三〇〇年）。陈梦家《六国纪年》误将魏惠王后元移后一年。

（七）赵君年世之考订

《史记》所述东方六国史事，赵较详确。《赵世家》不仅记赵之史实较详，记及燕之史实亦较《燕世家》为确实，亦或兼及中山之事，盖秦汉之际，赵之史料尚有存者，赵之史料有兼及燕与中山之事者。但所述赵君年世，尚有失误之处。

今以《赵世家》、《六国表》与《古本竹书纪年》等史料比勘，列表如下：

《左传》及《古本竹书纪年》等	《史　　记》
（1）鲁哀公二十年（公元前四七六年）十一月越围吴。赵孟（赵襄子）降于丧食，楚隆……乃往……告于吴王……（《左传》） 今案：据此，可知赵简子卒于鲁哀公二十年，赵襄子元年当哀公二十一年，即周元王二年（公元前四七五年），《史记》误后十八年。	《六国表》列赵襄子元年于周定王十二年（公元前四五七年）。 晋出公十七年（公元前四五八年）［赵］简子卒，太子毋卹代立，是为襄子。赵襄子元年越围吴，襄子降丧食，使楚隆问吴王。（《赵世家》）
（2）如《纪年》之说，此乃晋出公二十二年（公元前四五三年）事。（《晋世家》“赵襄子、韩康子、魏桓子共杀知伯，尽分其地”下，《索隐》云） 今案：晋用夏正。是年夏历三月丁丑朔，丙戌为三月初十。据此可见《赵世家》记载确实。	周定王十六年（公元前四五三年）襄子败智伯晋阳，与魏、韩三分其地。（《六国表》） 韩、魏与［赵］合谋，以三月丙戌，三国反灭知氏，共分其地。（《赵世家》）

续上表

《左传》及《古本竹书纪年》等	《史　　记》
(3) 晋烈侯四年(公元前四一二年)赵城平邑。(《水经·河水注》、《初学记》八州郡部、《太平寰宇记》五十四魏州南乐县引《纪年》) 今案:《永乐大典》本、朱谋玮本《水经注》皆作"四年",与《初学记》、《太平寰宇记》同,戴震校本《水经注》改作"二年",盖据今本,非是。陈梦家《六国纪年》据戴震校本,以为《史记》此事,与《纪年》有三年之差,不确,仅有一年之差。盖赵献侯乃国人杀桓子之子而迎立,于立年改元。桓子元年当周威烈王元年,献侯元年当周威烈王二年。《六国表》按逾年改元排列,因而误后一年。	《六国表》列赵襄子"三十三年襄子卒",于周威烈王元年(公元前四二五年),列赵桓子元年于周威烈王二年,赵献侯元年于周威烈王三年。 [赵献侯]十三年(公元前四一一年)城平邑。(《赵世家》,《六国表》同) 今案:《赵世家》云:"襄子弟桓子逐献侯自立于代,一年卒。国人曰:桓子立非襄子意,乃共杀其子而复迎立献侯。"桓子逐献侯而自立,当未逾年改元。桓子元年仍当周威烈王元年。桓子一年卒,献侯又在杀桓子之子后而迎立,亦当未逾年改元。献侯元年当周威烈王二年。
(4) 魏武侯元年(公元前三九五年)当赵烈侯十四年(《魏世家·索隐》引《纪年》)。 今案:据此可知《史记》谓烈侯九年卒,不确。谯周又谓《世本》及说赵语者,并无武公之事,且是时赵君皆称侯,无称公者。可知《史记》误多武公一世。《史记》所记烈侯元年魏伐中山,六年魏、韩、赵相立为侯,皆与其他史料相符。赵烈侯十四年正当魏武侯元年。	《六国表》列赵烈侯元年于周威烈王十八年(公元前四〇八年),列赵武公元年于周安王三年(公元前三九九年)。 [献侯]十五年献侯卒,子烈侯立。 [烈侯]九年烈侯卒,弟武公立。武公十三年卒,赵复立烈侯太子章,是为敬侯。(《赵世家·索隐》于"弟武公立"下云:"谯周云《世本》及说赵语者,并无其事,盖别有所据")
(5) 韩哀侯、赵敬侯并于[晋]桓公十五年卒。(《晋世家·索隐》引《纪年》) 今案:晋桓公十五年正当周烈王二年,即赵成侯元年。《赵世家》载"成侯元年公子胜与成侯争立为乱"。成侯盖于内乱中得胜而立,于立年改元,然则敬侯当为十三年卒。	《六国表》列赵敬侯元年于周安王十六年(公元前三八六年),列赵成侯元年于周烈王二年(公元前三七四年); 敬侯元年武公子朝作乱("武"字当衍),不克,出奔魏。赵始都邯郸。十二年敬侯卒,子成侯种立。(《赵世家》) 今案:"武"字当衍。《魏世家》谓"赵敬侯初立,公子朝为乱,不胜,与魏袭邯郸,魏败而去。"

续上表

《左传》及《古本竹书纪年》等	《史　　记》
(6) [梁惠成王元年]赵侯种、韩懿侯伐我,取葵,而惠成王伐赵,围浊泽。(《魏世家·索隐》引《纪年》,据《水经·沁水注》引《纪年》:“梁惠成王元年赵成侯偃、韩懿侯若伐我葵。”可知此为梁惠成王元年事。“葵”原误作“蔡”,亦据以改正) 今案:以此与《赵世家》《六国表》比勘,可知赵成侯六年当梁惠成王元年,陈梦家《六国纪年》据以为赵成侯五年当梁惠成王元年,不确。	成侯六年(公元前三六九年)伐魏败涿泽,围魏惠王。(《赵世家》,《六国表》同,惟“涿”作“涿”) 今案:《魏世家》记魏惠王元年赵、韩伐魏,魏氏大败,魏君围。足见魏惠王元年当赵成侯六年。《六国表》以赵成侯六年当魏惠王二年,盖魏惠王之年世误后一年。
(7) 周显王二年西周惠公封少子班于巩,以奉王室为东周惠公也。(《周本纪·正义》引郭缘生《述征记》称史记云云。《赵世家·正义》引《括地志》亦称“史记周显二年西周惠公封少子班于巩为东周) 今案:“史记”谓史书有记载,非指《太史公书》。	成侯八年(公元前三六七年)与韩分周以为两。(《赵世家》) 周威公卒,子惠公代立,封少子于巩,以奉王,号东周。(《周本纪》) 周威公薨,殡,九月不得葬,周乃分为二。(《吕氏春秋·先识》) 今案:成侯八年当周显王二年。
(8) 魏公叔痤为魏将,而与韩、赵战浍北,禽乐祚。(《魏策一》第八章) [魏惠王]九年(当作八年,公元前三六二年)伐败韩于浍。(《魏世家》) [魏惠王]十年(当作九年)伐取赵皮牢。(《魏世家》) 今案:是役赵、韩联盟,赵成侯与韩昭侯会于上党,两国联军与魏作战,韩先败于浍,赵又大败于皮牢。是役连续二年,陈梦家《六国纪年》据此以为赵成侯十三年当周显王八年(公元前三六一年),不确。	[赵成侯]十三年(公元前三六二年)魏败我浍,取皮牢。成侯与韩昭侯遇上党。(《赵世家》) 赵成侯十三年魏败我于浍。 今案:《赵世家》记“魏败我浍,取皮牢”在成侯十三年,而《魏世家》记“伐败韩于浍”在魏惠王九年,又记“伐取赵皮牢”。而《魏策一》称魏将公叔痤战胜韩、赵于浍北,擒乐祚。盖是役乃魏与韩、赵大战,先伐败韩于浍北,继而又伐取赵之皮牢。是役连续二年,皮牢在今山西翼城县东北,即浍北,所擒者为赵将乐祚。
(9) 梁惠成王十二年(公元前三五八年)韩取屯留、尚子、涅。(《水经·浊漳水注》引《纪年》) 今案:是时赵、韩联合,先后分取晋地而迁晋君至端氏。《赵世家》称“与韩、魏分晋”,“魏”字当衍,魏实不与。《纪年》但记韩分取所得三邑,不记赵分得之邑。	[赵成侯]十六年(公元前三五九年)与韩、魏分晋,封晋君以端氏。(《赵世家》) 今案:《纪年》记梁惠成王十二年韩取屯留、尚子、涅三地于晋。《赵世家》又载成侯十六年与韩、魏分晋而封晋君以端氏,盖先后两年事。陈梦家《六国纪年》据此以为赵成侯十六年当周显王十一年(公元前三五八年),非是。

续上表

《左传》及《古本竹书纪年》等	《史　　记》
(10) 今案:《古本竹书纪年》未述及赵肃侯之事,以《赵世家》与《秦本纪》、《六国表》比勘,《赵世家》所载商鞅虏公子卬,误后一年。所记孝公卒,商君死,张仪相秦之年代皆合。	《六国表》列赵肃侯元年于周显王二十年(公元前三四九年)。 [赵肃侯]十一年秦孝公使商君伐魏,虏其将公子卬。赵伐魏。十二年秦孝公卒,商君死。二十二年张仪相秦。(《赵世家》)
(11)《纪年》亦云尔。(《赵世家·集解》于"王召公子职于韩,立以为燕王,使乐池送之"下,引徐广曰) 且《纪年》之书,其说又同。(《赵世家·索隐》于"使乐池送之"下云:"《燕世家》无其事,盖其疏也。今此云使乐池送之,且纪年之书,其说又同。则裴骃之解,得其旨矣") 《纪年》云:立燕公子职。(《六国表·集解》于赵武灵王十二年下引徐广曰) 今案:所有古本《纪年》辑佚之作,皆列此于"今王五年",即魏襄王五年,当赵武灵王十二年是也。	《六国表》列赵武灵王元年于周显王四十四年。(公元前三二五年) [赵武灵王]十年秦取我中都及西阳。齐破燕。燕相子之为君,君反为臣。十一年王召公子职于韩,立以为燕王,使乐池送之。(《赵世家》) 今案:《集解》既于《六国表》武灵王十二年下引徐广曰:"《纪年》云立燕公子职",又于《赵世家》武灵王十一年"使乐池送之"下,引徐广曰:"《纪年》亦云尔。"《索隐》又谓"且《纪年》之书,其说又同。"皆不言《赵世家》与《纪年》所记年代有差异,可知《赵世家》原当作武灵王十二年。今本有脱误。今以所有史料比勘,疑《赵世家》"齐破燕"以上脱"十二年"三字,而在"王召公子职于韩"上,又误衍"十一年"三字。
(12) 魏襄王十七年(公元前三〇二年)邯郸命吏大夫奴迁于九原,又命将军、大夫、適子、戍吏皆貉服矣。(《水经·河水注》引《纪年》) 今案:赵武灵王推行胡服,先行于家与朝,然后推行于吏与军。魏襄王十七年当赵武灵王二十四年,已在"初胡服"之后五年。	赵武灵王十九年(公元前三〇七年)初胡服。(《六国表》) [赵武灵王]十九年春正月,大朝信宫。……遂胡服招骑射。……二十五年惠后卒。使周袑胡服傅王子何。(《赵世家》)
(13)《竹书纪年》终于今王二十年,即魏襄王二十年,正当赵武灵王二十七年,未记及赵武灵王传国之事。查是年夏历、周历,五月皆无戊申,而赵惠文王元年(公元前二九八年)夏历五月丁未朔,戊申为初二。盖武灵王即于惠文王元年五月传国,惠文于当年改元,《赵世家》按常例逾年改元而记之于上年。	[赵武灵王]二十七年(公元前二九九年)五月戊申,大朝于东宫,传国,立王子何以为王。王庙见礼毕,出临朝,大夫悉为臣。(《赵世家》)

依据上表比勘，可知《史记》记赵襄子元年误后十八年，当在周元王二年(公元前四七五年)。赵桓子、赵献侯皆争夺君位中于立年改元。《史记》按逾年改元计算，因而误后一年。桓子元年当周威烈王元年(公元前四二五年)。献侯元年当周威烈王二年。《史记》自赵烈侯以下，所有赵君纪年，皆正确无误，惟于烈侯与敬侯间误多武公一世，误将烈侯一世二十二年分为烈侯九年与武公十三年。《史记》定烈侯元年当周威烈王十八年(公元前四〇八年)，敬侯元年当周安王十六年(公元前三八六年)，成侯元年当周烈王二年(公元前三七四年)，赵肃侯元年当周显王二十年(公元前三四九年)，赵武灵王元年当周显王四十四年(公元前三二五年)，惠文王元年当周赧王十七年(公元前三〇八年)，皆确实可信。此中成侯元年即敬侯卒年，盖成侯于争立中得胜而立，即于立年改元。惠文王元年即是惠文王得传位之年，亦于立年改元，《赵世家》按常例逾年改元，误以传位在上年。

《史记》中，惟《秦本纪》、《秦始皇本纪》记事有用干支纪日者。《赵世家》中亦有两大事件以干支纪日，皆符合夏历。《秦本纪》常有筑城之记载，如简公六年城重泉，献公二年城栎阳等，《赵世家》亦有献公十三年城平邑。武灵王三年城鄗，惠文王八年城南行唐等。《秦本纪》有王出游之记载，如惠文王更元五年王游至北河，昭王十七年王之宜阳等。《赵世家》亦有肃侯十六年游大陵，武灵王十六年游大陵，十七年王出九门等。《秦本纪》、《六国表》有天文与天灾之记载，《赵世家》亦略有之。如成侯二年六月雨雪，惠文王二十二年大疫等。盖太史公记战国大事，除据《秦记》而外，尚有赵之牒记在焉。《赵世家》之纪年所以较为详实。其记乐毅先以赵相率五国之师攻齐，以赵为主力而破齐于济西，然后独率燕师深入伐齐，攻入临淄。所载乐毅破齐之经过十分确实，即依据赵之实录。

陈梦家《六国纪年》，据上(6)、(8)、(9)三例，将《史记》所载赵成侯之年世移后一年，并将赵敬侯增加一年，赵成侯削减一年，乃出于错误之比勘，上列表中已加驳正。

(八) 韩君年世之考订

今以《古本竹书纪年》有关韩君年世之资料，与《史记》相比勘。《史记》于景侯之后，次为列侯十三年，又次为文侯十年，而《世本》列侯作武侯，《纪年》又无文侯。此后《史记》韩哀侯、懿侯、昭侯三君之年世亦有误，今列表如下：

《古本竹书纪年》等	《史　　记》
(1) 韩列侯，《史记·索隐》云："《世本》作武侯。"	《六国表》列韩武子元年于周威烈王二年(公元前四二四年)，列韩景侯元年于周威烈王十八年(公元前四〇八年)，列韩列侯元年于周安王三年(公元前三九九年)。 [韩武子]十六年(公元前四〇九年)武子卒，子景侯立。景侯九年景侯卒，子列侯取立。(《韩世家》)
(2)《史记·索隐》云："《纪年》无文侯，《世本》无列侯。" 今案：钱穆《三晋始侯考》据此以为其时韩君实止两人，一名虔即景子，一名取，则《史记》之所谓列侯与文侯，亦即《世本》之所谓武侯也。……今《史》、《表》分作两人，盖亦因其称侯改元而误。并以为周威烈王二十三年三晋命为侯，其后十六年韩始称侯(《先秦诸子系年》第一四四至一四五页)。所谓"由其称侯改元而误"，出于推想，并无确据。陈梦家《六国纪年》亦据此合并《韩世家》列侯十三年无文侯十年，皆以为列侯之年。今因无其他旁证，暂从《史记》而不更改。	《六国表》列韩文侯元年于周安王十六年(公元前三八六年)，列韩哀侯元年于周安王二十六年(公元前三七六年)。 [韩列侯]十三年(公元前三八七年)列侯卒，子文侯立。文侯十年文侯卒，子哀侯立。(《韩世家》) 今案：韩列侯，《六国表》"列"作"烈"。

续上表

《古本竹书纪年》等	《史　　记》
(3) 魏武侯二十一年(公元前三七五年)韩灭郑,哀侯入于郑。(《韩世家·索隐》引《纪年》)	[韩哀侯]二年(公元前三七五年)灭郑,因徙都郑。(《韩世家》,《六国表》亦云哀侯二年灭郑。) [郑君乙]二十一年韩哀侯灭郑,并其国。(《郑世家》,《六国表》作"康公二十年灭,无后"。"二十"下脱"一"字)
(4) 魏武侯二十二年(公元前三七四年)晋桓公邑哀侯于郑,韩山坚贼其君哀侯而立韩若山。(《韩世家·索隐》引《纪年》,并云:"若山即懿侯也,则韩严即韩山坚也") 韩哀侯、赵敬侯并以[晋]桓公十五年(公元前三七四年)卒。(《晋世家·索隐》引《纪年》) 今案:韩严即韩山坚,盖严其名,山坚其字。韩若山即懿侯,盖懿侯名若山。《水经·沁水注》引《纪年》作韩懿侯若或谓"山"误衍,或谓古人有简称,若山或称若,犹晋公子重耳或称重。 梁惠成王元年(公元前三六九年)韩共侯、赵成侯迁晋桓公于屯留。(《水经·浊漳水注》引《纪年》,《晋世家·索隐》引《纪年》同,惟作晋桓公二十年) 梁惠成王元年赵成侯偃、韩懿侯若伐我葵。(《水经·沁水注》引《纪年》,《魏世家·索隐》引《纪年》同,惟误作"武侯元年")	韩哀侯六年(公元前三七一年)韩严杀其君。(《六国表》) 《六国表》列韩庄侯元年于周烈王六年(公元前三七〇年,《索隐》云:"世家作懿侯。") [韩哀侯]六年韩严弑其哀侯而子懿侯立。(《韩世家》) 今案:以《纪年》校勘《史记》,《史记》哀侯卒年误后三年。韩懿侯因弑君而立,当未逾年而改元,即在立年改元。 又案:韩懿侯,《六国表》作庄侯,《纪年》既作懿侯,又作共侯,梁玉绳"疑共侯即庄侯"。雷学淇谓"懿侯兼谥为共,别谥为庄"。"共"当读作"恭",如《纪年》称鲁恭侯或作鲁共侯,见于《魏世家·索隐》引《纪年》与《六国表·集解》引《纪年》。
(5) 梁惠成王九年(公元前三六一年)王会郑釐侯(即韩昭侯)于巫沙。(《水经·济水注》引《纪年》) 今案:《赵世家》载:"成侯十三年(公元前三六二年)成侯与韩昭侯遇上党。"雷学淇《竹书纪年义证》,据此以定韩昭侯元年当赵成侯十三年,甚是。《纪年》称韩昭侯为釐侯,盖兼谥昭釐。《韩策》,《吕氏春秋》中《任数》、《审为》、《处方》等篇,《庄子·让王》篇并称昭釐侯。	《六国表》列韩昭侯元年于周显王十一年(公元前三五八年)。 [韩懿侯]十二年(公元前三五九年)懿侯卒,子昭侯立。(《韩世家》) 今案:雷学淇据《赵世家》以为韩昭侯元年在赵成侯十三年(公元前三六二年),《韩世家》、《六国表》记昭侯元年误后四年。并以懿侯共十二年不误。

续上表

《古本竹书纪年》等	《史　记》
(6) 梁惠成王十七年(公元前三五三年)东周与郑高都、利。(《水经·伊水注》引《纪年》) 今案:《史记》谓是年韩伐东周,取陵观、廪丘,盖是年韩既伐取东周陵观、廪丘,又迫使东周与以高都、利。及周赧王八年(公元前三〇七年)楚围韩雍氏,韩相公仲听苏代之谋即以高都与东周。见《西周策》第四章及《周本纪》。《集解》引徐广曰:"今河南新城县高都城也。"在今河南伊川县北、伊阙西南。	韩昭侯六年(当作十年,公元前三五三年),伐东周,取陵观、廪丘。(《六国表》,《韩世家》同,惟"廪丘"误作"邢丘")。 今案:《周本纪·集解》引徐广曰:"周比亡之时凡七县:河南、洛阳、谷城、平阴、偃师、巩、缑氏。"《通鉴》误以为"战国之时仅有七邑",因而以为"陵观、廪丘皆当邑聚之名",不确。《纪年》记是年连同与韩高都,高都即为一城邑。 又案:《水经·济水注》引《纪年》云:"梁惠成王三年郑城邢丘。"邢丘在今河南温县东北,靠济水旁。陈梦家《六国纪年》误以为《韩世家》谓韩昭侯伐东周取邢丘为一时事,《韩世家》之"邢丘"当为"廪丘"之误。邢丘不可能为东周之地。
(7) 郑昭侯武薨,次威侯立。(《韩世家·索隐》引《纪年》) 今案:《纪年》之郑威侯,即韩宣惠王,亦作郑宣王。	《六国表》列韩宣惠王元年于周显王二十七年(公元前三三二年),列韩襄王元年于周赧王四年(公元前三一一年)。 [韩昭侯]二十六年(公元前三三三年)昭侯卒,子惠宣王立。(《韩世家》)
(8) [郑威侯八年](公元前三二五年)五月梁惠王会威侯于巫沙,十月郑宣王朝梁。(《韩世家·索隐》引《纪年》,"八年"二字从钱穆据《秦本纪》) 今案:《索隐》又云:"不见威侯之卒,下败韩举在威侯八年,而此《世家》即以为宣惠王之年。"盖《索隐》作者不知威侯即宣威王,是年秦惠称王,而与韩、魏两君相会,而互尊为王,韩威侯因而于是年称王。	秦惠文王十三年(公元前三二五年)四月戊午,秦君为王,魏、韩亦为王。(《秦本纪》原误作"魏君为王,韩亦为王",今据《周本纪·正义》所引改正) 赵武灵王元年(公元前三二五年)梁惠王与太子嗣("惠"原误作"襄",今改正),韩宣王与太子仓来朝信宫。(《赵世家》) 今案:据《秦本纪》、《赵世家》可知是年韩君确已称王。《六国表》称韩宣惠王十年"君为王",《韩世家》称十一年"君号为王",皆误。
(9) 败韩举在威侯八年。(《韩世家·索隐》引《纪年》) [梁惠成王后元]十年(公元前三二五年)齐田肦及邯郸韩举战于平邑,邯郸之师败逋,获韩举,取平邑、新城。(《水经·河水注》引《纪年》,原脱"梁惠成王后元"六字,从朱右曾增补) 今案:《纪年》称赵为邯郸,战将常冠以国名,邯郸韩举即谓赵将韩举,《索隐》称《纪年》云赵将,甚是。《史记》误作韩将。	[韩宣惠王]八年(公元前三二五年)魏败我韩举。(《韩世家》,《六国表》同) 今案:《韩世家》及《六国表》虽误以韩举为韩将,但所记此事之年不误,与《纪年》正合。陈梦家《六国纪年》曲解《纪年》,以为"邯郸韩举"指赵师及韩将韩举,是役韩助赵而韩举见获。此说大谬,平邑在今河南南乐县东北,为赵东南边邑,与齐接界,若韩举为韩将而助赵,将横穿赵国而来此参战,必不可能。

依据上表，可知《史记》韩哀侯卒于周烈王五年，即公元前三七一年，不确。据《竹书纪年》哀侯卒于魏武侯二十二年，即晋桓公十五年，周烈王二年，亦即公元前三七四年。《史记》盖误后三年。韩懿侯因是年杀哀侯而得立，当未逾年改元。韩懿侯，《六国表》作庄侯，《竹书纪年》又作共侯，“共”当读作“恭”。韩懿侯在位十二年卒，据《赵世家》，赵成侯十三年与韩昭侯遇上党，韩昭侯元年当在赵成侯十三年，即公元前三六二年。《六国表》所列韩昭侯元年在周显王十一年，即公元前三五八年，盖误后四年。韩昭侯，《竹书纪年》作釐侯，《战国策》、《吕氏春秋》又称昭釐侯。《六国表》列韩宣惠王元年于周显王二十七年，即公元前三三二年。《韩世家》、《六国表》记韩宣惠王八年魏败我韩举，而《竹书纪年》云败韩举在威侯八年。《韩世家》及《六国表》虽误以韩举为韩将，但所记此事之年不误，与《竹书纪年》正合。盖韩宣惠王，《竹书纪年》作威侯。据此可知《六国表》所记韩宣惠王之年世不误。韩昭侯三十年卒而后宣惠王立。《韩世家》谓昭侯二十六年卒，盖短少四年。

（九）战国初期燕君年世之考订

《史记》所载春秋晚期与战国初期燕君之年世，既不符于《春秋》与《左传》，又不合于《古本竹书纪年》。《春秋》于鲁昭公三年书“北燕伯款奔齐”。《左传》以款为燕简公，《史记》则以此事系于燕惠公六年，而另有简公后于惠公四代，《燕世家·索隐》谓此“与《春秋》经传不相协，未可强言也”。苦无其他资料足资比勘。《史记》所载惠公之后四代之简公，当不误，《古本竹书纪年》亦载有此简公。但据《竹书纪年》，此简公之后三代又有另一简公，则燕世系中，前后有三简公。

《索隐》记有《竹书纪年》所载战国初期燕君年世与《史记》之不同，因《索隐》以为“《纪年》之书多是伪谬，聊记异耳”，未能分明是非。今据以作比勘表如下：

《古本竹书纪年》	《史　记》
(1) 王劭按《纪年》，简公后次孝公，无献公。(《燕世家·索隐》) 按《纪年》，智伯灭在成公二年也。(《燕世家·索隐》) 今案：据此燕成公元年在三晋灭知伯前一年，即周定王十五年(公元前四五四年)。《纪年》于简公后次孝公而无献公，则孝公元年当在周敬王二十八年(公元前四九二年)。孝公在位三十八年。	《十二诸侯年表》列燕简公元年于周敬王十六年(公元前五〇四年)，燕献公元年于周敬王二十八年(公元前四九二年)。 《六国表》列燕孝公元年于周定王五年(公元前四六四年)，燕成公元年于周定王二十年(公元前四七九年)。 [燕]简公十二年卒，献公立。二十八年献公卒，孝公立。十五年孝公卒，成公立。(《燕世家》)
(2) 按《纪年》作文公二十四年卒，简公立，十三年而三晋命邑为诸侯。(《燕世家·索隐》) 《纪年》作简公四十五年卒，妄也。按上简公生献公，则此当是釐，但《纪年》又误耳。(《燕世家·索隐》) 《世本》以上文公为闵公，则“湣”与“闵”同，而上懿公之父谥文公。(《燕世家·索隐》) 今案：《世本》“上文公为闵公”，据此可知《纪年》作“文公”而《史记》作“湣公”，“文”当为“闵”字之讹。“闵”与“湣”同，如齐湣王或作齐闵王也。据此可知“简公立”在“三晋为侯”前十三年，其元年当周威烈王十二年(公元前四一四年)。由此上推二十四年，可知闵公元年当周考王三年(公元前四三八年)。简公四十五年卒，其卒年当周烈王六年(公元前三七〇年)，按《六国表》，已是燕桓公三年。《索隐》记《纪年》与《史记》之异，未言及桓公年数，知《纪年》当与《史记》相同，桓公在位有十一年，其元年仍当如《六国表》，在周烈王四年，可知《索隐》引《纪年》作简公四十五年卒，乃四十二年之误。	《六国表》列燕湣王元年于周考王八年(公元前四三三年)，燕釐王元年在周威烈王二十四年(公元前四〇二年)，燕桓公元年于周烈王四年(公元前三七二年)。 [燕]成公十六年卒，湣公立。湣公三十一年卒，釐公立。釐公三十年卒，桓公立。(《燕世家》) 今案：《史记》之湣公即《纪年》之文公(当作闵公)，《史记》之釐公，相当于《纪年》之简公。

依据上表比勘，知燕简公以后，孝公元年当周敬王二十八年（公元前四九二年），在位二十八年，成公元年在周定王十五年（公元前四五四年）。闵公元年当周考王二年（公元前四三八年），在位二十四年。另一简公元年当周威烈王十二年（公元前四一四年），在位四十二年。桓公元年当周烈王四年（公元前三七二年）。

（十）宋君年世之考订

《史记·六国表》与《宋世家》所载战国时宋君年世，颇多脱误。今以古本《竹书纪年》及其他可靠史料比勘，而列表于下：

《古本竹书纪年》等	《史　　记》
（1）鲁哀公二十六年（公元前四六九年）冬十月[宋景]公游于空泽，辛巳卒于连中。……大尹奉启以奔楚，乃立得。（《左传》，杜注："得，昭公也。"《宋世家》作公子特，《索隐》云："特一作得"） 今案：据《左传》，宋景公四十八年卒，《宋世家》作六十四年，《六国表》作六十六年，误后十八年。梁玉绳《史记志疑》据此将此后宋君年世依次移前十八年。孙诒让作《墨子年表》，增多昭公年世十八年，不将昭公以后年世移前。孙说是也。宋景公为四十八年，宋昭公为六十五年，《史记》误作景公六十六年，昭公四十九年。	《六国表》列宋景公卒于周定王十八年（公元前四五一年），宋昭公元年在次年。宋悼公元年在周威烈王二十三年（公元前四〇三年）。 [宋景公]六十四年卒（《六国表》作六十六年），宋公子特攻杀太子而自立，是为昭公。昭公四十七年卒（《六国表》作四十九年），子悼公购由立。（《宋世家》） 今案：《史记》昭公元年误后十八年，其元年当在周定王元年（公元前四六八年）。
（2）按《纪年》[宋悼公]为十八年。（《宋世家·索隐》于"悼公八年来"下注） 韩文侯二年（公元前三八五年）伐宋到彭城，执宋君。（《韩世家》，《六国表》同，列于周安王十七年） 今案：据《纪年》，宋悼公为十八年。韩文侯二年即宋悼公十九年，盖悼公被执，休公于立年改元，因而悼公为十八年。	《六国表》列宋休公元年在周安王七年（公元前三九五年）。 悼公八年卒，子休公田立。（《宋世家》） 今案：悼公盖被韩所执而死，此其所以谥悼。《史记》盖短少十年。因此休公元年当移后十年，当周安王十七年（公元前三八五年）。

续上表

《古本竹书纪年》等	《史　　记》
(3) 按《纪年》作桓侯璧兵，则璧兵谥桓也。(《宋世家·索隐》) 今案：《六国表·索隐》云："辟音璧。"古"辟""璧"通用。《索隐》引《庄子》有宋桓侯，"蒙人以桓侯名辟，而前驱呼辟以为狂也。"足证《纪年》为确。	《六国表》列宋辟公元年于周烈王四年(公元前三七二年)。 休公田二十三年卒，子辟公辟兵立。(《宋世家》) 今按：桓侯元年亦应移后十年，当周显王六年(公元前三六三年)。
(4) 王劭按《纪年》云：宋易城盱废其君辟而自立也。(《宋世家·索隐》) 司城子罕……子罕杀宋君而夺其政。(《韩非子·外储说右下》) 戴驩为宋太宰，皇喜重于君，二人争事而相害也，皇喜遂杀宋君而夺其政。(《韩非子·内储说下》) 今案：梁履绳以为司城子罕即皇喜，苏时学以为易城盱即司城子罕，亦即皇喜。盖司城为官名，喜其名，子罕为字，易城、剔成即司城，犹如司徒之或作信都、申徒。	《六国表》列宋剔成元年于周烈王七年(公元前三六九年)。 辟公三年卒，子剔成立。(《宋世家》) 今案：剔成即易城盱，亦即司城子罕，乃劫君而自立，《史记》误以为父子相传。据《魏世家·索隐》引《纪年》，魏惠王十四年(公元前三五六年)宋桓侯与鲁、卫、韩君来朝，则宋桓侯之被杀，司城子罕自立，当在此年之后，其确切年代尚不能考定。最早在周显王十四年(公元前三五五年)或稍后。
(5) 万章问曰："宋小国也，今将行王政……。"(《孟子·滕文公下》) 孟子谓戴不胜曰："……一薛居州独如宋王何?"(《孟子·滕文公下》) 今案：据此可知孟子游宋时，正当君偃称王时，正以"将行王政"相号召。	《六国表》列宋君偃元年在周显王四十一年(公元前三二八年)。 剔成四十一年剔成弟偃攻袭剔成，剔成败奔齐，偃自立为君。君偃十一年(公元前三一八年)自立为王。(《宋世家》，《六国表》亦记是年"宋自立为王") 今案：剔成(即司城子罕)元年在周显王十四年，宋君偃元年在周显王四十一年，则剔成在位不过二十七年，非四十一年。 《六国表》列"齐灭宋"，"宋王死于温"于周赧王二十九年(公元前二八六年)。 王偃立四十七年，齐湣王与魏、楚伐宋，杀王偃，遂灭宋而三分其地。(《宋世家》) 今案：是年齐灭宋，见于《田世家》、《魏世家》等，并非齐与魏楚共灭宋而三分其地。

据上表，可知《史记》宋昭公元年误后十八年，当在周元王八年（公元前四六八年）。《史记》宋悼公元年在周威烈王二十三年（公元前四〇三年）不误，惟悼公非八年卒，乃十八年卒，因此宋休公元年当在周安王十七年（公元前三八五年）。休公二十三年卒，桓侯元年当在周显王六年（公元前三六三年）。司城子罕（即易城肝或剔成）劫桓侯而自立，当在周显王十四年（公元前三五五年）或稍后。《史记》列宋君偃元年在周显王四十一年（公元前三二八年），至周赧王二十九年宋为齐所灭，偃逃奔至魏之温，被执而死。

（十一）越君年世之考订

越王句践，灭吴后，北上争霸，徙都琅邪，一时国力强盛。当春秋战国之际，越与齐、晋、楚并称为"好战之国"（《墨子·非攻中》）。然而《史记·越世家》中，于战国部分，仅存君主世系，所载楚威王大败越之史实，亦多错乱。今以《古本竹书纪年》比勘，列表如下：

《古本竹书纪年》等	《史　　记》
（1）晋出公十年十一月於粤子句践卒，是为菼执。（《越世家·索隐》引《竹书纪年》） 於粤子句践卒，次鹿郢立。（同上） 今案：《索隐》引乐资云："越语谓鹿郢为鼫与也。"《越绝书》作与夷，《吴越春秋》误作兴夷，金文作"者旨於赐，"於赐、与夷音同通用。	句践卒，子王鼫与立。（《越世家》） 今案：《吴越春秋》谓句践卒于二十七年冬，以《左传》与《越世家》比勘，可知句践元年在鲁定公十四年（公元前四九六年）。《纪年》谓句践卒于晋出公十年十一月，于周正已是翌年正月，即周贞定王五年（公元前四六四年），是句践在位三十三年，《通鉴外纪》言句践三十三年薨是也。
（2）鹿郢立，六年卒。（《越世家·索隐》引《竹书纪年》） 今案：《吴越春秋》谓"兴夷即位一年卒"，"兴夷"为"与夷"之误，"一年"为"六年"之误。与夷卒于周贞定王十一年（公元前四五八年）。子不寿即位。	王鼫与卒，子不寿立。（《越世家》） 今案：朱右曾《汲冢纪年存真》、王国维《古本竹书纪年辑校》列鹿郢卒于晋出公十六年。句践卒于出公十年十一月，于周正已是翌年正月，鹿郢在位六年卒，实际已是晋出公十七年，即周贞定王十一年（公元前四五八年）。

续上表

《古本竹书纪年》等	《史　　记》
(3) 不寿立，十年见杀，是为盲姑，次朱句立。(《越世家·索隐》引《竹书纪年》) 今案：不寿即盲姑，金文作“丌古”。朱句，金文作“州句”，州朱音近相通。	王不寿卒，子王翁立。(《越世家》) 今案：翁即朱句。《存真》、《辑校》定朱句立于晋敬公三年，今定在晋敬公四年，即周贞定王二十一年(公元前四四八年)。
(4) [於粤子朱句]三十七年朱句卒。(《越世家·索隐》引《纪年》) 今案：据此推算，朱句卒而翳立，当在周威烈王十五年(公元前四一一年)。	王翁卒，子王翳立。(《越世家》) 今案：雷学淇《考订竹书纪年》系朱句卒于晋烈公五年，即周威烈王十五年，甚是。
(5) [翳]三十六年七月太子诸咎弑其君翳。十月粤杀诸咎，粤滑。吴人立孚错枝为君。明年大夫寺区定粤乱，立初无余之。(《越世家·索隐》引《竹书纪年》) 今案：翳于三十六年见杀，当在魏武侯二十一年，即周烈王元年(公元前三七五年)。是年十月，粤人杀诸咎，于是发生内乱。“粤滑”即“粤乱”，“滑”通“汩”，乱也。粤人因乱而未立新君，于是吴人立孚错枝为君，其事当已在次年。寺区定粤乱而立初无余之，又当在立孚错枝之明年，当已在周烈王三年(公元前三七三年)。	王翳卒，子王之侯立，王之侯卒，子王无彊立。(《越世家》) 今案：《庄子》与《吕氏春秋》皆谓“越人三世弑其君，王子搜患之”。《越世家·索隐》引乐资之说，谓子搜“号曰无颛”，并谓“盖无颛乃次无彊也，则王之侯即初无余之也”。王子搜之前，既有“三世弑其君”，可知子搜确是无颛。洪颐煊以为“侯”、“搜”声近而是一人，则王之侯亦即无颛，而非初无余之。王之侯之子为无彊，则“无颛乃次无彊”之说，亦可信。
(6) [初无余之]十二年寺区弟忠杀其君莽安，次无颛立。无颛[十]八年薨，是为菼烛卯。(《越世家·索隐》引《竹书纪年》，“八”上原脱“十”字，今补正) 今案：初无余之十二年见杀，则无颛立于周显王八年(公元前三六一年)。据《竹书纪年》，无颛卒于楚威王伐徐州之前十年，当在周显王二十六年，可知“八年薨”当作“十八年薨”。	

续上表

《古本竹书纪年》等	《史　　记》
(7) 按《竹书纪年》粤子无颛薨后十年,楚伐徐州,无楚败越杀无彊之语。是无彊为无颛之后,《纪年》不得录也。(《越世家·索隐》) 今案:朱右曾、王国维等辑《古本竹书纪年》,列"楚伐徐州"于梁惠王二十四年,朱右曾云:"《楚世家》云:威王七年齐田婴欺楚,楚威王伐齐,败之于徐州,与此不合,盖两事也。"此说大误。《索隐》引《竹书纪年》所载无颛卒后十年有楚威王伐徐州之事,以与《史记》比勘,并非楚威王伐徐州之前十年,别有楚宣王伐徐州之事。《索隐》所引《竹书纪年》"无颛八年薨","八"上当脱"十"字。 魏襄王七年四月越王使公师隅来献乘舟始罔及舟三百、箭五百万、犀角、象齿焉。(《水经·河水注》引《竹书纪年》) 今案:魏襄王七年正当楚怀王十七年,越王献如此大量水战所需军用物资,至魏都大梁,必须经长江、邗沟北上,越鄱阳湖,入淮水,经鸿沟。可知此时越尚据有故吴地,未尝为楚所破亡。 楚怀王新与秦合婚而欢。……楚王问于范蜎……对曰:"……且王前尝用召滑于越,而内行章义之难,越国乱,故楚南塞厉门而郡江东,计王之功所以能如此者,越国乱而楚治也。……"(《甘茂列传》) 楚王问于范环……范环对曰:"……且王尝用滑于越,而纳句章、昧之难,越乱,故楚而察濑湖而野江东,计王之功所以能如此者,越乱而楚治也。……"(《楚策一》第十六章) 楚王谓干象……干象曰:"前者王使邵滑之越,五年而能亡越,所以然者,越乱而楚治也。……"(《韩非子·内储说下》) 今案:以上三则,为一事而三传。干象、范环即范蜎。《韩非子》作"五年而能亡越",《甘茂列传》作"楚南塞厉门而郡江东",盖楚灭越后即设郡于江东,《楚策》作"野江东","野"当为"郡"字之误。	当楚威王之时,越北伐齐,齐威王使人说越王曰:"楚三大夫张九军,北围曲沃、於中,以至无假之关者,三千七百里,景翠之军北聚鲁、齐南阳,分有大此者乎?……此时不攻楚,臣以是知越大不王,小不伯。……故愿大王之转攻楚也。"于是越遂释齐而伐楚。楚威王兴兵而伐之,大败越,杀王无彊,尽取故吴地至浙江、北破齐于徐州。而越以此散,诸侯子争立,或为王,或为君,滨于江南海上,服朝于楚。(《越世家》) 今案:今本《竹书纪年》据此云:"周显王三十六年楚围齐于徐州,遂伐於越,杀无彊。"此从《史记》误以楚灭越为楚威王时,并误以楚威王伐徐州为同时事。黄以周《史越世家补并辨》(收入《儆季杂著·史说》),以齐使者说"楚三大夫张九军,北围曲沃、於中","景翠之军北聚齐、鲁南阳",乃楚怀王十六七年间事。《史记》误以为楚威王时事,其说至是。景翠于楚威王时未任用,至怀王十七年至二十九年间,为楚之柱国而统兵作战。 [楚怀王]二十六年(此章列于"二十四年"前,"六"当为"三"字之误)……楚王业已欲和于秦,见齐王书,犹豫不决,下其议群臣……昭雎曰:"王虽东取地于越,不足以刷耻,必且取地于秦,而后足以刷耻于诸侯。……"(《楚世家》) 今案:黄以周据此云:"楚之败越,杀无彊,当在周赧王八年,为楚怀王二十二年。时秦攻宜阳,兵罢于韩。与楚和亲,而越适乱,楚遂乘而灭之。"其说是也。秦武王即位后,放弃与韩魏连横而攻齐、楚之策略,攻韩宜阳,以窥周室。于是楚得有余力以谋攻越。周赧王八年,秦武王去世,昭王继立,秦有内乱,宣太后当权。宣太后楚人,欲与楚修好,楚乃得全力攻越而灭之。怀王自十九年开始谋灭越,至二十三年、即秦昭王元年而成功。故《韩非子》载干象曰:"五年而能亡越"。

续上表

《古本竹书纪年》等	《史　　记》
(8) 楚威王灭无彊，无彊子之侯窃自立为君长。之侯子尊时君长，尊子亲失众，楚伐之，走南山。亲以上至句践，凡八君，都琅邪，二百二十四岁。无彊以上霸称王，之侯以下微弱称君长。(《越绝书·记地传》) 无彊卒，子玉，玉卒，子尊，尊卒，子亲，自句践至于亲，共历八主，皆称霸，积年二百二十四年。亲众皆失，去琅邪徙于吴矣。(《吴越春秋·伐吴外传》) 今案：《越世家》称楚灭越后，“诸族子争立，或为王，或为君，滨于江南海上，服朝于楚。”《越绝书》称无彊以上称王，以下微弱称君长。称君长者即“服朝于楚”者。《越绝书》称无彊子之侯，“之侯”当是“玉”之误。《吴越春秋》称亲去琅邪，徙于吴，不确。《纪年》言“王翳三十三年迁吴”。所谓积年二百二十四年，亦无据。	[楚顷襄王]十八年楚人有好以弱弓微缴加归雁之上者，顷襄王闻，召而问之，对曰：“……北游目于燕之辽东，而南登望于越之会稽，此再发之乐也。若夫泗上十二诸侯，左萦而右拂之，可一旦而尽也。……”(《楚世家》) [秦始皇]二十五年王翦遂定荆江南地，降越君，置会稽郡。(《秦始皇本纪》) 今案：黄以周据此云：“是越之会稽至楚顷襄王时犹未失也。其失会稽在秦并楚之后，故《秦记》云定楚江南地降越君，置会稽郡也。王无彊虽败，而浙东会稽为越故土，仍未失，《世家》云楚取故吴地至浙江，斯言本不诬矣。”此说未可尽信。楚怀王“亡越”而“郡江东”，当为事实。楚灭越后，尚保留越君系统于会稽，使服朝于楚而成属国。犹如秦灭巴蜀，仍保留蜀王子弟为蜀侯，巴王子弟为君长，以便于统治。秦攻灭楚国后，降越君而置会稽郡，依然保留越君，所谓越君，已非独立越国之君王。

《史记·越世家》称：楚威王兴兵“大败越，杀王无彊，尽取故吴地至浙江，北破齐于徐州。”《索隐》云：“按《纪年》粤子无颛薨后十年，楚伐徐州。无楚败越杀无彊之语，是无彊为无颛之后，《纪年》不得录也。”考楚灭越当在楚怀王时，《越世家》误以为楚威王时，并误以为与楚威王七年破齐于徐州同时。《索隐》以《纪年》比勘，《纪年》谓“楚伐徐州”在“粤子无颛薨后十年”，同时《纪年》上“无楚败越、杀无彊之语”。《索隐》所引《纪年》“楚伐徐州”当即指楚威王破齐于徐州之事。《索隐》谓《纪年》同时“无楚败越杀无彊之语”，亦足证楚灭越杀无彊，不与楚威王伐齐徐州同时。今本《竹书纪年》列“楚伐徐州”在周显王二十二年，盖据《越世家·索隐》所引《纪年》所载句践以后越之世代

年数推算“无颛薨后十年”，乃周显王二十二年，今本《竹书纪年》又于周显王三十六年记“楚围齐于徐州，遂伐於越，杀无彊”，盖又据《越世家》与《史记·六国年表》，楚于是年“围齐于徐州”。于是今本《竹书纪年》前后有两次“楚伐徐州”，于楚威王伐破徐州之前十二年，楚宣王亦尝伐徐州。朱右曾辑《汲冢纪年存真》虽已明知今本《纪年》之伪，但辑录此事仍沿今本之误，以为楚伐徐州先后有两事。朱右曾列“楚伐徐州”于梁惠王二十四年，即相当于今本《纪年》之周显王二十二年。王国维《辑校》亦从其说，其实大谬。

陈梦家《六国纪年》，以为《越世家·索隐》所引《纪年》“无颛薨后十年，楚伐徐州”，即是《六国表》所载楚伐徐州，在周显王三十六年（公元前三三三年），甚是。陈氏据《索隐》所引《纪年》所载句践卒后世代年数加以推算。自鹿郢元年至无颛卒年共一〇九年，再加无颛死后十年，共一百十九年。而实际从鹿郢元年至周显王三十六年共一百三十二年，因而不足十三年。于是以为《索隐》所引《纪年》“十月粤杀诸咎”上应有“十三年”，诸咎一世应有十三年。据此推定，句践以下世代年数如下：（一）句践——公元前四九六至前四六五年；（二）鹿郢——公元前四六四至前四五九年；（三）不寿——公元前四五八至前四四九年；（四）朱句——公元前四四八至前四一二年；（五）翳——公元前四一一至前三七六年；（六）诸咎——公元前三七五至前三六三年；（七）无余之——公元前三六二至前三五一年；（八）无颛——公元前三五〇至前三四三年。

余之考订不同于陈氏，有下列九点：（一）《纪年》谓句践卒于晋出公十年十一月，《纪年》用夏正，于周正已是翌年正月，因而句践卒年应在周定王五年即公元前四六四年。（二）因此鹿郢元年至六年，当为公元前四六三至前四五八年。(三)不寿元年至十年,当为公元前四五七至前四四八年。(四)朱句元年至三十七年,当为公元前四四七至前四一一年。(五)翳元年至三十六年,当为公元前四一〇至前三七五年。以上诸王之年世皆较陈氏所定后一年。(六)《纪年》谓翳三十六年七月诸咎杀翳,"十月粤杀诸咎,粤滑"。"滑"通"汩",乱也。陈氏从郭沫若以"诸咎粤滑"连读作为王名,并以"诸咎粤滑"即金文之"者(诸)旨於赐",不确。《纪年》于上文既称"诸咎",不应下文以"诸咎粤滑"为王名。金文之者旨於赐,当即文献之与夷,"於赐"与"与夷"音同通用。即是《纪年》之鹿郢。《纪年》谓翳三十六年七月,诸咎杀翳,十月粤人又杀诸咎,于是粤乱而未能立新君,吴人因而另立孚错枝为君。(七)孚错枝为君当已在诸咎见杀之翌年,即公元前三七四年。(八)《纪年》言"明年大夫寺区定粤乱而立初无余之。初无余之元年至十二年,当为公元前三七二至前三六一年。初无余之十二年为寺区弟忠所杀。翳、诸咎、初无余之三世见杀,即《庄子》、《吕氏春秋》所谓"越人三世弑其君"。(九)《纪年》谓初无余之见杀,次无颛立,无颛八年薨。无颛薨后十年,楚伐徐州。余谓"八年薨"当作"十八年薨",乃脱"十"字。无颛卒于周显王二十六年,其后十年正当楚威王破齐于徐州之年。余意《纪年》谓翳三十六年七月诸咎杀翳,"十月粤杀诸咎,粤滑。"是年七月诸咎杀翳,引发粤人内乱,因而十月诸咎见杀,"十月"上不应如陈氏所言脱"十三年"三字。

卷一
周贞定王元年(公元前四六八年)至十六年(公元前四五三年)

周贞定王元年(公元前四六八年)

秦厉共公九年,晋出公七年,齐平公十三年,楚惠王二十一年,越句践二十九年,鲁哀公二十七年。

案:《史记·周本纪》云:“元王八年崩,子定王介立。”《索隐》云:“如《史记》,则元王为定王父,定王即贞王也。依《世本》,则元王为贞王子,必有一乖误。”《左传》哀公十九年《正义》引《世本》,既云:“鲁哀公二十年贞定王介崩,子元王赤立。”又云:“敬王崩,贞王介立,贞王崩,元王赤立。”据此可知,介有贞、定二谥。《周本纪·集解》又引皇甫谧曰:“元王十一年癸未,三晋灭智伯,二十八年崩,三子争立,立应为贞定王。”考《世本》以元王为贞定王之子,而《史记》则以贞定王为元王之子。《帝王世纪》从《史记》之说,但《史记》谓元王八年崩,定王二十八年崩,而《帝王世纪》又谓元王二十八年崩，贞定王十年崩，与《史记》不合。今从《史记》。

[鲁哀公]二十七年春，越子使舌庸来聘（“舌”原误作“后”，今从唐《石经》宋本、《金泽文库》本及《国语·吴语》改正），且言邾田，封于骀上。二月，盟于平阳，三子皆从，康子病之，言及子赣，曰：“若在此，吾不及此夫！”武伯曰：“然。何不召？”曰：“固将召子。”文子曰：“他日请念。”夏四月己亥，季康子卒。公吊焉，降礼。（《左传》）

案：子赣即子贡，端木氏，名赐，卫人，孔子弟子，少孔子三十一岁，时年五十四，善于外交辞令，又善经商致富。鲁哀公六年孔子绝粮于陈，使子贡至楚营救。次年吴向鲁征百牢，吴太宰嚭召季康子，康子使子贡辞。哀公十一年吴王夫差赐叔孙甲、剑铍，叔孙不能应对，由子贡代对。次年卫侯会吴于郧，为吴所执，经子贡进言太宰嚭而得释。是年越以霸主而遣使至鲁，约定以骀上为鲁、邾之间疆界（盖鲁尝侵取邾地），欲迫使三桓从鲁哀公听命于平阳之盟，季康子为越使所困，因而欲召子贡前来救解。此后不见有关子贡之记载。《史记·儒林列传》云：“子贡终于齐”，不知在何年。

公患三桓之侈也，欲以诸侯去之；三桓亦患公之妄也，故君臣多间。公游于陵阪，遇孟武伯于孟氏之衢，曰：“请有问于子，余及死乎？”对曰：“臣无由知之。”三问，卒辞不对。公欲以越伐鲁而去三桓。秋八月甲戌，公如公孙有陉氏，因孙于邾，乃遂如越。国人施公孙有山氏。（《左传》，杜注：“有陉氏即有山氏。”）

[鲁哀公]二十七年春，季康子卒。夏，哀公患三桓，将欲因诸侯以劫之，三桓亦患公作难，故君臣多间。公游于陵阪，遇孟武伯于街，

曰:“请问,余及死乎?”对曰:“不知也。”公欲以越伐三桓。八月哀公如陉氏,三桓攻公,公奔于卫,去如邹,遂如越。国人迎哀公复归,卒于有山氏。子宁立,是为悼公。(《鲁世家》)

案:《左传·正义》据《左传》以驳《史记》,云:“《传》称国人施罪于有山氏,不得复归而卒于其家也,马迁妄耳。”其说非是。有山氏当为由鲁出国之通道,哀公由此往越,又经此归来,未及回国都而卒。

[周]贞定王元年癸酉於越徙都琅邪。(今本《竹书纪年》)

案:《越世家》云:“句践已平吴,乃以兵北渡淮,与齐、晋诸侯会于徐州,致贡于周,周元王使人赐句践胙,命为伯。”又云:“当是时,越兵横行江、淮东,诸侯毕贺,号称霸王。”《越绝书·外传本事》云:“越伐强吴,尊事周室,行霸琅邪。”《越绝书·记吴地传》亦云:“越王句践徙瑯邪。”《吴越春秋·句践伐吴外传》又谓句践二十五年,“霸于关东,从瑯琊起观台,周七里,以望东海。”又云:“越王使人如木客山取元常(当作“允常”)之丧,欲徙葬琅邪,三穿元常(当作“允常”)之墓,中生熛风,飞砂石以射人,人莫能入,句践曰:吾前君其不徙乎!遂置而去。句践乃使使号令齐、楚、秦、晋皆辅周室,血盟而去。”此虽杂有神话,其徙都琅邪当为事实。《汉书·地理志》云:“琅邪,越王句践尝治此,起馆台。”《水经·潍水注》亦云:“琅邪,山名也。越王句践之故国也。句践并吴,欲霸中国,徙都琅邪。”诸书未言句践于何年徙都琅邪,惟今本《竹书纪年》列于周贞定王元年,王国维《今本竹书纪年疏证》以为即据《吴越春秋》,不确。《吴越春秋》谓句践于琅邪起观台在句践二十五年,即平吴之次年。今本《竹书纪年》不知何据。钱穆《越徙琅邪考》肯定今本《竹书纪年》之说，云："是岁越使舌庸来正邾、鲁之界，公与盟平阳，盖即越北徙时矣。"并举《墨子·非攻中》"东方有莒之国……是以东者越人夹削其壤地，西者齐人兼而有之"为证："盖越都琅邪，莒正在其西，地望正符。"(增订本《先秦诸子系年》第一一〇至一一三页)据《左传》及《史记》，此年鲁哀公欲以越伐鲁而去三桓，三桓攻公，八月公出奔，经有陉氏、卫、邹而如越，旋又为国人迎归而卒于有陉氏，前后不过四五阅月。蒙文通《史记越世家补正》于"越都琅邪"条下，论之曰："哀公七年《传》载：邾子益曰：吴二千里，不三月不至，何及于我。邾、吴之间，较鲁、越之间为犹近，已是不三月不至。而哀公之辗转如越，又自越返鲁，前后不过四五月，亦证哀公之所往者，是琅邪之越而非会稽之越也。"其说甚卓。蒙氏又谓："《越世家·索隐》引《竹书纪年》言：朱句三十四年灭滕，三十五年灭郯。《战国策·魏策四》云："缯恃齐以捍越，齐和子之乱而越人亡缯。皆明越人之活动多在北方。惟徙都琅邪始克灭滕、灭郯、亡缯、削莒，于时遂大显于中原，而与齐、楚、晋相提并论。"(《越史丛考》第一二一至一二二页，人民出版社一九八三年出版)蒙氏此说亦足证越王句践徙都琅邪，至迟在此年。《越绝书》言句践徙都琅邪，并"行霸琅邪"，确为事实。

晋荀瑶帅师伐郑，次于桐丘，郑驷弘请救于齐。齐师将兴，陈成子属孤子三日朝。设乘车两马，系五邑焉("邑"通"裛"。《说文》云："裛，书囊也")。召颜涿聚之子晋曰："隰之役，而父死焉("而"通"尔")。以国之多难，未女恤也。今君命女以是邑也，服车而朝，毋废前劳。"乃救郑。及留舒，违谷七里，谷人不知。及濮，雨，不涉。子思曰(杜注:"子思,国参"):"大国在敝邑之宇下,是以告急。今师不行,恐无及也。"成子衣制,杖戈,立于阪上,马不出者,助之鞭之。知伯闻之,乃还,曰:"我卜伐郑,不卜敌齐。"使谓成子曰:"大夫陈子,陈之自出。陈之不祀,郑之罪也,故寡君使瑶察陈衷焉,谓大夫其恤陈乎:若利本之颠,瑶何有焉。"成子怒曰:"多陵人者皆不在,知伯其能久乎!"中行文子告成子曰:"有自晋师告寅者,将为轻车千乘以厌齐师之门("厌"通"压"),则可尽也。"成子曰:"寡君命恒曰:'无及寡,无畏众。'虽过千乘,敢辟之乎?将以子之命告寡君。"文子曰:"吾乃今知所以亡。君子之谋也,始、衷、终皆举之,而后入焉。今我三不知而入之,不亦难乎!"(《左传》哀公二十七年)

案:颜涿聚即颜庚,庚其名,涿聚其字。前四年荀瑶伐齐,战于犁丘,颜庚为荀瑶所擒。颜涿聚,《孔子世家》作颜浊邹,《晏子春秋·外篇》、《汉书·古今人表》作颜烛邹,《淮南子·氾论训》作颜喙聚("喙"当为"啄"之讹),并声同通用。《孔子世家》云:"孔子以《诗》、《书》、《礼》、《乐》教,弟子盖三千焉,身通六艺者七十有二人,如颜浊邹之徒,颇受业者甚众。"《吕氏春秋·尊师》篇云:"颜涿聚,梁父之大盗也,学于孔子。"《韩非子·外储说左下》记南宫敬子问颜涿聚曰:"季孙养孔子之徒,所朝服与坐者以十数而遇贼,何也?"《淮南子·氾论训》云:"颜啄聚,梁父之大盗也,而为齐忠臣。"

又案:此后四年,知伯再伐郑,攻入南里,门于桔柣之门,见于《左传》末尾"悼之四年"。《六国表》混淆知伯两次伐郑事迹,谓周定王五年"知伯伐郑,驷桓子如齐求救"。齐平公十七年"救郑,晋师去,中行文子谓田常乃今知所以亡"。此以首次知伯伐郑之事，误以为知伯再次伐郑之事。

晋智伯伐郑，齐田恒救之。有登盖必身立焉，车徒有不进者，必令助之。垒合而后敢处，井灶成而后敢食。智伯曰："吾闻田恒新得国而爱其民，内同其财，外同其勤劳，治军若此，其得众也，不可待也。"乃去之耳。（《说苑·指武》第九章）

【附编】

东方有莒之国，其为国甚小，间于大国之间，不敬事于大，大国亦弗之从而爱利，是以东者越人夹削其壤地，西者齐人兼而有之，计莒之所以亡于齐、越之间者，以是攻战也。（《墨子·非攻中》）

案：莒在今山东莒县，琅邪在今山东胶南县琅邪台，正当莒县之东，因而"东者越人夹削其壤地"。《楚世家》载楚简王元年"北伐灭莒"。《墨子》所述，当为楚灭莒以前之实情。《墨子》常以越与齐、晋、楚并提。《节葬下》云："南有楚、越之王，北有齐、晋之君，此皆砥砺其卒伍，以攻伐并兼为政于天下。"《非攻下》又云："今天下好战之国齐、晋、楚、越……今以并国之故，四分天下而有之。"《非攻中》亦云："此四国者以攻战之故，土地之博至数千里，人徒之众至有数百万。"墨子生当越强盛之时，所言越人削莒壤地之事，当为目睹之实情。

周贞定王二年（公元前四六七年）

秦厉共公十年，晋出公八年，齐平公十四年，楚惠王二十二年，越句践三十年，鲁悼公元年。

秦厉共公十年庶长将兵拔魏城。（《六国表·集解·音义》，"拔一作捕"）

案:黄式三《周季编略》改作"秦伐晋拔魏氏城",并云:"或是魏氏边邑耳。"此说无据,史文未见其例。泷川资言《史记会注考证》云:"魏城,秦地,不可言拔,当作补,若后年补庞戏城、补庞城。"此说亦无据,秦边邑无魏城。《六国表》此记疑有脱误。

其十年("其"指剌龚公),彗星见。(《秦始皇本纪》附《秦记》,《六国表》同)

[鲁]悼公之时,三桓胜,鲁如小侯,卑于三桓之家。(《鲁世家》)

案:《六国表》记"鲁哀公卒"于周定王二年,记"鲁悼公元年三桓胜,鲁如小侯"于周定王三年,如此则鲁哀公有二十八年。惟《鲁世家》和《十二诸侯年表》均谓哀公二十七年卒,《汉书·律历志》引《六国春秋》亦作二十七年,可知《六国表》哀公二十八年之说不确。《左传》云:"悼公四年,晋荀瑶帅师围郑",《赵世家》云:"晋出公十一年知伯伐郑",足见鲁悼公四年当晋出公十一年,即周定王五年。《六国表》记知伯伐郑亦在定王五年,惟误以初次伐郑之事为再次伐郑耳。可见鲁悼公元年确在周贞定王二年,《六国表》记在三年非是。黄式三《周季编略》既据《左传》悼公四年荀瑶围郑之事,定鲁悼公元年当周贞定王二年,又从《六国表》定鲁哀公卒于同年。黄氏据《左传》哀公十六年载子贡之言"君不殁于鲁",录其言之验,因而断言哀公卒于越,当依《六国表》定在出奔之明年,并云:"知哀公尚在,悼公已立。"其说不足信。哀公不可能卒于悼公元年。

周贞定王四年(公元前四六五年)

秦厉共公十二年,晋出公十年,齐平公十六年,楚惠王二十四年,越句践三十二年,鲁悼公三年。

[卫]悼公四年卒于越。(《卫世家·索隐》引《纪年》)

[卫]悼公五年卒,子敬公弗立。(《卫世家》)

[卫悼公]名虔,敬公费。(《卫世家·索隐》引《世本》)

案:据《左传》,卫悼公立于鲁哀公二十六年,《纪年》云悼公四年卒。则悼公之卒与敬公之立,当在鲁悼公三年,即晋出公十年、周贞定王四年。今《六国表》系卫悼公黔元年于周定王十四年、卫敬公元年于周定王十九年,盖误后十四年。

又案:《卫世家》与《六国表》谓悼公名黔,《左传》杜注:"悼公,蒯聩庶弟公子黚也。"而《世本》又云"名虔"。盖"黔""黚""虔",皆音同通假。《卫世家》言敬公名弗,而《世本》作费,"弗""费"亦音同通假。

周贞定王五年(公元前四六四年)

秦厉共公十三年,晋出公十一年,齐平公十七年,楚惠王二十五年,越句践三十三年,鲁悼公四年。

晋出公十年十一月於粤子句践卒,是为菼执。(《越世家·索隐》引《纪年》)

於粤子句践卒,是菼执。次鹿郢立。(《越世家·索隐》引《纪年》)

句践卒,子王鼫与立。(《越世家》)

越语谓鹿郢为鼫与也。(《越世家·索隐》引乐资云,当出乐资《春秋后传》)

[句践]二十七年冬句践寝疾将卒,谓太子兴夷曰("兴"当为"与"字之误):"吾自禹之后,承允常之德,蒙天灵之佑,神祇之福,从穷越

之地，籍楚之前锋，以摧吴王之干戈，跨江涉淮，从晋、楚之地，功德巍巍，自致于斯，其可不诫乎？夫霸者之后，难以久立，其慎之哉！”遂卒。兴夷即位。（《吴越春秋·句践伐吴外传》）

案：金陵局刻本《史记》，《越世家·索隐》两次引《纪年》于“句践卒”，有“是为菼执”，或“是菼执”，当是。此与《索隐》引《纪年》“不寿立十年见杀，是为盲姑”，文例相同。盖句践为名，菼执为称号，宋耿秉本、黄善夫本，元彭寅本及清殿本《史记》无“是菼执”三字，盖脱误。《吴越春秋》谓句践二十七年卒，不确。《越世家》称句践元年吴伐越，吴师败于檇李，吴王阖庐因射伤而死。《左传》记在鲁定公十四年，是句践元年即鲁定公十四年（公元前四九六年），《国语·越语》韦注以句践三年为鲁哀公元年，亦与《左传》相合。《纪年》魏史用夏正，句践于晋出公十年十一月卒，于周正已是翌年正月，是句践卒于句践三十三年，即周贞定王五年。与《通鉴外纪》谓句践三十三年薨相合。句践，金文或作“鸠浅”。一九六五年湖北江陵1号楚墓出土越王句践剑，铭文作“戉邥(越)王鸠浅自乍(作)用鐱(剑)”。

又案：《左传》鲁哀公二十四年“公如越得太子適郢，将妻公而多与之地”。此太子適郢，当即鹿郢，《越绝书·记吴地传》云：“句践子与夷时霸。”《吴越春秋》作“兴夷”，“兴”乃“与”字之误。《史记·越世家》作鼫与。“与夷”，金文作“於赐”。越王旨於赐钟、越王旨於赐剑，以及戈、矛，所谓越王旨於赐，当即句践之子与夷。越有者沏钟（或作者沪钟），铭□：“惟戉(越)十有九年王曰者沏……。”乃句践十九年制作，陈梦家《六国纪年表考证》尝疑者沪即与夷，非是。

[鲁]悼公四年,晋荀瑶帅师围郑,未至,郑驷弘曰:“知伯愎而好胜,早下之则可行也。”乃先保南里以待之。知伯入南里,门于桔柣之门。郑人俘酅魁垒,赂之以知政,闭其口而死。将门,知伯谓赵孟:“入之。”对曰:“主在此。”知伯曰:“恶而无勇,何以为子?”对曰:“以能忍耻,庶无害赵宗乎?”知伯不悛,赵襄子由是惎知伯,遂丧之。知伯贪而愎,故韩、魏反而丧之。(《左传》末尾)

晋出公十一年知伯伐郑。赵简子疾,使太子毋卹将而围郑。知伯醉,以酒灌击毋卹。毋卹群臣请死之。毋卹曰:“君所以置毋卹,为能忍询。”然亦愠知伯。知伯归,因谓简子,使废毋卹。简子不听。毋卹由此怨知伯。(《赵世家》,此与《左传》同叙一事,但所谓“赵简子疾”云云,乃虚构之故事,出于杜撰)

案:《左传》所谓赵孟即赵襄子毋卹。“恶而无勇,何以为子?”杜注云:“恶,貌丑也。简子废嫡子伯鲁而立襄子,故知伯言其丑且无勇,何故立以为子。”此说不明确。时赵简子已去世,《左传》鲁哀公二十年“十一月越围吴,赵孟降于丧食”。杜注:“赵孟,襄子无恤,时有父简子之丧。简子赵鞅当卒于此年,襄子无恤继承卿位,即在此年,至鲁悼公四年已为晋卿十一年矣。知伯曰:“恶而无勇,何以为子?”乃讥其何得为赵之宗子而为晋卿。后人误解,误传以为知伯讥赵襄子何故立为太子,误以为是年简子尚在。《六国表》以此年为赵简子五十四年,并谓“知伯谓简子,欲废太子襄子,襄子怨知伯”。《赵世家》同。盖太史公误采后世误传之说。《赵世家》载:“晋出公十七年,简子卒,太子毋卹代立,是为襄子。赵襄子元年越围吴。襄子降丧食,使楚隆问吴王。”《正义》已据《左传》加以纠正,谓此“简子死及使吴年月皆误，与《左传》文不同”。《左传》记鲁哀公二十年十一月越围吴，赵孟降于丧食，赵孟曰：“黄池之役，先主与吴王有质，曰好恶同之，今越围吴，嗣子不废旧业而敌之，非晋之所能及也，吾是以为降。”杜注：“黄池在十三年，先主，简子。”赵襄子既称简子为“先主”而自称“嗣子”，简子固已死于晋定公末年，并非卒于晋出公十七年。《赵世家》载晋出公十一年“赵简子疾”云云，毋卹曰：“君所以置毋卹，为能忍询。”盖即据《左传》载赵孟自称“以能忍耻，庶无害赵宗乎”，加以虚构而成之故事。《说苑·建本》篇末章载：“赵简子以襄子为后，董安于曰：无恤不才，今以为后何也？简子曰：是其人能为社稷忍辱。”亦同为虚构之故事耳。

周贞定王六年（公元前四六三年）

秦厉共公十四年，晋出公十二年，齐平公十八年，楚惠王二十六年。

秦厉共公十四年晋人、楚人来赂。（《六国表》）

郑声公卒，子哀公易立。（《郑世家》，《六国表》记“郑声公卒”于此年）

案：郑声公名胜，据《左传》，立于鲁定公九年，至此凡三十八年而卒。《郑世家》作三十七年，有误。

周贞定王七年（公元前四六二年）

秦厉共公十五年，晋出公十三年，齐平公十九年，楚惠王二十七年。

晋出公十三年荀伯瑶城高梁。（《水经·汾水注》引《纪年》）

案：《永乐大典》本、朱谋㙔本《水经注》作“三十年”，有误。赵一清、戴震校本作“十三年”，是也。今本《纪年》列于周贞定王七年，作“晋荀瑶城南梁”，正当晋出公十三年，原注：“一本晋出公二十年。”王国维《今本竹书纪年疏证》云：“伪此书者所见之本当作十三年。”盖辑今本《纪年》者，尝见《水经注》有两种版本，一作十三年，而另一作二十年。晋出公在位共二十三年，赵绍祖《竹书纪年校补》以二十年为是，雷学淇《竹书纪年义证》亦列于出公二十年。徐文靖《竹书纪年统笺》以为《水经注》“当是十三而讹为三十”。今从之。

周贞定王八年（公元前四六一年）

秦厉共公十六年，晋出公十四年，齐平公二十年，楚惠王二十八年。

秦厉共公十六年堑河旁，伐大荔。补庞戏城。（《六国表》）

[秦厉共公]十六年，堑河旁，以二万兵伐大荔，取其王城。（《秦本纪》）

案：《六国表》多数版本“河”误作“阿”。《史记会注考证》谓“凌本（明凌稚隆本）阿作河，与《秦记》合”。当以“河”为是。今改正。

[杞]哀公立十年卒，湣公子敕立，是为出公。（《陈杞世家》，哀公名阏路）

是时义渠大荔最强，筑城数十，皆自称王。至周贞定王八年，秦厉公灭大荔，取其地。赵亦灭代戎，即北戎也。韩、魏复共稍并伊、洛阴戎灭之。其遗脱者，皆逃走，西逾汧、陇。自是中国无戎寇，唯余义渠种焉。（《后汉书·西羌传》）

案：时大荔称王，筑有城邑，故有王城，在今陕西大荔县城之东。《括地志》云：“同州冯翊县及朝邑县本汉临晋县地，古大荔戎国。今朝邑县东三十步故王城,即大荔王城。”(《史记·匈奴列传·正义》引)《西羌传》谓“秦厉公灭大荔,取其地”,尚不确切。据《秦本纪》,是年秦伐取大荔之王城,但大荔并未灭亡,当已向北撤退。《六国表》载秦孝公二十四年大荔围合阳,可知秦孝公末年大荔尚存,且拥有武力,进围合阳。秦灭大荔尚在其后。《西羌传》言“筑城数十”,主要当指义渠而言。赵之灭代,时间较早,在赵襄子初年,赵简子去世不久。赵襄子先以姊为代王夫人,谒于代王而请觞之,先具大金斗,并令舞者置兵其羽中数百人。代王至,酒酣,反斗一击而脑涂地,舞者操兵尽杀其从者,随即兴兵而攻取其地。事见《吕氏春秋·长攻》与《赵世家》。

又案:伊、洛阴戎,乃戎之居于伊、洛二水流域者。古人谓水南曰阴,谓山北亦曰阴。其人居黄河之南,秦岭山脉之北,因而谓之阴戎。戎族之居于两阴之地者,种族复杂。《左传》僖公十一年载:“扬拒泉皋、伊雒之戎同伐京师,入王城,焚东门,王子带召之也。”是春秋早期已有“伊洛之戎”。僖公二十二年秋,“秦、晋迁陆浑之戎于伊川”,盖允姓之戎居于秦、晋西北之陆浑者,此时为秦、晋迁至伊川,成为阴戎。可知陆浑之戎亦即阴戎。昭公十七年晋灭陆浑,“陆浑子奔楚,其众奔甘鹿”。甘鹿在今河南嵩县西北,仍在阴地。其后又称为九州之戎。顾颉刚《秦与西戎》谓:“至范氏所云:韩、魏复共稍并伊、洛阴戎灭之,其遗脱者皆逃走,西逾汧、陇,大有杜撰故实之嫌。……陆浑既灭,即无阴戎,安得待之六十余年,至秦厉公之世而为韩、魏所并?且阴戎为晋惠所迁,居伊、洛间百余年,早已华化,何须逃走?又其故居本在陕西、终南一带,何必西逾汧、陇而入甘肃?盖范氏作《西羌传》,

误认陆浑戎与阴戎为二族，以必欲为阴戎觅一结束而史书未有，遂臆造此西逃之事耳。”（《史林杂识·初编》第六三页）此说未可尽信。《左传》昭公二十二年十月丁巳，“晋籍谈、荀跞帅九州之戎及焦、瑕、温、原之师，以纳王于王城。庚申，单子、刘盆以王师败绩于郊，前城人败陆浑于社。”杜注云：“九州戎，陆浑戎。十七年灭属晋。”据此可知，陆浑之戎即是九州之戎，虽已灭而服属于晋，尚保持其戎之部族而未华化，仍具有武装而颇有武力，为晋所遣使。《左传》哀公四年：“楚人既克夷虎，乃谋北方。……单浮馀围蛮氏。蛮氏溃，蛮子赤奔晋阴地。司马起丰、析与狄戎，以临上雒。……士蔑乃致九州之戎，将裂田以与蛮子而城之，且将为之卜。蛮子听卜，遂执之与其五大夫，以畀楚师于三户。”所谓“士蔑乃致九州之戎”，谓召集九州戎各部落之长。可知春秋晚期，九州之戎即陆浑之戎，虽服属于晋，尚保持部落宗族之组织，具有武力，并未华化。范氏所谓“韩、魏复共稍并伊、洛阴戎”，并非杜撰故实。盖战国初期，韩、魏共同逐步消解伊、洛之戎族组织，使为编户之民，并解除其武力，因而此后即不见有九州之戎或陆浑之戎、阴戎。于是中原无武装之戎族组织矣。

周贞定王十一年（公元前四五八年）

秦厉共公十九年，晋出公十七年，齐平公二十三年，楚惠王三十一年。

［晋］出公十七年知伯与赵、韩、魏共分范、中行地以为邑。（《晋世家》）

昔者智伯瑶率赵、韩、魏伐范、中行，灭之。（《韩非子·十过》，

《赵策一》第二章同)

案:《晋世家》记是年知伯与赵、韩、魏分范、中行地之后,“出公怒,告齐、鲁,欲以伐四卿,四卿恐,遂反攻出公。出公奔齐道死。”《赵世家》亦有相同之记载,惟时在赵襄子立四年。《六国表》亦记赵襄子四年“与智伯分范、中行地”,当周贞定王十五年(公元前四五四年),较《晋世家》迟四年。考《韩非子·十过》与《赵策一》第二章,称知伯率赵、韩、魏灭范、中行之后,“反归休兵数年”。因索地于韩、魏、赵,赵弗与,知伯因约韩、魏攻赵,围晋阳三年,终于魏、韩反而与赵共灭知伯,而三分其地。周贞定王十五年正当知伯与魏、韩合围晋阳之时。可知《六国表》、《赵世家》所记四卿分范、中行地之时间不确。既然四卿分范、中行地,与知伯等围赵晋阳之间,尝休兵数年,知伯又围赵于晋阳三年,可知《晋世家》所载是年分范、中行地是实。《晋世家·索隐》引《纪年》云:“出公二十三年奔楚”,正当韩、赵、魏共灭知伯之后一年。可知出公因灭知伯而出奔,非如晋、赵两《世家》所谓因分范、中行地而出奔。陈梦家《六国纪年》从《六国表》与《赵世家》,定四卿分范、中行氏地在晋出公二十一年,即周贞定王十五年,与史实不相符合,非是也。

[越]王鼫与卒,子王不寿立。(《越世家》)

鹿郢立,六年卒。(《越世家·索隐》引《纪年》,省略“次不寿立”四字)

案:《越世家·索隐》引《纪年》云:“於粤子句践卒,是菼执。次鹿郢立,六年卒”,又引乐资云:“越语谓鹿郢为鼫与也。”盖“六年卒”以下省略“次不寿立”四字。《路史·后纪》卷十三下注引

《纪年》作“鹿郢立，是为鼫与，六年卒，盲姑立，是为不寿”。盖杂采《越世家》与《纪年》。

知伯将伐仇由而道难不通，乃铸大钟遗仇由之君。仇由之君大说，除道将内之，赤章蔓枝曰：“不可。此小之所以事大也。而今也大以来，卒必随之，不可内也。”仇由之君不听，遂内之。赤章蔓枝因断毂而驱，至于齐，七月而仇由亡矣。（《韩非子·说林下》）

中山之国有厹繇者，智伯欲攻之而无道也，为铸大钟、方车二轨以遗之。厹繇之君将斩岸堙溪以迎钟。赤章蔓枝谏曰：“《诗》云：唯则定国。我胡则以得是于智伯？夫智伯之为人也贪而无信，必欲攻我而无道也。故为大钟、方车二轨以遗君，君因斩岸堙溪以迎钟，师必随之。”弗听。有顷，谏之。君曰：“大国为欢，而子逆之，不祥。子释之。赤章蔓枝曰：“为人臣不忠贞，罪也；忠贞不用，远身可也。”断毂而行，至卫七日，而厹繇亡。（《吕氏春秋·权勋》）

案：《西周策》第三章游腾为周君谓楚王亦云：“昔智伯欲伐厹由，遗之大钟，载以广车，因随入以兵，厹由卒亡，无备故也。”《史记·樗里子列传》“厹由”作“仇犹”。仇由、厹繇、厹由、仇犹，皆音同通用。《吕氏春秋》所谓“中山之国”，乃谓此国处于山中。《吕氏春秋》“厹”旧本误作“夙”，今从毕沅据《说文系传》校正。《说文系传》口部“厹”字下云：“《吕氏春秋》有厹犹，智伯欲伐者也。”《樗里子列传·正义》引《括地志》云：“并州盂县外城，俗名原仇山，亦名仇犹，夷狄之国也。”《读史方舆纪要》谓太原盂县有仇犹城，县北七里有仇犹山，是智伯所伐。黄式三《周季编略》推定仇由之亡在周贞定王十一年，其说可取。按地理形势，知伯攻灭仇由，当在次年知伯伐中山之前。

周贞定王十二年(公元前四五七年)

秦厉共公二十年,晋出公十八年,齐平公二十四年,楚惠王三十二年。

秦厉共公二十年公将师与緜诸战。(《六国表》)

案:《六国表》秦厉共公六年"緜诸乞援"。秦惠公六年"伐诸緜"。梁玉绳以为皆即緜诸。《史记·匈奴列传》云:"自陇以西有緜诸、绲戎、翟、豲之戎。"緜诸在今甘肃天水县。《汉书·地理志》天水郡有緜诸道。

晋荀瑶伐中山,取穷鱼之丘。(《水经·巨马水注》、《初学记》八、《太平御览》六十四、《太平寰宇记》六十七引《纪年》)

案:诸书引《纪年》,皆不记何年,今本《竹书纪年》列于周贞定王十二年,即晋出公十八年,不知何据。今姑列于此。

蔡声侯十五年卒,子元侯立。(《管蔡世家》)

案:《六国表》记"蔡声侯卒"于楚惠王三十二年。

[智伯]还自卫,三卿宴于蓝台。(《说苑·贵德篇》"宴"作"燕","宴""燕"通用)

智襄子戏韩康子而侮段规。智伯国闻之(《说苑》"智伯国"作"智果"。作"果"为是,见案语),谏曰:"主不备(《说苑》作"主弗备难"),难必至矣(《说苑》无"矣"字)。"曰:"难将由我,我不为难,谁敢兴之。"对曰:"异于是。夫郤氏有车辕之难,赵有孟姬之谗,栾有叔祁之愬(《说苑》"愬"作"诉"),范、中行有亟治之难,皆主之所知也。《夏书》有之曰:'一人三失,怨岂在明,不见是图。'《周书》有之曰:'怨不在大,亦不在小。'夫君子能勤小物,故无大患。今主一宴而耻人之君相(《说苑》"宴"作"谋","耻"作"愧"),又弗备,曰不敢兴难,无乃不可乎?(《说苑》"无"作"毋")夫谁不可喜而谁不可惧(《说苑》作"嘻不可不惧"),蜹蚁蜂虿,皆能害人,况君相乎!"弗听(《说苑》"弗"作"不")。自是五年,乃有晋阳之难(《说苑》"乃"作"而")。段规反,首难(《说苑》无"首难"二字),而杀智伯于师,遂灭智氏。(《国语·晋语九》,《说苑·贵德》第二十九章大体相同)

案:韦注:"段规,魏桓子之相也。"董增龄《国语正义》云:"《韩非子·十过》知过曰:韩康子之谋臣曰段规,今云魏桓子之相,与韩非异义矣。"今按韦注误。段规当为韩康子之相。智襄子戏韩康子而侮段规,智伯国谓"耻人之君相",即指韩康子及其相段规。《赵策一》第二章有与《韩非子·十过》相同之记述。

又案:智伯国,《说苑》作智果,黄式三谓果、国双声,是一人。今考智果与智国并非一人。《墨子·所染》与《吕氏春秋·当染》皆云:"智伯瑶染于智国、张武",孙诒让《墨子间诂》以为智伯瑶所染之智国,即是《晋语》此节之知伯国。此说不当。《所染》与《当染》篇列举六君所染不当,因而国家残亡。身为刑戮,可知六君所染之臣皆为败类。《晋语》此节之智伯国,因智伯戏韩康子而侮段规进谏,智伯因不听而灭亡。则此谏者乃良臣而非败类,当从《说苑》作智果为是。智伯国当为智果之误。《国语·晋语九》又记知宣子将以瑶为后,知果进谏,以为"瑶之很在心,心很败国",弗听,知果别族于太史为辅氏。《韩非子·十过》篇与《赵策一》第二章,皆记智伯约结韩、魏伐赵,围晋阳三年,赵臣张孟谈阴约魏、韩反攻,知过请知伯杀魏、韩之君,弗听。知过出更其姓为辅氏。可知知果亦即知过,"果""过"同音通用。

【附编】

智伯欲伐卫，遗卫君野马四，白璧一（“白”上原衍“百”字，从黄丕烈校删，详案语）。卫君大悦，群臣皆贺，南文子有忧色。卫君曰：“大国大欢，而子有忧色何？”文子曰：“无功之赏，无力之礼（《说苑·权谋》“力”作“方”，疑“方”字是），不可不察也。野马四，白璧一（“白”原作“百”，今改正），此小国之礼也，而大国致之，君其图之。”卫君以其言告边境。智伯果起兵而袭卫，至境而反，曰：“卫有贤人，先知吾谋也。”（《宋卫策》第九章，《说苑·权谋》第四十一章与此相同而字句颇有不同）

案：“遗卫君野马四，白璧一”，“白”上原衍“百”字，或以“四百”连读，非是。《说苑·权谋》作“遗之乘马，先之一璧”，“乘马”即马四匹。黄丕烈云：“百即白字误衍，下文百璧一，误同。”

智伯欲袭卫，故遗之乘马，先之一璧。卫君大悦，酌酒，诸大夫皆喜，南文子独不喜，有忧色。卫君曰：“大国礼寡人，寡人故酌诸大夫酒，诸大夫皆喜，而子独不喜，有忧色者何也？”南文子曰：“无方之礼，无功之赏，祸之先也。我未有往，彼有以来，是以忧也。”于是卫君乃修梁津而拟边城，智伯闻卫兵在境上，乃还。（《说苑·权谋》第四十一章）

案：“拟边城”当有误字。黄式三《周季编略》改作“警边备”。

智伯欲袭卫，乃佯亡其太子，使奔卫。南文子曰：“太子颜为君子也（《说苑·权谋》“为君子也”作“之为其君子也”），甚爱而有宠（《说苑》无“而有宠”三字），非有大罪而亡（《说苑》“亡”下有“之”字），必有故（《说苑》此下有“然人亡而不受，不祥”句）。”使人迎之于境（《说苑》作“使更逆之”），曰：“车过五乘，慎勿纳也（《说苑》“纳”作“内”）。”智

伯闻之乃止。(《宋卫策》第十章,《说苑·权谋》第四十一章同)

案:《大事记》系此事于周贞定王十二年,云:"《国语》序蓝台之宴,云还自卫,姑载于此。"黄式三、顾观光等皆从其说,今附编于此。

犀首伐黄,过卫,使人谓卫君曰:"弊邑之师,过大国之郊,曾无一介之使以存之乎?敢请其罪。今黄城将下矣。已,将移兵而造大国之城下。"卫君惧,束组三百绲,黄金三百镒,以随使者。南文子止之,曰:"是胜黄城,必不敢来;不胜,亦不敢来。是胜黄城,则功大名美,内临其伦。夫在中者恶临议其事,蒙大名,挟成功,坐御以待中之议,犀首虽愚,必不为也。是不胜黄城,破心而走,归恐不免于罪矣。彼安敢攻卫以重其不胜之罪哉?"果胜黄城,帅师而归,遂不敢过卫。(《宋卫策》第三章)

案:南文子即文子木,亦即子南弥牟,亦称卫将军文子。盖子南其氏,木与弥牟其名,文子则其谥也。亦称南氏,因称南文子。《世本》云:"灵公生昭子郢,郢生文子木"(《礼记·檀弓·正义》引)。《左传》哀公二十五年记卫出公"夺南氏邑",杜注谓南氏"子南之子公孙弥牟",盖昭子郢字子南,公孙弥牟因以为氏。《通志·氏族略》云:"子南氏,卫灵公之子公子郢之后。"《左传》哀公二十六年载:"悼公立,南氏相之"。南文子为卫悼公之相,此处卫君当即卫悼公。犀首非官名而为称号,此后与张仪同时之纵横家魏人公孙衍,尝以称号犀首名显于时。吴师道云:"据《左传》南文子相卫悼公,悼公与智伯并时,则犀首非公孙衍矣。"考黄城在今河南内黄县西北,正当卫之西河西北,后为魏地。此时率师攻取黄城之犀首,当为魏桓子之将领。

周贞定王十三年(公元前四五六年)

秦厉共公二十一年,晋出公十九年,齐平公二十五年,楚惠王三十三年。

[秦厉共公]二十一年初县频阳,晋取武成。(《秦本纪》)

晋出公十九年晋韩龙取卢氏城。(《水经·洛水注》引《纪年》)

案:《秦本纪》"武成"一作"武城",《史记会注考证》:"古钞、枫、三南本作武城。"今本《竹书纪年》云:"贞定王十三年晋韩庞取秦武城。"与今《水经注》所引古本《纪年》不同,而与《秦本纪》所言"晋取武成"相合。武成在今陕西华县东,一作武下。考《永乐大典》本《水经注》所引,无"取卢"二字,戴震校本有之,云:"近刻脱'取卢'二字。"卢氏在今河南西部洛水上游,多崇山峻岭。此一地段原为陆浑戎所在,不属于秦,此时为晋所取。辑今本《竹书纪年》者殆见卢氏非秦地,因而从《秦本纪》改作武城也。

[齐平公]二十五年卒,子宣公积立。(《齐世家》)

案:《六国表》于次年记齐宣公就匝元年。《集解》:"本作积"。

周贞定王十四年(公元前四五五年)

秦厉共公二十二年,晋出公二十年,齐宣公元年,楚惠王三十四年。

智襄子为室美,士茁夕焉。智伯曰:"室美夫!"对曰:"美则美矣,抑臣亦有惧也。"智伯曰:"何惧?"对曰:"臣以秉笔事君,志有之曰(《说苑·贵德》"志"作"记"):'高山峻原,不生草木,松柏之地,其土不肥。'今土木胜,臣惧其不安人也。"室成,三年而智氏亡。(《国语·晋语九》,《说苑·贵德》第三十章同)

智伯索地于魏宣子(《魏策一》第一章“魏宣子”作“魏桓子”,下同)。魏宣子弗予。任章曰:“何故不予?”宣子曰:“无故请地(《魏策》“请”作“索”),邻国必恐,彼重欲无厌(《魏策》无“彼”字),天下必惧。君予之地,智伯必骄而轻敌(《魏策》作“知伯必憍,憍而轻敌”),邻国必惧而相亲。以相亲之兵,待轻敌之国,则智伯之命不长矣(《魏策》“则智伯”作“知氏”)。《周书》曰:‘将欲败之,必姑辅之;将欲取之,必姑予之。’君不如予之以骄智伯,且君何释以天下图智氏而独以吾国为智氏质乎?”(《资治通鉴》作“然后可以择交而图智氏矣,奈何独以吾为智氏质乎”,可知“释”当读如“择”)君曰:“善。”乃与之万户之邑(《魏策》作“乃与之万家之邑一”),智伯大悦,因索地于赵(《魏策》作“因索蔡、皋梁于赵”),弗与(《魏策》“弗”上有“赵”字),因围晋阳。(《韩非子·说林上》,《魏策一》第一章同,此下皆有“韩、魏反之于外,赵氏应之内,智氏以亡”。《说苑·权谋》第二十四章较为简略)

智伯请地于魏宣子,宣子不与。任增曰:“何为不与?”宣子曰:“彼无故而请地,吾是以不与。”任增曰:“彼无故而请地者,无故而与之,是重欲无厌也,彼喜,必又请地于诸侯,诸侯不与,必怒而伐之。”宣子曰:“善。”遂与地。智伯喜,又请地于赵。赵不与,智伯怒,围晋阳。韩、魏合赵而反智氏,智氏遂灭。(《说苑·权谋》第二十四章)

案:《韩非子》、《说苑》魏宣子,《魏策》作“魏桓子”。《世本》亦作桓子,《赵世家·索隐》引《世本》云:“魏献子荼生简子取,取生襄子多,多生桓子驹,驹生文侯斯。”《韩非子》、《魏策》任章,《说苑》作“任增”,“增”“章”乃一声之转。《汉书·古今人表》亦作任章,列入中中等,王先慎《韩非子集解》谓《韩非子·外储说左上》之王登,即是任章,并云:“王即壬之误,任壬古通,章登盖一人而二名耳。”此说非是。任章为魏宣子之臣，王登为赵襄子所属中牟令，并非一人。

智伯瑶率赵、韩、魏而伐范、中行，灭之。反归休兵数年（《赵策一》第二章作“休数年”），因令人请地于韩（《赵策》“因令”作“使”），韩康子欲勿与，段规谏曰：“不可不与也（《赵策》作“不可”），夫知伯之为人也，好利而骜愎（《赵策》作“鸷复”，姚注：“刘作愎”）。彼来请地而弗与，则移兵于韩必矣（《赵策》作“必加兵于韩矣”）。君其与之。与之，彼狃，又将请地他国，他国且有不听，不听则知伯必加之兵（《赵策》作“必乡之以兵”）。然则韩可以免于患而待其事之变。”（《赵策》“患”下有“难”字）康子曰：“诺。”因令使者致万家之县一于知伯（《赵策》“令”作“使”，“县”作“邑”），知伯说，又令人请地于魏。宣子欲勿与，赵葭谏曰：“彼请地于韩，韩与之，今请地于魏，魏弗与，则是魏内自强而外怒知伯也。如弗予，其措兵于魏必矣（《赵策》“如弗予”作“然则”，“措”作“错”），不如予之。”宣子曰：“诺。”（四字原脱，从《赵策》补）因令人致万家之县一于知伯。知伯又令人之赵，请蔡、皋狼之地（《赵策》“知伯”下有“说”字。鲍改“蔡”为“蔺”，云：蔡非赵地。《通鉴》胡注亦云：“古文‘蔺’字与‘蔡’字近，或者‘蔡’字其‘蔺’字之讹也”）。赵襄子弗与，知伯因阴约韩、魏将以伐赵（《赵策》“约”作“结”）。赵襄子召张孟谈而告之曰：“夫知伯之为人也，阳亲而阴疏（“亲”原误作“规”，从顾广圻据《赵策》改正），三使韩、魏而寡人不与焉，其措兵于寡人必矣（《赵策》“措”作“移”），今吾安居而可？”张孟谈曰：“夫董阏于，简主之才臣也（《赵策》“阏”下衍“安”字，鲍本“主”作“子”），其治晋阳而尹铎循之（《赵策》“铎”作“泽”，鲍本“尹”作“君”），其余教犹存，君其定居晋阳而已矣。”（《赵策》无“而已矣”三字）君曰：

“诺。”乃召延陵生将车骑先至晋阳（“将”下原有“军”字，据《赵策》删。《赵策》“生”误作“王”，鲍本“王”改作“君”，乃误上加误）。君因从之。君至而行其城郭及五官之藏，城郭不治，仓无积粟，府无储钱，邑无守具，襄子惧（以上六句，《赵策》作“至，行城郭，案府库，视仓廪”）。乃召张孟谈曰：“寡人行城郭及五官之藏，皆不备具，吾将何以应敌？”张孟谈曰：“臣闻圣人之治，藏于民（“民”原作“臣”，从顾广圻校正），不藏于府库，务修其教，不治城郭。君其出令，令民自遗三年之食，有余粟者入之仓；遗三年之用，有余钱者入之府；遗有奇人者使治城郭之缮。”君夕出令，明日仓不容粟，府无积钱，库不受甲兵。居五日而城郭已治，守备已具（《赵策》无“乃召张孟谈曰”以下一段文字）。君乃召张孟谈而问之曰（《赵策》作“召张孟谈曰”）：“吾城郭已治（《赵策》“已治”作“之完”），守备已具，钱粟已足，甲兵有余，吾奈无箭何？”（《赵策》作“府库足用，仓廪实矣，无矢奈何？”）张孟谈曰：“臣闻董子之治晋阳也，公宫之垣，皆以荻蒿楛楚墙之（《赵策》作“皆以狄蒿苫楚廧之”，鲍本“狄”作“荻”，黄丕烈云：“苫”字当作“苦”，即“楛”字），其楛高至丈余（《赵策》无“楛”字），君发而用之。”于是发而试之，其坚则虽箘簬之劲不能过也。君曰：“吾箭已足矣，奈无金何？”（《赵策》作“足矣，吾铜少若何？”）张孟谈曰：“臣闻董子之治晋阳也，公宫令舍之堂（《赵策》作“公宫之室”），皆以炼铜为柱质，君发而用之。”于是发而用之，有余金矣（《赵策》作“请发而用之，则有余铜矣”，并有“君曰善”一句）。号令已定，守备已具，三国之兵果至，至则乘晋阳之城（《赵策》作“三国之兵乘晋阳城”），遂战。三月弗能拔，因舒军而围之，决晋水而灌之。（《韩非子・十过》，《赵策一》第二章与此相同，稍有简略）

案:《韩非子·十过》列举十种过失,五曰:“贪愎喜利,则灭国杀身之本也”,即举此智伯瑶为例。《赵策一》第二章所载,即从此而来,故而其结论亦曰:“知伯身死、国亡、地分为天下笑,此贪欲无厌也。”董阏于即董安于,《左传》定公十三年、《国语·晋语》、《吕氏春秋·爱士》、《史记·赵世家》、《汉书·古今人表》并作董安于,《韩非子·十过》、《淮南子·道应训》则作董阏于,“安”“阏”声近通用。《太平御览》一百六十三引《春秋后语》亦作董安于。《赵策一》作“董阏安于”,王念孙谓盖“一本作阏,一本作安,而后误合之耳”。尹铎,《赵策一》作尹泽,鲍本作“君泽”,《大事记》谓“泽”字误。《国语·晋语九》记赵襄子谓晋阳“先主之所属也,尹铎之所宽也”。

又案:“请蔡、皋狼之地。”鲍改“蔡”为“蔺”,胡三省、吴师道皆谓“蔡”或“蔺”字之讹。“蔺”古文作“閵”,与“蔡”形似而误。《赵世家》记武灵王言先王取蔺、郭狼,王应麟曰:“郭狼疑是皋狼”,张宗泰曰:“郭皋声相近。”郭狼在今山西离石西北,与蔺相近。

又案:“知伯率韩、魏围攻赵晋阳,三年未能攻克,赵阴约韩、魏联合反攻,共灭知伯。事在晋出公二十二年,即周贞定王十六年,则知伯开始围晋阳,当在周贞定王十四年。

晋阳之围,张谈曰:“先主为重器也,为国家之难也,盍姑无爱宝于诸侯乎?”襄子曰:“我无使也。”张谈曰:“地也可。”襄子曰:“吾不幸有疾,不夷于先子,不德而贿,夫地也求饮吾欲,是养吾疾而干吾禄也,吾不与皆毙。”襄子出曰:“吾何走乎?”从者曰:“长子近,且城厚完。”襄子曰:“罢民力以完之,又毙以守之,其谁与我。”从者曰:“邯郸之仓库实。”襄子曰:“浚民之膏泽以实之,又因而杀之,其谁与我。其晋阳乎!先主之所属也,尹铎之所宽也,民必和矣。”乃走晋阳,晋师围而灌之,沈灶产蛙,民无叛意。(《国语·晋语九》)

案:韦注:“张谈,赵襄子之宰孟谈也。”《韩非子·十过》与《赵策一》皆谓张孟谈建议赵襄子坚守晋阳,而《国语》此节又谓襄子自作决定守晋阳,盖传闻异辞。《国语·晋语九》又载:赵简子使尹铎为晋阳,请曰:“以为茧丝乎?抑为保障乎?”简子曰:“保障哉!”尹铎损其户数。简子诫襄子曰:“晋国有难而无以尹铎为少,无以晋阳为远,必以为归。”此又以赵简子早有远见及此。

昔智伯之遏晋水以灌晋阳,其川上溯,后人踵其遗迹,蓄以为沼。……沼水分二派,北渎即智氏故渠也。昔在战国,襄子保晋阳,智氏防山以水之,城不没者三版,与韩、魏望叹于此,故智氏用亡。其渎乘高,东北注入晋阳城,以周灌溉……即是处也。东南出城流,注于汾水也。(《水经·晋水注》)

案:《赵世家》云:“三国攻晋阳,岁余,引汾水灌其城,城不浸者三版。”《国语》韦昭注亦云:“晋师,三卿之师也。灌,引汾水以灌之。”董增龄《国语正义》云:“郦氏言引晋水灌城,而韦解言汾水者,晋水入汾,则汾即晋之下流,故得通言之。”此说非是。上引《韩非子·十过》、《赵策一》及《淮南子·人间训》皆谓决晋水灌城,《韩非子·难三》、《秦策四》第四章、《史记·魏世家》及《说苑·敬慎》所载中期谓秦昭王,皆谓是役灌以晋水。阎若璩《尚书古文疏证》云:“李宏宪疑莫能定,不知二水皆是也。盖知伯决晋水以灌城,至今犹名知伯渠,然亦岂有舍近而且大之汾水不引以并注者乎?”不免曲为辩解。《魏世家·正义》引《括地志》云:“《山海经》云:‘悬瓮之山,晋水出焉,东南流注汾水’。昔赵襄子保晋阳,智氏防山以水灌之,不没者三版。其渎乘高西流注入晋阳城,以周溉灌,东南出城注于汾阳也。”“瓮”为“瓮”之误。汾阳当为汾水之误。晋水注于汾水,在晋水乘高西流注入晋阳城而从东南出城之后,不得谓引汾水灌晋阳也。

知伯益骄,请地韩、魏,韩、魏与之。请地赵,赵不与,以其围郑之辱。知伯怒,遂率韩、魏攻赵。赵襄子惧,乃奔保晋阳,原过从,后,至于王泽,见三人,自带以上可见,自带以下不可见,与原过竹二节,莫通,曰:“为我以是遗赵毋卹。”原过既至,以告襄子。襄子齐三日(“齐”读如“斋”),亲自剖竹,有朱书曰:“赵毋卹,余霍泰山山阳侯天使也,三月丙戌,余将使女反灭知氏,女亦立我百邑。余将赐女林胡之地,至于后世,且有伉王,赤黑,龙面而鸟噣,鬓麋髭頿,大膺大胸,修下而冯(“冯”下,当据《风俗通义》卷一之《六国》篇补“上”字,详见案语),左衽界乘,奄有河宗,至于休、溷诸貉,南伐晋别,北灭黑姑。”襄子再拜,受三神之令。(《赵世家·集解》徐广曰:“修,或作随。界一作介。”)

案:《论衡·纪妖篇》记此事相同,惟“天使”误作“天子”,“至于王泽”误作“至于托平驿”。《风俗通义》卷一之《六国》篇亦载相同之事,“且有伉王”以下,作“赤黑,龙面鸟属,须眉髭髯,大膺大匈,修下而冯上,左任介乘。”李笠《史记订补》云:“冯下,当依《风俗通》补上字,上句大膺大胸对举,下句左衽介乘对举,此句亦当以修下与冯上对也。上文龙面而鸟噣,与此句同一例。《文选·吴都赋》洲诸冯隆,刘注,冯隆高貌,盖谓伉王下体长而上体高也。”方苞《史记注补正》云：“介，甲也。此指武灵王变服习骑射事。左衽，变服也。介乘，谓甲而乘马习骑射。”其说是。此谓伉王，即指赵武灵王“奄有河宗”云云，即指武灵王胡服骑射而攻取林胡、楼烦之地。《风俗通义·六国》篇在叙述此事之后，亦云：“至武灵王竟胡服骑射，辟地千里。”

[浍水]又西至王泽，注于汾水（《水经》）。晋智伯瑶攻赵襄子，襄子奔保晋阳，原过后至，遇三人于此泽，自带以下不见，持竹二节与原过，曰：“为我遗无卹，原过受之于是泽，所谓王泽也。”（《水经·汾水注》）

彘水又西流经观阜北，故百邑也。原过之从襄子也，受竹书于王泽，以告襄子。襄子斋三日，亲自剖竹，有朱书曰：余霍太山山阳侯天使也，三月丙戌，余将使汝反灭智氏，汝亦立我于百邑。襄子拜受三神之命，遂灭智氏，祠三神于百邑，使原过主之，世谓其处为观阜也。（《水经·汾水注》）

案：《太平寰宇记》四十三载：“观堆祠在霍邑县东南三十里，堆高三丈，周回十里，俗谓其处为观阜。”观阜今名观塠峰，在山西霍县霍山北。王泽在今山西绛县西南七里。《赵世家·正义》引《括地志》云：“三神祠，今名原过祠，今在霍山侧也。”

又案：此一神话传说，当与赵有霍太山之祀有关。《赵世家》记晋献公十六年晋灭耿、霍、魏，赐赵夙耿，“霍公求奔齐，晋大旱，卜之曰：霍太山为祟，使赵夙召霍君于齐，复之以奉霍太山之祀，晋复穰，晋献公赐赵夙耿。”此一神话传说之出现，当在武灵王胡服骑射之后。《史记会注考证》引中井积德云：“是谶果有之邪？武灵王变服时宜首举是谶以神其事，而无一言及此矣，可见造是谶者更在后世也。”

[燕]成公名载。(《燕世家·索隐》引《纪年》)

案：此年于《六国表》为燕孝公九年，但今本《竹书纪年》所列燕之年世颇不同。《燕世家·索隐》引《纪年》，“简公后次孝公，无献公”，“智伯灭在成公二年也”。可知燕成公元年当在晋出公二十一年，即周贞定王十五年，是年燕成公已立。

郑哀公八年郑人弑哀公而立声公弟丑，是为共公。(《郑世家》)

案：《六国表》列郑哀公元年于周贞定王七年，则郑哀公八年即周贞定王十四年。

周贞定王十五年(公元前四五四年)

秦厉共公二十三年，晋出公二十一年，齐宣公二年，楚惠王三十五年。

三国攻晋阳，岁余，引汾水灌其城，城不浸者三版，城中悬釜而炊，易子而食。(《赵世家》)

案：知伯率韩、魏攻赵晋阳，《韩非子·十过》、《赵策一》第二章谓：“三月不能拔，因舒军而围之，决晋水而灌之。”《赵世家》则云：“岁余，引汾水灌其城。”“引汾水”当为“引晋水”之误，已辨明在上年案语中。至于引水灌城，在攻城三月后或“年余”之后，尚不能确定。若在年余之后，即在此年。

周贞定王十六年(公元前四五三年)

秦厉共公二十四年，晋出公二十二年，齐宣公三年，楚惠王三十六年。

[周]定王十六年三晋灭智伯,分有其地。(《周本纪》)

[秦厉共公]二十四年晋乱,杀智伯,分其国与赵、韩、魏。(《秦本纪》)

赵襄子五年(当作二十三年)襄子败智伯晋阳,与魏、韩三分其地。(《六国表》)

[晋]哀公四年(当作晋出公二十二年)赵襄子、韩康子、魏桓子共杀智伯,尽并其地。(《晋世家·索隐》:"如《纪年》之说,此乃出公二十二年事。")

智伯灭在[燕]成公二年也。(《燕世家·索隐》谓"按《纪年》")

围晋阳三年,城中巢居而处(《淮南子·人间训》作"缘木而处"),悬釜而炊,财食将尽,士大夫羸病(《赵策一》第二章作"士卒病羸")。襄子谓张孟谈曰:"粮食匮,财力尽,士大夫羸病,吾恐不能守矣。欲以城下,何国之可下?(《赵策》作"何如")"张孟谈曰:"臣闻之,亡弗能存,危弗能安,则无为贵智矣(《赵策》"智"作"知士",《淮南子》作"智士")。君释此计者(《赵策》此下有"勿复言也"),臣请试潜行而出见韩、魏之君。"(《赵策》无"试潜行而出"五字,《淮南子》"君"下有"而约之"三字)张孟谈见韩、魏之君曰(《赵策》"见"上有"阴"字):"臣闻唇亡齿寒,今知伯率二君而伐赵,赵将亡矣,赵亡,则二君为之次。"二君曰:"我知其然也,虽然,知伯之为人也,麤中而少亲(《淮南子》"麤"作"粗",二字通用),我谋而觉(《赵策》作"我谋未遂而知",《淮南子》"觉"作"泄"),则其祸必至矣(《淮南子》作"事必败"),为之奈何?"张孟谈曰:"谋出二君之口,而入臣之耳,人莫之知也(《淮南子》此下有"且同情相成,同利相死,君其图之")。"二君因与张孟谈约三军之反(《赵策》"约三军之反"作"阴约三军"),与之期日。夜遣孟谈入晋阳,以报二君之反，襄子迎孟谈再拜之(《赵策》作“张孟谈以报襄子，襄子再拜之”)。且恐且喜。二君以约遣张孟谈，因朝知伯而出(《赵策》无“二君以约遣”五字，张孟谈三字连下读)，过智过于辕门之外，智过怪其色，因入见知伯曰(《赵策》无“怪其色因”四字)：“二君貌将有变。”(《赵策》“貌”作“殆”)君曰：“何如?”曰：“其行矜而意高，非他时之节也，君不如先之。”(《赵策》作“臣遇张孟谈于辕门之外，其志矜，其行高”)君曰：“吾与二主约谨矣(《赵策》此句上有“不然”二字)，破赵而三分其地，寡人所以亲之，必不侵欺，兵之著于晋阳三年，今旦暮将拔之而向其利，必不然(《赵策》无以上三句)。子释勿忧(《赵策》作“子释之”)，勿出于口。”明旦，二主又朝而出，复见智过于辕门，智过入见曰：“君以臣言告二主乎?”君曰：“何以知之?”曰：“今日二主朝而出，见臣而其色动，而视属臣(“属”通“瞩”)，此必有变，君不如杀之。”君曰：“子置勿复言。”智过曰：“不可，必杀之，若不能杀，遂亲之。”(“明旦”以下一段，《赵策》作“知过出见二主，入说知伯曰：‘二主色动而意变，必背君矣，不如杀之。’知伯曰：‘兵著晋阳三年矣，旦暮当拔之而飨其利，乃有他心，不可，子慎勿复言。’知过曰：‘不杀，则遂亲之。’”)君曰：“亲之奈何?”智过曰：“魏宣子之谋臣曰赵葭，韩康子之谋臣曰段规，此皆能移其君之计，君其与二君约(“其与”原作“与其”，据《赵策》改)，破赵国，因封二子者各万家之县一，如是则二主之心可以无变矣。”(《赵策》此下有“而君得其所欲矣。”)知伯曰：“破赵而三分其地，又封二子者各万家之县一，则吾得者少，不可。”智过见其言之不听也(《赵策》作“知过见君之不明、言之不听也”)，出，因更其族为辅氏(《赵策》无“因”字，“族”作“姓”，下有“遂去不见”四字)。并有下列一节：“张孟谈闻之，入见襄子，曰：‘臣遇知过于辕门之外，其视有疑臣之心，入见知伯，出更其姓，今暮不击，必后之矣。'襄子曰：'诺。'使张孟谈见韩、魏之君”。至于期日之夜，赵氏杀其守堤之吏(《赵策》无“赵氏”二字)，而决其水灌知伯军，知伯军救水而乱，韩、魏翼而击之，襄子将卒犯其前，大败知伯三军而擒知伯。知伯身死军破(《赵策》“军破”作“国亡”)，国分为三(《赵策》“国”作“地”)，为天下笑，故曰贪愎好利，则灭国杀身之本也。(《韩非子·十过》、《赵策一》第二章大体相同，末二句改作“此贪欲无厌也。夫不听知过，亦所以亡也。知氏尽灭，唯辅氏存焉”)

案：《韩非子》作“赵氏杀其守堤之吏而决其水灌智伯军”，而《赵策》则谓赵襄子“使张孟谈见韩、魏之君，至于期日之夜，杀守堤之吏而决水灌知伯军”。《淮南子·人间训》同《韩非子》，亦云：“赵氏杀其守堤之吏决水灌智伯。”《资治通鉴》亦云：“襄子夜使人杀守堤之吏而决水灌智伯军。”

智伯从韩、魏兵以攻赵，围晋阳而水之(《说苑·权谋》第八章作“围晋阳之城而溉之”)，城下不沉者三板(《说苑》作“城不没者三板”，《太平御览》八十所引与《说苑》同)，郗疵谓知伯曰(“郗”原误作“郄”，吴师道云：“孙本作郗，《说文》作絺。”姚注引《元和姓纂》：“郗”，己姓，青阳氏之后，赵有郗疵。”《说苑》作“絺疵”，今据以改正)：“韩、魏之君必反矣。”知伯曰：“何以知之?”郗疵曰：“以其人事知之，夫从韩、魏之兵而攻赵，赵亡，难必及韩、魏矣，今约胜赵而三分其地(以上五句，《说苑》改作“夫胜赵而三分其地”)。今城不没者三板，臼灶生蛙，人马相食，城降有日，而韩、魏之君无憙志而有忧色，是非反如何也?”(《说苑》无“如”字)明日，知伯以告韩、魏之君曰(《说苑》“以告”作“谓”)：“郗疵言君之且反也。”韩、魏二君曰：“夫胜赵而三分其地(《说苑》"夫"作"必")，今城且将拔矣，夫二家虽愚，不弃美利于前，背信盟之约(《说苑》以上二句作"不弃美利而偕约")。而为危难不成之事，其势可见也。是疵为赵计矣(《说苑》作"是疵必为赵说君")。使君疑二主之心，而解于攻赵也(《说苑》"使"上有"且"字)。今君听谗臣之言，而离二主之交，为君惜之。"趋而出。郄疵谓知伯曰："君又何以疵言告韩、魏之君为?"知伯曰："子安知之?"对曰："韩、魏之君视疵端而趋疾。"疵知其言之不听，请使于齐，知伯遣之，韩、魏之君果反矣(《赵策一》第一章，《说苑·权谋篇》第八章相同而有简略，《说苑》无"趋而出"以下一节，而作"智伯出，欲杀绨疵，绨疵逃，韩、魏之君果反"。《通鉴》从《赵策》，亦云："绨疵请使于齐")。

晋有六将军而智伯莫为强焉，计其土地之博，人徒之众，欲以抗诸侯以为英名，攻战之速，故差论其爪牙之士，比列其车舟之众("比"原作"皆"，原脱"其"字，从孙诒让据王念孙之说改正)，以攻中行氏而有之，以其谋为既已足矣，又攻兹范氏而大败之(孙诒让云："兹字疑衍")，并三家以为一家而不止，又围赵襄子于晋阳，及若此，则韩、魏亦相从而谋曰："古者有语，唇亡则齿寒，赵氏朝亡，我夕从之，赵氏夕亡，我朝从之。《诗》曰：鱼水不务(孙诒让云："务，疑当读为骛……骛，疾也。又或当作斿，即游之省")，陆将何及乎?"是以三主之君，一心戮力(毕沅云："戮，勠字假借")，辟门除道，奉甲兴士，韩、魏自外，赵氏自内，击智伯，大败之。是故墨子言曰："古者有语曰：'君子不镜于水而镜于人。镜于水，见面之容；镜于人，则知吉与凶。'今以攻战为利，则盖尝鉴之于智伯之事乎！此其为不吉而凶，既可得而知矣。"(《墨子·非攻中》)

案："唇亡则齿寒"，确为古谚。《穀梁传》僖公二年虞宫之奇曰:"语曰:唇亡则齿寒。"《左传》僖公五年"语"作"谚"。宫之奇曰:"谚所谓辅车相依,唇亡齿寒者。"据孙诒让考证,墨子生卒约在公元前四六八年至前三七六年间,三家灭智伯之事,盖亲见之。《韩非子·十过》、《赵策一》、《淮南子·人间训》等,皆谓张孟谈以"唇亡齿寒"进说韩、魏之君,而墨子则谓韩、魏以"唇亡则齿寒"相从而谋。

夫六晋之时,知氏最强,灭范、中行而从韩、魏之兵以伐赵,灌以晋水,城之未沈者三板。智伯出,魏宣子御,韩康子为骖乘。知伯曰:"始吾不知水可以灭人之国,吾今乃知之。汾水可以灌安邑,绛水可以灌平阳。"魏宣子肘韩康子,康子践宣子之足,肘足接乎车上,而知氏分于晋阳之下。(《韩非子·难三》载中期对秦昭王所说)

案:《魏世家》、《秦策四》第四章、《说苑·敬慎》篇第十八章有相同记述。《秦策四》作"智伯出行水,韩康子御,魏桓子骖乘。"中期,《说苑》作申旗。《魏世家·正义》云:"汾水东北流历安邑西南入河也。"又云:"《括地志》云:绛水一名白水,今名弗泉,源出绛山,飞泉奋涌,扬波北注,县流积壑二十许丈,望之极为奇观矣。按:引此灌平阳城也。"《水经·浍水注》引用《魏世家》,评论曰:"余睹智氏之谈矣,汾水灌安邑,或亦有之,绛水灌平阳,未识何由也。"《资治通鉴》胡三省注引《史记正义》,谓绛水"可接引北灌平阳城"。并云:"郦道元父范历仕三齐,少长齐地,熟其山川,后入关死于道,未尝至河东也。此盖耳学而致疑。"阎若璩《潜邱札记》又云:"尝往来平阳、夏县而悟二语,具有妙解,盖汾水并可灌安邑,至绛水则不待言;绛水并可灌平阳,至汾水又不待言。交错互举,总见水之为害溥尔。"今按:《正义》谓"汾水东北流历安邑西南入河也”。“西南”当为“西北”之误，但安邑与其西北之汾水相距甚远，尚在八十里以外，难以引灌安邑。至于绛水则远在平阳以南一百余里，更难以引灌平阳。程恩泽《国策地名考》因而谓“胡三省曲为辨说，终觉难通”。又谓：“汾水在安邑之西北，并非西南，其中隔闻喜县，相距尚远，谓可以灌安邑，颇觉难通，故郦道元亦深致疑。而近儒以为互文见意（阎若璩、高士奇说），然绛水即与汾水合流，亦与安邑无涉。”程说至确。此乃后人任意编造之故事，不知地理形势而妄说者，《资治通鉴》以此为韩、魏反而与赵共灭知氏之主因，不可信据。

知伯率三国之众，以攻赵襄主于晋阳，决水而灌之三月，城且拔矣，襄主钻龟筮占兆，以视利害，何国可降。乃使其臣张孟谈。于是乃潜行而出，反知伯之约，得两国之众，以攻知伯，禽其身，以复襄主之初。（《韩非子·初见秦》）

案：《秦策一》第五章误作张仪说秦王，文与此同。“以复襄主之初”作“以成襄主之功”。

智氏见伐赵之利，而不知榆次之祸也。……智氏信韩、魏从而伐赵，攻晋阳之城，胜有日矣。韩、魏反之，杀智伯瑶于凿台之上。（《秦策四》第十章）

案：《史记·春申君列传》所谓黄歇上秦昭王书、《新序·善谋》篇与此相同。《新序》“凿台”作“丛台”。《水经·洞过水注》记榆次县“县南侧水有凿台，韩、魏杀智伯瑶于其下，刳腹绝肠，折颈摺颐处也”。在今山西榆次市南。

知伯兼范、中行而攻赵不已，韩、魏反之，军败晋阳，身死高梁之东，遂卒被分，漆其首以为溲器，故曰：祸莫大于不知足。（《韩非子·

喻老》）

> 案：高粱在今山西临汾市东，与上引史料谓杀知伯瑶于凿台不同。此作"溲器"不确，当是"饮器"。《赵策一》第四章云："及三晋分知氏，赵襄子最怨知伯，而漆其头以为饮器。"《史记·刺客列传》同。《韩非子·难三》云："此知伯之所以国亡而身死，头为饮杯之故也。"《说苑·建本》第三十章亦云："智伯围襄子于晋阳，襄子疏队而击之，大败知伯，漆其首以为饮器。"《吕氏春秋·义赏》又谓赵襄子"与魏桓、韩康期而击智伯，断其头以为觞"。觞，即饮器或饮杯。此乃西北戎狄之风习。《史记·大宛列传》云："至匈奴老上单于杀月氏王，以其头为饮器。"《汉书·张骞传》同。

襄子围于晋阳中，出围，赏有功者臣人，高赫为赏首（《吕氏春秋·义赏》作"高赦为首"，《淮南子》的《氾论训》和《人间训》、《说苑·复恩》第二章、《汉书·古今人表》皆作"高赫"，《赵世家》作"高共"，《集解》徐广曰："一作赫"，作"赫"为是）。张孟谈曰（《淮南子·氾论训》作"左右曰"，《人间训》作"群臣请曰"，《吕氏春秋》、《说苑》皆作"孟谈"）："晋阳之事（《淮南子·氾论训》、《赵世家》"事"作"难"，《吕氏春秋》、《说苑》误作"中"），赫无大功（《淮南子·人间训》作"张孟谈之功也"），今为赏首何也？（《淮南子·人间训》作"而赫为赏首何也"）襄子曰："晋阳之事，寡人国家危（《吕氏春秋》"国家"作"之国"），社稷殆矣，吾群臣无有不骄侮之意者（《吕氏春秋》作"身在忧约之中"），惟赫不先君臣之礼（《吕氏春秋》作"与寡人交而不失君臣之礼者惟赦"），吾是以先之。"（《韩非子·难一》、《吕氏春秋·义赏》、《淮南子·氾论训》和《人间训》、《说苑·复恩》第二章大体相同。《吕氏春秋》下有一节："北取代，东迫齐，令张孟谈逾城潜行，与魏桓、韩康期而击智伯，断其头以为觞，遂定三家，岂非用赏罚当邪？"）

三国攻晋阳，岁余，引汾水灌其城，城不浸者三版，城中悬釜而炊，易子而食。群臣皆有外心，礼益慢，惟高赫不敢失礼（"赫"原作"共"，《集解》引徐广曰："共一作赫"，作"赫"为是，今改正）。襄子惧，乃夜使相张孟同私于韩、魏（"同"当作"谈"，盖司马迁避其父讳，改"谈"为"同"），韩、魏与合谋，以三月丙戌，三国反灭知氏，共分其地，于是襄子行赏，高赫为上。张孟同曰："晋阳之难，唯赫无功。"襄子曰："方晋阳急，群臣皆懈，惟赫不敢失人臣礼，是以先之。"于是赵北有代，南并知氏，强于韩、魏，遂祠三神于百邑，使原过主霍泰山祠祀。（《赵世家》）

案：引汾水，当为引晋水之误，辨已见前。《赵世家》既载霍泰山山神朱书："三月丙戌，余将使女（汝）反灭知氏。"又谓确于三月丙戌反灭知氏。据《中国先秦史历表》，公元前四五三年夏历三月丁丑朔，丙戌为初十。

三晋已破智氏，将分其地。段规谓韩王曰（韩王指韩康子，后人追尊为王）："分地必取成皋。"韩王曰："成皋石溜之地也，寡人无所用之。"段规曰："不然。臣闻一里之厚（丛刊本"一"作"百"），而动千里之权者，地利也；万人之众而破三军者（丛刊本"万"作"千"），不意也。王用臣言，则韩必取郑矣。"王曰："善。"果取成皋。至韩之取郑地，果从成皋始。（《韩策一》第一章）

张孟谈既固赵宗，广封疆，发千百（"千"原作"五"，从横田惟孝改作"千"，"千百"读作"阡陌"，详见案语），乃称简之涂以告襄子曰（"涂"读作"途"，道也。横田氏云："简下疑脱子或主字"）："昔者前国地君之御有之曰(此句有误字,金正炜谓当作“简主君国之御有之曰”,“御”通“语”,谓简子君临赵国之遗训):“五伯之所以致天下者(“伯”原误“百”,鲍本作“霸”),约两主势能制臣,无令臣能制主。故贵为列侯者,不令在相位,自将军以上,不为近大夫。今臣之名显而身尊,权重而众服,臣愿捐功名,去权势以离众。”襄子恨然曰:“何哉?吾闻辅主者名显,功大者身尊,任国者权重,信忠在己而众服焉。此先圣之所以集国家、安社稷乎!子何为然?”张孟谈对曰:“君之所言,成功之美也!臣之所谓,持国之道也。臣观成事,闻往古,天下之美同,臣主之权均,之能美,未之有也。前事之不忘,后事之师。君若弗图,则臣力不足。”怆然有决色。襄子去之。卧三日,使人谓之曰:“晋阳之政,臣下不使者何如?”对曰:“死僇。”为张孟谈曰(“为”字原缺,从金正炜增补):“左司马见使于国家,安社稷,不避其死,以成其忠,君其从之。”君曰:“子从事。”乃许之。张孟谈便厚以便名,纳地释事,以去权尊,而亲耕于肙丘(原作“耕于负亲之丘”,金正炜云:“《潜夫论·志氏姓》篇,张孟谈相赵襄子以灭智伯,遂逃功赏,耕于育山。此文当为亲耕于育丘。“育”即“肙”,为“蜎”之古字)。故曰:贤人之行,明主之政也。耕三年,韩、魏、齐、燕负亲以谋赵,襄子往见张孟谈而告之曰:“昔者知氏之地,赵氏分则多十城,复来,而今诸侯孰谋我,为之奈何?”张孟谈曰:“君其负剑而御臣以之国,舍臣于庙,授吏大夫,臣试计之。”君曰:“诺。”张孟谈乃行其妻之楚,长子之韩,次子之魏,少子之齐。四国疑而谋败。(《赵策一》第三章)

案:横田惟孝《战国策正解》云:“上五百疑当作阡陌,下五百当作五伯。盖阡陌旧作千百,刘向所谓半字也,传写误依下改千作五。广封疆,发阡陌,即《商君列传》所谓开阡陌封疆也,岂张孟谈先商鞅而为此欤?"此说甚是。一九七二年山东临沂银雀山汉墓出土之竹简《孙子·吴问》篇,述及当时晋国六卿不同之田亩制与地税制,范氏、中行氏以一百六十步为亩,智氏以一百八十步为亩,韩氏、魏氏以二百步为亩,赵氏以二百四十步为亩。同时赵氏"公无税焉",不按亩征税,其余五卿皆"伍税之",即用五分抽一之税制。孙武以为赵之亩制最大,又不征税,可以"富民",因而断言范氏、中行氏将先亡,其次智氏亡,再次韩氏、魏氏亡,惟赵氏得以成功而"晋国归焉"。此后历史之发展,果如孙武所推断,惟韩、魏未亡而成"三家分晋"之结果。此章所谓"广封疆,发阡陌",即推行二百四十步之亩制。此后商鞅在秦变法,"为田开阡陌封疆而赋税平",亦即推行二百四十步之亩制,张孟谈固先商鞅在赵推行大亩制。商鞅在秦变法,在土地制度上,即效法张孟谈在赵之所为。

赵襄子使新稚穆子伐翟,胜左人、中人,遽人来告,襄子将食,寻饭有恐色。侍者曰:"狗之事大矣,而主之色不怡,何也?"襄子曰:"吾闻之,德不纯而福禄并至,谓之幸。大幸非福,非德不当雍,雍不为幸,吾是以惧。"(《国语·晋语九》)

案:韦注:"新稚穆子,晋大夫新稚狗也。""大谓胜二邑"。

赵襄子攻翟,胜左人、中人("左人"原误作"老人",从王念孙据《太平御览》三百二十一所引及《晋语九》、《列子·说符》改正),使使者来谒之,襄子食抟饭,有忧色。左右曰:"一朝而两城下,此人之所以喜也,今君有忧色何?"襄子曰:"江河之大也,不过三日,飘风暴雨,日中不须臾,今赵氏之德行,无所于积,一朝而两城下,亡其及我乎?"孔子闻之,曰:"赵氏其昌乎!"(《吕氏春秋·慎大》)

案：《淮南子·道应训》、《列子·说符》有相同记述。《列子》张湛注："翟，鲜虞也。"左人、中人，《淮南子》误作"尤人、终人"。左人在今河北唐县西，中人在今唐县西南。王先谦《鲜虞中山国事表疆域图说》列此事于周贞定王十二年，不确。周贞定王十二年当晋出公十八年，此年知伯瑶正伐中山，当时知伯势强，赵襄子不可能与知伯争夺中山之地。黄式三《周季编略》系于周贞定王十六年，其说较为合理。左人、中人两城在赵邑晋阳东北约四百里，仇由正当晋阳与左人、中人之间，其时仇由已为知伯所攻灭占有。赵襄子攻取左人、中人，必须在三晋共灭知伯而三分其地之后，当在晋出公二十二年以后。

田襄子既相齐宣公，三晋杀知伯分其地。襄子使其兄弟宗人尽为齐都邑大夫，与三晋通使，且以有齐国。(《田世家》)

案：田襄子名盘，《集解》徐广曰："盘一作塈"，《索隐》云："《世本》作班。""班""盘"声近通用。

晋出公二十二年河绝于扈。(《水经·河水注》、《路史·国名纪丁》引《纪年》)

案：《永乐大典》本、朱谋玮本《水经注》作"二十二年"，赵一清、戴震校本改作"十二年"，盖据今本《竹书纪年》。今本《纪年》载于周贞定王六年，云："晋河绝于扈。"《路史·国名纪丁》所引"汲《纪年》"，同于《大典》本《水经注》所引。

【附编】

豫让欲杀赵襄子，灭须去眉，自刑以变其容，为乞人而往乞，于其妻之所，其妻曰："状貌无似吾夫者，其音何类吾夫之甚也。"又吞炭以变其音，其友谓之曰："子之所道，甚难而无功。谓子之志则然矣，谓子智则不然。以子之材，而索事襄子，襄子必近子，子得近而行所欲，此甚易而功必成。”豫让笑而应之曰：“是为先知报后知也，为故君贼新君矣。大乱君臣之义者无此，失吾所为为之矣。凡吾所为为此者，所以明君臣之义也，非从易也。”(《吕氏春秋·恃君》)

豫让为智伯臣也，上不能说人主使之明法术、度数之理，以避祸难之患，下不能领御其众以安其国。及襄子之杀智伯也。豫让乃自黔劓，败其形容，以为智伯报襄子之仇。(《韩非子·奸劫弑臣》)

案：豫让谋刺赵襄子不知在何年，今附于三晋灭知伯之后。

晋华阳之孙豫让，始事范、中行氏，不说，去而就知伯，知伯宠之。及三晋分知氏，赵襄子最怨知伯，而将其头以为饮器。豫让遁逃山中，曰：“嗟乎！士为知己者死，女为悦己者容，吾其报知氏矣。”乃变姓名，为刑人，入宫涂厕，欲以刺襄子。襄子如厕，心动，执问涂者，则豫让也，刃其杇，曰：“欲为知伯报仇。”左右欲杀之，赵襄子曰：“彼义士也，吾谨避之耳。且知伯已死，无后，而其臣为报仇，此天下之贤人也。”卒释之。豫让又漆身为厉，灭须去眉，自刑以变其容，为乞人而往乞，其妻不识，曰：“状貌不似吾夫，其音何类吾夫之甚也。”又吞炭以变其音，其友谓之曰：“子之道甚难而无功，谓子有志则然矣，谓子智则否。以子之才而善事襄子，襄子必近幸子，子之得近而行所欲，此甚易，而功必成。”豫让乃笑而应之曰：“是为先知报后知，为故君贼新君，大乱君臣之义者无此矣。凡吾所谓为此者，以明君臣之义，非从易也。且夫委质而事人，而求弑之，是怀二心以事君也，吾岂为难，亦将以愧天下后世人臣怀二心者。”居顷之，襄子当出，豫让伏所当过桥下，襄子至桥而马惊，襄子曰：“此必豫让也。”使人问之，果豫让。于是赵襄子面数豫让曰：“子不尝事范、中行氏乎？知伯灭范、中行氏,而子不为报仇,反委质事知伯。知伯已死,子犹何为报仇之深也?"豫让曰:"臣事范、中行氏,范、中行氏以众人遇臣,臣故众人报之。知伯以国士遇臣,臣故国士报之。"襄子乃喟然叹泣曰:"嗟乎!豫子!子之为知伯,名既成矣,寡人舍子,亦已足矣。子自为计,寡人不舍子。"使兵环之,豫让曰:"臣闻明主不掩人之义,忠臣不爱死以成名。君前已宽舍臣,天下莫不称君之贤。今日之事,臣故伏诛,然愿请君之衣而击之,虽死不恨。非所望也,敢布腹心。"于是襄子义之,乃使使者持衣与豫让,豫让拔剑三跃,呼天击之,曰:"吾而可以报知伯矣!"遂伏剑而死。死之日,赵国之士闻之,皆为涕泣。(《赵策》第四章,《刺客列传》大体相同)

衣尽出血,襄子回车,车轮未周而亡。(《刺客列传·索隐》引《战国策》)

案:《史记》录《国策》而删此文。《索隐》云:"此不言衣出血者,太史公恐涉怪妄故略之耳。"今本《国策》亦无此文,《国策补注》云:"或以其怪而删之欤?"

卷二
周贞定王十七年(公元前四五二年)至周威烈王十一年(公元前四一五年)

周贞定王十七年(公元前四五二年)

秦厉共公二十五年,晋出公二十三年,齐宣公四年,楚惠王三十七年。

[秦厉共公]二十五年智开与邑人来奔。(《秦本纪》)

秦厉共公二十五年晋大夫智开率其邑来奔。(《六国表》"邑"下脱"人"字)

案:《秦本纪·正义》云:"开,智伯子。伯被赵襄子等灭其国,其子与从属来奔秦。"《史记会注考证》引张照曰:"智伯死无后,又史载惟辅果在,《正义》以开为智伯子,无据,盖智伯之族。"其说是。《六国表》称"晋大夫智开,率其邑来奔"。"邑"下脱"人"字。其后四年,《六国表》又载"晋大夫智宽率其邑人来奔",亦智伯之族。

[晋]出公二十三年奔楚,乃立昭公孙,是为敬公。(《晋世家·索隐》引《纪年》)

[晋]出公十七年(《集解》徐广曰:"《年表》云出公立十八年,或云二十年"),知伯与赵、韩、魏共分范、中行地以为邑,出公怒,告齐、鲁,欲以伐四卿。四卿恐,遂反攻出公。出公奔齐,道死。故知伯乃立昭公曾孙骄为晋君,是为哀公。哀公大父雍,晋昭公少子也,号为戴子,戴子生忌。忌善知伯,蚤死,故知伯欲尽并晋,未敢,乃立忌子骄为君。(《晋世家》)

[赵襄子]立四年,知伯与赵、韩、魏尽分其范、中行故地。晋出公怒,告齐、鲁,欲以伐四卿。四卿恐,遂共攻出公。出公奔齐,道死。知伯乃立昭公曾孙骄,是为晋懿公。(《赵世家》)

[晋]昭公生桓子雍,雍生忌,忌生懿公骄。(《晋世家·索隐》、《六国表·正义》引《世本》)

案:晋出公之出奔,在三晋灭知氏后。《史记》误以为在四卿分范、中行地后,已辨在周贞定王十一年案语中。梁玉绳《史记志疑》云:"考《索隐》、《正义》引《世本》,与晋、赵两世家称骄为昭公曾孙合,则忌是哀公,骄是懿公,忌与骄乃父子。《晋世家》误以'懿'为'哀'耳。《纪年》谓立昭公孙敬公,盖懿又谥敬,特误以曾孙为孙也。疑忌既早死,未尝为君,哀公之称,当是其子追谥。"而雷学淇《纪年义证》则云:"《索隐》引《年表》,谓忌即哀公,与《纪》文昭公之孙符合,似《纪》之敬公即哀公者。然《年表》今无此文。且《晋世家》明云昭公曾孙骄为哀公,《赵世家》又谓骄是懿公,则哀、懿自是一人之谥,犹周之贞定王,《左传·正义》引《世本》,或称贞王,或称定王也,《竹书》又谓哀懿公即敬公耳。

传谓敬公是昭公之孙，孙即曾孙，犹《鲁颂》谓僖公为周公之孙，盖孙是后裔之大名，非必皆子之子也。奔齐、奔楚及在位年数，与《史记》各殊。此闻见异词，而《竹书》以晋人记晋事，当不误也。”考《晋世家·索隐》、《六国表·正义》皆谓《六国表》有晋哀公忌二年，当误。以《晋世家》、《赵世家》参校，知骄固有哀、懿二谥，以《纪年》相证，知骄更有敬谥也。梁玉绳以忌追谥哀公，非是。

周贞定王十八年（公元前四五一年）

秦厉共公二十六年，晋敬公元年，齐宣公五年，楚惠王三十八年。

秦厉共公二十六年左庶长城南郑。（《六国表》，《秦本纪·集解》徐广曰：“一本二十六年城南郑也”）

［蔡］元侯六年卒，子侯齐立。（《管蔡世家》）

案：《六国表》记蔡侯齐元年于楚惠王三十九年，即周贞定王十九年。

周贞定王二十年（公元前四四九年）

秦厉共公二十八年，晋敬公三年，齐宣公七年，楚惠王四十年。

秦厉共公二十八年越人来迎女。（《六国表》）

［杞］出公十二年卒，子简公春立。（《陈杞世家》）

周贞定王二十一年（公元前四四八年）

秦厉共公二十九年，晋敬公四年，齐宣公八年，楚惠王四十一年。

秦厉共公二十九年晋大夫智宽率其邑人来奔。（《六国表》，马非

百《秦集史·国君纪事》十二所引“智宽”作“智伯宽”，盖《史记》有版本误衍“伯”字者）

[越]不寿立，十年见杀，是为盲姑，次朱句立。（《越世家·索隐》引《纪年》）

[越]王不寿卒，子王翁立。（《越世家》）

案：《索隐》引《纪年》，谓晋出公十年十一月句践卒，《纪年》用夏正，十一月卒，于周正，已是明年正月。因定句践卒于周贞定王五年。《纪年》又谓次鹿郢立，六年卒，不寿立，不寿立十年见杀，次朱句立。则朱句之立，当在周贞定王二十一年。今本《纪年》系于周贞定王二十年，盖误前一年。以《纪年》与《越世家》相校，可知王翁即朱句，不寿即盲姑。“盲姑”金文作“丌古”，“朱句”金文作“州句”，上海博物馆藏有越王丌古剑，北京故宫博物院与上海博物馆各藏有越王州句剑。

周贞定王二十二年（公元前四四七年）

秦厉共公三十年，晋敬公五年，齐宣公九年，楚惠王四十二年。

楚惠王四十二年楚灭蔡。（《六国表》）

[蔡]侯齐四年楚惠王灭蔡，蔡侯齐亡，蔡遂绝祀。（《管蔡世家》）

案：金正炜以为楚所灭者即《楚策四》第四章庄辛所说蔡圣侯，云：“圣当作声，一声之转也。《史记》蔡灭于声侯后十年，疑声侯先虏于楚，后乃尽灭其国。”其说非是。《管蔡世家》谓声侯十五年卒，子元侯立，元侯六年卒，子侯齐立，侯齐四年为楚所灭，声侯为侯齐之祖先，楚所攻灭者非蔡声侯。庄辛所说之蔡圣侯，为楚宣王使子发将兵攻灭，当为楚重新分封之蔡君，与此并非一事。黄式三《周季编略》误以为一事，云："楚司马舍率师伐蔡灭之，执蔡侯齐以归"，又以为侯齐即《说苑·权谋》篇所说之蔡威公，皆无据，不可信。参看周显王二十九年案语。

周贞定王二十三年（公元前四四六年）

秦厉共公三十一年，晋敬公六年，齐宣公十年，楚惠王四十三年。

魏文侯初立在[晋]敬公六年。（《晋世家·索隐》引《纪年》，"六年"原作"十八年"，今从雷学淇、王国维校正）

魏文侯斯。（《魏世家·索隐》引《世本》，《六国表》同，《魏世家》误作文侯名都）

案：雷学淇《考订竹书纪年》谓《索隐》所引《纪年》，晋敬公十八年，"十八即六字之讹"。雷学淇《竹书纪年义证》亦定魏文侯初立在晋敬公六年。王国维《古本竹书纪年辑校》亦云："案《魏世家·索隐》引《纪年》，文侯五十年卒，武侯二十六年卒，由武侯卒年上推之，则文侯初立，当在敬公六年，《索隐》作'十八年'，'十八'二字乃'六'字误离为二也。"其说是。既然魏文侯初立在晋敬公六年，逾年改元，文侯之元当在七年，即周贞定王二十四年。钱穆《先秦诸子系年》将魏文侯元年定在敬公六年，以此下推，文侯五十年卒，武侯二十六年卒，因与《史记》魏惠王之元年相密接，然终无解于《史记》武侯惠王之史事系年，俱较《纪年》所记者差迟一年也。余考《史记》于惠王之年世，本误多一年，武侯之年世因此又误前一年，则魏文侯之元年，自当在周贞定王二十四年。《水经·河水注》云："河水又径命阳城东，周威烈王之十七年，魏文侯伐秦至郑，还筑汾阴、郃阳，即此城也。"郝懿行、陈逢衡均谓《水经注》此条亦出《纪年》,而《魏世家》及《六国表》系此事于魏文侯十七年,当周威烈王十八年,殆郦道元所见《纪年》,此事在文侯称侯改元之十六年。据《史记》改用周正朔,遂谓在周威烈王之十七年。今本《竹书纪年》即本此,记此事于威烈王十七年。可知《史记》魏文侯之史事系年,亦较《纪年》差迟一年也。

又案:陈梦家《六国纪年》不认为"魏文侯初立在敬公十八年"有误,对此另有解说,曰:"魏斯在位五十年,立十二年而自称侯",故《史记·晋世家·索隐》云:按《纪年》文侯初立,在敬公十八年。据《纪年》,敬公十八年当周考王七年,魏斯既立之十二年也;其明年,周考王八年、晋幽公元年,文侯改元称元年,下至周安王六年,为称侯之三十八年,在位之五十年。由此上推五十年至周定王二十四年为魏斯元年。此所考定,本《纪年》魏斯(文侯)在位五十年卒之记载,分前十二年为未称侯而后三十八年为称侯改元。称侯改元之年又据《史记·晋世家·索隐》所引《纪年》文,而此"文侯初立"应在称侯改元之前一年。如《史记·燕世家·索隐》引《纪年》"简公立十三年而三晋命邑为诸侯"。据《纪年表》推之,"在简公十二年,十三年者并其立年而言之也。"陈氏此说,大有杜撰史实之嫌。《晋世家·索隐》既明言魏文侯初立之年在晋敬公十八年,"初立"何得指为"自称侯"?又何得指为"称侯改元之前一年"?战国初期未见有称侯而逾年改元之礼制。春秋战国时,嗣君因父丧而继位,通行逾年改元之礼制。战国时因政变或国君见杀而继位者,往往于当年改元。若"文侯初立",自当逾年改元,若自称为侯,未见有逾年改元之例。《田世家》称“田和立为齐侯，列于周室，纪元年”。是当年改元。周威烈王二十三年“三晋命是为诸侯”，三晋皆未改元。此后魏惠王于三十六年因齐、魏相王于徐州而改元。亦在当年，何独魏文自称为侯而行逾年改元之礼制？魏文于王命列为诸侯之前，当已自称为侯，亦当于当年改元。《魏世家》称“魏文侯元年，秦灵公之元年也”，《六国表》同。时当周威烈王二年，当为魏文称侯改元之年。陈氏以“文侯初立”与“燕简公立十三年而三晋命邑为诸侯”相比，亦比拟不伦，不足取也。

又案：《魏世家》云：“桓子之孙曰文侯都。”《集解》云：“徐广曰：《世本》云斯也。”《索隐》曰：“《世本》：桓子生文侯斯。”其传曰：“孺子瘨是魏驹之子。”与此世代亦不同也。考《世本》之说是也，魏文侯二十二年改元称侯，改元后又二十二年适天子命三晋为侯，史公误合为一事，因遗其改元前二十二年，史公既误后文侯之年，遂意谓文侯乃桓子之孙，然亦不能确言桓子子为何名。实则文侯之立在周贞定王二十三年，其去桓子与赵、韩共灭知伯才七年，桓子、文侯固为父子也。《魏世家》“桓子之孙，曰文侯都”下有“魏文侯元年，秦灵公之元年也”句。梁玉绳以为当读“文侯都魏”为句。黄式三亦云：“都魏”二字连读，徐广误以都字为句，然而“魏文侯元年，秦灵公之元年也”，与下文“魏武侯元年，赵敬侯初立”，文例正同，不能将“魏”字属上读。《魏世家》固误“斯”为“都”，不容曲解也。《六国表》记魏文侯斯元年于周威烈王二年，亦称魏文侯名斯。

【附编】

魏文侯弟曰季成，友曰翟璜（《新序·杂事四》第四章“璜”作

“黄”)，文侯欲相之而未能决，以问李克，李克对曰(“李”原误作“季”，从毕沅校正。李瀚本、凌稚隆本及《新序》皆作“李”)：“君欲置相，则问乐腾与王孙苟端孰贤?”(“腾”，《新序》作“商”)文侯曰：“善。”以王孙苟端为不肖，以乐腾为贤(“为”原作“而”，“贤”原作“贵”，从毕沅据《新序》改正)，季成进之，故相季成。(《吕氏春秋·举难》，《新序·杂事四》第四章同)

案：季成亦称公季成，见《新序·杂事四》第三章；亦称季成子，见《说苑·臣术》第五章；又称魏成子，见《魏世家》、《韩诗外传》卷三第六章。《韩非子·五蠹》云：“故十仞之城，楼季弗能逾者，峭也。”《李斯列传》载《谏逐客书》引《韩非子》作“是故城高五丈，而楼季不轻犯也”。《集解》引许慎曰：“楼季，魏文侯之弟。”可知季成又称楼季。

魏文侯谓李克曰：“先生尝教寡人曰：家贫则思良妻，国乱则思良相，今所置非成则璜，二子何如?”(《说苑·臣术》作：魏文侯欲置相，召李克而问焉，曰：“寡人将置相，置于季成子与翟触，我孰置而可?”《韩诗外传》卷三第六章作“魏文侯欲置相，召李克问曰：寡人欲置相，非翟璜则魏成子，愿卜之于先生”)李克对曰：“臣闻之，卑不谋尊，疏不谋戚，臣在阙门之外，不敢当命。”文侯曰：“先生临事勿让。”李克曰：“君不察故也。居视其所亲，富视其所与，达视其所举，穷视其所不为，贫视其所不取，五者足以定之矣，何待克哉!”文侯曰：“先生就舍，寡人之相定矣。”李克趋而出，过翟璜之家。翟璜曰：“今者闻君召先生而卜相，果谁为之?”李克曰：“魏成子为相矣。”翟璜忿然作色曰：“以耳目之所睹记，臣何负于魏成子？西河之守，臣之所进也(《资治通鉴》作“西河守吴起，臣所进也”。《说苑》作“西河之守，触所任也；

计事内史，触所任也”）。君以邺为忧，臣进西门豹。君谋欲伐中山，臣进乐羊。中山以拔，无使守之（《说苑》作“无使治之臣”），臣进先生。君之子无傅，臣进屈侯鲋（《韩诗外传》作“赵苍唐”）。臣何以负于魏成子？”李克曰：“且子之言克于子之君者，岂将比周以求大官哉？君问而置相：‘非成则璜，二子何如？’克对曰：‘君不察故也。居视其所亲，富视其所与，达视其所举，穷视其所不为，贫视其所不取，五者足以定之矣，何待克哉！’是以知魏成子之为相也。且子安得与魏成子比乎？魏成子以食禄千钟，什九在外，什一在内，是以东得卜子夏、田子方、段干木。此三人者，君皆师之。子之所进五人者，君皆臣之。子恶得与魏成子比也。”翟璜逡巡再拜曰：“璜，鄙人也，失对，愿卒为弟子。”（《魏世家》，《说苑・臣术》第五章、《韩诗外传》卷三第六章大体相同，而字句颇有出入，未详细列举。《资治通鉴》采《魏世家》）

案：翟璜，《韩诗外传》作翟黄、《说苑》作翟触，《说苑》记触言，每多自称为触，《说苑・臣术》第七章又作翟黄。盖触其名而璜其字。《魏世家》、《说苑》均谓翟璜推荐屈侯鲋为太子傅，而《韩诗外传》则作赵苍唐，两人事迹均不详。

又案：《六国表》系“文侯受经子夏，过段干木之间常式”在魏文侯十八年（公元前四〇七年），系“卜相李克翟璜争”在魏文侯二十年；《魏世家》则总述于魏文侯二十五年以后，子夏年世不得至此时尚存。子夏比孔子少四十四岁，生于公元前五〇七年，彼居西河教授当在文侯在位之初期。魏文侯卜相而问李克之事，当以《吕氏春秋・举难》之记述为初相。《魏世家》、《说苑》与《韩诗外传》所述“卜相李克翟璜争”之故事，乃后人依据魏成子与翟璜不同之政绩而加以敷张而成。钱穆《魏文侯礼贤考》云：“子夏、田子方、段干木皆在文侯早年，而魏成子进之。魏成子之为相应在前。吴起、乐羊、西门豹、李克、屈侯鲋皆在文侯中晚年而翟璜进之。翟璜之为相应在后，似无同时卜相二人之事。”（《先秦诸子系年》第一三五至一三六页）余意文侯在位之时，正当经济、政治剧变之际，因而选择当政之相国，成为其首先必须解决之问题。早年以其弟魏成子为相，所推重者如子夏、田子方、段干木等，皆为著名之儒者。文侯亲自“受子夏经艺”，子夏乃孔门弟子中特别重视经艺者，韩非尝称许子夏重视《春秋》中“臣杀君、子杀父”之历史教训，而主张“善恃势者早绝奸之萌”（《韩非子·外储说右上》）。文侯在中年起用翟璜为相，翟璜所推举之吴起、乐羊、西门豹、翟角等，皆为将相之才而有显赫功勋者。文侯在晚年起用李悝为相，更进一步实行变法，开创战国初期变法之风。

魏文侯师卜子夏，友田子方，礼段干木，国治身逸。（《吕氏春秋·察贤》）

文侯师子夏，友田子方，敬段干木，此名之所以过桓公也。卜相曰：“成与璜孰可？此功之所以不及五伯也。相也者，百官之长也。择者欲其博也。今择而不去二人，与用其仇亦远矣。且师友也者，公可也；戚爱也者，私安也。以私胜公，衰国之政也。然而名号显荣者，三士羽之也。”（《吕氏春秋·举难》记白圭答孟尝君语，《新序·杂事四》第五章略同）

文侯受子夏经艺，客段干木，过其闾，未尝不轼也。（《魏世家》）

孔子既没，子夏居西河教授，为魏文侯师。（《仲尼弟子列传》）

案：《魏世家》谓“魏成子以食禄千锺，什九在外，什一在内，是以东得卜子夏、田子方、段干木”。《说苑·臣术》第五章同。盖官僚制度已兴，是以魏成子以文侯之弟，高居相位，有千锺之食禄。所谓“东得卜子夏”云云，盖子夏居西河教授，此乃安阳、黄城一带之西河而非近龙门之西河也。《吕氏春秋·尊师》云：“段干木，晋国之大驵也，学于子夏。”《淮南子·氾论训》同，高注：“驵，市侩也。”《吕氏春秋·当染》云：“田子方学于子贡，段干木学于子夏。”子贡、子夏乃孔门弟子对政治最有影响者。

子夏丧其子而丧其明，曾子吊之曰：“吾闻之也，朋友丧明则哭之。”曾子哭，子夏亦哭，曰：“天乎！予之无罪也！”曾子怒曰：“商，女何无罪也，吾与女事夫子于洙、泗之间，退而老于西河之上，使西河之民，疑女于夫子，尔罪一也。丧尔亲，使民未有闻焉，尔罪二也。丧尔子，丧尔明，尔罪三也。而曰尔何无罪与？”子夏投其杖而拜，曰：“吾过矣！吾过矣！吾离群而索居亦已久矣。”（《礼记·檀弓上》）

案：《论衡·祸虚》引用此节记述，称为“《传》曰”。据此可知子夏于晚年退居西河教授，西河之民视之如同孔子。

魏文侯与田子方饮酒而称乐，文侯曰：“钟声不比乎？左高！”田子方笑，文侯曰：“奚笑？”子方曰：“臣闻之，君明则乐官，不明则乐音，今君审于声，臣恐君之聋于官也。”文侯曰：“善，敬闻命。”（《魏策一》第六章）

子击逢文侯之师田子方于朝歌，引车避，下谒，田子方不为礼，子击因问曰：“富贵者骄人乎？且贫贱者骄人乎？”子方曰：“亦贫贱者骄人耳，夫诸侯而骄人，则失其国，大夫而骄人则失其家，贫贱者行不合，言不用，则去之楚、越，若脱蹝。然奈何其同之哉！”子击不怿而去。（《魏世家》）

田子方之魏，魏太子从车百乘而迎之郊，太子再拜，谒田子方，田子方不下车。太子不说，曰："敢问何如则可以骄人矣？"田子方曰："吾闻以天下骄人而亡者有矣，以一国骄人而亡者有矣。由此观之，则贫贱可以骄人矣。夫志不得，而授履而适楚、越耳，安往而不得贫贱乎？"于是太子再拜而后退，田子方遂不下车。（《韩诗外传》卷九第二十一章）

案："授履"之"授"，赵怀玉校本据《太平御览》七七三引，改作"援"。俞樾疑本作"鞻"。闻一多又云："授当作扱。"以上两则为同一事件之不同记述。《说苑·尊贤》第二十一章更有不同之传说，谓"魏文侯从中山奔命安邑，田子方后，太子击遇之，下车而趋，子方坐乘如故，告太子曰：为我请君，待我朝歌？太子不说，因谓子方曰：不识贫穷者骄人乎？富贵者骄人乎？子方曰：贫穷者骄人"云云，其后太子道田子方之语于文侯，文侯又大为赞许。

古者不为臣不见，段干木逾垣而辟之。（《孟子·滕文公下》）

魏文侯过段干木之闾而轼之（《淮南子·修务训》此句上有"段干木辞禄而处家"），其仆曰："君胡为轼？"（《淮南子》作"段干木布衣之士，君轼其闾，不已甚乎！"）曰："此非段干木之闾与？段干木盖贤者也，吾安敢不轼？（《淮南子》作"段干木不趋势利，怀君子之道，隐处穷巷，声施千里，寡人敢勿轼乎？"）且吾闻段干木未尝肯以己易寡人也，吾安敢骄之？（《新序·杂事五》第九章"骄"作"高"）段干木光乎德，寡人光乎地（《淮南子》作"光于势"），段干木富于义，寡人富于财。"（《淮南子》此下有"势不若德尊，财不若义高，干木虽以己易寡人不为，吾日悠悠惭于影，子何以轻之哉？"《新序》此下有"地不如德，财不如义，寡人当事之者也。"）其仆曰："然则君不相之？"于是君请相之，段干木不肯受（《新序》无以上四句），则君乃致禄百万而时往馆之（《新序》"馆"作"问"），于是国人皆喜，相与诵之曰："吾君好正，段干木之敬；吾君好忠，段干木之隆。"居无几何，秦兴兵欲攻魏，司马唐谏秦君曰（《淮南子》作"司马庾"，《新序》作司马唐且，《淮南子》注云："庾，秦大夫，或作唐。"《汉书・古今人表》有司马庾，与魏文侯相接，卢文弨《群书拾补》谓《新序》"且"字乃后人误加）："段干木贤者也，而魏礼之，天下莫不闻，无乃不可加兵乎？"秦君以为然，乃按兵辍不敢攻之。（《吕氏春秋・期贤》，《淮南子・修务训》、《新序・杂事五》第九章大体相同，而字句略有出入）

周贞定王二十四年（公元前四四五年）

秦厉共公三十二年，晋敬公七年，魏文侯元年，齐宣公十一年，楚惠王四十四年。

楚惠王四十四年灭杞。杞，夏之后。（《六国表》）

［楚惠王］四十四年楚灭杞，与秦平。是时越已灭吴，而不能正江、淮北，楚东侵广地至泗上。（《楚世家》）

［杞简公］立一年（"一"当作"四"），楚惠王之四十四年灭杞。（《陈杞世家》）

【附编】

楚人与越人舟战于江，楚人顺流而进，迎流而退，见利而进，见不利则其退难。越人迎流而进，顺流而退，见利而进，见不利则其退速，越人因此若执，亟败楚人。公输子自鲁南游楚。焉始为舟战之器作为钩强之备。楚之兵节，越之兵不节，楚人因此亟败越人。（《墨子・鲁问》）

案：钱穆《公输般自鲁游楚考》云："楚之东侵，遵江沿淮，皆不能无水战，然则公输之游楚，宜在惠王四十四年前矣。"（《先秦诸子系年》第一三七页）今附载于此。

周贞定王二十五年（公元前四四四年）

秦厉共公三十三年，晋敬公八年，魏文侯二年，齐宣公十二年，楚惠王四十五年。

秦厉共公三十三年，伐义渠，虏其王。（《六国表》，《秦本纪》同，《后汉书·西羌传》亦同）

周贞定王二十六年（公元前四四三年）

秦厉共公三十四年，晋敬公九年，魏文侯三年，齐宣公十三年，楚惠王四十六年。

[秦厉共公]三十四年，日食，厉共公卒，子躁公立。（《秦本纪》）

[秦]剌龚公享国三十四年，葬入里，生躁公、怀公（《秦始皇本纪》引《秦记》）

案："剌龚"与"厉共"，音同通假。入里，《集解》引徐广曰："一作人。"躁公，《索隐》云："又作趮公。"

秦厉共公三十四年日蚀、昼晦，星见。（《六国表》）

案：朱文鑫《历代日食考》卷三《战国及秦日食考》注一云："日蚀昼晦星见，是系全食之象。惟是年并无全食能为中国所见。在厉共公三十五年（当作躁公元年），合于公元前四四二年三月十一日，有全食经长城内外，秦都咸阳可见九分余，宜有昼晦、星见之象。《六国表》三十四年亦系三十五年之误。"日本新城新藏与渡边敏夫亦有相同之见解。惟齐藤国治以为此一论断尚不确当，秦躁公元年所见日食，金星光度不强，尚不足以有“星见”之象。而厉共公三十三年（公元前四四四年）十一月日有环食，金星光度确能昼见。因而断言《六国表》误后一年。

周贞定王二十七年（公元前四四二年）

秦躁公元年，晋敬公十年，魏文侯四年，齐宣公十四年，楚惠王四十七年。

秦躁公元年彗星见。（《秦始皇本纪》引《秦记》）

周贞定王二十八年（公元前四四一年）

秦躁公二年，晋敬公十一年，魏文侯五年，齐宣公十五年，楚惠王四十八年。

[秦]躁公二年南郑反。（《秦本纪》，《六国表》同）

[周定王]二十八年定王崩，长子去疾立，是为哀王。哀王立三月，弟叔袭杀哀王而自立，是为思王。思王立五月，少弟嵬攻杀思王而自立，是为考王。此三王皆定王之子。（《周本纪》，《太平御览》八十五引《帝王世纪》“嵬”作“隗”）

考哲王嵬。（《汉书·古今人表》）

案：考王《古今人表》作考哲王，是考王亦两谥也。《吕氏春秋·先识》高诱注，又作考烈王，疑误。

周考王元年（公元前四四〇年）

秦躁公三年，晋敬公十二年，魏文侯六年，齐宣公十六年，楚惠王四十九年。

[周]考王封其弟于河南,是为桓公,以续周公之官职。(《周本纪》)

西周桓公名揭,居河南。(《周本纪·索隐》引《世本》)

案:《周本纪·正义》引《帝王世纪》亦云:"考哲王封其弟揭于河南,续周公之官,是为西周桓公。"

周考王二年(公元前四三九年)

秦躁公四年,晋敬公十三年,魏文侯七年,齐宣公十七年,楚惠王五十年。

公输盘为楚造云梯之械成(《吕氏春秋·爱类》作"公输般为高云梯",《宋策》第二章作"公输般为楚设机"),将以攻宋,子墨子闻之,自鲁往,裂裳裹足,日夜不休("自鲁往"原作"起于齐","裂裳裹足,日夜不休"八字原脱,从孙诒让据《文选·广绝交论注》、《世说新语·文学篇注》所引及《吕氏春秋》补正。《淮南子·修务训》作"自鲁趋而十日十夜,足重茧而不休息,裂裳裹足,至于郢")。行十日十夜而至于郢,见公输盘。公输盘曰:"夫子何命焉为?"子墨子曰:"北方有侮臣,愿藉之杀之。"公输盘不说。子墨子曰:"请献十金。"公输盘曰:"吾义固不杀人。"子墨子起,再拜曰:"请说之。吾从北方,闻子为梯,将以攻宋,宋何罪之有?荆国有余于地,而不足于民,杀所不足,而争所有余,不可谓智。宋无罪而攻之,不可谓仁。知而不争,不可谓忠,争而不得,不可谓强。义不杀少而杀众,不可谓知类。"公输盘服。子墨子曰:"然乎?不已乎?"公输盘曰:"不可。吾既已言之王矣。"子墨子曰:"胡不见我于王。"公输盘曰:"诺。"子墨子见王,曰:"今有人于此,舍其文轩，邻有敝轝而欲窃之；舍其锦绣，邻有短褐而欲窃之；舍其粱肉，邻有糠糟而欲窃之；此为何若人？”王曰：“必为窃疾矣。”（《尸子·止楚师》及《宋策》“为”下有“有”字）子墨子曰：“荆之地方五千里，宋之地五百里，此犹文轩之与敝轝也。荆有云梦，犀兕、麋鹿满之，江、汉之鱼鳖鼋鼍为天下富（《宋策》“富”作“饶”）。宋所为无雉兔、鲋鱼者也（“为”，《宋策》作“谓”，字通用。“鲋鱼”原误作“狐狸”，从王念孙据《太平御览》所引及《尸子》、《宋策》改正）。此犹粱肉之与糠糟也。荆有长松、文梓、楩、枏、豫章，宋无长木，此犹锦绣之与短褐也。臣以三事之攻宋也，为与同类。臣见大王之必伤义而不得。”王曰：“善哉！虽然，公输盘为我为云梯，必取宋。”于是见公输盘，子墨子解带为城，以牒为械。公输盘九设攻城之机变，子墨子九距之（《吕氏春秋》作“于是公输般设攻宋之械，墨子设守宋之备，公输般九攻之，墨子九却之，不能入”）。公输盘之攻械尽，子墨子之守圉有余。公输盘诎，而曰：“吾知所以距子矣，吾不言。”子墨子亦曰：“吾知所以距我，吾不言。”楚王问其故，子墨子曰：“公输子之意，不过欲杀臣，宋莫能守，可攻也。然臣之弟子禽滑釐等三百人，已持臣守圉之器在宋城上，而待楚寇矣。虽杀臣不能绝也。”楚王曰：“善哉！吾请无攻宋矣。”子墨子归，过宋，天雨，庇其闾中，守闾者不内也，故曰：治于神者，众人不知其功。争于明者，众人知之。（《墨子·公输》，《尸子·止楚师》、《宋策》第二章乃节略之文。《吕氏春秋·爱类》、《淮南子·修务训》亦有不同之节略）

案：鲍彪以为此当宋景公时，无据。苏时学《墨子刊误》谓《吕氏春秋》声王围宋十月，疑公输为楚攻宋在是时，亦不确。孙诒让《墨子传略》云：“惟《渚宫旧事》载惠王时墨子献书之前，最为近之。盖公输子当生鲁昭、定之间，至惠王四十年以后，五十年以前，约六十岁左右，而是时墨子未及三十，正当壮岁，故百舍重茧而不以为劳，惠王亦未甚老，故尚能见墨子。以情事揆之，无不符合。”今从之。姑定在楚惠王五十年。

子墨子南游于楚，献书惠王（原作“见楚献惠王”，从孙诒让据《文选·注》所引及《渚宫旧事》二改正），惠王以老辞，使穆贺见子墨子。子墨子说穆贺，穆贺大说，谓子墨子曰：“子之言则成善矣，而君王，天下之大王也，毋乃曰贱人之所为而不用乎？”子墨子曰：“唯其可行，譬若药然，草之本，天子食之，以顺其疾，岂曰一草之本而不食哉。今农夫入其税于大人，大人为酒醴粢盛，以祭上帝鬼神，岂曰贱人之所为而不享哉。故虽贱人也，上比之农，下比之药，曾不若一草之本乎？且主君亦尝闻汤之说乎。”（《墨子·贵义》）

墨子至郢，献书惠王，王受而读之，曰：“良书也。是寡人虽不得天下，而乐养贤人，请过（此上下有脱文），进曰百种，以待官舍人，不足须天下之贤君。”墨子辞曰（“子”字原脱）：“翟闻贤人进，道不行不受其赏，义不听不处其朝，今书未用，请遂行矣。”将辞王而归，王使穆贺以老辞。鲁阳文君言于王曰：“墨子北方贤圣人，君王不见，又不为礼，毋乃失士。”乃使文君追墨子，以书社五里封之，不受而去。（《渚宫旧事》卷二）

案：《文选·注》引《墨子》云：“墨子献书惠王，王受而读之，曰良书也。”毕沅以为此为《墨子》脱文，孙诒让据此，谓“《渚宫旧事》所载，与《文选·注》所引合，必是此篇佚文，但余氏不明著出《墨子》，文亦多删节讹舛，今未敢据增。”《渚宫旧事》有注云：“时惠王在位已五十年矣。”孙诒让谓“余说疑本《墨子》旧注”。又云："案楚惠王在位五十七年，墨子献书在五十年，年齿已高，故以老辞。余知古之说，盖可信也。"今从之。

邺本齐桓公所置也，故管子曰：筑五鹿、中牟、邺以卫诸夏也，后属晋。魏文侯七年始封此地，故曰魏也。(《水经·浊漳水注》)

案：钱穆据此以为"魏文初年先曾都邺"，并云："《魏世家》卜相一文，西河之守，臣所进也，君内以邺为忧，臣进西门豹，于邺称内，正以其为魏都。故《太平寰宇记》卷五五相州下云《史记》曰魏文侯出征，以西门豹守邺，即为魏都也。而《魏策》西门豹为邺令，辞于文侯云云，《淮南子》西门豹治邺，文侯身行其县云云，则似西门豹治邺，魏文已不居邺。则或仍居安邑。要之其时诸侯都邑，迁徙无常，又不一其居，固不得以后世相比例。"(《先秦诸子系年》第一五二至一五三页)今案：邺在今河北临漳西南，正处于赵、魏交界之地，不适宜在此建都，所谓"始封"于此，即在此与封疆也。程恩泽以为"魏文侯七年得其地，改曰魏"。

[燕]成公十六年卒湣公立。(《燕世家》)

案：湣公，《索隐》引《纪年》作文公，又云："《世本》已上文公为闵公，则湣与闵同。"可知"文公"之"文"盖"闵"之缺误，"湣""闵"声同通假。据古本《纪年》，成公元年即周贞定王十五年，成公十六年即周考王二年。

周考王四年(公元前四三七年)

秦躁公六年，晋敬公十五年，魏文侯九年，齐宣公十九年，楚惠王五十二年。

[鲁悼公]三十七年(当作三十一年)悼公卒，子嘉立，是为元公。

（《鲁世家》）

案:《鲁世家》所载哀公以下诸君年世,与《六国表》不合,与《汉书·律历志》所载刘歆历谱亦不同。《鲁世家》杂载有别国之大事,如悼公十三年三晋灭智伯,平公十二年秦惠王卒,文公七年楚怀王死于秦,顷公二年秦拔楚郢等,皆足以校核。《鲁世家》言悼公三十七年,《汉书·律历志》同,《六国表》作三十八年。《鲁世家·集解》引徐广曰:"一本云悼公即位三十年,乃于秦惠王卒、楚怀王死年合。"日本武内义雄《六国表订误》(《高濑博士还历纪念支那学论丛》)据此云:"悼公年数苟作三十年,较之三十七年,虽无秦惠、楚怀之卒年改少矛盾,然尚有一年之相左。因而为避免完全不相符合计,似以哀公年数从《六国表》为二十八年,悼公年数依据《世家》异本为三十年为适当。惟鲁哀公年数依据《左传》、《鲁世家》以及《汉书·律历志》所引之《六国春秋》,皆作二十七年,而《六国表》之二十八年说,毫未发见若何确证。由此言之,假令哀公年数二十七年不能动摇,则悼公年数,决非三十七年或三十年,而系三十一年。就余之想象言之,或《鲁世家》原文悼公本作三十一年,以十一两字误合而成'七'字,既误成'三七年'之后,转写之人认'三七年'为漏写'十'字而改之为'三十七年'者。"(此据《金陵学报》所载王古鲁译文)钱穆赞同其说,又论之曰:"其立说虽巧,然谓《史记》至刘歆时已传抄有误,而歆顾轻据误文以草其《三统历》不加别察乎?斯不然矣,则与其谓史文本作三十一误为三十七者,无宁谓歆历作三十七,或人乃据歆历以改《史记》之为得耳。"又曰:"徐广云一本悼公即位三十年,必系三十一年之误,否则仍不与秦惠王卒、楚怀王死年合也。”(《先秦诸子系年》第四六八至四六九页)今从之。

鲁悼公之丧,季昭子问于孟敬子曰:“为君何食?”曰:“食粥。天下之达礼也,吾三臣者之不能居公室也,四方莫不闻矣,勉而为瘠,则吾能,毋乃使人疑夫不以情居瘠者乎哉?我则食食。”(《礼记·檀弓下》)

晋幽公柳元年服韩、魏。(《六国表》)

案:据《古本竹书纪年》,此年当为晋敬公十五年。《六国表》系于晋幽公元年,误前四年。

【附编】

[魏]文侯与虞人期猎。是日饮酒乐,天雨,文侯将出,左右曰:“今日饮酒乐,天又雨,公将焉之?”文侯曰:“吾与虞人期猎,虽乐,岂可不一会期哉?”乃往,身自罢之。魏于是乎始强。(《魏策一》第五章)

韩文侯与虞人期猎,明日,会天疾风。左右止文侯,不听,曰:“不可以风疾之故而失信,吾不为也。”遂自驱车往,犯风而罢虞人。(《韩非子·外储说左上》)

案:以上二则,为一事两传,不知在何年,《资治通鉴》据《魏策》,作为魏文侯初年事。虞人为掌山泽之官,是时君主参与期猎,盖期猎具有练兵性质。

曾子居武城,有越寇。或曰:“寇至,盍去诸?”曰:“无寓人于我室,毁伤其薪木。”寇退,则曰:“修我墙屋,我将反。”寇退,曾子反。左右曰:“待先生如此其忠且敬也,寇至,则先去以为民望,寇退则反,殆于不可。”沈犹行曰:“是非汝所知也,昔沈犹有负刍之祸,从先生者七十人,未有与焉。”(《孟子·离娄下》)

鲁人攻鄪，曾子辞于鄪君曰："请出，寇罢而后复来，请姑毋使狗豕入吾舍。"鄪君曰："寡人之于先生也，人无不闻，今鲁人攻我而先生去我，我胡守先生之舍？"鲁人果攻鄪而数之罪十，而曾子之所争者九。鲁师罢，鄪君复修曾子舍而后迎。（《说苑·尊贤》第二十八章）

案：曾子即曾参，南武城人，字子舆，孔子弟子，少孔子四十六岁，生于公元前五〇五年。南武城为鲁之边邑，在今山东费县西南，属于费（读如秘）。费或作鄪，在今费县西北，为季孙氏之都邑，因而亦可谓曾子居于费。《秦策二》与《甘茂列传》记甘茂对答秦武王曰："昔者曾子处费，费人有与曾子同名族而杀人。"据此可见，《孟子》所述"曾子居武城，有越寇"，与《说苑》所述"鲁人攻鄪"，同指一事，故而曾子之言行大略相同。所谓鄪君即指季孙。季孙于战国时，据费而独立，成为小国之君，战国文献中常以费作为小国。

又案：钱穆《曾子居武城有越寇考》断言此事在鲁哀公二十七年三桓攻公而公出奔，国人又迎哀公复归而卒之际，云："夫三桓攻公而出之，国人迎而归之，越人送之，攻鄪而数以十罪，必此时矣。"（《先秦诸子系年》第一〇九至一一〇页）此说并无确据。哀公欲以越伐鲁而去三桓，因而三桓攻公，公被迫出奔，经历卫、邹而如越，然后国人迎而复归，卒于有山氏。越是否发兵护送，文献不见记载。即使越发兵护送，仓猝之间鲁哀公未必能同时调遣鲁人攻鄪。此时季孙尚未据费而成为小国之君，亦不得称为鄪君。童书业《春秋左传考证》第二卷第四条"季氏之亡"，断言此事在鲁元公时，其论据如下："《檀弓》亦载孟敬子讥讽季昭子问悼公之丧‘为君何食’之语,《春秋》以上‘昭’非善谥,以昭为谥者多不得令终。季昭子盖为季氏亡时之主,非被杀即被逐。《墨子·耕柱》亦载季、孟二氏不和事,可见是时季氏内部既有问题,三家又不相睦,故鲁元公学其祖哀公之法,借此时称霸东方之越兵伐季氏。……季氏盖即亡于此时,其大宗或其支、庶、臣属不得不离鲁守费,成为小国之君。季氏既亡,叔、孟二氏自不足为患,鲁君乃得收回政权,进行中央集权之改制。”(《春秋左传研究》第二五九至二六〇页)此一推断较为合理,但论据尚不足。三桓之兴衰,前人已有论述。龚元玠《畏斋四书·客难》(《龚畏斋先生十三经客难》所收)云:“《史记》:鲁悼公时,三桓胜,鲁如小侯。悼公卒,季昭子、孟敬子见《檀弓》,三桓犹无恙,不知元公二十一年中,三桓废兴何以大相悬?以《通鉴》考之,穆公二年齐田和取成,似孟孙已奔邾,邹孟子为孟氏裔可证。季孙似已据费、卞、东野等邑为小国君。费惠公师子思亦可证,叔孙则无考。”此一分析颇具卓见。季孙氏在鲁国权势之衰落当在元公、穆公之际。《韩非子·难三》云:“鲁之公室,三世劫于季氏。”当指哀公、悼公、元公三代。《难三》又云:“今子思不以过闻而穆公贵之,厉伯以奸闻而穆公贱之。人情皆喜贵而恶贱,故季氏之乱成而不上闻,此鲁君之所以劫也。”可知鲁穆公亦尝为季氏所劫。余意鲁国于元公、穆公间,其内政有所改革,从而逐步摆脱季孙之劫持,当鲁穆公时,公仪休为相,终于形成“奉法循理”之集权政体,季孙氏仅据有其封邑费,而成为独立小国。

又案:费作为独立小国,当始于鲁元公时。《孟子·万章下》有师事子思之费惠公,当与鲁穆公同时。《楚世家》顷襄王十八年弋射者见顷襄王曰:“故秦、魏、燕、赵者,鶀雁也;齐、鲁、韩、卫者,青首也;驺、费、郯、邳者,罗鸗也。”《水经·沂水注》引《鲁连子》称:“陆子谓齐湣王曰:鲁费之众,臣甲舍于襄贲者也。”《吕氏春秋·慎势》又云:“以大使小,以重使轻,以众使寡,此王者之所以家以完也,故曰:以滕、费则劳,以邹、鲁则逸,以宋、郑则犹倍日而驰也,以齐、楚则举而加纲旃而已矣。所用弥大,所欲弥易。”据此可知费为长期存在之小国。

周考王六年(公元前四三五年)

秦躁公八年,晋敬公十七年,魏文侯十一年,齐宣公二十一年,楚惠王五十四年。

秦躁公八年六月雨雪,日月蚀。(《六国表》)

案:朱文鑫以为是年十月十五日有日食,六月八日有月食。渡边敏夫以为是年五月二十日有日食,十月三十日有月食,齐藤国治以为是年日食非咸阳所能见。秦躁公七年七月朔有日食能为咸阳所见,十一月九日有月食,《六国表》误后一年。

周考王七年(公元前四三四年)

秦躁公九年,晋敬公十八年,魏文侯十二年,齐宣公二十二年,楚惠王五十五年。

[晋哀公]十八年哀公卒,子幽公柳立。幽公之时,晋畏,反朝韩、赵、魏之君。独有绛、曲沃,余皆入三晋。(《晋世家》)

案:《晋世家》之哀公即《纪年》之敬公,已详周贞定王十七年案语中。

周考王八年(公元前四三三年)

秦躁公十年,晋幽公元年,魏文侯十三年,齐宣公二十三年,楚惠王五十六年。

隹(惟)王五十又六祀,返自西旛(阳),楚王酓章乍(作)曾侯乙宗彝,窴之于西旛,其永时用享。(楚王酓章镈与楚王酓章钟铭文)

案:楚王酓章即楚惠王熊章。酓、熊声近通转。西旛即是《汉书·地理志》江夏郡之西阳,在今河南光山县西南。北宋曾出土两件铭文相同之钟,见于著录,据云器出安陆,即今湖北安陆县,与西阳邻近。一九七八年同铭之镈又出土于湖北随县城关西北擂鼓墩之曾侯乙墓中。据铭文,楚惠王于此年制作曾侯乙宗庙用之礼器,送往西阳祭奠。西阳当即曾之国都所在,设有君主之宗庙。从其出土地点,可知当时曾国不仅建都于潢水流域之西阳,并占有涢水流域之随县与安陆。春秋战国之际,君主之宗庙皆建于都城。《左传》庄公二十八年云:"凡邑,有宗庙先君之主曰都。"不可能建于别处。"返自西旛",之"返",前因宋代摹本有误,误释为"徙",由此曾引起错误之论断。

曾侯乙墓,一九七八年发现于湖北随县城关西北五里擂鼓墩,椁室分北、东、中、西四室,共出青铜礼乐器及其他器物二百五十多件。青铜礼器有升鼎九件与簋八件,以显示君主身分。尚有镬鼎二件、簋鼎九件以及簠、敦、壶、缶、舆缶、尊、豆、鬲、甗、盘、匜、勺、匕等。青铜乐器有编钟六十四件,另有楚王熊章镈一件,分三层挂于钟架。另有编磬三十二件,分两层挂于磬架。乐器更有鼓四件,瑟十二件,笙二件,排箫二件,横吹竹笛二件。更有四千五百余件青铜兵器,大多出于北室,车马器一千余件,出于北室与东室,竹简二百四十多枚,出于北室。竹简记载丧礼所用车马兵甲，其中述及赠车者，除大臣外，尚有若干楚之封君，如遨(鲁)䓪(阳)君、䓪(阳)城君、坪(平)夜(舆)君、鄴(养)君、鄵君、鄗君、郐君等，皆为史书所不见。(见《湖北随县曾侯乙墓发掘简报》及《谈谈随县曾侯乙墓的文字资料》,《文物》一九七九年第七期)

案：二十世纪六十年代以来，河南新野，湖北枣阳、随县、京山等地，陆续出土西周晚期以及春秋、战国初期曾国铜器。曾当即西周末年随同申与犬戎攻灭西周之缯或鄫，见于《国语·郑语》与《史记·周本纪》。韦昭《国语注》："缯，姒姓，申之与国也。"《史记·正义》引《括地志》："缯县在沂州承县，古侯国，禹后。"春秋时，缯国在今山东苍山县西北。据《春秋》、《左传》，缯在鲁襄公六年(公元前五六七年)为莒所灭。若西周时缯国在今山东苍山县西北，决不可能与申共攻西周。高士奇《春秋地名考略》卷十四与雷学淇《竹书纪年义证》卷三十七，因此皆谓西周之缯，与申接壤，楚方城外之缯关，盖其故墟。其说可信。江永《春秋地理考实》推定缯关在今方城县。《荀子·尧问》云："缯丘之封人见楚相孙叔敖"，杨倞注："缯与鄫同，缯丘，故国。封人，掌疆界。""丘"与"墟"同义。地名缯丘，犹云缯墟，即为缯之故都所在。其地当与缯关相近，正当楚之北方边界，故有掌疆界之封人在焉。缯为西周末年强国之一。《国语·郑语》记史伯曰："申、缯、西戎方强。"缯随同申与犬戎灭西周之后，当有所扩展。但其扩展之时期不长。春秋时楚向中原开拓而北上争霸，楚文王尝攻灭申、息等国而改建为县，作为北上争霸之重镇。同时，缯之故都必为楚所占有而成边防要地。雷学淇谓缯迁峄东，当在春秋之初。估计缯在此时，主力向东南迁移，因而战国初期仍居于三晋、宋、楚之间，建都于西阳。其另外一支则已迁往山东。

又案：韦昭《国语注》等，以为缯姒姓，可信。湖北出土之春秋早期曾子斿鼎，铭云："惠于剌(烈)曲。"《世本》："曾氏，夏少康封其少子曲烈于鄫，襄六年莒灭之。"曲烈当即烈曲。

周考王九年(公元前四三二年)

秦躁公十一年，晋幽公二年，魏文侯十四年，齐宣公二十四年，楚惠王五十七年。

[楚惠王]五十七年惠王卒，子简公中立。(《楚世家》，《六国表》"中"作"仲")

[卫]敬公十九年卒，子昭公纠立。是时三晋强，卫如小侯属之。(《卫世家》)

卫敬公生桡公舟。(《卫世家·索隐》引《世本》)

案：桡公舟即昭公纠，"桡"与"昭"，"舟"与"纠"，音同通用。

周考王十年(公元前四三一年)

秦躁公十二年，晋幽公三年，魏文侯十五年，齐宣公二十五年，楚简王元年。

[楚]简王元年北伐灭莒。(《楚世家》，《六国表》亦云此年"灭莒")

中子化用保楚王，用正(征)梠(莒)，用择其吉金，自乍(作)朕盘。(中子化盘铭文)

案：梠即莒。中子化当为征伐莒之楚将，不见文献记载。

《齐策五》第一章苏代说齐闵王曰:“莒恃越而灭。”《水经·沭水注》引《尸子》曰:“莒君好鬼巫而国亡。”

周考王十一年(公元前四三〇年)

秦躁公十三年,晋幽公四年,魏文侯十六年,齐宣王二十六年,楚简王二年。

[秦躁公]十三年义渠来伐,至渭南。(《秦本纪》)

秦躁公十三年义渠伐秦,侵至渭阳。(《六国表》)

至贞王二十五年秦伐义渠,虏其王。后十四年,义渠侵秦,至渭阴。(《后汉书·西羌传》)

案:周贞王二十五年之后十四年,正是秦躁公十三年。《六国表》作“渭阳”,而《后汉书》作“渭阴”,古人以水北为阳,水南为阴,“渭阴”与《秦本纪》“渭南”相合。《六国表》作“渭阳”,非是。

周考王十二年(公元前四二九年)

秦躁公十四年,晋幽公五年,魏文侯十七年,齐宣公二十七年,楚简王三年。

[秦躁公]十四年躁公卒,立其弟怀公。(《秦本纪》)

[秦]躁公享国十四年居受寝,葬悼公南。(《秦始皇本纪》引《秦记》)

[秦]怀公从晋来。(《秦始皇本纪》引《秦记》)

周考王十三年(公元前四二八年)

秦怀公元年,晋幽公六年,魏文侯十八年,齐宣公二十八年,楚简王四年。

秦怀公元年生灵公。(《六国表》)

案:张文虎曰:《表》于是年书生灵公,而于灵公元年下书生献公,首尾仅五年,错误甚矣。考《秦本纪》云:"怀公太子曰昭子,蚤死,大臣乃立太子昭子之子,是为灵公。"《六国表》同。灵公乃怀公之孙而非子,梁玉绳谓《秦始皇本纪》引《秦记》云:"怀公生灵公"以及此表,皆必生昭子之误。亦不确切。若是年生昭子,四年后安得有灵公即位。若是年生灵公,四年后即位,在位十年卒,试问灵公将何时生献公?此表"生灵公",当是"生简公"之误。《秦本纪》云:"简公,昭子之弟而怀公子也。"

周考王十四年(公元前四二七年)

秦怀公二年,晋幽公七年,魏文侯十九年,齐宣公二十九年,楚简王五年。

晋幽公七年大旱,地长生盐。(《北堂书钞》一百四十六引《纪年》)

周考王十五年(公元前四二六年)

秦怀公三年,晋幽公八年,魏文侯二十年,齐宣公三十年,楚简王六年。

周考王十五年崩,子威烈王午立。(《周本纪》)

[卫]昭公六年公子亹弑之代立,是为怀公。(《卫世家》,《六国表》系卫悼公元年于次年,当误)

【附编】

王登为中牟令,上言于襄主曰:"中牟有士曰中章、胥己者,其身甚修,其学甚博,君何不举之?"主曰:"子见之,我将为中大夫。"相室谏曰："中大夫，晋重列也，今无功而受，非晋臣之意，君其耳而未之目邪?"襄主曰："我取登，既耳而目之矣；登之所取，又耳而目之。是耳目人绝无已也。"王登一日而见二中大夫，予之田宅。中牟之人弃其田耘、卖宅圃而随文学者，邑之半。(《韩非子·外储说左上》)

案《吕氏春秋·知度》篇有大体相同之记述。惟"王登"作"任登"，"上言于襄主"作"上计言于襄子"，结尾无"王登一日而二见中大夫"云云。当以"上计言于襄子"为是，可知当时赵已推行年终考绩之"上计"制度，并于"上计"之时可向国君推荐人才，此乃汉代郡国上计时贡士制度之开端。此言因举贤而"卖宅圃而随文学者，邑之半"。可知宅圃已可买卖。此事不知在何年，今系于赵襄子在位之晚年。

周威烈王元年(公元前四二五年)

秦怀公四年，晋幽公九年，魏文侯二十一年，齐宣公三十一年，楚简王七年。

[晋]幽公九年，丹水出，相反击。(《水经·沁水注》引《纪年》)

[秦]怀公四年庶长鼂("鼂"即"晁"字)与大臣围怀公，怀公自杀，怀公太子曰昭子，蚤死，大臣乃立昭子之子，是为灵公。灵公，怀公孙也。(《秦本纪》)

秦怀公四年庶长鼂杀怀公。太子蚤死，大臣立太子之子为灵公。(《六国表》)

[秦怀公]享国四年葬栎圉氏。生灵公。诸臣围怀公，怀公自杀。(《秦始皇本纪》引《秦记》)

[秦]肃灵公，昭子子也，居泾阳。(《秦始皇本纪》引《秦记》，《索

隐》云:“《纪年》及《世本》无肃字。”)

案:秦灵公为昭子之子,怀公之孙。《秦始皇本纪》引《秦记》谓怀公生灵公,非是。《六国表》既言“大臣立太子之子为灵公”,又言“怀公生灵公”,自相抵牾。《纪年》与《世本》皆称秦灵公,无肃字,梁玉绳《史记志疑》谓《秦始皇本纪》引《秦记》称肃灵公,乃误增肃字。然亦可能有肃、灵两谥,未必是误增。

[赵襄子]其后娶空同氏,生五子。襄子为伯鲁之不立也,不肯立子,且必欲传位与伯鲁子代成君。成君先死,乃取代成君子浣为太子。襄子立三十三卒,浣立,是为献侯。献侯少即位,治中牟。襄子弟桓子逐献侯,自立于代,一年卒。国人曰桓子立非襄子意,乃共杀其子而复迎立献侯。(《赵世家》)

赵襄子三十三年(当作五十一年)襄子卒。(《六国表》)

代成君子起即襄子之子。(《赵世家·索隐》引《世本》)

[赵]桓子名嘉,襄子之子。(《魏世家·索隐》引《世本》,《赵世家·索隐》亦云:“襄子子桓子”)

案:《赵世家》谓襄子灭代“遂以代封伯鲁子周为代成君。伯鲁者,襄子兄也,故太子,太子早死,故封其子。”《索隐》云:“《世本》云:代成君子起即襄公之子,不云伯鲁,非也。”《赵世家》谓襄子有兄伯鲁,原为太子而早死,故而襄子封伯鲁之子周为代成君。襄子欲传位于代成君,代成君又先死,乃取代成君之子为太子而传位,是为献侯。献侯年少即位,治于中牟,而襄子弟桓子逐献侯自立于代,桓侯在位仅一年而卒,国人又复迎立献侯。如此说,献侯乃襄子兄之孙,从此赵君为襄子兄之后裔。《世本》之记载则不同,代成君子起即襄子之子,襄子因太子早死而传位于太子之子,是为献侯,献侯即嫡系之孙。《世本》又谓桓子亦襄子之子,则桓子逐献侯而自立,乃襄子之子孙之间争夺。余意《世本》之记载可信,盖襄子初以长子起封于代而为代成君,代成君先死,即以成君子浣立为太子,而别以少子桓子封于代。犹如魏文侯先封长子于中山,后又以次子封于中山也。桓子为襄子少子,故于襄子卒后,与襄子孙献子争立,遂自立于代,亦犹魏武侯卒,公子缓据邺而与惠王罃治安邑者争立也。

又案:赵襄子立于周元王元年,《六国表》记赵襄子元年在周定王十二年,盖误后十八年。襄子在位五十一年卒,非三十三年卒,献侯乃追尊之称。《赵世家》称:烈侯六年即周威烈王二十三年,当三晋列为诸侯时,烈侯追尊其父为侯。

周威烈王二年(公元前四二四年)

秦灵公元年,晋幽公十年,魏文侯二十二年,韩武子元年,齐宣公三十二年,楚简王八年。

秦灵公元年生献公。(《六国表》)

魏文侯元年,秦灵公之元年也。与韩武子、赵桓子、周威王同时。(《魏世家》)

《六国表》以秦灵公元年、魏文侯元年、韩武子元年、赵桓子元年同列于周威烈王二年。

[韩]武子名启章,康子子。(《魏世家·索隐》引《世本》)

案:《楚世家》称:"简王八年(即周威烈王二年)魏文侯、韩武子、赵桓子始列为诸侯。"钱穆《三晋始侯考》论之曰:"楚简王八年,正当魏文侯二十三年。今《史表》误作魏文元年者,《魏世家》

云魏文以二十二年为侯，则二十三年乃称侯后之元年。如《秦本纪》秦惠文王以十三年四月戊午称王，而明年更为元年也。今《史记》误以称侯更元之年，为魏文元年，遂误遗其前二十二年，犹如梁惠王徐州称王更元之年为魏襄王元年而误遗其后之十六年也。……然则楚简王八年，持魏文称侯之元年而史误以为魏文侯、赵桓子、韩武子始列为诸侯者，犹如徐州之会仅齐魏相王，而《魏世家》误以为诸侯之相王也。”(《先秦诸子系年》第一四一至一四二页)此说甚是。《魏世家》云:“魏文侯元年，秦灵公之元年也。”太史公当依据《秦记》，此乃魏文侯自称为侯而改元之年，是年恰为韩武子元年与赵桓子元年，于是《楚世家》误以是年为“魏文侯、韩武子、赵桓子始列为诸侯”。但此与《六国表》、《魏世家》同称魏文为侯，而称韩武、赵桓为子，亦可见是年惟魏文称侯也。

[郑共公]三十年共公卒，子幽公立。(《郑世家》)

案:《六国表》失载共公年世，《郑世家》谓共公三十年卒。今以《六国表》推算，哀公元在周定王七年，幽公元在周威烈王三年，其间相距三十九年，哀公既为八年，则共公在位首尾应有三十一年，梁玉绳、张文虎皆主张改作三十一年，《史记会注考证》从之。但据《郑世家》云:“共公三年三晋灭知氏。”梁玉绳以事当在二年。其实，哀公见弑，共公盖未逾年改元，故而三晋灭知氏在共公三年。据此共公当有三十二年，而《郑世家》记共公只三十年。

周威烈王三年(公元前四二三年)

秦灵公二年，晋幽公十一年，魏文侯二十三年，韩武子二年，赵献子元年，齐宣公三十三年，楚简王九年。

［赵］献侯少即位，治中牟。(《赵世家》)

案：《史记正义》云："鄴即相州荡阴县西五十八里，有牟山。盖中牟邑在此山侧也。"中牟在今河南鹤壁市西，献侯自晋阳迁此，盖图谋向中原扩展。

［郑］幽公元年韩武子伐郑，杀幽公，郑人立幽公弟骀，是为繻公。(《郑世家》，《六国表》作"韩杀之")

［韩］武子二年伐郑，杀其君幽公。(《韩世家》)

案：《郑世家》以繻公为幽公弟，而《六国表》以为幽公子，未知孰是。

周威烈王四年(公元前四二二年)

秦灵公三年，晋幽公十二年，魏文侯二十四年，韩武子三年，赵献子二年，齐宣公三十四年，楚简王十年。

秦灵公三年作上下畤。(《六国表》)

秦灵公作吴阳上畤，祭黄帝，作下畤，祭炎帝。(《封禅书》)

郑立幽公子，为繻公元年。(《六国表》韩武子三年下)

［晋］幽公十二年无云而雷。(《太平御览》八七六引《史记》)

案：林春溥《竹书纪年补证》、朱右曾《汲冢纪年存真》、王国维《古本竹书纪年辑校》，均以为引《纪年》而误作《史记》。

周威烈王五年(公元前四二一年)

秦灵公四年，晋幽公十三年，魏文侯二十五年，韩武子四年，赵献子三年，齐宣公三十五年，楚简王十一年。

［晋］幽公十三年鲁季孙会晋幽公于楚丘，取葭密，遂城之。（《永乐大典》本《水经·济水注》引《竹书纪年》，《太平寰宇记》十三曹州乘氏县下引《竹书纪年》同，惟“晋幽公”作“晋侯”，“楚丘”误作“楚”，脱“丘”字）

案：全祖望、赵一清、戴震《水经注》校本皆改作“元公三年”，戴校本有校语：“案近刻讹作幽王十三年。”朱谋玮《水经注》校本误作“幽王”，笺云：“旧本作幽公。”当从《永乐大典》本《水经注》及《太平寰宇记》作“幽公十三年”为是。楚丘在今山东曹县东南。葭密在今山东菏泽东北。

周威烈王六年（公元前四二〇年）

秦灵公五年，晋幽公十四年，魏文侯二十六年，韩武子五年，赵献子四年，齐宣公三十六年，楚简王十二年。

魏诛晋幽公，立其弟止。（《六国表》）

案：《六国表》记此事于魏文侯五年，即周威烈王六年。据《古本竹书纪年》，此年为晋幽公十四年，《晋世家》谓：“晋幽公十八年幽公淫妇人，夜窃出邑中，盗杀幽公。魏文侯以兵诛晋乱，立幽公子止，是为烈公。”《表》作“魏诛晋幽公”，大误。《晋世家·索隐》引《纪年》云：“夫人秦嬴贼公于高寝之上。”《太平御览》八百七十六引《史记》亦云：“（幽公）十八年晋夫人秦嬴贼君于高寝。”则杀君为夫人秦嬴。《六国表》记此事又误前四年。

周威烈王七年（公元前四一九年）

秦灵公六年，晋幽公十五年，魏文侯二十七年，韩武子六年，赵献子五年,齐宣公三十七年,楚简王十三年。

[魏文侯]六年(当作二十七年)城少梁。(《魏世家》,《六国表》同)

[秦]灵公六年晋城少梁,秦击之。(《秦本纪》)

案:《秦本纪》所谓晋,即指魏。《六国表》记秦灵公七年“与魏战少梁”。盖战争连续二年。

周威烈王八年(公元前四一八年)

秦灵公七年,晋幽公十六年,魏文侯二十八年,韩武子七年,赵献子六年,齐宣公三十八年,楚简王十四年。

秦灵公七年与魏战少梁。(《六国表》)

周威烈王九年(公元前四一七年)

秦灵公八年,晋幽公十七年,魏文侯二十九年,韩武子八年,赵献子七年,齐宣公三十九年,楚简王十五年。

秦灵公八年城堑河濒。初以君主妻河。(《六国表·索隐》云:“谓初以此年取他女为君主,君主犹公主也。妻河,谓嫁之河伯,故魏俗犹为河伯娶妇,盖其遗风,殊异其事,故云初”)

案:《秦本纪》与《六国表》载厉共公十六年“壍河旁”。此年又“城堑河濒”,皆于黄河旁边兴建防御之城墙,即利用河堤加工扩建之防御工事,目的在于防止魏之进击。

又案:是年“初以君主妻河”。盖秦于是年推行此间原有部族所流行“河伯娶妇”之习俗。《赵世家》载霍泰山山神之朱书,谓将赐赵林胡之地,奄有河宗,至于休、溷诸貉。《正义》云:“《穆天子传》云：'河宗之子孙鄘栢絜。'按盖在龙门、河之上流，岚、胜二州之地也。"盖龙门以上、黄河上游有部族河宗氏，以河伯为其始祖而崇拜。河伯娶妇之俗，疑即河宗氏之巫术信仰，世界各地沿河流部族皆有此风俗。

魏文侯八年(当作二十九年)复城少梁。(《六国表》)

周威烈王十年(公元前四一六年)

秦灵公九年，晋幽公十八年，魏文侯三十年，韩武子九年，赵献子八年，齐宣公四十年，楚简王十六年。

[晋幽公]十八年幽公淫妇人，夜窃出邑中，盗杀幽公。魏文侯以兵诛晋乱，立幽公子止，是为烈公。(《晋世家》)

[晋]幽公生烈成公止。(《晋世家·索隐》引《世本》)

[晋幽公]夫人秦嬴贼公于高寝之上。(《晋世家·索隐》在幽公十八年下引《纪年》)

案：《太平御览》八七六引《史记》云："幽公十二年，无云而雷，至十八年，晋夫人秦嬴贼君于高寝。"《六国表》于魏文侯五年即周威烈王六年记"魏诛晋幽公，立其弟止"。与此不同。盖误前四年。

鲁元公二十一年卒，子显立，是为穆公。(《鲁世家》)

案：《索隐》云："《世本》显作不衍。"《六国表》系鲁穆公元年在周威烈王十九年，盖误后八年。

鲁缪公之时，公仪子为政，子柳、子思为臣，鲁之削也滋甚。(《孟子·告子下》淳于髡谓孟子，《说苑·杂言》第八章作"子思、子庚为臣")

【附编】

公仪休相鲁而嗜鱼，一国尽争买鱼而献之，公仪子不受(《淮南子·道应训》作“一国献鱼，公仪子弗受”，《韩诗外传》卷三第二十一章作“一国人献鱼而不受”)。其弟子谏曰(“子”字原脱，据《淮南子》增补)：“夫子嗜鱼而不受何也?”(《韩诗外传》无“夫子”二字)对曰：“夫唯嗜鱼(《韩诗外传》“唯”作“欲”)，故不受也。夫即受鱼，必有下人之色，有下人之色，将枉于法，枉于法则免于相(以上句，《淮南子》作“夫受鱼而免于相”，《韩诗外传》作“受鱼而免于相”)，虽嗜鱼，此不必能致我鱼，我又不能自给鱼(以上句，《淮南子》作“虽嗜鱼不能自给鱼”，《韩诗外传》作“则不能自给鱼”)，即无受鱼而不免于相(《淮南子》无“即”字，《韩诗外传》无“即”字、“鱼”字)，虽嗜鱼，我能长自给鱼(《淮南子》作“则能长自给鱼”，《韩诗外传》作“长自给于鱼”)。(《韩非子·外储说右下》，《淮南子·道应训》、《韩诗外传》卷三第二十一章大体相同)

公仪休者，鲁博士也，以高第为鲁相，奉法循理，无所变更，百官自正，使食禄者不得与下争利，受大者不得取小，客有遗相鱼者，相不受。(《史记·循吏列传》)

案：公仪休以鲁博士而为鲁相，可知是时鲁已设博士之职，公仪休有弟子，可知鲁博士教授弟子，已有博士弟子矣。

古者不为臣，不见……泄柳闭门而不纳。(《孟子·滕文公下》)

昔者鲁缪公无人乎子思之侧，则不能安子思；泄柳、申详无人乎缪公之侧，则不能安其身。(《孟子·公孙丑下》)

《子思》二十三篇，班固自注：“为鲁穆公师。”(《汉书·艺文志》列儒家)

周威烈王十一年(公元前四一五年)

秦灵公十年,晋烈公元年,魏文侯三十一年,韩武子十年,赵献子九年,齐宣公四十一年,楚简王十七年。

晋烈公元年韩武子都平阳。(《水经·汾水注》引《纪年》)

案:《韩世家》谓韩宣子之子贞子"徙居平阳"。《索隐》云:"《世本》作平子,名须,宣子子也。"《索隐》又引《世本》云:"景子居平阳。"景子即景侯,乃武子之子。平阳在今山西临汾市西南,《吕氏春秋·任数》高诱注又云:"贞子居平阳","武子都宜阳。"疑宜阳为是。

晋烈公元年赵献子城泫氏。(《水经·沁水注》引《纪年》,《太平寰宇记》四十四泽州高平县下所引《纪年》同)

案:《路史·国名记己》云:"《纪年》梁惠王九年晋取泫氏,即《汲书》赵献子城泫氏者。"《太平寰宇记》四十四、《太平御览》一百六十三引《纪年》云:"梁惠成王九年晋取泫氏",陈逢衡、雷学淇皆谓"九"上脱十字。朱右曾谓"晋即魏也"。

秦灵公十年补庞,城籍姑。灵公卒,立其季父悼子,是谓简公。(《六国表》)

[秦灵公]十三年城籍姑,灵公卒,子献公不得立,立灵公季父悼子,是为简公。简公,昭子之弟而怀公子也。(《秦本纪》)

[秦]肃灵公,昭子子也,居泾阳,享国十年,葬悼公西。生简公。简公从晋来。(《秦始皇本纪》引《秦记》)

案:《秦本纪·索隐》云:"《始皇本纪》云:灵公生简公,误也。"《正义》引刘伯庄云:"今《秦记》谓简公是灵公子者,抄写之误。"《秦记》谓灵公享国十年,《六国表》亦作十年。今《秦本纪》

作十三年,《始皇本纪·索隐》又云:“立十年,表同,纪十二年”。“十三年”、“十二年”皆当为“十一年”之误。十年乃按逾年改元计算,十一年则按立年改元计算。灵公前怀公为臣下所围而自杀,盖未逾年而改元。

[卫]怀公十一年公子颓弑怀公而代立,是为慎公。慎公父公子适,适父,敬公也。(《卫世家》)

案:《汉书·古今人表》卫怀公,注“敬公弟”,卫慎公,注“敬公子”,不知何据。《世家·索隐》云:“《世本》‘适’作‘虔’,虔,悼公也。”据《世家》,适当为敬公庶子,非即悼公,悼公乃敬公之父,非敬公子也。《六国表》系卫慎公元年于周威烈王十二年。

[燕]文公二十四年卒,简公立。(《燕世家·索隐》引《纪年》)

案:《燕世家》云:“湣公三十一年卒,釐公立。是岁三晋列为诸侯。”而《索隐》云:“《纪年》作文公二十四年卒,简公立,十三年而三晋命邑为诸侯。”据此,《纪年》之文公,即《史记》之湣公。《世本》作闵公,“闵”、“文”形似而误。《纪年》之简公即《史记》之釐公。简公立十三年,而三晋命邑为诸侯,则简公之立,当在周威烈王十一年,即晋烈公元年。朱右曾《汲冢纪年存真》、王国维《古本竹书纪年辑校》列于晋幽公十四年,非是。雷学淇《考订竹书纪年》列于晋烈公元年是也。

[西周]桓公卒,子威公代立。(《周本纪》)

案《庄子·达生》“田开之见周威公”,《释文》云:“崔本作周威公灶。”梁玉绳《古今人表考》据此谓周威公名灶,黄式三《周季编略》同。威公之代立,疑在此时或稍前。

宁越,中牟之鄙人也。苦耕稼之劳,谓其友曰:“何为而可以免此

苦也?”其友曰:“莫如学。学三十岁则可以达矣。”宁越曰:“请以十五岁。人将休,吾将不敢休;人将卧,吾将不敢卧。”十五岁而周威公师之。(《吕氏春秋·博志》)

案:《汉书·艺文志》有《宁越》一篇,班固注:“中牟人,为周威王师。”

周威公问于宁子曰:“取士有道乎?”对曰:“有。穷者达之,亡者存之,废者起之,四方之士则四面而至矣。穷者不达,亡者不存,废者不起,四方之士则四面而畔矣。夫城固不能自守,兵利不能自保,得士而失之,必有其间。夫士存则君尊,士亡则君卑。”周威公曰:“士壹至如此乎?”对曰:“君不闻夫楚乎?王有士曰楚傒胥丘负客,王将杀之,出亡之晋,晋人用之,是为城濮之战。又有士曰苗贲皇,王将杀之,出亡走晋,晋人用之,是为鄢陵之战。又有士曰上解于,王将杀之,出亡走晋,晋人用之,是为两堂之战。又有士曰伍子胥,王杀其父兄,出亡走吴,阖闾用之,于是兴师而袭郢。故楚之大得罪于梁、郑、宋、卫之君,犹未遽至于此也。此四得罪于其士,三暴其民骨,一亡其国。由是睹之,士存则国存,士亡则国亡。子胥怒而亡之,申包胥怒而存之,士胡可无贵乎?”(《说苑·尊贤》第九章)

案:《说苑》此章当即采自《宁越》一篇。

晋太史屠黍见晋之乱也(《说苑·权谋》第六章“屠黍”作“屠馀”),见晋公之骄而无德义也(《说苑》“晋公”误作“晋平公”),以其图法归周(《说苑》“图”作“国”)。周威公见而问焉,曰:“天下之国孰先亡?”(《说苑》“孰”上有“其”字)对曰:“晋先亡。”威公问其故(《说苑》“故”作“说”)。对曰:“臣比在晋也,不敢直言。示晋公以天妖,日月星辰之行多以不当,曰:‘是何能为?’(《说苑》“为”作“然”)又示以人事不多义,百姓皆郁怨(《说苑》作“百姓多怨”),曰:‘是何能伤?’示以邻国不服,贤良不举,曰:‘是何能害?’如是,是不知何以亡也(《说苑》作“是不知所以存、所以亡”)。故臣曰:晋先亡。”居三年,晋果亡。(《吕氏春秋·先识》,《说苑·权谋》第六章大体相同)

案:高诱注:“屠黍,晋出公之太史也。出公,顷公之孙,定公之子也。《史记》曰:智伯攻出公,出公奔齐而道死焉。”苏时学云:“晋亡非谓三家分晋时事,乃谓晋幽公之乱也。幽公遇乱而亡,魏文侯平晋乱,乃复立幽公子止,后数年而中山武公初立,是魏灭中山亦此时也,与屠黍所言正合。旧注以为晋出公则不然。考出公之亡在贞定王世,是时周桓公尚未立国,安得有威公之问耶?”陈奇猷《吕氏春秋校释》云:“苏说至确。考《汉书·古今人表》所列,屠黍与魏文侯、中山武公、周威公、晋幽公皆同时。”今案此谓晋公“骄而无德义”,即指晋幽公。所谓“见晋之乱”即指幽公末年事,此所谓“晋亡”,盖指“晋畏,反朝韩、赵、魏之君”,晋名存而实亡。《吕氏春秋》、《说苑》记此事之后,“威公又见屠黍(即屠馀)而问焉,曰:‘孰次之?’对曰:‘中山次之。’”“居二年,中山果亡。”“晋之亡”与“中山之亡”,当非一时事,苏时学误以为一时事。

【附编】

缪公之于子思也,亟问,亟馈鼎肉。子思不悦。于卒也,摽使者出诸大门之外,北面稽首再拜而不受,曰:“今而后,知君之犬马畜伋。”(《孟子·万章下》)

缪公亟见于子思曰:“古千乘之国以友士,何如?”子思不悦,曰:“古之人有言曰:事之云乎?岂曰友之云乎?”(《孟子·万章下》)

案:《孟子》赵岐注:“子柳,泄柳也。”据此鲁缪公尊重之学者为子思、泄柳、申详三人,子思为孔子之孙,名伋。申详亦作申祥。《礼记·檀弓上》载:“子张病,召申祥而语之”云云,郑玄注:“申祥,子张子。……太史公《传》曰:子张姓颛孙,今曰申祥,周、秦之声二者相近,未闻孰是。”宋翔凤《孟子赵注补述》云:“子张姓颛孙,合言曰申也。”

穆公之母卒,使人问于曾子曰:“如之何?”对曰:“申也闻诸申之父曰:哭泣之哀,齐斩之情,饘粥之食,自天子达。布幕,卫也。缪幕,鲁也。”(《礼记·檀弓上》)

案:据此可知,此时曾参已去世,鲁穆公请教之曾子,乃曾参之子曾申。

辛宽见鲁缪公曰:“臣而今而后,知吾先君周公之不若太公望封之知也。昔者太公望封于营丘之渚海阻山高险固之地也,是故地日广,子孙弥隆。吾先君周公封于鲁,无山林溪谷之险,诸侯四面以达,是故地日削,子孙弥杀。”辛宽出,南宫括入见,公曰:“今者宽也,非周公,其辞若是也。”南宫括对曰:“宽少者,弗识也,君独不闻成王之定成周之说乎?其辞曰:‘惟余一人,营居于成周,惟余一人,有善,易得而见也,有不善,易得而诛也。’故曰善者得之,不善者失之,古之道也。”夫贤者岂欲其子孙之阻山林之险以长为无道哉?小人哉宽也。今使燕爵为鸿鹄凤皇虑,则必不得矣。其所求者,瓦之间隙、屋之翳蔚也。与一举则有千里之志,德不盛、义不大则不至其郊,愚庳之民,其为贤者虑,亦犹此也。固妄诽訾,岂不悲哉?”(《吕氏春秋·长利》)

辛栎见鲁穆公曰:“周公不如太公之贤也。”穆公曰:“子何以言之?”辛栎对曰:“周公择地而封曲阜,太公择地而封营丘,爵土等,其地不若营丘之美,人民不如营丘之众,不徒若是,营丘又有天固。”穆公心惭不能应也。辛栎趋而出,南宫边子入,穆公具以辛栎之言语南宫边子。南宫边子曰:昔周成王之卜居成周,其命龟曰:“予一人兼有天下,辟就百姓,敢无中土乎?使予有罪,则四方伐之,无难得也。”周公卜居曲阜,其命龟曰:“作邑乎山之阳,贤则茂昌,不贤则速亡。”季孙行父之戒其子也,曰:“吾欲室之侠于两社之间也,使吾后世有不能事上者,使其替之益速如是。”则曰“贤则茂昌,不贤则速亡,安在择地而封哉,或示有天固也。辛栎之言小人也,子无复道也”。(《说苑·至公》第四章)

案:以上两则,盖一事之两传。《吕氏春秋》辛宽,《说苑》作辛栎。《吕氏春秋》南宫括,《说苑》作南宫边子。南宫括即南宫适,乃孔子弟子,其年寿不及见鲁穆公,当以南宫边为是。《古今人表》正列南宫边与子思、公仪休、泄柳、申详、鲁穆公同时。钱穆《鲁缪公礼贤考》已加辨正(《先秦诸子系年》第一五七至一六〇页),沈祖緜对此有详考,文繁不引,见陈奇猷《吕氏春秋校释》所引。

鲁穆公使众公子或宦于晋,或宦于荆。犁钼曰:“假人于越而救溺子,越人虽善游,子必不生矣;失火而取水于海,海水虽多,火必不灭矣,远水不救近火也。今晋与荆虽强,而齐近,鲁患其不救乎?”(《韩非子·说林上》)

案:据此可知,此时齐正谋侵鲁,鲁穆公使众公子宦于晋、楚,欲借助于晋、楚之力以谋抗齐。

鲁穆公问于子思曰:“吾闻庞㮾氏之子不孝,其行奚如?”子思对曰:“君子尊贤以崇德,举善以观民,若夫过行,是细人之所识也,臣不知也。”子思出,子服厉伯入见,问庞㮰氏子,子服厉伯对曰:“其过三,皆君之所未尝闻。”自是之后,君贵子思而贱子服厉伯也。或曰:“鲁之公室,三世劫于季氏,不亦宜乎?明君求善而赏之,求奸而诛之,其得之一也。今子思不以过闻,而穆公贵之;厉伯以奸闻,而穆公贱之;人情皆喜贵而恶贱,故季氏之乱成而不上闻,此鲁君之所以劫也。且此亡王之俗,取鲁之民所以自美,而穆公独贵之,不亦倒乎!”(《韩非子·难三篇》)

案:“取”,通“郰”,或作“陬”,邑名,在今山东曲阜东南,为孔子家乡。王充《论衡》有《非韩》篇,尝引用此节加以评论。庞㮰氏,《论衡》引作“庞撊是”,“㮰”与“撊”,“氏”与“是”,音同通用。韩非谓“鲁之公室,三世劫于季氏”,当指鲁哀公、悼公、元公三代,据此可知鲁穆公亦尝为季氏所劫。王充评之曰:“夫鲁君所以劫者,以不明法度邪,以不早闻奸也。夫法度明,虽不闻奸,奸无由生,法度不明,虽日求奸,决其源鄣之以掌也。……韩非之非缪公也,与术意而相违矣。”

费惠公曰:“吾于子思则师之矣,吾于颜般则友之矣,王顺、长息则事我者也。”(《孟子·万章下》)

案:费惠公当是季孙氏独立小国君主,彼亦与鲁穆公同。尊贤,师事子思,并以颜般为友。

吴起学于曾子。(《吕氏春秋·当染》)

吴起者卫人也,好用兵。尝学于曾子,事鲁君。齐人攻鲁,鲁欲将吴起,吴起取齐女为妻,而鲁疑之。吴起于是欲就名,遂杀其妻,以明不与齐也。鲁卒以为将,将而攻齐,大破之。鲁人或恶吴起,曰:

“起之为人，猜忍人也。其少时，家累千金，游仕不遂，遂破其家，乡党笑之。吴起杀其谤己者三十余人而东出卫郭门，与其母诀，啮臂而盟曰：‘起不为卿相，不复入卫。’遂事曾子。居顷之，其母死，起终不归，曾子薄之，而与起绝。起乃之鲁，学兵法，以事鲁君。鲁君疑之，起杀妻以求将。夫鲁小国而有战胜之名，则诸侯图鲁矣。且鲁、卫兄弟之国也，而君用起，则是弃卫。”鲁君疑之，谢吴起。（《吴起列传》）

左丘明授曾申，申授吴起，起授其子期，期授楚人铎椒，铎椒作《抄撮》八卷授虞卿，虞卿作《抄撮》九卷授荀卿，荀卿授张苍。（《春秋经传集解·杜预序》《正义》引刘向《别录》）

案：吴起之师为曾申而非曾参。曾申乃曾参之子。曾申传授者为《春秋》、《左传》。《说苑·建本》第二章：“魏武侯问元年于吴子，吴子对曰：‘言国君必慎始也。’‘慎始奈何？’曰：‘正之。’‘正之奈何？’‘明智。……分禄必及，用刑必中，君心必仁，思民之利，除民之害，可谓不失民众矣。……此皆《春秋》之意而元年之本也。’”姚鼐《左传补注序》，依据刘向《别录》所言曾申授吴起，吴起为卫左氏（今山东定陶西）人，因谓《左传》于魏氏造饰尤甚，“吴起之徒为之者盖尤多”。

吴起，卫左氏中人也，使其妻织组而幅狭于度。吴子使更之，其妻曰：诺。及成，复度之，果不中度，吴子大怒，其妻对曰：“吾始经之而不可更也。”吴子出之，其妻请其兄而索入。其兄曰：“吴子为法者也，其为法也，且欲以与万乘致功，必先践之妻妾然后行之，子毋幾索入矣。”其妻之弟又重于卫君，乃因以卫君之重请吴子，吴子不听，遂去卫而入荆也。一曰：吴起示其妻以组，曰：“子为我织组，令之如是。”组已就而效之，其组异善。起曰：“使子为组，令之如是，而今也异善，何也？”其妻曰：“用财若一也，加务善之。”吴起曰：“非语也。”使之衣而归。其父往请之，吴起曰：“起家无虚言。”（《韩非子·外储说右上》）

鲁季孙新弑其君，吴起仕焉，或谓起曰：“夫死者，始死而血，已血而衄，已衄而灰，已灰而土。及其土也，无可为者矣。今季孙乃始血，其毋乃未可知也。”吴起因去之晋。（《韩非子·说林上》）

案：钱穆《吴起仕鲁考》云：“周威烈王十七年吴起为魏将伐秦，则起之将鲁破齐，正当鲁穆四年也。其去鲁至晚在鲁穆五六年间。鲁穆虽礼贤，而尊信儒术，观或人谗起之言，皆本儒道立说，宜乎鲁穆之疑起矣。”（《先秦诸子系年》第一六一至一六二页）今案鲁穆四年齐攻鲁之莒及安阳，乃大败于齐，并非大破齐。吴起之去鲁入魏，尚不能考定在何年，当在鲁穆公之初年。《淮南子·道应训》与《说苑·指武》俱载屈宜若谓吴起曰：“且子用鲁兵，不宜得志于齐而得志焉。”高诱注：“起为鲁将伐齐败之。”是吴起确有为鲁将而胜齐之事，但已不能详考。

又案：《韩非子》记“鲁季孙新弑其君，吴起仕焉”，又记或谓起曰：“今季孙乃始血”，是季孙确有弑君之事。汪中《经义知新记》云：“盖当悼公之世，悼之为谥，其以此欤？”钱穆《吴起仕鲁考》驳之，谓春秋之晋悼公、卫悼公，其后田悼子、宋悼子、楚悼王、赵悼襄王，皆不以被弑谥悼。《檀弓》：“悼公之丧，季昭子问孟敬子为君何食，亦未见悼公为被弑之君。”又云：“悼公之卒，在周考王四年，下距楚悼之死五十六年，循此推算，起之仕楚，已及八十，而观其治绩，殊为不类。”（《先秦诸子系年》第一六二页）其说是也。《韩非子·外储说左下》载：“季孙好士，终身庄，居处衣服常如朝廷，而季孙适懈，有过失，而不能长为也。故客以为厌易已，相与怨之，遂杀季孙。”又云：“南宫敬子问颜涿聚曰：季孙养孔子之徒，所朝服与坐者以十数而遇贼，何也？曰：……今季孙养孔子之徒，所朝服而与坐者以十数，而与优侏儒断事，是以遇贼。”“遇贼”即是被弑。然则“季孙新弑其君，吴起仕焉”，当指季孙自弑其君，非鲁君也。所谓“吴起仕焉”，即孔子之徒所朝服而与坐者也。韩非明言“鲁之公室，三世劫于季氏”，未有弑鲁君之说。《檀弓下》记鲁悼公之丧，季昭子答孟敬子曰：“吾三臣者之不能居公室也，四方莫不闻矣。”郑玄注：“言邻国皆知吾等不能居公室以臣礼事君也。三臣，仲孙、叔孙、季孙也。”三桓虽劫持鲁君三世之久，尚未见有弑君者，但见季孙有自弑其君耳。

卷三
周威烈王十二年(公元前四一四年)至周威烈王二十三年(公元前四〇三年)

周威烈王十二年(公元前四一四年)

秦简公元年,晋烈公二年,魏文侯三十二年,韩武子十一年,赵献子十年,齐宣公四十二年,楚简王十八年,燕简公元年。

於粤子朱句三十四年灭滕。(《越世家·索隐》引《纪年》)

案:《越世家·索隐》引《纪年》,谓"晋出公十年十一月於粤子句践卒","次鹿郢立,六年卒","不寿立,十年见杀","次朱句立","朱句三十四年灭滕,三十五年灭郯"。而《水经·沂水注》引《纪年》云:"晋烈公四年,越子朱句灭郯,以郯子鸪归。"今本《竹书纪年》系越灭滕、灭郯在周威烈王十一年、十二年。朱右曾《汲冢纪年存真》与王国维《古本竹书纪年辑校》列灭滕、灭郯于晋幽公十四年、十五年,雷学淇《考订竹书纪年》则列于晋烈公二年、三年,并谓《水经注》引《纪年》云烈公四年越灭郯,"盖古文

三、四，皆积画成字，故误三为亖也。”今案：当以雷说为是。《纪年》谓句践卒于晋出公十年十一月，《纪年》用夏正，于周正已是次年正月，此后鹿郢在位六年卒，不寿十年见杀，朱句三十四年灭滕，三十五年灭郯，正当晋烈公二年、三年，即周威烈王之十二年、十三年。陈梦家《六国纪年》以《路史》所引推证，云：“《路史·后纪七》注云：‘威烈八年越灭郯’，《国名纪甲》云：‘《纪年》越王朱句三十年灭滕。’罗氏父子见未改字之《水经注》引《纪年》灭郯在晋烈公二年，而据《六国表》晋烈公二年当周威烈王八年，又据《纪年》推朱句三十年当《六国表》之周威烈王七年，故改原本《纪年》朱句三十四年灭滕为三十年。”此据《路史》所引《纪年》之误脱，以推定《纪年》灭滕之年，不足信也。至战国中期，滕又复国。

(赵献侯)十年中山武公初立。(《赵世家》,《六国表》同)

中山武公居顾。(《赵世家·索隐》引《世本》)

案：《赵世家》谓献侯十年“中山武公初立”，《六国表》同。前人不详其事。《汉书·古今人表·注》及《史记·集解》、《索隐》引徐广说，谓乃西周桓公之子，此以西周武公牵合为一，不足信。沈钦韩《汉书疏证》论之曰：“《魏世家》文侯伐中山，使子击守之，《说苑》文侯公子挚封中山而复太子击，又《魏世家》中山君相魏，此是魏所封，赵灭之，盖姬姓之中山，灭于魏文侯，魏所封之中山，又灭于赵主父。而《赵世家》及《年表》皆倒置中山武公之文于文侯伐中山之前，故迷惑难考。何以明之？若中山武公尚是旧时之君，而彼不数年而亡，史取之何义？若以为中山本未尝亡，则魏克其地而守之者又何处？是中山武公为魏所始封，以其大事，故记之耳。”此说不确。一九七八年河北平山县三汲中山王墓出土中山王譽方壶，铭文云：“唯朕皇祖文、武，超(桓)祖成考”。自称皇祖文公、武公，祖桓公，考成公，可知中山王譽之父为成公，祖父为桓公，曾祖为文公与武公。《赵世家・索隐》引《世本》云：“中山武公居顾，桓公徙灵寿，为赵武灵王所灭。”《太平寰宇记》卷六十二定州下云：“中山武公之后复立，与六国并称王，五叶(世)专行仁义，贵儒学，贱壮士，不教人战，赵武灵王袭而灭之。”可知文公、武公、桓公、成公，皆为中山之君。武公当为魏所伐灭之中山君，《赵世家》特为记载。武公于是年初立，至周威烈王二十年中山为魏所灭，武公在位仅九年。中山原建都于顾，在今河北定县。桓公当为此后中山复国之君，建都于灵寿，在今河北平山县三汲。

周威烈王十三年(公元前四一三年)

秦简公二年，晋烈公三年，魏文侯三十三年，韩武子十二年，赵献子十一年，齐宣公四十三年，楚简王十九年，燕简公二年。

晋烈公四年，越子朱句灭郯，以郯子鸪归。(《水经・沂水注》引《纪年》)

[於粤子朱句]三十五年灭郯。(《越世家・索隐》引《纪年》)

案：《通鉴外纪》亦云：“晋烈公四年越灭郯”，雷学淇《考订竹书纪年》系于烈公三年云：“盖古文三、四皆积画成字，故三误为三也”。其后郯亦曾复国。《楚世家》顷襄王十八年弋射者云：“驺、费、郯、邳者罗鸾也。”

晋烈公三年楚人伐我南鄙，至于上洛。(《水经・丹水注》引《纪

年》,《太平寰宇记》一四一商州上洛县与《舆地广记》一四商州上洛县引《纪年》同。《路史·国名纪己》引《纪年》亦同)

田庄子相齐宣公。宣公四十三年伐晋,毁黄城,围阳狐。(《田世家》,《六国表》亦云:"齐宣公四十三年伐晋,毁黄城,围阳狐。")

案:魏有两黄城,其一在今河南内黄西,另一在今山东冠县南。是年齐伐晋所毁之黄城乃后者。

秦简公二年与晋战,败郑下。(《六国表》)

【附编】

魏文侯见段干木,立倦而不敢息,反见翟黄(《说苑·尊贤》第二十四章"反"作"及"),踞于堂而与之言,翟黄不说。文侯曰:"段干木官之则不肯,禄之则不受。今汝欲官则相位(《说苑》"位"作"至",《魏世家·正义》引此亦作"至"),欲禄则上卿,既受吾实(《说苑》"实"作"赏",《魏世家·正义》引此亦作"赏"),又责吾礼,无乃难乎?"(《吕氏春秋·下贤》,《说苑·尊贤》第二十四章同)

案:据魏文侯此言,可知是时翟黄(即翟璜)为魏相。《韩非子·外储说左下》记田子方从齐之魏,望翟黄乘轩车驾出,方问曰:"子奚乘是车也?"翟黄曰:"君谋欲伐中山,臣进翟角而谋得果。且伐之,臣荐乐羊而中山拔。得中山,忧欲治之,臣荐李克而中山治,是以君赐此车。"《魏世家》载翟璜谓李克曰:"西河之守,臣之所进也。君内以邺为忧,臣进西门豹。君谋欲伐中山,臣进乐羊;中山已拔,无以使之,臣进先生;君之子无傅,臣进屈侯鲋。"《韩诗外传》卷三第六章"屈侯鲋"作"赵苍唐"。《说苑·臣术》第五章在"西河之守,触所任也"("触"当为翟璜之名)下,又有"计事内史,触所任也"。可知是时所有谋臣、战将、郡守、县令、太子之傅，无不由翟璜推荐或任命，盖正为魏文侯之相也。今推定翟璜为魏相在此年或稍后。吴起为魏将而为西河之守，在此后四年，魏伐中山在此后五年。

又案：《说苑·臣术》第七章记田子方渡西河，遇翟黄乘轩车，问："将何以至此乎？"翟黄对曰："昔者西河无守，臣进吴起而西河之外宁，邺无令，臣进西门豹而魏无赵患。酸枣无令，臣进北门可而魏无齐忧。魏欲攻中山，臣进乐羊而中山拔。魏无使治之臣，臣进李克而魏国大治。"此一故事，与《韩非子·外储说左下》所记田子方从齐之魏，望见翟黄乘轩车驾出相同，较为敷张而有增饰与错误，所谓北门可为酸枣令，不见其他文献记载，当是配合西门豹之事而虚构者。李克为中山之相，非魏国之相，所谓"魏国大治"，当为错误。

李悝为魏文侯上地之守，而欲人之善射也，乃下令曰："人之有狐疑之讼者，令之射的，中之者胜，不中者负。"令下而人皆疾习射，日夜不休，及与秦人战，大败之，以人之善战射也。（《韩非子·内储说上》）

李悝警其两和，曰："谨警，敌人旦暮且至击汝。"如是者再三，而敌不至，两和懈怠，不信李悝。居数月，秦人来袭之，至幾夺其军，此不信之患也。一曰：李悝与秦人战，谓左和曰："速上，右和已上矣。"又驰而至右和曰："左和已上矣。"左右和曰："上矣。"于是皆争上。其明年与秦人战，秦人来袭之，至幾夺其军，此不信之患。（《韩非子·外储说左上》）

案：李悝为上地守，当在吴起为西河守之前。林春溥《战国纪年》以李悝为上地守，即在败郑下之役。今从之。

周威烈王十四年(公元前四一二年)

秦简公三年,晋烈公四年,魏文侯三十四年,韩武子十三年,赵献子十二年,齐宣公四十四年,楚简王二十年,燕简公三年。

魏文侯十三年(当作三十四年)公子击围繁庞,出其民。(《六国表》,《魏世家》作"使子击围繁庞,出其民")

齐宣公四十四年伐鲁、莒及安阳。(《六国表》,《田世家》作"伐鲁、葛及安陵"。)

案:《田世家·索隐》引《括地志》以为鲁城在许昌县南四十里,长葛在许州长葛县北十三里,即郑之葛邑;鄢陵在许州西北十五里,六国时为安陵。此说不确。齐不能攻伐至许昌、长葛、鄢陵等地,当以《六国表》记载为是。此后安阳成为齐重要之商业城市,铸有安阳刀币,与临淄之齐刀、节墨刀,同为齐国主要流通之货币。安阳当在齐之东边。《项羽本纪》载:秦将章邯大破项梁于定陶,项梁死,章邯进围赵于钜鹿,项羽、吕臣引兵东退至彭城一带,楚怀王至彭城,命宋义为上将军而救赵。宋义率大军行至安阳,留四十六日不进,并遣其子宋襄相齐,送之至无盐,饮酒高会而归。项羽言欲疾引兵渡河救赵钜鹿,宋义不许,因杀宋义而使人报命怀王,怀王因使项羽为上将军。项羽乃持三日粮,引兵渡河,破釜沉舟,烧庐舍,以与秦兵决战。九战,绝秦军甬道而大破之。此安阳当即齐之安阳。《项羽本纪·索隐》云:"此兵犹未渡河,不应即至相州安阳。今检《魏书·地形志》云:己氏有安阳城,隋改己氏为楚丘。今宋州楚丘西北四十里有安阳故城是也。"《正义》又论之曰:"按从滑州白马津赍三日粮不至邢州,明此渡河,相州漳河也。宋义遣其子襄相齐,送之至无盐,即今郓州之东宿城是也。若依颜监说(按指颜师古),在相州安阳,宋义送子不可弃军渡河,南向齐,西南入鲁界,饮酒高会,非入齐之路。义虽知送子曲,由宋州安阳理顺,然向钜鹿甚远,不能数绝章邯甬道及持三日粮至也。均之二理,安阳送子至无盐为长。济河绝甬道,持三日粮,宁有迟留?史家多不委曲说之也。”今案:《索隐》据《魏书》,以此安阳在楚丘西北,即在今山东曹县东。考证古钱者多从此说,以为安阳刀币即此地所铸。但此说仍不确切。正如《正义》所云,此地“向钜鹿甚远,不能数绝章邯甬道及持三日粮至也”。不仅如此,当时宋义亲送子至无盐,饮酒高会而回归,无盐在今山东东平县东,若自曹县前往,相距约有三百里,宋义不能远离大军而送子,又不能于当日回归。可知此安阳必离无盐不远,离河亦不远,不应在今曹县东。若安阳在曹阳东,正当宋定陶与宋旧都睢阳之间,当为宋地。意者,此安阳当在东阿(今山东阳谷县东北五十里阿城镇)西北小湖阿泽之西北。东阿原称柯,即因阿泽而得名,安阳当因在阿泽之阳而得名,犹赵之阿邑或称安邑。当项梁战死前,尝大破秦军于东阿,继而由东阿南下再破秦军于定陶。当项梁于定陶战死后,项羽等退保彭城。及宋义受命自彭城出兵救赵,因而再北上经东阿而行至安阳,准备由此北上渡河。安阳地处齐东边聊城与甄城之间,当水陆交通要道,因而成为齐东边之重要商业城市,并成为项羽准备引兵渡河之地。

周威烈王十五年(公元前四一一年)

秦简公四年,晋烈公五年,魏文侯三十五年,韩武子十四年,赵献子十三年，齐宣公四十五年，楚简王二十一年，燕简公四年。

赵献侯十三年城平邑。(《六国表》,《赵世家》同)

晋烈公四年赵城平邑。(《水经·河水注》、《初学记》八、《太平寰宇记》五十四魏州南乐县下引《纪年》)

案：《水经·㶟水注》记漯水又径平邑县故城南，亦云："赵献侯十三年城平邑。"赵献侯十三年已是晋烈公五年，是《史记》与《纪年》之记载有一年之差，所以有一年之差，或因献侯杀桓公之子而复立，于立年改元。因而赵献侯十三年按常例实为十二年。陈梦家《六国纪年》据今本《竹书纪年》记在周威烈王八年，因而推定为晋烈公二年，非是。

[於粤子朱句]三十七年朱句卒。(《越世家·索隐》引《纪年》,《路史·后纪》十三引《纪年》同)

案：雷学淇《考订竹书纪年》系此于晋烈公五年，据《越世家·索隐》所引《纪年》推算，是也。

[越]王翁卒，子王翳立。(《越世家》)

案：王翁即朱句。《路史·后纪》十三引《纪年》，杂采《越世家》名谥，云："朱句立，是为王翁，三十七年卒，王翳立。"上海博物馆所藏越王大子矛铭有"王弋郚"，当即王翳。

[齐宣公四十五年]取鲁之一城，庄子卒。(《田世家》)

齐宣公四十五年伐鲁取都。(《六国表》)

案：《六国表·集解》引徐广曰："《世家》云取一城。"

齐宣公四十五年田庄子卒。(《田世家·索隐》引《纪年》"四"字原脱，从雷学淇校补)

案：《田世家》"庄子卒，子太公和立"。《索隐》云："案《纪年》：齐宣公十五年田庄子卒，明年立田悼子，乃次立田和。是庄子后有悼子，盖立年无几，所以作《世本》及记史者不得录也。而《庄子》及《鬼谷子》亦云：田成子杀齐君，十二代而有齐国。今据《世本》、《世家》自成子至王建之灭，唯只十代，若如《纪年》，则悼子及侯剡即有十二代，乃与《庄子》、《鬼谷》说同，明《纪年》亦非妄。"《庄子·胠箧》云："田成子弑齐君，十二世有齐国。"鬼谷之说不见今本《鬼谷子》。雷学淇《考订竹书纪年》以"齐宣公四十五年田庄子卒"，系于晋烈公五年，云："考《索隐》此段所引《纪》文，宣公下盖落一'四'字，《纪年》之说，本亦谓宣公四十五年庄子卒，明年悼子立，立六年，至晋烈公十一年即卒，故《索隐》曰立年无几。若庄子于宣公十五年卒，是悼立三十六年矣，岂得云无几乎？"其说是也。《水经·瓠子水注》引《纪年》云："晋烈公十一年田悼子卒。"田悼子立于齐宣公四十五年之明年，即晋烈公六年，卒于十一年，仅在位六年，确是"立年无几"。杨守敬《水经注疏》，亦谓《田世家·索隐》引《纪年》"十五年田庄子卒"上盖脱"四"字。

齐庄子请攻越，问于和子。和子曰："先君有遗令曰：无攻越，越，猛虎也。"庄子曰："虽猛虎也，而今已死矣。"和子曰："以告鸮子。"鸮子曰："已死矣以为生。"(《吕氏春秋·顺民》)

陈庄子死，赴于鲁。鲁人欲勿哭。缪公召县子而问焉，县子曰："古之大夫，束脩之问不出竟，虽欲哭之，安得而哭之。今之大夫，交政于中国，虽欲勿哭，焉得而弗哭。且臣闻之，哭有二道，有爱而哭之，有畏而哭之。"公曰："然。然则如之何而可？"县子曰："请哭诸异姓之庙。"于是与哭诸县氏。(《礼记·檀弓上》)

案：田庄子卒于齐宣公四十五年，当周威烈王十五年，《六国表》系鲁穆公元年在周威烈王十九年，盖误后八年。穆公元当在威烈王十一年，田庄子死在穆公五年，故田庄子卒，赴于鲁，穆公召县子而问焉。黄式三《周季编略》未能明辨，乃云："田庄子卒，非鲁穆公时，鲁穆公时悼子卒也。"非是。

又案：《吕氏春秋》高诱注："鹀子，齐相。"鹀子疑即悼子，"悼""鹀"声近通转。田庄子、田悼子、田和子三人疑乃昆仲辈，故而有大事相互商讨。正因为昆仲辈，悼子立年无几。

周威烈王十六年（公元前四一〇年）

秦简公五年，晋烈公六年，魏文侯三十六年，韩武子十五年，赵献子十四年，齐宣公四十六年，楚简王二十二年，燕简公五年。

[齐宣公四十六年]立田悼子。（《越世家·索隐》引《纪年》）

秦简公五年日蚀。（《六国表》）

案：朱文鑫《历代日食考》卷三《战国及秦日食考》注三云："案威烈王十七年有全食经陕西、山西（六月一日八时十五点六分），正过秦都，望之最清。《六国表》载在秦简公五年，即威烈王十六年，误差一年。"日本齐藤国治以为与《六国表》所载秦厉共公三十四年、秦躁公八年日食，同为误后一年。盖秦简公四年一月二十七日有日食，能为咸阳所见。

周威烈王十七年（公元前四〇九年）

秦简公六年，晋烈公七年，魏文侯三十七年，韩武子十六年，赵献子十五年，齐宣公四十七年，楚简王二十三年，燕简公六年。

[赵献侯]十五年献侯卒,子列侯籍立。(《赵世家》)

[韩武子]十六年武子卒,子景侯立。(《韩世家》,“景侯”下当脱“虔”字,下文称“景侯虔元年”,“虔”字疑错脱于此)

《纪年》及《世本》皆作景子,名处。(《韩世家·索隐》,“处”疑“敲”字之误。)

案:各本《史记》皆作“名处”,惟明凌稚隆本、清殿本改作“虔”。《韩世家·索隐》记此以表《纪年》及《世本》作“处”之异,若同为“虔”字,《索隐》不应记此。陈梦家《六国纪年》云:《纪年》晋烈公十一年韩景子与赵、魏伐齐入长城,亦见周威烈王二十二年之𠫑羌钟,钟铭曰:“厥辟韩宗敲”,即景子虔也。其字从鬲从攴,即献字之省,陈侯午敦“献(鬳)”从鼎从犬,亦省虎头。金文假献为甗,甗者上为甑、下为鬲,而鬲实为主体。古音献、虔音近,故知铜器之韩宗即纪年之景子矣。马承源《商周青铜器铭文选》又云:“敲”为徹之古文,《说文》彳部:“徹,通也,从彳从攴从育。徹古文徹。何尊之敲命即徹命,即达命之意。徹、虔古韵月、元对转,音近字假借。”总之,景子名敲,与虔音近通假。《索隐》所言《纪年》及《世本》名“处”。“处”疑“敲”字之误。

[韩]武子都宜阳,生景侯,徙阳翟。(《吕氏春秋·任数》高诱注)

案:《竹书纪年》谓武子居平阳,《韩世家·索隐》引《世本》又谓“景子居平阳”。然韩自先世贞子已居平阳,康子亦已居平阳,何待辞费?朱右曾《竹书纪年存真》云:“韩之去平阳徙阳翟,又徙新郑,志在包汝颍以抑楚魏。”考平阳在绛水附近,地处河东,韩谋取郑,其由平阳徙宜阳,再徙阳翟,说或可信。

秦简公六年初令吏带剑。(《六国志》,《秦本纪》同,无“初”字。)

其(秦简公)七年百姓初带剑。(《秦始皇本纪》引《秦记》)

案:“百姓”二字,此用古义,即谓“百官”,与“吏”同义。

[秦简公]六年壍洛,城重泉。(《秦本纪》)

案:《六国表》系“堑洛,城重泉”在次年。

魏文侯十六年(当作三十七年)伐秦,筑临晋、元里。(《六国表》,《魏世家》同)

周威烈王之十七年魏文侯伐秦至郑,还筑汾阴(“汾”当作“洛”)、郃阳。(《水经·河水注》)

案:郝懿行《竹书纪年校正》、陈逢衡《竹书纪年集证》,均谓《水经注》此条采自古本《竹书纪年》。《魏世家》系此事于魏文侯十七年,较此迟一年。

周威烈王十八年(公元前四〇八年)

秦简公七年,晋烈公八年,魏文侯三十八年,韩景侯元年,赵烈侯元年,齐宣公四十八年,楚简王二十四年,燕简公七年。

秦简公七年堑洛,城重泉。(《六国表》)

[魏文侯]十七年(当作三十八年)西攻秦,至郑而还,筑雒阴、合阳。(《魏世家》,《六国表》作“伐秦至郑,还筑洛阴、合阳”。《集解》徐广曰:“一云置合阳”)

案:魏于上年与此年连续伐秦,先后攻取临晋(今陕西大荔县东南)、元里(今陕西澄城县南)、洛阴(今大荔县西南)、郃阳(今陕西合阳县东南)等地,并筑城,并曾长驱直入至郑(今陕西华县)。于是秦之河西地区全为魏所占有,秦乃退守洛水(在今陕西北部），沿洛水修建防御工事，即谓“堑洛”，并在重泉筑城防守。重泉在今陕西蒲城县东南，东靠洛水。

吴起于是闻魏文侯贤，欲事之，文侯问李克曰：“吴起何如人哉？”李克曰：“起贪而好色，然用兵司马穰苴不能过也。”于是魏文侯以为将，击秦，拔五城。（《吴起列传》）

案：陈逢衡《竹书纪年集证》谓“吴起为将击秦拔五城，即此时”。钱穆《吴起为魏将拔秦五城考》证之曰：“考《韩非子·外储说左上》，吴起攻中山，军人有病疽者，起自吮其脓。《说苑·复恩》云：‘吴起攻中山，为卒吮脓。其母泣曰：吴子吮此父之创，泾水之战，不旋踵而死；今又吮之，知何战而死？’《艺文类聚》、《太平御览》引《韩非子》亦云泾水。《史记志疑》：‘洛阴、郃阳皆在同州’，推其地理亦与泾水相当。《说苑》所谓泾水之战，《吴起列传》所谓拔秦五城者，殆即其事。”（《先秦诸子系年》第一六四至一六五页）魏文侯时“击秦拔五城”，即在上年与此年，确由吴起为将攻取，从此秦之河西全为魏所占有，此后吴起即为西河之守。惟所谓“泾水之战”，不能作证，河西距泾水甚远，“泾”字疑有讹误。

[楚简王]二十四年简王卒，子声王当立。（《楚世家》）

[郑]繻公十五年韩景侯伐郑，取雍丘、郑城京。（《郑世家》，《六国表》同，《韩世家》作“景侯虔元年，伐郑取雍丘”）

[齐]宣公四十八年取鲁之郕。（《田世家》，《六国表》同）

秦简公七年初租禾。（《六国表》）

案：“初租禾”与鲁宣公十五年“初税亩”之性质相同，即开始按亩征取禾稼作为租税。秦之“初租禾”较鲁之“初税亩”迟一百八十六年。此时秦在战败失地之威胁下,开始进行改革,谋求富强。

魏文侯令乐羊将,攻中山。(《秦策二》第六章甘茂答秦武王语)

案:《魏世家》等记魏文侯卜相,翟璜谓李克曰:"君谋欲伐中山,臣进乐羊。"乐羊为魏伐取中山之主将。《乐毅列传》亦云:"乐羊为魏文侯将,伐取中山。"翟璜对李克,先言"西河之守,臣之所进也"。再言"君欲伐中山,臣进乐羊"。魏文侯谋伐中山,当在攻取秦之西河之后。既以乐羊为主将而攻中山,又命吴起率战胜于河西之师,会合进攻中山,更命太子击监督而主其事。

[魏文侯]十七年(当作三十八年),伐中山,使子击守之。(《魏世家》)

[赵]烈侯元年,魏文侯伐中山,使太子击守之。(《赵世家》,《六国表》误作"击宋中山","宋"乃"守"字之误)

赵烈侯籍元年魏使太子伐中山。(《六国表》)

案:魏太子击即此后之魏武侯,尝主持军事,《魏世家》记文侯十三年"使子击围繁庞,出其民"。是时魏越赵而进攻中山,虽遣乐羊为主将,更命太子击参与而主持其事。所谓"使太子击守之",当在攻克之后。《魏世家》、《赵世家》误系于伐中山之年,当以《六国表》"魏使太子伐中山"为是。

吴起为魏将而攻中山,军人有病疽者,吴起跪而自吮其脓。伤者之母立而泣,人问曰:"将军于若子如是,尚何为而泣?"对曰:"吴起吮其父之创而父死,今是子又将死也,今吾是以泣。"(《韩非子·外储说左上》,《艺文类聚》五十九引作"吴子吮其父之伤而杀之泾水之上,今安知不杀是子乎")

卒有病疽者，起为吮之，卒母闻而哭之。人曰：“子，卒也。而将军自吮其疽，何哭为？”母曰：“非然也。往年吴公吮其父，其父战不旋踵，遂死于敌。吴公今又吮其子，妾不知其所矣，是以哭之。”（《吴起列传》）

吴起为魏将，攻中山，军人有病疽者，吴子自吮其脓，其母泣之。旁人曰：“将军于而子如是，尚何为泣？”对曰：“吴子吮此子父之创，而杀之于注水之战，战不旋踵而死。今又吮之，安知是子何战而死，是以哭之矣。”（《说苑·复恩》第二十六章）

案：秦、魏之间无注水，泾水距河西亦远，不能成为秦、魏交战之地，“注”或“泾”疑皆“洛”字之讹。

魏文侯借道于赵而攻中山，赵侯将不许（《韩非子·说林上》“赵侯”误作“赵肃侯”）。赵刻曰（《韩非子》“刻”作“利”）：“过矣！（《韩非子》“过”上有“君”字）魏攻中山而不能取，则魏必罢，罢则赵重（《韩非子》作“罢则魏轻，魏轻则赵重”）。魏拔中山，必不能越赵而有中山也。是用兵者魏也，而得地者赵也。君不如许之，许之大劝（《韩非子》“劝”误作“欢”）。彼将知君利之也，必辍（《韩非子》作“必将辍行”），君不如借之道而示不得已。”（《赵策一》第五章，《韩非子·说林上》同。）

案：据此可知，魏文侯伐灭中山，乃借道于赵，赵不得已而借之。

魏文侯欲残中山，常庄谈谓赵襄子曰：“魏并中山，必无赵矣。公何不请公子倾以为正妻，因封之中山，是中山复立也。”（《中山策》第一章）

案：鲍彪改赵襄子为赵桓子。金正炜云：“常庄谈谓赵襄子，

《太平寰宇记》引作张孟谈谓赵襄子。《史记·六国年表》,赵烈侯元年魏使太子伐中山,则此策襄子当为烈侯之误,鲍改桓子亦非。”常庄谈请赵君“请公子倾以为正妻,因封之中山。”高注:“公子倾魏女。”春秋战国之世,“公子”为男女通称,《左传》桓公三年,“凡公子嫁于敌国,姊妹则上卿送之,以礼于先君,公子则下卿送之于大国,虽公子亦上卿送之。”此在魏文侯欲伐中山之前,常庄谈请赵烈侯,请求魏文侯以其女公子倾嫁于中山国君以为正妻,并因而以中山作为魏分封之国。此策未用。

魏文侯筑馆洛阴。(《水经·河水注》)

案:《水经·河水注》云:“洛水自猎山枝分东流,东南注于河,昔魏文侯筑馆洛阴,指谓是水也。”魏文侯筑馆,疑与是年筑洛阴城同时。

周威烈王十九年(公元前四〇七年)

秦简公八年,晋烈公九年,魏文侯三十九年,韩景侯二年,赵烈侯二年,齐宣公四十九年,楚声王元年,燕简公八年。

[齐宣公四十九年]宣公与郑人会西城。伐卫,取毌丘(《田世家》,《六国表》同。惟“毌丘”作“毋”)

[郑繻公]十六年郑伐韩,败韩兵于负黍。(《郑世家》,《韩世家》:景侯二年“郑败我负黍”。《六国表》同)

乐羊为魏将而攻中山,其子在中山,中山之君烹其子而遗之羹。乐羊坐于幕下而啜之,尽一杯。文侯谓堵师赞曰:“乐羊以我故而食其子之肉。”答曰:“其子而食之,且谁不食。”乐羊罢中山,文侯赏其功而疑其心。(《韩非子·说林上》,《魏策一》第三章同,“堵师赞”作“睹

师赞”。《淮南子·人间训》、《说苑·贵德》第二十八章、《中山策》第九章略同)

案:《淮南子·人间训》云:“魏将乐羊攻中山,其子执在城中,城中悬其子以示乐羊。乐羊曰:君臣之义不得以子为私。攻之愈急,中山因烹其子而遗之鼎羹与其首。乐羊循而泣之曰:是吾子。已为使者跪而啜三杯。使者归报中山曰:是伏约死节者也,不可忍也。遂降之,为魏文侯大开地有功。”《说苑·贵德》第二十八章亦云:“中山见其诚也,不忍与其战,果下之。遂为文侯开地。文侯赏其功而疑其心。”谓中山因此“不可忍”而“降之”,《说苑》谓中山因此“不忍与其战,果下之”,恐皆出后人增饰。

周威烈王二十年(公元前四〇六年)

秦简公九年,晋烈公十年,魏文侯四十年,韩景侯三年,赵烈侯三年,齐宣公五十年,楚声王二年,燕简公九年。

魏文侯令乐羊将,攻中山,三年而拔之,乐羊反而语功(《甘茂列传》作“返而论功”),文侯示之谤书一箧。乐羊再拜稽首曰:“此非臣之功,主君之力也。”(《秦策二》第六章甘茂谓秦武王,《甘茂列传》、《新序·杂事三》第三章同)

魏攻中山,乐羊将,已得中山,还反报文侯,有贵功之色。文侯知之(《说苑·复恩》第八章无“知之”二字,“文侯”连下读),命主书曰:“群臣宾客所献书者操以进之(《说苑》无“者”“之”二字)。”主书举两箧以进,令将军视之,书尽难中山之事也。将军还走,北面再拜曰:“中山之举,非臣之力,君之功也。”(《吕氏春秋·乐成》,《说苑·复恩》第八章同)

乐羊为魏文侯将，伐取中山，魏文侯封乐羊以灵寿。乐羊死，其后子孙因家焉。(《乐毅列传》)

案:《魏世家》云:“[魏文侯]十七年伐中山，使子击守之，赵仓唐傅之。”盖误。《魏世家》载翟璜谓李克曰:“中山已拔，无以守之，臣进先生，君之子无傅，臣进屈侯鲋。”《韩诗外传》卷三第六章屈侯鲋作“赵苍唐”。太子击盖封于中山，赵仓唐或屈侯鲋之为太子傅，当在子击封于中山之时。

【附编】

魏武侯之居中山也，问于李克曰(《淮南子・道应训》作“魏武侯问于李克”，《新序・杂事五》第十五章、《韩诗外传》卷十第二十三章皆作“魏文侯问于李克”):“吴之所以亡者何也?”李克对曰:“骤战而骤胜。”(《淮南子》、《新序》、《韩诗外传》“骤”皆作“数”，下同)武侯曰:“骤战而骤胜，国家之福也(《淮南子》、《新序》、《韩诗外传》皆无“家”字)，其独以亡，何故?”对曰:“骤战则民罢(《新序》、《韩诗外传》“罢”作“疲”，“罢”通“疲”)，骤胜则主骄。以骄主使罢民，然而国不亡者，天下少矣(《淮南子》“少”作“鲜”)。骄则恣，恣则极物，罢则怨，怨则极虑。上下俱极，吴之亡犹晚，此夫差所以自殁于干隧也。”(殁，《淮南子》作“刭”，《韩诗外传》作“丧”)(《吕氏春秋・适威》，《淮南子・道应训》同，《新序・杂事五》第十五章、《韩诗外传》卷十第二十三章略同)

《李克》七篇，班固自注:“子夏弟子，为魏文侯相”，列儒家。(《汉书・艺文志》)

案:《吕氏春秋》高诱注:“武侯，文侯之子也。乐羊伐中山得中山，故武侯居之也。”盖武侯时为太子而分封于中山，《魏世家》

所谓“使子击守之”也。《魏世家》载翟璜谓李克曰：“中山已拔，无以守之，臣进先生。”盖李克为太子击分封之中山之相。钱穆《魏文侯礼贤考》云：“李克为中山守，见《魏世家》。《水经注》引李克书，魏文侯时，克为中山相。中山为魏别封，克为之相，相即守也。”其说是。《淮南子·道应训》高注：“李克，武侯之相。”钱氏以为“克殆继相两君耶?”其说非是。《淮南子·道应训》所载魏武侯与李克问答之辞，本于《吕氏春秋》。《吕氏春秋》明载其为居中山时之问答，《淮南子》高注所谓武侯之相，乃武侯封于中山时之相，此时魏文侯既令太子击居于中山，为别封之君，又命李克为相而治之，《汉书·艺文志》谓李克为魏文侯相，文侯当为武侯之误。《韩非子·外储说左下》谓翟黄谓田子方曰：“得中山，忧欲治之，臣荐李克而中山治。”《韩非子·难二》又记“李克治中山，苦陉令上计而入多”。上计乃对县令年终考核之制度，常由国君或相国考核。可见李克确曾为中山之相。

李克治中山，苦陉令上计而入多，李克曰：“语言辨，听之说，不度于义，谓之窕言；无山林泽谷之利而入多者，谓之窕货。君子不听窕言，不受窕货，子姑免矣。”(《韩非子·难二》，“李克”旧作“李兑”，从日本蒲阪圆据《魏都赋》刘逵注引《李克书》校正)

案：《文选·魏都赋》刘逵注引《李克书》亦云：“言语辩聪之说而不度于义，谓之胶言。”《太平御览》一六一引《史记》，亦以此为李克事。《韩非子》此章，盖即据《李克书》，即《汉书·艺文志》儒家《李克》七篇之佚文。

[魏]文侯以吴起善用兵，廉平，尽能得士心，乃以为西河守。(《吴起列传》)

吴起治西河，欲谕其信于民，夜日置表于南门之外，令于邑中曰："明日有人能偾南门之外表者仕长大夫。"明日晏矣，莫有能偾表者，民相谓曰："此必不信。"有一人曰："试往偾表，不得赏而已，何伤？"往偾表来谒，吴起自见而出，仕之长大夫。夜日又复立表，又令邑中人如前，邑人守门争表，表加植，不得所赏。自是之后，民信吴起之赏罚。（《吕氏春秋·慎小》）

案：《韩非子·内储说上》云："吴起为魏武侯西河之守，秦有小亭临境，吴起欲攻之，不去则甚害田者，去之则不足以征甲兵。于是乃倚一车辕于北门之外，而令之曰：'有能徙此南门之外者，赐之上田上宅。'人莫之徙也。及有徙之者，遂赐之如令。俄又置一石赤菽于东门之外，而令之曰：'有能徙此于西门之外者，赐之如初。'人争徙之，乃下令曰：'明日且攻亭，有能先登者，仕之国大夫，赐之上田上宅。'人争趋之，于是攻亭，一朝而拔之。"此与《吕氏春秋·慎小》乃一事两传。

又案：《韩诗外传》卷九第十一章："魏文侯问于解狐曰：'寡人将立西河之守，谁可用者？'解狐对曰：'荆伯柳者贤人，殆可。'文侯曰：'是非子之仇也？'对曰：'君问可，非问仇也。'于是将以荆伯柳为西河守。荆伯柳问左右：'谁言我于吾君？'左右皆曰：'解狐。'荆伯柳往见解狐而谢之曰：'子乃宽臣之过也，言于君，谨再拜谢。'解狐曰：'言子者公也，怨子者私也，公事已行，怨子如故。'张弓射之，走十步而没，可谓勇矣。"此一故事不可信。此时魏之西河守，必须善用兵如吴起者。

西门豹为邺令，而辞乎魏文侯。文侯曰："子往矣（吴师道云：一本作"子往，子往矣"），必就子之功而成子之名。"西门豹曰："敢问就功成名亦有术乎?”文侯曰:“有之。夫乡邑老者而先受坐之士(“夫”,鲍本作“矣”,属上句),子入而问其贤良之士而师事之,求其好掩人之美而扬人之丑者而参验之(姚注:“曾、刘无者字”)。夫物多相类而非也,幽莠之幼也似禾,骊牛之黄也似虎(鲍本“骊”作“黧”,云:“黑黄色也”),白骨疑象,武夫类玉(吴师道云:“武夫即武砆。”吴曾祺曰:“武夫即碔砆,石之似玉者”),此皆似之而非者也。”(《魏策一》第四章)

魏文侯使西门豹往治于邺,告之曰:“必全功、成名、布义。”豹曰:“敢问全功、成名、布义,为之奈何?”文侯曰:“子往矣,是无邑不有贤豪、辩博者也,无邑不有好扬人之恶,蔽人之善者也。往必问豪贤者,因而亲之;其辩博者,因而师之;问其好扬人之恶,蔽人之善者,因而察之。不可以特闻从事,夫耳闻之,不如目见之;目见之,不如足践之;足践之,不如手辨之,人始入官,如入晦室,久而愈明,明乃治,治乃行。”(《说苑·政理》第二十四章)

案:以上两则,大体相同。《魏世家》与《韩诗外传》卷三第六章记翟璜曰:“西河之守,臣之所进也;君内以邺为忧,臣进西门豹;君谋欲伐中山,臣进乐羊。”据此西门豹为邺令,误与吴起为西河守相先后。

西门豹为邺令,清克洁悫秋毫之端无私利也,而甚简左右,左右因相与比周而恶之。居期年,上计,君收其玺。豹自请曰:“臣昔者不知其所以治邺,今臣得矣。愿请玺,复以治邺。不当,请伏斧锧之罪。”文侯不忍而复与之,豹固重敛百姓,急事左右,期年上计,文侯迎而拜之,豹对曰:“往年臣为君治邺,而君夺臣玺,今臣为左右治邺,而君拜臣,臣不能治矣。”遂纳玺而去,文侯不受,曰:“寡人曩不知子,今知矣,愿子勉为寡人治之。”遂不受。(《韩非子·外储说左上》)

西门豹为邺令佯亡其车辖，令吏求之。不能得，使人求之而得之家人屋间。（《韩非子·内储说上》）

西门豹引漳水溉邺，以富魏之河内。（《河渠书》）

案：褚少孙所补《史记·滑稽列传》云："西门豹即发民凿十二渠，引河水灌民田，田皆溉。"惟《吕氏春秋·乐成》又记："史起对魏襄王曰：'魏之行田也以百亩，邺独二百亩，是田恶也。漳水在其旁而西门豹弗知用，是其愚也。'襄王因使史起为邺令，决漳水灌邺。"《汉书·沟渠志》同。《论衡·率性》又云："魏之行田百亩，邺独二百，西门豹灌以漳水，成为膏腴，则亩收一钟。"《水经·浊漳水注》则云："昔西门豹为邺令也，引漳水以溉邺，民赖其用。其后至魏襄王，以史起为邺令，又堰漳水以灌邺田，咸成沃壤，百姓歌之。"左思《魏都赋》亦云："西门豹溉其前，史起灌其后，墱流十二，同源异口，畜为屯云，泄为行雨。"此一灌溉工程，自西门豹开凿后，曾长期修建使用。《后汉书·安帝纪》载初元二年修理西门豹所分漳水为支渠，以溉民田。《水经注》又载：魏武王又堨漳水，作十二墱，一源分为十二流，皆悬水门，故左思《魏都赋》谓墱流十二，同源异口者也。

西门豹治邺，廪无积粟，府无储钱，库无甲兵，官无计会，人数言其过于文侯。文侯身行其县，果若人言。文侯曰："翟璜任子治邺而大乱，子能道则可，不能，将加诛于子。"西门豹曰："臣闻王主富民，霸主富武，亡国富库，今王欲为霸王也，臣故稸积于民，君以为不然，请升城鼓之，甲兵粟米，可立具也。"于是乃升城而鼓之。一鼓，民被甲括矢，操兵弩而出；再鼓，负辇粟而至。文侯曰："罢之。"西门豹曰："与民约信，非一日之积也，一举而欺之，后不可复用也。燕常侵魏入

城，臣请北击之，以复侵地，遂举兵击燕，复地而后反。”（《淮南子·人间训》）

案：此一掌故，不能全信。魏不与燕接境，燕不可能侵魏。“燕”或“赵”之误。

魏文侯时，西门豹为邺令。豹往到邺，会长老，问之民所疾苦。长老曰：“苦为河伯娶妇，以故贫。”豹问其故，对曰：“邺三老、廷掾常岁赋，敛百姓，收取其钱，得数百万，用其二三十万，为河伯娶妇，与祝巫共分其余钱持归。当其时，巫行视小家女好者，云是当为河伯妇，即娉取，洗沐之，为治新缯绮縠衣，闲居斋戒，为治斋宫河上，张缇绛帷，女居其中，为具牛酒饭食，十余日。共粉饰之，如嫁女床席，令女居其上，浮之河中。始浮，行数十里，乃没。其人家有好女者，恐大巫祝为河伯取之，以故多持女远逃亡，以故城中益空无人，又困贫，所从来久远矣。民人俗语曰：即不为河伯娶妇，水来漂没，溺其人民云。”西门豹曰：“至为河伯娶妇时，愿三老、巫祝、父老送女河上，幸来告语之，吾亦往送女。”皆曰：“诺。”至其时，西门豹往会之河上，三老、官属、豪长者、里父老皆会，以人民往观之者三二千人。其巫，老女子也，已年七十，从弟子女十人所，皆衣缯单衣，立大巫后。西门豹曰：“呼河伯妇来，视其好丑。”即将女出帷中，来至前，豹视之，顾谓三老、巫祝、父老曰：“是女子不好，烦大巫妪为入报河伯，得更求好女，后日送之。”即使吏卒共抱大巫妪投之河中。有顷，曰：“巫妪何久也。弟子趣之。”复以弟子一人投河中。有顷，曰：“弟子何久也？复使一人趣之。”复投一弟子河中。凡投三弟子。西门豹曰：“巫妪弟子，是女子也，不能白事，烦三老为入白之。”复投三老河中。西门豹簪笔磬折，向河立待良久。长老、吏傍观者皆惊恐。西门豹顾曰：“巫妪、三老不来还,奈之何?"欲复使廷掾与豪长者一人入趣之。皆叩头,叩头且破额,血流地,色如死灰。西门豹曰:"诺,且留待之须臾。"须臾,豹曰:"廷掾起矣!状河伯留客之久,若皆罢去归矣。"邺吏民大惊恐,从是以后,不敢复言为河伯娶妇。西门豹即发民凿十二渠,引河水灌民田,田皆溉。当其时,民治渠少烦苦,不欲也。豹曰:"民可以乐成,不可与虑始。今父老子弟,虽患苦我,然百岁后,期令父老子孙思我言。"(《滑稽列传》褚少孙补)

案:《水经·浊漳水注》记:"漳水又北祭陌西,战国之世,俗巫为河伯取妇,祭于此陌。"并有相同较略之叙述:"巫觋行里中,有好女者,祝当为河伯妇,以钱三万聘女,沐浴脂粉如嫁状。"

田子方从齐之魏,望翟黄乘轩骑驾出,方以为文侯也,移车异路而避之,则徒翟黄也。方问曰:"子奚乘是车也?"曰:"君谋欲伐中山,臣荐翟角而谋得果;且伐之,臣荐乐羊而中山拔;得中山,忧欲治之,臣荐李克而中山治。是以君赐此车。"方曰:"宠之称功尚薄。"(《韩非子·外储说左下》)

魏文侯燕饮,皆令诸大夫论己,或言君仁,或言君义(两句原脱。从《太平御览》六二二引校增),或言君之智也。至于任座,任座曰:"君,不肖君也,得中山不以封君之弟而以封君之子。是以知君之不肖也。"文侯不说,知于颜色。任座趋而出,次及翟黄,翟黄曰:"君,贤君也,臣闻其主贤者,其臣之言直,今者任座之言直,是以知君之贤也。"文侯喜曰:"可反欤?"翟黄对曰:"奚为不可!臣闻忠臣毕其忠,而不敢远其死。座殆尚在于门。"翟黄往视之,任座在于门,以君令召之。任座入,文侯下阶而迎之,终座以为上客。(《吕氏春秋·自知》)

案：《韩非子·内储说下》云："翟璜，魏王之臣也，而善于韩，乃召韩兵，令之攻魏，因请为魏王构之以自重也。"考此时韩尚贫弱，魏为三晋之魁首，韩何敢攻魏？翟璜亦非纵横家者流，何得有令他国攻自国而以自重也？此说盖后世策士臆造。

[秦]简公九年卒，次敬公立，十二年卒，乃立惠公。(《秦本纪·索隐》引《纪年》)

[秦]简公后次敬公，敬公立十三年，乃至惠公。(《秦始皇本纪·索隐》引《纪年》)

案：此与《秦本纪》谓"简公十六年卒，子惠公立"不同。《六国表》记简公在位十五年。《秦始皇本纪》引《秦记》亦云："简公从晋来，享国十五年，葬僖公西，生惠公。"《史记》记秦事依据《秦记》，《索隐》引《纪年》后云："辞即难凭，时参异说。"

周威烈王二十一年(公元前四〇五年)

秦简公十年，晋烈公十一年，魏文侯四十一年，韩景侯四年，赵烈侯四年，齐宣公五十一年，楚声王三年，燕简公十年。

晋烈公十一年田悼子卒，田布杀其大夫公孙孙，公孙会以廪丘叛于赵。田布围廪丘，翟角、赵孔屑、韩师救廪丘，及田布战于龙泽，田布败逋。(《水经·瓠子水注》引《纪年》)

《纪年》宣公五十一年公孙会以廪丘叛于赵。十二月宣公薨，于周正为明年二月。(《田世家》"宣公五十一年卒，田会自廪丘反"下《索隐》云。"十二月"上当脱"五十年"三字，考辨见案语)

齐宣公五十一年田会以廪丘反。(《六国表》)

[齐]宣公五十一年卒，子康公贷立。田会反廪丘。(《齐世家》)

[齐]宣公五十一年卒，田会自廪丘反。宣公卒，子康公贷立。(《田世家》)

案：田会即公孙会，田其姓，公孙其氏。钱穆《田和始立在齐宣公五十一年非四十五年辨》云："《索隐》此条，实因《史记》本文而误衍一'一'字，盖《纪年》魏史用夏正，宣公卒在十二月，以魏史言，尚在宣公之五十年，而以周正计之，则已为五十一年，《索隐》故特著'于周正为明年二月'之语，以见《纪年》之五十与《史记》五十一年虽异而实同。"(《先秦诸子系年》第一七〇页)惟《水经注》引《纪年》云："晋烈公十一年田悼子卒，田布杀其大夫公孙孙，公孙会以廪丘叛于赵。"晋烈公十一年已是齐宣公五十一年。《齐世家》与《田世家》皆谓田会反廪丘在齐宣公卒后，《田世家·索隐》因《纪年》记齐宣公薨于晋烈公十年十二月，与两《世家》所称齐宣公卒于宣公五十一年不合，故云："五十年十二月宣公薨，于周正为明年二月。"今本"十二月"上脱"五十年"三字。

齐攻廪丘，赵使孔青将死士救之，与齐人战，大败之。齐将死。得车二千，得尸三万，以为二京。宁越谓孔青曰："惜矣！不如归尸以内攻之。越闻之，古善战者，莎随贲服，却舍延尸，车甲尽于战，府库尽于葬，此之谓内攻之。"孔青曰："敌齐不尸则如何？"("敌"读作"适"，适犹若也。)宁越曰："战而不胜，其罪一。与人出而不与人入，其罪二。与之尸而弗取，其罪三。民以此三者怨上，上无以使下，下无以事上，是之谓重攻之。"宁越可谓知用文武矣。(《吕氏春秋·不广》)

案：《孔丛子·论势》篇大体相同，惟以归尸云云，作为子顺语。苏时学云："《孔丛子》本之《吕氏春秋》。今以《纪年》考之，此事在魏文侯时。宁越为周威公师，正其时人也。若子顺乃安釐王世，相去百余年矣。”盖《孔丛子》作伪者，依据《吕氏春秋》，以宁越之言妄改作子顺之语。《孔丛子》云：“齐攻赵，围廪丘，赵使孔青帅师五万击之，克齐军，获尸三万。”所谓“孔青帅师五万”，不知何据，并不足信。孔青当即《纪年》之孔屑，“青”“屑”形近，未知孰是。此一战役，赵将孔屑会同魏将翟角以及韩师，以步兵大败齐之车兵，“得车二千，得尸三万”，从此步骑兵之野战、包围战代替车阵作战，已成大势所趋。

[田]悼子卒，乃次立田和。(《田世家·索隐》引《纪年》)

案：《田世家》载齐宣公四十五年“庄子卒，子太公和立”。中间脱去悼子一代。据古本《纪年》，田悼子卒于晋烈公十一年，即齐宣公五十一年。田和之“和”，金文作“禾”，田和即子禾子釜铭文中之子禾子。史籍又称为和子。

缯恃齐以悍越，齐和子乱，而越人亡缯。(《魏策四》第二章有人谓魏王语)

案：缯或作鄫，姒姓，在今山东枣庄市东，苍山县西稍北。《春秋》载鲁襄公六年(公元前五六七年)“莒人灭鄫”。当是莒衰落时，依恃齐而复国。所谓“和子乱”，即指田悼子死后，和子初立时，田氏发生之内乱，因田布杀其大夫公孙孙而引起，越乃乘机灭亡缯国。

[周]威公又见屠黍而问焉，曰：“孰次之?”对曰：“中山次之。”威公问其故，对曰：“天生民而令有别。有别，人之义也，所以异于禽兽麋鹿也，臣君上下之所以立也。中山之俗，以昼为夜，以夜继日，男女切倚，固无休息，康乐歌谣好悲，其主弗知恶，此亡国之风也。臣故

曰:中山次之。"居二年,中山果亡。威公又见屠黍而问焉,曰:"孰次之?"屠黍不对,威公固问焉,对曰:"君次之。"威公乃惧,求国之长者,得义莳田邑而礼之,得史骥赵骈以为谏臣,去苛令三十九物,以告屠黍,对曰:"其尚终君之身乎!"曰:"臣闻之,国之兴也,天遗之贤人与极言之士,国之亡也,天遗之乱人与善谀之士。"(《吕氏春秋·先识》,《说苑·权谋》第六章同,惟"屠黍"作"屠馀","义莳"作"锜畴","史骥"作"史理","赵骈"作"赵巽"。)

案:《太平御览》卷一百六十一引《十三州志》:"中山武公本周之同姓,其后桓公不恤国政,晋太史馀见周王,王问之:诸侯孰先亡,对曰:中山之俗以昼为夜,以臣观之,中山其先亡乎?其后魏乐羊为文侯将,拔中山,封之灵寿。"《水经·滱水注》亦云:"唐亦中山城也,为武公之国,周同姓。……其后桓公,不恤国政,周王问太史馀曰:今之诸侯孰先亡乎?对曰:天生民而令有别,所以异禽兽也。今中山昏淫康乐,逞欲无度,其先亡矣。后二年果灭。魏文侯以封太子击也。"此说有误。中山武公为魏文侯所灭,中山桓公乃复国之君。《吕氏春秋·当染》曰:"中山尚染于魏义、椻长。"《墨子·所染》"椻"作"偃",孙诒让《墨子间诂》据《水经注》及《太平御览》所引《十三州志》,谓中山桓公为魏所灭,云:"尚或即桓公。"以尚为魏所灭之中山之君,更属错误。尚为赵武灵王所灭中山之君。《太平寰宇记》卷六十一引《史记》云:"赵武灵王以惠文王三年灭中山,迁其君尚肤施。"当有所据。

《李子》三十二篇,班固自注:"名悝,相魏文侯,富国强兵。"(《汉书·艺文志》列于法家之首)

案:李悝为魏文侯之相,当在翟璜为相之后。上年魏攻克中山，谋臣翟角、主将乐羊以及中山之相李克皆由翟璜推荐，可知主其事者为翟璜。李悝为相当在攻克中山之后。吕祖谦《大事记》系李悝为地力之教于周威王二十年，正当魏攻克中山之年。《六国表》系“卜相，李克翟璜争”，在周威烈王二十一年，正当攻克中山之后，进一步谋求“富国强兵”之时。李悝为相当在此时。

李悝为魏文侯作尽地力之教，以为地方百里，提封九万顷，除山泽邑居参分去一，为田六百万亩。治田勤谨，则亩益三升，不勤则损亦如之。地方百里之增减，辄为粟百八十万石矣。(《汉书·食货志》)

案：“亩益三升”，颜师古注：“臣瓒曰：当言三斗。谓治田勤，则亩加三斗也。计数而言，字当为斗，瓒说是也。”“治田勤谨”，王先谦补注：“唐写本作‘劝谨’，下作‘不劝’”。

魏文侯使李悝作尽地力之教，以为地方百里，提封九万顷，除山泽邑居三分去一，为田六百万亩。理田勤谨，则亩益三升，不勤则损亦如之。地方百里之增减，辄为粟百八十万石。种谷必杂五种，以备灾害。田中不得有树，用妨五谷。力耕数耘，收获如寇盗之至(谓促遽之甚，恐为风雨损也)。还(环)庐树桑，荣茹有畦，瓜瓠果蓏，殖于疆埸。(《通典·食货二》水利田，《太平御览》八二一引《史记》同)

案：《通典》此节上段乃据《汉书·食货志》“种谷必杂五种”以下，当别有所据。《太平御览》八二一引《史记》当出同一史料来源。此乃“尽地力之教”之具体措施。

又案：《孟子荀卿列传》亦云：“魏有李悝尽地力之教。”而《货殖列传》又云：“李克务尽地力。”《平準书》又云：“魏用李克尽地力。”以前注释者均谓《货殖列传》、《平準书》有误。李悝与李克并非一人。《汉书·艺文志》列《李克》七篇在儒家,列《李子》(悝)三十二篇在法家,《汉书·古今人表》列李悝三等,李克四等。惟崔適《史记探源》则谓"悝、克一声之转,古书通用,非误也。"钱穆《魏文侯礼贤考》从其说,并证之云:"如颜雠由之为颜浊邹,申枨之为申党,古多其例。《汉书·艺文志》有《李子》三十二篇而别出《李克》七篇者,如法家有《商君》二十九篇,而兵家复有《公孙鞅》二十七篇之类。分部别出,一篇中亦屡见其例,未足为二人之证。或至班固始误分为二人也。《古今人表》李悝在三等,李克在四等,此如公季成、魏成子亦为二人,司马迁已不能辨老聃、太史儋、老莱子,宜班固不能知李悝、李克矣。且魏文时贤臣,已尽见于《卜相》一文,苟别有李悝,何独不见称引?"其辨非是。《汉书·艺文志》分列李悝著作于法家、李克著作于儒家,与其列《商君》于法家、又列《公孙鞅》于兵家不同。法家固然可以兼兵家,不仅商鞅如此,吴起亦如此,但未见有法家而兼儒家者。李悝著有《法经》,确为法家之首创者,李悝亦曾统兵作战。李悝初为上地守,李克则为中山相,《韩非子》中区别明显。李克治中山,苦陉令上计而入多,李克曰:"无山林泽谷之利而入多者,谓之窕货。"韩非驳斥李克之说为"无术之言",谓"人事""天功"二者皆能使"入多"。李悝作尽地力之教,正主张以"人事"谋求"入多"者。若李克即是李悝,韩非不能如此评论。法家李悝与儒家李克,本为两人,非班固始误分为两人也。

[李悝]又曰:"粜甚贵伤民,甚贱伤农,民伤则离散,农伤则国贫。故甚贵与甚贱,其伤一也。善为国者,使民无伤而农益劝。今一夫挟五口,治田百亩,岁收亩一石半,为粟百五十石,除十一之税十五石,

余百三十五石。食，人月一石半，五人终岁为粟九十石，余有四十五石。石三十，为钱千三百五十。除社闾、尝新、春秋之祠，用钱三百，余千五十。衣，人率用钱三百，五人终岁用千五百，不足四百五十。不幸疾病死丧之费，及上赋敛，又未与此。此农夫所以常困，有不劝耕之心，而令籴至于甚贵者也。故善平籴者必谨观岁有上、中、下熟，上熟其收自四，余四百石；中熟自三，余三百石；下熟自倍，余百石。小饥则收百石，中饥七十石，大饥三十石，故大熟则上籴三而舍一，中熟则籴二，下熟则籴一，使民适足，贾平而止。小饥则发小熟之所敛，中饥则发中熟之所敛，大饥则发大熟之所敛。故虽欲饥馑、水旱，籴不贵而民不散，取之有以补不足也。”行之魏国，国以富强。（《汉书·食货志》）

秦、汉旧律，其文起自魏文侯师李悝。悝撰次诸国法，著《法经》，以为王者之政，莫急于盗贼，故其律始于《盗》、《贼》，盗贼须劾捕，故著《囚》、《捕》二篇（“囚”原误作“网”，今改正）。其轻狡越城、博戏、假借不廉、淫侈逾制，以为《杂律》一篇。又以其律具其加减，是故所著六篇而已，然皆罪名之制也。商君受之以相秦。（《晋书·刑法志》）

周衰刑重，战国异制。魏文侯师于李悝，集诸国刑典，造《法经》六篇：一《盗法》，二《贼法》，三《囚法》，四《捕法》，五《杂法》，六《具法》。（唐长孙无忌《唐律疏议·名例一》）

案：李悝《法经》具有承前启后之重大作用。春秋晚期郑、晋等国公布成文法典。公元前五三六年郑子产铸《刑书》（《左传》昭公六年），其后二十三年晋赵鞅、荀寅赋晋国一鼓铁，以铸刑鼎，著范宣子所为《刑书》焉（《左传》昭公二十九年）。郑、晋二国先后铸《刑书》于鼎上，字数当不多。其后又十二年郑驷歂杀邓析而用其《竹刑》(《左传》定公九年),此以《刑书》著于竹简,内容又当加详。至战国初期,李悝撰次诸国法,著《法经》,魏文侯以为师,盖以此为变法改革之基础。其后商鞅又受之入秦为相,更以为在秦变法之基础,此后秦律即由此而扩展加详。李悝《法经》首先着重囚捕盗贼,亦沿用诸国之成法。所谓“盗”指窃劫财货;所谓“贼”指杀人伤人。即《荀子·修身》所云:“害良曰赋”,“窃货曰盗”。《荀子·儒效》所谓“人无师无法而知,则必为盗;勇,则必为贼”。囚捕盗贼目的,即在除暴安良而维护“王者之政”。《左传》昭公十五年载晋叔向曰:“已恶而掠美为昏,贪以败官为墨,杀人不忌为贼。《夏书》曰:昏、墨、贼,杀(杜预注:《逸书》,三者皆死刑)。皋陶之刑也。”盖判杀人犯处死刑,由来已久。一九七六年湖北云梦睡虎地秦墓出土《秦律》竹简,其中《法律答问》乃刑律之解说,包括对民间以及官府各种刑事案件之处理,处罚最重者,即非法取得财物之“盗”与杀伤别人之“贼”。所谓“盗”,不仅指窃取钱币、珠玉、家畜、衣服、祭品之人,亦指偷采别人桑叶、价值不及一钱者,徙移封畔而私占田地者。其次所处罚者,乃逃亡之人与诬告别人之人。此与李悝《法经》首重惩罚“盗”“贼”而加以“捕”“囚”,性质相同。此即《商君书·画策》所谓“国皆有禁奸邪、盗贼之法”。据《魏律·序》,秦、汉旧律,《盗律》有劫略、恐猲和卖买人。《贼律》有欺谩、诈伪、逾制、矫制以及贼树木等。魏将《具律》改称《刑名》,并列为首篇,以为“刑名所以经略罪法之轻重,正加减之等差,明发众篇之多义,补其章条之不足,较举上下纲领”。《具律》相当于现代刑法总则。李悝《法经》为秦、汉以后法典之所本,因而李悝成为法家之始祖。

又案：谢冠生《历代刑法书存亡考》云："李悝书自《隋书·经籍志》以下，诸家目录皆不著，惟《汉书·艺文志》有《李子》三十二篇，列法家之首，原注以为即李悝，但无《法经》名字。《晋书》述魏陈群等撰《新律十八篇序》，引秦《法经》六篇而不言李悝。今考书之篇数既非《汉书》之旧，文体亦不类战国时人作，其出于依托，盖无疑也。"此说不确。李悝《法经》，当即包容于《李子》之中。今以秦、汉法典源流，可以推定确有李悝《法经》如《晋书·刑法志》所言者。

《李子》曰："非狗则不得兔，兔化而狗，则不为兔。人君而好为人官，有似于此。其臣蔽之，人时禁之；君自蔽则莫之敢禁。夫自为人官，自蔽之精者也。祓篲日用而不藏于箧，故用则衰，动则暗，作则倦。衰、暗、倦三者，非君道也。"(《吕氏春秋·勿躬》)

案：范耕研《吕氏春秋补注》(江苏《国学图书馆年刊》第六期，一九三三年出版)，谓《李子》即出于《汉书·艺文志·法家》三十二篇，乃李悝所著。此说可从。《勿躬》即法家言，主旨谓人君勿躬亲为人官(即人臣)之事，若为人官之事，则必自蔽。自蔽则衰、暗、倦，非为君之道。此乃法家所讲究统治之"术"，盖李悝已开其端。

【附编】

桓谭《新书》："魏文侯师李悝著《法经》，以为王者之政，莫急于盗贼，故其律始于《盗》、《贼》。盗贼须劾捕，故著《囚》、《捕》二篇。其轻狡越城、博戏、假借不廉、淫侈逾制，为《杂律》一篇。又以《具律》具其加减，所著六篇而已。卫鞅受之入相于秦，是以秦、魏二国深文峻法相近。"《正律》略曰："杀人者诛，籍其家，及其妻氏，杀二人，及其母氏。大盗戍为守卒,重则诛。窥宫者膑,拾遗者刖,曰为盗心焉。”其《杂律》略曰:“夫有一妻二妾,其刑聝。夫有二妻则诛,妻有外夫则宫,曰淫禁。盗符者诛,籍其家。盗玺者诛。议国法令者诛(一作法禁),籍其家,及其妻氏,曰狡禁。越城一人则诛,自十人以上夷其乡及族,曰城禁。博戏,罚金三市(今案“市”疑“寽”字之误),太子博戏则笞,不止则特笞,不止则更立,曰嬉禁。群相居,一日以上则问,三日、四日、五日则诛,曰徒禁。丞相受金,左右伏诛。犀首以下受金则诛。金自镒以下,罚,不诛也,曰金禁。大夫之家有侯物,自一以上者族。”其《减律》略曰:“罪人年十五以下,罪高三减,罪卑一减。年六十以上,小罪情减,大罪理减。”武侯以下,守为法矣。[董说《七国考》卷十二“魏刑法”,“法经”条。此下有十三条解说:(一)淫禁、狡禁、城禁、嬉禁、徒禁、金禁,详见《法经》。(二)囚捕:自囚捕至及母氏,并详《法经》。(三)诛,左右伏诛:余按:左右伏诛者,刑不上丞相,故诛左右。蔡邕所谓秦、汉以前有耻辱之刑是也。又受金罪薄,故仅用辱刑耳。(四)膑:应劭曰:“膑,截足也。”(五)刖:应劭曰:“刖斩趾也。”(六)聝:古无聝刑,疑即腐刑也。又按断耳曰聝,耳月相近,或传写之误。世俗寄豭者,事露,即割其耳,岂亦魏法之遗乎?(七)宫:《尚书刑德考》曰:“宫者,女子执置宫中,不得出也。……”(八)戍,应劭曰:“屯戍,古之迁刑也。”(九)笞,特笞:特笞不可解,疑重笞也。(十)罚金:秦亦有罚甲、罚赋之法,即籍家。(十一)族:灭宗也。又《国策》云:“魏王与龙阳君共舟而钓,龙阳君得十余鱼而涕下,于是魏王命令于四境之内,有敢言美人者族。”(十二)夷乡:夷乡之法,他国无有,果行,魏酷于秦矣。(十三)及妻氏、及母氏:妻氏、母氏犹妻族母族也。以上载《法经》]

案:捷克鲍格洛于一九五九年发表《李悝法经之双重伪造问题》一文(《东方文献》第二十七期),认为《晋书·刑法志》所述李悝《法经》内容既出于伪托,董说《七国考》所载桓谭《新论》所引《法经》条文,更出于依据《晋书·刑法志》而伪造。桓谭《新论》明清之际早已失传。鲍格洛在此文发表前,曾将文稿寄来,征求意见。余尝复信,认为《晋书·刑法志》所述《法经》,应有所据,非出伪托。董说所引桓谭《新论》,南宋已散佚,而所引《法经》条文,不见于宋代类书引用,亦不见于严可均《新论》辑本,无从查考,实不足信。一九六五年日本守屋美都雄发表《关于李悝法经之一问题》一文(收入《中国古代研究》第二辑),反驳鲍格洛。以为桓谭《新论》至明末尚存,董说可能引用。全祖望云:"常熟钱尚书(按指钱谦益)谓《新论》明季尚有完书,惜无从得一见之。"(《鲒埼亭集外编》卷四十《扬子云生卒考》)清代孙从添《上善堂宋元板精钞旧钞书目》载有桓子《新论》十七卷,赵清常校宋本。赵清常明末常熟人,与钱谦益同时,又为同乡,又均为藏书家。董说之父董斯张及董说本人亦为藏书家,因而董说可能见到《新论》而引用。但上引上善堂书目所载赵清常校宋本《新论》,不见他书著录,此一推断尚无确证。

又案:今就《七国考》所引《法经》条文内容考核,可知其必为董说所伪造。《七国考》伪托引用桓谭《新论》(误作"《新书》"),首段袭自《晋书·刑法志》,后段引用所谓《法经》之《正律》、《杂律》与《减律》条文,前后矛盾不合,与《晋书·刑法志》、《唐律疏义》所言《法经》分《盗》、《贼》、《囚》、《捕》、《杂》、《具》六篇不同。《秦策一》第一章称"商君治秦,法令至行,公平无私,罚不讳强大”,“期年之后,道不拾遗,民不妄取,兵革大强”。此谓“道不拾遗”乃商君厉行法治之结果。《商君列传》亦云:“商鞅下变法令,行之十年,秦民大说,道不拾遗,山无盗贼,家给人足。”而《七国考》所引《正律》则云:“窥宫者膑,拾遗者刖,曰为盗心焉。”似若商鞅所用秦律依据李悝《法经》。“道不拾遗”乃因秦律有“拾遗者刖”之结果,殊不可信。《七国考》所引所谓《杂律》,分为淫禁、狡禁、城禁、嬉禁、徒禁、金禁,亦与《晋书·刑法志》所谓“其轻狡越城、博戏、假借不廉、淫侈逾制,为《杂律》一篇”有出入。《七国考》称:“群相居,一日以上则问,三日、四日、五日则诛,曰徒禁。”如此严禁“群相居”,试问魏、秦之官吏将如何执行?《七国考》又称“金禁”乃“丞相受金,左右伏诛,犀首以下受金则诛。”并为之解说:“刑不上丞相,故诛左右。”所谓“刑不上丞相”乃沿用旧贵族“刑不上大夫”之法制,此与法家“罚不讳强大”不合。据《左传》昭公十五年叔向所引《夏书》,“贪以败官为墨”,墨处死刑。由来已久,何以“罚不讳强大”之法家,所用《法经》反而放纵丞相“贪以败官”乎?且所谓丞相、犀首,魏文侯时尚无此官制。秦武王二年初置丞相,始有丞相之官名,后乃为相邦之通称。魏文侯虽已设相位,并无丞相之官名,《七国考》魏职官中有“丞相”条,引《魏世家》苏代谓张仪等三人“欲得丞相玺”为证,此已是魏襄王时之事,所谓丞相已是相邦之通称。《七国考》魏职官中又有“犀首”条,引《春秋后语》、刘向《别录》以为公孙衍在魏尝为是官,其实非是。《孟子·滕文公下》赵岐注、《吕氏春秋·开春》高诱注,以及《秦策二》高诱注皆谓“公孙衍号为犀首”。战国文献中,常以犀首为公孙衍之专称,见于《韩非子·外储说右上》及

《张仪列传》所附《犀首传》。《战国策》中，除《宋卫策》第三章“犀首伐黄”云云，此一犀首为春秋末年人外，所有述及犀首者，皆为公孙衍之专称。《汉书·古今人表》列犀首在第五等，亦作为公孙衍之专称。《秦本纪》载惠文君五年“阴晋人犀首为大良造”，犀首亦为公孙衍专称。公孙衍先为秦之大良造，大良造为当时秦之最高官职与爵位。若犀首为魏官名，《秦本纪》岂能如此记载？《赵策三》记公子魏牟谓赵王曰：“且王之先帝（指魏惠文王），驾犀首而骖马服，以与强秦角逐。”即指赵惠文王用赵奢为将，大胜秦于阏与，因而封号为马服君。此以“驾犀首”作为“骖马服”陪衬之形容词，可知犀首必与马服同为武将之称号而非官名。公孙衍与魏惠王同时，魏文侯时未见有将军称犀首者。丞相与犀首，原非魏之官名，董说《七国考》误以为魏之官名，而所引《法经》条文中有此官名，即此一端，可知《七国考》所引《法经》条文，伪称引自桓谭《新论》者，当即出于董说之伪造。董说伪造《法经》条文，伪托引自桓谭之说，并作注解而故弄玄虚，不少人受其蒙蔽。钱穆论《法经》，谓《晋书·刑法志》，“其说本于桓谭，桓谭当西汉晚世，博学与扬子云、刘子骏并称，必有所见”（《先秦诸子系年》第一三三页）。尚不免为董说所蒙蔽。余在初版《战国史》一书中，亦尝引用《七国考》以论《法经》。当时余已怀疑《七国考》所引，但因有些历史教科书上在引用，为郑重起见，写信给郭沫若提出疑问，后接得顾颉刚奉郭沫若命而所作之答复，断言《七国考》可信。因而在《战国史》中引用，并加上注解，称“我们看内容可信”。直到一九五八年七月捷克鲍格洛寄来辨伪文稿征求意见，我才修订《战国史》，并在一九九八年新版《战国史·后记》中作较详之论证。

周威烈王二十二年(公元前四〇四年)

秦简公十一年,晋烈公十二年,魏文侯四十二年,韩景侯五年,赵烈侯五年,齐康公元年,田和子元年,楚声王四年,燕简公十一年。

晋烈公十二年王命韩景子、赵烈子、翟员伐齐入长城。(《水经·汶水注》引《纪年》)

魏文侯可谓好礼士矣。好礼士,故南胜荆于连堤,东胜齐于长城,虏齐侯献诸天子,天子赏文侯以上闻。(《吕氏春秋·下贤》"上闻"原作"上卿",此从毕沅据《史记》、《汉书》之《樊哙传》如淳注所引校正)

案:毕沅引梁伯子云:"《国策》、《史记》皆不见文侯胜荆、齐之事。上闻,旧本作上卿,讹。案《史》、《汉》之《樊哙传》上闻爵,如淳注引此语作上闻,张晏曰:得径上闻也。晋灼曰:名通于天子也。今《史记》多讹为上间,惟《索隐》本是上闻及引此作上间,云间音中间,恐讹也。"所谓上闻者,不仅"名通于天子",并接受王命也。故《纪年》称是年王命伐齐。

唯廿又再祀,屭羌乍(作)戕(戎),氒(厥)辟韩宗敽,遳(率)征秦迣(迮)齐,入铥(长)城,先会于平陰(阴),武侄寺力,富(嚚)敚(夺)楚京,赏于韩宗,令(命)于晋公,邵(昭)于天子,用明则之于铭,武文咸剌(烈),永枼(世)母(毋)忘。(屭羌钟铭文)

案:编钟共十四枚,二十世纪三十年代出土于河南洛阳金村太仓墓中。除第五、第十四两钟藏加拿大皇家安大略博物馆以外,其他均藏日本泉屋博物馆。先后考释铭文者有六家,即刘节、唐兰、徐中舒、吴其昌、郭沫若与温廷敬。其中以温廷敬著《屭羌钟铭释》(中山大学文科研究所《史学专刊》一卷一期),断为周威烈王二十二事,最为正确。温氏谓此即《水经注》所引《纪年》伐齐入长城之事。并云:“征秦必是年以前之事,此并言之。《六国年表》威烈王十三年、秦简公二年与晋战郑下,十六年、十七年魏两伐秦,《魏世家》于十七年亦云攻秦至郑而还。度屭羌亦必从韩与其役,否则韩自有伐秦之事而史不记也。伐齐之事,仅见于《纪年》甚略,赖有入长城三字,知为是役。”其说甚是。《纪年》列此役于晋烈公十二年,正当周威烈王二十二年,即钟铭所谓“廿又再祀”。魏史《纪年》称此役出于“王命”,《吕氏春秋》则称魏文侯“东胜齐于长城,虏齐侯献诸天子,天子赏文侯以上闻”。钟铭又言韩将屭羌“连齐,入长城……赏于韩宗,命于晋公,昭于天子”,皆相符合。是时三晋合作,同谋合力,魏文侯俨然为盟主。前于此,魏伐秦取西河,韩、赵亦尝发兵助战,韩将屭羌尝参与,故钟铭以“征秦连齐”连言。《秦本纪》载孝公元年下令国中,曰:“会往者厉、躁、简公、出子之不宁,国家内忧,未遑外事,三晋攻夺我先君河西地”,足为明证。后于此,三晋又合兵伐楚,周安王二年三晋伐楚至乘丘,周安王十一年三晋败楚于大梁榆关,《吕氏春秋》又称魏文侯南胜荆于连堤是也。

三国伐齐,围平陆(“平陆”当为“平阴”之误)。括子以报于牛子曰:“三国之地,不接于我,逾邻国而围平陆,利不足贪也。然则求名于我也,请以齐侯往。”牛子以为善。括子出,无害子入,牛子以括子言告无害子。无害子曰:“异乎臣之所闻。”牛子曰:“国危而不安,患结而不解,何谓贵知?”无害子曰:“臣闻之,有裂壤土以安社稷者,闻杀身破家以存其国者，不闻出其君以为封疆者。”牛子不听无害子之言，而用括子之计，三国之兵罢，而平陆之地存。自此之后，括子日以疏，无害子日以进。（《淮南子·人间训》）

案：高诱注云：“三国，韩、魏、赵也。”“括子、牛子齐臣。”“无害子亦齐臣。”苏时学《爻山笔话》云：“据《淮南子》所言，正虏齐侯之事实也。注言三国为韩、魏、赵，则与《纪年》同。其言求名于我，亦与未为侯时合。盖三家所以命为侯者，以胜齐之功也，即此书所谓赏以上闻者也。上闻者，言始列为侯而名上闻于天子也。然此时之齐，已在宣、康之世，方制于田氏而不能自存，王乃命三家以攻讨者欤?”其说至确。是时齐侯正受制于田氏。田悼子卒，田氏内乱，田会自廪丘叛于赵，田布围廪丘，三晋合兵大败田布，继而三晋攻至平阴而入齐长城。平阴为齐长城西端之门户，古城在今山东平阴县东北，公元前五五五年晋联合各国伐齐，即会战于平阴(《左传》襄公十八年)。羼羌钟铭称是役“入长城，先会于平阴”。盖攻入长城，必先攻克平阴。《淮南子》称是役“围平陆”，“陆”当为“阴”字之误。盖“阴”古作“陰”，与“陆”形近而讹。括子、牛子、无害子皆为掌权之田氏大夫，牛子称三晋逾邻国而会攻齐国，其目的不在夺取城邑，而是“求名于我也，请以齐侯往”。盖欲迫使齐侯会同三晋而往朝见天子，由天子命三晋为诸侯。此即《吕氏春秋》所谓“虏齐侯献诸天子”、“天子赏文侯以上闻”。《纪年》又称是役为“王命”。无害子疑即和子，“和”与“无害”音近通假。田悼子卒后，田氏争权而发生内乱，和子在内乱中得胜而即位。此后，至齐康公十八年，田和子会见魏文侯，请魏文侯言于天子而立为诸侯。盖沿用三晋请齐侯言于天子而立为诸侯之例。《淮南子》称"无害子日以进"，或即指此而言。

[宋]昭公卒，子悼公购由立。(《宋世家》)

案:《左传》宋景公卒于鲁哀公二十六年，凡四十八年卒，而《宋世家》作六十四年，梁玉绳《史记志疑》将此后宋君之年元均以次移前十八年，定宋昭公元在周定王元年，悼公元在周威烈王五年，休公元在周威烈王十三年。而孙诒让《墨子年表》据《左传》定昭公元在周定王元年，而昭公卒年仍从《六国表》书于周威烈王二十二年，将昭公增多十八年，未将此后诸君年元递前。钱穆《先秦诸子系年》因《史记》宋昭公为四十七年，《纪年》宋悼公为十八年，多《史记》十年，又定昭公卒于周威烈王四年，宋悼公卒于周威烈王二十二年。当以孙说为是。《世家》谓昭公四十七年，今本《六国表》同，而《集解》云:"《年表》云四十九年。"《世家》谓景公六十四年，《六国表》作六十六年。余疑宋景公本在位四十九年，以逾年改元计则四十八年，《六国表》误以景公年数为昭公年数，昭公年数为景公年数耳。《韩世家》云:"文侯二年伐宋到彭城，执宋君。"《六国表》列悼公元于周威烈王二十三年，韩景子六年，韩文侯二年即宋悼公十九年，盖悼公被执以去，休公未逾年改元，故《纪年》称悼公为十八年也。悼公之所以谥，即以被执去之故欤?

周威烈王二十三年(公元前四〇三年)

秦简公十二年，晋烈公十三年，魏文侯四十三年，韩景侯六年，赵烈侯六年，齐康公二年，楚声王五年，燕简公十二年。

[周]威烈王二十三年九鼎震，命韩、赵、魏为诸侯。（《周本纪》，《六国表》同）

[魏文侯]二十二年魏、赵、韩列为诸侯。（《魏世家》）

[韩景侯]六年与赵、魏俱得列为诸侯。（《韩世家》）

[赵烈侯]六年魏、韩、赵皆相立为诸侯，追尊献子为献侯。（《赵世家》）

[燕]简公立十三年而三晋命邑为诸侯。（《燕世家・索隐》引《纪年》）

案：《齐世家》称"康公二年韩、魏、赵始列为诸侯"。《六国表》云："楚声王五年魏文侯、韩武子、赵桓子始列为诸侯"。《郑世家》言："缟公二十年韩、赵、魏列为诸侯。"皆与《周本纪》及三晋世家相合。惟《晋世家》称："烈公十九年周威烈王赐赵、韩、魏皆命为诸侯"，则误后六年。据《燕世家・索隐》所引《纪年》推算，燕简公十二年当周威烈王二十三年，《纪年》谓"燕简公立十三年而三晋命邑为诸侯"，亦与《史记》相合。

又案：此年王命三晋列为诸侯，实为上年三晋伐齐入长城，迫使齐侯会同三晋之君前往朝见周威烈王而所得之结果。《水经・汶水注》引《纪年》云："晋烈公十二年王命韩景子、赵烈子、翟员伐齐入长城。"所记韩、赵尚称为"子"而不称"侯"，盖魏已自称为"侯"。《淮南子・人间训》称"三国伐齐"，田括子谓是"求名于我也，请以齐侯往"。所谓"往"即往见天子，所谓"求名"即求王命为诸侯。《吕氏春秋・下贤》称魏文侯"东胜齐于长城，虏齐侯献诸天子，天子赏文侯以上闻"。所谓"虏齐侯献诸天子"，亦即迫使齐侯会同朝见天子。所谓（赏以）"上闻"亦指"王命"为诸侯。《赵世家》称“魏、韩、赵皆相立为诸侯”。盖三晋先相互自立为诸侯，继由“王命”列为诸侯也。

[赵]烈侯好音，谓相国公仲连曰：“寡人有爱，可以贵之乎？”公仲曰：“富之可，贵之则否。”烈侯曰：“然。夫郑歌者枪、石二人，吾赐之田，人万亩。”公仲曰：“诺。”不与。居一月，烈侯从代来，问歌者田。公仲曰：“求，未有可者。”有顷，烈侯复问，公仲终不与，乃称疾不朝。番吾君自代来，谓公仲曰：“君实好善，而未知所持，今公仲相赵（“今”“仲”二字疑衍），于今四年，亦有进士乎？”公仲曰：“未也。”番吾君曰：“牛畜、荀欣、徐越皆可。”公仲乃进三人。及朝，烈侯复问：“歌者田何如？”公仲曰：“方使择其善者。”牛畜侍烈侯以仁义，约以王道，烈侯逌然。明日，荀欣侍，以选练举贤，任官使能。明日，徐越侍，以节财俭用，察度功德，所与无不充。君说。烈侯使使谓相国曰：“歌者之田且止，官牛畜为师，荀欣为中尉，徐越为内史。”赐相国衣二袭。（《赵世家》列于赵烈侯六年，《六国表》作“赵烈侯七年，烈侯好音，欲赐歌者田，徐越侍以仁义，乃止”）

案：此为赵之重要改革。在讲究“仁义”与“王道”同时，推行“任官使能”、“节财俭用”政策。“师”为掌教化之官，牛畜侍以仁义，约以王道，因而官以为师。“尉”是掌选拔人才之官，《礼记·月令》谓太尉“赞杰俊，遂贤良，举长大”。荀欣侍以选练举贤，任官使能，因而官以为中尉。“内史”主管全国田租之收入与开支，乃掌管财政之官。徐越侍以节财俭用，察度功德，所与无不充，因而官以为内史。《六国表》作“徐越侍以仁义”，“徐越”乃“牛畜”之误。

又案：《大事记》据番吾君谓公仲相赵四年之语，以为此事在赵烈侯四年即周威烈王二十一年。梁玉绳从之。此说不确。公仲连为赵相未必始于赵烈侯元年。

魏文侯封太子击于中山,三年使不往来,舍人赵仓唐进称曰:"为人子三年不闻父问,不可谓孝,为人父三年不问子,不可谓慈。君何不遣人使大国乎?"太子曰:"愿之久矣,未得可使者。"仓唐曰:"臣愿奉使,侯何嗜好?"太子曰:"侯嗜晨凫,好北犬。"于是乃遣仓唐绁北犬、奉晨凫献于文侯。仓唐至,上谒曰:"孽子击之使者,不敢当大夫之朝,请以燕间,奉晨凫,敬献庖厨,绁北犬,敬上涓人。"文侯悦,曰:"击爱我,知吾所嗜,知吾所好。"召仓唐而见之曰:"击无恙乎?"仓唐曰:"唯,唯。"如是者三,乃曰:"君出太子而封之国,君名之,非礼也。"文侯怵然为之变容,问曰:"子之君无恙乎?"仓唐曰:"臣来时,拜送书于庭。"文侯顾指左右曰:"子之君长大孰与是?"仓唐曰:"礼拟人必于其伦,诸侯毋偶,无所拟之。"曰:"长大孰与寡人?"仓唐曰:"君赐之外府之裘,则能胜之,赐之斥带,则不更其造。"文侯曰:"子之君何业?"仓唐曰:"业《诗》。"文侯曰:"于《诗》何好?"仓唐曰:"好《晨风》、《黍离》。"文侯自读《晨风》曰:"鴥彼晨风,郁彼北林,未见君子,忧心钦钦,如何如何,忘我实多。"文侯曰:"子之君以我忘之乎?"仓唐曰:"不敢,时思耳。"文侯复读《黍离》曰:"彼黍离离,彼稷之苗,行迈靡靡,中心摇摇。知我者谓我心忧,不知我者谓我何求,悠悠苍天,此何人哉!"文侯曰:"子之君怨乎?"仓唐曰:"不敢,时思耳。"文侯于是遣仓唐赐太子衣一袭,教仓唐以鸡鸣时至,太子迎拜受赐,发箧视衣尽颠倒。太子曰:"趣具驾,君侯召击也。"仓唐曰:"臣来时不受命。"太子曰:"君侯赐击衣,不以为寒也。欲召击,无谁与谋,故敕子以鸡鸣时至。《诗》曰:东方未明,颠倒衣裳,颠之倒之,自公召之。"遂西至谒文侯，文侯大喜（“文侯”两字原不重，从《群书拾补》补），乃置酒而称曰：“夫远贤而近所爱，非社稷之长策也。”乃出少子挚，封中山，而复太子击。（《说苑·奉使》第六章）

魏文侯有子曰击，次曰诉（许多版本“诉”作“䜣”。赵怀玉云：“疑是䜣。”但《文选·四子讲德论》亦引作“诉”）。诉少而立之以为嗣。封击于中山，三年莫往来，其傅赵苍唐曰（赵本“苍”作“仓”，“唐”下有“谏”字，《文选注》及《太平御览》七百七十九引俱作“仓”。《古今人表》作“赵仓堂”）：“父忘子，子不可忘父，何不遣使乎？”击曰：“愿之，而未有所使也。”苍唐曰：“臣请使。”击曰：“诺。”于是乃问君之所好与嗜。曰：“君好北犬，嗜晨雁。”（《文选注》所引同，《太平御览》“雁”作“凫”，与《说苑》同）遂求北犬、晨雁赍行。苍唐至，曰：“北蕃中山之君，有北犬、晨雁，使苍唐再拜献之。”文侯曰：“击知吾好北犬（“击”上，《文选注》引有“嘻”字，与《说苑》同），嗜晨雁也。”则见使者。文侯曰：“击无恙乎？”苍唐唯唯而不对。三问而三不对。文侯曰：“不对何也？”苍唐曰：“臣闻诸侯不名君，既已赐弊邑，使得小诸侯，君问以名，不敢对也。”文侯曰：“中山之君无恙乎？”苍唐曰：“今者臣之来，拜送于郊。”文侯曰：“中山之君长短若何矣？”苍唐曰：“问诸侯，比诸侯。诸侯之朝，则侧者皆人臣（周廷寀云：“侧当为侍”。赵怀玉云：“则下当有在字”），无所比之。然则所赐衣裘几能胜之矣。”文侯曰：“中山之君亦有好乎？”对曰：“好《诗》。”文侯曰：“于《诗》何好？”曰：“好《黍离》与《晨风》。”文侯曰：“《黍离》何哉？”对曰：“彼黍离离，彼稷之苗。行迈靡靡，中心摇摇。知我者谓我心忧，不知我者谓我何求？悠悠苍天，此何人哉！”文侯曰：“怨乎？”曰：“非敢怨也，时思也。”文侯曰：“《晨风》谓何？”对曰：“鴥彼晨风（赵本“鴥”作“鹬”，《文选注》引亦作

“鹬”)郁彼北林,未见君子,忧心钦钦,如何如何,忘我实多,此自以忘我者也。”(末句今本皆脱,元本作“此忘我者”,《文选注》与《太平御览》所引作“此自以忘我者也”,今据补)于是文侯大悦,曰:“欲知其子视其母,欲知其君视其所使。中山君不贤,恶能得贤?”(《太平御览》引作“中山君若不贤,恶能使其使贤”。《文选注》引句末有“傅”字),遂废太子诉,召中山君以为嗣。(《韩诗外传》卷八第九章)

案:以上两则大体相同,而字句颇有出入。《说苑》“少子挚”,《韩诗外传》作“少子诉”,“挚”、“诉”声近通转。《说苑》称赵仓唐,为舍人,而《韩诗外传》称“其傅”。《魏世家》亦称魏文侯“伐中山,使子击守之,赵仓唐傅之”。《韩诗外传》卷三第六章记翟黄谓李克曰:“中山既拔,无守之者,吾进先生。君欲置太子傅,臣进赵苍唐。”是作“傅”为是。《说苑》谓经赵仓唐为太子击出使见魏文侯之后,“乃出少子挚,封中山,而复太子击。”而《韩诗外传》则谓文侯已立少子诉为嗣,而封击于中山,经赵仓唐见文侯之后,“遂废太子诉,召中山君以为嗣。”总之,魏文侯别封太子击于中山,三年后召回太子击为嗣而改封少子于中山,当为事实。

【附编】

韩、赵相与为难,韩索兵于魏曰(“韩”下原衍“子”字,从王先慎据《赵策一》删):“愿借师以伐赵。”魏文侯曰:“寡人与赵兄弟,不可以从。”赵又索兵以攻韩,文侯曰:“寡人与韩为兄弟,不敢从。”二国不得兵,怒而反。已乃知文侯以构于己(《魏策一》“构”作“讲”),乃皆朝魏。(《韩非子·说林下》,《魏策一》第二章同)

案:据此可知,是时魏为三晋之盟主。《资治通鉴》列此事之后，加结语云："魏于是始大于三晋，诸侯莫能与之争。"

魏文侯出游，见路人反裘而负刍。文侯曰："胡为反裘而负刍。"对曰："臣爱其毛。"文侯曰："若不知其里尽，而毛无所恃耶？"明年，东阳上计钱布十倍，大夫毕贺。文侯曰："此非所以贺我也。譬无异夫路人反裘而负刍也，将爱其毛，不知其里尽，毛无所恃也。今吾田不加广，士民不加众，而钱十倍，必取之士大夫也。吾闻之下不安者，上不可居也。此非所以贺我也。"(《新序·杂事五》第十五章)

解扁为东封，上计而入三倍，有司请赏之。文侯曰："吾土地非益广也，人民非益众也，入何以三倍？"对曰："以冬伐木而积之，于春浮之河而鬻之。"文侯曰："民春以力耕，暑以强耘，秋以收敛，冬间无事，以伐林而积之，负轭而浮之河，是用民不得休息也，民以敝矣。虽有三倍之入，将焉用之？"(《淮南子·人间训》)

案：以上二则，可知魏文侯已推行"上计"制度，以考核臣下对农民之收入是否适当。

魏文侯问李克曰："为国如何？"对曰："臣闻为国之道，食有劳而禄有功，使有能而赏必行，罚必当。"文侯曰："吾赏罚皆当而民不与，何也？"对曰："国其有淫民乎？臣闻之曰：夺淫民之禄，以来四方之士，其父有功而禄，其子无功而食之。出则乘车马，衣美裘，以为荣华；入则修竽瑟钟石之声，而安其子女之乐，以乱乡曲之教。如此者夺其禄，以来四方之士，谓夺淫民也。"(《说苑·政理》第三十五章)

魏文侯问李克曰："刑罚之源安生？"李克曰："生于奸邪淫泆之行。凡奸邪之心，饥寒而起，淫泆者久饥之诡也。雕文刻镂，害农事者也；锦绣纂组，伤女工者也。农事害，则饥之本也；女工伤，则寒之源也。饥寒并至，而能不为奸邪者，未之有也。男女饰美以相矜，而能无淫泆者，未尝有也。故上不禁技巧，则国贫民侈；国贫民侈则贫穷者为奸邪（“贫民侈则”四字原脱，从刘师培《说苑斠补》补），而富足者为淫泆，则驱民为邪也。民以为邪，因以法随，诛之不赦其罪，则是为民设陷也。刑罚之起有原，人主不塞其本而替其末（“替”《群书治要》引作“督”），伤国之道乎！”文侯曰：“善。”以为法服也。（《说苑·反质》第八章）

魏文侯问李克曰：“人有恶乎！”李克曰：“有。夫贵者则贱者恶之，富者则贫者恶之，智者则愚者恶之。”文侯曰：“善。行此三者，使人勿恶，亦可乎？”李克曰：“可。臣闻贵而下贱，则众弗恶也。富而分贫，则穷士弗恶也。智而教愚，则童蒙者弗恶也。”文侯曰：“善者言乎！尧、舜其犹病诸。寡人虽不敏，请守斯语矣。《诗》曰：不遑启处。”（《韩诗外传》卷八第三十四章）

案：以上三则，当采自《李克》七篇。《汉书·艺文志》虽列李克于儒家，但观其“为国之道”，主张“食有劳而禄有功，使有能而赏必行，罚必当”，“夺淫民之禄，以来四方之士”，已是法家所推行之政策。李克又重视“刑罚之源”，主张禁止“淫泆”“技巧”，防止“国贫民侈”，“驱民为邪”，以免刑法“为民设陷”。此则与法家着重以“法令”治理者不同。

卷四
周威烈王二十四年（公元前四〇二年）至周安王二十一年（公元前三八一年）

周威烈王二十四年（公元前四〇二年）

秦简公十三年，魏文侯四十四年，韩景侯七年，赵烈侯七年，齐康公三年，楚声王六年，燕简公十三年。

[周威烈王]二十四年崩，子安王骄立。是岁盗杀楚声王。（《周本纪》）

周元安王虠。（《汉书·古今人表》注云："威烈王子"）

威烈王崩，子躭立，是为元安王。（《太平御览》八十五引《帝王世纪》）

案：安王有元、安两谥。梁玉绳《古今人表考》云："骄疑虠之误。"余谓"躭"亦"虠"之误。《周本纪·集解》引宋衷曰："威烈王葬洛阳城中东北隅也。"

[楚]声王六年盗杀声王，子悼王熊疑立。（《楚世家》）

楚悼王类。(《六国表》)

案:《楚世家》谓悼王名疑,而《六国表》谓名类,“疑”、“类”二字形近,“疑”或“类”之误。《资治通鉴》作“盗杀楚声王,国人立其子悼王。”

【附编】

声王围宋十月,楚三围宋矣而不能亡。(《吕氏春秋·慎势》)

案:楚声王围攻宋都,不见其他记载,不知在何年,今附编于此。

周安王元年(公元前四〇一年)

秦简公十四年,魏文侯四十五年,韩景侯八年,赵烈侯八年,齐康公四年,楚悼王元年,燕简公十四年。

秦简公十四年伐魏至阳狐。(《六国表》)

[魏文侯]二十四年(当作四十五年)秦伐我至阳狐。(《魏世家》,《六国表》同)

案:《资治通鉴》“阳狐”作“阳孤”。《魏世家·正义》引《括地志》曰:“阳狐郭在魏州元城县东北三十里。”《资治通鉴》胡三省注:“此时西河之外皆为魏地,若秦兵至元城,则是越魏都安邑而东矣。《水经注》:河东垣县有阳壶城,《九域志》:绛州有阳壶城。识之以广异闻,以俟知者。”阳狐地望不详,此时秦亦不能攻至河东。

周安王二年(公元前四〇〇年)

秦简公十五年,魏文侯四十六年,韩景侯九年,赵烈侯九年,齐康公五年，楚悼王二年，燕简公十五年。

[魏文侯]二十五年子击生子罃。(《魏世家》,《六国表》作“太子罃生”)

案：阎若璩《孟子生卒年月考》云：“《六国表》、《魏世家》并云子罃生于文侯二十五年辛巳，三十八年文侯卒，武侯立，凡十六年而后惠王立。是年已三十。若如《纪年》，文侯五十年卒，武侯二十六年卒，以生辛巳计之，惠王元年已五十三，立三十六年已八十八，更以襄王十六年为改元后之年，不一百四岁乎？《纪年》不可信如此。”其说殊非。徐文靖《纪年统笺》据今本《纪年》驳之，谓惠王共九十四岁，亦无当。而钱穆《先秦诸子系年》，论之曰：“《纪年》与《史记》抵牾，阎氏以《史记》说绳《纪年》，宜其不可通也。余考魏灭中山，在文侯四十一年，其时子击尚年少。故文侯见中山使者赵仓唐而曰中山君长短若何也？疑《史记》书二十五年子击生子罃者，是年实子击生。史公既博采杂说，误谓伐中山在十七年，而子击之生转在其后，显属舛乖，故乃谓子击又生子罃也。其实击生于文侯二十五年，至四十一年灭中山，击年十七，始守中山，后三年仓唐为使，则击年二十左右，其少子当十五六以下，正舐犊爱厚时矣。……据此武侯年二十六始立，立二十六年，五十二岁而卒。至惠王年岁无可考，惟武侯之卒，犹未立嫡。惠王与公子缓争立，在位又五十二年，则其即位在壮岁可知，此不得谓《纪年》之误。”(第一四八页)余考钱氏所疑，亦殊无据。《魏世家》谓文侯十三年“使子击围繁阳，出其民”，其后六年乃使子击守中山。若子击始封中山时，年方十七，岂其十一岁即能将兵攻秦乎？《史记》记魏文侯武侯事，虽误其年，实未误其时。《史记》特误以文侯称侯改元之年为魏文侯元年，此云魏文侯二十五年亦指称侯改元后之年。《六国表》列于周安王二年，实不误。当即文侯在位之四十六年，文侯在位五十年卒，武侯在位二十六年卒，是惠王立时年方三十一。计惠王在位五十一年，是享年八十有二。阎氏以《史记》绳《纪年》固未是，钱氏据《纪年》以疑《史记》，亦无当也。

[郑繻公]二十三年郑围韩之阳翟。(《郑世家》)

[韩景侯]九年郑围我阳翟。景侯卒，子列侯取立。(《韩世家》、《郑世家》、《六国表》俱谓是年“郑围阳翟”)

案：列侯《索隐》云：“《世本》作‘武侯’也。”

楚悼王二年三晋来伐我，至桑丘。(《六国表》)

[楚]悼王二年三晋来伐楚，至乘丘而还。(《楚世家》)

案：《资治通鉴》作“魏、韩、赵伐楚至桑丘。”《楚世家·正义》云：“《年表》云：三晋公子伐我至乘丘，误也，已解在《年表》中，《地理志》云：乘丘故城在兖州瑕丘县西北三十五里是也。”“地理志”当是“括地志”之误。乘丘在今山东巨野县西南，并非楚地。桑丘，《资治通鉴》胡三省注引《水经·汝水注》：“濦水自葛陂东南至新蔡县故城东，而东南注于汝。汝水东南径下桑里。”

齐康公五年田侯午生。(《田世家·索隐》引《纪年》)

案：王国维《古本竹书纪年辑校》列于晋烈公十六年，即魏文侯四十六年。

[秦简公]十六年卒，子惠公立。(《秦本纪》)

[秦简公]享国十五年葬僖公西。生惠公。(《秦始皇本纪》引《秦记》)

案:《秦始皇本纪·索隐》引《纪年》云:“简公九年卒,次敬公立十二年卒,乃立惠公。”又《索隐》引王劭说转引《纪年》作“敬公立十三年乃至惠公。”雷学淇《纪年义证》云:“盖《索隐》自改元后起数,王氏以立之年起数。”又云:“敬公在简惠之间,其或简之弟欤?”考史公据《秦记》以表六国时事,即有脱误,不应《秦本纪》、《秦始皇本纪》、《六国表》同误。《纪年》多敬公一代,似不足信。惟《秦始皇本纪》既言简公享国十五年,而《秦本纪》又谓简公十六年,两者又相差一年。钱穆《先秦诸子系年》云:“简公前承灵公,灵公卒,子献公不得立,简公乃灵公季父、怀公之子。灵公既承怀公之弑自立,不逾年改元,今简公亦篡献公之统,上溯其父怀公之绪,则亦不俟逾年而改元矣。《年表》、《秦始皇本纪》十五年仍依逾年改元之常则计之也。《秦记》作十六年,本当不逾年而改元之变例计之也。”余意《秦始皇本纪》后叙秦先君享国之年,皆直录《秦记》。就其享国之年数计之,初即位之年不在数内,而《秦本纪》则就其纪元言之,故每奉不逾年改元之国君,《秦本纪》必较多一年也。

[赵烈侯]九年烈侯卒,弟武公立。(《赵世家》,《六国表》列赵武公元年于周安王三年)

案:《赵世家》谓烈侯九年卒,弟武公立,武公十三年卒,赵复立烈侯太子章,是为敬侯。《六国表》亦列赵武公元年于周安王三年,以烈侯敬侯之间有武公一世。但《赵世家·索隐》云:“谯周云:《世本》及说《赵语》者并无其事,盖别有所据。”《世本》及说《赵语》者既然并无其事,究何所据耶?此可疑者一也。《魏世家·索隐》引《纪年》云:“魏武侯元年当赵烈侯十四年。”则烈侯非九年即卒，此可疑者二也。《赵世家》记历世赵君，称王以前皆称侯，无有称公者，武公前为烈侯，后为敬侯，何以武公独称为公，此可疑者三也。《赵世家》详记历世赵君之名，惟武公不能道其名，此可疑者四也。余谓《赵世家》盖误多武公一世，亦犹《魏世家》之误多哀王一世。《魏世家》谓惠王三十六年卒，子襄王立，襄王十六年卒，子哀王立，哀王二十三年卒。但据《纪年》，惠王三十六年未卒，改元又十六年卒。据《世本》，惠王生襄王，襄王生昭王，其间并无哀王一世。《史记》于哀王亦不能道其名。盖《史记》误分魏惠王之世以为惠王、襄王之年数，又误分襄王、哀王为两王，因而误多哀王一世。《赵世家》盖亦误；赵烈侯之世以为烈侯、武公之年数而误多武公一世。余疑《赵世家》乃牵合中山武公之记载而误多武公者。当司马迁著《史记》时，赵之记载犹有存者。中山为赵之邻国，并为赵所灭，因而中山之事常附见于赵之记载中。此《赵世家》所以特载有中山武公初立于赵献侯十年。余疑当时赵之记述，又有误记中山武公立于赵烈侯之十年者，因而误以武公为赵君，因而于《赵世家》云："烈侯九年卒，弟武公立。"又于《六国表》列赵武公元年相当于赵烈侯十年。

周安王三年（公元前三九九年）

秦惠公元年，魏文侯四十七年，韩烈侯元年，赵烈侯十年，齐康公六年，楚悼王三年，燕简公十六年。

楚悼王三年归榆关于郑。（《六国表》）

案：榆关在新郑与大梁之间，原为郑地，为出入中原之重要门户，成为此后魏与楚争夺之地。详见周安王十一年案语。

周安王三年王子定奔晋。(《六国表》)

魏文侯二十六年(当作四十七年)虢山崩、壅河。(《六国表》,《魏世家》同。)

河南即陕城也。……东城即虢邑之上阳也。虢仲之所都。……戴延之云:城南倚山原,北临黄河,悬水百余仞,临之者咸悚惕矣。西北带河,水涌起方数十丈,有物居水中,父老云铜翁仲所没处。……余以为鸿河巨渎,故应不为细梗蹶湍;长津硕浪、无宜以微物屯流。斯水之所以涛波者,盖《史记》所云魏文侯二十六年虢山崩、壅河所致耳。(《水经·河水注》)

周安王四年(公元前三九八年)

秦惠公二年,魏文侯四十八年,韩烈侯二年,赵烈侯十一年,齐康公七年,楚悼王四年,燕简公十七年。

楚悼王四年败郑师,围郑。郑人杀子阳。(《六国表》)

案:《楚世家》云是年"楚伐周,郑杀子阳"。"周"乃"郑"之误。

[郑繻公]二十五年,郑杀其相驷子阳。(《六国表》,《郑世家》作"郑"君杀其相子阳)

郑子阳之难,猘狗溃之;齐高国之难,失牛溃之;众因之以杀子阳、高国。(《吕氏春秋·首时》)

子阳极也好严,有过而折弓者恐必死,遂应猘狗而弑子阳。(《吕氏春秋·适威》)

郑子阳刚毅而好罚。其于罚也,执而无舍。舍人有折弓者,畏罪而恐诛,则因猘狗之惊以杀子阳。此刚猛之所致也。(《淮南子·氾论训》)

子阳以猛劫。(《淮南子·缪称训》,高诱注"尚刑而劫死")

若夫周滑之、郑王孙申……皆思小利而忘法义,进则掩蔽贤良以阴暗其主,退则挠乱百官而为祸难。皆辅其君,共其欲,苟得一说于主,虽破国杀众,不难为也。……有臣如此者,皆身死国亡,为天下笑。故周威公身杀,国分为二;郑子阳身杀,国分为三。……故曰谄谀之臣,唯圣王知之,而乱主近之,故至身死国亡。(《韩非子·说疑》)

子列子穷,容貌有饥色,客有言之于郑子阳者曰:"列御寇,盖有道之士也,居君之国而穷,君无乃为不好士乎?"郑子阳令官遗之粟数十秉。子列子出见使者,再拜而辞。使者去,子列子入,其妻望而拊心,曰:"闻为有道者妻子,皆得逸乐,今妻子有饥色,君过而遗先生食,先生又勿受也,岂非命也哉?"子列子笑而谓之曰:"君非自知我也,以人之言而遗我粟也,至其罪也(原作"至已而罪我也",从《新序·节士》、《庄子·让王》、《列子·说符》改正),有且以人言("有"下原衍"罪"字,今从《新序》、《庄子》、《列子》删。"有",《新序》、《庄子》、《列子》皆作"又","有"与"又"通)。此吾所以不受也。"(《新序》下有"且受人之养,不死其难,不义也;死其难,是死无道之人,岂义哉")其卒,民果作难,杀子阳。(《吕氏春秋·观世》,《新序·节士》第十八章、《庄子·让王》、《列子·说符》同。《吕氏春秋》"杀子阳"下有"受人之养,而不死其难则不义,死其难则死无道也。死无道,逆也。"可能是错简,应在"此吾所以不受也"下)

案:《韩非子·说疑》王孙申,王先慎《集解》云:"郑无王孙,王当为公之误。公孙申当为子阳之臣,韩非称之为谄谀之臣,思小利而忘法义,掩蔽贤良,挠乱百官,皆辅其君而供其欲,以致君主身死国亡。驷子阳当为郑相,且为别封之君。《吕氏春秋·适威》高注云:"子阳,郑君,一曰郑相。"《首时》高注又云:"子阳郑相,或曰郑君。"其证一。《吕氏春秋·观世》子阳遗子列子粟,其妻曰:"君过而遗先生食。"列子曰:"君非自知我也。"其证二。《韩非子·说疑》云:"周威公身杀,国分为二;郑子阳身杀,国分为三。"以周威公与郑子阳相提并论,其证三。子阳既为一别封之君,子阳虽见弑,而其党之势固甚强,因而割据以相抗,国分为三。其后三年"子阳之党"终至"共弑繻公"(见《郑世家》、《六国表》)而后已。《墨子·鲁问》载鲁阳文君曰:"郑人三世杀其父,天加诛焉,使三年不全,我将助天诛也。"苏时学《墨子刊误》云:"父当为君。"是时郑君被杀者,有哀公繻公,至幽公则为韩所杀,非郑人所弑。鲁阳文君言郑人三世杀其君者,并子阳数之也。子阳于是年见杀,其后三年繻公又见弑,其分裂内乱首尾正三年,此鲁阳文君所以谓之"三年不全"欤?

周安王五年(公元前三九七年)

秦惠公三年,魏文侯四十九年,韩烈侯三年,赵烈侯十二年,齐康公八年,楚悼王五年,燕简公十八年。

[韩]烈侯三年聂政杀韩相侠累。(《韩世家》)

韩烈侯三年三月盗杀韩相侠累。(《六国表》)

韩傀相韩,严遂重于君,二人相害也。严遂政议直指,举韩傀之过,韩傀以之叱之于朝(《史记·刺客列传·索隐》,《太平御览》四七三所引无"以之"二字)。严遂遂拔剑趋之,以救解,于是严遂惧诛,亡去游,求人可以报韩傀者。至齐,齐人或言轵深井里聂政勇敢士也,避仇隐于屠者之间(《太平御览》所引“者”作“肆”)。严遂阴交于聂政，以意厚之。聂政问曰(鲍本“问”下有“之”字)：“子欲安用我乎?”严遂曰：“吾得为役之日浅，事今薄，奚敢有请?”于是严遂乃具酒，觞聂政母前(鲍本“觞”上有“自”字，《史记》“自觞”作“自畅”，《集解》徐广曰：“一作赐”，《索隐》云：“《战国策》作觞，近为得也”)。仲子奉黄金百镒，前为聂政母寿(《索隐》引高诱曰：“严遂字仲子。”今本无)。聂政惊，愈怪其厚，固谢严仲子(鲍本“固”作“因”，《史记》亦作“固”)，仲子固进，而聂政谢曰：“臣有老母家贫，客游以为狗屠，可旦夕得甘脆以养亲，亲供养备，义不敢当仲子之赐。”严仲子辟人，因为聂政语曰：“臣有仇而行游诸侯众矣，然至齐闻足下义甚高，故直进百金者，特以为夫人粗粝之费(“夫”，鲍本作“丈”，《史记》作“大”，黄丕烈云：“丈字当是。”金正炜云：“作大人义胜”)。以交足下之驩，岂敢以有求耶?”聂政曰：“臣所以降志辱身居市中者(鲍本“者”上有“屠”字，与《史记》同)，徒幸而养老母。老母在，政身未敢以许人也。”严仲子固让，聂政竟不肯受，然仲子卒备宾主之礼而去。久之，聂政母死，既葬，除服，聂政曰：“嗟乎！政乃市井之人，鼓刀以屠，而严仲子乃诸侯之卿相也，不远千里，枉车骑而交臣，臣之所以待之，至浅鲜矣(鲍本无“鲜”字，《史记》有)，未有大功可以称者。而严仲子举百金为亲寿，我虽不受(鲍本“虽”作“义”，《史记》作“虽”)，然是深知政也。夫贤者以感忿睚眦之意，而亲信穷僻之人，而政独安可嘿然而止乎?(《史记》“可”作“得”，“止”作“已”)且前日要政，政徒以老母，老母今以天年终，政将为知己者用。”遂西至濮阳，见严仲子曰：“前所以不许仲子者，徒以亲在，今亲不幸(鲍本“幸”下有“而死”二字，《史记》作“今不幸而得以天年终”)，仲子所欲报仇者为谁?”(鲍本“者”下无“为谁”二字，有“请得从事焉”五字，《史记》亦有此五字）严仲子具告曰：“臣之仇韩相傀（《史记》“傀”作“侠累”，下同），傀又韩君之季父也，宗族盛（《史记》“盛”下有“多”字），兵卫设（《史记》作“居处兵卫甚设”，鲍本同《史记》）。臣使人刺之（《史记》“臣”下有“欲”字），终莫能就。今足下幸而不弃，请益具车骑壮士以为羽翼。”（《史记》作“请益其车骑壮士，可以为足辅翼者”）政曰：“韩与卫中间不远（鲍本“卫”下有“相去”二字，《史记》亦有，并在“不”下有“甚”字），今杀人之相，相又国君之亲，此其势不可以多人。多人不能无生得失，生得失则语泄（《史记·索隐》云：“无生得，《战国策》作无生情，言所将人多，或生异情，故语泄。此云生得，言将多人往杀侠累后，又被生擒而事泄，亦两俱通也。”黄丕烈云：“是《史记》原作生得，《策》文原作“生情”，今本皆误。”“失”字盖误衍）。语泄则韩举国而与仲子为仇也（《史记·集解》徐广曰：“一作难”，《索隐》云：徐注云：“一作难，《战国策》、谯周亦同”）。岂不殆哉！”遂谢车骑人徒，辞独行（《史记》“辞”上有“聂政乃”三字），仗剑至韩。韩适有东孟之会，韩王及相皆在焉（以上两句，《史记》作“韩相侠累方坐府上”），持兵戟而卫者甚众（鲍本“卫”下有“侍”字，《史记》亦有）。聂政直入，上阶刺韩傀，韩傀走而抱哀侯。聂政刺之，兼中哀侯（以上四句，《史记》作“上阶刺杀侠累”）。左右大乱，聂政大呼，所杀者数十人（《史记》“所”下有“击”字）。因自皮面抉眼（《史记》“抉”作“决”），自屠出肠，遂以死。韩取聂政尸于市（鲍本“尸”下有“暴”字，《史记》亦有），县购之千金，久之莫知谁子（《史记》作“购问莫知谁子。于是韩县购之，有能言杀相侠累者予千金，久之莫知也”）。（《韩策二》第二十一章，《史记·刺客列传》大体相同）

聂政者，轵深井里人也。杀人避仇，与母、姊如齐，以屠为事。久之，濮阳严仲子事韩哀侯，与韩相侠累有卻。严仲子恐诛，亡去，游求可以报侠累。至齐，齐人或言聂政勇敢士也，避仇隐于屠者之间。严仲子至门请，数反，然后具酒自畅聂政母前。酒酣，严仲子奉黄金百溢，前为聂政母寿。（此下叙述严仲子请聂政刺侠累之经过，与《韩策二》第二十一章大体相同）聂政乃辞独行，仗剑至韩，韩相侠累方坐府上，持兵戟而卫侍者甚众。聂政直入，上阶刺杀侠累，左右大乱，聂政大呼，所击杀者数十人。因自皮面决眼，自屠出肠，遂以死。韩取聂政尸暴于市，购问莫知谁子。于是韩县购之，有能言杀相侠累者予千金，久之莫知也。（《史记·刺客列传》）

政姊闻之（鲍本“姊”下有“嫈”字，《史记》作“荣”），曰：“弟至贤（鲍本“弟”上有“吾”字），不可爱妾之躯，灭吾弟之名，非弟意也。”乃之韩。视之曰：“勇哉！气矜之隆，是其轶贲、育而高成荆矣。今死而无名，父母殁矣，兄弟无有，此为我故也。夫爱身而不扬弟之名，吾不忍也。乃抱尸而哭之曰：“此吾弟轵深井里聂政也。”亦自杀于尸下。（《韩策二》第二十一章）

政姊荣闻人有刺杀韩相者，贼不得，国不知其名姓，暴其尸而县之千金，乃于邑曰：“是其吾弟与？嗟乎，严仲子知吾弟。”立起，如韩之市，而死者果政也，伏尸哭极哀，曰：“是轵深井里所谓聂政者也。”市行者诸众人皆曰：“此人暴虐吾国相，王县购其名姓千金，夫人不闻与？何敢来识之也？”荣应之曰：“闻之。然政所以蒙污辱自弃于市贩之间者，为老母幸无恙，妾未嫁也。亲既以天年下世，妾已嫁夫，严仲子乃察举吾弟困污之中而交之，泽厚矣，可奈何！士固为知己者死，今乃以妾尚在之故，重自刑以绝从。妾其奈何畏殁身之诛，终灭贤弟之名！”大惊韩市人。乃大呼天者三，卒于邑悲哀而死政之旁。（《史

记·刺客列传》)

案:《韩策二》谓聂政刺韩傀,兼中哀侯,不确。《刺客列传》无此情节,当是也。《韩策三》第五章述及东孟之会云:"东孟之会,聂政、阳坚,刺相兼君,许异蹴哀侯而殪之,立以为郑君,韩氏之众无不听令者,则许异为之先也。是故哀侯为君,而许异终身相焉。而韩氏之尊许异也,犹其尊哀侯也。"《韩非子·内储说下》亦云:"韩廆相韩哀侯,严遂重于君,二人甚相害也。严遂乃令人刺韩廆于朝,韩廆走君而抱之,遂刺韩廆而兼哀侯。"此皆误以聂政刺韩傀与韩严刺哀侯混为一谈,不足信也。《论衡·书虚》篇论之曰:"传书言:聂政为严翁仲刺杀韩王,此虚也。夫聂政之时,韩列侯也。列侯之三年,聂政刺韩相侠累。十三年列侯卒,与聂政杀侠累相去十七年。而言聂政刺杀韩王,短书小传,竟虚不可信也。"《大事记·解题》又论之曰:"考之《世家》哀侯既杀,其子懿侯即位,许异将谁相哉?侠累既死,列侯犹在位十年,谓之终身相之可也。然则东孟之会,聂政刺相兼中其君,乃列侯三年之事。但《战国策》误以为哀侯耳。"说皆甚是。梁玉绳《史记志疑》云:"许异蹷列侯而殪之,使之佯死也。《论衡·书虚》篇谓政刺杀列侯不可信,盖误认列侯直死耳。"

又案:严遂《刺客列传》作严仲子,《索隐》引高诱曰:"严遂字仲子。"韩傀《刺客列传》作侠累,《索隐》云:"《战国策》侠累名傀也。"《战国策》吴师道注:"《史》作韩相侠累,《索隐》引高诱曰:韩傀,侠累也。今注本无。"《韩非子·内储说下》又作韩廆。《艺文类聚》三十三、《太平御览》四百七十三引作韩傫。累、傀、廆、傫,俱一声之转。侠累或称傀或廆,古人有简称一名之例。犹重耳之或称重也。或称韩傀、韩廆,韩本其氏,《韩策》谓“傀又韩君之季父也”,可证。

又案:《刺客列传·索隐》引战国策高诱注:“东孟,地名也。”今本无。不详何处。《水经·济水注》于酸枣下云:“城北韩之市地也。聂政为濮阳严仲子刺韩相侠累,遂皮面而死,其姊哭之于此。”酸枣又有韩王听讼观台。《元和郡县图志》滑州酸枣县下又云:“酸枣故城在县西南一十五里,六国时韩王所理处,旧址犹存。”程恩泽《国策地名考》又云:“案《元和郡县图志》云:《韩世家》哀侯即位灭郑,遂都酸枣,旧宫余址犹存。”程氏因而断言,东孟即酸枣,今为延津县。今考酸枣为魏邑,在今延津西南,正当大梁之西北,韩不能建都于此。

又案:《韩非子·说林上》云:“严遂不善周君,患之,冯沮曰:“严遂相而韩傀贵于君,不如行贼于韩傀,则君必以为严氏也。”此以严遂为相,而行刺韩傀者乃为周君,由于冯沮之谋,当不可信。据《韩策》,是时韩傀为相,非严遂为相。

严氏为贼,而阳竖与焉(姚注:“竖”作“坚”)。道周,周君留之十四日,载以乘车驷马而遣之。韩使人让周,周君患之。客谓周君曰:“正语之曰:寡人知严氏之为贼,而阳竖与之,故留之十四日以待命也。小国不足以容贼,君之使又不至,是以遣之也。”(《东周策》第二十八章)

案:《韩策三》第五章云:“东孟之会,聂政、阳坚刺相兼君。”鲍注:“坚,政之副,犹秦武阳。”但《韩策二》载聂政之刺韩傀,固独行仗剑入韩,未见有副。阳坚或尝为严氏策划行刺者。

秦惠公三年日蚀。(《六国表》)

案：是年公元前三九七年四月二十一日九时四十九点三分日有环食。见朱文鑫《历代日食考》卷三《战国及秦日食表》。合当时历法，为五月初一。

【附编】

师经鼓琴，魏文侯起舞，赋曰："使我言而无见违。"师经援琴而撞文侯，不中，中旒溃之。文侯顾左右曰（"顾"字原脱，从赵万里《说苑斠补》补）："为人臣而撞其君，其罪如何?"左右曰："罪当烹。"提师经下堂一等。师经曰："臣可得一言而死乎?"（"得"字原脱，从赵万里补）文侯曰："可。"师经曰："昔尧、舜之为君也，惟恐言而人不违；桀、纣之为君也，唯恐言而人违之。臣撞桀、纣，非撞吾君也。"文侯曰："释之，是寡人之过也。悬琴于城门，以为寡人符，不补旒，以为寡人戒。"（《说苑·君道》第三十八章）

案：《水经·浍水注》于安邑县下云："春秋时魏绛自魏徙此，昔文侯悬师经之琴于其门，以为言戒也。"此事不知在何时，现附于魏文侯末年。

魏文侯觞诸大夫于曲阳，饮酒酣，文侯喟然叹曰："吾独无豫让以为臣乎?"蹇重举酒而进之，曰："请浮君。"君曰："何也?"对曰："臣闻之，有命之父母，不知孝子；有道之君，不知忠臣。夫豫让之君，亦何如哉！文侯受觞而饮釂不献，曰："无管仲、鲍叔以为臣，故有豫让之功。"（《淮南子·道应训》，《说苑·尊贤》第三十四章同。"受觞而饮釂不献，作"受浮而饮之，釂而不让"）

周安王六年（公元前三九六年）

秦惠公四年，魏文侯五十年，韩烈侯四年，赵烈侯十三年，齐康公九年，楚悼王六年，燕简公十九年。

[魏文侯]五十年卒。(《魏世家·索隐》引《纪年》)

[魏]文侯卒，子击立，是为武侯。(《魏世家》)

案：《魏世家·索隐》引《纪年》云："魏文侯五十年卒，魏武侯二十六年卒。"雷学淇《竹书纪年义证》、王国维《古本竹书纪年辑校》、钱穆《先秦诸子系年》俱据《史记》武侯卒年，就《纪年》以上推文侯武侯之年。因定文侯元年在周定王二十三年，武侯元年在周安王六年，以为《史记》既误以文侯称侯之元为始立之元，误后二十二年；又下割武侯十年为文侯之年，故《史记》以文侯三十八年、武侯十六年。其说似矣，然犹未审。吾人苟据雷氏、钱氏之推移，以《史记》与《纪年》比勘其史事，犹不能密合无间。雷氏、钱氏于此，虽有辩说，亦未能尽当。《魏世家·索隐》引《纪年》："魏武侯元年当赵烈侯之十四年。"赵烈侯元在周威烈王十八年，其十四年当周安王七年，而钱穆以《史记》武侯之年移前十年，当周安王六年，则犹差一年也。《魏世家》云："武侯二年城安邑王垣。《索隐》引《纪年》云："武侯十一年，城洛阳及安邑王垣。"如钱说，《史记》武侯之年误后十年，则《魏世家》武侯二年即武侯十二年，而《纪年》乃作十一年，亦犹相差一年也。《韩世家》云："哀侯二年灭郑，因徙都郑。"《索隐》引《纪年》云："魏武侯二十一年韩灭郑，哀侯入于郑。"《史记》韩哀侯二年，当魏武侯十二年，若《史记》武侯误后十年，则当为二十二年，而《纪年》乃作二十一年，亦犹差一年也。钱氏云："《索隐》称武侯元当赵烈侯十四年者，《纪年》魏史，以魏纪年，故他国仅书即位，不计年数。《索隐》此说，乃自烈侯初立之岁数之。今以即位翌年改元，故为十三年也。”其说固辨，然何解于《史记》与《纪年》之史事俱差一年乎？据上三事，可证《纪年》武侯元年必在周安王七年，非六年。武侯二十六年卒而惠王立，则惠王元年当在周威烈王七年。《史记》误以惠王元年在周烈王六年，早《纪年》一年，故吾人比勘惠王时史事，《史记》与《纪年》之事迹，又皆相差一年也。杜预《左传后序》云：“《纪年》魏惠王三十六年改元从一年始，至十六年而称惠王卒。”惠王既于三十六年即改元从一年始，则惠王未改元前固仅三十五年。史公既误分惠王之世以为二王之年，误以惠王改元后之世为襄王之年。又误惠王三十六年改元为三十六年卒，于是将惠王之年移前一年，于武侯文侯之年又以次移前。此所以《纪年》与《史记》之史事皆参差不合。《史记》虽误，固亦有其所以误之故焉。

魏县，魏武侯别都。(《汉书·地理志》魏县注引应劭说)

案：《水经·淇水注》云：“魏县故城，应劭曰：魏武侯之别都也。城内有武侯台。”魏县在今河北大名县西南。

元城，魏武侯公子元食邑于此，因而遂氏焉。(《汉书·地理志》魏郡元城县注引应劭说)

案：《水经·河水注》于元城县引《史记》曰：“魏武侯公子元食邑于此故县氏焉。”《史记》当是应劭《地理风俗记》之误。是时魏仍建都安邑，另设别都于魏县。其公子元又食邑于元城。元城在今河北大名县东，正与别都魏密迩。盖其政治中心正谋向中原迁移。

吴起为商文曰：“事君果有命矣夫！”商文曰：“何谓也？”吴起曰：“治四境之内，成训教，变习俗，使君臣有义，父子有序，子与我孰贤？”

商文曰:“吾不若子。”曰:“今日置质为臣,其主安重?今日择玺辞官,其主安轻?子与我孰贤?”商文曰:“吾不若子。”曰:“士马成列,马与人敌,人在马前,援桴一鼓,使三军之士,乐死若生,子与我孰贤?”商文曰:“吾不若子。”吴起曰:“三者子之言不若吾也,位则在吾上,命也夫事君!”商文曰:“善!子问我,我亦问子,世变主少,群臣相疑,黔首不定,属之子乎?属之我乎?”吴起默然不对,少选曰:“与子。”商文曰:“是吾所以加于子之上已。”(《吕氏春秋·执一》)

魏置相,相田文,吴起不悦,谓田文曰:“请与子论功,可乎?”田文曰:“可。”起曰:“将三军,使士卒乐死,敌国不敢谋,子孰与起?”文曰:“不如子。”起曰:“治百官,亲万民,实府库,子孰与起?”文曰:“不如子。”起曰:“守西河而秦兵不敢东乡,韩、赵宾从,子孰与起?”文曰:“不如子。”起曰:“此子三者,皆出吾下,而位加吾上,何也?”文曰:“主少国疑,大臣未附,百姓不信,方是之时,属之于子乎?属之于我乎?”起默然良久,曰:“属之子矣。”文曰:“此乃吾所以居子之上也。”吴起乃自知弗如田文。(《吴起列传》)

案:以上两则,为同一事。一作田文,一作商文,未知孰是。高诱注:“商文,盖魏臣也。”据《吴起列传》,田文为相。田文自谓“主少国疑,大臣未附,百姓不信。”商文亦自谓:“世变主少,群臣相疑,黔首不定。”其为相当在魏武侯初即位之时,是时文侯功臣先后谢世,吴起仍为西河守,功高而不得居相位,因而与新任相国有论功之举。

魏武侯与诸大夫浮于西河,称曰:“河山之险,岂不亦信固哉?”王错侍坐(“错”原作“钟”,从姚注引一本改。“坐”原作“王”,从鲍本改)。曰:“此晋国之所以强也。若善修之,则霸王之业具矣。”吴起对曰："吾君之言，危国之道也，而子又附之，是危也。"（鲍本"是"下有"重"字）武侯忿然曰："子之言有说乎？"吴起对曰："河山之险，信不足保也，是伯王之业，不从此也。昔者三苗之居，左彭蠡之波，右洞庭之水，文山在其南，而衡山在其北，恃此险也，为政不善，而禹放逐之。夫夏桀之国，左天门之阴，而右天溪之阳，庐、睪在其北，伊、洛出其南，有此险也，然为政不善，而汤伐之。殷纣之国，左孟门而右漳、釜，前带河，后被山，有此险也，然为政不善，而武王伐之。且君亲从臣而胜降城，城非不高也，人民非不众也，然而可得并者，政恶故也。从是观之，地形险阻，奚足以霸王矣。"武侯曰："善。吾乃今日闻圣人之言也，西河之政，专委之子矣。"（《魏策一》第七章，《史记・吴起列传》与《说苑・贵德》所载较此为略）

武侯浮西河而下，中流，顾而谓吴起曰："美哉乎！山河之固，此魏国之宝也。"起对曰："在德不在险。昔三苗左洞庭，右彭蠡，德义不修，禹灭之。夏桀之居，左河、济，右泰、华（《说苑・贵德》第五章"泰"作"太"），伊阙在其南，羊肠在其北，修政不仁，汤放之。殷纣之国，左孟门，右太行，常山在其北，大河经其南，修政不德，武王杀之（《说苑》"杀"作"伐"）。由此观之，在德不在险。若君不修德，舟中之人尽为敌国也。"武侯曰："善。"（《吴起列传》，《说苑・贵德》第五章同）

案：《魏策一》"王错侍坐"，王错原作王钟，姚注："钟一作错。"作"错"为是，今改正。《吕氏春秋・长见》云："吴起治西河之外，王错谮之于魏武侯。"《吕氏春秋・执一》又云："吴起胜于西河而困于王错。"王错乃武侯宠幸之大臣而掌有权势者。《魏世家》载武侯卒，子䓨与公中（仲）缓争立，公孙颀谓韩懿侯曰："今魏䓨得王错，挟上党，固半国也。"魏䓨争立得胜即位，即魏惠王，可知王错为当时重臣，挟有上党半国之权势。《魏世家·集解》引徐广曰："《汲冢纪年》惠王二年魏大夫王错出奔韩也。"不知何故出奔。

魏武侯谋事而当，攘臂疾言于庭，曰："大夫之虑莫如寡人矣！"立有间，再三言，李悝趋进曰："昔者楚庄王谋事而当，有大功，退朝而有忧色。左右曰：王有大功，退朝而有忧色，敢问其说？王曰：仲虺有言，不穀说之，曰：诸侯之德，能自为取师者王，能自取友者存，其所择而莫如己者亡。今以不穀之不肖也。群臣之谋又莫吾及也，我其亡乎？曰，此霸王之所忧也，而君独伐之，其可乎？"武侯曰："善。"人主之患也，不在于自少，而在于自多。自多则辞受，辞受则原竭。李悝可谓能谏其君矣，壹称而令武侯益知君人之道。（《吕氏春秋·骄恣》）

魏武侯谋事而当，群臣莫能逮，退朝而有喜色。吴起进曰："亦尝有以楚庄王之语，闻于左右者乎？"武侯曰："楚庄王之语何如？"吴起对曰："楚庄王谋而当，群臣莫逮，退朝而有忧色，申公巫臣进问曰：'王朝而有忧色，何也？'庄王曰：'不穀谋事而当，群臣莫能逮，是以忧也。其在中蘬之言也。曰：诸侯自为得师者王，得友者霸，得疑者存，自为谋而莫己若者亡。今以不穀之不肖，而群臣莫吾逮。吾国几于亡乎！是以忧也。'楚庄王以忧而君以憙。"武侯逡巡再拜曰："天使夫子振寡人之过也。"（《荀子·尧问》，《新序·杂事一》第七章大体相同）

案：以上两则，乃一事之两传。盖魏武侯初即位时，大臣未附，群臣相疑，自以为群臣莫能逮而有骄色。故而老臣进谏，或则传为李悝进谏，或则传为吴起进谏。

[郑繻公]二十七年子阳之党共弑繻公骀而立幽公弟乙为君，是为郑君。(《郑世家》,《六国表》作“郑相子阳之徒杀其君繻公”)

案:《郑世家·集解》云:“徐广云:一本云:立幽公弟乙阳为君，是为康公。《六国年表》云:立幽公子骀，又以郑君阳为郑康公乙，班固云:郑康公乙为韩所灭。”《六国表》记郑康公元年于次年。康公盖灭国后，灭之者与之谥，犹齐康公、宋康王也。

周安王七年(公元前三九五年)

秦惠公五年，魏武侯元年，韩烈侯五年，赵烈侯十四年，齐康公十年，楚悼王七年，燕简公二十年。

秦惠公五年伐诸緜。(《六国表》)

案:诸緜当是緜诸之误。《六国表》载秦厉共公六年，“义渠来赂，緜诸乞援”。“緜诸”乃“緜诸”之误。《六国表》又载厉共公二十年“公将师与緜诸战”。此年又伐緜诸。緜诸乃西戎之一支，在今甘肃天水县，汉置緜诸道，属天水郡，此后即不见有緜诸之记载。当为秦灭亡于此时。

[魏]武侯元年封公子缓。(《魏世家·索隐》引《纪年》)

案:公子缓即公仲缓，武侯之子，惠王之弟，即武侯死后与惠王争立者。应劭谓魏武侯公子元食邑于元城。“元”“缓”音近，疑即一人。

周安王八年(公元前三九四年)

秦惠公六年，魏武侯二年，韩烈侯六年，赵烈侯十五年，齐康公十一年，楚悼王八年，燕简公二十一年。

齐康公十一年伐鲁取最。(《六国表》,《田世家·集解》引徐广说同)

韩烈侯六年救鲁,郑负黍反。(《六国表》)

郑君乙立二年,郑负黍反,复归韩。(《郑世家》)

晋烈公二十二年国大风,昼昏,自旦至中。(《太平御览》八百七十九引《史记》)

案:《韩世家·集解》徐广曰:"六年救鲁也。"盖齐伐鲁而韩救之。

【附编】

鲁穆公使众公子或宦于晋,或宦于荆。犁钼(一作黎且)曰:"假人于越而救溺子,越人虽善游,子必不生矣。失火而取水于海,海水虽多,火必不灭矣,远水不救近火也。今晋与荆虽强,而齐近,鲁患其不救乎?"(《韩非子·说林上》)

周安王九年(公元前三九三年)

秦惠公七年,魏武侯三年,韩烈侯七年,赵烈侯十六年,齐康公十二年,楚悼王九年,燕简公二十二年。

[魏文侯]三十二年(当作魏武侯三年)伐郑,城酸枣。败秦于注。(《魏世家》,"注"当为"汪"之误)

案:《集解》引司马彪曰:"河南梁县有注城也。"《正义》引《括地志》云:"注城在汝州梁县西十五里。"注城非秦地,"注"当是"汪"字之误。《左传》文公二年晋伐秦,"取汪及彭衙而还"。《晋世家》云:"秦果使孟明伐晋,报殽之败,取晋汪以归。"《索隐》云:"又其年冬,晋先且居等伐秦,取汪、彭衙而还,则汪是秦邑,止可晋伐秦取之，岂得秦伐晋而取汪也。”又云：“彭衙在郃阳北，汪不知所在。”《读史方舆纪要》谓同州白水县有汪城，一曰汪在澄城县境。

楚悼王九年伐韩取负黍。（《六国表》，《楚世家》同）

［晋烈公二十三年］太子喜出奔。（《太平御览》八百七十九引《史记》）

周安王十年（公元前三九二年）

秦惠公八年，魏武侯四年，韩烈侯八年，赵烈侯十七年，齐康公十三年，楚悼王十年，燕简公二十三年。

昔者齐康公兴乐万，万人不可以衣短褐，不可食糠糟，曰：“饮食不美，面目颜色，不足视也，衣服不美，身体从容，丑羸不足观也，是以食必粱肉，衣必文绣。”（《墨子·非乐上》）

［齐康公］贷立十四年，淫于酒、妇人，不听政。太公乃迁康公于海上，食一城，以奉其先祀。（《田世家》）

案：万为舞名，“万人”谓万舞之人。孙诒让《墨子间诂》云：“康公衰弱，属于田氏，卒为所迁废，恐未必能兴乐如此之盛。”

周安王十一年（公元前三九一年）

秦惠公九年，魏武侯五年，韩烈侯九年，赵烈侯十八年，齐康公十四年，楚悼王十一年，燕简公二十四年。

秦惠公九年伐韩宜阳，取六邑。（《六国表》，《韩世家》同）

案：《资治通鉴》胡三省注：“此邑即《周礼》四井为邑之邑。”六邑乃宜阳附近之六个较大村落。商鞅在秦变法时，曾合乡、邑、聚为县。聚为小村落,邑乃较大村落。

[楚悼王]十一年三晋伐楚,败我大梁、榆关。楚厚赂秦,与之平。(《楚世家》)

案:《史记会注考证》引《正义》佚文云:"《年表》云:悼王三年归榆关于郑。按榆关当郑之南,大梁之西也。榆关在大梁之境。此时属楚,故云败我大梁榆关也。"(见南化、枫、梅、赘异本)此说甚是。吕祖谦《大事记》云:"大梁魏地,不知楚追三晋之师至于是欤?或者楚伐魏而韩、赵救之,《世家》误以为三晋伐楚欤?"此说不确。榆关在大梁之西南,介于今新郑与开封之间,原为郑地,为楚所攻占。楚悼王三年楚曾一度以榆关归还于郑,但不久仍为楚占有。榆关为出入中原之重要门户,因而成为三晋与楚争夺之地。此年三晋合兵败楚于大梁、榆关,从此大梁为魏所占有,但榆关仍为楚所有。魏惠王欲迁都大梁,榆关势在必得,《魏策四》第二章载有人谓魏王曰:"郑恃魏以轻韩,伐榆关而韩氏亡郑。"《韩非子·饰邪》云:"郑恃魏而不听韩,魏攻荆而韩灭郑。"当魏全力攻取楚之榆关时,韩即乘机灭郑。魏取得榆关之后,于是迁都大梁。

周安王十二年(公元前三九〇年)

秦惠公十年,魏武侯六年,韩烈侯十年,赵烈侯十九年,齐康公十五年,楚悼王十二年,燕简公二十五年。

秦惠公十年与晋战武城。县陕。(《六国表》)

案:《魏世家·正义》引《括地志》云:"故武城一名武平城,在华州郑县东十三里。"在今陕西华县东。陕在今河南三门峡市西，正当函谷关之东北，秦此时在陕设县，图谋向中原扩展。

[魏文侯]三十五年（当作魏武侯六年）齐伐取我襄陵。（《魏世家》，《六国表》同）

齐康公十五年鲁败我平陆。（《六国表》，《田世家》作“鲁败齐平陆”）

吴起治西河之外，王错谮之魏武侯，武侯使人召之。吴起至于岸门，止车而休，望西河（《吕氏春秋·长见》无“休”字），泣数行而下。其仆谓之曰：“窃观公之志（《长见》“志”作“意”），视舍天下若舍屣（《长见》作“视释天下若释蹝”），今去西河而泣何也？”吴起雪泣而应之曰（《长见》“雪”作“抿”）：“子弗识也。君诚知我而使我毕能，秦必可亡，而西河可以王（《长见》无“秦必可亡而”五字，疑有脱误）。今君听谗人之议而不知我，西河之为秦也不久矣（《长见》“秦”下有“取”字），魏从此削矣。”吴起果去魏入荆，而西河毕入秦（《长见》“而”作“有间”），魏日以削，秦日益大，此吴起之所以先见而泣也。（《吕氏春秋·观表》，《长见》大体相同。《韩非子·难言》亦云：“吴起收泣于岸门，痛西河之为秦”）

田文既死，公叔为相，尚魏公主而害吴起。公叔之仆曰：“起易去也。”公叔曰：“奈何？”其仆曰：“吴起为人，节廉而自喜名也。君因先与武侯言曰：‘夫吴起贤人也，而侯之国小，又与强秦壤界，臣窃恐起之无留心也。’武侯即曰：‘奈何？’君因谓武侯曰：‘试延以公主，起有留心，则必受之，无留心，则必辞矣，以此卜之。’君因召吴起而与归，即令公主怒而轻君，吴起见公主之贱君也，则必辞。”于是吴起见公主之贱魏相，果辞魏武侯，武侯疑之而弗信也。吴起惧得罪，遂去，即之楚。（《吴起列传》）

案:《吕氏春秋》谓吴起去魏,有间而西河毕入秦,并非事实,仅魏在河西受秦侵,或为秦所败而已,西河地仍未失也。魏失西河上郡已是魏惠王后期。周安王十三年秦侵魏阴晋,此为魏在河西受秦侵之始。十五年秦败魏于武城下,此又魏在河西首次被败,盖吴起已于周安王十二年左右去魏矣。《魏世家》谓武侯九年(当作二十年)"使吴起伐齐至灵丘",据《六国表》,此年已是周安王二十四年,当楚肃王三年,吴起已于前三年死于楚矣。可知此年魏伐齐至灵丘,并非吴起为将,吕祖谦《大事记》、梁玉绳《史记志疑》皆以为《魏世家》有误,是也。钱穆依据《古本竹书纪年》,考定魏武侯在位年世,《史记》误后十年,魏武侯元年乃周安王六年而非十六年。其《吴起去魏相楚考》以及《先秦诸子系年·通表》将"伐齐至灵丘吴起将"移前十年,定在周安王十四年,而定吴起奔楚在十八年(《先秦诸子系年》第五四一页)。其实,《史记》虽误后魏武侯在位年世十年,但所有史事之系年实不误,不能移前十年也。

又案:《吕氏春秋》谓吴起去魏入楚,由于"王错谮于魏武侯",而《吴起列传》又谓出于"公叔为相,尚魏公主而害吴起"。此乃传闻异辞。公叔不知何名,《魏策一》有公叔痤为将,于魏惠王时与韩、赵战浍北,擒乐祚,得赏田百万,归功于吴起之余教,因索吴起之后赐之田二十万。公叔痤当非害吴起者。王错为武侯之侍臣而掌有权势者,吴起尝对之曰:"吾君之言,危国之道也,而子又附之,是危也。"吴起与王错有隙已非一日。林春溥《战国纪年》云:"吴起去魏,《吕氏春秋》以为王错谮之魏文侯,非痤也。百家传记往往有以证史之误者,此类是也。"

吴起为苑守，行县，适息，问屈宜臼曰："王不知起之不肖，以为苑守，先生将何以教之?"屈公不对。(《说苑·指武》第四章)

案：苑即宛，声同通假。楚之宛郡，相当于此后秦之南阳郡。南阳郡治宛，在今河南南阳市，为重要之冶铁手工业城市。是时各国于边地设郡，以利攻守。宛为楚北边主要之郡。吴起原在魏为西河郡守，战绩与政绩卓著，因而去魏入楚，楚任以为宛守。"行县"谓巡行属县，访问视察。息为大县，在今河南息县西南，可见宛郡辖境甚大。屈宜臼，《淮南子·道应训》作屈宜若，当以屈宜若为是。《韩世家》载韩昭侯二十五年旱，作高门，屈宜臼曰："昭侯不出门。"《集解》引许慎曰："屈宜臼，楚大夫，在魏也。"此事距吴起为宛守已有五十年，屈宜臼不能与吴起同时。

周安王十三年(公元前三八九年)

秦惠公十一年，魏武侯七年，韩烈侯十一年，赵烈侯二十年，齐康公十六年，楚悼王十三年，燕简公二十六年。

[魏文侯]三十六年(当作魏武侯七年)秦侵我阴晋。(《魏世家》，《六国表》作"秦侵阴晋")

案：黄式三云："《年表》云：秦侵晋，《通鉴》同。"盖《六国表》有脱"阴"字而误作"秦侵晋"之版本，《通鉴》因而同误。阴晋后来为秦取得后改名华阴，在今陕西华阴县东南，是时吴起当已去魏入楚矣。

秦惠公十一年太子生。(《六国表》)

齐康公十六年与晋、卫会浊泽。(《六国表》)

[齐康公十六年]太公与魏文侯(当作魏武侯)会浊泽，求为诸侯。

魏文侯乃使使言周天子及诸侯，请立齐相田和为诸侯，周天子许之。(《田世家》)

周安王十三年齐田和会魏文侯(当作魏武侯)、楚人、卫人于浊泽，求为诸侯，魏文侯为之请于王及诸侯，王许之。(《资治通鉴》)

案：浊泽之会，《资治通鉴》谓有楚人参与，不见《史记》，当别有所据。

[晋烈公]二十七年烈公卒，子孝公颀立。(《晋世家》)

案：《索隐》云："《世本》云孝公倾，《纪年》以孝公为桓公，故《韩子》有晋桓侯。"考《晋世家·索隐》云："《纪年》云魏武侯以桓公十九年卒"，又云："《纪年》云桓公二十年赵成侯、韩共侯迁桓公于屯留。"《水经·漳水注》引《纪年》又作梁惠成王元年，则晋烈公之卒，必在是年，而晋桓公之元在次年。

吴起为楚令尹，适魏("魏"当为"息"字之误)，问屈宜若曰："王不知起之不肖，而以为令尹，先生试观起之为人也。"屈子曰："将奈何？"吴起曰："将衰楚国之爵，而平其制禄，损其有余而绥其不足，砥砺甲兵，时争利于天下。"屈子曰："宜若闻之，昔善治国家者，不变其故，不易其常。今子将衰楚国之爵，而平其制禄，损其有余而绥其不足，是变其故，易其常也。行之若不利。宜若闻之曰：'怒者逆德也，兵者凶器也，争者人之所本也。'今子阴谋逆德，好用凶器，始人之所本，逆之至也。且子用鲁兵，不宜得志于齐而得志焉。子用魏兵，不宜得志于秦而得志焉。宜若闻之，非祸人不能成祸，吾固惑吾王之数逆天道，戾人理，至今无祸，差须夫子也。"吴起惕然曰："尚可更乎？"屈子曰："成形之徒，不可更也，子不若敦爱而笃行之。"(《淮南子·道应训》，《说苑·指武》第四章大体相同)

案:《说苑·指武》谓吴起先为苑守,居一年,王以为令尹。先后二次适息,问屈宜臼(当作屈宜若)。《淮南子》"适魏"当为"适息"之误。

吴起为苑守,行县,适息……居一年,王以为令尹,行县,适息。问屈宜臼曰:"起问先生,先生不教。今王不知起之不肖,以为令尹,先生试观起为之也。"屈公曰:"子将奈何?"吴起曰:"将均楚国之爵而平其禄,损有余而继其不足,厉甲兵以时争于天下。"屈公曰:"吾闻昔善治国家者,不变故,不易常。今子将均楚国之爵而平其禄,损其有余而继其不足,是变其故而易其常也。且吾闻兵者凶器也,争者逆德也。今子阴谋逆德,好用凶器,殆人所弃,逆之至也,淫泆之事也,行者不利。且子用鲁兵,不宜得志于齐而得志焉;子用魏兵,不宜得志于秦而得志焉。吾闻之曰:非祸人不能成祸,吾固怪吾王之数逆天道,至今无祸。嘻!且待夫子也。"吴起惕然曰:"尚可更乎?"(此下原衍"屈公曰不可,吴起曰起之为人谋"十三字,从朱骏声校删)屈公曰:"成刑之徒,不可更已。子不如敦爱而笃行之。"(此下原衍"楚国无贵于举贤"七字。《说苑·指武》第四章)

案:《说苑》"将均楚国之爵",《淮南子》"均"作"衰"。"均"当为"衰"字之误。吴起所谓"衰楚国之爵,而平其制禄",即《韩非子·和氏》称吴起主张"三世而收爵禄,才减百吏之禄秩"。

楚悼王素闻起贤,至则相楚。明法审令,捐不急之官,废公族疏远者,以抚养战斗之士,要在强兵,破驰说之言纵横者。(《吴起列传》)

案:战国时楚沿旧制仍以令尹为最高官职。令尹相当于别国之相。《淮南子》、《说苑》谓吴起为令尹,是也。

又案:《资治通鉴》据《六国表》系“魏文侯薨太子击立,是为武侯”于周安王十五年,因而列吴起去魏入楚而为相之事在同年,并无确据。

吴起之事悼王也,使私不得害公,谗不得蔽忠,言不取苟合,行不取苟容,不为危易行,行义不辟难,然为霸主强国,不辞祸凶。(《蔡泽列传》记应侯语,《秦策三》第十八章作“吴起事悼王,使私不害公,谗不蔽忠,言不取苟合,行义不固,毁誉必有,伯主强国,不辞祸凶”)

吴起为楚悼王立法,卑减大臣之威重,罢无能,废无用,损不急之官,塞私门之请,一楚国之俗,禁游客之民,精耕战之士,南收杨越,北并陈、蔡,破横散从,使驰说之士无所开其口,禁朋党以励百姓,定楚国之政,兵震天下,威服诸侯。功已成矣,而卒枝解。(《蔡泽列传》记蔡泽语,《秦策三》第十八章作:“吴起为楚悼罢无能,废无用,损不急之官,塞私门之请,壹楚国之俗,南收杨越(“收”原作“攻”,从王念孙据《南越传·索隐》所引改正),北并陈、蔡,破横散从,使驰说之士无所开其口。功已成矣,卒支解。”)

吴起教楚悼王以楚国之俗曰:“大臣太重,封君太众,若此则上逼主而下虐民,此贫国弱兵之道也。不如使封君之子孙,三世而收爵禄,绝灭(顾广圻云:当作才减,才裁同字)百吏之禄秩,以奉选练之士。”(《韩非子·和氏》)

吴起谓荆王曰:“荆所余者地也,所不足者民也,今君王以所不足,益所有余,臣不得而为也。”于是令贵人往实广虚之地,皆甚苦之。(《吕氏春秋·贵卒》)

郢人以两版垣也,吴起变之而见恶。(《吕氏春秋·义赏》)

案:《韩非子·和氏》云:“悼王行之期年而薨矣,吴起枝解于楚。”吴起入楚约在悼王十二年左右，其政绩、战绩颇有成功，蔡泽因谓吴起“功已成矣，而卒枝解”，不似治一年即被杀者。

周安王十四年（公元前三八八年）

秦惠公十二年，魏武侯八年，韩烈侯十二年，赵烈侯二十一年，齐康公十七年，楚悼王十四年，燕简公二十七年。

［秦］惠公十二年子出子生。（《秦本纪》，《六国表》作“太子生”，系于十一年，早一年）

周安王十五年（公元前三八七年）

秦惠公十三年，魏武侯九年，韩烈侯十三年，赵烈侯二十二年，齐康公十八年，楚悼王十五年，燕简公二十八年。

［秦惠公］十三年伐蜀，取南郑，惠公卒，出子立。（《秦本纪》）

秦惠公十三年蜀取我南郑。（《六国表》）

案：《资治通鉴》作“秦伐蜀，取南郑。”黄式三《周季编略》作“蜀取秦南郑，秦伐蜀复取南郑。”《史记会注考证》云：“《纪》、《表》前此书秦城南郑及南郑反矣，则南郑非蜀土也。程一枝曰：《史·表》蜀取我南郑，当从《史·表》为是。”南郑在今陕西汉中市。《六国表》厉共公二十六年左庶长城南郑，《秦本纪》、《六国表》躁公二年南郑反。是时南郑既非蜀土，亦非秦地。盖蜀取南郑，秦又伐蜀而取南郑耳。

［秦］惠公享国十三年，葬陵圉，生出公。（《秦始皇本纪》引《秦记》）

［赵烈侯］九年烈侯卒，弟武公立，武公十三年卒，赵复立烈侯太

子章，是为敬侯。(《赵世家》,《魏世家·索隐》引《世本》亦云:“敬侯名章。”)

案:赵烈侯、敬侯间,《史记》误多武公一代,说见前。

赵之先君敬侯，不修德行，而好纵欲，适身体之所安，耳目之所乐，冬日罼弋，夏浮淫，为长夜，数日不废御觞。不能饮者，以筒灌其口，进退不肃，应对不恭者斩于前。故居处饮食如此其不节也，制刑杀戮如此其无度也，然敬侯享国数十年(当作十数年)，兵不顿于敌国，地不亏于四邻，内无群臣、百官之乱(“群”原作“君”，从松皋圆改正)，外无诸侯、邻国之患，明于所以任臣也。(《韩非子·说疑》)

[韩列侯]十三年列侯卒，子文侯立。(《韩世家》)

案:《索隐》云:“《纪年》无文侯,《世本》无列侯。”考列侯前为景侯,《六国表》及《索隐》引《世本》、《纪年》皆言景侯名虔,《韩世家》又言列侯名取,而《索隐》云:“《世本》又作武侯。”钱穆《三晋始侯考》论之曰:“其时韩君实止两人,一名虔,即景子,一名取,则《史记》之所谓列侯与文侯,亦即《世本》之所谓武侯也。……实即《纪年》之列侯一人也。今《史·表》分作两人者,盖亦由其称侯改元而误。然则今表列侯元年,乃其君即位称元之年,文侯元年乃其君称侯改元之年,是年正齐田和始立为侯之岁。前一年,田和会诸侯于浊泽,盖韩人亦于此会后与田齐同时称侯也。”(《先秦诸子系年》第一四四页)今案《索隐》引《世本》明云“无列侯”,而“作武侯”,不云《世本》与《纪年》同无文侯,则《世本》列侯作武侯,未必无文侯。钱氏以《史记》文侯之元,乃其君称侯改元之年,无的证也。

［魏文侯］三十八年（当作魏武侯九年）伐秦，败我武下，得其将识。（《魏世家》）

案：黄式三《周季编略》云："既获秦将，又言败我，疑有讹脱。""得其将识"句，当有脱误。

周安王十六年（公元前三八六年）

秦出子元年，魏武侯十年，韩文侯元年，赵敬侯元年，齐康公十九年，田和元年，楚悼王十六年，燕简公二十九年。

［齐］康公之十九年田和立为齐侯，列于周室，纪元年。（《田世家》）

齐康公十九年田常曾孙田和始列为诸侯，迁康公海上，食一城。（《六国表》，《齐世家》作"田常曾孙田和始为诸侯，迁康公海滨"）

赵敬侯元年公子朝作乱，不克，出奔魏。赵始都邯郸。（《赵世家》"公子"上原衍"武"字，今删。《六国表》作"武公子朝作乱，奔魏"，亦衍"武"字）

赵敬侯初立，公子朔为乱，不胜，奔魏，与魏袭邯郸，魏败而去。（《魏世家》，《六国表》作"袭邯郸，败焉"）

案：《赵世家》于敬侯前误多"武公"一世，公子朝又误作"武公子朝"。《魏世家》作"公子朔"，"朔"当为"朝"字之误。

又案：《资治通鉴》只记公子朝作乱与魏袭邯郸，而不载是年赵始都邯郸。盖不信此一记载。《资治通鉴》周威烈王二十三年胡三省注辨之曰："赵成侯二十二年魏克邯郸，是年显王之十六年也，二十四年魏归邯郸。若敬侯已都邯郸，魏克其国都而赵不亡，何也？至显王二十二年公子范袭邯郸，不胜而死，是年肃侯之三年也。意此时赵方都邯郸，盖肃侯徙都，非敬侯也。"程恩泽

《国策地名考》从之。其实不然。公子朝之袭邯郸，与公子范之袭邯郸，皆以邯郸为赵都之故。魏惠王围赵邯郸三年而拔之，但赵不屈，时齐、楚相继救赵，齐大败魏于桂陵，而秦又克魏之旧都安邑。于是魏归邯郸于赵，而盟于漳水之上。《战国纵横家书》第十五章，当秦攻魏都大梁时，须贾说穰侯曰："初时者，惠王伐赵，战胜三梁，拔邯郸，赵氏不割而邯郸复归。齐人攻燕，拔故国，杀子之，燕人不割而故国复反(返)。燕、赵之所以国大兵强而地兼诸侯者，以其能忍难而重出地也。"《魏策三》第三章同。须贾当秦围攻大梁时，以赵邯郸之被拔而复归，与燕"故国"之被拔而复返，相提并论，即因邯郸与大梁同为国都。所谓燕之"故国"，亦指国都而言。赵、燕确如须贾所言，由于忍难不屈，国都得以失而复归。梁玉绳信敬侯始都邯郸之记载，但又不信魏惠王围赵邯郸拔而复归之记载，以为赵守邯郸三年，不降不拔。其实，不仅赵、魏、田等《世家》于此事有明确记载，所有当时之议论亦极明显，无可疑者。

又案：赵都邯郸故城遗址今尚保存，宫城由三小城组成"品"字形，位于大郭之西南。大郭之建筑较宫城为早。大郭内东北部有一宫殿遗址，称为丛台，因若干高台基组成而得名，在今邯郸市中华路西侧人民公园内。高达二十六米，当为赵早期宫殿之所在。参看拙作《中国古代都城制度史研究》上编第七章第五节。

周安王十七年(公元前三八五年)

秦出子二年，魏武侯十一年，韩文侯二年，赵敬侯二年，齐康公二十年，田和二年，楚悼王十七年，燕简公三十年。

［秦］出子二年庶长改迎灵公之子献公于河西而立之。杀出子及其母，沈之渊旁。秦以往者数易君，君臣乖乱，故晋复强，夺秦河西地。（《秦本纪》）

秦出公二年庶长改迎灵公太子，立为献公，诛出公。（《六国表》）

［秦］出公享国二年，出公自杀，葬雍。（《秦始皇本纪》引《秦记》）

秦小主夫人用奄变，群贤不说，自匿，百姓郁怨非上。公子连亡在魏，闻之，欲入，因群臣与民，从郑所之塞，右主然守塞，弗入。曰："臣有义，不两主，公子勉去矣。"公子连去，入翟，从焉氏塞，菌改入之。夫人闻之，大骇，令吏与卒，奉命曰："寇在边，卒与吏，其始发也，皆曰：'往击寇。'中道因变曰：'非击寇也，迎主君也。'"公子连因与卒俱来，至雍，围夫人，夫人自杀。公子连立，是为献公。怨右主然而将重罪之，德菌改而欲厚赏之。监突争之曰："不可！秦公子在外者众，若此则人臣争入亡公子矣，此不便主。"献公以为然，故复右主然之罪，而赐菌改，官大夫，赐守塞者人米二十石。（《吕氏春秋·当赏》）

> 案：《秦本纪》明言："庶长改迎灵公之子献公于河西而立之。"而《正义》曰："西者，秦州西县，秦之旧地，时献公在西县，故迎立之。"王念孙因云："如《正义》西上本无河字，盖涉下文而衍。"此一校勘不确。《通鉴》胡三省注云："此言河西，非西县也。灵公之卒，献公不得立，出居河西。河西者黄河之西，盖汉凉州之地。"今以《吕氏春秋》比勘，当作河西为是。河西原为秦地，是时为魏所夺而占有，故《吕氏春秋》云："公子连亡在魏。"若为陇西郡之西县，原为秦之西陲，在今甘肃天水市西南，在秦之西境，

则不得谓“亡在魏”也。在此以前，秦长期内乱，由若干庶长掌权，常改易国君，因而秦公子常出亡至魏。新立国君常为自魏归来秦公子。如躁公死后，弟怀公从晋来；灵公死后，简公亦从晋来。此时公子连由魏来，亦其俦也。公子连先欲从郑所之塞入，当即设于郑附近之塞，在今陕西华县东，此乃由河西进入秦之主要通道。秦因而建有关塞，驻有守兵。公子连原欲由此入秦，为守塞之右主然所拒，因而奔向西北戎、翟之区，改由焉氏塞入秦。焉氏即乌氏之音转，为乌氏戎所在之地，在今甘肃平凉县西北，距郑有六百里之遥，为菌改所迎入。《吕氏春秋》之菌改，即《史记》之庶长改。《吕氏春秋》谓“夫人闻之大骇，令吏与卒”，夫人即秦出子之母。“卒与吏”奉命至边境“击寇”，中道反叛，改为“迎君主”，于是公子连率倒戈之“卒与吏”至雍，“围夫人，夫人自杀”。《吕氏春秋》称“秦小主夫人用奄变，群贤不说，自匿，百姓郁怨非上”。盖出子之母用宦官专权，为群贤与百姓所反对。公子连即献公，据《六国表》，为秦灵公元年（公元前四二四年）所生。此时年已四十，灵公十一年卒，献公不得立而出居河西，亦已有三十年，尝目睹魏变法图强之经历。此时献公入秦即位，盖得力于群贤与百姓之辅佐。此后秦献公、孝公相继变法图强，即建基于此。出子亦称出公，见于《秦始皇本纪》所引《秦记》，又称少主，见于《索隐》所引《世本》。《吕氏春秋》又称为小主。出子生于惠公十一年或十二年，时仅二三岁，故由其母执政，《吕氏春秋》所谓“秦小主夫人用奄变”，《秦记》称“出公享国二年。出公自杀，葬雍”。小主年幼不知自杀，《秦本纪》称“杀出子及其母，沈之渊旁”，是也。《秦记》盖讳言被杀。监突，《汉书·古今人表》作大监突，列于中中等，监与大监为宦官名。献公既入，怨右主然而将重罚之，德菌改而欲厚赏之，因监突进谏，免除右主然之罪，而赐菌改为官大夫。《秦本纪》、《六国表》称庶长改。左庶长为第十级爵，官大夫为第六级爵，盖降其爵秩。故《吕氏春秋》下文云："献公可谓能用赏罚矣。……所归善，虽恶之赏；所归不善，虽爱之罚；此先王之所以治乱安危也。"《吕氏春秋》为秦之著作，所言秦事当可信。从此秦庶长擅权废立之事绝迹，变法图强由此开始。

又案：《吕氏春秋》称献公名连，高诱注云："公子连一名元。"《史记·索隐》云"名师隰"，毕沅以为"殆据《世本》"。梁玉绳云："秦献公亦谥元，故《史记·索隐》作元献公，《越绝书》称元王，非别名元也。"今案：连或即师隰之合音。

[魏武侯]十一年城洛阳及安邑、王垣。(《魏世家·索隐》引《纪年》，"洛阳"当为"洛阴"之误)

[魏武侯]二年(当作十一年)城安邑、王垣。(《魏世家》，《六国表》同)

案：朱右曾《存真》云："洛阳当作洛阴，《史记》文侯攻秦，还筑洛阴是也。"此说甚确。魏无地名洛阳者，洛阴在今陕西大荔县东南。魏文侯攻取秦河西地，至郑而还，筑洛阴、合阳。《水经·浍水注》云："武侯二年又城安邑，盖增广之。"是年武侯于洛阴、安邑、王垣三处加筑城垣，为加强河西、河东以及河北之防守。王垣即首垣，在今山西长垣县东北。

[宋]悼公八年卒，子休公田立。(《宋世家·索隐》云："按《纪年》为十八年。")

案:《六国表》定宋悼公元年当周威烈王二十三年,宋休公元年当周安王七年,《索隐》谓《纪年》悼公为十八年,是《史记》宋悼公短少十年,悼公当卒于周安王十七年。是年悼公为韩所执而卒,休公当未逾年而改元。

韩文侯二年伐郑,取阳城,伐宋,到彭城,执宋君。(《六国表》,《韩世家》同)

案:是年韩伐宋到彭城,所执宋君当即宋悼公,悼公即卒于是年。此悼公之所以谥为悼欤?当时谥为悼之君主,非短寿即不得善终者。秦武王,《秦记》作秦悼武王,在位仅四年,举鼎折髌而死。秦悼太子在秦昭王四十年,因质于魏而死。韩悼襄王因为秦大败,"不得意而死"(《韩非子·饰邪》)。楚悼王虽非惨死,但死后,因群臣射刺吴起而兼中王尸。《周季编略》作"韩伐宋至彭城,执宋君,既而释之",出于臆造。

又案:是年韩伐宋到彭城执宋君,盖宋已由睢阳迁都彭城。钱穆有《战国时宋都彭城证》,列举证据十五条,此中最主要之直接证据,即此年韩伐宋到彭城执宋君,与相传周显王三十三年或四十二年,"宋太丘社亡而鼎没于泗水彭城下",见于《史记·封禅书》与《汉书·郊祀志》。宋列诸泗上十二诸侯之列。《楚策》张仪为秦连衡,说楚王曰:"破宋而东指,则泗上十二诸侯尽王之有。"《齐策》亦云:"今大王之所从十二诸侯,非宋、卫,则邹、鲁、陈、蔡。"又曰:"举五千乘之劲宋而包十二诸侯。"宋列泗上,与邹、鲁、滕、薛、莒、费、郯同称,则其都东迁不留睢阳之证。"又《秦策》或人之说秦王曰:秦、楚之兵构而不离,魏氏将出兵而攻留、方与、铚、胡陵、砀、萧、相,故宋必尽。则所谓故宋者,北及济宁，南至萧、宿，中包沛、砀，襟带徐、彭为之藩翼，而独不及睢阳。睢阳豁在西陲，纵列版图，未可宁居，此宋都东迁不在睢阳之证。”(《先秦诸子系年》第三二二至三二六页)考《吕氏春秋·慎势》云：“声王围宋十月，楚三围宋矣而不能亡。”其时魏、楚正争夺今河南东部郑、宋之间地。宋之迁都彭城，列于泗水十二诸侯，疑即在此时，欲以避魏、楚争夺之锋也。

(郑君乙)十一年韩伐郑，取阳城。(《郑世家》)

齐康公二十年伐鲁破之。(《六国表》)

[赵敬侯]二年败齐于灵丘。(《赵世家》)

秦献公元年，止从死。(《秦本纪》)

案：据《六国表》，秦献公元年在次年。考《秦始皇本纪》引《秦记》作“献公享国二十三年”，而《秦本纪》云：“二十四年献公卒。”钱穆《先秦诸子系年·自序》云：“盖献公实弑君自立，故未逾年而改元。出子之末即献公之初，元丙申，卒己未，得二十四年。”此说可信。秦武公二十年卒，初以人从死，是年出子被杀，秦献公止从死，故《秦本纪》云然。《秦始皇本纪》引《秦记》云：“出公自杀，葬雍。”盖讳言被杀。

齐康公二十年田和卒，二十一年田和子桓公午立。(《六国表》)

齐侯太公和立二年，和卒。子桓公午立。(《田世家》)

[齐康公]二十二年(当作二十年)田侯剡立，后十年齐田午弑其君及孺子喜而为公。(《田世家·索隐》引《纪年》)

案：《史记》于田和、桓公之间，脱失侯剡一世。田和卒于齐康公二十年，侯剡继立当即在是年。《纪年》称康公二十二年田侯剡立，二十二年当是二十年之误。钱穆论之曰：“田和以齐康公二十年卒，田剡即以是年立。《年表》书之隔岁，依人君即位翌年称元之例也。《索隐》引《纪年》作齐康公二十二年田剡立，误衍一'二'字。知者，《魏世家·索隐》谓桓公立十九年，当梁惠王之十三年，则桓公弑君自立在魏武侯二十一年。自此逆溯而上十年，正为齐康公之二十年。知《史记》于此误其世系而未误其年也。"（《先秦诸子系年》第一八九页）其说甚是。雷学淇《考订竹书纪年》依据"康公二十二年田侯剡立"，以为"后十年"实侯剡改元之九年，即魏武侯二十二年，因而断言"齐桓实以此年弑其君，且即以此年为己之元年"。其说不确。

周安王十八年（公元前三八四年）

秦献公元年，魏武侯十二年，韩文侯三年，赵敬侯三年，齐康公二十一年，田侯剡元年，楚悼王十八年，燕简公三十一年。

[赵敬侯]三年救魏于廪丘，大败齐人。（《赵世家》）

案：徐文靖《纪年统笺》云："即败齐田布事，救廪丘者乃烈侯，《世家》云敬侯误。"钱穆亦云："余考晋烈公十一年适当赵烈侯之三年，然则史公所云敬侯三年败齐廪丘者，实系烈侯三年之误也。"此说不确。廪丘原为齐地，田悼子卒，田氏内乱，田会以廪丘叛于赵，田布围廪丘，三晋大败齐师于龙泽，于是廪丘为魏占有。是年齐攻魏于廪丘，赵救魏，又大败齐人。明为先后两事，不得混为一谈。

周安王十九年（公元前三八三年）

秦献公二年，魏武侯十三年，韩文侯四年，赵敬侯四年，齐康公二十二年,田侯剡二年,楚悼王十九年,燕简公三十二年。

秦献公二年城栎阳。(《六国表》,《秦本纪》同)

秦献公即位,镇抚边境,徙治栎阳,且欲东伐,复穆公之故地,修穆公之政令。(《秦本纪》秦孝公下令国中云)

案:《秦本纪》"城栎阳",《集解》引徐广曰:"徙都之,今万年是也。"《水经·渭水注》亦云:"《史记》秦献公二年城栎阳,自雍徙居之。"《太平御览》一百五十五引《帝王世纪》云:"德公元年初居雍,今扶风雍是也。至献公即位,徙治栎阳,今冯翊万年是也。孝公自栎阳徙咸阳。"考秦惠文王四年相邦樛斿戈,为"栎阳工"所造。秦孝公、惠公、昭王时之相邦戈,铸造地不外雍、栎阳、咸阳、西四地,皆为秦曾建都之地。

[鲁]穆公三十三年卒,子奋立,是为共公。(《鲁世家》)

公仪休相鲁,鲁君死,左右请闭门。公仪休曰:"止!池渊吾不税,蒙山吾不赋,苛令吾不布,吾闭于门哉?"(《说苑·政理》第二十一章)

案:公仪休为鲁穆公之相,直至穆公去世,自称不征山泽之赋税,不布苛令,与商鞅"收山泽之税"不同。

[卫]慎公四十二年(当作三十二年)卒,子声公训立。(《卫世家》)

圣公驰。(《索隐》引《世本》,"驰"当作"驯")

案:《六国表》系卫声公元在周烈王四年,系卫成公元在周显王八年。考《卫世家》云:"成侯十一年公孙鞅入秦",时正周显王八年。可知《六国表》成侯元实误后十年。《卫世家》又云:"成侯十六年卫更贬号曰侯。"周显王八年既是卫成侯十一年,则成侯十六年，即周显王十三年，亦即魏惠王十四年，《魏世家·索隐》引《纪年》，谓是年“鲁恭侯、宋桓侯、卫成侯、郑釐侯来朝”，殆卫以是年朝魏而贬号为侯欤？此亦卫成侯元在周烈王五年，不在周显王八年之证也。今《六国表》卫成侯元既误后十年，当在周烈王五年，则卫慎公必于周安王十九年卒，声公元在周安王二十年也。

案《索隐》云：“训亦作驯，休运反，《世本》作圣公驰。”钱大昕曰：“《广韵》引《风俗通》云：‘圣者声也’，《周礼·地官》土训，郑司农读为驯，《五帝纪》五品不训，《后汉书·邓禹、周举传》俱作不驯，皆古通用之字。‘驰’盖‘驯’之讹。”李笠曰：“声圣音近字通。左氏文十七年《传》声姜《公羊传》作圣姜。”

[赵敬侯]四年魏败我兔台。筑刚平以侵卫。(《赵世家》)

周安王二十年(公元前三八二年)

秦献公三年，魏武侯十四年，韩文侯五年，赵敬侯五年，齐康公二十三年，田侯剡三年，楚悼王二十年，燕简公三十三年。

秦献公三年日蚀昼晦。(《六国表》)

案：此年西历七月三日九时十二分日有全食。见朱文鑫《历代日食考》卷三《战国及秦日食表》。合当时历法为八月初一。

[赵敬侯]五年齐、魏为卫攻赵，取我刚平。(《赵世家》)

赵氏袭卫，车不舍，人不休，傅卫国，城刚平，卫八门土而二门堕矣，此亡国之形也。卫君跣行告遡于魏，魏王身被甲砥剑，挑赵索战，邯郸之中骛，河、山之间乱。卫得是藉也，亦收余甲而北面残刚平，堕中牟之郭。卫非强于赵也，譬之卫矢而魏弦机也，藉力于魏而有河东

之地。(《齐策五》第一章,苏代说齐闵王)

案:“车不舍,人不休,傅卫国,城刚平”,“车”下“不”字原脱,“傅”原误作“传”,“刚”原误作“割”,今从王念孙《读书杂志》改正。“傅”乃使士卒缘登城墙而进攻,亦称为蚁傅或蛾傅。“傅卫国”,谓赵攻卫都濮阳,采用缘登城墙而围攻之战术。故下文云:“卫八门土而二门堕矣”。“城刚平”,谓赵在刚平筑城作为进攻之基地。《秦策四》第十一章或人为六国说秦王曰:“(赵)筑刚平,卫无东野,刍牧薪采,莫敢窥东门。当是时卫危于累卵。”刚平正当濮阳之北,《赵世家》谓赵敬侯四年,“筑刚平以侵卫”,即此所谓“傅卫国,城刚平”。由于卫得魏之助,魏“挑赵索战”,卫得以收余甲而北向反攻,取得“残刚平,堕中牟之郭”之胜利。《赵世家》云:赵敬侯五年“齐、魏为卫攻赵,取我刚平”。与此相合。可知助卫者不仅是魏,而且有齐。因而卫得大胜,不仅“残刚平”,而且得“堕中牟之郭”。中牟为赵之旧都,在今河南鹤壁市西。

周安王二十一年(公元前三八一年)

秦献公四年,魏武侯十五年,韩文侯六年,赵敬侯六年,齐康公二十四年,田侯剡四年,楚悼王二十一年,燕简公三十四年。

[赵敬侯]六年借兵于楚伐魏,取棘蒲。(《赵世家》)

卫非强于赵也……藉力于魏而有河东地。赵氏惧。楚人救赵而伐魏,战于州西,出梁门,军舍林中,马饮于大河。赵得是藉也,亦袭魏之河北,烧棘蒲,坠黄城。(《齐策五》第一章苏代说齐闵王)

案:是年楚救赵伐魏,深入魏地。州在魏之河内,在今河南武陟西南,黄河以北。梁门当为大梁西北之关塞,林中在梁门之北(参见周赧王三十二年案语之考释)。是时楚军前锋已越黄河而与魏军战于州西,随后大军已出梁门,驻屯于林中,而战马饮水于黄河边。由此切断魏之河内与河东国都安邑之联系,造成魏十分危急之局势,于是赵借助于楚之攻势,进伐魏之河北,火攻棘蒲,取得大胜,并南下攻克魏之黄城。棘蒲在今河北魏县南,黄城在今河南内黄西。《赵世家》所谓"借兵于楚伐魏",非借用楚之兵力伐魏,盖借助于楚伐魏之攻势也。此一战役,接连有三年之久。即《赵世家》所言敬侯六年伐魏取棘蒲、八年拔魏黄城。八年当为七年之误。楚之出师攻魏以救赵,必在楚悼王未卒以前。若在悼王卒后,内乱爆发,政局未定,岂能大举攻魏而如此深入魏地?楚之大举攻魏,既在楚悼王未卒以前,时吴起正为令尹,则主其军而指挥作战者,必为吴起无疑。《吴起列传》称:吴起相楚"南平百越,北并陈、蔡,却三晋,西伐秦"。考陈、蔡早为楚所灭。灭陈在楚惠王十一年,灭蔡在楚惠王四十二年,所谓"北并陈、蔡",当是巩固统治陈、蔡旧地。所谓"却三晋",即指此攻魏救赵之大战。赵敬侯四年赵筑刚平,围攻卫国,卫借助于齐、魏之攻赵,于次年攻克赵之刚平,并"堕中牟之郭"。再次年,赵又借助于楚之攻魏,火攻魏棘蒲得胜,至赵敬侯七年拔魏黄城。此乃战国初期中原地区,魏、齐、卫与赵、楚之间连续四年之混战,赵、魏两国皆受巨大之创伤。苏代说齐闵王曰:"故刚平之残也,中牟之堕也,黄城之坠也,棘蒲之烧也,此皆非赵、魏之欲也。"

及吴起相悼王,南并蛮越,遂有洞庭、苍梧。(《后汉书·南

蛮传》）

案：《吴起列传》谓吴起“南平百越”。蔡泽谓吴起“南收杨越”，见《秦策三》与《蔡泽列传》。《后汉书》又谓吴起“南并蛮越”。可知吴起为楚令尹时，曾向南方百越地区开拓。《吕氏春秋·恃君》云：“杨、汉之南，百越之际，敝、凯诸、夫风、余靡之地，缚娄、阳禺、驩兜之国，多无君。”吴起所开拓，主要为洞庭至苍梧一带。苍梧在今湖南、广西间。蒋伯超《南漘楛语》卷五《吴起非商鞅比》条云：“按今南赣诸郡及楚、粤毗连等处，皆吴起相楚悼王时所开。”其说甚是。

[楚悼王]二十一年悼王卒，子肃王臧立。（《楚世家》）

吴起……令贵人往实广虚之地，皆甚苦之。荆王死，贵人皆来，尸在堂上，贵人相与射吴起。吴起号呼曰：“吾示子吾用兵也。”拔矢而走，伏尸插矢而疾言曰：“群臣乱王。”吴起死矣。且荆国之法，丽兵于王尸者尽加重罪，逮三族。吴起之智，可谓捷矣。（《吕氏春秋·贵卒》）

楚之贵戚尽欲害吴起。及悼王死，宗室大臣作乱而攻吴起，吴起走之王尸而伏之。击起之徒，因射刺吴起，并中悼王。悼王既葬，太子立，乃使令尹尽诛射吴起而并中王尸者。坐射起而夷宗死者七十余家。（《吴起列传》）

吴起枝解于楚。（《韩非子·和氏》，《韩非子·难言》亦云：“吴起……卒枝解于楚。”《韩非子·问田》亦云：“吴起支解。”《墨子·亲士》又云：“吴起之裂其事也。”《秦策三》亦云：“吴起……功已成矣，卒支解。”《淮南子·缪称训》又云：“吴起刻削而车裂。”《淮南子·主术训》亦云：“吴起……车裂支解。”《韩诗外传》一及《吕氏春秋·执一》

高诱注亦云然。《史记》失载吴起车裂事）

墨者钜子孟胜，善荆之阳城君。阳城君令守于国，毁璜以为符，约曰："符合听之。"荆王薨，群臣攻吴起，兵于丧所，阳城君与焉，荆罪之。阳城君走，荆收其国。孟胜曰："受人之国，与之有符，今不见符，而力不能禁，不能死，不可。"其弟子徐弱谏孟胜曰："死而有益阳城君，死之可矣。无益也，而绝墨者于世，不可。"孟胜曰："不然。吾于阳城君也，非师则友也，非友则臣也。不死，自今以来，求严师，必不于墨者矣；求贤友，必不于墨者矣；求良臣，必不于墨者矣。死之，所以行墨者之义而继其业者也。我将属钜子于宋之田襄子。田襄子贤者也，何患墨者之绝世也。"徐弱曰："若夫子之言，弱请先死以除路。"还，殁头于前（"于前"原误作"前于"，今改正）。孟胜因使二人传钜子于田襄子，弟子死者百八十。二人致令于田襄子（"二人"原误作"三人"，今据上文改正）。欲反死孟胜于荆，田襄子止之曰："孟子已传钜子于我矣，当听。"遂反死之。（"遂"上当脱"不听"二字，《吕氏春秋·上德》）

案：孙诒让《墨学传授考》云："吴起之死，在周安王二十一年，时墨子当尚存，则孟胜、田襄子，或亲受业于墨子，亦未可知。其为钜子，岂即墨子所命，为南方墨者之大师者邪？孟胜之死也，必属钜子于田襄子，明以传学为重，亦若儒者之有师承宗派，佛氏之有传授衣钵矣。"又云："案：田襄子言行无考，《说苑·尊贤》有卫君问田让。疑即田襄子，附识以备考。"考《庄子·天下》云："以巨子为圣人，皆愿为之尸，冀得为其后世。"钜子即巨子，当为墨者之领袖人物，所从墨者有服从行动之纪律，钜子之职位采取传授之制度。此种制度为墨子所创，其时墨子当已去世。

［秦献公］四年正月庚寅孝公生。（《秦本纪》，《六国表》作“孝公生”）

案：据张培瑜《中国先秦史历表》，公元前三八一年含冬至之正月，实朔为壬午。鲁历与殷历同。董作宾《中国年历总谱》亦同。正月壬午朔，则庚寅为初九。

卷五
周安王二十二年(公元前三八〇年)至周显王七年(公元前三六二年)

周安王二十二年(公元前三八〇年)

秦献公五年,魏武侯十六年,韩文侯七年,赵敬侯七年,齐康公二十五年,田侯剡五年,楚肃王元年,燕简公三十五年。

齐康公二十五年伐燕取桑丘。(《六国表》)

桓公午五年……齐因起兵袭燕国,取桑丘。(《田世家》)

[赵敬侯]八年(当作七年)拔魏黄城。九年(两字误衍)伐齐[至桑丘]。齐伐燕赵救燕。(《赵世家》,"至桑丘"三字,据《田世家·正义》所引补)

赵敬侯七年伐齐至桑丘。(《六国表》)

[魏武侯]七年(当作十六年)伐齐至桑丘。(《魏世家》,《六国表》同)

[韩文侯]七年伐齐至桑丘。(《韩世家》,《六国表》同)

案:《田世家·正义》云:“尔时齐伐燕桑丘,魏、赵来救之”,魏、赵《世家》皆云:“伐齐至桑丘,皆在易州。”今本《赵世家》失载“伐齐至桑丘”。后两年,《田世家》载“三晋因齐丧来伐我灵丘”。《正义》云:“灵丘此时属齐,三晋因丧伐之。韩、魏、赵《世家》云:伐齐至灵丘,皆是蔚州。”今本《赵世家》于敬侯九年则云:“伐齐,齐伐燕,赵救燕。”梁玉绳《史记志疑》辨之曰:“赵敬侯七年,齐伐燕取桑丘,三晋救燕,伐齐至桑丘,《六国表》及田完、魏、韩《世家》可证。若敬侯九年,虽有伐齐之事,乃因齐有丧,三晋共伐至灵丘,与燕无涉也。《田完世家·正义》两引《赵世家》,一云伐齐至桑丘,一云伐齐至灵丘,而今本皆无之,故知传写脱误耳。是当移书于八年以前而补之曰:七年齐伐燕,赵救燕,伐齐至桑丘。于九年则补书曰:伐齐至灵丘。庶几得之。”今按所辨甚是。今本《赵世家》于敬侯八年、九年两年记载,年代有误,当作“赵敬侯七年拔魏黄城。伐齐至桑丘。齐伐燕,赵救燕”。据《齐策五》第一章,赵袭魏之河北,烧棘蒲,坠黄城,是同一战役,不可能“取棘蒲”在赵敬侯六年,而“拔黄城”在八年。间隔一年,当是此一战役由六年连续到七年,“八年”该是“七年”之误。据韩、魏《世家》与《六国表》,齐伐燕,三晋救燕,伐齐至桑丘,亦当在赵敬侯七年。是年赵先拔魏黄城,后因齐伐燕,赵欲救燕伐齐,因而与魏重新修好,联合三晋共同伐齐至桑丘。若如今本《赵世家》,“取棘蒲”在敬侯六年,“拔黄城”在八年,则此一战役将连续三年之久。同时三晋救燕伐齐在七年,魏不可能一面在河北与赵作战,一面又与赵、韩合兵伐齐至桑丘。

又案:《田世家》载:桓公午五年,秦魏攻韩,韩求救于齐。齐桓公召大臣而谋曰:“蚤救之孰与晚救之?”邹忌曰:“不若勿救。”段干朋曰:“不救,则韩且折而入于魏,不若救之。”田臣思曰:“过矣,君之谋也!秦、魏攻韩,楚、赵必救之,是天以燕予齐也。”桓公曰:“善。”乃阴告韩使者而遣之。韩自以为得齐之救,因与秦、魏战。楚、赵闻之,果起兵而救之。齐因起兵袭燕国,取桑丘。《齐策二》第一章有类同之记述,惟云“张仪以秦、魏伐韩”。田臣思谓“子哙与子之国,百姓不戴”。结果“齐因起兵攻燕,三十日而举燕国”。此与周显王十五年魏围赵邯郸,赵求救于齐,齐威王召大臣而谋之情节类似。同样是邹忌主张不救,而段干朋主张救之。吴师道《补正》曰:“按威王二十一年邹忌始相,上距桓公取桑丘之岁二十余年,忌岂得为大臣?《史》误以《邯郸》一章剿入之,明矣。田臣思即田忌,宣王二年战马陵,后出奔,至二十九年之、哙之役,凡二十七年,不应复见,使忌果在齐,则王安得弃之而将章子?”又云:“考之桓公时,秦、魏攻韩事无见。《年表》魏、韩、赵伐齐至桑丘,齐伐燕至桑丘。意者齐取桑丘,而韩、魏、赵伐之。韩且与赵、魏攻齐,则与求救于齐之文戾。”吴氏之辨甚为分明,《田世家》此段记载全不可信。

韩文侯七年郑败晋。(《六国表》,《韩世家》作“郑反晋”)

案:《周季编略》云:“《韩表》云:‘郑败晋’,败疑叛之讹。《韩世家》云:‘郑反晋’,言郑不服晋而来伐也。”因而书“郑伐韩”。今案:“败”字未必误,谓郑打败韩也。

周安王二十三年(公元前三七九年)

秦献公六年,魏武侯十七年,韩文侯八年,赵敬侯八年,齐康公二十六年，田侯剡六年，楚肃王二年，燕简公三十六年。

秦献公六年初县蒲、蓝田、善明氏。（《六国表》）

赵敬侯八年袭卫不克。（《六国表》）

[田桓公]六年（当作田侯剡六年）救卫。桓公卒，子威王因齐立。是岁故齐康公卒，绝无后，奉邑皆入田氏。（《田世家》）

[齐康公]二十六年康公卒，吕氏遂绝其祀。田氏卒有齐国。（《齐世家》）

案：据《古本竹书纪年》，《史记》在田和与田桓公之间脱漏田侯剡一代，桓公非六年卒，立十九年而卒。《史记》总共短少田侯剡十年，田桓公十二年。田侯剡立于齐康公二十年，是年当为田侯剡六年。

周安王二十四年（公元前三七八年）

秦献公七年，魏武侯十八年，韩文侯九年，赵敬侯九年，田侯剡七年，楚肃王三年，燕简公三十七年。

[魏武侯]九年（当作十八年）翟败我于浍。（《魏世家》，《六国表》同）

中山复国。（《乐毅列传》）

[中山]桓公徙灵寿。（《赵世家·索隐》引《世本》）

案：《乐毅列传》云："乐羊为魏文侯将，伐取中山，魏文侯封乐羊以灵寿。乐羊死，葬于灵寿，其后子孙因家焉。中山复国，至赵武灵王时复灭中山。"不言中山复国在何时。吕祖谦《大事记·解题》卷一周威烈王十八年下，云："及文侯子武侯之世，《赵世家》书与中山战于房子，是时盖已复国。"王应麟《通鉴地理通释》亦有相同之见解。《赵世家·索隐》引《世本》云:“中山武公居顾,桓公徙灵寿,为赵武灵王所灭。”《赵世家》载献侯十年中山武公初立。顾在今河北定县,武公为被魏所攻灭之中山国君,盖武公立九年而被魏灭。桓公为复国之君。桓公徙灵寿,灵寿即复国以后之国都,在今河北平山县三汲乡。一九七八年此地发现中山王墓,出土中山王嚳方壶铭文云:“隹(唯)朕皇祖文、武,趄(桓)祖成考”自称其曾祖文公、武公,祖父桓公,父成公。文公、武公乃中山被魏灭亡前之国君,桓公、成公以及嚳、䖵乃复国以后之中山国君。《世本》云:“桓公徙灵寿,为赵武灵王所灭。”乃谓桓公所复之中山为赵武灵王所灭,非谓桓公本人为赵所灭。《水经·滱水注》谓:中山“为武公之国”,“其后桓公不恤国政,周王问太史馀……后五年果灭。魏文侯以封太子击也”。此谓桓公为魏文侯所灭而以封太子击,出于误会,不符合事实。

又案:蒙文通《魏灭中山与中山复国》云:“《魏世家》武侯九年一见翟败我于浍,此之谓翟,当即中山。败魏于浍之年,为赵敬侯之九年。《赵世家》敬侯十年赵与中山战于房子,十一年赵伐中山,又战于中人。自翟败魏而次年中山即复见于史,则败魏即中山复国事也。”又云:“中山之灭,于此已三十年而后复国。”(《周秦少数民族研究》第八七页)余考败魏于浍之翟,当为浍水附近之翟,并非中山。中山距浍水在七百里以外,中山与魏之间尚间隔有赵国,中山之军决不可能越赵国,长途跋涉攻至浍水。余谓中山之复国当在周安王二十一年至二十四年间。周安王二十一年楚军救赵伐魏,深入魏地,切断魏之河内与河东之联系,造成魏十分危急之局面,于是赵进攻魏之河北,烧棘蒲,坠黄城。

从此赵、魏失和,魏之国力不能越赵国而控制中山,原来统治中山之白狄贵族得附近狄族之助,得以恢复其武力,驱逐魏之统治者而谋求复国。此年浍水附近之翟,败魏于浍,只是当时群狄乘魏之危难而打击之余波。

[秦]献公立七年初行为市。(《秦始皇本纪》引《秦记》)

案:秦献公即位后,推行一系列之改革,元年止从死,二年徙治栎阳,六年初县蒲、蓝田、善明氏,七年初行为市,十年为户籍相伍。盖仿效魏之法制而有所改革,开此后商鞅变法之先路。

魏武侯九年伐齐至灵丘。(《六国表》,《魏世家》同,惟"伐齐"上误衍"使吴起"三字,时吴起早已离魏入楚,并已去世三年,《大事记》已指出其误)

赵敬侯九年伐齐至灵丘。(《六国表》)

[赵敬侯]九年伐齐。齐伐燕,赵救燕。(《赵世家》)

韩文侯九年伐齐至灵丘。(《六国表》,《韩世家》同)

案:《田世家》云:"齐威王元年三晋因齐丧来伐我灵丘。"考是年实为田侯剡之七年,三晋伐齐,非因齐丧也。

[於粤子]翳三十三年迁于吴。(《越世家·索隐》引《纪年》)

案:据《索隐》所引《纪年》推算,翳立于周威烈王十五年,即魏文侯三十五年。迁于吴当在周安王二十四年,即魏武侯十八年。

周安王二十五年(公元前三七七年)

秦献公八年,魏武侯十九年,韩文侯十年,赵敬侯十年,田侯剡八年,楚肃王四年,燕简公三十八年。

[赵敬侯]十年与中山战于房子。(《赵世家》)

[楚]肃王四年蜀伐楚,取兹方,于是楚为扞关以距之。(《楚世家》,《六国表》作“蜀伐我兹方”)

案:《正义》引《古今地名》云:“荆州松滋县古鸠兹地,即楚兹方是也。”此说不确。《资治通鉴》胡三省注:“据《史记》,蜀伐楚,取兹方,楚为扞关以拒之,则兹方之地在扞关之西。刘昭《志》:巴郡鱼复县有扞关。”扞关在今四川奉节县东。兹方在其西。

[韩文侯]十年文侯卒,子哀侯立。(《韩世家》)

周安王二十六年(公元前三七六年)

秦献公九年,魏武侯二十年,韩哀侯元年,赵敬侯十一年,田侯剡九年,楚肃王五年,燕简公三十九年。

[赵敬侯]十一年伐中山,又战于中人。(《赵世家》)

[周]安王立二十六年崩,子烈王喜立。(《周本纪》)

周夷烈王喜,注“元安王子”。(《汉书·古今人表》)

案:周烈王有夷、烈两谥。

[晋]静公二年魏武侯、韩哀侯、赵敬侯灭晋后而三分其地。静公迁为家人,晋绝不祀。(《晋世家》)

[魏武侯]十一年(当作二十年)与韩、赵三分晋地灭其后。(《魏世家》,《六国表》作“魏、韩、赵灭晋,绝无后”)

[赵敬侯]十一年魏、韩、赵共灭晋,分其地。(《赵世家》,《六国表》作“分晋国”)

[韩]哀侯元年与赵、魏分晋国。(《韩世家》,《六国表》作“分晋国”)

案:《资治通鉴》亦书此年,“魏、韩、赵共废晋靖公为家人而分其地。”《大事记》云:“周安王二十六年所分者绛与曲沃之地也。”又云:“静公虽食一城,韩徙都于郑,尚假静公之命,则史书晋灭,误矣。”据《晋世家》,孝公十七年卒,子静公俱酒立,静公二年魏、韩、赵分晋地而灭之。据《索隐》,《纪年》以孝公为桓公,“桓公二十年赵成侯、韩共侯迁桓公于屯留。已后更无晋事”。《赵世家》又载成侯十六年“与韩、魏分晋,封晋君以端氏”。肃侯元年“夺晋君端氏,徙处屯留”。可知晋君之地一再被夺而迁移,至魏惠王、韩昭侯、赵肃侯时,尚未全灭而食于一邑。

周烈王元年(公元前三七五年)

秦献公十年,魏武侯二十一年,韩哀侯二年,赵敬侯十二年,田侯剡十年,楚肃王六年,燕简公四十年。

魏武侯二十一年韩灭郑,哀侯入于郑。(《韩世家·索隐》引《纪年》)

郑恃魏而不听韩,魏攻荆而韩灭郑。(《韩非子·饰邪》)

郑恃魏以轻韩,伐榆关而韩氏亡郑。(《魏策四》第二章)

案:《西周策》第十四章宫他谓周君曰:“郑恃魏而轻韩,魏攻蔡而郑亡。”金正炜《战国策补释》云:“蔡当为楚……惟哀侯灭郑,蔡已先并于楚,则言攻蔡,犹攻楚也。”余谓“蔡”当为“荆”字之误,金氏曲为辨护,非是。是时魏大举进克楚占有之榆关,榆关在大梁之西南,魏图谋迁都大梁,榆关势在必得。韩即乘魏大举伐取榆关之际,攻灭郑国。史文失载是年魏伐取楚榆关之事。

[韩哀侯]二年灭郑,因徙都郑。(《韩世家》)

[郑君乙]二十一年韩哀侯灭郑，并其国。(《郑世家》,《六国表》作“灭郑。康公二十年灭无后”)

案：是年韩灭郑，由翟阳徙都郑，亦称新郑，从此韩亦或称郑。新郑故城遗址，至今保存于河南新郑县周围。新郑故城东南靠洧水(今名双洎河)，西北靠黄水，位于两水交接之三角地带，呈不规则之方形。中间有一道南北向隔墙，分成西“城”与东“郭”两部分。宫殿建于西城之中北部。东郭在春秋时已存在，郭内有大道称“逵”，并设有“逵市”。原本郭以河流堤防作为屏障，郭城乃春秋晚期或战国初期建成。详拙作《中国古代都城制度史研究》上编第七章第二节。

后十年(指齐康公二十年“田侯剡立”之后)，齐田午弑其君及孺子喜而为公。(《田世家·索隐》引《纪年》)

田午弑田侯及其孺子喜而兼齐，是为桓侯。(《田世家·索隐》引《春秋后传》)

案：朱右曾《汲冢纪年存真》列于魏武侯二十二年，王国维《古本竹书纪年辑校》列于魏武侯二十一年，并云：“据《索隐》引《纪年》齐宣公薨与公孙会之叛同年，而据《水经·瓠水注》引，则公孙会之叛在晋烈公十一年。宣公于是年卒，则康公元年当为晋烈公十二年，二十八年当为魏武侯十八年。此事又后十年，当为梁惠王二年。然《索隐》又引梁惠王十三年，当齐桓公十八年，后威王始见，而桓公十八年当惠成王十三年，其自立当在是年矣。年代参错，未知孰是。”《辑校》以康公元年当晋烈公十二年，不误，但误从今本《纪年》，以晋敬公在位二十二年，误多四年，以此下推，遂误以齐康公二十二年当魏武侯十八年，此后十年为梁惠王二年。其实，田侯剡立当在齐康公二十年（今本《索隐》引《纪年》误作二十二年），即魏武侯十一年，其后十年，确为魏武侯二十一年，亦即田侯剡十年。是年桓公午杀侯剡而自立，逾年改元。从此下推，至惠王十三年，正为桓公十八年，其间年代并无参错。雷学淇《考订竹书纪年》据今本《索隐》所引《纪年》“齐康公二十二年田侯剡立”推算，以为“后十年”，实侯剡改元之九年，即魏武侯二十二年。再据《晋世家·索隐》引《纪年》“梁惠王十三年当齐桓公十八年”，向上推算，定田桓立于魏武侯二十二年，以为“齐桓实以此年弑其君，且即以此年为己之元年。”其实不确。魏武侯二十二年即晋桓公十五年。《晋世家·索隐》引《纪年》云：“韩哀侯、赵敬侯并以桓公十五年卒。”而不言田侯剡亦于是卒，可为明证。

［赵敬侯］十二年敬侯卒，子成侯种立。（《赵世家》）

［越王翳］三十六年七月太子诸咎弑其君翳，十月粤杀诸咎，粤滑，吴人立孚错枝为君。（《越世家·索隐》引《纪年》）

案：“滑”通“汩”，乱也。或以诸咎粤滑连读作为君名，非是。越王大子矛铭（上海博物馆藏）云：“於戉（越）□王弋郘之大子勼寿自作元用矛”。马承源谓弋郘即翳，“勼”即“㚓”之简化，㚓寿即诸咎之对音，诸㚓为音变，寿咎同幽部。（《商周青铜器铭文选》卷四第三七九页）

秦献公十年日蚀。（《六国表》）

案：此年西历二月十八日十时六点七分，日有全食。见朱文鑫《历代日食考》卷三《战国及秦日食表》。合于当时历法，乃三月初一。

周烈王二年(公元前三七四年)

秦献公十一年,魏武侯二十二年,韩懿侯元年,赵成侯元年,田桓公元年,楚肃王七年,燕简公四十一年。

秦献公十一年县栎阳。(《六国表》,《魏世家》亦云:“魏武侯十三年(当作二十二年)秦献公县栎阳。”年代相同)

[周]烈王二年周太史儋见秦献公曰:“始周与秦国合而别,别五百载复合,合十七岁而霸王者出焉。”(《周本纪》,《秦本纪》献公十一年同,“始周”作“周故”,“十七岁”作“七十七岁”)

自孔子死之后一百二十九年,而《史记》周太史儋见秦献公曰:“始秦与周合,合五百岁而离,离七十岁而霸王者出焉。”(《老子列传》,《封禅书》作“后四十八年(指秦灵公作上下畤之后)周太史儋见秦献公曰:‘秦始与周合,合而离,五百岁当复合,合十七年而霸王出焉’”)

韩哀侯、赵敬侯并以桓公十五年卒。(《晋世家·索隐》引《纪年》)

赵敬侯十二年(当作十三年)敬侯卒,子成侯种立。成侯元年公子胜与成侯争立为乱。(《赵世家》)

案:《纪年》以赵敬侯卒于晋桓公十五年,则敬侯共有十三年也,成侯初立而公子胜争立,亦犹敬侯初立,公子朝争立;肃侯初立公子緤争立也。赵成侯盖未逾年改元,即在立年改元。

[魏武侯]二十二年晋桓公邑哀侯于郑。韩山坚贼其君哀侯而立韩若山。(《韩世家·索隐》引《纪年》)

韩哀侯,赵敬侯并以[晋]桓公十五年卒。(《晋世家·索隐》引《纪年》)

[哀侯]六年韩严弑其君哀侯而子懿侯立。(《韩世家》,《六国表》

亦作"哀侯六年韩严杀其君")

案:《韩世家·索隐》既引《纪年》云:"魏武侯二十二年晋桓公邑哀侯于郑",又引《纪年》云:"晋桓公邑哀侯于郑,韩山坚贼其君哀侯而立韩若山。"则韩山坚杀哀侯在周烈王二年。《晋世家·索隐》引《纪年》又谓哀侯卒于晋桓公十五年,亦正周烈王二年,可知《史记》谓韩严弑其君在哀侯六年,即周烈王五年,盖误后三年。

又案:《资治通鉴》于周烈王五年书"韩严遂弑哀侯,国人立其子懿侯。初,哀侯以韩廆为相而爱严遂,二人甚相害也。严遂令人刺韩廆于朝,廆走哀侯,哀侯抱之,人刺韩廆,兼及哀侯"。此乃混严遂使聂政刺杀韩列侯之相韩廆,与韩严刺杀哀侯为一事。至于聂政刺韩廆,因廆走而抱哀侯,兼中哀侯,本出误传,辨已见周安王五年案语中。《资治通鉴》竟将严遂与韩严误合为一,称"韩严遂弑哀侯",失之远矣。韩严与严遂决非一人,《韩世家·索隐》引《纪年》之记载,断言:"若山即懿侯也,则韩严为韩山坚也。"甚是。严其名,山坚其字也。《水经·沁水注》引《纪年》曰:"梁惠成王元年赵成侯偃、韩懿侯若伐我葵。"可知若确为韩懿侯之名。雷学淇《竹书纪年义证》论之曰:"《水经·沁水注》引《纪年》有韩懿侯若,与此《纪》与《世家》皆相应,则若山即懿侯可知。此云若山,后云若者,犹纣名受德,或曰受,晋公子名重耳或曰重矣。"其说至是。

周烈王三年(公元前三七三年)

秦献公十二年,魏武侯二十三年,韩懿侯二年,赵成侯二年,田桓公二年，楚肃王八年，燕简公四十二年。

[燕]釐公三十年(当作燕简公四十二年)伐败齐于林营。(《燕世家·索隐》本无"伐"字)

燕釐公三十年(当作燕简公四十二年)，败齐林孤。(《六国表》)

案:《资治通鉴》作"燕败齐师于林狐"。疑《燕世家》之"林营"乃"林壶"之误;"壶"、"狐"、"孤"，音同通假。

[齐威王]六年(当作田桓公二年)鲁伐我入阳关，晋伐我至博陵。(《田世家》)

齐威王六年(当作田桓公二年)鲁伐入阳关，晋伐到鲋陵。(《六国表》)

案:《资治通鉴》"晋"作"魏"。《六国表》"鲋陵"，《索隐》云:"鲋，音属沆反，又音专。"《资治通鉴》亦作"博陵"，《田世家·正义》曰:"博陵在济州西界。"疑《六国表》"鲋"乃"鱄"之误。

赵成侯二年六月雨雪。(《赵世家》)

[燕]釐公三十年釐公卒，桓公立。(《燕世家》，《六国表》列桓公元年于周烈王四年)

《纪年》作"[燕]简公四十五年卒"。(《燕世家·索隐》)

案:《燕世家·索隐》引《纪年》，简公立十三年而三晋命邑为诸侯。其元年为周威烈王十二年，则四十五年卒，当在周烈王六年。钱穆《王氏古本竹书纪年辑校补正》云:"考桓公以下燕君年数，《索隐》不复引《纪年》为说，知《史记》与《纪年》相同。桓公元在周威烈王四年，自周威烈王十二年燕简公立，下数至周烈王三年卒，得四十三年，是年桓公立，翌年改称元年也，然则简公四十五年乃四十三年之误。若以即位翌年改元之例，则简公得四十二年。《索隐》数其始立，至于卒岁，故云四十三年耳。”此说以《纪年》比勘《史记》，甚是。今从之。

明年，大夫寺区定粤乱，立初无余之。（《越世家·索隐》引《纪年》）

案：金陵局刻本《史记·索隐》引《纪年》无“初”字，宋耿秉本、黄善夫本，元彭寅本《史记》皆有“初”字，《路史》卷十三注所引《纪年》作“初无余”，当以有“初”字为是。《索隐》引《庄子》“越人三弑其君，子搜患之”，云：“乐资云：‘号曰无颛’，盖无颛后乃次无彊也，则王之侯即初无余之也。”《索隐》引乐资谓子搜号曰无颛，当出《春秋后传》，其说可信。《索隐》因此谓“无颛后乃次无彊”，当可信。但所谓“王之侯即初无余之”，则未必可信。王之侯即王子搜，“侯”“搜”音近通假，亦即无颛。《越世家》云：“王翳卒，子王之侯立。”盖讳言三世弑其君，而略去被杀之君。

又案：《路史》卷十三注引《纪年》作“诸枝立，是为孚错枝，一年其大夫寺区定乱，立初无余。”盖《索隐》引《纪年》，所谓“明年”，当指孚错枝既立以后之一年。《纪年》谓翳三十六年十月粤杀诸咎，粤滑，吴人立孚错枝为君。所谓“粤滑”即“粤乱”，“滑”通“汩”，《国语·周语下》韦昭注“滑，乱也”。孚错枝是在乱中为吴人所立者，一年之后，越大夫寺区平定粤乱，乃立初无余之为君。孚错枝既立于周烈王元年之冬，初无余之之为寺区所拥立，当已在周烈王三年。

周烈王四年（公元前三七二年）

秦献公十三年，魏武侯二十四年，韩懿侯三年，赵成侯三年，田桓公三年，楚肃王九年，燕桓公元年。

[赵成侯]三年大戊午为相，伐卫取乡邑七十三。(《赵世家》)

赵成侯三年伐卫取都鄙七十三。(《六国表》)

案：《赵世家·集解》引徐广曰："戊一作成。"《汉书·古今人表》列大成午于中中等，与赵肃侯同时。梁玉绳云："戊乃成之讹。"《韩策一》第二章载大成午从赵谓申不害于韩云云。《韩非子·内储说下》同，惟作"大成牛"，王先慎《集解》曰："牛乃午之误。"

又案：赵世家谓"伐卫取乡邑七十三"，《六国表》作"取都鄙七十三"。当以"乡邑"为是。《资治通鉴》亦作"都鄙"。胡三省注云："此时卫国褊小，若都鄙七十三，以成周之制率之，其地广矣，尽卫之提封，未必能及此数也。"张文虎《校史记札记》云："《表》乡邑作都鄙，前范魁下《正义》引同，此疑误。"不确。

[魏武侯]十五年(当作二十四年)败赵北蔺。(《魏世家》，《六国表》同)

[赵成侯]三年魏败我蔺。(《赵世家》，《六国表》同)

案：北蔺即蔺。《魏世家·正义》云："在石州，赵之西北，属赵，故云赵北蔺也。"

[齐威王]七年(当作田桓公三年)卫伐我，取薛陵。(《田世家》)

周烈王五年(公元前三七一年)

秦献公十四年，魏武侯二十五年，韩懿侯四年，赵成侯四年，田桓公四年，楚肃王十年，燕桓公二年。

[赵成侯]四年与秦战高安，败之。(《赵世家》)

[魏武侯]十六年(当作二十五年)伐楚,取鲁阳。(《魏世家》,《六国表》同)

[楚肃王]十年魏取我鲁阳。(《楚世家》,《六国表》同)

[卫]声公十一年卒,子成侯遬立。(《卫世家》)

案:卫成侯元年,《六国表》误后十年,已说明在周安王十九年案语中。《索隐》云:"遬"《世本》作"不逝",当以《世本》为是。

周烈王六年(公元前三七〇年)

秦献公十五年,魏武侯二十六年,韩懿侯五年,赵成侯五年,田桓公五年,楚肃王十一年,燕桓公三年。

[赵成侯]五年伐齐于鄄,魏败我怀。(《赵世家》,《六国表》同,"鄄"作"甄")

[齐威王]九年(当作田桓公五年)赵伐我,取甄。(《田世家》,《六国表》同)

魏武侯以晋桓公十九年卒。(《晋世家·索隐》引《纪年》云)

[魏武侯]十六年(当作二十六年)武侯卒,子䓨立,是为惠王。(《魏世家》)

魏武侯二十六年卒。(《魏世家·索隐》引《纪年》)

魏武侯薨,不立太子,子䓨与公仲缓争立,国内乱。(《资治通鉴》书此于周烈王五年)

案:《魏世家》记"魏武侯卒,子䓨立,"不确。《魏世家》于惠王元年载:"初武侯卒也,子䓨与公中缓争为太子。"又记公孙颀自宋经赵入韩,谓韩懿侯曰:"魏䓨与公中缓争为太子,君亦闻之乎?"当时赵、韩两国乘魏内乱而入侵,魏䓨大败被围。因赵、韩不和，韩退兵，魏䓨得胜。《魏世家》记此而有评论曰："惠王之所以身不死，国不分者，二家谋不和也。若从一家之谋，则魏必分矣。故曰：'君终无適子，其国可破也。'"《资治通鉴》据此而不取《魏世家》"武侯卒，子䓨立"之说，而作"不立太子，子䓨与公仲缓争立，国内乱"，甚是。司马光《稽古录》同，"不立太子"作"无適子"。

楚肃王十一年肃王卒，无子，立其弟熊良夫，是为宣王。(《楚世家》)

周烈王七年(公元前三六九年)

秦献公十六年，魏惠王元年，韩懿侯六年，赵成侯六年，田桓公六年，楚宣王元年，燕桓公四年。

[魏]惠王元年，初武侯卒也，子䓨与公中缓争为太子，公孙颀自宋入赵，自赵入韩，谓韩懿侯曰："魏䓨与公中缓争为太子，君亦闻之乎？今魏䓨得王错，挟上党，固半国也，因而除之，破魏必矣，不可失也。"懿侯说，乃与赵成侯合军并兵以伐魏，战于浊泽，魏氏大败。魏君围。赵谓韩曰："除魏君，立公中缓，割地而退，我且利。"韩曰："不可。杀魏君，人必曰暴，割地而退，人必曰贪，不如两分之。魏分为两，不强于宋、卫，则我终无魏之患矣。"赵不听。韩不说，以其少卒夜去。惠王之所以身不死，国不分者，二家谋不和也。若从一家之谋，则魏必分矣。故曰："君终无適子，其国可破也。"(《魏世家》)

[赵成侯]六年，中山筑长城。伐魏，败湪泽，围魏惠王。(《赵世家》)赵成侯六年，败魏涿泽，围魏惠王。(《六国表》)

案：《赵世家》湪泽，《正义》云："湪音浊。"《六国表》作涿泽，凌本《史记》于《赵世家》亦作涿泽，张文虎《校史记札记》谓《赵世家》“魏败”疑倒。

魏大夫王错出奔韩。公孙颀谓韩懿侯曰：“魏乱，可取也。”懿侯乃与赵成侯合兵伐魏，战于浊泽，大破之，遂围魏。成侯曰：“杀䓨，立公中缓，割地而退，我二国之利也。”懿侯曰：“不可。杀魏君，暴也。割地而退，贪也。不如两分之。魏分为两，不强于宋、卫，则我终无魏患矣。”赵人不听。懿侯不悦，以其兵夜去。赵成侯亦去。䓨遂杀公中缓而立，是为惠王。太史公曰：“魏惠王所以身不死，国不分者，二国之谋不和也。若从一家之谋，魏必分矣。故曰：君终，无適子，其国可破也。”（《资治通鉴》卷一周烈王七年）

案：据《魏世家·集解》引《纪年》王错奔韩乃魏惠王二年事。

梁惠成王元年赵成侯偃（“偃”乃“种”字之误）韩懿侯若伐我葵。（《水经·沁水注》引《纪年》，《路史·国名纪己》引《纪年》同，惟“葵”作“郲”）

赵侯种、韩懿侯伐我取葵（“葵”原误作“蔡”，今据《水经·沁水注》引《纪年》改正），而惠成王伐赵，围浊泽（“泽”原误作“阳”，今据日本南化本、伊佐早谦藏本所据古钞校记改正）。七月（原误作“七年”，从雷学淇改正），公子缓如邯郸以作难。（《魏世家·索隐》引《纪年》）

案：《纪年》公子缓，即《魏世家》之公中缓，乃魏武侯之子，魏惠王之弟，尝于武侯元年受封，此时与惠王争立，在赵、韩两国支援下，到邯郸以作难。雷学淇《考订竹书纪年》，与《竹书纪年义证》改“七年”为“七月”，列此事于梁惠成王元年，甚是。陈逢衡《竹书纪年集证》系于周烈王六年非是。当为周烈王七年。

梁惠成王元年邺师败邯郸师于平阳。（《水经·浊漳水注》引

《纪年》)

梁惠成王败邯郸之师于平阳。(《太平寰宇记》五十五相州临漳县下引《纪年》)

案:是时魏罃与公仲缓争为太子而继立,公仲缓至邯郸以发难,魏罃则据邺以争胜。《竹书纪年》所谓邺师,当即魏罃之主力军,邺与上党相近,故公孙颀曰:"今魏罃得王错,挟上党,固半国也。"疑王错时为上党守。魏罃初为赵、韩大败,因赵、韩不和,韩先退兵,赵又战败,于是魏罃得战胜公仲缓而自立。魏罃既自立为君,因而未逾年改元。是年即为惠王元年。《资治通鉴》称魏罃遂杀公仲缓而立,未见现存先秦史料。盖别有所据。

[魏惠王]二年魏败韩于马陵,败赵于怀。(《魏世家》,《六国表》作"败韩马陵")

[韩]懿侯二年(当作六年)魏败我马陵。(《韩世家》,《六国表》同)

案:《赵世家》及《六国表》又系"魏败赵于怀"于上年。

又案:考《史记》魏惠王未改元前本误多一年,《魏世家》以韩、赵伐魏战浊漳,在惠王元年,即周烈王六年,而《赵世家》,《六国表》载在赵成侯六年,即周烈王七年,较《魏世家》迟一年。于《六国表》已是魏惠王二年,考《纪年》韩、赵伐魏亦在梁惠成王元年。盖史公于惠王既误多一年,于《魏世家》以浊泽之围移前一年,列为惠王元年事,而于《赵世家》、《六国表》仍从旧史未移前,故自相参差也。魏败赵于怀,《赵世家》、《六国表》在赵成侯五年即周烈王六年,魏败韩于马陵,《六国表》、《韩世家》在韩懿侯二年,即周烈王七年,而《魏世家》则以二事俱在魏惠王二年,即周烈王七年。盖此本皆惠王元年事,史公于惠王既误多一年,乃于

《六国表》及赵、韩两《世家》分载于二年中，赵、韩攻魏与魏败赵、韩，本皆惠王元年事，盖亦史公于惠王误多一年，乃于《魏世家》分载于二年中。其所以纷错不一者，无非因史公于魏惠王误多一年有以误之也。

又案：《田世家》谓齐威王在封即墨大夫与烹阿大夫之后，“遂起兵西击赵、卫，败魏于浊泽，而围惠王。惠王请献观以和解，赵人归我长城。”梁玉绳《史记志疑》据此云：“是必齐威王与赵合兵伐魏……凡言韩者皆齐之误也。《大事记》谓齐不与浊泽事，盖失检耳。”此说不确。综合《史记》与《纪年》之记载，伐魏围浊泽者确为韩、赵，齐固不与也。齐遣将围魏之观，迫使观降，乃次年事，与浊泽之役无关。《田世家》误为牵合也。

梁惠成王元年韩共侯、赵成侯迁晋桓公于屯留。(《水经·浊漳水注》引《纪年》)

[晋]桓公二十年赵成侯、韩共侯迁桓公于屯留。已后更无晋事。(《晋世家·索隐》引《纪年》)

案：晋桓公二十年即梁惠成王元年。韩共侯即韩懿侯。“已后更无晋事”，盖《索隐》概括之言，非《纪年》原文。其实此后《纪年》尚记有晋迁都之事。

[赵成侯]五年攻郑败之，以与韩，韩与我长子。(《赵世家》)

案：《大事记》改作“韩分郑地，长子与赵”。《解题》曰：“郑灭六年矣，安得复攻郑？意者韩灭郑之时，赵与有劳焉，至是韩始以地酬其功与？”梁玉绳《史记志疑》驳之曰：“硬改史文，既属武断，更为臆谈。而长子亦非郑地也，岂足述乎？”顾观光《七国地理考》卷六“长子”条云：“屯留长子汉《志》并属上党，三卿分晋，惟此二邑,尚为晋有。梁惠成王元年韩、赵迁晋桓公于屯留而长子归赵,故赵成侯五年韩与我长子,盖赵成侯五年正当梁惠王元年也。”黄式三《周季编略》改“攻郑败之”为“攻郑得之”,并引《大事记》为《解题》解说“攻郑败之”四字当有脱误。盖是时赵、韩乘魏乱而攻魏,又乘魏乱而迁晋君于屯留,赵以某地与韩,而韩以长子与赵。

又案:韩懿侯《六国表》作韩庄侯,而《魏世家·索隐》、《水经·沁水注》引《纪年》于梁惠成王元年有韩懿侯,《晋世家·索隐》、《水经·浊漳水注》引《纪年》于晋桓公二十年、梁惠成王元年有韩共侯。雷学淇《纪年义证》云:“然则懿侯兼谥为共,别谥为庄。”梁玉绳《史记志疑》则云:“序共侯懿侯于一年之内,而《史》无共侯,疑共侯即庄侯,韩山坚《史》所云韩严也。山坚杀哀自立,未及一年便卒,懿侯嗣位,悯先君之被害,恨篡臣之未诛,遂削其年不数而以为已改元之年。”钱穆《先秦诸子系年》辨之曰:“不悟山坚弑君,远在六年前,且《纪年》明云山坚弑君而若立非山坚自立,《索隐》又明谓懿侯即庄侯,岂得又谓懿侯嗣庄侯哉?今共侯之名,既不他见,疑《水经注》所引‘共侯’本‘庄’字之误,而伪《纪年》依之,遂滋后世之疑。否则懿侯共侯庄侯盖一侯而三谥。”考《水经注》所引“共侯”,当非误字,《晋世家·索隐》引《纪年》亦作共侯,可证。

[周烈王]十年烈王崩,弟扁立,是为显王。(《周本纪》)

周显声王扁,注:夷烈王子。(《汉书·古今人表》列于下中等)

案:显王有显、声两谥。

[秦献公]十六年桃冬花。(《秦本纪》)

秦献公十六年民大疫,日蚀。(《六国表》)

梁惠成王元年昼晦。(《开元占经》一百一引《纪年》)

案:《纪年》谓是年昼晦,即日蚀也,《六国表》谓"秦厉共公三十四年日蚀昼晦","秦献公三年日蚀昼晦",可证。公元前三六九年四月十一日十三时九分,日有环食。见朱文鑫《历代日食考》卷三《战国及秦日食表》,合于当时历法,乃五月初一。据此可知,魏惠王元年确在周烈王七年。《六国表》记秦献公十六年日食,当依据《秦记》。而《纪年》记梁惠成王元年昼晦,乃魏史。但依据《六国表》,此年已是魏惠王二年,盖《史记》记魏惠王年世,未改元前,误多一年也。

又案:余考魏惠王未改元前,《史记》误多一年,魏惠王元年在周烈王七年,非六年。今以《史记》与《纪年》惠王史事比勘,《史记》惠王年数皆误多一年,可证也。《魏世家》云:"惠王三年齐败我观",而《水经·河水注》引《纪年》云:"惠成王二年齐田寿伐我围观,观降。"此其证一。雷学淇《纪年义证》云:"必是年仲冬季冬之事,故言者互异。"此曲说耳。《魏世家》、《六国表》云:"惠王十五年鲁、卫、宋、郑君来朝。"而《索隐》引《纪年》云:"鲁恭侯、宋桓侯、卫成侯、郑釐侯来朝皆在十四年。"此其证二。雷氏又云:"盖朝在仲冬以后,故夏正周正异也。"然《纪年》与《史记》差一年者不止此二事。岂其事皆在仲冬后,何得俱以夏正周正之异说之?《魏世家》、《六国表》云:"惠王十八年拔邯郸,赵请救于齐,齐使田忌、孙膑败魏桂陵。"《田世家》、《赵世家》系桂陵之役在齐威王二十六年、赵成侯二十二年,皆正当魏惠王十八年,而《孙子吴起列传·索隐》王劭案语引《纪年》"惠成王十七年齐田忌败我桂陵"。此其证三。《魏世家·索隐》曰:"《纪年》云'二十八年与齐田肦战于马陵'，又上二年魏败韩马陵，十八年赵又败魏桂陵，桂陵与马陵异处。"《索隐》引《纪年》二十八年战于马陵，盖《魏世家》在三十年，以志其异。"赵"当作"齐"，其"又上二年"、"十八年"云云，即据《魏世家》用以说"桂陵与马陵异处"耳。所谓"上"即指《魏世家》上文也。今本《纪年》周显王二十四年"魏败韩马陵"，陈逢衡《纪年集证》云："显王二十四年当魏惠二十六年，《魏世家》此年无韩、魏战马陵事，而于惠王二年有魏败韩于马陵，败赵于怀之语……《魏世家·索隐》所谓'又上二年者，盖指惠成王之二年而言，非谓战马陵上二年也。辑《纪年》者似误会此语。"其证至确。王国维《辑校》亦与今本《纪年》同误。又今本《纪年》周显王十六年"邯郸之师败我师于桂陵"。周显王十六年正当《史记》魏惠王十八年。盖辑校今本《纪年》者亦据《索隐》误以"十八年赵败魏桂陵"亦《纪年》文也。王国维《辑校》、钱穆《先秦诸子系年》亦同误。前人误以《索隐》"上二年"、"十八年"云云为《纪年》文，遂若桂陵之役《史记》、《纪年》同在惠王十八年，非其实也。《魏世家》云："惠王十九年诸侯围我襄陵"，而《水经·淮水注》引《纪年》云："惠成王十七年宋景敾卫公孙仓会齐师围我襄陵，十八年王以韩师败诸侯师于襄陵。"盖《纪年》以襄陵之役起十七年而决于十八年，而《魏世家》在十九年，亦差一年。此其证四。《魏世家》云："惠王三十年……太子果与齐人战，败于马陵。"而《孙子吴起列传·索隐》王劭案语引《纪年》"梁惠成王二十七年十二月齐田肦败梁马陵"。《魏世家》、《孟尝君列传》《索隐》引《纪年》又作"二十八年与齐田肦战于马陵"。是马陵之役起于夏正二十七年尾，而实在二十八年，此与

《史记》惠王记年差二年者，盖此役尝连绵首尾二年，《纪年》记其相战之年而《史记》录其胜负之年，实仍相差一年。此其证五。钱穆云："今《史记》误在三十年，盖是年为周显王二十八年，史公误以梁惠王为周显王耳。"非是也。史公据《秦记》以表六国事，《秦本纪》系此事于秦孝公二十一年，即周显王二十八年。史公特于魏惠王改元前之纪年误多一年，实未尝误其时也。《魏世家》云："惠王三十一年秦赵齐共伐我。"《索隐》引《纪年》云："二十九年五月齐田朌伐我东鄙，九月秦卫鞅伐我西鄙，十月邯郸伐我北鄙。"此《史记》与《纪年》亦差二年者，疑与上条同例。此战事亦首尾二年也，实仍相差一年。此其证六。《魏世家》云："惠王三十一年……秦用商君。"而《水经·浊水注》引《纪年》云："惠成王三十年秦封卫鞅于邬，改名曰商。"《商君列传·索隐》引《纪年》亦作惠王三十年。考《秦本纪》云："孝公二十二年……封鞅为列侯，号商君。"《楚世家》云："宣王三十年秦封卫鞅于商。"秦孝公二十二年、楚宣王三十年皆正当《史记》魏惠王三十一年，与《纪年》亦差一年。此其证七。钱穆于《先秦诸子系年·商鞅考》谓孝公二十二年鞅封于商，乃于《通表》系于孝公二十一年下，自相乖离。实则《秦本纪》本于《秦记》，不容有误，《纪年》乃魏史，亦不误。特史公于魏惠王未改元前误多一年耳。若据《史记》魏惠王纪年以表《纪年》所载史事，宜其乖离不合矣。（以上比勘《史记》、《纪年》，惠王史事其差一年者五事，差二年者凡二事，而此二事皆战争，盖尝首尾连二年。）然则魏惠王元年端在周烈王七年，非六年可知也。考《六国表》谓秦献公十六年日食，当本《秦记》，《开元占经》引《纪年》谓魏惠王元年昼晦。昼晦即指日蚀。此以天文证之。足见魏惠王元年的在秦献公十六年，即周烈王七年。

周显王元年（公元前三六八年）

秦献公十七年，魏惠王二年，韩懿侯七年，赵成侯七年，田桓公七年，楚宣王二年，燕桓公五年。

[赵成侯]七年侵齐，至长城。与韩攻周。（《赵世家》，《六国表》作“侵齐，至长城”）

齐威王十一年（当作田桓公七年）伐魏取观。赵侵我长城。（《六国表》）

[魏]惠王请献观以和解，赵人归我长城。（《田世家》叙在封即墨大夫万家与烹阿大夫之后）

[魏惠王]三年（当作二年）齐败我观。（《魏世家》，《六国表》作“齐伐我观”）

梁惠成王二年齐田寿率师伐我，围观，观降。（《水经·河水注》引《纪年》）

案：《永乐大典》本、朱谋㙔本《水经注》引《纪年》作“伐赵围观”，《路史·国名纪丁》注引《纪年》同。赵一清、戴震校本《水经注》引《纪年》作“伐我围观”。“伐我围观”与《史记》相合，观即观泽，在今河南清丰南，为魏与赵、齐两国交界。是时赵与韩联合，上年曾合兵攻魏，支持公仲缓与魏惠争立，此年又合兵攻周。时赵势方强，此年侵齐至长城。而魏内乱初平，魏惠王初即位，入侵之赵、韩两军亦撤退不久，齐乘机伐魏围观，魏不得已献观求和，即所谓“观降”。按当时形势，若观为赵地，齐不可能包围而迫使投降。《永乐大典》本《水经注》等作“伐赵围观，观降”，“赵”

当是“我”字之误。今本《纪年》作“我”，盖辑今本《纪年》者所见《水经注》作“我”，与《魏世家》“齐败我观”相合。

［魏］惠王二年魏大夫王错出奔韩也。（《魏世家·集解》徐广引《纪年》）

秦献公十七年栎阳雨金四月至八月。（《六国表》）

［秦献公］十八年雨金栎阳。（《秦本纪》，《水经·渭水注》引《史记》，亦云：“十八年雨金于是处也。”）

栎阳雨金，秦献公自以为得金瑞，故作畦畤栎阳而祀白帝。其后百二十岁而秦灭周。（《史记·封禅书》）

案：《周季编略》云：“自秦灭东周推之，距此适百二十岁，则《年表》可从也。”秦人信仰五色之上帝。《秦本纪》谓秦襄公“祠上帝西畤”，《十二诸侯年表》：“襄公八年初立西畤，祠白帝。”是白帝乃白色之上帝。《封禅书》谓秦文公梦黄蛇自天下属地，其口止于鄜衍。史敦曰：“此上帝之征”，于是作鄜畤，郊祭白帝焉。《秦本纪》云：“文公十年初为鄜畤。”其后宣公四年又作密畤于渭南，祭青帝。灵公三年作吴阳上畤祭黄帝，作下畤祭炎帝。此年献公又以为得金瑞而作畦畤栎阳而祀白帝。是秦君于四百年间，先后设置七畤，白帝三而青、黄、炎帝各一。凡此四色帝，皆秦之上帝也。按五色上帝之信仰，以四方、五色相配，五行学说又以四方、五色与五行相配。秦献公自以为得金瑞而祀白帝，明受五行学说之影响矣。

周显王二年（公元前三六七年）

秦献公十八年，魏惠王三年，韩懿侯八年，赵成侯八年，田桓公八年，楚宣王三年，燕桓公六年。

[赵成侯]八年与韩分周以为两。(《赵世家》)

公子朝，周太子也。弟公子根甚有宠于君，君死，遂以东周叛，分为两国。(《韩非子·内储说下》)

公子宰，周太子也。公子根有宠，遂以东周反("周"原误作"州"，今据《内储说下》改正)，分而为两国。(《韩非子·难三》)

周威公薨，肂，九月不得葬，周乃分为二。(《吕氏春秋·先识》)

若夫周滑之……此十二人者之为其臣也，皆思小利而忘法义，进则掩蔽贤良，以阴闇其主，退则挠乱百官而为祸难，皆辅其君，共其欲苟得一说于主，虽破国杀众，不难为也。有臣如此，虽当圣王尚恐夺之，而况昏乱之君，其能无失乎？有臣如此，故身死国亡，为天下笑。故周威公身杀，国分为二。(《韩非子·说疑》)

[周]威公卒，子惠公代立，乃封其少子于巩以奉王，号东周惠公。(《周本纪》)

东周惠公名班，居洛阳。(《周本纪·索隐》引《世本》)

[周]显王元年赵成侯、韩哀侯(当作韩懿侯)来攻周。二年西周威公之嗣曰惠公，王始封惠公子班于巩，以奉王，是为东周惠公，周于是分为东西。王室微弱，政在西周。(《太平御览》卷八十五引《帝王世纪》)

周显王二年西周惠公封少子班于巩，以奉王室，为东周惠公也，子武公为秦所灭。(《周本纪·正义》引郭缘生《述征记》转引"史记"。《赵世家·正义》引《括地志》转引"史记"相同。惟"为东周惠公"作"为东周")

案：《太平御览》卷八十五引《帝王世纪》，《周本纪·正义》引郭缘生《述征记》转引“史记”,《赵世家·正义》引《括地志》转引“史记”,皆谓周显王二年西周惠公封少子班于巩,以奉王室,与《周本纪》无纪年者不同。周显王二年正当赵成侯八年。《赵世家》载成侯八年与韩分周为两,上年“与韩攻周”。可知是年周之封国分裂为东周、西周两小国,非出分封,乃因公子争立,并由赵、韩出兵干预之结果。赵、韩两国尝乘魏武侯之死、公仲缓与魏惠王争立,合兵深入魏地干预,因两国不和而作罢。是年又乘周威公死、公子根与太子争立,以武力助公子根自立,分割以为东周。《周本纪》所谓“周威公卒,子惠公代立”,即《韩非子》所谓周太子公子朝(或宰)。《周本纪》所谓“乃封其少子于巩以奉王,号东周惠公”,即《韩非子》所谓“弟公子根甚有宠于君……以东周叛”。所谓“封”乃隐讳之词。《索隐》引《世本》曰:“西周桓公名揭,居河南,东周惠公名班,居洛阳”。“班”疑“根”字之误。《正义》所引《史记》作“西周惠公封少子班于巩,为东周惠王”有误。东周惠公,为西周惠公之弟,非西周惠公之子,《索隐》云:“(威公)卒,子惠公立。长子曰西周公,又封其少子于巩,仍袭父号曰东周惠公,”亦误以东周惠公为西周惠公之子。《汉书·古今人表》于东周惠公,注云:“威公子”,是也。《六国表》周显王九年《集解》徐广曰:“《纪年》东周惠公杰薨。”杰为昭文君名,疑当作“东周惠公薨,子杰立”。

又案:《索隐》引《世本》谓“西周桓公名揭,居河南;东周惠公名班,居洛阳”。高诱注《战国策》亦云:“西周,王城,今河南;东周,成周,今洛阳。”《汉书·地理志》亦谓河南是为王城;洛阳,周公迁殷民,是为成周。皆谓西周建都于汉之河南,即西周之王城，东周建都于汉之洛阳，即西周之成周。两邑相距约四十里，王城在今洛阳市王城公园一带。洛阳即今洛阳以东四十里之汉魏故城。《汉书·地理志》以王城与成周为相距四十里之两邑，以洛阳即西周之成周，皆与《尚书》之记载不合。考《康诰》、《召诰》、《洛诰》、《多士》、《多方》等篇，言周公作"新大邑于东国洛"，或称新邑、新邑洛、洛邑，皆作一邑，初无二邑。《书序》言："成王在丰，欲宅洛邑，使召公先相宅，作《召诰》。""召公既相宅，周公往营成周，使来告卜，作《洛诰》。""成周既成，迁殷顽民，周公以王命诰，作《多士》。"所谓成周即是洛邑。《逸周书·作雒篇》言周公"乃作大邑成周于土中，立城方千七百二十丈，郛方七十里，南系于洛水，北因于郏山。"作大邑成周即《尚书》"作新大邑于东国洛"。王城乃成周之宫城，城外有方七十里之大郭。《洛诰》记周公曰："我乃卜涧水东，瀍水西，惟洛食；我又卜瀍水东，亦惟洛食。"王城即在涧水附近，大郭当即在王城之东，横跨瀍水东西两岸。三十年来考古发掘，在瀍河下游东西两岸，北起邙山，东至马坡、塔东、塔西，西至洛阳老城西关，发现许多西周墓地与遗址，其中以北窑、庞家沟墓地最为集中。墓地以南又发现大面积之西周早中期铸铜遗址。由此可见，成周大郭确在瀍水两岸，详见拙作《中国古代都城制度史研究》上编第五章。据此可知，《汉书·地理志》以洛阳为成周之说不确。《帝王世纪》等书以为周敬王东迁成周即洛阳之说，亦不确。《周本纪》亦未有敬王迁都之记载。童书业《春秋王都辨疑》(收入《中国古代地理考证论文集》)断言春秋时周室未迁都，成周之误以为即洛阳，"盖由战国时周王与东周君居洛阳之误。"其说甚是。洛阳乃春秋战国之际新兴城市，东周惠公“以奉王室”，建都于洛阳，周显王因而与东周君同居洛阳，至王赧又徙至西周。

梁惠成王三年秦子向命为蓝君。(《水经·渭水注》引《纪年》，《路史·国名纪己》引《纪年》同。《太平寰宇记》二六雍州蓝田县下引《纪年》误作“惠王命秦子向为蓝田君”。《长安志》一六蓝田县下引《纪年》，误作“梁惠成王命太子向为蓝田君”)

案：《纪年》：“秦子向命为蓝君”，谓秦之公子向封为蓝君。蓝田为秦邑，梁惠王不得命秦子向为蓝田君，更不得命太子向为蓝田君。《太平寰宇记》与《长安志》所引《纪年》有误。

梁惠成王三年郑城邢丘。(《水经·济水注》引《纪年》)

周显王三年(公元前三六六年)

秦献公十九年，魏惠王四年，韩懿侯九年，赵成侯九年，田桓公九年，楚宣王四年，燕桓公七年。

[魏惠王]五年(当作四年)与韩会宅阳。城武堵，为秦所败。(《魏世家》，《六国表》同，惟“武堵”作“武都”，无“为秦所败”四字)

韩懿侯五年(当作九年)与魏惠王会宅阳。(《韩世家》，《六国表》同)

秦献公十九年败韩、魏洛阴。(《六国表》，《魏世家·集解》徐广引《年表》同)

案：《资治通鉴》于此年作“秦败魏师、韩师于洛阳”。胡三省注以成周之洛阳释之，大误。是时秦师不可能到达洛阳。洛阴地处北洛水之南，在今陕西大荔东南。武都即武城，在今陕西华县以东，与洛阴邻近。《魏世家》所谓“城武堵，为秦所败”，与《六国表》所谓“败韩、魏洛阴”，盖一时事。《资治通鉴》分之为二事，既误；“洛阴”之作“洛阳”则误之又误矣。

[赵成侯]九年与齐战阿下。(《赵世家·集解》徐广曰：“战一作会也。”)

案：吕祖谦《大事记》从别本，改“战”为“会”，云：“《世家》称齐烹阿大夫之后，诸侯莫敢加兵二十余年，此只五年中耳，当从别本。”考此年为田桓公九年。吕氏之说并无确据。

梁惠成王四年河水赤于龙门三日。(《水经·河水注》引《纪年》)

周显王四年(公元前三六五年)

秦献公二十年，魏惠王五年，韩懿侯十年，赵成侯十年，田桓公十年，楚宣王五年，燕桓公八年。

魏惠王六年(当作五年)伐宋取仪台。(《六国表》，《魏世家》同，《索隐》云：“《表》亦作义台。”)

[赵成侯]十年攻卫取甄。(《赵世家》)

案：《水经·济水注》引《竹书纪年》云：“梁惠成王五年，公子景贾率师伐郑，韩明战于阳，我师败逋泽。”雷学淇《竹书纪年义证》谓韩明疑即韩朋之误，即公仲朋，韩宣王之相。范祥雍《古本竹书纪年辑校订补》云：“《济水注》又引‘今王七年韩明率师伐襄邱，当韩宣惠王之二十一年’，与《史记》、《国策》相合，距此五十四年。《韩世家》襄王十二年公仲尚在，则距此又六十六年，恐无此长寿。疑此惠王五年，或是后五年之误。”其说甚是。

隹(唯)十年墜(陈)侯午淖(朝)群邦者(诸)侯于齐。者(诸)侯台(以)吉金，用作平寿造器辜(敦)，台(以)鼘(烝)台(以)尝，保有齐邦，

永枼(世)母(毋)忘。(《十年陈侯午敦铭文》)

案:据此可知,此年诸侯聘齐,由田侯午主其事,午以诸侯所献青铜造此祭器,"以烝以尝,保有齐邦。"

周显王五年(公元前三六四年)

秦献公二十一年,魏惠王六年,韩懿侯十一年,赵成侯十一年,田桓公十一年,楚宣王六年,燕桓公九年。

[秦献公]二十一年,与晋战于石门,斩首六万,天子贺以黼黻。(《秦本纪》)

秦献公二十一年,章蟜与晋战石门,斩首六万,天子贺。(《六国表》,章蟜,《集解》徐广曰:"一云车骑。"石门,《集解》徐广曰:"一作阿。")

[赵成侯]十一年秦攻魏,赵救之石阿。(《赵世家》)

周显王五年秦献公败三晋之师于石门,斩首六万,王赐以黼黻之服。(《资治通鉴》)

案:《秦本纪·正义》引《括地志》:"尧门山,俗名石门,在雍州三原县西北三十三里。上有路,其状若门。故老云尧凿石为门,因名之。武德年中于此山南置石门县,贞观中改为云阳县。"《资治通鉴》胡三省注引《水经注》:冯翊云阳县有石门山,梁玉绳《史记志疑》据此云:"阿字讹写。"《赵世家》云:"秦攻魏,赵救之石阿。"而《资治通鉴》谓"秦献公败三晋之师于石门"。石门山在今山西运城之西南。是役秦军攻入河东,于石门大胜,乃秦首次大胜,因而周显王加以祝贺。

[周]显王五年贺秦献公,献公称伯。(《周本纪》,《楚世家》亦云:

"宣王六年周天子贺秦献公。")

齐桓公十一年弑其君母。(《田世家·索隐》王劭引《纪年》)

案:钱穆云:"黄氏《逸书考》云:桓公十年弑齐康公及其子,绝姜姓之祀,至是又弑康公之夫人,故曰弑其君母。今按黄氏此条,盖误读《索隐》田剡立后十年田午弑君及孺子喜之文而误。康公于十九年迁海上,至二十六年而卒,其时乃田侯剡六年,其后三年田午弑君,乃指田剡,非康公矣。然则君母者,殆指田剡之后,否则尚为田剡之母也。"(《先秦诸子系年》第二一九至二二〇页)

周显王六年(公元前三六三年)

秦献公二十二年,魏惠王七年,韩懿侯十二年,赵成侯十二年,田桓公十二年,楚宣王七年,燕桓公十年。

[赵成侯]十二年秦攻魏少梁,赵救之。(《赵世家》)

[越初无余之]十二年寺区弟思弑其君莽安,次无颛立。(《越世家·索隐》引《纪年》,《路史·后纪》十三下注引《纪年》同,惟"莽安"作"莽")

[宋]休公田二十三年卒,子辟公辟兵立。(《宋世家》)

[宋]桓侯璧兵。(《宋世家·索隐》引《纪年》)

案:《宋世家》谓宋悼公八年卒,而《索隐》引《纪年》悼公为十八年。是《史记》悼公短少十年。因此休公、桓侯之元,皆应移后十年。说已见前。《六国表》系辟公元在周烈王四年,今改定桓侯立于周显王六年,《宋世家·索隐》云:"《纪年》作'桓侯璧兵',则璧兵谥桓也。又《庄子》云:'桓侯行,未出城门,其前驱呼辟,蒙人止之，后为狂也。’司马彪云：‘呼辟，使人避道，蒙人以桓侯名辟，而前驱呼辟，故为狂也。’”《太平御览》七三九引《庄子》亦云：“宋桓侯行，未出城门，其前驱呼辟，至于家，家人正之，以为狂也。”今本佚。“家人”当是“蒙人”之误。《太平御览》四八八引《庄子》又曰：“宋桓侯筑苏宫，使蔡讴，观者数百，无有忧色，君乃赏蔡。”此亦足证宋有桓侯。《史记》作辟公，盖涉其名而误。《汉书·古今人表》亦同误。

[韩懿侯]十二年懿侯卒，子昭侯立。(《韩世家》)

案：《六国表》记韩昭侯元年在周显王十一年，盖误后四年。说详次年案语。据《韩世家·索隐》引《纪年》昭侯名武。

郑昭侯武。(《韩世家·索隐》引《纪年》)

[梁]惠成王七年雨碧于郢。(《太平御览》八〇九、《广韵》卷五、《路史·发挥二》注引《纪年》)

[梁]惠成王七年地忽长十丈有余，高尺半。(《太平御览》八八〇引《纪年》)

周显王七年(公元前三六二年)

秦献公二十三年，魏惠王八年，韩昭侯元年，赵成侯十三年，田桓公十三年，楚宣王八年，燕桓公十一年。

[秦献公]二十三年与魏、晋战少梁，虏其将公孙痤。(《秦本纪》)

案：王念孙云：“魏字后人所加，晋即魏也。”王说是。《会注考证》引古钞、南本无“魏”字。

[赵成侯]十三年秦献公使庶长国伐魏少梁，虏其太子痤。魏败我浍，取皮牢。成侯与韩昭侯遇上党。(《赵世家》)

［魏惠王］九年（当作八年）伐败韩于浍。与秦战少梁，虏我将公孙痤，取庞。（《魏世家》“伐取赵皮牢”。《魏世家》及《六国表》记在次年）

秦献公二十三年，与魏战少梁，虏其太子。（《六国表》）

魏惠王九年（当作八年）与秦战少梁，虏我太子。（《六国表》）

韩庄侯九年（当作昭侯元年）魏败我于浍。大雨三月。（《六国表》）

赵成侯十三年魏败我于浍。（《六国表》）

魏公叔痤为魏将，而与韩、赵战浍北，禽乐祚（“禽”同“擒”）。魏王说，郊迎（原作“迎郊”，从鲍本改正），以赏田百万禄之。公叔痤反走，再拜辞曰：“夫使士卒不崩，直而不倚，挠而不避者（“挠”下原有“拣”字，鲍本作“拣挠”，注云：“挠，折也”，“拣”字盖误衍，今删），此吴起之余教也，臣不能为也。前脉形地之险（形地原作“地形”，从鲍本改正），阻决利害之备（金正炜云：“阻”疑本作“阴”），使三军之士不迷惑者，巴宁、爨襄之力也。县赏罚于前，使民昭然信之于后者，王之明法也。见敌之可击（“击”原作“也”，从鲍本改正），鼓之不敢怠倦者，臣也。王特为臣之右手不倦赏臣何也。若以臣之有功，臣何力之有乎？”王曰：“善。”于是索吴起之后，赐之田二十万，巴宁、爨襄田各十万。王曰：“公叔岂非长者哉！既为寡人胜强敌矣，又不遗贤者之后，不揜能士之迹，公叔何可无益乎？”故又与田四十万，加之百万之上，使百四十万。故《老子》曰：“圣人无积，尽以为人，己愈有；既以与人，己愈多。”公叔当之矣。（《魏策一》第八章）

案：是年魏在少梁为秦所败。《秦本纪》、《魏世家》皆谓秦虏魏将公孙痤，而《赵世家》作秦虏魏太子痤，《六国表》亦谓秦虏其太子。同年魏又在浍战胜韩、赵，见于魏、赵、韩《世家》与《六国表》。而《魏策一》又谓魏将公叔痤战胜韩、赵于浍北而擒乐祚。据《吕氏春秋·长见》、《魏策一》与《商君列传》，魏相公叔座病甚，魏惠王以社稷为问，而公叔愿王以国事听公孙鞅，王不听。公叔死后鞅入秦，时在秦孝公元年，即魏惠王九年。吕祖谦《大事记》书周显王八年公孙痤卒，《解题》云："痤去年为魏所获，寻归之而终于相位也。今年卫鞅自魏适秦，则痤死必在今年。"盖以公叔座与公孙痤为一人。梁玉绳《史记志疑》亦以公叔座即公孙痤，谓"公孙"乃"公叔"之误，公叔既有病而荐鞅，当未尝为秦虏，但又谓"岂秦虏之而复归之欤?"其实，于浍北之公叔座，不可能即是同年战败于少梁而为秦所虏之公孙痤。公孙痤当为魏之公族，误传以为魏太子。是时魏惠王之太子名申而非痤也。公叔座为魏相，《吕氏春秋·长见》与《商君列传》皆作"座"而不作"痤"。毕沅校《吕氏春秋》云："座旧作痤，与《魏策》同。据《太平御览》四百四十四，又六百三十二两引皆作座，与《史记·商君列传》合，今从之。"孙人和《吕氏春秋举正》驳毕沅之校，以为"今本《史记》作痤最是"。按《史记》各本皆作"座"，惟殿本作"痤"。孙说不可从。

又案：《史记·六国表》以是年为韩庄侯（即懿侯）九年，与《古本竹书纪年》不合。《水经·济水注》引《纪年》云："梁惠成王九年王会郑釐侯于巫沙。"郑釐侯即韩昭侯，亦称昭釐侯或昭僖侯。雷学淇《竹书纪年义证》曰："昭侯即《国策》之昭釐侯也，名武，《年表》谓昭侯元年当梁惠王十三年，似此时昭侯尚未立者，然《赵世家》谓是年成侯与昭侯遇上党。证以此纪，是昭已立矣。

《竹书》以梁惠王八年为韩懿侯之十二年，则此为昭侯之元年甚明。十二年之说与《世家》亦合，然则《史记》误将懿、昭之立移后四年，又减去昭侯在位之年数耳。”其说是也。考《韩世家》记哀侯六年韩严弑其君哀侯而立懿侯，古本《纪年》作“韩山坚贼其君哀侯而立韩若山”。韩山坚即韩严，韩若山即懿侯，时在韩灭郑之次年，当晋桓公十五年，即周烈王二年，韩哀侯三年。《史记》盖误后三年。若懿侯因弑君而立，未尝逾年改元，则懿侯元年即在周烈王二年。懿侯十二年卒而昭侯立，昭侯元年即在周显王七年。是年昭侯与赵成侯遇于上党。《韩世家》载：昭侯八年申不害相韩，而《韩策一》谓“魏之围邯郸也，申不害始合于韩王……微视王之所说以言于王，王大说之”。考魏围邯郸在周显王十五年。若所谓“申不害始合于韩王”，即指申不害初相韩时，则韩昭侯八年当周显王十五年，韩昭侯元年当为周显王八年。如此则懿侯元年，当在周烈王三年，懿侯虽弑君而立，仍逾年改元。今无以详定。今从雷学淇之说，定韩昭侯元年在周烈王二年。

梁惠成王八年惠成王伐邯郸，取列人。伐邯郸取肥。（《水经·浊漳水注》引《纪年》）

[燕]桓公十一年卒，文公立。（《燕世家》）

[秦]献公享国二十三年葬嚣圉，生孝公。（《秦始皇本纪》引《秦记》）

元献公立二十三年。（《秦始皇本纪·索隐》引《世本》，原作“《世本》称元献公立二十二年，表同，纪二十四年”。既称“表同”，则“二十二年”明为“二十三年”之误，今改正）

二十四年献公卒，子孝公立，年已二十一岁矣。(《秦本纪》，《集解》徐广曰："表云二十三年"，《索隐》云："名渠梁。")

案：《秦本纪》原作"[献公]二十三年与魏晋战少梁，虏其将公孙痤。二十四年献公卒，子孝公立，年已二十一岁矣"。此以秦、魏战少梁与"献公卒，孝公立"为前后二年事，不确。《魏世家》云："[惠王]九年伐败韩于浍，与秦战少梁，虏我将公孙痤，取庞。秦献公卒，子孝公立。"以为战少梁与秦献公卒，同在魏惠王九年，亦即同在秦献公二十三年，当以《魏世家》为是。考《秦本纪》记事之年，按秦献公逾年改元之年计算，与《六国表》相同。《六国表》载献公三年、十年、十六年日蚀，皆与天文相合。《秦本纪》载献公四年正月庚寅孝公生，亦与历法相合。孝公生于献公四年，至二十三年献公卒而继立，年正二十一岁，即《秦本纪》所谓"年已二十一岁矣"。可知"献公卒，孝公立"确在献公逾年改元之二十三年。但献公乃杀秦出子而继立，当未逾年改元，因而其卒年当为二十四年。《秦本纪》既按"逾年改元"之例记事，又按"立年改元"之例记其卒，因而误差一年。

梁惠成王八年雨黍。(《太平御览》八百四十二引《纪年》)

案：《太平御览》八百七十七引《史记》云："惠成王八年雨黍于齐。"《路史·发挥二》注云："梁惠成王八年雨骨于赤鞞，后国饥兵役。"皆出于讹误。

卷六
周显王八年(公元前三六一年)至十五年(公元前三五四年)

周显王八年(公元前三六一年)

秦孝公元年,魏惠王九年,韩昭侯二年,赵成侯十四年,田桓公十四年,楚宣王九年,燕文公元年。

[秦]孝公元年,河山以东强国六,与齐威、楚宣、魏惠、燕悼、韩哀、赵成侯并。淮、泗之间小国十余。楚、魏与秦接界。魏筑长城,自郑滨洛以北,有上郡。楚自汉中,南有巴、黔中。周室微,诸侯力政,争相并。秦僻在雍州,不与中国诸侯之会盟,夷翟遇之。孝公于是布惠,振孤寡,招战士,明功赏。下令国中曰:"昔我缪公自岐、雍之间,修德行武,东平晋乱,以河为界,西霸戎翟,广地千里,天子致伯,诸侯毕贺,为后世开业,甚光美。会往者厉、躁、简公、出子之不宁,国家内忧,未遑外事。三晋攻夺我先君河西地,诸侯卑秦,丑莫大焉。献公即位,镇抚边境,徙治栎阳,且欲东伐,复缪公之故地,修缪公之政令。

寡人思念先君之意，常痛于心。宾客群臣有能出奇计强秦者，吾且尊官，与之分土。”于是出兵东围陕城，西斩戎之獂王。卫鞅闻是令下，西入秦，因景监求见孝公。（《秦本纪》）

魏公叔座疾（“座”原作“痤”，从毕沅据《太平御览》四百四十四、六百三十二两引改正。《魏策一》第九章亦作“痤”，“疾”作“病”），惠王往问之曰：“公叔之病甚矣（《魏策》“甚矣”作“即不可讳”），将奈社稷何？”公叔对曰：“臣之御庶子鞅（《魏策》作“痤有御庶子公孙鞅”），愿王以国听之也（《魏策》“国”作“国事”），为不能听，勿使出境。”王不应，出谓左右曰：“岂不悲哉，以公叔之贤，而今谓寡人以国听鞅（《魏策》作“而谓寡人必以国事听鞅”），悖也夫！”（《魏策》作“不亦悖乎”）公叔死，公孙鞅西游秦，秦孝公听之，秦果用强，魏果用弱。（《吕氏春秋·长见》，《魏策》第九章同，末节作“公叔痤死，公孙鞅闻之，已葬，西之秦，秦孝公受而用之，秦果日以强，魏日以削，此非公叔之悖也，惠王之悖也，悖者之患，固以不悖者为悖。”）

商君者，卫之诸庶孽公子也。名鞅，姓公孙氏，其祖本姬姓也。鞅少好刑名之学，事魏相公叔座，为中庶子。公叔座知其贤，未及进。会座病，魏惠王亲往问病，曰：“公叔病，有如不可讳，将奈社稷何？”公叔曰：“座之中庶子公孙鞅，年虽少，有奇才，愿王举国而听之。”王嘿然。王且去，座屏人言曰：“王即不听用鞅，必杀之，无令出境。”王许诺而去。公叔座召鞅谢曰：“今者王问可以为相者，我言若，王色不许我。我方先君后臣，因谓王即弗用鞅，当杀之。王许我。汝可疾去矣，且见禽。”鞅曰：“彼王不能用君之言任臣，又安能用君之言杀臣乎？”卒不去。惠王既去，而谓左右曰：“公叔病甚，悲乎！欲令寡人以国听公孙鞅也，岂不悖哉！”公叔既死，公孙鞅闻秦孝公下令国中求贤

者，将修缪公之业，东复侵地，乃遂西入秦，因孝公宠臣景监以求见孝公。（《商君列传》）

案：《吕氏春秋》、《韩非子》、《战国策》俱称商君为卫鞅或公孙鞅。《吕氏春秋》高诱注："卫之公孙也，故曰公孙鞅或曰卫鞅。"公孙氏当是卫宗族中分出之一大支。《宋卫策》第十三章：卫嗣君病，富术曰："自今以往者，公孙氏必不血食矣。"高诱注："公孙氏谓嗣君也，卫鬉之孙，故云公孙氏。"卫嗣君乃卫平侯之子，平侯即子南劲，取代卫成侯者。子南劲取代卫成侯之后，卫君不称姬姓而称公孙氏。卫鞅亦出于公孙氏之一支也。《资治通鉴》胡三省注云："公孙非姓氏"，非是。

又案：《吕氏春秋》、《魏策》俱谓鞅为公叔痤之御庶子，而《史记》作中庶子，考战国时君侯卿相之家臣有御庶子、中庶子、少庶子等。《吕氏春秋·长见》高诱注："御庶子，爵也。"《商君列传·索隐》云："中庶子，官名也。"《秦策五》第六章"少庶子甘罗"高诱注："少庶子，官名。甘罗，文信家臣也。"庶子乃随从侍候听使唤之家臣称呼，非官爵之名。如《韩非子·内储说上》记商太宰使少庶子之市。卜皮为县令，使少庶子佯爱御史。《内储说下》记济阳君有少庶子不见知。

孝公既见卫鞅，语事良久，孝公时时睡，弗听。罢而孝公怒责景监曰："子之客妄人耳，安足用邪?"景监以让卫鞅。卫鞅曰："吾说公以帝道，其志不开悟矣。"后五日，复求见鞅。鞅复见孝公，益愈，然而不中旨。罢而孝公复让景监，景监亦让鞅。鞅曰："吾说公以王道而未入也。请复见鞅。"鞅复见孝公，孝公善之而未用也。罢而去。孝公谓景监曰："汝客善，可与语矣。"鞅曰："吾说公以霸道，其意欲用之矣。诚复见我，我知之矣。”卫鞅复见孝公，公与语，不自知膝之前于席也。语数日不厌。景监曰：“子何以中吾君？吾君之欢甚也。”鞅曰：“吾说君以帝王之道比三代，而君曰：‘久远，吾不能待。且贤君者，各及其身显名天下，安能邑邑待数十百年以成帝王乎？’故吾以强国之术说君，君大说之耳。然亦难以比德于殷周矣。”（《商君列传》）

案：此卫鞅游说秦孝公之故事，疑出于后人增饰。是时魏惠王尚未称王。其后孟子见魏惠王、齐宣王始畅论“王道”与“霸道”，尚未有“帝道”之说。至秦昭王中年，始有与齐湣王并称东西帝之举。至战国晚期卫鞅学派所著《商君书》，其政治目标为谋求“治”、“富”、“强”、“王”。“王”即指完成统一而创建统一王朝，亦未见有“帝道”之说。是时卫鞅游说秦孝公，说帝道不可能，说创立统一之王业亦不合时宜，惟有“以强国之术说君”耳。卫鞅携李悝《法经》入秦，所说无非魏国已行之有效之“富国强兵”之术。当秦献公时，已进行改革，元年止从死，七年初行为市，十年为户籍相伍，并推行县制，已为秦孝公任用卫鞅变法奠定基础。

秦、汉旧律，其文起自魏文侯师李悝，悝撰次诸国法，著《法经》……商鞅受之以相秦。（《晋书·刑法志》，《唐律疏议》亦云：“商鞅传授，改法为律。”）

[赵成侯]十四年与韩攻秦。（《赵世家》）

梁惠成王九年与邯郸榆次、阳邑。（《水经·洞过水注》引《纪年》）

[魏惠王]十年（当作九年）伐取赵皮牢，彗星见。（《魏世家》，《六国表》亦记是年“取赵皮牢”）

秦孝公元年彗星见西方。(《六国表》)

案:是年秦、魏国都俱见彗星,故秦、魏史官分别有记载。

又案:《魏策一》第八章载魏将公叔痤败韩、赵于浍北,禽乐祚。《魏世家》、《韩世家》皆载败浍于上年。《赵世家》载上年"魏败我浍,取皮牢"。而《魏世家》、《六国表》又载"取赵皮牢"于是年。盖是役连续有二年。皮牢在今山西翼城县东北,正当浍水东北。

梁惠成王九年王会郑釐侯于巫沙。(《水经·济水注》引《纪年》)

案:郑釐侯即韩昭侯,盖有昭、釐两谥。或称韩昭釐侯、昭僖侯。

梁惠成王九年四月甲寅徙都大梁也。(《魏世家·集解》引《纪年》,《魏世家·索隐》引《纪年》亦"以为魏惠王九年"。《孟子·梁惠王上·正义》引《纪年》同。《水经·渠水注》引作"六年四月甲寅徙邦于大梁"。《汉书·高帝纪·注》臣瓒引《纪年》作"六年自安邑迁于大梁")

案:《魏世家》云:惠王"三十一年秦、赵、齐共伐我,秦将商君诈我将军公子卬而袭夺其军,破之。秦用商君,东地至河,而齐、赵数破我,安邑近秦,于是徙治大梁"。《商君列传》亦云:"魏惠王兵数破于齐秦,国内空,日以削,恐,乃使使割河西之地……而魏遂去安邑,徙都大梁。"朱右曾《竹书纪年存真》云:"惠王之徙都,非畏秦也,欲与韩、赵、齐、楚争强也。安邑迫于中条、太行之险,不如大梁平坦,四方所走集,车骑便利,易与诸侯争衡。《东周策》:秦兴师临周而求九鼎,齐王大发师以救之,秦兵罢,齐将求九鼎。颜率曰:夫梁之君臣,欲得九鼎,谋之晖台之下,沙海之上久矣。鼎入梁，必不出。晖台沙海，皆大梁地，是时为东周惠公。惠公薨于梁惠王十一年，则梁之徙都在前，彰彰明矣。”雷学淇《竹书纪年义证》云：“魏之迁都，不必因秦虏太子东地至河近安邑始迁也。《世家》谓襄王五年始予秦河西之地，七年始尽入上郡于秦。是惠王三十一年前，秦地未尝东至河矣。若谓迁都之岁秦实虏我太子，则《年表》有九年战少梁虏太子之说。是《史记》与《纪年》本合，特误将迁都系于三十一年耳。考《竹书》惠王十年入河水于圃田，又为大沟而引圃水。……马陵之战，《孙子列传》谓齐使田忌将而直走大梁，魏将庞涓闻之，去韩而归，齐军已过而西矣。此皆惠王九年迁都之证。”钱穆《魏徙大梁乃惠成王九年非三十一年辨》云：“《秦记》‘孝公十年卫鞅为大良造，将兵围魏安邑降之’。《年表》、《商君列传》均载此事，而独不见于《魏世家》。盖安邑魏都，其君在焉，岂得围而便降？而徙都犹在十二年后；殆史公亦自知其不可安而灭去之者。《史记志疑》觉其不可通，而谓‘安邑’乃‘固阳’字误。则亦曲为弥缝，而不悟其破绽之不止于此也。又《秦策》‘魏伐邯郸，因退为逢泽之会’。……逢泽近大梁，《秦策》所云退为逢泽之遇者，足证其时魏已都大梁也。否则渡河而南，远至逢泽，何云退？故知《史记》三十一年徙都大梁之说必误，不得据以疑《纪年》也。”（《先秦诸子系年》第一四八至一四九页）说皆甚是。《楚策一》江乙恶昭奚恤，谓楚王曰：“邯郸之难，楚进兵，大梁拔矣。昭奚恤取魏之宝器，以臣居魏知之。”是惠王十六年魏围赵而楚进兵时，魏已徙都大梁，此更魏于惠王九年徙都大梁之明证矣。

又案：古籍引《纪年》，魏徙大梁，有梁惠成王六年或九年之不同。以当时形势而言，当以九年之记载为是。据张培瑜《中国先秦史历表》公元前三六一年夏历四月壬子朔，四月甲寅为初三。魏惠王八年魏与韩、赵交战于浍，得胜，取赵皮牢，魏又攻赵取得列人与肥。魏惠王九年魏与韩、赵修好，魏惠王会韩昭侯于巫沙，又以榆次、阳邑与赵，易取赵之泫氏。盖魏已迁都大梁，企图以友好合作方式，调整魏与赵、韩之间交错之城邑，从而使魏在中原之大片土地连成一块，造成建都大梁之有利形势。赵以突入魏境之旧都中牟（今河南鹤壁市西）交换魏之繁阳（今河南内黄西北）以及浮水一带，亦在此时。《赵世家》载："成侯十一年秦攻魏，赵救之于石阿（"阿"乃"门"字之误）。十二年秦攻魏少梁，赵救之。"赵成侯十一年正当魏惠王六年，是年秦攻魏石门，石门在今山西运城西南，在安邑西南八十里，因而赵派兵往救。秦在此大败三晋之师，斩首六万。但由于赵之救援，秦即退兵，未敢深入。次年秦又攻魏河西之少梁，赵又救之。此时魏尚建都于安邑，并占有河西地。大梁故城遗址在今河南开封城西北。李长傅《开封历史地理》云："大梁城有十二门，今可考只夷门、高门……考今铁塔在夷山上，夷门当在铁塔附近，即大梁城东壁抵现在铁塔。固子门是开封外城西门，今名固子村，在城西三里余。高门又在其西二里。则大梁城西壁在今城西五里余，南壁假定到故汴河北岸，今相国寺南，北壁推算在今城北五里。则大梁城面积比今开封稍大。"

昔魏徙大梁，赵以中牟易魏，故《志》曰：赵南至浮水繁阳。（《水经·河水注》）

自魏徙大梁，赵以中牟易魏，故赵之南界，极于浮水，匪直专漳

也。(《水经・渠水注》)

韩昭侯二年宋取我黄池。魏取我朱。(《六国表》,《韩世家》同)

案:黄池在今河南封丘县南。正当韩给予魏之平丘西南,其地亦不与韩之国都新郑相连属,因而为宋所取。朱之地望不详,疑亦在其附近。

[魏惠王]十四年(当作十三年)与赵会鄗。(《魏世家》,《六国表》同)

[初无余之]十二年寺区弟忠弑其君莽安,次无颛立。(《越世家・索隐》引《纪年》)

越人三世弑其君,王子搜患之,逃乎丹穴,而越国无君,求王子搜,从之丹穴,王子搜不肯出,越人熏之以艾,乘之以王舆,王子搜援绥登车,仰天而呼曰:"君乎!独不可以舍我乎?"(《庄子・让王》,《吕氏春秋・贵生》同)

越王搜有子四人。越王之弟曰豫,欲尽杀之而为之后。恶其三人而杀之矣,国人不说,大非上。又恶其一人而欲杀之,越王未之听。其子恐必死,因国人之欲逐豫,围王宫。越王太息曰:"余不听豫之言,以罹此难也。"(《吕氏春秋・审己》)

案:《淮南子・原道训》云:"越王翳逃山穴,越人熏而出之,遂不得已。"《吕氏春秋》高诱注:"王子搜,《淮南子》云'越王翳也'。《越世家・索隐》谓王子搜,乐资云'号曰无颛'。当出乐资《春秋后传》,当有所据。《吕氏春秋》毕沅注亦云:据《竹书纪年》翳为子所杀,越人杀其子,立无余,又见杀,立无颛。是无颛方可云三世杀其君。洪颐煊《读书丛录》以为即王之侯,云:'搜、授、侯三字声皆相近。'《越世家》谓'王翳卒,子王之侯立,王之侯卒,子王无彊立’。《索隐》又云：‘盖无颛后乃次无彊’，则王之侯固为无颛。《越世家》讳言三世杀其君之事，因而不载诸咎、初无余之等见杀之君。”雷学淇《竹书纪年义证》谓：“是王本名翳，因逃乎丹穴，搜而出之，故以为名。授又搜之别字也，弟豫即孚错枝，其子逐豫围王宫，即太子诸咎杀其君翳之事。”出于推想，未有确据。马叙伦《庄子义证》谓：搜即孚错枝，“侯”“搜”皆由“孚”字而来，孚音亦幽类也。但凭字音推测，亦不可信。

隹（唯）十又四年塦（陈）侯午台（以）群者（诸）侯献金作皇妣孝大妃祭铸镎（敦），台（以）登（烝）台（以）尝，保又（有）齐邦，永皇（世）毋忘。（《十四年陈侯午敦铭文》）

案：《史记》记桓公六年卒，《纪年》则齐桓公十八年而后威王始见。据此铭文，亦可证《纪年》是而《史记》有误。

周显王九年（公元前三六〇年）

秦孝公二年，魏惠王十年，韩昭侯三年，赵成侯十五年，田桓公十五年，楚宣王十年，燕文公二年。

梁惠成王十年入河水于甫田，又为大沟而引甫水。（《水经·渠水注》引《纪年》，《太平御览》七十二引《水经注》作“梁惠成王十五年”）

案：《水经·渠水注》云：圃田泽“在中牟县西，西限长城，东极官渡，北佩渠水，东西四十许里，南北二十许里……浦水盛则北注，渠溢则南播，故《竹书纪年》：梁惠成王十年入河水于甫田，又为大沟而引甫水也。又有一渎，自酸枣受河，导自濮渎，历酸枣径阳武县南出，世谓之十字沟而属于渠，或谓是渎为梁惠之所开，而不能详也”。此为魏徙都大梁之后，在大梁周围兴修水利，先在黄河与圃田泽之间开凿运河，引黄河之水流入圃田，又从圃田开大沟以利航运与灌溉。此后，梁惠王三十一年又从大梁北郭开大沟，以引圃田水。此乃鸿沟最早开凿之一段。

梁惠成王十年瑕阳人自秦道岷山青衣水来归。（《水经·青衣水注》引《纪年》）

案：瑕阳为魏地，在今山西临猗县西。《水经·青衣水注》谓青衣"县有蒙山，青衣水所发，东径其县，与沫水会于越巂郡之灵关道"。蒙山即岷山，在今四川芦山县北。盖瑕阳之水利专家为蜀所聘，由魏经秦入蜀，为之疏导，此时自秦来归。

[周显王]九年致文武胙于秦孝公。（《周本纪》，《秦本纪》系"天子致胙"于秦孝公二年，《六国表》同）

[赵成侯]十五年助魏攻齐。（《赵世家》）

东周惠公杰薨。（《六国表》周显王九年《集解》徐广引《纪年》）

案：梁玉绳《古今人表考》以杰为东周昭文君之名。云："昭文君是东周君，则必东周惠公之子，《史记·周本纪·索隐》谓西周武公太子为文公，非也。"今按：东周惠公为周威公之少子，名根。周显王二年周威公死，根得赵韩两国之助，与太子争立，因而另立东周小国。此条《纪年》有误，疑当作"东周惠公薨，子杰立"。

【附编】

梁惠王发逢忌之薮以赐民。（《汉书·地理志》注引臣瓒转引《汲郡古文》，《左传》哀公十四年《正义》、《太平御览》一百五十八所引相同，惟"发"误作"废"。《舆地广记》卷五东京开封县下（《路史·国名记甲》注引《纪年》同）

案：《汉书·地理志》河南郡开封，"逢池在东北，或曰宋之逢泽也。”注引臣瓒曰：“《汲郡古文》梁惠王发逢忌之薮以赐民，今浚仪有蓬陂、忌泽是也。”《秦本纪·集解》引徐广曰：“开封东北有逢泽。”《正义》引《括地志》云：“逢泽亦名逢池，在汴州浚仪县东南十四里。”历来辑《纪年》者，列此事于魏徙大梁之后，今从之。盖亦魏徙大梁后之开发设施。

周显王十年(公元前三五九年)

秦孝公三年，魏惠王十一年，韩昭侯四年，赵成侯十六年，田桓公十六年，楚宣王十一年，燕文公三年。

[秦孝公]三年卫鞅说孝公变法修刑，内务耕稼，外劝战死之赏罚，孝公善之。甘龙、杜挚等弗然，相与争之。卒用鞅法，百姓苦之。(《秦本纪》)

孝公既用卫鞅，鞅欲变法，恐天下议已。卫鞅曰：“疑行无名(《商君书·更法》作“臣闻之，疑行无成”，《长短经·适变》、《太平御览》四百九十六引《商君书》皆作“无名”，《新序·善谋》第七章亦作“无名”)，疑事无功(《商君书》此句下有“君亟定变法之虑，殆无顾天下之议之也”。《新序》有“君亟定变法之虑，行之无疑，殆无顾天下之议”)，且夫有高人之行者，固见非于世(“见非”，《商君书》作“见负”，《新序》作“负非”)，有独知之虑者，必见敖于民(“敖”，《商君书》作“骜”，《新序》作“謷”)。愚者闇于成事(《商君书》、《新序》此句上有“语曰”二字。“闇”，《商君书》作“暗”)，知者见于未萌。民不可与虑始，而可与乐成。论至德者不和于俗(《商君书》、《新序》此句上有“郭偃之法曰”五字)，成大功者不谋于众(《商君书》、《新序》此句下有“法者所以爱民也，礼者所以便事也”两句)。是以圣人苟可以强国(《新序》“强”作“治”），不法其故；苟可以利民，不循其礼。”孝公曰：“善。”甘龙曰：“不然。圣人不易民而教，知者不变法而治。因民而教，不劳而成功。缘法而治者（《商君书》、《新序》“缘”作“据”），吏习而民安之。”（《商君书》此句下有“今若变法，不循秦国之故，更礼以教民，臣恐天下之议君，愿孰察之”。《新序》此句下有“今君变法不循故，更礼以教民，臣恐天下之议君，愿君熟虑之”）。卫鞅曰：“龙之所言（《商君书》、《新序》“龙”作“子”），世俗之言也（《新序》“言”作“所知”），常人安于故俗（《商君书》作“故习”，《新序》作“所习”），学者溺于所闻，以此两者居官守法可也（《商君书》、《新序》作“此两者所以居官而守法”），非所与论于法之外也。三代不同礼而王（《商君书》、《新序》“礼”作“道”），五伯不同法而霸（《商君书》、《新序》“伯”作“霸”），智者作法，愚者制焉；贤者更礼，不肖者拘焉。”（《商君书》此句下有“拘礼之人不足与言事，制法之人不足与论变，君无疑矣”。《新序》同《商君书》，惟“论变”作“论治”）杜挚曰：“利不百不变法，功不十不易器。法古无过，循礼无邪。”（《商君书》、《新序》此句下有“君其图之”四字）卫鞅曰：“治世不一道，便国不法古。故汤武不循古而王，夏殷不易礼而亡。反古者不可非，而循礼者不足多。”（《商君书》卫鞅所言作“前世不同教，何古之法？帝王不相复，何礼之循？伏羲、神农教而不诛，黄帝、尧、舜诛而不怒，及至文、武，各当时而立法，因事而制礼，礼法以时而定，制令各顺其宜。兵甲器备，各便其用。臣故曰：治世不一道，便国不必法古。汤武之王也，不循古而兴；殷夏之灭也，不易礼而亡。然则反古者未必可非，循礼者未足多是也，君无疑矣”。《新序》大体同《商君书》）孝公曰：“善。”（《商君书》“善”下有“吾闻穷巷多怪，曲学多辨，愚者笑之，智者哀焉，狂夫之乐，贤者丧焉，拘世以议寡人不之疑矣”。《新序》“笑之”作“之笑”,“丧”作“忧”。《太平御览》一百九十五引《商君书》“怪”作“恡”。钱熙祚、朱师辙皆以为作“恡”是也)以卫鞅为左庶长,卒定变法之令。(《商君列传》,《商君书·更法》因袭赵武灵王与肥义、赵文、赵造等人辩论胡服之辞,大加增饰,《新序》第七章更因袭《商君书》。《商君书》结句作“于是遂出垦草令”)

案:上述卫鞅与甘龙、杜挚在秦孝公前辩论变法之辞,当以《商君列传》较为原始。《商君书》晚出,与《赵策二》第四章、《赵世家》所载赵武灵王与肥义、赵文、赵造等人辩论胡服之辞,颇多因袭而相同。盖《商君书》作者因袭而增饰者,并不足信。《赵策二》与《赵世家》所载,确是就胡服而辩论。赵武灵王驳赵造,谓三王“法令制度各顺其宜,衣服、器械各使其便”,亦就胡服而辩论。而《商君书》公孙鞅驳杜挚,谓文武“制令各顺其宜,兵甲器备,各便其用”。此与商鞅变法之主旨不合。《赵策二》、《赵世家》辩论之结果,为“遂胡服招骑射”,与辩论颇为确切。而《商君书》辩论之结果“于是遂出垦草令”,与辩论之主旨亦不合。当以《商君列传》作“卒定变法之令”为是。《资治通鉴》据《商君列传》是也。已辨在周赧王八年案语中。

又案:《商君列传》谓经此辩论,孝公“以卫鞅为左庶长,卒定变法之令”。《商君书·更法》谓“于是遂出垦草令”。而《秦本纪》则云:嗣后“居三年,百姓便之,乃拜鞅为左庶长”。是《秦本纪》以孝公三年已用鞅法,至孝公六年乃拜鞅为左庶长。与《商君列传》以鞅为左庶长而下变法令者异。余考《秦策一》云:“商君治秦,法令至行……孝公行之十八年,疾且不起。”《韩非子·和氏》云:“商君教秦孝公……明法令……孝公行之,主以尊安,国以富强，八年而薨。”王先慎《集解》云：“疑‘八’上夺‘十’字”，是也。孝公二十四年卒，上推十八年，适为孝公六年，然则鞅于孝公六年为左庶长，下令变法亦端在六年。殆孝公三年鞅虽议变法，以甘龙、杜挚之非难，实未尝行欤？

［赵成侯］十六年与韩、魏分晋，封晋君以端氏。（《赵世家》）

案：三家分晋，惟上党之屯留长子等邑尚为晋所有。《纪年》载梁惠王元年韩、赵迁晋君于屯留，取其长子，故《赵世家》载赵成侯五年韩与赵长子。此年韩、赵又迁晋君于端氏，故《纪年》载梁惠王十二年韩取屯留、长子、涅。《赵世家》谓此年赵与韩、魏分晋，魏实不与焉。

魏惠王十二年（当作十一年）星昼坠，有声。（《六国表》，《魏世家》同）

【附编】

孝公平画，公孙鞅、甘龙、杜挚三大夫御于君，虑世事之变，讨正法之本，求使民之道。君曰：“代立不忘社稷，君之道也；错法务民主长（今本《商君书》有“长”误作“张”者），今吾欲变法以治，更礼以教百姓（以上二句《新序·善谋》作“今吾欲更法以教民”），恐天下之议我也。”公孙鞅曰：“臣闻之，疑行无成，疑事无功……”（《商君书·更法》“公孙鞅曰”以下，与《商君列传》大体相同，而据《赵策二》赵武灵王与肥义等人辩论胡服之辞，大加增饰。已见前引《商君列传》及附注中。此开首一段，亦因袭《赵策二》而增饰者）

周显王十一年（公元前三五八年）

秦孝公四年，魏惠王十二年，韩昭侯五年，赵成侯十七年，田桓公十七年，楚宣王十二年，燕文公四年。

梁惠成王十二年，郑取屯留、尚子、涅。（《水经·浊漳水注》引《纪年》，《太平御览》一百六十三引作“郑取屯留、尚子，即长子之地也”。《太平寰宇记》四十五潞州长子县下引作“郑取屯留、长子”。《路史·国名记丁》引作“郑取屯留、尚子”）

案：尚子即长子，《太平御览》“即长子之地也”，当为解释之辞。涅在今山西武乡西北，在屯留之北。亦当为晋君所有之邑。是年原属晋君之屯留、长子、涅三邑，均为韩所取。

梁惠成王十二年龙贾率师筑长城于西边。（《水经·济水注》引《纪年》）

秦通崤塞而魏筑城也。（《淮南子·说林训》，高诱注：“魏徙都于大梁，闻秦通治崤关，知欲来东兼之，故筑城设守备也。”）

案：《水经·阴沟水注》云：“右渎东南经阳武城北，东南绝长城；经安亭北，又东北会左渎，左渎又东绝长城。”《水经·渠水注》又云：“圃田泽，在中牟县西，西限长城。”《续汉书·郡国志》河南郡下：“卷有长城，经阳武到密。”策士所造苏秦游说魏襄王之辞，谓魏“西有长城之界”，《苏秦列传·集解》徐广曰：“荥阳卷县有长城，经阳武到密。”魏此时所筑西边长城，起自黄河边之卷，在今河南原阳西，东向到阳武，在今原阳东南，折而往西南行，到密；在今河南密县东北。《淮南子》所谓“秦通崤塞而魏筑城”，所筑即此长城。

梁惠成王十二年楚师出河水，以水长垣之外。（《水经·河水注》引《纪年》）

案：方诗铭、王修龄《古本竹书纪年辑证》云：“《永乐大典》本作出，朱谋玮本出作山，《笺》曰：谢兆申云：宋本作楚师决河。全祖望校本改为决水，赵一清、戴震校本仍作出，此条疑有脱讹。”今按《水经·河水注》云：“河水旧于白马县南泆通濮、济、黄沟，故苏代说燕曰：决白马之口，魏无黄、济阳。《竹书纪年》：‘梁惠成王十二年楚师出河水，以水长垣之外者也。金隄既建，故渠水断，尚谓之白马渎。’古黄河白马口在今河南浚县东南，楚师不能攻到此地。长垣即首垣，在今河南长垣东北，其地介于濮水、济水之间。盖是时，黄河有水灾，河水由白马口南泆通濮、济，楚师引之以灌韩长垣之外。”

［韩］昭侯元年（当作四年）秦败我西山。（《韩世家》，《六国表》同）

［赵成侯］十七年成侯与魏惠王遇葛孽。（《赵世家》）

周显王十二年（公元前三五七年）

秦孝公五年，魏惠王十三年，韩昭侯六年，赵成侯十八年，田桓公十八年，楚宣王十三年，燕文公五年。

梁惠成王十三年郑釐侯使许息来致地：平丘、户牖、首垣诸邑。及郑驰地（“驰”读作“弛”，弛地谓易地），我取枳道与郑鹿。（《水经·河水注》引《纪年》）

案：《永乐大典》本、朱谋玮本作“十三年”，赵一清、戴震校本作“十一年”，朱右曾、王国维辑本从戴校本作“十一年”，而雷学淇引作“十三年”。当以十三年为是。盖此与十二年“楚师出河水以水长垣之外”有关联。《永乐大典》本作“驰地”，全祖望、赵一清、戴震改作“驰道”，非是。盖不理解“驰地”之本义而误改。

考郑鹿即白马口所在，在今河南浚县东南，首垣即长垣，在今河南长垣县东北，平丘在今河南封丘县东，户牖在今河南兰考县北。由郑鹿至首垣、平丘、户牖，此一狭长地带，原为韩地而突入于魏国境内。上年楚攻韩之首垣，引白马口向南"泆通濮、济、黄沟"之河水，以灌首垣之外，使韩难以防守，因而韩于是年遣使来魏，致送平丘、户牖、首垣诸邑与魏，以便与魏交换适当之城邑。《水经・河水注》于黎阳城下云："余按《竹书纪年》'梁惠成王十三年郑釐侯使许息来致地：平邑、户牖、首垣诸邑。及郑驰地，我取枳道与郑鹿。'郑鹿即是城也。今城内有故台，尚谓之鸣鹿台，又谓之鸣鹿城，王玄谟自滑台走鹿鸣者也。济取名焉，故亦曰鹿鸣津，又曰白马济。津之东南有白马城，卫文公东徙，渡河都之，故济取名焉。"郑鹿即白马口之所在。是年韩先遣使来致首垣等三邑，及与韩相互交换城邑时，魏又取得枳道与郑鹿。盖枳道为通太行山之要道，白马口为黄河重要之渡口，并关系魏国之安危。《韩非子・初见秦》云："决白马之口，以沃魏氏，是一举而三晋亡。"苏代约燕昭王亦曰："决白马之口，魏无黄、济阳"（见《苏秦列传》与《燕策二》第一章）。魏迁都大梁之后，先后与赵、韩交换城邑，使魏在中原之土地连结成一块，造成十分有利之形势。王念孙《读书杂志》与王引之《经义述闻》皆谓"驰"当读作"弛"，驰地即弛地，《尔雅・释诂》云："弛，易也。"甚是。弛地即谓交换土地。《纪年》为魏史，仅言魏在交换土地时取得之城邑，未言韩取得之城邑。黄式三《周季编略》编此于周显王十一年，云："韩侯使许息致平丘、户牖、首垣诸邑及驰道于魏。魏取驰道诸邑，与韩以鹿。"此记大误。既误从"驰道"之改字，又误读"与郑鹿"

为句，误以为“与韩以鹿”。其实，郑鹿为一地名，即白马口所在，《水经注》论证甚明，不容曲解。

韩昭侯二年宋取我黄池，魏取我朱。（《六国表》，《韩世家》同，惟无“我”字）

案：黄池在今河南封丘县南，正当韩给予魏之平丘西南。其地亦不与韩之国都新郑相连属，中隔魏地，因而为宋所取。朱之地望不详，疑亦在其附近。

［梁］惠成王十三年王及郑釐侯盟于巫沙，以释宅阳之围，归釐于郑。（《水经·济水注》引《纪年》）

案：宅阳又名北宅，在魏西边魏长城以外，在今河南原阳县西南，釐又在宅阳西南。

魏惠王十四年（当作十三年）与赵会鄗。（《魏世家》，《六国表》同）

案：胡克家刻本《资治通鉴》误作“魏、韩会于鄗”。宋刊十一行本与孔天胤本同误，惟宋十二行本“韩”作“赵”，是也。鄗在今河北高邑县东，为赵之城邑。不可能为魏、韩王相会之地。

赵成侯十八年赵孟如齐。（《六国表》）

楚宣王十三年君尹黑迎女秦。（《六国表》）

案：《会注考证》云：“君尹疑右尹。”马非百《秦集史》亦云：“楚无君尹之官，当是右尹之误。”

梁惠王之十三年当齐桓公十八年，后威王始见。（《田世家·索隐》引《纪年》说）

案：《魏世家·索隐》云：“《纪年》齐幽公之十八年而威王立。”雷学淇《义证》云：“幽公即桓公之讹”，是也。而《田世家》

云:“[桓公]六年救卫,桓公卒,子威王因齐立。”钱穆《先秦诸子系年》云:“六乃十八二字并合之误,如《晋世家·索隐》引《纪年》‘敬公十八年魏文侯初立’,十八二字乃六字分离之误也。”(第一九八页)其说亦是。田桓公制作有十年与十四年陈侯午敦,则桓公固不止六年,而在十四年以上,亦可证《纪年》之说为是。

又案:《田世家·索隐》据《纪年》云:“梁惠王之十三年当齐桓公十八年,后威王始见,则桓公立十九年而卒。”雷学淇《竹书纪年义证》云:“《魏世家·索隐》引《纪年》谓惠王二十八年与齐战于马陵,而《田齐世家·索隐》引《纪年》,谓威王十四年与梁战于马陵,是威王之元年,当惠王十五年明矣。威之元年在惠王十五年,则齐桓公之卒在惠王十四年明矣。故《索隐》曰桓公十九年而卒。桓既卒于明年,而此云威王立者,或立为太子,否则桓公退老使威王摄政,至明年桓公卒,而威王始即继体之位,又明年始改元。犹春秋时齐灵庄之故事矣。”而钱穆《先秦诸子系年》难之曰:“《索隐》既云齐桓公十八年威王始见,则桓公即以十八年卒也,而又云立十九年而卒者。人君于即位之翌年称元,故一称十八,一称十九年也。……雷说可解于梁惠王十三年当齐桓公十八年之说,而无以解桓公立十九年卒之说也。……谓威王立乃立太子,否则桓公退老摄政,此皆无证臆测,实不可从。盖雷氏定威王元在梁惠王十五年,则桓公卒自当在十四年,而又与《索隐》引《纪年》桓公十八年威王立及惠王十三年威王始见两条不符,故不得不强为之说如是。”(第一九八至一九九页)又云:“《孙子吴起列传·索隐》云:‘王劭按《纪年》梁惠王……二十七年十二月齐田朌败梁马陵……’又《田敬仲世家·索隐》引《纪年》'齐威王十四年田肦伐梁马陵'。考《纪年》惠成王十三年齐桓公卒，威王立，威王十四年，正当惠成王二十七年，而《魏世家·索隐》引《纪年》惠王二十八年，与齐田肦战于马陵，则又何也？窃疑齐伐魏在惠成王二十七年之冬，而魏败则在二十八年。"（第二五六至二五七页）余考《史记》魏武侯之世误前一年，而惠王未改前误多一年，齐桓公弑君自立，在魏武侯二十二年，即周烈王二年，当未逾年改元。其十八年当梁惠王十三年，即周显王十二年，是年威王立。威王十四年，当梁惠王二十七年，即周显王二十六年，是年适有马陵之役。雷氏固强说，而钱氏定威王立于周显王十一年，亦未为得。

又案：《田世家》以齐威名因齐，《赵策三》作田婴齐，《鲁仲连列传》亦作因齐。《陈侯因資镎铭文》作因資，丁山《由陈侯因資镎铭黄帝论五帝》（中央研究院历史语言研究所集刊三本四分册）谓"資"古或作"齎"，后乃省作"齊，而日人高田忠周《学古发凡》谓因齐之名乃取得齐之义，本字当作"因脐"，"資"乃"脐"之异文。高田氏之说是也。梁玉绳《古今人表考》云："威王之名，《年表》、《世家》、《鲁仲连传》作因齐，《赵策》作婴齐，并传写误。时田婴用事，决无君臣同名之理，而齐王自不当以齐为名，其一曰因，不但《穰苴传》可证，《庄子释文》固云威王名因，古不避嫌名，故：有婴子也。其一曰牟，惟见《庄子》。"余考《司马穰苴列传》云："至常曾孙和，因自立为齐威王"，此本误文，且"因"为虚辞，何得据以定威王名因耶？《庄子·则阳》云："魏莹与田侯牟约，田侯牟背之，魏莹怒，将使人刺之，犀首问而耻之，曰：'……衍请受甲二十万为君攻之……忌也出走，然后扶其背，折其脊。'……惠子闻之而见戴晋人。"释文云:"与田侯"一本作"田侯牟","司马云田侯齐威王也,名牟,桓公子。"俞樾《诸子平议》云:"桓公名午,与牟字相似,牟或午之讹,然齐桓公午与梁惠王不相值也。"考《纪年》梁惠王十三年齐桓公卒,桓公固与惠王相值,然与公孙衍、田忌、惠施仍不同时。马叙伦《庄子义证》云:"《世家》又曰'威王三十三年杀其大夫牟辛',《集解》引徐广曰'一作夫人'……然则牟岂田侯夫人之名而庄子误以为田侯名邪?或当从陆本无牟字,一本有牟字,盖因下句而加也。牟或借为倍……读者以背释矣。传写误为牟背,复加牟字于上句田侯之下。"疑马氏或说近是。《庄子》寓言十九,岂足据为典要?

周显王十三年(公元前三五六年)

秦孝公六年,魏惠王十四年,韩昭侯七年,赵成侯十九年,齐威王元年,楚宣王十四年,燕文公六年。

[魏惠王]十五年(当作十四年)鲁、卫、宋、郑君来朝。(《魏世家》,《六国表》同,无"朝"字)

[魏惠王十四年]鲁恭侯、宋桓侯、卫成侯、郑釐侯来朝。(《魏世家·索隐》引《纪年》云:"皆在十四年。"《六国表·集解》徐广引《纪年》作"鲁共侯来朝")

[卫成侯]十六年卫更贬号曰侯。(《卫世家》)

案:余考卫成侯元误后十年,其十六年适当周显王十三年,是年以朝魏而贬号曰侯。不然如《六国表》之纪年,贬号为侯在其后十年,何《纪年》已称之为卫成侯乎?

梁王魏婴觞诸侯于范台,酒酣,请鲁君举觞。鲁君兴,避席择言曰:“昔者帝女令仪狄作酒而美”(姚注:“一本无令字。”王念孙以一本无令字为是。《文选·七启、七命》注及《太平御览》一百四十八引皆无令字可证),进之禹,禹饮而甘之,遂疏仪狄,绝旨酒,曰:‘后世必有以酒亡其国者。’齐桓公夜半不嗛,易牙乃煎敖燔炙,和调五味而进之。桓公食之而饱,至旦不觉,曰后世必有以味亡其国者。晋文公得南之威(姚注:“一本无之字。”《文选·与杨德祖书、七启》注、《太平御览》三百八十、《初学记》十九引皆无“之”字),三日不听朝,遂推南之威而远之,曰:‘后世必有以色亡其国者。’楚王登强台而望崩山,左江而右湖,以临彷徨,其乐忘死,遂盟强台而弗登,曰:‘后世必有以高台陂池亡其国者。’今主君之尊,仪狄之酒也,主君之味,易牙之调也,左白台而右闾须,南威之美也,前夹林而后兰台,强台之乐也。有一于此,足以亡其国。今主君兼此四者,可无戒欤?”梁王称善相属。(《魏策二》第十七章)

案:鲍彪注:“婴,史作罃,音相近。此(魏惠)十五年鲁、卫、宋、郑君来朝。”吕祖谦《大事记·解题》云:“是时魏惠王方强,诸侯相率而朝之也。《索隐》按《纪年》:鲁恭侯、宋桓侯、卫成侯、郑釐侯,桓侯即公剔成,釐侯即昭侯。”今本《竹书纪年》系“魏觞诸侯于范台”于周烈王二年,即魏武侯二十二年。金正炜《战国策补释》驳之曰:“武侯不名婴,亦未称王。”当以鲍说为是。鲁侯当即《纪年》之鲁恭侯,一作鲁共侯,亦即《鲁世家》、《六国表》之鲁共公。

[赵成侯]十九年与齐、宋会平陆,与燕会阿。(《赵世家》,《六国表》同)

[魏惠王十四年]鲁共侯来朝。邯郸成侯会燕成侯于安邑。(《六

国表·集解》徐广引《纪年》,“于”字或误作“乎”)

案:阿,或作安,又作葛,皆声转通用。在今河北徐水县东南,保定市东。是年据《史记》为燕文公六年,而《纪年》作燕成侯,疑“成”字涉前邯郸成侯而误。方诗铭、王修龄《古本竹书纪年辑证》有此疑。今无以考定。陈梦家《六国纪年》以为当作燕成侯,并无确据。

齐威王二十三年(当作元年)与赵会平陆。(《六国表》,《田世家》同,惟“赵”下误多“王”字)

[秦孝公六年]乃拜鞅为左庶长。(《秦本纪》,《纪》谓孝公三年卫鞅说孝公变法,居三年“乃拜鞅为左庶长”)

[秦孝公]以卫鞅为左庶长,卒定变法之令:令民为什伍而相牧司连坐(“牧”,各本误作“收”,从王引之据《索隐》本改正)。不告奸者腰斩,告奸者与斩敌首同赏,匿奸者与降敌同罚。民有二男以上不分异者,倍其赋。有军功者,各以率,受上爵;为私斗者,各以轻重被刑大小。僇力本业、耕织致粟帛多者复其身。事末利及怠而贫者,举以为收孥。宗室非有军功,论不得为属籍。明尊卑爵秩等级各以差次,名田宅、臣妾、衣服以家次。有功者显荣,无功者虽富无所芬华。(《商君列传》)

令既具,未布,恐民之不信,已乃立三丈之木于国都市南门,募民有能徙置北门者,予十金。民怪之,莫敢徙。复曰:“能徙者,予五十金。”有一人徙之,辄予五十金,以明不欺。卒下令,令行于民。(《商君列传》)

案:商鞅在秦变法,与李悝在魏变法,同为奖励耕战,谋求富国强兵,但具体措施大不相同。魏处中原,地多开垦,因而李悝主张“尽地力之教”，奖励精耕细作，增加产量，防止灾害与损失，充分利用空闲土地。秦处边陲，地广人稀，荒地甚多，因而商鞅着重开辟与分配耕地，奖励垦荒。此即孟子所反对之“辟草莱，任土地”(《孟子·离娄上》)，朱熹注云：“辟，开垦也，任土地谓分土授民，使任耕稼之责，如李悝尽地方、商鞅开阡陌之类也。”《商君书·更法》谓商鞅变法之令，首要即为“垦草令”。但《商君书》之《垦令》，并非奖励垦荒之命令，而是说明二十种督促奖励垦荒之办法。此当出于商鞅之后学所追述，但其内容尚能反映当时所推行之重农抑商政策。例如主张“訾粟而税，则上壹而民平”，可以使“壮民疾农不变”。所谓“訾粟而税”，即收取一定数量粟米之地税制度。又如主张“按食口之数，赋而重使之”(“赋”原误作“贱”，今从孙诒让校正)，因为“禄厚而税多，食口众者，败农者也”。即用以限止官僚地主养有众多食客者。再如“重关市之赋”，“以商之口数使商，令之厮舆重者必当名”，盖令商之役人多者必当名应役。更主张推行统一的县制，“百县之治一形”，“官属少，征不烦，民不劳”。“无宿治”(即百官不得稽延公事)，则邪官不及为私利于民。并主张“重刑而连其罪(即用重刑而实施连坐法)，则褊急之民不斗，很刚之民不讼，怠惰之民不游，费资之民不作”，“声服无通于百县(即声色服玩不使行于百县)，则民行作不顾，休居不听”，“贵酒肉之价，重其租，令十倍其朴”。

【附编】

公孙鞅之治秦也，设告坐而责其实，连什伍而同其罪，赏厚而信，刑重而必，是以其民用力劳而不休，逐敌危而不却，故其国富而兵强。(《韩非子·定法》)

商君教秦孝公以连什伍设告坐之过，燔诗书而明法令，塞私门之请而遂公家之劳，禁游宦之民，而显耕战之士。(《韩非子·和氏》)

公孙鞅之法也，重轻罪……公孙鞅曰："行刑重其轻者，轻者不至，重者不来，是谓以刑去刑也。"(《韩非子·内储说上》)

案：李斯上秦二世书云："故商君之法，刑弃灰于道者。夫弃灰，薄罪也，而被刑，重罚也。"见《李斯列传》。又《商君列传·集解》引《新序》曰："今卫鞅内刻刀锯之刑，外深铁钺之诛，步过六尺者有罚，弃灰于道者被刑。"

商君之法曰："斩一首者爵一级，欲为官者，为五十石之官；斩二首者，爵二级，欲为官者，为百石之官。"官爵之迁，与斩首之功相称也。(《韩非子·定法》)

商君为法于秦，战斩一首进爵一级，欲为官者五十石。其爵名：一，公士。二，上造。三，簪褭。四，不更。五，大夫。六，官大夫。七，公大夫。八，公乘。九，五大夫。十，左庶长。十一，右庶长。十二，左更。十三，中更。十四，右更。十五，少上造。十六，大上造。十七，驷车庶长。十八，大庶长。十九，关内侯。二十，彻侯。(《汉书·百官表》)

四境之内，丈夫女子皆有名于上，生者著，死者削("生"字原脱，从俞樾据崇文本补)。其有爵者乞无爵者以为庶子，级乞一人。其无役事也，其庶子役大夫月六日，其役事也，随而养之。(《商君书·境内》)

军爵，自一级以下至小夫，命曰校、徒、操、士("士"原作"出"，从俞樾改正)、公爵，自二级以上至不更，命曰卒。其战也，五人束薄为伍("束"原误作"来"，从孙诒让改正，"薄"通"簿")，一人死而到四人

(“死”原误作“羽”,“到”原误作“轻”,从孙诒让改正)。能人得一首则复。(《商君书·境内》)

能得甲首一者,当爵一级,益田一顷,益宅九亩,一除庶子一人,乃得入兵官之吏(“入”原误作“人”,今从朱师辙《商君书解诂》改正)。其狱法,高爵訾下爵级,高爵能,无给有爵人隶仆。爵自二级以上,有刑罪则贬。爵自一级以下,有刑罪则已。(《商君书·境内》)

行间之吏也,故爵公士也,就为上造也。故爵上造,就为簪褭。[故爵簪褭],就为不更。故爵[不更,就]为大夫爵吏而为县尉,则赐虏六,加五千六百。爵大夫而为国治,就为[官]大夫。故爵[官]大夫,就为公大夫。[故爵公大夫],就为公乘。[故爵公乘],就为五大夫,则税邑,三百家。爵五大夫,有税邑六百家者,受客。[故爵五大夫],就为大庶长,故大庶长就为左更,故四更也,就为大良造。皆有赐邑三百家,税邑三百家。(《商君书·境内》,[ ]内字,均为依文例增补。末两句原在“爵五大夫有税邑六百家者受客”之前,今移后)

案:《商君书·境内》所述,当为商鞅变法以后所推行之爵制。据《汉旧仪》公士、上造、簪褭、不更属于“士”一级,大夫、官大夫、公大夫、公乘、五大夫属于“大夫”一级,左庶长、右庶长、左更、中更、右更、少上造、大上造、驷车庶长、大庶长属于“卿”一级。关内侯、彻侯属于“侯”一级。庶长原为庶民之长,征调庶民而统率作战,原为军职,经商鞅变法而成为爵名,并以斩首作为授爵之依据。“能得甲首一者,赏爵一级”。新出土《秦律·军爵律》中确有“隶臣斩首为公士”之规定。新出土之《夺首·爰书》,记述参与邢丘战役之两名士兵,因争夺斩首之功而引起之诉讼。商鞅变法并为爵级规定有等级占有田宅、臣妾、衣服之制度。如

《商君书·境内》中所规定者。此在新出土之《秦律》中尚不能证实,但确有“从军当以劳论及赐”之原则规定。《境内》谓“爵五大夫,有税邑六百家者,受客”。新出土之《黥妾·爰书》中,五大夫有家吏,与《境内》亦相合。《境内》谓“爵自二级以上,有刑罪则贬,爵自一级以下,有刑罪则已”。新出土之《军爵律》亦有类似之规定,爵二级可以抵父母中一人为隶臣或隶妾之罪,爵一级可以抵妻子之隶妾罪。

周显王十四年(公元前三五五年)

秦孝公七年,魏惠王十五年,韩昭侯八年,赵成侯二十年,齐威王二年,楚宣王十五年,燕文公七年。

驺忌子以鼓琴见威王,威王说而舍之右室。须臾,王鼓琴,驺忌子推户入曰:“善哉鼓琴!”王勃然不说,去琴按剑曰:“夫子见容未察,何以知其善也?”驺忌子曰:“夫大弦浊以春温者君也,小弦廉折以清者相也,攫之深,醳之愉者,政令也;钧谐以鸣,大小相益,回邪而不相害者,四时也。吾是以知其善也。”王曰:“善语音。”驺忌子曰:“何独语音,夫治国家而弭人民,皆在其中。”王又勃然不说曰:“若夫语五音之纪,信未有如夫子者也。若夫治国家而弭人民,又何为乎丝桐之间?”驺忌子曰:“夫大弦浊以春温者,君也;小弦廉折以清者,相也,攫之深而醳之愉者,政令也;钧谐以鸣,大小相益,回邪而不相害者,四时也。夫复而不乱者,所以治昌也;连而径者,所以存亡也;故曰琴音调而天下治。夫治国家而弭人民者,无若乎五音者。”王曰:“善。”驺忌子见三月而受相印,淳于髡见之曰:“善说哉!髡有愚志,愿陈诸前。”驺忌子曰:“谨受教。”淳于髡曰:“得全全昌,失全全亡。”驺忌子曰："谨受令，请谨毋离前。"淳于髡曰："狶膏棘轴，所以为滑也，然而不能运方穿。"驺忌子曰："谨受令，请谨事左右。"淳于髡曰："弓胶昔干，所以为合也，然而不能傅合疏罅。"驺忌子曰："谨受令，请谨自附于万民。"淳于髡曰："狐裘虽敝，不可补以黄狗之皮。"驺忌子曰："谨受令，请谨择君子，毋杂小人其间。"淳于髡曰："大车不较，不能载其常任；琴瑟不较，不能成其五音。"驺忌子曰："谨受令，请谨修法律而督奸吏。"淳于髡说毕，趋出，至门而面其仆曰："是人者，吾语之微言五，其应我若响之应声，是人必封不久矣。"居期年封以下邳号曰成侯。(《田齐世家》)

昔者邹忌以鼓琴见齐宣王(当作齐威王)，宣王善之。邹忌曰："夫琴所以象政也。"遂为王言琴之象政状及霸王之事。宣王大悦，与语三日，遂拜以为相。齐有稷下先生，喜议政事。邹忌既为齐相，稷下先生淳于髡之属七十二人，皆轻忌，以谓设之辞，邹忌不能对，乃相与俱往见邹忌。淳于髡之徒礼倨，邹忌之礼卑。淳于髡等曰："狐白之裘，补之以弊羊皮，何如?"邹忌曰："敬诺请不敢杂贤以不肖。"淳于髡等曰："方内而员釭，如何?"邹忌曰："敬诺，请谨门内，不敢留宾客。"淳于髡等曰："三人共牧一羊，羊不得食，人亦不得息，何如?"邹忌曰："敬诺，减吏省员，使无扰民也。"淳于髡等三称，邹忌三知之如应响。淳于髡等辞屈而去。邹忌之礼倨，淳于髡等之礼卑。(《新序·杂事二》第六章)

案：以上两则为一事两传。《新序》"齐宣王"当为"齐威王"之误。《六国表》系"邹忌以鼓琴见威王"在齐威王二十一年，即周显王十一年；系"封邹忌为成侯"在齐威王二十二年，即周显王十二年。考《史记》于齐威王立年误前二十二年，周显王十二年实齐威即位为侯之年,《史记》误以为邹忌为侯之年耳。魏惠王围邯郸,赵求救于齐,田侯召大臣而谋,邹子首先进言:“不如勿救。”魏进围邯郸,事在周显王十五年,邹忌固已为首要之大臣,其为相当即在此年或稍前。钱穆《孟子至宋过薛过邹考》云:“《田世家》威王封驺忌以下邳号曰成侯”,而《鲁世家·索隐》引《纪年》“梁惠王三十一年,下邳迁于薛,改名徐州”。……此下邳迁薛者,实乃驺忌之迁邑,非薛之迁国也。《田世家·索隐》引《纪年》有徐州子期,殆即邹忌,而《索隐》误以为田忌耳。……驺子史称成侯,成,春秋国,作郕,《公羊》作盛,《史记》作成,故城在兖北宁阳。又鲁有成邑,本孟孙氏邑,齐宣公四十八年田和取之,故城亦在宁阳。驺子称成侯,是必食封其地。史公谓驺忌封下邳,号曰成侯,疑下邳乃初封,成侯乃晚号。钱氏以邹忌尝封成而号成侯,其说或然,以徐州子期即邹忌,则无的据。王国维谓徐州子期是田忌。田忌于《战国策》或作田期思,于《纪年》或作田期,未见有称邹忌为邹期者。

又案:邹忌由于淳于髡以“微言”进说,决定对于国君“请谨毋离前”,“请谨事左右”;对于万民,“请自附于万民”;对于选拔官吏,“请谨择君子,毋杂小人其间”;对于国政,“请谨修法律而督奸吏”。此乃邹忌在齐国进行之政治改革,其与商鞅在秦变法、申不害在韩讲究用“术”统治,几乎同时。

[齐威王]二十四年(当作二年)与魏王会田于郊。魏王问曰:“王亦有宝乎?”威王曰:“无有。”梁王曰:“若寡人国小也,尚有径寸之珠,照车前后各十二乘者十枚,奈何以万乘之国而无宝乎?”威王曰:“寡人之所以为宝,与王异。吾臣有檀子者,使守南城,则楚人不敢为寇

东取(《韩诗外传》卷十无“东取”二字,元本《韩诗外传》“东取”作“北乡”)。泗上十二诸侯皆来朝。吾臣有肦子者,使守高唐,则赵人不敢东渔于河。吾吏有黔夫者,使守徐州,则燕人祭北门,赵人祭西门,徙而从者七千余家。吾臣有种首者,使备盗贼,则道不拾遗。将以照千里,岂特十二乘哉!”梁惠王惭,不怿而去。(《田世家》,《韩诗外传》卷十第六章大体相同,惟齐威王误作齐宣王)

齐威王游于瑶台,成侯卿来奏事,从车罗骑甚众。王望之,谓左右曰:“来者何为者也?”左右曰:“成侯卿也。”王曰:“国至贫也,何出之盛也!”左右曰:“与人者有以责之也,受人者有以易之也,王试问其说。”成侯卿至,上谒曰:“忌也。”王不应。又曰:“忌也。”王不应。又曰:“忌也。”王曰:“国至贫也,何出之盛也?”成侯卿曰:“赦其死罪,使臣得言其说。”王曰:“诺。”对曰:“忌举田居子为西河而秦、梁弱;忌举田解子为南城,而楚人抱罗绮而朝;忌举黔涿子为冥州,而燕人给牲,赵人给盛;忌举田种首子为即墨而于齐足究,忌举北郭刁勃子为大士而九族益亲,民益富。举此数良人者,王枕而卧耳,何患国之贫哉!”(《说苑·臣术》第八章)

案:齐威王谓“吾吏有黔夫者,使守徐州,则燕人祭北门,赵人祭西门”,而邹忌曰:“忌举黔涿子为冥州,而燕人给牲,赵人给盛”。黔夫当即黔涿子。“黔”“黥”古同音通用。《韩非子·奸劫弑臣》豫让乃自黔劓,“黔”亦“黥”之通假。《酉阳杂俎》云:“《尚书刑德考》曰:涿鹿者,凿人颡也,黥人者马羁笮人面也。郑云:涿鹿黥,世谓之刀墨之民。”齐威王谓吾臣有种首者,而邹忌云:“忌举田种首子”,则种首即田种首子。齐威王谓“吾臣有檀子者使守南城,则楚人不敢为寇东取”,而邹忌云:“忌举田解子为南城,而楚人抱罗绮而朝”。檀子当即田解子。据此可知,齐威王视作“宝”之大臣,皆邹忌所举。

又案:邹忌云:“忌举田居子为西河而秦、梁弱”,田居子即田公子居思。《水经·河水注》引《纪年》云:“晋烈公四年赵城平邑,五年田公子居思伐赵鄙,围平邑,十年田肦、韩举战于平邑,邯郸之师败逋,获韩举,取平邑。”王国维《古本竹书纪年辑校》云:“田居思即《战国策》之田期思,《史记·田敬仲世家》之田臣思(巨思之讹),《水经·济水注》引《纪年》作田期,《史记·田敬仲世家·索隐》引《纪年》谓之徐州子期,而据《济水注》齐田期伐我东鄙,在惠成王十七年,距此凡五十三年……疑《河水注》所引晋烈公五年,或有误字也。”余谓田臣思当从钱大昕改正为田臣思,田臣思与田期、田忌确为一人,田公子居思即田居子,乃别为一人。但《河水注》引《纪年》确有误字。朱右曾《汲冢纪年存真》云:“《索隐》云《纪年》败韩举当韩威王(即韩宣惠王)八年,计相距七十八岁,不应有两田肦、两韩举……《水经注》误惠成王后元十年为晋烈公十年。”其说甚是。《河水注》引《纪年》,“五年田公子居思伐赵鄙”上,盖脱“梁惠成王后元”六字。梁惠王后元十年正当韩宣惠王八年,如此乃与《索隐》所引《纪年》相合。田居子为西河守,平邑在今河北南乐东北,正与西河相近。《说苑·尊贤》第三十三章,载田忌去齐奔楚,楚王问齐常欲相并为之奈何?田忌列举齐将申孺、田居、田肦三人,以田肦为最强,其次为田居,而申孺最差,并云:“齐使田居将,则楚发二十万人使上将军将之,分别而相去也。”可知田居亦为齐之大将,非即田忌。

又案：《田世家》载桓公午五年秦、魏攻韩，韩求救于齐，桓公召大臣而谋，参与谋者有田臣思。《齐策一》第六章，南梁之难，韩求救于齐，田侯召大臣而谋，参与谋者又有田臣思。《田世家》所载，盖出于误传。《田世家·索隐》云："《战国策》作田期思，《纪年》谓之徐州子期，盖即田忌也。"钱大昕《廿二史考异》曰："臣当作臣，音怡，与期音相近。"田忌或作田期，忌、期音近通用，田忌或称田期思、田臣思，"思"盖语尾。梁玉绳《古今人表考》云："思盖语辞，犹《春秋》定六年之乐祁之为乐祁犁也。"与田忌同时，另有田居亦为齐之大将，田居或称田居子，或称田公子居思，"思"亦为语尾。但田居思与田期思非一人。

[孙]膑生阿、鄄之间，膑亦孙武后世子孙也。孙膑尝与庞涓俱学兵法，庞涓既事魏，得为惠王将军，而自以为能不及孙膑，乃阴召孙膑。膑至，庞涓恐其贤于己，疾之，则以法刑断其两足而黥之，欲隐勿见。齐使者如梁，孙膑以刑徒阴见，说齐使。齐使以为奇，窃载与之齐。齐将田忌善而客待之。忌数与齐诸公子驰逐重射，孙子见其马足不甚相远，马有上、中、下辈，于是孙子谓田忌曰："君弟重射，臣能令君胜。"田忌信然之，与王及诸公子逐射千金。及临质，孙子曰："今以君之下驷，与彼上驷；取君上驷，与彼中驷；取君中驷，与彼下驷。"既驰三辈毕，而田忌一不胜而再胜，卒得王千金。于是忌进孙子于威王，威王问兵法，遂以为师。（《孙子列传》）

《齐孙子兵法》八十九篇。（《汉书·艺文志》兵家著录）

案：此书久佚。一九七二年山东临沂银雀山汉墓出土有《孙膑兵法》竹简，共十六篇，一万一千多字，有残缺。与《孙子兵法》、《尉缭子》等竹简同时出土。其中有《擒庞涓》、《见威王》、

《威王问》、《陈忌问垒》等篇，陈忌即田忌。

邹忌修八尺有余，身体昳丽（“身体”，鲍本作“形貌”），朝服衣冠，窥镜，谓其妻曰：“我孰与城北徐公美？”其妻曰：“君美甚，徐公何能及公也。”城北徐公，齐国之美丽者也。忌不自信，而复问其妾曰：“吾孰与徐公美？”妾曰：“徐公何能及君也。”旦日，客从外来，与坐谈，问之客曰：“吾与徐公孰美？”客曰：“徐公不若君之美也。”明日，徐公来，孰视之，自以为不如，窥镜而自视，又弗如远甚。暮寝而思之，曰：“吾妻之美我者，私我也；妾之美我者，畏我也；客之美我者，欲有求于我也。”于是入朝，见威王曰：“臣诚知不如徐公美，臣之妻私臣，臣之妾畏臣，臣之客欲有求于臣，皆以美于徐公。今齐地方千里，百二十城，宫妇左右，莫不私王；朝廷之臣，莫不畏王；四境之内，莫不有求于王。由此观之，王之蔽甚矣。”王曰：“善。”乃下令：群臣吏民能面刺寡人之过者，受上赏；上书谏寡人者，受中赏；能谤议于市朝，闻寡人之耳者，受下赏。令初下，群臣进谏门庭若市，数月之后，时时而间进，期年之后，虽欲言无可进者。燕、赵、韩、魏闻之，皆朝于齐。此所谓战胜于朝廷。（《齐策一》第十二章）

案：《周季编略》系此事于周显王十二年，并云：“今按《史记·六国表》，是年赵侯如齐，明年与宋公、赵侯会平陆，又明年魏侯朝齐，皆与策合，足见能受谏者之效，策语不虚也。”余谓周显王十二年乃齐威王即位之年。《六国表》言是年“赵孟如齐”，次年齐与赵、宋之君会平陆，平陆乃齐邑。再次年齐威王与魏惠王会田于郊。此乃齐威王初立三年中，争取邻国之睦邻策略，见有成效，一时成为赵、魏、宋等国朝会之中心。

淳于髡者，齐之赘婿也，长不满七尺，滑稽多辩，数使诸侯，未尝屈辱。齐威王之时，喜隐，好为淫乐长夜之饮，沉湎不治，委政卿大夫，百官荒乱，诸侯并侵，国且危亡，在于旦暮。左右莫敢谏，淳于髡说之以隐曰："国中有大鸟，止王之庭，三年不蜚，又不鸣，王知此鸟何也？"王曰："此鸟不飞则已，一飞冲天；不鸣则已，一鸣惊人。"于是乃朝诸县令长七十二人，赏一人，诛一人，奋兵而出，诸侯振惊，皆还齐侵地，威行三十六年。(《滑稽列传》)

案：此亦齐威王初年奋发图强之掌故。余考齐威王在位共三十七年。自即位至此，首尾三年，采睦邻策略，图谋富强。此所谓"乃朝诸县令长七十二人，赏一人，诛一人"，即指封即墨大夫以万户，烹阿大夫。所谓"奋兵而出"，即指次年魏围邯郸，齐即救赵攻魏之事，连此年正首尾三十六年也。

齐王欲以淳于髡傅太子，髡辞曰："臣不肖，不足以当此大任也。王不若择国之长者而使之。"齐王曰："子无辞也。寡人岂责子之令太子必如寡人哉？寡人固生而有之也。子为寡人令太子如尧乎？其如舜乎？"(《吕氏春秋·壅塞》)

案：此疑亦齐威王时事。

[齐]威王初即位以来，不治，委政卿大夫，九年之间，诸侯并伐，国人不治，于是威王召即墨大夫而语之曰："自子之居即墨也，毁言日至，然吾使人视即墨，田野辟，民人给，官无留事，东方以宁，是子不事吾左右以求誉也。"封之万家。召阿大夫语曰："自子之守阿，誉言日闻，然使使视阿，田野不辟，民贫苦……是子以币厚吾左右以求誉也。"是日烹阿大夫，及左右尝誉者，皆并烹之。……于是齐国震惧，人人不敢饰非，务尽其诚，齐国大治，诸侯闻之，莫敢致兵于齐二十余年。(《田世家》)

案:《田世家》系此事于齐威王九年下。原文"民贫苦"下有"昔日赵攻甄,子弗能救,卫取薛陵,子弗知"。"皆并烹之"下有"遂起兵西击赵、卫,败魏于浊泽而围惠王,惠王请献观以和解,赵人归我长城",此盖史公既将齐威年世误前二十二年,因即取其时史事参入为说,其谓齐与浊泽之役既误,且参入此节,上下文反扞格不相通。必史公所见原有传说无此,而由史公以意夹叙所致。总括所有齐威王奋发图强之改革,注重于修订法律,分明赏罚,整顿吏治,选拔人才,奖励进谏,改进过失。邹忌言"忌举田种首子为即墨而于齐足究",则齐威王所赏之即墨大夫,其政绩为"田野辟,民人给,官无留事",当即田种首子。《淮南子·氾论训》云:"齐威王设大鼎于庭中,而数无盐令曰:子之誉日闻吾耳,察子之事,田野芜,仓廪虚,囹圄实,子以奸事我者也。乃烹之。齐以此三十二岁道路不拾遗。"此烹无盐令之事,与《田世家》烹阿大夫之事,乃一事两传。

又案:《列女传》卷六称:威王即位九年不治,委政大臣,诸侯并侵之。其佞臣周破胡专权擅势,嫉贤妒能。即墨大夫贤而日毁之,阿大夫不肖反日誉之。虞姬(威王之姬)谓王曰:"破胡谗谀之臣也,不可不退。齐有北郭先生者贤明有道,可置左右。"破胡乃恶虞姬,谓姬尝与北郭先生通。王乃闭虞姬于九层之台,使有司验问。破胡赂执事者,执事者诬其辞而上之。王视其辞不合于意,乃召虞姬而自问。经虞姬申辩,王大寤,于是封即墨以万户,烹阿大夫与周破胡。此当为后人虚构之故事,所谓佞臣周破胡与虞姬,皆出于杜撰。

州侯相荆,贵而主断。楚王疑之,因问左右,左右对曰:"无有。"

如出一口也。(《韩非子·内储说下》)

江乙为魏使于楚，谓楚王曰："臣入竟("竟"同"境")，闻楚之俗，不蔽人之善，不言人之恶，诚有之乎?"王曰："诚有之。"江乙曰："然则白公之乱得无遂乎? 诚如是，臣等之罪免矣。"楚王曰："何也?"江乙曰："州侯相楚，贵甚矣而主断，左右俱曰：'无有。'如出一口矣。"(《楚策一》第十一章)

案：《韩非子·内储说下》"江乙为魏王使荆"一节，与此相同，惟无江乙曰州侯相楚云云。鲍彪注："乙，魏人，时居魏，后乃仕楚，故其谮昭奚恤曰：臣居魏知之。"周显王十五年魏围赵邯郸，时江乙尚居魏，则江乙为魏使楚，必在此年或稍前。《渚宫旧事》亦有相同之文，作"江乙谓宣王"，可知此处之州侯乃楚宣王之相。楚前后有两州侯，一为宣王时之封君，曾为楚相而主断者，另一则为楚顷襄王宠幸之臣，即庄辛所谓"左州侯，右夏侯，辇从鄢陵君与寿陵君，饭封禄之粟，而戴方府之金，与之驰骋乎云梦之中，而不以天下国家为事"者(《楚策四》第四章)。宣王时为相而主断之州侯，于鬯以为即昭奚恤。《楚策一》第五章谓邯郸之难，昭奚恤主勿救而两弊之，而景舍主救。《楚策一》第八章载江乙恶昭奚恤谓楚王曰："邯郸之难，楚进兵，大梁拔矣，昭奚恤取魏之宝器，臣以居魏知之。"是魏围邯郸时，昭奚恤已为楚相而主断。《资治通鉴》定"楚昭奚恤为相"在周显王十六年，而《大事记》则定在十四年。当以十四年为是。盖昭奚恤于时为楚之令尹，又封于州而称州侯，其后又加封江而称江君。

宋剔城肝废其君璧而自立也。(《宋世家·索隐》王劭引《纪年》)

戴驩为宋太宰，皇喜重于君，二人争事而相害也。皇喜遂杀宋君

而夺其政。(《韩非子·内储说下》)

司城子罕取宋。(《韩非子·说疑》)

子罕谓宋君曰:“夫庆赏赐予者,民之所喜也,君自行之;杀戮刑罚者,民之所恶也,臣请当之。”于是宋君失刑而子罕用之,故宋君见劫。……子罕徒用刑而宋君劫。(《韩非子·二柄》)

宋君失其爪牙于子罕,而不蚤夺之,故身死国亡。(《韩非子·人主》)

司城子罕谓宋君曰:“庆赏赐予者,民之所好也,君自行之。诛罚杀戮者,民之所恶也,臣请当之。”于是戮细民而诛大臣,君曰:“与子罕议之。”居期年,民知杀生之命制于子罕也,故一国归焉。故子罕劫宋君而夺其政,法不能禁也。(《韩非子·外储说右下》)

司城子罕谓宋君曰:“庆赏赐与,民之所喜也,君自行之;杀戮诛罚,民之所恶也,臣请当之。”宋君曰:“诺。”于是出威令,诛大臣,君曰问子罕也。于是大臣畏之,细民归之。处期年,子罕杀宋君而夺其政。(《韩非子·外储说右下》)

司城子罕相宋,谓宋君曰:“夫国家之安危,百姓之治乱,在君行赏罚。夫爵赏赐予,民之所好也,君自行之;杀戮刑罚,民之所恶也,臣请当之。”宋君曰:“善。寡人当其美,子受其恶,寡人自知不为诸侯笑矣。”国人皆知杀戮之专制在子罕也(《韩诗外传》卷七“专制”作“刑专”),大臣亲之,百姓畏之,居不至期年(《韩诗外传》无“至”字),子罕遂却宋君而夺其政。(《淮南子·道应训》,《韩诗外传》卷七第十章同,“却”作“劫”,《说苑·君道》第四十六章大体相同)

司城子罕相宋,身行刑罚,以威行之,期年遂劫其君。(《李斯列传》载上书二世言赵高之短)

案：梁履绳《左传通释》谓：韩非言皇喜杀宋君而夺其政，又言司城子罕杀宋君而夺其政，司城子罕当即皇喜。盖名喜者多以罕为字。见王引之《春秋名字解诂》，孙诒让《墨子传略》从其说，以为子罕所杀之宋君即战国初期之宋昭公，不确。宋昭公有出亡而复国之说，未见有被杀而夺国之事。苏时学《爻山笔话》云："韩非于此事固屡言之，而必与齐之田氏并言，则田氏与戴氏皆篡臣也。而《吕氏春秋》于宋偃之亡，亦曰此戴氏之所以绝也，不言子氏而独言戴氏。则战国之宋为戴氏之宋，而非前日子氏之宋固甚明。然韩非既言戴氏，又曰皇喜，曰子罕者何也？则戴其氏，而喜其名，子罕乃其字也。凡名喜者，多字子罕，若郑之公孙喜，字子罕是也。而宋之名喜者，亦有两子罕焉。春秋时有司城乐喜字子罕，宋之贤臣也；战国时有司城皇喜，亦字子罕，宋之篡臣也。之二人者，其名同，其字同，其官亦同，而乐、皇二族并出于戴，则其自出又未尝不同，而一为贤臣，一为篡臣，其行事又何不同之甚耶？或曰：戴氏之篡宋固然矣，然则其篡宋当以何时欤？按《竹书纪年》云：宋易城肝废其君璧而自立。璧者宋桓公，而易城肝即司城子罕欤！"苏说甚是。韩非以司城子罕取宋与田恒取齐相提并论，又以田氏夺吕氏于齐与戴氏夺子氏于宋相提并论（见《韩非子·忠孝》）。司城子罕之为戴氏无疑。《竹书纪年》之剔城肝当即司城子罕，"司""剔"一声之转，司城之音转为剔城或剔成，犹如司徒或作信都、申徒也。司城原为宋之官名，即司空。春秋时避宋武公讳，而改司空为司城。春秋战国之际，宋以司城掌大权，犹如别国之相，故《说苑·君道》言"司城子罕相宋……逐其君而专其政"。《韩诗外传》卷七亦云："司城子罕相宋……劫宋君而专其政。”《竹书纪年》谓宋桓公名璧或璧兵，《宋世家·索隐》引《庄子》云：“桓侯行，未出城门，其前驱呼辟（避），蒙人止之，以为狂也。”司马彪注：“呼辟使人辟道，蒙人以桓侯名辟，而前驱呼辟，故为狂也。”《太平御览》七三九引《庄子》略同（今本《庄子》佚）。足证桓侯确名辟，而《宋世家》既误桓侯辟为辟公辟兵，又云：“辟兵三年卒，子剔成立。”竟将废君自立之事误作父子自传矣。桓侯亦非三年卒，至少在位七年以上。考《韩非子·爱臣》谓“燕、宋之所以弑其君”，《忠孝》又云：“是故田氏夺吕氏于齐，戴氏夺子氏于宋也。”盖司城子罕，戴氏也。《吕氏春秋·壅塞》论宋之为齐所灭曰：“此戴氏之所以绝也”，明宋君偃已为戴氏而非子氏。《壅塞》高注：“戴氏，子罕，戴公子孙也，别为乐氏，传曰：宋之乐其与宋升降乎？宋国衰，子罕后子孙亦衰，赏罚失中，故曰此戴氏之所以绝也。”犹是曲解。宋之名喜而字子罕者，前后有二人。前者为乐氏，尚在春秋时，后者为皇氏，已在战国时。而乐、皇二氏并出于戴氏，不得混为一谈。此时司城子罕逐桓侯而自立，故《韩非子》及《韩诗外传》七、《史记·李斯列传》上二世书、《淮南子·道应训》、《说苑·君道》皆谓司城子罕劫宋君而夺其政。据《竹书纪年》，梁惠王十四年宋桓侯与鲁、卫、韩之君来朝，则司城子罕杀宋桓侯而自立，当在此年以后，其确切年代尚不能考定。

梁惠王十五年遣将龙贾筑阳池以备秦。（《元和郡县图志》八郑州原武县下、《太平寰宇记》十郑州原武县下引《纪年》）

案：《元和郡县图志》云：原武县“古阳池城”，引《纪年》为证。

[梁惠成王十五年，长城]自亥谷以南，郑所城矣。（《水经·济水

注》云:“自亥谷以南,郑所城矣。《竹书纪年》云:是梁惠成王十五年筑也。”)

[魏惠王]十六年(当作十五年)与秦孝公会杜平。侵宋黄池,宋复取之。(《魏世家》,《六国表》同)

[秦孝公]七年与魏惠王会杜平。(《秦本纪》,《六国表》同)

[赵成侯]二十年魏献荣椽,因以为檀台。(《赵世家》)

案:《索隐》云:“荣椽是良材可以为椽,斫饰有光荣,所以魏献之,故赵因用之以为檀台。”《正义》云:“郑玄云:荣,屋翼也。《说文》云:椽,榱也。屋梠之两头起者为荣也。《括地志》云:“檀台在洺州临洺县北二里。”《集解》引徐广曰:“襄国县有檀台。”而《水经·济水注》云:“(京城)城北有檀山冈,《赵世家》成侯二十年魏献荣阳(“阳”为“椽”字之误),因以为檀。此说有误。京城为韩地,赵不能于此建檀台。

[韩昭侯]八年申不害相韩,修术行道,国内以治,诸侯不来侵伐。(《韩世家》)

申不害者,京人也。故郑之贱臣,学术以干韩昭侯,昭侯用为相。内修政教,外应诸侯,十五年。终申子之身国治兵强,无侵韩者。(《老庄申韩列传》)

《纪年》云韩昭侯之世,兵寇屡交,异乎此言矣。(《老庄申韩列传·索隐》引“王劭按”)

申子之学本于黄老而主刑名,著书二卷,号曰《申子》。(《老庄申韩列传·集解》引《刘向别录》曰:“今民间所有上下二篇,中书六篇,皆合二篇,已备,过太史公所记。”《正义》引阮孝绪《七略》云:“《申子》三卷也。”)

韩用申不害，行其《三符》，兵不侵境，盖十五年。不能用之，又不察其书，兵挫军破，国并于秦。（《论衡·效力》）

申，申不害也，韩昭侯相，著《三符》之命而尚刻削。（《淮南子·俶真训》“若夫墨、杨、申、商之于治道”下高诱注）

申子之《三符》。（《淮南子·泰族训》，许慎注：“申不害治韩，有三符验之术。”）

案：董说《七国考》卷十二“韩刑法”，有“刑符”条。引刘臻《孟子注》云：“韩昭侯《刑符》曰：‘一罪谓之犯，二罪谓之干，三罪大逆曰凶人。’并云：‘昭侯《刑符》者，即申不害《三符》之一也。’此说不可信。《三符》当为《申子》中一篇名。《淮南子·泰族训》云：‘今商鞅之《启塞》，申子之《三符》，韩非之《孤愤》，张仪苏秦之从衡，皆掇取之权，一切之术也，非治之大本，事之恒常，可传闻而世传者也。”商鞅之《启塞》，即指《商君书·开塞》，《韩非》之《孤愤》即指《韩非子·孤愤》，可知申子之《三符》，必为《申子》之《三符》。许慎注谓即“三符验之术”。当即《韩非子·定法》所谓“术者，因任而授官，循名而责实，操杀生之柄，课群臣之能者也，此人主之所执也”。

申不害言术……术者，因任而授官，循名而责实，操杀生之柄，课群臣之能者也，此人主之所执也。（《韩非子·定法》）

【附编】

魏之围邯郸也，申不害始合于韩王，然未知王之所欲也，恐言而未必中于王也。王问申子曰：“吾谁与而可？”对曰：“此安危之要，国家之大事也。臣请深惟而苦思之。”乃微谓赵卓、韩鼂曰：“子皆国之辨士也，夫为人臣者，言可必用，尽忠而已矣。”二人各进议于王以

事。申子微视王之所说以言于王，王大说之。(《韩策一》第三章)

赵令人因申子于韩请兵，将以攻魏。申子欲言之君，君疑已外市也，不则恐恶于赵，乃令赵绍、韩沓尝试君之动貌而后言之，内则知昭侯之意，外则有得赵之功。(《韩非子·内储说上》)

案：陈奇猷《韩非子集释补》云："赵绍即赵卓，韩畱即韩晁，沓，疑畱形近之讹字。""鼂"即"晁"字。

大成午从赵谓申不害于韩曰："以韩重我于赵，请以赵重子于韩，是子有两韩，我有两赵。"(《韩非子·内储说下》，《韩策一》第二章同。"午"《韩非子》误作"牛")

案：申不害以贱臣进，令人微视王之所悦以言于王，讲究如何侍奉君上之"术"。而其所以教上者，讲究如何防止臣下微视王之所悦以言于王，如何驾驭臣下之"术"。

申不害，韩昭侯之佐也。韩者，晋之别国也。晋之故法未息，而韩之新法又生；先君之令未收，而后君之令又下。申不害不擅其法，不一其宪令，则奸多。故利在故法前令则道之，利在新法后令则道之，利在新故相反，前后相悖，则申不害虽十使昭侯用术，而奸臣犹有所谲其辞矣。故托万乘之劲韩，十七年而不至于霸王者，虽用术于上，法不勤饰于官之患也。(《韩非子·定法》)

申子者，韩昭釐之佐。韩、晋别国也，地墽民险，而介于大国之间。晋国之故礼未灭，韩国之新法重出，先君之令未收，后君之令又下。新故相反，前后相缪，百官背乱，不知所用，故刑名之书生焉。(《淮南子·要略》)

申子曰："独视者谓明，独听者谓聪。能独断者，故可以为天下主。"(《韩非子·外储说右上》，"主"当作"王")

申子曰："上明见，人备之，其不明见，人惑之；其知见，人惑之；不知见，人匿之。其无欲见，人司之；其有欲见，人饵之；故曰：吾无从知之，惟无为可以规之。"（《韩非子·外储说右上》）

申子曰："慎而言也，人且知女；慎而行也，人且随女。而有知见也，人且匿女；而无知见也，人且意女。女有知也，人且臧女，女无知也，人且行女，故曰惟无为，可以规之。"（《韩非子·外储说右上》）

申子言治不逾官，虽知弗言。（《韩非子·定法》）

申子曰："有天下而不恣睢，命之曰以天下为桎梏。"（《李斯列传》载李斯上秦二世书）

案：李斯引申子之言而解释云："不能督责，而顾以其身劳于天下之民，若尧、禹然，故谓之桎梏也。夫不能修申、韩之明术，行督责之道，专以天下自适也，而徒务苦形劳神，以身徇百姓，则黔首之役，非畜天下者也，何足贵哉！"

韩昭釐侯视所以祠庙之牲，其豕小，昭釐侯令官更之，官以是豕来也，昭釐侯曰："是非向者之豕邪？"官无以对，命吏罪之，从者曰："君王何以知之？"君曰："吾以其耳也。"申不害闻之曰："何以知其聋，以其耳之聪也。何以知其盲，以其目之明也。何以知其狂，以其言之当也。故曰去听无以闻则聪，去视无以见则明，去智无以知则公，去三者不任则治，三者任则乱。以此耳目心智之不足恃也。耳目心智，其所以知识甚阙，其所以闻见甚浅。以浅阙博居天下，安殊俗，治万民，其说固不行。十里之间而耳不能闻，帷墙之外而目不能见，三亩之宫而心不能知，其以东至开梧，南抚多颢，西服寿靡，北怀儋耳，若之何哉？"（《吕氏春秋·任数》）

堂溪公谓昭侯曰："今有千金之玉卮，通而无当，可以盛水乎？"昭侯曰:“不可。”“有瓦器而不漏,可以盛酒乎!”昭侯曰:“可。”对曰:“夫瓦器至贱也,不漏可以盛酒,虽有乎千金之玉卮,至贵而无当,漏不可以盛水,则人孰与注浆哉?今为人之主而漏其群臣之语,是犹无当之玉卮也。虽有圣智,莫尽其术,为其漏也。”昭侯曰“然”。昭侯闻堂溪公之言,自此之后,欲发天下大事,未尝不独寝,恐梦言而使人知其谋也。一日,堂溪公见昭侯曰:“今有白玉之卮而无当,有瓦卮而有当,君渴将何以饮?”君曰:“以瓦卮。”堂溪公曰:“白玉之卮美,而君不以饮者,以其无当耶?”君曰:“然。”堂溪公曰:“为人主而漏泄其群臣之语,譬犹玉卮之无当也。”堂溪公每见而出,昭侯必独卧,惟恐梦言泄于妻妾。(《韩非子·外储说右上》)

案:堂溪公之说,即申不害所谓独断之术。堂溪本楚地,此时属韩,《韩策一》、《苏秦列传》云:“韩卒之剑戟,皆出冥山棠溪……”可证。堂溪公疑时韩别封之君,是与申子同时,韩臣之言术者尚有堂溪公也。

韩昭侯使骑于县,使者报,昭侯问曰:“何见也?”对曰:“无所见也。”昭侯曰:“虽然,何见?”曰:“南门之外有黄犊食苗道左者。”昭侯谓使者毋敢泄吾所问于女,乃下令曰:“当苗时,禁牛马入人田中。固有令,而吏不以为事,牛马甚多入人田中,亟举其数上之,不得将重其罪。”于是三乡举而上之,昭侯曰:“未尽也。”复往审之,乃得南门之外黄犊,吏以昭侯为明察,皆悚惧其所而不敢为非。(《韩非子·内储说上》)

韩昭侯握爪而佯亡一爪,求之甚急,左右因割其爪而效之,昭侯以此察左右之不诚。(《韩非子·内储说上》)

韩昭侯之时,黍种常贵鲜有,昭侯令人覆廪,廪吏果窃黍种而粜

之甚多。(《韩非子·内储说下》)

昭僖侯之时,宰人上食,而羹中有生肝焉。昭侯召宰人之次而诮之,曰:“若何为置生肝寡人羹中?”宰人顿首服死罪曰:“窃欲去尚宰人也。”一曰:“僖侯浴,汤中有砾。”僖侯曰:“尚浴免,则有当代者乎?”左右对曰:“有。”僖侯曰:“召而来。”谯之曰:“何为置砾汤中?”对曰:“尚浴免,则臣得代之,是以置砾汤中。”(《韩非子·内储说下》)

韩昭侯曰:“吹竽者众,吾无以知其善者?”田严对曰:“一一而听之。”(《韩非子·内储说上》)

韩昭釐侯出弋,靷偏缓,昭釐侯居车上,谓其仆“靷不偏缓乎?”其仆曰:“然。”至舍,昭釐侯射鸟,其右摄其一靷适之,昭釐侯已射,驾而归,上车选间曰:“乡者靷偏缓,今适何也?”其右从后对曰:“今者臣适之。”昭釐侯至,诘车与右,各避舍。(《吕氏春秋·处方》)

案:上述六传说,无非欲以见昭侯驭下之术。

韩昭侯使人藏弊袴,侍者曰:“君亦不仁矣,弊袴不以赐左右而藏之。”昭侯曰:“非子之所知也,吾闻明主之爱一嚬一笑,嚬有为嚬,而笑有为笑,今夫袴岂特嚬笑哉,袴之与嚬笑,相去远矣,吾必待有功者,故收藏之未有予也。”(《韩非子·内储说上》)

韩昭侯谓申子曰:“法度甚不易行也。”申子曰:“法者,见功而与赏,因能而受官,今君设法度,而听左右之请,此所以难行也。”昭侯曰:“吾自今以来,知行法矣,寡人奚听矣。”一日,申子请仕其从兄官,昭侯曰:“非所学于子也,听子之谒,败子之道乎?亡其用子之谒。”申子辟舍请罪。(《韩非子·外储说左上》,《韩策一》第四章“申子请仕其从兄官”,与此略同)

申子请仕其从兄官,昭侯不许也,申子有怨色。昭侯曰:“非所谓学于子者也(姚注:“刘无谓字”,《韩非子·外储说左上》亦无谓字)。听子之谒而废子之道乎?(《韩非子》“废”作“败”)亡其行之术而废子之谒乎?(“亡”上原衍“又”字,从王引之据《韩非子》删。“亡其”,转语词。《韩非子》作“亡其用子之谒”)子尝教寡人,循功劳,视次第,今有所求,此我将奚听乎?”申子乃辟舍请罪曰:“君真其人也。”(《韩策一》第四章,《韩非子·外储说左上》与此略同)

案:上二传说,所以见昭侯之慎赏罚与任官吏也。

韩昭侯醉而寝,典冠者见君之寒也,故加衣于君之上,觉寝而说,问左右曰:“谁加衣者?”左右对曰:“典冠。”君因兼罪典衣与典冠。其罪典衣,以为失其事也;其罪典冠,以为越其职也。非不恶寒也,以为侵官之害甚于寒。(《韩非子·二柄》)

案:此即申不害“治不逾官”之术也。申不害之所谓“术”,即君主任用、监督、考核臣下之方法与手段。而且手段具有机密性质。即韩非所谓“术者,藏之于胸中,以偶众端,而潜御群臣者也,故法莫如显,而术欲不见”。申不害主张君主“藏于无事”,“示天下无为”(《申子·大体》),去听,去视,去智,使臣下无从猜测君上意图,无以备之,惑之,匿之,伺之,饵之,遂不得不各尽其能,各行其实,然后君上可以“独断”之术,见功而与赏,因能而授官,操生杀之柄。

申子之书言人主当执术,务刑名(原误作“无刑”,据下文改正,“刑”读作“形”),因循以督责臣下。其责深刻,故号曰术。商鞅为书号曰法,皆曰刑名,故号曰刑名法术之书。(《老庄申韩列传》引《新序》,不见今本《新序》)

案:《老庄申韩列传》称:“申子之学本于黄老而主刑名。”又曰:“韩非喜刑名法术之学而其归本于黄老。”《索隐》引刘氏云:“黄老之法,不尚繁华,清简无为,君臣自正。韩非之论,诋驳浮淫,法制无私,而名实相称故曰归于黄老。”黄老之学起于战国中期,假托黄帝名义,发挥老子“虚静”学说,运用于君主统治,成为当时流行于东方之重要学派。其著作久已失传,一九七三年长沙马王堆汉墓出土帛书,其中《老子乙卷》卷首有《经法》、《十大经》等四书,乃黄老学派之代表作。但其著作年代已是战国后期。《经法》主张以“虚静”原则,公正无私,审核“形名”,使君主如同车轴之“毂”(中心圆木),群臣如同“辐”凑合集中于“毂”而运转,从而使“君臣不失其位,士不失其处,任能无过其长”。黄老学派此种“虚静”而审核“形名”,从而督责臣下之术,影响深远,尝为《申子》、《韩非子》、《吕氏春秋》等书所吸取与发挥。《申子》已佚,古书所引,皆为断章零句。惟有《群书治要》卷三十六所载《申子·大体》,虽有节略,尚能见其主旨。《申子》同样主张“明君使其臣并进辐凑”,不许“一臣专君,群臣皆蔽”,必须“君设其本,臣操其末;君治其要,臣行其详;君操其柄,臣事其常”。要求“为人君者操契以责其名”,不准臣下越权行事与谈论,用以防止臣下篡夺大权。更要求君主“藏于无事”,“示天下无为”,不暴露个人之爱好欲望,用以防止臣下投其所好而败坏风纪,从而篡夺大权。由此可知申子之学,确是“本于黄老而主刑名”,申不害因而开创法家之用“术”一派,与商鞅所代表之任“法”一派法家,有所不同。

戴驩宋太宰夜使人曰:“吾闻数夜有乘辒车至李史门者,谨为我伺之。”使人报曰:“不见辒车,见有奉笥而与李史语者,有间,李史受

笥。”(《韩非子·内储说上》)

商太宰使少庶子之市，顾反而问之曰：“何见于市？”对曰：“无见也。”太宰曰：“虽然，何见也？”对曰：“市南门之外，甚众牛车，仅可以行耳。”太宰因诫使者，无敢告人吾所问于女，因召市吏而诮之曰：“市门之外，何多牛屎？”市吏甚怪太宰知之疾也，乃悚惧其所也。(《韩非子·内储说上》)

宋太宰贵而主断，季子将见宋君，梁子闻之曰：“语必可与太宰三坐乎？不然将不免。”季子因说以贵生而轻国。(《韩非子·说林下》，“生”原误作“主”，今改正)

案：顾广圻于《内储说上》商太宰论之曰：“上文云戴驩宋太宰，《六微》篇同，《说林下》宋太宰贵而主断，与此皆一人。”说贵生之季子，当即杨朱之友季梁。季梁于魏惠王攻邯郸之役，尝谏梁王。公孙衍为魏将，与相田需不善，季子又尝为衍说梁王。是季梁正与宋桓侯相值，亦足证戴驩为宋桓侯臣也。《韩非子·内储说上》又云：“成驩谓齐王曰：‘王太仁于薛公而太不忍于诸田……政乱于内，此亡国之本也。”《荀子·解蔽》杨注引“成驩”作“戴驩”，今本当误，殆即以司城子罕夺宋国而出走于齐者乎？其说齐王之言，殆亦有鉴于宋而发乎？

昭奚恤之用荆也，有烧仓廥窌(窌)者而不知其人，昭奚恤令吏执贩茅者而问之，果烧也。(《韩非子·内储说下》)

郢人有狱三年而不决者，故令请其宅以卜其罪。客因为之谓昭奚恤曰(“谓”，姚注引刘本作“请”，鲍本改作“请”，据下文，作“请”为是)：“郢人某氏之宅，臣愿之”。昭奚恤曰：“郢人某氏不当服罪，故其宅不可得。”客辞而去。昭奚恤已而悔之，因谓客曰：“奚恤得事公，公

何为以故与奚恤?”客曰:“非用故也。”曰:“请而不得,有说色,非故如何也。”(《楚策一》第十二章)

案:余知古《渚宫旧事》亦载此事。以上两则,乃昭奚恤为相而主断之掌故。

魏氏恶昭奚恤于楚王,楚王告昭子。昭子曰:“臣朝夕以事听命,而魏入吾君臣之间,臣大惧。臣非畏魏也,夫泄吾君臣之交,而天下信之,是其为人也近苦矣(金正炜《战国策补释》谓“苦”当为“君”字之讹)。夫苟不难为之外,岂忘为之内矣,臣之得罪,无日矣。”王曰:“寡人知之,大夫何患?”(《楚策一》第七章)

周显王十五年(公元前三五四年)

秦孝公八年,魏惠王十六年,韩昭侯九年,赵成侯二十一年,齐威王三年,楚宣王十六年,燕文公八年。

梁惠成王十六年邯郸伐卫,取漆、富丘城之。(《水经·济水注》引《纪年》)

梁惠成王十六年齐师及燕战于泃水,齐师遁。(《水经·鲍丘水注》引《纪年》)

梁惠成王十六年秦公孙壮帅师伐郑,围焦城,不克。(《水经·渠水注》引《纪年》)

梁惠成王十六年秦公孙壮帅师城上枳、安陵、山氏(《水经·渠水注》引《纪年》)

秦孝公八年与魏战元里,斩首七千,取少梁。(《六国表》,《秦本纪》无“斩首七千,取少梁”,作“有功”)

案:《魏世家》、《六国表》俱言秦战胜元里后,取魏少梁。但

《秦本纪》不载“取少梁”事，盖秦一度取得少梁，不久仍为魏有，直至二十五年后，秦大败魏将龙贾后，魏入少梁及河西于秦。

［魏惠王］十七年（当作十六年）与秦战元里，秦取我少梁。围赵邯郸。（《魏世家》，《六国表》同。《赵世家》亦云“（成侯）二十一年魏围我邯郸”）

赵氏亦尝强矣。举左案齐（“案”读作“按”），举右案魏，厌案万乘之国，二国，千乘之宋也。筑刚平，卫无东野，刍牧薪采，莫敢窥东门。当是时，卫危于累卵，天下之士相从谋曰：“吾将还其委质而朝于邯郸之君乎？”于是天下有称伐邯郸者，莫令朝行（“莫”读作“暮”）。魏伐邯郸。（《秦策四》第十一章，或为六国说秦王）

魏王欲攻邯郸，季梁闻之，中道而反，衣焦不申（“焦”读作“瘬”，“申”读作“伸”），头尘不浴（“浴”原作“去”，从王念孙据《文选·咏怀诗》李注所引改正），往见王曰：“今者臣来，见人于大行（“大”读作“太”），方北面而持其驾，告臣曰：‘我欲之楚。’臣曰：‘君之楚，将奚为北面？’曰：‘我马良。’臣曰：‘马虽良，此非楚之路也。’曰：‘吾用多。’臣曰：‘用虽多，此非楚之路也。’曰：‘吾御者善。’此数者愈善而离楚愈远耳。今王动欲成霸王，举欲信于天下，恃王国之大，兵之精锐，而攻邯郸，以广地尊名。王之动愈数，而离王愈远耳！犹至楚而北行也。”（《魏策四》第十八章）

案：《庄子·胠箧》：“鲁酒薄而邯郸围。”释文云：“楚宣王朝诸侯，鲁恭公后至而酒薄，宣王怒欲辱之。恭公不受命，乃曰：我周公之胤，长于诸侯，行天子礼乐，勋在周室，我送酒已失礼，方责其薄，无乃太甚，遂不辞而还。宣王怒，乃发兵与齐攻鲁。梁惠王常欲击赵而畏楚救，以鲁为事，故梁得围邯郸。许慎注《淮南子》云:“楚会诸侯,鲁、赵俱献酒于楚王,鲁酒薄而赵酒厚,楚之主酒吏求酒于赵,赵不与,吏怒乃以赵厚酒易鲁薄酒奏之。楚王以赵酒薄故围邯郸也。”今考许注见《淮南子·缪称训》。陆说与许说,于史俱无征。据《秦策四》,魏之围邯郸,由于与赵争霸,赵于时正合宋谋卫。《纪年》谓是年赵伐卫取漆、富丘,可证。《秦策四》谓“当是时,卫危于累卵,天下之士相从谋曰:吾将还其委质而朝于邯郸之君乎?”盖前二年鲁、卫、宋、郑本委质而朝魏,至此有朝赵之势,意者是年鲁献魏之酒较前为薄,魏以此疑诸侯将朝赵,成为魏伐邯郸原因之一。

[梁]惠成王十六年邯郸四曀,室坏多死。(《开元占经》一百零一引)

案:王国维《古本竹书纪年辑校》云:“《开元占经》卷一〇一引作周显王十四年。”与恒德堂刻本《开元占经》不同。朱右曾《汲冢纪年存真补遗》亦引作周显王十四年,但《存真》引作“惠成王十六年”。全文作“邯郸四曀,室多坏,民多死”。洪颐煊《校正竹书纪年》、郝懿行《竹书纪年校正》、陈逢衡《竹书纪年集证》、林春溥《竹书纪年补证》同。

【附编】

梁王伐邯郸,而征师于宋。宋君使使者请于赵王曰:“夫梁兵劲而权重,今征师于弊邑。弊邑不从,则恐危社稷。若扶梁伐赵,以害赵国,则寡人不忍也。愿王之有以命弊邑。”赵王曰:“然。夫宋之不足如梁也(鲍本无“足”字),寡人知之矣。弱赵以强梁,宋必不利也,则吾何以告子而可乎?”使者曰:“臣请受边城,徐其攻而留其日,以待下吏之有城而已。”赵王曰:“善。”宋人因遂举兵入赵境而围一城焉。

梁王甚说，曰："宋人助我攻矣。"赵王亦说，曰："宋人止于此矣。"（鲍本无"说"字）故兵退难解，德施于梁，而无怨于赵，故名有所加而实有所归。（《宋策》第四章）

案：《大事记》以此编于周显王十五年，云："宋伐赵，围一城。"

卷七

周显王十六年(公元前三五三年)至二十五年(公元前三四四年)

周显王十六年(公元前三五三年)

秦孝公九年,魏惠王十七年,韩昭侯十年,赵成侯二十二年,齐威王四年,楚宣王十七年,燕文公九年。

梁惠成王十七年东周与郑高都、利。(《水经·伊水注》引《纪年》)

韩昭侯六年(当作十年)伐东周,取陵观、廪丘。(《六国表》,《韩世家》同,惟"廪丘"作"邢丘")

案:《资治通鉴》、《周季编略》皆从《六国表》。《周季编略》云:"按韩城邢丘在前元年,此作廪为是。"今按《水经·济水注》引《纪年》:"梁惠成王三年郑城邢丘。"当周显王二年。《韩世家》"邢丘"当为"廪丘"之误。

梁惠成王十七年郑釐侯来朝中阳。(《水经·渠水注》引《纪年》)

昭釐侯一世之明君也，申不害一世之贤士也。韩与魏敌侔之国也，申不害与昭釐侯执珪而见梁君，非好卑而恶尊也，非虑过而议失也。申不害之计事曰："我执珪于魏，魏君必得志于韩，必外靡于天下矣，是魏弊矣。诸侯恶魏必事韩，是我免于一人之下，而信于万人之上也。夫弱魏之兵而重韩之权，莫如朝魏。"昭釐侯听而行之，明君也，申不害虑事而言之，忠臣也。(《韩策三》第五章或人谓郑王语)

案：《孔丛子》有"韩与魏有隙，子顺谓韩王"一章，上段与此大体相同。盖抄袭此章而伪作。《韩策一》第三章"魏之围邯郸也，申不害始合于韩王"，因申不害之计事，韩合于魏，不但此年韩昭侯朝魏，次年魏以韩师败齐与宋、卫之师于襄陵。

梁惠成王十七年宋景敾、卫公孙仓会齐师围我襄陵。(《水经·淮水注》引《纪年》)

案：据《齐策一》第六章与《田世家》，魏围邯郸，赵求救于齐，齐救赵攻魏，先起兵南攻襄陵。及魏拔邯郸。齐因承魏之弊，大破之于桂陵。《田世家》谓十月邯郸拔，而《齐策一》作七月，可知攻襄陵在七月或十月以前。

[齐威王]二十六年(当作四年)魏惠王围邯郸，赵求救于齐。齐威王召大臣而谋曰："救赵孰与勿救？"邹忌子曰："不如勿救。"段干朋曰："不救则不义，且不利。"威王曰："何也？"对曰："夫魏氏并邯郸，其于齐何利哉？且夫救赵而军其郊，是赵不伐而魏全也。故不如南攻襄陵以弊魏，邯郸拔而乘魏之弊。"威王从其计。其后成侯驺忌与田忌不合，公孙阅谓成侯忌曰："公何不谋伐魏，田忌必将，战胜有功，则公之谋中也；战不胜，非前死则后北，而命在公矣。"于是成侯言威王使田忌南攻襄陵。十月邯郸拔，齐因起兵击魏，大败之桂陵。(《田

世家》）

邯郸之难，赵求救于齐，田侯召大臣而谋曰："救赵孰与勿救？"邹子曰："不如勿救。"段干纶曰："弗救则我不利。"田侯曰："何哉？""夫魏氏兼邯郸，其于齐何利哉？"田侯曰："善。"乃起兵，曰："军于邯郸之郊。"段干纶曰："臣之求利且不利者，非此也。夫救邯郸，军于其郊，是赵不拔而魏全也，故不如南攻襄陵以弊魏，邯郸拔而承魏之弊，是赵破而魏弱也。"田侯曰："善。"乃起兵南攻襄陵。七月邯郸拔，齐因承魏之弊，大破之桂陵。（《齐策一》第六章）

案：《田世家》此段记载，即依据《齐策》，惟"段干纶"作"段干朋"，"纶"、"朋"形近而误，未知孰是。"七月邯郸拔"又作"十月"，"七""十"形近，亦未知孰是。《田世家》谓"威王使田忌南攻襄陵"，《齐策》无"使田忌"三字。《水经·淮水注》引《纪年》，此年"宋景敾、卫公孙仓会齐师围我襄陵"，列举会同作战之宋、卫将军姓名，但未记齐将之名。《水经·淮水注》引《纪年》，又谓次年"惠成王以韩师败诸侯师于襄陵"。事在田忌大破魏军于桂陵之后，可知围攻襄陵之齐将必非田忌，《田世家》之说不确。

邯郸之难，昭奚恤谓楚王曰："王不如无救赵，而以强魏，魏强，其割赵必深矣。赵不能听，则必坚守，是两弊也。"景舍曰："不然。昭奚恤不知也。夫魏之攻赵也，恐楚之攻其后。今不救赵，赵有亡形，而魏无楚忧，是楚、魏共赵也，害必深矣，何以两弊也？且魏全兵以深割赵（"全"原作"令"，从金正炜改正），赵见亡形而知楚之不救己也（"知"，原作"有"，姚注"刘作知"，今据改），必与魏合而以谋楚，故王不如少出兵以为赵援。赵恃楚劲，必与魏战，魏怒于赵之劲，而见楚救之不足畏也，必不释赵。赵、魏相弊，而齐、秦应楚，则魏可破也。"

楚因使景舍起兵救赵，邯郸拔，楚取睢、涉之间。(《楚策一》第五章)

□□□□邯郸□□□□□□□□□未将令也(“令”通“命”)，工君奚恤曰(“工”通“江”)：“子之来也，其将请师耶？彼将□□□重此□，如北兼邯郸，南必□□□□□□□□□城必危，楚国必弱，然则吾将悉兴兵以救邯郸，吾非敢以为邯郸赐也，吾将以救吾□□。”鹿弭皮曰：“主君若有赐，兴□兵以救敝邑，则使臣亦(“亦”原误作“赤”)敢请其日以复于□君乎?”工君奚恤曰：“大(“大”通“太”)缓救邯郸，邯郸□□□郸。进兵于楚，非国之利也。子择其日归而已矣，师今从子之后。”鹿弭皮归，复令于邯郸君(“令”通“命”)，曰：“□□□□□□和于魏，楚兵不足恃也。”(“恃”原作“侍”)邯郸君曰：“子使，未将令也，人许子兵甚俞(“俞”通“愉”)，何为而不足恃也。”鹿弭皮曰：“臣之不足恃者以其俞也(“不足”两字原缺)。彼其应臣甚辨，大似有理。彼非卒(“卒”通“猝”)然之应也。彼笥齐□□□□□□守其□□□利矣。□□□兵之日不肯告臣。颗然进其左耳而后其右耳，合乎其所后者，必其心与□□□□□□俞许我兵，我必列地以和于魏(“列”通“裂”)。魏必不敝，得地于赵，非楚之利也。故俞许我兵者，所劲吾国，吾国劲而魏氏敝，楚人然后举兵兼承吾国之敝。主君何为亡邯郸以敝魏氏，而兼为楚人禽哉，故萎和为可矣(“萎”通“数”)。”邯郸君摇于楚人之许己兵而不肯和。三年，邯郸偻，楚人然后举兵，兼为正乎两国。若由是观之，楚国之口虽□□，其实未也。故□□应。且曾闻其音以知其心。夫颗然见于左耳，鹿弭皮已计之矣。(《战国纵横家书》第二十七章)

案：江君奚恤，当即昭奚恤，楚宣王时之令尹，封于江。在今河南正阳，邯郸君即赵成侯。“颗”字，不详，鹿弭皮作为赵使，至楚求救，昭奚恤许诺，鹿弭皮以为楚兵不足恃，主张裂地以和于魏。而赵成侯不信，因楚已许救而不肯和，困守邯郸三年，待邯郸拔，然后楚出兵。此与《楚策一》言楚从景舍之计，少出兵，待邯郸拔，楚攻取魏睢、涉之间，略有不同。

梁惠成王十七年齐田期伐我东鄙，战于桂阳，我师败逋。（《水经·济水注》引《纪年》，并云："亦曰桂陵。"《孙子吴起列传·索隐》王劭案语引《纪年》作"梁惠王十七年齐田忌败我桂陵"）

［魏惠王］十八年（当作十七年）拔邯郸，赵请救于齐，齐使田忌、孙膑救赵，败魏桂陵。（《魏世家》，《六国表》云："邯郸降，齐败我桂陵。"《赵世家》亦云："成侯二十二年魏惠王拔我邯郸，齐亦败魏于桂陵。"）

魏伐赵，赵急，请救于齐。齐威王欲将孙膑，膑辞谢曰："刑余之人不可。"于是乃以田忌为将，而孙子为师，居辎车中，坐为计谋。田忌欲引兵之赵，孙子曰："夫解杂乱纷纠者不控卷，救斗者不搏撠，批亢捣虚，形格势禁，则自为解耳。今梁、赵相攻，轻兵锐卒，必竭于外，老弱罢于内，君不若引兵疾走大梁，据其街路，冲其方虚，彼必释赵而自救，是我一举解赵之围而收弊于魏也。"田忌从之，魏果去邯郸，与齐战于桂陵，大破梁军。（《孙子吴起列传》）

案：梁玉绳《史记志疑》断言史载魏拔邯郸为妄，其言曰："《史记·六国表》显王十六年，魏惠王十八年，邯郸降。案赵表亦云魏拔邯郸。后二年于魏、赵表云：归邯郸。即赵、魏、田完三世家，《穰侯列传》并载无异，似真有其事者。然邯郸为赵之都，其君庇焉，魏安得拔其都乎？若果拔之，则未归邯郸之前，首尾几及二年，此二年中赵侯徙居何地。揆诸情势，深所难信。盖与史言秦孝公降魏安邑，同为妄矣，而其误，实自《齐策》来。”其说殊非，今以《战国策》、《史记》参证之，其事昭昭，确实无疑。《魏策三》第三章，须贾为魏谓穰侯曰：“初时惠王伐赵，战胜于三梁，十万之军拔邯郸，赵氏不割而邯郸复归。”《穰侯列传》同。《吕氏春秋·不屈》亦谓当魏惠王之时，“围邯郸三年而弗能取，士民罢潞，国家空虚，天下之兵四至。”高注：“救邯郸之兵从四方来至也。”

昔者梁君将攻邯郸，使将军庞涓带甲八万至于茬丘，齐君闻之，使将军忌子带甲八万至……竟（境）。庞子攻卫，北□□，将军忌[子]……卫……救与……曰：“若不救卫，将何为？”孙子曰：“请南攻平陵，平陵，其城小而县大，人众甲兵盛，东阳战邑，难攻也。吾将示之疑。吾攻平陵，南有宋，北有卫，当涂（通作“途”）有市丘，是吾粮涂（途）绝也。吾将示之不智（通作“知”）事。”于是徙舍而走平陵。……陵，忌子召孙子而问曰：“事将何为？”孙子曰：“都大夫孰为不识事？”曰：“齐城、高唐。”孙子曰：“请取所……二大夫□以□□□臧□□都横卷四达环涂（途）横卷所□陈（通“阵”）也。环涂（途）铍甲之所处也。吾末甲劲，本甲不断。环涂（途）击被其后，二大夫可杀也。”于是段（通“断”）齐城、高唐为两，直将蚁傅（通“附”）平陵，挟茁环涂（途）夹击其后，齐城、高唐当术而大败。将军忌子召孙子问曰：“吾攻平陵不得而亡齐城、高唐，当术而厥（通“蹶”），事将何为？”孙子曰：“请遣轻车西驰梁郊，以怒其气。分卒而从之，视（通“示”）之寡。”于是为之。庞子果弃其辎重，兼取（通“趣”）舍而至。孙子弗息而击之桂陵而禽（通“擒”）庞涓。故曰孙子之所以为者尽矣。四百六。（《孙膑兵法·擒庞涓》）

案：上述《孙膑兵法》竹简，一九七二年出土于山东临沂银雀山西汉墓葬中。见《银雀山汉墓竹简孙膑兵法》。此篇《擒庞涓》，即从散乱竹简中拣出而编成。原有四百零六字，现存三百二十七字，残缺七十九字。今以吴九龙《银雀山汉简释文》以校对，第二二五三号竹简残存"孙子曰侍(待)三日"六字，第二八五一号竹简残存"救卫是失令田忌"七字，未编入此篇中。

又案：余考战国时齐国设有"五都"，除国都临淄以外，四边设"都"，具有边防重镇之性质。五都设有常备兵，称为"技击"，亦称为"持戟之士"。孟子见平陆大夫孔距心曰："子之持戟之士，一日而三失伍，则去之否乎?"又见于王曰："王之为都者，臣知五人焉，知其罪者惟孔距心。"见《孟子·公孙丑下》。因而齐之军队主力，有所谓"五都之兵"，亦称"五家之兵"。齐宣王尝令匡章"将五都之兵，以因北地之众，以伐燕"，见《燕策一》。五都为临淄、高唐、平陵、即墨、莒。五都之长官称大夫。是役田忌所统率者亦为五都之兵，齐城、高唐二大夫在进攻平陵时"当术(道路)而大败"。临淄亦称齐城，见于《水经·淄水注》。

又案："攻魏救赵"，乃孙膑以谋略胜敌之典型战例。孙膑于此一再发挥孙武兵法所谓"示形"之计谋。所谓"示形"，即示以假象，从而诱骗敌人与调动敌人，使敌发生错觉而陷于被动，使敌人骄傲、轻敌而懈于戒备，然后借此有利形势，迅速主动出击，攻其所必救，以智谋战胜敌人。孙膑首先南攻宋、卫之间东阳地区之战略要地平陵，作为攻取目标，从而"示之疑"，使敌人对进攻目标迷惑。同时进攻平陵"示之不知事"，即显示指挥者不懂军事，驱使士卒"蚁附"(如蚂蚁般爬登)而攻城，而后路被夹击，因而当路大败，用以使敌人骄傲而轻敌。然后孙膑突然遣轻车向西快速进军大梁城郊，“以怒其气”。此即孙武兵法所谓“怒而挠之，卑而骄之”(《计篇》)，同时分散兵力而前进，用以“示之寡”，造成兵力单薄之错觉，是时孙膑突然遣轻车直奔大梁。大梁为魏之国都所在，即孙武所谓“攻其所必救”(《虚实篇》)，魏之主将庞涓奉命从邯郸前线回归大梁急救，庞涓因震怒、骄傲而轻敌，弃其辎重，以轻装急行军兼程赶回，路经桂陵(今河南长垣西南)，孙膑预先设伏，突然袭击正在急行之敌军，取得生擒敌军主将庞涓之战果。即孙膑所谓“攻其所必救，使离其固，以揆其虑，施伏设援，击其移庶”(《孙膑兵法·十问篇》)。此役齐以智谋取得生擒魏主将之大捷，但未能击溃魏之主力，因而齐未向大梁进击，而邯郸仍为魏所攻占，并未因此而解邯郸之围。次年魏尚得以韩师击败齐、宋、卫之联军于襄陵，齐因而请楚将景舍向魏求和。再次年，魏终于迫使赵订城下之盟于漳水之上，以邯郸归赵。

又案：《史记》所载桂陵之战，未述及魏之主将为何人，更未述及擒庞涓。《魏世家》、《田世家》、《孟尝君列传》与《六国表》，皆谓此后十二年马陵之战杀庞涓，虏太子申。《孙子列传》又谓马陵之战庞涓自杀，而太子申被虏。吴九龙《银雀山汉简释文》，论及此事，云：“魏国于此二役中都遭到惨重失败，而马陵之役所受打击尤为巨大，因此桂陵之役的事件，被后人误认为马陵之役的事件，是有可能的。”(第十七页)但《孙膑兵法·擒庞涓》篇详述桂陵之战经过，仅言擒庞涓而未言擒太子申。若后人以桂陵之战果，误认为马陵之战果，为何所有史料俱言马陵之战杀庞涓而虏太子申，太子申与庞涓同时被擒杀于马陵之役，与《擒庞涓》篇言桂陵之役但擒庞涓，显然不同。《孙膑兵法·陈忌问垒》篇载孙膑对答田忌，论述设置障碍配合各种兵力之战略战术，云："用此者，所以应猝窘处隘塞死地之中也。是吾所以取庞涓（"涓"字原缺，今补）而擒太子申也。"当指马陵之战。桂陵之战，孙膑诱使庞涓从邯郸以急行军兼程回救大梁，在桂陵加以邀击而擒庞涓，此与马陵之战引太子申与庞涓进入隘塞死地之中而擒杀不同。若后人以桂陵之役战果，误作马陵之役战果，擒太子申较取庞涓更为重要。《擒庞涓》篇不能但言擒庞涓也。然则何以庞涓在桂陵之战被擒，及马陵之战又与太子申同时被擒杀？桂陵之战，魏之国力损失不大，此后魏又以韩师击败齐、宋、卫之师于襄陵。齐不得已请楚将景舍向魏求和。同时魏又迫使赵在漳水之上结盟，然后将邯郸归还赵国。或者此时齐将庞涓释放，庞涓再度为魏将。犹如春秋时秦将孟明视为晋所俘，旋被释放回秦，仍为秦将。

［鲁］共公二十二年（疑当作三十年）卒，子屯立，是为康公。（《鲁世家》）

案：《鲁世家》谓鲁共公二十二年卒，《史记》鲁元公、鲁穆公、鲁共公既误后八年，则鲁共公二十二年当周显王八年，即魏惠王九年。然《魏世家·索隐》引《纪年》"梁惠成王十四年鲁共侯、宋桓侯、卫成侯、郑釐侯来朝"，则鲁共公至周显王十三年犹在，不得谓鲁共公二十二年即卒矣。钱穆《再论鲁谱歧点》云："《魏世家·索隐》引《纪年》'梁惠成王十四年鲁共侯、宋桓侯、卫成侯、郑釐侯来朝。'是鲁共公至梁惠王十四年尚在也。又《六国表》

‘梁惠王十五年鲁、卫、宋、郑来。’《集解》徐广曰：‘《纪年》一曰鲁共侯来朝。’是鲁共公至梁惠王十五年尚在也。又《庄子·胠箧》篇‘鲁酒薄而邯郸围’，《释文》云：‘楚宣王朝诸侯，鲁恭公后至而酒薄。宣王怒，与齐攻鲁。梁惠王常欲击赵而畏楚救，楚以鲁为事，故梁得围邯郸。’围邯郸在梁惠王十七年，是又鲁共公至梁惠王十七年尚在也。据此则《年表》鲁共公卒于梁惠王十八年，明年鲁康公元年，未必误。然则《世家》固未必信。徐广所见一本悼公即位年数，固未必可凭耶？然则，今《世家》自平公以下所记注秦、楚诸国大事，合之鲁君之某年某年者，又皆为虚耶？今《世家》既误，又何从而致误，是必有误。余意《鲁世家》记平公以下未必尽属误文。或者今《世家》所载穆公、共公、康公、景公四君之年，其间尚有上下。经后人据刘歆《历谱》改之，故徐广有‘自悼公以下尽与刘歆《历谱》合，而反违《年表》，未详何故’之疑。今算《年表》亦无甚异，则后人又据《世家》改《年表》也。惟《世家》记‘自平公立六国皆称王，十二年秦惠王卒’以下，记注秦、楚大事，合之鲁某君之某年者犹未变易，故遂致纠纷，而不可理也。……今既无可参证，姑定共公为三十二年、康公九年、景公十九年。”（《先秦诸子系年》第四七一至四七二页）钱氏下割鲁景公十年，加增于鲁共公，定共公三十二年，殊乏依据。《六国表》著康公元年于周显王十七年，当魏惠王十八年，或当有据，则鲁共当有三十年耳。

［魏］惠成王十七年有一鹤三翔于郢市。（唐写本《修文殿御览》残卷引《纪年》）

周显王十七年(公元前三五二年)

秦孝公十年,魏惠王十八年,韩昭侯十一年,赵成侯二十三年,齐威王五年,楚宣王十八年,燕文公十年。

[魏惠王]十九年(当作十八年)诸侯围我襄陵。筑长城,塞固阳。(《魏世家》,《六国表》同)

案:《正义》引《括地志》云:"稒阳县汉旧县也,在银州银城县界。"其说恐不确。《秦本纪》于孝公元年下云:"魏筑长城,自郑滨洛以北,有上郡。"不能远至银州固阳为塞。

[秦孝公]十年卫鞅为大良造,将兵围魏安邑,降之。(《秦本纪》,《商君列传》同,《六国表》作"卫公孙鞅为大良造,伐安邑,降之")

案:秦爵二十等,自第十级左庶长,至第十八级大庶长,皆属庶长一等,相当于别国之卿。大良造为第十六级,亦属庶长一等。此时大良造不仅为秦最高爵位,并为最高官职。此时卫鞅由左庶长而升为大良造,相当于别国之相。此一官爵之全称为"大良造庶长"。十六年大良造鞅矛镦,铭文作"十六年大良造庶长鞅之造,雍,矛"(著录于《双剑誃吉金图录》卷下、《衡斋金石识小录》卷下、《三代吉金文存》卷二十),即鞅于孝公十六年督造。其后,秦惠文王四年有大良造庶长游出命封右庶长歜宗邑之《瓦书》。十三年商鞅戟,铭文作"十三年大良造鞅之造戟"(《贞松堂集古遗文》卷十二、《三代吉金文存》卷二十,现藏上海博物馆)。盖大良造乃通称。《东周策》第十五章"右行秦谓大梁造","梁"、"良"声同通假。

又案:《资治通鉴》作"秦大良造伐魏",不载"围魏安邑,降之。"胡三省注谓"是时魏都安邑,其兵犹强,庞涓、太子申、公子印未败，安邑不应遽降于秦”。又谓：“《魏世家》于是年不书安邑降秦而《秦记》孝公十年书之，《通鉴》从《魏世家》，于显王二十九年书魏去安邑，徙大梁，而是年不书魏安邑降，盖亦疑而除去之。”顾炎武亦谓“此必安邑字误”。梁玉绳以为“固阳”字误。说皆不确。据《纪年》是时魏已徙都大梁，而安邑已成秦所争夺之地。

［梁惠成王］十八年惠成王以韩师败诸侯师于襄陵。齐侯使楚景舍来求成。公会齐、宋之围。（《水经·淮水注》引《纪年》）

案：《永乐大典》本、朱谋玮本及全祖望、赵一清校本《水经注》皆有“公会齐、宋之围”句，惟戴震校本据今本《纪年》删去此句。是年魏惠王以韩师击败包围襄陵之齐、宋、卫联军，齐使楚将景舍前来求和，魏惠王会见于襄陵。朱右曾《汲冢纪年存真》、王国维《古本竹书纪年辑校》皆改“公”为“王”。

又案：当魏围攻赵都邯郸时，赵遣使至楚求救，楚王从景舍之计，由景舍率兵攻魏救赵，但按兵不攻，待邯郸拔，乃攻取魏之睢、涉之间。此时景舍又为齐向魏求成。

周显王十八年（公元前三五一年）

秦孝公十一年，魏惠王十九年，韩昭侯十二年，赵成侯二十四年，齐威王六年，楚宣王十九年，燕文公十一年。

梁惠成王十九年晋取玄武、濩泽。（《水经·沁水注》引《纪年》，“玄武”当作“泫氏”）

案：陈逢衡《竹书纪年集证》与雷学淇《竹书纪年义证》皆谓“玄武”乃“泫氏”之误。《太平御览》一百六十三与《太平寰宇记》

卷四十四泽州高平县下引《纪年》,“梁惠王九年晋取泫氏”,与此为一事,盖脱去“十”字,其说是也。朱右曾《汲冢纪年存真》释“梁惠成王九年晋取泫氏”条云:“晋即魏也。”盖泫氏在今山西高平县,正当长平东南,原为赵地。濩泽在今沁水县东南,亦为赵地,是年为魏所攻取。

[魏惠王]二十年(当作十九年)归赵邯郸,与盟漳水上。(《魏世家》,《六国表》亦作“归赵邯郸”)

[赵成侯]二十四年(当作二十三年)魏归我邯郸,与魏盟漳水上。秦攻我蔺。(《赵世家》,《六国表》亦作“魏归邯郸,与魏盟漳水上”)

唐尚敌年为史,其故人谓唐尚愿之,以谓唐尚,唐尚曰:“吾非不得为史也,羞而不为也。”其故人不信也,及魏围邯郸,唐尚说惠王而解之围,以与伯阳。(《吕氏春秋·士容》)

案:高诱注:“解邯郸围也。以与伯阳,以伯阳邑资之也。”盖是时唐尚为赵说魏惠王解邯郸之围,而以伯阳与魏。伯阳为赵邑,在今河北邺县西南。《赵世家》谓赵惠文王十九年赵与魏伯阳。可知是时唐尚虽有与以伯阳之说,实未以伯阳与魏。陈奇猷《吕氏春秋校释》云:“唐尚既有归邯郸之功,赵因予唐尚以伯阳。”非是。赵不可能以伯阳邑赐予游说者。

惠王伐赵,战胜于三梁,十万之军拔邯郸,赵氏不割而邯郸复归。(《魏策三》第三章须贾语,《战国纵横家书》第十五章,《穰侯列传》同)

案:据此可知魏以所拔邯郸归赵,与盟漳水上,赵并未割让土地。

惠子之治魏为本,其治不治。当惠王之时,五十战而二十败,所杀者不可胜数,大将、爱子有禽者也。大术之愚为天下笑,得举其讳,乃请令周太史更著其名。围邯郸三年而弗能取，士民罢潞，国家空虚，天下之兵四至，众庶诽谤，诸侯不誉，谢于翟翦而更听其谋，社稷乃存。名宝散出，土地四削，魏国从此衰矣。（《吕氏春秋·不屈》）

案：魏惠王于十六年围赵邯郸，十七年拔邯郸，十九年归邯郸，用兵于邯郸首尾四年之久，确使魏“士民罢潞，国家空虚”，成为魏从此衰败之主因。魏惠王连年战败，先为孙膑败于桂陵，再为孙膑大破于马陵，“大将、爱子有禽者也。”又屡为秦所败，丧失西河、上郡，确是“土地四削，魏从此衰矣”。但主其事者并非惠施，《吕氏春秋》未能分明。钱穆《惠施仕魏考》辨之甚明。其言曰：《魏策》：“齐、魏战于马陵，齐大胜魏，杀太子申……惠子教以变服折节而朝齐。楚王大怒，自将伐齐，大败齐于徐州。”今按马陵之役在惠王二十八年，后九年，齐、魏会徐州相王，又后一年楚伐齐徐州，其时惠施已用事。《吕氏春秋·爱类》“匡章谓惠施曰：公之学去尊，今又王齐，何也？……”可证魏齐相王，惠施主其谋，及《吕氏春秋·不屈》……则以魏惠十七年围赵邯郸为惠施相魏后事，细按其说，殆非也。惠子为相，年事当逾三十，下至周赧王元年齐破燕，惠子为魏使赵，凡四十年，惠子之寿方跻八十，未必再为魏效奔走，可疑一也。且据原篇“惠施见白圭，白圭曰：新妇至，宜安矜，今惠子遇我尚新，其说我有太甚者。”则白圭盖先惠施用事。《年表》“惠王二十七年册封。”余疑丹即白圭，其时尚当路，惠施不应先十年已为相，可疑二也。谓恐天下笑之，而令周太史更著其名，无此情理，可疑三也。惠子墨徒，常主偃兵，马陵之后，劝王折节朝齐，且曰王固先属怨于赵，见伐赵非出惠子，可疑四也。惠子见逐，在惠王后元十三年，其至魏当在惠王二十七八年马陵败后，或在徐州会前一二年，前后约得十五六年，较为近情。若如吕氏书，惠施在魏用事垂三十年，魏既迭经败衄，而惠王与相终始，犹信之不稍衰，有逾后世汉先主、宋神宗远甚，可疑五也。吕氏书成于众手，《不屈》一篇，盛毁惠施，因谓惠王之世五十战而二十败，尽以为惠施之罪，吾窃疑其诬(《先秦诸子系年》第二八一至二八二页)。余考惠施为刑法家，《吕氏春秋·淫辞》云："惠子为魏惠王为法"，可证，名家之学本源于刑法家之循名责实，惠施相魏，《韩非子·内储说上》、《魏策》俱谓其"欲以魏合于齐、楚以按兵"，则围赵邯郸，与齐战桂陵、襄陵等役，当非惠施主其事。钱说是也。

秦孝公十一年城商塞。卫鞅围固阳，降之。(《六国表》)

荆宣王问群臣曰："吾闻北方之畏昭奚恤也，果诚何如？"群臣莫对，江乙对曰："虎求百兽而食之，得狐，狐曰：'子无敢食我也，天帝使我长百兽。今子食我，是逆天帝命也。子以我为不信，吾为子先行，子随我后，观百兽之见我而敢不走乎？'虎以为然，故遂与之行，兽见之皆走，虎不知兽畏己而走也，以为畏狐也。今王之地方五千里，带甲百万，而专属之昭奚恤，故北方之畏昭奚恤也，其实畏王之甲兵也，犹百兽之畏虎也。"(《楚策一》第三章，《新序·杂事二》第三章同)

案：《太平御览》九百零九引《春秋后语》与此相同，惟开首云："楚宣王以昭奚恤为相，诸侯畏之，王问群臣曰。"

江乙恶昭奚恤谓楚王曰："人有以其狗为有执而爱之，其狗尝溺井，其邻人见狗之溺井也，欲入言之。狗恶之，当门而噬之，邻人惮之，遂不得入言。邯郸之难，楚进兵大梁，取矣，昭奚恤取魏之宝器，

以臣居魏知之，故昭奚恤常恶臣之见王。”（《楚策一》第八章）

案：“大梁，取矣”，取，姚注：“曾作拔”。此时大梁未拔，“取”或“拔”字有误。

江乙欲恶昭奚恤于楚，谓楚王曰：“下比周而上危，下分争则上安，王亦知之乎？愿王勿忘也，且人有好扬人之善者，于王何如？”王曰：“此君子也，近之。”江乙曰：“有人好扬人之恶者，于王何如？”王曰：“此小人也，远之。”江乙曰：“然则且有子杀其父，臣弑其主者，而王终已不知者何也？以王好闻人之美，而恶闻人之恶也。”王曰：“善。寡人愿两闻之。”（《楚策一》第九章）

案：《渚宫旧事》亦载此事，有省略。章首云：“江乙欲恶昭奚恤于宣王。”《资治通鉴》以此章与上章江乙谓楚王曰“人有爱其狗者，狗尝溺井”云云，为一时事。系于周显王十六年，章首云：“楚昭奚恤为相。”

【附编】

江尹欲恶昭奚恤于楚王而力不能，故为梁山阳君请封于楚。楚王曰：“诺。”昭奚恤曰：“山阳君无功于楚国，不当封。”江尹因得山阳君与之共恶昭奚恤。（《楚策一》第六章）

案：鲍彪注“江尹，江乙也”。于鬯注云：“尹一双声，并得通用。”

昭奚恤与彭城君议于王前，王召江乙而问焉，江乙曰：“二人之言皆善也，臣不敢言其后（姚注：一本下更有“言其后”三字），此谓虑贤也。”（《楚策一》第四章）

江乙说于安陵君曰（姚注：“《新序》作缠”，《说苑·权谋篇》三十九章作安陵缠，《新序》无此章）：“君无咫尺之地（鲍本“地”作“功”）、骨肉之亲，处尊位，受厚禄，一国之众，见君莫不敛衽而拜，抚委而服，何以也？”曰：“王过举而已（姚注：“已一作色。”鲍本“而已”作“以色”，吴师道云：“恐当作而以色”），不然，无以至此。”江乙曰：“以财交者，财尽而交绝；以色交者，华落而爱渝，是以嬖女不敝席（鲍本“女”作“色”），宠臣不避轩（姚注：“避”是敝字无疑。《真诰》曰：女宠不弊席，男爱不尽轮，或出于此。轩轮相近。李慈铭曰：“不敝轩，谓所乐之轩未敝，而恩已夺也”）。今君擅楚国之势，而无以深自结于王（鲍本无“深”字），窃为君危之。”安陵君曰：“然则奈何？”（姚注：曾“何”下有“江乙曰”三字）“愿君必请从死，以身为殉，如是必长得重于楚国。”曰：“谨受令。”三年而弗言。江乙复见曰：“臣所为君道，至今未效，君不用臣之计，臣请不敢复见矣。”安陵君曰：“不敢忘先生之言，未得间也。”于是楚王游于云梦，结驷千乘，旌旗蔽日（鲍本“日”作“天”，《北堂书钞》一百二十引作“旌旗蔽日”，孔广陶注云：“元泰定刻本《楚策》作蔽天”）。野火之起也若云蜺，兕虎之嗥若雷霆（原作“兕虎嗥之声若雷霆”，今从《说苑》改正，《艺文类聚》三十三引此作“兕虎之嗥若雷霆”，《太平御览》八百九十引此作“兕虎之声若雷霆”，盖原有二本，一作“嗥”，一作“声”，今本因合并二本而误）。有狂兕牂车依轮而至，王亲引弓而射之，壹发而殪。王抽旃旄而抑兕首，仰天而笑曰：“乐矣！今日之游也！寡人万岁千秋之后，谁与乐此矣。”安陵君泣数行而进曰（鲍本“行”下有“下”字）：“臣入则侍纶席（“侍纶席”原作“编席”，今从诸祖耿据《太平御览》三百九十一所引改正），出则陪乘（《太平御览》所引“乘”上有“万”字），大王万岁千秋之后，愿得以身试黄泉（姚注：“刘试一作式，曾云：又作式”。《文选·求立太宰碑表》注正引作“式”，《艺文类聚》三十三引作“抵”），蓐蝼蚁，又何如得此乐而乐之。”

王大说，乃封坛为安陵君。君子闻之曰："江乙可谓善谋，安陵君可谓知时矣。"(《楚策一》第十章)

安陵缠以颜色美壮得幸于楚共王("共"当作"宣")。江乙往见安陵缠曰："子之先人岂有矢石之功于王乎？"曰："无有。"江乙曰："子之身岂亦有乎？"曰："无有。"江乙曰："子之贵何以至于此乎？"曰："仆不知所以。"江乙曰："吾闻之，以财事人者，财尽而交疏；以色事人者，华落而爱衰。今子之华有时而落，子何以长幸无解于王乎？"安陵缠曰："臣年少愚陋，愿委智于先生。"江乙曰："独从为殉可耳。"安陵缠曰："敬闻命矣。"江乙去，居期年，逢安陵缠谓曰："前日所谕子者，通之于王乎！"曰："未可也。"居期年，江乙复见安陵缠曰："子岂谕王乎？"安陵缠曰："臣未得王之间也。"江乙曰："子出与王同车，入与王同坐，居三年，言未得王之间，子以吾之说未可耳。"不悦而去。其年，王猎江渚之野，野火之起若云蜺，虎狼之嗥若雷霆，有狂兕从南方来，正触王左骖，王举旌旄而使善射者射之，一发，兕死车下。王大喜，拊手而笑，顾谓安陵缠曰："吾万岁之后，子将谁与斯乐乎？"安陵缠乃逡巡而却，泣下沾衿，抱王曰："万岁之后，臣将从为殉，安知乐此者谁。"于是共王乃封安陵缠于车下三百户("共"当作"宣")。故曰：江乙善谋，安陵缠知时。(《说苑·权谋》第三十九章)

案：《说苑·权谋》与《楚策一》内容大体相同，而文词颇有不同。《说苑》称安陵君为安陵缠。《汉书·古今人表》中下等有安陵纏，与楚宣王、昭奚恤同时，颜注："纏即缠字。"黄式三曰："纏缠声近。"金正炜曰："《周礼·廛人》注：'故书廛作坛，杜子春读坛为廛，是坛、廛字古得通用。《说苑》又变廛为缠耳。'《说苑》谓安陵缠得幸于楚共王，'共王'为'宣王'之误。此事主谋为江乙，江乙为宣王时大夫。考《楚策四》第四章记庄辛谓楚襄王曰:'君王左州侯,右夏侯,辇从鄢陵君与寿陵君……与之驰骋乎云梦之中,而不以天下国家为事。'"顾观光云:"《楚策》有安陵君及鄢陵君,盖以封邑得名,古音安与鄢近,疑一地名也。"李慈铭亦云:"《楚策一》江乙所说之安陵君,即《楚策四》庄辛所言之鄢陵君也。焉安古通用,故鄢亦作安。鄢陵楚地,即召陵,在今河南许州郾城县东四十五里。"(《越缦堂读书记》卷三)此说殊非。《说苑》明谓封安陵缠于车下三百户,并非封于安陵或鄢陵。安陵君乃其封号,谓将陪葬于王陵而使王得安也。楚宣王时之安陵君,与楚顷襄王时之鄢陵君,相隔年代甚远,且安陵君、鄢陵君皆以色得幸,决非一人。楚顷襄王时所谓辇从之鄢陵君与寿陵君,皆当为称号。寿陵君亦以将陪葬于寿陵而得名,非别有封邑称寿陵也。

楚大夫江乙之母也。当恭王之时("恭"为"宣"之误,《渚宫旧事》作"宣"),乙为郢大夫,有入王宫中盗者,令尹以罪乙(《渚宫旧事》作"令尹昭奚恤"),谓于王而绌之。处家无几何,其母亡布八寻,乃往言于王曰:"妾夜亡布八寻,令尹盗之。"王方在小曲之台,令尹侍焉。王谓母曰:"令尹信盗之,寡人不为其富贵而不行法焉。若不盗而诬之,楚国有常法。"母曰:"令尹不身盗之也,乃使人盗之。"王曰:"其使人盗奈何?"对曰:"昔孙叔敖之为令尹也,道不拾遗,门不闭关,而盗贼自息。今令尹之治也,耳目不明,盗贼公行,是故使盗得盗妾之布,是与使人盗,何以异也。"王曰:"令尹在上,盗在下,令尹不知,有何罪焉。"母曰:"吁,何大王之言过也。昔日妾之子为郢大夫,有盗王宫中之物者,妾子坐而绌,妾子亦岂知之哉,然终坐之,令尹独何人而不以是为过也。昔者周武王有言曰：百姓有过，在予一人。上不明则下不治，相不贤则国不宁，所谓国无人者，非无人也，无理人者也。王其察之。”王曰：“善。非徒讥令尹，又讥寡人。”命吏偿母之布，因赐金十镒。母让金布，曰：“妾岂贪货而干大王哉？怨令尹之治也。”遂去不肯受。王曰：“母智若此，其子必不愚。”乃复召江乙而用之。（《列女传》卷六，《渚宫旧事》亦有相同之记载）

案：江乙为楚宣王时之郢大夫，或为事实。至于江乙因有入王宫中盗者而绌职，后又因其母游说而复职，疑出后人伪托。

周显王十九年（公元前三五〇年）

秦孝公十二年，魏惠王二十年，韩昭侯十三年，赵成侯二十五年，齐威王七年，楚宣王二十年，燕文公十二年。

秦孝公十二年初取小邑为三十一县（“取”读作“聚”）。令。为田开阡陌。（《六国表》）

［秦孝公］十二年作为咸阳，筑冀阙，秦徙都之。并诸小乡、聚，集为大县，县一令。四十一县。为田开阡陌。东地渡洛。（《秦本纪》）

居三年（指卫鞅为大良造，将兵取魏安邑之后三年），作为筑冀阙宫廷于咸阳，秦自雍徙都之。而令民父子兄弟同室内息者为禁。而集小都、乡、邑、聚为县（“都”字疑衍），置令，丞，凡三十一县。为田开阡陌封疆而赋税平。平斗桶权衡丈尺。（《商君列传》）

案：《索隐》云：“冀，记也，出列教令，当记于此门阙。”不确。“冀”当读为“巍”。

［秦］孝公……其十三年始都咸阳。（《秦始皇本纪》末引《秦记》）

夫商君为孝公平权衡，正度量，调轻重，决裂阡陌，教民耕战。

(《秦策三》第十八章,蔡泽谓范雎。《蔡泽列传》作"夫商君为秦孝公明法令,禁奸本,尊爵必赏,有罚必罚,平权衡,正度量,调轻重,决裂阡陌,以静生民之业而一其俗,劝民耕战利土,一室无二事,力田稸积,习战阵之事")

孝公用商君,制辕田,开阡陌,东雄诸侯。(《汉书·地理志》)

秦用商鞅之法,改帝王之制,除井田,民得买卖,富者田连阡陌,贫者亡立锥之地。(《汉书·食货志》引董仲舒语)

自秦孝公时,商鞅献三术,内一,开通阡陌,以五尺为步("五"当作"六"),二百四十步为亩。(《太平御览》七百五十引唐《行算法》)

按周制,步百为亩,亩百给一夫。商鞅佐秦,以一夫力余,地利不尽,于是改制二百四十步为亩,百亩给一夫矣。(杜佑《通典·州郡典》雍州风俗,《新唐书·突厥传》引杜佑之说同)

秦孝公以二百四十步为畮("畮"同"亩"),五十畮为畦。(慧琳《一切经音义》七十七引《风俗通义》,原本《玉篇》广部引《风俗通义》作"秦孝公以二百卌步为亩,半为廛也"。"二"字原缺,"廛"当为"畦"之误)

案:据新出土竹简《孙子兵法·吴问》,晋之六卿已改用新亩制,范氏、中行氏以一百六十步为亩,智氏以一百八十步为亩,韩氏、魏氏以二百步为亩,赵氏以二百四十步为亩,赵氏"公无税焉",其余五卿则"伍税之",即五分抽一之税制。因而孙武断言:实行最小亩制之范氏、中行氏先亡,智氏次之,韩氏、魏氏再次之,惟赵氏得成功而晋国归焉。此后历史之发展,果如孙武所言,惟韩氏、魏氏未亡而成三家分晋之局。卫鞅在秦变法,所谓"开阡陌"或"决裂阡陌",推行二百四十步之亩制,即推广赵之亩制。所谓“开阡陌”，阡陌指田间之小道。据四川青川出土之秦武王二年更修田律木牍，“陌”指亩与亩间之小道，“阡”指“百亩”与“百亩”之间之小道。“封疆”则指大块田地周围所建筑之“封”（封土堆）与“埒”（矮墙），用作田地所有权之标志。“开阡陌”具有“坏井田”与“制辕田”之作用。《汉书·地理志》颜注引孟康之说，谓“辕田”即“爰自在其田”，取消轮流耕休之制，长期占有而连年耕种。颜注引张晏之说，亦谓“辕田”取消“三年一易”之制，即“割裂田地，开立阡陌，令民有常。”一九七五年湖北云梦睡虎地秦墓出土《秦律》，其《田律》规定：“入顷刍稾，以其受田之数，无垦不垦，顷入刍三石，稾二石。”可知受田者不论垦耕与否，一律按受田之数，每一百亩（即一顷）必须缴纳饲料三石、禾秆二石。另外当有一定数量之禾稼。《仓律》有规定：“入禾稼、刍稾，辄为廥籍，上内史。”即登记入仓库之簿籍，上报到内史。内史相当于汉初之治粟内史。

又案：商鞅初步变法有效后，徙都咸阳而作进一步之改革，盖欲摆脱旧贵族传统之束缚，进一步扩大改革之成果，并谋求向东开拓。所谓“大筑冀阙，营如鲁、卫矣”，即仿效东方各国都城之结构规模，并有所改革。其最特殊之设施，即咸阳作为全国之政治、经济之中心，设有官署与市，而仍将宗庙以及祭祀鬼神之神祠保留在旧都雍而未迁至咸阳。咸阳故城遗址已在今陕西咸阳市东北滩毛村、窑店一带发现，宫殿遗址已有所发掘。但因咸阳故城南靠渭水，渭水历年来不断北移，城墙遗址受到冲决，因而其城郭之结构布局无法查明。大体上沿用中原地区各大国西面宫城连结东面大郭之格局。秦惠王灭蜀之后，新建之成都城，仿效咸阳之制，有“小咸阳”之称。《华阳国志》卷三《蜀志》，谓成都设有“少城”，“营广府舍，置盐铁市官并长、丞，修整里阓，市张列肆与咸阳同制。”左思《蜀都赋》谓成都“金城石郭”，“亚以少城，接乎其西，市廛所会，万商之渊，列隧百里，罗肆巨千，贿货山积，纤丽星繁。”由此可见，成都有较小之“少城”连接于大郭西边，自战国起建，沿用至汉代西晋，格局未变。《读史方舆纪要》依据李膺《益州记》所载，谓成都府城，旧有大城，有少城，并云：“少城惟西南、北三壁，东即大城之四墉。”成都古城略呈方形，中间隔有南北向之城墙，将方城隔成西面狭长方形之小城，东面较宽长方形之大郭，秦都咸阳当同样格局，惟规模较大。模仿咸阳都城而设计之秦始皇陵园亦正同样格局。惟规模较小。西面建筑陵寝和陵墓之双重小城，正为狭长方形，东面包括兵马俑坑在内之大郭，正为较宽之长方形，兵马俑坑正当在大郭东门以内。由此可以推定秦都咸阳之布局。（参见拙作《中国古代都城制度史研究》中上编第九章《秦都咸阳西城东郭连结的布局》，上海古籍出版社一九九三年版）

又案：普遍推行统一之县制，乃商鞅变法中重要之政治改革。不但全国可由此统一，统治可由此加强，法令可贯彻，吏治可清明，农业生产亦可发展。《商君书·垦令》云：“百县之治一形，则从；迂者不饰，代者不敢更其制（原脱“饰代者不”四字，从孙诒让校补），过而废者不能匿其举。过举不匿，则官无邪人。迂者不饰，代者不更，则官属少而民不劳。官无邪则民不敖。民不敖则业不败。官属少，征不烦，民不劳，则农多日。农多日，征不烦，业不败，则草必垦矣。”

昔者魏王拥土千里，带甲三十六万，其强北拔邯郸，西围定阳，又从十二诸侯朝天子，以西谋秦。（《齐策五》第一章苏代说齐闵王）

魏惠王二十一年（当作二十年）与秦会彤。（《魏世家》，《六国表》同）

案：前年秦卫鞅将兵围魏安邑而降之，次年卫鞅又围固阳而降之。此乃乘魏正与齐、赵相战之时机。及魏与齐、赵先后结盟讲和，魏即向秦反攻。据《齐策五》苏代所述，魏在"从十二诸侯朝天子"之前，曾西围秦之定阳，定阳在今陕西延安东南，盖魏由上郡西攻，安邑当已为魏所收复。是年魏与秦相会于彤，已迫使秦与会修好。

梁惠成王二十年齐筑防以为长城。（《水经·汶水注》引《纪年》，《苏秦列传·正义》引《纪年》，"齐"下误衍"闵王"二字）

案：齐长城原由西边之堤防扩建而成，因而称为"长城巨防"。齐长城西端起于防门，防门原为堤防之门，春秋时已建成。长城西部在战国初期已建成，三晋尝多次攻齐入长城。是年"筑防以为长城"，盖进一步向东扩建。

[赵成侯]二十五年（当作二十四年）成侯卒，公子緤与太子肃侯争立，緤败，亡奔韩。（《赵世家》）

[赵]肃侯名语。（《赵世家·索隐》引《世本》，《苏秦列传·索隐》引《世本》作"肃侯名言"）

【附编】

梁车为邺令，其姊往看之，暮而后至，闭门，因逾郭而入。车遂刖其足，赵成侯以为不慈，夺之玺而免之令。（《韩非子·外储说左下》）

案:此事不知在何年,今系于赵成侯之末年。

周显王二十年(公元前三四九年)

秦孝公十三年,魏惠王二十一年,韩昭侯十四年,赵肃侯元年,齐威王八年,楚宣王二十一年,燕文公十三年。

秦孝公十三年初为县有秩史。(《六国表》)

案:秦于上年普遍设县之后,县令之下又设置定额俸禄之小吏。

[秦孝公]十三年大良造鞅之造戟。(戟铭,《贞松堂集古遗文》卷十二、《三代吉金文存》卷二十、《秦金文录》著录,现器藏上海博物馆)

案:"十三"两字原为锈所掩,因而诸书著录失载。

[赵]肃侯元年夺晋君端氏,徙处屯留。(《赵世家》)

[韩昭侯]十年(当作十四年)韩姬弑其君悼公。(《韩世家·索隐》云:"《纪年》姬亦作玘,并音羊之反。姬是韩大夫,而王邵亦云不知悼公何君也。"各本《史记》之《索隐》皆无"纪年"二字,惟汲古阁单刻本《索隐》有之,金陵局刻本《史记》及《史记会注考证》皆据补)

案:《晋世家》云:"晋烈公二十七年卒,子孝公颀立。""十七年孝公卒,子静公俱酒立"。"静公二年魏武侯、韩哀侯、赵敬侯灭晋后而三分其地。静公迁为家人,晋绝不祀。"《索隐》云:"《世本》云孝公倾。《纪年》以孝公为桓公,故《韩子》有晋桓侯。"《六国表》系晋灭于周安王二十六年,《田世家》、《赵世家》、《韩世家》系于齐威王三年、赵敬侯十一年、韩哀侯元年,与《六国表》同。然而据《史记·索隐》与《水经注》所引《纪年》,可知晋桓公(即孝公)有二十年以上,其十五年尝邑哀侯于郑(即韩),二十年为赵、韩迁于屯留。时当魏惠王元年，即公元前三六九年。据《赵世家》，赵成侯十六年即公元前三五九年，赵与韩、魏分晋，封晋君以端氏。《水经·漳水注》引《纪年》又谓梁惠成王十二年郑（即韩）取屯留、尚子（即长子）、涅。盖晋君所有屯留等三邑为韩所取，晋君迁于端氏。是年赵夺晋君端氏，徙回屯留，屯留久为韩占有，韩不能容，因而杀之，于是晋灭。《太平御览》一百六十三引《纪年》云："梁惠成王九年，晋取泫氏。"《水经·沁水注》引《纪年》云："梁惠成王十九年晋取玄武、濩泽。"陈逢衡、雷学淇以为所记乃一事，《太平御览》所引《纪年》脱"十"字，《水经注》所引《纪年》"玄武"乃"泫氏"之误。是也。朱右曾以为"晋即魏也"，亦是。此时晋已为韩、赵所迁，无力取赵地。陈梦家《六国纪年》列以为晋将亡时事，非是。

又案：《吕氏春秋·审应》云："魏惠王使人谓韩昭侯曰：'夫郑，乃韩氏亡之也，愿君之封其后也。……'昭侯患之……公子食我至于魏，见魏王曰：'大国命弊邑封郑之后，弊邑不敢当也……昔出公之后声氏为晋公，拘于铜鞮，大国弗怜也……。'"高诱注"出公声氏，韩之先君也，会为晋公所执于铜鞮。"考韩之先君无出公，孙诒让读"昔出公之后声氏为晋公"为句，谓"声氏盖即静公也（声、静古音相近字通）"，并举《古文苑》刘歆《遂初赋》"怜后君之寄寓兮，唁靖公于铜鞮"（静、靖字通）为证。余谓出公声氏自当为晋公，铜鞮为赵地，盖为赵所拘。魏惠王谓韩不能封郑之后以存亡继绝，故韩公子食我亦以魏不能保晋之后为对。惟孙氏以声氏为静公，不确。当魏惠王时，为赵所拘之晋公为桓公或悼公，非静公。《纪年》所谓桓公，即《史记》与《世本》所谓孝公,《晋世家》谓孝公名颀,《索隐》引《世本》作倾欣。“倾欣”与“声”音相近,则声氏倘即桓公或孝公乎?

周显王二十一年(公元前三四八年)

秦孝公十四年,魏惠王二十二年,韩昭侯十五年,赵肃侯二年,齐威王九年,楚宣王二十二年,燕文公十四年。

[秦孝公]十四年初为赋。(《秦本纪》,《六国表》同)

案:《秦本纪·集解》引徐广曰:“制贡赋之法也。”《索隐》引谯周曰:“初为军赋也。”《资治通鉴》作“秦商鞅更为赋税法,行之。”胡三省注:“井田既废,则周什一之法不复用,盖计亩而为赋税之法。”所说皆不符事实。董说《七国考》卷二以“初为赋”即“口赋”,甚是。《汉书·食货志》载董仲舒曰:“秦用商鞅之法,力役三十倍于古,田租、口赋、盐铁之利二十倍于古。”所谓“口赋”,即云梦出土《秦律》所谓“户赋”,为汉代“算赋”之起源。商鞅之法“民有二男以上不分异者,倍其赋”。所谓“倍其赋”,即增加一倍之“口赋”。《秦律》规定男子成年必须分家,另立户口,缴纳“口赋”,亦称“户赋”。《汉书·晁错传》载晁错上汉文帝书云:“今秦之发卒也,有万死之害,而亡铢两之报。死事之后不得一算之复。”可知秦进行统一战争中,虽战死者之遗族,亦未能免除一算。一算即指一人之算赋。此即商鞅“初为赋”之“赋”。

又案:商鞅不用鲁季孙氏“用田赋”(按田亩征收军赋)之法,而用此按户、按口征赋之法,具有奖励垦荒之作用。马端临谓此乃“任民所耕,不计多少,于是始舍地而税人”(《文献通考·田赋考·历代田赋之制》)。《商君书·垦令》云:“禄厚而税多,食口众者，败农者也。则以其食口之数，赋而重使之，则辟淫游惰之民无所于食，民无所于食，则必农，农则草必垦矣。”可知商鞅按“食口之数赋而重使之”，具有限制官僚、地主豢养食客数目之目的。《商君书·垦令》又云：“以商之口数使商，令之厮、舆、徒、童（原误作“重”，今改正）者必当召，则农逸而商劳，农逸则良田不荒。”可知更具有限制商人多用奴隶之作用。商鞅对家中有成年二男子加倍征赋之法令，又具有确立以一夫一妇为单位之小农，作为经济基础之目的。

又案：商鞅在徙都咸阳之后，“令民父子兄弟同室内息者为禁”，目的在于革除残留之戎狄风俗，而代之以中原之文明教养。商鞅对此特别重视，云：“始秦戎翟之教，父子无别，同室而居。今我更制其教，而为其男女之别，大筑冀阙，营如鲁、卫矣。”此与商鞅令“民有二男以上不分异者，倍其赋”之性质不同。

[韩昭侯]十一年（当作十五年）昭侯如秦。（《韩世家》，《六国表》同）

[赵肃侯]二年与魏惠王遇于阴晋。（《赵世家》）

周显王二十二年（公元前三四七年）

秦孝公十五年，魏惠王二十三年，韩昭侯十六年，赵肃侯三年，齐威王十年，楚宣王二十三年，燕文公十五年。

[赵肃侯]三年公子范袭邯郸，不胜而死。（《赵世家》，《六国表》同）

[秦]孝公立十六年时桃李冬华。（《秦始皇本纪》引《秦记》）

周显王二十三年（公元前三四六年）

秦孝公十六年，魏惠王二十四年，韩昭侯十七年，赵肃侯四年，齐威王十一年，楚宣王二十四年，燕文公十六年。

[赵肃侯]四年朝天子。（《赵世家》）

[齐威王]三十三年（当作十一年）杀其大夫牟辛。（《田世家》，《六国表》同）

案：大夫，《集解》徐广曰："一作夫人。"《索隐》云："徐广与《年表》并作夫人。王劭按《纪年》云：齐桓公十一年，弒其君母，宣王八年杀其王后。然则夫人之字，或如《纪年》之说。"考是年于《纪年》当为齐威公十一年，《索隐》"齐桓公"或"齐威公"之误欤？不然，王劭何得引以证是年《史记》大夫之当作夫人也。

[秦孝公]十六年大良造庶长鞅之造，雍，矛。（镦铭，《双剑誃吉金图录》卷下、《衡斋金石识小录》卷下、《三代吉金文存》卷二十著录）

案：秦爵自第十级左庶长至十八级大庶长，皆属庶长一等，相当于别国之卿。大良造为第十六级，亦属庶长一等，故全称为"大良造庶长"，简称为大良造。是时秦尚未设相位，盖以大良造庶长执政。雍为地名，原为秦之故都，盖此矛为雍所造。镦乃矛柲下端之铸件。

卫鞅亡魏入秦，孝公以为相……法令至行，公平无私，罚不讳强大，赏不私亲近，法及太子，黥劓其傅，期年之后道不拾遗，民不妄取，兵革大强，诸侯畏惧。（《秦策一》第一章）

太子犯法，卫鞅曰："法之不行，自上犯之，将法太子，太子君嗣也，不可施刑。"刑其傅公子虔，黥其师公孙贾，明日秦人皆趋令，行之十年，秦民大说，道不拾遗，山无盗贼，家给人足，民勇于公战，怯于私斗，乡邑大治。秦民初言令不便者，有来言令便者，卫鞅曰："此皆乱化之民也。"尽迁之于边城，其后民莫敢议令。(《商君列传》)

案：《秦策一》称孝公以卫鞅为相，《商君列传》谓"商君相秦十年"。然《秦本纪》、《六国表》记鞅之升爵甚备，无为相事。鞅于孝公十年官至大良造，《商鞅量铭文》于十八年仍称大良造鞅，《六国表》于二十二年云"封大良造商鞅"，是鞅封列侯，仍官大良造，盖于时秦官大良造即同他国之相。《秦策》等以他国官制比附之，非鞅尝官至相位也。

又案：《商君列传》云："太子犯法，卫鞅……刑其傅公子虔，黥其师公孙贾……其后民莫敢议令，于是以鞅为大良造，将兵围魏安邑，降之。居三年……秦自雍徙都之……为田开阡陌而赋税平……行之四年，公子虔复犯约，劓之。"以为卫鞅尝先后两刑公子虔。钱穆《商鞅考》辨之曰："本传又云：'筑冀阙宫庭于咸阳，自雍徙都之后四年，公子虔复犯约，劓之。'今按赵良说商鞅'公子虔杜门不出已八年矣'。赵良说后五月而孝公卒，今姑定赵良之说在孝公卒前一年，其前八年为孝公十六年，适秦迁都行新法后四年，则公子虔之劓，断在是年。然本传云：'鞅为左庶长，定变法之令，于是太子犯法……刑其傅公子虔'。鞅为左庶长，在孝公六年，不过二十七岁。太子尚幼，不能犯法，鞅亦何不称太子幼弱而云君嗣不可刑，则太子非幼弱矣。然则刑公子虔自在十六年，而史公误为在前，遂称公子虔复犯约耳。"(《先秦诸子系年》第二二九页)钱辨甚是。

周显王二十四年(公元前三四五年)

秦孝公十七年,魏惠王二十五年,韩昭侯十八年,赵肃侯五年,齐威王十二年,楚宣王二十五年,燕文公十七年。

梁惠成王二十五年绛中地坼,西绝于汾。(《水经·汾水注》引《纪年》)

案:《永乐大典》本、戴震校本《水经注》皆误作“梁武王”。赵一清校本改作梁惠成王,朱谋玮亦云当作梁惠成王。今本《竹书纪年》系于周显王二十三年,盖辑者所见《水经注》亦作梁惠成王。

【附编】

[齐]威王八年楚大发兵加齐,齐王使淳于髡之赵,请救兵,赍金百斤,车马十驷。淳于髡仰天大笑,冠缨索绝。王曰:“先生少之乎?”髡曰:“何敢?”王曰:“笑岂有说乎?”髡曰:“今者臣从东方来,见道傍有穰田者,操一豚蹄,酒一盂,祝曰:‘瓯窭满篝,污邪满车,五谷蕃熟,穰穰满家。’臣见其所持者狭,而所欲者奢,故笑之。”于是齐威王乃益赍黄金千镒,白璧十双,车马百驷,髡辞而行,至赵。赵王与之精兵十万,革车千乘。楚闻之,夜引兵而去。威王大悦,置酒后宫,召髡,赐之酒。问曰:“先生能饮几何而醉?”对曰:“臣饮一斗亦醉,一石亦醉。”威王曰:“先生饮一斗而醉,恶能饮一石哉?其说可得闻乎?”髡曰:“赐酒大王之前,执法在傍,御史在后,髡恐惧,俯伏而饮,不过一斗,径醉矣。若亲有严客,髡帣韝鞠䠞,侍酒于前,时赐余沥,奉觞上寿,数起,饮不过二斗,径醉矣。若朋友交游,久不相见,卒然相睹,欢然道故,私情相语,饮可五六斗,径醉矣。若乃州闾之会,男女杂坐,行酒稽留,六博投壶,相引为曹,握手无罚,目眙不禁,前有堕珥,后有

遗簪，髡窃乐此，饮可八斗而醉二参。日暮酒阑，合尊促坐，男女同席，履舄交错，杯盘狼藉，堂上烛灭，主人留髡而送客，罗襦襟解，微闻芗泽，当此之时，髡心最欢，能饮一石。故曰酒极则乱，乐极则悲，万事尽然。"言不可极，极之而衰，以讽谏焉。齐王曰："善。"乃罢长夜之饮，以髡为诸侯主客。宗室置酒，髡尝在侧。(《滑稽列传》)

十三年诸侯举兵以伐齐，齐王闻之惕然而恐，召其群臣大夫告曰："有智者为寡人用之。"于是博士淳于髡仰天大笑而不应，王复问之，又大笑不应，三问，三笑不应。王艴然作色不悦曰："先生以寡人语为戏乎？"对曰："臣非敢以大王语为戏也，臣笑邻之祠田也，以一奁饭、一壶酒，二鲋鱼，祝曰：'蟹堁者宜禾，洿邪者百车，传之后世，洋洋有余'，臣笑其赐鬼薄而请之厚也。"于是王乃立淳于髡为上卿，赐之千金，革车百乘，与平诸侯之事。诸侯闻之，立罢其兵，休其士卒，遂不敢攻齐，此非淳于髡之力乎？(《说苑·尊贤篇》第三十二章)

楚、魏会于晋阳，将以伐齐。齐王患之，使人召淳于髡曰："楚、魏谋欲伐齐，顾先生与寡人共忧之。"淳于髡大笑而不应。王复问之，又复大笑而不应。三问而不应，王怫然作色曰："先生以寡人语为戏乎？"淳于髡对曰："臣不敢以王语为戏也，臣笑臣邻之祠田也，以一奁饭与一鲋鱼，其祝曰：'下田洿邪，得谷百车，蟹堁者宜禾。'臣笑其所以祠者少，而所求者多。"王曰："善。"赐之千金，革车百乘，立为上卿。(《说苑·复恩》第二十二章)

案：以上三则，皆为夸赞淳于髡"滑稽多辩"之传说，皆谓淳于髡因笑"祠田"者而得重用，因而使"伐齐"者退兵或不敢来攻。所谓威王八年楚大发兵加齐，十三年诸侯举兵以伐齐，楚、魏会于晋阳将以伐齐，皆非事实。钱穆《淳于髡考》以为即是《越世家·索隐》所谓"《纪年》无颛薨后十年楚伐徐州"之事(《先秦诸子系年》第三六一页),并无确据。《越世家·索隐》所引《纪年》,谓"无颛八年薨",当为"十八年薨"之误。所谓"无颛薨后十年楚伐徐州",当指楚威王七年大败齐于徐州之事。并非楚宣王时另有楚伐徐州之事,已辨明于周显王三十六年案语中。

周显王二十五年(公元前三四四年)

秦孝公十八年,魏惠王二十六年,韩昭侯十九年,赵肃侯六年,齐威王十三年,楚宣王二十六年,燕文公十八年。

[周显王]二十五年秦会诸侯于周。(《周本纪》,《六国表》作"诸侯会")

[秦孝公]二十年(当作十八年)秦使公子少官率师会诸侯逢泽,朝天子。(《秦本纪》)

秦孝公二十年(当作十八年)会诸侯于泽,朝天子。(《六国表·集解》引徐广曰:"《纪年》作逢泽")

徐广《史记音义》云:秦孝公会诸侯于逢泽陂。陂,《汲郡墓竹书纪年》作逢泽。(《水经·渠水注》)

案:《永乐大典》本,朱谋玮校本《水经注》如此,戴震校本改作"徐广《史记音义》曰:秦使公子少官率师会诸侯逢泽,《汲郡墓竹书纪年》作秦孝公会诸侯于逢泽"。并于"《史记音义》曰"下注云:"近刻讹作秦孝公会诸侯于逢泽陂陂",又于"《汲郡墓竹书纪年》作"下注云:"案近刻脱秦孝公会诸侯于七字。"戴震校本据《秦本纪》与今本《竹书纪年》妄改《水经注》,殊不可信。

魏伐邯郸,因退为逢泽之遇,乘夏车,称夏王,朝为天子("为"通

“于”)，天下皆从。齐太公闻之(“齐太公”当作“陈侯”)，举兵伐魏，壤地两分，国家大危，梁王身抱质执璧，请为陈侯臣，天下乃释梁。(《秦策四》第十一章或为六国说秦王曰)

案：鲍本“朝”上补“一”字。吴师道云：“朝音潮，即驱十二诸侯朝天子者，为字疑衍也。”黄丕烈云：“今本‘朝’上有‘一’字，乃误涉鲍也。”王念孙论之曰：“为与于同，谓魏惠王朝于天子而天下皆从也。《秦策》又曰梁君驱十二诸侯以朝天子于孟津，《齐策》曰：魏王从十二诸侯朝天子，皆其证也。鲍读朝为朝夕之朝，而于朝上增一字，谓魏王一朝为天子，而天下皆从，其失甚矣。吴读为朝聘之朝是也，而云为字疑衍，则未知‘于’‘为’之通用也。”王说甚是。

梁君伐楚胜齐，制赵、韩之兵，驱十二诸侯以朝天子于孟津，后子死，身布冠而拘于秦。(《秦策五》第一章，或谓秦王语。“拘于秦”当作“拘于徐”)

案：高诱注：“后东伐齐，败于马陵，太子见杀，故布冠而拘执于秦也。”金正炜《战国策补释》曰：“按《吕览·不屈篇》：故惠王布冠而拘于鄄，齐威王几弗受。《齐策》：魏王大恐，跣行按兵于国，而东次于齐。此策文、注‘秦’字并当为‘齐’之误。”余谓“秦”当为“徐”字，形近而误。魏惠王于马陵之役大败后，到齐之徐州朝见齐威王，并尊齐威王为王，而齐威王亦承认魏惠王为王，即所谓“会徐州相王”。

昔者魏王拥土千里，带甲三十六万，其强北拔邯郸(“北”原作“西”，从金正炜改正)，西围定阳，又从十二诸侯朝天子，以西谋秦，秦王恐之，寝不安席，食不甘味，令于境内，尽堞中为战具，竟为守备，为死士置将，以待魏氏。卫鞅谋于秦王曰："夫魏氏，其功大而令行于天下，有从十二诸侯而朝天子（"有"读为"又"，"从"字原脱，从王念孙据"又从十二诸侯朝天子"补正），其与必众，故以一秦而敌大魏，恐不如。王何不使臣见魏王，则臣请必北魏矣。"秦王许诺。卫鞅见魏王曰："大王之功大矣，令行于天下矣，今大王之所从十二诸侯，非宋、卫也，则邹、鲁、陈、蔡，此固大王之所以鞭箠使也，不足以王天下。大王不若北取燕，东伐齐，则赵必从矣，西取秦，南伐楚，则韩必从矣。大王有伐齐、楚之心，而从天下之志，则王业见矣。大王不如先行王服，然后图齐、楚。"魏王说于卫鞅之言也，故身广公宫，制丹衣，旌建九斿（"旌"原作"柱"，从王念孙改正。王念孙以为当作"建旌九斿"，金正炜以为当作"建九斿之旌"），从七星之旟，此天子之位也，而魏王处之，于是齐、楚怒。诸侯奔齐，齐人伐魏，杀其太子，覆其十万之军。（《齐策五》第一章苏秦说齐闵王）

案：逢泽之会，据《秦本纪》、《六国表》，由秦主之。据《秦策四》，则由魏主之。而《吕氏春秋·报更》云："张仪……至于秦，留有间，惠王说而相之。……逢泽之会，魏王尝为御，韩王为右，名号至今不忘，此张仪之力也。"则又以逢泽之会，秦惠王主之，出张仪之力。《秦本纪》、《六国表》以逢泽之会在秦孝公二十年，即周显王二十七年。而《周本纪》又以秦会诸侯于周，在周显王二十五年，《六国表》于周显王二十五年亦云诸侯会，今本《竹书纪年》又系"秦孝公会诸侯于逢泽"，在周显王二十三年。雷学淇《纪年义证》云："按《战国策》之《秦策》……《齐策》……《韩策》……据此诸说，是惠王于胜韩、赵之后，即率十二诸侯朝天子孟津。因郑君弗听，秦又说之，使行王服，于是齐与秦起而败之。

核以《纪年》之文,《年表》之显王二十五年会诸侯,实即惠王之事。……《策》以败于齐秦紧接朝天子之文,此尤可征信。”又云:“《秦本纪》……‘孝公十九年天子致伯,二十年诸侯毕贺秦,使公子少官率师会诸侯逢泽,朝天子。’徐广曰:‘开封东北有逢泽。’盖此因魏败于秦,献洛西之地,故显王致伯于秦,诸侯毕贺,秦乃使少师会诸侯于魏郊,朝王于逢忌之薮也。《史记》误将马陵及公子卬之事移后二年,谓惠王此时尚未败于齐、秦,甚误。《年表》曰:‘显王二十五年诸侯会’,《周本纪》亦谓秦会之,尤误。”雷氏以逢泽之会有二,魏会在周显王二十五年,秦会在周显王二十七年,盖弥缝两说而调停之也。钱穆《逢泽之会乃梁惠王非秦孝公、在梁惠王廿七年非周显王廿七年辨》曰:“会逢泽者,乃梁惠成王,与秦孝公无涉,其事在梁惠王之二十七年,今《史记》误系之周显王之二十七年,而又误属之于秦孝公耳。何以言之?据《齐策》:‘魏王从十二诸侯朝天子,以西谋秦,卫鞅劝以先行王服,而齐人伐魏,败于马陵。’齐伐魏在二十七年之十二月,魏败在二十八年,故知逢泽之遇,实为梁惠王之二十七年也。秦自孝公以前,中国诸侯夷翟遇之,摈不得与朝盟,孝公用商鞅,变法图治,稍侵魏疆,犹不得为中国诸侯所重,何来有会诸侯而朝天子之事?魏既败于马陵,其后二年商鞅虏魏公子卬,以功得封邑。若其前已能会诸侯,朝天子,鞅之功烈大矣。不待至此始封。且马陵一役以前,魏尚为中国霸主,秦何得远涉其地,而会诸侯于其邦畿之内?《国策》之言魏会诸侯而不及秦,知此会乃魏惠王,非秦孝公矣。余读《秦记》:‘孝公二十年秦使公子少官率师会诸侯于逢泽,朝天子’,然后知秦特应魏之征而赴会者,故使一公子往。若秦自会诸侯而朝天子，此何等事，孝公、商君皆不莅会，而使一公子主之耶？史公仅见《秦记》，未能详考，遂谓秦自会诸侯而朝天子焉。……《年表》‘秦孝公二十年诸侯毕贺，会诸侯于泽，朝天子’。《集解》徐广曰：‘《纪年》作逢泽。’此仅引《纪年》所会在逢泽，不言会诸侯者为孝公也。《水经·渠水注》‘徐广《史记音义》曰：秦孝公会诸侯于逢泽陂。陂，《汲郡墓竹书纪年》作逢泽，斯其处也。’此亦仅据徐广引《纪年》作逢泽，亦不谓《纪年》有秦孝公会诸侯之事也。”（《先秦诸子系年》第二五二至二五六页）今按钱氏辨会逢泽者乃梁惠王非秦孝公甚是，定梁惠会逢泽在梁惠王二十七年，则犹未得。《秦策四》云：“魏伐邯郸，因退为逢泽之遇，乘夏车，称夏王，朝为天子，天下皆从。齐太公闻之，举兵伐魏，壤地两分，国家大危，梁王身抱质执璧，请为陈侯臣”。“齐太公”当为“齐威王”之误。此足证逢泽之会固在魏败马陵与齐魏相王之前也。《秦策五》云：“梁君……驱十二诸侯以朝天子于孟津，后子死，身布冠而拘于秦。”“秦”当为“徐”之误。此又足证梁率诸侯朝天子固在马陵之役太子申死之前也。《齐策五》云：“魏王说于卫鞅之言也，故身广公宫，制丹衣，旌建九斿，从七星之旟。此天子之位也，而魏王处之，于是齐、楚怒。诸侯奔齐，齐人伐魏，杀其太子，覆其十万之军。魏王大恐，跣行按兵于国而东次于齐。”此更足证魏之称王居天子位，在马陵之役与齐魏相王之前也。马陵之役起于梁惠二十七年十二月，当周显王二十六年。其前一年，周显王二十五年，《周本纪》、《六国表》皆谓诸侯会于周。知逢泽之会断在此年。盖史公见《秦记》是年有“使公子少官会诸侯于逢泽朝天子”之语，遂于《周本纪》周显王二十五年著录“秦会诸侯于周”。及著《秦本纪》，又误以与孝公二十年诸侯毕贺秦为一事，因而连缀言之，不悟逢泽之会魏惠王主之，秦乃应召而使公子少官往，事在周显王二十五年，即梁惠王二十六年，而周显王二十七年，即秦孝公二十年，则以上年因事而周天子致伯于秦，故诸侯遣使往贺之耳。史公既误以逢泽之会主之者为秦，又于《秦本纪》与诸侯贺秦误合为一年事，遂滋后世之疑而迷惑难考。《吕氏春秋·报更》则更误“梁惠”之事于“秦惠”，其疏谬更甚矣。

魏惠王为臼里之盟，将复立天子，彭喜谓郑君曰：“君勿听。大国恶有天子，小国利之，若君与大不听，魏焉能与小立之？”（《韩非子·说林上》，《韩策三》第二十章同，惟“臼里”作“九里”，“彭喜”作“房喜”）

案：“九里”或作“臼里”，“房喜”或作“彭喜”。九、臼乃声之转，房、彭亦声之转。《逸周书·作雒篇》“俘殷献民，迁于九里”。孔晁注：“九里，成周之地。”《水经·洛水注》谓白桐涧水出嵩麓桐溪，北流经九山东，山际有九山庙。《巩县志》卷四称：“据府志，九山今名白云山，在巩县南七十里，有旧山庙坡，盖九、旧音转也。”九里当在九山下，在今河南偃师东南，嵩山西北，正当成周东南。

又案：逢泽之会，《秦本纪》、《六国表》只云“朝天子”，而《秦策四》则谓魏惠王“乘夏车，称夏王，朝为（于）天子”，盖既自称为王，又朝天子。但据《齐策五》苏秦说齐闵王，乃魏惠王先从十二诸侯朝天子，卫鞅进说魏王，谓从十二诸侯“不足以王天下”，“不如先行王服”。因而魏王“身广公官，制丹衣，旌建九斿，从七星之旂，此天子之位也，而魏王处之”。是从十二诸侯朝天子在先，王服而自称为王在后。劳榦《战国时代的战争》谓“逢泽之会魏君率诸侯朝周，当时只想做盟主，不会同时僭王礼的”。并云：“魏惠王的改元，系因称王而改元”，“所以魏惠王的称王，似以在徐州相王时为是”(《劳榦学术论文集》甲编第一一四八至一一四九页)。此说非是。徐州相王，是魏惠王于马陵之战惨败后，到徐州卑躬屈节朝见齐威王，并推尊齐威王为王，同时齐威王亦认可魏惠王原有王号。若魏惠王未先称王，在马陵惨败之后，齐威王不可能推尊魏惠王为王。

魏惠王二十七年(当作二十六年)丹封名会，丹，魏大臣也。(《六国表》)

案：梁玉绳《史记志疑》云：“丹封名会，四字难晓，注家皆阙。疑‘名会’乃‘于浍’之讹，浍为魏地，丹封于浍，犹齐封田婴于薛耳。”钱穆《白圭考》云：“考《吕览·不屈》篇：惠施游梁，见白圭，说之以强，白圭无以应，惠子出，白圭告人曰：‘新妇至，宜安矜，烟视媚行。今惠子遇我尚新，其说我有太甚者。’据此似惠施初游梁，白圭已先达。《史记·六国表》：‘梁惠王二十七年丹封名会，丹，魏大臣也。’……余谓丹殆即白圭名。是年即与齐战马陵而败，后惠施游梁，渐见信重，故《吕览·应言》篇有白圭短惠子于梁王之事。至孟子之来，白圭虽不用事，犹以故相大臣见尊崇。观其与孟子语，‘吾欲二十而税一何如’之问，知其在梁之地位矣。又曰：‘丹之治水也愈于禹’，盖亦自夸其往昔之政绩也。”(《先秦诸子系年》第二五〇至二五二页)考钱氏以《六国表》之丹即白圭，至是。梁氏以“名会”为“于浍”之误，未得其解也。名会者，逢泽之会也，逢泽之会本战国时最著之大会，《吕氏春秋·报更》篇所谓“逢泽之会……名号至今不忘”者也。时白圭正为魏主其事，白圭殆即于时受封，故云封名会耳。此亦逢泽之会在周显二十五年由魏主盟之一证也。

又案：梁玉绳《古今人表考》卷四云：“七国时前后有两白圭，《史记·货殖列传》白圭当魏文侯时，《韩非子·内储说下》白圭相魏。《史记·邹阳列传》白圭战亡六城，为魏取中山。白圭显于中山，人恶之魏文侯。此周人白圭也，圭其名。《吕览》中《听言》、《先识》、《不屈》、《应言》、《举难》、《知分》等篇称白圭与惠施孟尝君问答，《韩非子·喻老》白圭之行堤，塞其穴，无水难。《魏策》载白珪二事在魏昭王时，盖尔时犹存，此魏人白圭也。丹名，圭字，表列孟子、魏惠王之间，则为魏白圭无疑。阎氏《四书释地续》曾辨之，惟赵岐误注周人，《国策》鲍注指其误，而高诱注《吕览》亦曰周人，凡三见，并错合为一人。《法言》曰子之治产不如丹圭，已先错矣”。钱穆《白圭考》辨之曰：“白圭非有两人也，高诱、赵岐皆以为周人，何以知其非？鲍以其人在《魏策》中，而即以为魏人，亦未见可据。魏文灭中山，为将者乃乐羊、吴起，无白圭。乐羊有谤书三箧，不闻恶白圭于魏文者。白圭至中山，据《吕览·先识》，乃当后中山亡于赵事。邹阳《狱中上书》误以乐羊为白圭，其说不足据。至《韩非子》：‘白圭相魏，暴谴相韩，白圭谓暴谴曰：子以韩辅我于魏，我以魏待子于韩，臣长用魏，子长用韩。’此未可定为在魏文侯时，文侯一朝贤者，约略见《世家》卜相一节，未见有白圭为相。其与暴谴相结，亦战国中晚风气。当文侯世不宜有此，惟《货殖列传》以与李克连称，自是史公文法疏处,亦不足据谓白圭乃文侯时人也。”其说甚是。邹阳《狱中上书》“白圭”疑本“乐羊”之误,“白”乃“乐”之缺文,而“圭”“羊”形近而讹。

白圭,周人也。……白圭乐观时变,故人弃我取,人取我与。夫岁孰,取谷,予之丝漆。岁凶,取帛絮,与之食。大阴在卯,穰,明岁衰恶。至午,旱,明岁美。至酉,穰,明岁衰恶。至子,大旱,明岁美,有水。至卯,积著率岁倍,欲长钱,取下谷,长石斗,取上种,能薄饮食,忍嗜欲,节衣服,与用事僮仆同苦乐,趋时若猛兽挚鸟之发。(《货殖列传》)

[秦孝公]十八年齐逵(同“率”)卿大夫众来聘。冬十二月,乙酉大良造鞅爰积十六尊(读作“寸”)五分尊(读作“寸”)壹为升。重泉。(大良造鞅方升铭,龚心铭《浦口汤泉小志》及《秦金石刻辞》、《秦金文录》等书著录)

案:原称“商鞅量”,原藏合肥龚心铭(字景张),龚氏后迁居浦口汤泉,著录于所著《浦口汤泉小志》。其后裔迁居上海,五十年代余曾往上海龚寓研究此器,并洽商为上海博物馆购藏,未能商定。七十年代为上海博物馆购藏。器长方形,有柄。柄左面刻有上述铭文,柄之对面刻有“重泉”二字。底面刻有始皇二十六年诏,与其他始皇权量相同。柄右面刻有“临”字,当与始皇诏书同时后刻。盖原为分发至重泉所用,重泉故城在今陕西蒲城县。至始皇二十六年又分发至临所用。临地不详。郭沫若据此云:“此足证商鞅之法至始皇时犹多沿用未改也。”

又案:“齐”下“逵”字,右侧刻文不清,细察残存笔画,旧释为“率”不误。郭沫若释之为“遣”,与残存笔画不合。盖是年齐侯率卿大夫多人来聘秦国。陈梦家《六国纪年》论之曰："《周本纪》曰：秦会诸侯于周，《年表》云：诸侯会。大良造鞅量铭曰：十八年齐率大夫众来聘……十八年者孝公十八年也。诸侯来会，实为殊荣，故商鞅铭之于量。"考是年"齐率卿大夫众来聘"，与《周本纪》所谓"秦会诸侯于周"，非一事。盖是年魏召集逢泽之会，并率诸侯朝天子，而齐正谋与魏对抗，齐侯因有率卿大夫多人聘问秦国之举。

又案："尊"读作"寸"，十六寸五分寸之一，即"新莽嘉量"之升铭"积万六千二百分"。据实测，全长一八点七厘米，宽六点九七厘米，深二点三厘米，容积二〇二点一五立方厘米。据铭文，容积乃当时尺度之十六又五分之一立方寸。以此推算，每立方寸容积为一二点四七八立方厘米。详见唐兰《商鞅量与商鞅量尺》（北京大学《国学季刊》五卷四期）与马承源《商鞅方升与战国量器》（《文物》一九七二年第六期）。是年十二月壬申朔，乙酉为十四日。

[赵肃侯]六年攻齐，拔高唐。（《赵世家》）

[鲁]康公九年卒，子匽立，是为景公。（《鲁世家》）

案：《汉书·律历志》匽作偃。"匽""偃"古通。

魏惠王使人谓韩昭侯曰："夫郑乃韩氏亡之也，愿君之封其后也。此所谓存亡继绝之义，君若封之则大名。"昭侯患之，公子食我曰："臣请往对之。"公子食我至于魏，见魏王曰："大国命弊邑封郑之后，弊邑为大国所患，昔出公之后声氏为晋公，拘于铜鞮，大国弗怜也，而使弊邑存亡继绝，弊邑不敢当也。"魏王惭曰："固非寡人之志也，客请勿复言。"（《吕氏春秋·审应》）

案：此疑此年前后事。

《汲冢古文》谓：卫将军文子为子南弥牟，其后有子南固、子南劲。《纪年》：劲朝于魏，后惠成王如卫，命子南为侯。（《汉书·武帝纪》注引臣瓒说。《水经·汝水注》同，惟无“子南固”三字。《史记·周本纪·集解》引瓒说亦同，亦无“子南固”三字。今本《史记·集解》皆脱“纪年劲”三字。惟日本高山寺藏写本《史记》不脱。见水泽利忠《史记会注考证校补》卷四）

[卫成侯]十六年卫更贬号曰侯，二十九年成侯卒，子平侯立。（《卫世家》）

成侯、嗣公，聚敛计数之君也……聚敛者亡。（《荀子·王制》）

案：《韩非子·说疑》篇云：“若夫齐田恒、宋子罕、鲁季孙意如、晋侨如、卫子南劲、郑太宰欣、楚白公、周单荼、燕子之，此九人者之为其臣也，皆朋党比周以事其君，隐正道而行私曲，上逼君，下乱治，援外以挠内，亲下以谋上，不难也。”据此可知子南劲亦如齐田恒、宋子罕、郑太宰欣等，“援外以挠内，亲下以谋上”者。子南劲尝朝魏，而后由魏惠王至卫，命之为侯。童书业《春秋左传札记》第五十二条，据此谓“取卫者为子南劲”，如同“田成子取齐，司城子罕取宋，太宰欣取郑”。并云：“此后卫盖不称姬姓而称公孙氏。如《史记·商君列传》：商君者，卫之诸庶孽公子也，名鞅，其祖本姬姓也（是犹言戴氏夺子氏于宋，戴氏亦子姓也）。《战国策·卫策》：卫嗣君病……自今以往，公孙氏必不血食矣。此卫在战国中期以后改姓公孙之明证。《荀子·王制》：成侯、嗣君，聚敛计数之君也。……聚敛者亡。则所谓成侯乃旧卫最后之君，所谓成侯子平侯者，实子南劲也。”（《春秋左传研究》第三三七页）卫成侯因与鲁恭侯、宋桓侯、韩昭侯朝见魏惠王而贬称为侯，子南劲又因朝见魏惠王而后受命为侯，从而取代卫成侯。子南劲即是平侯。子南劲并非成侯之子而继立者，《卫世家》谓平侯乃成侯子，不确。

卷八
周显王二十六年（公元前三四三年）至三十五年（公元前三三四年）

周显王二十六年（公元前三四三年）

秦孝公十九年，魏惠王二十七年，韩昭侯二十年，赵肃侯七年，齐威王十四年，楚宣王二十七年，燕文公十九年。

[赵肃侯]七年公子刻攻魏首垣。（《赵世家》）

[魏惠王]二十八年（当作二十七年）中山君相魏。（《魏世家》，《六国表》系于次年）

案：《周季编略》云："按魏灭中山守之，封其后以数邑，服于魏。至安王末年与赵战，则中山必渐强矣。至是为魏相，如靖郭君相齐之例，其国必强矣，然犹臣于魏也。"其说非是。《史记索隐》云："按魏文侯灭中山，其弟守之，后寻复国，至是始令相魏。"据《说苑·奉使》篇，魏文侯灭中山，使太子击守之，三年后，文侯乃封少子挚于中山，而复太子击。击即魏武侯。蒙文通《周秦少数民族研究》卷五“中山称王与赵灭中山”条，谓“此魏之宗亲自有中山君，故入为相。斯时中山桓公已复国，而魏之中山君挚，遂还相魏”。

又案：挚为魏惠王之叔父，未必此时尚健在，即使健在，必已高龄，未必能出任相职。此时之中山君当为挚之子，其名失传。

秦孝公十九年城武城。从东方牡丘来归。天子致伯。（《六国表》）

［秦孝公］十九年天子致伯。（《秦本纪》，《周本纪》亦云是年“周致伯于秦孝公”。《田世家》系“周致伯于秦孝公”于次年）

案：《索隐》云：“伯音霸，又如字。秦孝公十九年天子始封爵为霸，即太史儋云‘合（七）十七岁而霸王出’之年，故天子致伯。”

又案：“从东方牡丘来归”，字有脱误。马非百《秦集史》谓“疑是宋太丘社来归之误，下文惠文王二年有宋太丘社亡之文，当是来而复去，至惠文王时乃灭亡年”。其说无据。宋太丘社亡，乃谓宋之太丘社沦亡。太丘社为宋国祭社神之所，不能来归秦。

［梁惠成王］二十七年十二月齐田肦败梁马陵。（《孙子吴起列传·索隐》王劭引《纪年》，《田世家·索隐》引《纪年》作“［齐］威王十四年田肦伐梁，战马陵”）

案：《纪年》魏史，用夏正，马陵之役起于夏正之二十七年十二月，于周正已为明年二月。故《史记》记在明年，梁惠成王二十七年正当齐威王十四年，因而《田世家·索隐》引《纪年》又作齐威王十四年。是役起于梁惠成王二十七年之夏正十二月，而大战则在次年，故《魏世家·索隐》又引《纪年》作梁惠成王二十八年。

[卫成侯]二十九年成侯卒，子平侯立。(《卫世家》)

案：卫成侯元，《六国表》误后十年，已说明在周安王十九年案语中。

[粤子]无颛八年薨，是为菼蠋卯。(《越世家·索隐》引《纪年》，“八”上疑脱“十”字，考辨见周显王三十六年案语)

周显王二十七年(公元三四二年)

秦孝公二十年，魏惠王二十八年，韩昭侯二十一年，赵肃侯八年，齐威王十五年，楚宣王二十八年，燕文公二十年。

[秦孝公]二十年诸侯毕贺。(《秦本纪》，《六国表》同)

[秦]孝公立，威服戎羌，使太子驷率戎狄九十二国朝周显王。(《后汉书·西羌传》)

案：马非百《秦集史·国君纪事十四》系此事于秦孝公二十年，大体可信。《秦本纪》误系“秦使公子少官率师会诸侯于逢泽，朝天子”于此年，当在前年。此年秦因周显王致伯，诸侯毕贺。是年戎狄九十二国亦来朝，秦因按逢泽之会之例，率以朝见天子。

梁惠成王二十八年穰疵率师及郑孔夜，战于梁、赫，郑师败逋。(《水经·渠水注》引《纪年》)

案：穰疵，《永乐大典》本作“穰疕”，朱谋玮本作“穰苴”，戴震校本改作“穰疵”。今本《竹书纪年》作“穰庇”。当以戴校为是。庇、疵古通用，穰疵或作襄疵，为魏惠王之臣属，曾为邺令。见《韩非子·内储说下》。又见于《吕氏春秋·无义》。毕沅《吕氏春秋》校本，即引此条《竹书纪年》作为例证。梁即南梁，在今河南临汝西，赫即霍，在南梁西南。马陵之役，由于魏攻韩南梁，即所谓“南梁之难”，韩求救于齐。马陵之战既开始于梁惠成王二十七年夏正十二月，则魏攻韩尚在其前，《纪年》载于梁惠成王二十八年，只就战事结果“郑师败逋”而言。

南梁之难，韩氏请救于齐，田侯召大臣而谋曰：“早救之孰与晚救之便？”张丏对曰（张丏，《田世家·索隐》引作“张田”）：“晚救之，韩且折而入于魏，不如早救之。”田臣思（臣当作臣）曰：“不可。夫韩、魏之兵未弊，而我救之，我代韩而受魏之兵，顾反听命于韩也。且夫魏有破韩之志，韩见且亡，必东愬于齐。我因阴结韩之亲，而晚承魏之弊，则国可重，利可得，名可尊矣。”田侯曰：“善。”乃阴告韩使者而遣之，韩自以专有齐国（鲍本无“专”字。《田世家》作“韩因恃齐”。王念孙云：“专当为恃字之误也。高诱注曰：‘自恃有齐之助，故五与魏战而五不胜。’则策文本作‘恃’明甚。《田完世家》作‘韩因恃齐，五战不胜’，即本策文也。”金正炜云：“《广雅·释言》：专，擅也。此文专字固不误，若改为恃，上即不当有以字”）。五战五不胜，东愬于齐，齐因起兵击魏，大破之马陵。（《齐策一》第七章）

［齐宣王］二年（当作“齐威王十六年”）魏伐赵。赵与韩亲，共击魏。赵不利，战于南梁。宣王召田忌复故位。韩氏请救于齐。宣王召大臣而谋曰：“蚤救孰与晚救？”驺忌子曰：“不如勿救。”田忌曰：“弗救，则韩且折而入于魏，不如蚤救之。”孙子曰：“夫韩、魏之兵未弊而救之，是吾代韩受魏之兵，顾反听命于韩也。且魏有破国之志，韩见亡，必东面而愬于齐矣。吾因深结韩之亲而晚承魏之弊，则可重利而尊名也。”宣王曰：“善。”乃阴告韩之使者而遣之。韩因恃齐，五战不胜，而东委国于齐。齐因起兵，使田忌、田婴将（《集解》徐广曰：“婴一

作肦”)。孙子为师(“师”原误“帅”,今改正),救韩、赵以击魏,大败之马陵,杀其将庞涓,虏魏太子申。(《田世家》)

案:徐广曰:“婴一作肦”,当以作肦为是。《孙子列传·索隐》引《纪年》云:“齐田肦败梁马陵。”《魏世家·索隐》亦云:“梁惠成王二十八年与齐田肦战于马陵。”《魏策二》第十章记魏惠王将太子申攻齐,客谓公子理之傅曰:“太子年少,不习于兵,田肦宿将也,而孙子善用兵,战必不胜,不胜必禽。”《齐策一》第一章记楚败齐于徐州,张丑谓楚王曰:“王战胜于徐州也,肦子不用也。肦子者有功于国,而百姓为之用。”《楚世家》同。《说苑·尊贤》篇第三十三章记田忌去齐奔楚,对答楚王问论齐将之才能,以肦子为最强,并云:“肦子之为人也,尊贤者而爱不肖者,贤不肖俱负任。”

又案:以上两则,大体相同,但谈论之人物颇不同。《齐策》田侯,《田世家》作宣王。《齐策》张丏之对答,《田世家》作为田忌之对答。《齐策》田臣思之计谋,《田世家》以为孙子即孙膑之计谋,《田世家》又多出邹忌子曰“不如勿救”一句。《史记·索隐》以《齐策》为是,其言曰:“此云邹忌者,王劭云:‘此时邹忌已死四年’,又齐威时未称王,故《战国策》谓之田侯。今此以田侯为宣王,又横称邹忌,皆谬矣。”今按:自当以《齐策》之记载为原始。马陵之战固当在齐威王时,《史记》误以为宣王时。《齐策》之田臣思,“臣”乃“臣”字之误。钱大昕《史记考异》云:“臣当作臣,音怡,与期音相近。”黄丕烈云:“臣、期、忌同字。”甚是。田臣思即是田忌。《史记》欲推崇孙膑,以为计谋出于孙膑,因而将张丏之对答改为田忌之对答,将田臣思即田忌之计谋,作为孙子之计谋。

［魏惠王］三十年（当作二十九年）魏伐赵，赵告急齐，齐宣王用孙子计，救赵击魏。魏遂大兴师，使庞涓将，而令太子申为上将军。（《魏世家》）

案：《魏世家》所述马陵之役起因不确，乃与桂陵之役混为一谈。《田世家》又谓“魏伐赵，赵与韩亲，共击魏，赵不利，战于南梁”。所述南梁之难之起因亦不确。

梁惠成王二十八年与齐田肦战于马陵。（《魏世家·索隐》引《纪年》）

魏惠王起境内众，将太子申而攻齐，客谓公子理之傅曰：“何不令公子泣王太后，止太子之行，事成则树德，不成则为王矣。太子年少，不习于兵，田肦宿将也，而孙子善用兵，战必不胜，不胜必禽。公子争之于王，王听公子，公子必封，不听公子，太子必败。败，公子必立，立必为王也。”（《魏策二》第十章）

魏太子自将过宋外黄，外黄徐子曰：“臣有百战百胜之术，太子能听臣乎？”太子曰：“愿闻之。”客曰：“固愿效之。今太子自将攻齐，大胜并莒，则富不过有魏，而贵不益为王。若战不胜，则万世无魏，此臣之百战百胜之术也。”太子曰：“诺，请必从公之言而还。”客曰：“太子虽欲还，不得矣。彼利太子之战攻而欲满其意者众（《魏世家》“利”作“劝”，“满其意”作“啜汁”），太子虽欲还，恐不得矣。”太子上车请还，其御曰：“将出而还，与北同，不如遂行。”遂行与齐人战而死，卒不得魏。（《宋策》第七章，《魏世家》大体相同）

案：马陵之役，《史记》系于周显王二十八年、魏惠王三十年（当作二十九年），而《纪年》系于梁惠王二十七年十二月与二十八年。雷学淇《竹书纪年义证》以《史记》为误。钱穆以为《史记》误以梁惠王二十八年为周显王二十八年,其言曰:"《孙子吴起列传》……《索隐》王劭按《纪年》…… 二十七年十二月齐田肦败梁马陵……"又《田敬仲完世家·索隐》引《纪年》"齐威王十四年田肦伐梁马陵。"考《纪年》惠成王十三年齐桓公卒,威王立,威王之十四年,正当惠成王二十七年,而《魏世家·索隐》引《纪年》:"惠王二十八年与齐田肦战马陵,则又何也?窃疑齐伐魏,在惠成王二十七年之冬,而魏败则在二十八年。《田敬仲完世家·索隐》及王劭引《纪年》自计齐人伐梁之年。《魏世家·索隐》则举魏败之岁也。今《史记》误在惠王三十年者,盖是年为周显王之二十八年,史公误以梁惠王为周显王耳。"(《先秦诸子系年》第二五六至二五九页)此说尚可商酌。魏攻韩之"南梁之难",与齐攻魏救韩之马陵之役,盖同起于魏惠王二十七年之仲冬、季冬,此于周正已是二十八年。而相持当有数月之久。南梁之难,韩以全力抵敌,即《齐策》所谓"五战而五不胜"者,当相持数月而韩乃败退。马陵之役,齐救韩攻魏,以田忌、田肦为将,魏则以太子申、庞涓为将而反击,决战于马陵,而魏惨败。《纪年》既称梁惠成王二十七年十二月齐田肦败梁于马陵,又称二十八年与齐田肦战于马陵,盖始于二十七年十二月而决战于次年。如《纪年》所载,似若田肦为齐主帅而战胜于马陵,其实不然。《史记》谓马陵决战,由田忌为主将,孙膑为师而擒杀魏太子申与庞涓,确为事实。此可以新出土之《孙膑兵法·陈忌问垒》篇得到明证。盖田忌、孙膑实为此役齐指挥全军作战之统帅与军师,而田肦则为前线率军作战之主将,《纪年》为魏史,但记齐前敌主将之姓名耳。

《魏世家·索隐》引《纪年》,又谓"梁惠成王二十九年五月齐田肦伐我东鄙"。《水经·泗水注》引《纪年》又作"梁惠成王二十九年齐田肦及宋人伐我东鄙,围平阳"。田肦即田肦。可知直到魏惠王二十九年,即周显王二十八年五月,战争尚在继续中。《史记》以为此一大战,至周显王二十八年方结束,固未尝误也。

齐宣王二年(当作齐威王十六年)败魏马陵,田忌、田婴、田肦将,孙子为师。(《六国表》)

田婴者,齐威王少子而齐宣王庶弟也。田婴自威王时任职用事,与成侯邹忌及田忌将而救韩伐魏。(《孟尝君列传》)

案:《田世家》言马陵之役,田忌、田婴为将,徐广曰:"婴一作肦",当以田肦为是。辨已见前。但《六国表》以田忌、田婴、田肦并列为将,《孟尝君列传》又谓"田忌与孙膑、田婴俱伐魏"。盖田婴亦尝参与是役,但非主将,故《纪年》与《战国策》记是役皆不及之。

又案:《孟尝君列传》云:"田婴者齐威王少子而齐宣王庶弟也。"《索隐》云:"王劭又按《战国策》云:'齐貌辨谓宣王曰:王方为太子时,辨谓靖郭君不若废太子更立郊师,靖郭君不忍,宣王太息曰寡人少,殊不知。'以此言之,婴非宣王弟明也。"余疑《史记》误前威王宣王年世,田婴乃桓公少子、威王庶弟,故得有废立太子之权势也。

【附编】

邺令襄疵阴善赵王左右,赵王谋袭邺,襄疵常辄闻而先言之魏王,魏王备之,赵乃辄还。(《韩非子·内储说下》)

案:《纪年》谓此年穰疵帅师攻韩,此后四年,《吕氏春秋·无义》篇谓公孙鞅以罪归魏，穰庇不受。穰庇盖即襄疵，盖初为邺令，后为将军也。疑襄疵为邺令在此年稍前。

周显王二十八年（公元前三四一年）

秦孝公二十一年，魏惠王二十九年，韩昭侯二十二年，赵肃侯九年，齐威王十六年，楚宣王二十九年，燕文公二十一年。

［魏惠王］三十年（当作二十九年）太子果与齐人战，败于马陵，齐虏魏太子申，杀将军庞涓，军遂大破。（《魏世家》，《六国表》亦作“齐虏我太子申，杀将军庞涓”）

［齐宣王］二年（当作齐威王十六年）齐因起兵，使田忌、田婴将，孙子为师，救韩、赵以击魏，大败之马陵，杀其将庞涓，虏魏太子申。（《田世家》）

［秦孝公］二十一年，齐败魏马陵。（《秦本纪》）

［齐］宣王二年（当作齐威王十六年）田忌与孙膑、田婴俱伐魏，败之马陵，虏魏太子申而杀魏将庞涓。（《孟尝君列传》）

［秦孝公二十一年］齐败魏兵于马陵，虏其太子申，杀将军庞涓。（《商君列传》）

齐、魏战于马陵，齐大胜魏，杀太子申，覆十万之军。（《魏策二》第十一章）

田忌为齐将，系梁太子申，禽庞涓。（《齐策一》第九章）

［梁惠成王］二十九年五月齐田朌伐我东鄙。九月秦卫鞅伐我西鄙，十月邯郸伐我北鄙。王攻卫鞅，我师败绩。（《魏世家·索隐》引《纪年》，《商君列传·索隐》引《纪年》亦云：“魏惠王二十九年秦卫鞅伐梁西鄙。”）

梁惠成王二十九年齐田肸及宋人伐东鄙，围平阳。（《水经·泗水注》引《纪年》，按“肸”与“盼”同。）

齐使田忌将而往，且走大梁，魏将庞涓闻之，去韩而归，齐军既已过而西矣。孙子谓田忌曰：“彼三晋之兵，素悍勇而轻齐，齐号为怯，善战者因其势而利导之。《兵法》：‘百里而趣利者蹶上将，五十里而趣利者军半至。’”使齐军入魏地为十万灶，明日为五万灶，又明日为三万灶。庞涓行三日，大喜，曰：“我固知齐军怯，入吾地三日，士卒亡者过半矣。”乃弃其步军，与其轻锐倍日并行逐之，孙子度其行，暮当至马陵。马陵道狭，而旁多阻隘，可伏兵，乃斫大树，白而书之，曰：“庞涓死于此树之下。”于是令齐军善射者万弩夹道而伏，期曰：“暮见火举而俱发。”庞涓果夜至斫木下，见白书，乃钻火烛之，读其书未毕，齐军万弩俱发，魏军大乱，相失。庞涓自知智穷兵败，乃自刭曰：“遂成竖子之名！”齐因乘胜，尽破其军，虏魏太子申以归。孙膑以此名显天下，世传其兵法。（《孙子吴起列传》）

案：《资治通鉴》胡注于《兵法》“百里而趣利者蹶上将，五十里而趣利者军半至”下，云：“此《孙武子兵法》也。”今按《孙子兵法·军争》篇云：“五十里而争利，则蹶上将军，其法半至。三十里而争利，则三分之二至。”

又案：《孙子吴起列传》所载马陵之战已小说化。洪迈《容斋随笔》卷十三“孙膑减灶”条云：“孙膑胜庞涓之事，兵家以为奇谋，予独有疑焉。云齐军入魏地为十万灶，明日为五万灶，又明日为三万灶，方师行逐利，每夕而兴此役，不知以几何人给之，又必人人各一灶乎？庞涓行三日而大喜曰：齐士卒亡者过半，则是所过之处，必使人枚数之矣，是岂救急赴敌之师乎？又云度其暮至马陵，乃斫大树白而书之曰：庞涓死于此树下，遂伏万弩，期日暮见火举而俱发。夫军行迟速既非他人所料，安能必其以暮至而不差晷刻乎？古人坐于车中，树间之有白书，且必举火读之乎？齐弩尚能俱发，而涓读八字未毕，皆深不可信，殆好事者为之而不精考耳。"今按孙膑于桂陵之战，以"示形"之法，示以假象，诱使敌将骄傲轻敌，弃其辎重，以急行军兼程赶回大梁，乘机突然邀击而生擒敌将。孙膑于此马陵之战，又以"示形"之法，伪装退却溃散，诱使敌将率轻锐兼程追逐，于狭道设障碍，突然截击，因而大胜，生擒敌将。但《孙子吴起列传》所描写已小说化。当以《孙膑兵法·陈忌问垒》篇所述为是。

田忌问孙子曰："吾卒……不禁，为之奈何？"孙子曰："明将之问也。此者人之所过而不急也。此□之所以疾……志也。"田忌曰："可得闻乎？"曰："可。用此者，所以应猝窘处隘塞死地之中也。是吾所以取庞□（当脱"涓"字）而擒太子申也。"田忌曰："善。事已往而形不见。"孙子曰："蒺藜者，所以当沟池也。车者，所以当垒[也]。□□[者]，所以当堞也。发者，所以当埤堄也。长兵次之，所以救其隋也。钒次之者，所以为长兵□也。短兵次之者，所以难其归而徼其衰也。弩次之者，所以当投机也。中央无人，故盈之以……卒已定，乃具其法。制曰：以弩次蒺藜，然后以其法射之。垒上弩戟分。法曰：见使枼来言而动……去守五里置候，令相见也。高则方之，下则圆之。夜则举鼓，昼则举旗。"（《孙膑兵法·陈忌问垒》）

案：孙膑谓诱使"猝窘处隘塞死地之中"，从而"所以取庞涓而擒太子申"，当指马陵之战。此与《孙子吴起列传》所谓"马陵道狭，而旁多阻隘，可伏兵"相合。此与桂陵之战，乘庞涓放弃辎重，兼程赶回大梁途中，加以邀击而“擒庞涓”不同。桂陵之战，太子申未参与，而马陵之战，则“使庞涓将而令太子申为上将军”。《史记》中所有述及马陵之战篇章，皆谓杀庞涓而虏太子申。《魏策二》云：“齐、魏战于马陵，齐大胜魏，杀太子申，覆十万之军。”惠施因而劝魏王“变服折节而朝齐”，魏王于是因田婴而“与之并朝齐侯再三”。《齐策一》亦云：“齐因起兵击魏，大破之马陵。魏破韩弱，韩、魏之君，因田婴北面而朝田侯。”桂陵之战，魏虽大败，而兵力尚未大损。马陵之战，不仅太子申、庞涓被擒杀，又覆其“十万之军”。魏因而屈节求和，到徐州朝见齐侯而推尊为王，因而有所谓“会徐州相王”。孟子曰：“梁惠王以土地之故，糜烂其民而战之，大败，将复之，恐不能胜，故驱其所爱子弟以殉之，是之谓以其所不爱及其所爱也。”（《孟子・尽心下》）所谓“大败”，即指桂陵之战；所谓“将复之”，即将欲再战，即指马陵之战；所谓“驱其所爱子弟以殉之”，即以太子申为上将军。然则何以庞涓在桂陵之战被擒，而至马陵之战又被擒杀？或者庞涓在桂陵之战被擒后，因齐与魏讲和而释放，至马陵之战再度为将，又被擒杀耳。犹如春秋时秦将孟明视为晋军所俘，旋被释放，再度为将。

秦孝公二十一年马生人。（《六国表》，《汉书・五行志》、《洪范五行传》引《史记》）

周显王二十九年（公元前三四〇年）

秦孝公二十二年，魏惠王三十年，韩昭侯二十三年，赵肃侯十年，齐威王十七年，楚宣王三十年，燕文公二十二年。

齐宣王三年（当作齐威王十七年）与赵会博望，伐魏。（《田世家·集解》徐广引《六国表》，今本《六国表》脱“博望”二字）

[魏惠王]三十一年（当作三十年）秦、赵、齐共伐我。秦将商君，诈我将军公子卬而袭夺其军，破之。……以公子赫为太子。（《魏世家》，《六国表》“公子赫为太子”系于次年，《赵世家》云：“[肃侯]十一年秦孝公使商君伐魏，虏其将公子卬，赵伐魏。”亦误后一年）

案：秦、赵、齐共伐魏，《纪年》在上年，而《史记》在此年，殆此事始于上年而终于此年乎？

公孙鞅之于秦，非父兄也，非有故也，以能用也。欲堙之责，非攻无以，于是为秦将而攻魏。魏使公子卬将而当之。公孙鞅之居魏也，固善公子卬，使人谓公子卬曰：“凡所为游而欲贵者，以公子之故也。今秦令鞅将，魏令公子当之，岂且忍相与战哉？公子言之公子之主，鞅亦请言之主而皆罢军。”于是，将归矣，使人谓公子曰：“归未有时相见，愿与公子坐而相去别也。”公子曰：“诺。”魏吏争之曰：“不可。”公子不听，遂相与坐。公孙鞅因伏卒与车骑，以取公子卬。（《吕氏春秋·无义》）

卫鞅说孝公曰：“秦之与魏，譬若人之有腹心疾，非魏并秦，秦即并魏，何者？魏居岭阨之西，都安邑，与秦界河，而独擅山东之利。利则西侵秦，病则东收地。今以君之贤圣，国赖以盛。而魏往年大破于齐，诸侯畔之，可因此时伐魏。魏不支秦，必东徙。东徙，秦据河山之固，东乡以制诸侯，此帝王之业也。”孝公以为然，使卫鞅将而攻魏，魏使公子卬将而击之，军既相距，卫鞅遗魏将公子卬书曰：“吾始与公子驩，今俱为两国将，不忍相攻，可与公子面相见，盟，乐饮而罢兵，以安秦、魏。”魏公子卬以为然。会盟已，饮，而卫鞅伏甲士而袭虏魏公子

卬,因攻其军,尽破之。以归秦。(《商君列传》)

案:以上两则,内容相同,当以《吕氏春秋》所述为原始。《魏世家》商君诈取公子卬以后,插叙:“秦用商君,东地至河,而齐、赵数破我,安邑近秦,于是徙治大梁。”误以魏迁大梁在鞅诈取魏公子卬之后。此卫鞅说孝公语,疑亦出后人增饰。魏惠王沿袭春秋时代贵族亲自指挥作战之遗风,本人既“数被于军旅”,又常使太子、公子为将,殊不知此时战争方式已发生重大之变革,指挥作战必须讲究战略与战术,精通兵法而有作战经验。当马陵战前,太子申将兵攻齐时,客有谓公子理之傅曰:“太子年少,不习于兵,田肦宿将也,而孙子善用兵,战必不胜,不胜必禽。”(《魏策二》第十章)。果如其言。是时魏太子申为齐所虏,公子卬又为秦所虏。此后即不见魏太子与公子为主将者,即以为教训。

秦孝公二十二年封大良造商鞅。(《六国表》)

[秦孝公]二十二年卫鞅击魏,虏魏公子卬,封鞅为列侯,号商君。(《秦本纪》)

[楚宣王]三十年秦封卫鞅于商,南侵楚。是年宣王卒,子威王熊商立。(《楚世家》)

卫鞅亡魏入秦,孝公以为相,封之於商,号曰商君。(《秦策一》第一章)

卫鞅既破魏还,秦封之於商十五邑,号为商君。(《商君列传》)

梁惠成王三十年秦封卫鞅于邬,改名曰商。(《水经·浊漳水注》引《纪年》,《路史·国名纪己》引《纪年》同。《后汉书·光武纪》注误引作“卫鞅封于鄔”。《商君列传·索隐》云:“《纪年》云秦封商鞅在惠王三十年”)

案:《纪年》谓秦封商鞅在魏惠王三十年,而《史记》谓在秦孝公二十二年,即楚宣王三十年,当《六国表》魏惠王三十一年,盖《史记》魏惠王纪元误上一年。《商君列传·索隐》与《正义》皆以为卫鞅所封之於商为两邑,商在商州商洛县,於在邓州内乡县东七里。其说不确。於在今河南西峡县东,距商洛县二百五十里以上,卫鞅不能有如此大之封地。且此时西峡县东之於,尚是楚境。《纪年》谓秦封卫鞅于邬,改名曰商。陈逢衡《竹书纪年集证》云:"於读为乌,当即邬也。旧址名邬,今改名曰商,故谓之於商。"其说甚确。《汉书·地理志》弘农郡商县,云:"秦相卫鞅邑也。"即今商县东南八十五里之商洛镇。所谓十五邑,仅十五个小乡邑而已。《水经·浊漳水注》以为即衡水所经之邬县,距秦极远,失之远矣。

梁惠成王三十年城济阳。(《水经·济水注》引《纪年》)

案:《周季编略》云:"备齐也。"

田忌为齐将系梁太子申,禽庞涓。孙子谓田忌曰:"将军可以为大事乎?"田忌曰:"奈何?"孙子曰:"将军无解兵而入齐,使彼罢弊,老弱守于主("弊"下原衍"于"字,从吴师道删。"老"原作"先",从姚注所引曾本改正)。主者,循轶之途也。鍺击摩车而相过,使彼罢弊,老弱守于主,必一而当十,十而当百,百而当千,然后背泰山,左济,右天唐,军重踵高宛,使轻车锐骑冲雍门,若是则齐君可正,而成侯可走。不然,则将军不得入齐矣。"田忌不听,果不入齐。(《齐策一》第九章)

成侯邹忌为齐相,田忌为将,不相说。公孙闬谓邹忌曰(《田世家·索隐》引作"公孙阅"):"公何不为王谋伐魏?胜则是君之谋也,君可以有功。战不胜,田忌不进,战而不死,曲挠而诛。"邹忌以为然,乃说王而使田忌伐魏。田忌三战三胜，邹忌以告公孙闬。公孙闬乃使人操十金而往卜于市，曰："我田忌之人也，吾三战而三胜，声威天下，欲为大事，亦吉否？"卜者出，因令人捕之（"之"字原脱，从诸祖耿据《太平御览》三百二十二所引补）。为人卜者亦验其辞于王前（姚注"一无亦字"）。田忌遂走。（《齐策一》第八章）

田忌亡齐而之楚，邹忌代之相齐，恐田忌欲以楚权复于齐。杜赫曰："臣请为君留之楚。"谓楚王曰："邹忌所以不善楚者，恐田忌之以楚权复于齐也，王不如封田忌于江南，以示田忌之不返齐也，邹忌以齐厚事楚（鲍本"以"上有"必"字）。田忌亡人也而得封，必德王，若复于齐，必以齐事楚，此用二忌之道也。"楚果封之于江南。（《齐策一》第十章）

案：《田世家》载齐威王二十六年（当作四年）公孙阅谓成侯忌曰："公何不谋伐魏，田忌必将，战胜有功则公之谋中也，战不胜非前死则后北，而命在公矣。"于是成侯言威王，使田忌南攻襄陵。又载齐威王三十五年（当作十三年）公孙阅又谓成侯忌曰："公何不令人操十金卜于市，曰：我田忌之人也，吾三战而三胜，声威天下，欲为大事，亦吉乎不吉乎？"卜者出，因令人捕为之卜者，验其辞于王之前。田忌闻之，因率其徒袭攻临淄，求成侯，不胜而去。又载宣王二年（当作威王十六年）"宣王召田忌复故位……救韩赵以击魏，大败之马陵"。《孟尝君列传》亦云："成侯与田忌争宠，成侯卖田忌，田忌惧，袭齐之边邑，不胜亡走。会威王卒，宣王立，知成侯卖田忌乃复召田忌以为将。"吴师道《战国策补注》云："忌之出奔，在战马陵后宣王之世明矣，《史》载其奔在前，故谓召复位。忌既袭齐，岂得再复？成侯又在，岂宜并列？

而马陵后忌无可书之事，知其必有误也。”梁玉绳《史记志疑》谓吴注有以矛刺盾之妙。并论之曰：“田忌出奔在宣王二年战马陵之后，不在威王三十五年。无论威王贤明，成侯谗构所不能行，而忌之战功可见者，桂陵、马陵二役，若威王时已出奔，则安得马陵之胜乎？此与《孟尝君列传》同误，然其误亦由《国策》也。《策》于威王时载邹忌、田忌不相说一章，有‘田忌遂走’之语，史公谬以为据，因撰出袭攻临淄事，《索隐》谓齐都临淄当依《孟尝君列传》作袭齐边邑，而不知忌未尝袭齐耳。《国策》战马陵后有田忌为齐将一章，言孙膑劝忌无解兵入齐，可正齐君而走成侯，忌不听。以是观之，忌亦贤矣，奈何反以袭齐诬之邪？”余考吴、梁二氏据《国策》纠《史记》，以田忌出奔在马陵战后，甚是。梁氏以史公杜撰田忌袭齐事，亦是。惟梁氏谓田忌之奔在宣王时不在威王时，《史记》之误为威王时又由《国策》之误，则殊非。据《纪年》马陵之役在齐威王之十四五六年间，田忌出奔在马陵战后，正当齐威王时，其时齐亦正邹忌为相而田忌为将。史公既误前威王之年，误系马陵之役于宣王二年，又见长短书载田忌之走由于齐相邹忌谗构，遂以意移忌奔于桂陵战后。又见马陵之役田忌为主将，遂又谓忌复位在马陵战前耳。钱穆《田忌邹忌孙膑考》云：“田忌出奔即在马陵胜后，为威王之十五年，史公既误前威王之年，疑其过早不合，乃移后二十年为威王三十五年也。其后宣王伐燕，据《齐策》亦田忌之谋，盖田忌自以威王时出奔，至宣王时复召，吴、梁二氏之疑，皆考之未详也。”（《先秦诸子系年》第二六〇至二六二页）钱氏因田忌参与宣王伐燕之计谋，肯定田忌至宣王时复召之说，未必确实。田忌或作田臣思，史载田臣思先后三次参与齐救韩出战之计谋，皆得成功。最著者即是马陵之战。《齐策一》第七章称魏攻韩，韩求救于齐，田臣思参与计谋，主张“因阴结韩之亲，而晚承魏之弊”，因而大破魏军于马陵。前此二十九年《田世家》载桓公午五年秦、魏攻韩，韩求救于齐，田臣思参与计谋，谓“是天以燕予齐也”，齐起兵袭燕而取桑丘。马陵之战以后二十七年，《齐策二》第一章载秦、魏伐韩，齐宣王将救韩，田臣思参与计谋，谓“是天以燕赐我也”，齐因起兵攻燕，三十日而举燕国。前后约六十年间，韩三次受侵向齐求救，田臣思三次参与齐之计谋。吴师道以为马陵之战以前二十余年，忌岂得已为大臣？马陵之战以后二十七年不应复见。并云：“使忌果在齐，则王安得弃之而将章子？策或误载其名也。且桓公时，秦、魏攻韩，楚、赵救之，齐不救，因而袭燕；宣王时，秦、魏伐韩，楚、赵救之，齐不救，因而举燕，何其事之吻合如此？是必可疑。”由此可见，田忌因参与马陵之战之计谋而著名，至于马陵之战以前二十九年桑丘之役田忌参与计谋，马陵之战以后二十七年齐宣王伐燕之役田忌又参与计谋，皆出于后人附会，不可信据。

【附编】

子发将西伐蔡，克蔡，获蔡侯，归致命曰：“蔡侯奉其社稷而归之楚，舍属二三子而治其地。”子发辞曰：“发诫布令而敌退，是主威也；徙举相攻而敌退，是将威也；合战用力而敌退，是众威也。臣舍不宜以众威受赏。”讥之曰：子发之致命也恭，其辞赏也固。（《荀子·强国》，杨倞注：“子发，楚令尹，未知其姓。”“舍，子发名。”）

子发攻蔡，逾之。宣王郊迎，列田百顷而封之执圭。子发辞不受，曰：治国立政，诸侯入宾，此君之德也；发号施令，师未合而敌遁，此将军之威也;兵阵战而胜敌者,此庶民之力也。夫乘民之功劳而取其爵禄者,非仁义之道也,故辞而不受。(《淮南子·道应训》,高诱注:“子发,楚宣王之将。”)

蔡圣侯之事因是以(“圣”鲍本改作“灵”,“以”与“已”通。黄丕烈云:“《咏怀诗》注引作‘蔡圣侯因是已’”)。南游乎高陂,北陵乎巫山,饮茹溪之流(“之”字原脱,从《水经·澧水注》及《文选·咏怀诗》注、《郡内登望一首》注所引补),食湘波之鱼,左抱幼妾,右拥嬖女,与之驰骋乎高蔡之中,而不以国家为事,不知夫子发方受命乎宣王,系已以朱丝而见之也。”(《楚策四》第四章,庄辛对答楚襄王)

蔡侯之事故是也。蔡侯南游乎高陂,北经乎巫山,逐麋麛麞鹿,彉溪子随,时鸟嬉游乎高蔡之囿,溢满无涯,不以国家为事,不知子发受令宣王,厄以淮水,填以巫山,庚子之朝,缨以朱丝,臣而奏之乎宣王也。(《新序·杂事二》第十四章,庄辛对答楚襄王)

澧水又东,茹水注之,水出龙茹山,水色清澈,漏石分沙,庄辛说楚襄王所谓饮茹溪之流者也。(《水经·澧水注》)

案:鲍彪改《楚策》之蔡圣侯为蔡灵侯,楚宣王为灵王,并谓高蔡即上蔡,非是。黄丕烈已驳之,此非春秋时蔡灵侯、楚灵王事。金正炜以为“圣当作声,一声之转也,《史记》蔡灭于声侯后十年,疑声侯先虏于楚,后乃尽灭其国耳。”亦臆说无据,不可信从。黄式三《周季编略》以为此即《楚世家》所载惠王四十二年所灭之蔡,以为策文“宣”字系“惠”字之讹,亦不可信。据《蔡世家》楚惠王所灭之蔡为蔡侯齐,蔡声侯乃蔡侯齐之前两代。程恩泽《国策地名考》云:“盖蔡虽一灭于灵王,再灭于惠王,复并于悼王,其后仍国于楚之西境。所谓高蔡者(《新序》以高蔡为囿名,亦似有见，然必与国都相近。相其地望，当在今湖北之巴东、建始一带，故曰北陵巫山，饮茹溪流，食湘波鱼，而荀子亦云西伐蔡也。”程氏并引《水经·澧水注》等作证。顾观光《七国地理考》亦谓蔡屡绝屡续，云：“妄意楚之灭蔡，当在宣王末年。策言巫山、湘波，则蔡地当与洞庭相近，距初封之上蔡千有余里，故荀子言西伐蔡，不言北伐蔡。”苏时学又曰：“子发者，楚宣王之大司马景舍也，《淮南子》言子发以宣王时灭蔡，以威王时获罪出奔，其时世尤为可信。”（见《越缦堂日记》同治己丑四月二十四日记）于鬯《战国策注》引潘和鼎云：“高蔡乃蛮越之国，亦单称蔡，适与蔡国同名。其国在今湖南长沙府澧州之地，北则阑入湖北之西境，至四川巫山县与楚接界。”高蔡当为西南少数民族所建之小国，灭于楚宣王末年。

又案：《列女传》卷一与《渚宫旧事》卷二记：“子发攻秦绝粮，使人请于王，因归问其母，母问使者曰：‘士卒得无恙乎？’对曰：‘士卒并分菽粒而食之。’又问：‘将军得无恙乎？’对曰：‘将军朝夕刍豢黍粱。’子发破秦而归，其母闭门而不内，使人数之。……子发于是谢其母，然后内之。”若此说可信，“攻秦”“破秦”之“秦”字，皆当“蔡”字之误。

周显王三十年（公元前三三九年）

秦孝公二十三年，魏惠王三十一年，韩昭侯二十四年，赵肃侯十一年，齐威王十八年，楚威王元年，燕文公二十三年。

秦孝公二十三年与晋战岸门。（《六国表》）

梁惠成王三十一年三月为大沟于北郛，以行圃田之水。（《水经·渠水注》引《纪年》,《舆地广记》五东京祥符县下引《纪年》作“惠王为大沟于北郛,以行圃田之水”)

案:《孟子·告子下》载白圭曰:“丹之治水也愈于禹。”孟子曰:“子过矣!禹之治水,水之道也,是故禹以四海为壑。今吾子以邻国为壑,水逆行,谓之洚水,洚水者洪水也,仁人之所恶也,吾子过矣。”《韩非子·喻老》云:“白圭之行堤也塞其穴……是以白圭无水难。”白圭以治水著,时白圭正为魏大臣,疑此行圃田之水,即白圭主其事。

梁惠成王三十一年邳迁于薛,改名徐州。(《水经·泗水注》引《纪年》,《鲁世家·索隐》引《纪年》作“梁惠王三十一年下邳迁于薛”,故名曰徐州。《孟尝君列传·正义》引作“梁惠王三十年下邳迁于薛,改名徐州”)

案:《史记会注考证》本《史记·鲁世家》“徐”作“俆”,云:“鲁顷公十九年,楚伐我,取俆州”,《索隐》引《纪年》亦作“俆”。《鲁世家》又称哀公十四年“齐田常弑其君简公于俆州”。《左传》哀公十四年作“舒州”。江永《春秋地理考实》以为舒州在今河北大城县界,此齐之极北与燕界者也。战国时,齐有南、北两徐州,北徐州即田常杀简公之徐州,亦称平舒。南徐州即薛。薛在今山东滕县南四十里。邳在薛之西,原为小国。邹忌尝封于下邳,号曰成侯,见《田世家》。是时邳迁于薛。顾观光云:“下邳虽迁于薛,而依齐以自存,若附庸然,下成其为闻也。”邳为小国长期留存。《楚世家》顷襄王十九年弋射者说楚王曰:“驺、费、郯、邳者罗鸯也。”薛此后尝为靖郭君田婴、孟尝君田文之封邑,田婴、田文皆有薛公之称。至战国末年,此地仍称徐州,当齐湣王末年五国合纵破齐时，鲁取得徐州，鲁顷公十九年又为楚所伐取。

周显王三十一年（公元前三三八年）

秦孝公二十四年，魏惠王三十二年，韩昭侯二十五年，赵肃侯十二年，齐威王十九年，楚威王二年，燕文公二十四年。

秦孝公二十四年秦、大荔围合阳。（《六国表》）

案：《周季编略》作"秦与大荔围魏郃阳"，其他史料中未见秦与大荔之戎合兵攻魏之事。中华书局标点本《史记》删"秦"字，马非百《秦集史》亦删"秦"字。合阳在今陕西合阳县东南黄河西岸，原为秦地，秦简公七年为魏所攻占。是年大荔之戎乘魏为秦、齐大败之后，进围合阳。此后即不见大荔之记载，当不久即为秦所灭亡。

[秦孝公]二十四年，与晋战雁门（当作"岸门"），虏其将魏错。（《秦本纪·索隐》引《纪年》云："与魏战岸门。"）

案：《索隐》引《纪年》云："与魏战岸门"，不言《纪年》与《史记》之年代有差异。据《六国表》秦孝公二十四年，当魏惠王三十三年，《史记》于惠王年世误多一年，实为魏惠王三十二年。雷学淇《考订竹书纪年》、朱右曾《汲冢纪年存真》、王国维《古本竹书纪年辑校》皆系于此年。惟《六国表》系此事于上年，殆战争始于上年。秦得胜而虏魏将魏错在此年也。

又案：《索隐》云："《纪年》云与魏战岸门，此云雁门，恐声误也。又下云败韩岸门，盖一地也。寻秦与韩、魏战，不当至雁门也。"岸门在今山西省河津西。

秦孝公二十四年孝公薨，商鞅反，死彤地。（《六国表》）

[秦孝公二十四年]孝公卒,子惠文君立,是岁诛卫鞅。鞅之初为秦施治,法不行,太子犯禁,鞅曰:“法之不行,自于贵戚,君必欲行法,先于太子,太子不可黥,黥其傅师。”于是法大用,秦人治。及孝公卒,太子立,宗室多怨鞅,鞅亡,因以为反,而卒车裂以徇秦国。(《秦本纪》)

[秦]孝公享国二十四年,葬弟圉,生惠文王。(《秦始皇本纪》附《秦记》)

白渠又东径秦孝公陵北。(《水经·渭水注》)

案:《水经·渭水注》谓白渠“又东径栎阳城北”,“又东径秦孝公陵北,又东南径居陵城北,莲芍城南,又东注金氏陂,又东南注于渭。”据此可知,秦孝公陵在白渠之南,介于栎阳城与居陵城之间。

[秦]惠王,秦孝公之子驷也。(《吕氏春秋·首时》、《去宥》高诱注,《后汉书·西羌传》注、《秦本纪·索隐》皆云:惠王名驷,殆据《世本》)

秦惠文王生十九年而立。(《秦始皇本纪》引《秦记》)

商君教秦孝公以连什伍,设告坐之过,燔诗书而明法令。……孝公行之,主以尊安,国以富强,八年而薨,商君车裂于秦。(《韩非子·和氏》,王先慎《韩非子集解》以为“八”上脱“十”字)

商君治秦,法令至行……孝公行之十八年。(“十”字原脱,从《商君列传·索隐》引《战国策》补,姚注:“一本之上有十字”)疾且不起,欲传商君,辞不受。孝公已死,惠王代后,莅政有顷,商君告归。人说惠王曰:“大臣太重者国危,左右太亲者身危,今秦妇人婴儿皆言商君之法,莫言大王之法,是商君反为主,大王更为臣也。且夫商君固大

王仇雠也,愿大王图之。"商君归还,惠王车裂之而秦人不怜。(《秦策一》第一章)

案:《商君列传》"商君相秦十年"下,《索隐》云:"《战国策》云孝公行商君法十八年而死,与此文不同者,案此直云相秦十年耳,而《战国策》乃云行商君法十八年,盖连其未作相之年耳。"《秦策》姚注:"一本'之'下有'十'字。"王念孙以为当从一本有"十"字为是,与《索隐》所引相合。黄式三亦据《索隐》,云:"策脱十字,《韩非子·和氏》亦作八年,盖相沿而误。"梁玉绳云:"疑当作二十年,自左庶长数之也。"诸祖耿《战国策集注汇考》云:"据《商君列传》,商君作相在孝公十四年,若以左庶长为行法之始,当云二十年,若以为相为行法之始,当云十年。"梁、诸之说非是。是时秦未设相位,以大良造为最高官爵。《商君列传》称"商君为相十年",盖以大良造相当于别国之相。《秦本纪》称孝公三年卫鞅说孝公变法修刑,居三年拜鞅为左庶长,是孝公六年鞅为左庶长。《商君列传》云:孝公"以卫鞅为左庶长,卒定变法之令"。至二十四年孝公去世,首尾正是十八年。

鞅欲归魏,秦人曰:"商君之法急,不得出也。"惠王得而车裂之。(《吕氏春秋·无义》高诱注引《战国策》)

案:《战国策·秦策一》高诱注曰:"商鞅惧诛,欲之魏,商人禁之,曰:商君之法急不得出。穷而还。一曰:魏以其谲公子卬而没其军,魏人怨而不纳。故惠王车裂之也。"盖一事而两传。

[魏惠王]三十三年(当作三十二年)秦孝公卒,商君亡秦归魏,魏怒,不入。(《魏世家》,《六国表》作"卫鞅亡归我,我恐,弗内")

公孙鞅因伏卒与车骑以取公子卬。秦孝公薨,惠王立,以此疑公

孙鞅之行，欲加罪焉，公孙鞅以其私属与母归，魏襄庇不受，曰："以君之反公子卬也，吾无道知君。"(《吕氏春秋·无义》)

商君相秦十年，宗室贵戚多怨望者。赵良见商君，商君曰："鞅之得见也，从孟兰皋，今鞅请得交，可乎?"赵良曰："仆弗敢愿也，孔丘有言曰：'推贤而戴者进，聚不肖者王者退'，仆不肖，故不敢受命。仆闻之曰：'非其位而居之曰贪位，非其名而有之曰贪名。'仆听君之义，则恐仆贪位贪名也，故不敢闻命。"商君曰："子不说吾治秦与?"赵良曰："反听之谓聪，内视之谓明，自胜之谓强，虞舜有言曰：'自卑也尚矣'，君不若道虞、舜之道，无为问仆矣。"商君曰："始秦戎翟之教，父子无别同室而居，今我更制其教，而为其男女之别，大筑冀阙，营如鲁、卫矣。子观我治秦也，孰与五羖大夫贤?"赵良曰："千羊之皮，不如一狐之掖；千人之诺诺，不如一士之谔谔。武王谔谔以昌，殷纣墨墨以亡。君若不非武王乎，则仆请终日正言而无诛，可乎?"商君曰："语有之矣：貌言，华也；至言，实也；苦言，药也；甘言，疾也；夫子果肯终日正言，鞅之药也，鞅将事子，子又何辞焉。"赵良曰："夫五羖大夫，荆之鄙人也，闻秦缪公之贤而愿望见，行而无资，自粥于秦客，被褐食牛，期年，缪公知之，举之牛口之下，而加之百姓之上，秦国莫敢望焉，相秦六七年而东伐郑，三置晋国之君，一救荆国之祸，发教封内，而巴人致贡，施德诸侯，而八戎来服。由余闻之，款关请见。五羖大夫之相秦也，劳不坐乘，暑不张盖，行于国中，不从车乘，不操干戈，功名藏于府库，德行施于后世。五羖大夫死，秦国男女流涕，童子不歌谣，舂者不相杵，此五羖大夫之德也。今君之见秦王也，因嬖人景监以为主，非所以为名也。相秦不以百姓为事，而大筑冀阙，非所以为功也。刑黥太子之师傅，残伤民以峻刑，是积怨畜祸也。教之化民也，深于命，民之效上也，捷于令。今君又左建外易，非所以为教也。君又南面而称寡人，日绳秦之贵公子。诗曰：‘相鼠有体，人而无礼，人而无礼，何不遄死’，以诗观之，非所以为寿也。公子虔杜门不出已八年矣，君又杀祝欢而黥公孙贾。诗曰：‘得人者兴，失人者崩’。此数事者，非所以得人也。君之出也，后车十数，从车载甲，多力而骈胁者为骖乘，持矛而操阘戟者旁车而趋，此一物不具，君固不出。《书》曰：‘恃德者昌，恃力者亡’，君之危若朝露，尚欲延年益寿乎？则何不归十五都，灌园于鄙，劝秦王显岩穴之士，养老存孤，敬父兄，序有功，尊有德，可以少安。君尚将贪商於之富，宠秦国之教，畜百姓之怨，秦王一旦捐宾客而不立朝，秦国之所以收君者，岂其微哉！亡可翘足而待。”商君弗从。后五月，而秦孝公卒，太子立，公子虔之徒告商君欲反，发吏捕商君。商君亡在关下，欲舍客舍，客人不知其是商君也，曰：“商君之法，舍人无验者坐之。”商君喟然叹曰：“嗟乎！为法之蔽，一至此哉！”去之魏，魏人怨其欺公子卬而破魏师，弗受。商君欲之他国，魏人曰：“商君，秦之贼，秦强而贼入魏，弗归不可。”遂内秦。商君既复入秦，走商邑，与其徒属发邑兵，北出击郑。秦发兵攻商君，杀之于郑黾池。秦惠王车裂商君以徇，曰：“莫如商鞅反者”，遂灭商君之家。（《商君列传》）

案：《商君列传》“杀之于郑黾池”，《集解》引徐广曰：“黾或作彭”。《索隐》引《盐铁论》云：“商君困于彭池”。《六国表》又作“死彤地”。当以作彤为是。“彭”乃“彤”之形讹。郑在今陕西华县北，彤为郑附近之小邑，在今华县西南。当为西周彤伯之封邑。

又案：《商君列传》云：“商君相秦十年”，《资治通鉴》沿用其说。胡注云：“按显王十七年秦以商鞅为大良造，十九年徙秦都咸阳，废井田，开阡陌，平权量，二十一年更赋税法，为相当在是年，至今年（指周显王三十一年）十年矣。”此说不确。商鞅于周显王十七年为大良造，二十五年（秦孝公十八年）造商鞅方升，铭文仍称大良造，二十九年封商君时仍为大良造。是时秦之大良造即相当于别国之相。《资治通鉴》于“为相十年”上，增加“初商君相秦，用法严酷，当临渭论囚，渭水尽赤”四句。此乃依据《商君列传·集解》所引刘向《新序》所作之评论中。《新序》云：“今卫鞅内刻刀锯之刑，外深铁钺之诛，步过六尺者有罚，弃灰于道者被刑，一日临渭而论囚七百余人，渭水尽赤，号哭之声动于天地，畜怨积仇比于丘山。所逃莫之隐，所归莫之容，身死车裂，灭族无姓，其去霸王之佐亦远矣。”其中所言“一日临渭而论囚七百余人，渭水尽赤”，未见先秦古籍，疑为诬蔑之辞。

［韩昭侯］二十二年（当作二十五年）申不害死。（《韩世家》，《六国表》同）

案：《老庄申韩列传》云：“申不害……昭侯用为相，内修政教，外应诸侯，十五年。”《韩世家》谓申不害于昭侯八年相韩，二十二年死，首尾正十五年。然《韩非子·定法》篇云：“申不害虽十使昭侯用术，而奸臣犹有所谲其辞矣。故托万乘之劲韩，七十年而不至于霸王者。”顾广圻曰：“七十有误，或当作十七。”余考《韩世家》、《六国表》年世及申不害之相韩，俱误后三年。则申不害相韩首尾有十八年，实足当有十七年，顾说是矣。

【附编】

留侯张良者，其先韩人也。大父开地，相韩昭侯、宣惠王、襄哀王。（《留侯世家》）

张谴相韩，病将死，公乘无正怀三十金而问其疾。居一日，君问张谴曰："若子死，将谁使代之？"答曰："无正重法而畏上，虽然，不如公子食我之得民也。"张谴死，因相公乘无正。(《韩非子·说林上》)

案：张开地继相昭侯、宣惠王、襄哀王，当即继申不害而为韩相者。《韩非子·说林上》记张谴相韩，病将死，君以谁代为问。答曰：公乘无正不如公子食我之得民。考公子食我为韩昭侯之大臣，魏惠王欲韩封郑后；公子食我自请昭侯往对之。见于《吕氏春秋·审应》，因疑张谴即是张开地。

白圭相魏，暴谴相韩，白圭谓暴谴曰："子以韩补我于魏，我以魏待子于韩，臣长用魏，子长用韩。"(《韩非子·内储说下》)

案：韩昭侯二十五年申不害死，此后五年昭侯亦死，是时由张开地继申不害为相。考白圭相魏当在"齐魏徐州相王"以前，则暴谴相韩亦当在是时，因疑"暴谴"乃"张谴"之误。

《尸子》二十篇。(《汉书·艺文志》杂家著录，班固自注："名佼，鲁人。秦相商君师之，鞅死，佼逃入蜀。")

楚有尸子。(《孟子荀卿列传·集解》云："刘向《别录》曰：楚有尸子，疑谓其在蜀。今按《尸子》书，晋人也，名佼，秦相卫鞅客也。卫鞅商君谋事画计，立法理民，未尝不与佼规之也。商君被刑，佼恐并诛，乃亡逃入蜀。自为造此二十篇书，凡六万余言。卒，因葬蜀。")

案：《尸子》久佚，清代学者有三种辑本：一为惠栋辑、任兆麟补《尸子》三卷附录一卷，二为孙星衍校《尸子》二卷，三为汪继培辑《尸子》二卷，《存疑》一卷。据《尸子》辑本，其内容非法家之学。

《商君》二十九篇。(《汉书·艺文志》法家著录)

《公孙鞅》二十七篇。(《汉书·艺文志》兵权谋家著录)

案:《公孙鞅》二十七篇久佚。《商君书》今存二十四篇。《商君书》非出商君自著,非一人或一时之作,乃商鞅学派著作之汇编性质。汇编成书已在长平之战以后,《商君书·徕民》已述及“长平之胜”。战国末年此书颇流行。《韩非子·五蠹》云:“藏商、管之法者家有之。”但其中如《垦令》篇,虽非商君奖励垦荒之命令,尚能反映当时所推行之重农抑商政策。其中《境内》篇所述,当为商鞅变法以后所推行之爵制,用以奖励军功者。《商君书》主张加强法治而奖励耕战。司马迁于《商君列传》之后评论,亦云:“余尝读《商君·开塞》耕战书,与其行事相类。”《商君书》之主旨在于谋求国家之治,国富兵强,而完成统一之“王”业。此乃战国晚期秦国商鞅学派之主张。商君当政时尚不足以语此。

周显王三十二年(公元前三三七年)

秦惠文王元年,魏惠王三十三年,韩昭侯二十六年,赵肃侯十三年,齐威王二十年,楚威王三年,燕文公二十五年。

秦惠文王元年楚、韩、赵、蜀来朝。(《秦本纪》,《六国表》作“楚、韩、赵、蜀人来”)

周显王之世,蜀王有褒汉之地,因猎谷中,与秦惠王遇。惠王以金一笥遗蜀王,蜀王报珍玩之物,物化为土,惠王怒。群臣贺曰:“天承我矣,王将得蜀土地。”惠王喜,乃作石牛五头,朝泻金其后,曰:“牛便金。”有养卒百人。蜀人悦之,使使请石牛,惠王许之,乃遣五丁迎

石牛。既不便金，怒遣还之，乃嘲秦人曰："东方牧犊儿。"秦人笑之曰："吾虽牧犊，当得蜀也。"(《华阳国志》卷三《蜀志》)

案：《太平御览》三十七、又四百七十八、又八百十一、又八百七十二，又八百八十八引《蜀王本纪》云：秦王以金一笥遗蜀王，蜀王以礼物答，而尽化为土，秦王怒。群臣拜贺曰："土者地也，秦当得蜀矣。"此即《华阳国志》所本。《水经·沔水注》引来敏《本蜀论》云："秦惠王欲伐蜀而不知道，作五石牛，以金置尾下，言能屎金。蜀王负力，令五丁引之成道。秦使张仪、司马错寻路灭蜀，因曰石牛道。"

周显王二十二年(当作三十二年)蜀侯使朝秦，秦惠王数以美女进，蜀王感之，故朝焉。惠王知蜀王好色，许嫁五女于蜀。蜀遣五丁迎之，还到梓潼，见一大蛇入穴中，一人揽其尾，掣之不禁，至五人相助，大呼拽蛇，山崩，时压杀五人及秦五女，并将从；而山分为五岭，直顶上有平石。蜀王痛伤，乃登之，因命曰五妇冢山。川平石上为望妇堠(廖注："川当作穿，属下读")，作思妻台，今其山或名五丁冢。(《华阳国志》卷三《蜀志》)

周显王三十三年(公元前三三六年)

秦惠文王二年，魏惠王三十四年，韩昭侯二十七年，赵肃侯十四年，齐威王二十一年，楚威王四年，燕文公二十六年。

周显王三十三年贺秦惠王。(《周本纪》)

[秦惠文王]二年天子贺。(《秦本纪》,《六国表》同)

[秦惠文王]立二年初行钱。(《秦始皇本纪》引《秦记》,《六国表》作"秦惠文王二年行钱")

案：王毓铨《我国古代货币的起源和发展》，以为“初行钱”指秦国开始由王室专权铸造货币。钱剑夫《秦汉货币史稿》以为“初行钱”指行使环钱（或作圆钱），有“重一两十二铢”，“重二两十三铢”，“重一两十四铢”，“重十二铢”及“半圜”等。当以后说为是。

秦惠文王二年宋太丘社亡。（《六国表》）

或曰宋太丘社亡，而鼎没于泗水彭城下。其后百一十五年而秦并天下。（《史记·封禅书》）

案：《资治通鉴》胡注：“班《志》沛郡有太丘县。又《志》曰：宋太丘社亡，周鼎沦没于泗水中。《尔雅》：右陵太丘，释云：谓丘之西有大阜者为太丘。宋太丘社亡，盖依丘作社，于时亡去，咎证也。”其说不确。宋设太丘社于国都彭城之泗水旁，故太丘社沦亡，鼎没于泗水彭城下，此与沛郡之太丘县无涉。《六国表》谓秦惠文王二年宋太丘社亡，而《封禅书》谓“其后百一十五年而秦并天下”，两者年代相合。《汉书·郊祀志》则谓“或曰周显王四十二年宋太丘社亡而鼎沦没于泗水城下”。《水经·泗水注》同，此与《六国表》不合，迟于《六国表》九年。《秦始皇本纪》载二十八年“过彭城，斋戒祷祠，欲出周鼎泗水，使千人没水求之，弗得”。考《六国表》此一记载当本《秦记》，盖以此为秦将称王而得并天下之预兆，与新生婴儿曰“秦且王”之传说，皆用以见“秦且王”之出于天意。

［秦惠文王立二年］有新生婴儿曰“秦且王”。（《秦始皇本纪》引《秦记》）

周显王三十四年(公元前三三五年)

秦惠文王三年,魏惠王三十五年,韩昭侯二十八年,赵肃侯十五年,齐威王二十二年,楚威王五年,燕文公二十七年。

秦惠文王三年,拔韩宜阳。(《六国表》,《韩世家》韩昭侯二十四年(当作二十七年)"秦来拔我宜阳")

[秦惠文王三年]义渠败秦师于洛。(《后汉书·西羌传》)

案:《西羌传》云:"义渠败秦师于洛,后四年义渠国乱,秦惠王使庶长操将兵定之。"按《六国表》,操定义渠在惠王七年,由此上推四年,当为惠王三年。

[赵肃侯]十五年起寿陵。(《赵世家》)

邯郸以寿陵困于万民而卫取茧氏。(《吕氏春秋·首时》)

案:吕祖谦《大事记·解题》云:"寿陵之名见于书传者,盖自此始。"《吕氏春秋·首时》篇云:"齐以东帝困于天下而鲁取徐州,邯郸以寿陵困于万民而卫取茧氏,以鲁、卫之细而皆得志于大国,遇其时也。"高诱注:"寿陵,魏邑,赵兼有之,万民不附,是以卫人取其茧氏之邑也。"范耕研《吕氏春秋补注》云:"寿陵未详何地,或说赵肃侯十五年曾起寿陵,是寿陵乃陵寝之名,疑赵以起陵寝扰民,故民不附也。"当以后说为是。赵肃侯起寿陵,劳民伤财,因而万民不附,受困于万民,卫乘此时机攻取赵之茧氏之邑。

惠子,惠施,宋人也,仕魏,为惠王相。(《吕氏春秋·不屈》高诱注)

案:《吕氏春秋·开春》高诱注亦曰:"惠公,惠王相魏施也。"《庄子·至乐》亦云:"惠子相梁。"《吕氏春秋·应言》云:"以惠子之言蝺焉美无所可用，是魏王以言无所可用者为仲父也。”是惠王尝仿齐桓公尊管仲故事尊惠施为仲父矣。据《魏策二》，惠王于马陵之战惨败之后，召惠施而告之，惠王听从惠施变服折节而朝齐，于是齐、魏会徐州相王。可知会徐州相王时，惠施已为惠王之主谋者，其为相当在是时。

白圭新与惠子相见也，惠子说之强，白圭无以应。惠子出，白圭告人曰：“人有取新妇者，妇至，宜安矜烟视媚行，竖子操蕉火而钜，新妇曰：‘蕉火大钜。’入于门，门中有欿陷，新妇曰：‘塞之，将伤人之足。’此非不便之家氏也，然而有大甚者。今惠子遇我尚新，其说我有大甚者。”惠子闻之曰：“不然，诗曰：‘恺悌君子，民之父母。’恺者大也，悌者长也。君子之德，长且大者，则为民父母。父母之教子也，岂待久哉？何事比我于新妇乎？诗岂曰恺悌新妇哉！”(《吕氏春秋·不屈》)

白圭谓魏王曰：“市丘之鼎以烹鸡，多洎之则淡而不可食，少洎之则焦而不熟。然而视之，蝺焉美。惠子之言，有似于此。”惠子闻之曰：“不然，使三军饥而居鼎旁，适为之甑，则莫宜之此鼎矣。”白圭闻之曰：“无所可用者，意者徒加其甑邪？”(《吕氏春秋·应言》)

案：惠施继白圭为魏惠王之相。以上二事，当在惠施为相之前，初来魏国游说之时。

惠子为魏惠王为法(《淮南子·道应训》“法”作“国法”)，为法已成，以示诸民人(《淮南子》作“已成而示诸先生”)，民人皆善之(《淮南子》“民人”作“先生”)，献之惠王(《淮南子》“献”作“奉”)，惠王善之(《淮南子》“善”作“甚说”)，以示翟翦，翟翦曰：“善也。”惠王曰：“可行乎？”翟翦曰：“不可。”惠子曰：“善而不可，何故？”翟翦曰：“今举大木者，前乎舆謣（《淮南子》“与謣”作“邪许”），后亦应之。此其于举木者善矣（《淮南子》作“此举动劝力之歌也”），岂无郑、卫之音哉？（《淮南子》“郑、卫”下有“激楚”二字）然不若此其宜也”（《淮南子》“然”下有“而不用者”四字）。夫国亦木之大者也（《淮南子》作“治国有礼，不在文辩”）。（《吕氏春秋·淫辞》，《淮南子·道应训》大体相同）

魏惠王谓惠子曰：“上世之有国，必贤者也。今寡人实不若先生，愿得传国。”惠子辞。王又固请曰：“寡人莫有之国于此者也，而传之贤者，民之贪争之心止矣。欲先生之以此听寡人也。”惠子曰：“若王之言，则施不可而听矣。王固万乘之主也，以国与人犹尚可，今施布衣也，可以有万乘之国而辞之，此其止贪争之心愈甚矣。”（《吕氏春秋·不屈》）

匡章谓惠子于魏王之前曰：“蝗螟农夫得而杀之，奚故？为其害稼也。今公行，多者数百乘，步者数百人，少者数十乘，步者数十人，此无耕而食者，其害稼亦甚矣。”惠王曰：“惠子施也，难以辞与公相应，虽然，请言其志。”惠子曰：“今之城者，或者操大筑乎城上，或负畚而赴于城下。或操表掇以善睎望。若施者其操表掇者也。使工女化而为丝，不能治丝，使大匠化而为木，不能治木，使圣人化而为农夫，不能治农夫。施而治农夫者也，公何事比施于蝗螟乎？”（《吕氏春秋·不屈》）

案：以上三事，当在惠施为魏相之后。

［齐］宣王七年（当作齐威王二十一年）田婴使于韩、魏，韩、魏服于齐，婴与韩昭侯、魏惠王会齐宣王（当作齐威王）东阿南，盟而去。明年复与梁惠王会甄。（《孟尝君列传》）

齐宣王七年，与魏会平阿南，八年与魏会于甄。（《六国表》，《田

世家》同）

［魏惠王］三十五年（当作三十四年）与齐宣王（当作齐威王）会平阿南。三十六年（当作三十五年）复与齐王会甄。（《魏世家》）

故惠王布冠而拘于鄄，齐威王几弗受。（《吕氏春秋·不屈》）

案：《史记》、《六国表》、《田世家》、《魏世家》以及《孟尝君列传》俱谓马陵之役以后，齐、魏会徐州相王之前，先有齐、魏平阿之会，又有齐、魏鄄之会。《孟尝君列传》以为出于田婴之策划。《齐策一》第七章谓齐大破魏于马陵之后，"魏破韩弱，韩、魏之君，因田婴北面而朝田侯。"此与《孟尝君列传》谓"婴与韩昭侯、魏惠王会齐威王东阿南"相合。《魏策二》第十一章亦云：马陵之役齐大胜魏，魏惠王从惠施变服折节而朝齐之谋，愿臣畜而朝，田婴许诺，"遂内魏王而与之并朝齐侯再三。"黄式三《周季编略》谓："显王三十四年会甄，会徐州，三十三年会平阿，皆用朝礼也"。《吕氏春秋·不屈》云："故惠王布冠而拘于鄄，齐威王几弗受。"足证甄之会，魏惠王确已用朝礼，不仅徐州之会用朝礼也。

又案：《孟尝君列传·索隐》云："《纪年》当惠王之后元十一年，彼文作平阿，又云十三年会齐威王于鄄，与此明年齐宣王与梁惠王会鄄文同，但齐之威、宣二王，文舛互不同。"雷学淇《竹书纪年义证》以《纪年》为是，以为《史记》将阿、鄄二会误移于前，并云："阿、鄄二会由于齐、魏相王，合纵摈秦，与马陵之败无与，甄之会距马陵之败且二十一年矣。今策文俱连属为辞，殊不信。《吕览》拘甄之说，《秦策》作身布冠而拘于秦，盖拘秦是也。"钱穆《齐魏韩会平阿及齐魏会甄考》辨之曰："惠王虽败于马陵，霸国余威未熄，岂遽有拘秦之事？谓阿、甄之会由于齐、魏相王，亦非。齐魏相王会徐州不会阿、甄，阿、甄乃五国相王时矣。谓合纵摈秦，尤误。时秦尚不足摈也。”(《先秦诸子系年》第三三五至三三六页)此说不确。据《纪年》，此后五国相王之前有齐、魏会阿、甄之记载，但不能因此抹杀《史记》、《国策》、《吕览》所述齐、魏会徐州相王之前，有会阿、甄而用朝礼之事实。《纪年》魏史，只记小诸侯来朝，而讳言魏王朝见齐王之会。

[秦惠文王]三年王冠。(《秦本纪》,《六国表》同)

案：据《秦始皇本纪》所引《秦记》，惠文王与昭襄王皆“生十九年而立”。据《秦本纪》惠文王与昭襄王皆三年“王冠”。秦王政年十三而立，九年四月“王冠带剑”(《秦始皇本纪》)。可见秦之礼制，年二十二而举行冠礼，与《礼记》谓年二十行冠礼不同。《秦本纪》谓昭襄王三年“王冠。与楚王会黄棘”。秦王政亦于王冠以后亲理政务。盖秦制，秦君必须于二十二岁行冠礼后，方得亲政。

[卫]平侯八年卒，子嗣君立。(《卫世家》)

案：余考卫成侯于十六年因与鲁、宋、韩之君朝见魏惠王而贬号曰侯，二十九年子南劲取代卫成侯，即平侯。事在周显王二十五年。是年平侯八年卒，而子嗣君立。

乐资据《纪年》，以嗣君即孝襄侯也。(《卫世家·索隐》)

周显王三十五年(公元前三三四年)

秦惠文王四年，魏惠王后元元年，韩昭侯二十九年，赵肃侯十六年，齐威王二十三年，楚威王六年，燕文公二十八年。

[齐]宣王九年(当作齐威王二十三年)田婴相齐,齐宣王(当作“齐威王”)与魏襄王(当作魏惠王)会徐州相王也。(《孟尝君列传》)

[秦惠文王]四年天子致文、武胙。齐、魏相王。(《秦本纪·索隐》:“齐威王、魏惠王。”)

[齐宣王]九年(当作齐威王二十三年)与魏襄王(当作魏惠王)会徐州,诸侯相王也。(《田世家》,《六国表》作“与魏会徐州,诸侯相王”)

[魏]襄王元年(当作魏惠王后元元年)与诸侯会徐州,相王也。(《魏世家》,《六国表》作“与诸侯会徐州以相王”)

齐因起兵击魏,大破之马陵,魏破韩弱,韩、魏之君因田婴北面而朝田侯。(《齐策一》第七章,《田齐世家》作“其后三晋之王,皆因田婴朝齐王于博望,盟而去”)

齐太公(当作齐威公)闻之,举兵伐魏,壤地两分,国家大危。梁王身抱质执璧,请为陈侯臣,天下乃释梁。(《秦策四》第十一章)

齐人伐魏,杀其太子,覆其十万之军,魏王大恐,跣行按兵于国,而东次于齐,然后天下乃舍之。(《齐策五》第一章)

梁君伐楚胜齐,制赵、韩之兵,驱十二诸侯以朝天子于孟津,后子死,身布冠而拘于秦。(“秦”当作“徐”,《秦策五》第一章)

齐魏战于马陵,齐大胜魏,杀太子申,覆十万之军。魏王召惠施而告之曰:“夫齐,寡人之仇也,怨之至死不忘,国虽小,吾常欲悉起兵而攻之,何如?”对曰:“不可。臣闻之,王者得度而霸者知计。今王所以告臣者,疏于度而远于计,固先属怨于赵而后与齐战,今战不胜,国无守战之备,王又欲悉起而攻齐,此非臣之所谓也。王若欲报齐乎,则不如因变服折节而朝齐,楚王必怒矣。王游人而合其斗,则楚必伐齐,以休楚而伐罢齐,则必为楚禽矣,是王以楚毁齐也。”魏王曰:“善。”乃使人报于齐,愿臣畜而朝,田婴许诺。张丑曰:“不可。战不胜魏而得朝礼,与魏和而下楚,此可以大胜也。今战胜魏,覆十万之军而禽太子申,臣万乘之魏而卑秦、楚,此其暴戾定矣。且楚王之为人也,好用兵而甚务名,终为齐患者,必楚也。”田婴不听,遂内魏王,而与之并朝齐侯再三。(《魏策二》第十一章)

匡章谓惠子曰:“公之学去尊,今又王齐王,何其到也?”惠子曰:“今有人于此,欲必击其爱子之头,石可以代之。”匡章曰:“公取之代乎? 其不与?”“施取代之,子头所重也,石所轻也。击其所轻,以免其所重,岂不可哉?”匡章曰:“齐王之所以用兵而不休,攻击人而不止者,其故何也?”惠子曰:“大者可以王,其次可以霸也。今可以王齐王而寿黔首之命,免民之死,是以石代爱子头也,何为不为?”(《吕氏春秋·爱类》)

案:《魏策三》谓魏王朝齐乃出惠施之谋,而《吕览》匡章谓惠子曰:“公之学去尊,今又王齐王,何其到也?”知所谓齐魏相王徐州者,乃魏王朝齐而尊齐侯为王,而齐亦追认魏侯为王耳。而《田世家》云:“(威王)二十六年(当作四年)齐因起兵击魏,大败之桂陵,于是齐最强于诸侯,自称为王,以令天下。”此言齐威于桂陵胜后即自称为王,殊不可信。桂陵之战,齐用计谋,乘魏将庞涓轻装急进回救大梁之途中,加以邀击而得胜,并未大破魏军主力,魏仍继续占据赵都邯郸,并以韩师击败齐、宋、卫之师于襄陵。齐乃使楚将景舍求成于魏。时魏惠王正为诸侯中最强之霸主,因而有逢泽之会而称王。若谓齐威于桂陵胜后已先称王,与当时情势不合。钱穆云:“盖梁惠会诸侯于逢泽朝天子,先自称王，乃齐、魏有马陵之战，齐胜于马陵。魏则自贬，而齐则继魏而称王，魏用惠施谋，与会徐州而相王焉，乃楚、齐有徐州之战。”此说甚是。惟钱氏云：“《魏世家》，梁惠王二十八年齐威王卒，今按是年齐败梁马陵，非威王卒年，疑乃威王始称王之年也。”并谓“齐、魏会徐州前，均已称王，徐州之会特国际之相承许。”（《先秦诸子系年》第二六五页）此谓齐威于马陵胜后即称王，亦无确证。齐威称王，乃出于魏惠王，变服折节朝见，并于徐州之会推尊为王。《魏策二》称齐、魏相王时，魏朝齐侯再三，《齐策一》称韩、魏之君因田婴北面而朝田侯。《秦策四》称梁王抱质执璧，请为陈侯臣，明齐、魏相王，魏王朝齐侯时，齐固尚为侯，其前未尝称王也。设使齐于齐、魏相王徐州前，已先称王，则齐、魏相王时魏尊齐侯为王，特国际间之追相承许，何致楚怒而明年有伐徐州之举？是年《田世家》、《魏世家》、《六国表》皆谓诸侯会于徐州，《齐策一》又谓韩、魏之君同朝齐，是则徐州之会，不仅齐、魏相会，诸弱小之国皆与焉。齐之以徐州之会而称王，犹魏之于逢泽之会而称王也。

又案：《齐策一》第七章谓齐大败魏于马陵后，“韩、魏之君因田婴北面而朝田侯”，而《田世家》改作“其后三晋之王皆因田婴朝齐王于博望，盟而去”。博望为齐威王十七年与赵相会共谋伐魏之地。见于《六国表》，并非三晋之君朝会齐王之地。

[魏]惠王三十六年改元，从一年始，至十六年而称惠成王卒。（杜预《春秋经传集解・后序》引古书《纪年》。《田世家・索隐》于“魏惠王卒”下引《纪年》云：“此时梁惠王改元称一年，未卒也。”《孟尝君列传・索隐》于“败之马陵，虏魏太子申而杀魏将庞涓”下，云：“《纪

年》当梁惠王二十八年，至三十六年改为后元也。”《魏世家·索隐》亦云：“按《纪年》，惠成王三十六年改元称一年，未卒也。”《通鉴外纪》卷二亦云：“《汲冢纪年》魏惠成王三十六年改元称一年。”惟《魏世家·集解》引荀勗曰：“今案古文，惠成王立三十六年改元称一年，改元后十七年卒。”《魏世家·索隐》又云：“《纪年》说惠成王三十六年，又称后元一，十七年卒。”）

案：《魏世家》与《六国表》，魏惠王三十六年卒，子襄王立，十六年卒，子哀王立，二十三年卒，而《纪年》魏惠王三十六年改元，又十六年卒。以《孟子》等书考核，皆足证《纪年》是而《史记》误。梁惠王告孟子曰：“及寡人之身，东败于齐，长子死焉，西丧地于秦七百里，南辱于楚，寡人耻之。”所谓“东败于齐，长子死焉”，即指马陵之战。至于“西丧地于秦七百里”，当指予秦河西上郡之地。若如《史记》，予秦河西已是襄王五年事，予秦上郡更是襄王七年事。所谓“南辱于楚”，当指楚败魏于襄陵，已是襄王十二年事。惠王何得以身后事告孟子也？盖《史记》误分惠王改元后之年世以为襄王之年，又误分襄王、哀王为二人耳。《魏世家·索隐》与《集解》引《世本》“惠王生襄王”，“襄王生昭王”，其间并无哀王一代。《吕氏春秋·审应》高诱注亦云：“昭王，襄王之子。”孟子尝先后见梁惠王、襄王，未尝有哀王，此皆足证《纪年》之记载得实。此自和峤、荀勗以下，治《竹书纪年》者皆已辨明之。考《赵世家》载“武灵王元年阳文君赵豹相，梁襄王与太子嗣，韩宣王与太子仓来朝信宫。”《魏世家·索隐》引《世本》云：“襄王名嗣。”是则赵武灵王元年嗣尚为太子，明其时魏君乃惠王而非襄王。今《史记》既误以赵武灵王元年已是魏襄王十年，而于《赵世家》云梁襄王与太子嗣朝信宫，其矛盾终不可掩。以《史记》证《史记》，亦可知《史记》魏襄王之年世，实为魏惠王后元之年世。《纪年》之记载是实。

又案：《六国表》、《魏世家》皆谓魏襄王元年齐、魏会徐州相王。《秦本纪》谓惠文君四年“齐、魏为王”。《索隐》云：“齐威王、魏惠王。”亦年代相同。《田世家》与《孟尝君列传》所记此事年代亦相当。《史记》魏襄王元年既是惠王改元之误，则惠王改元当以此年齐、魏会徐州相王之故。据此可知，魏惠王因徐州相王而当年改元，未尝逾年改元。此与秦惠王因称王而逾年改元之例不同。若谓魏惠王亦因徐州相王而逾年改元，则惠王改元当在次年（即《史记》所谓襄王二年），但与事实不符。盖魏惠王已于逢泽之会称王，未尝改元，至此年因徐州相王而改元。《田世家》云：“康公之十九年，田和立为齐侯，列于周室，纪元年。”其称侯与改元在同年，未曾逾年改元，正同此例。杜预《春秋经传集解·后序》称：“《纪年》魏惠王三十六年改元，从一年始，至十六年而称惠成王卒”。所有古籍称引《纪年》，皆谓“惠王三十六年改元称一年”，未有例外。则未改元前固仅三十五年，而《史记》误以为惠王三十六年卒，次年为襄王元年，又十六年卒，则惠王未改元前为三十六年。因而魏惠王未改元以前之年世，误多一年。自和峤、荀勗以来，治战国史事者，多据《纪年》以纠正《史记》，然未能以史事相互比勘，故其说尚疏。今以魏惠王未改元以前《纪年》与《史记》所载史事相比勘，相差一年者有五事，相差二年者有两事，而年代相合者无一事。前人或以《史记》依据《秦记》用周正，《纪年》为魏史用夏正解释，以为此等事发生于夏正之仲冬、季冬，于周正已是次年之一月、二月，因而互差一年。然则何以《纪年》所载魏惠王未改元以前之史事，皆发生于夏正之仲冬、季冬？何以《纪年》所载魏惠王未改元以前之史事，皆早于《史记》所载一年或二年？前人或以此等事连续二年解释，战争可能连续至次年，但如秦封卫鞅于商之年，鲁、卫、宋、郑君来朝之年，皆不可能持续至次年。《开元占经》卷一百零一引《纪年》曰："惠成王元年昼晦。"昼晦即日蚀，而《六国表》记"秦献公十六年日蚀"，相当于魏惠王二年。查此年是公元前三六九年，四月十一日十三时九分确是日有环食。可知梁惠王元年确在公元前三六九年。此乃《史记》梁惠王纪元误上一年之铁证。由于《史记》梁惠王纪元误上一年，梁惠王未改元以前误多一年，今本《竹书纪年》将"魏惠成王三十六年改元称一年"，"王与诸侯会于徐州"系于周显王三十四年，较《史记·六国表》移上一年。雷学淇《竹书纪年义证》又以夏正、周正之异解释，谓"会在是年仲冬后也"。钱穆因此云："若会徐州如雷说，在惠成王三十六年仲冬之后，其时周正已为显王三十五年。惠王归国称元，其亦必为三十七年之新岁决矣。"并谓"改元后年数则实自三十七年为元年起算。"（《先秦诸子系年》第二八〇页）实则今本《纪年》并不可信。辑今本《纪年》者不知《史记》魏惠王未改元以前年数误多一年，见《六国表》魏惠王三十六年当周显王三十四年，因而将"魏惠成王三十六年改元称一年"系于周显王三十四年，连带将"王与诸侯会于徐州"系于同年耳。钱穆协调《史记》与《纪年》之矛盾，谓徐州相王在三十六年仲冬之后，惠王归国改元已在三十七年，因而惠王改元后之年数实自三十七年为元年起算，犹是弥缝之说。

至于《魏世家·集解》与《索隐》引《纪年》,谓惠王三十六年改元称一年,改元后十七年卒。钱穆辨之曰:"《史记》虽误,亦有其所以误,彼特误以惠成王后元之年为襄王之年耳。若惠成王前三十五年,改元后十七年,《史记》何以夺改元第一年归之惠成,而别以其后十六年分为襄王,此实难解,"(《先秦诸子系年》第二七九页)。今以《纪年》所载梁惠王后元与《史记》所载襄王时之史事相对勘,年数皆相符合,仅有十六年,可知《魏世家·集解》与《索隐》"改元后十七年卒","十七年"必为"十六年"之误,亦足以证明杜预《后序》"至十六年而称惠成王卒",正确无误。

又案:一九四六年八月八日,余以上述见解写成《梁惠王的年世》一文,发表于上海《东南日报》副刊《文史周刊》第六期引起讨论。钱穆《关于梁惠王在位年岁之商榷》一文,发表于《文史周刊》第十期(九月五日),对拙说表示异议。仍坚持主张梁惠王未改元前有三十六年,改元后又有十六年,前后共五十二年。并对《纪年》与《史记》某些事相差一年加以解释,或者断为《史记》之误,或者以为古人引用《纪年》不确实,并谓"此等相错,古书多有,实难深论"。余因再发表《再论梁惠王的年世》一文于《文史周刊》第十四期(十月三日),对此作进一步探讨与阐释。一九四八年与一九四九年,陈梦家发表《六国纪年表考证》于《燕京学报》第三十四、三十六、三十七期(合订本称为《六国纪年》,一九五五年由上海学习生活出版社出版),专以《古本竹书纪年》考订六国年代,对于梁惠王年世,亦断言《史记》魏文侯、魏武侯、魏惠王之改元误上一年,并确定梁惠王元年当周烈王七年,即公元前三六九年。但仍认定梁惠王未改元前有三十六年,改元后又有十六年，前后共五十二年，于是将梁惠王后元定于周显王三十六年，即公元前三三三年。梁惠王卒年定于周慎靓王三年，即公元前三一八年。并定魏襄王元年在周慎靓王四年，即公元前三一七年。于是梁惠王后元与魏襄王元年俱比《史记》魏襄王、魏哀王之元年移后一年。余谓陈梦家如此连带将梁惠王后元与魏襄王元年移后一年，与史实不合。《魏世家》载哀王八年“伐卫”（《六国表》作“围卫”），《索隐》引《纪年》云：“八年翟章伐卫。”《魏世家》载哀王十六年“秦拔我蒲反、阳晋、封陵”（《六国表》同），《索隐》引《纪年》作“晋阳、封谷”，足以证明《史记》与《纪年》魏襄王（即魏哀王）之纪元一致。楚先后两次围韩雍氏。一次在周赧王三年，即魏襄王七年，据《韩世家·集解》引徐广说，《纪年》与《秦本纪》、《田世家》相同。另一次在周赧王十五年，即魏襄王十九年，据《韩世家·集解》引徐广说，《纪年》与《韩世家》相合。至于陈梦家所提《纪年》与《史记》所载梁惠王后元、魏襄王改元相差一年之证据，均不能成立。《纪年》载梁惠王后元十三年四月“齐威王封田婴于薛”（《孟尝君列传·索隐》引），陈梦家以《六国表》齐湣王三年（相当于梁惠王后元十四年）“封田婴于薛”比勘。但《孟尝君列传》谓湣王“即位三年而封田婴于薛”。除了即位之年，从其改元起算，正当齐湣王之二年，即与《纪年》相合。《纪年》载梁襄王九年五月“张仪卒”（《张仪列传·索隐》引）。陈梦家以《六国表》魏哀王十年“张仪死”比勘，但《六国表》又载秦武王元年“张仪、魏章皆死于魏”。秦武王元年正当魏襄王九年，又与《纪年》相合。《纪年》载魏襄王十二年“秦公孙爰率师伐我，围皮氏”（《水经·汾水注》引）。陈梦家以《六国表》魏哀王十三年

"秦击皮氏,未拔而解"比勘,但《魏世家》将此事记于魏哀王十二年,字句相同,又正与《纪年》相合。该是此一战役经历两年,因而记载有出入。陈梦家如此片面选取部分《史记》之史料,以与《纪年》比勘,因而其结论不可信据。

田婴初封彭城。(《孟尝君列传·索隐》引《纪年》)

案:田婴初封彭城,不知在何年,当在为相以后,封于薛以前。

靖郭君谓齐王曰:"五官之计,不可不日听而数览也。"("也"原在"听"下,今从吴师道改在句末,与《资治通鉴》相同)王曰:"日听五官吾厌之。"(原作"说五而厌之",姚注云:一本作"日说五官吾厌之"。孙诒让《札迻》云:"姚校别本说即听之误")令与靖郭君("令"原作"今",姚注云:"一作令",今据改)。(《齐策一》第四章)

案:《资治通鉴》系此于周显王四十八年,"王曰"以下,作"王从之,已而厌之,悉以委靖郭君,靖郭君由是得专齐之权"。

田婴相齐,人有说王者曰:"终岁之计,王不一以数日之间自听之,则无以知吏之奸邪得失也。"王曰:"善。"田婴闻之,即遽请于王而听其计,王将听之矣,田婴令官具押券斗石参升之计。王自听计,计不胜听,罢食、后复坐,不复暮食矣。田婴复谓曰:"群臣所终岁日夜不敢偷怠之事也,王以一夕听之,则群臣有为劝勉矣。"王曰:"诺。"俄而王已睡矣,吏尽揄刀削其押券升石之计,王自听之,乱乃始生。(《韩非子·外储说右下》)

靖郭君相齐,与故人久语,则故人富;怀左右刷,则左右重。(《韩非子·内储说下》)

靖郭君之相齐也,王后死,未知所置,乃献玉珥以知之。一曰:薛公相齐，齐威王夫人死，中有十孺子皆贵于王，薛公欲知所欲立，而请置一人以为夫人。王听之，则是说行于王，而重于置夫人也。王不听，是说不行而轻于置夫人也，欲先知王之所欲置，以劝王置之，于是为十玉珥而美其一，而献之。王以赋十孺子。明日坐，视美珥之所在，而劝王以为夫人。（《韩非子·外储说右上》，《齐策三》第二章作"齐王夫人死，有七孺子皆近薛公欲知王所欲立，乃献七珥，美其一，明日视美珥所在，劝王立以为夫人"）

案：以上为田婴为齐相时专权之故事。《新序·杂事五》第二十一章云："先是靖郭君残贼其百姓，害伤其群臣，国人将背叛共逐之。其御知之，豫装赍食。及乱作，靖郭君出亡，至于野而饥，其御出所装食进之。靖郭君曰：'何以知之而赍食？'对曰：'君之暴虐，其臣下谋之久矣。'"卢文弨《群书拾补》云："案《贾子·先醒》篇所载虢君事，与此略同。郭与虢通用。若靖郭君乃齐孟尝君之父田婴也，不闻有死亡事，疑靖字乃后人妄加之。"此说甚是。

［赵肃侯］十六年肃侯游大陵，出于鹿门，大成午扣马曰："耕事方急，一日不作，百日不食。"肃侯下车谢。（《赵世家》）

［韩昭侯］二十五年（当作二十八年），旱，作高门。屈宜臼曰（《说苑·权谋》第十五章"臼"作"咎"，"臼""咎"声近通用）："昭侯不出此门。何也？不时（《说苑》"何也"上有"曰"字，"不时"上有"曰"字）。吾所谓时者（《说苑》"时"作"不时"），非时日也。人固有利不利时（《说苑》无"时"字），昭侯尝利矣，不作高门。往年秦拔宜阳，今年旱（《说苑》作"明年大旱民饥"），昭侯不以此时卹民之急（《说苑》"卹"作"恤"），而顾益奢（《说苑》"顾"下有"反"字），此谓时绌举

嬴。"(《说苑》作"此所谓福不重至,祸必重来者也")(《韩世家》,此下接云:"二十六年高门成,昭侯卒,果不出此门。"《说苑》无纪年,"果"作"竟")

案:《集解》引许慎曰:"屈宜臼,楚大夫在魏也。"《资治通鉴》胡注引作"时在韩"。董说《七国考》卷四高门条,引刘向《别录》云:"韩宫室之美,有桑林、高门,金玉布列,五色错举。"考《韩策一》策士所造张仪为秦连横说韩王曰:"秦下甲据宜阳,断绝韩之上地,东取成皋、宜阳,则鸿台之宫、桑林之苑,非王之有已。"《张仪列传》同。与桑林之苑并称之鸿台之宫,疑即高门。

周显王三十五年致文武胙于秦惠王。(《周本纪》)

[秦惠文君]四年天子致文武胙。(《秦本纪》)

秦惠文王四年天子致文武胙。魏夫人来。(《六国表》)

[楚威王]六年周显王致文武胙于秦惠王。(《楚世家》)

[秦惠文君]四年周天子使卿大夫辰来致文武之酢("酢"读作"胙"),冬十壹月辛酉大良造庶长游出命曰:"取杜才酆丘到于潏水("才"读作"在"),以为右庶长歜宗邑。"乃为瓦书,卑司御不更顝封之("卑"读作"俾"),曰:"子子孙孙以为宗邑。"顝以四年冬十壹月癸酉封之:自桑焞之封以东("焞"读作"墩"),北到于桑匽之封("匽"读作"堰"),一里廿辑(以上见瓦书正面)。大田佐敖童曰未、史曰初、卜蛰、史羁于、司御心,志是霾封("志"读作"识","霾"读作"埋",以上见瓦书背面)。(《秦封右庶长歜宗邑瓦书》刻辞)

案:此一瓦书,先刻字于干坯,再经高温窑烧成,字画涂朱,瓦面光滑。一九四八年陕西鄠县出土,原藏西安段绍嘉,今藏陕西师范大学图书馆。先有陈直作简要之考释,称为《秦右庶长歜封邑陶券》，发表于《西北大学学报》一九五七年第一期。继由郭子直作《战国秦封宗邑瓦书铭文新释》，刊于《古文字研究》第十四辑（中华书局一九八六年版）。陈、郭二氏以为瓦书“四年周天子使卿大夫辰来致文武之胙”，与《史记》秦惠文君四年“天子致文武胙”相合，甚是。此为秦当时策封宗邑之文件，指派官吏送至宗邑所在，经过相应之仪式而埋藏于地下，有似后世之土地凭证。瓦书记是年十一月辛酉大良造庶长游出命，至十一月癸酉封之。是年十一月甲辰朔，辛酉为十八日，癸酉为三十日。陈氏以右庶长歜即秦昭王十五年为相之客卿寿烛，“歜”“烛”同音通假，但两者相距四十九年之久，未必是一人。所谓宗邑，当为设有宗庙之封邑。故曰“子子孙孙以为宗邑”。所谓“取杜在酆丘到于潏水”，当在杜县西部地区。杜县遗址在今陕西西安市西南杜城村，酆丘即西周丰京之故墟，在今西安市西南马王村一带。潏水为关中八川之一，流经长安县南。左右庶长为秦之高级爵位，相当于别国之卿，大良造庶长是庶长中之最高级，相当于别国之相邦。司御不更顝乃大良造庶长游所属传达与执行命令之官，司御是其职名，不更是其爵称。大田佐、史、卜、司御等，皆为当地参与划定封疆与写成凭证之官吏，从此可见秦策封卿大夫宗邑之制度。

［秦惠文君］四年相邦樛斿之造，栎阳工上造间。吾。（“吾”读作“衙”，戈铭。《贞松堂集古遗文》卷十二、《双剑誃吉金图录》卷下、《三代吉金文存》卷十二著录）

案：此戈有两器，铭文全同，惟一器有置用地名“吾”。“吾”当读作“衙”，即彭衙，在今陕西澄城县东北，郭子直《战国秦封宗邑瓦书铭文新释》(《古文字研究》第十四辑),以此戈之相邦樛斿即瓦书之大良造庶长游,同为秦惠文王四年所作,瓦书用爵称而戈铭用官名。考商鞅以大良造执政,戈镦刻辞称为大良造庶长鞅,《秦策一》称秦孝公以为相,《商君列传》亦称"商君相秦",盖大良造相当于相国,但在文献中未见正式称鞅为相邦者。《秦本纪》称秦惠文君五年阴晋人犀首(即公孙衍)为大良造,仍以大良造为执政之官。此戈形制为长方"内",铭文从"内"端起读至"内"穿,与其后秦戈自"内"穿起读至"内"端者不同,惟与十三年相邦义(张仪)戈铭相同。"造"之前有"之"字,亦与其后秦戈铭文不同,惟与商鞅之器及张仪戈相接近。此戈称"栎阳工上造闻",与张仪戈由咸阳工师督造,同为国都制作。咸阳为新都,栎阳亦旧都。据此可知,樛斿此戈之年代正与商鞅、张仪之器相先后。樛斿既以大良造执政,又开始称"相邦"。

【附编】

韩、魏相与争侵地。子华子见昭釐侯,昭釐侯有忧色。子华子曰:"今使天下书铭于君之前,书之曰:'左手攫之则右手废,右手攫之则左手废,然而攫之必有天下。'君将攫之乎?亡其不与?"昭釐侯曰:"寡人不攫也。"子华子曰:"甚善。自是观之,两臂重于天下也,身又重于两臂。韩之轻于天下远,今之所争者,其轻于韩又远,君固愁身伤生以忧之臧不得也?"昭釐侯曰:"善。教寡人者众矣,未尝得闻此言也。"(《吕氏春秋·审为》)

案:此事又见《庄子·让王》。《让王·释文》引司马曰:"子华子,魏人。"钱穆《子华子考》以为《吕氏春秋·去宥》"荆威王学书于沈尹华"。沈尹华疑即子华子;又以为《楚策一》威王问于莫敖子华，疑亦一人（《先秦诸子系年》第二七一页），皆无确证。子华子所著书，未见《汉书·艺文志》著录，今本《子华子》出于宋代熙宁、绍圣年间人所伪托。《子华子》仅见《吕氏春秋》征引，当为杨朱一派之学者。

子华子曰："全生为上，亏生次之，死次之，迫生为下。"（《吕氏春秋·贵生》）

子华子曰："丘陵成而穴者安矣，大水深渊成而鱼鳖安矣，松柏成而涂之人已荫矣。"（《吕氏春秋·先己》）

子华子曰："王者乐其所以王，亡者亦乐其所以亡，故烹兽不足以尽兽，嗜其脯则几矣。"（《吕氏春秋·诬徒》）

子华子曰："厚而不博，敬守一事，正性是喜。群众不周，而务成一能，尽能既成，四夷乃平。唯彼天符，不周而周，此神农之所以长，而尧、舜之所以章也。"（《吕氏春秋·知度》）

子华子曰："夫乱世之民，长短颉啎，百疾，民多疾疠，道多褓繈，盲秃伛尪，万怪皆生。故乱世之主，乌闻至乐。不闻至乐，其乐不乐。"（《吕氏春秋·明理》）

卷九
周显王三十六年(公元前三三三年)至四十七年(公元前三二二年)

周显王三十六年(公元前三三三年)

秦惠文王五年,魏惠王后元二年,韩昭侯三十年,赵肃侯十七年,齐威王二十四年,楚威王七年,燕文公二十九年。

楚威王七年围齐于徐州。(《六国表》,《田世家》作齐宣王十年"楚围我徐州",《六国表》同)

[齐宣王十年](当作齐威王二十四年)楚伐败齐师于徐州,而使人逐田婴。田婴使张丑说楚威王,威王乃止。(《孟尝君列传》)

楚威王战胜于徐州,欲逐婴子于齐,婴子恐。张丑谓楚王曰:"王战胜于徐州也,盼子不用也。盼子有功于国,百姓为之用。婴子不善而用申缚(《楚世家》作"申纪"),申缚者,大臣与(姚注:"一本作弗与",鲍本作"弗与",《楚世家》作"不附",作"与"为是。于鬯注云:"明是大臣所与,弟不得民心")。百姓弗为用,故王胜之也。今婴子逐,盼子必用,复整其士卒以与王遇(《楚世家》"整"作"搏"),必不便于王也。"楚王因弗逐。(《齐策一》第一章,《楚世家》大体相同)

[楚威王]七年齐孟尝君父田婴欺楚,楚威王伐齐,败之于徐州,而令齐必逐田婴,田婴恐,张丑伪谓楚王曰:……(《楚世家》,此句以下,与上引《齐策一》第一章,大体相同)

齐太公闻之("齐太公"当从下文作"陈侯",即齐威王),举兵伐魏,壤地两分,国家大危。梁王身抱质执璧,请为陈侯臣,天下乃释梁。郢威王闻之,寝不寐,食不饱,帅天下百姓,以与申缚遇于泗水之上,而大败申缚。赵人闻之至枝桑,燕人闻之至格道,格道不通,平际绝(姚注:"一本无际字")。齐战则不胜("则"原作"败",从王念孙改正),谋则不得,使陈毛释剑掫(金正炜云:"毛亦与旄通,陈旄释剑,亦即麾众去兵也。"或以"陈毛"为人名,非是。"掫"读作"趋");委南听罪(委南谓归顺而南退),西说赵,北说燕,内喻其百姓,而天下乃释齐("释齐"原作"齐释",从王念孙改正)。(《秦策四》第十一章或为六国说秦王)

田婴不听(指不听张丑而许诺魏王来朝),遂内魏王而与之并朝齐侯再三,赵氏丑之,楚王怒,自将而伐齐,赵应之,大败齐于徐州。(《魏策二》第十一章)

案:齐之败将申缚,《齐策一》作"申纻",鲍本作"缚"。黄丕烈云:"缚即纻字。"《楚世家》又作"申纪"。《说苑·尊贤篇》第三十三章又作"申孺"。《说苑·尊贤》篇载:田忌去齐奔楚,对答楚王,谓:齐使申孺将,楚发五万人,使上将军将之,至禽将军首而反。齐使田居将,楚发三十万人,分别而相去也。齐使盼子将,楚发四封之内,王出自将,仅得免耳。其后果如所言。田忌曰:

“申孺为人,侮贤者而轻不肖,贤、不肖者俱不为用,是以亡也。田居为人,尊贤者而贱不肖者,贤者负任,不肖者退,是以分别而相去也。盼子之为人也,尊贤者而爱不肖者,贤、不肖俱负任,是以王仅得存耳。”此当为后人编造之故事,并非事实。此时齐将田盼、田居、申孺三人,将才有高下之别,当为事实。“缚”、“纪”、“孺”三字形近,未知孰是。

徐州之役,犀首谓梁王曰:“何不阳与齐而阴结于楚?二国恃王必战(“王”下原衍“齐楚”二字,鲍本无“楚”字,又云“衍齐字”。今删)。齐战胜楚而与乘之,必取方城之外。楚战胜齐而与乘之(“齐”下原衍“败”字,从姚注引一本无“败”字删),则太子之仇报矣。”(《魏策一》第二十三章)

齐、魏约而伐楚,魏以董庆为质于齐。楚攻齐,大败之,而魏弗救。田婴怒,将杀董庆。旰夷为董庆谓田婴曰(姚注:“旰夷,刘作干夷。”鲍本“旰”作“盱”。吴师道云:“一本作吁”):“楚攻齐,大败之,而不敢深入者,以魏为将内之于齐而击其后。今杀董庆,是示楚无魏也。魏怒,合于楚,齐必危矣。不如贵董庆以善魏(姚注“贵一作舍”),而疑之于楚也。”(《魏策一》第十二章)

案:金正炜曰:“此策当即犀首说梁王阳与齐而阴结楚时事,田婴怒魏不救齐,其为徐州之役可知。”

楚将伐齐,鲁亲之,齐王患之。张丏曰:“臣请令鲁中立。”乃为齐见鲁君。鲁君曰:“齐王惧乎?”曰:“非臣所知也。臣来吊足下。”鲁君曰:“何吊?”曰:“君之谋过矣?君不与胜者,而与不胜者,何故也?”鲁君曰:“子以齐、楚为孰胜哉?”对曰:“鬼且不知也。”“然则子何以吊寡人?”曰:“齐、楚之权,敌也,不用有鲁与无鲁,足下岂如全众而合二国之后哉！（“全”原作“令”，从姚注引一本及鲍本改正）楚大胜齐，其良士选卒必殪，其余兵足以待之？（金正炜云：足以当为亡以，“亡”与“无”同）齐为胜，其良士选卒亦殪。而君以鲁众合战胜后，此其为德也亦大矣（金正炜云：“德与得通”），其恩德亦甚大也。”（王念孙谓此句乃高注之语，误入正文，遂与上句相复）鲁君以为然，身退师。（《齐策一》第十四章）

案：张丏为齐威王时之重要谋臣。《齐策一》第七章载南梁之难，齐救韩败魏于马陵，出于张丏之谋。此策记张丏为齐说鲁令中立，当为战徐州之前事。顾观光、于鬯系之周显王三十六年是也。当楚威王伐徐州时，赵、燕皆应之，此策谓“楚将伐齐，鲁亲之”，亦是时事。考齐威王时之谋臣又有张丑，《魏策二》第十章载魏败于马陵后，愿入朝齐，田婴许诺。张丑以为不可，谓楚终为齐患，田婴不听，此后果有楚伐徐州之役。《齐策一》第一章载楚威王战胜于徐州，欲逐田婴于齐，张丑为之说楚王而作罢。《韩策三》第八章又有张丑合齐、楚请于魏之事。《中山策》第二章载：五国相王，齐欲伐中山而废其王，张登为中山说田婴止攻，田婴许诺。张丑以为不可，田婴不听，中山果绝齐而从赵、魏。疑张丑即张丏，“丑”“丏”形似而误。其后又入魏为臣。《魏策一》第十七章载张仪走之魏，魏将迎之，张丑谏于王。

按《纪年》粤子无颛薨后十年，楚伐徐州，无楚败越杀无彊之语。（《越世家·索隐》）

案：《越世家》载楚威王“大败越，杀王无彊，尽取故吴地至浙江，北破齐于徐州，而越以此散”。此以楚败越杀无彊与楚威王破齐于徐州同时。其实，楚灭越、杀无彊当在楚怀王二十三年，

《越世家》误以为与楚威王破齐于徐州同时。司马贞作《索隐》常以《纪年》与《史记》比勘，因云："按《纪年》粤子无颛薨后十年楚伐徐州，无楚败越杀无彊之语。"既然《索隐》引《纪年》与《越世家》所记史事相比勘，则所谓"楚伐徐州"，必指楚威王破齐于徐州之役。综合《史记》与《战国策》所载，楚威王因"齐、魏徐州相王"而大为震怒，亲率大军入齐境，攻至徐州（即薛），大败齐师。此事与魏有关，《纪年》为魏史，应有记载。由此可见，《纪年》记楚威王伐徐州在无颛死后十年，同时未见有"楚败越杀无彊之语"。盖楚灭越、杀无彊，确不与楚威王伐徐州同时。楚威王伐徐州既在周显王三十六年，由此可以推定无颛之死当在周显王二十六年，即魏惠王二十七年。《越世家・索隐》尝列举《纪年》所载句践以后历代越君在位年数，由此亦可以推定无颛卒年以及"楚伐徐州"之年代。今本《竹书纪年》记无颛卒于周显王十二年。"楚伐徐州"在周显王二十二年，即据此推算而定者。朱右曾与王国维所辑《古本竹书纪年》，亦同。定无颛薨于梁惠成王十四年，即周显王十二年，定楚伐徐州在梁惠成王二十四年，即周显王二十二年。朱右曾论之曰："《索隐》云在无颛薨后十年，则楚宣王之二十三年，齐威王之十一年也。《楚世家》云：'威王七年齐田婴欺楚，楚威王伐齐，败之于徐州'，与此不合，盖两事也。"如此则楚有先后两次伐徐州之役，先有楚宣王伐徐州，后有楚威王伐徐州。今本《竹书纪年》既有周显王二十二年楚伐徐州，更据《越世家》于周显王三十六年书"楚围齐于徐州，遂伐於越，杀无彊"。而《古本竹书纪年》但有楚宣王伐徐州，却无楚威王伐徐州。钱穆于《先秦诸子系年》，重加考订《古本竹书纪年》

以为朱、王所辑《古本竹书纪年》，无颛卒年与楚伐徐州之年，皆误前一年。其实误前尚不止一年，共误前四年。据《纪年》，句践卒于晋出公十年十一月，《纪年》用夏正，此于周正已是明年正月，句践应为三十三年卒，而非三十二年卒。《纪年》称越王翳三十六年为太子所杀，十月太子又被杀，越内乱，吴人立孚错枝为君，于周正亦已是明年。《纪年》又称明年定越乱，立初无余之。因此初无余之元年当推迟二年，据此推定无颛当卒于周显王十六年。疑《越世家·索隐》所引《纪年》"无颛八年薨"，乃"十八年"之脱误。如此则"无颛薨后十年楚伐徐州"，与《史记》周显王三十六年楚威王伐徐州相合，非《纪年》别有楚宣王伐徐州之役也。

又案：《越世家》载："当楚威王时，越北伐齐，齐威王使人说越王曰：'……楚三大夫张九军，北围曲沃、於中，以至无假之关者三千七百里，景翠之军北聚鲁、齐南阳，分有大此者乎？……故愿大王之转攻楚也。'于是越遂释齐而伐楚。楚威王兴兵而伐之，大败越，杀王无彊，尽取故吴地至浙江，北破齐于徐州，而越以此散，诸族子争立，或为王，或为君，滨于江南海上，服朝于楚。"《索隐》称《纪年》有楚伐徐州之记载，同时无楚败越杀无彊之语。考《越世家》所载齐使游说楚王之语，乃楚怀王十六七年之形势，所谓"楚三大夫张九军，北围曲沃、於中"。曲沃在今河南三门峡市西南，正当函谷关东北。於中在今河南西峡县东，正当武关以东。楚发大军围攻曲沃、於中，目的在于解除秦从函谷关与武关向外进攻之威胁。所谓"景翠之军北聚鲁、齐南阳"，用以巩固楚之北方防守，以备向韩魏进攻。此皆楚怀王十六七年间事。景翠乃楚怀王时之柱国，统兵作战在楚怀王十七年至二十九年间。可见此乃楚怀王时事，与楚威王无涉也。楚之灭越，当在楚怀王时。说在周赧王九年案语中。《索隐》谓此时《纪年》"无楚败越杀无彊之语"，盖本无其事。

[赵肃侯]十七年围魏黄，不克。筑长城。(《赵世家》)

案：《正义》云："刘伯庄云：盖从云中以北至代。按赵长城从蔚州北面至岚州北，尽赵界。又疑此长城在漳水之北，赵南界。"当以后说为是。即赵武灵王所谓"我先王因世之变，以长南藩之地，属阻漳、滏之险，立长城"。即以漳水、滏水(今滏阳河)之堤防加工接连扩建而成。从今河北武安西南，东南行，沿漳水到今磁县西南，折而东北行，沿漳水到今肥乡南。

魏襄王二年(当作魏惠王后元二年)秦败我雕阴。(《六国表》)

秦惠文王五年阴晋人犀首为大良造。(《六国表》，《秦本纪》同)

犀首者，魏之阴晋人也，名衍，姓公孙氏。(《张仪犀首列传》)

案：《周季编略》于是年云："秦以公孙衍为大良造，赏取雕阴之功也。"此说殊非。《苏秦列传》称："秦惠王使犀首攻魏，禽将龙贾，取魏之雕阴。"事在此后三年，黄氏误与此年，秦败魏雕阴为一事，因谓公孙衍为大良造，由于取雕阴之功。犀首为公孙衍之称号，《孟子·滕文公下》赵岐注、《吕氏春秋·开春论》高诱注、《秦策二》高诱注皆云："公孙衍号为犀首"，是也。

[韩昭侯]二十六年(当作二十九年)高门成，昭侯卒，果不出此门，子宣惠王立。(《韩世家》，《六国表》同)

郑昭侯武薨，次威侯立。(《韩世家·索隐》引《纪年》)

案：《韩世家·索隐》云："《纪年》：'郑昭侯武薨，次威侯立，威侯七年与邯郸围襄陵，五月梁惠王会威侯于巫沙，十月郑宣王朝梁，不见威侯之卒，下败韩举在威侯八年，而此《韩世家》即以为宣惠王之年。”郝懿行、陈逢衡、洪颐煊、雷学淇、钱穆，校《纪年》俱以威侯即宣王，甚是。《索隐》谓于《纪年》同年见威侯、宣王而不见威侯之卒，其为一人显然。韩举之败，《纪年》在威侯八年而《韩世家》在宣王八年，《苏秦列传·索隐》引《世本》云："韩宣王，昭侯之子也。”此并足证威侯宣王之即一人。《秦本纪》："惠文王十三年四月戊午魏君为王，韩亦为王。”是年即韩宣王八年，钱穆《先秦诸子系年》以《索隐》引《纪年》“五月”上应脱“八年”二字，至是。盖韩、魏于是年五月会巫沙相王，故《纪年》于五月书威侯而于十月即书郑宣王也。

[燕文公]二十九年文公卒，太子立，是为易王。(《燕世家》)

周显王三十七年(公元前三三二年)

秦惠文王六年，魏惠王后元三年，韩宣惠王元年，赵肃侯十八年，齐威王二十五年，楚威王八年，燕易王元年。

[秦惠文君]六年魏纳阴晋，阴晋更名宁秦。(《秦本纪》)

秦惠文王六年魏以阴晋为和，命曰宁秦。(《六国表》)

案:《汉书·地理志》云:“华阴县，故阴晋，秦惠王五年更名宁秦，高祖八年更名华阴。”《水经·渭水注》同。《元和郡县图志》云:“华阴县本魏之阴晋邑，秦惠文王时，魏人犀首纳之于秦，秦改曰宁秦。”此说有误。上年阴晋人犀首为秦大良造，败魏于雕阴，魏因犀首为阴晋人，纳阴晋于秦为和。

[齐宣王]十一年(当作齐威王二十五年)与魏伐赵，赵决河水灌

齐、魏，兵罢。(《田世家》,《六国表》作“与魏伐赵”)

魏襄王三年(当作魏惠王后元三年)伐赵。(《六国表》)

[赵肃侯]十八年齐魏伐我，我决河水灌之，兵去。(《赵世家》,《六国表》作“齐、魏伐我，我决河水浸之”)

案：薛瓒注《汉书·地理志》于河南中牟下引《汲郡古文》曰：“齐师伐赵东鄙，围中牟。”见于《水经·渠水注》、《赵世家·集解》及《左传》定公九年《正义》所引。洪颐煊《校正竹书纪年》定在周显王三十一年。陈逢衡《竹书纪年集证》谓“大约在显王末年”。雷学淇《考订竹书纪年》又定在魏惠王后元四年。皆不可信据。今案，此时齐魏攻赵，赵决河水灌之，齐魏即退兵。中牟在今河南鹤壁市西，在黄河以北，距黄河较远，中牟为赵之故都，当魏惠王迁都大梁时，赵已以此邑与魏交换繁阳、浮水一带，从此中牟为魏邑。因此齐师伐赵围中牟，必在魏徙都大梁以前，不在此时。

周显王三十八年(公元前三三一年)

秦惠文王七年，魏惠王后元四年，韩宣惠王二年，赵肃侯十九年，齐威王二十六年，楚威王九年，燕易王二年。

秦惠文王七年义渠内乱，庶长操将兵定之。(《六国表》)

义渠国乱，秦惠王遣庶长操将兵定之，义渠遂臣于秦。(《后汉书·西羌传》)

[秦惠文君]七年公子卬与魏战，虏其将龙贾，斩首八万。(《秦本纪》,“公子卬”当作“公孙衍”)

[秦]惠王使犀首攻魏，禽将龙贾，取魏之雕阴，且欲东兵。(《苏

秦列传》)

案:《秦本纪》"公子卬",《史记会注考证》以为"当公孙衍之讹",甚是。是役犀首即公孙衍为主将,延续至下年,详下年案语。

周显王三十九年(公元前三三〇年)

秦惠文王八年,魏惠王后元五年,韩宣惠王三年,赵肃侯二十年,齐威王二十七年,楚威王十年,燕易王三年。

樗里子者,名疾,秦惠王之弟也,与惠王异母。母,韩女也。樗里子滑稽多智,秦人号曰智囊。秦惠王八年,爵樗里子右更,使将而伐曲沃,尽出其人,取其城,地入秦。(《樗里子列传》)

[秦惠文君]八年,魏纳河西地。(《秦本纪》,《六国表》作"魏入少梁河西地于秦"。)

[魏襄王]五年(当作魏惠王后元五年)秦败我龙贾军四万五千于雕阴,围焦、曲沃。予秦河西地。(《魏世家》,《六国表》作"与秦河西、少梁,秦围我焦、曲沃")

案:龙贾为魏西边防秦之主将。《纪年》谓梁惠王十二年龙贾率师筑长城于西边,十五年龙贾又筑阳池以备秦,是年秦分南北两路向魏进攻,南路以樗里疾为主将,出函谷关进围曲沃与焦,焦在今河南三门峡市西,曲沃在焦之西南。北路以公孙衍为主将,大举进攻魏上郡之雕阴,在今陕西甘泉南。结果焦与曲沃为秦所攻取,魏之主将龙贾在雕阴大败,《秦本纪》谓"虏其将龙贾,斩首八万"。《苏秦列传》谓:"犀首攻魏,禽将龙贾,取魏之雕阴。"《魏世家》亦谓"秦败我龙贾军四万五千于雕阴"。此一战役，龙贾所统率之魏西边防秦之主力军覆没，龙贾亦被擒，从此魏之河西、上郡失去防卫之兵力，因而河西、上郡不能不陆续拱手而献秦。此为三晋首次在抗秦战斗中之大失败。《燕策二》第一章记苏代之言曰："龙贾之战，岸门之战，封陆之战（"封陆"当为"封陵"之误），高商之战，赵庄之战，秦之所杀三晋之民数百万。今其生者，皆死秦之孤也。西河之外，上雒之地，三川，晋国之祸，三晋之半。秦祸如此其大。"（《苏秦列传》所载相同）

又案：《秦本纪》载虏龙贾于上年，魏纳河西在此年。《魏世家》皆记在此年，盖龙贾之战持续两年。《秦本纪》、《魏世家》俱言魏予秦河西地，而《六国表》于秦、魏两表俱言予少梁河西。梁玉绳《史记志疑》云："盖孝公取河西地之时，尚有未得者，至是乃尽有之耳。而并不言少梁（按指《秦本纪》、《魏世家》），前二十五年秦孝公已取少梁矣，何待是时乎？秦、魏两表均误增，当衍少梁二字。"其说不确。秦孝公时，秦仅一度占有少梁，不久仍为魏有，是时魏以少梁连同整个河西予秦。少梁当为河西郡治所在，为河西首要之邑。故特为述及。此后二年，秦乃更名少梁曰夏阳。若少梁早为秦长期占有，何待此时更名？

梁惠成王[后元]五年，公子景贾率师伐郑，韩明战于阳，我师败逋泽北。（《水经·济水注》引《纪年》，"后元"二字原脱，从范祥雍《古本竹书纪年辑校订补》补正）

案：雷学淇《竹书纪年义证》云："韩明疑即韩朋，字相似，故误。朋乃韩之公族，氏公仲，名朋，相宣王者也。"范祥雍《古本竹书纪年辑校订补》云："按韩朋见于《战国策》及《史记·韩世家》，在韩宣惠王、襄王之时。《济水注》又引'今王七年韩明率师伐襄邱’，当韩宣惠王之二十一年，与《史记》、《战国策》相合，距此五十四年，《韩世家》韩襄王十二年公仲尚在，则距此又六十六年，恐无此长寿。疑此惠王五年或是后元五年之误。”此说可从。今移至惠王后元五年。《战国策》中之韩朋、公仲朋，“朋”或作“倗”、“傰”，或音转作“冯”，或误作“侈”，亦常误作“明”。见《韩策一》第十六章、第十七章。

又案：“战于阳”，杨守敬《水经注疏》引《笺》曰：“谢云：阳一作韩。”今本《纪年》作“韩”。徐文靖《竹书纪年统笺》谓：战于阳，当是濮阳，“盖濮阳本卫地，至是属之韩也。”杨守敬谓：“郦氏所见《竹书》必是濮阳，故引证于此，若是韩字，非其引书之旨。”今案：徐、杨二氏之说殊非。濮阳介于赵、魏、齐三国之间，不能为韩所有。阳当即中阳，正当圃田泽之西。即《纪年》“梁惠成王十七年郑釐侯来朝中阳”（《水经·渠水注》引）之中阳。《纪年》云：“我师败逋泽北”，盖魏师由中阳败退至圃田泽北也。

［梁惠成王后元］五年田公子居思伐邯郸，围平邑。（《水经·河水注》引《纪年》，“梁惠成王后元”六字原脱，已说在周显王十四年案语中）

案：田公子居思，即田居子，齐威王时为西河守，是年伐赵围平邑，未能攻克。

［卫］嗣君五年更贬号曰君，独有濮阳。（《卫世家》）

周显王四十年（公元前三二九年）

秦惠文王九年，魏惠王后元六年，韩宣惠王四年，赵肃侯二十一年，齐威王二十八年，楚威王十一年，燕易王四年。

[秦惠文王]九年,渡河,取汾阴、皮氏。与魏王会应。围焦,降之。(《秦本纪》,《六国表》同)

[魏襄王]六年(当作魏惠王后元六年)与秦会应。秦取我汾阴、皮氏、焦。魏伐楚,败之陉山。(《魏世家》,《六国表》作“与秦会应。秦取汾阴、皮氏”)

案:《秦本纪》谓是年“围焦,降之。”《六国表》同。《魏世家》谓上年秦围焦,是年秦取焦。黄式三《周季编略》据此云:“魏献焦于秦,焦不服,秦围焦而降之。”不合《史记》原意。梁玉绳《史记志疑》云:“秦兼降曲沃,故后三年归魏焦、曲沃。”据《樗里子列传》,曲沃乃秦所攻克,“尽出其人,取其城”,非围而降之。

[楚威王]十一年威王卒,子怀王熊槐立。魏闻楚丧,伐楚,取我陉山。(《楚世家》,《六国表》作“魏败我陉山”。)

楚魏战于陉山,魏许秦以上洛,以绝秦于楚。魏战胜,楚败于南阳,秦责赂于魏,魏不与。管浅谓秦王曰(“管”原作“营”,姚注“营或作管”):“王何不谓楚王曰:魏许寡人以地,今战胜,魏王倍寡人也。王何不与寡人遇?魏畏秦、楚之合,必与秦地矣。是魏胜楚而亡地于秦也;是王以魏地德寡人,秦之楚者多资矣。魏弱,若不出地,则王攻其南,寡人绝其西(鲍本“绝”作“攻”),魏必危。”秦王曰:“善。”以是告楚,楚王扬言与秦遇,魏王闻之恐,效上洛于秦。(《秦策四》第五章)

楚攻魏,张仪谓秦王曰:“不如与魏以劲之。魏战胜,复德于秦(“德”原作“听”,姚注:“钱、刘作德”,金正炜曰:“作德为是”),必入西河以外;不胜,魏不能守,王必取之。”王用仪言,取皮氏卒万人、车百乘以与魏。犀首战胜威王,魏兵罢弊,恐。畏秦,果献西河之外。(《秦策一》第十章)

案：吴师道以为此楚威王十一年事。“十一年魏败我陉山，因丧来伐。是岁秦取魏皮氏，明年入上郡于秦，而西河滨洛之地尽，皆楚威死后也。陉山前一年，魏入少梁、河西地于秦，岂是时楚、魏已构兵乎？”

楚威王攻梁，张仪谓秦王曰：“与楚攻梁，魏折而入于楚，韩固其与国也，是秦孤也，故不如出兵以劲魏。”（《韩世家》襄王十二年下“劲魏”作“到之”，“到”乃“劲”之误）于是攻皮氏（“攻皮氏”当作“取皮氏卒万人、车百乘以与魏”），魏氏劲，威王怒（《韩世家》无以上三句），楚与魏大战，秦取西河之外以归。（《韩策二》第二章公孙昧谓公仲，《韩世家》襄王十二年大体相同）

案：以上两则所叙为一事，是年秦渡河取得汾阴皮氏，旋又以皮氏卒万人、车百乘以与魏，助魏伐楚，败之陉山，秦因而迫使魏献西河，于是西河之外全为秦有。是年张仪入秦游说秦王。

张仪，魏氏余子也，将西游秦，过东周。客有语之于昭文君者曰：“魏氏人张仪，材士也，将西游于秦，愿君之礼貌之也。”昭文君见而谓之曰：“闻客至秦，寡人之国小，不足以留客，虽游，然岂必遇哉！客或不遇，请为寡人而一归也。国虽小，请与客共之。”张仪还走，北面再拜。张仪行，昭文君送而资之。至于秦，留有间，惠王说而相之。张仪所德于天下者无若昭文君。周千乘也，重过万乘也，令秦惠王师之。（《吕氏春秋·报更》）

案：《苏秦列传》云：“苏秦恐秦兵之至赵也，乃激怒张仪，入之于秦。”《张仪列传》云：“张仪……始尝与苏秦俱事鬼谷子……游说诸侯，尝从楚相饮，已而楚相亡璧，门下意张仪……掠笞数百……苏秦已说赵王……张仪于是之赵。上谒求见苏秦，苏秦……数让之……乃遂入秦。……张仪遂得以见秦惠王……张仪既相秦,为文檄告楚相。"其事与《吕览》绝异。钱穆《张仪初入秦考》云:"张仪初入秦,据《史记·苏秦列传》乃在秦取魏雕阴之后。……是时阴晋人犀首在秦为大良造,越两年,惠文王十年仪即为秦相。仪之入秦而夺犀首之位,其事略有似于后之蔡泽与范雎矣。而史公记仪事,其初楚相意其盗璧,执仪掠笞,其后仪相秦,为文徼告楚相云云,其事亦酷肖范雎之与魏齐也。惟其事不见于《国策》……而《吕览·报更》……其事与《史记》异,然则吕氏宾客尚不知有苏秦激张仪入秦之说也。"(《先秦诸子系年》第三四一页)余考苏秦在齐湣王世,《史记》苏秦激怒张仪说固妄。考范雎入秦,尝变名张禄,古书杂记张仪、张禄事每或讹传,《荀子·臣道篇》云:"齐之苏秦,楚之州侯,秦之张仪,可谓态臣也。杨注:"仪或作禄",《荀子》"张仪"实即"张禄"字误,一则张仪仕秦,非齐苏秦、楚州侯等态臣之比。二则苏秦在齐湣世,州侯在楚顷襄世,若《荀子》固作张仪,不应次于州侯之后。三则荀子谓"用态臣者亡",苏秦相齐湣,齐湣固以此国破身死。州侯佐楚顷襄,楚亦即失郢,张禄相秦,攻赵邯郸,魏、楚救之,秦将郑安平降赵,河东守王稽军吏反,汝南地又失,秦势大挫,国家大危。王稽坐法诛,张禄亦负重罪。若《荀子》固作张仪,仪为秦得魏河西,又合魏、韩以败齐、楚,势倾天下,岂苏秦相齐湣,州侯佐楚顷襄之比。知《荀子》张仪固当从或本作张禄矣。《秦策一》寒泉子曰:"夫攻城堕邑,请使武安子,善我国家,使诸侯,请使客卿张仪。"张仪不与白起同时,盖"张仪"亦"张禄"字误。古书张禄或误作张仪。今《史记》中张仪事酷肖范雎者,盖亦以此而误传也。

自以《吕览》之说较为得实。《苏秦列传》称张仪入秦在雕阴之役以后，考《秦策一》秦惠用仪言助魏攻楚，于是犀首胜楚，而魏献秦西河之外，张仪之入秦，犀首之去秦入魏为将，当在是年。

又案：《吕氏春秋·报更》所述张仪过东周入秦之事，当可信据。但《报更》因此谓"逢泽之会，魏王尝为御，韩王为右，名号至今不忘，此张仪之力也"，当是张仪为秦相而拥立秦惠文君为王之误。《张仪列传》称："仪相秦四岁，立惠王为王。"

剔成四十一年（当作二十八年或较少之年）。剔成弟偃攻袭剔成，剔成败奔齐，偃自立为宋君。（《宋世家》）

案：剔成即司城子罕，废其君桓公而自立在周显王十四年或稍后。《六国表》记宋君偃元年在周显王四十一年，则偃攻袭其兄而自立，当在剔成二十八年或稍后。

【附编】

杜赫以安天下说周昭文君。昭文君谓杜赫曰："愿学所以安周。"杜赫对曰："臣之所言者不可，则不能安周矣，臣之所言者可，则周自安矣。"此所谓以弗安而安者也。（《吕氏春秋·务大》，《淮南子·道应训》同。又《吕氏春秋·谕大》亦曰："杜赫说周昭文君以安天下。"）

案：高诱注："杜赫，周人，杜伯之后。"杜赫尝奔走游说于东周、齐、楚之间。周显王二十八九年间，田忌亡齐而之楚，邹忌恐田忌欲以楚权而复于齐，杜赫为之请楚王封田忌于江南。见《齐策一》第十章。周慎靓王三年五国伐秦，魏欲和，杜赫为之说楚将昭阳，因令人谒和于魏。见《楚策三》第七章。杜赫以安天下说周昭文君，其时亦相近。

杜赫欲重景翠于周，谓周君曰："君之国小，尽君之重宝珠玉以事诸侯，不可不察也。……今君将施于大人，大人轻君；施于小人，小人无可以求，又费财焉。君必施于今之穷士不必且为大人者，故能得欲矣。"(《东周策》第二十三章)

案：杜赫所说之周君即昭文君。杜赫欲重楚之景翠于周，谓"必施于今之穷士不必且为大人者"，当是景翠尚未为大将之时。当周赧王三年楚使景翠围韩雍氏，景翠已为楚之大将。杜赫说东周昭文君重视景翠，当远在其为大将之前。

周相吕仓见客于周君，前相工师藉(籍)恐客之伤己也，因令人谓周君曰："客者辩士也，然而所以不可者，好毁人。"(《东周策》第十章)

周文君免工师藉，相吕仓，国人不说也。君有闵闵之心。谓周文君曰："国必有诽誉。忠臣令诽在己，誉在上。宋君夺民时以为台，而民非之，无忠臣以掩盖之也。子罕释相为司空，民非子罕而善其君。齐桓公宫中九市("九"原作"七"，从《太平御览》八二七引改正)，女闾七百，国人非之，管仲故为三归之家，以掩桓公之非也。《春秋》记臣弑君者以百数，皆大臣见誉者也。故大臣得誉，非国家之美也。故众庶成强，增积为山。"周君遂不免。(《东周策》第十一章)

韩求相工陈籍而周不听，魏求相綦母恢而周不听，何以也？周曰："是列县畜我也。"(《楚策一》第十九章，有人谓昭过)

案：周文君即周昭文君，工陈籍即工师籍。"陈""师"形似而讹。韩求相工师籍而周不听，亦当在此时。

铎椒为楚威王傅，为王不能尽观《春秋》，采取成败，卒四十章，为《铎氏微》。(《十二诸侯年表·序》)

荆威王学书于沈尹华，昭釐恶之，威王好制，有中谢佐制者为昭

鲞谓威王曰："国人皆曰王乃沈尹华之弟子也。"王不说，因疏沈尹华。(《吕氏春秋·去宥》)

威王问于莫敖子华曰："自从先君文王，以至不穀之身，亦有不为爵劝，不为禄勉，以忧社稷者乎？"莫敖子华对曰："如章不足以知之矣。"("章"原作"华"，姚注："孙本华作章。"从金正炜据后文"章闻之"改正)王曰："不于大夫，无所闻之。"莫敖子华对曰："君王将何问者也？彼有廉其爵，贫其身，以忧社稷者；有崇其爵，丰其禄，以忧社稷者；有断脰决腹，壹瞑而万世不视，不知所益，以忧社稷者；有劳其身，愁其志，以忧社稷者；亦有不为爵劝，不为禄勉，以忧社稷者。"……王乃大息曰："此古之人也，今之人焉能有之耶？"莫敖子华对曰："昔者先君灵王好小要("要"同"腰")，楚士约食，冯而能立，式而能起，食之可欲，忍而不入，死之可恶，就而不避。章闻之，其君好发者，其臣抉拾。君王直不好贤耳，若君王诚好贤，此五臣者，皆可得而致之。"(《楚策一》第二十章)

周显王四十一年(公元前三二八年)

秦惠文王十年，魏惠王后元七年，韩宣惠王五年，赵肃侯二十二年，齐威王二十九年，楚怀王元年，燕易王五年。

[秦惠文王]十年张仪相秦。魏纳上郡十五县。(《秦本纪》，《楚世家》作怀王元年"张仪始相秦惠王"，《赵世家》作肃侯二十二年"张仪相秦"。《韩世家》作宣惠王五年"张仪相秦"，年代皆相同)

秦惠文王十年张仪相。公子桑围蒲阳，降之。魏纳上郡。(《六国表》)

案：《商周金文录遗》第五八四号著录相邦义戈铭文："十三

年相邦义之造,咸阳工师田、工大人耆,工颓。"十三年当为秦惠文王十三年,义即张仪。可知十年张仪为相,官名为相邦。《战国纵横家书》第二十三章苏秦谓陈轸,述及"魏王谓韩倗、张义",张仪亦作张义,可知"仪"亦可作"义"。

[魏襄王]七年(当作魏惠王后元七年)魏尽入上郡于秦。秦降我蒲阳。(《魏世家》,《六国表》作"入上郡于秦")

秦惠王十年,使公子华与张仪围蒲阳,降之。仪因言秦复与魏,而使公子繇质于魏。仪因说魏王曰:"秦王之遇魏甚厚,魏不可以无礼。"魏因入上郡少梁,谢秦惠王。惠王乃以张仪为相,更名少梁曰夏阳。(《张仪列传》)

案:公子华,《六国表》作公子桑,《张仪列传》与《集解》引徐广曰"一作革"。马非百《秦集史·人物传》二之三,谓"公子繇者,惠文王子也,一名通,又曰通国,司马错既定蜀,更贬蜀王号为侯,王乃封繇为蜀侯",其说非是。《六国表》惠文王后元十二年"公子繇通封蜀",《索隐》:"秦之公子",不确。公子繇通乃已灭之蜀王子弟,非秦之公子,公子繇通与公子繇非一人。

[赵肃侯]二十二年赵疵与秦战,败,秦杀疵河西,取我蔺、离石。(《赵世家》)

案:梁玉绳据《秦本纪》、《六国表》下文,皆言秦取蔺在秦惠文王更元十二年,因谓此时未取蔺。此说不确。离石在今山西离石县,蔺即在离石之西,此时秦既取得离石,亦可取得蔺。盖赵此后一度恢复蔺,后又为秦取也。

先时中山负齐之强兵,侵掠吾地(《赵世家》"掠"作"暴"),系累吾民,引水围鄗,非社稷之神灵(《赵世家》"非"作"微"),即鄗几不守

(《赵世家》“即”作“则”,“几”下有“于”字),先王忿之(《赵世家》“忿”作“丑”),其怨未能报也。(《赵策二》第四章赵武灵王语,《赵世家》武灵王十九年同)

赵肃侯救燕,与中山公战于房子。(《竹书纪年》作鲂子。《太平寰宇记》六〇赵州高邑县,“肃”上原衍“敬”字,“与”上原衍“燕”字,“房”下原脱“子”字,今改正)

案:《太平寰宇记》云:“《史记》云:赵敬肃侯救燕,燕与中山公战于房。惠文王四年城之,是也。《竹书纪年》作鲂子。”考《赵世家》所载敬侯十年与中山战于房子,与救燕无关。《太平寰宇记》“肃侯”上之“敬”字当为衍文,“与”上重“燕”字亦为衍文,“房”下脱“子”字。

昔者中山悉起而迎燕、赵,南战于长子(当作“房子”),败赵氏;北战于中山,克燕军,杀其将。(《齐策五》第一章苏秦说齐闵王)

案:赵武灵王三年“城鄗”。鄗在今河北高邑东。武灵王所述中山引水围攻鄗,鄗几不守之事,当在赵肃侯晚年。武灵王于三年城鄗,即修补因中山引水围攻而破坏之城堡。《齐策五》苏秦说齐闵王,述及中山与燕、赵交战,南战于长子。长子当为房子之误。王先谦《鲜虞中山国事表》云:“案长子赵地,汉县,属上党郡,今山西潞安府长子县西南有长子城,中山与赵不应远越至此。疑莫能明,或以为房子之讹也。”后说是也。房子即在鄗西。苏秦所说中山与燕、赵交战,南战于房子,败赵氏,与《纪年》所述赵肃侯救燕而与中山战于房子,当为一事。武灵王所说中山“引水围鄗”,亦当为一时事。

张仪又恶陈轸于秦王曰:“轸驰楚、秦之间,今楚不加善秦而善轸，然则是轸自为而不为国也。且轸欲去秦而之楚，王何不听乎？”王谓陈轸曰：“吾闻子欲去秦而之楚，信乎？”陈轸曰：“然。”王曰：“仪之言果信也。”曰：“非独仪知之也，行道之人皆知之。孝己爱其亲，天下欲以为子，子胥忠其君，天下欲以为臣，卖仆妾售乎闾巷者，良仆妾也；出妇嫁乡曲者，良妇也；吾不忠于君，楚亦何以轸为臣乎？（“臣”原误作“忠”，从钱大昕改正）忠且见弃，吾不之楚何适乎？”秦王曰“善”。乃必之也（“必”读作“毕”，鲍本作“止”）。（《秦策一》第十二章）

陈轸者游说之士，与张仪俱事秦惠王，皆贵重争宠。张仪恶陈轸于秦王曰：（此句下，与上所引《秦策一》第十二章大体略同，从略）王以其言为然，遂善待之。居秦期年，秦惠王终相张仪，而陈轸奔楚。（《张仪列传》附《陈轸传》）

周显王四十二年（公元前三二七年）

秦惠文王十一年，魏惠王后元八年，韩宣惠王六年，赵肃侯二十三年，齐威王三十年，楚怀王二年，燕易王六年。

［秦惠文王］十一年，县义渠。归魏焦、曲沃。义渠君为臣，更名少梁曰夏阳。（《秦本纪》，《六国表》作“义渠君为臣，归魏焦、曲沃”）

［魏襄王］八年（当作魏惠王后元八年）秦归我焦、曲沃。（《魏世家》，《六国表》同）

案：梁玉绳《史记志疑》云：“前二年攻取汾阴、皮氏、焦、曲沃四邑。今归魏焦、曲沃，是秦只取汾阴、皮氏两县也。但此纪昭王十七年书秦以垣易蒲坂皮氏，《年表》、《魏世家》、《樗里子甘茂列传》并言昭王初年秦攻皮氏，未拔去……余疑秦归焦、曲沃之时，并皮氏亦归之。”其说是也。《资治通鉴》胡注云：“既取而复归之，秦之于魏，若玩弄婴儿于掌股之上耳。”盖张仪“欲以秦、韩与魏之势伐齐、荆”之连横策略，达到对外兼并之目的，又欲于下年召开秦惠称王并与韩、魏相王之会，以此拉拢魏、韩之君。

又案：殿本《史记考证》引杭世骏云：“此时义渠不得为县。《犀首列传》云：义渠起兵袭秦，大败秦李伯之下。若义渠已为县，秦必更置令长，何至十年之后反为所败。”顾颉刚《秦与西戎》驳之云：“此说殊非。义渠国土广大，惠文初年稍蚕食，立其所得之地为县，并不妨害义渠国之存在。”（《史林杂识》第六〇页）今按：既云：“县义渠”，又云“义渠君为臣”，似乎义渠国已为秦之县，其实不然。《资治通鉴》亦作“秦县义渠，以其君为臣”。胡注云：“义渠，西戎国名，秦取之以为县。班《志》，义渠道属北地郡，《括地志》宁、庆、原三州，秦之北地郡也。”似乎整个北地郡已成为秦之县，其说不确。四年前，义渠内乱，秦派兵平定之，义渠君因而称臣于秦，即《后汉书·西羌传》所云：“义渠国乱，秦惠王遣庶长操将兵定之，义渠遂臣于秦。”

周显王四十三年(公元前三二六年)

秦惠文王十二年，魏惠王后元九年，韩宣惠王七年，赵肃侯二十四年，齐威王三十一年，楚怀王三年，燕易王七年。

秦惠文王十二年，初腊，会龙门。（《六国表》，《秦本纪》作“初腊”）

案：《礼记·月令》孟冬“腊先祖五祀，劳农以休息”。《礼记·郊特牲》谓蜡祭“祭百种，以报啬也”。“息田夫也”。腊祭乃酬谢有关收获之神，具有庆祝丰收与慰劳农民之意义，是日举行酒会，男女齐集，展开娱乐活动。《礼记·杂记下》记子贡观蜡，“一国之人皆若狂”。是年秦于龙门初次举行腊祭而集会，盖有其特别用意。因秦新从魏取得河西与上郡，欲以此与黄河上游之居民联欢，包括原来游牧于黄河上游之戎、狄部族在内。此后六年（秦惠文王更元五年）“王北游戎地至河上”，即秦与河上戎族相处友好之结果。

[赵肃侯]二十四年肃侯卒。秦、楚、燕、齐、魏出锐师各万人来会葬。子武灵王立。（《赵世家》）

赵武灵王名雍。（《赵世家·索隐》）

[郑]威侯七年与邯郸围襄陵。（《韩世家·索隐》引《纪年》）

案：纪年郑威侯即韩宣惠王，说已见前。

周显王四十四年（公元前三二五年）

秦惠文王十三年，魏惠王后元十年，韩宣惠王八年，赵武灵王元年，齐威王三十二年，楚怀王四年，燕易王八年。

秦惠文王十三年四月戊午，君为王。（《六国表》）

[秦]惠王十三年与韩、魏、赵并称王。（《周本纪·正义》引《秦本纪》，“赵”字当为衍文）

[秦惠文王]十三年四月戊午，秦君为王，魏、韩亦为王。（《秦本纪》，原误作“魏君为王，韩亦为王”，据《周本纪·正义》引《秦本纪》及《六国表》改正）

案：是年四月乙卯朔，戊午为初四。

[张]仪相秦四岁，立惠王为王。（《张仪列传》）

[楚怀王]四年秦惠王初称王。(《楚世家》,《田世家》亦谓齐宣王八年"秦惠王称王")

[周显王]四十四年,秦惠王称王。其后诸侯皆为王。(《周本纪》)

案《周本纪》云:"[显王]四十四年秦惠王称王",梁玉绳《史记志疑》云:"《楚世家》怀王四年、《田完世家》宣王十八年附书之,《张仪列传》亦云:'仪相秦四岁立惠王为王。'与此《纪》于显王四十四年政合。乃秦惠十三年也。秦惠在位二十七年,改十四年为元年,岂非以称王之故欤?"又《秦本纪》云:"秦惠文君十三年四月戊午魏君为王。"梁氏又论之曰:"魏惠称王在惠文四年,此《纪》已书之,而是年《纪》与《表》复书魏君为王何欤?《周本纪·正义》引《秦记》云:'惠王十三年与韩、魏、赵并称王。'所引与此异。且《秦记》无其文,当必有误。盖是年秦惠称王,故书月书日以别之,'魏'字乃'秦'字之误。《燕世家》书'燕君为王',是其例也。"说皆甚是。《六国表》作"四月戊午,君为王",正确无误。以《周本纪·正义》所引《秦本纪》以及《六国表》校正今本《秦本纪》,《秦本纪》当作"四月戊午,秦君为王,魏、韩亦为王。"《正义》所引《秦本纪》"与韩、魏、赵并称王","赵"字当为衍文。秦惠文君于是年称王,亦当如齐、魏会徐州相王之例,邀魏、韩之君入秦朝见,秦惠既被推尊为王,同时亦承认魏、韩之君称王。齐、魏徐州相王之会,由齐相田婴主其事,秦惠与三晋之君相王之会,则由秦相张仪主其事。故《张仪列传》称"仪相秦四岁,立惠王为王"。《吕氏春秋·报更》云:"张仪所德于天下者,无若昭文君……令秦惠王师之。逢泽之会,魏王尝为御,韩王为右,名号至今不忘，此张仪之力也。”此说殊误，既误以逢泽之会由张仪主其事，更误以为此会推崇东周昭文君，魏、韩之君曾为其御。但亦有其所以致误之故。盖张仪曾主持秦惠与韩、魏之君相王之会，在此会上，魏王曾为秦惠御，韩王曾为秦惠右，秦惠之名号因而大著。此固张仪所策划也。

[秦惠文王]十三年相邦义之造，咸阳工师田，工大人耆，工颓。（戈铭，《商周金文录遗》第五八四号）

案：相邦义，当即张仪。

[韩威侯八年]五月，梁惠王会威侯于巫沙，十月郑宣王朝梁。（《韩世家·索隐》引《纪年》）

案《韩世家·索隐》云：“《纪年》郑昭侯武薨，次威侯立。威侯七年，与邯郸围襄陵。五月梁惠王会威侯于巫沙，十月郑宣王朝梁，不见威侯之卒，下败韩举在威侯八年，而此《世家》即以为宣惠王之年。”钱穆《韩宣惠王即韩威侯考》校之曰：“‘五月’上应脱‘八年’二字。据《史记·秦本纪》秦惠文王十三年，韩亦称王，是年为韩威侯八年，其证一。又若同为七年事，既与邯郸围襄陵句下，不著何月，而其下忽著五月、十月，于文法亦不合。今若正为七年云云，八年五月云云，十月云云，则文理顺惬矣，其证二。陈氏《集证》云：‘既与赵围魏襄陵，岂未逾年即朝梁？’此亦一证。”（《先秦诸子系年》第三三〇页）余考《纪年》韩威侯即郑宣王，《索隐》不知是一，因云不见威侯之卒。雷学淇《竹书纪年义证》云：“宣王即威侯，以威宣为谥，故传文互称之，同在一年前称侯，此称王者，此即犀首立五王之事。”雷氏以此即五国相王事非是，以《纪年》于是年因威侯称王而后改称宣王则甚是。今《索隐》云:“下败韩举在威侯八年”,《索隐》既不知威侯宣王是一,若《纪年》于威侯七年已威侯宣王互见,岂得更谓败韩举在威侯八年?此非“五月”上脱“八年”之明证欤?《韩世家》云:“[宣惠王]十一年君号为王”,《六国表》在宣惠王十年,《楚世家》于怀王六年云:“燕、韩君初称王。”梁玉绳《史记志疑》于《韩世家》云:“《年表》在十年,与《楚世家》书于怀王六年政合,此误。”考韩宣惠王十年五国相王,燕固于是年以五国相王而称王,而韩则于宣惠王八年四月,当秦惠称王而与魏、韩相王时已称王。及五月,又因与梁惠王巫沙之会而称王,非于十年始称王。钱穆云:“盖是魏韩相王,犹如魏齐会徐州而相王也。”余谓秦惠称王而与魏、韩相王,亦犹魏、齐会徐州相王,此乃张仪连横之策略也。

[赵]武灵王元年阳文君赵豹相,梁襄王与太子嗣(“梁襄王”当作“梁惠王”),韩宣王与太子仓来朝信宫。武灵王少,未能听政,博闻师三人,左右司过三人。及听政,先问先王贵臣肥义,加其秩;国三老年八十,月致其礼。(《赵世家》)

案:《魏世家·索隐》引《世本》云:“襄王名嗣。”《苏秦列传·索隐》引《世本》云:“魏惠王子名嗣。”可知此处“梁襄王与太子嗣”,“梁襄王”乃“梁惠王”之误。

赵武灵王元年魏败我赵护。(《六国表》)

[韩宣惠王]八年魏败我将韩举。(《韩世家·索隐》云:“韩举则是韩将不疑,而《纪年》云:韩举赵将,盖举先为赵将,后入韩。又《纪年》云其败当韩威王八年,是不同也。”)

败韩举在威侯八年。(《韩世家》“子宣惠王立”下,《索隐》云:“按《纪年》……不见威侯之卒,下败韩举在威侯八年,而此《世家》即以为宣惠王八年。")

[赵肃侯]二十三年(当作武灵王元年)韩举与齐、魏战,死于桑丘。(《赵世家》)

[梁惠成王后元]十年齐田肸及邯郸韩举战于平邑(按田肸即田盼),邯郸之师败逋,获韩举,取平邑、新城。(《水经·河水注》引《纪年》,"梁惠成王后元"六字原脱,从朱右曾增补。戴震校本误改"十年"为"九年")。

案:《水经·河水注》引《纪年》,于"晋烈公四年赵城平邑"下,续引《纪年》"五年田公子居思伐邯郸围平邑。十年齐田肸及邯郸韩举战于平邑……"。"五年"上脱"梁惠成王后元"六字。已辨在周显王十四年案语中。朱右曾云:"此事《水经注》引作晋烈公十年,《索隐》云《纪年》败韩举当韩威王八年,计相去七十八年,不应有两田盼、两韩举",以为《水经注》误惠成后元十年为晋烈公十年也。其说甚是。钱穆《王氏古本竹书纪年辑校补正》又以为《索隐》引《纪年》败韩举在韩威王八年有误。其言曰:"夫《纪年》既不以韩举为韩将,又其败于齐、魏,则以赵、齐、魏三国事,又出魏史记载,不应系诸韩威王八年,可疑一也。且韩威王次昭侯,即《史记》之宣惠王,若韩举败在韩威王八年,则与《史记》韩宣惠王八年时代正合,《索隐》何以又谓不同,可疑二也。余意《赵世家》肃侯二十三年本不误,是岁为梁惠王后元八年,《索隐》本记韩举之败在惠王八年,而后人以其事在《韩世家》,乃妄改为威王耳。"(《先秦诸子系年》第四一二至四一三页)此说未是。《韩世家·索隐》前后两引《纪年》,皆谓败韩举在韩威王八年,不应两引同误。此其一。《水经·河水注》引《纪年》于"五年”“十年”之上夺“梁惠成王后元”六字。梁惠后元十年正当韩威王八年，若《索隐》所引有误，何以《水经注》所引又与同误耶？此其二。《索隐》引《纪年》注于《韩世家》下，以相对勘，其引据《纪年》以魏之纪年推算韩之纪年，亦事理之常。犹《田世家·索隐》谓《纪年》马陵之役在齐威王十四年也。《索隐》谓“《纪年》不见威侯之卒，盖彼不知韩威侯即韩宣王，因而以败韩举《史记》在宣王八年，《纪年》在威侯八年，是不同也”，何得据此而疑《索隐》有误也。吾人以《纪年》与《史记》互勘，知《韩世家》未误其年，但以韩举为韩氏，误以为韩将耳。而《赵世家》以韩举为赵将不误，特其事误前二年耳。梁玉绳以为赵、韩有将韩举同姓名，赵之韩举已先二年死，别有韩将适与同姓名。其说无据。

又案：《赵世家·集解》引徐广曰：“韩举，韩将。”《韩世家·索隐》又云：“韩举则是韩将不疑，而《纪年》云赵将，盖举先为赵将，后入韩。”《六国表》亦载：“韩宣惠王八年魏败我韩举。”陈梦家《六国纪年》信从《集解》、《索隐》之说，确认韩举为韩将，并解释《水经·河水注》所引《纪年》“齐田肦及邯郸韩举战于平邑”，邯郸即赵师，韩举即韩将韩举，此说殊谬，乃曲解《纪年》。与《纪年》之文例不合。按《纪年》文例，常称赵为邯郸，称赵师为“邯郸师”。战将常冠以国名，如秦公孙壮、齐田期、楚景舍、宋景敾等。此云“邯郸韩举”，按例即为赵将韩举，《索隐》谓“《纪年》云赵将”，正确无误。平邑，《赵世家·正义》引《括地志》云在魏州昌乐县东北四十里，在今河北南乐县东北。此为赵东南隅之边邑，与齐接界。若韩举为韩将，则所率韩师将横穿赵国而来此参战，必不可能。《六国表》于是年记“韩宣惠王八年魏败我韩举”，“赵武灵王元年魏败我赵护”。陈梦家据此谓“邯郸之师其将为赵护，与韩举显为两人”。按魏败赵将赵护，与齐败赵将韩举，未必是同一战役，更未必同一战地，不得认定平邑之役赵之主将非韩举而是赵护也。

犀首、田盼欲得齐、魏之兵以伐赵，梁君与田侯不欲。犀首曰：“请国出五万人，不过五月而赵破。”田盼曰：“夫轻用其兵者，其国易危；易用其计者，其身易穷。公今言破赵大易，恐有后咎。”犀首曰：“公之不慧也。夫二君者，固已不欲矣，今公又言有难以惧之，是赵不伐，而二士之谋困也。且公直言易，而事已去矣。夫难构而兵结，田侯、梁君见其危，又安敢释卒不我予乎？”田盼曰：“善。”遂劝两君听犀首。犀首、田盼遂得齐、魏之兵。兵未出境，梁君、田侯恐其至而战败也，悉起兵从之，大败赵氏。（《魏策二》第一章）

案：《赵世家》称“韩举与齐魏战，死于桑丘”。“桑丘”当为“平邑”之误。是役齐将田盼大败赵师，或得魏犀首之助。此章所述，疑亦有关此役之传说。

【附编】

兵甲之符，右在君，左在杜。凡兴兵被甲，用兵五十人以上，必会君符乃敢行之。燔燧之事，虽毋会符，行殹。（杜虎符铭文，见《西北大学学报》哲社版一九七九年第一期陈直《秦兵甲之符考》）

案：此虎符，一九七五年农民发现于西安市郊区山门口乡之北沈家桥村东北，现藏陕西省博物馆。战国时，秦称“君”者惟惠文君。惠文君十三年称王，则此符当铸造于十三年前。马非百《关于杜虎符之铸造年代》（《文物》一九八二年第十一期）与胡顺利《关于秦国杜虎符的铸造年代》（《文物》一九八三年第八期）皆持此说。秦之杜县,《秦本纪·正义》引《括地志》云:"下杜故城在雍州长安县东南九里。"北沈家桥村正当秦、汉长安之东南。村东二公里有杜城村,一九六二年春在北沈家桥村东南一公里,长安县韦曲乡手帕张堡村西,出土一红色夹砂陶釜,内装一枚先秦半两钱,釜盖中间有"杜市"二字戳记。可确证此地为秦之杜县所在。此符铭文与新郪虎符相同,只"甲兵"作"兵甲","王"作"君","新郪"作"杜"。可知秦虎符之制,自战国中期沿用至末期,未有变更。

周显王四十五年(公元前三二四年)

秦惠文王更元元年,魏惠王后元十一年,韩宣惠王九年,赵武灵王二年,齐威王三十三年,楚怀王五年,燕易王九年。

[秦惠文王]十四年更为元年。(《秦本纪》)

秦惠文王初更元年相张仪将兵取陕。(《六国表》)

[秦惠文王]十三年……使张仪伐取陕,出其人与魏。(《秦本纪》)

[张]仪相秦四岁,立惠王为王。居一岁,为秦将,取陕。筑上郡塞。(《张仪列传》)

案:陕在今河南三门峡市西,为函谷关外之重要城邑。秦惠公十年(公元前三九〇年)秦曾在陕设县,但不久陕为魏所有。秦孝公元年(公元前三六一年)曾出兵东围陕城。上年秦虽将焦与曲沃归还魏国,此年张仪又为秦将取陕(《秦本纪》记在上年)。是时秦已占有河西、上郡,并在河东占有汾阴、皮氏等邑,更在河南占有陕,从此黄河天险全为秦所掌握,对东方六国压力甚大。

《纪年》当惠王之后元十一年,彼文作平阿。(《孟尝君列传·索隐》)

案:《孟尝君列传》云:“宣王七年(当作齐威王二十一年)……(田)婴与韩昭侯、魏惠王会齐宣王(当作齐威王)东阿南,盟而去。”《索隐》云:“《纪年》当惠王之后元十一年,彼文作平阿。”雷学淇《竹书纪年义证》以《纪年》为是,以为《史记》误移于前。此说大误。据《田世家》、《魏世家》及《六国表》,魏于马陵惨败之后五年与齐会平阿南,乃屈节朝见齐君之会。《纪年》魏史,讳言朝见之会,因而不载。辨已见周显王三十四年案语中。是年魏惠王又在平阿与齐威王相会,乃与齐修好,谋求对抗秦国。

惠施为韩、魏交(鲍本改“韩”为“齐”),太子鸣为质于齐。王欲见之,朱仓谓王曰:“何不称病?臣请说婴子曰:魏王之年长矣,今有疾,公不如归太子以德之。不然,公子高在楚,楚将内而立之,是齐抱空质而行不义也。”(《魏策二》第十二章,《太平御览》四百六十引,此下有“王从之,太子得还”七字)

案:时惠施为魏相,主张以魏、韩“合齐、楚以按兵”,因而以太子鸣入质于齐,以公子高入质于楚。“鸣”与“嗣”形近,“太子鸣”乃“太子嗣”之误。上年太子嗣从梁惠王朝赵,旋又入质于齐。太子嗣即继承惠王之襄王,襄王名嗣。见于《魏世家·索隐》所引《世本》,同时不可能有两太子。

赵武灵王二年城鄗。(《六国表》,《赵世家》列在次年)

案:鄗在今河北高邑县东,与中山相邻。是时中山参与“五国相王”之列,赵于鄗筑城,盖用以防中山。

周显王四十六年(公元前三二三年)

秦惠文王更元二年,魏惠王后元十二年,韩宣惠王十年,赵武灵王三年,齐威王三十四年,楚怀王六年,燕易王十年。

[秦惠文王更元]二年张仪与齐楚大臣会齧桑。(《秦本纪》,《六国表》作"相张仪与齐楚会齧桑",《楚世家》作"秦使张仪与楚、齐、魏相会,盟齧桑"。《魏世家》作"诸侯执政与秦相张仪会齧桑",《田世家》作"秦使张仪与诸侯执政会于齧桑")

韩宣惠王十年君为王。(《六国表》,《韩世家》作"十一年君号为王")

[燕易王]十年燕君为王。(《燕世家》,《六国表》亦作"君为王")

[楚怀王六年]燕、韩君初称王。(《楚世家》)

五国相王,赵独否,曰:"无其实,敢处其名乎?"令国人谓己曰"君"。(《赵世家》武灵王八年)

[鲁]景公二十九年(当作二十一年)卒,子叔立("叔"当作"旅"),是为平公。是时六国皆称王。(《鲁世家》)

案:叔,《汉书·律历志》及《鲁世家·索隐》引《世本》皆作"旅",盖形近而讹。《鲁世家》云:"平公十二年秦惠王卒",秦惠王卒于周赧王四年,则鲁平公元年当为周显王四十七年,其即位在四十六年,是年正是五国相王之岁。

中山与燕、赵为王,齐闭关不通中山之使,其言曰:"我万乘之国也,中山千乘之国也,何侔名于我?"欲割平邑以赂燕、赵,出兵以攻中山。蓝诸君患之。张登谓蓝诸君曰:"公何患于齐?"蓝诸君曰:"齐强,万乘之国,耻与中山侔名,不惮割地以赂燕、赵,出兵以攻中山。燕、赵好位而贪地(姚注"位一作倍",鲍本作"倍",鲍彪注:"倍谓背约”)，吾恐其不吾据也。大者危国，次者废王，奈何吾弗患也。”张登曰：“请令燕、赵固辅中山而成其王，事遂定，公欲之乎?”蓝诸君曰：“此所欲也!”曰：“请以公为齐王，而登试说，公可乃行之。”蓝诸君曰：“愿闻其说。”登曰：“王之所以不惮割地以赂燕、赵，出兵以攻中山者，其实欲废中山之王也。王曰：然。然则王之为费且危。夫割地以赂燕、赵，是强敌也；出兵以攻中山，首难也。王行二者，所求中山未必得，王如用臣之道，地不亏而兵不用，中山可废也。王必曰：子之道奈何?”蓝诸君曰：“然则子之道奈何?”张登曰：“王发重使，使告中山君曰：‘寡人所以闭关不通使者，为中山之独与燕、赵为王，而寡人不与闻焉，是以隘之。王苟举趾以见寡人(鲍本“趾”上补“玉”字)，请亦佐君。中山恐燕、赵之不己据也。今齐之辞去即佐王，中山必遁燕、赵而与王相见，燕、赵闻之，怒绝之(鲍本“怒”上有“必”字)，王亦绝之，是中山孤，孤何得无废? 以此说齐王，齐王听乎!”蓝诸君曰：“是则必听矣。此所以废之，何在其所以存之矣。”张登曰：“此王所以存者也，齐以是辞来，因言告燕、赵而无往，以积厚于燕、赵，燕、赵必曰：‘齐之欲割平邑以赂我者，非欲废中山之王也。徒欲以离我于中山而己亲之也。’虽百平邑，燕、赵必不受也。”蓝诸君曰：“善。”遣张登往，果以是辞来，中山因告燕、赵而不往，燕、赵果俱辅中山而使其王，事遂定。(《中山策》第三章)

犀首立五王而中山后持。齐谓赵、魏曰：“寡人羞与中山并为王，愿与大国伐之，以废其王。”中山闻之，大恐，召张登而告之曰：“寡人且王，齐谓赵、魏曰：‘羞与寡人并为王。’而欲伐寡人，恐亡其国，不在索王，非子莫能吾救。”登对曰：“君为臣多车重币，臣请见田婴。”中山之君遣之齐，见婴子曰：“臣闻君欲废中山之王，将与赵、魏伐之，过矣！以中山之小，而三国伐之，中山虽益废王，犹且听也。且中山恐，必为赵、魏废其王而务附焉。是君为赵、魏驱羊也，非齐之利也。岂若中山废其王而事齐哉？"田婴曰："奈何？"张登曰："今君召中山，与亡遇而许之王，中山必喜而绝赵、魏。赵、魏怒而攻中山，中山急而为君难其王，则中山必恐，为君废王事齐，彼患亡其国，是君废其王而亡其国（"而亡"鲍本作"而立"，金正炜云："本当作竝，並与并通"），贤于为赵、魏驱羊也。"田婴曰："诺。"张丑曰："不可。臣闻之，同欲者相憎，同忧者相亲。今五国相与王也，负海不与焉。此是欲皆在为王，而忧在负海。今召中山，与之遇而许之王，是夺五国而益负海也。致中山而塞四国，四国寒心，必先与之王而故亲之，是君临中山而失四国也，且张登之为人也，善以微计荐中山之君久矣，难信以为利。"田婴不听，果召中山君而许之王。张登因谓赵、魏曰："齐欲伐河东，何以知之？齐羞与中山之为王甚矣，今召中山与之遇而许之王，是欲用其兵也。岂若令大国先与之王，以止其遇哉？"赵、魏许诺，果与中山王而亲之，中山果绝齐而从赵、魏。（《中山策》第二章）

案：犀首即公孙衍，时为魏将，采取合纵策略，以谋与张仪之连横策略相对抗，因而发起"五国相王"，即所谓"犀首立五王"。吕祖谦《大事记》定此事在周显王四十六年，其说可信。与《六国表》及楚、燕、韩、鲁等《世家》皆符合。五国相王，《中山策》高注以为齐、赵、魏、燕、中山，鲍注谓秦、韩、燕、宋、中山。《大事记·解题》以为二家之说皆非，其可考者韩、燕、赵、中山，其一则不可考也。其实"犀首立五王"，犀首为魏将，五国之核心必为魏无疑。《中山策》既云"中山与燕、赵为王，齐闭关不通中山之使"而欲出兵以攻中山，齐必不在五国相王之中。又云："燕、赵果俱辅中山而使其王，事遂定。”“赵、魏许诺，果与中山王而亲之，中山果绝齐而从赵、魏。”赵、魏、燕、中山固在五国相王之中。《韩世家》、《燕世家》、《楚世家》及《六国表》皆谓是年燕、韩君称王，则韩亦必在其中。雷学淇《竹书纪年义证》解释“犀首立五王”，谓“犀首所王即秦、韩、燕、赵、中山五国无疑，魏、齐已先王，宋则自为王，故皆不在五国之数”。其说非是。金正炜《战国策补释》又云：“按五国僭王非一时，且亦非犀首所得立。”并云：“疑此策所谓五王，当是秦、赵、韩、燕与中山也。”近人齐思和《战国制度考》(《燕京学报》第二十四期)，亦以为秦在五国之中，此皆与《中山策》和有关五国相王之史料不合。其实，公孙衍发起“五国相王”，合纵抗秦正是其主要之目的。五国相王，犀首主之。犀首时为魏将，魏固五国之核心所在。秦惠称王，秦相张仪主其事，张仪正为犀首之政敌。事在周显王四十四年，早于五国相王二年，五国相王时秦固弗与。雷学淇强以秦在五国之中，甚至谓“魏将公孙衍致王号于秦、赵、韩、燕、中山，秦先受之称王改元”，毫无事实根据。是年秦相张仪与齐、楚等国大臣会盟于齧桑，盖欲连衡而斗诸侯，而魏将公孙衍合魏、赵、韩、燕、中山“五国相王”，盖欲广结与国，合纵抗秦。战国时代合纵连横斗争之局势于是焉开。

楚怀王六年败魏襄陵。(《六国表》)

[楚怀王]六年楚使柱国昭阳将兵而攻魏，破之于襄陵，得八邑，又移兵而攻齐。齐王患之。陈轸适为秦使齐，齐王曰：“为之奈何？”陈轸曰：“王勿忧，请令罢之。”即往见昭阳军中，曰：“愿闻楚国之法，破军杀将者何以贵之？”昭阳曰：“其官为上柱国，封上爵执珪。”陈轸

曰:“其有贵于此者乎?”昭阳曰:“令尹。”陈轸曰:“今君已为令尹矣,此国冠之上,臣请得譬之。人有遗其舍人一卮酒者,舍人相谓曰:‘数人饮此,不足以遍,请遂画地为蛇,蛇先成者独饮之。’一人曰:‘吾蛇先成。’举酒而起,曰:‘吾能为之足。’及其为之足,而后成人夺之酒而饮之,曰:‘蛇固无足,今为之足,是非蛇也。’今君相楚而攻魏,破军杀将,功莫大焉,冠之上不可以加矣。今又移兵而攻齐,攻齐胜之,官爵不加于此,攻之不胜,身死爵夺,有毁于楚,此为蛇为足之说也。不若引兵而去以德齐,此持满之术也。”昭阳曰:“善。”引兵而去。(《楚世家》)

案:《集解》徐广曰:“怀王六年昭阳移和而攻齐。军门曰和。”可知“移兵而攻齐”原又作“移和而攻齐”。《楚世家》此节与《齐策二》第四章大体相同。惟此处陈轸曰:“今君已为令尹矣”,“攻齐胜之,官爵不加于此”。而《齐策》载陈轸曰:“令尹贵矣,王非置有两令尹也”,“又移兵欲攻齐……官之上非可重也。”与《楚世家》不同。当以《齐策》为是。是时昭阳未为令尹,上文称为“柱国昭阳”。新出土之鄂君启节,则称为“大司马邵阳”。大司马当为上柱国之异名,次于令尹一等。

昭阳为楚伐魏,覆军杀将,得八城,移兵而攻齐。陈轸为齐王使见昭阳,再拜贺战胜,起而问:“楚之法,覆军杀将,其官爵何也?”昭阳曰:“官为上柱国,爵为上执珪。”陈轸曰:“异贵于此者何也?”曰:“唯令尹耳。”陈轸曰:“令尹贵矣,王非置有两令尹也。臣窃为公譬可也(姚注:“也,刘作乎”,《太平御览》四百六十引作“乎”),楚有祠者,赐其舍人一卮酒(原脱一字,从王念孙据《艺文类聚》二十五、七十三、九十六,《太平御览》四百六十、七百六十一、九百三十三所引及《楚世家》补)，舍人相谓曰：‘数人饮之不足，一人饮之有余，请画地为蛇，先成者饮酒。’一人蛇先成，引酒且饮，乃左手持卮，右手画蛇，曰：‘吾能为之足’，足未成，一人之蛇成，夺其卮，曰：‘蛇固无足，子安能为之足。’遂饮其酒。为蛇足者终亡其酒。今君相楚而攻魏，破军杀将得八城，又移兵而欲攻齐(“又移”原误作“不弱”，从诸祖耿据《艺文类聚》二十五、九十六、九十八，《太平御览》四百六十、九百三十三所引改正)，齐畏公甚，公以是为名居足矣(姚注：“一本去居字”，鲍本“居”作“亦”，《艺文类聚》二十五，《太平御览》四百六十所引无“居”字)。官之上非可重也。战无不胜而不知止者，身且死，爵且后归(《艺文类聚》二十五，《太平御览》四百六十引作“爵且偃”)，犹为蛇足也。”昭阳以为然，解军而去。(《齐策二》第四章)

襄陵之役，毕长谓公叔曰：“请毋用兵，而楚、魏皆德公之国矣。夫楚欲置公子高(鲍本“高”作“咎”)，必以兵临魏。公何不令人说昭子曰：‘战未必胜，请为子起兵以之魏’，子有辞以毋战，于是以太子扁、昭扬、梁王皆德公矣。”(《韩策二》第五章，鲍本“扁”作“与”，“扬”作“阳”)

案：鲍彪改公子高为公子咎，以为韩公子咎，又改“扁”为“与”，皆妄改而无依据。公子高为魏公子而质于楚者。《魏策二》第十二章载朱仓曰：“公子高在楚，楚将内而立之。”金正炜云：“此策当即楚欲纳公子高于魏时事。《竹书纪年》惠成后十二年楚败我襄陵(按此据今本《竹书纪年》推算)，即此所云襄陵之役。鲍、吴皆就韩言，故所注全误。鲍改公子高为公子咎，释‘置’为‘不立’，其意楚所欲立者为幾瑟也，若如所说。何为以兵临魏”，其说甚是。惟金正炜以太子扁之“扁”当为“属”字，形似而误，则又未确。“太子扁”当是“太子嗣”，“扁”“嗣”形似而误。盖楚使昭阳伐魏，意欲将入质于楚之公子高，纳入于魏而立为太子。若昭阳“有辞以毋战”，将使魏太子嗣仍保持为太子，梁惠王可以免除楚之威胁，因而将使太子嗣与梁惠王感激公叔，同时昭阳“战未必胜”，因而昭阳亦将感激公叔，故云：“太子嗣、昭阳、梁王皆德公矣。”

大司马邵鄸（昭阳）败晋帀（即魏师）于襄陵之岁，夏层之月（二月）乙亥之日，王凥于茂郢之游宫。大攻尹脽台（以）王命命集尹悉糌、裁尹逆、裁令阬，为鄂君启之府赓铸金节：屯三舟为一舿（舸），五十舿（舸）岁罷（能）返。自鄂往：逾沽（湖），让滩，庚（更）盾，庚芑阳；逾滩，庚郢，逾夏，内（入）邔。逾江，庚彭弹，庚松昜（阳），内澮（泸）江，庚爰陵。让江，内（入）湘，庚䐪，庚濒昜（阳），内灃（耒），庚鄗（郴），内絫（资）、沅、澧、灉。让江，庚木阐，庚郢。见其金节毋政（征），毋舍桴飤；不见其金节则政（征）。女（如）载马牛羊台（以）出内（入）阐，则政（征）于大府，毋政（征）于阐。（鄂君启节舟节铭文）

大司马邵鄸（昭阳）败晋帀（即魏师）于襄陵之岁，夏层之月（二月）乙亥之日，王凥于茂郢之游宫。大攻尹脽台（以）王命命集尹悉糌、裁尹逆、裁令阬，为鄂君启之府赓铸金节：车五十乘，岁罷（能）返。毋载金革黾箭。女（如）马，女（如）牛，女（如）德（犆），屯十台（以）堂（当）一车。女（如）檐（檐）徒，屯廿檐（檐）台（以）堂（当）一车，台（以）毁于五十乘之中。自鄂往，庚（更）昜（阳）丘，庚邡（方）城，庚象禾，庚畐焚，庚繁（繁）昜（阳），庚高丘，庚下鄵（蔡），庚居鄛（巢），庚郢。见其金节则毋政（征），毋舍桴飤；不见其金节则政（征）。（鄂君启节车节铭文）

案：鄂君启节，一九五七年安徽寿县城东九里乡丘家花园出土四枚，一九六〇年又出土一枚。原有舟节、车节各一套，每套由五枚同样弧度之铜节合成一圆形，腰部隆起如竹节状。舟节现存二枚，车节现存三枚。舟节为水路免税通行证，车节为陆路免税通行证。铭文规定，除禁运金属、皮革、箭杆等军用物资，运载牛、马归大府征税以外，所有贩运物资经过关卡凭节一律免税。水上运输以“五十舿”即一百五十舟为限，陆上运输以车五十乘为限。如用马、牛等牲畜驮载货物，则集十四当一车，如用肩挑者（担徒）挑担，则集二十担当一车。

【附编】

君独不闻夫鄂君子晳之泛舟于新波之中也，乘青翰之舟，极蕳芘，张翠盖而擒犀尾，班丽袿衽，会钟鼓之音毕，榜枻越人拥楫而歌。歌辞曰：“滥兮抃草滥予，昌枑泽予，昌州州，𩜱州焉乎，秦胥胥，缦予乎，昭澶秦逾，渗惿随河湖。”鄂君子晳曰：“吾不知越歌，子试为我楚说之。”于是乃召越译，乃楚说之曰：“今夕何夕兮，搴舟中流（“舟”原误作“州”，从孙诒让《札迻》改正）。今日何日兮，得与王子同舟。蒙羞被好兮，不訾诟耻。心幾顽而不绝兮，得知王子。山有木兮木有枝，心说君兮君不知。”于是鄂君子晳乃揄修袂而拥之（“揄”原作“擒”，今从卢文弨《群书拾补》改正），举绣被而覆之。鄂君子晳亲楚王母弟也，官为令尹，爵为执珪，一榜枻越人，犹得交欢尽意焉。（《说苑·善说》第十三章，庄辛谓襄成君）

案：殷涤非、罗长铭《寿县出土的鄂君启金节》（《文物》一九五八年第四期），以为鄂君启即鄂君子晳，启其名，子晳其字，其说有可能。“启”与“晳”字义相通，时代亦相当。据鄂君启节铭文，鄂君启尚未“官为令尹”，但楚怀王六年以后，启亦可能官为令尹。

大司马昭阳败晋师于襄陵(包山楚墓出土竹简)。

案：湖北省包山二号楚墓出土竹简有纪年的大事记七则，按当时楚官方习俗，以上一年大事纪年，“大司马昭阳败晋师于襄陵之岁”指楚怀王七年(公元前三二二年)，此事当在楚怀王六年(公元前三二三年)。

战国时尝与楚婚，及七国称王，巴亦称王。(《华阳国志·巴志》，《水经·江水注》亦云：“及七国称王，巴亦王焉。”)

周之季世，巴国有乱，将军蔓子请师于楚，许以三城。楚王救巴，巴国既宁，楚使请城，蔓子曰：“藉楚之灵，克弭祸难，诚许楚王城，将吾头往谢之，城不可得也。”乃自刎，以头授楚使，王叹曰：“使吾得臣若巴蔓子，用城何为?”乃以上卿礼葬其头，巴国葬其身，亦以上卿礼。(《华阳国志·巴志》)

中山之相乐池以车百乘使赵，选其客之有智能者以为将行，中道而乱，乐池曰：“吾以公为有智，而使公为将行，今中道而乱，何也?”客因辞而去，曰：“公不知治，有威足以服人，而利足以劝之，故能治之。今臣，君之少客也。夫从少正长，从贱治贵，而不得操其利害之柄以制之，此所以乱也。尝试使臣，彼之善者我能以为卿相，彼不善者我得以斩其首，何故而不治。”(《韩非子·内储说上》)

望诸相中山也使赵，赵劫之求地，望诸攻关而出逃。(《燕策二》第二章奉阳君告朱讙与赵足)

案：《中山策》第三章载齐欲出兵攻中山，蓝诸君患之，鲍彪注：“蓝诸君，中山相也。”《乐毅列传》谓“赵封乐毅于观津，号曰望诸君”。《索隐》云:“《战国策》望作蓝也。”吴师道于《中山策》蓝诸君下注云:“《燕策》望诸相中山,恐即此人,与乐毅同号者,《索隐》指为毅,则误矣。”考五国相王时,蓝诸君为中山相,蓝诸君疑即乐池。《韩非子》谓“中山之相乐池,以车百乘使赵”,即《燕策二》所谓:“望诸相中山也使赵”。望诸君即蓝诸君。

楚王攻梁南,韩氏因围蔷。(“蔷”原作“蔷”,姚注“一本作蔷”,今从之。鲍本改作“黄”,无据。)成恢为犀首谓韩王曰:“疾攻蔷,楚师必进矣。魏不能友,交臂而听楚,韩氏必危。故王不如释蔷。魏无韩患,必与楚战,战而不胜,大梁不能守,而又况存蔷乎?若战而胜,兵罢敝,大王之攻蔷易矣。”(《魏策二》第五章)

案:顾观光系此于周显王四十六年,即楚攻魏襄陵时事,无确据。

周显王四十七年(公元前三二二年)

秦惠文王更元三年,魏惠王后元十三年,韩宣惠王十一年,赵武灵王四年,齐威王三十五年,楚怀王七年,燕易王十一年。

[梁惠王后元]十三年会齐威王于鄄。(《孟尝君列传·索隐》引《纪年》)

案:《魏世家》谓魏惠王三十五年(当作三十四年)与齐王会平阿,次年复与齐王会甄。《田世家》、《六国表》及《孟尝君列传》有相同之记载。而《纪年》又谓梁惠王后元十一年与齐王会平阿,后二年又与齐王会鄄,前后两次于相同地点之相会,形势颇有不同。前两次相会,正当魏在马陵惨败于齐之后,齐、魏会徐州相王之前,魏惠王从惠施变服折节朝齐之策略,相会用朝礼。

《吕氏春秋·不屈》称:"惠王布冠而拘于鄄,齐威王几弗受。"当指前次与齐王会甄。后二次魏、齐相会于平阿与甄,正当魏在龙贾之战惨败于秦之后,魏之河西、上郡已献于秦,秦并在河东、河南占有重要据点,正谋东向扩展。秦相张仪正谋以连横策略向东进攻,而魏将公孙衍正谋以合纵策略对抗。此时公孙衍发动之"五国相王",既有"合众弱以攻一强"之意图,魏惠王两次与齐威王相会,亦在争取与国,谋求对抗秦国。此事必在张仪为魏相之前。

张仪欲以秦、韩与魏之势伐齐、荆,而惠施欲以齐、荆偃兵,二人争之,群臣左右皆为张子言,而以攻齐、荆为利,而莫为惠子言。王果听张子,而以惠子言为不可。攻齐、荆之事已定,惠子入见,王言曰:"先生毋言矣!攻齐、荆之事果利矣,一国尽以为然。"惠子因说:"不可不察也,夫齐、荆之事诚利,一国尽以为利,是何智者之众也?攻齐、荆之事诚不利,一国尽以为利,何愚者之众也?凡谋者疑也,疑也者诚疑,以为可者半,以为不可者半,今一国尽以为可,是王亡半也,劫主者固亡其半也。"(《韩非子·内储说上》,《魏策一》第十八章略同)

张仪欲以魏合于秦、韩而攻齐、楚,惠施欲以魏合于齐、楚以案兵,人多为张子于王所。惠子谓王曰:"小事也,谓可者谓不可者正半,况大事乎?以魏合于秦、韩而攻齐、楚,大事也。而王之群臣皆以为可,不知是其可也,如是其明耶?而群臣之知术也(鲍本"而"作"亡","知"作"智",黄丕烈云:"亡字当是。"金正炜云:"亡,转语词也"),如是其同耶?是其可也,未知是其明也,而群臣之知术也,又非皆同也,是有其半塞也(鲍本"有其"作"其有"),所谓劫主者(鲍本

"主"作"王"),失其半者也。"(《魏策一》第十八章)

张仪逐惠施于魏,惠子之楚,楚王受之。冯郝谓楚王曰:"逐惠子者张仪也,而王亲与约,是欺仪也,臣为王弗取也。惠子为仪者来,而恶王之交于张仪,惠子必弗行也。且宋王之贤惠子也,天下莫不闻也,今之不善张仪也,天下莫不知也。今为事之故,弃所贵于仇人,臣以为大王轻矣。且为事耶?王不如举惠子而纳之于宋,而谓张仪曰:'请为子勿纳也。'仪必德王,而惠子穷人,而王奉之,又必德王。此不失为仪之实,而可以德惠子。"楚王曰:"善。"乃奉惠子而纳之宋。(《楚策三》第六章)

案:魏惠施为"名家"之代表人物,于魏国在马陵之战惨败后,主张"以魏合于齐、楚以按兵",使魏惠王朝见齐威王,"会徐州相王"。惠施因于魏惠王后元元年至十三年间为魏相。惠施甚为魏惠王所推崇。《吕氏春秋·不屈》称魏惠王欲传国于惠施,惠王固请而惠施不受。是时秦相张仪推行连横策略,"欲以秦、韩与魏之势伐齐、荆",正与惠施"以魏合于齐、楚以按兵"策略针锋相对。张仪挟其为秦相之势力,进入魏国,迫使魏惠王推行其策略,而将惠施逐走。《吕氏春秋》评魏惠王与惠施云:"今无其他,而欲为尧、舜、许由,故惠王布冠而拘于鄄,齐威王几弗受;惠施易衣变冠,乘舆而走,几不出乎魏境。"高诱注:"言几不免难于魏境内也。"可见惠施为张仪逐走之狼狈。惠施走至楚,楚不敢留,又送之入宋。

犀首以梁与楚战于承匡而不胜("楚"原误作"齐",今改正,详案语),张仪谓梁王不用臣言以危国。梁王因相张仪,仪以秦、梁之齐合横亲。犀首欲败之("之"字原脱,从王念孙改正),谓卫君曰:"衍非有怨于仪也，值所以为国者不同耳（“值”与“直”同，读作“特”），君必解衍。”卫君为告仪，仪许诺，因与之参坐于卫君之前。犀首跪行，为仪千秋之祝。明日，张子行，犀首送之于齐疆。齐王闻之，怒于仪曰：“衍也吾仇，而仪与之俱，是必鬻吾国矣。”遂不听。（《齐策二》第三章）

案：顾观光系此于周赧王五年，于鬯驳之曰：“不知此时犀首在秦而不在魏。”于鬯以为齐、魏观泽之役，即此承匡之役，在周慎靓王四年。此说亦不确。观泽在今河南清丰县南，承匡在今河南睢县西南，两地相距极远。此章既言“梁王因相张仪”，则此事必在魏惠王后元十三年张仪相魏时。所谓“犀首以梁与齐战于承匡而不胜”，“齐”当为“楚”之误。上年楚大败魏于襄陵，得八城。承匡即在“襄陵西南，当即为楚所攻取八城之一。承匡之战，犀首为将而大败。魏在为楚大败之后，惠王于是听信张仪连横策略，而以张仪为相。

齐客陈豫贺王（即楚怀王，包山楚墓出土竹简）。

案：包山楚墓出土竹简，有“齐客陈豫贺王之岁”，指楚怀王八年。按楚官方习俗，以上一年大事纪年，此事当在楚怀王七年（公元前三二二年）。上年楚大司马昭阳战胜魏于襄陵，得八城，又曾战胜魏将犀首（公孙衍）于承匡，齐因而遣使陈豫贺楚怀王。

张仪欲并相秦、魏，故谓魏王曰：“仪请以秦攻三川，王以其间约南阳，韩氏亡。”史厌谓昭献曰：“公何不以楚佐仪求相之于魏，韩恐亡，必南走楚，仪兼相秦、魏，则公亦并相楚、韩也。”（《魏策一》第二十章）

案：据此可知，张仪未为魏相之前，原欲并相秦、魏，但名义上张仪免秦相而后相魏。

秦惠文王更元三年张仪免相,相魏。(《六国表》)

[秦惠文王]更元三年韩、魏太子来朝,张仪相魏。(《秦本纪》)

[魏襄王]十三年(当作魏惠王后元十三年)张仪相魏……秦取我曲沃平周。(《魏世家》,《六国表》同。《魏世家》、《六国表》又谓是年"魏有女子化为丈夫")

[张仪]使与齐、楚之相会齧桑东,还而免相,相魏以为秦。欲令魏先事秦,而诸侯效之,魏王不肯听仪,秦王怒,伐取魏之曲沃平周。复阴厚张仪益甚,张仪惭,无以归报。(《张仪列传》)

案:是年张仪相魏而韩、魏太子朝秦,可见张仪"以魏合于秦、韩"之连横策略,已为魏、韩两国所接受。但张仪欲魏王先事秦而待诸侯效之,魏王不肯听从。秦王怒而伐取魏之曲沃、平周。曲沃在今河南三门峡市西南,平周在今山西介休西。可知秦于河东、河南分两路同时出击,以威胁魏国,迫使魏王听从。

张仪以秦相魏,齐、楚怒而欲攻魏。雍沮谓张子曰:"魏之所以相公者,以公相则国家安,而百姓无患。今公相而魏受兵,是魏计过也。齐、楚攻魏,公必危矣。"张子曰:"然则奈何?"雍沮曰:"请令齐、楚解攻。"雍沮谓齐、楚之君曰:"王亦闻张仪之约秦王乎?曰'王若相仪于魏,齐、楚恶仪必攻魏,魏战而胜,是齐、楚之兵折,而仪固得魏矣。若不胜,魏必事秦以持其国。必割地以赂王,若欲复攻,其敝不足以应秦',此仪之所以与秦王阴相结也。今仪相魏而攻之,是使仪之计当于秦也,非所以穷仪之道也。"齐、楚之王曰:"善。"乃遽解攻于魏。(《魏策一》第十九章,"遽",鲍本作"遂")

陈轸告楚之魏(鲍本"告"作"去",金正炜云:《汉书·高帝纪》注引孟康曰:“古者名吏休假曰告”)。张仪恶之于魏王曰(《魏策一》第十五章上二句作“张仪恶陈轸于魏王曰”):“轸犹善楚(《魏策》“犹善”作“善事”),为求地甚力(《魏策》“地”作“壤地”,“力”下衍“之”字)。”左爽谓陈轸曰(《魏策》“左爽”作“左华”):“仪善于魏王,魏王甚信之,公虽百说之犹不听也,公不如以仪之言为资,而复楚。”(《魏策》作“而反于楚王”,王念孙曰:“以仪之言而反于楚,‘楚’下本无‘王’字,此因下有楚王而误衍耳。反训为归”)陈轸曰:“善。”因使人以仪之言闻于楚。楚王喜,欲复之(姚注:“刘作果欲”,金正炜曰:“欲疑当作故。”《魏策》作“因使人先言于楚王”,无“楚王喜欲复之”二句)。(《楚策三》第八章,《魏策一》第十五章大体相同)

案:此当为张仪初相魏时之事。若在张仪以秦合韩、魏而胜楚、齐之后,陈轸不能为楚求地于魏。黄式三《周季编略》系此于周显王四十三年,今从顾观光系此于四十七年。

张仪欲假秦兵以救魏。左成谓甘茂曰:“子不如予之(原无“如”字,鲍本“子不”作“不如”,今补“如”字)。魏不反秦兵,张子不反秦(高诱注:“言魏以秦兵战,死亡之而不反,则张仪亦惧诛,不敢反秦也。”金正炜曰:“据高注,不字下当有敢字,今误淆次于后文”)。魏若反秦兵,张子得志于魏,不敢反于秦矣(高诱注:“魏用秦兵战,得反之,则张仪有功于魏,故得志。得志于魏,亦不反于秦也。”金正炜曰:“据高注,此无敢字”)。张子不去秦,张子必高子。”(《秦策一》第六章)

案:此亦当为张仪初相魏时之事,否则张仪不可能“欲假秦兵以救魏”。其时甘茂已为秦将,《甘茂列传》称甘茂“因张仪、樗里子而求见秦惠王,王见而说之,使将”。

梁惠王后元十三年四月齐威王封田婴于薛，十月齐城薛。（《孟尝君列传·索隐》引《纪年》，《孟尝君列传》云："湣王即位，即位三年而封田婴于薛。"《田齐世家》云："[湣王]三年封田婴于薛"，《六国表》同）

案：田婴封薛，《纪年》在梁惠王后元十三年，据《六国表》梁惠王后元十三年，即所谓"魏襄王十三年"，相当于齐湣王二年，此与《孟尝君列传》所说湣王"即位三年而封田婴于薛"相合。湣王即位三年正当湣王二年。《田齐世家》作"湣王三年"，则误迟一年。惟《史记》误将威王、宣王年世移前，是年实为齐威王三十五年。《吕氏春秋·知士》叙述靖郭君善齐貌辨，谓："数年，威王薨，宣王立，靖郭君之交，大不善于宣王，辞而之薛与齐貌辨俱留，无几何，齐貌辨辞而行，请见宣王……曰：'……至于薛，昭阳请以数倍之地易薛，辨又曰必听之。靖郭君曰：受薛于先王，虽恶于后王，吾独谓先王何乎？且先王之庙在薛，吾岂可以先王之庙予楚乎，又不肯听……'"《齐策一》同，是靖郭君封薛固在齐威王时。史公误前威王宣王年世，遂误在湣王时矣。《齐策二》云："昭阳为楚伐魏……得八城，移兵而攻齐"，《吕氏春秋·知士》、《齐策一》云："昭阳请以数倍之地易薛"，《齐策一》又云："齐将封田婴于薛，楚王闻之大怒，将伐齐。"乃一时事。考《楚世家》昭阳得魏八城，在楚怀王六年，正当魏惠后元十二年，则《纪年》魏惠后元十三年田婴封薛之说，确无可疑矣。

齐将封田婴于薛，楚王闻之大怒，将伐齐，齐王有辍志。公孙闬曰："封之成与不，非在齐也，又将在楚。闬说楚王令其欲封公也，又甚于齐。"婴子曰："愿委之于子。"公孙闬为谓楚王曰："鲁、宋事楚而齐不事者，齐大而鲁、宋小。王独利鲁、宋之小，不恶齐大，何也？夫

齐削地而封田婴，是其所以弱之也，愿勿止。”楚王曰：“善。”因不止。（《齐策一》第二章）

靖郭君将城薛（《新序·杂事二》第十八章“将”作“欲”），客多以谏者（《淮南子·道应训》作“宾客多止之，弗听”），靖郭君谓谒者曰（《新序》作“君告谒者”）：“毋为客通。”（《新序》“通”下有“事”字，《淮南子》作“无为宾通言”）齐人有请见者曰（《齐策一》第三章无“见”字，《新序》作“于是有一齐人曰”）：“臣请三言而已（《淮南子》“请”下有“道”字，《新序》作“臣愿一言”），过三言臣请烹。”（《齐策》“过三”作“益一”，《新序》“三”作“一”）靖郭君因见之（《淮南子》“因”作“闻而”），客趋进曰（《淮南子》作“宾趋而进，再拜而兴，因称曰”）：“海大鱼”，因反走（《淮南子》“因”作“则”）。靖郭君曰（《淮南子》“君”下有“止之”二字）：“愿闻其说。”（《齐策》作“客有于此”，《新序》作“请少进”）客曰：“臣不敢以死为戏。”（《淮南子》“戏”作“熙”，注“熙，戏也”）靖郭君曰：“愿与寡人言之。”（《齐策》作“亡更言之”，《淮南子》作“先生不远道而至此，为寡人称之”，《新序》作“嘻，寡人毋得已，试复道之”）答曰：“君闻大鱼乎（《齐策》“闻”上有“不”字，《淮南子》作“海大鱼”，《新序》作“君独不闻海大鱼乎？”《太平御览》鳞介部引《战国策》有“海”字），网不能止，缴不能绁也（《齐策》作“钩不能牵”，《淮南子》作“钓不能牵”，《新序》作“缴不能牵”），荡而失水（《新序》“荡”作“砀”），蝼蚁得意焉（《淮南子》“意”作“志”，《新序》“蝼蚁”上有“陆居则”三字），今夫齐亦君之海也（“海”，《齐策》、《新序》作“水”，《淮南子》作“渊”）。君长有齐（《齐策》“齐”下有“阴”字，当读“阴”为“荫”。《新序》“长”作“已”），奚以薛为？君失齐（《齐策》无“君”字，“失”误作“夫”，当从王念孙据《韩非子》、《淮南子》改正。《新序》作“君若无齐”)，虽隆薛城至于天，无益也。”(《齐策》“至”作“到”，“无益”上有“犹之”二字。《淮南子》作“则薛能自存乎?”《新序》作“城薛犹且无益也”)靖郭君曰：“善。”乃辍，不城薛(《淮南子》“辍”作“止”，《新序》作“靖郭君大悦，罢民不城薛也”)。(《韩非子·说林下》，《齐策一》第三章、《淮南子·人间训》、《新序·杂事四》第十八章大体相同)

滕文公问曰：“齐人将筑薛，吾甚恐，如之何则可?”孟子对曰：“昔者大王居邠，狄人侵之，去之岐山之下居焉，非择而取之。不得已也。苟为善，后世子孙必有王者矣。君子创业垂统，为可继也。若夫成功，则天也，君如彼何哉？强为善而已矣。”(《孟子·梁惠王下》)

案：滕文公因齐人将筑薛而恐，问于孟子，当即在此年田婴将筑薛之时。孟子游滕，滕文公问为国，又使毕战问井田，皆当在此年前后。

[赵武灵王]四年与韩会于区鼠。(《赵世家》，《六国表》同)

[韩宣惠王]十一年与赵会区鼠。(《韩世家》)

卷十

周显王四十八年(公元前三二一年)至周赧王元年(公元前三一四年)

周显王四十八年(公元前三二一年)

秦惠文王更元四年,魏惠王后元十四年,韩宣惠王十二年,赵武灵王五年,齐威王三十六年,楚怀王八年,燕易王十二年。

王四年(指秦惠文王称王改元四年)相邦张义、庶长□操之造□界戟,□□□贱,工卯。(一九八三年广州象岗南越王墓中发掘出土之戟、铭文,见发掘报告《西汉南越王墓》,背面有“鍚”字)

案:戟长二二·三厘米,锋锐援窄,长胡三穿,“内”端有锋刃。上述铭文刻于“内”之正面,共三行。所谓“界戟”,疑即指此种形制之戟。“戟”下一字,上半似“田”,下半残缺,当为制造地名。“贱”上二字残缺,当为“工师”二字。铭文于年代之前冠以“王”字,指秦惠文王称“王”改元之年。余于一九四七年所作《上郡守疾戈考释》(上海《中央日报》副刊《文物周刊》第三十三期)

已指出“上郡守疾戈”之铭文“王六年”乃秦惠文王称王改元六年。此戟“王四年”，与之同例。《西汉南越王墓》考定为秦惠文王后元四年，甚是。秦惠文王于十三年四月戊午称“王”，次年因称王而改元，从此秦君开始称“王”。此为秦当时之大事，《吕氏春秋·报更》所谓“名号至今不忘”。因而秦惠文王于称“王”改元之后纪年，于年代之前冠以“王”字。所谓“相邦张义”，即文献上之秦相张仪。所谓“庶长□操”，即文献上惠文王七年将兵平定义渠内乱之庶长操。见《六国表》。发掘报告谓在此前一年仪为秦相魏，表面上免去秦相而相魏，实际上未免秦相。迨至改元七年始命乐池为相，翌年仪复相。其说是也。此戟铭文称“王四年相邦张义、庶长□操之造”，盖是年张仪虽在魏为相，仍遥兼秦相，即《魏策一》第二十章所谓“并相秦、魏”，用以推行张仪“连横”之策略。此戟“内”背面有“鍚”字，乃置用地名。在今陕西白河县东，正当南郑(今汉中市)东北。南郑一带原为秦、蜀争夺之地，此时为秦之西南边邑。此时秦屯兵于鍚，盖欲谋取楚之汉水流域也。此戟之流传至南越，当为其后秦攻取岭南时所用。

[梁惠成王后元十四年]薛子婴来朝。(《孟尝君列传·索隐》引《纪年》)

[周显王]四十八年显王崩，子慎靓王定立。(《周本纪》)

案：慎靓王，《汉书·古今人表》亦作慎靓王，而《华阳国志·蜀志》作慎王，《路史·前纪》注引《志》作静王，又作顺王，《法言·渊骞》篇云：“周之顺赧，以成周而西倾”，亦作顺。盖“静”与“靓”通，“顺”与“慎”通，本有两谥也。

又案：《赵策三》第十三章鲁仲连曰：昔齐威王尝为仁义矣，

率天下诸侯而朝周，周贫且微，诸侯莫朝，而齐独朝之。居岁余，周烈王崩，诸侯皆吊，齐后往，周怒，赴于齐曰："天崩地坼，天子下席，东藩之臣田婴齐，后至则斫之。"威王勃然怒曰："叱嗟！而母婢也。"据《史记》周烈王固崩于齐威王十年，《六国表》周烈王六年《集解》引徐广曰："齐威王朝周。"然《史记》误前威王年世，威王实不及周烈王。考周显王卒于齐威卒前一年，岂此周烈王乃周显王之误欤？然此时周既衰微，焉敢怒齐？恐不足信。

赵武灵王五年取韩女为夫人。(《六国表》,《赵世家》同)

[燕]易王立十二年卒，子燕哙立。(《燕世家》)

韩宣王谓樛留曰："吾欲两用公仲公叔，其可乎？"对曰："不可。晋用六卿而国分。简公两用田成、阚止而简公杀。魏两用犀首、张仪而西河之外亡。今王两用之，其多力者树其党，寡力者借外权。群臣有内树党以骄主，有外为交以削地(《韩策一》第七章作"群臣或内树其党，以擅其主，或外为交，以裂其地")，则王之国危矣。"(《韩非子·说林上》,《韩策一》第七章同)

案：《资治通鉴》系此事于是年，《周季编略》从之，其说可取。樛留，《资治通鉴》作缪留。《韩非子·难一》另有"韩宣王问于樛留"一节，与此大略相同，但所记樛留对曰："昔魏两用楼、翟而亡西河，楚两用昭、景而亡鄢郢。"楼、翟指楼廪与翟强，"楼廪欲合秦、楚外齐"，"翟强欲合齐、秦外楚"，见《魏策三》第十一章，事在"亡西河"之后。楚之亡鄢郢，事在楚顷襄王二十、二十一年，皆非樛留所得知。皆出于误传失实。

或谓张仪，臣谓齐王曰(原作"张仪谓齐王曰"，鲍本于"张"上补"谓"字，于"仪"下补"臣"字，今从之。"谓"上更补"或"字)："王不如资韩朋与之逐张仪于魏，魏因相犀首，因以齐、魏废韩朋，而相公叔以伐秦。公仲闻之，必不入于齐，据公于魏，是公无患。”（《韩策一》第八章）

案：此时魏以张仪为相，仍用犀首为将，韩以韩朋（即公仲朋）为相，而兼用公叔。公仲支持张仪之连横，公叔赞助犀首之合纵。魏之两用张仪与犀首，韩之两用公仲与公叔，盖欲相互牵制，企求保持平衡。

谓公叔曰：“乘舟舟漏而弗塞，则舟沉矣。塞漏舟而轻阳侯之波，则舟覆矣。今公自以为辩于薛公而轻秦，是塞漏舟而轻阳侯之波也。愿公之察也。”（《韩策二》第八章）

案：“辩”，鲍本作“辨”。鲍注：“辨犹治也，犹言治于高傒。薛公，田婴。”金正炜云：“《说文》：辨，致力也。辨、辦字古通用。”此言公叔自以为得齐田婴之支持，因而轻秦。

【附编】

或谓：韩公仲曰：“夫孪子之相似者，唯其母知之而已。利害之相似者，唯智者知之而已。今公国其利害之相似，正如孪子之相似也。得其道为之，则主尊而身安；不得其道，则主卑而身危。今秦、魏之和成，而非公适束之（鲍本“适”下有“两”字），则韩必谋矣。若韩随魏以善秦，是为魏从也，则韩轻矣，主卑矣。秦已善韩，必将欲置其所爱信者，令用事于韩以完之，是公危矣。今公与安成君为秦、魏之和，成固为福，不成亦为福。秦、魏之和成而公适束之（鲍本“适”下有“两”字），是韩为秦、魏之门户也，是韩重而主尊矣。安成君东重于魏，而西贵于秦，操右契而为公责德于秦、魏之主（鲍本“主”作“王”），裂地而为诸侯，公之事也。若夫安韩、魏而终身相，公之下服，此主尊而身安矣。秦、魏不终相听者也。齐怒于不得魏，必欲善韩以塞魏；魏不听秦，必务善韩以备秦；是公择布而割也（姚注：钱作“择𥿋而割之”）。秦、魏和，则两国德公，不和，则两国争事公。所谓成为福，不成亦为福者也。愿公之无疑也。”（《韩策三》第一章）

案：据此可知，秦、魏之和，由韩之公仲与安成君促成，其时公仲正为韩相。策士因而谓公仲谋求“安韩、魏而终身相”，并得“裂地而为诸侯”。

或谓公仲曰：“今有一举而可以忠于主，便于国，利于身，愿公之行之也。今天下散而事秦，则韩最轻矣。天下合而离秦，则韩最弱矣。合离之相续，则韩最先危矣。此君国长民之大患也。今公以韩先合于秦，天下随之，是韩以天下事秦，秦之德韩也厚矣。韩与天下朝秦，而独厚取德焉。公行之计，是其于主也至忠矣。天下不合秦，秦令而不听，秦必起兵以诛不服，秦久与天下结怨构难，而兵不决，韩息士民以待其亹。公行之计，是其于国也大便也。昔者，周佼以西周善于秦而封于梗阳，周启以东周善于秦而封于平原；今公以韩善秦，韩之重于两周也无计，而秦之争机也万于周之时。今公以韩为天下先合于秦，秦必以公为诸侯，以明示天下。公行之计，是其于身大利也。愿公之加务也。”（《韩策三》第二章）

案：顾观光以上两策附于周赧王二十七年，曰：“策言周佼以西周善于秦而封于梗阳。据《六国表》，秦拔赵梗阳在此年，故附此。”此说不确。据以上两策所言，当是公仲初“以韩先合于秦”并促使魏、韩合于秦之时，与周赧王二十七年前后之形势不合。从周赧王二十二年起，秦连年大举向韩、魏进攻，大量杀伤韩、魏之军，取得河东数百里土地。周赧王二十七年齐、秦并称东、西帝，苏秦、李克正约五国共攻秦，是年已是韩釐王八年。公仲为韩相在韩宣惠王、襄王之世，不及韩釐王之时。梗阳、平原俱为赵地，秦不能以此分封周人，当有错误。

颜率见公仲，公仲不见。颜率谓公仲之谒者曰："公仲必以率为阳也(姚注："阳，刘作伤"。金正炜云："阳当为易字之讹")，故不见率也。公仲好内，率曰好士；仲啬于财，率曰散施；公仲无行，率曰好义。自今以来，率且正言之而已矣。公仲之谒者以告公仲，公仲遽起而见之。"(《韩策一》第十八章)

案：《东周策》第一章记秦兴师临周而求九鼎，周君遣颜率求救于齐，齐使陈臣思(臣当作臣)将兵救周而秦兵罢。齐又求九鼎，颜率往说齐王，齐王乃止。陈臣思即田忌，其事当在周显王二十八年齐将田忌大败魏军于马陵之前。此时颜率入韩见公仲。

公仲为韩、魏易地，公叔争之而不听，且亡。史惕谓公叔曰："公亡，则易必可成矣。公无辞以后反，且示天下轻公。公不若顺之。夫韩地易于上，则害于赵；魏地易于下，则害于楚。公不如告楚、赵，楚、赵恶之，赵闻之，赵兵临羊肠；楚闻之，发兵临方城，而易必败矣。"(《韩策二》第三章)

韩、魏易地，西周弗利。樊馀为周谓楚王曰："周必亡矣。韩、魏之易地，韩得二县，魏亡二县，所以为之者，尽包二周，多于二县，九鼎存焉。且魏有南阳、郑地、三川，而包二周，则楚方城之外危；韩兼两上党以临赵，则赵羊肠以上危。故易成之日("日"原作"曰"，今从黄丕烈改正)，楚、赵皆轻。"楚王恐，因赵以止易也(鲍本"赵"下有"兵"字，无"也"字)。(《西周策》第十二章)

案：缪文远《战国策新校注》以为以上二则所谓韩、魏易地，即《古本竹书纪年》所谓："梁惠成王十三年郑釐侯使许息来致地：平丘、户牖、首垣诸邑及郑驰地，我取枳道，取郑鹿。"（《水经·河水注》所引）此说不确。《纪年》所言韩与魏交易之地，与以上两则所说不同。《西周策》谓易地之后，将使魏尽包二周，《纪年》所载韩所致魏之地如平丘、首垣等，皆在魏之东边，与二周无关。且公仲为韩宣惠王之相，而梁惠王十三年当韩昭侯六年，公仲尚未用事。顾观光附此二则于周显王四十七年，其说近是，当在周显王四十八年。公仲为韩相而亲秦，是年促使魏与秦连横而由张仪为魏相。公仲为韩、魏易地，即听从张仪之谋，其目的即在便于攻取楚、赵之地，因而为楚、赵所反对，未成事实。公仲之所以愿将中原之地交易魏之上党，因韩之上党仅有太行东南南阳之道与韩之国都相通，若兼有韩、魏两上党，则便于防守。

史举非犀首于王，犀首欲穷之，谓张仪曰："请令王让先生以国，王为尧、舜矣，而先生弗受，亦许由也。衍请因令王致万户邑于先生。"张仪说，因令史举数见犀首。王闻之而弗任也，史举不辞而去。（《魏策二》第四章）

案：时犀首与张仪同为魏之大臣。史举非犀首于魏王，当在此年前后。史举为秦相甘茂之师，《甘茂列传》云："甘茂者下蔡人也。事下蔡史举先生，学百家之说。"《楚策一》第十六章记范环曰："夫史举，上蔡之监门也，大不如事君，小不如处室，以苛廉闻于世，甘茂事之顺焉。"《韩非子·内储说》下同。所谓"百家之说"，即指小说家之说。司马迁言："《百家》言黄帝，其文不雅驯。”(《史记·五帝本纪赞》)古人所编小说集称为《百家》。《太平御览》八六八引《风俗通义》以为宋城门失火，殃及池鱼之故事，出于《百家》书中。甘茂常以故事作为游说之资，即出于“百家之说”。其后范雎自称“五帝三代之事，百家之说，吾既知之”。见《范雎列传》。范雎亦常以故事为游说之张本。

齐王将见燕、赵、楚之相于卫，约外魏。魏王惧，恐其谋伐魏也，告公孙衍。公孙衍曰：“王与臣百金，臣请贩之。”王为约车，载百金(姚注：“载孙作赍”)。犀首期齐王至之日(“日”原误作“曰”，今从鲍本改正)，先以车五十乘至卫，间齐行以百金，以请先见齐王，乃得见(金正炜曰：“乃当作及”)，因久坐，安从容谈(金正炜曰：“安犹乃也，详《经传释词》”)。三国之相怨(鲍本“三”作“二”)，谓齐王曰：“王与三国约外魏，魏使公孙衍来，今久与之谈，是王谋三国也。”齐王曰：“魏王闻寡人来，使公孙衍劳寡人，寡人无与之语也。”三国之不相信齐王之遇，遇事遂败。(《魏策一》第二十五章)

案：顾观光系此事于周显王四十七年。黄式三系于四十八年，今附编于此。

鲁阳公以楚师后城郑(包山楚墓出土竹简)。

案：包山楚墓出土竹简，有“鲁阳公以楚师后城郑之岁”，指楚怀王九年。按楚官方习俗，以上一年大事纪年，此事当在楚怀王八年(公元前三二一年)。楚惠王时有鲁阳文君，见于《国语·楚语下》与《墨子·鲁问》篇。楚怀王时又有鲁阳公，可能出于世袭。

周慎靓王元年(公元前三二〇年)

秦惠文王更元五年，魏惠王后元十五年，韩宣惠王十三年，赵武灵王六年，齐威王三十七年，楚怀王九年，燕王哙元年。

秦假道韩、魏以攻齐，齐威王使章子将而应之，与秦交和而舍，使者数相往来，章子为变其徽章以杂秦军（金正炜曰：“为当读如伪”）。候者言章子以齐入秦，威王不应。顷之间，候者复言章子以齐兵降秦，威王不应，而此者三。有司请曰：“言章子之败者，异人而同辞，王何不发将而击之？”（高诱注：“发，遣。”鲍本“发”作“废”，注云：“废谓罢之。”）王曰：“此不叛寡人明矣，曷为击之？”顷间言齐兵大胜，秦军大败（鲍本“军”作“兵”）。于是秦王拜西藩之臣而谢于齐（鲍本“拜”作“称”）。左右曰：“何以知之？”曰：“章子之母启，得罪其父，其父杀之，而埋马栈之下，吾使章子将也（姚注：“一吾下有之字”），勉之曰：‘夫子之强，全兵而还，必更葬将军之母。’对曰：‘臣非不能葬先妾也，臣之母启得罪臣之父，臣之父未教而死（姚注：“教，刘作葬。”吴师道曰：“《后语》作未赦”，当以“赦”字为是），夫不得父之教而更葬母（“教”亦当改作“赦”），是欺死父也，故不敢。’夫人子而不敢欺死父，岂为人臣欺生君哉？”（《齐策一》第十三章）

案：焦循《孟子正义》云：“威王未尝与秦交兵，齐、秦之斗在宣王时，而伐燕之役将兵者正是章子。则恐误编于威王策中，即不然亦是威王末年。”钱穆《匡章考》云：“齐、魏会徐州相王，章子讥惠施学行之相背，又论惠施于梁惠王前，其时章子方当壮年，而崭然露头角，其已为胜秦立功之后乎？《年表》秦惠王三年拔韩宜阳……是时梁方怨齐，谋报马陵之仇，秦或者以其时乘胜韩之余威游兵及于齐界。”（《先秦诸子系年》第二八四页）当以威王末年为是。齐、秦相攻，中隔韩、魏，非由韩、魏合秦而攻齐，亦必由韩、魏合齐而攻秦。齐威王末年，张仪正挟秦势以相魏，时韩、魏合于秦，秦之假道韩、魏以攻齐，当在此时。秦为齐败，故次年张仪即失魏相，而犀首得以挟齐、楚等国之势以相魏也。当秦惠王三年秦虽攻取韩之宜阳，尚不能假道韩、魏二国而攻齐。时齐势方强，正当齐大胜魏于马陵之后六年，韩、魏之君往朝见齐君再三，决不敢假道予秦以攻齐。于鬯《战国策年表》定此事在周显王三十五年，即秦惠王四年，与钱说同，不可从。

[梁惠王后元]十五年齐威王薨。(《孟尝君列传·索隐》引《纪年》)

[齐威王]三十六年(当作三十七年)威王卒，子宣王辟疆立。(《田齐世家》)

[齐]宣王名辟疆，威王之子也。(《苏秦列传·索隐》引《世本》，《汉书·古今人表》同)

案：《六国表》燕王哙及相子之死，在魏哀王五年、齐湣王十年，与《孟子》、《燕策》齐宣王破燕杀王哙之说殊不合。据《纪年》齐威王卒于梁惠王后元十五年，则魏襄王五年已是齐宣王六年，与《孟子》、《燕策》之说若合符节。考《齐策二》载："韩、齐为与国，张仪以秦、魏伐韩……田臣思曰：'……子哙与子之国，百姓不戴，诸侯弗与秦伐韩，楚、赵必救之，是天以燕赐我也。'……齐因起兵攻燕，三十日而举燕国。"而《田齐世家》云："桓公午五年秦、魏攻韩……齐桓公召大臣而谋，驺忌曰：'不若勿救。'段干朋曰：'不救则韩且折而入魏，不若救之。'田臣思曰：'……是天以燕予齐也。'……齐因起兵袭燕国。"此与《齐策二》所云，明为一事，至驺忌、段干朋、田臣思之谋则又牵合桂陵之役而误。钱穆辨之云，"盖桓宣字相近，史公既以伐燕为湣王事，乃以意移此于桓公耳。意当时史公所据本文当有'宣王五年'之说,而史公乃移以为桓公之五年也。然宣王伐燕依《纪年》推之在宣王六年,而今谓五年者,《秦本纪》'惠王后元十年伐取韩石章,十一年败韩岸门',惠文王后元十年当齐宣王五年,其十一年当宣王六年,是秦伐韩在宣王五年韩恃救以抗秦,至明年而大败,齐乃以此际袭燕,岁月情事,皆符恰"(《先秦诸子系年》第三六七页)。考"桓""宣"不仅形近,亦且音同通用,如魏桓子,《韩非子·说林上》、《难三》、《十过》作魏宣子。曹宣公,《檀弓》作桓公,郑注:"宣言桓,声之误也。"余疑史公所见旧史,本或作"齐桓王五年",史公误以为"齐桓公五年"耳。《赵世家》云:"武灵王十一年王召公子职于韩,立以为燕王,使乐池送之。"赵武灵王十一年正当秦惠王后元十年,即齐宣王五年,是年赵谋伐齐存燕,则齐之伐燕固断在宣王五年,于此《纪年》齐君世次年数之可信,又可征矣。

静郭君善剂貌辨(《齐策一》第五章"静"作"靖","剂貌辨"作"齐昆辨")。剂貌辨之为人也多訾(《齐策》"訾"作"疵"),门人弗说。士尉以证静郭君,静郭君弗听,士尉辞而去。孟尝君窃以谏静郭君,静郭君大怒曰:"刬而类,揆吾家(《齐策》"揆"作"破"),苟可以傔剂貌辨者(《齐策》"可"下无"以"字,"傔"作"慊"),吾无辞为也。"于是舍之上舍,令长子御,朝暮进食(《齐策》"朝"作"旦")。数年,威王薨,宣王立(鲍本《齐策》改"威王"为"宣王",改"宣王"为"闵王",大误),静郭君之交,大不善于宣王,辞而之薛,与剂貌辨俱留。无几何,剂貌辨辞而行,请见宣王。静郭君曰:"王之不说婴也甚,公往必得死焉。"剂貌辨曰:"固非求生也,请必行。"静郭君不能止。剂貌辨行,至于齐,宣王闻之,藏怒以待之。剂貌辨见,宣王曰:"子静郭君之所听爱也。"(《齐策》"也"作"夫")剂貌辨答曰:"爱则有之,听则无有。王方为太子之时,辨谓静郭君曰:'太子相不仁("相"原误作"之",从谭戒甫据《齐策》改正),过颐豕视(《齐策》作"过颐豕视",鲍注:"过谓丰颐过人,豕多反视。"朱起凤云:"字书无颐字,则颐字之讹,过颐,即今俗谓脑后见腮者是也。"谭戒甫云:"《说文》豕,流下滴也。则豕视亦谓目光如流而斜下视之耳。"),若是者倍反("倍",《齐策》误作"信"),不若革太子(《齐策》"革"作"废"),更立卫姬婴儿校师。'"(《齐策》作"郊师")静郭君泫而曰(《齐策》"泫"作"泣"):"不可。吾弗忍为也。且静郭君听辨而为之也(《齐策》"且静郭君"作"若"),必无今日之患也,此为一也。至于薛,昭阳请以数倍之地易薛,辨又曰:'必听之',静郭君曰:'受薛于先王,虽恶于后王,吾独谓先王何乎?且先王之庙在薛,吾岂可以先王之庙予楚乎?'又不肯听辨,此为二也。"宣王太息,动于颜色,曰:"静郭君之于寡人一至此乎?寡人少,殊不知此。客肯为寡人来静郭君乎?"剂貌辨答曰:"敬诺。"静郭君来,衣威王之服,冠其冠(《齐策》作"衣威王之衣冠"),带其剑(《齐策》"带"作"舞",姚注,"舞,刘作带。"朱起凤曰:"带字形与舞近,因讹为舞")。宣王自迎静郭君于郊,望之而泣。静郭君至,因请相之。静郭君辞,不得已而受。十日(《齐策》"十"作"七"),谢病强辞,三日而听。(《吕氏春秋·知士》,《齐策一》第五章大体相同,仅字略有不同)

案:剂貌辨,《齐策》作齐昆辨,《汉书·古今人表》作昆辨,《元和姓纂》有昆姓,云:"齐有昆弁,见《战国策》。"《广韵》"昆"字下注云:"《战国策》有齐贤者昆辨。"是齐为国籍。若齐为国籍,则不应全文上下皆以齐昆辨或剂貌辨连称。颜师古注《古今人表》引《吕氏春秋》作"剧貌辨",吴师道校《战国策》云:"姚云《古今人表》作昆辨，师古引此。按一本标云：《修文御览》、《北堂书钞》同《吕览》作剧貌辨。”是以原本作“剧”，梁玉绳《古今人表考》云：“《知士》作剂貌辨，盖亦误剧为剂。《齐策》吴注、《修文御览》、《北堂书钞》与师古引《吕览》合也。”据此，《吕氏春秋》原作“剧貌辨”，是以剧为姓。

又案：前两年，楚使昭阳攻魏，破之于襄陵，得八邑，又移兵而攻齐。上年齐威王封田婴于薛，楚怀王大怒而将伐齐。是时所谓“昭阳请以数倍之地易薛”，盖一时事。

[齐滑王]四年（当作齐威王三十七年）迎妇于秦。（《田世家》，《六国表》同）

秦惠文王更元五年王北游戎地，至河上。（《六国表》，《秦本纪》作“王游至北河”）

案：《秦本纪·集解》引徐广曰：“戎地在河上。”《正义》曰：“按王游观北河，至灵、夏州之黄河也。”是时秦与戎和好，秦王因得游戎地北上直至河套之北河。

王五年（指秦惠文王称王更元五年）上郡疾造，高奴工䚟。（五年上郡疾戈铭，见《人文杂志》一九六〇年第三期周萼生《王五年上郡疾残戟戈》，此戈现藏陕西省博物馆）

案：另有“王六年上郡守疾之造”戈，与“王七年上郡守疾之造”戈，可知此戈“上郡”下省去“守”字。余于一九四七年所作《上郡守疾戈考释》，考定“王六年”指秦惠文王称王更元六年，上郡守疾即惠文王异母弟樗里疾。秦惠文王十年魏尽献上郡十五县于秦，秦从此据有上郡，上郡成为秦向北开拓与防守之重要地区。秦惠文王后元元年张仪为将，攻取魏陕而筑上郡塞。后元五年“王北游戎地，至河上”，即从上郡出发。由于秦王重视上郡，以亲属而号称“智囊”之樗里疾为上郡守。樗里疾以庶长而为上郡守。至秦武王二年升为右丞相。高奴为上郡属县，在今陕西延安东北，当时秦之上郡治当在高奴。《水经·河水注》称“奢延水又东，径肤施县南，秦昭王三年置上郡治”。“三”上当脱“十”字，说在周赧王二十一年案语中。此时肤施尚为赵地，未为秦所有。

[赵武灵王]六年安平守畋疾、左库工师戱浙、冶余执齐。（六年安平守剑刻铭，上海博物馆藏，《商周青铜器铭文选》第四册著录）

案：此剑铭为三晋式，“执齐”（“齐”读作“剂”）一辞，常见赵兵器刻铭。马承源定为赵器，甚是。安平在今河北安平县，因地与中山、燕、齐相邻，设郡防守。《赵世家》载武灵王十九年推广胡服，王谓公子成曰：“吾国东有河、薄洛之水，与齐、中山同之。”《集解》引徐广曰：“安平经县西有漳水，津名薄洛津。”《正义》曰：“安平属定州。”安平正当河水之西，赵设郡防守，当在赵武灵王六年或稍前。此后赵惠文王四年公子成因与李兑攻杀公子章与田不礼，于是公子成为相，号安平君，安平成为公子成封邑。

□客监固逅楚（包山楚墓出土竹简）。

案：包山楚墓出土竹简，有“□客监固逅楚之岁”，指楚怀王十年。按楚官方习俗，以上一年大事纪年，此事当在楚怀王九年（公元前三二〇年）。

孟子见梁惠王。王曰：“叟不远千里而来，亦将有以利吾国乎？”孟子对曰：“王何必曰利？亦有仁义而已矣！王曰：何以利吾国，大夫曰何以利吾家，士庶人曰何以利吾身。上下交征利，而国危矣。万乘之国，弑其君者，必千乘之家；千乘之国，弑其君者，必百乘之家。万取千焉，千取百焉，不为不多矣，苟为后义而先利，不夺不餍。未有仁而遗其亲者也，未有义而后其君者也。王亦曰仁义而已矣！何必曰利？”（《孟子·梁惠王上》）

孟子见梁惠王，王立于沼上，顾鸿雁麋鹿，曰：“贤者亦乐此乎？”孟子对曰：“贤者而后乐此，不贤者虽有此不乐也。诗云：‘经始灵台，经之营之，庶民攻之，不日成之。经始勿亟，庶民子来，王在灵囿，麀鹿攸伏，麀鹿濯濯，白鸟鹤鹤，王在灵沼，于牣鱼跃。’文王以民力为台为沼，而民欢乐之，谓其台曰灵台；谓其沼曰灵沼，乐其有麋鹿鱼鳖。古之人与民偕乐，故能乐也。汤誓曰：‘时日害丧，予及女偕亡。’民欲与之偕亡，虽有台池鸟兽，岂能独乐哉？”（《孟子·梁惠王上》）

梁惠王曰：“寡人之于国也，尽心焉耳矣，河内凶，则移其民于河东，移其粟于河内。河东凶亦然。察邻国之政，无如寡人之用心者，邻国之民不加少，寡人之民不加多，何也？”孟子对曰：“王好战，请以战喻：填然鼓之，兵刃既接，弃甲曳兵而走，或百步而后止，或五十步而后止，以五十步笑百步，则何如？”曰：“不可。直不百步耳，是亦走也。”曰：“王如知此，则无望民之多于邻国也。不违农时，谷不可胜食也；数罟不入洿池，鱼鳖不可胜食也；斧斤以时入山林，材木不可胜用也，谷与鱼鳖不可胜食，材木不可胜用，是使民养生丧死无憾也。养生丧死无憾，王道之始也。五亩之宅，树之以桑，五十者可以衣帛矣。鸡豕狗彘之畜，无失其时，七十者可以食肉矣。百亩之田，勿夺其时，数口之家，可以无饥矣。谨庠序之教，申之以孝悌之义，颁白者不负戴于道路矣。七十者衣帛食肉，黎民不饥不寒，然而不王者，未之有也。狗彘食人食而不知检，涂有饿莩而不知发，人死则曰非我也，岁

也；是何异于刺人而杀之，曰非我也，兵也。王无罪岁，斯天下之民至焉。”（《孟子·梁惠王上》）

梁惠王曰：“寡人愿安承教。”孟子对曰：“杀人以梃与刃，有以异乎？”曰：“无以异也。”“以刃与政，有以异乎？”曰“无以异也。”曰：“庖有肥肉，厩有肥马，民有饥色，野有饿莩，此率兽而食人也。兽相食，人且恶之；为民父母，行政，不免于率兽而食人，恶在其为民父母也？仲尼曰：‘始作俑者，其无后乎！’为其象人而用之也，如之何其使斯民饥而死也。”（《孟子·梁惠王上》）

孟轲，驺人也。受业子思之门人。道既通，游事齐宣王，宣王不能用。适梁，梁惠王不果所言，则见以为迂远而阔于事情。（《孟子荀卿列传》）

案：《汉书·艺文志》云：“孟子，子思弟子。”赵岐《孟子题辞》：“师事孔子之孙子思。”（《风俗通·穷通》篇亦谓“孟轲受业于子思”）《孔丛子》等书更载子思与孟子问答，于是韩愈以下，直到清代毛奇龄等人，皆以为孟子学于子思。然细考之，知其不然。自孔子卒，至齐宣王元年，凡一百五十年，孔子卒时，子思为丧主，其时当已年长。子思年寿，《史记》谓六十二，后人有以为六十二或八十二之误。即使子思年岁八十二，孟子亦不及以为师。孟子自称“予未得为孔子徒也，予私淑诸人也”，自当以“受业于子思之门人”为是。

又案：孟子游历，《孟子列传》称先齐后梁，赵岐《孟子注》、《风俗通·穷通》篇并同。然而与事实不合。《资治通鉴》改为先游梁继仕齐，甚是。孙奕《示儿编》曰：“七篇之书，以梁惠王冠首，以齐宣王之问继其后，则先后有序可见矣。”崔述《孟子事实录》亦云:"《孟子·梁惠王》皆以时之先后为序,而至梁在篇首,见襄王后乃次之以齐宣,则是见梁惠在先,见齐宣在后也。"清代学者,自顾炎武《日知录》以下,考孟子游历事实,甚为详确。

梁惠王曰:"晋国天下莫强焉,叟之所知也,及寡人之身,东败于齐,长子死焉;西丧地于秦七百里,南辱于楚,寡人耻之,愿比死者一洒之,如之何则可?"孟子对曰:"地方百里而可以王。王如施仁政于民,省刑罚,薄税敛,深耕易耨,壮者以暇日,修其孝悌忠信,入以事其父兄,出以事其长上,可使制梃,以挞秦楚之坚甲利兵矣。彼夺其民时,使不得耕耨,以养其父母。父母冻饿,兄弟妻子离散,彼陷溺其民,王往而征之,夫谁与王敌?故曰:仁者无敌,王请勿疑。"(《孟子·梁惠王上》)

案:《魏世家》云:"[魏惠王]三十五年……惠王数被于军旅,卑礼厚币,以招贤者,邹衍、淳于髡、孟轲皆至梁。"崔述《孟子事实录》云:"《史记》梁予秦河西地,在襄王五年,尽入上郡于秦,在襄王七年,楚败魏襄陵,在襄王十二年,皆惠王身后事。而惠王之告孟子乃云:西丧地于秦七百里,南辱于楚,未来之事,惠王何由预知之而预言之乎?按杜预《左传后序》云:'古书《纪年》篇惠王三十六年改元从一年始,至十六年而称惠成王卒,即惠王也。疑《史记》误分惠成之世以为后王年也。'然则《史记》所称会徐州相王者即惠王,非襄王矣;所称襄王之元年即惠王之后元年,而予河西、入上郡、败于襄陵皆惠王时事……然则孟子之至梁不在惠王三十五年,而在后元十二年襄陵既败之后,则孟子与惠王之所云者,无一语不符矣。孟子与齐宣王问答甚多,而与梁惠殊少,在梁亦无他事,则孟子居梁盖不久,然犹及见襄王而后去。

则孟子之至梁，当在惠王之卒前一二年。于《年表》则周慎靓王之元年、二年也。”崔说甚是。孟子至梁，当在梁惠后元十五年，《史记》误以惠王改元后之年以为襄王之世，因系孟子至梁在梁惠之三十五年耳。

又案：梁惠王在位五十余年之久，梁之国势正由盛而衰，孟子评其“好战”，谓“梁惠王以土地之故，糜烂其民而战之，大败，将复之，恐不能胜，故驱其所爱子弟以殉子。”（《孟子·尽心下》）《吕氏春秋·不屈》亦谓：“当惠王之时，五十战而二十败，所杀者不可胜数，大将爱子有禽者也。”又谓“围邯郸三年而弗能取，士民罢潞，国家空虚”。所谓大将爱子有擒者，先则马陵之战为齐大败，大将庞涓及太子申被擒。后则龙贾之战为秦大败，大将龙贾被擒，于是失去河西、上郡，不得不接受张仪连横之策略，而以张仪为相。从此梁之国势衰落。

【附编】

魏惠王谓卜皮曰：“子闻寡人之声闻亦何如焉？”对曰：“臣闻王之慈惠也。”王欣然喜曰：“然则功且安至？”对曰：“王之功至于亡。”王曰：“慈惠行善也，行之而亡，何也？”卜皮对曰：“夫慈者不忍，而惠者好与也，不忍则不诛有过，好予则不待有功而赏。有过不罪，无功受赏，虽亡不亦可乎？”（《韩非子·内储说上》）

卜皮为县令，其御史污涉而有爱妾，卜皮乃使少庶子佯爱之，以知御史阴情。（《韩非子·内储说上》）

周慎靓王二年（公元前三一九年）

秦惠文王更元六年，魏惠王后元十六年，韩宣惠王十四年，赵武灵王七年，齐宣王元年，楚怀王十年，燕王哙二年。

陈轸为秦使于齐，过魏，求见犀首，犀首谢陈轸。陈轸曰："轸之所以来者事也，公不见轸，轸且行，不得待异日矣。"犀首乃见之。陈轸曰："公恶事乎？何为饮食而无事？"犀首曰："衍不肖，不能得事焉，何敢恶事？"陈轸曰："请移天下之事于公。"犀首曰："奈何？"陈轸曰："魏王使李从以车百乘使于楚，公可以居其中而疑之。公谓魏王曰：'臣与燕、赵故矣，数令人召臣也，曰：无事必来，今臣无事，请谒而往，无久。'旬五之期，王必无辞以止公。公得行，因自言于廷曰：臣急使燕、赵，急约车为行具。"犀首曰："诺。"谒魏王，王许之，即明言使燕、赵。诸侯客闻之皆使人告其王曰："李从以车百乘使楚，犀首又以车三十乘使燕、赵。"齐王闻之，恐后天下得魏，以事属犀首，犀首受齐事。魏王止其行使，燕、赵闻之，亦以事属犀首。楚王闻之曰："李从约寡人，今燕、齐、赵皆以事因犀首。犀首必欲寡人，寡人欲之。"乃信李从而以事因犀首，魏王曰："所以不使犀首者，以为不可，今四国属以事，寡人亦以事因焉。"犀首遂主天下之事，复相魏。（《魏策一》第十四章，《张仪列传》附《陈轸传》有大体相同之记载）

陈轸奔楚。楚未之重也，而使陈轸使于秦。过梁，欲见犀首，犀首谢弗见。轸曰："吾为事来，公不见轸，轸将行，不得待异日。"犀首见之。陈轸曰："公何好饮也？"犀首曰："无事也。"曰："吾请令公厌事可乎？"曰："奈何？"曰："田需约诸侯从亲，楚王疑之，未信也。公谓于王曰：'臣与燕、赵之王有故，数使人来，曰：无事何不相见，愿谒行于王。'王虽许公，公请毋多车，以车三十乘，可陈之于庭，明言之燕、赵。"燕、赵客闻之，驰车告其王，使人仰犀首。楚王闻之大怒，曰："田需与寡人约，而犀首之燕、赵，是欺我也。"怒而不听其事。齐闻犀首

之北，使人以事委焉，犀首遂行，三国相事皆断于犀首。（《张仪列传》附《陈轸传》）

案：以上两则为一事之两传。《魏策》言魏使李从于楚，而《张仪列传》则言魏使田需与楚王约。《索隐》云："需时为魏相也。"

楚王逐张仪于魏。陈轸曰："王何逐张子？"曰："为臣不忠不信。"曰："不忠，王无以为臣；不信，王勿与为约。且魏臣不忠不信，于王何伤？忠且信，于王无益，逐而听则可，若不听，是王令困也，且使万乘之国免其相，是城下之事也。"（《楚策三》第三章）

以张子之强，有秦、韩之重，齐王恶之，而魏王不敢据也。（《魏策三》第十一章魏太子谓楼廪语）

魏王相张仪（"相"上原衍"将"字，从《张仪列传》附《犀首传》删），犀首弗利，故令人谓韩公叔曰："张仪以合秦、魏矣（姚注："以一作已"，鲍本作"已"，《张仪列传》亦作"已"），其言曰：'魏攻南阳，秦攻三川，韩氏必亡。'（《张仪列传》无"韩氏必亡"）且魏所以贵张子者（《张仪列传》无"且"字），欲得地（《张仪列传》"地"上有"韩"字），则韩之南阳举矣（《张仪列传》"则"作"且"，"举"上有"已"字）。子盍少委焉以为衍功（《张仪列传》"盍"作"何不"），则秦、魏之交可废矣（《张仪列传》"废"作"错"），如此则魏必图秦而弃仪，收韩而相衍。"公叔以为信（《张仪列传》"信"作"便"），因委之犀首以为功。果相魏。（《魏策一》第二十一章，《张仪列传》附《犀首传》同，"果相魏"下有"张仪去"一句）

案：《魏世家》云："哀王立，张仪复归秦。"《张仪列传》又云："哀王立，张仪复说哀王，哀王不听，于是张仪阴令秦伐魏。魏与秦战，败。明年……秦复欲攻魏，先败韩申差军，斩首八万，诸侯震恐，而张仪复说魏王……哀王于是乃倍从约而因仪请成于秦。张仪归，复相秦。”《史记》所谓哀王，当即襄王。《魏世家》谓张仪归秦再为秦相，在哀王立后，而《张仪列传》则谓在襄王二年秦败韩申差军之后，《六国表》亦谓秦惠文王更元八年，即魏襄王二年，“与韩、赵战，斩首八万，张仪复相”。然考《吕氏春秋·开春》篇及《魏策二》，记魏惠王死，葬有日矣，天大雨雪，群臣谏太子弛期更日，勿听。以告犀首，犀首请告惠子，惠子见太子，乃弛期更择日。事在惠王卒岁之冬，观乎群臣以告犀首，犀首请告惠施，知其时犀首已为魏廷领袖，张仪当已离去。盖是时犀首已为东方诸国所拥立为魏相而逐张仪。《魏策三》魏太子所谓“齐王恶之，而魏王不敢据也”。《楚策三》所谓“楚王逐张仪于魏”。

田莘之为陈轸说秦惠王曰：“臣恐王之如郭君（“郭”读作“虢”）。夫晋献公欲伐郭，而惮舟之侨存，荀息曰：‘《周书》有言，美女破后。’（“后”原作“舌”，此语见《逸周书·武称》，从王念孙、段玉裁改正。）乃遗之女乐，以乱其政。舟之侨谏而不听，遂去。因而伐郭，遂破之。又欲伐虞而惮宫之奇存。荀息曰：‘《周书》有言，美男破老。’乃遗之美男，教之恶宫之奇。宫之奇以谏而不听，遂亡，因而伐虞，遂取之。今秦自以为王，能害王者之国者（“王者”，姚注：“一本无者字”），楚也。楚知横门君之善用兵（“横”下原无“门”字，姚注：“一本有门字”，高诱注：“横门君秦将。”今据以增补），与陈轸之智，故骄张仪以五国，来必恶是二人，愿王勿听也。”张仪果来辞，因言轸也。王怒而不听。（《秦策一》第十一章）

案：“今秦自以为王”，指秦惠自称为王，并自以为“王者”。金正炜曰：“王为王霸之王，《西周策》‘则秦孤而不王矣’，《秦王欲见顿弱章》'横成则秦帝，从成则楚王'，此即其义。王者，即孟子所谓五百年必有王者兴是也"。是时韩、赵、魏、燕、齐合从而欲攻秦，名义以楚为从长，盖陈轸游说而促成之，于是公孙衍为魏相而主持其事，张仪见逐。此谓楚"骄张仪以五国"，当即五国合纵事。

王六年（指秦惠文王称王改元六年）上郡守疾之造，□□□□。（王六年上郡守疾戈刻铭，李泰棻《痴盦藏金》、梁上椿《岩窟吉金图录著录》，传为陕西出土）

案：一九四七年余作《上郡守疾戈考释》（上海《中央日报》副刊《文物周刊》第三十三期）考定"王六年"为秦惠文王称王改元六年，疾即樗里疾。造下四字刻文模糊，当为制作地名及工师之名，近人有释"造"下一字从"竹"从"卢"，读作"肤"，谓即肤施，不确。此时肤施尚为赵地。

魏惠王三十六年改元从一年始，至十六年而称惠王卒。（杜预《春秋经传集解》引古书《纪年篇》）

《纪年》起自黄帝，终于魏之今王。今王者，魏惠成王子……《世本》惠王生襄王而无哀王，然则今王者魏襄王也。（《魏世家·集解》引荀勖转引和峤之说）

襄王名嗣。（《魏世家·索隐》引《世本》）

魏惠王死，葬有日矣，天大雨雪，至于牛目（《魏策二》第六章此句下有"坏城郭，且为栈道而葬"二句）。群臣多谏于太子者，曰："雪甚！如此而行葬（《魏策》"行葬"作"丧行"），民必甚疾之（《魏策》"疾"作"病"），官费又恐不给，请更弛期更日。"太子曰："为人子者以民劳与官费用之故（《魏策》"者"作"而"），而不行先王之葬（《魏策》"葬"作

“丧”)，不义也。子勿复言。”群臣皆莫敢谏而以告犀首(《魏策》“莫敢谏”作“不敢言”)。犀首曰：“吾末有以言之(《魏策》“末”作“未”)，是其唯惠公乎?”(《魏策》姚注：“一作薛公”，非是)请告惠公。惠公曰：“诺。”驾而见太子，曰：“葬有日矣。”太子曰：“然。”惠公曰：“昔王季历葬于涡山之尾(《魏策》作楚山，《论衡・死伪》篇作滑山)，栾水啮其墓(《魏策》“啮其”作“其啮”，姚注：“《后语》作蛮水。”)，见棺之前和，文王曰：‘嘻！先君必欲一见群臣百姓也夫！故使栾水见之’(“夫”原误作“天”，今从王念孙、俞樾据《魏策》及《论衡》改正)，于是出而为之张朝(《魏策》作“张于朝”，姚注：“《后语》：张帐以朝”，鲍本无“于”字)。百姓皆见之，三日而后更葬，此文王之义也。今葬有日矣，而雪甚，及牛目，难以行，太子为及日之故，得无嫌于欲亟葬乎?(《魏策》“无”作“毋”)愿太子易日(《魏策》“易”作“更”)，先王必欲少留而抚社稷、安黔首也，故使雪甚，因弛期而更为日，此文王之义也。若此而不为(《魏策》“不”作“弗”)，意者羞法文王也?”太子曰：“甚善！敬弛期，更择葬日。”惠子不徒行说也，又令魏太子未葬其先君，而因有说文王之义(《魏策》“君”作“王”，“有”作“又”)，说文王之义以示天下，岂小功也哉！(《吕氏春秋・开春》，《魏策二》第六章，《论衡・死伪》同)

孟子见梁襄王，出，语人曰：“望之不似人君，就之而不见有所畏焉，卒然问曰：‘天下恶乎定?’吾对曰：‘定于一。’‘孰能一之?’对曰：‘不嗜杀人者能一之。’‘孰能与之?’对曰：‘天下莫不与也，王知夫苗乎? 七八月之间旱，则苗槁矣，天油然作云，沛然下雨，则苗浡然兴之矣。其如是，孰能御之? 今夫天下之人牧，未有不嗜杀人者也。如有不嗜杀人者，则天下之民，皆引领而望之矣。诚如是也，民归之，由水

之就下，沛然谁能御之？”（《孟子·梁惠王上》）

案：孟子游梁，为时甚暂，梁惠王去世，襄王嗣位，一见印象不佳，即离去。《资治通鉴》记此于襄王初立之年，甚是。

[秦惠文王更元六年]秦伐义渠，取郁郅。（《后汉书·西羌传》原文谓在“义渠国乱，秦惠王遣庶长操将兵定之，义渠遂臣于秦”之“后八年”，以此推算知当在此年）

案：郁郅在今甘肃庆阳县东，此乃首次为秦所攻取义渠之城。

楚怀王十年城广陵。（《六国表》）

案：广陵在今江苏扬州市西北，是时楚城广陵，正谋灭亡越国。

宋客盛公𫸩聘于楚。（包山楚墓出土竹简）

案：包山楚墓出土竹简，有“宋客盛公𫸩聘于楚之岁”，指楚怀王十一年。按楚官方习俗，以上一年之大事纪年，此事当在楚怀王十年（公元前三一九年）。此时宋君偃正欲称王而推行“王政”，遣使聘于楚，盖欲与楚修好。

【附编】

魏王令惠施之楚，令犀首之齐，钧二子者乘数，钧将测交也。楚王闻之，施因令人先之楚，言曰：“魏王令犀首之齐，惠施之楚，钧二子者，将测交也。”楚王闻之，因郊迎惠施。（《魏策二》第九章）

案：顾观光附此于周慎靓王三年。当为魏惠王末年之事。

南方有倚人焉曰黄缭，问天地所以不坠、不陷、风雨雷霆之故。惠施不辞而应，不虑而对，遍为万物说。（《庄子·天下》）

案：《释文》云：“倚本或作畸。”与“奇”字通用。郭庆藩《集释》引徐廷槐曰："《战国策》载魏王使惠子于楚。楚中善辩者如黄缭辈争为诘难。"钱穆《南方倚人黄缭考》云："是谓缭、施问答在惠子使楚时也。当时言南方率指荆楚。孟子曰：'陈良楚产，北学于中国。'中国与楚南北对称，黄亦楚姓。《通志·氏族略》：'黄，嬴姓，陵终之后，受封于黄，子孙以国为氏。'余考春申君楚宗姓，而称黄歇，则南人氏黄者不独嬴姓矣。徐氏说或可信。"（《先秦诸子系年》第三五七页）今案：《庄子·德充符》谓惠施以坚白鸣。《庄子·齐物论》又云"惠施非所明而明之，故以坚白之昧终。"可知惠施所论，"遍为万物说"，无非宇宙万物构成之学说。《庄子·天下》谓惠施有十个论点，如"至大无外谓之大一，至小无内谓之小一"等等，皆探讨宇宙万物之原理。

周慎靓王三年（公元前三一八年）

秦惠文王更元七年，魏襄王元年，韩宣惠王十五年，赵武灵王八年，齐宣王二年，楚怀王十一年，燕王哙三年。

秦惠文王更元七年五国共击秦，不胜而还。（《六国表》）

魏、韩、赵、楚、燕击秦不胜。（《六国表》）

[秦惠文王更元]七年韩、赵、魏、燕、齐帅匈奴共攻秦。（《秦本纪》）

[楚怀王]十一年苏秦约从山东六国共攻秦，楚怀王为从长。至函谷关，秦出兵击六国，六国兵皆引而归，齐独后。（《楚世家》）

[魏]哀王（当作襄王）元年五国共攻秦，不胜而去。（《魏世家》）

[赵武灵王]八年韩击秦，不胜而去。（《赵世家》）

燕哙三年与楚、三晋攻秦，不胜而还。（《燕世家》，《燕策一》第九

章同）

秦伐魏，陈轸合三晋，而东谓齐王曰："古之王者之伐也，欲以正天下而立功名，以为后世也，今齐、楚、燕、赵、韩、梁之递甚也，不足以立功名，适足以强秦而自弱也，非山东之上计也。能危山东者强秦也，不忧强秦而递相罢弱，而两归其国于秦，此臣之所以为山东之患，天下为秦相割，秦曾不出刀（"刀"原误作"力"，吴师道云："力一作刀。"关修龄云："《战国策纂》力作刀。"今据改）；天下为秦相烹，秦曾不出薪。何秦之智而山东之愚耶？愿大王之察也。古之五帝、三王、五伯之伐也，伐不道者，今秦之伐天下不然，必欲反之，主必辱死，民必死虏，今韩、梁之目未尝干而齐民独不也，非齐亲而韩、梁疏也，齐远秦而韩、梁近。今齐将近矣，今秦欲攻梁绛、安邑，秦得绛、安邑以东下河，必表里河而东攻齐，举齐属之海，南面而孤楚、韩、梁，北向而孤燕、赵、齐，无所出其计矣。愿王熟虑之。今三晋已合矣，复为兄弟，约而出锐师以戍梁绛、安邑，此万世之计也，齐非急，以锐师合三晋，必有后忧。三晋合，秦必不敢攻梁，必南攻楚，楚、秦构难，三晋怒齐之不与己也，必东攻齐，此臣之所谓齐必有大忧，不如急以兵合于三晋。"齐王敬诺，果以兵合于三晋。（《齐策一》第十五章）

案：鲍彪系此事于秦惠王后元七年、五国共攻秦之役。吕祖谦《大事记》附此于周显王四十七年。吴师道又谓当在周赧王十六年，顾观光从之。吴师道谓"慎靓王三年，五国合纵，实怀王为长，苏秦之约，而无与于轸也"。其实，此役与苏秦无关，《楚世家》误以此后苏秦合纵五国之事附会之。吴师道又谓此正楚怀王诱会武关之时，陈轸劝三晋移祸于楚，并无确据，不可信。当以鲍说为是。

五国约而攻秦，楚王为从长，不能伤秦，兵罢而留于成皋。魏顺谓市丘君曰（鲍本改“市”作“沛”。《孔丛子·论势》篇作“市丘子”）：“五国罢，必攻市丘以偿兵费。君资臣，臣请君止天下之攻市丘。”市丘君曰：“善。”因遣之。魏顺南见楚王，曰：“王约五国而西伐秦，不能伤秦，天下且以是轻王而重秦。故王胡不卜交乎？”楚王曰：“奈何？”魏顺曰：“天下罢，必攻市丘以偿兵费。王令之勿攻市丘，五国重王，且听王之言而不攻市丘；不重王，且反王之言而攻市丘，然则王之轻重必明矣。”故楚王卜交而市丘存。（《韩策一》第十一章）

案：鲍彪列此于韩釐王十年。《大事记》以此附于李克约五国伐秦之年。吴师道以为事在楚怀王十一年，韩宣惠王十五年，此怀王为纵长。当以吴师道之说为是。《孔丛子·论势》篇以魏顺之言为子顺之言，其注谓此乃魏无忌率五国兵败秦蒙恬时事，此作伪《孔丛子》者，误为牵合，无当也。吴师道云：“留成皋而将攻市丘，市丘必韩地。”顾观光云：“按《汉书·地理志》，故市属河南，今郑州西北。”

五国伐秦，魏欲和，使惠施之楚。楚将入秦而使行和。杜赫谓昭阳曰：“凡为伐秦者，楚也。今施以魏来而公入于秦，是明楚之伐而信魏之和也。公不如无听惠施，而阴使人以请听秦。”（姚注：“听，刘作德。”金正炜曰：“作德者是也，请亦当为讲字之讹”）昭子曰：“善。”因谓惠施曰：“凡为攻秦者，魏也，今子从楚为和，楚得其利，魏受其怨；子归，吾将使人因魏而和。”惠子反，魏王不说。杜赫谓昭阳曰：“魏为子先战，折兵之半，谒病不听，请和不得，魏折而入秦，子何以救之？东有越累，北无晋交，西未定于秦，是楚孤也，不如速和。”昭子曰：“善。”因令人谒和于魏。（《楚策三》第七章）

案：吴师道曰："凡为伐秦者，楚也，指为从长而言。"顾观光亦以此事隶于周慎靓王三年。

义渠君之魏，公孙衍谓义渠君曰："道远，臣不得复过矣（金正炜云："过疑当作遇"）。请谒事情。"义渠君曰："愿闻之。"对曰："中国无事于秦，则秦且烧焫君之国（"君"上原衍"获"字，从《张仪列传·索隐》所引删去），中国为有事于秦，则秦且轻使重币而事君之国也。"义渠君曰："谨闻令。"居无几何，五国伐秦。陈轸谓秦王曰："义渠君者，蛮夷之贤君，王不如赂之以抚其心。"秦王曰："善。"因以文绣千匹，好女百人，遗义渠君。义渠君致群臣而谋曰："此乃公孙衍之所谓也。"因起兵袭秦，大败秦人于李帛之下。（《秦策二》第四章，《张仪列传》附《犀首传》大略相同）

义渠君朝于魏。犀首闻张仪复相秦，害之。犀首乃谓义渠君曰："道远不得复过，请谒国事。"曰："中国无事，秦得烧掇焚杅君之国，有事，秦将轻使重币事君之国。"其后五国伐秦，会陈轸谓秦王曰："义渠君者，蛮夷之贤君也，不如赂之以抚其志。"秦王曰："善。"乃以文绣千纯、妇女百人遗义渠君。义渠君致群臣而谋曰："此公孙衍所谓邪？"乃起兵袭秦，大败秦人李伯之下。（《张仪列传》附《犀首传》）

案：《张仪列传·索隐》云："按表秦惠王后元七年楚、魏、齐、韩、赵五国共攻秦，是其事也。"各家《战国策》注皆从之。烧焫，顾炎武以为即"烧荒"。见《日知录》卷二十九"烧荒"条。

又案：《楚世家》云："楚怀王十一年，苏秦约从山东六国兵攻秦，楚怀王为从长，至函谷关，秦出兵击六国，六国兵皆引不归。"梁玉绳《史记志疑》云："是时苏秦已死四年，约六国以伐秦者李兑也。《国策》甚明，此误。《古史》及《西溪丛话》已纠之。"考苏秦在齐湣王时用事，此时非已死，尚年幼也。此时约五国攻秦者，固非苏秦，然亦非李兑。李兑用事于赵，已非赵惠文王时。然则此役五国攻秦，主其事者谁何？曰：犀首是也。上年《魏策一》称燕、赵、齐、楚四国以事属犀首而使犀首相魏。又称韩公叔委之犀首以为功，犀首因相魏，而《张仪列传》则谓燕、赵、齐、楚以事委犀首，“三国相事，皆断于犀首”。又云：“张仪已卒之后，犀首入相秦，尝佩五国之相印，为约长。”《吕氏春秋·开春》高诱注亦云：“犀首，魏人公孙衍也，佩五国相印，能合从连横。”《史记志疑》论之曰：“继张仪而为秦相者樗里疾、甘茂、薛文、楼缓、魏冉，不闻公孙衍相秦之事……至所谓相五国者，即《陈轸传》相三国事而夸大也。”余谓犀首佩五国相印之说固为夸大，其尝约纵五国以攻秦固为事实。上年既有四国以事属犀首而犀首相魏事，此年即有五国攻秦之役，明五国攻秦乃犀首主其事，此其证一也。《秦本纪》谓是役匈奴亦与焉，所谓匈奴即指义渠之戎，《秦策二》、《张仪列传》谓义渠君至魏，因公孙衍说，于五国伐秦时大败秦人于李帛之下，是五国伐秦，固公孙衍主其谋，此其证二也。公孙衍与张仪为政敌，公孙衍本为秦大良造，及张仪入秦用事而公孙衍去秦入魏为魏将，张仪为秦相与齐、楚大臣盟会于齧桑，而公孙衍约魏、赵、韩、燕、中山“五国相王”以相抗衡。张仪以秦势合魏、韩而相魏，公孙衍仍为魏将。及上年，公孙衍以陈轸之谋略，得四国相属而为魏相，张仪即去魏归秦而仍为秦相。至此，公孙衍复有约五国攻秦之举，仍由陈轸为之纠合，陈轸合三晋而东约齐王，亦得齐王许诺。公孙衍与张仪，一纵一横，其声势皆足以倾动天下，此楚之纵横家景春所以谓：“公孙衍、张仪岂不诚大丈夫哉！一怒而诸侯惧，安居而天下熄”(《孟子·滕文公下》，赵岐注：“景春，孟子时人，为从衡之术者”)。此其明证三也。后世策士，误以公孙衍之事附诸苏秦，即司马迁所谓“然世言苏秦多异，异时事有类之者皆附苏秦”(《苏秦列传》太史公之言)。于是遂谓苏秦与张仪同时，一纵一横，苏秦曾佩六国相印为纵长，并臆造许多苏秦、张仪游说之辞，作为纵横家之榜样，不知其全非情实也。

又案：《楚世家》谓山东六国共攻秦，楚怀王为从长，《秦本纪》则云韩、赵、魏、燕、齐帅匈奴共攻秦，《六国表》作魏、韩、赵、楚、燕共击秦，《燕策一》与《燕世家》又云：“与楚、三晋攻秦。”而《赵世家》于次年云：“与韩、魏共击秦。”《韩策一》则云：“五国约而攻秦，楚王为从长。”《楚策三》又谓“五国伐秦，魏欲和，使惠施之楚，楚将入之秦而使行和。”盖此役由五国相约共攻秦，五国本三晋与燕、楚，《六国表》与《燕策》之说是也。五国推楚王为从长，《楚世家》与《韩策》之说亦是也。陈轸合三晋而东约齐王，齐王许诺，是齐亦允以兵合三晋抗秦而阴持两端，此所以《楚世家》言山东六国共攻秦，《秦本纪》亦称齐参与共攻秦，而《楚世家》又言“秦出兵击六国，六国兵皆引而归，齐独后。”其实三晋先出战，不胜，楚虽为从长，未尝作为主力作战，故杜赫谓昭阳曰：“魏为子战，折兵之半。”因而“魏欲和”。《楚世家》谓山东六国共攻秦至函谷关，秦即出兵还击，五国随即退兵。《楚世家》谓“六国兵皆引而归，齐独后。”魏、赵、燕《世家》及《六国表》皆云“不胜而还”。而秦即跟踪追击，出函谷关而长驱直入，于次年大败三晋联军于修鱼。

[赵武灵王八年]五国相王，赵独否，曰："无其实，敢处其名乎！"令国人谓己曰君。(《赵世家》)

案：是年赵武灵王取消"五国相王"时所称王号，并非是年有"五国相王"之事。

[宋]君偃十一年自立为王。[《宋世家》，《六国表》于齐湣王六年(当作齐宣王二年)记"宋自立为王"]

案：《索隐》云："《战国策》、《吕氏春秋》皆以偃谥曰康王也。"《墨子·所染》、《吕氏春秋·当染》和《顺说》、《战国策·宋策》皆称为宋康王。《荀子·王霸》又称为宋献，杨倞注："国灭之后，其臣子各私为谥故不同。"《宋世家》谓王偃立四十七年为齐湣王所杀，而《六国表》云偃立四十三年，《吕氏春秋·禁塞》高诱注亦云在位四十七年，而《吕氏春秋·顺说》高诱注又作四十五年。

又案：《宋世家》云："辟公三年卒，子剔成立。剔成四十一年，剔成弟偃攻袭剔成。剔成奔齐，偃自立为君。君偃十一年自立为王。"《六国表》列辟公元年在周烈王四年(公元前三七二年)，剔成元年在周烈王七年(公元前三六九年)，君偃元年在周显王四十一年，宋自立为王在周慎靓王三年。考《史记》所谓辟公当为桓侯之误，据《纪年》剔成肝废其君璧(即桓侯)而自立。桓公立于周显王六年，剔成肝即司城子罕，杀桓侯而自立当在周显王十四年或稍后，已辨在周显王六年与十四年案语中。若君偃元年在周显王四十一年，则剔成肝在位不过二十七年，非四十一年。钱穆《先秦诸子系年》"疑四十一年乃桓侯在位之年"，"而剔成则在位三年不寿早死，故其弟偃嗣位尚年少"。因而定偃元年在周显王三十一年，宋偃称王为周显王四十一年而非周慎靓王三年。其说全出推论,并无确据。《宋策》第五章载:“谓大尹曰:君日长矣,自知政,则公无事。公不如令楚贺君之孝,则君不夺太后之事矣,则公常用宋矣。”《韩非子·说林下》有相同之记述,而作“白圭谓宋大尹”。钱穆据之谓:“白圭时宋君乃偃,初立年少,故太后、大尹主政用事,而偃已务名,长而好行仁政,有以也。”并谓“大尹殆宋君之庶兄”。甚至谓:与孟子问答交际之戴不胜“岂即《宋策》之大尹乎?”(《先秦诸子系年》第二七五页)考《左传》哀公二十六年载宋“六卿三族降听政,因大尹以达。”杜注:“大尹,近官有宠者。”顾栋高《春秋大事表》云:“当亦奄寺之流。”其说可信。盖即《月令》之奄尹也。观乎白圭谓大尹之言,大尹依仗太后用事,知大尹固为奄寺之长无疑,犹赵之宦者令。戴不胜恐非其俦,更未必为宋君之庶兄。

又案:《宋世家》谓君偃“东败齐,取五城,南败楚,取地三百里,西败魏军,乃与齐、魏为敌国,盛血以韦囊,县而射之,命曰射天。淫于酒、妇人,群臣谏者辄射之。于是诸侯皆曰桀宋,宋其复为纣所为,不可不诛”。考之史策,君偃并无败齐、楚、魏等国之事。射天,淫于酒、妇人等,无非诬蔑之辞。《宋策》第八章、《新序·杂事四》亦谓宋康王“欲霸之亟成,故射天笞地”。古书中所述宋王偃之荒唐行为,几乎与商纣之传说全同,全出于后人之误为牵合。详顾颉刚《宋王偃的绍述先德》(见《语丝》第六期及《古史辨》第二册)。

万章问曰:“宋小国也,今将行王政,齐楚恶而伐之,则如之何?”孟子曰:“汤居亳,与葛为邻,葛伯放而不祀,汤使人问之曰:‘何为不祀?’曰:‘无以供牺牲也。’汤使遗之牛羊,葛伯食之,又不以祀。汤又使人问之曰:‘何为不祀?’曰:‘无以供粢盛也。’汤使亳众,往为之耕,老弱馈食,葛伯率其民,要其有酒食、黍稻者夺之,不授者杀之,有童子以黍肉饷,杀而夺之。书曰:‘葛伯仇饷’,此之谓也。为其杀是童子而征之,四海之内皆曰非富天下也,为匹夫匹妇复仇也。汤始征,自葛载,十一征而无敌于天下。东面而征,西夷怨;南面而征,北狄怨,曰:‘奚为我后?’民之望之,若大旱之望雨也。归,市者弗止,芸者不变,诛其君,吊其民,如时雨降,民大悦。书曰:‘徯我后?后来其无罚!有攸不惟臣,东征,绥厥士女,篚厥玄黄,绍我周王见休,惟臣附于大邑周。’其君子实玄黄于篚,以迎其君子;其小人箪食壶浆,以迎其小人;救民于水火之中,取其残而已矣。《太誓》曰:‘我武惟扬,侵于之疆,则取于残,杀伐用张,于汤有光。’不行王政云尔;苟行王政,四海之内,皆举首而望之,欲以为君,齐、楚虽大,何畏焉?”(《孟子·滕文公下》)

孟子谓戴不胜曰:“子欲子之王之善之与?我明告子:有楚大夫于此,欲其子之齐语也,则使齐人傅诸?使楚人傅诸?”曰:“使齐人傅之。”曰:“一齐人傅之,众楚人咻之,虽日挞而求其齐也,不可得矣;引而置之庄岳之间数年,虽日挞而求其楚,亦不可得矣。子谓薛居州善士也,使之居于王所。在于王所者,长幼卑尊皆薛居州也,王谁与为不善?在王所者,长幼卑尊皆非薛居州也,王谁与为善?一薛居州,独如宋王何?”(《孟子·滕文公下》)

戴盈之曰:“什一,去关市之征,今兹未能,请轻之,以待来年,然后已,何如?”孟子曰:“今有人月攘其邻之鸡者,或告之曰:‘是非君子之道。’曰:‘请损之。月攘一鸡,以待来年,然后已。’如知其非义,斯速已矣,何待来年?”(《孟子·滕文公下》)

案：崔述《孟子事实录》谓孟子去齐以后居宋，万章、盈之之问当在此时。孟子谓戴不胜曰："子欲子之王之善与？"又曰："一薛居州，独如宋王何？"可知当时宋君偃已自称为王。万章问曰："宋小国也，今将行王政，齐、楚恶而伐之，则如之何？"孟子以汤、武"救民于水火之中"答之，以为"苟行王政……齐、楚虽大何畏焉。"据此可知，宋君偃自称为王，乃以"将行王政"相号召，与以前魏、齐、秦等大国自称为王，欲小诸侯朝见，借此扩张声势与图谋号令诸侯者不同。《孟子列传》称："天下方务于合从连横，以攻伐为贤，而孟轲乃述唐、虞三代之德，是以所如者不合。"孟子正周游列国，游说齐、梁等国君主，实行所谓"王政"，亦即"仁政"，主张减轻赋税，"野九一而助，国中什一使自赋"，"去关市之征"等等。戴盈之谓孟子曰："什一，去关市之征，今兹未能，请轻之，以待来年"，即针对孟子所欲推行之"王政"而言。可知宋君偃称"王"而以"将行王政"相号召，正与孟子之意愿相合。孟子尝言"师文王，大国五年，小国七年，必为政于天下矣"。宋正以小国而"将行王政"相号召，孟子却未见宋王而即离去，盖王所少"善士"，即如孟子所言"一薛居州，独如宋王何？"

[秦惠文王更元]七年乐池相秦。(《秦本纪》)

案：《正义》云："乐音岳。池，徒何反。裴氏音池也。"《史记会注考证》云："古钞、南本'池'作'陀'，与《正义》合。"

王七年(指秦惠文王称王改元七年)上郡守疾之造，□豊(《贞松堂集古遗文》著录)

案："七"字，或释为"十"。"疾"字或释为"中"，因刻铭拓本不清，未能确定。姑记于七年。

燕哙三年与楚、三晋攻秦，不胜而还。子之相燕，贵重，主断。……王因收印，自三百石吏而效之子之，子之南面行王事，而哙老不听政，顾为臣，国事皆决子之。（《燕策一》第九章，《燕世家》同）

案：《六国表》“燕王哙五年君让其臣子之国，愿为臣”。当周慎靓王五年。《赵世家》谓武灵王十年“齐破燕；燕相子之为君，君反为臣”。亦当周慎靓王五年。《赵世家》以燕相子之为君与齐破燕，在同年，不足信。《秦本纪》系燕“君让其臣子之”于秦惠文王更元十一年，当周赧王元年，更误后二年。《燕策一》称燕哙三年让国于子之，子之三年为齐所破，又二年而燕昭王立。而《赵世家》赵武灵王十一年赵召燕公子职而送立。赵武灵王十一年正当《六国表》王哙六年，亦即子之三年，正当《纪年》齐宣王五年。知《燕策一》之纪年，当本旧史，可信也。

燕君子哙，邵公奭之后也，地方数千里（当作数百里），持戟数十万，不安子女之乐，不听钟石之声，内不湮污池台榭，外不罼弋田猎，又亲操耒耨，以修畎亩。子哙之苦身以忧民，如此其甚也，虽古之所谓圣王明君者，其勤身而忧世，不甚于此矣。然而子哙身死国亡，夺于子之，而天下笑之。此其故何也？不明乎所以任臣也。（《韩非子·说疑》）

案：据此，燕君子哙“苦身以忧民，如此其甚也”，足见其实行禅让，确是欲学“圣王明君”之“勤身而忧世”，具有政治改革之目的。

子之相燕，坐而佯言，曰：“走出门者何白马也？”左右皆言不见，有一人走追之，报曰有。子之以此知左右之不诚信（《韩非子·内储说上》）。

子之相燕，贵而主断，苏代为齐使燕，王问之曰："齐王亦何如主也？"对曰："必不霸矣。"燕王曰："何也？"对曰："昔桓公之霸也，内事属鲍叔，外事属管仲，桓公被发而御妇人，日游于市，今齐王不信其大臣。"于是燕王因益大信子之。子之闻之，使人遗苏代金百镒，而听其所使。一曰：苏代为秦使燕，见无益子之，则必不得事而还，贡赐又不出，于是见燕王，乃誉齐王。燕王曰："齐王何若是之贤也，则将必王乎？"苏代曰："救亡不暇，安得王哉？"燕王曰："何也？"曰："其任所爱不均。"燕王曰："其亡何也？"曰："昔者齐桓公爱管仲，置以为仲父，内事理焉，外事断焉，举国而归之，故一匡天下，九合诸侯。今齐任所爱不均，是以知其亡也。"燕王曰："今吾任子之，天下未之闻也。"于是明日张朝而听子之。（《韩非子·外储说右下》，《燕策一》第九章首段与此同。《燕世家》同于《燕策一》）

子之相燕，贵重，主断。苏代为齐使于燕，燕王问之曰："齐宣王何如？"（《燕世家》作"齐王奚如？"）对曰："必不霸。"燕王曰："何也？"对曰："不信其臣。"苏代欲以激燕王以厚任子之也（《燕世家》"厚任"作"尊"），于是燕王大信子之。子之因遗苏代百金，听其所使。（《燕策一》第九章首段，《燕世家》同。《苏秦列传》亦谓："齐使代报燕，燕王哙问曰：'齐王其霸乎？'曰：'不能。'曰：'何也？'曰：'不信其臣。'于是燕王专任子之，已而让位，燕大乱。"）

潘寿谓燕王曰："王不如以国让子之，人所以谓尧贤者，以其让天下于许由，许由必不受也，则是尧有让许由之名，而实不失天下也。今王以国让子之，子之必不受也，则是王有让子之之名，而与尧同行也。"于是燕王因举国而属之，子之大重。一曰：潘寿阚者（乾道本作"阚"，赵用贤本作"隐"）。燕使人聘之，潘寿见燕王曰："臣恐子之之如益也。”王曰:“何益哉?”对曰:“古者禹死,将传天下于益,启之人因相与攻益而立启。今王信爱子之,将传国子之,太子之人尽怀印,为子之之人,无一人在朝廷者。王不幸弃群臣,则子之亦益也。”王因收吏玺,自三百石以上皆效之子之,子之大重……一曰:燕王欲传国于子之也,问于潘寿,对曰:“禹爱益而任天下于益,已而以启人为吏,及老而以启为不足任天下,故传天下于益,而势重尽在启也。已而启与友党攻益而夺之天下,是禹名传天下于益而实令启自取之也,此禹之不及尧舜明矣。今王欲传之子之,而吏无非太子之人者也。是名传之,而实令太子自取之也。”燕王乃收玺,自三百石以上皆效之子之,子之遂重。(《韩非子·外储说右下》,《燕策一》第九章取首末两说,而改末说潘寿之语为或人之语。《燕世家》从之。潘寿《燕策》、《燕世家》作鹿毛寿,《集解》徐广曰:“一作厝毛”)

鹿毛寿谓燕王曰:“不如以国让子之(《燕世家》“子之”上有“相”字),人谓之尧贤者,以其让天下于许由,由必不受,有让天下之名,实不失天下。今王以国让相子之,子之必不敢受,是王与尧同行也。”燕王因举国属子之(《燕世家》“举国属”作“属国于”),子之大重。或曰:“禹授益(《燕世家》“授”作“荐”)而以启为吏(鲍本“启”下有“人”字,《燕世家》、《韩非子》皆有“人”字。《燕世家》“而”上有“已”字,《韩非子》亦有“已”字)。及老而以启为不足任天下(《燕世家》“启”下衍“人”字),传之益也。启与支党攻益而夺之天下(“支”《鲍本》作“友”,《韩非子》亦作“友”,《燕世家》作“交”,《资治通鉴》亦作“交”),是禹名传天下(《燕世家》“是”作“天下谓”),其实令启自取之(《燕世家》“其”作“已而”)。今王言属国子之,而吏无非太子人者,是名属子之而太子用事。”(《燕世家》“而”下有“实”字)。王因收印自三百石吏而效之子之(《燕世家》"吏"下有"已上"二字)。子之南面行王事,而哙老不听政,顾为臣,国事皆决子之。(《燕策一》第九章,《燕世家》同)

燕子哙贤子之而非孙卿,故身死为僇。(《韩非子·难三》)

案:禅让之说,墨子始鼓吹之。墨子尚贤而鼓吹禅让,谓"舜耕历山,陶河滨,渔雷泽,尧得之服泽之阳,举以为天子"(《墨子·尚贤中》)。战国时代君王首先欲实行者,传为魏惠王,惠王欲传国于惠施,不为惠施所接受(《吕氏春秋·不屈》)。盖惠王欲学尧"而传之贤者",而惠施欲学许由为"辞而贤者"。是时燕王哙效法尧,以子之为贤而以国让子之,子之效法舜而南面行王事,燕王哙反为臣。当时孟子虽亦赞成尧、舜之禅让,但声称"天子不能以天下与人",舜有天下乃天与之,"天不言,以行与事示之而已矣。"(《孟子·万章上》)当燕王哙禅让子之后,齐大臣沈同问孟子"燕可伐与?"孟子曰:"可。子哙不得与人燕,子之不得受燕于子哙 。"(《孟子·公孙丑下》)其后,荀子则明确反对禅让,荀子曰:"尧、舜擅让是虚言也;是浅者之传,陋者之说也;不知逆顺之理,小大至不至之变者也,未可与及天下之大理者也。"(《荀子·正论》)韩非称"子哙贤子之而非孙卿",孙卿即荀子。钱穆《荀子年十五之齐考》云:"燕王让国子之,为慎靓王五年(按当作三年),去威王之卒四年(当作二年),其时荀子至少亦当二十四五岁。"(《先秦诸子系年》第三三三至三三五页)或者是时荀子在齐稷下已有反对尧、舜禅让之说,因而燕王哙非之也。

又案:韩非称:"子之相燕,贵重,主断。"又称子之坐而佯言"走出门者何白马也","有一人追之,报曰有,以此知左右之不诚信”。此与韩昭侯用“术”监督考察臣下之事相同。韩非多处论及燕王哙尚贤而禅让子之之事。如《二柄》云:“子之托于贤以夺其君者也……其卒子哙以乱死。”《难四》又云:“燕哙虽举所贤,而同于用所爱。”《韩非子·说疑》又以燕子之与齐田恒、宋子罕、卫子南劲、郑太宰欣、周单荼等八人并称,谓“此九人者之为其臣也。皆朋党比周以事其君,隐正道而行私曲,上逼君,下乱治,援外以挠内,亲下以谋上,不难为也”。田恒等人皆是主张改革而夺取君权者。燕王哙以君权禅让于子之,太子平、将军市被因聚众围王宫,攻子之,不克。继而百姓反攻,杀太子平与将军市被。可知子之深得百姓拥戴者。

苏秦之在燕也,与其相子之为婚,而苏代与子之交。(《燕策一》第九章)

燕相子之与苏代婚,而欲得燕权。乃使苏代持质子于齐。齐使代报燕,燕王哙问曰:“齐王其伯乎?”曰:“不能。”曰:“何也?”曰:“不信其臣。”于是燕王专任子之,已而让位。(《燕策一》第十章)

案:《燕策一》第九章云:“燕王哙既立,苏秦死于齐。苏秦之在燕也,与其相子之为婚,而苏代与子之交。及苏秦死,而齐宣王复用苏代。燕哙三年……苏代为齐使于燕……苏代欲以激燕王以厚任子之也。于是燕王大信子之,子之因遗苏代百金,听其所使。”《燕世家》同。而《燕策一》第十章又云:“燕相子之与苏代婚,而欲得燕权,乃使苏代持质子于齐。齐使代报燕……于是燕王专任子之,已而让位。燕大乱。齐伐燕,杀王哙、子之。燕立昭王,而苏代、苏厉遂不敢入燕,皆终归齐,齐善待之。”《苏秦列传》同。以上两策,或谓苏秦与燕相子之为婚,或谓苏代与燕相子之为婚，未知孰是。据此可知，当子之相燕时，苏秦、苏代已奔走游说于齐、燕之间。《说苑·君道》谓燕昭王师事郭隗三年之后，“苏子闻之，从周归燕”。《说苑·尊贤》第五章亦谓：“燕昭王得郭隗，而邹衍、乐毅以齐、赵至，苏子、屈景以周、楚至。”皆不足信。此乃纵横家为游士张目而臆造者。

又案：《燕策一》谓苏秦死于燕王哙既立之后，《苏秦列传》谓苏秦与燕易王之母私通，惧罪而走齐为客卿。燕王哙既立之后，苏秦以为燕反间之罪而被杀于齐。其说皆不可信。苏秦因为燕反间之罪而被杀，当在乐毅破齐之时；已是燕昭王二十八年、齐湣王末年。《张仪列传》谓苏秦死于秦惠文王更元十三年大败楚于丹阳与蓝田之后，亦不可信。司马迁谓“世言苏秦多异，异时事有类之者皆附之苏秦”。司马迁所作苏秦、张仪列传，以苏秦与张仪同时，苏秦主合纵，张仪主连横，所载苏、张游说辞，皆本《国策》，其实正是以异时事附之苏秦者，皆与史实不合，盖后世纵横家所伪托，前人已多揭发。钱穆《苏秦考》虽已指出《苏秦列传》所载游说辞皆出后人饰托，非实况，但仍信从苏秦死于燕王哙既立之后之说。因而以为《国策》所载苏秦得见齐湣王、孟尝君、奉阳君，“此皆所谓异时事附之也”，是以“赵奉阳君主合从而造为苏秦合从之说”（《先秦诸子系年》第二八五至二九四页）。其实苏秦正与奉阳君同时主谋合纵攻秦者。长沙马王堆汉墓出土帛书《战国纵横家书》，可以作证。《战国策》中，既有比较原始之苏秦资料，又有后人杜撰之苏秦长篇游说辞。吾人抛弃杜撰之游说辞，依据原始之苏秦资料，亦足证明苏秦主谋合纵攻秦当在齐湣王、秦昭王并称东西帝之后，五国合纵攻破齐国之前。

东周之客䜌绎胙于栽郢(包山楚墓出土竹简)。

案:包山楚墓出土竹简,有"东周之客䜌绎胙于栽郢之岁",指楚怀王十二年。按楚官方习俗,以上一年大事纪年,此事当在楚怀王十一年(公元前三一八年),栽郢是楚五都之一,当时都城设有宗庙,"胙"是祭祀之肉,此时东周之君遣使到楚都,送宗庙祭肉,用以表示对楚王的尊重。

周慎靓王四年(公元前三一七年)

秦惠文王更元八年,魏襄王二年,韩宣惠王十六年,赵武灵王九年,齐宣王三年,楚怀王十二年,燕王哙四年。

[秦惠文王更元八年]韩、赵、魏、燕、齐帅匈奴共攻秦,秦使庶长疾与战修鱼,虏其将申差,败赵公子渴、韩太子奂,斩首八万二千。(《秦本纪》,原系于"七年"下,《樗里子列传·索隐》引《秦本纪》"惠文王后元八年,五国共围秦,使庶长疾与战修鱼,斩首八万"。《秦本纪·正义》云:"修鱼,韩邑也。《年表》云:秦败我修鱼,得韩将军申差。"不言《秦本纪》与《六国表》年代有差异,可知今本《秦本纪》确有脱误。原本当作"七年韩、赵、魏、燕、齐帅匈奴共攻秦。八年五国共攻秦,秦使庶长疾与战修鱼……",中间脱"八年五国共攻秦"七字,下文"八年张仪复相秦"又误衍"八年"二字。《六国表》作"与韩、赵战,斩首八万")

[赵武灵王]九年与韩、魏共击秦,秦败我,斩首八万级。齐败我观泽。(《赵世家》,《六国表》作"与韩、魏击秦,齐败我观泽")

[韩宣惠王]十六年秦败我修鱼,虏得韩将鲠、申差。(《韩世家》,《六国表》作"秦败我修鱼,得韩将军申差"。《六国表》原脱"韩"字,据

《秦本纪·正义》引《年表》补）

案：是年秦使庶长疾统率大军出函谷关，追击从函谷关后退之三晋联军。庶长疾即是樗里疾，时疾正为庶长。《秦本纪》载秦惠文王更元十二年“庶长疾攻赵，虏赵将庄”。《樗里子列传》作“使樗里子为将伐赵，虏赵将军庄豹”（误衍“豹”字）。可知《秦本纪》所言庶长疾即是樗里疾。樗里疾为秦惠王之异母弟，号为“智囊”。是年统帅大军追击三晋之退兵，直至修鱼。修鱼为韩邑，在今河南原阳县西南，东靠魏所筑、用以保卫大梁之西边长城，此地已在函谷关以东五百里以外。已深入三晋之腹地，逼得三晋在此与秦决战，结果秦取得斩首八万之战果，并生擒韩将鲠与申差，于是声势浩大之五国合纵攻秦之举，以惨败告终。

又案：《韩世家》原作“秦败我修鱼，虏得韩将鲠、申差于浊泽”，以下接连有：“韩氏急，公仲谓韩王……韩王不听，遂绝和于秦，秦因大怒，益甲于韩，大战，楚救不至韩。十九年大破我岸门。”此文又见于《韩策一》第十七章，开首为“秦、韩战于浊泽，韩氏急，公仲明（当作“朋”）谓韩王”，下文与《韩世家》相同，所记为别一战役。盖秦、韩战于浊泽，韩王误信楚虚言起兵救韩，绝和于秦，楚救不至，因而为秦大败于岸门。浊泽之战与韩宣惠王十九年大败于岸门相关，而与是年五国合纵攻秦之举无关。是年秦将樗里疾大败三晋于修鱼，虏得韩将申差等人，《秦本纪》与《六国表》相同，与浊泽之战无关。修鱼在今河南原阳县西南，浊泽在今河南长葛县西北，相距有一百六十里以上，不可能在修鱼大败三晋之军，而在浊泽虏得韩将申差等人。《韩世家》“于浊泽”上当脱“秦、韩战”三字，《韩策一》可以比证，系记别一战役，说明岸门之战大败之原因。今本《韩世家》因脱“秦、韩战”三字，将“于浊泽”三字误连于“虏得韩将鳠、申差”。《资治通鉴》作者未能分辨，记此事作“虏其将鳠、申差于浊泽”，仍沿《韩世家》之讹误，马非百《秦集史·国君纪事》十五亦沿此误。

又案：《秦本纪》云：“败赵公子渴、韩太子奂。”梁玉绳《史记志疑》云：“以后文韩太子仓推之，知奂已死矣。”非是也。前此八年，《赵世家》载武灵王元年，韩宣王率太子仓朝赵，后此三年太子仓质秦，其间不应复有太子名奂。殆公子奂之误，不则太子仓之误也。

[魏哀王]（当作襄王）二年齐败我观津。（《魏世家》，《六国表》作“齐败我观泽”，《魏世家》“观津”当为“观泽”之误）

[楚怀王]十二年齐湣王（当作齐宣王）伐败赵、魏军，秦亦败韩，与齐争长。（《楚世家》）

[齐湣王]七年（当作齐宣王二年）与宋攻魏，败之观泽。（《田世家》）

案：是年齐乘赵、魏为秦大败之时，伐败赵、魏于观泽。

[秦惠文王更元]八年张仪复相秦。（《秦本纪》，《六国表》同。）

案：《张仪列传》云：“留魏四岁而魏襄王（当作惠王）卒，哀王（当作襄王）立。张仪复说哀王，哀王不听，于是张仪阴令秦伐魏。魏与秦战，败。明年齐又来败魏于观津；秦复欲攻魏，先败韩申差军，斩首八万，诸侯震恐……哀王于是乃倍从约而因张仪请成于秦。张仪归，复相秦。”其实，张仪于魏惠王未卒前已由魏归秦，秦败韩申差军乃秦出兵还击“五国共攻秦”，并非由于张仪“阴令秦伐魏”与“秦复欲攻魏”。

犀首见梁君曰："臣尽力竭知，欲以为王广土取尊名，田需从中败臣，王又听之，是臣终无成功也。需亡，臣将侍，需侍，臣请亡。"王曰："需，寡人之股掌之臣也，为子之不便也，杀之亡之，外子毋谓天下何？内之无若群臣何也？今吾为子外之，令毋敢入子之事。入子之事者，吾为子杀之亡之，胡如？"犀首许诺，于是东见田婴与之约结，召文子而相之魏，身相于韩。(《魏策二》第二章)

案：吴师道云："田文为魏相，盖犀首约结于婴，召其子而相之也，下章与此同。事宜在襄王时，非文奔魏相昭王事也。"又云："身相韩，衍欲相韩也。下言田需以稽二人，则衍仍留魏矣。"其说不尽然。衍当不久即相韩。

苏代为田需说魏王曰："臣请问文之为魏，孰与其为齐也？"王曰："不如其为齐也。""衍之为魏，孰与其为韩也？"王曰："不如其为韩也。"而苏代曰："衍将右韩而左魏，文将右齐而左魏，二人者将用王之国，举事于世，中道而不可，王且无所闻之矣。王之国虽渗乐而从之可也(渗乐，黄丕烈云："当作操药。"金正炜云："当是消烁。"后说为是)。王不如舍需于侧，以稽二人者所为，二人者曰：需非吾人也，吾举事而不利于魏。需必挫我于王，二人者必不敢有外心矣。二人者之所为之，利于魏与不利于魏，王厝需于侧以稽之("厝"读作"措"，与上文"舍"义同)。臣以为身利而便于事。"王曰："善。"果厝需于侧。(《魏策二》第三章)

田需、周宵相善("田需"上原衍"魏文子"三字，今从金正炜、于鬯删去)，欲罪犀首，犀首患之，谓魏王曰："今所患者齐也，婴子言行于齐王，王欲得齐，则胡不召文子而相之？彼必务以齐事王。"王曰："善。"因召文子而相之，犀首以倍田需周宵。(《魏策二》第八章)

案:《魏世家》载襄王九年魏相田需死,昭鱼恐张仪、薛公、犀首有一人相魏。张仪、犀首于田需相魏前,皆尝相魏。证以上列三说,知田文先亦尝相魏,故昭鱼以之与张仪、犀首相提并论。田文相魏为时甚暂,疑在五国攻秦不胜、齐反攻赵、魏之后。故犀首谓魏王曰:"今之所患者齐也",而召田文以相魏。

大司马[illegible](一作"卓滑")以将楚邦之师徒以救郙(包山楚墓出土竹简)。

案:包山楚墓出土竹简,既有"大司马悼愲以将楚邦之师徒以救郙之岁",又有"大司马卓滑救郙之岁",悼愲即是卓滑,亦即昭滑,指楚怀王十三年,楚官方以上一年大事纪年,当在楚怀王十二年(公元前三一七年),昭滑为楚怀王亲信大臣,曾奉命前往越国五年,从而灭越。郙当即莒,在今山东莒县一带。古"吕""甫"二字通用,吕国在今河南南阳西,亦或称甫。吕在战国时已灭亡,莒在战国时尚存在,是所谓"泗上十二诸侯"之一。

周慎靓王五年(公元前三一六年)

秦惠文王更元九年,魏襄王三年,韩宣惠王十七年,赵武灵王十年,齐宣王四年,楚怀王十三年,燕王哙五年。

[秦惠文王更元]九年司马错伐蜀,灭之。(《秦本纪》,《六国表》作"击蜀,灭之")

苴、蜀相攻击,各来告急于秦。秦惠王欲发兵以伐蜀,以为道险狭难至,而韩又来侵秦,秦惠王欲先伐韩,后伐蜀,恐不利;欲先伐蜀,恐韩袭秦之敝,犹豫未能决。(《张仪列传》,《新序·善谋篇》第八章大体相同,惟首二句作"秦惠王时蜀乱,国人相攻击,告急于秦")

司马错与张仪争论于秦惠王前。司马错欲伐蜀，张仪曰："不如伐韩。"王曰："请闻其说。"对曰："亲魏善楚，下兵三川，塞轘辕、缑氏之口(《张仪列传》，《新序·善谋》"轘辕、缑氏"作"什谷")，当屯留之道，魏绝南阳，楚临南郑，秦攻新城、宜阳，以临二周之郊，诛周主之罪，侵楚、魏之地，周自知不救，九鼎宝器必出。据九鼎，按图籍，挟天子以令天下，天下莫敢不听，此王业也。今夫蜀，西辟之国，而戎狄之长也(《张仪列传》"长"作"伦"，《新序·善谋》误作"偷"；作"伦"于义为长)。弊兵劳众，不足以成名，得其地不足以为利。臣闻争名者于朝，争利者于市，今三川、周室，天下之市朝也，而王不争焉，顾争于戎狄，去王业远矣。"司马错曰："不然。臣闻之，欲富国者，务广其地；欲强兵者，务富其民；欲王者务博其德。三资者备，而王随之矣。今王之地小民贫，故臣愿从事于易。夫蜀西辟之国也，而戎狄之长也，而有桀、纣之乱，以秦攻之，譬如使豺狼逐群羊也。取其地，足以广国也；得其财，足以富民；缮兵，不伤众而彼已服矣。故拔一国而天下不以为暴，利尽西海，诸侯不以为贪，是我一举而名实两附，而又有禁暴正乱之名。今攻韩，劫天子。劫天子，恶名也，而未必利也，又有不义之名，而攻天下之所不欲危(《张仪列传》，《新序》"危"下皆有"矣"，语意较为完善)，臣请谒其故：周，天下之宗室也，齐，韩之与国也("韩"下原衍"周"字，从《张仪列传》及《新序》删)。周自知失九鼎，韩自知亡三川，则必将二国并力合谋，以因于齐、赵，而求解乎楚、魏，以鼎与楚，以地与魏，王不能禁。此臣所谓危，不如伐蜀之完也。"惠王曰："善。寡人听子。"卒起兵伐蜀，十月取之，遂定蜀。蜀主更号为侯，而使陈庄相蜀。蜀既属，秦益强、富厚，轻诸侯。(《秦策一》第七章，《张仪列传》、《新序·善谋》第八章同。惟"蜀主更号为侯"作"贬蜀王更号为侯”。“陈庄”《新序》误作“陈叔”）

案：梁玉绳《史记志疑》云：“考《纪》、《表》及《华阳国志》皆云王死蜀灭，无贬号之事，当是因封公子通为蜀侯而误。”其说非是。秦攻杀蜀王后，仍以蜀为属国，即《秦策一》所谓“蜀既属”，《张仪列传》所谓“蜀既属秦”，改封蜀王子弟为侯，称为“蜀国”，封为“蜀侯”。按战国时代封君制度，封君之相常由国王派遣，因而使陈庄相蜀。《秦本纪》载秦惠文王更元十一年“公子通封于蜀”，公子通当为原蜀王子弟，非秦之公子。《华阳国志》言“周赧王元年秦惠王封子通国为蜀侯”。通国即公子通，《华阳国志》误为秦惠王之子。

秦惠王欲伐蜀，乃刻五石牛，置金其后。……牛下有养卒，以为此天牛也，能便金。蜀王以为然，即发卒千人，使五丁力士拖牛成道。致三枚于成都。秦道得通，石牛力也。后遣丞相张仪等随石牛道伐蜀。（《艺文类聚》九十四引《蜀王本纪》）

张仪伐蜀，蜀王开战不胜，为仪所灭也。（《秦本纪·索隐》引《蜀王本纪》）

蜀王别封弟葭萌于汉中，号苴侯，命其邑曰葭萌焉。苴侯与巴王为好，巴与蜀仇，故蜀王怒，伐苴侯。苴侯奔巴，求救于秦。秦惠王方欲谋楚，群臣议曰：“夫蜀西僻之国，戎狄为邻，不如伐楚。司马错、中尉田真黄曰：‘蜀有桀、纣之乱，其国富饶，得其布帛金银，足给军用。水通于楚，有巴之劲卒，浮大舶船以东向楚，楚地可得。楚亡则天下并矣。”惠王曰：“善。”周慎王五年秋，秦大夫张仪、司马错、都尉墨等，从石牛道伐蜀。蜀王自于葭萌拒之，败绩。王遁走至武阳，为秦军所害。其相、傅及太子退至逢乡（“逢”当作“逄”），死于白鹿山。开明氏

遂亡，凡王蜀十二世。冬十月蜀平，司马错因取苴与巴焉。（《华阳国志》卷三《蜀志》）

案：《张仪列传·集解》徐广引谯周曰："益州'天苴'读为包黎之包，音与'巴相近'，以为今之巴郡。《索隐》亦云：'苴音巴'。"任乃强《华阳国志校补图注》则谓："按本书言封于汉中，号苴侯，则因汉中本褒国，用褒之音。褒、苞同音，此谯周之意，常氏所取也。周之褒国，原封域固当是沔水平原（当汉水上游大河原，今云汉中平原）。……若蜀王所建苴侯之国，按《华阳国志》此文，则包括沔水平原与西汉水上游，故封于汉中而居于葭萌。其命名为苴，实用褒之旧名。周人作褒，蜀人作苴也。"今按：蜀王所别封之苴侯，居于葭萌，在今四川广元县南宝轮院附近。西周之褒，在今陕西汉中市西北，相距甚远。任氏谓苴即褒，与地理位置不合。春秋早期有鄁国，传世有春秋早期铜器鄁嬰鼎、簠、壶、盘等。"鄁"字作"鄁"，当即《说文》之"郙"字。《说文》邑部云："郙，蜀地也，从邑耤声。""苴"即"郙"之音转。蜀王别封弟葭萌之所在邑，疑即鄁之旧地。

又案：任乃强《华阳国志校补图注》云："石牛道，谓自汉入蜀之西道。其路线自汉中入阳平关，循水道至葭萌，自葭萌溯清水河谷，逾马鸣阁（今马角坝）至江油（今彰明），历涪、雒，至成都。与今宝成铁路线同。"

周显王时，楚国衰弱，秦惠文王与巴、蜀为好，蜀王弟苴侯（"侯"字原脱，从廖寅校补）私亲于巴。巴蜀世战争。周慎王五年蜀王伐苴侯，苴侯奔巴，巴为求救于秦。秦惠文王遣张仪、司马错救苴、巴，遂伐蜀灭之。仪贪巴、苴之富，因取巴，执王以归，置巴、蜀及汉中郡，分其地为四十一县。(《华阳国志》卷一《巴志》,旧各本作"为一县"或"为二县",《路史·大昊纪》罗注所引作"分为三十二县"。任乃强据《汉书·高帝纪》刘邦为汉王,王巴、蜀,与汉中三郡共四十一县,谓是秦置此三郡时共有四十一县,当以四十一县为正)

自司马氏去周适晋,分散,在秦者名错,与张仪争论,于是惠王使错将伐蜀,遂拔,因而守之。(《太史公自序》)

案:《秦本纪》但言"司马错伐蜀,灭之",扬雄《蜀王本纪》始言张仪伐蜀而灭之。《华阳国志》等书因而言张仪、司马错共伐灭蜀。是时张仪主伐韩,司马错主伐蜀,争论于秦惠王前,王听信错言而使错将伐蜀。《太史公自序》所言甚是。错因灭蜀而守之。秦惠王末年蜀相陈庄反,杀秦王所封蜀侯通国,王遣甘茂、张仪会司马错伐蜀诛陈庄。疑《蜀王本纪》将伐蜀、诛陈庄之役与伐灭蜀之事混为一谈,遂误以为张仪与司马错共伐灭蜀。

又案:"因而守之",《集解》引苏林曰:"守,郡守也。"此说恐不确。秦灭蜀后,仍封蜀王后裔以为属国,并以陈庄为相,并未立即在蜀设郡。所谓"因而守之",谓驻军而守。"守"亦为武职之称。《华阳国志》称周赧王元年秦惠王封蜀侯同时,"以陈庄为相","以张若为蜀守"。司马错为蜀守,盖为时不久。

又案:《华阳国志》谓秦"置巴、蜀及汉中郡,分其地为四十一县"。其实,三郡之建置非一时事。秦灭巴后,即设郡,灭蜀后,初设封国。直到秦昭王二十二年改设为郡,秦建汉中郡,在秦惠文王后元十三年,即周赧王三年攻取楚汉中地以后。见《秦本纪》。

及秦惠王兼巴中,以巴氏为蛮夷君长,世尚秦女,其民爵比不更,

有罪得以爵除。其君长岁出赋二千一十六钱，三岁一出义赋千八百钱。其民户出幏布八丈二尺，鸡羽二十鍭。(《后汉书·南蛮传》)

案：秦自商鞅“初为赋”，按户征收人口税，此为宽待巴人之特殊征赋之法。

及七国称王，巴亦王焉。秦惠王遣张仪等救苴侯于巴，仪贪巴、苴之富，因执其王以归，而置巴郡焉，治江州。(《水经·江水注》)

[秦惠文王更元九年]伐取赵中都西阳。(《秦本纪》)

[赵武灵王]十年秦取我西都及中阳。(《赵世家》)

秦惠文王更元九年取赵中都、西阳、安邑。(《六国表》)

案：梁玉绳以为当依《赵世家》作西都、中阳，《汉书·地理志》两地属河西郡。若中都属太原，西阳属山阳，梁说是也。《秦本纪·正义》曾列举三者之异，盖《秦本纪》、《六国表》久已有误。是时秦不能攻至中都、西阳。今本《史记·赵世家》有误作“中都、西阳”者。

【附编】

一九八七年湖北荆门市包山二号楚墓中出土竹简，书写年代为公元前三二二年至三一六年，记有二十多名楚国封君，如邸阳君、鄉君、阴君、喜君、鄂(鄂)君、鄗阳君、羕陵君、鄱君、郙君、阳君、荐君、鄗君、偖陵君、鄞君、新埜(野)君、郚君、坪(平)夜(舆)君、鄴君、抨陵君等。(《包山楚墓》附录《包山楚墓封君释地》)

周慎靓王六年(公元前三一五年)

秦惠文王更元十年，魏襄王四年，韩宣惠王十八年，赵武灵王十一年，齐宣王五年，楚怀王十四年，燕王哙六年。

[秦惠文王更元]十年韩太子仓来质。伐取韩石章。伐败赵将泥。(《秦本纪》,《集解》徐广曰:“将一作庄。”)

赵武灵王十一年秦败我将军英。(《六国表》)

案:《韩世家》载宣惠王十九年“大破我岸门,太子仓质于秦以和”。事在次年,《秦本纪》载太子仓来质在此年,盖误上一年。《秦本纪》谓是年伐败赵将泥,徐广曰“一作庄”,《六国表》又作将军英,疑“泥”与“英”皆“庄”字之误。是时赵庄正为赵将。《赵策四》第九章有“赵使赵庄合从欲伐齐”之事。《秦本纪》、《赵世家》、《六国表》又谓秦惠文王更元十二年虏赵将赵庄。

子之三年燕国大乱,百姓恫怨(《燕世家》“怨”作“恐”),将军市被、太子平谋(《燕世家》“被”下有“与”字),将攻子之。储子谓齐宣王(《燕世家》误作“诸将谓齐湣王曰”):“因而仆之(《燕世家》“仆”作“赴”,“仆”通“赴”),破燕必矣。”王因令人谓太子平曰:“寡人闻太子之义,将废私而立公,饬君臣之义,正父子之位(《燕世家》“正”作“明”),寡人之国小,不足先后(《燕世家》“不足”下有“以为”二字),虽然,则唯太子所以令人。”太子因数党聚众(《燕世家》“数”作“要”),将军市被围公宫,攻子之不克(此句下原衍“将军市被及”五字,今删)。百姓乃反攻,太子平、将军市被死已殉(《燕世家》“已”作“以”,“已”通“以”)。国构难数月(《燕世家》“国”作“因”),死者数万众,燕人恫怨(《燕世家》无“燕”字,“众”字属下读),百姓离意。孟轲谓齐宣王曰:“今伐燕,此文武之时,不可失也。”(按此与《孟子》所载不合,盖传闻之误)王因令章子将五都之兵,以因北地之众以伐燕。士卒不战,城门不闭,燕王哙死,齐大胜燕,子之亡。(《燕策一》第九章,《燕世家》大体相同,误改“储子谓齐宣王”为“诸将谓齐湣王”)

案:《战国策》、《史记》“太子因数党聚众”以下一节,文有误衍,将军市被与太子平共攻子之,市被无反攻太子平之理。金正炜以为文衍“将军市被”四字,“及百姓”三字又淆次于下,当作“太子数党聚众,将军市被及百姓围公宫,攻子之不克。反攻太子平,将军市被已殉国”,“谓子之之徒反攻太子,死者数万,即从太子以攻子之之百姓也”。此说以“反攻太子平”为一句,缺主词,仍难通。钱穆《燕昭王乃公子职非太子平辨》以为衍“将军市被”四字,又“及”字乃上文误移而下者。当作“太子要党聚众,将军市被围公宫,攻子之不克。百姓反攻太子平,将军市被死以殉,因构难数月”。谓:“盖太子平及将军市被始终共事,并及于难。今《史》、《策》此节文均误,遂谓市被反攻太子平,而市被又反见杀,于事势情理均难通。”(《先秦诸子系年》第三六七至三六九页)今按金正炜谓“及百姓”三字移上,不确。“将军市被及”五字当为衍文,当读“百姓乃反攻”一句,“太子平、将军市被死以殉”一句。盖太子平与将军市被围公宫,攻子之不克之后,拥戴子之之百姓起而反攻得胜,杀死太子平与将军市被。《战国策》下文云:“二年燕人立公子平是为燕昭王”,鲍本“公”作“太”,《燕世家》亦作“太”。盖“公子平”原为“公子职”之误。读者不知其误,反而以为上文有误,妄加“将军市被及”五字,读“将军市被及百姓乃反攻太子平”为句,又读“将军市被死以殉”为句,误以为将军市被反叛太子平而攻之,市被因而被杀。其实,太子平与将军市被皆为拥戴子之之百姓所攻杀,故《索隐》引《古本竹书纪年》云:“子之杀公子平”,“公子平”乃“太子平”之误。

沈同以其私问曰:“燕可伐与?”孟子曰:“可。子哙不得与人燕,子之不得受燕于子哙。有仕于此，而子悦之，不告于王，而私与之吾子之爵禄，夫士也，亦无王命而私受之于子，则可乎？何以异于是？”

齐人伐燕，或问曰：“劝齐伐燕有诸？”曰：“未也。沈同问燕可伐与？吾应之曰可，彼然而伐之也。彼如曰孰可以伐之，则将应之曰：为天吏，则可以伐之。今有杀人者，或问之曰人可杀与？则将应之曰可。彼如曰孰可以杀之？则将应之曰：为士师则可以杀之，今以燕伐燕何为劝之哉？”(《孟子·公孙丑下》)

案：赵岐注：“沈同，齐大臣。”孟子应之曰：“可，彼然而可伐也。”沈同当为齐掌权之大臣，此以私人身份问孟子。《燕策一》称储子谓齐宣王曰：“因而仆之，破燕必矣。”宣王因而令匡章将而伐燕，盖储子时为齐相。

储子曰：“王使人瞯夫子，果有以异于人乎？”孟子曰：“何以异于人哉？尧、舜与人同耳。”(《孟子·离娄下》)

孟子居邹，季任为任处守，以币交，受之而不报。处于平陆，储子为相，以币交，受之而不报。他日，由邹之任，见季子；由平陆之齐，不见储子。屋庐子喜曰：“连得间矣。”问曰“夫子之任，见季子；之齐，不见储子，为其为相与？”曰：“非也。《书》曰：‘享多仪，仪不及物曰不享，惟不役志于享。’为其不成享也。”屋庐子悦。或问之。屋庐子曰：“季子不得之邹，储子得之平陆。”(《孟子·告子下》)

案：储子为齐相，仅见于齐宣王伐燕与破燕之时，疑孟子处于平陆，储子以币交，储子见孟子而云：“王使人瞯夫子果有以异于人乎。”皆在此时。

子之杀公子平。(《燕世家·索隐》引《纪年》)

君哙及太子、相子之皆死。(《六国表》，今本系于次年，《燕世

家·集解》与《索隐》所引《年表》同）

案:《燕世家·索隐》引《纪年》“子之杀公子平”,“公子平”当是“太子平”之误。《六国表》言“君哙及太子、相子之皆死”,亦谓太子平已被杀死,可知今本《燕策一》、《燕世家》谓“二年而燕人共立太子平是为燕昭王”,必有讹误。梁玉绳《史记志疑》云:“《世家》以为太子平即昭王,余深疑之。《世家》称太子平,《年表》、《纪年》称公子平,冢庶不明,疑一。先是太子与子之争权,举兵攻子之不克,百姓反攻太子,则不为国人所戴可知。贤如昭王,不应有此,疑二。齐并燕二年,燕人共立平。夫既攻之而又立之,于理颇乖,且何以迟至二年复立乎?二年之中,太子安在?疑三。昭王语郭隗曰:齐因孤之国乱而袭破燕,齐之入燕,实藉太子为内应。今观昭王之言,殊不合事情。疑四。考《赵世家》武灵王召公子职于韩,立为燕王,使乐池送之。诸处俱不书(《集解》、《索隐》引《纪年》同,今世所传《纪年》无之)。《集解》疑赵闻燕乱,遥立职为燕王,虽使乐池送之,竟不能就。斯乃虚揣之辞,未见确证,而《索隐》遽誉裴骃得其旨,岂不惑哉?窃意职为王时,在哙死之后,昭王未立之先。职立二年卒,始立昭王,而昭王并非太子,太子已同君哙及相子之死于齐难矣。徐孚远亦云:太子平与昭王,当是二人,或昭王名平,太子不名平。徐说甚覈。《世家》误仍《国策》来耳。孙侍御疑昭王即公子职。”今按梁氏所疑甚是。太子平与将军市被攻子之不克,百姓反攻而杀太子平及市被。太子平已死,昭王当即公子职,无疑。

韩、齐为与国,张仪以秦、魏伐韩。齐王曰:“韩,吾与国也,秦伐之,吾将救之。”田臣思(臣当作臣)曰:“王之谋过矣,不如听之。子哙与子之国，百姓不戴，诸侯弗与。秦伐韩，楚、赵必救之，是天以燕赐我也。”王曰：“善。”乃许韩使者而遣之，韩自以为得交于齐，遂与秦战，楚、赵果遽起兵而救韩。齐因起兵攻燕。三十日而举燕国。(《齐策二》第一章)

案：吴师道谓《田世家》所记桓公五年齐起兵袭燕而取桑丘。威王二十六年(当作四年)齐起兵击魏，败之桂陵；宣王二年(当作威王十六年)齐救韩、赵以击魏，大败之马陵，以及是年齐破燕，事前皆谓出于田臣思(即田忌)之献策。其实，桓公五年与是年田臣思献策之说，皆出于传误。吴氏谓“是史亦误以宣公伐燕章附之桓公也”。其说甚是。钱穆论之曰：“盖桓、宣字相近，史公既以伐燕为湣王事，乃以意移此于桓公耳。当时史公所据本文当有宣王五年之说，而史公乃移以为桓公之五年也。考《秦本纪》惠文王后元十年伐韩石章，十一年败韩岸门，惠文王后元十年，当齐宣王五年，其十一年当宣王六年，是秦之伐韩在宣王五年，韩恃救以抗秦，至明年而大败，齐以此际袭燕，岁月情事皆恰符。……然则齐伐燕起宣王五年而取燕则在六年。”(《先秦诸子系年》第三六七页)

齐人禽子之而醢其身也。(《燕世家·集解》引《汲冢纪年》)

惟十四年中山王▯诈(作)鼎，于铭曰：於(呜)虖(呼)语不悖哉！寡人闻之，蒦(与)其汋(溺)于人施(也)，宁汋(溺)于渊。昔者郾(燕)君子徻(哙)，叡弇夫悟(悟)，张(长)为人宗，闬(见)于天下之勿(物)矣，犹粯(迷)惑于子之而迏(亡)其邦，为天下殄(僇)，而皇(况)才于少君虖(乎)？昔者，盧(吾)先考成王早弃群臣，寡人幼𡠦未甬(通)智，惟傅姆氏(是)从，天降休命于朕邦，又(有)厥忠臣赒，克顺克卑

(俾)，亡不率仁，敬顺天德，以左右寡人，使智(知)社稷之赁(任)，臣宗之宜(义)，夙夜不解(懈)，以譯(诱)道(导)寡人。今余方壮，智(知)天若否，仑(论)其德，眚(省)其行，亡不顺道。考宅(度)惟型。於(呜)虖(呼)欣哉！社稷其庶虖(乎)！厥业才(载)祇。寡人闻之，事少女(如)уйти(长)，事愚女(如)智，此易言而难行施(也)。非恁(信)与忠，其谁能之？其谁能之？惟䖒(吾)老赒是克行之。於(呜)虖(呼)攸哉！天其又(有)刑，于在厥邦。氏(是)以寡人医(倞)赁(任)之邦，而去之游，亡懅惕之虑。昔者，䖒(吾)先祖趄(桓)王、邵(昭)考成王，身勤社稷，行四方以忧劳邦家。今䖒(吾)老赒亲率参(三)军之众，以征不宜(义)之邦，奋桴(枹)振铎，辟启封疆，方数百里，剌(列)城数十，克敌大邦。寡人庸其德，嘉其力，氏(是)以赐之厥命。虽又(有)死辠及参(三)卅(世)亡不若(赦)，以明其德，庸其工(功)。䖒(吾)老赒奔走不聑(听)命，寡人惧其忽然不可得，惮惮憆憆，恐陨社稷之光，氏(是)以寡许之悔(谋)虑𪊲(皆)从，克又(有)工(功)，智施(也)。诒死辠之又(有)若(赦)，智(知)为人臣之宜(义)施(也)。於(呜)虖(呼)，念之哉！后人其庸庸之。母(毋)忘尔邦。昔者吴人并雩(越)，雩(越)人敀(修)敎(教)备恁(信)，五年覆吴，克并之至于今。尔母(毋)大而㥄(肆)，母(毋)富而乔(骄)，母(毋)众而嚣，叟(邻)邦难亲。戕(仇)人在彷(旁)。於(呜)虖(呼)，念之哉！子子孙孙，永定保之，母(毋)竝(替)厥邦。(中山王𪒠鼎铭文)

惟十四年中山王𪒠命相邦赒敎(择)郾(燕)吉金，钋(铸)为彝壶，节于醴(禋)醊(齐)，可法可尚，以乡(飨)上帝，以祀先王。穆穆济济，严敬不敢怠荒。因载所美，邵(昭)蔡皇工(功)，诋郾(燕)之讹，以�嗣王。惟朕皇祖文、武，趄(桓)祖成考，是又(有)纯德，遗训以阤(施)

及子孙，用惟朕所放（仿），慈孝寰（宣）惠，举贤使能，天不臭（斁）其又（有）忨，使得贤在（才）良佐赒，以辅相厥身。余智（知）其忠信施（也），而專赁（任）之邦，氏（是）以游夕饮飤，宁又（有）懅惕？赒渴（竭）志尽忠，以左右厥辟，不貳其心，受赁（任）佐邦，夙夜篚（匪）解（懈），进贤措能，亡又（有）轋息，以明辟光。敌曹郾君子徻（哙），不辨大宜（义），不舊（忌）者（诸）侯，而臣宗㼌立（位），以内绝邵（召）公之业，乏其先王之祭祀；外之则将使上勤（觐）于天子之廟（庙），而退与者（诸）侯齿趀（长）于会同，则上逆于天，下不顺于人施（也），寡人非之。赒曰：为人臣而反臣其宗，不祥莫大焉。将与盧（吾）君竝立于世，齿趀（长）于会同，则臣不忍见施（也）。赒忨（愿）从在大夫，以请（靖）郾疆。氏（是）以身蒙夲（皋）胄，以诛不顺。郾（燕）旃（故）君子徻（哙）、新君子之，不用礼宜（义），不辨逆顺，旃（故）邦亡身死，曾亡鼠（一）夫之救，述（遂）定君臣之蛸（位），上下之体，休又（有）成工（功），刼（栁）辟封疆。天子不忘其又（有）勋，使其策赏中（仲）父，者（诸）侯虘（皆）贺。夫古之圣王敄（务）在得贤，其即得民。旃（故）辞礼敬则贤人至，博爱深则贤人亲，作歛中则庶民附。於（呜）虖（呼）！允哉若言，明蔡之于壶而时观焉。祗祗翼，邵（昭）告后嗣，惟逆生祸，惟顺生福，载之简策，以戒嗣王。惟德附民，惟宜（义）可纵（长），子之子，孙之孙，其永保用亡疆。（中山王譻方壶铭文）

胤嗣好盗敢明扬告：昔者先王慈爱百（迫）每（媚），竹（笃）胄亡疆，日夜不忘大去型（刑）罚，以忧厥民之佳（罹）不詠（辜）。或（又）得贤佐司马賙（赒），而冢（重）賃（任）之邦。逢郾（燕）亡（无）道㷖（易）上，子之大臂（辟）不宜（义），彶（反）臣其宗。惟司马赒䜣（断）詻（谔）战（惮）忞（怒），不能宁处，率师征郾（燕），大启邦宇，枋（方）数百里，惟邦之干。惟朕先王，茅蒐狃（田）猎于皮（彼）新土，其会女（如）林。骏（驭）右和同，四驻（牡）汸汸，以取鲜薹，乡（飨）祀先王，德行盛皇，隐傀先王。於（呜）虖（呼）！先王之德弗可复得，霖霖流涕，不敢宁处，敬命新坠（地），雨（禴）祠先王，世世母（毋）𣥠。以追庸先王之工（功）剌（烈），子子孙孙，母（毋）又（有）不敬，恖（寅）祗丞（蒸）祀。（䖒蚉壶铭文）

十三年左使车、啬夫孙固、工昱。冢（重）一石三百卅九刀之冢（重）（䖒蚉壶圈足铭文）

案：以上三器，一九七八年出土于河北平山县三汲之中山王墓中。䖒蚉当为中山王𰯼之太子。据以上三器铭文，可知中山王𰯼十四年，即齐宣王五年或六年，中山相邦司马赒统率三军参与攻杀子之之役，声称“辟启封疆，方数百里，列城数十”，乃夸大之辞。盖乘齐破燕之时机夺取燕地也。铭中相邦赒，又称司马赒，盖以司马为氏，官为相邦，又称为“老赒”，其时赒必年老，又尊为“仲父”，并赐以杖，当为执政之老臣。《中山策》有“司马憙三相中山”。《韩非子·内储说下》又谓：“司马喜，中山君之臣也而善于赵。”《吕氏春秋·应言》又称“司马喜难墨者师于中山王前以非攻……曰：‘今王兴兵而攻燕，先生将非王乎？’墨者师曰：‘然则相国是攻之乎？’司马喜曰：‘然。’”据此司马喜可能即是司马赒，“喜”“赒”音近通转。马承源主编《殷周青铜器铭文选》云：“赒之与喜，自以赒为正文，喜为假借。赒端组幽部，喜是晓组之部，音未谐。按从喜声之字如饎、糦，字皆在透组，故赒、喜可为声纽之旁转，之部与幽部亦为韵之旁转，故喜读透声纽，可与赒为音近假借。”

[赵武灵王]十一年王召公子职于韩,立以为燕王,使乐池送之。(《赵世家》)

案:《集解》于"王召公子职于韩,立以为燕王"下,引徐广曰:"《纪年》亦云尔",于"使乐池送之"下,又云:"按《燕世家》,子之死后,燕人共立太子平,是为燕昭王,无赵送公子职为燕王之事,当是赵闻燕乱,遥立职为燕王,虽使乐池送之,竟不能就。"《索隐》又云:"《燕世家》无其事,盖其疏也。今此云使乐池送之,必是凭旧史为说。且《纪年》之书,其说又同,则裴骃之解得其旨矣。"《集解》与《索隐》俱谓《纪年》与《赵世家》相同,并断言《赵世家》"必是凭旧史为说",可知确实无疑。《集解》谓"当是赵闻燕乱,遥立职为燕王",事在赵武灵王十一年,即燕王哙六年,是年太子平与将军市被攻子之不克,百姓反攻太子平与将军市被而杀之。武灵王遥立公子职为燕王而谋送入燕,盖欲维持燕王之正统,从而平定燕之内乱。及齐宣王乘燕内乱而攻燕,以讨伐子之为名而占有燕国,使武灵王送入公子职为燕王之计划受阻,因而图谋合纵伐齐以存燕。《六国表》于赵武灵王十二年有《集解》引徐广曰:"《纪年》云立燕公子职",则又迟《赵世家》一年,盖武灵王召公子职立以为燕王在是年,使乐池护送公子职入燕在次年,必欲与合纵伐齐存燕之行动相配合也。《集解》误信今本《燕世家》燕昭王是太子平之说,遂谓"遥立职为燕王,虽使乐池送之,竟不能就"。其实,公子职即是燕昭王,即为乐池所护送入燕者。雷学淇《竹书纪年义证》谓"昭王乃公子职,《年表》及《赵世家》旧说与《纪年》本合","《燕策》立太子平句,本是立公子职之误"。其说是也。

秦、韩战于浊泽(帛书《战国纵横家书》第二十四章“浊泽”作“蜀潢”,《韩世家》误作“韩宣惠王十六年秦败我修鱼,虏得韩将鲠、申差于浊泽”,其实“于浊泽”误脱“秦、韩战”三字,秦败韩于修鱼为韩宣惠王十六年事,而“秦、韩战于浊泽”乃十八年事,已辨明在周慎靓王四年案语中),韩氏急(帛书“氏”作“是”),公仲朋谓韩王曰(《韩世家》作“公仲”,帛书作“公中倗”):“与国不可恃(《韩世家》“不”作“非”,帛书“与”误作“冶”,“恃”作“持”),今秦之心欲伐楚(《韩世家》作“今秦之欲伐楚久矣”),王不如因张仪为和于秦(帛书“如”作“若”,“仪”作“义”,“为”作“而”),赂之以一名都(帛书“都”作“县”,《韩世家》此下有“具甲”二字),与之伐楚(《韩世家》、帛书“之”下皆有“南”字),此一易二之计也。”韩王曰:“善。”乃儆公仲之行(《韩世家》“儆”作“警”,帛书作“乃警公中倗”),将西讲于秦(帛书“将”下有“使”字,《韩世家》“讲”作“购”)。楚王闻之大恐,召陈轸而告之。陈轸曰:“秦之欲伐我久矣(帛书“我”作“王”,《韩世家》作“楚”),今又得韩之名都一而具甲(帛书“又”作“或”,“都”作“县”),秦、韩并兵南乡(帛书“乡”下有“楚”字,《韩世家》“南乡”作“而伐楚”),此秦所以庙祠而求也(《韩世家》“庙”作“祷”)。今已得之矣,楚国必伐矣。王听臣,为之儆四境之内(帛书、《韩世家》“儆”作“警”,帛书“境”作“竟”),选师言救韩(《韩世家》“选”作“起”,帛书“选”作“兴”,无“言”字),令战车满道路(《韩世家》“令”作“命”,帛书“令”作“名”,“满”作“盈”,“道路”作“夏路”),发信臣,多其车(帛书脱“臣多”二字),重其币(帛书“币”作“敝”),使信王之救己也(帛书“使”作“史”),纵韩为不能听我(帛书无“纵”字,《韩世家》无“为”字),韩必德王也(帛书“必”作“之”),必不为雁行以来(帛书“雁行”作“逆”),是秦、韩不和,兵虽至,楚国不大病矣。为能听我，绝和于秦，秦必大怒，以厚怨韩。韩得楚救（《韩世家》作“韩之南交楚”），必轻秦，轻秦，其应秦必不敬（帛书无“秦”字），是我困秦、韩之兵而免楚国之患也。”楚王大说（《韩世家》“大说”作“曰善”，帛书作“若”，通“诺”），乃儆四境之内，选师言救韩（帛书《韩世家》“选”作“兴”，《韩世家》下有“命战车满道路”一句），发信臣，多其车，重其币（帛书下有“使之韩”一句），谓韩王曰：“弊邑虽小（“弊邑”，帛书作“不穀”，《韩世家》作“不穀国”），已悉起之矣（《韩世家》“起”作“发”），愿大国遂肆意于秦（帛书无“遂”字，《韩世家》“意”作“志”），弊邑将以楚殉韩。”（帛书《韩世家》“弊邑”作“不穀”，帛书“殉”作“隼”，音同通用）韩王大说，乃止公仲（帛书、《韩世家》“公仲”下有“之行”二字，帛书无“乃”字）。公仲曰：“不可。夫以实告我者秦也（姚注：“告一作困”。金正炜曰：“告字疑当作苦。”帛书正作“苦”。《韩世家》又作“伐”），以虚名救我者楚也。恃楚之虚名（《韩世家》“恃”上有“王”字），轻绝强秦之敌，必为天下笑矣（《韩世家》“笑矣”作“大笑”，帛书作“天下必笑王”）。且楚、韩非兄弟之国也，又非素约而谋伐秦也（帛书无“约而”二字）。秦欲伐楚（《韩世家》作“已有伐形”，帛书作“已伐刑”，“刑”与“形”通），楚因以起师言救韩（帛书作“因兴师言救韩”，《韩世家》作“因发兵言救韩”），此必陈轸之谋也。且王以使人报于秦矣，今不行，是欺秦也（帛书无以上三句），夫轻强秦之祸（帛书作“夫轻绝强秦”，《韩世家》作“夫轻欺强秦”），王必悔之矣。”韩王弗听，遂绝和于秦（《韩世家》无“和”字）。秦果大怒（帛书、《韩世家》“果”作“因”），兴师与韩氏战于岸门（帛书“兴”作“益”，《韩世家》作“益甲伐韩大战”），楚救不至，韩氏大败。（《韩策一》第十七章，《韩世家》作“楚救不至韩，十九年大破我岸门，太子仓质于秦以和”。帛书《战国纵横家书》第二

十四章《韩世家》与此大体相同）

案：浊泽，帛书《战国纵横家书》第二十四章作“蜀潢”，“潢”通“瀆”，《说文》云：“瀆，小津也。”《集解》引徐广曰：“长社有浊泽”，《续汉书·郡国志》颍川郡长社有蜀津，地在今河南长葛县西北，处韩之南边，故楚兴师言救韩，令战车“盈夏路”。夏路为楚由方城通向北方之大道。浊泽之战之结果，是秦大败韩于岸门。秦大败韩于岸门，在秦惠王更元十一年，即韩宣惠王十九年，浊泽之战当在上一年。《秦本纪》载惠王更元十年“伐取韩石章”，当是一时事。石章地望不详，或者即是“蜀潢”之音转通假。《齐策一》第一章言张仪以秦、魏伐韩，遣使求救于齐，齐王许而遣之，“韩自以为得交于齐，遂与秦战，楚、赵果遽起兵救韩，齐因起兵攻燕，三十日而举燕国”。所指当为一时事。是时楚正大兴师言救韩，战车满夏路，齐即乘此时期燕之内乱，而攻破燕国。

又案：《韩非子·十过》篇所载秦攻拔宜阳之经过，与此有相同之记述，乃出于不同之传闻，又有不同之评论，盖出于纵横家与法家之观点相异。《十过》篇载：秦攻宜阳，韩氏急，公仲朋欲因张仪为和于秦，赂以名都而南与伐楚。陈轸为楚谋，进言楚王以虚言救韩，韩使人之楚，楚王因发车骑陈之下路，谓韩使者曰：“报韩君，言弊邑之兵将入境矣。”公仲劝韩君勿听楚之虚言而轻强秦之实祸，韩君弗听，公仲怒而归，十日不朝。宜阳益急，韩令使者趣卒于楚，冠盖相望而卒无至者，宜阳果拔，为诸侯笑。所谓“发车骑陈之下路”，下路当即夏路。纵横家重视计谋，故《韩策一》之结论曰：“过听于陈轸，失计于韩朋。”帛书之结论亦云：“过听于陈轸，失计韩倗，故曰：计听知顺逆，虽王可。”此即陈轸谓楚王曰:"计听知覆逆者,唯(虽)王可也。计者事之本也,听者存亡之机,计失而听过,能有国者寡也,故曰:计有一二者难悖也,听无失本末者难惑。"(《秦策二》第二章)法家以为战争之胜负决定于本身力量,不能依靠外力,因而韩非之结论为"内不量力,外恃诸侯,则国削之患也"。

魏襄王四年改阳曰河雍,向曰高平。(《赵世家·集解》徐广引《纪年》)

魏哀王(当作襄王)二十四年(当作四年)改阳曰河雍,改向曰高平。(《秦本纪·集解》徐广引《纪年》,"阳"原误作"晋阳"。王国维《辑校》云:"《纪年》终于今王二十年,不得有二十四年,二十字衍。"日本高山寺旧藏《天养钞本》正作"四年",见《史记会注考证校补》)

郑侯使韩辰归晋阳及向,二月城阳、向,更名阳为河雍,向为高平。(《水经·济水注》引《纪年》,《路史·国名纪甲》引《纪年》同)

魏襄王四年郑侯使辰归晋阳、向,更名阳为河雍,向为高平。(《通鉴地理通释》卷九少曲注引《括地志》转引《纪年》。《范雎列传·正义》引《括地志》转引《纪年》云:"郑侯使辰归晋阳、向,更名高平。"《赵世家·正义》引《括地志》转引《纪年》云:"魏哀王改向曰高平也。")

案:晋阳亦作阳晋,与封陵同为魏之西边黄河南端之重要渡口。向在河阳西北,河阳正当孟津对岸,乃黄河中游之重要渡口。是年韩侯使韩辰以晋阳与向两地归于魏国,魏即在河阳与向筑城防守。程恩泽、顾观光皆谓《纪年》是年"改阳曰河雍"。阳即河阳,河阳又简称为阳,其说甚是。《秦本纪·集解》引《纪年》"阳"误作"宜阳"。有人认为下文之阳,即指上文之晋阳,亦出于误解。《秦本纪》载昭王十八年司马错“攻垣、河雍决桥取之”。盖是时河阳、孟津之间已架设浮桥，当司马错进攻河雍时，冲决河桥而取得，故云：“决桥得之。”此地魏、晋以后称为富平津，设有河阳关，晋泰始中杜预造河桥于富平津，此后成为戍守要地，筑有河阳三城。河桥故址在河南孟津西南、孟津东北之黄河上，唐代通称河阳桥，北宋时尚存。魏襄王四年在此地兴建阳、向两城，此后又架设浮桥，盖即后来河阳桥之起源。《秦本纪》载昭王五十年“初作河桥”，《正义》云：“此桥在同州临晋县东，渡河至蒲州，今蒲津桥也。”此乃后来蒲津桥之起源。论者以此为黄河上建桥之始，其实河雍之桥更早此三十余年。

[秦惠文王更元]十年伐取义渠二十五城。(《秦本纪》，《六国表》作“侵义渠得二十五城”)

秦伐义渠，取徒经二十五城。(《后汉书·西羌传》，记在“义渠败秦师于李伯”之明年)

案：徒经即徒泾，西汉属河西郡，地望不详。《史记·匈奴列传》亦云：“至于惠王，遂拔义渠二十五城。”秦从此兼并义渠大片地区。秦于此时正大力开拓西北原属义渠之地。

今王(魏襄王)四年碧阳君之诸御产二龙。(《开元占经》一百十三引《纪年》)

[周]慎靓王立六年崩，子赧王延立。王赧时东西周分治。王赧徙都西周。(《周本纪》)

案：《索隐》云：“皇甫谧云：‘名诞。赧非谥，谥法无赧，正以微弱，窃铁逃债，赧然惭愧，故号曰赧耳。又按《尚书中候》以赧为然，郑玄云：然读曰赧。王劭按：古音人扇反，今音奴板反。

《尔雅》曰：面惭曰赧。”今本《纪年》又作隐王，沈约注：“盖赧隐声相近。”疑“赧”亦即“延”之通假，“赧”古音人扇反，与延声相近。皇甫谧云名诞，“诞”与“延”亦同音。史文常称周赧王为王赧，不仅《周本纪》如此，《楚世家》顷襄王十八年亦云周王赧使武公谓楚相昭子。可知，赧为周王之名，非谥也。

又案：周显王二年西周威公死，公子根在东部争立，赵、魏助之，于是西周小国分裂为西周与东周两小国。东周惠公居于洛阳以奉王室，周显王于是与东周君同居于洛阳。从此周王虽名为天子，实依附于东周之君。及周赧王又从洛阳徙至王城，依附于西周之君，即《周本纪》所谓王赧迁都西周。据《帝王世纪》(《孟子·告子下·正义》所引)，秦武王至洛阳举鼎绝膑而死，事在周赧王八年。《东周策》第三章称东周与西周战，韩救西周。或谓东周说韩王曰：“西周故天子之国，多名器重宝。”《周本纪》系于周赧王八年之后，可知周赧王徙居王城，当在八年以后。

【附编】

司马喜难墨者师于中山王前以非攻，曰：“先生之所术非攻夫?”墨者师曰：“然。”曰：“今王兴兵而攻燕，先生将非王乎?”墨者师对曰：“然则相国是攻之乎?”司马喜曰：“然。”墨者师曰：“今赵兴兵而攻中山，相国将是之乎?”司马喜无以应。(《吕氏春秋·应言》)

自司马氏去周适晋，分散……其在卫者，相中山。(《太史公自序》,《集解》引徐广曰“名喜也”)

昔者司马喜髌脚于宋，卒相中山。(《邹阳列传》载《狱中上书》)

司马喜，中山君之臣也，而善于赵，尝以中山之谋微告赵王。(《韩非子·内储说下》)

司马憙使赵,为己求相中山。公孙弘阴知之。中山君出,司马憙御,公孙弘参乘。弘曰:“为人臣,招大国之威,以为己求相,于君何如?”君曰:“吾食其肉,不以分人。”司马憙顿首于轼,曰:“臣自知死至矣!”君曰:“何也?”“臣抵罪。”君曰:“行! 吾知之矣。”居顷之,赵使来为司马憙求相。中山君大疑公孙弘,公孙弘走出。(《中山策》第四章)

司马憙三相中山,阴简难之。田简谓司马憙曰:“赵使者来,属耳,独不可语阴简之美乎? 赵必请之,君与之,即公无内难矣。君弗与赵,公因劝君立之以为正妻,阴简之德公无所穷矣。”果令赵请,君弗与。司马憙曰:“君弗与赵,赵王必大怒,大怒则君必危矣。然则立以为妻,固无请人之妻不得而怨人者也。”田简自谓取使,可以为司马憙,可以为阴简,可以令赵勿请也。(《中山策》第五章)

阴姬与江姬争为后,司马憙谓阴姬公曰:“事成则有土子民,不成则恐无身,欲成之何不见臣乎?”阴姬公稽首曰:“诚如君言,事何可豫道者。”司马憙即奏书中山王曰:“臣闻弱赵强中山。”中山王悦而见之,曰:“愿闻弱赵强中山之说。”司马憙曰:“臣愿之赵,观其地形险阻,人民贫富,君臣贤不肖,商敌为资,未可豫陈也。”中山王遣之,见赵王曰:“臣闻赵,天下善为音,佳丽人之所出也。今者臣来,至境,入都邑,观人民谣俗,容貌颜色,殊无佳丽好美者。以臣所行多矣,周流无所不通,未尝见人如中山阴姬者也,不知者特以为神力,言不能及也(王引之云:“力当是也字之误,言不能及也乃高注误入正文者耳”)。其容貌颜色,固已绝人矣,若乃其眉目、准頞、权衡、犀角、偃月,彼乃帝王之后,非诸侯之姬也。”赵王意移,大悦曰:“吾愿请之,何如?”司马憙曰:“臣窃见其佳丽,口不能无道尔,即欲请之,是非臣所敢议，愿王无泄也。”司马憙辞去，归报中山王曰：“赵王非贤王也，不好道德而好声色，不好仁义而好勇力，臣闻其乃欲请所谓阴姬者。”中山王作色不悦。司马憙曰：“赵强国也，其请之必矣，王如不与，即社稷危矣；与之即为诸侯笑。”中山王曰：“为将奈何？”司马憙曰：“王立为后，以绝赵王之意。世无请后者，虽欲得请之，邻国不与也。”中山王遂立以为后，赵王亦无请言也。（《中山策》第六章）

季辛与爰骞相怨，司马喜新与季辛恶，因微令人杀爰骞。中山之君以为季辛也，因诛之。（《韩非子・内储说下》）

案：阴简当即阴姬之误。《中山策》阴简因司马憙立为妻事，与阴姬因司马憙计立为后事，当为一事之两传。

周赧王元年（公元前三一四年）

秦惠文王更元十一年，魏襄王五年，韩宣惠王十九年，赵武灵王十二年，齐宣王六年，楚怀王十五年，燕王哙七年。

齐人伐燕，胜之。宣王问曰：“或谓寡人勿取，或谓寡人取之，以万乘之国，伐万乘之国，五旬而举之，人力不至于此。不取必有天殃，取之何如？”孟子对曰：“取之而燕民悦则取之，古之人有行之者，武王是也。取之而燕民不悦则勿取，古之人有行之者，文王是也。以万乘之国，伐万乘之国，箪食壶浆，以迎王师，岂有他哉？避水火也。如水益深，如火益热，亦运而已矣。”（《孟子・梁惠王下》）

赵使赵庄合从欲伐齐，齐请效地。赵因贱赵庄。齐明谓赵王曰：“齐畏从人之合也，故效地。今闻赵庄贱，张懃贵，齐必不效地矣。”赵王曰：“善。”乃召赵庄而贵之。（《赵策四》第九章）

齐人伐燕取之。诸侯将谋救燕。宣王曰：“诸侯多谋伐寡人者，何以待之?"孟子对曰:"臣闻七十里为政于天下者,汤是也,未闻以千里畏人者也。书曰:'汤一征,自葛始。'天下信之,东面而征,西夷怨;南面而征,北狄怨,曰:奚为后我? 民望之,若大旱之望云霓也,归市者不止,耕者不变,诛其君而吊其民,若时雨降,民大悦。《书》曰:'徯我后,后来其苏。'今燕虐其民,王往而征之,民以为将拯己于水火中也。箪食壶浆,以迎王师。若杀其父兄,系累其子弟,毁其宗庙,迁其重器,如之何其可也! 天下固畏齐之强也,今又倍地,而不行仁政,是动天下之兵也。王速出令反其旄倪,止其重器,谋于燕众,置君而后去之。则犹可及止也。"(《孟子·梁惠王下》)

楚许魏六城,与之伐齐而存燕。张仪欲败之,谓魏王曰:"齐畏三国之合也,必反燕地以下楚,楚、赵必听之,而不与魏六城,是王失谋于楚、赵,而树怨于齐、秦也。齐遂伐赵,取乘丘,收侵地,虚、顿丘危,楚破南阳、九夷,内沛、许、鄢陵危。王之所得者新观也,而道涂宋、卫为制,事败为赵驱,事成功县宋卫。"魏王弗听也,张仪告公仲,令以饥故,赏韩王以近河外。魏王惧,问张子,张子曰:"秦欲救齐,韩欲攻南阳,秦、韩合而欲攻南阳,无异也。且以遇卜王,王不遇,秦、韩之卜也决矣。"魏王遂尚遇秦,信韩,广魏,救赵,尺楚人,遽于萆下(鲍本"尺"作"斥","萆"作"革"),伐齐之事遂败。(《魏策一》第二十二章)

齐破燕,赵欲存之。乐毅谓赵王曰:"今无约而攻齐,齐必仇赵,不如请以河东易燕地于齐。赵有河北,齐有河东,燕、赵必不争矣。是二国亲也。以河东之地强齐,以燕以赵辅之,天下憎之,必皆事王以伐齐,是因天下以破齐也。"王曰:"善。"乃以河东易齐。楚、魏憎之,令淖滑、惠施之赵,请伐齐而存燕。(《赵策三》第三章)

案:据《孟子·梁惠王下》孟子对答齐宣王之言,可知齐攻取燕之后，暴虐其民，掠夺其财富，毁其宗庙，迁其重器，因而激起人民之反抗。诸侯谋合纵伐齐而存燕。据《魏策一》第二十二章，楚许魏六城与之伐齐而存燕，为张仪所败。据《赵策四》第九章，赵使赵将赵庄谋划合纵伐齐，“齐请效地，赵因贱赵庄”，未能成功。据《赵策三》第三章，乐毅以为不能“无约而攻齐”，必须争取与国，订立合纵之约而攻齐。主张以赵之河东易燕地于齐，从而激起楚、魏等国对齐之憎恨，“必皆事王以伐齐”。武灵王“乃以河东易齐，楚、魏憎之，令淖滑、惠施之赵，请伐齐而存燕”。淖滑为楚怀王之外交大臣，惠施为魏襄王之外交大臣，入赵请伐齐而存燕，必然按乐毅之计谋，在赵订立三国“伐齐而存燕”之合约。

燕人畔王曰：“吾甚惭于孟子。”陈贾曰：“王无患焉，王自以为与周公，孰仁且智？”王曰：“恶！是何言也？”曰：“周公使管叔监殷，管叔以殷畔，知而使之，是不仁也；不知而使之，是不智也。仁智，周公未之尽也，而况于王乎？贾请见而解之。”见孟子，问曰：“周公何人也？”曰：“古圣人也。”曰：“使管叔监殷，管叔以殷畔也，有诸？”曰：“然。”曰：“周公知其将畔而使之与？”曰：“不知也。”“然则圣人且有过与？”曰：“周公弟也，管叔兄也。周公之过，不亦宜乎？且古之君子，过则改之，今之君子，过则顺之。古之君子，其过也，如日月之食，民皆见之；及其更也，民皆仰之；今之君子，岂徒顺之，又从而为之辞。”（《孟子·公孙丑下》）

齐人攻燕，杀子之，破故国，燕不割而燕国复归。（《魏策三》第三章须贾谓穰侯，《战国纵横家书》第十五章，《穰侯列传》同）

[魏襄王五年，赵武灵王]立燕公子职[为燕王]。（《六国表》赵武

灵王十二年《集解》引徐广曰:“《纪年》云立燕公子职。”据此推定古本《纪年》此事记在今王五年,即魏襄王五年,是年赵立燕公子职为燕王)

案:《赵世家》载“武灵王十一年王召公子职于韩,立以为燕王,使乐池送之”。《集解》徐广曰:“《纪年》亦云尔。”乐池原为中山之相,秦惠文王更元七年一度入秦为相,见于《秦本纪》。此时又为赵武灵王护送燕公子职入燕,而立以为燕王,即燕昭王。盖即推行乐毅联合楚、魏“伐齐而存燕”之策略(《赵策三》第三章)。当时齐宣王既畏诸侯合纵“伐齐而存燕”,又因燕国人民群起反抗,即《孟子》所谓“燕人畔”。宣王曰:“吾甚惭于孟子。”因而不得不从燕退兵,即须贾所称“燕不割而燕国复归”。于是乐池送立燕昭王得以不战而成功。近年燕下都与山东益都、临朐等地出土有郾王职款之兵器。“职”或作“戠”,足以证明乐池送立之公子职,确是立为燕昭王。山东益都等地出土之郾王职款兵器,当是燕昭王破齐时所遗留。

[秦惠文王更元]十一年樗里疾攻魏焦,降之。败韩岸门,斩首万,其将犀首走。(《秦本纪》)

魏哀王(当作魏襄王)五年秦拔我曲沃,归其人。走犀首岸门。(《六国表》,《魏世家》作“秦使樗里子伐取我曲沃,走犀首岸门”)

[韩宣惠王]十九年[秦]大破我岸门。太子仓质于秦以和。(《韩世家》)

魏襄王六年秦取我焦。(《路史·国名纪戊》注引《纪年》)

案:秦惠文王八九年间尝攻取焦与曲沃,十一年因张仪推行连横策略,又欲于下年召开秦惠称王,并与韩、魏相王之会,归焦、曲沃于魏。及是年再度使樗里疾攻取之。焦与曲沃相邻，《秦本纪》言是年攻魏焦而降之。《魏世家》言是年秦拔我曲沃，而《纪年》又谓魏襄王六年秦取我焦，较《秦本纪》迟一年，盖一时事。

又案：《韩策一》、《韩世家》及《战国纵横家书》二十四章，谓浊泽（或作蜀潢）之战，韩王听信楚虚言兴师救韩，绝和于秦。秦因而大怒兴师，大败韩军于岸门。浊泽在今河南长葛西北，岸门在今长葛南、许昌市北，两地相邻。是时犀首正为韩相，即《魏策二》第二章载犀首"东见田婴与之约结，召文子而相之魏，身相于韩"。是年将韩兵抗秦于岸门，为秦大败而走。《秦本纪》谓"败韩岸门，斩首万，其将犀首走"。《魏世家》亦云："走犀首岸门。"此为三晋又一次大败于秦。亦是犀首合从抗秦策略之又一次大失败。

[秦惠文王更元]十一年公子通封于蜀。（《秦本纪》）

秦惠文王更元十二年公子繇通封蜀。（《六国表》，《索隐》云："繇音由，秦之公子。"）

周赧王元年秦惠王封子通国为蜀侯，以陈庄为相，置巴郡，以张若为蜀国守。戎伯尚强，乃移秦民万家实之。（《华阳国志》卷三《蜀志》）

案：《秦本纪》公子通，《六国表》作公子繇通，而《华阳国志》又作通国，《秦本纪》载此后三年"蜀相庄杀蜀侯来降"。《史记会注考证》云：按《张仪列传》及《秦策》云，司马错定蜀，蜀王更号为侯，而使陈庄相，据此则是《纪》所云"蜀相庄即陈庄，其所杀蜀侯，非蜀王则蜀王子，非秦所封公子通也"。此说非是。《华阳国志》云:“(周郝王)六年陈庄反,杀蜀侯通国。”陈庄所杀者确是秦所封公子通,亦即通国。其实,公子通本是蜀王子弟而非秦之公子。《秦策》与《张仪列传》所谓“蜀主更号为侯”,或谓“贬蜀王更号为侯”,即在杀死原有蜀王之后,更封原蜀王子弟为蜀侯耳。据此,秦伐取蜀在前二年,封原蜀王子弟为蜀侯在是年,殆先使陈庄为蜀相治理,至是年始选定原蜀王子弟公子通为蜀侯。盖“戎伯尚强”,对少数族采用羁縻政策,仍以蜀为属国,改封蜀王子弟为侯,并设守、相以监护之。同时对于巴族,亦仍保留“蛮夷君长,世尚秦女”(《后汉书·巴郡南蛮传》)。此后蜀仍连续发生蜀侯反叛之事,秦先后杀死三蜀侯,方巩固其统治。

【附编】

齐宣王为大室(“大”原作“太”,从《新序·刺奢篇》第五章改正),大益百亩(《新序》“益”作“盖”),堂上三百户。以齐之大(《新序》“齐”下有“国”字),具之三年而未能成。群臣莫敢谏者(“者”原作“王”,从《新序》改正)。春居问于宣王曰(《新序》“春居”作“香居”):“荆王释先王之礼乐而乐为轻(《新序》“轻”作“淫乐”),敢问荆国为有主乎?”王曰:“为无主。”“贤臣以千数而莫敢谏(“贤臣”疑是“朝臣”之误,《新序》无此句),敢问荆国为有臣乎?”王曰:“为无臣。”“今王为大室(“大”原作“太”,据《新序》改正),其大益百亩,堂上三百户,以齐国之大(《新序》无以上三句以及下文“具之”二字),具之三年而弗能成。群臣莫敢谏(《新序》“谏”下有“者”字),敢问荆国为有臣乎?”王曰:“为无臣。”春居曰(《新序》“春”作“香”):“臣请辟矣。”(《新序》“辟”作“避”,“辟”“避”通)趋而出。王曰:“春子!春子反!(《新序》以上二句作“香子留”)何谏寡人之晚也,寡人请今止之。”(《新序》无此句)遽召掌书曰(《新序》"掌书"作"尚书","尚"与"掌"通):"书之,寡人不肖,而好为大室(《新序》无"好"字),春子止寡人。"(《吕氏春秋·骄恣》,《新序·刺奢》第五章同,"春子"作"香子")

齐宣王问曰:"人皆谓我毁明堂,毁诸?已乎?"孟子对曰:"夫明堂者,王者之堂也,王欲行王政,则勿毁之矣。"王曰:"王政可得闻与?"(《孟子·梁惠王下》)

案:顾颉刚《明堂》(《史林杂识》第二十六)谓《吕氏春秋》所谓"齐宣王为大室",即宣王问孟子是否应毁之明堂,盖"明堂之名,一曰大室"。其说可信。所谓明堂或称辟雍,起源于氏族聚落公共活动之大屋,建筑为厅堂式样,四周无壁而多设门户,外户不闭。齐宣王所建"大室",大逾百亩,"堂上三百户",正是明堂格局。明堂兼具礼堂、会议厅、学校与俱乐部之性质,贵族用以集会、行礼、作乐、习射、聚餐。因而孟子以为王者之堂,在此可以推行"王政"。参看拙作《我国古代大学的特点及其起源》一文,收入拙著《古史新探》(北京中华书局一九六五年十月版)。

孟子之平陆,谓其大夫曰:"子之持戟之士,一日而三失伍,则去之否乎?"曰:"不待三。""然则子之失伍亦多矣。凶年饥岁,子之民,老羸转于沟壑,壮者散而之四方者,几千人矣。"曰:"此非距心之所得为也。""今有受人之牛羊而为之牧之者,则必为之求牧与刍矣。求牧与刍而不得,则反诸其人乎?抑亦立而视其死与?"曰:"此则距心之罪也。"他日,见于王曰:"王之为都者,臣知五人焉。知其罪者,惟孔距心。为王诵之。"王曰:"此则寡人之罪也。"(《孟子·公孙丑下》)

案:平陆在今山东汶上县北,为齐之五都之一。齐未设郡,而有五都之制。除中央有国都临淄以外,四边设有四都。平陆为其西南之都。高唐在今山东高唐与禹城之间,为其西北之都。即墨在今山东平度东南,为其东方之都。莒在今山东莒县,为其南边之都。五都设有常备兵防守,称为“技击”或称为“持戟之士”,合称为“五都之兵”或“五家之兵”,为齐国军队之主力。齐宣王伐燕,“王令章子将五都之兵,以因北地之众伐燕”。所谓“五都之兵”即五都之常备兵,所谓“北地之众”,即在北地所征发之壮丁。五都设有大夫统率军队防守,并统治人民。孔距心即此时平陆之大夫。《孙膑兵法·擒庞涓》记述桂陵之战,齐城高唐二都大夫当路大败。齐城即是临淄。孟子曰:“王之为都者,臣知五人焉。”即谓是时齐设有五都,五都均置有大夫,为行政与军事长官。

孟子为卿于齐,出吊于滕,王使盖大夫王驩为辅行。王驩朝暮见,反齐、滕之路,未尝与之言行事也。公孙丑曰:“齐卿之位不为小矣,齐、滕之路不为近矣,反之而未尝与言行事,何也?”曰:“夫既或治之,予何言哉?”(《孟子·公孙丑下》)

案:孟子去齐,当在齐宣王破齐、“燕人畔”之后。前人所作关于孟子行事之考证,多主此说。是时孟子声望甚高,自负亦极高,自称“王如用予,则岂徒齐民安,天下之民举安”。及为齐卿,官位甚高,俸禄甚厚,但不能有所作为。至“燕人畔”以后,孟子致为臣而归,王欲挽留,“欲中国而授孟子室,养弟子以万钟”,为孟子所拒绝。谓“如予欲富,辞十万而受万,是为欲富乎?”孟子去齐,宿于昼(在临淄西北三十里),三宿而后出昼。自称“予三宿而出昼,于予心犹以为速,王庶几改之。王如改诸,则必反予。夫出昼,而王不予追也,予然后浩然有归志”。见于《孟子·公孙丑下》。

宋牼将之楚，孟子遇于石丘，曰："先生将何之？"曰："吾闻秦、楚构兵，我将见楚王说而罢之。楚王不悦，我将见秦王说而罢之。二王我将有所遇焉。"曰："轲也，请无问其详，愿闻其指。说之将何如？"曰："我将言其不利也。"曰："先生之志则大矣，先生之号则不可。先生以利说秦、楚之王，秦、楚之王悦于利，以罢三军之师，是三军之士乐罢而悦于利也。为人臣者怀利以事其君，为人子者怀利以事其父，为人弟者怀利以事其兄，是君臣、父子、兄弟终去仁义，怀利以相接，然而不亡者，未之有也。先生以仁义说秦、楚之王，秦、楚之王悦于仁义，而罢三军之师，是三军之士乐罢而悦于仁义也。为人臣者怀仁义以事其君，为人子者怀仁义以事其父，为人弟者怀仁义以事其兄，是君臣、父子、兄弟去利，怀仁义以相接也，然而不王者，未之有也，何必曰利？"（《孟子·告子下》）

案：张宗泰《孟子战国年表说》云："当孟子时，齐、秦所共争者惟魏，若楚虽近秦，时方强盛，秦尚未敢与争。惟梁襄王元年癸卯有楚与五国共击秦不胜之事。而独与秦战，则在怀王十七年。孟子是年因燕人畔去齐，疑孟子或有事于宋，而自宋之薛，因与宋牼遇于石丘。"此说近是。综观当时形势，"秦、楚构兵"起于楚怀王十五年末或十六年初，即在十六年"齐助楚攻秦，取曲沃"之前，"楚三大夫张九军北围曲沃、於中"之时。是时孟子去齐，有事至宋，因而与宋牼相遇。

卷十一
周赧王二年(公元前三一三年)至七年(公元前三〇八年)

周赧王二年(公元前三一三年)

秦惠文王更元十二年,魏襄王六年,韩宣惠王二十年,赵武灵王十三年,齐宣王七年,楚怀王十六年,燕王哙八年。

魏哀王(当作襄王)六年秦来立公子政为太子,与秦王会临晋。(《六国表》,《魏世家》同,惟"来"误作"求")

[赵武灵王]十三年秦拔我蔺,虏将军赵庄。楚、魏王来,过邯郸。(《赵世家》,《六国表》作"秦拔我蔺,虏将赵庄")

[秦惠文王更元]十二年王与梁王会临晋。庶长疾攻赵,虏赵将庄。(《秦本纪》,《樗里子列传》作"秦惠王二十五年使樗里子为将,伐赵,伐虏赵将军庄豹,拔蔺")

案:赵庄,《赵世家》、《六国表》同《秦本纪》作庄。《樗里子列传》作庄豹,误也。《赵世家·正义》云:"庄一作芘",更非。《赵策四》有"赵使赵庄合从欲伐齐"章，盖即此人。《燕策三》、《苏秦列传》苏代曰："龙贾之战，岸门之战，封陵之战，高商之战，赵庄之战，秦之所杀三晋之民数百万。"所谓"赵庄之战"，即指此役，亦大战也。《苏秦列传·索隐》云："肃侯二十二年赵庄与秦战败，秦杀赵庄河西。"肃侯二十二年所杀者乃赵庇，非赵庄。设赵庄已见杀于肃侯时，何得前此二年犹使以谋合纵伐齐乎？

秦惠文王更元十二年樗里子击蔺阳，虏赵将。公子繇通封蜀。(《六国表》，"蔺阳"当即"蔺")

当楚威王之时("楚威王"当作"楚怀王")，越北伐齐，齐威王(当作"齐宣王")使人说越王曰："越不伐楚，大不王，小不伯。图越之所为不伐楚者，为不得晋也。韩、魏固不攻楚。韩之攻楚，覆其军，杀其将，则叶、阳翟危，魏亦覆其军，杀其将，则陈、上蔡不安。故二晋之事越也，不至于覆军杀将，马汗之力不效。所重于得晋者何也？"越王曰："所求于晋者，不至顿刃接兵，而况于攻城围邑乎？愿魏以聚大梁之下，愿齐之试兵南阳、莒地，以聚常、郯之境，则方城之外不南，淮、泗之间不东，商於、析、郦、宗胡之地，夏路以左，不足以备秦，江南、泗上不足以待越矣。则齐、秦、韩、魏得志于楚也，是二晋不战而分地，不耕而获之。不此之为，而顿刃于河山之间，以为齐、秦用，所待者如此其失计，奈何其以此王也。"齐使者曰："幸也，越之不亡也！吾不贵其用智之如目，见毫毛而不见其睫也。今王知晋之失计，而不自知越之过，是目论也。王所待于晋者，非有马汗之力也，又非可与合军连和也，将待之以分楚众也。今楚众已分，何待于晋？"越王曰："奈何？"曰："楚三大夫张九军，北围曲沃、於中，以至无假之关者三千七百里；景翠之军北聚鲁、齐、南阳，分有大此者乎？且王之所求者，斗晋、楚也；晋、楚不斗，越兵不起，是知二五而不知十也。此时不攻楚，臣以是知越大不王，小不伯。复雠、庞、长沙，楚之粟也；竟泽陵，楚之材也。越窥兵通无假之关，此四邑者不上贡事于郢矣。臣闻之，图王不王，其敝可以伯。然而不伯者，王道失也。故愿大王之转攻楚也。”于是越遂释齐而伐楚。（《越世家》）

案：《越世家》系此事于越王无彊时，谓越因此释齐而伐楚，“楚威王兴兵而伐之，大败越，杀王无彊，尽取故吴地至浙江，北破齐于徐州，而越以此散。”黄以周《史记越世家补并辨》（收入《儆季杂著·史说》）以为《越世家》所记大谬，谓楚灭越在楚怀王时，而不在楚威王时。“且遍考秦、汉古书，楚围徐州之年，并无三大夫围於中、景翠围南阳事”，“景翠于楚威王时未任用，至怀王屡使将兵，见《国策》。”黄式三《周季编略》因而校定齐使说越王为此年事。按曲沃在今河南三门峡市西南，正当函谷关东北，原属魏国，魏襄王五年（即上年）为秦再度攻取。於中在今河南西峡县东，正当武关以东、楚方城以西地方，於中连同商密（今河南淅川县西南）一带合称商於之地。此处原为楚地，此时已为秦所占有。魏、韩连年为秦所败，上年秦又大败韩军于岸门，主张合纵抗秦之犀首因大败而走，魏、韩被迫与秦“连横”。造成秦、魏、韩三国与楚、齐两国对峙之形势。秦所占有之曲沃与於中，成为秦从函谷关与武关伸向关东之左右矛头，对楚造成严重威胁。《秦策二》第一章谓“齐助楚攻秦，取曲沃”，当即是年事。齐宣王使人说越王曰：“楚三大夫张九军，北围曲沃、於中。”当在楚攻取曲沃之前。除此以外未见有楚围攻曲沃於中之事。与此同时，楚又使景翠统率大军驻屯于鲁、齐两国边境，以及韩之南边，即齐使者谓越王所谓"景翠之军北聚鲁、齐南阳。"景翠为当时楚之柱国,统军作战在楚怀王十七年至二十九年间。楚怀王十七年景翠围攻韩雍氏,见于《韩世家·集解》所引《纪年》,秦因此助韩反攻景座,见于《六国表》韩宣惠王二十一年。景座即景翠,"翠""座"乃一声之转。楚怀王二十一年秦攻韩宜阳,楚使景翠往救,景翠待秦攻拔宜阳之后进兵,秦因而赠以煮枣一地。见于《东周策》。楚怀王二十九年齐秦约攻楚,楚使景翠以六城败齐,并以太子横入质于齐。见于《楚策二》。据此可见,"景翠之军北聚鲁、齐南阳",乃与"楚三大夫张九军,北围曲沃、於中"相配合,用以对付秦之连横策略,图谋击退秦攻楚之策划。

齐助楚攻秦,取曲沃。其后秦欲伐齐,齐、楚之交善,惠王患之,谓张仪曰:"吾欲伐齐,齐、楚方欢,子为寡人虑之奈何?"张仪曰:"王其为臣约车并币,臣请试之。"(以上一节,《楚世家》作"秦欲伐齐,而楚与齐从亲,秦惠王患之,乃宣言张仪免相,使张仪南见楚王"。此节以下《楚世家》大体相同)张仪南见楚王曰:"弊邑之王所说甚者无大大王(《楚世家》"说甚"作"甚说","无大"作"无先"),惟仪之所甚愿为臣者亦无大大王(《楚世家》"惟"作"虽","为臣"作"为门阑之厮","无大"作"无先")。弊邑之王所甚憎者亦无先齐王,惟仪之所甚憎者,亦无先齐王(《楚世家》"惟"作"虽")。今齐王之罪,其于弊邑之王甚厚,弊邑欲伐之,而大国与之欢。是以弊邑之王不得事王,而令仪不得为臣也("事王"原误作"事令","而"下无"令"字,今从王念孙校正。以上六句,《楚世家》作"而大王和之,是以敝邑之王不得事王,而令仪亦不得为门阑之厮也")。大王苟能闭关绝齐(《楚世家》作"王为仪闭关而绝齐"),臣请使秦王献商於之地方六百里(《楚世家》作"今使使者从仪西取故秦所分楚商於之地方六百里”)。若此齐必弱，齐弱则必为王役矣(《楚世家》作“如是则齐弱矣”)。则是北弱齐，西德于秦，而私商於之地以为利也(《楚世家》“利”作“富”)，则此一计而三利俱至。”楚王大说，宣言于朝廷曰：“不穀得商於之田方六百里。”(《楚世家》作“乃置相玺于张仪，日与置酒，宣言‘吾得吾商於之地’”)群臣闻见者毕贺(《楚世家》作“群臣皆贺”)，陈轸后见独不贺(《楚世家》作“而陈轸独吊”)。楚王曰：“不穀不烦一兵，不伤一人，而得商於之地六百里，寡人自以为智矣，诸大夫皆贺，子独不贺，何也?”(上节《楚世家》作“怀王曰：何故?”)陈轸对曰：“臣见商於之地不可得，而患必至也，故不敢妄贺。”王曰：“何也。”(《楚世家》无上节)对曰：“夫秦所以重王者，以王有齐也。今地未得而齐先绝(《楚世家》“齐”下有“交”字)，是楚孤也。秦又何重孤国?(《楚世家》此句下有“必轻楚矣”句)且先出地绝齐(《楚世家》“出地”下有“而后”二字，金正炜曰：“此当有后字，误脱也”)，秦计必弗为也。先绝齐，后责地，且必受欺于张仪(《楚世家》“且”作“则”，“受”作“见”)。受欺于张仪(《楚世家》“受”作“见”)，王必惋之(《楚世家》“惋”作“怨”)。是西生秦患(《楚世家》作“怨之是西起秦患”)，北绝齐交，则两国兵必至矣。”(《楚世家》下有“臣故吊”句)楚王不听，曰：“吾事善矣！子其弭口无言，以待吾事。”楚王使人绝齐，使者未来，又重绝之。张仪反秦，使人使齐，齐、秦之交阴合(《楚世家》无“曰吾事善矣”以下九句)。楚因使一将军受地于秦(《楚世家》作“因使一将军西受封地”)。张仪至，称病不朝(《楚世家》作“张仪至秦，详醉坠车，称病不出三月，地不可得”)。楚王曰：“张子以寡人不绝于齐乎?”(《楚世家》作“仪以吾绝齐为尚薄邪?”)乃使勇士往詈齐王(《楚世家》作“乃使勇士宋遗北辱齐王。齐王大怒，折楚符而合于秦”)。张仪知楚绝齐也,出见使者曰:“从某至某,广从六里。”(《楚世家》作“秦、齐交合,张仪乃起朝,谓楚将军曰:‘子何不受地? 从某至某,广袤六里’”)使者曰:“臣闻六百里,不闻六里。”(《楚世家》作楚将军曰:“臣之所以见命者六百里,不闻六里”)仪曰:“仪固以小人,安得六百里?”(《楚世家》无此两句)使者反报楚王(《楚世家》作“即以归报怀王”),楚王大怒,欲兴师伐秦(《楚世家》作“兴师将伐秦”)。陈轸曰:“臣可以言乎?”王曰:“可矣。”(《楚世家》无此问对)轸曰:“伐秦非计也,王不如因而赂之一名都,与之伐齐,是我亡于秦而取偿于齐也。楚国不尚全乎?(《楚世家》作“吾国尚可全”)王今已绝齐而责欺于秦,是吾合齐、秦之交也(《楚世家》“交”下有“来天下之兵”五字),国必大伤。”楚王不听,遂举兵伐秦(《楚世家》作“遂绝和于秦,发兵西攻秦,秦亦发兵击之”)。秦与齐合,韩氏从之,楚兵大败于杜陵。(《秦策二》第一章,《楚世家》怀王十六年与此大体相同,惟首节不同,结尾无以上三句,紧接“十七年春与秦战丹阳”云云,金正炜云:“杜陵当作杜阳”)

秦欲伐齐,齐、楚从亲,于是张仪往相楚。楚怀王闻张仪来,虚上舍而自馆之。曰:“此僻陋之国,子何以教之?”仪说楚王曰:“大王诚能听臣,闭关绝约于齐,臣请献商於之地六百里,使秦女得为大王箕帚之妾,秦、楚娶妇嫁女,长为兄弟之国。此北弱齐而西益秦也,计无便此者。”楚王大说而许之。群臣皆贺,陈轸独吊之。楚王怒曰:“寡人不兴师发兵得六百里地,群臣皆贺,子独吊,何也?”陈轸对曰:“不然,以臣观之,商於之地不可得而齐、秦合,齐、秦合则患必至矣。”楚王曰:“有说乎?”陈轸对曰:“夫秦之所以重楚者,以其有齐也。今闭关绝约于齐,则楚孤。秦奚贪夫孤国,而与之商於之地六百里? 张仪至秦,必负王,是北绝齐交,西生患于秦也,而两国之兵必至。善为王计者,不若阴合而阳绝于齐,使人随张仪。苟与吾地,绝齐未晚也;不与吾地,阴合谋计也。”楚王曰:“愿陈子闭口毋复言,以待寡人得地。”乃以相印授张仪,厚赂之。于是遂闭关绝约于齐,使一将军随张仪。张仪至秦,详失绥堕车,不朝三月。楚王闻之,曰:“仪以寡人绝齐未甚邪?”乃使勇士至宋,借宋之符,北骂齐王。齐王大怒,折节而下秦。秦、齐之交合,张仪乃朝,谓楚使者曰:“臣有奉邑六里,愿献大王左右。”楚使者曰:“臣受令于王,以商於之地六百里,不闻六里。”还报楚王。楚王大怒,发兵而攻秦。陈轸曰:“轸可发口言乎?攻之不如割地反以赂秦,与之并兵而攻齐,是我出地于秦,取偿于齐也,王国尚可存。”楚王不听,卒发兵而使将军屈匄击秦。秦、齐共攻楚,斩首八万,杀屈匄,遂取丹阳。(《张仪列传》)

[秦惠文王更元]十二年张仪相楚。(《秦本纪》,《六国表》云:“楚怀王十六年张仪来相。”《楚世家》亦谓是年秦惠王“宣言张仪免相,使张仪南见楚王……怀王大悦,乃置相玺于张仪”。《张仪列传》亦云:“秦欲伐齐,齐、楚从亲,于是张仪往相楚。……楚王……乃以相印授张仪。”)

案:《秦策二》第一章、《楚世家》与《张仪列传》所载,为同一事件之传说,当以《秦策》所述较为原始,《楚世家》已较《秦策》有增饰,《张仪列传》则更多增饰。《秦策》未有楚王授相印于张仪之说,《楚世家》、《张仪列传》授相印之说当出于夸张而增饰。《秦本纪》言是年“张仪相秦”,《六国表》言张仪来相楚,皆不可信。楚使三大夫张九军北围秦之曲沃、於中,在楚进一步攻取曲沃之后,当张仪入楚进献“商於之地”时,双方正以大军相对峙,大战一触即发。楚怀王虽轻信张仪之欺诈，尚不能轻以相印授予正相对敌之国之相国。《秦策》仅言“乃使勇士往詈齐王”，《楚世家》作“乃使勇士宋遗北辱齐王”，《张仪列传》又讹作“乃使勇士至宋，借宋之符，北骂齐王”。

又案：是时楚正以三大夫张九军北围秦之曲沃、於中。当此年齐助楚攻取曲沃之后，楚将进一步攻取於中，秦之形势颇为不利。秦因而遣使张仪入楚见怀王，进献楚正在围攻中之商於之地，以齐、楚绝交为交换条件。此为秦之缓兵之计，以待秦之进一步加强坚守商於之地之兵力，图谋向楚反攻。《楚世家·集解》云：“商於之地在今顺阳郡南乡、丹水二县，有商城在於中，故谓之商於。”《水经·丹水注》亦云：“丹水径流两县（按指南乡、丹水）之间，於中之北，所谓商於者也。故张仪说楚绝齐，许以商於之地六百里，谓以此也。”所谓“有商城在於中”，商城即春秋时代楚之商县。在今河南淅川县西南，於在今河南西峡县东，两地相邻，因而连称为商於之地。张仪为秦进献商於之地于楚，目的在于绝楚、齐之交，分解楚、齐“从亲”，使楚孤立，以便秦反攻楚军得胜。待齐、楚确实绝交之后，张仪目的已达，立即食言。商於之地不过两县，本无六百里之广纵。张仪所谓“商於之地六百里”，本为夸大之辞，食言而改称“广从六里”，乃欺人之谈。所谓楚怀王使一将军受地于秦，此一将军当即屈匄。屈匄原为“楚三大夫张九军北围秦之曲沃、於中”之一大夫，时屈匄正率大军围困於中。及张仪食言，怀王大怒，兴师进攻，亦即命令屈匄进攻所围之“商於之地”。《秦策》谓楚王举兵伐秦，楚兵大败于杜陵。鲍彪以为杜陵属京兆，此说不确。杜陵乃因汉宣帝之陵所在而得名，在今陕西西安东南。战国时不应有杜陵之称，楚兵亦不能轻易攻至此地，杜陵二字当有讹误。《楚世家》以为因此怀王“十七年春，与秦战丹阳，秦大败我军，斩甲士八万，虏我大将军屈匄、裨将军逢侯丑等七十余人，遂取汉中之郡”。《张仪列传》同。《屈原列传》亦云：“怀王怒，大兴师伐秦，秦发兵击之，大破楚师于丹、淅，斩首八万，虏楚将屈匄，遂取楚之汉中地。”丹、淅亦即丹阳，即指丹水东北之地，亦即“商於之地”东部。盖其时秦已有大败楚军之准备，当楚军攻入“商於之地”东部，即陷入秦军之重围，因而大惨败。

屈原者，名平，楚之同姓也。为楚怀王左徒，博闻强志，明于治乱，娴于辞令，入则与王图议国事，以出号令，出则接遇宾客，应对诸侯，王甚任之。上官大夫与之同列，争宠而心害其能，怀王使屈原造为宪令，屈平属草稿，未定，上官大夫见而欲夺之，屈平不与，因谗之曰：“王使屈平为令，众莫不知。每一令出，平伐其功曰：以为非我莫能为也。”王怒而疏屈平。（《屈原列传》）

案：《屈原列传》云：“屈平既绌，其后秦欲伐齐，齐与楚从亲，惠王患之，乃令张仪详去秦，厚币委质事楚”云云，以为屈原见绌在楚怀王十六年，张仪入楚献商於之地之前。《新序·节士》第十九章则云：“秦欲吞灭诸侯，并兼天下，屈原为楚东使于齐，以结强党。秦国患之，使张仪之楚，货楚贵臣上官大夫靳尚之属，上及令尹子兰、司马子椒，内赂夫人郑袖，共谮屈原。屈原遂放于外，乃作《离骚》。”《新序》以为屈原见放，在张仪入楚之后。并谓张仪入楚之前，屈原已为楚东使于齐，因而秦使张仪入楚货赂上官大夫等，共谮屈原。当以《屈原列传》所记为实，《新序》所述乃出于后人之增饰。

又案：梁玉绳《史记志疑》云："王逸《离骚·序》云上官靳尚，盖仍《新序·节士》篇之误。考《楚策》靳尚为张旄所杀，在怀王世，而此言上官为子兰所使，当顷襄王时，必别一人。故《汉书·古今人表》列上官大夫五等，靳尚七等"，其说是也。钱穆《屈原居汉北为三闾大夫考》云："《姓纂》云：'楚庄王少子兰为上官大夫，后以为氏。'庄王即顷襄王，子兰乃庄王弟，怀王稚子，此误。《通志·氏族略》'楚王子兰为上官大夫，因以为氏，秦灭楚，徙陇西之上邽'。亦以子兰为上官大夫，而上官则为邑名。"(《先秦诸子系年》第三八六页)其说非是。子兰与上官大夫非一人，《传》有明文。上官大夫与左徒同在朝列，则非县大夫，可知。考秦官有官大夫、五大夫等，此时楚亦已效之。《楚策一》"杜赫说楚王以取赵，王且予之五大夫"，可证。上官大夫盖即官大夫，称官大夫为上官大夫者，亦犹柱国或称上柱国也。

甘茂约秦、魏而攻楚，楚之相秦者屈盖(金正炜云"相秦"当为"拒秦"之误)，为楚和于秦，秦启关而听楚使。甘茂谓秦王曰："怵于楚而不使魏制和，楚必曰：'秦鬻魏。'魏不悦而合于楚，楚、魏为一，国恐伤矣。王不如使魏制和，必悦。王不恶于魏，则寄地必多矣。"(《秦策二》第十四章)

案：金正炜曰："按屈盖相秦无考。……《史记》楚怀王十七年秦败我将屈匄，《索隐》云：匄音盖，楚大夫。疑即此策屈盖，相秦当为拒秦之误。匄未为秦虏之先，谋和于秦。考楚怀王十七年春，因张仪食言而不献商於之地，怀王怒，命屈匄大举攻楚。其时屈匄不能违背王命而谋和于秦。屈匄谋和于秦，必在张仪食言之前。”

又秦嗣王（“又”读作“有”），敢用吉玉宣璧（“宣”读作“瑄”），使其宗祝邵馨布愍告于不显大沈厥湫（“愍”董逌作“忠”，汝帖本无此字，郭沫若据《元至正中吴刊本》作“[illegible]”，谓通“檄”），以底楚王熊相之多辠（“辠”同“罪”，汝帖本缺此九字）。昔我先君穆公及楚成王是缪力同心（“缪”郭沫若作“僇”，通“戮”），两邦以壹（“以”，董逌、郭沫若作“若”）绊以婚姻，袗以斋盟（汝帖本缺此八字），曰枼万子孙毋相为不利（“枼”同“世”），亲卬大沈厥湫而质焉（“卬”同“仰”）。今楚王熊相康回无道，淫失甚乱（“失”通“佚”，郭沫若作“兮”，谓“夸”之异文），宣奓竞从（“奓”通“侈”，“从”通“纵”），变输盟制（“输”通“渝”，郭沫若“制”作“䄸”，谓古“约”字），内之则虣虐不姑（“虣”通“暴”，“姑”通“辜”，绛帖本作“辜”，《告巫咸文》亦作“辜”），刑戮孕妇，幽剌敍戚（“敍”通“亲”，郭沫若作“幽䄸敍戓”，谓“䄸”同“约”，“戓”同“𩠐”），拘圉其叔父，寘者冥室椟棺之中（“者”通“诸”，自“变输”以下，汝帖本只有“刑剌不辜”四字），外之则冒改厥心，不畏皇天上帝及大沈厥湫之光列威神（“列”通“烈”），而兼倍十八世之诅盟（“倍”通“背”），衔者侯之兵以临加我（“衔”通“率”，“者”通“诸”），欲划伐我社稷，伐威我百姓（“威”通“灭”），求蔑灋皇天上帝及大沈厥湫之卹祠、圭玉羲牲（“灋”同“法”，通“废”，“羲”通“牺”，汝帖本缺自“灋”以下十一字），逑取𢼊边城新郢及䢼、长、敍（“逑”，董逌云：“一作逮”，郭沫若作“述”，谓通“遂”，“𢼊”同“吾”，汝帖本缺“逑”“及”二字），𢼊不敢曰可（“𢼊”同“吾”，“可”通“何”）。今又悉兴其众，张矜怤怒（董逌云：“怤”巫咸本作“意”，郭沫若“矜”作“矜”，“怤”作“意”，读作“部”，又读“怒”作“弩”），饰甲底兵（“饰”通“饬”，“底”通“砥”），奋士盛师，以偪𢼊边竞

(“偪”通“逼”,“俉”同“吾”,“竞”通“境”),将欲复其贶速(“贶”通“兕”,“速”同“迹”,郭沫若“速”作“逑”,谓通“求”),唯是秦邦之羸众敝赋,鞈輸栈輿(“鞈”同“鞾”,郭沫若作“鞈”),礼使介老(郭沫若“使”作“倁”,同“叟”),将之以自救也(绛帖本“也”作“殹”,董逌云:“《告巫咸文》作殴”)。亦应受皇天上帝及大沈厥湫之幾灵德赐,克剂楚师(汝帖本以下缺),且复略我边城,敢数楚王熊相之倍盟犯诅,著者石章(“者”通“诸”),以盟大神之威神。(《秦诅楚文》之《告大沈厥湫文》刻石,据容庚《古石刻拾零》所载《绛帖本》与《汝帖本》,参以郭沫若《诅楚文考释》所据《元至正中吴刊本》)

案:《秦诅楚文》刻石三件,皆秦王使宗祝请神加殃楚王从而“克剂楚师”之文告,文辞相同,惟所祀之神不同。北宋时先后出土《告巫咸文》,嘉祐中出土于凤翔开元寺,《告大沈厥湫文》,治平中耕者得于朝那湫旁,在今甘肃平凉县西北,《告亚驼文》传出于洛阳,或谓亚驼即滹沱,但滹沱水非秦地,何以又出于洛阳,当出仿刻而作伪。原石与原拓,南宋时已不见。据记载,《告巫咸文》出土时有三十四字漫灭,但南宋之《绛帖》与《汝帖》所载以及《元至正中吴刊本》,皆字字完好,盖已经拼凑而翻刻。《汝帖本》较《绛帖本》字数略少,盖又有删节。一九三四年容庚据《绛帖本》、《汝帖本》所载《告巫咸文》与《告大沈厥湫文》,编入《古石刻拾零》,并有考释。后十年吴公望又影印《元至正中吴刊本》,一九四七年郭沫若又据以作《诅楚文考释》,收入《郭沫若全集·考古编》(第九卷)。

又案:《说文》云:“诅,詶也。”“詶”即“咒”之异文。诅有两种,一种是先结“盟”而后加“诅”,如《左传》襄公十一年季武子作三军，先盟于鲁僖公庙之大门，再诅于五父之衢。此后三桓多次先结“盟”而“加诅”，“诅”乃谓彼此在神前相约守盟而加祸于不守盟者。即郑玄所谓“以祸福之言相要曰诅”（见《诗经·小雅·何人斯·郑笺》）。另一种是对敌人咒骂而请神加祸于敌人，称为“诅”。如《左传》定公五年十月阳虎“大诅，逐公父歜及秦遄，皆奔齐”。即在神前咒骂此两人而驱逐之。战国时秦、宋等国流行巫师咒诅敌国君王之巫术，甚至制造敌国君主之像，在神前咒骂而加以射击。如《燕策二》第一章记苏代约燕王，云：秦欲攻安邑，恐齐救之，则以宋委于齐，曰：“宋王无道，为木人以写寡人，射其面。”《燕策二》第十一章记苏子谓齐王曰：“今宋王射天笞地，铸诸侯之象，使侍屏匽，展其臂，弹其鼻。”即指宋使用巫师咒诅敌国君王之巫术。如同以前彝族有此风俗，在与敌作战前，由巫师咒诅敌人，将草人写上敌人名字加以咒诅而打击。《秦诅楚文》言秦王使“宗祝”于巫咸、大沈厥湫等神前，咒骂楚王而欲加祸于楚王，从而克剂楚师。“宗祝”即是宗庙之祝，具有祷告鬼神并于神前咒骂敌人，请神加祸于敌人之巫师性质。《周礼·春官》有“诅祝掌盟、诅、类、造、攻、说、禬、禜之祝号，作盟诅之载辞，以叙国之信用，以质邦国之剂信。”《诅楚文》之载辞，当即出于宗祝邵鼛所作，用于咒诅楚王之巫术。《诅楚文》所以要告于巫咸与大沈厥湫，盖两者即为秦巫师所崇拜之天神与地祇。

又案：秦王于秦、楚大战之前，使宗祝邵鼛在雍祭祀巫咸、咒诅楚王而祈求“克剂楚师”，盖亦有其特定之原因。当时秦已迁都咸阳，但据《史记·封禅书》所载，秦所有祭祀上帝、天神、日、月、星、辰、风伯、雨师之祠庙以及祖庙，皆在旧都雍（在今陕西凤翔县城以南)。秦王三年一度“郊见上帝”之礼,以及重大之典礼,皆必至雍举行。直到秦始皇时仍如此。据《秦始皇本纪》及《吕不韦列传》太史公赞语,九年四月秦王年二十二岁,因到雍,先“郊见上帝”,再到祖庙行冠礼,嫪毐乘机作乱,矫太后玺发卒攻秦王所居之蕲年宫。郭沫若据苏轼之说,以为出土《告巫咸文》刻石之开元寺,即祈年宫之故基。“当更进一步获得一断定,即秦之祈年观所祀者为巫咸神。”此一推断不确。祈年宫为秦王行宫,何故祀巫咸耶?《山海经·海外西经》云:“巫咸国在女丑北,右手操青蛇,左手操赤蛇,在登葆山,群巫所从上下也。”《大荒西经》又云:“大荒之中有山名丰沮玉门,日月所入。有灵山,巫咸、巫即、巫朌、巫彭、巫姑、巫真、巫礼、巫抵、巫谢、巫罗十巫,从此升降,百药爰在。”《海内西经》又云:“(昆仑)开明东有巫彭、巫抵、巫阳、巫履、巫凡、巫相,夹窫窳之尸,皆操不死之药以距之。”所谓登葆山、灵山,具有天梯性质,以巫咸为首之群巫所从升降上下,以沟通人间与天堂。古时巫医不分,群巫由此采得百药,与不死之药。巫咸为巫师之祖师,《说文》云:“巫,祝也,女能事无形,以舞降神者也。……与工同意。古者巫咸初为巫。”“巫”字甲骨文与金文皆作“𢀜”,《诅楚文》中巫咸之“巫”,写法正与甲骨文、金文相同。宗祝邵鼛本为巫师性质,在雍告于巫咸而举行咒诅楚王之巫术。盖巫咸原为巫师之祖师,能沟通人间与天堂而上通于天神,使巫术得以灵验而生效。

又案:宗祝邵鼛既在雍告于巫咸,而咒诅楚王,以上通天堂;又至朝那湫旁告于大沈厥湫而咒诅楚王,以为大沈厥湫能下达地宫。《史记·封禅书》记秦所祀名山大川之神,“湫渊祠朝那。”

《汉书·地理志》亦载朝那有湫渊祠。《史记集解》引苏林曰:"湫渊在安定朝那县,方四十里,停不流冬夏不增减,不生草木。"《正义》引《括地志》曰:"朝那祠在原州平高县东南二十里。"在今甘肃固原县东南,即平凉县西北。《史记索隐》云:"即龙之所处也。"大沈厥湫为秦之水神,犹如实沈为晋之水神。《左传》昭公元年载晋侯有疾,卜人曰:"实沈、台骀为祟",子产谓实沈为高辛氏之季子,迁于大夏。大夏亦为泽名,《淮南子·坠形训》云:"西北方曰大夏,曰海泽。"古时祭河常以玉石沉于水中,实沈与大沈厥湫之名,即由此而来。古人以为河伯、水神为地宫之主宰,河伯、水神最能作祟。《秦始皇本纪》称秦二世梦白虎啮其左骖马,卜曰:"泾水为祟。"古时祝巫因而为"河伯娶妇"。魏文侯时西门豹为邺令,曾革除此风习,秦亦有此风习。《六国表》载秦灵公八年"城堑河濒。初以君主妻河"。《索隐》云:"谓初以此年取他女为君主,君主犹公主也。妻河,谓嫁之河伯。"河伯在古神话中,其神力几与上帝相等。殷人东夷皆重视河伯,卜辞中常见有燎于河,沉于河,埋于河之祭祀。秦原为嬴姓,出自东夷,因而亦重视河伯水神;大沈厥湫亦成为秦巫所崇拜之大神。

又案:《秦诅楚文》所咒诅之楚王,董逌推定为楚顷襄王,欧阳修则定为楚怀王,谓文中称楚王熊相,而《史记》作熊槐,盖传写之误。近人考释者皆以为楚怀王。郭沫若据《周官·朝士》"面三槐、三公位焉",以为三公乃论道经邦之相位,楚怀王盖名槐而字相。文中称楚王"率诸侯之兵以临加我",考释者皆谓指楚怀王十一年"山东六国共攻秦,楚怀王为从长"。文中又称楚王"逑取吾边城新郢及郯、长、敘,吾不敢曰可("可"读作"何")。

今又悉兴其众”。容庚系此事于怀王十六年，惠文王更元十二年，在秦相张仪入楚欺骗楚王献“商於之地六百里”之后，怀王大怒而发兵西击秦。此说甚是。是时楚、齐原相联合，“楚三大夫张九军以围秦之曲沃、於中。”楚得齐之助，既攻取曲沃，正谋围攻“商於之地”，形势紧急，对秦甚不利。于是秦相张仪入楚，伪献商於之地六百里，既欲促使楚与齐绝交，瓦解齐、楚联盟，又作缓兵之计，以便秦调集大军作好反击歼灭楚军主力之准备。及楚与齐绝交，楚王不能得商於之地，于是大怒而向商於发动进攻，秦已作好反击歼灭楚军主力之准备。秦王使宗祝于神前咒诅楚王，而祈求“克剂楚师”，即在此时。所谓“逑取吾边城新郢及郲、长、敍”，即指楚谋求攻取商於之地。考释者皆谓“郲”即“於”，甚是。所谓“新郢及郲”，实即商於，长、敍不过是附近之小地名。考此地之商，原名商密，在今河南淅川县西南，原为鄀之国都。鄀为秦、楚界上小国，楚成王时取得其地，改建为县，称为商县。楚成王尝使司马子西为商公。商於之地原为楚地，此时为秦所占有（详见拙作《春秋时代楚国县制的性质问题》所附《楚国商县考》，《中国史研究》一九八一年第四期）。新郢疑即秦取得此商县后改名。秦惠文王常以新得之地改名，如秦惠文君六年“魏纳阴晋，阴晋更名宁秦”，十一年“更名少梁曰夏阳”。盖以阴晋之名有晋为国名，少梁之名有梁为国名，因而加以更改。商县改名为新郢，盖秦已有地名商，即商鞅之封邑。因而将商县更名。此时秦、楚之间边城，惟商、於两城常连称，称为“商、於之地”，与此所谓“新郢及郲”相当。新郢之即商改名，当可论定。考《水经·丹水注》，谓丹水县故城西南有密阳乡，为古商密之地。又云:“丹水东南流至其县南,黄水北出芬山黄谷。”可见商密旁有黄水出黄谷。古“黄”与“皇”音同通用。盖商之改名新郢,即以水名为城名,此亦古代常见之通例。郭沫若改释“逑取吾边城新郢及郱、长、敍”之“逑”为“述”,并读“述”为“遂”。以为楚怀王十一年六国攻秦时,“其他五国均损兵折将,而楚独略有获,此可补史之缺文”。其说非是。商於之地本属楚,为秦所攻占,此后楚未能克复。

又案:郭沫若谓所谓《秦诅楚文》之《亚驼文》一石,出于宋人仿刻,甚是。宋人所刻《绛帖》、《汝帖》中未收《亚驼文》。陈炜湛《诅楚文献疑》(《古文字研究》第十四辑)以为《诅楚文》三石全出于唐、宋间,好事之徒所伪作,但其所提出四点可疑,尚不足以定为伪作。(一)陈氏谓文字可疑,《诅楚文》字体主要是小篆,而不是战国文字。其实,战国时已有两种字体,铜器所铸铭文、石刻文字,属于工整一体,为后来小篆之起源。铜器刻辞、应用器物上文字以及竹简、帛书,属于草率一体,即后来隶书之起源。《诅楚文》刻石,属于工整一体,当然与小篆相近。而且如今所见《诅楚文》已非原石原拓,皆出辗转摹写翻刻,难免混入后来字体。(二)陈氏谓情理可疑,以秦、楚关系而论,楚无负于秦而秦常诈楚,理应楚诅秦而不该秦诅楚。殊不知咒诅敌国君主是当时流行之巫术,彼此相互咒诅而不讲是非曲直。(三)陈氏谓史实可疑,所谓秦穆公及楚成王以后“十八世之诅盟”,全属子虚乌有。所罗列楚王之罪状,如同以往之“暴君”“混蛋”。殊不知此乃巫师咒诅敌国君主“倍盟犯诅”之辞,以史籍所载亡国君主之罪状强加于敌国君主,已成为当时流行之风习。例如宋亡国之君宋王偃之罪状，与殷王纣完全相同，详见顾颉刚《宋王偃的绍述先德》一文（收入《古史辨》第二册），与《诅楚文》列举楚王罪状亦类同。郭沫若依据《诅楚文》，确认楚怀王是“暴君”“混蛋”，固然不当；陈氏据此以为《诅楚文》出于伪作，亦不确。（四）陈氏谓词语可疑，通篇风格似袭《左传》文公十三年《吕相绝秦》文，有些词语是汉代以后才见使用，如“刑戮孕妇”则仿伪《古文尚书·泰誓》“刳剔孕妇”等。《诅楚文》本为巫师咒诅之辞，词语本多因袭前人。《史记·十二诸侯年表序》称“铎椒为楚威王傅，为王不能尽观《春秋》，采取成败，卒四十章，为《铎氏微》”。此所谓《春秋》，即指《左传》，前人已有定论。当时《左传》已成君臣之政治读物，因而为《诅楚文》所因袭。伪《古文尚书》中“刳剔孕妇”，并非汉代以后才见，《墨子·明鬼下》已谓殷王纣“播弃黎老，贼诛孩子，楚毒无罪，刳剔孕妇”。伪古文乃抄袭《墨子》。前人亦已早有定论，若为唐、宋间文人所伪托，彼辈不知古人有用咒诅之巫术，捏造不出如此宗祝咒诅之文章。苏东坡《诗》云：“刳胎杀无罪，亲族遭圉绊，计其所称诉，何啻桀、纣乱。”即对此不能理解。

【附编】

曲沃负者（“负”通“妇”），魏大夫如耳母也。秦立魏公子政为魏太子，魏哀王使使者为太子纳妃而美（“哀”当作“襄”），王将自纳焉。曲沃负谓其子如耳曰：“王乱于无别，汝胡不匡之？方今战国，强者为雄，义者显焉。今魏不能强，王又无义，何以持国乎？王中人也，不知其为祸耳。汝不言，则魏必有祸矣。有祸必及吾家，汝言以尽忠，忠以除祸，不可失也。”如耳未遇间。会使于齐。负因款王门而上书曰：“曲沃之老妇也，心有所怀，愿以闻于王。”王召入，负曰：“妾闻男女之别,国之大节也。妇人脆于志,窳于心,不可以邪开也。是故必十五而笄,二十而嫁,早成其号谥,所以就之也。聘则为妻,奔则为妾,所以开善遏淫也。节成然后许嫁,亲迎然后随从,贞女之义也。今大王为太子求妃,而自纳之于后宫,此毁贞女之行而乱男女之别也。自古圣王必正妃匹。妃匹正则兴,不正则乱。夏之兴也以涂山,亡也以末喜。殷之兴也以有娎,亡也以妲己。周之兴也以太姒,亡也以褒姒。周之康王夫人晏出朝(梁端《校注》:"朝字衍"),关雎预见("预见"原误"起兴",从梁端据《文选注》、《诗考》引校改),思得淑女,以配君子。夫雎鸠之鸟,犹未尝见乘居而匹处也。夫男女之盛,合之以礼,则父子生焉,君臣成焉,故为万物始。君臣、父子、夫妇三者,天下大纲纪也。三者治则治,乱则乱。今大王乱人道之始,弃纲纪之务,敌国五六,南有从楚("从"通"纵"),西有横秦,而魏居其间,可谓仅存矣。王不忧此,而从乱无别("从"通"纵"),父子同女,妾恐大王之国政危矣。"王曰:"善。寡人不知也。"遂与太子妃,而赐负三十钟。如耳还而爵之。王勤行自修,劳来国家,而齐、楚、强秦不敢加兵焉。(《列女传》卷三)

案:秦来立魏公子政为太子,在魏襄王六年,此事当在六年后。所谓"齐、楚、强秦不敢加兵焉",乃夸饰之辞,不可信。

周赧王三年(公元前三一二年)

秦惠文王更元十三年,魏襄王七年,韩宣惠王二十一年,赵武灵王十四年,齐宣王八年,楚怀王十七年,燕王哙九年。

魏襄王七年秦王来见于蒲坂关。四月,越王使公师隅来献乘舟始罔及舟三百、箭五百万、犀角、象齿焉。(《水经·河水注》引

《纪年》)

案:蒲坂在今山西永济东,蒲坂关在蒲坂西南黄河西岸,与黄河东岸之临晋关相对。临晋在陕西大荔东,临晋关在临晋东北黄河东岸。此时蒲坂关为魏所有,临晋关为秦所有,乃秦、魏交界之主要关塞所在。《齐策六》第九章载即墨大夫见齐王建曰:“夫三晋大夫皆不便秦,而在阿、鄄之间者百数,王收而与之百万之众,使收三晋之故地,即临晋之关可以入矣。”《纪年》言是年孟春“秦王来见于蒲坂关”。《秦本纪》言秦惠文王更元十二年“王与梁王会临晋”,《魏世家》亦云哀王(当作襄王)六年“与秦会临晋”,所记当为一事。司马迁据《秦记》,谓秦王与梁王会于临晋关。《纪年》乃魏史,则谓秦王来见于蒲坂关。惟《纪年》载在此年,而《史记》载在上年,盖事在此年年初,《秦记》载于上年。

又案:“乘舟”为君王乘坐用以指挥水战之大船,如春秋时吴王有“乘舟馀皇”,见于《左传》昭公十年,馀皇为乘舟之名。此谓“乘舟始罔”,始罔亦当为乘舟之名。是年越王以乘舟及战舟三百、箭五百万赠予魏,盖用以支援魏对楚作战之需要。据《越世家》,是时齐使者游说越王曰:“且王之所求者,斗晋、楚也,晋、楚不斗,越兵不起,是知二五而不知十也。”劝越王此时乘楚兵力分散而进攻,以为“楚三大夫张九军,北围曲沃、於中,以至无假之关三千七百里,景翠之军北聚鲁、齐、南阳,分有此者乎?”于是越遂伐楚。是年越以大批水战所需之军备支援魏国,即为“斗晋、楚”。

韩公仲相(鲍彪云四字衍,金正炜谓“当以韩公仲相齐为句,齐下当重齐字,公仲即韩珉,韩珉之相齐,屡见《策》及《史记》”,不确),齐、楚之交善，秦、魏遇（“秦”上原衍“秦”字，今删。鲍本作“秦与魏遇”），且以善齐而绝齐乎楚。楚王使景鲤之秦（“王”上原脱“楚”字，从鲍本补），鲤与于秦、魏之遇。楚王怒景鲤，恐齐以楚遇，为有阴于秦、魏也，且罪景鲤。为谓楚王曰：“臣贺鲤之与于遇也。秦、魏之遇也，将以合齐、秦而绝齐于楚也。今鲤与于遇，齐无以信魏之合己于秦而攻于楚也（金正炜曰：“攻字疑本作外”）。齐又畏楚之有阴于秦、魏也，必重楚。故鲤之与于遇，王之大资也。今鲤不与于遇，魏之绝齐于楚明矣（“明”上鲍本有“信”字。金正炜曰：“绝下衍齐字”）。齐、楚信之（鲍云“衍楚字”），必轻王，故王不如无罪景鲤，以视齐于有秦、魏，齐必重楚，而且疑秦、魏于齐。”王曰：“诺。”因不罪而益其列。（《韩策一》第二十一章）

楚使者景鲤在秦，从秦王与魏王遇于境，楚怒。秦令周冣谓楚王曰（“令”原误作“合”，“谓”作“为”，今从吴师道据别本改正）：“魏请无与楚遇而合于秦，是以鲤与之遇也。弊邑之于与遇善之，故齐不合也。”楚王因不罪景鲤而德周、秦。（《秦策四》第六章）

楚王使景鲤如秦，客谓秦王曰：“景鲤，楚王所甚爱，王不如留之以市地。楚王听则不用兵而得地，楚王不听，则杀景鲤，更与不如景鲤者市（“者”原作“留”，姚注：“留，曾、刘一作者。”“市”字原脱。王念孙谓“者”字是，“者”下当有“市”字），是便计也。”秦王乃留景鲤。景鲤使人说秦王曰：“臣见王之权轻天下，而地不可得也。臣之来使也，闻齐、魏皆且割地以事秦，所以然者，以秦与楚为昆弟国，今大王留臣，是示天下无楚也。齐、魏有何重于孤国也？楚知秦之孤，不与地而外结交诸侯以图（鲍本无“诸侯”二字），则社稷必危，不如出臣。”秦王乃出之。（《秦策四》第七章）

案:《韩策一》第二十一章与《秦策四》第六章所记同为一事。景鲤为楚怀王、顷襄王时亲于秦之外交大臣。是时景鲤出使于秦,"从秦王与魏王遇于境",高诱注:"境,秦界也。"是年秦、魏两王相会于临晋关与蒲坂关,正是秦、魏两国界上之关,可知秦、韩两策所记必为是年之事。是时韩相为公仲,亲秦而赞助张仪连横之策略,齐、楚之交善,齐、楚与秦、魏、韩形成对峙局势,秦、魏两王相会于边境,"且以善齐而绝齐乎楚",即计谋与齐联合,而使楚与齐绝交。楚使景鲤从秦王与魏王相会于边境,楚王恐"齐以楚遇,为有阴于秦、魏也,且罪景鲤"。可知是时楚王甚重视齐、楚之交。楚王轻信张仪进献商於之地而与齐绝交,当在此次秦、魏两王相会之后。

[秦惠文王更元]十三年楚围雍氏。(《秦本纪》,《田世家》于湣王十二年亦云"楚围雍氏",实为齐宣王八年)

楚围雍氏,韩令冷向借救于秦(《韩世家》作"韩求救于秦"),秦为发使公孙昧入韩(《韩世家》"为"上有"未"字,当是。当读"秦未为发"为句)。公仲曰:"子以秦为将救韩乎?其不乎?"(《韩世家》"将"作"且",无"其不乎"句)对曰:"秦王之言曰:'请道于南郑、蓝田以入攻楚,出兵于三川以待公,殆不合军于南郑矣。'"(《韩世家》作"请道南郑、蓝田,出兵于楚以待公,殆不合矣")公仲曰:"奈何?"(《韩世家》作"子以为果乎?")对曰:"秦王必祖张仪之故谋(《韩世家》"谋"作"智"),楚威王攻梁,张仪谓秦王曰:'与楚攻梁,魏折而入于楚,韩固其与国也,是秦孤也。故不如出兵以劲魏'(《韩世家》"劲魏"作"到之"。《索隐》云:"到,欺也"),于是攻皮氏,魏氏劲,威王怒(《韩世家》无以上三句),楚与魏大战,秦取西河之外以归。今也其将扬言救韩

(鲍本“扬”作“阳”,当是。《韩世家》作“今其状阳言与韩”),而阴善楚(《韩世家》“而”作“其实”),公恃秦而劲(鲍本“恃”作“待”,《韩世家》作“公待秦而到”),必轻与楚战。楚阴得秦之不用也,必易与公相支也。公战胜楚,遂与公乘楚,易三川而归(《韩世家》“易”作“施”,《正义》云:“施犹设也”)。公战不胜楚,塞三川而守之(鲍本“塞”上误多“楚”字),公不能救也。臣甚恶其军(《韩世家》作“窃为公患之”)。司马康三反之郢矣(《韩世家》“康”作“庚”,《集解》引徐广曰:“一作唐”),甘茂与昭巌遇于境(“巌”原误作“獻”,《韩世家》作“鱼”,《索隐》引《战国策》作“昭巌”,今据以改正。“巌”“鱼”同音通用,昭鱼,《集解》引徐广曰:“楚相国”,《韩世家》“境”作“商於”,盖商於乃楚之边境),其言曰收玺,其实犹有约也。”(《韩世家》“其实”作“实类”)公仲恐,曰:“然则奈何?”对曰:“公必先韩而后秦,先身而后张仪,以公不如亟以国合于齐、楚(鲍本“以”上补“臣”字,姚云:“刘去以字”,《韩世家》无“以”字)。秦必委国于公以解伐(《韩世家》作“齐、楚必委国于公”),是公之所以外者仪而已(《韩世家》“以外”作“恶”),其实犹之不失秦也。”(《韩策二》第二章,《韩世家》误系于韩襄王十二年,并云:“于是楚解雍氏围。”)

案:《韩世家》系此章于韩襄王十二年下,《集解》徐广曰:“《秦本纪》惠王后元十三年、周赧王三年、楚怀王十七年、齐湣王十二年皆云:‘楚围雍氏’,《纪年》于此亦说‘楚景翠围雍氏,韩宣王卒,秦助韩共败楚屈丐’,又云:‘齐、宋围煮枣’,皆与《史记·年表》及《田完世家》符同,然则此……说‘楚围雍氏’以下是楚前围雍氏,赧王之三年事。”《正义》曰:“徐说非也,徐见下文云:‘先身而后张仪’及‘公所恶者张仪也’,言张仪尚存楚又两度围雍氏，故生此前后之见，甚误也。然是公孙昧却述张仪时事，说韩相公仲耳。"余考徐说是也。公孙昧语辞，固非追述张仪时事，至韩襄王十二年不仅张仪已死十年，甘茂亦已去秦六年，史公固误以楚前围雍氏事，系于后围雍氏之役耳。

又案：《韩世家》所载公孙昧转述秦王之言，与《韩策》不同，云："请道南郑、蓝田，出兵于楚以待公，殆不合矣。"吴师道据此云："按《史》止作殆不合矣，无军于南郑四字，窃谓《史》为是。"黄丕烈又云："此当读殆不合为一句，军于南郑矣一句，言待楚、韩之胜也。"而程恩泽又谓："就本《策》言之，当以上南郑为汉中，下南郑为新郑。"今案程说不当，上下文同一"南郑"，不应分指两地。秦王言"请道于南郑、蓝田以入攻楚，出兵于三川以待公"，盖秦分三路进军，一军由南郑攻楚汉中，一军由蓝田出武关至商於攻楚于中原，另一军由三川以救韩，前二路欲乘此时机"入攻楚"，即攻入楚境，后一路在三川以待楚、韩决胜负，故公孙昧谓"秦王必祖张仪之故谋"。

《纪年》于此亦说楚景翠围雍氏。韩宣王卒，秦助韩兵败楚屈丐，又云：齐、宋围煮枣，皆与《史记·年表》及《田完世家》符合。（《韩世家·集解》引徐广曰）

韩宣惠王三十一年秦助我攻楚，围景痤。（《六国表》）

案：朱右曾《汲冢纪年存真》据《韩世家》"与秦共攻楚，败楚将屈匄"，谓《纪年》当云韩助秦，今云"秦助韩，传钞误也"。非是。《史记会注考证》又谓《六国表》"秦助我"乃"我助秦"之误。中华书局出版之《史记》标点本据此改《六国表》，大误。是年韩、魏从秦张仪连横策略，秦、韩、魏与齐、楚成对峙之势，楚发大军一面围韩雍氏，一面攻秦商於之地。秦、韩合力于雍氏、商於两地反攻，一面反包围楚将景翠于雍氏，一面又共败楚将屈匄于商於，因而《六国表》之《韩表》云："秦助我攻楚，围景痤。"景痤即景翠，"翠""痤"声转通用。《纪年》乃魏史，亦云："秦助韩共败楚屈丐。"屈丐即屈匄，并非《纪年》与《六国表》有误。

[韩宣惠王]二十一年与秦共攻楚，败楚将屈丐，斩首八万于丹阳。是岁，宣惠王卒，太子仓立，是为襄王。(《韩世家》)

[楚怀王]十七年春，与秦战丹阳，秦大败我军，斩甲士八万，虏我大将军屈匄，裨将军逢侯丑等七十余人，遂取汉中之郡。楚怀王大怒，乃悉国兵复袭秦，战于蓝田，大败楚军。韩、魏闻楚之困，乃南袭楚，至于邓。楚闻，乃引兵归。(《楚世家》)

楚尝与秦构难，战于汉中，楚人不胜，通侯执珪死者七十余人，遂亡汉中。楚王大怒，兴师袭秦，战于蓝田，又却。此所谓两虎相据也。(《楚策一》第十八章策士所造张仪为秦破从连横说楚王)

秦取楚汉中，再战于蓝田，大败楚军。韩、魏闻楚之困，乃南袭至邓，楚王引归。(《秦策四》第一章)

日者，秦、楚战于蓝田，韩出锐利以佐秦，秦战不利，因转而与楚，不固信盟，唯便是从。(《赵策一》第十一章秦王谓公子仲)

楚王不听，卒发兵而使将军屈匄击秦，秦、齐共攻楚，斩首八万，杀屈匄，遂取丹阳、汉中之地。楚又复益发兵而袭秦，至蓝田，大战，楚大败，于是楚割两城以与秦平。(《张仪列传》)

怀王怒，大兴师伐秦。秦发兵击之，大破楚师于丹、淅，斩首八万，虏楚将屈匄，遂取楚之汉中地。怀王乃悉发国中兵以深入击秦，战于蓝田。魏闻之，袭楚至邓。楚兵惧，自秦归。而齐竟怒不救楚，

楚大困。(《屈原列传》)

案:《楚世家》、《张仪列传》、《屈原列传》皆谓张仪见楚怀王进献商於之地六百里,既而食言,怀王使屈丐攻秦,所攻即为商於之地,陷入秦之重围,因而在丹阳大败。据《韩策二》第二章,此时秦分三路进军,一由南郑攻汉中,一由蓝田出武关进攻,一由三川以救韩。大败屈丐者,当即由蓝田出武关之秦军。同时由南郑攻汉中之秦军与之配合,取得汉中。《张仪列传》谓"秦、齐共攻楚",不确,当为"秦、韩共攻楚"。

齐、宋围煮枣。(《韩世家·集解》徐广引《纪年》)

齐、宋攻魏,楚回(通"围")翁氏(即雍氏,《田世家》作"伐魏,楚围雍氏"),秦败屈匄(《田世家》作"屈丐")[苏秦]胃(通"谓")陈轸曰("苏秦"两字原无,《田世家》作"苏代",今按帛书下文称"今者秦立于门",可知是苏秦而非苏代。《田世家》"陈轸"作"田轸"。"陈""田"通用):"愿有谒于公(《田世家》"愿"上有"臣"字,当为衍文,苏秦与陈轸无臣属关系,不应自称为臣),其为事甚完,便楚,利公(《田世家》"便"误作"使"),成则为福,不成则为福(《田世家》作"不成亦为福","则"当"亦"字之误)。今者秦立于门(《田世家》"秦"作"臣"),客有言曰:魏王胃(通"谓")韩倗、张义(通"仪")(《田世家》"倗"作"冯",《集解》徐广曰:"韩之公仲侈也。""侈"即"倗"字之误,"朋""冯"乃一声之转)煮枣将将榆("枣"原写作"棘","榆"通"渝"。《田世家》作"煮枣将拔"),齐兵有(通"又")进(《田世家》"有"作"又"),子来,救[寡]人可也("寡"字原脱,据《田世家》校增,《田世家》"也"作"矣")。不救寡人,寡人弗能枝("枝"通"支",《田世家》作"拔")栲(通"转")辞也(《田世家》作"此特转辞也")。秦、韩之兵毋东,旬余,魏是(通"氏")栲,韩是(通“氏”)从(《田世家》作“则魏氏转韩从秦”)。秦逐张义(通“仪”),交臂而事楚(《田世家》作“事齐、楚”),此公事成也。”陈轸曰(《田世家》作“田轸”):“若何史(通“使”)毋东?”(《田世家》作“奈何使无东”)合(通“答”)曰(《田世家》作“对曰”):“韩倗之救魏之辞(《田世家》“倗”作“冯”),必不胃(通“谓”)郑王曰(《田世家》“郑王”作“韩王”):‘倗以为魏’(《田世家》“倗”作“冯”),必将曰(《田世家》无“将”字):‘倗将栲(通“专”)三国之兵(《田世家》在此句上有“冯将以秦、韩之兵东却齐、宋”),乘屈匄之敝(《田世家》作“弊”),南割于楚,故地必尽。’(《田世家》作“故地必尽得之矣”)张义(通“仪”)之救魏之辞,必[不]胃(通“谓”)秦王曰:‘义(通“仪”)以为魏’,[必将]曰(《田世家》作“必曰”,按上文例,当作“必将曰”):‘义(通“仪”)且以韩、秦之兵东巨(通“拒”)齐、宋(《田世家》“巨”作“距”),义(通“仪”)[将]栲(通“抟”)三国之兵,乘屈匄之敝,[东割于]楚,名存亡[国,实伐三川]而归,此王业也。’公令楚[王与韩氏地,使]秦制和,胃(通“谓”)秦王曰:‘[请与韩地而王以]施三[川,韩]是(通“氏”)之兵不用而得地[于楚],□□□□□何(《田世家》作“韩冯之东兵之辞且谓奈何”)’秦兵[不用而得三川,伐楚、韩以窘]魏,魏是(通“氏”)不敢不听(《田世家》作“魏氏不敢东,是孤齐也”,下有“张仪之东兵之辞且谓何”),韩欲地而兵案(《田世家》作“秦、韩欲地而兵有案”),声□发于魏(《田世家》“声”下作“威”字),魏是(通“氏”)□□□□□□□□(《田世家》作“魏氏之欲不失齐、楚者有资矣”),魏是(通“氏”)[转],秦、韩争事齐、楚,王欲毋予地(《田世家》作“楚王欲而无与地”),公令秦、韩之兵不[用而得地,有一大]德。秦、韩之王劫于韩倗、张义(通“仪”)而东兵以服魏(《田世家》“服”上有“徇”字),公常操□芥而责于[秦、韩](《田世家》"□芥"作"左券"),此其[善于]公而恶[张]义(通"仪"),多资矣(《田世家》"张仪"作"张子")。"(以上为帛书《战国纵横家书》第二十二《苏秦谓陈轸章》,缺文俱据《田世家》增补。据此可知,司马迁作《田世家》所据史料与此帛书相同,惟将苏秦改作苏代,并改"齐、宋攻魏"为齐"伐魏")

案:煮枣在今山东东明县南。盖齐、宋合军围煮枣,与楚围雍氏同时。秦使樗里疾率军入三川,先与韩解雍氏之围,并与韩协助秦将魏章大败楚将屈匄于丹阳,然后疾又以秦与韩、魏三国之兵东进,即所谓"张仪救魏","张仪东兵",从而解煮枣之围,大败齐师于濮上,又助魏攻燕,又与魏攻卫。

[秦惠文王]更元十三年庶长章击楚于丹阳,虏其将屈匄,斩首八万;又攻取汉中,取地六百里,置汉中郡。楚围雍氏,秦使庶长疾助韩而东攻齐到濮。助魏攻燕。(《秦本纪》,"濮"原误作"满",据《六国表》、《齐策六》改正。《六国表》作"庶长章击楚,斩首八万")

[南郑]县,故褒之附庸也……至六国时,楚人兼之。怀王衰弱,秦略取焉,周赧王二年(当作三年),秦惠王置汉中郡……即汉中郡治也。(《水经·沔水注》)

案:《秦本纪》原作"东攻齐到满",《正义》云:"满或作蒲,秦将姓名也。"据《六国表·魏表》,是年"击齐,虏声子于濮",《齐策六》第七章"濮上之事,赘子死,章子走",可知"满""蒲"皆"濮"字之形误。据《六国表》,是年魏击齐至濮,《齐策六》记濮上之事,盼子谓齐王曰:"不如易余粮于宋,宋王必说,梁氏不敢过宋伐齐"。可见伐齐到濮者为魏而非韩。《秦本纪》"秦使庶长疾助韩而东攻齐","助韩"当是"助魏"之误。

[秦惠王二十六年樗里子]助魏章攻楚,败楚将屈丐,取汉中地。秦封樗里子,号为严君。(《樗里子列传》)

案:魏章是时为庶长,《秦本纪》称为庶长章。樗里子是时亦为庶长,《秦本纪》称为庶长疾。魏章为秦击楚于丹阳之主将。樗里疾为秦入三川助韩、魏反击楚、齐之主将,先解韩雍氏之围,又合韩军助魏章大胜楚师于丹阳,继而又解魏煮枣之围,合魏军大胜齐师于濮上。

甘茂者,下蔡人也,事下蔡史举先生,学百家之术。因张仪、樗里子而求见秦惠王,王见而说之,使将,而佐魏章略定汉中地。(《甘茂列传》)

案:甘茂当为秦由南郑东进汉中之主将。当魏章乘大胜于丹阳之余威,南下攻取汉中时,甘茂与之配合略定汉中地。

魏章率师及郑师伐楚,取上蔡。(《水经·汝水注》引《纪年》)

案:《水经注》引此条未记年,今本《纪年》系于周显王二十三年,即魏惠王二十四年,朱右曾《汲冢纪年存真》从之,不足信。魏章乃随张仪由魏入秦而为将者,秦武王即位初,张仪与魏章同时被逐走。魏章为秦逐走在魏襄王九年,距魏惠王二十四年已有三十六年。马非百《秦集史·国君纪事》十五系此条于秦惠王更元十三年魏章与韩师大胜楚于丹阳之后。此说可从,盖魏章乘胜,率秦师及韩师进而攻取上蔡。

[魏哀王](当作魏襄王)七年攻齐,与秦伐燕。(《魏世家》)

魏哀王(当作魏襄王)七年,击齐,虏声子于濮,与秦击燕。(《六国表》)

濮上之事,赘子死,章子走。盼子谓齐王曰:“不如易余粮于宋,宋王必说。梁氏不敢过宋伐齐，齐固弱，是以余粮收宋也。齐国复强，虽复责之宋，可；不偿，因以为辞而攻之，亦可。”（《齐策六》第七章）

案：顾观光据《六国表》，以为“赘子”即“声子”之误。

［魏］襄王七年韩明率师伐襄丘。（《水经·济水注》引《纪年》）

案：“明”当为“朋”之误。韩朋即公仲朋，时为韩相。襄丘时为楚地，《水经·济水注》又引《纪年》云：“襄王十年楚庶章率师来会我，次于襄丘。”襄丘在濮水之南，当煮枣之西北，与韩、魏交叉接壤。韩攻楚之襄丘，疑亦在秦、魏联合大败齐师于濮上之时，盖韩正与秦、魏连横而谋击败齐、楚。

又案：是年秦相张仪迫使韩、魏与秦连横而斗齐、楚，形成秦、韩、魏三国与齐、楚混战之局势。年初，楚既围韩之雍氏，又攻秦占有之商於之地，齐亦以齐、宋联军合围魏之煮枣。秦于是发大军分三路出击。一路由蓝田出武关至商於应战，一路由南郑攻取楚之汉中地，一路出函谷关殽塞入三川，与韩、魏联合反击楚、齐两国之军。秦庶长樗里疾率大军入三川，先与韩反攻楚将景翠于雍氏，继又与韩军协助庶长魏章大败楚将屈丐于商於之丹阳，斩首八万，擒杀屈丐，后又助魏反攻，合围煮枣之齐师。大败齐师于濮上，虏齐将声子，又败走齐将匡章。楚乘秦大军东进之机，深入袭击至秦之蓝田，因韩、魏联军南下攻至邓而退兵。邓在今湖北襄樊市北。此为秦与楚、齐两大国初次大规模交战，结果楚、齐大败，楚因而失去汉中之地。张仪在秦推行之连横策略，因而取得成功。

［赵武灵王］十四年赵何攻魏。（《赵世家》）

齐宣王八年杀其王后。(《田世家·索隐》引《纪年》)

【附编】

燕昭王收破燕后即位,卑身厚币,以招贤者,欲将以报仇。故往见郭隗先生曰:"齐因孤国之乱,而袭破燕。孤极知燕小力少,不足以报。然得贤士与共国,以雪先王之耻,孤之愿也!敢问以国报仇者奈何?"郭隗先生对曰:"帝者与师处,王者与友处,霸者与臣处,亡国与役处。诎指而事之,北面而受学,则百己者至;先趋而后息,先问而后嘿,则什己者至;人趋己趋,则若己者至;冯几据杖,眄视指使,则厮役之人至;若恣睢奋击,呴藉叱咄(吴师道云:"呴当作跔。"),则徒隶之人至矣!此古服道致士之法也。王诚博选国中之贤者而朝其门下,天下闻王朝其贤臣,天下之士,必趋于燕矣。"昭王曰:"寡人将谁朝而可?"郭隗先生曰:"臣闻古之君人有以千金求千里马者,三年不能得。涓人言于君曰:'请求之。'君遣之。三月,得千里马,马已死,买其首五百金,反以报君。君大怒曰:'所求者生马,安事死马而捐五百金?'涓人对曰:'死马且买之五百金,况生马乎?天下必以王为能市马,马今至矣!'于是不能期年,千里之马至者三。今王诚欲致士,先从隗始。隗且见事,况贤于隗者乎?岂远千里哉!"于是昭王为隗筑宫而师之。乐毅自魏往,邹衍自齐往,剧辛自赵往,士争凑燕。燕王吊死问生,与百姓同其甘苦。二十八年,燕国殷富,士卒乐佚轻战,于是遂以乐毅为上将军,与秦、楚、三晋合谋以伐齐。齐兵败,闵王出走于外,燕兵独追北,入至临淄,尽取齐宝,烧其宫室宗庙。齐城之不下者,唯独莒、即墨。(《燕策一》第十二章,《燕世家》略同,《说苑·君道》、《新序·杂事三》有大体相同之章节)

案:《燕策一》、《燕世家》皆谓燕昭王即位后师事郭隗,"乐毅自魏往,邹衍自齐往,剧辛自赵往,士争凑燕。"《说苑·君道篇》第二十二章又谓:"居三年,苏子闻之,从周归燕;邹衍闻之,从齐归燕;乐毅闻之,从赵归燕;屈景闻之,从楚归燕。四子毕至,果以弱燕并强齐。"《说苑·尊贤篇》亦云:"燕昭王得郭隗,而邹衍、乐毅以齐、赵至,苏子、屈景以周、楚至。"凡此皆策士臆造之说而为游说之士张目者。《孟子荀卿列传》云:"是以邹子(即邹衍)重于齐,适梁,惠王郊迎,执宾主之礼……如燕,昭王拥彗先驱,请列弟子之座而受业,筑碣石宫,身亲往师之。"亦不可信。据《赵世家》剧辛为燕将,于赵悼襄王三年为赵将庞煖所擒,时为燕王喜十三年,计去昭王即位已七十年,去昭王伐齐亦已四十二年。梁玉绳《史记志疑》已谓剧辛来燕不能在昭王即位时。钱穆《邹衍考》更谓:邹衍至赵见平原君,在信陵君破秦存赵之后,事见《平原君列传》,其时梁惠王死已七十二年,燕昭王亦已死二十二年。邹衍与剧辛同僚,见于《韩非子·亡征》,因而断言:"其自齐赴赵,当齐王建时,在平原君晚节,自赵往燕,则仕燕王喜,绝不与齐宣、燕昭相涉,史公云云,盖误于燕、齐方士之说耳。"并谓:"昭王招贤,时仅有一乐毅耳。邹衍、剧辛皆在后,《史》《策》为盛言士争趋燕,遂误攀后来者为说,非情实也。"(《先秦诸子系年》第四三八至四四一页)其实,乐毅亦非因昭王招贤而来者。《乐毅列传》称:乐毅为魏将乐羊之后,魏文侯封乐羊于中山之灵寿,其子孙因家焉。赵灭中山之后,而赵人举之,及武灵王有沙丘之乱,乃去赵适魏,后为魏昭王使于燕。可知乐毅由赵经魏入燕,已在沙丘之乱以后,已是燕昭王十七年以后事,并非在燕昭王即位之初招贤之时。《资治通鉴》记"昭王以乐毅为亚卿,任以国政”，在周赧王三年，不确。

周赧王四年（公元前三一一年）

秦惠文王更元十四年，魏襄王八年，韩襄王元年，赵武灵王十五年，齐宣王九年，楚怀王十八年，燕昭王元年。

张仪相秦，谓昭雎曰：“楚无鄢郢汉中，有所更得乎？”曰：“无有。”曰：“无昭过、陈轸，有所更得乎？”曰：“无所更得。”张仪曰：“为仪谓楚王逐昭过、陈轸，请复汉中。”（以上两“昭过”，姚本误作“昭雎”，今从鲍本。“请复汉中”原误作“请复鄢郢汉中”，盖涉上而误衍“鄢郢”两字，今删）昭雎归报楚王，楚王说之。有人谓昭过曰（“昭过”，姚本亦误作“昭雎”，今从鲍本）：“甚矣！楚王不察于名者也（“名”上姚本原衍“争”字，今从鲍本）。韩求相工陈籍而周不听（“工陈籍”原误作“工师籍”，从金正炜据《东周策》第十章改正），魏求相綦母恢而周不听，何以也？周曰：是列县畜我也。今楚，万乘之强国也；大王，天下之贤主也；今仪曰：逐君与陈轸，两王听之，是楚自待不如周，而仪重于韩、魏之王也。且仪之所行，有功名者秦也，所欲贵富者魏也，欲为攻（“攻”通“功”）于魏，必南伐楚。故攻有道，外绝其交，内逐其谋臣，陈轸夏人也，习于三晋之事，故逐之则楚无谋臣矣。今君能用楚之众，故亦逐之，则楚众不用矣，此所谓由攻之者也。而王不知察。今君何不见臣于王，请为王使齐交不绝，齐交不绝，仪闻之，其效汉中必缓矣（“汉中”上原衍“鄢郢”二字，今删），是昭雎之言不信也。王必薄之。”（《楚策一》第十九章）

案：张仪尝为秦攻取魏之曲沃等地，旋而以曲沃等地归还于魏，迫使魏与秦连横，并为魏相而逐走惠施。此时张仪又施故技，欲以新攻取之汉中归还于楚，逐走楚将昭过与谋臣陈轸，迫使楚与秦连横，但此谋未得逞。当时秦大臣甘茂即反对以汉中归还于楚。见《秦策一》。

张仪欲以汉中与楚，请秦王曰："有汉中蠹，种树不处者，人必害之，家有不宜之财，则伤本（吴师道云："疑当云：种树不处则伤本，家有不宜之财，人必害之"）。汉中南边为楚利，此国累也。"甘茂谓王曰："地大者固多忧乎？天下有变，王割汉中以和楚，楚必畔天下而与王。王今以汉中与楚，即天下有变，王何以市楚也？"（《秦策一》第九章）

［楚怀王］十六年，秦使使约复与楚亲，分汉中之半以和楚。楚王曰："愿得张仪，不愿得地。"张仪闻之，请之楚。秦王曰："楚且甘心于子，奈何？"张仪曰："臣善其左右靳尚，靳尚又能得事，于楚王幸姬郑袖，袖所言无不从者。且仪以前使负楚以商於之约，今秦楚大战，有恶，臣非面自谢，楚不解。且大王在，楚不宜敢取仪，诚杀仪以便国，臣之愿也。"仪遂使楚。（《楚世家》，《屈原列传》略同，作"秦割汉中地与楚以和"云云。《张仪列传》大体相同，惟作"秦要楚欲得黔中地，欲以武关外易之"云云）

楚怀王拘张仪，将欲杀之，靳尚为仪谓楚王曰："拘张仪，秦王必怒，天下见楚之无秦也，楚必轻矣。"又谓王之幸夫人郑袖曰："子亦自知且贱于王乎？"郑袖曰："何也？"尚曰："张仪者秦王之忠信有功臣也。今楚拘之，秦王欲出之。秦王有爱女而美，又简择宫中佳丽好玩习音者，以懽从之（"丽"上原衍"玩"字，从鲍彪删。"懽"同"欢"）。资之金玉宝器，秦以上庸六县为汤沐邑，欲因张仪内之楚王，楚王必爱（金正炜谓"爱当为受"）。秦女依强秦以为重，挟宝地以为资，势为王妻以临子（“子”原误作“于”，从金正炜校正）。楚王惑于虞乐，必厚尊敬亲爱之而忘子，子益贱而日疏矣。”郑袖曰：“愿委之于公，为之奈何？”曰：“子何不急言王出张子，张子得出，德子无已时，秦女必不来，而秦必重子。子内擅楚之贵，外结秦之交，畜张子以为用，子之子孙必为楚太子矣。此非布衣之利也。”郑袖遽说楚王出张子。（《楚策二》第五章，《楚世家》、《张仪列传》略同，惟《张仪列传》增出一节云：“于是郑袖日夜言怀王曰：‘人臣各为其主用。今地未入秦，秦使张仪来，至重王，王未有礼，而杀张仪，秦必大怒攻楚，妾请子母俱迁江南，毋为秦所鱼肉也。’怀王后悔，赦张仪，厚礼之如故。”）

张仪之楚贫，舍人怒而欲归。张仪曰：“子必以衣冠之敝故欲归，子待我为子见楚王。”（诸祖耿《战国策集注汇考》谓“待”上“子”字当为“乎”之讹）当是之时，南后郑褎贵于楚，张子见楚王，楚王不说。张子曰：“王无所用臣，臣请北见晋君。”楚王曰：“诺。”张子曰：“王无求于晋国乎？”王曰：“黄金、珠玑、犀象出于楚，寡人无求于晋国。”张子曰：“王徒不绝色耳？”王曰：“何也？”张子曰：“彼郑周之女，粉白黛黑立于衢闾，非知而见之者以为神。”楚王曰：“楚僻陋之国也，未尝见中国之女如此其美也。寡人之独何为不好色也？”乃资之以珠玉。南后郑褎闻之大恐，令人谓张子曰：“妾闻将军之晋国，偶有金千斤，进之左右，以供刍秣。郑褎亦以金五百斤。”张子辞楚王曰：“天下关闭不通，未知见日也。愿王赐之觞。”王曰：“诺。”乃觞之。张子中饮，再拜而请曰：“非有他人于此也，愿王召所便习而觞之。”王曰：“诺。”乃召南后郑褎而觞之，张子再拜而请曰：“仪有死罪于大王。”王曰：“何也？”曰：“仪行天下遍矣，未尝见人如此其美也。而仪言得美人，是欺王也。”王曰：“子释之，吾固以为天下莫若是两人也。”（《楚策三》第

四章）

楚王将出张子，恐其欺己也。靳尚谓楚王曰："臣请随之，仪事王不善，臣请杀之。"楚小臣，靳尚之仇也，谓张旄曰："以张仪之知，而有秦、楚之用，君必穷矣。君不如使人微要靳尚而刺之，楚王必大怒仪也，彼仪穷则子重矣。楚、秦相难，则魏无患矣。"张旄果令人要靳尚刺之，楚王大怒秦，构兵而战。秦、楚争事魏，张旄果大重。（《楚策二》第六章）

是时屈平既疏，不复在位，使于齐，顾反，谏怀王曰："何不杀张仪？"怀王悔，追张仪不及。（《屈原列传》）

郑袖卒言张仪于王而出之。仪出，怀王因善遇仪，仪因说楚王以叛，从约而与秦合亲，约婚姻。张仪已去，屈原使从齐来，谏王曰："何不诛张仪？"怀王悔，使人追仪，弗及。（《楚世家》）

案：《张仪列传》谓"张仪既出"之后，"未去，闻苏秦死，乃说楚王……于是楚王已得张仪而重出黔中地与秦……与秦亲。张仪去楚，因遂之韩，说韩王……韩王听仪计。张仪归报，秦惠王封仪五邑，号武信君。使张仪东说齐湣王……齐王……乃许张仪。张仪去，西说赵王……赵王许张仪，张仪乃去。北之燕，说燕昭王……燕王听仪。仪归报，未至咸阳而秦惠王卒"。《资治通鉴》据此记载于是年。此皆后世策士所伪托，并不可信。《张仪列传》所记张仪游说楚、韩、齐、赵、燕等国君王之辞，见于《楚策一》第十八章、《韩策一》第六章、《齐策一》第十七章、《赵策二》第三章与《燕策一》第六章。其游说辞之内容，皆张仪不及见之事，如说齐王曰："秦、赵战于河、漳之上，再战而再胜秦；战于番吾之下，再战而再胜秦，四战之后，赵亡卒数十万，邯郸仅存，虽有胜秦之名，而国破矣。"所谈已是战国末年赵将李牧抗秦之战役。又如说赵王曰："今寡君有微甲钝兵，军于渑池，愿渡河逾漳，据番吾，迎战邯郸之下。"而赵王曰："先王之时奉阳君相，专权擅势。"所称先王已是赵武灵王。梁玉绳《史记志疑》已指出："盖《史》载仪说列国，皆本于《策》，多不可信。《经史问答》云：秦所取六国之地，韩、魏最先，次之者楚，其后及赵，然所取必其为秦之界上。今《策》言张仪一出，赵以河间为献，燕以常山之尾五城为献，齐以鱼盐之地三百里为献，非不识地理之言乎?"钱穆《张仪卒乃魏哀王九年非十年辨》亦云："又考《仪传》及《楚世家》张仪以楚怀王十八年重至楚，是年即秦惠王末年。楚囚张仪，既而释之，仪得返秦，值惠王卒，武王立。武王自为太子时，已不悦张仪，及即位，群臣多谗张仪，遂至魏，以魏哀王九年五月卒，即秦武王之元年也。计其自秦至楚，复返秦而至魏以卒，前后最多不出十七月，其间更无时北说韩、东说齐，又西说赵而北说燕甚明。且仪之去楚，怀王已悔之，使人追仪勿及。时齐尤恶张仪，仪决不敢幸脱楚祸，复说齐、赵；且张仪去秦，乃见逐于武王，又何为之说六国令相率事秦哉？余观仪生平足迹所到，仅为魏、秦、楚三国，燕、齐非所及。"(《先秦诸子系年》第三八一至三八二页)

魏哀王(当作襄王)八年围卫。(《六国表》)

[魏襄王]八年翟章伐卫。(《魏世家·索隐》引《纪年》)

[魏哀王](当作襄王)八年伐卫，拔列城二。卫君患之，如耳见卫君曰："请罢魏兵，免成陵君，可乎?"卫君曰："先生果能，孤请世世以卫事先生。"如耳见成陵君曰："昔者魏伐赵，断羊肠，拔阏与，约斩赵，赵分而为二，所以不亡者，魏为从主也。今卫已迫亡，将西请事于秦。

与其以秦醉卫（“醉”读作“释”），不如以魏醉卫。卫之德魏必终无穷。”成陵君曰：“诺。”如耳见魏王曰：“臣有谒于卫，卫故周室之别也，其称小国，多宝器。今国迫于难，而宝器不出者，其心以为攻卫醉卫，不以王为主，故宝器虽出，必不入于王也。臣窃料之，先言醉卫者，必受卫者也。”如耳出，成陵君入，以其言见魏王。魏王听其说，罢其兵，免成陵君，终身不见。（《魏世家》）

案：是年秦将樗里疾既助魏解煮枣之围，大败齐师于濮上，又助魏伐卫。魏将翟章拔卫列城二，樗里疾则围卫之蒲。如耳见魏成陵君曰：“今卫已迫亡，将西请事于秦。与其以秦醉卫，不如以魏醉卫。”盖是时秦、魏正合军攻卫。《赵策四》第十章谓：翟章从梁来，赵王延之为相，辞不受。田驷谓柱国韩向曰：“臣请为卿刺之，客若死，则王必怒而诛建信君。”建信君为赵孝成王之封君，距此有五十年左右，则此从梁入赵之翟章，当为一另外同名之人。

秦褚里疾围蒲不克而秦惠王薨。（《樗里子列传·索隐》引《纪年》）

秦攻卫之蒲（《樗里子列传》作“昭王元年樗里子将伐蒲，蒲守急，请胡衍”），胡衍谓樗里疾曰：“公之伐蒲，以为秦乎？以为魏乎？为魏则善，为秦则不赖矣。卫所以为卫者，以有蒲也。今蒲入于秦（“秦”原误作“魏”，吴师道云：“一本作秦。”《樗里子列传》作“今伐蒲入于魏，卫必折而从之”，《索隐》曰：“《战国策》云：今蒲入于秦，卫必折而入于魏，与此文相反也。”则《策》文原本作“秦”，后人据《史记》而误改作“魏”。今从王念孙据以改正），卫必折于魏。魏亡西河之外，而弗能取者，弱也。今并卫于魏，魏必强，魏强之日，西河之外必危，且秦王亦将观公之事，害秦以善魏(《樗里子列传》"善"作"利")，秦王必怨公。"(《樗里子列传》作"王必罪公")樗里疾曰："奈何?"胡衍曰："公释蒲勿攻，臣请为公入戒蒲守(《樗里子列传》作"臣试为公入言之")，以德卫君。"樗里疾曰："善。"胡衍因入蒲，谓其守曰："樗里子知蒲之病也，其言曰：吾必取蒲(《樗里子列传》作"必拔蒲")，今臣能使释蒲勿攻。"(《樗里子列传》"今臣"作"衍")蒲守再拜因效金三百镒焉(《樗里子列传》作"蒲守恐，因再拜曰：'愿以请'，因效金三百斤")。曰："秦兵诚去，请厚子于卫君。"(《樗里子列传》作"秦兵苟退，请必言子于卫君，使子为南面")胡衍取金于蒲，以自重于卫(《樗里子列传》"取"作"受"，"重"作"贵"，下云："于是解蒲而去")，樗里子亦得三百金而归，又以德卫君也。(《卫策》第十一章，《樗里子列传》大体相同)

案：《樗里子列传》系此事于秦昭王元年，不确。当从《纪年》定在秦惠王末年。据《魏世家》所载如耳见成陵君所说，《卫策》所载胡衍见樗里疾所说，是年秦、魏正合攻卫。若在秦武王四年或昭王元年，秦伐魏皮氏，秦、魏正不合，秦何得越魏而攻卫乎?《樗里子列传》称昭王元年樗里子"解蒲而去，还击皮氏，皮氏未降，又去"，与史实不符。

[秦惠文王更元]十四年伐楚，取召陵。丹犁臣。蜀相壮杀蜀侯来降。惠王卒，子武王立。韩、魏、齐、楚、越皆宾从。(《秦本纪》。越，《集解》徐广曰："一作赵")

[秦]惠文王享国二十七年，葬公陵，生悼武王。(《秦始皇本纪》引《秦记》)

武王名荡。(《秦本纪·索隐》)

悼武王十九年而立。(《秦始皇本纪》引《秦记》)

武烈王十九年而立，立三年。(《秦始皇本纪·索隐》引《世本》)

案：《正义》引《括地志》云："秦惠文王陵在雍州咸阳县西北一十四里。"在今陕西咸阳市以北周陵中学北边，参看周赧王八年案语中论及公陵、永陵之所在。

秦惠王二十七年遣张仪与司马错等灭蜀("灭"当作"定")……遂置蜀郡焉，王莽改之曰导江。仪筑成都，以象咸阳。……初，张仪筑城取土处，去城十里，因以养鱼，今万顷池是也。(《水经·江水注》)

案：《秦本纪》谓武王元年诛蜀相庄，而《华阳国志》记"陈庄反"与"诛陈庄"在同年，惟记在周赧王六年，盖误上二年。是年秦惠王遣张仪与司马错伐蜀诛陈庄，当在是年惠王去世以前之事。《水经注》"灭蜀"当是"定蜀"之误。仪城成都，当在同时。《华阳国志》卷一《巴志》谓"仪城江州"，未著年代，亦当在是时。

[周赧王]六年(当作四年)陈庄反，杀蜀侯通国。秦遣庶长甘茂、张仪、司马错复伐蜀，诛陈庄。(《华阳国志》卷三《蜀志》)

秦惠王讨灭蜀王，封公子通为蜀侯。惠王二十七年使张若与张仪筑成都城。(《文选·蜀都赋》李善注引扬雄《蜀王本纪》)

秦惠王遣张仪、司马错定蜀，因筑成都而县之。都在赤里街，张若徙少城内，始造府县寺舍，今与长安同制。(《太平寰宇记》卷七十二引《蜀王本纪》)

[周]赧王五年(当作"四年")，[秦]惠王二十七年，仪与若城成都，周回十二里，高七丈。郫城周回七里，高六丈。临邛城周回六里，高五丈。造作下仓，上皆有屋，而置观楼、射兰(读作"阑")。成都县本治赤里街。若徙置少城。内城营广府舍，置盐、铁、市官并长、丞。

修整里阓，市张列肆，与咸阳同制。其筑城取土，去城十里，因以养鱼，今万岁池是也（廖寅云："岁当作倾"）。惠王二十七年也。（《华阳国志》卷三《蜀志》）

府城本呼为锦城。秦灭蜀，张仪所筑也。每面各三里，周回十二里，高七丈。屡皆倾倒。忽有大龟，周行其所，蹑而筑之，功果就焉，故亦号为龟城。（《太平御览》一百九十二引《成都记》）

成都郡，秦惠王二十七年张仪筑，以象咸阳，沃野千里，号曰陆海。今万岁池，即筑城取土之处也。（《太平御览》一百九十三引《郡国志》）

案：是时成都筑城，以秦都咸阳为模式，因而有小咸阳之称。董说《七国考》卷十四有"小咸阳"条。《太平寰宇记》卷七十二又引李膺《益州记》云："少城与大城俱筑，惟西、南、北三壁，东即大城之西墉。"盖咸阳如此布局，沿用中原各国都城东面大郭连结西面内城之制。少城为官署与市所在。赤里街为蜀王故治，里以赤名，因蜀之先祖开明徙治成都，开明尚赤。张若徙治所于少城。志谓"内城营广府舍，置盐、铁、市官并长、丞"，所谓"营广府舍"，即指官署之府舍。所谓"置盐、铁、市官并长、丞"，盖设置盐、铁、市官于少城，当即盐铁手工业作坊与市场所在。左思《蜀都赋》云："内则议殿爵堂……华阙双邈，重门洞开……外则轨躅八达，里闬对出，比屋连甍，千庑万室，亦有甲第，当衢向术……亚以少城，接乎其西，市廛所会，万商之渊，列隧百重，罗肆巨千，贿货山积。""内则议殿爵堂"云云，盖三国时，蜀于此建都，少城之官署已改建为宫殿。"外则轨躅八达，里闬对出"云云，盖外城即大城，为甲第与居民之里所在。所谓"亚以少城，接乎其西"，盖少城正连接于大城即外城之西。“市廛所会”云云，盖市场即在少城。李善注：“少城，小城也。在大城西，市在其中也。”任乃强《华阳国志校补图注》谓大城乃张仪在灭蜀初所筑，少城乃张若做蜀守后所筑，并谓内城即大城，盐、铁、市官在内城，而“少城唯民居，而以商业繁盛见称”。皆与史料不合，并不可信。盐、铁、市官之所在，必为市场与盐铁业所在，不容分处两城。

客卿为韩谓秦王曰：“韩珉之议，知其君不知异君，知其国不知异国。彼公仲者，秦势能诎之。秦之强，首之者珉为疾矣（金正炜云：“首”为“冒”之误）。进齐、宋之兵，至首垣，远薄梁郭，所以不及魏者（鲍本“及”作“反”），以为成而过南阳之道，欲以四国西首也。所以不者，皆曰燕亡于齐（“曰”下原衍“以”字，从鲍校删），魏亡于秦，陈、蔡亡于楚，此皆绝地形，群臣比周以蔽其上，大臣为诸侯轻国也。今王位正（“位”通“莅”，“正”通“政”），张仪之贵，不得议公孙郝，是从臣不事大臣也。公孙郝之贵，不得议甘茂，则大臣不得事近臣矣。贵贱不相事，各得其位，辐凑以事其上，则群臣之贤不肖可得而知也。王之明一也。公孙郝尝疾齐、韩而不加贵（金正炜云：“疾”疑当作“挟”），则大臣不敢为诸侯轻国矣。齐、韩尝因公孙郝而不受，则诸侯不敢因群臣以为能矣。外内不相为，则诸侯之情伪可得而知也。王之明二也。公孙郝、樗里疾请无攻韩，陈四辟去（吴师道云：“四”疑当作“而”），王犹攻之也。甘茂约楚、赵而反敬魏（“敬”通“儆”），是其讲我（“讲”通“构”），茂且攻宜阳，王犹校之也。群臣之知无几于王之明者！臣故愿公仲之国以侍于王，而无自左右也。”（《韩策三》第十二章）

案：时当秦武王初即位时，张仪尚在朝中。“今王位正”，王念孙云：“位”读为“莅”，“正”读为“政”，言自今王莅政以来。据此可知，原来“群臣比周以蔽其上，大臣为诸侯轻”，武王莅政以来，加以纠正，使群臣“各得其位，辐凑以事其上”，“外内不相为”，大权集中于国王，原来张仪、甘茂、公孙郝、樗里疾分别挟诸侯以为重，相互争夺权力。张仪成为甘茂、樗里疾、公孙郝政治上之仇敌。

【附编】

如耳说卫嗣公，卫嗣公说而太息，左右曰：“公何为不相也？”公曰：“夫马似鹿者而题之千金，然而有百金之马，而无千金之鹿者，何也？马为人用也。今如耳万乘之相也。外有大国之意，其心不在卫，虽辩智，亦不为寡人用，吾是以不相也。”（《韩非子·外储说右上》）

卫嗣君重如耳，爱世姬，而恐其皆因其爱重以壅己也，乃贵薄疑以敌如耳，尊魏姬以耦世姬，曰：“以是相参也。”（《韩非子·内储说上》，《荀子·王制》杨注引“君”作“公”，“魏姬”作“魏妃”）

案：《魏世家》哀王八年魏伐卫，如耳见卫君请罢魏兵，如耳因说魏王而罢兵。如耳之为卫所重，疑自此年始，而薄疑之用事于卫，亦与如耳相先后。

薄疑说卫嗣君以王术，嗣君应之曰：“所有者千乘也，愿以受教。”薄疑对曰：“乌获奉千钧，又况一斤？”（《吕氏春秋·务大》）

卫嗣君欲重税以聚粟，民弗安，以告薄疑，曰：“民甚愚矣，夫聚粟，将以为民也，其自藏之，与在于上奚择？”薄疑曰：“不然。其在于民而君弗知，其弗如在上也；其在上而民弗知，其不如在民也。”（《吕氏春秋·审应》）

卫嗣君谓薄疑曰："子小寡人之国，以为不足仕，则寡人力能仕子，请进爵以子为上卿。"乃进田万顷。薄子曰："疑之母亲，以疑为能相万乘，所不窕也，然疑家巫有蔡妪者，疑母甚爱信之，属之家事焉，疑智足以言家事，疑母尽以听疑也，然已与疑言者，亦必复决之于蔡妪也。故论疑之智能，以疑为能相万乘而不窕也，论其亲，则子母之间也，然犹不免议之于蔡妪也。今疑之于人主也，非子母之亲也，而人主皆有蔡妪，人主之蔡妪，必其重人也。重人者，能行私者也，夫行私者，绳之外也，而疑之所言，法之内也。绳之外与法之内，仇也，不相受也。"一曰：卫君之晋，谓薄疑曰："吾欲与子皆行。"薄疑曰："媪也在中，请归与媪计之。"卫君自请，薄媪曰："疑，君之臣也，君有意从之甚善。"卫君曰："吾以（已）请之媪，媪许我矣。"薄疑归言之媪也，曰："卫君之爱疑，奚与媪？"媪曰："不如吾爱子也。""卫君之贤疑，奚与媪也？"曰："不如吾贤子也。""媪与疑计，家事已决矣，乃更请决之于卜者蔡妪，今卫君从疑而行，虽与疑决计，必与他蔡妪败之，则疑不得长为臣矣。"（《韩非子·外储说右上》）

卫嗣君之时，有人于县令之左右，县令发蓐而席弊甚，嗣公还，令人遗之席曰："吾闻汝今者发蓐而席弊甚，赐汝席。"县令大惊，以君为神也。（《韩非子·内储说下》）

卫嗣君使人为客过关市，关市苛难之，因事关市，以金与关吏，乃舍之。嗣公为关吏曰："某时有客过而所，与汝金，而汝因遣之。"关市乃大恐，而以嗣公为明察。（《韩非子·内储说上》）

卫嗣君之时，有胥靡逃之魏，因为襄王之后治病。卫嗣君闻之，使人请以五十金买之，五反而魏王不予。乃以左氏易之。群臣左右谏曰："夫以一都买胥靡，可乎？"王曰："非子之所知也，夫治无小而乱无大，法不立而诛不必，虽有十左氏无益也。法立而诛必，虽失十左氏，无害也。”魏王闻之，曰：“主欲治而不听之，不祥。”因载而往，徒献之。（《韩非子·内储说上》，《卫策》第十四章略同，惟无魏王献胥靡事）

东方之墨者谢子将西见秦惠王（《说苑·杂言篇》第二章“谢子”作“祁射子”）。惠王问秦之墨者唐姑梁（《淮南子·修务训》作“唐姑梁”，《说苑·杂言》作“唐姑”）。唐姑梁恐王之亲谢子贤于己也，对曰：“谢子，东方之辩士也，其为人甚险，将奋于说以取少主也。”（《淮南子》作“谢子山东辩士，固权说以取少主”）王因藏怒以待之。谢子至，说王，王弗听。谢子不说，遂辞而行。……不以善为之悫，而徒以取少主为之悖，惠王失所以为听矣。用志若是，见客虽劳，耳目虽弊，犹不得所谓也。此史定所以得行其邪也，此史定所以得饰鬼以人，罪杀不辜，群臣扰乱，国几大危也。人之老也，形益衰，而智益盛。今惠王之老也，形与智皆衰邪？（《吕氏春秋·去宥》）

公孙竭与阴君之事，而反告之樗里相国，以仕秦五大夫，功非不大也，然而不得入三都，又况乎无此其功而有行乎？（《吕氏春秋·无义》）

案：史定“饰鬼以人，罪杀不辜，群臣扰乱，国几大危”之事不详，当发生于秦惠王之晚年，故《吕氏春秋》谓“今惠王之老也，形与智皆衰邪？”公孙竭参与“阴君之事”，亦不详，疑与史定相关。公孙竭先参与而后向樗里疾告密，因而“阴君之事”得以消除，其功非不大，但因彼尝参与“阴君之事”，罚之“不得入三都”。

墨者有田鸠，欲见秦惠王，留秦三年而弗得见。客有言之于楚王者，往见楚王，楚王说之，与将军之节以如秦，至，因见惠王。告人曰：

“之秦之道，乃之楚乎？”（《吕氏春秋·首时》，《淮南子·道应训》略同，云：“出舍喟然而叹，告从者曰：‘吾留秦三年不得见，不识道之可以从楚也。’”）

楚王谓田鸠曰：“墨子者，显学也，其身体则可，其言多而不辩，何也？”曰：“昔秦伯嫁其女于晋公子，令晋为之饰装，从衣文之媵七十人，至晋，晋人爱其妾而贱公女，此可谓善嫁妾，而未可谓善嫁女也。楚人有卖其珠于郑者，为木兰之椟，薰以桂椒，缀以珠玉，饰以玫瑰，辑以翡翠，郑人买其椟而还其珠。此可谓善卖椟矣，未可谓善鬻珠也。今世之谈也，皆道辩说文辞之言，人主览其文而忘有用。墨子之说，传先王之道，论圣人之言，以宣告人。若辩其辞，则恐人怀其文而忘其直（通“值”），以文害用也。此与楚人鬻珠、秦伯嫁女同类，故其言多不辩。”（《韩非子·外储说左上》）

《田俅子》三篇。（《汉书·艺文志》列墨家，班固注：“先《韩子》。”）

案：马骕、梁玉绳、孙诒让皆以为即田鸠，“鸠”“俅”音近。

腹䵍为墨者钜子，居秦，其子杀人。秦惠王曰：“先生之年长矣，非有他子也。寡人已令吏弗诛矣。先生之以此听寡人也。”腹䵍对曰：“墨者之法，杀人者死，伤人者刑，此所以禁杀伤人也。夫禁杀伤人者，天下之大义也，王虽为之赐，而令吏弗诛，腹䵍不可不行墨者之法。”不许惠王而遂杀之。（《吕氏春秋·去私》）

案：当秦惠王时，墨为显学，流行于楚、秦两国。秦惠王尝亲秦之墨者唐姑果。墨者田鸠留秦三年而未得见秦惠王，后为楚之使者如秦而得见。墨者钜子腹䵍又居于秦，尝得秦惠王之优待，甚至其子杀人，王令吏勿诛。

周赧王五年(公元前三一〇年)

秦武王元年,魏襄王九年,韩襄王二年,赵武灵王十六年,齐宣王十年,楚怀王十九年,燕昭王二年。

秦武王元年诛蜀相庄。张仪、魏章皆死于魏。(《六国表》)

[秦]武王元年与魏惠王(当作魏襄王)会临晋,诛蜀相庄。张仪、魏章皆东出之魏。伐义渠、丹、犁。(《秦本纪》)

[秦]惠王卒,武王立,张仪、魏章去,东之魏。蜀侯煇、相庄反,秦使甘茂定蜀。(《甘茂列传》)

案:《华阳国志》谓周赧王六年"陈庄反,杀蜀侯通国,秦遣庶长甘茂、张仪、司马错伐蜀",甘茂主持平定陈庄之反。蜀侯煇反在秦昭王六年,不与"陈庄反"同时,《甘茂列传》有误。

[张仪以]今王九年五月卒。(《张仪列传·索隐》引《纪年》,宋"耿秉本"、明"游明本"误作"今主",宋"黄善夫本"、清"殿本"作"哀王","汲古阁单刻索隐本"作"安僖王")

[秦]武王自为太子时,不说张仪。及即位,群臣多谗张仪曰:"无信,左右卖国以取容。秦必复用之,恐为天下笑。"诸侯闻张仪有郤武王,皆畔衡,复合从。(《张仪列传》)

案:《赵世家》以秦惠王卒于赵武灵王十六年,秦武王卒于赵武灵王十八年,其记秦惠之卒迟《秦本纪》一年,记武王之卒又早一年,与《世本》武王立三年之说合。《韩世家·集解》引徐广曰:"一云周赧王六年韩襄哀王三年张仪死,赧王九年襄哀王六年秦昭王立。"徐广所引或说,秦昭立年则又迟《秦本纪》一年。考之《吕氏春秋·去宥》,秦惠晚年尝罪杀不辜,群臣扰乱,国几大危,余疑秦惠卒、秦武立时,秦廷群臣扰乱,延至此年,尚未逾年改元，蜀亦叛离。及张仪、魏章亡魏，甘茂定蜀，秦之政局始大定，至明年始改元而以樗里子甘茂为左右丞相。此史公所以于《赵世家》误以惠王卒于此年欤？《秦本纪》云："[武王]二年……张仪死于魏"，《六国表》于《魏表》亦云"魏哀王十年张仪死"，《魏世家》同与《秦本纪》合，但《六国表》于《秦表》又云"秦武王元年张仪、魏章皆死于魏"。《张仪列传》又谓：秦武王元年仪重至魏，"张仪相魏一岁，卒于魏也。"又以仪卒在秦武王二年，即魏襄王十年，而《索隐》引《纪年》又云："梁哀王九年五月卒"，《韩世家·集解》徐广云："魏哀王十九年，《纪年》于此亦说'楚入雍氏，楚人败'，然其时张仪已死十年矣。"余谓张仪之卒，自当从《纪年》在魏襄王九年，《六国表》、《张仪列传》误迟一年，亦缘秦武王以内乱逾二年定位更元而误也。

秦惠王卒，太子武王立，逐张仪、魏章，而以樗里子、甘茂为左右丞相。(《樗里子列传》)

楚王令昭雎之秦重张仪，未至，惠王死。武王逐张仪，楚王因收昭雎以取齐。桓臧为雎谓楚王曰："横亲之不合也，仪贵惠王而善雎也。今惠王死，武王立，仪走，公孙郝、甘茂贵。甘茂善魏，公孙郝善韩，二人固不善雎也，必以秦合韩、魏，韩、魏之重仪，仪有秦而雎以楚重之。今仪困秦，而雎收楚，韩、魏欲得秦，必善二人者，二人将收韩、魏轻仪而伐楚，方城必危。王不如复雎而重仪于韩、魏，仪据楚势，挟魏重，以与秦争，魏不合秦，韩亦不从，则方城无患。"(《楚策三》第五章)

张仪事秦惠王，惠王死，武王立，左右恶张仪曰："仪事先王不忠。"言未已，齐让又至。张仪闻之，谓武王曰："仪有愚计，愿效之王。”王曰：“奈何？”曰：“为社稷计者，东方有大变，然后王可以多割地。今齐王甚憎仪，仪之所在，必举兵而伐之，故仪愿乞不肖身之梁，齐必举兵而伐之，齐、梁之兵连于城下，不能相去，王以其间伐韩，入三川，出兵函谷而无伐，以临周，祭器必出，挟天子，案图籍，此王业也。”王曰：“善。”乃具革车三十乘纳之梁，齐果举兵伐之。梁王大恐，张仪曰：“王勿患，请令罢齐兵。”乃使其舍人冯喜之楚，藉使之齐，齐楚之事已毕，因谓齐王：“王甚憎张仪，虽然，厚矣王之托仪于秦王也。”齐王曰：“寡人甚憎仪，仪之所在，必举兵伐之，何以托仪也？”对曰：“是乃王之托仪也，仪之出秦，固与秦王约曰：‘为王计者，东方有大变，然后王可以多割地，齐王甚憎仪，仪之所在，必举兵伐之，故仪愿乞不肖身而之梁，齐必举兵伐梁。梁、齐之兵连于城下不能去，王以其间伐韩，入三川，出兵函谷而无伐，以临周，祭器必出，挟天子，案图籍，是王业也。’秦王以为然，与革车三十乘，而纳仪于梁，而果伐之，是王内自罢而伐与国，广邻敌以自临，而信仪于秦王也。此臣之所谓托仪也。”王曰：“善。”乃止。（《齐策二》第二章，《张仪列传》同，列于秦武王元年，“乃止”作“乃使解兵”。并云：“张仪相魏一岁，卒于魏也。”）

张仪走之魏，魏将迎之。张丑谏于王欲勿内，不得于王。张丑退，复谏于王曰：“王亦闻老妾事其主妇者乎？子长色衰，重家而已（“家”当读作“嫁”，姚注“一本作嫁”，鲍本作“嫁”）。今臣之事王，若老妾之事其主妇者。”魏王因不纳张仪。（《魏策一》第十七章）

案：以上五则，皆有关张仪为秦逐走之事。《魏策一》第十七章谓张丑以老妇再嫁自比而谏于魏王，魏王因不纳张仪。钟凤年《战国策勘研》云：“魏不纳仪事，恐不确。缘事若在秦惠文时，则据《策》、《史》,俱可证仪方贵重于秦,必不宜出亡。若在秦武之际,则《策》、《史》俱称仪相魏,此章所言不近事理,故不足信。”今案《史》称仪复相魏一年之说不确,所谓“魏王不因纳张仪”,乃谓未接纳以为相。《楚策三》谓“惠王死,武王逐张仪”,《樗里子列传》称“秦惠王卒,太子武王立,逐张仪、魏章,而以樗里子、甘茂为左右丞相”,《秦本纪》亦谓“张仪、魏章东出之魏”,“出”即出亡也。《甘茂列传》亦云:“惠王卒,武王立,张仪、魏章去,东之魏。”“去”亦即出走也。秦惠王死,武王即位,武王不悦张仪,大臣甘茂、公孙郝、樗里疾皆与张仪不合,群臣恶之以为张仪“无信”。张仪因而被逐出走。《齐策二》谓张仪因秦之群臣恶之,齐让又至,乃请武王送入魏国,谓齐王甚憎仪,见仪入魏,必举兵伐之,秦即可以其间伐韩,入三川以临周,挟天子以成王业。武王乃具革车纳仪之魏,齐果举兵伐魏,张仪乃使其舍人游说齐王,使齐停止伐魏。《张仪列传》从之,并以为“张仪相魏一岁,卒于魏也”。今案《齐策》所载,当为策士所臆造,用以见张仪之计谋成功者,并不足信。张仪前曾挟秦之威势,迫魏与秦连横而为魏相,又以秦、魏连横之势而伐齐,此时张仪见逐于秦而出走之魏,张仪已失去秦之威势,齐又何必因此而伐魏?魏又何必再任以为相?《魏世家》载是年魏相田需死,楚相昭鱼恐田需死后,张仪、犀首(即公孙衍)、薛公(即田文)中有一人为魏相,盖此三人皆曾为魏相。《魏世家》谓是年“太子果相魏”,可知终于由太子为相。《张仪列传》所谓张仪复相一岁,盖出于策士之夸说,非其实也。

田需死,昭鱼谓苏代曰:“田需死,吾恐张仪、薛公、犀首之有一人相魏者。”代曰：“然则相者以谁而君便之也？”昭鱼曰：“吾欲太子之自相也。”代曰：“请为君北见梁王，必相之矣。”昭鱼曰：“奈何？”代曰：“君其为梁君，代请说君。”昭鱼曰：“奈何？”对曰：“代也从楚来，昭鱼甚忧。”代曰：“君何忧？”曰：“田需死，吾恐张仪、薛公、犀首有一人相魏者。”代曰：“勿忧也，梁王长主也，必不相张仪。张仪相魏，必右秦而左魏；薛公相魏，必右齐而左魏；犀首相魏，必右韩而左魏。梁王长主也，必不使相也。”（《魏世家》“使相”作“便”）王曰：“然则寡人孰相？”（八字原脱，从《魏世家》补）代曰：“莫如太子之自相。是三人皆以太子为非固相也，皆将务以其国事魏，而欲丞相之玺，以魏之强，而三万乘之国辅之，魏必安矣，故曰不如太子之自相也。”遂北见梁王，以此语告之，太子果自相。（《魏策二》第十三章，《魏世家》大体相同，系于魏哀王九年，当即魏襄王九年）

[魏哀王]（当作襄王）九年与秦王会临晋。张仪、魏章皆归于魏。魏相田需死，楚害张仪、犀首、薛公。楚相昭鱼谓苏代曰：……太子果相魏。（《魏世家》，“薛公”下当脱“有一人相魏”五字。“楚相昭鱼谓苏代曰”以下，与《魏策二》第十三章相同）

案：所谓楚相昭鱼，盖昭鱼为楚令尹。昭鱼，《史记》又作“昭獻”。《索隐》谓即昭奚恤，不确。昭奚恤为楚宣王之令尹。《索隐》又谓太子即襄王，亦不当，太子当即魏昭王。梁玉绳云：“薛公奔魏当魏昭王十一二年间……此叙在哀王九年，前乎薛公奔魏廿六七年，是时孟尝方相齐，何以居魏乎？”考田文于田需相魏前，尝一度相魏。

陈需，魏王之臣也，善于荆王，而令荆攻魏。荆攻魏，陈需因请为魏王解之，因以荆势相魏。（《韩非子·内储说下》）

案:陈需即田需。田需死后,楚令尹昭鱼恐张仪、薛公、犀首之有一人相魏,对楚不利,则田需固亲楚者。

田需贵于魏王,惠子曰:"子必善左右,今夫杨,横树之则生,倒树之则生,折而树之又生。然使十人树杨,一人拔之,则无生杨矣。故以十人之众,树易生之物,然而不胜一人者何也?树之难而去之易也。今子虽自树于王,而欲去子者众,则子必危矣。"(《魏策二》第十三章,《韩非子·说林上》同,惟"田需"作"陈轸")

案:顾广圻谓《韩非子》陈轸当依《策》作需,是也。《太平御览》九百五十七引《春秋后语》,作"魏哀王以田需为相,甚贵信之,惠子谓田需曰:子必善左右"云云。陈轸游说于秦、楚两国,未尝贵于魏王。

公孙衍为魏将,与其相田需不善。季子为衍谓梁王曰:"王独不见夫服牛骖骥乎?不可以行百步,今王以衍为可使将,故用之也。而听相之计,是服牛骖骥也。牛马俱死,而不能成其功,王之国必伤矣,愿王察之。"(《魏策一》第二十七章)

案:于鬯以为季子即杨朱之友季梁,见其所著《战国策注》及《香草续校书》中的《庄子·则阳》篇。钱穆《季梁考》同。季梁与惠施、庄子同时。(《先秦诸子系年》第二四四至二四五页)

陈需杀张寿而犀首走。(《韩非子·内储说下·经三》)

犀首与张寿为怨,陈需新入,不善犀首,固使人微杀张寿,魏王以为犀首也,乃诛之。(《韩非子·内储说下·说三》,王先慎以为"诛之疑逐之之误")

案:顾广圻云:"张寿,张旄也。陈需,田需也,大致与《战国策·楚策》所云张旄果令要靳尚而刺之为一事,传之不同也。"王先慎曰:"上言犀首走,此诛之疑逐之之误。"是也。吕祖谦《大事记》据此谓"衍去秦后,终为魏所杀",不确。

齐明说卓滑以伐秦,滑不听也。齐明谓卓滑曰:"明之来也,为樗里疾卜交也。明说楚大夫以伐秦,皆受明之说也,唯公弗受也,臣有辞以报樗里子矣。"卓滑因重之。(《楚策四》第五章)

案:卓滑,《赵策三》作淖滑,楚尝使之赵请伐齐存燕。贾谊《新书》、《甘茂列传》作召滑,《韩非子·内储说下》作邵滑,"淖""卓""召""邵",实皆"昭"之假。此当秦惠王卒时,樗里疾等与张仪、魏章争权时事,樗里疾本秦惠王异母弟,与张仪不合,及秦惠王卒,群臣恶张仪,樗里子盖欲借楚以去之,故遣齐明说楚以伐秦乎?《秦策一》第八章云:"张仪之残樗里疾也,重而使之楚,因令楚王为之请相于秦。张子谓秦王曰:'重樗里疾而使之者,将以为国交也,今身在楚,楚王因为请相于秦,臣闻其言曰:"王欲穷仪于秦乎?臣请助王。"楚王以为然,故为请相也。今王诚听之,彼必以国事楚王。'秦王大怒,樗里疾出走。"张仪与樗里疾不合,当为事实,樗里疾以楚势谋相秦,亦当为事实,谓疾以张仪之忌,而逼使疾出走,虚妄也。樗里疾于惠王时连年将兵出战得胜,封为严君,武王时为右丞相。详《樗里子列传》,未见出走事。

秦武王令甘茂择所欲为于仆与行,孟卯曰:"公不如为仆,公所长者使也,公虽为仆,王犹使之于公也,公佩仆玺而为行事,是兼官也。"(《韩非子·说林上》)

案:此当为甘茂相秦武王前事。

初田婴有子四十余人,其贱妾有子名文,文以五月五日生,婴告其母曰:"勿举也",其母窃举生之。及长,其母因兄弟而见其子文于田婴。田婴怒其母曰："吾令若去此子而敢生之，何也？"文顿首因曰："君所以不举五月子者何故？"婴曰："五月子者，长与户齐，将不利其父母。"文曰："人生受命于天乎？将受命于户乎？"婴默然。文曰："必受命于天，君何忧焉？必受命于户，则高其户耳，谁能至者？"婴曰："子休矣！"久之，文承间问其父婴曰："子之子为何？"曰："为孙。""孙之孙为何？"曰："为玄孙。""玄孙之孙为何？"曰："不能知也。"文曰："君用事相齐，至今三王（当作"二王"）矣，齐不加广，而君私家富累万金，门下不见一贤者，文闻将门必有将，相门必有相，今君后宫蹈绮縠，而士不得裋褐（"裋"，各本误作"短"，张文虎云："据《索隐》短本作裋，故音竖"，《史记会注考证》云："枫山"、"三条本"作"裋"。今从之）。仆妾余粱肉，而士不厌糟糠，今君又尚厚积余藏，欲以遗所不知何人，而忘公家之事日损。文窃怪之。"于是婴乃礼文，使主家待宾客，宾客日进，名声闻于诸侯，诸侯皆使人请薛公田婴，以文为太子，婴许之。婴卒，谥为靖郭君，而文果代立于薛，是为孟尝君。

案：封君养士之风，盖开创于靖郭君田婴。据《吕氏春秋·知士》、《齐策一》，靖郭君尝善齐貌辨而舍之上舍，令长子御，朝暮进食，其后孟尝君养士，客有鱼客、车客之别，客舍有代舍、幸舍、传舍之分，皆承其父之遗风。观乎《吕氏春秋》等言靖郭君善齐貌辨而孟尝君谏，则靖郭君之养士，由来久矣。

又案：《史记》称婴卒谥靖郭君。《索隐》曰："靖郭或封邑号，故汉齐王舅父驷钧封靖郭侯。"雷学淇《竹书纪年义证》以郭乃近漷邑名，靖谓安静之，是生时称号。然考田婴初封彭城，后封薛，《纪年》称之薛子，《韩非子》等书又称之薛公，未闻其封邑有郭，余疑靖郭君、孟尝君皆是封号，犹犀首、马服之类耳。

又案：田文于田需相魏前，尝一度相魏，而《魏策二》、《魏世家》称是年田需死时，楚昭鱼恐张仪、犀首、薛公有一人相魏。张仪、犀首前尝相魏，此云薛公必指田文，盖恐其有一人复相也。是则田文继田婴而封于薛，必在此年或稍前。

孟尝君在薛，招致诸侯宾客及亡人有罪者，皆归孟尝君。孟尝君舍业，厚遇之，以故倾天下之士，食客数千人，无贵贱，一与文等。孟尝君待客坐语，而屏风后常有侍史，主记君所与客语，问亲戚居处客去，孟尝君已使使存问献遗其亲戚。（《孟尝君列传》）

案：《孟尝君列传》云："食客数千人，无贵贱，一与文等"，不确。观冯驩有幸舍、代舍之迁可知。《孟尝君列传》又云："有一人蔽火光，客怒，以饭不等，辍食而去。孟尝君起，自持其饭比之，客惭自刭，士以此多归孟尝君。"亦为虚夸之辞。

赵武灵王十六年吴广入女生子何，立为惠文王后。（《六国表》）

[赵武灵]王游大陵，他日梦见处女鼓琴而歌，诗曰："美人荧荧兮，颜若苕之荣，命乎命乎，曾无我嬴？"异日，王饮酒乐，数言所梦，想见其状，吴广闻之，因夫人而内其女娃嬴，孟姚也。孟姚甚有宠于王，是为惠后。（《赵世家》武灵王十六年下）

案：《赵世家》云："赵简子疾，五日不知人……居二日半，简子寤，语大夫曰：'我之帝所甚乐……帝告我：……今余思虞舜之勋。余将以其胄女孟姚，配而七世之孙。'"即指武灵王纳孟姚事，盖附会之神话也。

又案：曾无我嬴，《集解》引綦毋邃曰："言有命禄，生遇其时，人莫知己贵盛盈满也。"《正义》曰："嬴，娃嬴也。言世众名其美好，曾无我好嬴也。"《列女传》卷七载此诗作"逢天时而生，曾莫我嬴嬴”。疑原作“嬴嬴”，“嬴”通“盈”，言有命禄，别人无有如我盈满也。吴广纳其女娃嬴于武灵王，则附会此诗，以嬴为姓。《索隐》谓：“虞吴音相近，故舜后亦姓吴”，是也。

又案：《列女传》卷七谓：“孟姚甚有色焉，王爱幸之不能离，数年生子何，孟姚数微言后有淫意，太子无慈幸之行，王乃废后与太子，而立孟姚为惠后，以何为王，是为惠文王。”《赵世家》未见有废太子之事，此谓孟姚数微言而王乃废后与太子，盖出于《列女传》作者所诬加。

魏襄王九年洛入成周，山水大出。（《水经·洛水注》引《纪年》）

案：《水经·洛水注》于河南县下记周公作大邑成周，南系于洛水，北因于郏山，引《竹书纪年》“晋定公二十年洛绝于周，魏襄王九年洛入成周，山水大出”。所谓周或成周，即指当时河南县（今洛阳迤西）一带洛水与郏山之间。

【附编】

秦惠王死，公孙衍欲穷张仪。李雠谓公孙衍曰：“不如召甘茂于魏，召公孙显于韩，起樗里子于国，三人者皆张仪之仇也。公用之，则诸侯必见张仪之无秦矣。”（《秦策一》第三章）

案：此章与事实不合，是时公孙衍在魏，甘茂、公孙显正在秦。当出策士伪托。

郑强之走张仪于秦，曰：“仪之使者必之楚矣，故谓太宰曰：公留仪之使者，强请西图仪于秦，故因而请秦王曰：张仪使人致上庸之地，故使使臣再拜谒秦王。”秦王怒，张仪走。（《韩策一》第十三章）

案：张仪出走，主要由于秦大臣之交恶与武王之不悦，此谓由于郑强游说而激怒秦王，盖出于游士之夸张，不足信。

周赧王六年(公元前三〇九年)

秦武王二年,魏襄王十年,韩襄王三年,赵武灵王十七年,齐宣王十一年,楚怀王二十年,燕昭王三年。

[秦武王]二年初置丞相,樗里疾、甘茂为左右丞相。(《秦本纪》,《六国表》作"初置丞相,樗里子、甘茂为丞相")

秦惠王卒,太子武王立,逐张仪、魏章,而以樗里子、甘茂为左右丞相。(《樗里子列传》)

秦使甘茂定蜀还,而以甘茂为左丞相,以樗里子为右丞相。(《甘茂列传》,《新序·杂事二》第二章亦云:"甘茂,下蔡人也。西入秦,数有功,至武王,以为左丞相,樗里子为右丞相。")

案:秦原以爵位作为官职高低之称呼。以大良造庶长为最高爵位而执政,相当于别国之"相"。秦惠文王十年张仪为相,官名为"相邦",开始效法东方国家之官制。是年又创置分设"左右丞相"之制,但此后"相邦"之官名仍沿用。秦兵器刻辞,有十四年、廿年、卅一年、相邦冉戈以及较多之相邦吕不韦戈。同时又用丞相官名,如丞相触戈、十七年丞相启状戈。《吕不韦列传》称"庄襄王元年以吕不韦为丞相,封文信侯","太子政立为王,尊吕不韦为相国,号称仲父。"

[秦武王]二年十一月己酉朔,朔日,王命丞相戊("戊"通"茂")、内史偃,□□(两字有残缺)更修为田律:田广一步,袤八则为畛。亩二畛。一百道("百"通"陌"),百亩为顷,一千道("千"通"阡")。道广三步。封,高四尺,大称其高。捋("捋"通"埒")。高尺,下厚二尺。以秋八月,修封、捋("捋"通"埒")。正疆畔,及发千百之大草("千百"通"阡陌")。九月大除道及阬险。十月为桥,修波隄,利津梁,鲜草

离。非除道之时，而有陷败不可行，相为之（“相”有残缺，或释为“辄”）。背面有关联之记述：“四年十二月不除道者：□二日，□一日，□一日，□九日，□一日，□一日，□一日，戊一日。”（一九八〇年四川青川战国墓出土木牍，计一百二十一字，见《四川省青川县战国墓发掘简报》，《文物》一九八二年第一期）

案：“戊”古通“茂”，即甘茂。甘戊见于《韩策一》第十九章及《说苑·杂言》。秦武王二年十一月，按董作宾《中国年历总谱》确为己酉朔。青川地处甘肃、陕西、四川之间，属当时蜀境内。上年蜀相陈庄反叛，秦遣甘茂、张仪、司马错伐蜀平定，甘茂因功是年升为左丞相，是年王又命甘茂及内史匽更修“为田律”。据一九七七年安徽阜阳双古堆西汉墓中出土竹简，有“卅步为则”之记载，可知“为田律”，“田广一步，袤八则”，共长二百四十步，正商鞅变法后二百四十步为一亩之制。余释“畛”为一亩田两端之小道（《释青川秦牍的田亩制度》，《文物》一九八二年第七期）。罗开玉以为指一亩田两端开沟而筑畛（《青川秦牍为田律所规定的为田制》，《文物》一九八八年第八期）。

[赵武灵王]十七年王出九门，为野台，以望齐、中山之境。（《赵世家》）

本有宫室而居，赵武灵王改为九门。（《赵世家·正义》引《战国策》）

案：“九门”，《集解》徐广曰：“在常山”，《正义》云：“本战国时赵邑”。考汉常山郡有九门县，在今河北正定县东南。“野台”，《集解》徐广曰：“野一作望”。《正义》引《括地志》云：“野台一名义台，在定州新乐县西南六十三里。”在今河北新乐县北。若如其说，九门、野台皆在当时中山之境内，当赵未灭中山之前，武灵王不能到此登台，且不能由此瞭望齐境。疑此“野台”乃“丛台”之误。赵都邯郸外郭有丛台，《汉书·高后纪》载高后元年“夏五月丙申赵王宫丛台灾”，颜注：“连聚非一，故名丛台，盖本六国时赵王故台也。在邯郸城中。”《水经·浊漳水注》云：“今遗基旧墉尚在。”今遗址在邯郸市东北部中华路南侧人民公园内，高达二十六米。一九六三年八月邯郸大雨，丛台东南面坍塌，从断面可看到内层是夯土，其筑法与战国城墙相同，在夯土中夹杂有战国陶片及瓦片。杨守敬《水经注疏》云：“《文选·魏都赋》‘赵建丛台于后’，薛琮注：‘《史记》曰赵武灵王起丛台’，坐实《史记》有丛台事，则所见本作丛台可知。”其说甚是。据《正义》引《战国策》云：“本有宫室而居，赵武灵王改为九门。”盖此地原为赵之宫室所在，赵之宫室原建于“大城”东北部，大城之建筑年代较早。邯郸原为晋大夫赵午封邑，当创建于春秋晚期，其宫室即建于今丛台遗址。当战国初期赵敬侯迁都邯郸时，当即沿用之。其后在“大城”西南建筑宫、城，即今所谓赵王城，于是此地之宫室不用，赵武灵王用以改建为苑囿，九门当即新建苑囿之名。丛台乃赵武灵王新建于苑囿中供游乐之台。如同魏都大梁之宫城，附近所设“梁囿”中之文台。赵武灵王可以由此登高瞭望齐与中山之境。《赵世家》又载惠文王二十八年“罢城北九门大城”，盖是时赵王已于宫城附近新建有苑囿，于是废弃九门不用，因九门在大城之东北部，故云罢城北九门于大城也。是时大郭已成为商业与手工业发达之都市，已不便为赵王出入游乐之处。

魏襄王十年楚庶章率师来会我，次于襄丘。（《水经·济水注》引《纪年》）

魏襄王十年十月大霖雨，疾风，河水溢酸枣郛。（《水经·济水注》引《纪年》，《永乐大典》本、朱谋㙔本作“十年”，而赵一清、戴震校本作“九年”）

周赧王七年（公元前三〇八年）

秦武王三年，魏襄王十一年，韩襄王四年，赵武灵王十八年，齐宣王十二年，楚怀王二十一年，燕昭王四年。

［魏哀王］十一年与秦武王会应。（《魏世家》，《六国表》作“与秦会应”）

［秦武王］三年与韩襄王会临晋外。南公揭卒。樗里疾相韩（“相韩”二字疑误）。武王谓甘茂曰：“寡人欲容车通三川，窥周室，死不恨矣。”其秋，使甘茂、庶长封伐宜阳。（《秦本纪》，“封”当为“寿”之形误）

［韩］襄王四年与秦武王会临晋。其秋，秦使甘茂攻我宜阳。（《韩世家》，《六国表》作“与秦会临晋，秦击我宜阳”）

案：《秦本纪》谓是年“樗里疾相韩”，“相韩”二字疑误。若樗里疾以秦之重臣而相韩，韩必与秦相合，不可能秦有伐宜阳之事。梁玉绳《史记志疑》云：“疾无相韩事，时疾以右丞相出使于周，见本传，疑相韩二字是使周之误。”是时秦武王欲容车通三川，以窥周室，故甘茂伐韩拔宜阳，樗里疾以车百乘访周。据《樗里子列传》，秦武王卒，昭王立，樗里子又益尊重，秦武王时疾无相韩之事。

又案：《秦本纪》言“使甘茂、庶长封伐宜阳”，庶长封不见其他记载。《秦策二》第六章、《甘茂列传》谓甘茂欲约魏共伐韩，武王令向寿辅行。《甘茂列传》、《韩策一》第十九章又记向寿守宜阳，将以伐韩，韩公仲使苏代谓向寿曰："禽困覆车，公破韩，辱公仲"，又云："今公取宜阳以为功"，则向寿尝参与"破韩"、"取宜阳"之役，因而镇守宜阳。可知《秦本纪》"庶长封"必为"庶长寿"之形误。鲍彪注谓"宜阳盖寿议攻，而甘茂攻之"，犹为未达一间。《秦策二》第八章"甘茂攻宜阳，三鼓之而卒不上，秦之右将有尉对曰"云云，鲍彪《注》："尉，军尉。"既称"右将"，不应又称"有尉"，"有尉"亦当为"向寿"之误，形似而讹。向寿为秦昭王母宣太后之外族，武王时已任职用事，官至庶长，昭王时向寿为相。

向寿者，宣太后外族也，而与昭王少相长，故任用。(《甘茂列传》)

案：《甘茂列传》又载范蜎谓楚王曰："夫向寿之于秦王亲也，少与之同衣，长与之同车，以听事。"《楚策一》范环谓楚王，向寿又作公孙郝，《韩非子·内储说下》又作"共立"，旧注云"共立一作公子赫"，"共立"当为"赫"之字误，盖向寿、公孙赫皆与秦昭王"少相长"也。

秦武王三年谓甘茂曰："寡人欲容车通三川(《秦策二》第六章无"容"字。《新序·杂事二》第二章作"寡人欲容车至周室者")，以窥周室，而寡人死不朽矣。"甘茂曰："请之魏，约以伐韩。"(《秦策》无"以"字)而令向寿辅行。甘茂至(《秦策》"至"下有"魏"字)，谓向寿曰："子归言之于王曰(《秦策》"言之"作"告")：'魏听臣矣，然愿王勿伐。'事成，尽以为子功。"向寿归以告王，王迎甘茂于息壤。甘茂至，王问其故，对曰："宜阳大县也，上党、南阳积之久矣，名为县，其实郡也。今王倍数险，行千里而攻之，难(《秦策》"难"下有"矣"字)。昔曾参之处费，鲁人有与曾参同姓名者杀人(《秦策》"鲁"作"贾"，"姓名"作"名族”)，人告其母曰‘曾子杀人’(《秦策》作人告曾子之母，曾子之母曰：“吾子不杀人”)，其母织自若(《秦策》无“其母”二字)。顷之一人又告之曰(《秦策》作“有顷人又曰”)：‘曾参杀人’，其母尚织自若也。顷又一人告之曰：‘曾参杀人’，其母投杼下机，逾墙而走(《秦策》作“其母惧，投杼逾墙而走”)。夫以曾参之贤而其母信之也，三人疑之，其母惧焉(《秦策》作“则慈母不能信也”)。今臣之贤不若曾参，王之信臣又不如曾参之母信曾参也，疑臣者非特三人(《秦策》“非特”作“不適”，“適”“啻”声同通用)，臣恐大王之投杼也(《秦策》“昔曾参”一节在下节之后)。始张仪西并巴蜀之地(《秦策》“始”作“臣闻”)，北开西河之外(《秦策》“开”作“取”)，南取上庸，天下不以多张仪而贤先王。魏文侯令乐羊将而攻中山，三年而拔之，乐羊返而论功(《秦策》“返”作“反”，“论”作“语”)，魏文侯示之谤书一箧，乐羊再拜稽首曰：‘此非臣之功也，主君之力也。’今臣，羁旅之臣也，樗里子、公孙奭二人者挟韩而议之，王必听之，是王欺魏而臣受公仲侈之怨也。”(《秦策》“魏”下有“王”字，“侈”作“朋”)王曰：“寡人不听也，请与子盟。”卒使丞相甘茂伐宜阳(《秦策》作“于是与之盟于息壤，果攻宜阳”)，五月而不拔(《秦策》“不”下有“能”字)，樗里子、公孙奭果争之(《秦策》作“樗里疾、公孙奭二人在，争之王”)。武王召甘茂(《秦策》作“王将听之，召甘茂而告之”)，甘茂曰：“息壤在彼。”王曰：“有之。”因大悉起兵(《秦策》无“大”字)，使甘茂击之(《秦策》“使”上有“复”字)，斩首六万(《秦策》无此一句)，遂拔宜阳。韩襄王使公仲侈入谢，与秦平。(《甘茂列传》，《秦策二》第六章大体相同。《新序·杂事二》第二章同于《秦策二》)

案：《甘茂列传》公孙奭，《秦策二》误作“公孙衍”。《大事记》谓公孙郝、公孙显、公孙奭为一人，是也。奭、赫、郝、显，皆声近通用。公孙郝与樗里子皆为秦公子，其外家为韩，因与韩亲。《楚策三》云："今惠王死，武王立，仪走，公孙郝、甘茂贵，甘茂善魏，公孙郝善韩。"又《甘茂列传》公仲侈、《集解》徐广曰："一作冯"。"侈"乃"倗"之讹，"冯""倗"乃声之转。

樗里子及公孙子皆秦诸公子也，其外家韩也。（《新序·杂事二》第二章）

甘茂为秦约魏以攻韩宜阳，又北之赵。冷向谓强国曰："不如令赵拘甘茂勿出，以与齐、韩、秦市，齐王欲求救宜阳，必效县狐氏；韩欲有宜阳，必以路涉端氏赂赵，秦王欲得宜阳，不爱名宝。且拘茂也，且以置公孙赫、樗里疾。"（《赵策一》第十三章）

案：据此可知甘茂为秦约魏以攻韩之宜阳，又尝北至赵。冷向欲强国令赵拘甘茂，此谋当未成。

宜阳之役，冯章谓秦王曰："不拔宜阳，韩、楚乘吾弊，国必危矣。不如许楚汉中以欢之，楚欢而不进，韩必孤，无奈秦何矣。"王曰："善。"果使冯章许楚汉中而拔宜阳，楚王以其言责汉中于冯章，冯章谓秦王曰："王遂亡臣。"因谓楚王曰："寡人固无地而许楚王。"（《秦策二》第七章）

案：据此秦攻取韩宜阳之前，秦尝使使者伪许楚归汉中。

宜阳之役，楚畔秦而合于韩，秦王惧。甘茂曰："楚虽合韩，不为韩氏先战，韩亦恐战而楚有变其后，韩、楚必相御也。楚言与韩而不余怒于秦，臣是以知其御也。"（《秦策二》第十章）

案：据此可知秦攻宜阳时，楚尝合于韩。

秦伐宜阳，楚王谓陈轸曰："寡人闻韩侈（当作韩倗）巧士也，习诸侯事，殆能自免也。为其必免，吾欲先据之以加德焉。"陈轸对曰："舍之，王勿据也。以韩侈（当作韩倗）之知，于此困矣。今山泽之兽无黠于麋，麋知猎者张罔前而驱己也，因还走而冒人至数，猎者因其诈，伪举罔而进之，麋因得矣。今诸侯明知此多诈，伪举罔而进者必众矣，舍之，王勿据也。韩侈（当作韩倗）之知，于此困矣。”楚王听之，宜阳果拔。陈轸先知之也。（《楚策三》第九章）

案：据此可知，当秦伐韩宜阳时，楚怀王尝欲援助韩相公仲，因谋士陈轸反对而舍之勿据。

秦攻宜阳，周君谓赵累曰：“子以为何如？”对曰：“宜阳必拔也。”君曰：“宜阳城方八里，材士十万，粟支数年，公仲之军二十万，景翠以楚之众，临山而救之，秦必无功。”对曰：“甘茂羁旅也，攻宜阳而有功，则周公旦也。无功则削迹于秦。秦王不听群臣父兄之义而攻宜阳（鲍本“义”作“议”），宜阳不拔，秦王耻之，臣故曰拔。”君曰：“子为寡人谋，且奈何？”对曰：“君谓景翠曰：‘公爵为执圭，官为柱国，战而胜则无加焉矣，不胜则死。不如胥秦拔宜阳（“胥”原作“背”，“拔”原作“援”，从吴师道、金正炜改正。胥，待也，言待秦既拔宜阳而后进兵）。公进兵，秦恐公之乘其弊也，必以宝事公。公仲慕公之为己乘秦也，亦必尽其宝。’”秦拔宜阳，景翠果进兵，秦惧，遽效煮枣，韩氏果亦效重宝。景翠得城于秦，受宝于韩，而德东周。（《东周策》第二章）

案：据此可知，当秦攻韩宜阳时，楚柱国景翠正率大军前往救援。因估计秦攻宜阳势在必拔，欲待秦、韩激战，待秦拔宜阳之后再进兵，秦惧而以煮枣效楚。煮枣原为魏地，四年前曾为齐、宋合围，秦出兵救之，大败齐师于濮上，煮枣遂为秦所有。煮枣在今山东东明县南，不与秦相接，此时因楚将景翠进兵而与楚。

秦围宜阳，游腾谓公仲曰："公何不与赵蔺、离石、祁，以质许地，则楼缓必败矣；收韩、赵之兵以临魏，楼鼻必败矣；韩、赵为一，魏必倍秦（"倍"通"背"），甘茂必败矣；以成阳资翟强于齐，楚必败之，须（"须"当读为句，须，即须臾，少待之意），秦必败。秦失魏，宜阳必不拔矣。"（《韩策一》第十五章）

宜阳之役，杨达谓公孙显曰："请为公以五万攻西周。得之，是以九鼎抑甘茂也（"抑"原作"卬"，或作"市"，又作"印"，"印""抑"古为一字）。秦攻西周，天下恶之，其救韩必疾，则茂事败矣。"（《韩策一》第十四章）

甘茂攻宜阳，三鼓之而卒不上。秦之右将有尉（"有尉"当作"向寿"，形近而讹，见案语）对曰（即对甘茂言）："公不论兵，必大困。"甘茂曰："我羁旅而得相秦，我以宜阳饵王。今攻宜阳不拔，公孙衍、樗里疾挫我于内（公孙衍当作公孙显，显一作郝，又作奭，但作"衍"乃音近而讹），而公中以韩穷我于外（"公中"读作"公仲"），是无茂之日已（"茂"原作"伐"，吴师道云："一本作茂，盖字讹"，今据改）。请明日鼓之而不可下，因以宜阳之郭为墓。"于是出私金以益公赏。明日鼓之，宜阳拔。（《秦策二》第八章）

宜阳未得，秦死伤者众，甘茂欲息兵。左成谓甘茂曰："公内攻于樗里疾、公孙衍（当作公孙显），而外与韩侈为怨（当作"韩倗"，"倗""侈"形近而误），今公用兵无功，公必穷矣。公不如进兵攻宜阳，宜阳拔则公之功多矣，是樗里疾、公孙衍无事也（"公孙衍"当作"公孙显"），秦众尽怨之深矣。"（《秦策二》第九章）

案：宜阳大县，为韩之重镇，势在必守，因而甘茂伐宜阳五月而不拔，秦死伤者众，甘茂欲息兵，但甘茂为相，以宜阳饵武王，而为樗里疾、公孙显所反对，因而欲罢不能，必决死战，因而“以宜阳之郭为墓”，终于攻克，向寿于此役为右将而有大功。此后向寿即守宜阳，韩公仲使苏代谓向寿曰：“禽困覆军，公破韩”，即指此而言。《秦策二》第八章之“右将有尉”，“有尉”必是“向寿”之形讹，鲍彪释“尉，军尉”，不确。既是右将，不得又为尉。

[周赧王]七年封公子恽为蜀侯，司马错率巴蜀众十万，大舶船（张本“船”作“舡”）米六百万斛，浮江伐楚，取商於之地，为黔中郡。（《华阳国志》卷三《蜀志》）

司马错自巴涪水，取楚商於地，为黔中郡。（《华阳国志》卷一《巴志》）

涪陵郡，巴之南鄙。从枳南入，折丹涪水（“折”，廖本作“析”，《太平寰宇记》引作“泝”，他本多作“折”），本与楚商於之地接。秦将司马错由之取楚商於地，为黔中郡。（《华阳国志》卷一《巴志》）

《华阳记》曰：枳县在江州巴郡东四百里，治涪陵水会。……其水南导武陵郡。昔司马错拆舟此水，取楚黔中地。（《水经·江水注》）

案：是年秦遣司马错率水师十万，乘船由巴伐楚，从枳南入，攻取楚商於之地，即楚黔中地，在今湖南省西部及贵州省东北部，枳在今四川涪陵，涪陵水即今乌江。所谓“其水南导武陵郡”，指其水东南流向湖南省西部。任乃强《华阳国志校补图注》谓：“商於地为楚盐商行盐所至之地，如鳖与且兰、毋敛、平夷、朱提、僰道等民族部落之地”。皆为推测之辞，并无确据。鳖在今贵州遵义，且兰在今贵州黄平附近，平夷在贵州西部毕节附近，朱提在今云南昭通，僰道在今四川宜宾，皆非此时楚之势力所能及。

周共太子死，有五庶子，皆爱之，而无適立也。司马翦谓楚王曰：“何不封公子咎而为之请太子？”左成谓司马翦曰：“周君不听，是公之知困而交绝于周也。不如谓周君曰：‘孰欲立也？微告翦，翦令楚王资之以地。’公若欲为太子，因令人谓相国御展子、廧夫空曰：‘王类欲令若为之。此健士也，居中，不便于相国。’”相国令之为太子。（《东周策》第二十四章，《周本纪》略同。）

西周武公之共太子死，有五庶子，毋適立。司马翦谓楚王曰：“不如以地资公子咎，为请太子。”左成曰：“不可。周不听，是公之知困而交疏于周也。不如请周君孰欲立（“请”当据《东周策》改作“谓”），以微告翦，翦令楚资之以地。”（“资”原误作“贺”，从《东周策》改正）果立公子咎为太子。（《周本纪》列于周赧王八年前）

案：《周本纪》列此事于周赧王八年前。《周本纪》作“西周武公之共太子死”，而《索隐》云：“按《战国策》作东周武公。”是今本《战国策》有脱文。《正义》谓司马翦为楚臣。鲍彪云：“司马，楚卿，疑即昭翦。楚王，怀王也。”左成游说于秦、楚两国，与甘茂同时。《秦策一》第六章载“张仪欲秦兵以救魏，左成谓甘茂”云云，《秦策二》第九章载“宜阳未得，秦死伤者众，甘茂欲息兵，左成谓甘茂”云云。于此左成又献策于楚司马翦。《周本纪》列在周赧王八年前，当有依据。

[秦悼武王]立三年渭水赤三日。（《秦始皇本纪》引《秦记》）

案：又见《水经·渭水注》。《汉书·五行志》列在秦武王二年，《洪范五行传》亦作三年。

【附编】

东周与西周战，韩救西周。为东周谓韩王曰：“西周，故天子之国

也，多名器重宝。案兵而勿出，可以德东周，西周之宝，可尽矣。”（《东周策》第三章，《周本纪》系于王赧八年后）

东周与西周争，西周欲和于楚、韩。齐明谓东周君曰：“臣恐西周之与楚、韩宝，令之为己求地于东周也。不如谓楚、韩曰：‘西周之欲入宝，持两端。今东周之兵不急西周，西周之宝不入楚、韩。’楚、韩欲得宝，即且趣我攻西周，西周宝出，是我为楚、韩取宝以德之也，西周弱矣。”（《东周策》第四章）

东周欲为稻，西周不下水，东周患之。苏子谓东周君曰：“臣请使西周下水，可乎？”乃往见西周之君，曰：“君之谋过矣！今不下水，所以富东周也。今其民皆种麦，无他种矣。君若欲害之，不若一为下水，以病其所种。下水，东周必复种稻，种稻而复夺之，若是则东周之民，可令一仰西周，而受命于君矣。”西周君曰：“善。”遂下水。苏子亦得两国之金也。（《东周策》第五章）

昭翦与东周恶，或谓昭翦曰：“为公画阴计。”昭翦曰：“何也？”“西周甚憎东周，尝欲东周与楚恶，西周必令贼贼公，因宣言东周也。以西周之于王也善。”（“善”字原在下文“昭翦曰”下，今从金正炜移至“昭翦曰”之上）昭翦曰：“吾又恐东周之贼己而以诬西周恶之于楚（“诬”原作“轻”，从王引之改正。王引之曰：“轻当为诬，谓恐东周杀翦，而因以杀翦之事诬西周，恶之于楚也”）。”遽和东周。（《东周策》第二十七章）

宫他亡西周之东周（“宫”原误作“昌”，从鲍彪改正，下同），尽输西周之情于东周。东周大喜，西周大怒。冯旦曰：“臣能杀之。”君予金三十斤，冯旦使人操金与书间遗宫他，书：“告宫他，事可成，勉成之，不可成，亟亡来，事久且泄，自令身死。”因使人告东周之侯曰：“今

夕有奸人,当入者矣。”侯得而献东周,东周立杀宫他。(《东周策》第二十六章)

司寇布为周冣谓周君曰:“君使人告齐王以周冣不肯为太子也,臣为君不取也。函冶氏为齐太公买良剑,公不知善,归其剑而责之金。越人请买之千金,折而不卖。将死而属其子曰:‘必无独知。’今君之使冣为太子,独知之契也,天下未有信之者也。臣恐齐王之为君实立果,而让之于冣,以嫁之齐也。君为多巧,冣为多诈,君何不买信货哉?奉养无有爱于冣也,使天下见之。”(《西周策》第九章)

谓齐王曰:“王何不以地赍周冣以为太子也?”齐王令司马悍以赂进周冣于周,左尚谓司马悍曰:“周不听,是公之知困而交绝于周也。公不如谓周君曰:‘何欲置?’令人微告悍。悍请令王进之以地。”左尚以此得事。(《西周策》第十五章)

甘茂相秦惠王(“惠”当作“武”,《秦策二》第十三章无“惠王”二字),惠王爱公孙衍(“惠”当作“秦”,《秦策》作“秦”。“衍”当作“显”)。与之间有言(《秦策》“言”误作“立”),曰(《秦策》“曰”上有“因自谓之”):“寡人将相之。”甘茂之吏道穴闻之(《秦策》“穴”误作“而”),以告甘茂。甘茂入见王曰:“王得贤相,臣敢再拜贺。”王曰:“寡人托国于子,安更得贤相?”对曰:“将相犀首。”王曰:“子安闻之?”对曰:“犀首告臣。”王怒犀首之泄,乃逐之。(《韩非子·外储说右上》,《秦策二》第十三章同)

案:此章之“公孙衍”(即犀首)乃出于“公孙显”之误传。公孙显为秦之公子,因而为秦王所爱。公孙衍此时正为魏将,所谓“逐之”,不可信。

杨宽著作集

战国史料编年辑证

下

杨宽 著

上海人民出版社

卷十二
周赧王八年(公元前三〇七年)至十三年(公元前三〇二年)

周赧王八年(公元前三〇七年)

秦武王四年,魏襄王十二年,韩襄王五年,赵武灵王十九年,齐宣王十三年,楚怀王二十二年,燕昭王五年。

[秦武王]四年拔宜阳,斩首六万。涉河,城武遂。魏太子来朝。武王有力,好戏,力士任鄙、乌获、孟说皆至大官。王与孟说举鼎,绝膑。八月武王死,族孟说。武王取魏女为后,无子。立异母弟,是为昭襄王。昭襄王母楚人,姓芈氏,号宣太后。武王死时,昭襄王为质于燕,燕人送归,得立。(《秦本纪》,《六国表》亦作“拔宜阳城,斩首六万,涉河,城武遂”)

[韩襄王]五年秦拔我宜阳,斩首六万。(《韩世家》,《六国表》同)

案:是年秦拔韩宜阳,并北上渡河占武遂筑城,次年秦又归武遂于韩,此乃当时震动各国之大事。武遂在今山西垣曲县东南，黄河以北，正当宜阳以北，为韩重要之关塞，并有重要之通道，南下渡河可通大县宜阳，北上可直达韩之旧都平阳(今山西临汾市西南)。“隧”常用以指山岭、河流上以及地面下穿凿之通道，武遂即利用黄河与山岭穿凿而成，用以贯通韩南北之通道。《秦本纪》与《六国表》皆谓秦拔韩宜阳之后，即渡河占有武遂而筑城防守，绝断韩贯通南北之通道，以此作为威胁要挟韩国屈服之手段。《楚世家》载是时楚臣昭雎见楚怀王曰：“秦破韩宜阳，而韩犹复事秦者，以先王墓在平阳，而秦之武遂去之七十里，以故尤畏秦。”又曰：“韩已得武遂于秦，以河山为塞，所报德莫如楚厚，臣以为其事王必疾。”武遂为利用河山之天险穿凿而成之通道，故昭雎谓韩得归武遂，“以河山为塞。”由武遂北上可直达平阳，其实不止七十里，共有二百里，《韩世家》、《六国表》皆谓韩釐王六年与秦武遂地二百里，即指此而言。《楚世家·正义》谓武遂近平阳，不确。《读史方舆纪要》谓武遂在平阳西七十里，非是。《韩世家·正义》又谓武遂为宜阳近地，亦无当。由武遂渡河南下至宜阳，亦有百里之遥。秦尝两次占有武遂而复归武遂，以此为要挟韩屈从之手段。韩襄王十六年孟尝君合纵，齐合韩、魏之师攻秦入函谷关，迫使秦求和，秦即以河外及武遂归还韩，又以河外及封陵归还魏，盖武遂与封陵为韩、魏防守之要地。

[秦]武王竟至周而卒于周，其弟立为昭王，王母宣太后楚女也。(《甘茂列传》)

[秦]悼武王享国四年，葬永陵。(《秦始皇本纪》引《秦记》)

[赵武灵王]十八年(当作十九年)秦武王与孟说举龙文赤鼎，绝

膑而死。赵王使代相赵固迎公子稷于燕，送归，立为秦王，是为昭王。（《赵世家》）

昭襄王生十九年而立。（《秦始皇本纪》引《秦记》）

按：《赵世家》昭王名稷，《世本》云名侧也。（《甘茂列传·索隐》）

案：《秦本纪》谓"昭襄王为质于燕，燕人送归"，据《赵世家》，乃赵武灵王使代相赵固迎于燕而送归。《秦本纪·索隐》亦云："昭王名则，一名稷。"盖"侧"、"稷"音转通用，犹如齐都临淄之稷门又称侧门。

秦武公（当作"秦武王"）好多力之士，乌获之徒皆归焉。秦王于洛阳举周鼎，乌获两目出血。六国时人也。（《孟子·告子下·正义》引《帝王世纪》）

秦武王好多力之人，齐孟贲之徒并归焉。孟贲生拔牛角，是谓之勇士也。（《孟子·公孙丑上·正义》引《帝王世纪》）

秦武，六国时秦武王也，而王壮力多，好有力之人，时齐人孟贲及任鄙、焉获（当即"乌获"）之徒皆归焉，秦王与之举鼎，两目出[血]，绝膑而死。孟贲能生拔牛角。（《琱玉集》卷十二引《帝王世纪》）

[悼武王]葬毕，今安陵西毕陌。（《秦始皇本纪·集解》引皇甫谧云）

案：《秦本纪》谓"武王有力，好戏"，"戏"指角力。《国语·晋语九》记赵简子戎右少室周与牛谈角力，称为"戏"。韦昭注："戏，角力也。"《秦本纪》、《赵世家》皆谓武王与孟说举鼎绝膑而死，即是与孟说比武举鼎，绝膑而死。《甘茂列传》谓武王至周而卒于周，则《帝王世纪》谓武王至洛阳举周鼎，因两目出血、绝膑而死，其说可信。《秦策一》载司马错与张仪争论于秦惠王前，张仪主伐韩，以为下兵三川，以临周，九鼎宝器必出。“据九鼎，按图籍，挟天子以令天下，此王业也。”《秦策二》载秦武王谓甘茂曰：“寡人欲容车通三川，以窥周室，而寡人死不朽矣。”甘茂因而伐韩攻拔宜阳，樗里疾又以车百乘入周访问。《资治通鉴》记周赧王八年“八月王与孟说举鼎，绝脉而死”，胡三省注：“按《史记·甘茂列传》云：武王至周而卒于周，盖举鼎者，举九鼎也。”据《赵世家》，武王所举者为龙纹赤鼎，武王因与孟说比武举鼎而死，孟说因而灭族。《帝王世纪》谓“孟贲能生拔牛角”，“孟贲”乃“孟说”之误。孟说为力士，齐人；孟贲为勇士，卫人。范雎云：“乌获、任鄙之力焉而死，成荆、孟贲、王庆、夏育之勇焉而死。”见《范雎列传》。

又案：秦惠文王之公陵与秦武王之永陵，在今陕西咸阳市以北周陵中学北边，魏晋以来，误以为周文王、周武王之陵。《秦本纪·集解》引《皇览》云：“秦武王冢在扶风安陵县西北毕陌中大冢是也。一以为周文王冢，非也。”《秦始皇本纪·正义》引《括地志》云：“秦武悼王陵在雍州咸阳西北十五里，俗名周武王陵，非也。”顾炎武《日知录》卷二十二：“历代帝王陵寝”条，对此有进一步之辨明。盖渭水流域有两处名毕或毕原，一在渭水以南西周国都镐东南杜中，即《元和郡县图志》万年县西南二十八里之毕原。另一在渭水以北秦都咸阳西北，即《元和郡县图志》咸阳之毕原，亦称毕陌。魏晋以来误以咸阳之毕原为镐京之毕原，因而误以秦惠文王陵与秦武王陵为周文王陵、周武王陵。原来周文王、武王之冢尚无丘陇之制，而秦惠文王陵、秦武王陵已有高三丈以上之丘陇。“陵”之名称亦由丘陇而来。

秦令樗里疾以车百乘入周(《樗里子列传》作"秦使甘茂攻韩,拔宜阳,使樗里子以车百乘入周"),周君迎之以卒(《传》作"周以卒迎之"),甚敬(《传》作"意甚敬")。楚王怒,让周,以其重秦客。游腾谓楚王曰(《传》"谓"作"为周说",《太平御览》四百六十引此作"为周君谓楚王"):"昔智伯欲伐厹由(《传》"欲"作"之","厹由"作"仇犹"),遗之大钟,载以广车(《传》无"大钟载以"四字),因随入以兵(《传》"入"作"之"),厹由卒亡(《传》"卒"作"遂"),无备故也。桓公伐蔡也(《传》"桓公"上有"齐"字),号言伐楚(《传》作"号曰诛楚"),今秦者虎狼之国也,兼有吞周之意(《传》无此句),使樗里疾以车百乘入周,周君惧焉,以蔡、厹由戒之(《传》作"周以仇犹、蔡观焉"),故使长兵在前(《传》"兵"作"戟"),强弩在后,名曰卫疾,而实囚之也。周君岂能无爱国哉(《传》无此句)?恐一日之亡国而忧大王。"(《传》"日"作"旦","而"作"以")楚王乃悦。(《西周策》第三章,《樗里子列传》同)

谓秦王曰:"臣窃惑王之轻齐易楚而卑畜韩也。臣闻:王,兵胜而不骄;伯,主约而不忿。胜而不骄,故能服世;约而不忿,故能从邻。今王广德魏、赵而轻失齐,骄也。战胜宜阳,不恤楚交,忿也。骄忿非伯主之业也。臣窃为大王虑之而不取也。《诗》云:'靡不有初,鲜克有终',故先王之所重者,惟始与终。何以知其然?昔智伯瑶残范、中行,围逼晋阳,卒为三家笑。吴王夫差栖越于会稽,胜齐于艾陵,为黄池之遇,无礼于宋,遂与句践禽死于干隧。梁君伐楚胜齐,制赵、韩之兵,驱十二诸侯以朝天子于孟津,后子死,身布冠而拘于秦(当作徐)。三者,非无功也,能始而不能终也。今王破宜阳,残三川,而使天下之士不敢言;雍天下之国("雍"通"壅"),徙两周之疆,而世主不敢交;阳侯之塞(金正炜云:"当作塞阳侯",阳侯隘道,塞,断绝也。《司马错与张仪章》,“塞镮辕缑氏之口,与此义并同也”),取黄棘,而韩、楚之兵不敢进。王若能为此尾,则三王不足四,五伯不足六。王若不能为此尾而有后患,则臣恐诸侯之君,河、济之士,以王为吴、智之事也。《诗》云(金正炜云“诗疑当作语”):‘行百里者,半于九十。’此言末路之难。今大王皆有骄色,以臣之心观之,天下之事,依世主之心,非楚受兵,必秦也。何以知其然也?秦人援魏以拒楚,楚人援韩以拒秦,四国之兵敌而未能复战也。齐、宋在绳墨之外以为权,故曰:先得齐、宋者伐(“伐”下原衍“秦”字,今从金正炜删。伐,功也。此言先得齐、宋即有功也)。秦先得齐、宋则韩氏铄,韩氏铄则楚孤而受兵也。楚先得齐,则魏氏铄,魏氏铄则秦孤而受兵矣。若随此计而行之,则两国者必为天下笑矣。”(《秦策五》第一章)

案:秦王,高诱注:“秦始皇也”,非是。顾观光以此附于周赧王八年,是也。或谓秦王曰:“今王广德魏、赵而轻失齐,骄也。战胜宜阳,不恤楚交,忿也。”又曰:“今王破宜阳,残三川,而使天下之士不敢言;雍(通“壅”)天下之国,徙两周之疆,而世主不敢交;塞阳侯,取黄棘,而韩、楚之兵不敢进。”正秦武王时事。所谓“徙两周之疆”,即《东周策》第七章所谓“秦假道于周以伐韩”。所谓“塞阳侯,取黄棘”,盖秦在“破宜阳,残三川”之后,又攻取韩、楚之间南阳,黄棘即在南阳。《楚世家》载怀王二十五年“怀王入与秦昭王盟,约于黄棘”,《秦本纪》同,《正义》谓黄棘“盖在房、襄二州”。胡三省《通鉴注》云:“《班志》南阳郡有棘阳县,应劭曰:县在棘水之阳。”棘阳在今新野县东北七十里。黄棘是时已为秦所攻取,成为秦地,故楚怀王入秦,于此与秦昭王结盟约。

秦假道于周以伐韩(《周本纪》作“秦借道两周之间将以伐韩”),

周恐假之，而恶于韩（《周本纪》“假”作“借”，“恶”作“畏”，下同），不假而恶于秦。史黡谓周君曰（《周本纪》“黡”作“厌”）：“君何不令人谓韩公叔曰（《周本纪》无“君”“韩”二字）：‘秦敢绝塞而伐韩者（《周本纪》“塞”作“周”），信东周也。公何不与周地，发重使使之楚（《周本纪》“重”作“质”，不重“使”字），秦必疑（《周本纪》“疑”下有“楚”字），不信周，是韩不伐也。’又谓秦王曰（《周本纪》无“王”字）：‘韩强与周地，将以疑周于秦，寡人不敢不受。’（《周本纪》“寡人”作“周”）秦必无辞而令周弗受，是得地于韩而听于秦也。”（《东周策》第七章，《周本纪》系于赧王八年下，“得”作“受”）

［周赧王］八年秦攻宜阳，楚救之，而楚以周为秦故，将伐之。苏代为周说楚王曰：“何以周为秦之祸也？……言周之为秦甚于楚者，欲令周入秦也，故谓周秦也。周知其不可解，必入于秦，此为秦取周之精者也。为王计者，周于秦，因善之，不于秦亦言善之，以疏之于秦，周绝于秦，必入于郢矣。”（《周本纪》）

秦召西周君，西周君恶往（《西周策》作“难恶”），故令人谓韩王曰（《策》作“或为周君谓魏王曰”）：“秦召西周君，将以使攻王之南阳也（《策》作“将以使攻魏之南阳”），王何不出兵于南阳（《策》作“王何不出兵于河南”）？周君将以为辞于秦（《策》作“周君闻之将以为辞于秦而不往”），周君不入秦，秦必不敢逾河而攻南阳矣。”（《周本纪》系于周赧王八年后）

案：梁玉绳《史记志疑》云：“《策》所言河南是也，《史》言南阳，非。《史》所云韩王是也，《策》言魏王非，西周与韩近也。”秦自攻取韩之宜阳之后，即进而谋攻取韩之南阳。《东周策》、《周本纪》记是时“秦假道于周以伐韩”，即为攻取韩之南阳。是时秦伐韩，取宜阳，残三川，并南取南阳，无非为“车通三川，窥周室”，欲挟天子以令天下，成王业。《韩非子·定法》云：“惠王死，武王即位，甘茂以秦殉周。”其实并非“以秦殉周”，欲以秦挟周耳。秦武王在打通三川之后，即亲往周都洛阳，与力士在此比武而举鼎，所举者未必真是九鼎。但在其心目中，周鼎为传国之神器，为天下最高权力所凭依，必欲亲往举之而后甘心。

楚怀王怨前秦败楚于丹阳而韩不救，乃以兵围韩雍氏。韩使公仲侈告急于秦。秦昭王新立，太后楚人，不肯救。公仲因甘茂，茂为韩言于秦昭王曰：“公仲方有得秦救，故敢扞楚也。今雍氏围，秦师不下殽，公仲且仰首而不朝，公叔且以国南合于楚。楚、韩为一，魏氏不敢不应，然则伐秦之形成矣。不识坐而待伐孰与伐人之利？”王曰：“善。”乃下师于殽以救韩。楚兵去。（《甘茂列传》）

楚攻雍氏，周粻秦、韩，楚王怒周，周之君患之。为周谓楚王曰：“以王之强而怒周，周恐，必以国合于所与粟之国，则是劲王之敌也，故王不如速解周恐。彼前得罪而后得解，必厚事王矣。”（《东周策》第八章）

雍氏之役，韩征甲与粟于周，周君患之，告苏代。苏代曰：“何患焉？代能为君令韩不征甲与粟于周，又能为君得高都。”周君大悦，曰：“子苟能，寡人请以国听。”苏代遂往见韩相国公仲曰：“公不闻楚计乎？昭应谓楚王曰：‘韩氏罢于兵，仓廪空，无以守城，吾收之以饥，不过一月必拔之。’今围雍氏五月不能拔，是楚病也。楚王始不信昭应之计矣，今公乃征甲及粟于周，此告楚病也。昭应闻此，必劝楚王益兵守雍氏，雍氏必拔。”公仲曰：“善。然吾使者已行矣。”代曰：“公何不以高都与周？”公仲怒曰：“吾无征甲与粟于周，亦已多矣，何为与高都?”代曰:“与之高都,则周必折而入于韩。秦闻之,必大怒,而焚周之节,不通其使,是公以弊高都得完周也,何不与也?”公仲曰:“善。”不征甲与粟于周,而与高都,楚卒不拔雍氏而去。(《西周策》第四章,《周本纪》系于周赧王八年,作“韩征甲与粟于东周,东周君恐”,文较《西周策》为略)

楚围雍氏五月,韩令使者求救于秦,冠盖相望也;秦师不下殽。韩又令尚靳使秦,谓秦王曰:“韩之于秦也,居为隐蔽,出为雁行,今韩已病矣,秦师不下殽,臣闻之,唇揭者其齿寒,愿大王之熟计之。”宣太后曰:“使者来者众矣!独尚子之言是。”召尚子入,宣太后谓尚子曰:“妾事先王也,先王以其髀加妾之身,妾困不支也(“支”原作“疲”,从姚引钱刘本及鲍本改正)。尽置其身妾之上,而妾弗重也。何也?以其少有利焉。今佐韩,兵不众,粮不多,则不足以救韩。夫救韩之危,日费千金,独不可使妾少有利焉。”尚靳归书报韩王,韩王遣张翠,张翠称病,日行一县。张翠至,甘茂曰:“韩急矣,先生病而来。”张翠曰:“韩未急也,且急矣。”甘茂曰:“秦重国知王也,韩之急缓莫不知,今先生言不急,可乎?”张翠曰:“韩急则折而入于楚矣,臣安敢来?”甘茂曰:“先生毋复言也。”甘茂入,言秦王曰:“公仲柄,得秦师,故敢捍楚。今雍氏围而秦师不下殽,是无韩也。公仲且抑首而不朝,公叔且以国南合于楚,楚、韩为一,魏氏不敢不听,是楚以三国谋秦也。如此则伐秦之形成矣。不识坐而待伐,孰与伐人之利?”秦王曰:“善。”果下师于殽以救韩。(《韩策二》第一章)

案:《甘茂列传》谓“楚怀王怨前秦败楚丹阳而韩不救,乃以兵围韩雍氏”,其实,秦合韩兵大败楚师于丹阳。此时楚乘秦昭王新立,宣太后掌权之时机,对韩报复,再次围韩雍氏,五月不能拔，仍因秦师下殽救韩而退兵。

魏冉者，秦昭王母宣太后弟也。其先楚人，姓芈氏。秦武王卒，无子，立其弟为昭王。昭王母故号芈八子。及昭王即位，芈八子号为宣太后。宣太后非武王母，武王母号曰惠文后，先武王死。宣太后二弟，其异父长弟曰穰侯，姓魏氏，名冉，同父弟曰芈戎，为华阳君；而昭王同母弟曰高陵君、泾阳君。而魏冉最贤，自惠王武王时，任职用事。武王卒，诸弟争立，唯魏冉力为能立昭王。昭王即位，以冉为将军，卫咸阳。诛季君之乱，而逐武王后出之魏，昭王诸兄弟不善者皆灭之，威振秦国。昭王少，宣太后自治，任魏冉为政。(《穰侯列传》)

案：秦武王卒，无子，因而王室爆发争夺君位之内乱，先后持续三年之久。是时武王母惠文后，即惠王后，与武王后支持公子壮立为君，即所谓"季君"。而昭王(即公子稷)母芈八子(即宣太后)支持昭王立为君，同时有两君并立。《秦本纪》言昭王二年"庶长壮与大臣、诸公子为逆，皆诛，及惠文后皆不得良死。悼武王后出归魏"。《六国表》作"季君为乱，诛"。《穰侯列传・索隐》引《纪年》云："秦内乱，杀其太后及公子雍、公子壮。"《索隐》又云："季君即公子壮，僭立而号为季君。穰侯力能立昭王，为将军，卫咸阳，诛季君及惠文后，故《本纪》言伏诛。又云：及惠文后皆不得良死，盖谓惠文后时党公子壮，欲立之。及壮诛而太后忧死，故云不得良死，亦史讳之也。又逐武王后出之魏，亦事势然也。"据此可知《穰侯列传》言惠文后"先武王死"，亦是讳言。《秦本纪・集解》引徐广，以惠文后即"迎妇于楚者"，非是。《六国表》记秦惠王四年"魏夫人来"，当即惠文后。《秦始皇本纪》引《秦记》曰："武王生十九年而立"，知武王乃秦惠王九年惠文后所生。《纪年》云:“杀其太后”,即指惠文后,是惠文后与公子雍、公子壮同时被杀,并非“忧死”。《秦本纪》言“及惠文后皆不得良死”,盖秦史讳之。《秦本纪》称公子壮为庶长壮,盖壮时为庶长。秦之庶长常统军作战,故壮能与昭王争立。《秦本纪》称“庶长壮与大臣、诸公子为逆”,《穰侯列传》又谓“昭王诸兄弟不善者皆灭之”。盖昭王之异母诸兄弟多支持庶长壮为君,因而“皆灭之”。

献则谓公孙消曰:“公,大臣之尊者也,数伐有功,所以不为相者,太后不善公也。芈戎者(“芈”原误作“辛”,从鲍本改正),太后之亲也,今亡于楚,在东周。公何不以秦、楚之重,资而相之于周乎？楚必便之矣。是芈戎有秦、楚之重,太后必悦公,公相必矣。”(《秦策五》第三章)

案:高诱注云:“太后,楚女,孝文皇后,庄襄王母也,号华阳夫人者也。芈戎楚人,自楚亡在东周。”鲍彪注:“戎时未入秦,知昭王初也。”盖当秦昭王初立时。

公仲数不信于诸侯,诸侯锢之。南委国于楚,楚王弗听。苏代为楚王曰(姚注:“刘为下添谓字。”鲍本“为”作“谓”。按“为”犹“谓”也):“不若听而备其反也。朋之反也(“朋”原误作“明”,今从鲍本),常仗赵而畔楚,仗齐而畔秦。今四国锢之,而无所入矣,亦甚患之,此方其为尾生之时也。”(《韩策一》第二十五章)

案:顾观光系此于周赧王九年。当在周赧王七至九年间,公仲朋原为韩相而亲秦者。秦惠文王时,韩尝与秦连横,大败楚、齐之师,故此云:“公仲数不信于诸侯”。及秦武王时,秦下兵三川而攻拔韩之大县宜阳,因而造成赵、楚、齐、秦“四国锢之,而无所入矣”,因而谓公仲朋当如尾生为守信而死。

或谓公仲曰："听者听国，非必听，贵也（"贵"原作"实"，今从金正炜改正）。故先王听谚言于市，愿公之听臣言也。公求中立于秦而弗能得也，善公孙郝以难甘茂，劝齐兵以止魏（"止"上原有"劝"字，金正炜云："涉上而衍"，今删去），楚、赵皆公之仇也，臣恐国之以此为患也，愿公之复求中立于秦也。"公仲曰："奈何？"对曰："秦王以公孙郝为党于公而弗之听，甘茂不善于公而弗为公言，公何不因行愿以与秦王语？行愿之为秦王臣也公。臣请为公谓秦王曰：'齐、魏合与离，于秦孰利？齐、魏别与合，于秦孰强？'秦王必曰：'齐、魏离则秦重，合则秦轻，齐、魏别则秦强，合则秦弱。'臣即曰：'今王听公孙郝，以韩、秦之兵应齐而攻魏，魏不敢战，归地而合于齐，是秦轻也。'臣以公孙郝为不忠。今王听甘茂，以韩、秦之兵据魏而攻齐，齐不敢战，不求割地而合于魏，是秦轻也。臣以甘茂为不忠。故王不如令韩中立，以攻齐、魏（"齐魏"原作"齐齐"，金正炜云："当作齐、魏，谓使齐、魏相攻。"今据以改正）。王言救魏以劲之。齐、魏不能相听，久离兵事（"事"原作"史"，今从金正炜改正。"离"读作"罹"，遭受也），王欲则信公孙郝于齐，为韩取南阳，易谷川而归，此惠王之愿也。王欲则信甘茂于魏，以韩、魏之兵，据魏以郄齐（姚注："郄一作郤"，闵本作"却"，古通用，退也），此武王之愿也。臣以为令韩中立以劲齐，最秦之大急也。公孙郝党于齐而不肯言，甘茂薄而不敢谒也。此二人，王之大患也。愿王之熟计之也。'"（《韩策一》第二十章）

案：顾观光附此于周赧王九年，即秦昭王元年，当为秦昭王初立而甘茂出奔齐以前事。韩公仲以宜阳被拔而与甘茂不善，说者因劝行愿以与秦王语。时齐、魏将相攻，说者劝中立而言救魏，以劲之。

［魏哀王］（当作“襄王”）十二年太子朝于秦，秦来伐我皮氏，未拔而解。（《魏世家》，《六国表》作“太子往朝秦”。《六国表》“秦击皮氏，未拔而解”，系于魏哀王十三年）

魏襄王十二年秦公孙爰（“爰”当作“疾”）率师伐我，围皮氏。翟章率师救皮氏围，疾西风（“风”当为“去”字之误）。（《水经·汾水注》引《纪年》）

案：秦伐魏皮氏，《魏世家》与《竹书纪年》均记在魏襄王十二年，即秦武王四年，而《六国表》记在魏襄王十三年，即秦昭王元年，则迟一年。《樗里子列传》亦云：“昭王元年……还击皮氏，皮氏未降，又去。”惟湖北云梦睡虎地出土秦简《编年记》又云：“［昭王］二年攻皮氏”，又迟一年。盖皮氏之役起于武王四年底，而结束于昭王二年初。朱右曾释《纪年》云：“疾盖人名，西风地名。”陈逢衡以为公孙爰即樗里疾。陈梦家《六国纪年考证》又谓：“《纪年》或称之褚里疾，或称之公孙爰，爰假作缓疾之缓，与疾名字相应。”此说尚无确据。梁玉绳《史记志疑》于《秦本纪》惠文君十一年论及此事云：“公孙爰疑即樗里子，樗里为秦惠王弟，称公孙，疾讹爰。”此说是也。考是时秦攻皮氏之主将确为樗里疾，既见于《樗里子列传》，又见于《魏策二》第十五章与《魏策三》第十一章。《樗里子列传》称樗里子“解蒲而去，还击皮氏，皮氏未降，又去”。《魏策三》载：“乃请樗里子曰：攻皮氏，此王之首事也，而不能拔。”攻皮氏既为“王之首事”，主攻者必为主将。是时秦之主将未见有公孙爰其人，“爰”当为“疾”之讹，与下文之“疾”正相呼应。“西风”当为“西去”之误。“疾西去”，即《樗里子列传》所谓“皮氏未降，又去”。亦即《魏策三》所谓“不能拔”，《六国表》与

《魏世家》所谓“未拔而解”。未见有地名西风者。或以为“疾西风”为记天异，《纪年》为魏史，岂能于“攻皮氏”与“城皮氏”之叙事中夹叙天异乎？“风”字必为“去”字之形讹无疑。

秦、楚攻魏，围皮氏。为魏谓楚王曰：“秦、楚胜魏，魏王之恐见亡矣，必合于秦（“合”原作“舍”，姚注一作“合”，当以作“合”为是）。王何不倍秦而与魏王，魏王喜，必内太子，秦恐失楚，必效城地于王，王虽复与之攻魏可也。”楚王曰：“善。”乃倍秦而与魏，魏内太子于楚。秦恐，许楚城地，欲与之复攻魏。樗里疾怒，欲与魏攻楚，恐魏之以太子在楚不肯也。为疾谓楚王曰：“外臣疾使臣谒之曰：敝邑之王，欲效城地，而为魏太子之尚在楚也，是以未敢。王出魏，质臣请效之（姚注：“质臣，曾作太子”），而复固秦、楚之交，以疾攻魏。”楚王曰：“诺。”乃出魏太子，秦因合魏以攻楚。（《魏策二》第十五章）

魏太子在楚。谓楼子于鄢陵曰（鲍本改“谓”为“为”，非是）：“公必且待齐、楚之合也，以救皮氏。今齐、楚之理必不合矣。彼翟子之所恶于国者，无公矣。其人皆欲合齐、秦，外楚以轻公，公必谓齐王曰：‘魏之受兵，非秦实首伐之也，楚恶魏之事王也，故劝秦攻魏。’齐王故欲伐楚，而又怒其不己善也，必令魏以地听秦而为和。以张子之强，有秦、韩之重，齐王恶之，而魏王不敢据也。今以齐、秦之重，外楚以轻公，臣为公患之。钧之出地以为和于秦也，岂若由楚乎？秦疾攻楚，楚还兵（鲍彪谓衍“楚”字，非是），魏王必惧。公因寄汾北以予秦而为和（金正炜云：“寄，委也。鲍改为割，无取”），合亲以孤齐、秦，楚重公，公必为相矣。臣意秦王与樗里疾之欲之也，臣请为公说之。”乃请樗里子曰：“攻皮氏，此王之首事也，而不能拔，天下且以此轻秦。且有皮氏于以攻韩、魏利也。”樗里子曰：“吾已合魏矣，无所用之。”对曰："臣愿以鄙心意公，公无以为罪。有皮氏，国之大利也（鲍本"之"下有"所"字），而以与魏，公终自以为不能守也，故以与魏。今公之力有余守之（姚注："公，曾作攻"），何故而弗有也？"樗里子曰："奈何？"曰："魏王之所恃者齐、楚也，所用者楼廪、翟强也（吴师道曰："廪，字书无此字"，《韩策》作"鼻"），今齐王谓魏王曰：'欲讲，攻于齐，王兵之辞也（鲍本"王"作"主"，吴师道曰："讲当作构，构攻犹言构兵"），是弗救矣。'楚王怒于魏之不用楼子，而使翟强为和也，怨颜已绝之矣，魏王之惧也见亡。翟强欲合齐、秦外楚以轻楼廪，楼廪欲合秦、楚外齐以轻翟强，公不如按魏之和，使人谓楼子曰：'子能以汾北与我乎？请合楚外齐以重公也，此吾事也。'楼子与楚王必疾矣。又谓翟子：'子能以汾北与我乎？必为合齐外于楚以重公也。'翟强与齐王必疾矣。是公外得齐、楚以为用，内得楼廪、翟强以为佐，何故不能有地于河东乎？"（《魏策三》第十章）

案：皮氏在今山西河津县西一里，即黄河之龙门所在。不仅形势险要，且为河西通往河东之桥头堡。秦惠王五年魏纳秦河西地，九年秦渡河取汾阴、皮氏。不久，皮氏归魏，此时秦又欲攻取。所谓"有皮氏，国之大利也"，因而魏尽力坚守，秦攻之不能拔。

赵武灵王亦变俗胡服，习骑射，北破林胡、楼烦。（《史记·匈奴列传》）

赵武灵王十九年初胡服。（《六国表》）

[赵武灵王]十九年春正月，大朝信宫，召肥义与议天下，五日而毕。王北略中山之地，至于房子，遂之代，北至无穷，西至河，登黄华之上。召楼缓谋曰："我先王因世之变，以长南藩之地，属阻漳、滏之

险，立长城，又取蔺、郭狼，败林人于荏，而功未遂。今中山在我腹心，北有燕，东有胡，西有林胡、楼烦、秦、韩之边，而无强兵之救，是亡社稷，奈何？夫有高世之名，必有遗俗之累，吾欲胡服。”楼缓曰：“善。”群臣皆不欲。(《赵世家》)

案：《赵世家》载：当道者谓赵简子曰：“及主君之后嗣，且有革政而胡服，并二国于翟。”即指武灵王而言。《正义》解释“革政而胡服”云：“今时服也，废除裘裳也。”即废除原有之裘裳，改用胡人服装，改穿短衣与裤，束皮带，用带钩，戴武冠，穿皮靴，以便发展骑射，从而增强兵力。《后汉书·舆服志》云：“武冠一曰武弁、大冠，诸武官服之。侍中中常侍加黄金珰附蝉为文，貂尾为饰，谓之赵惠文冠。胡广说曰：赵武灵王效胡服，以金貂饰首，前插貂尾为贵职，秦灭赵，以其君冠赐近臣。”刘昭补注：“又名鵔鸃冠。”盖胡服冠饰，既有貂蝉、鸟羽之殊，而鸟羽中又有鹖与鵔鸃之别。《赵策二》载武灵王赐周绍胡服，“衣冠具带，黄金师比”。具带乃黄金具带之略称，犹如《汉书·隽不疑传》之云櫑具剑，《王莽传》之云玉具剑。胡名则谓郭洛带或钩络带。师比乃带钩之胡名，或作鲜卑、胥纰、犀毗。《淮南子·主术训》云：“赵武灵王贝带鵔鶫而朝，赵国化之。”“贝带”乃“具带”之误，“鵔鶫”乃“鵔鸃”之误。《汉书·武五子传》称“故昌邑王衣短衣大绔，冠惠文冠”，即胡服也。《太平御览》六百九十八引《释名》云：“靴，本胡名也。赵武灵王始服之。”今本《释名》有讹脱。王国维著有《胡服考》，收入《观堂集林》卷二二。

武灵王平昼闲居，肥义侍坐，曰：“王虑世事之变，权甲兵之用，念简、襄之迹，计胡、狄之利乎？”王曰：“嗣立不忘先德，君之道也；错质务明主之长，臣之论也。是以贤君静有道民便事之教，动有明古先世之功（以上一节，《赵世家》改作“于是肥义侍，王曰：简、襄主之烈，计胡、翟之利”）。为人臣者，穷有弟长辞让之节（《赵世家》作“宠有孝弟长幼顺明之节”），通有补民益主之业。此两者君、臣之分也。今吾欲继襄主之业（《赵世家》“业”作“迹”），启胡、翟之乡（《赵世家》“启”作“开于”），而卒世不见也。敌弱者用力少而功多（《赵世家》“敌”上有“为”字），可以无尽百姓之劳，而享往古之勋（《赵世家》“享”作“序”）。夫有高世之功者，必负遗俗之累；有独知之虑者，必被庶人之恐（《赵世家》作“任骜民之怨”）。今吾将胡服骑射以教百姓，而世必议寡人矣。”（《赵世家》“矣”作“奈何”）肥义曰：“臣闻之，疑事无功，疑行无名。今王即定负遗俗之虑（《赵世家》无“今”字，“即”作“既”），殆毋顾天下之议矣。夫论至德者，不和于俗；成大功者，不谋于众。昔舜舞有苗，而禹袒入裸国，非以养欲而乐志也，欲以论德而要功也（《赵世家》“欲”作“务”，“要”作“约”）。愚者暗于成事，智者见于未萌（《赵世家》“见于未萌”作“睹未形”），王其遂行之。”（《赵世家》作“则王何疑焉”）王曰：“寡人非疑胡服也（《赵世家》作“吾不疑胡服也”），吾恐天下笑之（《赵世家》“之”作“我也”），狂夫之乐，知者哀焉；愚者之笑，贤者戚焉（《赵世家》“戚”作“察”）。世有顺我者，则胡服之功未可知也，虽敺世以笑我（《赵世家》“敺”作“驱”），胡地中山，吾必有之。”（《鲍本》“地”作“服”，“胡服”属上句）王遂胡服（《赵世家》作“于是遂胡服矣”）。使王孙绁告公子成曰（《赵世家》无“孙”字）：“寡人胡服且将以朝，亦欲叔之服之也，家听于亲，国听于君，古今之公行也。子不反亲，臣不逆主，先王之通谊也（《赵世家》“主”作“君”，“先王”作“兄弟”，“谊”作“义”）。今寡人作教易服，而叔不服，吾恐天下议之也。

夫制国有常，而利民为本；从政有经，而令行为上。故明德在于论贱（《赵世家》“在于论贱”作“先论于贱”），行政在于信贵（《赵世家》“在于信贵”作“先信于贵”）。今胡服之意，非以养欲而乐志也，事有所出，功有所止（姚注：“曾本出改作止，止改作出”，乃依《赵世家》。《赵世家》“出”作“止”，“止”作“出”）。事成功立，然后德且见也（《赵世家》“德且见”作“善”）。今寡人恐叔逆从政之经，以辅公叔之议，且寡人闻之，事利国者行无邪，因贵戚者名不累，故寡人愿慕公叔之义，以成胡服之功，使继谒之叔，请服焉。”公子成再拜曰（《赵世家》“再拜”下有“稽首”二字）：“臣固闻王之胡服也，不佞寝疾（《赵世家》“不佞”上有“臣”字），不能趋走，是以不先进（《赵世家》作“未能趋走以滋进也”），王今命之（《赵世家》无“今”字），臣固敢竭其愚忠（《赵世家》“固敢”作“敢对因”）。臣闻之中国者（《赵世家》无“之”字），聪明睿知之所居也（《赵世家》“睿知”作“徇智”），万物财用之所聚也，贤圣之所教也，仁义之所施也，诗书礼乐之所用也，异敏技艺之所试也，远方之所观赴也，蛮夷之所义行也，今王释此，而袭远方之服（《赵世家》“释”作“舍”），变古之教，易古之道，逆人之心，畔学者（《赵世家》“畔”作“佛”，“佛”上有“而”字），离中国，臣愿大王图之。”使者报王，王曰：“吾固闻叔之病也。”（《赵世家》无“固”字，“病”作“疾”，下有“我将自往请之”一句）即之公叔成家，自请之曰（《赵世家》“即”作“王遂往”，“自”上有“因”字）：“夫服者所以便用也，礼者所以便事也。是以圣人观其乡而顺宜，因其事而制礼，所以利其民而厚其国也，祝发文身（《赵世家》“祝”作“翦”），错臂左衽，瓯越之民也（瓯，姚注：“一作林”，又注：“林越，《春秋后语》作临越”，注云：“临亦百越之一名也”），黑齿雕题，鳀冠秫缝（姚注：“一作鲑冠黎绁”，《赵世家》作“却冠秫绌”），大吴之国也，礼服不同，其便一也。是以乡异而用变，事异而礼易，是故圣人苟可以利其民，不一其用，果可以便其事，不同其礼。儒者一师而礼异，中国同俗而教离（上二句，《赵世家》“礼”作“俗”，“俗”作“礼”），又况山谷之便乎？（《赵世家》“又况”作“况于”）故去就之变，知者不能一，远近之服，圣贤不能同，穷乡多异，曲学多辨（《赵世家》“辨”作“辩”），不知而不疑，异于己而不非者，公于求善也（《赵世家》作“公焉而众求尽善也”）。今卿之所言俗也（《赵世家》“卿”作“叔”），吾之所言者所以制俗也，今吾国东有河、薄洛之水，与齐、中山同之，而无舟楫之用；自常山以至代、上党，东有燕、东胡之境，西有楼烦、秦、韩之边，而无骑射之备（《赵世家》“而”作“今”）。故寡人且聚舟楫之用（《赵世家》“且聚”作“无”），求水居之民（《赵世家》“求”作“夹”），以守河、薄洛之水（《赵世家》“以”上有“将何”二字）。变服骑射，以备其参胡、楼烦、秦、韩之边（《赵世家》“其”作“燕”，“参胡”作“三胡”，鲍本改“其”为“燕”。《索隐》云：“林胡、楼烦、东胡，是三胡也。”吴师道云：“参当作东”）。且昔者简主不塞晋阳以及上党，而襄主兼戎取代（《赵世家》“兼”作“并”），以攘诸胡，此愚知之所明也。先时中山负齐之强，兵侵掠吾地（《赵世家》“掠”作“暴”），系累吾民，引水围鄗，非社稷之神灵（《赵世家》“非”作“微”），即鄗几不守（《赵世家》“即”作“则”），先王忿之（《赵世家》“忿”作“丑”），其怨未能报也（《赵世家》“其”作“而”）。今骑射之服，近可以备上党之形，远可以报中山之怨，而叔也顺中国之俗（《赵世家》无“也”字），以逆简、襄之意，恶变服之名，而忘国事之耻（《赵世家》作“以忘鄗事之丑”），非寡人所望于子。”（《赵世家》“于子”作“也”）公子成再拜稽首，曰：“臣愚不达于王之议（《赵世家》“议”作“义”），敢通世俗之闻（“闻”原作“间”，姚注“间一作闻”。鲍本作“闻”,《赵世家》作“闻”,今改“间”为“闻”,《赵世家》下有“臣之辠也”一句)。今欲继简、襄之意(《赵世家》“欲”作“王将”),以顺先王之志,臣敢不听令。”(“令”原误作“今”,从鲍本改正。《赵世家》作“命”)再拜,乃赐胡服。(《赵策二》第四章,《赵世家》以下有“明日,服而朝,于是始出胡服令也”十三字)

赵文进谏曰:“农夫劳而君子养马(鲍本于“劳”下补“力”字),政之经也;愚者陈意而知者论焉,教之道也。臣无隐忠,君无蔽言,国之禄也。臣虽愚,愿竭其忠。”王曰:“虑无恶扰(鲍本“恶”作“变”),忠无过罪,子其言乎?”赵文曰:“当世辅俗,古之道也。衣服有常,礼之制也。循法无愆(“循”原作“修”,姚注:“一作循礼”。鲍本改作“循”,今从之),民之职也。三者先圣之所以教,今君释此而袭远方之服,变古之教,易古之道,故臣愿王之图之。”王曰:“子言世俗之间(“间”当作“闻”),常民溺于习俗,学者沉于所闻,此两者所以成官而顺政也,非所以观远而论始也。且夫三代不同服而王,五伯不同教而政,知者作教而愚者制焉,贤者议俗,不肖者拘焉。夫制于服之民,不足与论心,拘于俗之众,不足与致意。故势与俗化,而礼与变俱,圣人之道也。承教而动,循法无私,民之职也。知学之人,能与闻迁达,于礼之变(姚注:“一本无于字”),能与时化,故为己者不待人,制今者不法古,子其释之。”赵造谏曰:“隐忠不竭,奸之属也;以私诬国,贼之类也(“贼”原作“贱”,姚注:“刘改贱为贼”。作“贼”为是)。犯奸者身死,贼国者族宗(“贼”原作“贱”,姚注:“刘改贱作贼”,金正炜曰:“刘改是也”)。有此两者(“有”原作“反”,鲍改为“有”,今从之),先圣之明刑,臣下之大罪也。臣虽愚愿尽其忠,无遁其死。”王曰:“竭意不讳,忠也,上无蔽言,明也,忠不辟危,明不距人,子其言乎?”赵造曰:“臣闻之，圣人不易民而教，知者不变俗而动，因民而教者，不劳而成功，据俗而动者，虑径而易见也。今王易初不循俗，胡服不顾世，非所以教民而成礼也。且服奇者志淫，俗辟者乱民，是以莅国者不袭奇辟之服，中国不近蛮夷之行，非所以教民而成礼者也。且循法无过，循礼无邪，臣愿王之图之。"（《赵世家》无"赵文进谏"一段，无王辩驳赵文一段，更无"赵造谏曰"到此一段，而概括为"赵文、赵造、周袑、赵俊皆谏止王毋胡服，如故法便"）王曰："古今不同俗（《赵世家》"古今"作"先王"），何古之法？帝王不相袭，何礼之循？宓戏、神农教而不诛，黄帝、尧、舜诛而不怒。及至三王，观时而制法，因事而制礼，法度制令，各顺其宜，衣服器械，各便其用。故理世不必一道（《赵世家》"理世"作"礼也"），便国不必法古，圣人之兴也，不相袭而王，夏、殷之衰也，不易礼而灭。然则反古未可非，而循礼未足多也，且服奇而志淫，是邹、鲁无奇行也，俗辟而民易，是吴、越无俊民也（《赵世家》"俊民"作"秀士"）。是以圣人利身之谓服（《赵世家》"是以"作"且"），便事之谓教，进退之谓节（《赵世家》作"夫进退之节"），衣服之制所以齐常民，非所以论贤者也。故圣与俗流（《赵世家》作"圣"作"齐民"），贤与变俱（《赵世家》"贤"下有"者"字），谚曰：'以书为御者，不尽于马之情；以古制今者，不达于事之变'（《赵世家》"书"下无"为"字，无两"于"字，鲍本亦无两"于"字）。故循法之功，不足以高世；法古之学，不足以制今，子其勿反也。"（《赵策二》第四章，《赵世家》同，下有"遂胡服招骑射"六字）

案：赵武灵王推行胡服，先行于家与朝，然后推行于吏、于军、于国。王曰："寡人胡服且将以朝"，先以身作则，行之于朝。《淮南子·主术训》云："赵武灵王贝带鵕鸃而朝，赵国化之"，确是事实。所谓“初胡服”，仅推行于家族与朝中大臣，以为表率。《赵策二》载赵燕后胡服，王令让之曰：“寡人胡服，子独弗服，逆主罪莫大焉”，赵燕再拜稽首曰：“前吏命胡服，施及贱臣，臣以失令过期。”是胡服之令，施及群臣，盖次第为之。《水经·河水注》引《纪年》云：魏襄王十七年“又命将军、大夫、適子、戍吏皆貉服”。貉服即胡服。魏襄王十七年即赵武灵王二十四年。是命将军、大夫、適子、戍吏胡服在“初胡服”之后五年矣。《赵世家》载武灵王二十五年“使周袑胡服傅王子何”，可知是年胡服尚未大行，周袑为王子之傅尚需特施之。考《赵世家》载武灵王二十年攻中山，共五军，王并将右、左、中三军，另由牛翦将车骑，赵希并将胡、代。五军中惟牛翦一军为车骑，赵希所将胡、代中亦当有骑，皆不在王所将三军之中。知是时车骑尚非赵军之主力，仅用以奇袭或冲锋之用，与他国兵制相同。及至二十六年复攻中山，攘地北至燕代，西至云中、九原，攻取林胡、楼烦之地，胡骑行动飘忽，若欲驱逐之，或臣服之，非徒兵足以胜任。其势不得不以骑兵为主力，此武灵王所以必欲胡服骑射，亦犹春秋时晋攻无终及群狄，不得不毁车以为行也。

又案：今以《赵世家》与《赵策二》第四章相校，《赵世家》先言王召楼缓谋欲胡服，“群臣皆不欲”。下文紧接“于是肥义侍，王曰”云云，文义扞格，颇感突兀。《赵策》开首作：“武灵王平昼闲居，肥义侍坐，曰：‘王虑世事之变，权甲兵之用，念简、襄之迹，计胡、狄之利乎？’王曰：‘嗣立不忘先德，君之道也；错质务明主之长，臣之论也。是以贤君静有道民便事之教，动有明古先世之功。为人臣者，穷有弟长辞让之节，通有补民益主之业，此两者君、臣之分也。今吾欲继襄主之业，启胡、翟之乡”云云。《赵世家》删去“武灵王平昼闲，肥义侍坐”，改作“于是肥义侍”。并删去肥义开首之发问，而以“念简、襄之迹，计胡、狄之利乎”，改作“简、襄主之烈，计胡、翟之利”，作为王之开首两句，删去“嗣立不忘先德”至“动有明古先世之功”等语，而下接“为人臣者，宠有孝弟长幼顺明之节，通有补民益主之业”云云，文义又相扞格难通。《赵世家》又略去赵文、赵造之谏辞与王驳复赵文之辞，而混言“赵文、赵造、周祒、赵俊皆谏止王毋胡服，如故法便”，更以王驳复赵造之辞作为总驳诸臣之辞。《赵世家》据策文删改增补，痕迹显然，可知策文乃较为原始之史料。梁玉绳《史记志疑》以《赵世家》“赵文、赵造、周祒、赵俊皆谏”有误，云：“周祒策作绍，赐胡服，立为王子傅。赵燕胡服后期，让其逆令，疑史误‘燕’为‘俊’，然二人未有谏胡服事，《史》误耳”。

又案：《赵策二》此章与《史记·商君列传》、《商君书·更法》、《新序·善谋》第七章商鞅与持异议者驳辩，有许多相同之处，并有许多相袭之辞。此云“武灵王平昼闲居，肥义侍坐”；《商君书》作“孝公平昼，公孙鞅、甘龙、杜挚三大夫御于君”。此处肥义曰：“王虑世事之变”云云，《商君书》亦谓三大夫“虑世事之变，讨正法之本，求使民之道”。此处王曰：“嗣立不忘先德，君之道也；错质务明主之长，臣之论也”；《商君书》亦有君曰：“代立不忘社稷，君之道也。错法务民主张，臣之行也。”孙诒让《札迻》曰：“错法务民主张，义殊不可通，《新序·善谋》作错法务明主长是也，当据校正。《赵策》武灵王与肥义、赵造论胡服章文，与此多同，明长二字与《新序》同，可以互证。”此处肥义曰：“臣闻之，疑事无功，疑行无名，今王即定负遗俗之虑，殆毋顾天下之议矣。夫论至德者，不和于俗，成大功者，不谋于众。……愚者暗于成事，智者见于未萌，王其遂行之。”《商君书》公孙鞅亦曰：“臣闻之，疑行无成，疑事无功，君亟定变法之虑，殆无顾天下之议之也。……语曰：愚者暗于成事，知者见于未萌……郭偃之法曰：论至德者不和于俗，成大功者不谋于众……”此处王驳赵文曰：“子言世俗之间，常民溺于习俗，学者沉于所闻，此两者所以成官而顺政也，非所以观远而论始也。且夫三代不同服而王，五伯不同教而政，知者作教而愚者制焉，贤者议俗，不肖者拘焉。……”《商君书》公孙鞅驳甘龙亦曰：“子之所言，世俗之言也。夫常人安于故习，学者溺于所闻，此两者所以居官而守法，三代不同礼而王，五霸不同法而霸，故知者作法而愚者制焉，贤者更礼而不肖者拘焉。……”此处王驳赵造曰：“古今不同俗，何古之法？帝王不相袭，何礼之循？宓戏、神农教而不诛，黄帝、尧、舜诛而不怒。及至三王，观时而制法，因事而制礼，法令制度，各顺其宜，衣服器械，各便其用。故理世不必一道，便国不必法古，圣人之兴也，不相袭而王，夏、殷之衰也，不易礼而灭。然则反古未可非，而循礼未足多也……”《商君书》公孙鞅驳杜挚亦曰：“前世不同教，何古之法？帝王不相复，何礼之循？伏羲、神农教而不诛，黄帝、尧、舜诛而不怒，及至文、武各当时而立法，因事而制礼。礼法以时而定，制令各顺其宜，兵甲器备各便其用。臣故曰：治世不一道，便国不必法古。汤、武之王也，不循古而兴，殷、夏之灭也，不易礼而亡。然则反古未必可非，循礼者未足多是也。君无疑矣。”两者用辞相袭非常明显。按《商君书》晚出,汇编成书已在长平之战以后。诸祖耿《战国策集注汇考》云:"作《商君书》者前于史公,《更法篇》文必有所袭,其所袭者,当即《策》文无疑。然则非《策》抄《商君书》,乃《商君书》抄自策文也。"其说甚是。据《策》文,赵文言"衣服有常,礼之制也",因而反对"释此而袭远方之服"。王驳赵文谓"三代不同服而王,五伯不同教而政",确是就胡服而辩论。据《策》文,赵造言"圣人不易民而教,知者不变俗而动","是以莅国者不袭奇辟之服",王驳赵造谓三王"法令制度,各顺其宜,衣服器械,各便其用",亦就胡服而辩论。而《商君书》公孙鞅驳杜挚,谓文、武"制令各顺其宜,兵甲器备各便其用"。商鞅变法之主旨并不在于"兵甲器备各便其用"。《赵世家》谓武灵王与赵文、赵造辩论之结果,为"遂胡服招骑射",颇为确切。而《商君书·更法》之结论,为"于是遂出垦草令"。但"垦草令"与上述公孙鞅与甘龙、杜挚之辩论无关。

赵燕后胡服,王令让之,曰:"事主之行,竭意尽力,微谏而不哗,应对而不怨,不逆上以自伐,不立私以为名,子道顺而不拂,臣行让而不争。子用私道者家必乱,臣用私义者国必危,反亲以为行,慈父不子;逆亲以自成,惠主不臣也。寡人胡服,子独弗服,逆主,罪莫大焉。以从政为累,以逆主为高,行私莫大焉。故寡人恐亲犯刑戮之罪,以明有司之法。"赵燕再拜稽首曰:"前吏命胡服,施及贱臣,臣以失令过期,更不用侵,辱教,王之惠也。臣敬修衣服("修"原作"循",姚注"一作修",今据以改正),以待令甲"("令甲"原作"今日",黄丕烈云:"今本今日作'令甲',当以'令甲'为是")。(《赵策二》第六章)

案:赵燕后胡服,当在此年或稍后。《史记·惠景间侯者年表》"长沙王者著令甲"。《汉书·宣帝纪》云:"令甲,死者不可生。"颜注引如淳曰:"令有先后,故有令甲、令乙、令丙。"

周赧王九年(公元前三〇六年)

秦昭王元年,魏襄王十三年,韩襄王六年,赵武灵王二十年,齐宣王十四年,楚怀王二十三年,燕昭王六年。

且王(指楚怀王)前尝用召滑于越,而内行章义之难,越国乱,故楚南塞厉门而郡江东。计王之功所以能如此者,越国乱而楚治也。(《甘茂列传》范蜎谓楚王,"内行章义之难",《索隐》引旧注云:"一云内句章、昧之难。")

且王尝用[召]滑于越("召"字原脱,从鲍彪补),而纳句章、昧之难,越乱,故楚南察濑胡而野江东。计王之功所以如此者,越乱而楚治也。(《楚策一》第十六章范环谓楚王)

前时王使邵滑之越,五年而能亡越,所以然者,越乱而楚治也。(《韩非子·内储说下》干象对楚王语)

案:召滑或作邵滑,亦作卓滑、淖滑,"召"、"邵"、"卓"、"淖",并为"昭"之通假。昭滑乃楚怀王时楚三大族中之重臣。贾谊《过秦论》云:"齐明、周最、陈轸、昭滑、楼缓、翟景、苏厉、乐毅之徒通其意。"昭滑盖与齐明等人同时。《楚策四》第五章云:"齐明说卓滑以伐秦,滑不听也。"可知昭滑为楚掌权之大臣。《赵策三》第三章谓:"齐破燕,赵欲存之。"楚、魏"令淖滑、惠施之赵,请伐齐而存燕"。盖昭滑常主持楚之外交,是时楚使昭滑于越,即乘越内乱之时机,图谋灭亡越国。越之内乱情况,因史文缺佚,已不可考。《甘茂列传》谓"内行章义之难",《楚策一》又作"纳句章、昧之难”。鲍彪谓:“昧,唐昧,楚将”,“此言楚虽有唐昧之难而能得越地,以召滑乱之也。”此说不足信,与下文“越国乱而楚治”不合。金正炜以“纳句章”为一句,“昧之难”为一句,谓“纳其句章之地于楚”,“越太子诸咎弑其君翳,此云昧之难,疑即其事”,亦不可信。句章在今浙江余姚东南,楚在灭越之前不可能占有其地。诸咎弑君之年代较早,与此不合。张琦《战国策释地》又谓“昧盖越地”,而不能详定。蒙文通《越人迁徙考》又创新说云:“句章为汉会稽属县,昧或即会稽之大末县,疑皆越诸王之封地。楚王遣召滑之越,离间诸王,煽其内讧,楚遂乘机攻越。《太平御览》卷五五六引《吴越春秋》,言麋王与楚摇王战,摇王杀麋王云云(今本佚此文,《越绝书·记吴地传》有讹误),即其事也。楚怀王于是乃得灭麋王之国,取江东之地,是所谓亡越者,非尽有越地也,亡越麋王之国而已。”(《越史丛考》第三三至三四页)此说亦难令人首肯。蒙氏据《吴越春秋·句践阴谋外传》“所谓句亶、鄂、[越]章,人号麋侯、翼侯、魏侯也”,以为楚熊渠所封之越章王又号麋侯,越之麋王即在故楚麋侯所居之地,即秦之鄣郡、汉丹阳郡地。丹阳郡辖境当今安徽长江以南、江苏大茅山及浙江天目山以西及浙江新安江支流武强溪以北地区。今按楚之越章王是否又号麋侯,并无确证,谓越之麋王即在楚越章王之封地,更无所据。江东原指故吴地,丹阳郡未闻有江东之称。句章在会稽之东,封于句章之王亦不可能与居于丹阳之麋王相争。《韩非子》明云:“王使邵滑之越,五年而能亡越,所以然者,越乱而楚治也。”是则楚所亡者明为越国,非越别封之麋王也。《甘茂列传》谓“楚南塞厉门而郡江东”,《韩非子》则云:“五年而能亡越。”盖楚灭越后设郡于江东也。《春申君列传》称黄歇“献淮北十二县,请封于江东”,“春申君因故吴墟以自为都邑。”盖吴地原有江东之称,楚灭越取得故吴地而设郡。顾观光据此以为“江东尝为郡”,是也。策文作“南察濑胡而野江东”。“野”当为“郡”字之误。

又案:《越世家》谓楚威王“大败越,杀王无彊,尽取故吴地至浙江”,“而越以此散”,不可信。《越世家》所载齐使游说越王“释齐伐楚”之辞,所谓“楚三大夫张九军,北围曲沃、於中,景翠之军北聚鲁、齐南阳”,皆楚怀王十六七年间事。可知楚之灭越,必在楚怀王时,已辨在周赧王二年案语中。黄以周《史越世家补并辨》(收入《儆季杂著·史说》)以为楚之败越,杀王无彊在周赧王八年,即楚怀王二十二年,其言曰:“时秦攻宜阳,兵罢,秦与楚和亲(见《战国策》、《秦记》、《甘茂列传》),而越适乱,楚遂乘而灭之。其明年齐王遗书楚王为从,而楚臣昭睢有‘王虽东取地于越,不足以刷耻,秦破宜阳,韩犹事秦’之语,皆就当日事情,规戒其君(见《楚世家》,当从徐广说在二十二年)。则楚之得故吴地,在怀王二十三年前,当秦拔宜阳时可知矣。旧史知败越在秦拔宜阳时,而楚围徐州之年,亦适有秦拔宜阳事(见《韩世家》),故牵连及之,而不察其违也。周赧王十年齐使甘茂于楚,怀王新与秦合婚而欢,而秦闻甘茂在楚,欲相之,怀王问范蜎,蜎曰:‘王前用召滑于越,而内行章义之难,越国乱,故楚南塞厉门而郡江东,今王已用之于越,忘之于秦,臣以为王钜速忘矣。’(见《楚策》、《年表》、《甘茂列传》)云钜速忘者,败越尚在三年中也。而谓王无彊当楚威王围徐州时已为楚灭,可乎哉?”今按黄氏以楚灭越在楚怀王二十二年，其说是。严格言之，当在楚怀王二十三年秦复归韩武遂之后。不与秦拔宜阳同时。是时昭雎进谏楚王之辞，两次述及“韩已得武遂于秦”云云，秦归武遂于韩已在秦昭王元年，即楚怀王二十三年。范蜎答楚王言及楚南塞厉门而郡江东，在“楚怀王新与秦合婚而欢”之后，见《甘茂列传·集解》徐广曰：“昭王二年时迎妇于楚”，已是楚怀王二十四年。《越世家》载齐使人说越王，谓其时“楚三大夫张九军，北围曲沃、於中”云云，“于是越释齐而伐楚”。时在楚怀王十六年，次年楚大败于丹阳，并失去汉中。韩、魏又攻楚至邓。再次年秦又伐楚取召陵。楚当无余力以攻越。楚使昭滑入越并谋攻灭越国，当开始于楚怀王十八九年间、秦武王即位以后。秦武王逐走张仪魏章，放弃与韩、魏连横而攻楚齐之策略，正用力攻拔韩之宜阳，残三川，以窥周室，于是楚得有余力以攻越。及楚怀王二十二年，秦昭王继立，时昭王年少，宣太后当权，宣太后楚人，欲与楚修好，楚才得以全力攻越，因而于楚怀王二十三年灭越。怀王自十九年开始谋灭越，至二十三年完成，前后正五年。可知《韩非子》所载“王使邵滑于越，五年而能亡越”属实。

又案：《越世家》言楚“大败越，杀王无彊，尽取故吴地，至浙江……而越以此散，诸族子争位，或为王，或为君，滨于江南海上，服朝于楚”。黄以周据此云：“盖谓自此避居浙江会稽，会稽本近海也。或者因此谓是时会稽已失，滨在台州临海地。考之《楚世家》，顷襄王十八年，楚人有以弱弓说楚王者，曰：‘王北游目于燕之辽东，而南登于越之会稽’，是越之会稽，至楚顷襄王时犹未失也。其失会稽，在秦并楚之后，故《秦记》云：定楚江南地，降越君，置会稽郡也。王无彊虽败，而浙东会稽为越故土，仍未失，《世家》云楚取吴地至浙江，斯言本不诬也。”蒙文通亦有相同之见解，以为楚顷襄王时越之会稽尚未失，楚始终未灭越，至秦王政二十五年定楚江南地，为秦所灭（《越史丛考》第三六至四〇页）。此说未可尽信，楚怀王“亡越”而“郡江东”，当为事实。楚灭越之后，保留越君系统在会稽，使服朝于楚而便于统治越族。犹如秦惠王灭巴蜀之后，仍保留蜀王子弟为蜀侯，保留巴王子弟为君长，而便于统治巴人、蜀人。楚顷襄王十八年楚人有以弋射进说楚王者，先言“秦、魏、燕、赵者，鶀雁也；齐、鲁、韩、卫者，青首也；驺（邹）、费、郯、邳者，罗鸗也；外其余则不足射者。”越即在不足射者之列，甚至不如邹、费、郯、邳等所谓泗上十二诸侯，盖越已灭亡，独立之越国已不存在。以弋射进说者继而列举楚王可以张弓而射之地，最后云：“北游目于燕之辽东而南登望于越之会稽，此再发之乐也。”越之会稽仅作为登望之处，而非射之目标所在，盖越之会稽，已成为楚之属地，越之君长已服朝于楚。《秦始皇本纪》载：“二十四年王翦、蒙武攻荆，破荆军，昌平君死，项燕遂自杀。二十五年王翦遂定荆江南地，降越君，置会稽郡。”盖越已为楚所灭，仅留有降服之越君。秦将王翦率六十万大军攻破楚国，当定楚江南地时，连带降服越君，并在此设会稽郡。就越君系统而言，楚灭越后继续保留，当秦平定楚江南时，仍然保留。“降越君”而未废，但越君已为降服之君长，越国久已亡矣。

楚王欲伐越（“楚”下原有“庄”字，从《荀子·议兵》杨倞注所引校删），杜子谏曰（《荀子》杨倞注“杜子”作“庄子”）：“王之伐越何也？”曰：“政乱兵弱。”杜子曰：“臣愚患之。智如目也，能见百步之外而不能自见其睫。王之兵自败于秦、晋，丧地数百里，此兵之弱也。庄跻为盗于境内，而吏不能禁，此政之乱也。王之弱乱非越之下也，而欲伐越，此智之如目也。"王乃止。（《韩非子·喻老》）

案：今本《韩非子》作"楚庄王欲伐越"。钱穆《楚顷襄王又称庄王考》以为楚庄王即楚顷襄王之异谥，但《荀子·议兵》杨倞注引此无"庄"字，"庄"字当是误衍，当从杨注校删。楚王当为楚怀王，怀王言越"政乱兵弱"而欲伐越，正与上引范蜎对楚怀王所说因"越乱"而"亡越"相合。杜子谓"王之兵自败于秦、晋，丧地数百里"，当即指楚怀王十七年秦与韩、魏大败楚于丹阳，攻占楚之汉中等地。楚顷襄王时未有"败于秦、晋，丧地数百里"之事。据此可见，当楚怀王二十三年灭越之前，庄跻已为盗于境内而吏不能禁。及楚怀王二十八年楚为齐、魏、韩联军大败于方城，杀楚大将唐蔑（即唐昧），庄跻遂乘机攻入楚都郢而使"楚分为三四"。

[韩襄王]六年秦复与我武遂。（《韩世家》，《六国表》同）

[秦]昭襄王元年严君疾为相，甘茂出之魏。（《秦本纪》）

[秦]昭王元年……还击皮氏，皮氏未降，又去。（《樗里子列传》）

魏哀王（当作襄王）十三年秦击皮氏，未拔而解。（《六国表》）

[魏襄王]十三年城皮氏。（《水经·汾水注》引《纪年》）

秦使向寿平宜阳，而使樗里子、甘茂伐魏皮氏。向寿者，宣太后外族也，而与昭王少相长，故任用。向寿如楚，楚闻秦之贵向寿，而厚事向寿。向寿为秦守宜阳，将以伐韩。韩公仲使苏代谓向寿曰（《韩策一》第十九章误作"韩公仲谓向寿曰"）："禽困覆车。公破韩，辱公仲，公仲收国复事秦，自以为必可以封。今公与楚解口地（《韩策一》作"今公与楚解中"，《索隐》云："解口，秦地名，近韩，今将与楚也。"

《正义》云:“解口犹开口得言,向寿于秦开口,则楚人必得封地也。”当以《正义》之说为是),封小令尹以杜阳(《韩策一》作桂阳,当以杜阳为是。《汉书·地理志》杜阳属有扶风),秦、楚合,复攻韩,韩必亡。韩亡,公仲且躬率其私徒以阏于秦(《韩策一》“阏”作“斗”),愿公孰(通“熟”)虑之也。”向寿曰:“吾合秦、楚非以当韩也,子为寿谒之公仲,曰秦、韩之交可合也。”苏代对曰(《韩策一》脱“苏代”二字):“愿有谒于公。人曰贵其所以贵者贵。王之爱习公也,不如公孙奭(《韩策一》作公孙郝,“郝”、“奭”音同通用);其智能公也,不如甘茂。今二者皆不得亲于秦事,而公独与王主断于国者何?彼有以失之也。公孙奭党于韩,而甘茂党于魏,故王不信也。今秦、楚争强,而公党于楚,是与公孙奭、甘茂同道也,公何以异之?人皆言楚之善变也,而公必亡之,是自为责也(《韩策一》“必”下无“亡”字,“责”误作“贵”)。公不如与王谋其变也,善韩以备楚,如此则无患矣。韩氏必先以国从公孙奭,而后委国于甘茂。韩,公之仇也。今公言善韩以备楚,是外事不僻仇也。”向寿曰:“然,吾甚欲韩合。”对曰:“甘茂许公仲以武遂,反宜阳之民,今公徒收之(《韩策一》“徒”下有“令”字),甚难。”向寿曰:“然则奈何?武遂终不可得也?”对曰:“公奚不以秦为韩求颍川于楚?此韩之寄地也,公求而得之,是令行于楚而以其地德韩也。公求而不得,是韩、楚之怨不解而交走秦也。秦、楚争强,而公徐过楚以收韩(《集解》徐广曰:“过一作適”,“適”当与“谪”通)。向寿曰:“奈何?”对曰:此善事也。甘茂欲以魏取齐,公孙奭欲以韩取齐,今公取宜阳以为功,收楚、韩以安之,而诛齐、魏之罪,是以公孙奭、甘茂无事也。”(《甘茂列传》,自“韩公仲使苏代谓向寿曰”至此,与《韩策一》第十九章相同)

甘茂竟言秦昭王,以武遂复归之韩。向寿、公孙奭争之,不能得。

向寿、公孙奭由此怨，谗甘茂。茂惧，辍伐魏蒲阪，亡去（“蒲阪”当为“皮氏”之误）。樗里子与魏讲，罢兵。（《甘茂列传》）

案：“茂惧，辍伐魏蒲阪，亡去”下，《集解》徐广曰：“昭王元年击魏皮氏，未拔去。”梁玉绳云：“蒲阪乃皮氏之误，徐广已言之。”

公仲使韩珉之秦求武隧，而恐楚之怒也，唐客谓公仲曰：“韩之事秦也，且以求武隧也，非弊邑之所憎也。韩已得武隧，其形乃可以善楚。臣愿有言而不敢为楚计。今韩之父兄得众者，毋相，韩不能独立，势必不善楚。王曰：吾欲以国辅韩珉而相之，可乎？父兄恶珉，珉必以国保楚。”公仲说，士（通“仕”）唐客于诸公，而使之主韩楚之事。（《韩策三》第十章）

案：韩珉一作韩呡，《战国纵横家书》作韩夤，韩臣之亲秦者，是时公仲朋使之秦求归还武遂。其后韩珉曾因亲秦而为齐湣王之相。

谓公叔曰：“公欲得武遂于秦，而不患楚之能扬河外也。公不如令人恐楚王（吴师道云“扬疑伤字讹”。金正炜云：“扬疑当为易，恐当作怂”），而令人为公求武遂于秦。谓楚王曰：发重使，为韩求武遂于秦，秦王听，是令得万乘之主也。韩得武遂以恨秦（鲍改“恨”为“限”，金正炜云：“当作限”），毋秦患而得楚，韩、楚之县而已。秦不听，是秦、韩之怨深而交楚也。”（《韩策二》第七章）

公仲以宜阳之故仇甘茂，其后秦归武遂于韩，已而秦王固疑甘茂以武遂解于公仲也。杜赫为公仲谓秦王曰：“朋也，愿因茂以事王。”（“朋”原误作“明”，从鲍改正）秦王大怒于甘茂，故樗里疾大说杜赫。（《韩策一》第十六章，“赫”字原误作“聊”，据上文改正）

[楚怀王]二十六年（当作二十三年）齐滑王（当作宣王）欲为从

长，恶楚之与秦合，乃使使遗楚王书曰：“寡人患楚之不察于尊名也。今秦惠王死，武王立（梁玉绳云：“当作‘秦武王死，今王立’”），张仪走魏（此句因上文误作“秦惠王死，武王立”而误衍），樗里疾、公孙衍用（“公孙衍”当作“公孙郝”），而楚事秦。夫樗里疾善乎韩，而公孙衍善乎魏（“公孙衍”当作“公孙郝”），楚必事秦，韩、魏恐，必因二人求合于秦，则燕、赵亦宜事秦。四国争事秦，则楚为郡县矣。王何不与寡人并力收韩、魏、燕、赵，与为从而尊周室，以案兵息民，令于天下？莫敢不乐听，则王名成矣。王率诸侯并伐，破秦必矣。王取武关、蜀、汉之地，私吴、越之富而擅江海之利，韩、魏割上党，西薄函谷，则楚之强百万也。且王欺于张仪，亡地汉中，兵锉蓝田，天下莫不代王怀怒。今乃欲先事秦，愿大王孰（“孰”通“熟”）计之。”楚王业已欲和于秦，见齐王书，犹豫不决，下其议群臣。群臣或言和秦，或曰听齐。昭雎曰：“王虽东取地于越，不足以刷耻，必取地于秦，而后足以刷耻于诸侯。王不如深善齐、韩，以重樗里疾，如是则王得韩、齐之重以求地矣。秦破韩宜阳，而韩犹复事秦者，以先王墓在平阳，而秦之武遂去之七十里，以故尤畏秦。不然，秦攻三川，赵攻上党，楚攻河外，韩必亡。楚之救韩，不能使韩不亡，然而存韩者楚也。韩已得武遂于秦，以河山为塞，所报德莫如楚厚，臣以为其事王必疾。齐之所信于韩者，以韩公子眛为齐相也。韩已得武遂于秦，王甚善之；使之以齐、韩重樗里疾，疾得齐、韩之重，其主弗敢弃疾也。今又益之以楚之重，樗里子必言秦，复与楚侵地矣。”于是怀王许之，竟不合秦，而合齐以善韩。（《楚世家》）

案：原作“楚怀王二十六年”，《索隐》云：“下文始言二十四年，又更有二十六年，则此错。云二十六年，衍字也，当是二十年事。”《集解》引徐广曰：“怀王之二十二年，秦拔宜阳，取武遂，二十三年秦复归韩武遂，然则已非二十年事矣。”苏辙《古史》列此于二十二年，《大事记》列此于二十三年，当以二十三年为是。

甘茂亡秦，且之齐，出关，遇苏子（《甘茂列传》作“逢苏代”，按下文云：“苏秦为谓王曰”，苏子当指苏秦，司马迁改为“苏代”）曰：“君闻夫江上之处女乎？”苏子曰：“不闻。”曰：“夫江上之处女，有家贫而无烛者，处女相与语，欲去之，家贫无烛者将去矣，谓处女曰：‘妾以无烛故，常先至扫室布席，何爱余明之照四壁者，幸以赐妾，何妨于处女？妾自以有益于处女，何为去我？’（诸祖耿云：“以上两女字上处字，疑涉上下文而衍。”）处女相语以为然而留之。今臣不肖，弃逐于秦而出关，愿为足下扫室布席，幸无我逐也。”苏子曰：“善。请重公于齐。”乃西说秦王曰：“甘茂贤人，非恒士也，其居秦累世矣，自殽塞溪谷（《甘茂列传》“溪谷”作“鬼谷”，疑有错误），地形险易尽知之，彼若以齐约韩、魏，反以谋秦，是非秦之利也。”秦王曰：“然则奈何？”苏代曰（“苏代”当为“苏秦”之误）：“不如重其贽、厚其禄以迎之，彼来则置之槐谷（《甘茂列传》“槐谷”作“鬼谷”，疑有错误），终身勿出，天下何从图秦？”秦王曰：“善。”与之上卿，以相印迎之齐，甘茂辞不往。苏秦为谓齐王曰（“齐”字原脱，今从鲍本补。《甘茂列传》作“苏代谓齐湣王曰”，姚宏云：“一作‘苏代伪谓齐湣王曰’，当系据《甘茂传》改者。‘为’与‘伪’通。”）：“甘茂贤人也，今秦与之上卿以相印迎之，茂德王之赐，故不往，愿为王臣。今王何以礼之？王若不留，必不德王。彼以甘茂之贤，得擅用强秦之众，则难图也。”齐王曰：“善。”赐之上卿命而处之。（《秦策二》第十二章，《甘茂列传》此下更有“秦因复甘茂之家以市于齐”一句）

案：策文开首称苏子，其后又有“苏代曰”云云、与“苏秦为谓王曰”云云。《甘茂列传》皆作“苏代”。当以苏秦之记载较原始。今以《战国策》、《战国纵横家书》中苏秦史料与《史记》相校，若干原作苏秦者，史公皆改作苏代，盖史公误以苏秦死于燕王哙初立时，因而将若干苏秦之事改作苏代所为。此条史料亦是如此，《甘茂列传》已改作苏代，而《战国策》尚留有一处作苏秦，一处已按《史记》改作苏代。策文较为原始，首言“甘茂亡秦，且之齐，出关，遇苏子”，甘茂称：“今臣不肖，弃逐于秦而出关”，而《甘茂列传》首言“甘茂之亡秦奔齐，逢苏代。代为齐使于秦”，甘茂称：“今臣困而君方使秦，当路矣。”

甘茂之亡秦奔齐，逢苏代。代为齐使于秦。甘茂曰：“臣得罪于秦，惧而遁逃，无所容迹。臣闻贫人女与富人女会绩，贫人女曰：‘我无以买烛，而子之烛光幸有余，子可分我余光，无损子明而得一斯便焉。’今臣困而君方使秦，当路矣。茂之妻子在焉。愿君以余光振之。”苏代许诺。遂致使于秦。已，因说秦王曰：“甘茂，非常士也。其居于秦，累世重矣。自殽塞及至鬼谷，其地形险易皆明知之。彼以齐约韩、魏反以图秦，非秦之利也。”秦王曰：“然则奈何？”苏代曰：“王不若重其贽、厚其禄以迎之，使彼来则置之鬼谷，终身勿出。”秦王曰：“善。”即赐之上卿，以相印迎之于齐，甘茂不往。苏代谓齐湣王曰：“夫甘茂贤人也。今秦赐之上卿，以相印迎之。甘茂德王之赐，好为王臣，故辞而不往。今王何以礼之？”齐王曰：“善。”即位之上卿而处之。秦因复甘茂之家，以市于齐。（《甘茂列传》）

案：甘茂所述江上贫人女与富人女同烛会绩之故事，亦见于《列女传》卷六，谓齐东海上贫妇人徐吾与邻妇李吾之属“会烛相从夜绩”云云。

苏秦始将连横，说秦惠王曰（“秦惠王”当作“秦昭王”）：“大王之国，西有巴、蜀、汉中之利，北有胡、貉、代马之用，南有巫山、黔中之限，东有肴、函之固，田肥美，民殷富，战车万乘，奋击百万，沃野千里，蓄积饶多，地势形便，此所谓天府，天下之雄国也。以大王之贤，士民之众，车骑之用，兵法之教，可以并诸侯，吞天下，称帝而治。愿大王少留意，臣请奏其效。”秦王曰：“寡人闻之，毛羽不丰满者，不可以高飞；文章不成者，不可以诛罚；道德不厚者，不可以使民；政教不顺者，不可以烦大臣。今先生俨然不远千里而庭教之，愿以异日。”苏秦曰：“臣固疑大王之不能用也。昔者神农伐补遂，黄帝伐涿鹿而禽蚩尤，尧伐驩兜，舜伐三苗，禹伐共工，汤伐有夏，文王伐崇，武王伐纣，齐桓任战而伯天下。由此观之，恶有不战者乎？古者使车毂击（“击”下原衍“驰”字，从吴师道、金正炜删。吴师道云：“《后语》注，结音吉，此古韵协也，下文悉然”），言语相结，天下为一。约从连横，兵革不藏，文士并饬，诸侯乱惑，万端俱起，不可胜理。科条既备，民多伪态；书策稠浊，百姓不足；上下相愁，民无所聊；明言章理，兵甲愈起；辩言伟服，战攻不息；繁称文辞，天下不治；舌弊耳聋，不见成功；行义约信，天下不亲。于是乃废文任武，厚养死士，缀甲厉兵，效胜于战场。夫徒处而致利，安坐而广地，虽古五帝、三王、五伯，明主贤君，常欲坐而致之，其势不能，故以战续之（孙诒让曰：“续古文作赓，从庚贝，古与庚通。《月令》郑注云：庚之言更也，言以战更之也”）。宽则两军相攻，迫则杖戟相撞，然后可建大功。是故兵胜于外，义强于内，威立于上，民服于下。今欲并天下，凌万乘，诎敌国，制海内，子元元，臣诸侯，非兵不可。今之嗣主，忽于至道，皆惛于教，乱于治，迷于言，惑于语，沉于辩，溺于辞。以此论之，王固不能行也。”说秦王书十上而说不纳。黑貂之裘弊，黄金百斤尽。资用乏绝，去秦而归。羸滕履跻，负书担橐，形容枯槁，面目犁黑（“犁”通“黧”），状有愧色（“愧”原作“归”，高诱注：“归当作愧”，今据改）。归至家，妻不下纴，嫂不为炊，父母不与言。苏秦喟然叹曰：“妻不以我为夫，嫂不以我为叔，父母不以我为子，是皆秦之罪也。”乃夜发书，陈箧数十，得《太公阴符》之谋，伏而诵之，简练以为揣摩，读书欲睡，引锥自刺其股，血流至踵（“踵”原作“足”，从王念孙据《苏秦列传·集解》及《太平御览》人事部、器物部所引改正），曰：“安有说人主不能出其金玉锦绣，取卿相之尊者乎？”期年揣摩成，曰：“此真可以说当世之君矣。”（《秦策一》第二章，此下叙述苏秦游说赵王，赵王大悦，封以为武安君，受相印，于是约纵散横以抑强秦，当将说楚王路过洛阳时，父母郊迎三十里，嫂匍匐自跪而谢云云）

苏秦者，东周雒阳人也。东事师于齐，而习之于鬼谷先生。出游数岁，大困而归。兄弟嫂妹妻妾窃皆笑之，曰：“周人之俗，治产业，力工商，逐什二以为务。今子释本而事口舌，困，不亦宜乎！”苏秦闻之而惭，自伤，乃闭室不出，出其书遍观之，曰：“夫士业已屈首受书，而不能以取尊荣，虽多亦奚以为！”于是得《周书阴符》，伏而读之，期年，以出揣摩，曰：“此可以说当世之君矣。”（《苏秦列传》）

案：《赵策一》第八章记苏秦说李兑，自称雒阳乘轩里苏秦。《苏秦列传》称苏秦兄弟三人，“弟曰代，代弟苏厉”。《索隐》引谯周云：“秦兄弟五人，秦最少，兄代，代弟厉及辟、鹄，并为游说之士。”但未见有关辟、鹄之资料。所谓鬼谷先生，不可考，当出伪托。今本《鬼谷子》乃伪作。

又案：《史》、《策》称苏秦先游说秦王未见用，当是事实。秦昭王元年甘茂由秦亡之齐，出关遇苏秦，秦为之西说秦王，可知秦之游说秦王当在此时。所说者为秦昭王，《史》、《策》误作惠王，以致所说形势不合于惠王初立时，考辨者因此以为晚出伪托之作。其实不然。篇首称秦以“连横”说秦王，亦有误。其主旨并不在连横，而是主张“废文任武”，以武力“并天下，凌万乘，诎敌国，制海内，子元元，臣诸侯”。如此以为武力可以统一天下而“制海内，子元元”，“子元元”谓爱民如子，此乃兵家言，与《吕氏春秋·振乱》和《荡兵》等篇类似。苏秦揣摩之《太公阴符》，亦为兵家言，盖兵家讲究用间谍配合军事以取胜之著作。《孙子兵法》已有《用间》篇，论述使用间谍之重要及其方法，其结论曰：“昔殷之兴也，伊挚在夏（伊挚即伊尹）；周之兴也，吕牙在殷（吕牙即太公望）。故惟明君贤将能以上智为间者，必成大功。此兵之要，三军所恃而动也。”兵家盖推尊伊尹与太公望为遣使入敌国作间谍而成功之榜样。此“《太公阴符》之谋”，乃兵家依托太公而讲究使用间谍取胜之阴谋策略者。《苏秦列传·索隐》云：“《战国策》云得《太公阴符》之谋，则阴符是太公之兵符也。”实乃派出间谍推行阴谋策略之兵符，故而称为“阴符”。《太公阴符》又称《周书阴符》，盖太公为周之大臣，为“周之兴”而推行阴谋制胜之策略。亦或简称为《周书》。《韩非子·说林上》与《魏策一》第一章同载：知伯索地于魏，任章主张“与之”以骄知伯，如此则知氏之命将不长。任章引《周书》曰：“将欲败之，必姑辅之；将欲取之，必姑与之。”其后知伯果因此灭亡。王应麟云：“任章引《周书》岂苏秦所读《周书阴符》欤？《老子》之言，范蠡、张良之谋皆出于此。”（《困学纪闻》卷二）此说目光锐利，苏秦为间谍之阴谋确从此而来，并得成功。苏秦尝与燕昭王订密约，燕使苏秦入齐，助齐对付秦而用兵灭宋，齐湣王因封而相之。燕先曾出兵二万助齐攻宋，后又出兵二万从齐参与五国伐秦，使齐对燕十分信赖，“虚北地以行其兵”。但燕之阴谋目的，欲使齐疲于灭宋之战争，以便联合秦、赵伐破齐国。《燕策二》第十一章谓齐“兴兵伐宋，三覆宋，宋遂举，燕王闻之绝交于齐，率天下之兵以伐齐，大战一，小战再，顿齐国，成其名，故曰：因其强而强之，乃可折也，因其广而广之，乃可缺也”。此四句结论，与上引《周书》四句，用意基本相同。苏秦以间谍罪而被“车裂”于市，而苏秦之间谍行为得到成功。因而一九七二年山东临沂银雀山汉墓出土《孙子兵法》竹简，在“周之兴也，吕牙在殷”二句之后，新加“燕之兴也，苏秦在齐”二句。

[赵武灵王]二十年王略中山地，至宁葭。西略胡地，至榆中，林胡王献马。归，使楼缓之秦，仇液之韩，王贲之楚，富丁之魏，赵爵之齐。代相赵固主胡，致其兵。（《赵世家》）

案：楼缓、仇液、王贲、富丁、赵爵，乃赵武灵王时主持外交之大臣，楼缓尝赞赵武灵王胡服骑射以教百姓，为亲秦之外交大臣。《赵策三》第五章称“楼缓欲以赵合秦楚”，秦昭王十年楼缓入秦为相。仇液即仇赫，《穰侯列传》称“赵人楼缓来相秦，赵不利，乃使仇液之秦，请以魏冉为秦相”。《索隐》云：“《战国策》作仇郝，盖是一人而记别也。”《正义》云“音亦”。盖液、郝声近通用。仇郝亦作仇赫。《东周策》第十九章或人谓周最曰：“仇赫之相宋，将以观秦之应赵、宋，败三国。”《赵策三》第五章，称“富丁欲以赵合齐、魏”。盖赵臣之亲齐、魏者。《赵策三》第六章谓“魏因富丁且合于秦”。是富丁在魏又尝合秦、魏之交。王贲、赵爵之事无可考。

又案：榆中在秦上郡之北，北河之南，在今陕西榆林县以北，原为林胡之地，故赵武灵王“西略胡地至榆中，林胡王献马以示归附”。《水经·河水注》云：“河水又南，诸次之水入焉：……其水东径榆林塞，世又谓之榆林山，即《汉书》所谓榆溪旧塞者也。自溪西去，悉榆柳之薮矣，缘历沙陵，届龟兹县西去，故谓广长榆也。王恢云树榆为塞，谓此矣。苏林以为榆林在上郡，非也。考龟兹县在今陕西榆林县北，可知榆林县以北地区，即是榆林，盖以广大榆柳之林而得名，犹如魏国南北有因森林所在而地名林者，亦或称为林中。榆中原为胡人放牧之榆林地带，林胡当即因此得名。”《赵世家》惠文王十六年苏厉遗赵王书曰：“秦之上郡近挺关，至于榆中者千五百里。”《赵策三》第九章“挺关”作“扞关”，《战国纵横家书》第二十一章又作“麋关”。程恩泽曰：“以地形考之，当在今陕西肤施县一带。”在今榆林县南。此关即上郡与榆中之交界。

王破原阳，以为骑邑。牛赞进谏曰：“国有固籍，兵有常经，变籍则乱，失经则弱。今王破原阳以为骑邑，是变籍而弃经也。且习其兵者轻其敌，便其用者易其难。今民便其用而王变之，是损君而弱国也（损，姚注：“一作捐”）。故利不百者不变俗，功不什者不易器。今王破卒散兵以奉骑射，臣恐其攸获之利（“攸”原作“攻”，今从金正炜改正），不如所失之费也。”王曰：“古今异利，远近易用。阴阳不同道，四时不一宜。故贤人观时而不观于时，制兵而不制于兵。子知官府之籍，不知器械之利；知兵甲之用，不知阴阳之宜；故兵不当于用，何兵之不可易？教不便于事，何俗之不可变？昔者先君襄主与代交地，城境封之，名曰无穷之门，所以昭后而期远也。今重用修兵（“修”原作“循”，姚注“循一作修”，今据改），不可逾险，仁义道德，不可以来朝。吾闻信不弃功，知不遗时。今子以官府之籍，乱寡人之事，非子所知。”牛赞再拜，稽首曰：“臣敢不听令乎？”王遂胡服（“王”原作“至”，姚注“集，刘作王”，鲍本亦作“王”，今据改）。出于遗遗之门，逾九限之固，绝五陉之险，至榆中，辟地千里。（《赵策二》第七章）

案：原阳在今内蒙古呼和浩特市东南，为秦、汉云中郡属县，在云中东北。武灵王破原阳以为骑邑。鲍注谓骑邑骑士所居，盖用作训练骑射之地。胡貉之族善尚骑射，赵武灵王欲以骑兵为主力，方能攻取榆中而辟地千里。《赵世家》称是年“西略胡地，至榆中，林胡王献马”，又称“代相赵固主胡，致其兵”。盖林胡王献马表示归附，由代相赵固主管之而收编其兵，从而增强赵之兵力。

周赧王十年（公元前三〇五年）

秦昭王二年，魏襄王十四年，韩襄王七年，赵武灵王二十一年，齐宣王十五年，楚怀王二十四年，燕昭王七年。

[秦昭王]二年，彗星见。庶长壮与大臣、诸公子为逆，皆诛。及惠文后皆不得良死。悼武王后出归魏。（《秦本纪》，“诸”下原衍“侯”字，今从“古钞本”删去）

案：《秦本纪》“诸”下原有“侯”字，《史记会注考证》云：“古钞本无‘侯’字。”《资治通鉴》作“诸公子”，亦无“侯”字。《穰侯列传·索隐》与《集解》引《秦本纪》皆无“诸侯”二字。可知“侯”为衍文。诸侯未参与此次内乱。

秦昭王二年彗星见。季君为乱，诛。(《六国表》，“季”原误作“桑”，今从《穰侯列传·集解》徐广引《年表》改正)

[秦]昭王即位，以冉(魏冉)为将军，卫咸阳。诛季君之乱，而逐武王后出之魏，昭王诸兄弟不善者皆灭之，威振秦国。昭王少，宣太后自治，任魏冉为政。(《穰侯列传》)

秦内乱，杀其太后及公子雍、公子壮。(《穰侯列传·索隐》引《纪年》)

[魏哀王](当作襄王)十四年秦来归武王后。(《魏世家》，《六国表》同)

案：秦武王死后无子，秦诸公子争夺君位，内乱持续，首尾三年。至是年，秦昭王母宣太后之弟魏冉，以将军名义，杀死武王母惠文后以及大臣、诸公子，拥立昭王成功，并逐武王后出归魏。已明辨在周赧王八年案语中。

[楚怀王]二十四年倍齐而合秦。秦昭王初立，乃厚赂于楚。楚往迎妇。(《楚世家》)

楚怀王二十四年秦来迎妇。(《六国表》)

案：《屈原列传》云：“时秦昭王与楚婚。”可知秦所迎楚妇，即昭王后。《甘茂列传》云：“齐使甘茂于楚，楚怀王新与秦合婚而欢。”《集解》徐广曰：“昭王二年时迎妇于楚。”《楚世家》作“楚往迎妇”，疑为“秦往迎妇”之误。黄式三《周季编略》作“楚迎妇于秦，秦迎妇于楚”，未必可信。

齐使甘茂于楚，楚怀王新与秦合婚而欢。而秦闻甘茂在楚，使人谓楚王曰：“愿送甘茂于秦。”(《甘茂列传》)

楚王问于范环曰(《甘茂列传》“范环”作“范蜎”，《韩非子·内储说下》又作“干象”)：“寡人欲置相于秦，孰可?”对曰：“臣不足以知之。”王曰：“吾相甘茂可乎?”范环对曰：“不可。”王曰：“何也?”曰：“夫史举，上蔡之监门也(《甘茂列传》“上蔡”作“下蔡”，《韩非子》亦作“上蔡”)。大不如事君，小不如处室，以苛廉闻于世，甘茂事之顺焉。故惠王之明，武王之察，张仪之好谮(《甘茂列传》《韩非子》“好谮”皆作“辩”)，甘茂事之，取十官而无罪，茂诚贤者也。然而不可以相秦。秦之有贤相，非楚国之利也。且王尝用召滑于越(“滑”上原无“召”字，今从《甘茂列传》补，《韩非子》作“邵滑”)，而纳句章、昧之难(《甘茂列传》作“而内行章义之难”)，越乱，故楚南察濑胡而野江东(《甘茂列传》作“故楚南塞厉门而郡江东”。《韩非子》无以上四句，而作“前时王使邵滑之越，五年而能亡越”)。计王之功，所以能如此者，越乱而楚治也。今王以用之于越矣，而忘之于秦，臣以为王钜速忘矣(《甘茂列传》作“臣以王为钜过矣”，《韩非子》作“不亦太亟亡乎?”“亡”通“忘”)。王若欲置相于秦，若公孙郝者可(《甘茂列传》作“则莫若向寿可。”《韩非子》作“不如相共立”，“共立”当为“赫”字之误)，夫公孙郝之于秦王(《甘茂列传》“公孙郝”作“向寿”，《韩非子》误作“共立”)，亲也，少与之同衣，长与之同车，被王衣以听事，真大王之相已。王相之，楚国之大利也。”(《楚策一》第十六章，《甘茂列传》、《韩非子·内储说下》大体相同。末句《韩非子》作“且利以乱秦矣”)

案：《甘茂列传》“范蜎”，《集解》徐广曰：“一作环”，《索隐》云：“《战国策》一作蝝字。”《策》文正作“环”，《韩非子》又作“干象”。“象”当为“彖”字之误。蜎、彖声同，蜎之作环，则又声之转，亦犹环渊或作蜎渊也。

[楚怀王]于是使使请秦相向寿于秦，秦卒相向寿。而甘茂竟不

得复入秦,卒于魏。(《甘茂列传》叙述于范蜎对答楚怀王"欲置相于秦"之后)

案:《穰侯列传》称宣太后弟魏冉,"诛季君之乱"而"立昭王","威振秦国。昭王少,宣太后自治,任魏冉为政。"《甘茂列传》记苏代对向寿曰:"王之爱习公也,不如公孙奭;其智能公也,不如甘茂。今二人者皆不得亲于秦事,而公独与王主断于国者何?彼有以失之也。公孙奭党于韩,而甘茂党于魏,故王不信也。"可知在甘茂出亡以前,向寿已与昭王主断于国。武王时樗里疾与甘茂为左右丞相。昭王元年甘茂出奔,樗里疾单独为相。故《秦本纪》云:"严君疾为相,甘茂出之魏。"向寿者,宣太后外族,宣太后楚人,是年秦昭王又与楚婚,迎妇于楚,向寿于是由于楚怀王之推荐,得补甘茂之缺。此后即不见樗里疾用事。盖疾已虚拥相名,国事已由宣太后自治,而命魏冉、向寿任事矣。

[秦昭王]二年攻皮氏。(秦简《编年记》)

案:皮氏为河西通往河东之桥头堡,自秦武王四年以来,秦屡次进攻,魏坚守未拔。

[赵武灵王]二十一年攻中山,赵袑为右军,许钧为左军,公子章为中军,王并将之。牛翦将车骑,赵希并将胡、代。赵与之陉,合军曲阳,攻取丹邱、华阳、鸱之塞。王军取鄗、石邑、封龙、东垣,中山献四邑请和,王许之,罢兵。(《赵世家》)

案:"赵与之陉",《集解》徐广曰:"一作陆,又作陉,或宜言赵与之陉,陉者山绝之名。"《正义》"陉音荆,陉,陉山也,在并州陉县东南十八里"。《集解》徐广曰:"华一作爽","鸱一作鸿"。

管鼻(当作楼鼻)之令翟强与秦事。谓魏王曰:"鼻之与强,犹晋人之与楚人也。晋人见楚人之急，带剑而缓之，楚人恶其缓而急之，今鼻之入秦之传舍（“今”原作“令”，从鲍本改正），舍不足以舍之。强之入，无蔽于秦者。强，王贵臣也，而秦若此其甚，安可？”（《魏策四》第十四章）

魏相翟强死，为甘茂谓楚王曰：“魏之几相者，公子劲也。劲也相魏，魏、秦之交必善。秦、魏之交完，则楚轻矣。故王不如与齐约，相甘茂于魏。齐王好高人以名，今为其行人请魏之相，齐必喜，魏氏不听，交恶于齐，齐、魏之交恶，必争事楚。魏氏听，甘茂与樗里疾，贸首之仇也，而魏、秦之交必恶，又交重楚也。”（《楚策二》第一章）

案：魏相翟强死，有人为甘茂说楚王，请王与齐约，推荐甘茂为魏相，并称甘茂为齐之行人，并谓“魏氏听，甘茂与樗里疾，贸首之仇也，而魏、秦之交必恶”。可知其时甘茂已奔齐，而樗里疾尚为秦之丞相，是则翟强为魏相必在此年以前。《魏策三》第十一章记秦围魏皮氏时，魏太子在楚，有人请樗里疾曰：“魏王之所恃者，齐、楚也；所用者楼廪、翟强也。”又云：“翟强欲合齐、秦外楚，以轻楼廪；楼廪欲合秦、楚外齐，以轻翟强。”可知此时魏重用之大臣翟强与楼廪皆主以魏合秦，服从于秦之连横策略，但翟强主以魏合秦、齐而外楚，楼廪主以魏合秦、楚而外齐。《魏策四》第二十章载：“周冣善齐，翟强善楚，二子者欲伤张仪于魏。”据此可知当张仪挟秦势为魏相时，翟强已仕于魏，乃魏臣中之善楚者。

周赧王十一年（公元前三〇四年）

秦昭王三年，魏襄王十五年，韩襄王八年，赵武灵王二十二年，齐宣王十六年，楚怀王二十五年，燕昭王八年。

[秦昭王]三年王冠，与楚王会黄棘，与楚上庸。(《秦本纪》)

[楚怀王]二十五年怀王入与秦昭王盟，约于黄棘，秦复与楚上庸。(《楚世家》,《六国表》作“与秦王会黄棘，秦复归我上庸”)

楚吾得帅师及秦伐郑，围纶氏。(《水经·伊水注》引《纪年》,《后汉书·黄琼传》注引《纪年》作“楚及秦伐郑纶氏”,《太平寰宇记》卷四西京颍阳县引《纪年》作“楚及秦伐郑，围纶氏”。《路史·后纪》卷十三下注引《纪年》作“楚吾得及秦师伐郑，围纶”)

楚兵在山南，吾得将，为楚王属怒于周(鲍本“怒”作“怨”)。或谓周君曰:“不如令太子将军正，迎吾得于境，而君自郊迎，令天下皆知君之重吾得也，因泄之楚，曰:‘周君所以事吾得者，器名曰某’，楚王必求之，而吾得无效也，王必罪之。”(《西周策》第七章)

案:《水经注》引此条《纪年》，未记年。雷学淇《考订竹书纪年》、《竹书纪年义证》列于魏襄王十五年;朱右曾《汲冢纪年存真》从之。《义证》云:“《战国策·周策》曰:楚师在山南，吾得将，为楚王属怨于周。……《楚世家》曰:怀王二十年合齐而善韩，二十四年倍齐而合秦。秦昭王初立，乃厚赂于楚，楚往迎妇。二十五年怀王入与秦昭王盟，约于黄棘，秦复与楚上庸，据《策》记诸说与《纪年》皆符，盖此时秦、楚复合，故同往伐韩也。”余按雷说甚是。《纪年》谓吾得率楚师会合秦师伐韩，围纶氏。纶氏在今河南伊川县与登封县之中间，正当缑氏、轘辕诸山之南，故《西周策》云:“楚兵在山南”，高诱注:“在周之山南也。”今本《纪年》系此条于周显王三十五年，不当。余知古《渚宫旧事》三:“张何谓吾得曰:‘何能令公贵于三柱国，请为公说王曰:吾得出于晋国，好廉而善剑，不如使其掌客。’遂言于怀王，王从之。”当即此吾得。

翟章救郑，次于南屈。（《水经·河水注》引《纪年》，《汉书·地理志注》与《太平寰宇记》卷四十八慈州、《路史·国名纪戊》引《纪年》同）

案：诸书引《纪年》，未记何年。雷学淇以为与“楚吾得帅师及秦伐郑，围纶氏”为一时事。朱右曾从之。

奢延水又东，径肤施县南，秦昭王三年置上郡治。（《水经·河水注》）

案：《秦本纪》称秦惠文王十年“魏纳上郡十五县”。《魏世家》作“魏尽入上郡于秦”。可知二十四年前秦已有魏之上郡。此后秦不断扩大上郡割境。但此时肤施尚未为秦所有。《赵世家》称惠文王三年“灭中山，迁其王于肤施”。赵惠文王三年当秦昭王十一年，可知此时肤施尚为赵地。《水经注》“秦昭王三年”当为“十三年”之误，说详周赧王二十年案语中。

【附编】

三年漆工配、丞诎造，工隶臣牟。禾石，高奴。（高奴禾石铜权止面所铸凸起阳文，反面加刻秦始皇二十六年诏书及“高奴石”三字，其后加刻秦二世元年诏书，见陕西省博物馆《西安市西郊高寨村出土秦高奴铜石权》，刊于《文物》一九六四年第九期）

案：此权一九六四年出土于西安阿房宫遗址。禾石，谓称粟所用，重一石。高奴在今陕西延安东北。当年铸造发给高奴使用，始皇二十六年尝调回检定，秦二世又加检定，未及发还而秦灭亡，故权留阿房宫。此权可能造于秦昭王三年，或庄襄王三年，或秦始皇三年，或以“三”上有缺字，乃秦昭王十一年或卅一年。据实测，一石一百二十斤，重三〇七五〇克，折算每斤合二五八点三克。据此可知秦之衡制确实长期沿用而未变，盖历经朝廷检校之结果。

周赧王十二年(公元前三〇三年)

秦昭王四年,魏襄王十六年,韩襄王九年,赵武灵王二十三年,齐宣王十七年,楚怀王二十六年,燕昭王九年。

[韩襄王]九年秦复取我武遂。(《韩世家》,《六国表》作“秦取武遂”)

魏哀王(当作襄王)十六年秦拔我蒲阪、晋阳、封陵。(《六国表》,《魏世家》蒲阪作蒲反。“晋阳”作“阳晋”。《索隐》引《纪年》作“晋阳、封谷”)

[秦昭王]四年取蒲阪。(《秦本纪》)

[秦昭王]四年攻封陵。(秦简《编年记》)

案:《纪年》之封谷即是封陵,即今山西永济县南封陵渡。蒲阪、晋阳、封陵皆为河西通往河东之重要渡口,为军事上必争之地。

[楚怀王]二十六年齐、韩、魏为楚负其从亲而合于秦,三国共攻楚,楚使太子入质于秦而请救。秦乃遣客卿通将兵救楚,三国引兵去。(《楚世家》,《六国表》亦云:“太子质秦。”)

薛公相齐也(“齐”原误作“脊”),伐楚九岁,功(通“攻”)秦三年。(《战国纵横家书》八《苏秦谓齐王章》)

薛公以齐为韩、魏攻楚,又与韩、魏攻秦,而藉兵乞食于西周。韩庆为西周谓薛公曰(《孟尝君列传》作“孟尝君怨秦,将以齐为韩、魏攻楚,因与韩、魏攻秦,而借兵食于西周。苏代为西周谓曰”):“君以齐为韩、魏攻楚,九年取宛、叶以北,以强韩、魏,今又攻秦以益之。……”

(《西周策》第一章,《孟尝君列传》大体相同)

案:“薛公以齐为韩、魏攻楚”,鲍彪注:“楚怀王二十六年齐、韩、魏攻楚,此[周赧王]十二年也。”“又与韩、魏攻秦”,鲍彪注:“此[周赧王]十七年也。”梁玉绳云:“时为赧王十七年,齐与韩、魏攻秦,而齐于前三年共秦、韩、魏攻楚,于前五年与韩、魏伐楚,则言九年非也,取宛、叶亦妄。”今按:《楚世家》言楚怀王二十六年齐、韩、魏为楚负其从亲而合于秦,三国共攻秦,当为孟尝君所主持。《荀子·王霸》篇称齐闵、薛公“用强齐……故强南足以破楚,西足以诎秦,北足以败燕,中足以举宋”。以“破楚”为齐湣王孟尝君所主持,盖孟尝君已相齐而用事。《战国纵横家书》八《苏秦谓齐王章》开首即云:“薛公相齐也,伐楚九岁,攻秦三年,欲以残宋,取淮北。”《西周策》亦谓“薛公以齐为韩、魏攻楚……韩庆为西周谓薛公曰:‘君以齐为韩、魏攻楚,九年取宛、叶以北,以强韩、魏。’”《孟尝君列传》同,惟作“苏代为西周谓曰”。所谓“伐楚九岁”,或“攻楚九年”,“九”皆“五”字之讹。《燕策一》第八章记苏代见燕昭王(今本误作燕王哙)曰:“今夫齐王,长主也,而自用也,南攻楚五年,畜积散,西困秦三年,民憔瘁,士罢弊,北与燕战,覆三军,获二将,而又以其余兵,南面而举五千乘之劲宋而包十二诸侯。”可知齐合韩、魏之师,尝连年出战,先破楚,再困秦,更败燕军,又灭宋。楚怀王二十六年即齐宣王十七年,三国共攻楚;楚怀王二十八年即齐湣王立年,大败楚而杀楚将唐昧;至楚怀王三十年即齐湣王二年,孟尝君入秦为相,首尾共五年,齐正合韩、魏用力于攻楚,皆由孟尝君即薛公主其事。盖孟尝君于齐宣王晚年已为齐相而执政矣。

齐王问于文子曰："治国何如?"对曰："夫赏罚之为道，利器也。君固握之，不可以示人。如臣者，犹兽鹿也，唯荐草而就。"(《韩非子·内储说上》)

案：文子当即孟尝君，齐王问以治国，当在其初为相国时。据此，孟尝君殆亦尝闻申不害学说之余绪者。

孟尝君为从，公孙弘谓孟尝君曰："君不若使人西观秦王，意者，秦王帝王之主也，君恐不得为臣，何暇从以难之？意者秦王不肖主也，君从而难之，未晚也。"孟尝君曰："善，愿因请公往矣。"公孙弘敬诺，以车十乘之秦，秦昭王闻之，而欲丑之以辞(《齐策四》"丑"作"媿""媿"即"丑"字，鲍本作"愧"。《齐策》高诱注"丑或作耻")，以观公孙弘。公孙弘见昭王，昭王曰："薛之地大小几何?"公孙弘对曰："百里。"昭王笑曰："寡人之国地数千里，犹未敢以有难也。今孟尝君之地方百里，而因欲以难寡人，犹可乎?"公孙弘对曰："孟尝君好士，大王不好士。"昭王曰："孟尝君之好士何如?"公孙弘曰："义不臣乎天子，不友乎诸侯，得意则不惭为人君，不得意则不肯为人臣，如此者三人。能治可为管、商之师，说义听行，其能致主霸王，如此者五人。万乘之严主，辱其使者，退而自刎也，必以血污其衣，有如臣者七人(《齐策》作"十人")。"昭王笑而谢焉，曰："客胡为若此，寡人善孟尝君，欲客之必谨喻寡人之意也。"公孙弘敬诺。(《吕氏春秋·不侵》,《齐策四》第二章同)

案：《吕氏春秋·不侵》叙记此事之后，评论曰："公孙弘可谓不侵矣。昭王，大王也；孟尝君，千乘也；立千乘之义而不可凌，可谓士矣。"《齐策二》亦有相同评论，惟"可谓士矣"作"可谓足使矣"。可知《齐策》乃依据《吕氏春秋》而辑入。孟尝君以齐相而主谋合纵攻秦，秦昭王接见其使公孙弘，欲丑之以辞，不以齐与秦相提并论，而以孟尝君封邑薛与秦相比。其实，孟尝君未尝以薛之封邑为主而主谋合纵。《吕氏春秋》之评论以孟尝君之千乘与昭王之大王相比，仍沿用昭王丑公孙弘之辞。鲍彪因此谓事在孟尝君于齐襄王初年中立为诸侯时，并不恰当。今案：孟尝君于齐湣王二年入秦为相，次年回齐，又以齐合韩、魏而攻秦入函谷关，迫使秦归还韩河外及武遂，归还魏河外及封陵。当齐襄王初年，孟尝君当已熟知秦昭王之为人，孟尝君使使入秦观昭王之为人，必在昭王新立不久、孟尝君未入秦为相前。黄式三《周季编略》列此于周赧王十三年，其说近是。余谓当在周赧王十一年昭王成年举行冠礼而亲理政务之后，是时孟尝君为齐相而主谋合纵，因而特遣公孙弘入秦见昭王而观察之。

［赵武灵王］二十三年攻中山。（《赵世家》）

［鲁平公］二十二年（下"二"字衍）平公卒，子贾立，是为文公。（"文"当作"闵"，《鲁世家》作"闵公"，《索隐》引《世本》作"湣公"，《汉书·古今人表》作"愍公"，《律历志》作"缗公"）

案：文公《索隐》云："《世本》作湣公，邹诞亦同。《世家》或作文公。"《汉书·古今人表》作鲁愍公，注云："平公子。"《汉书·律历志》作"缗公"。"湣"、"愍"、"缗"，俱音同通用，则《世家》"文公"必为"闵公"之缺误。犹《燕世家》湣公，《索隐》引《世本》作闵公，而引《纪年》误作文公。《韩非子·内储说上》齐湣王，《太平御览》五百十一亦误作文王。

又案：平公《六国表》作十九年，《汉书·律历志》作二十年，证以《鲁世家》"文公七年楚怀王死于秦"，则二十年之说是也。

今本《鲁世家》作“二十二年”，盖误衍下“二”字。武内义雄《六国表订误》亦从《汉志》之说，并谓“《汉志》云平公《世家》即位二十年，此《世家》即指《鲁世家》”。而钱穆又辨之曰：“余读《汉志》《世家》炀公即位六十年”，而今《史记·鲁世家》炀公仅六年，又云：“献公即位五十年”，而今《鲁世家》献公仅三十二年，又武公“《世家》即位二年”，而今《鲁世家》作九年，则《汉志》所称《世家》自别有据，非即《史记》之《鲁世家》，又可见矣。今证《鲁世家》平公二十二年乃二十年之误者，即据《鲁世家》本文“平公十二年秦惠王卒”、“文公七年楚怀王死于秦”，两语合算已定。至汉《志》之鲁平公二十年，仅足为其旁证，不得谓《汉志》本《鲁世家》也。又云：“据本文秦惠王卒楚怀王死两语对勘，非文公五年楚怀王死，即平公二十年而卒，《世家》两语，必有一误。证之于其下顷公二年秦拔郢一条，知定误在平公也。”（《先秦诸子系年》第四六八至四六九页）其说至是。余考楚怀王之死，《史记》本误后三年，实当鲁闵公之四年耳。

城浑出周，三人偶行，南游于楚，至于新城。城浑说其令曰：“郑、魏者，楚之耎国（“耎”与“软”通，弱也），而秦，楚之强敌也。郑、魏之弱，而楚以上梁应之（金正炜云：“上梁疑当作上蔡”），宜阳之大也，楚以弱新城圉之（“圉”原作“围”，从金正炜、于鬯改正）。蒲反、平阳相去百里（于鬯以为“平阳”当作“安邑”，非是。“平阳”乃“晋阳”之误，晋阳即阳晋），秦人一夜而袭之，安邑不知；新城、上梁相去五百里，秦人一夜而袭之，上梁亦不知也。今边邑之所恃者，非江南、泗上也，则楚王何不以新城为主郡也？边邑甚利之。”新城公大说，乃为具驷马乘车五百金之楚，城浑得之，遂南交于楚，楚王果以新城为主郡。

(《楚策一》第十三章)

案:城浑说楚以新城为主郡,以御秦之宜阳,则新城建郡必在周赧王八年秦得韩宜阳后、周赧王十五年秦拔楚新城之前。新城在今河南伊川县西南,正当宜阳之东南。楚于新城设郡防守,可以防备秦从宜阳进攻。上梁,张琦以为即南梁。南梁在今河南临汝县西,若楚在南梁设郡,仅能用以防韩,不能用以防韩、魏两国,此与“郑、魏之弱,而楚以上梁应之”不合。且新城与南梁相距不过百里,又与“新城、上梁相去五百里”不合。金正炜疑“上梁”是“上蔡”之误。《楚世家》楚顷襄王十八年楚人有以弋射进说楚王者,云:“王朝张弓而射魏之大梁之南,加其右臂而径属之于韩,则中国之路绝而上蔡之郡坏矣。”上蔡之郡此时属于楚,正用防韩、魏。新城与上蔡之间相距约五百里。至于“蒲反、平阳相去百里,秦人一夜而袭之,安邑不知”,当指周赧王十二年秦拔魏蒲阪、晋阳、封陵之事。“平阳”当即“晋阳”之误。晋阳即阳晋,在封陵之北。此言蒲阪、晋阳、封陵等地,不过相距百里,是时魏以安邑为主郡,蒲阪等地皆属之,但当秦人突然袭击时,安邑尚不知也。据此可知,是时魏以安邑为主郡用以防秦;楚以上蔡为主郡,用以防韩、魏。又新设新城为主郡,用以防秦从宜阳进攻。

秦昭王四年彗星见。(《六国表》,《秦本纪》同)

周赧王十三年(公元前三〇二年)

秦昭王五年,魏襄王十七年,韩襄王十年,赵武灵王二十四年,齐宣王十八年,楚怀王二十七年,燕昭王十年。

[楚怀王]二十七年秦大夫有私与楚太子斗，楚太子杀之而亡归。(《楚世家》)

[秦昭襄王]五年魏王来朝应亭，复与魏蒲阪。(《秦本纪》,《六国表》作“魏王来朝”)

[魏哀王](当作襄王)十七年与秦会临晋，秦予我蒲反。(《魏世家》,《六国表》同，惟“秦予我蒲反”作“复我蒲坂”)

[秦昭王]五年归蒲反。(秦简《编年记》)

案:《汉书·地理志》河东郡有蒲反县，注引应劭曰:“秦始皇东巡见长坂，故加反云。”此说不确。战国时此地已称蒲反或蒲坂、蒲阪。注又引臣瓒曰:“《秦世家》(当作《秦本纪》)云以垣为蒲反，然则本非蒲也。”韩连琪《睡虎地秦简编年记考证》以臣瓒之说为是。云:“蒲反即魏垣，非故蒲也。秦昭王十七年攻魏取垣，始以垣为蒲反，是在魏则谓之垣，在秦则谓之蒲反，实一地而异名，史多混称。”(《先秦两汉史论丛》第三二三至三二四页)此说不可信。《秦本纪》载昭王十七年“秦以垣为蒲阪、皮氏”,《索隐》云:“为当为易字之讹也。”《索隐》之说未是。《秦本纪》言昭王十五年“攻魏取垣，复予之”。秦简《编年记》又言十八年“攻蒲反”。足见《索隐》系臆说，但臣瓒之说亦不确，所有地理沿革之记载，垣未有改称蒲反之说。考垣在今山西垣曲县西南，蒲反在今山西永济县东，皮氏在今山西河津县，皆为魏沿大河之重要城邑，秦不可能将垣改称蒲反，混淆两地之名称。秦简《编年记》载昭王十七年“攻垣、枳”，十八年“攻蒲反”。可知《秦本纪》昭王十七年“秦以垣为蒲阪、皮氏”，当为“秦攻垣及蒲阪、皮氏”之误。

韩襄王十年太子婴与秦会临晋，因至咸阳而归。(《六国表》,《韩世家》作"太子婴朝秦而归")

案:《秦本纪》言是年"魏王来朝应亭",而《魏世家》、《六国表》俱谓"与秦会临晋"。梁玉绳以为《秦本纪》"应亭"为"临晋"之误,《年表》、《魏世家》可证。此说不确。《范雎列传》"秦封范雎以应"。《索隐》引刘氏云:"河东临晋有应亭。"范雎封邑当然不在临晋,但临晋确有应亭。前此十一年,魏襄王六年襄王曾与秦惠文王会于临晋。盖黄河东岸之临晋关与黄河西岸之蒲坂关,是时正为秦、魏交界之主要关塞所在,因而成为两国君主相会之地点。应亭当为秦临晋靠近关塞之要地,因而成为魏王来朝之处。是年韩太子婴来朝秦,盖与魏襄王同来,《资治通鉴》记此事作"秦王、魏王、韩太子婴会于临晋,韩太子婴至咸阳而归"。当有所据。

魏襄王十七年邯郸命吏大夫奴迁于九原,又命将军、大夫、適子、戍吏皆貉服矣。(《水经·河水注》引《纪年》)

案:今本《纪年》"戍吏"作"代吏","貉服"作"貂服"。"貉服"即是胡服。"貉"或作"貊"。貉与胡,均为当时对北方少数民族之通称。《荀子·强国》云:秦"北与胡貉为邻"。《匈奴列传》亦云:"赵襄子逾句注而破并代,以临胡、貉。"《赵世家》称武灵王二十六年复攻中山,攘地北至燕代,西至云中九原。但《竹书纪年》称魏襄王十九年赵命吏大夫奴迁九原。据此则武灵王二十四年已攘地至云中、九原矣。

【附编】

邹忌事宣王,仕人众,宣王不悦。晏首贵而仕人寡,王悦之。邹忌谓宣王曰:"忌闻以为有一子之孝,不如有五子之孝,今首之所进仕

者以几何人。”宣王因以晏首壅塞之。(《齐策一》第十一章)

淳于髡一日而见七士于宣王,王曰:“子来也,寡人闻之,千里而一士,是比肩而立;百世而一圣,若随踵而至也。今子一朝而见七士,则士不亦众乎?”淳于髡曰:“不然。夫鸟同翼者而聚居,兽同足者而俱行,今求柴葫、桔梗于沮泽,则累世不得一焉。及之睾黍、梁父之阴,则郄车而载耳。夫物各有畴。今髡,贤者之畴也,王求士于髡,譬若挹水于河,而取火于燧也。髡将复见之,岂特七士也。”(《齐策三》第十章)

[齐]宣王喜文学游说之士,自如驺衍(当作驺忌)、淳于髡、田骈、接子、慎到、环渊之徒七十六人,皆赐列第,为上大夫,不治而议论,是以齐稷下学士复盛,且数百千人。(《田世家》系于宣王末年,《孟子荀卿列传》作“自如淳于髡以下,皆命曰列大夫,为开第康庄之衢,高门大屋尊宠之”)

案:淳于髡于威王初年即见重,疑威王时已有稷下之学,故《田世家》称宣王时稷下复盛也。《新序·杂事二》第六章又有“驺忌既为齐相,稷下先王淳于髡之属七十二人皆轻忌”云云。《田世家》“驺衍”当即“邹忌”之字误。邹忌以鼓琴说威王,亦文学游说之士,其失相后,疑仍留稷下。孟子于齐,既致为臣欲归,宣王欲中国而授室,养弟子以万钟,盖齐自有此风习也。宣王初年邹忌、淳于髡仍留稷下,年辈最长,故《齐策》有“邹忌事宣王,仕人众”,“淳于髡一日而见七士于宣王”云云。《田世家》系此于宣王卒前一年,本以意为之,非有所据,亦犹《魏世家》系孟子游梁于梁惠王卒前一年也。今以驺忌淳于髡年世考之,知此当为宣王初年事。

慎到，赵人。田骈、接子，齐人。环渊，楚人。皆学黄老道德之术，因发明序其指意。故慎到著十二论，环渊著上、下篇，而田骈、接子皆有所论焉。(《孟子荀卿列传》)

《慎子》四十二篇。(《汉书·艺文志》列法家，班固自注："名到，先申、韩，申、韩称之。")

案：今《慎子》存残本五篇。《群书治要》卷三十七存有二篇节本。据现存著作，可知慎到乃由道家分化而出之法家，主张国君无为而治，充分发挥臣下之才能，并提倡法治而重势。

《田子》二十五篇。(《汉书·艺文志》列道家，班固自注："名骈，齐人，游稷下号天口骈。")

齐人见田骈，曰："闻先生高议，设为不宦，而愿为役。"田骈曰："子何闻之?"对曰："臣闻之邻人之女。"田骈曰："何谓也?"对曰："臣邻人之女，设为不嫁，行年三十而有七子，不嫁则不嫁，然嫁过毕矣。今先生设为不宦，此言养千钟，徒百人。不宦则然矣，而富过毕也。"田子辞。(《齐策四》第八章)

田骈以道术说齐，齐王应之曰："寡人所有者齐国也，愿闻齐国之政。"田骈对曰："臣之言，无政而可以得政。譬之若林木，无材而可以得材。愿王之自取齐国之政也。骈犹浅言之也，博言之，岂独齐国之政哉？变化应来而皆有章，因性任物而莫不宜当。彭祖以寿，三代以昌，五帝以昭，神农以鸿。"(《吕氏春秋·执一》)

《捷子》二篇。(《汉书·艺文志》列在道家)

案：《汉书·古今人表》亦作捷子。古"接""捷"音同通假。

《尹文子》一篇。(《汉书·艺文志》列名家，班固自注："说齐宣王，先公孙龙。")

案:今《道藏》本《尹文子》上、下二篇。《吕氏春秋·正名》高诱注:“尹文,齐人,作《名书》一篇,在公孙龙前,公孙龙称之。”《汉书》颜师古注引刘向云:“与宋钘俱游稷下。”

齐宣王谓尹文曰:“人君之事何如?”尹文对曰:“人君之事,无为而能容下。夫事寡易从,法省易因,故民不以政获罪也。大道容众,大德容下,圣人寡为而天下治矣。《书》曰:‘睿作圣。’诗人曰:‘岐有夷之行,子孙其保之。’”宣王曰:“善 。”(《说苑·君道》篇)

案:《吕氏春秋·正名》篇记述尹文见齐湣王主张“见侮而不斗”,不当以为辱,可知至湣王时尚在稷下。

《宋子》十八篇。(《汉书·艺文志》列小说家,班固自注:“孙卿道宋子,其言黄老意。”)

案:顾颉刚《宋钘书入小说家》(《史林杂识》第五十四)谓宋钘好以故事宣传其道家主张,“含有通俗文学之意”,因而被列入小说家。宋钘即宋牼,亦作宋荣。主张寡欲宽恕,见侮不辱,使人不斗,同时学者所作评论,见于《荀子·正论》、《解蔽》,《韩非子·显学》,《庄子·天下》等篇。

荀卿,赵人。年五十始来游学于齐。(《孟子荀卿列传》)

方齐宣王威王之时,聚天下贤士于稷下尊宠之……是时孙卿有秀才,年五十,始来游学。(刘向《序荀卿书》,《郡斋读书志》引“年五十”作“年十五”,《风俗通义·穷通》篇亦作“年十五”)

案:当以“年十五”为是。黄以周云:“游学必幼年事,五十游学断无是理。”《孟子荀卿列传》云:“齐襄王时,而荀卿最为老师,齐尚修列大夫之缺,而荀卿三为祭酒焉。”以此下距襄王时,近四十年,故最为老师而三为祭酒焉。

卷十三

周赧王十四年(公元前三〇一年)至十九年(公元前二九六年)

周赧王十四年(公元前三〇一年)

秦昭王六年,魏襄王十八年,韩襄王十一年,赵武灵王二十五年,齐宣王十九年,楚怀王二十八年,燕昭王十一年。

[齐宣王]十九年宣王卒,子湣王地立。(《田世家·索隐》云:"《世本》名遂"。)

案:《六国表》记齐宣王元年在周显王二十七年,记齐湣王元年在周显王四十六年,如此则伐燕子之者为湣王,与《孟子》、《战国策》称齐宣王伐燕不合,其年代显然错误。《资治通鉴》为此将齐威王年世加多十年,齐宣王年世移后十年。《大事记》则以湣王年世缩短十年,宣王年世延长十年。以求齐伐燕年代与《孟子》、《战国策》相合。考《孟尝君列传·索隐》引《纪年》云:"梁惠王后元十五年齐威王薨。"据此可见,威王之卒与宣王之立,当周慎靓王元年。若按《田世家》宣王十九年卒，则宣王之卒与湣王之立，当在周赧王十四年。雷学淇《竹书纪年义证》定湣王元年在周赧王十四年，钱穆《先秦诸子系年》则定在十五年。惟钱氏云："《纪年》于今王二十年称齐王，以宣王亦未卒，尚无谥，故《纪年》惟有威王无宣王可证，宣王卒在魏襄二十年后，亦证威、宣非一王两谥矣。"(《先秦诸子系年》第三九五页)若信如其说，则齐宣王之卒，尚在周赧王十六年后；湣王之元不在周赧王十五年矣。然考《荀子·王霸》篇已称齐闵、薛公用强齐，"南足以败楚"，《乐毅列传》亦谓："当是时齐湣王强，南败楚相唐昧于重丘。"《赵策二》第二章记苏子谓秦王曰："夫齐威、宣，世之贤主也，德博而地广，国富而民用，将武而兵强。宣王用之，后(当作"复")富(读如"逼")韩威魏，以南伐楚，西攻秦。秦为齐兵困于殽塞之上，十年攘地，秦人远迹不服而齐为虚戾。""宣王用之"当为"湣王用之"之误，否则，上文既云"齐威、宣，世之贤主也"云云，下文又作"宣王用之"，文义不相承，于事亦相乖。"南伐楚，西攻秦"，以及"秦人远迹不服而齐为虚戾"，皆为湣王时事。凡此皆足证此年"南伐楚"，已在湣王初立之年。盖《纪年》亦同《史记》，以齐宣王十九年卒，《田世家》、《六国表》虽误其年世，而其在位年数固不误，《索隐》因而未尝引《纪年》以记异，并非《纪年》无宣王而宣王之卒在魏襄王二十年之后。

[楚怀王]二十八年秦乃与齐、韩、魏共攻楚，杀楚将唐昧，取我重丘而去。(《楚世家》，《六国表》作"秦、韩、魏、齐败我将军唐昧于重丘")

[韩襄王]十一年与秦伐楚，败楚将唐昧。(《韩世家》，《六国表》

作“与秦击楚”)

[魏哀王](当作襄王)十八年与秦伐楚。(《魏世家》,《六国表》作“与秦击楚”)

[齐湣王]二十三年(当作齐宣王十九年)与秦击败楚于重丘。(《田世家》)

齐湣王二十三年(当作齐宣王十九年)与秦击楚,使公子将,大有功。(《六国表》,黄式三云:“公子”当作“章子”)

[秦昭襄王]六年庶长奂伐楚,斩首二万。泾阳君质于齐。(《秦本纪》)

[秦昭王]六年攻新城。(秦简《编年记》)

案:《编年记》又云:“七年新城陷。”《秦本纪》亦云昭王七年“拔新城”。《六国表》楚怀王二十九年(即秦昭王七年)“秦败我襄城,杀景缺”。襄城即新城。

齐使章子、魏使公孙喜、韩使暴鸢共攻楚方城,取唐眛。(《秦本纪》系于昭王八年,误后二年)

齐令章子将而与韩、魏攻荆(按章子即匡章),荆令唐蔑将而拒之(旧校:“拒一作应”,《水经·沘水注》引作“应”,“拒”、“应”于义并通,今从旧本)。军相当六月而不战。齐令周最趣章子急战(周最即周冣,“冣”古“聚”字),其辞甚刻。章子对周最曰:“杀之免之,残其家,王能得此于臣。不可以战而战,可以战而不战,王不能得此于臣。”与荆人夹沘水而军(“沘”原误作“泚”,《水经注》亦误作“泚”,今从毕沅校正。《汉书·地理志》庐江郡灊注:“沘山,沘水所出”,又南郡比阳注:“应劭曰:比水所出。”可知作“沘”为是),章子令人视水可绝者,荆人射之,水不得近。有刍水旁者告齐侯者曰:“水浅深易知。荆人所盛守，尽其浅者也；所简守，皆其深者也。”侯者载刍者与见章子，章子甚善，因练卒以夜奄荆人所盛守，果杀唐蔑。章子可谓知将分矣。(《吕氏春秋·处方》)

楚人鲛革犀兕以为甲，鞈如金石(《史记·礼书》、《韩诗外传》卷四第十章、《商君书·弱民》篇“鞈”作“坚”)，宛钜铁钝，惨如蜂虿；轻利僄遬，卒如飘风；然而兵殆于垂沙(《史记》、《商君书》“沙”误作“涉”)，唐蔑死。(《荀子·议兵》，《淮南子·兵略训》、《韩诗外传》卷四第十章、《商君书·弱民》、《史记·礼书》皆同。《史记》“唐蔑”作“唐昧”，“昧”与“蔑”音同通用)

魏败楚于陉山，禽唐明。(《赵策四》第十六章)

案：梁玉绳《史记志疑》云：“眛蔑古通，字从目从未，各本讹作昧。”《屈原列传》“其后诸侯共击楚，大破之，杀其将唐昧。”《集解》徐广曰：“二十八年败唐昧也。”《正义》云：“昧，莫葛反。”是其证。唐昧亦作唐明，“明”“昧”一声之转。《史记·天官书》谓：昔之传天数者，“在齐甘公、楚唐昧，赵尹皋，魏石申。”又云：“近世十二诸侯、七国相王，言从横者继踵，而皋、唐、甘、石，因时务论其书传，故其占验凌杂米盐。”《正义》云：“其语在《汉书·五行志》中也。”梁玉绳辨之曰：“昧为楚将，非掌天文之官，亦不闻其传天数，岂别有一唐昧欤?”

苏子谓楚王曰：“仁人之于民也，爱之以心，事之以善言。孝子之于亲也，爱之以心，事之以财。忠臣之于君也，必进贤人以辅之。今王之大臣父兄，好伤贤以为资，厚赋敛诸臣、百姓，使王见疾于民，非忠臣也。大臣播王之过于百姓，多赂诸侯以王之地，是故退王之所爱，亦非忠臣也。是以国危，臣愿无听群臣之相恶也，慎大臣父兄，用民之所善，节身之嗜欲以百姓（鲍本“以”下补“与”字），人臣莫难于无妒而进贤。为主死易，垂沙之事，死者以千数，为主辱易，自令尹以下事王者以千数。至于无妒而进贤，未见一人也。故明主之察其臣也，必知其无妒而进贤也。贤之事其主也（鲍本“贤”下有“臣”字），亦必无妒而进贤。夫进贤之难者，贤者用，且使己废；贵且使己贱，故人难之。”（《楚策三》第一章）

案：王念孙曰：垂沙古读若垂陀（说见《唐韵正》），垂沙盖地名之叠韵者，《韩诗外传》及《淮南子·兵略训》并作兵殆于垂沙，《楚策》云：“垂沙之事，死者以千数，则作垂沙者是。”考《楚策四》第七章“长沙之难楚太子横为质于齐”。“长沙”亦“垂沙”之字误。《秦本纪》谓此役齐、魏、韩共攻楚方城，而《赵策四》又云：“魏败楚于陉山，禽唐明。楚王惧，令昭应奉太子以委和于薛公。”《吕氏春秋·处方》篇又称章子与荆夹泚水而军。方城、陉山、泚水皆在南阳郡，垂沙当即泚水旁地名。《荀子》杨倞注：“垂沙，地名，未详所在，《汉书·地理志》沛郡有垂乡，岂垂沙乎？”考沛郡蕲县之垂乡，与此役无关。《资治通鉴》综合《史记·秦本纪》与《楚世家》之记载，谓“秦庶长奂会韩、魏、齐兵伐楚，败其师于重丘，杀其将唐昧，遂取重丘”。胡三省注又引《水经注》：“泚水又西，澳水注之，水出茈丘山，南入于泚水”，推定重丘即茈丘。顾观光从其说，以为重丘即垂沙。考《楚策二》第三章：“术视伐楚，楚令昭鼠以十万军汉中，昭雎胜秦于重丘。”据此，重丘在秦、楚两国之间，程恩泽因此谓杀唐昧之处与此云胜秦于重丘，“恐非一地，当从阙疑。”余谓是年秦庶长奂伐楚，斩首二万而取得重丘，同年齐、韩、魏三国联军大破楚于垂沙，杀楚将唐昧，《史记》

误混为一事。《水经·沅水注》引盛弘之云:"叶东界有故城,始犨县,东至滍水,达比阳界,南北联,联数百里,号为方城,一谓之长城云。"楚方城利山脉高地,连结滍水与沘水堤防筑成,故方城亦称连隄。陉山、垂沙,皆当为方城附近沘水旁之地名。

齐、楚构难,宋请中立,齐急宋,宋许之。子象为楚谓宋王曰:"楚以缓失宋,将法齐之急也。齐以急得宋,后将常急矣。是从齐而攻楚,未必利也。齐战胜楚,势必危宋,是以弱宋于强楚也。而令两万乘之国,常以急求所欲,国必危矣。"(《楚策一》第一章)

案:《楚策一》楚王问范环云云,《甘茂列传》范环作范蜎,《韩非子·内储说下》又作干象,"象"疑"彖"之讹,"蜎""彖"声同,"环""蜎"音转,事在楚怀王二十四年,此《策》子象疑即《韩非子》之干象,干象事楚怀王,此《策》所云,疑即此时事。

谓魏冉曰:"楚破,秦不能与齐县衡矣,秦三世积节于韩、魏,而齐之德新加与(姚注"与一作焉","与"通"欤","欤"犹"焉"也)。齐、秦交争,韩、魏东听,则秦伐矣。齐有东国之地方千里,楚苞九夷,又方千里,南有符离之塞,北有甘鱼之口,权县宋、卫,宋、卫乃当阿、甄耳。利有千里者二,富擅越隶,秦乌能与齐县衡?韩、魏支分方城膏腴之地以薄郑("薄"通"迫","郑"疑"鄀"之误),兵休复起,足以伤秦,不必待齐。"(《秦策三》第六章)

秦取楚汉中,再战于蓝田,大败楚军。韩、魏闻楚之困,乃南袭至邓,楚王引归。后三国谋攻楚,恐秦之救也,或说薛公:"可发使告楚曰:'今三国之兵且去楚,楚能应而共攻秦,虽蓝田岂难得哉?况于楚之故地?'楚疑于秦之未必救己也,而今三国之辞云("云"原作"去",从鲍本改正),则楚之应也必劝。是楚与三国谋出秦兵矣。秦为知之，必不救也。三国疾攻楚，楚必走秦以告急（“告”字原脱，从姚引一本补正），秦愈不敢出，则是我离秦而攻楚也，兵必有功。”薛公曰：“善。”遂发重使之楚，楚之应之果劝。于是三国并力攻楚，楚果告急于秦，秦遂不敢出。兵大胜有功。（《秦策四》第一章，“胜”原作“臣”，姚注：“当作胜。”高注亦作“大胜”，今改正）

案：前两年，楚怀王二十六年，齐、韩、魏三国在齐相孟尝君（即薛公）主持下，“为楚负其从亲而合于秦，三国共攻楚，因秦出兵救楚，三国引兵去。”是年三国继续共攻楚于方城，事先因薛公遣使告楚，离间秦、楚之交，秦不出救兵，得以大胜，见于《秦策四》第一章。齐合魏、韩连年共攻楚，出于孟尝君主持，已说在周赧王十二年之案语中。《荀子·王霸》称齐闵、薛公用强齐，“南足以破楚”。《燕策一》第八章记苏代曰：“今夫齐王长主也，而自用也，南攻楚五年，稸积散。”《燕策二》第十一章客谓燕王曰：“齐南破楚，西屈秦，用韩、魏之兵，燕、赵之众，犹鞭策也。”《赵策二》第二章记秦攻赵，苏子谓秦王曰：“宣王（当作湣王）用之，后（当作“复”）富（读如“逼”）韩威魏，以南伐楚，西攻秦。”可知三国攻楚皆出于齐王与齐相孟尝君所主持。《楚世家》及《六国表》谓秦与齐、韩、魏共攻楚，杀楚将唐眛而取重丘，不确。盖误将秦败楚于重丘之事，与齐、魏、韩共攻楚方城而杀唐眛之事混为一谈。《秦本纪》载昭王八年“使将军芈戎攻楚，取新市。齐使章子、魏使公孙喜、韩使暴鸢共攻楚方城，取唐眛，赵破中山其君亡，竟死齐”。《秦本纪》将齐、魏、韩共攻楚而取唐眛之役，夹叙在秦使芈戎攻楚与赵破中山之间，虽时间上误后二年。可知“取唐眛”之役为齐、魏、韩共攻楚方城之战果，而秦勿与焉。史公作《秦本纪》本于《秦记》,必史公所见《秦记》有此三国共攻楚方城之确实记载,因而与《吕氏春秋·处方》篇所载杀唐蔑之役相合。《秦本纪》与《吕氏春秋》皆谓是役齐之主将为章子。《六国表》谓是年齐"与秦击楚,使公子将,大有功",虽误为"与秦击楚",而称"使公子将,大有功"。黄式三《周季编略》云:"公子当作章子",甚是。章子即匡章,齐宣王伐燕,匡章已为主将,尝将五都之兵,因北地之众,五十日而举燕。是役又为主将,合韩、魏之师共攻楚方城,杀楚将唐昧,因而"大有功"。亦即《秦策四》第一章所谓"三国并力攻楚","兵大胜有功"。《西周策》载韩庆为西周谓薛公曰:"君以齐为韩、魏攻楚,九年取宛、叶以北,以强韩、魏"。《孟尝君列传》记苏代为西周谓孟尝君,亦有相同之说辞。盖三国大胜楚于方城,杀楚将唐昧而取得方城以外,宛、叶以北之地,齐不能占有而为韩、魏所分得。《秦策三》第六章记有人谓秦魏冉曰:"楚破,秦不能与齐县衡矣,秦三世积节于韩、魏,而齐之德新加焉"。所谓"秦不能与齐县衡矣",指三国共破楚以后,齐之国势强大,使秦、齐不能保持平衡均势之局面。所谓"秦三世积节于韩、魏",指秦之惠王、武王、昭王连续三世采取连横策略而拉拢韩、魏。所谓"齐之德新加焉",指新近齐相孟尝君采取合纵策略而拉拢韩、魏。有人游说秦魏冉之结论:"韩、魏支分方城膏腴之地以薄郑,兵休复起,足以伤秦,不必待齐。"所谓"支分方城膏腴之地",即指方城以北之宛、叶地为韩、魏所分得,由此可壮大韩、魏之国力,不待齐之参与,即足以伤秦。所谓"以薄郑",程恩泽指为西郑,离韩、魏较远,不及进迫。金正炜又谓"郑"是"邓"之误,但邓为楚地,离秦亦远。疑"郑"乃"鄀"之误,指鄀塞而言。

又案:《孟尝君列传》谓孟尝君入秦为相而逃脱归齐,"孟尝君怨秦,将以齐为韩、魏攻楚,因与韩、魏攻秦,而借兵食于西周。"误以齐、韩、魏三国攻楚与攻秦为一时事。其实攻楚在湣王初立之年,孟尝君入秦为相在其后二年,孟尝君归齐而与魏、韩共攻秦,又在其后一年。《列传》以为攻楚与攻秦皆在孟尝君为秦相逃归之后,失其实矣。

又案:《秦本纪》谓是年齐、魏、韩三国攻楚方城,魏将为公孙喜。公孙喜与公孙弘为昆仲。《韩非子·说林下》云:"公孙弘断发而为越王骑。公孙喜使人绝之曰:'吾不与子为昆弟矣。'公孙弘曰:'我断发,子断颈而为人用兵,我将谓之何?'周南之战,公孙喜死焉。"公孙喜为魏将,是年从齐将匡章共攻楚得胜,其后八年,即韩釐王三年,公孙喜率魏、韩、西周之军与秦战,在伊阙为秦将白起大败而被擒杀。伊阙在王城南,即所谓"周南之战"。孟尝君为齐相而主谋合纵,尝特遣公孙弘入秦见昭王,观察其为人。盖弘初事越王为骑士,旋又事孟尝君为合纵,而其昆仲公孙喜则为魏将参与合纵攻楚与攻秦之战。

又案:是年三国共攻楚,韩将为暴鸢。"鸢"或作"鸢"。《韩世家》载釐王二十一年"使暴鸢救魏,为秦所败,鸢走开封"。韩釐王二十一年即秦昭王三十二年,《秦本纪》载昭王三十二年相穰侯攻魏,至大梁,破暴鸢,斩首四万,鸢走,魏入三县请和。暴鸢又称暴子。《战国纵横家书》第十五章、《穰侯列传》皆曰:"战胜暴子,割八县。"《集解》徐广曰:"韩将暴鸢。"《魏策三》第三章"暴子"讹作"罣子"。

兵殆于垂沙，唐蔑死，庄蹻起，楚分而为三四。（《荀子·议兵》，《商君书·弱民》篇作“唐蔑死于垂涉，庄跞发于内，楚分为五”。《韩诗外传》卷四第十章、《史记·礼书》同）

郑人之下𬱟也，庄蹻之暴郢也，秦人之围长平也，韩、荆、赵，此三国者之将帅贵人皆多骄矣，其士卒众庶皆多壮矣，因相暴以相杀，脆弱者拜请以避死，其卒递而相食，不辨其义，冀幸以得活。（《吕氏春秋·介立》）

案：所谓庄蹻为盗于楚国境内，而吏不能禁，尚在楚怀王二十三年灭越之前。此年庄蹻乘齐、韩、魏三国大败楚军于方城而杀楚大将唐蔑（即唐昧）之时，“暴郢”而使“楚分而为三四”。此后楚顷襄王时，楚有将军庄蹻越黔中西征，入滇池，因秦夺楚黔中，无路得返，遂留王滇池。《荀子·议兵》既因论及楚将庄蹻，又述及“庄蹻起，楚分而为三四”。杨倞注以为庄蹻“初为盗而后为楚将”。梁玉绳《史记志疑》与《古今人表考》从之。王应麟《困学纪闻》卷十二又以为前后有两庄蹻，为将与为盗者非一人。皮锡瑞《师伏堂笔记》从之。比较两说，以前说较为确当。荀子尝与武临君议兵于赵孝成王之前，以楚将庄蹻与齐将田单、秦将卫鞅、燕将缪虮（当即乐毅，音转通假）相提并论，皆时俗称为“善用兵”之名将，所统率者皆为“招延募选、隆诈、尚功利之兵”，即经过招募考选、长期训练而雇用之常备兵，作为各国军队之主力，配合郡县征发之壮丁，所编成之队伍而作战，常由名将指挥，荀子称之为“干赏蹈利之兵，佣徒鬻卖之道。”庄蹻、田单、商鞅、乐毅，即当时楚、齐、秦、燕四国具有代表性之名将。荀子以其儒家立场，认为此等名将所指挥“干赏蹈利”之常备兵，其战斗力不及齐桓、晋文所节制之师，更不及汤、武仁义之师。此乃荀子“议兵”之主要论点。庄蹻当为楚之“善用兵”名将，与田单、乐毅齐名者。庄蹻之所以被称为“盗”，即因彼“暴郢”，又因彼在垂沙之役唐眛死后，“起”而使“楚分而为三四”。并非有一般所说“盗”之行为。庄蹻原为楚将，曾一度“暴郢”，一度“起”而使“楚分而为三四”，后来仍为楚将。庄蹻为楚将而攻略黔中以西，进入滇池，已在楚顷襄王二十年（公元前二七九年）。盖为将已有二十多年。《后汉书・四夷传》称入滇之楚将为庄豪，“豪”“蹻”声近通用。庄蹻实为一“有为”之楚将，率所部进入滇池以后，垦殖于滇，即将中原进步之楚文化传播于滇池一带，具有推动边远地区文化发展的作用。

［周赧王］十四年赵王伐中山，中山君奔齐。（《资治通鉴》卷三）

中山恃齐、魏以轻赵，齐、魏伐楚而赵亡中山。（《魏策四》第二章八年有人谓魏王）

赵武灵王二十五年赵攻中山。惠后卒。（《六国表》）

昔者楚人久伐而中山亡。（《赵策一》第九章苏秦为齐上书说赵王，《战国纵横家书》二十一《苏秦献书赵王章》同。《赵世家》惠文王十六年作“苏厉为齐遗赵王书”，亦同）

昔者中山悉起而迎燕、赵，南战于长子（当作房子），败赵氏；北战于中山，克燕军，杀其将。夫中山千乘之国也，而敌万乘之国二，再战比胜（“比”原误作“北”，姚注：“一作比”），此用兵之上节也，然而国遂亡，君臣于齐者，何也？不啬于战攻之患也。（《齐策五》第一章苏秦说齐闵王）

秦久伐韩，故中山亡。（《燕策一》第十章或献书燕王）

案:《资治通鉴》记“赵伐中山,中山君奔齐”于周赧王十四年,即赵武灵王二十五年,秦昭王六年。王先谦《鲜虞中山国事表疆域图说》从之。有案语曰:“世家无奔齐事,惟见《通鉴》。然则前苏秦所谓臣于齐者,或即此奔齐之中山君,而赵灭中山迁之肤施者,又其继立之王也。中山不竞,自是岁失列国之援始。楚自怀王二十八年连岁受秦伐,而中山无楚援。故《赵策》苏厉曰:昔者楚人久伐而中山亡。韩襄十一年秦伐韩取穰,而中山无韩援,故《燕策》曰:秦之伐韩故中山亡。魏哀十八年伐楚,齐湣二十三年亦伐楚,而中山失齐、魏援,故《魏策》曰:中山恃齐、魏以轻赵,齐、魏伐楚而赵亡中山。盖其时君既出奔,国势瓦解,嗣主收集乌合,苟延旦夕,虽非灭于是岁,已兆其必亡矣,故策云尔也。惟《齐策》云齐、燕战而赵氏兼中山,齐、燕前后数年,战事于史无考。”今案王先谦谓“世家无奔齐事,惟见《通鉴》”,不确。《秦本纪》于秦昭王八年记“赵破中山,其君亡,竟死齐”,已谓中山君因国破出亡而死于齐,但较《资治通鉴》所载迟两年,《资治通鉴》当别有所据也。黄式三《周季编略》亦于周赧王十四年记“赵攻中山,中山君奔齐”,谓据《年表》《通鉴合纂》。考《六国表》仅言赵攻中山,无中山君奔齐事。黄式三论之曰:“中山于此年已失其国都,赵武灵王二十五年也。《燕策》曰:秦伐韩故中山亡,指取穰而言也。《魏策》:中山恃齐、魏而轻赵,齐、魏伐楚而赵亡中山,指取重丘言也。《资治通鉴》于是年书中山君奔齐,与《策》语正合。《史记·秦本纪》于秦昭王八年云:赵破中山,其君亡,竟死齐,此中山君死之年,非奔齐之年也。《赵世家》于惠文三年书灭中山,《年表》于惠文四年书与齐、燕共灭中山,必中山君死齐后，复有未降赵之邑，其子若臣复守之，至惠文三年赵与齐燕共分其地，而中山始尽灭与?”余按：赵乘秦、齐二强对峙，连年两国先后拉拢韩、魏发动合纵连横战争之时机，图谋攻灭中山。先是乘孟尝君合纵，齐、魏、韩连年伐楚之时，攻破中山，迫使中山君奔齐。《赵策四》第六章载魏败楚于陉山，禽唐明(即唐昧)，楚王惧，令昭应奉太子以委和于薛公(即孟尝君)，主父欲败之，乃结秦连楚、宋之交，令仇郝相宋，楼缓相秦。赵武灵王采用连结秦、楚、宋之策略，以牵制齐、魏、韩等国，使得从容连续进攻中山。待齐、魏、韩三国合纵攻秦，即谋攻灭中山，黄式三谓“中山于此年已失其国都”，未有确证。《赵世家》惠文王三年“灭中山，迁其王于肤施。起灵寿，北地方从，代道大通”。灵寿为中山国都，此年“灭中山”后，起灵寿之代道方始大通，可知中山灭亡时，其国都仍在灵寿。

[赵武灵王]二十五年惠后卒，使周袑胡服傅王子何。(《赵世家》)

案:《索隐》云:按谓武灵王之前后，太子章之母，惠文王之嫡母也。惠后卒后，吴娃始当正室，至孝成二年称惠文后卒是也。而下文又云:“孟姚卒后何宠衰，欲并立，亦误也。”此说非是。上文明言吴广之女娃嬴，即孟姚，“有宠于王是为惠后。”下文又云:“王子何是为惠文王，惠后吴娃子也。”则惠后即吴娃、孟姚，乃惠文王之生母，非太子章之母。若惠文后，是惠文王之后，非母后也。周婴《卮林》、钱大昕《考异》、梁玉绳《史记志疑》有相同之辨正。

王立周绍为傅曰:“寡人始行县，过番吾，当子为子之时，践石以上者，皆道子之孝，故寡人问子以璧，遗子以酒食，而求见子。子谒病而辞（鲍本“谒”作“谓”）。人有言子者曰：父之孝子，君之忠臣也。故寡人以子之知虑，为辨足以道人，危足以持难，忠可以写意，信可以远期。诗云（鲍本“诗”作“谚”）：‘服难以勇，治乱以知，事之计也；立傅以行，教少以学，义之经也；循计之事，失而不累（“而”下“不”字，从鲍本补，鲍本“失”作“佚”），访议之行，穷而不忧。’故寡人欲子之胡服以傅王子。”（“子”原作“乎”，从鲍本改正）周绍曰：“王失论矣，非贱臣所敢任也。”王曰：“选子莫若父，论人莫若君，君，寡人也。”周绍曰：“立傅之道六。”王曰：“六者何也？”周绍曰：“知虑不躁达于变，身行宽惠达于礼，威严不足以易于位，重利不足以变其心，恭于教而不快，和于下而不危，六者傅之才，而臣无一焉。隐中不竭（鲍本“竭”作“谒”，吴师道云：“中一作忠”），臣之罪也。傅命仆官，以烦有司，吏之耻也。王请更论。”王曰：“知此六者，所以使子。”周绍曰：“乃国未通于王胡服，虽然，臣，王之臣也。而王重命之，臣敢不听令乎！”再拜，赐胡服。王曰：“寡人以王子为子任，欲子之厚爱之，无所见丑，御道之以行义，勿令溺苦于学。事君者，顺其意，不逆其志；事先者，明其高，不倍其孤。故有臣可命，其国之禄也。子能行是，以事寡人者毕矣（鲍本“以”上有“所”字）。书云：‘去邪无疑（鲍本“无”作“勿”），任贤勿贰。’寡人与子，不用人矣。”遂赐周绍胡服，衣冠具带，黄金师比，以傅王子也。（《赵策二》第五章）

案：鲍彪云：“具带，带饰之备也，犹具剑。”王国维《胡服考》云：“具带者，黄金具带之略，黄金师比者，具带之钩。”诸祖耿《战国策集注汇考》据《汉书·佞幸传》及注，改“具带”为“贝带”，非是。

[韩襄王]十一年秦伐我取穰。(《韩世家》,《六国表》同)

[秦昭襄王]六年蜀侯煇反,司马错定蜀。(《秦本纪》)

秦昭王六年,蜀反,司马错往诛蜀守煇,定蜀。(《六国表》)

周赧王十四年蜀侯恽祭山川,献馈于秦昭襄王(原误作"孝文王",今改正),恽后母害其宠,加毒以进王。王将尝之。后母曰:"馈从二千里来,当试之。"王与近臣,近臣即毙,王大怒(原误作"文王",今删"文"字),遣司马错赐恽剑,使自裁。恽惧,夫妇自杀。秦诛其臣,即中令婴等二十七人。蜀人葬恽郭外。(《华阳国志》卷三《蜀志》)

案:"煇"、"恽"音同通用。蒙文通《巴蜀史的问题》(《四川大学学报》一九五九年第五期)以为秦所封蜀侯,皆非秦王之子。蜀侯煇封于秦武王三年,秦武王无子。蜀侯绾封于秦昭王七年,秦昭王年十九而立,昭王四年出生长子(即孝文王),因而绾亦不可能为昭王之子。昭王之同母弟如高陵君、泾阳君,只封为"君",不可能昭王之异母弟封为"侯"。任乃强《华阳国志校补图注》以为蜀侯恽与绾为昭王异母弟,亦无确证。《华阳国志》所载恽后母杀害恽之故事,不近人情。既然恽之后母在恽所献祭品中加毒,何以经千里栈道送至咸阳宫中,当秦王将尝时,恽之后母适在其旁而提请近臣尝试?

[秦昭襄王]六年日食,昼晦。(《秦本纪》,《六国表》同)

案:朱文鑫《历代日食考·战国及秦日食表》注四云:"《六国表》载秦昭王六年(周赧王十四年)日食昼晦。查是年日食,秦都所见不及一分,何有昼晦之象。惟秦昭王七年即赧王十五年有全食经长江流域,秦都约见七分以上。《六国表》既云昼晦,必系全食。足证六年必为七年之误。”据朱氏所列表，公元前三〇一年（赧王十七年）七月二十六日八时四三点九分日有全食。

【附编】

荀卿子说齐相曰：“处胜人之势，行胜人之道，天下莫忿，汤、武是也。处胜人之势，不以胜人之道，厚于有天下之势，索为匹夫不可得也，桀、纣是也。然则得胜人之势者，其不如胜人之道远矣。夫主相者，胜人以势也，是为是，非为非，能为能，不能为不能，并己之私欲（杨注：“并读曰屏”），必以道夫公道通义之可以相兼容者，是胜人之道也。今相国上则得专主，下则得专国，相国之于胜人之势，亶有之矣。然则胡不驱此胜人之势，赴胜人之道，求仁厚明通之君子而托王焉，与之参国政，正是非，如是则国孰敢不为义矣。君臣上下，贵贱少长，至于庶人，莫不为义，则天下孰不欲合义矣。贤士愿相国之朝，能士愿相国之官，好利之民莫不愿以齐为归，是一天下也。相国舍是而不为，案直为是世俗之所以为（王先谦云：“以字疑衍”），则女主乱之宫，诈臣乱之朝，贪吏乱之官，众庶百姓皆以贪利争夺为俗，曷若是而可以恃国乎！今巨楚县吾前，大燕鰌吾后，劲魏钩吾右，西壤之不绝若绳，楚人则乃有襄贲、开阳以临吾左。是一国作谋，则三国必起而乘我，如是齐必断而为四三，国若假城然耳！必为天下大笑。……”（《荀子·强国》）

案：汪中《荀子年表》云：“其言正当湣王之世，湣王再攻破燕、魏，留楚太子横以割下东国，故荀卿为是言。其后五国伐齐，燕入临淄，楚、魏共取淮北，卒如荀卿言。”又曰：“此齐相为薛公田文，故曰相国上则得专主，下则得专国。”余疑荀子说孟尝君在其合纵齐、魏、韩三国破楚以前，当齐湣王初年。《荀子·王霸》

篇谓齐闵、薛公“用强齐”，“绵绵常以结引驰外为务，故强南足以破楚，西足以诎秦，北足以败燕，及以燕赵起而攻之，若振槁然，而身死国亡，为天下大戮。”所谓“结引驰外为务”，即指孟尝君合纵三国之事，荀子见孟尝君而未评论及此。“楚人则乃有襄贲、开阳以临吾左。”刘师培疑“楚人”为“鲁人”之误，非是。襄贲在今山东苍山南，开阳在今临沂北，正当莒之西南。开阳即启阳，原为鲁邑。盖楚灭莒前后所占有。

术视伐楚，楚令昭鼠以十万军汉中，昭雎胜秦于重丘。苏厉谓宛公昭鼠曰：“王欲昭雎之乘秦也，必分公之兵以益之。秦知公之兵分也，必出汉中，请为公令芈戎谓王曰：‘秦兵且出汉中，则公之兵全矣。’”（《楚策二》第三章）

楚免淖齿于柱国，游腾谓楚王曰：“秦有上群午者，重丘之战（“丘”原误作“兵”，从《渚宫旧事》卷三改正），谓秦王曰：‘必无与楚战。’王曰：‘何也？’对曰：‘南方火也，西方金也，金之不胜火亦必矣。’秦王不听，其战不胜。今午又请秦王必与楚战，南方火，西方金也，楚正夏中年而免其柱国（“正夏中年”，《渚宫旧事》作“夏正”，疑有脱误），此所谓内自灭也。”（“内”，《渚宫旧事》作“火”，疑作“火”为是）楚惧（“楚”下当脱“王”字，《渚宫旧事》作“王惧”），复置淖齿。（《太平御览》四百六十引《战国策》）

案：上群午当为阴阳家，或为尊信阴阳家言之史官。《左传》昭公三十一年载史墨曰：“火胜金，故弗克。”所谓重丘之战，秦战不胜，当即《楚策二》所谓“昭雎胜秦于重丘”。此事不见于《史记》。《田世家》谓是年“与秦击败楚于重丘”，可能重丘之战楚先胜而后败。

赵燕后胡服，王令让之曰："事主之行，竭意尽力，微谏而不哗，应对而不怨，不逆上以自伐，不立私以为名。子道顺而不拂，臣行让而不争。子用私道者，家必乱；臣用私义者，国必危。反亲以为行，慈父不子；逆主以自成，惠主不臣也。寡人胡服，子独弗服，逆主罪莫大焉。以从政为累，以逆主为高，行私莫大焉。故寡人恐亲犯刑戮之罪，以明有司之法。"赵燕再拜稽首曰："前吏命胡服，施及贱臣，臣以失令过期，更不用侵（姚注"更"一作"吏"），辱教，王之惠也。臣敬修衣服以待令甲。"（《赵策二》第六章，"修"，原作"循"，从姚引一本改正。"令甲"或作"今日"。"令甲"谓令之先发者）

周赧王十五年（公元前三〇〇年）

秦昭王七年，魏襄王十九年，韩襄王十二年，赵武灵王二十六年，齐滑王元年，楚怀王二十九年，燕昭王十二年。

魏襄王十九年薛侯来，会王于釜丘。（《水经·济水注》引《纪年》）

案：钱穆《魏襄王十九年会薛侯于釜丘考》云："是年为齐湣王元年，即湣王立后一年也。《史记·孟尝君列传》：齐襄王立而孟尝君中立于诸侯，无所属。今《竹书纪年》称薛侯即中立于诸侯时矣。然则齐襄王立者，乃齐湣王立之误。湣王立于魏襄王十八年，即孟尝离齐称侯之岁也。"又云："孟尝君既见废而之薛，于是乃有冯驩之历说。《史》谓其至秦，《策》谓其至魏。今据《水经注》引《纪年》，魏襄王十九年釜丘之会，适当湣王元年，孟尝本为魏相，则其见逐于齐湣，使驩先容，而与魏为会，情事恰符。明年秦昭王八年，即齐湣王二年泾阳君复归秦，而田文亦入相秦，则谓冯驩入说秦王，亦非尽无因也。孟尝君在秦一年，失相东归，重相齐，怨秦，联韩、魏共击秦，则为湣王之三年。”（《先秦诸子系年》第三九七至四〇〇页）此说不符合当时形势之发展，并不足信。战国时代封君有称侯者，如齐威王时邹忌为相，封为成侯。秦昭王时魏冉为相，封为穰侯，楚宣王时有相封为州侯，魏襄王时有封君成侯。称侯之封君并非中立于诸侯。孟尝君于齐宣王晚年为相，宣王十七年齐、魏、韩三国合纵攻楚，即为孟尝君所主持，宣王十九年即湣王立年，齐、魏、韩三国共攻楚方城，大胜，杀楚将唐昧，亦孟尝君主持，正当湣王初立之时。正是孟尝君声望震动各国之际。魏襄王十九年薛侯与魏襄王相会，马骕《绎史》谓即孟尝君谋合纵伐秦事。虽未必即谋合纵伐秦，当是谋进一步修好而合作之事。同年秦使泾阳君入质于齐，《孟尝君列传》谓：“秦昭王闻其贤，乃先使泾阳君为质于齐，以求见孟尝君。”秦昭王使泾阳君入质于齐，谋与齐合作。次年，泾阳君复归秦，秦昭王又召孟尝君入秦为相，无非由于孟尝君声望之高。《孟尝君列传》又谓孟尝君为秦相，人或说秦昭王曰：“孟尝君贤，而又齐族也，今相秦，必先齐而后秦，秦其危矣。”于是秦昭王乃止。若孟尝君见逐于齐湣王，居薛而中立于诸侯，秦昭王不可能用以为相，孟尝君失相东归，湣王亦不可能再用以为相。

秦昭王七年樗里子卒，葬于渭南章台之东。曰：“后百岁，是当有天子之宫夹我墓。”樗里子疾室在于昭王庙西渭南阴乡樗里，故俗谓之樗里子。至汉兴，长乐宫在其东，未央宫在其西，武库正直其墓。秦人谚曰：“力则任鄙，智则樗里。”（《樗里子列传》，《秦本纪》、《穰侯列传》皆谓是年樗里子卒）

[秦]昭王七年樗里子死，而使泾阳君质于齐。(《穰侯列传》，《田世家》、《六国表》皆谓是年秦使泾阳君质于齐。《秦本纪》记“泾阳君质于齐”在上年)

秦昭王闻其贤，乃先使泾阳君为质于齐，以求见孟尝君。(《孟尝君列传》)

[秦昭襄王]七年拔新城。(《秦本纪》)

[秦昭王]七年新城陷。(秦简《编年记》)

秦昭王七年击楚，斩首三万。(《六国表》)

[楚怀王]二十九年秦复攻楚，大破楚，楚军死者二万，杀我将景缺。怀王恐，乃使太子为质于齐以求平。(《楚世家》)

楚怀王二十九年秦取我襄城，杀景缺。(《六国表》)

长沙(当作“垂沙”)之难，楚太子横为质于齐。(《楚策四》第七章)

魏败楚于陉山，禽唐明。楚王惧，令昭应奉太子以委和于薛公。(《赵策四》第十六章)

案：新城即襄城，《秦本纪·正义》引《括地志》云：“许州襄城县即古新城县也。”《正义》云：“按《世家》、《年表》，则‘新’字误作‘襄’。”新城在今河南伊川县西南，楚尝于此设新城郡。见《楚策一》第十三章，已说明在周赧王十二年案语中。

齐、秦约攻楚，楚令景翠以六城赂齐，以太子为质(“以”字原脱，据姚氏引一本校增)。昭雎谓景翠曰：“秦恐且因景鲤、苏厉而效地于楚。公出地以取齐(姚本：“取一作收”)，鲤与厉且以收地取秦，公事必败。公不如令王重赂景鲤、苏厉，使入秦，秦恐必不求地而合于楚。若齐不求，是公与约也。”(《楚策二》第二章)

案：据《楚策四》与《赵策四》，楚以太子横为质于秦，即在齐、魏、韩三国破楚、杀楚将唐眛（亦作唐蔑）之后。然《楚世家》谓秦复攻楚、破楚而杀楚将景缺，楚怀王恐，乃使太子为质于齐。而《楚策二》又谓齐、秦约攻楚，楚令景翠以六城赂齐，以太子为质。盖是年秦攻楚新城，杀楚将景缺，是由于"齐、秦约攻楚"，故楚欲以六城赂齐，以太子为质于齐。

［赵武灵王］二十六年复攻中山，攘地北至燕、代，西至云中、九原。（《赵世家》）

赵武灵王亦变俗胡服，习骑射，北破林胡、楼烦，筑长城，自代并阴山下，至高阙为塞，而置云中、雁门、代郡。（《史记·匈奴列传》）

案：蒙文通《周秦少数民族研究》第六"林胡、楼烦西迁"条云："代地为襄子灭代时已有之，必武灵王时乃置郡，故《匈奴列传》云然。二十六年则置云中九原（郡）时也。"（原书一〇二页）

秦昭王七年樗里子卒。击楚，斩首三万。魏冉为相。（《六国表》）

案：《资治通鉴》记是年，"秦樗里疾卒，以赵人楼缓为相"，不确。《秦本纪》载昭王十年"薛文以金受免，楼缓为丞相"。楼缓为秦相在昭王十至十二年间。又载昭王十二年楼缓免，穰侯魏冉为相。《六国表》同。《穰侯列传》将"秦果免楼缓而魏冉相秦"记于昭王七年以后，昭王十四年以前未明记其年代，《资治通鉴》误以为昭王七年事。黄式三《周季编略》误从之，反而以《六国表》谓是年魏冉为相"讹也"，非是。

宣太后二弟：其异父长弟曰穰侯，姓魏氏，名冉；同父弟曰芈戎，为华阳君；而昭王同母弟曰高陵君、泾阳君。（《穰侯列传》）

悝号高陵君，初封于彭，昭襄王弟也。（《秦本纪》昭王十六年《索隐》）

案：《穰侯列传》"其明年（昭王十六年），烛（寿烛）免，复相冉，乃封魏冉于穰，复益封陶，号曰穰侯。"《韩世家》襄王十一年《正义》云："穰，人羊反，邓州县也。"郭仲产《南雍州记》云："楚之别邑。秦初侵楚，封公子悝为穰侯，后属韩，秦昭王取之也。"此说甚谬，公子悝即高陵君，初封于彭，未尝封穰。《穰侯列传》谓秦昭王十六年"魏冉复相秦而封于穰，复益封陶"。亦有年代错误。是年秦尚未攻取得陶，秦将攻齐取得之陶作为魏冉封邑，乃秦昭王二十六年事。魏冉封于穰当在秦昭王六年攻韩取穰之后，或即在昭王七年冉初为秦相时。《秦本纪》载昭王十二年"楼缓免，穰侯魏冉为相"。可见昭王十二年魏冉已称穰侯，非十六年始封于穰也。

又案：《穰侯列传》、《苏秦列传》之《索隐》皆谓："高陵君名显，泾阳君名悝"，大误。而《秦本纪》昭王六年"泾阳君质于齐"，《索隐》云："名市。"《秦本纪》昭王十六年"封公子市宛，公子悝邓"。《索隐》又云："悝号高陵君，初封于彭，昭襄王弟也。"其说是。《秦本纪》既于昭王十六年书"封公子市宛"，又于昭王二十一年重出"泾阳君封宛"，则市之为泾阳君、悝之为高陵君，正确无疑。梁玉绳《史记志疑》论之曰："市者泾阳君也，悝者高陵君也，《索隐》于此处（案指《秦本纪》）不误，而于苏秦、穰侯《传》谓泾阳为悝，误矣。又云高陵君名显，则是误以秦末齐王田市之使者高陵君显为秦公子也（显见《项羽本纪》），张冠李戴，可哂之甚。"梁说甚是。余按悝之初封于彭与高陵，市之初封泾阳，当在芈戎初封华阳与魏冉初封穰之前。高陵在今陕西高陵县，泾阳在今陕西泾阳县西北，皆在秦都咸阳以北，因宠幸而封之。秦昭王六年泾阳君质于齐，《秦本纪》、《穰侯列传》记此事皆称泾阳君而不名，盖市已封于泾阳。《索隐》谓高陵君悝初封于彭。彭亦当为秦境内之地名；疑即彭衙，在今陕西澄城县西北。魏冉封于穰，芈戎封于新城、华阳，泾阳君再封于宛，高陵君再封于邓。皆秦攻韩所取得之重要城市。魏冉最后封于陶，即定陶，又为秦攻齐所取得之重要城市。此等城市手工业与商业发达，经济繁荣，封君有征收工商业税收之特权，即所谓"籍城市"，有庞大之"市租"收入，因而"私家富重于王室"。于是中原地区发达之工商业大城市成为秦、齐、赵等大国封君争夺之对象。

七年上郡守閒造，桼垣工师婴（"桼"读作"漆"），工鬼薪带。（七年上郡守閒戈刻辞，在"内"之正面，见于陶正刚《山西屯留出土一件平周戈》，刊于《文物》一九八七年第八期。另于"内"之背面下层有"高奴"二字，于"内"背面上层与"胡"部皆有"平周"二字）

案：此戈先用于高奴，在今陕西延安东北。后用于平周，在今山西介休西。此与十二年上郡守寿戈，同为漆垣工师所造，当同为昭王时器。据此可知，秦昭王七年上郡守有名閒者，于史不可考。

［韩襄王］十二年太子婴死（按"太子婴"当作"伯婴"）。公子咎、公子虮蝨争为太子。……于是虮瑟竟不得归韩。韩立咎为太子。（《韩世家》）

案：《索隐》云："按《战国策》，伯婴与虮蝨及公子咎并是襄王子（"伯婴"上原误衍"公叔"二字，今删）。然伯婴即太子婴。婴前死，故咎与虮虱又争立。此取《战国策》说，伯婴未立之先亦与虮虱争立，故事重而文倒也。”今案：《韩世家》称“太子婴死，公子咎、公子虮虱争为太子。”“虮虱”，《战国策》作“幾瑟”，音同通用。《战国策》未见伯婴早死之事，但见伯婴、公子咎、幾瑟三人争为太子。《韩世家》称“时虮虱质于楚”。据《战国策》，幾瑟乃因齐师入韩而出走。皆当以《战国策》为是。

公叔且杀幾瑟也，宋赫为谓公叔曰：“幾瑟之能为乱也，内得父兄而外得秦、楚也。今公杀之，太子无患（所谓“太子”指公子咎，后立为太子），必轻公。韩大夫知王之老而太子定，必阴事之。秦、楚若无韩，必阴事伯婴，伯婴亦幾瑟也，公不如勿杀。伯婴恐，必保于公（鲍本“必”下有“阴”字）。韩大夫不能必其不立也（“立”原误作“入”，是时幾瑟在国内，尚未出走，公叔将欲杀之。若已出走在外，公叔不得杀也），必不敢辅伯婴以为乱。秦、楚挟幾瑟以塞伯婴，伯婴外无秦、楚之权，内无父兄之众，必不能乱矣。此便于公。”（《韩策二》第十四章）

案：据此可知，此时伯婴、幾瑟、公子咎三人争为太子，公叔时为相国，乃欲立公子咎为太子。《韩世家》记苏代谓芈戎曰：“公叔、伯婴恐秦、楚之内虮虱也”，《韩策二》第十五章记或谓新城君同，乃指公叔与伯婴二人，司马贞误以为一人，于是以为公叔伯婴与幾瑟、公子咎并为襄王子。于鬯《战国策注》又“疑公子咎、韩公叔、公叔伯婴，一人而三称谓也”，皆非事实。时公叔依齐、魏之力而为韩大臣，与公仲依秦、楚之力而为韩大臣，相互争权已久，盖皆韩公族之长者，焉得为襄王之子？

公叔将杀幾瑟也。谓公叔曰：“太子之重公也（所谓‘太子’指公子咎),畏幾瑟也。今幾瑟死,太子无患,必轻公。韩大夫见王老,冀太子之用事也,固欲事之。太子外无幾瑟之患,而内收诸大夫以自辅也,公必轻矣。不如无杀幾瑟以恐太子,太子必终身重公矣。”(《韩策二》第十三章)

案:此章与上章乃一事之两传,说辞大意相同。

韩公叔有齐、魏,而世子有楚、秦以争国(“世子”原作“太子”,从《韩策二》第十章改正,下同)。郑申为楚使于韩(郑申,《韩策》作“郑强”,“申”疑“强”之误),矫以新城、阳人予世子。楚王怒,将罪之,对曰:“臣矫予之,以为国也。臣为世子得新城、阳人,以与公叔争国而得之,齐、魏必伐韩。韩氏急,必悬命于楚,又何新城、阳人之敢求?世子不胜,然而不死(鲍本“然”作“幸”),今将倒冠而至,又安敢言地?”楚王曰:“善”。乃不罪也。(《楚策一》第十四章,与《韩策二》第十章大体相同)

韩公叔与幾瑟争国,郑强为楚王使于韩,矫以新城、阳人予世子,以与公叔争国(“予”原作“合”,鲍本改作“命”,今据《楚策》改正)。楚怒将罪之。郑强曰:“臣之矫与之,以为国也。臣曰世子得新城、阳人以与公叔争国而得全,魏必急韩氏。韩氏急,必悬命于楚,又何新城、阳人敢索?若战而不胜,走而不死(鲍本“走”作“幸”),今且以至,又安敢言地?”楚王曰:“善。”乃弗罪。(《韩策二》第十章)

案:以上二章,乃一事两传,略有不同。公叔与幾瑟“争国”,乃争治国之权。鲍彪以为“争立为相”,或以为“争太子”,皆非。

公叔相韩而有攻齐(“有攻”读作“友功”,“友功齐”谓友善于齐),公仲甚重于王,公叔恐王之相公仲也,使齐、韩约而攻楚(“楚”原误作“魏”,今改正),公叔因内齐军于郑,以劫其君,以固其位,而信两国之约。(《韩非子·内储说下》,“信”读作“伸”)

韩公叔与幾瑟争国,中庶子强谓世子曰(“世子”原作“太子”,今据《韩策二》第十章改正,下同):“不若及齐师未入,急击公叔。”世子曰:“不可。战之于国中,国必分。”(“必”上原无“国”字,从鲍本增)对曰:“事不成,身必危,尚何足以图国之全为?”世子弗听。齐师果入,世子出走。(《韩策二》第十一章)

案:此时公叔为韩相依仗齐相薛公即孟尝君,得齐、魏之助,故有人谓公叔曰:“今公自以辩于薛公而轻秦”,公叔既与公仲争权,又与争立为太子之幾瑟争权。及韩与齐、魏合纵欲攻楚,公叔因纳齐军于郑,用以固其位、并迫使幾瑟出走至楚。故齐明谓公叔曰:“齐逐幾瑟,楚善之。”

齐明谓公叔曰:“齐逐幾瑟,楚善之。今楚欲善齐甚,公何不令齐王谓楚王曰:‘王为我逐幾瑟以穷之’,楚听,是齐、楚合而幾瑟走也。楚王不听,是有阴于韩也。”(《韩策二》第十二章)

谓新城君曰(《韩世家》作“苏代又谓秦太后弟芈戎曰”,芈戎即新城君):“公叔、伯婴恐秦、楚之内幾瑟也,公何不为韩求质子于楚?楚王听而入质子于韩,则公叔、伯婴必知秦、楚之不以幾瑟为事也,必以韩合于秦、楚矣。秦、楚挟韩以窘魏,魏氏不敢东(《韩世家》“东”作“合于齐”),是齐孤也。公又令秦求质子于楚(《韩世家》“令”作“为”),楚不听则怨结于韩。韩挟齐、魏以眄楚(“眄”原作“盰”,鲍本作“盼”,《韩世家》作“围”,金正炜谓当作“眄”,“眄”,斜视也),楚王必重公矣。公挟秦、楚之重,以积德于韩,则公叔、伯婴必以国事公矣。”(《韩策二》第十五章,《韩世家》同,以此为苏代所说)

案:据此可知,《韩世家》谓“时虮蝨质于楚”不确,时韩另有质子于楚，非指幾瑟也。

幾瑟亡之楚，楚将收秦而复之，谓芈戎曰："废公叔而相幾瑟者楚也，今幾瑟亡之楚，楚又收秦而复之，幾瑟入郑之日，韩、楚之县邑，公不如令秦王贺伯婴之立也。韩绝于楚，其事秦必疾，秦挟韩亲魏，齐、楚后至者先亡，此王业也。"(《韩策二》第十七章)

胡衍之出幾瑟于楚也，教公仲谓魏王曰："太子在楚，韩不敢离楚也，公何不试奉公子咎而为之请太子？"(鲍本"公"作"王"，黄丕烈云："此当公字下有缺文。")因令人谓楚王曰："韩立公子咎而弃幾瑟，是王抱虚质也，王不如亟归幾瑟，幾瑟入，必以韩权仇于魏而德王矣。"(《韩策二》第十六章)

楚令景鲤入韩，韩且内伯婴于秦，景鲤患之。冷向谓伯婴曰："太子入秦，秦必留太子而合楚，以复幾瑟也，是太子反弃之。"(《韩策二》第十九章)

冷向谓韩咎曰(《韩世家》"冷向"作"苏代")："幾瑟亡在楚，楚王欲复之甚(《韩世家》"复"作"由")，令楚兵十余万在方城之外(鲍本"令"作"今"，《韩世家》亦作"今")，臣请令楚筑万家之都于雍氏之旁(《韩世家》"臣请"作"公何不"，"家"作"室")，韩必起兵以禁之(《韩世家》"禁"作"救")，公必将矣。公因以楚、韩之兵奉幾瑟而内之郑(鲍本无"郑"字，《郑世家》亦无)，幾瑟得入而德公(《韩世家》作"其听公必矣")，必以韩、楚奉公矣。"(《韩策二》第十八章，《韩世家》系此于韩襄王十二年下，"奉"作"封")

公叔使冯君于秦，恐留，教阳向说秦王曰："留冯君以善韩辰("辰"原作"臣"，姚注："集、钱、刘、曾作辰。"金正炜曰："当是韩辰，后公仲相韩，谓秦如留冯，徒资辰于韩也")，主君不如善冯君而资之以秦，冯君广王而不听公叔（金正炜以为“广”乃“厉”之误，厉，附也。吴曾祺以“广”为“德”之误），以与太子争，则王泽布而害于韩矣。”（吴师道云：“害疑善字。”金正炜曰：“泽当作择，害当作割也。”）（《韩策二》第六章）

案：金正炜曰：“冯君疑即公仲冯。《史记·田世家》韩冯，徐广曰：即公仲侈。《甘茂列传》公仲侈，徐广曰：一作‘冯’。‘冯’与‘朋’古字通，故《策》文韩朋，《史记》作‘冯’，其实一人。后人不辨冯即公仲，因以意增君字耳。”又曰：“公仲本党幾瑟，故助之以与公叔争。”

郑强载八百金入秦，请以伐韩。冷向谓郑强曰：“公以八百金请伐人之与国，秦必不听公。公不如令秦王疑公叔。”郑强曰：“何如？”曰：“公叔之攻楚也，以幾瑟之存焉，故言先楚也（鲍本“先”作“伐”）。今已令楚王奉幾瑟以车百乘居阳翟，令昭献转而与之处旬有余，彼已觉。而幾瑟，公叔之仇也，而昭献，公叔之人也，秦王闻之，必疑公叔之为楚也。”（《韩策一》第十二章）

［韩襄王］十二年楚围雍氏，韩求救于秦。……于是楚解雍氏围。（《韩世家》）

［魏襄王十九年］楚入雍氏，楚人败。（《韩世家·集解》徐广引《纪年》）

案：《韩世家》记是年楚围韩雍氏，韩求救于秦。秦使公孙入韩见公仲，谓秦将由南郑、蓝田出兵于楚以待公，云：“公必先韩而后秦，先身而后张仪”，于是楚解雍氏围。考楚围韩雍氏，前后有三次，是年为第三次，《韩世家》误以第一次之事系于此第三次围雍氏之役。《集解》引徐广之说，已经指出“时张仪已死十年矣”。不仅张仪已死十年，韩之相国亦已是公叔而非公仲矣。是时公叔为相，韩正追随齐、魏合纵攻楚而谋攻秦，亦不可能求救于秦。《甘茂列传》称楚围韩雍氏，韩使公仲告急于秦，因秦昭王新立，太后楚人，不肯救，公仲因甘茂进言秦昭王，秦乃下师于殽以救韩。《甘茂列传·索隐》云：“按秦惠王二十六年楚围雍氏，至昭王七年又围雍氏，韩求救于秦，是再围也。刘氏云此是前围雍氏，当赧王之三年。《战国策》及《纪年》与此并不同。”《甘茂列传》所述，乃楚第二次围雍氏，在秦武王四年，即昭王初立之年。与秦惠王二十六年楚第一次围雍氏、秦昭王七年楚第三次围雍氏，皆不同。

周赧王十六年(公元前二九九年)

秦昭王八年，魏襄王二十年，韩襄王十三年，赵武灵王二十七年，齐湣王二年，楚怀王三十年，燕昭王十三年。

魏公子劲、韩公子长为诸侯。(《秦本纪》系于昭王八年取唐昧之役后)

吾先君成侯受诏襄王，以守此地也(按指安陵)，手受大府之《宪》，《宪》之上篇曰：“子弑父，臣弑君，有常不赦，国虽大赦，降城亡子，不得与焉。”(《魏策四》第二十四章安陵君对答魏信陵君所遣大使)

案：《楚策二》第一章载：魏相翟强死，为甘茂谓楚王曰：“魏之几相者公子劲也，劲也相魏，魏、秦之交必善。”是公子劲固魏襄王时之贵公子而亲秦者。又《秦本纪》之韩公子长，“长”疑“辰”之字误。古本《纪年》谓魏襄王四年“郑侯使辰归晋阳、向。”

(《范雎列传·正义》引)《韩策三》第十一章有"后相韩辰",《韩策二》第六章记公叔教阳向说秦王曰:"留冯君以善韩辰("辰"原作"臣",姚注:"集、钱、刘、曾作辰。"作"辰"为是),非上知也。"是韩辰亦韩公子之亲秦者。两公子皆因亲秦而于是年封侯,《秦记》因特记之。

又案:顾观光《七国地理考》云:"《魏策》安陵君曰:'吾先君成侯受诏襄王;以守此地',《大事记》云:'安陵赵襄子所封,其后远别为一国,附庸于魏。'今案安陵魏地,当为魏之分封,非赵分也。《秦本纪》昭襄王八年魏公子劲为诸侯,《年表》秦昭王八当魏哀王二十,若依《纪年》,则哀即襄矣。成侯者,安陵始封之君,疑即《秦记》所谓公子劲者,故《魏策》云:'安陵之地亦犹魏也。'鲍注以成侯为赵成侯,襄王为赵襄子,则自襄子至成侯,中隔桓子、献侯、烈侯、武公、敬侯五代,不得云受诏也。且以吾先君为赵先君,文理不顺,其误明矣。"余案顾说至是,公子劲当即成侯,安陵即鄢陵,在今河南鄢陵县北,盖魏、楚交界之地。是时为魏所有。余疑公子长即公子辰之误,即是成阳君。《魏策四》第十五章言"成阳君欲以韩、魏听秦",《秦本纪》昭王十七年城阳君入朝。《秦策三》第七章载:五国罢成皋,秦太后为魏冉谓秦王曰:"成阳君以王之故,穷而居于齐。"《韩策三》第十三章记或谓韩珉曰:"成阳君为秦去韩",又载"韩珉相齐,令吏逐公畴竖,大怒于周之留成阳君也",《赵策四》第四章记苏代谓齐王曰:"天下争秦,秦王内韩珉于齐,内成阳君于韩。"是成阳君亦韩公子之亲秦者。成阳,《汉书·地理志》属汝南郡。在今河南信阳北,盖韩、楚交界之地,是时为韩所有。

[秦昭襄王]八年使将军芈戎攻楚取新市。(《秦本纪》)

[楚怀王]三十年秦复伐楚,取八城。(《楚世家》,《六国表》作"秦取我八城")

[秦昭襄王]九年奂攻楚取八城,杀景快。(《秦本纪》,"快"为"缺"之讹)

[秦昭王]八年新城归。(秦简《编年记》)

案:奂当即庶长奂,《秦本纪》载秦昭王六年庶长奂伐楚,斩首二万。《楚世家》与《六国表》谓上年秦取楚新城(即襄城),杀楚将景缺,是年又伐楚取八城。《秦本纪》又谓奂攻楚取八城,杀景快,"快"当是"缺"之讹。据此,此一战事当连续两年。据秦简《编年记》,是年归还新城于楚,当在战事结束以后。《秦本纪》又谓秦使将军芈戎取楚新市,则为另一战役。

又案:《秦本纪》又将"齐使章子、魏使公孙喜、韩使暴鸢共攻楚方城,取唐眛",记在"八年使将军芈戎攻楚取新市"之后。"取唐眛"之役在前二年,《秦本纪》误后二年。黄式三《周季编略》以为《秦本纪》未误后二年,而以为"说以取唐为取唐眛","唐邑名,与新市及六邑为八邑,与《年表》同。"考是年秦并无"取唐"之事,黄说甚谬。

秦昭王八年楚王来,因留之。(《六国表》)

楚怀王三十年王入秦。(《六国表》)

楚怀王入朝秦,秦留之。(《秦本纪》误系于昭王十年下)

秦败楚汉中,楚王入秦,秦王留之。游腾为楚谓秦王曰:"王挟楚王而与天下攻楚,则伤行矣。不与天下共攻之,则失利矣;王不如与之盟而归之,楚王畏,必不敢倍盟,倍盟(原不重"倍盟"二字,鲍本

“倍”作“背”，补“背盟”二字，今从之），王因与三国攻之，义也。”（《楚策二》第七章）

时秦昭王与楚婚，欲与怀王会。怀王欲行，屈平曰：“秦虎狼之国，不可信，不如毋行。”怀王稚子子兰劝王行：“奈何绝秦欢。”怀王卒行。入武关，秦伏兵绝其后，因留怀王。怀王怒，不听，亡走赵，赵不内。复之秦，竟死于秦而归葬。（《屈原列传》）

案：《楚策二》谓“秦败楚汉中，楚王入秦”，鲍彪注：“此楚怀三十年秦伐楚取八城。”《屈原列传》谓“时秦昭王与楚婚，欲与怀王会”，《楚世家》亦谓：秦昭王遗书楚王，因故为婚姻相亲，欲相约于武关结盟。《赵策一》有人谓赵王，秦王今谓楚王：“苟来举玉趾而见寡人，必与楚为兄弟之国，必为楚攻韩、梁，反楚之故地。”盖秦以威胁利诱之手段，诱使楚怀王入秦武关相会。

秦昭王遗楚王书曰：“始寡人与王约为弟兄，盟于黄棘，太子为质，至欢也。太子陵杀寡人之重臣，不谢而亡去，寡人诚不胜怒，使兵侵君王之边。今闻君王乃令太子质于齐以求平，寡人与楚接境壤界，故为婚姻，所从相亲久矣。而今秦、楚不欢，则无以令诸侯。寡人愿与君王会武关，面相约，结盟而去，寡人之愿也，敢以闻下执事。”楚怀王见秦王书，患之，欲往，恐见欺，无往，恐秦怒。昭睢曰：“王毋行而发兵自守耳。秦虎狼，不可信，有并诸侯之心。”怀王子子兰劝王行，曰：“奈何绝秦之欢心？”于是往会秦昭王。昭王诈令一将军伏兵武关，号为秦王。楚王至，则闭武关，遂西至咸阳，朝章台，如蕃臣，不与亢礼。楚怀王大怒，悔不用昭子言。秦因留楚王，要以割巫、黔中之郡。楚王欲盟，秦欲先得地。楚王怒曰：“秦诈我而又强要我以地。”不复许秦，秦因留之。（《楚世家》）

谓赵王曰："三晋合而秦弱，三晋离而秦强，此天下之所明也。秦之有燕而伐赵，有赵而伐燕，有梁而伐赵，有赵而伐梁，有楚而伐韩，有韩而伐楚，此天下之所明见也。然山东不能易其路，兵弱也，弱而不能相一，是何秦之知而山东之愚也？是臣所为山东之忧也。虎将即禽，禽不知虎之即己也而相斗，两罢，而归其死于虎。故使禽知虎之即己，决不相斗矣。今山东之主，不知秦之即己也，而尚相斗，两敝，而归其国于秦，知不如禽远矣。愿王熟虑之也。今事有可急者，秦之欲伐韩、梁，东窥周室甚，惟寐忘之，今南攻楚者，恶三晋之大合也（鲍本"大"作"相"）。今攻楚休而复之，已五年矣，攘地千余里。今谓楚王：'苟来举玉趾而见寡人，必与楚为兄弟之国，必为楚攻韩、梁，反楚之故地。'楚王美秦之语，怒韩、梁之不救己，必入于秦。有谋，故杀使之赵（上句有脱误，鲍本于"有谋"上补"秦"字，"杀"改作"发"。金正炜云："有读为又，故当作攻，杀当作殽"）。以燕饵赵，而离三晋。今王美秦之言，而欲攻燕，攻燕，食未饱而祸已及矣。楚王入秦，秦、楚为一，东面而攻韩，韩南无楚，北无赵，韩不待伐，割挈马兔而西走（姚注："兔，曾作免。"金正炜曰："免与俛通"），秦与韩为上交秦祸安移于梁矣（王引之曰："安犹于是"）。以秦之强，有楚、韩之用，梁不待伐，割挈马兔而西走。秦与梁为上交，秦祸案攘于赵矣（鲍本"攘于"作"环中"，又云："一作移于"）。以强秦之有韩、梁、楚与燕之怒，割必深矣。国之举此，臣之所为来，臣故曰事有可急为者。及楚王之未入也，三晋相亲相坚，出锐师以戍韩、梁西边，楚王闻之，必不入秦，秦必怒而循攻楚，是秦祸不离楚也，便于三晋。若楚王入，秦见三晋之大合而坚也，必不出楚王，即多割，是秦下祸不离楚也，有利于三晋，愿王之熟计之也，急！"赵王因起兵南戍韩、梁之西边，秦见三晋之坚也，果不出楚王而多求地。(《赵策一》第十七章,“而”上原有“卬”字,吴师道以为衍文,金正炜云:“卬疑即之讹。”)

案:吴师道以为《齐策一》第十五章秦伐魏,陈轸合三晋而东谓齐王,《韩策三》第四章或谓韩王,《燕策二》第十章或献书燕王,与此《赵策一》第十七章谓赵王,皆是陈轸合三晋之辞,征以楚王入秦一言,当在赧王十六年。黄式三《周季编略》从其说,将《韩策三》、《燕策二》所载,编入赧王十六年中。今案《赵策一》此章所载“谓赵王”,确当是年之事。至于《韩策三》、《燕策二》所载,不能确定为是年之事,亦不能确定为陈轸之言。

秦因留楚王,要以割巫、黔中之郡。……楚大臣患之,乃相与谋曰:“吾王在秦不得还,要以割地,而太子为质于齐,齐、秦合谋,则楚无国矣。”乃欲立怀王子在国者。昭雎曰:“王与太子俱困于诸侯,而今又倍王命而立其庶子,不宜。”乃诈赴于齐,齐湣王谓其相曰:“不若留太子以求楚之淮北。”相曰:“不可。郢中立王,是吾抱空质而行不义于天下也。”或曰:“不然。郢中立王,因与其新王市曰:‘予我下东国,吾为王杀太子,不然,将与三国共立之’,然则东国必可得矣。”齐王卒用其相计而归楚太子。太子横至,立为王,是为顷襄王。乃告于秦曰:“赖社稷灵,国有王矣。”(《楚世家》)

楚王死,太子在齐质。苏秦谓薛公曰:“君何不留太子,以市其下东国。”薛公曰:“不可。我留太子,郢中立王,然则我抱空质,而行不义于天下也。”苏秦曰:“不然。郢中立王,君因谓其新王曰:‘与我下东国,吾为王杀太子,不然吾将与三国共立之’,然则下东国必可得也。”(《齐策三》第一章,此下有大段说明苏秦可以由此作为之事,当出于后人增饰之词,今不录)

女阿谓苏子曰:“秦栖楚王,危太子者公也,今楚王归,太子南,公必危,公不如令人谓太子曰:‘苏子知太子怨已也,必且务不利太子,太子不如善苏子,苏子必且为太子入矣。’”苏子乃令人谓太子,太子复请善于苏子。(《楚策二》第九章)

案:女阿,黄丕烈谓即太子之“阿”,《内则》所谓“可”者。其说是也。苏子当即苏秦,苏秦欲留太子于齐,因而太子怨苏秦。

楚襄王为太子之时,质于齐,怀王薨,太子辞于齐王而归。齐王隘之:“予我东地五百里乃归子;子不予我,不得归。”太子曰:“臣有傅,请退而问傅。”傅慎子曰:“献之地,所以为身也;爱地不送死父,不义,臣故曰献之便。”太子入,致命于齐王曰:“敬献地五百里。”齐王归楚太子。太子归,即位为王。齐使车五十乘,来取东地于楚,楚王告慎子曰:“齐使来求东地,为之奈何?”慎子曰:“王明日朝群臣,皆令献其计。”上柱国子良入见,王曰:“寡人得来反(“来”原误作“求”,从王念孙据《太平御览》人事部所引改正),主坟墓(“主”原误作“王”,从鲍本及《太平御览》所引改,谓主其父丧葬之事),复群臣,归社稷也,以东地五百里许齐,齐令使来求地,为之奈何?”子良曰:“王不可不与也,王身出玉声,许万乘之强齐,而不与,则不信,后不可以约结诸侯,请与而复攻之。与之信,攻之武,臣故曰与之。”子良出,昭常入见,王曰:“齐使来求东地五百里,为之奈何?”昭常曰:“不可与也。万乘者,以地大为万乘,今去东地五百里,是去战国之半也;有万乘之号,而无千乘之用也,不可。臣故曰:勿与,常请守之。”昭常出,景鲤入见,王曰:“齐使来求东地五百里,为之奈何?”景鲤曰:“不可与也。虽然,楚不能独守,王身出玉声,许万乘之强齐也,而不与负不义于天下,楚亦不能独守,臣请西索救于秦。”景鲤出,慎子入,王以三大夫计告慎子,曰："子良见寡人曰：'不可不与也，与而复攻之。'常见寡人曰：'不可与也，常请守之。'鲤见寡人曰：'不可与也，虽然，楚不能独守也，臣请索救于秦。'寡人谁用于三子之计？"慎子对曰："王皆用之。"王怫然作色曰："何谓也？"慎子曰："臣请效其说，而王且见其诚然也。王发上柱国子良车五十乘而北献地五百里于齐。发子良之明日，遣昭常为大司马，令往守东地。遣昭常之明日，遣景鲤车五十乘西索救于秦。"王曰："善。"乃遣子良北献地于齐；遣子良之明日，立昭常为大司马，使守东地。又遣景鲤西索救于秦。子良至齐，齐使人以甲受东地，昭常应齐使曰："我典主东地，且与死生，悉五尺主六十，三十余万，弊甲钝兵，愿承下尘。"齐王谓子良曰："大夫来献地，今常守之，何如？"子良曰："臣身受弊邑之王，是常矫也，王攻之。"齐王大兴兵攻东地，伐昭常，未涉疆（王念孙云："未涉"下当有"泗"字，"疆"当为"彊"字之误，彊秦二字下属为句），秦以五十万临齐右壤曰："夫隘楚太子弗出，不仁。又欲夺之东地五百里，不义。其缩甲则可，不然则愿待战。"齐王恐焉。乃请子良南道楚，西使秦，解齐患，士卒不用，东地复全。（《楚策二》第八章）

案：明人慎懋赏伪造《慎子》一书，以为楚襄王之傅慎子，即慎到。黄式三《周季编略》从之。伪《慎子》全出伪造，不足据信。据《孟子荀卿列传》，慎到赵人，为齐稷下先生。所著《慎子》四十二篇，今残存五篇，主张国君无为而治，又强调权势与法治。

楚王死，薛公归太子横，因与韩、魏之兵随而攻东国。太子惧，昭盖曰："不若令屈署以东国为和于齐，以动秦；秦恐齐之败东国，而令行天下也，必将救我。"太子曰："善。"遽令屈署以东国，为和于齐，秦王闻之惧，令芈戎告楚曰："毋与齐东国，吾与子出兵矣。"（《楚策四》

第七章，王引之曰："与犹为也。"）

案：《楚世家》言顷襄王二年楚怀王间道走赵以求归，赵不敢受，秦追至，复之秦，遂发病，三年卒于秦。《秦本纪》亦记昭王十一年"楚怀王走之赵，赵不受，还之秦，即死，归葬"。而《齐策》、《楚策》皆言楚王死后太子归为王。《楚世家》称秦留楚怀王后，楚"乃诈赴于齐"，求归太子。胡三省注解释"诈赴于齐"云："诈言楚王薨而请太子还至楚。"赴即赴告，杜预《春秋左传序》"赴告策书"，孔颖达疏云："邻国相命，凶事谓之赴，他事谓之告，对文则别，散文则通。"所谓"诈赴于齐"，即向齐报丧，诈言楚王已死。《齐策》、《楚策》所载楚王死，盖即据楚之诈赴也。

［秦昭王］九年（当作八年）孟尝君薛文来相秦。（《秦本纪》）

［齐湣王］二十五年（当作二年）归泾阳君于秦。孟尝君薛文入秦，即相秦。文亡去。（《田世家》，《六国表》作"泾阳君复归秦，薛文入相秦"）

齐湣王二十五年（当作二年）复卒使孟尝君入秦，昭王即以孟尝君为秦相。（《孟尝君列传》）

孟尝君将入秦，止者千数而弗听，苏秦欲止之。孟尝君曰："人事者，吾已尽知之矣，吾所未闻者，独鬼事耳。"苏秦曰："臣之来也，固不敢言人事也，固且以鬼事见君。"孟尝君见之，谓孟尝君曰："今者臣来，过于淄上，有土偶人与桃梗相与语（"桃梗"，《孟尝君列传》作"木偶人"，《说苑·正谏》第五章作"木梗人"），桃梗谓土偶人曰：'子西岸之土也，埏子以为人（"埏"原作"挺"，《说苑》作"持"，皆"埏"字之误，今从黄丕烈据《风俗通》卷八"桃梗"引此改正），至岁八月降雨下，淄水至，则汝残矣。'土偶曰：'不然。吾西岸之土也，吾残则复西岸耳

(吾残原作土,从姚引一本改正)。今子东国之桃梗也,刻削子以为人,降雨下,淄水至,流子而去,则子漂漂者将何如耳?'今秦四塞之国譬若虎口,而君入之,则臣不知君所出矣。"孟尝君乃止。(《齐策三》第三章,《说苑·正谏》第五章大体相同,文字有不同。《孟尝君列传》略同,"苏秦"作"苏代"。《说苑》结语作"于是孟尝君逡巡而退而无以应,卒不敢西向秦")

案:桃梗,《孟尝君列传》作木偶人,《说苑》作木梗人。《赵策一》第八章苏秦说李兑,"今日臣之来也暮,后郭门,藉席无所得,寄宿人田中,傍有丛,夜半土梗人与木梗人斗曰:汝不如我,我乃土也,使我逢疾风淋雨,坏沮,乃复归土。今汝非木之根,则木之枝耳,汝逢疾风淋雨,漂入漳河,东流至海,泛滥无所止。臣窃以为土梗胜也。"与此大体相同。"丛"即"神丛",即神所依凭之丛林,土偶人与桃梗人即神像。孟尝君入秦,苏秦比之为东国之桃梗,遇大雨降下,将漂流无所。《岁时广记》卷五引《战国策》高诱注云:"东海中有山名度朔,上有大桃树,其枝间,东北曰鬼门,下有二神人,一曰余与,一曰郁雷,主治害鬼,故世刊此桃余与、郁雷,正岁以置门户,号之曰桃梗。今本《战国策注》失载。《风俗通义》卷八"桃梗"引《黄帝书》作荼与郁垒。

[赵武灵王]二十七年五月戊申,大朝于东宫,传国,立王子何以为王。王庙见礼毕,出临朝。大夫悉为臣,肥义为相国,并傅王。是为惠文王。惠文王,惠后吴娃子也。武灵王自号为主父。主父欲令子主治国,而身胡服将士大夫西北略胡地,而欲从云中、九原直南袭秦,于是诈自为使者入秦。秦昭王不知,已而怪其状甚伟,非人臣之度,使人逐之,而主父驰已脱关矣。审问之,乃主父也。秦人大惊。

主父所以入秦者,欲自略地形,因观秦王之为人也。(《赵世家》)

[秦昭王]八年赵破中山,其君亡,竟死齐。(《秦本纪》)

魏哀王(当作襄王)二十年与齐王会于韩。(《六国表》)

韩襄王十三年齐魏王来。立咎为太子。(《六国表》)

韩立咎为太子。齐、魏王来。(《韩世家》,原在韩襄王十二年以后,梁玉绳《史记志疑》以为“此上缺书十三年,表可证”)

韩咎立为君,未定也。弟在周,周欲重之而恐韩咎不立也。綦毋恢曰:“不若以车百乘送之,得立,因曰为戒,不立则曰来效贼也。”(《韩非子·说林下》)

韩咎立为君而未定也,其弟在周,周欲以车百乘重而送之,恐韩咎入韩之不立也。綦母恢曰:“不如以百金从之,韩咎立,因也以为戒,不立,则曰来效贼也。”(《韩策二》第十九章)

案:韩咎即公子咎,与幾瑟争立为太子者。

齐令周冣使郑,立韩扰而废公叔。周冣患之,曰:“公叔之与周君,交也。令我使郑(鲍本“令”作“今”),立韩扰而废公叔。语曰:怒于室者色于市。今公叔怨齐,无奈何也,必绝周君而深怨我矣。”(“必”下原脱“绝”字,今从鲍本补)史舍曰:“公行矣,请令公叔必重公。”周冣行至郑,公叔大怒。史舍入见曰:“周冣固不欲来使,臣窃强之。周冣不欲来,以为公也;臣之强之也,亦以为公也。”公叔曰:“请闻其说。”对曰:“齐大夫诸子有犬(金正炜曰:“诸与储古通用。储子,见《孟子》书及《燕策》,此其族也”),犬猛不可叱,叱之必噬人。客有请叱之者,疾视而徐叱之,犬不动,复叱之,犬遂无噬人之心。今周冣固得事足下,而以不得已之故来使,彼将礼陈其辞而缓其言,郑王必以齐王为不急,必不许也。今周冣不来,他人必来。来使者无交于

公，而欲德于韩扰其使之必疾，言之必急，则郑王必许之矣。”公叔曰：“善。”遂重周冣。王果不许韩扰。(《韩策二》第九章)

案：黄式三《周季编略》编此于周赧王十六年，曰：“后二十年仇液缓相魏冉而相冉，此周冣缓相韩扰而扰不相，相与不相，时为之也。”缪文远《战国策新校注》云：“韩襄王诸子争立，他处未见韩扰之名，此或韩咎之讹。”今案：“咎”古读如“皋”，如皋陶或作咎繇，与“扰”音近通转。《六国表》载：“齐魏王来，立咎为太子。”《韩策二》第十六章记胡衍教公仲谓魏王曰：“太子在楚，韩不敢离楚也，公何不试奉公子咎而为之请太子。”是公子咎之立为太子，固出于齐、魏二王之请立。此章言齐请立韩扰，因周冣出使入韩言之不急，韩王不许韩扰。后因齐、魏二王合请，并因而来韩，于是立之。

楚昭献相韩，秦且攻韩，韩废昭献。昭献令人谓公叔曰：“不如贵昭献以固楚，秦必曰楚、韩合矣。”(《韩策一》第九章)

案：《韩策一》第十二章冷向谓郑强曰：“公叔之攻楚也，以幾瑟之存焉，今已令楚王奉幾瑟以车百乘居阳翟，令昭献转而与之处。……幾瑟，公叔之仇也，而昭献，公叔之人也。秦王闻之，必疑公叔为楚也。”是则昭献以公叔之力相韩，当在周王赧十五年、楚围雍氏欲纳幾瑟之前。周王赧十四年韩已合于齐、魏而攻楚，疑昭献相韩在此年或稍前，为时恐亦甚暂。

昭献在阳翟，周君将令相国往，相国将不欲(吴曾祺曰：“将字疑因上衍”)，苏厉为之谓周君曰：“楚王与魏王遇也，主君令陈封之楚，令向公之魏。楚、韩之遇也，主君令许公之楚(鲍本“许”作“叶”)，令向公之韩。今昭献非人主也，而主君令相国往，若其王在阳翟，主君

将令谁往?"(姚注:"曾作谁往周,集、刘、钱无周字",当无"周"字)周君曰:"善。"乃止其行。(《东周策》第六章)

案:《韩世家》襄王十二年"甘茂与昭鱼遇于商於",《韩策二》第二章作"甘茂与昭献遇于境"。据《韩世家·索隐》引《战国策》作"昭敾",可知今本《战国策》此"昭献"乃"昭敾"之误。近何建章《战国策注释》以为《韩策一》与《东周策》所载之误,无确据。"相韩"之昭献,亦同为"昭敾"。

周赧王十七年(公元前二九八年)

秦昭王九年,魏襄王二十一年,韩襄王十四年,赵惠文王元年,齐湣王三年,楚顷襄王元年,燕昭王十四年。

[秦昭王]九年攻析。(秦简《编年记》)

[楚]顷襄王横元年,秦要怀王不可得地,楚立王以应秦。秦昭王恐,发兵出武关攻楚,大败楚军,斩首五万,取析十五城而去。(《楚世家》,《六国表》作"秦取我十六城")

案:《集解》徐广曰:《年表》云取十六城,既取析,又并取左右十五城也。裴骃案:《汉书·地理志》弘农有析县。析在今河南内乡县西北。

薛文以金受免,楼缓为丞相。(《秦本纪》系于秦昭王十年,误后一年)

齐湣王二十六年(当作三年)孟尝君归相齐。(《六国表》,《田世家》记"文亡去"在上年,误上一年)

楚王惧,令昭应奉太子以委和于薛公(即指楚太子横入质于齐)。主父(即赵武灵王)欲败之,乃结秦连宋之交,令仇郝相宋,楼缓相秦。

(《赵策四》第十六章)

人或说秦昭王曰:“孟尝君贤,而又齐族也,今相秦,必先齐而后秦,秦其危矣。”于是秦昭王乃止,囚孟尝君,谋欲杀之。孟尝君使人抵昭王幸姬求解,幸姬曰:“妾愿得君狐白裘。”此时孟尝君有一狐白裘,直千金,天下无双,入秦,献之昭王,更无他裘。孟尝君患之,遍问客,莫能对。最下坐有能为狗盗者曰:“臣能得狐白裘。”乃夜为狗以入秦宫藏中,取所献狐白裘至,以献秦王幸姬。幸姬为言昭王,昭王释孟尝君。孟尝君得出,即驰去,更封传,变名姓,以出关。夜半,至函谷关。秦昭王后悔出孟尝君,求之已去,即使人驰传逐之。孟尝君至关,关法鸡鸣而出客,孟尝君恐追至。客之居下坐者,有能为鸡鸣而鸡尽鸣,遂发传出。出如食顷,秦追果至关,已后孟尝君出,乃还。始孟尝君列此二人于宾客,宾客尽羞之。及孟尝君有秦难,卒此二人拔之,自是之后,客皆服。(《孟尝君列传》)

案:《秦本纪》言“薛文以金受免,楼缓为丞相”,《正义》云:“金受,秦丞相姓名,免,夺其丞相。”方苞《补正》云:“九年薛文来相秦,十年免,中间无金受相秦事,金受名别无所见,恐传写之误。盖薛文以受金免而楼缓代相耳。”梁玉绳《史记志疑》云:“考《孟尝君列传》,秦昭王以为相,人或说昭王曰:孟尝君相秦,必先齐而后秦,秦其危矣,于是昭王乃止。囚孟尝君,疑金受是说昭王之人,不知是否?”据《赵策四》第十六章,在齐、魏、韩三国攻楚擒唐眛,楚太子横入质于齐求和之后,赵武灵王“乃结秦连宋之交,令仇郝相宋,楼缓相秦”。秦以楼缓代薛文为相,乃赵武灵王组织赵、秦、宋联盟以对抗齐、魏、韩联盟之结果。楼缓原为赵武灵王之重臣,赞助其胡服骑射之改革者。“楼缓欲以赵合秦楚”,

见《赵策三》第五章，是赵大臣中亲秦者，常往来于秦、赵之间。金受当即金投，亦赵臣之亲秦而不善齐者。《东周策》第十四章周冣谓金投曰："公负合秦而与强齐战。"（"合"原误"令"，从吴师道、金正炜改正，吴师道曰："负，恃也。"）《东周策》第十三章或为周冣谓金投曰："秦以周冣之齐疑天下，而又知赵之难予齐人战，恐齐、韩之合，必先合于秦，秦、齐合，则公之国虚矣。"可知金投乃赵臣之亲秦而欲与齐战者。孟尝君之免秦相而代之以楼缓，盖金投游说昭王所致，故《秦本纪》言"薛文以金受免"。余曾于《战国史》提出"金受当即金投"之说（见《战国史》一九九八年版第三七〇页注①）。近读诸祖耿《战国策集注汇考》亦云："疑《史》金受即此金投"（第三一页）。马非百《秦集史》则反对此说，谓"孟尝君为右丞相，故金受当为左丞相。有人谓金受即《东周策》周冣谓金投之金投，乃赵臣之亲秦者，其说无据，不可信"。其实，金受，为左丞相之说，毫无根据。当薛文免相之后，楼缓为相，非金受为相。薛文免相以前，金受亦非秦相。

又案：《孟尝君列传》谓孟尝君出秦，"过赵，赵平原君客之，赵人闻孟尝君贤，出观之，皆笑曰：'始以薛公为魁然也，今视之，乃眇小丈夫耳。'孟尝君闻之怒，客与俱者下，斫击杀数百人，遂灭一县以去。"考平原君为赵惠文王同母弟，同为惠后所生，惠后纳于赵武灵王十六年，至此才十一年，平原君必尚稚幼，何能客孟尝君？孟尝君出函谷关以后，不经韩、魏回齐而绕道"过赵"，随同孟尝君逃出函谷关之宾客不能甚多，何能在赵"斫击杀数百人，遂灭一县而去"？未可信。

齐湣王不自得，以其遣孟尝君。孟尝君至，则以为齐相，任政，孟尝君怨秦，将以齐为韩、魏攻楚（“为韩魏攻楚”五字当为衍文），因而与韩、魏攻秦，而借兵食于西周。苏代为西周谓曰：“君以齐为韩、魏攻楚九年，取宛、叶以北以强韩、魏，今复攻秦以益之……。”薛公曰：“善。”因令韩、魏贺秦，使三国无攻，而不借兵食于西周矣。是时楚怀王入秦，秦留之，故欲必出之。秦不果出楚怀王。（《孟尝君列传》，“苏代为西周谓曰”云云，与《西周策》第一章“韩庆为西周谓薛公曰”云云相同，显系依据《战国策》）

薛公以齐为韩、魏攻楚，又与韩、魏攻秦，而藉兵乞食于西周。韩庆为西周谓薛公曰（《史记·孟尝君列传》作“苏代为西周谓曰”）：“君以齐为韩、魏攻楚九年（《列传》同作“九年”，同为“五年”之误），取宛、叶以北以强韩、魏，今又攻秦以益之。韩、魏南无楚忧，西无秦患，则地广而益重，齐必轻矣（《列传》无“则地广而益重”，“齐必轻矣”作“则齐危矣”）。夫本末更盛，虚实有时（此二句，《列传》作“韩、魏必轻齐畏秦”），窃为君危之。君不如令弊邑阴合于秦（《列传》“阴”误作“深”），而君无攻，又无藉兵乞食。君临函谷而无攻，令弊邑以君之情谓秦王曰：‘薛公必不破秦以张韩、魏（高诱注：“张，强也。”《列传》作“强”），所以进兵者（《列传》作“其攻秦也”），欲王令楚割东国以与齐也。’秦王出楚王以为和。君令弊邑以此德秦，秦得无破而楚以东国自免也，必欲之。楚王出，必德齐。齐得东国而益强，而薛世世无患。秦不大弱，而处之三晋之西，三晋必重齐。”薛公曰：“善。”因令韩庆入秦（《列传》作“因令韩魏贺秦”，当有误），而使三国无攻秦，而使不藉兵乞食于西周。（《西周策》第一章，《孟尝君列传》大体相同，惟“韩庆”作“苏代”）

[齐湣王]二十六年（当作三年）齐与韩、魏共攻秦，至函谷军焉。

(《田世家》,《六国表》作“与魏、韩共击秦”)

[魏哀王](当作襄王)二十一年与齐、韩共败秦军函谷。(《魏世家》,《六国表》作“与齐、韩共击秦于函谷”)

[韩襄王]十四年与齐、魏王共击秦,至函谷而军焉。(《韩世家》,《六国表》作“与齐、魏共击秦”)

案:此谓“函谷”,连郩塞而言。函谷在今河南三门峡西南,郩塞在三门峡东南。《水经·河水注》云:“历北出东崤,通谓之函谷关也。邃岸天高,空谷幽深,涧道之峡,车不方轨,号曰天险。”又称为“殽下”,亦通称为关阪或关或郭。范睢谓秦“右陇蜀,左关阪”(《秦策三》第九章),关阪即指此。《赵策一》所谓“殽下之事”,《赵策四》所谓“三国攻秦”,“齐人戎郭”,皆指此役。“戎”与“军”同义。

昔岁殽下之事,韩为中军,以与诸侯攻秦。(《赵策一》第十一章秦王谓公子他)

三国隘秦(《周本纪》误作“三晋距秦”),周令其相之秦,以秦之轻也,留其行(《周本纪》“留”作“还”)。有人谓相国曰:“秦之轻重,未可知也。秦欲知三国之情,公不如遂见秦王曰(《周本纪》“遂”作“急”):‘请为王听东方之处’(《周本纪》“处”作“变”,金正炜云:“处当为虖之误”),秦必重公。是公重,周重,周以取秦也(《周本纪》作“重公,是秦重周,周以取秦也”)。齐重,故有周冣以取齐(“冣”原误作“而”,《周本纪》作“聚”,《集解》徐广曰:“一作冣,冣亦古聚字。”今据改),是周常不失重国之交也。”(《东周策》第二十五章,《周本纪》系于周赧王五十八年下,下云:“秦信周,发兵攻三晋。”)

案:“隘”谓阻隔关塞。“三国隘秦”,鲍彪云:“隘谓隔绝之”。

吴师道云:"隘、阸字通。"即指三国攻秦至函谷关而军焉。《周本纪》误作"三晋距秦",并误系于周赧王五十八年下,不可据信。《战国策》鲍注谓在赧王十八年,吴师道云:"八当为七",皆以此为三国攻秦之役,甚是。有人谓相国,"秦欲知三国之情,公不如遂见秦王曰:'请为王听东方之处'",又谓"齐重,故有周冣以取齐",可知此时齐、魏、韩三国攻秦。周冣正是与孟尝君同谋齐合韩、魏以攻秦者。

谓周最曰("最"当作"冣","冣"古"聚"字):"仇赫之相宋,将以观秦之应赵、宋,败三国。三国不败,将与赵、宋合于东方以孤秦,亦将观韩、魏之于齐也。不固,则将与宋败三国,则卖赵、宋于三国。公何不令人谓韩、魏之王曰:'欲秦、赵之相卖乎?何不合周最兼相(金正炜云:"合当作令"),视之不可离,则秦、赵必相卖以合于王也。'"(《东周策》第十九章)

富丁欲以赵合齐、魏,楼缓欲以赵合秦、楚,富丁恐主父之听楼缓而合秦、楚也。司马浅为富丁谓主父曰:"不如以顺齐。今我不顺齐以伐秦,秦、楚必合,而攻韩、魏,韩、魏告急于齐,齐不欲伐秦,必以赵为辞。则伐秦者赵也,韩、魏必怨赵、齐之兵不西,韩必听秦违齐,违齐而亲秦("秦"字原脱,从金正炜补),兵必归于赵矣。今我顺齐而齐不西("顺"下原脱"齐"字,从金正炜补),韩、魏必绝齐,绝齐则皆事我,且我顺齐,齐无不西。日者楼缓坐魏三月,不能散齐、魏之交,今我顺而齐、魏果西,是罢齐敝秦也,赵必为天下重国。"主父曰:"我与三国攻秦是俱敝也。"曰:"不然,我约三国而告之以未构中山也。三国欲伐秦之果也,必听我,欲和我。中山听之,是我以三国挠中山而取地也("三国"原误作"王因",从鲍彪、吴师道改正,"挠"原作"饶",

从王念孙改正)。中山不听,三国必绝之,是中山孤也。三国不能和我,虽少出兵可也。我分兵而孤中山,中山必亡。我已亡中山,而以余兵与三国攻秦,是我一举而两取地于秦中山也。"(《赵策三》第五章)

魏因富丁且合于秦,赵恐,请效地于魏而听薛公。教子欬谓李兑曰:"赵畏横之合也,故欲效地于魏而听薛公。公不如令主父以地资周最而请相之于魏。周最以天下辱秦者也,今相魏,魏、秦必虚矣(汤炳正云:"秦"上"魏"字疑衍,虚即墟)。齐、魏虽劲,无秦不能伤赵。魏王听,是轻齐也。秦、魏虽劲,无齐不能得赵。此利于赵而便于周最也。"(《赵策三》第六章)

案:赵武灵王谋攻灭中山,尝遣其臣至各国,设法孤立中山。《赵世家》载:武灵王二十年王略地中山与胡,归来,"使楼缓之秦,仇液之韩,王贲之楚,富丁之魏,赵爵之齐。"《赵策四》第十六章谓主父"乃结秦连楚、宋之交,令仇郝相宋,楼缓相秦"。《东周策》第十九章有人谓周最曰:"仇赫之相宋,将以观秦之应赵、宋,败三国。"《穰侯列传》又谓:"赵人楼缓来相秦,赵不利,乃使仇液之秦,请以魏冉为秦相。"《索隐》曰:"《战国策》作仇郝,盖是一人而记别也。"仇液或作仇郝、仇赫。其时"富丁欲以赵合齐、魏,楼缓欲以赵合秦、楚"。是年秦以楼缓代薛文为相,仇赫相宋,于是赵武灵王"结秦连楚、宋之交"之策略成功,立即造成齐、魏、韩三国与秦、赵、宋三国对峙之形势。因而孟尝君得以合纵,发动三国共攻秦函谷,但是赵、宋取观望态度,其目的,即司马浅为富丁谓主父,"是罢齐敝秦也,赵必为天下重国",如此可以"孤中山,中山必亡"。亦如有人谓周最,"将以观秦之应赵、宋,败三国……亦将以观韩、魏之于齐也。”

三国攻秦，赵攻中山，取扶柳，五年以擅呼沲（“五年”当为“三年”之误，“沲”同“沱”）。齐人戎郭。宋突谓仇郝曰：“不如尽归中山之新地，中山案此言于齐曰：‘四国将假道于卫，以遏章子之路’（“遏”原作“过”，从金正炜改正），齐闻此必效鼓。”（《赵策四》第八章）

案：自赵武灵王推行连结秦、宋以抗齐、魏、韩之策略，使楼缓相秦，仇郝相宋，造成齐、魏、韩三国与赵、秦、宋三国对峙之局势。齐欲打败楚、秦而称雄于中原，赵欲压制齐国而攻灭中山，并向北开拓。此时齐、魏、韩三国攻秦，至函谷关而军焉，以封锁秦国，即此所谓“三国攻秦”，“齐人戎郭”。同时赵攻中山，已攻取扶柳。扶柳在今河北冀县西北，并攻至滹沱水一带。宋突此时向宋相仇郝献策，盖为中山谋求解脱困境。宋突请赵尽归所得中山之新地，然后由中山据此言于齐曰：“四国将假道于卫，以遏章子之路”。章子即匡章，即为三国破楚杀唐眛之统帅，此时正为三国攻秦之统帅，至函谷关而军焉。所谓“四国将假道于卫”，盖中山已参赵、秦、宋之联盟，四国联军将包抄匡章进军函谷关之后路，秦与中山之军与赵军会合南下渡河，再与宋军会合以攻函谷关，必须假道于卫。如果确是如此，三国攻秦之大军必将全军覆没。因此，齐闻此必献纳与中山邻近齐邑鼓以求和。鼓在今河北晋县西，正在中山国之东边。此为宋突设想之计谋，未尝施用，但由此可以了解当时之形势。

宋置太子以为王，下亲其上而守坚。（《赵策四》第三章李兑谓齐王）

案：《赵策四》第三章李兑谓齐王曰：“臣之所以坚三晋以攻

秦者，非以为齐得利秦之毁也，欲以使攻宋也。而宋置太子以为王，下亲其上而守坚，臣是以欲足下之速归休士民也。今太子走，诸善太子者，皆有死心。若复攻之，其国必乱，而太子在外，此亦举宋之时也。”钱穆《宋元王兒说考》论之曰：“是宋置太子为王，正三晋攻秦之际。其时齐先已攻宋而无利。其后太子去国，齐乃乘隙而残之耳。齐湣王二年楚怀王入秦不返。其明年，齐湣王三年，陈轸说魏、韩、赵、燕、齐五国合从而戍魏、韩之西边以摈秦，此即李兑所谓臣之坚三晋以攻秦之事也。然是时孟尝新自秦归，方怨秦，故率韩、魏以攻秦，而赵、宋则持两端。……据此，知当楚怀王入秦、三国攻秦之际，正宋置太子为王之时。考楚怀入秦之年，赵武灵王传国少子，自称主父，宋置太子为王，正与赵同时，特不能定其孰先孰后尔。”钱氏又谓：“《吕氏春秋·君守》篇称鲁鄙人遗宋元王闭（结不解者），人莫之能解，兒说之弟子请往解之。”兒说乃持白马非马之辩者，“宋元王不得谓即春秋时之宋元公，窃疑宋元王乃宋王偃所置太子为王者。”（《先秦诸子系年》第四〇二至四〇四页）钱氏以宋元王即宋王偃之太子为王者，无确据；以齐湣王三年孟尝君合纵，齐、魏、韩三国攻秦，即陈轸合五国摈秦，亦非。钱氏以宋王偃置太子为王，与赵武灵王传国少子同时，甚是。当孟尝君合齐、魏、韩三国共攻秦军于函谷之际，赵武灵王已传国少子，并使楼缓相秦，仇赫相宋，阳与秦合，而阴持两端。于是胡服骑射而攻灭中山而略地于林胡、楼烦。宋之于赵，正一步一趋，宋王偃亦传国于太子，以其间略地，灭滕、伐薛而取楚淮北地。

赵惠文王元年以公子胜为相，封平原君。（《六国表》，《赵世家·

集解》引徐广之说同）

案:《赵策四》第十四章谅毅曰:“赵豹、平原君,亲寡君之母弟也。”《魏公子列传》又云:“公子姊为赵惠文王弟平原君夫人。”平原君既为赵惠文王同母弟,同为惠后所生,惠后纳于武灵王十六年,至此不过十二年。黄式三《周季编略》云:“是时惠文王只十三岁,胜为王之同母弟,年不过十一二岁,或宠而封之,难言必无此事。《年表》云:以公子胜为相,封平原君,武灵王昏眊,不应至此。”考《赵世家》,惠文王初立,肥义为相国,惠文王四年肥义见杀,乃相公子成,其间固无胜为相事。《资治通鉴》记是年“赵王封其弟为平原君”,未言“为相”,惟言“平原君好士,食客常数千人,有公孙龙者”云云,又有“邹衍过赵,平原君使公孙龙论白马非马之说”云云,当非此时事。

魏哀王（当作襄王）二十一年河、渭绝一日。（《六国表》）

周赧王十八年（公元前二九七年）

秦昭王十年,魏襄王二十二年,韩襄王十五年,赵惠文王二年,齐湣王四年,楚顷襄王二年,燕昭王十五年。

[赵]惠文王二年主父行新地,遂出代,西遇楼烦王于西河而致其兵。（《赵世家》,《资治通鉴》记此事于次年）

案:赵武灵王二十年赵“西略胡地至榆中,林胡王献马”,于是“代相赵固主胡,致其兵”。是年赵主父又“出代,西遇楼烦王于西河而致其兵”。致其兵者,招徕其兵,实即收编其兵。盖赵在降服林胡、楼烦之后,尝收编其附近林胡、楼烦之兵,因而赵之兵力大为加强。

［楚顷襄王］二年楚怀王亡逃归，秦觉之，遮楚道，怀王恐，乃从间道走赵以求归。赵主父在代，其子惠王初立，行王事，恐，不敢入楚王。楚王欲走魏，秦追至，遂与秦使复之秦（《史记会注考证》云："古钞本使作吏"），怀王遂发病。（《楚世家》）

秦昭王十年楚怀王亡之赵，赵弗内。（《六国表》）

案：《秦本纪》记昭王十一年"楚怀王走之赵，赵不受，还之秦，即死，归葬"。楚怀王死与归葬在次年，《秦本纪》误记怀王走赵在同年。

周赧王十九年（公元前二九六年）

秦昭王十一年，魏襄王二十三年，韩襄王十六年，赵惠文王三年，齐滑王五年，楚顷襄王三年，燕昭王十六年。

韩襄王十六年与齐、魏击秦，秦与我武遂和。（《六国表》）

［韩襄王］十六年秦与我河外及武遂。（《韩世家》）

案：《史记会注考证》云："《六国表》与齐、魏击秦五字衍文，已书于十四年，此重出。"中华书局标点本《史记》从之，以"与齐、魏击秦"五字排小字，加上括号，以表明删去。大误。齐、魏、韩三国攻秦函谷前后三年之久，此年得胜，攻入函谷，秦割地求和。《战国纵横家书》之《苏秦谓齐王章》云："薛公相齐也，伐楚九岁（当作五岁），功（攻）秦三年。"《燕策一》苏代说燕王曰："今夫齐王长主而自用也，南攻楚五年，稸积散，西困秦三年，民憔悴，士罢弊。"皆可证。

魏哀王（当作襄王）二十三年秦复予我河外及封陵为和。（《魏世家》）

秦昭王十一年复与魏封陵。(《六国表》,《秦本纪·正义》引《年表》云:"秦与魏封陵,与韩武遂以和。"今本《六国表》有脱文)

[齐滑王]二十八年(当作五年)秦与韩河外以和,兵罢。(《田世家》)

秦昭王十一年齐、韩、魏、赵、宋、中山五国共攻秦至盐氏而还。秦与韩、魏河北及封陵以和。(《秦本纪》)

案:《正义》云:"盖中山此时属赵,故云五国也。"《资治通鉴》记此事删去"中山"两字。《正义》引《括地志》云:"盐故城一名司盐城,在蒲州安邑县。"盐氏在今山西运城。《周季编略》记此事作"齐、韩、魏以秦之悔割地,不出楚王而致之死也,复合赵、宋共攻秦至盐氏,秦与魏河外及封陵,与韩河外及武遂,五国之兵乃还"。案三国攻秦函谷先后有三年之久,赵、宋持观望态度,及是年三国得胜,攻入函谷,于是赵、宋起兵与齐、魏、韩三国向河东进攻,攻至盐氏,迫使秦归还已占有之河外及封陵、武遂,此皆魏、韩两国重要之防守要塞,经两国收复,可以解除秦东侵之威胁。

先时五诸侯共伐秦,韩反与诸侯先为雁行,以向秦兵于关下矣。(《韩非子·存韩》)

三国攻秦入函谷(《韩非子·内储说上》作"三国兵至韩"),秦王谓楼缓曰:"三国之兵深矣,寡人欲割河东而讲。"对曰:"割河东,大费也;免于国患,大利也,此父兄之任也,王何不召公子池而问焉。"王召公子池而问焉,对曰:"讲亦悔,不讲亦悔。"王曰:"何也?"对曰:"王割河东而讲,三国虽去,王必曰:'惜矣,三国且去,吾特以三城从之。'此讲之悔也。王不讲,三国入函谷,咸阳必危。王又曰:"吾爱三城而不讲。”此又不讲之悔也。”王曰：“钧吾悔也，宁亡三城而悔，无危咸阳而悔也，寡人决讲矣。”卒使公子池以三城讲于三国，三国之兵乃退。(《秦策四》第三章，《韩非子·内储说上》大体相同，惟“函谷”误作“韩”，“公子池”作“公子汜”。)

案：《秦策》“三国攻秦入函谷”，《韩非子》“三国兵至韩”，三国入韩，“韩”皆当为“函”字之误。函谷或称函。可知是年三国兵确已攻入函谷，赵、宋又与三国合兵攻河东至盐氏，秦昭王因而谓丞相楼缓曰：“三国之兵深矣，寡人欲割河东而讲。”楼缓以为“此父兄之任”，请召公子池而问焉(《韩非子》“公子汜”当是“公子池”之误。公子池亦作公子他，见于《秦策二》第十五章，与《赵策一》第十一章)。于是王使公子池以三城讲于三国。吴师道云：“按三城者，武遂与韩，封陵与魏，齐城与齐。武遂、封陵在河东，齐城无考。”梁玉绳《史记志疑》于《秦本纪》云：“秦和三国，以武遂与韩，封陵与魏，齐城与齐，《策》所云秦以三城讲于三国者，乃此及《表》皆不言齐，《田完世家》亦不言与我齐城，反载与韩河外，又不及魏。……武遂、封陵皆在河外，故三国《世家》俱称河外，《策》作河东，此作河北，盖自秦言之曰东，自三国言之曰北，统言之曰河外。”考“齐城与齐”之说，不可据信。余谓三城者，武遂与韩，封陵、晋阳(又称阳晋)与魏，齐则无与焉。晋阳即在封陵之西北，其重要性次于封陵，史文略而未记。秦于周赧王十二年拔魏蒲阪、晋阳、封陵，次年秦归蒲阪于魏，晋阳封陵仍为秦所占有也。《赵策四》第二章，或谓齐王曰：“臣为足下谓魏王曰：……王之事齐也，无入朝之辱，无割地之费，齐为王之故，虚国于燕、赵之前，用兵于二千里之外，故攻城野战，未尝不为王先被矢石也，得二都，割河东，尽效之于王。”可知此役齐用兵于二千里之外，得河东二都归魏，齐未有所得，盖形势不能有也。

三国攻秦反，西周恐魏之藉道也，为西周谓魏王曰：“楚、宋不利秦之听三国也（“听”原误作“德”，鲍彪改为“听”），彼且攻王之聚以劲秦。”（“劲”原误作“利”或“到”，从王念孙校正）魏王惧，令军拔舍速东。（《西周策》第十六章，“拔”原误作“设”，从孙诒让、金正炜改正）

［魏哀王］（当作襄王）二十三年哀王（当作襄王）卒，子昭王立。（《魏世家》）

［魏］昭王名遬。（《魏世家·索隐》引《世本》）

［韩襄王］十六年襄王卒，太子咎立，是为釐王。（《韩世家》）

［秦昭襄王］十一年楚怀王走之赵，赵不受，还之秦，即死，归葬。（《秦本纪》）

［楚］顷襄王三年怀王卒于秦，秦归其丧于楚。楚人皆怜之，如悲亲戚，诸侯由是不直秦。秦、楚绝。（《楚世家》，《六国表》作“怀王卒于秦，来归葬”）

屈平既嫉之，虽流放，睠顾楚国，系心怀王，不忘欲反，冀幸君之一悟，俗之一改也。其存君兴国而欲反覆之，一篇之中三致志焉，然终无可奈何，故不可以反，卒以此见怀王之终不悟也。……怀王以不知忠臣之分，故内惑于郑袖，外欺于张仪，疏屈平而信上官大夫、令尹子兰，兵挫地削，亡其六郡，身客死于秦，为天下笑。……令尹子兰闻之大怒，卒使上官大夫短屈原于顷襄王，顷襄王怒而迁之。（《屈原列传》）

中山尚染于魏义、偃长……所染不当，故国皆残亡。（《墨子·所染篇》，《吕氏春秋·当染》略同，惟“偃”作“椻”）

案:《吕氏春秋》高诱注云:“尚魏公子牟之后,魏得中山以邑之也。”苏时学《墨子刊误》云:“中山为魏之别封,非春秋时之鲜虞也。魏文侯灭中山,而封其少子挚,至赧王二十年为赵武灵王所灭。其君有武公、桓公,见《世本》,此名尚者,当为最后之君。”孙诒让《墨子间诂》曰:“据《水经·滱水》郦道元注及《太平御览》百六十一引《十三州志》并谓中山桓公为魏所灭,则尚或即桓公。墨子犹及见之,高、苏以为魏别封,非也。”孙说非是。据新出土中山王譽方壶及鼎铭文,桓公当为中山复国之君,《世本》称“桓公徙灵寿为赵武灵王所灭”。灵寿即复国后之国都,乃谓桓公所复之中山为赵所灭,非谓桓公本人为赵所灭。已说明在周安王二十四年案语中。《太平寰宇记》卷六十一引《史记》云:“赵武灵王以惠文王三年灭中山,迁其君尚肤施。”则尚确为中山最后之君。据中山王方壶及鼎铭文,中山王譽以上有文、武、桓、成四世,其子为妤䖵。文、武为魏灭亡前之君,桓、成、譽、妤䖵乃复国后之君。诸祖耿《战国策集注汇考》云:“乐史云:桓公传五世为赵所灭,自桓、成、譽、妤䖵,至尚,适为五世。由此知尚为亡国之君,妤䖵即死齐之君。”

鲁丹三说中山之君而不受也,因散五十金事其左右,复见,未语而君与之食,鲁丹出而不反舍,遂去中山。其御曰:“反见,乃始善我,何故去之?”鲁丹曰:“夫以人言善我,必以人言罪我。”未出境,而公子恶之,曰:“为赵来间中山。”君因索而罪之。(《韩非子·说林上》)

案:此亦疑中山君尚晚年事。

赵主父使李疵视中山可攻不也,还报曰:“中山可伐也。君不亟伐,将后齐、燕。”主父曰:“何故可攻?”李疵对曰:“其君见好岩穴之士，所倾盖与车，以见穷闾隘巷之士以十数，伉礼下布衣之士以百数矣。”君曰：“以子言论，是贤君也，安可攻？”疵曰：“不然。夫好显岩穴之士而朝之，则战士怠于行陈，上尊学者，下士居朝，则农夫惰于田。战士怠于行陈者，则兵弱也，农夫惰于田者，则国贫也。兵弱于敌，国贫于内，而不亡者，未之有也。伐之不亦可乎？”主父曰：“善。”举兵而伐中山，遂灭也。（《韩非子·外储说左上》）

案：《中山策》第七章大体相同，李疵对答作“中山之君所倾盖与车而朝穷闾隘巷之士者七十家”，末无“举兵而伐中山，遂灭也”句。诸祖耿云：“《太平寰宇记》引有‘中山专行仁义，贵儒学，贱壮士，不教人战，赵武灵王袭而灭之’之语，此非《战国策》之逸文，盖即依据此策而抄要言之者也。”此说若确，则策文末尾亦应有赵举兵灭之等语，新出土中山王青铜器铭文，反复引用《诗经》，并有同于《左传》、《大戴礼》之文句，并有浓厚之儒家思想与尊贤观点。与李疵之说正相符合。赵武灵王以胡服骑射攻灭中山而略胡地，而中山则以礼贤下士，怠于耕战而衰亡。

赵氏攻中山，中山之人多力者曰吾丘鸩，衣铁甲，操铁杖以战，而所击无不碎，冲无不陷，以车投车，以人投人也，几至将所而后死。（《吕氏春秋·贵卒》）

案：《吕氏春秋·贵卒》论用兵之道，“力贵突，智贵卒（音仓卒之卒）”，举此中山多力之战士为例，则中山之战士颇有勇于行阵者，非皆怠于行阵者。

白圭之中山，中山之王欲留之，白圭固辞，乘舆而去；又之齐，齐王欲留之仕，又辞而去。人问其故，曰：“之二国者，皆将亡，所学有五尽。何谓五尽？曰：莫之必则信尽矣，莫之誉则名尽矣，莫之爱则亲尽矣，行者无粮，居者无食，则财尽矣。不能用人，又不能自用，则功尽矣。国有此五者，无幸必亡，中山、齐皆当此。”(《吕氏春秋·先识》，《说苑·权谋》第十一章大体相同)

案：《吕氏春秋》在叙述此事之后，论之曰：“若使中山之王与齐王闻五尽而更之，则必不亡矣。……夫五割而与赵，悉起而距军乎济上，未有益也。”高诱注：“中山五割地与赵，赵卒亡之；齐悉起军以距燕人于济上，燕卒破之，不能自存，故曰未有益也。”

[赵惠文王]三年灭中山迁其王于肤施。起灵寿，北地方从，代道大通。还归，行赏，大赦，置酒酺五日，封长子章为代安阳君。章素侈，心不服其弟所立。主父又使田不礼相章也。(《赵世家》)

案：吴师道以为赵灭中山在武灵王二十五年，中山非至惠文王三年始亡，特迁其王尔。《燕策二》第十章或献书燕王曰：“秦久伐韩故中山亡”，吴师道注云：“按《赵策》苏厉曰：楚人久伐而中山亡。《魏策二》曰：中山恃齐、魏以轻赵，齐、魏伐楚而赵亡中山。……赵与齐、燕灭中山，乃《年表》惠文四年所书，已与《世家》差一年。且赵之有事中山久矣，自武灵十九年胡服以来，攻城略地，无岁无之，何至此始合齐、燕灭之耶？而秦、韩、齐、魏伐楚，败唐眜重丘，当武灵二十五年。是年《赵年表》书攻中山，《通鉴》、《纲目》书中山君奔齐，《齐策》称中山君臣于齐。盖四国伐楚而赵不与，赵得以攻中山而亡之，其君遂出奔也。《史》所载与《策》合者，莫明于此，中山君且奔齐，则与齐共灭之言，未可据。……今《燕策》又谓秦伐韩故中山亡，则韩亦助中山者。是年秦伐韩取穰，岂其事欤？愚因此策与《齐策》陈轸合三晋事同，而辨中山非至惠文三年始亡，特迁其王尔。”此说颇为梁玉绳所称许，梁氏《史记志疑》云："中山之灭，《赵世家》在惠文三年，《田完年表》及《世家》在湣王二十九年，为惠文四年，所书年数已不合矣，而谓共齐燕灭之，更不足据。……顾自赵武灵王十九年以后，攻城略地，无岁不用师于中山，何待惠文之世始合齐、燕以灭之邪？赵灭中山之岁，吴师道断其在武灵王二十五年，自不可易，正与《乐毅列传》所云武灵王时复灭中山者合也。……《史》之误在妄牵入齐、燕，在以三年为四年。而所书惠文三年灭中山，未可概指为误，盖以武灵二十五年灭者，以得其国为灭，言其实也。以惠文三年灭者，以得其君为灭，重在君也。至若武灵二十六年之攻攘，不过拓并余地，申尽其疆界耳。"余意《六国表》言赵与齐、燕共灭中山，《田世家》及《六国表》言佐赵灭中山，当是错误。吴、梁二氏断言赵灭中山在武灵王二十五年，并不可信。《资治通鉴》载周赧王十四年即赵武灵王二十五年，"赵王伐中山，中山君奔齐"，《秦本纪》载昭王八年即赵武灵王二十七年"赵破中山，其君亡，竟死齐"，是时中山虽为赵所破，中山君奔齐而死，但其国未亡，国都灵寿亦未失。据《赵策三》第五章，当三国攻秦时，司马浅谓赵主父曰："我分兵而孤中山，中山必亡。我已亡中山而以余兵与三国攻秦，是我一举而两取地于秦、中山也。"时在赵惠文王元年，中山尚未亡。《赵策四》第八章言"三国攻秦，赵攻中山，取扶柳，五年以擅呼沲"，即是赵乘三国攻秦，中山孤立之时，大举攻灭之，"五年"当是"三年"之误。滹沱原为横贯中山之命脉，赵以全力占有之，即是攻灭中山。

又案：方苞《补正》云："方，始也。从，属也。先是襄子已取代，而隔于中山，道不通，故十九年主父北略地中山，至于房子，遂之代。今灭中山,起灵寿,则北地始属于代而道大通也。”按“代道”是往代之路。“起灵寿”谓以灵寿为起点,因灭中山得灵寿,代道得以大通。据此亦可证,赵灭中山在此年。“还归,行赏,大赦,置酒酺五日”,“还归”乃赵主父凯旋归来,“行赏,大赦,置酒酺五日”乃庆祝“灭中山”之胜利,更可证赵灭中山即在此时。凡此一切皆由赵主父主其事,故《乐毅列传》云:“至赵武灵王时复灭中山。”其时武灵王虽已传位于少子,实际上国家大事仍由主父作主,攻灭中山与略地林胡、楼烦全由主父亲自统率大军进行,少子惠文王无与焉。

宋康王染于唐鞅、佃不礼……所染不当,故国皆残亡。(《墨子·所染》,《吕氏春秋·当染》同,惟“佃”作“田”,“礼”误作“禋”)

唐鞅蔽于欲权而逐载子……唐鞅戮于宋。(《荀子·解蔽》)

宋用唐鞅、齐用苏秦而天下知其亡。(《吕氏春秋·知度》,《说苑·尊贤》第一章作“宋用唐鞅、齐用苏秦、秦用赵高而天下知其亡也”)

宋王谓其相唐鞅曰:“寡人所杀戮者众矣,而群臣愈不畏,其故何也?”唐鞅对曰:“王之所罪,尽不善者也,罪不善,善者故为不畏。王欲群臣之畏也,不若无辨其善与不善,而时罪之,若此则群臣畏矣。”居无几何,宋君杀唐鞅。唐鞅之对也,不若无对。(《吕氏春秋·淫辞》)

案:《宋世家·索隐》云:“《战国策》、《吕氏春秋》皆以偃谥曰康王也。”据《吕氏春秋》,唐鞅为宋王偃之相,高诱注:“鞅令宋王善与不善皆罪之以立威,王是以杀唐鞅,故曰唐鞅之对,不若无对。”据《荀子》,“唐鞅蔽于欲权而逐载子。”则唐鞅固为一权臣,而宋王杀之,知偃尚非重用权臣之君。佃不礼,《吕氏春秋》作田不禋，《汉书·古今人表》作田不礼，则"禋"乃"礼"之字误。孙诒让《墨子间诂》云："《赵世家》载赵主父使田不礼相太子章，后为李兑所杀，当宋康王之末年，或即一人，先仕宋而后仕赵欤?"其说是也。是康王亡时，唐鞅已见诛，田不礼已走赵，《墨子·所染》谓"宋康王染于唐鞅、佃不礼……故国皆残亡"，《吕氏春秋·知度》谓"宋用唐鞅……而天下知其亡"，尚非的论也。考赵主父使田不礼相公子章在此年，则田不礼走赵在此年或稍前也。

惠盎见宋康王，康王蹀足謦欬（原误作"惠盎见宋康成公而谓足声速"，从毕沅据《列子·黄帝》、《淮南子·道应训》及李善注《文选》谢惠连《咏牛女诗》所引改正），疾言曰："寡人之所说者勇有力也，不说为仁义者（"不说"原误作"而为"，从毕沅据《列子》、《淮南子》改正），客将何以教寡人?"惠盎对曰："臣有道于此，使人虽勇，刺之不入，虽有力，击之不中，大王独无意邪?"王曰："善。此寡人所欲闻也。"惠盎曰："夫刺之不中，击之不中，此犹辱也。臣有道于此，使人虽有勇，弗敢刺，虽有力，不敢击，大王独无意邪?"王曰："善。此寡人之所欲知也。"惠盎曰："夫不敢刺，不敢击，非其志也。臣有道于此，使人本无其志也，大王独无意邪?"王曰："善。此寡人之所愿也。"惠盎曰："夫无其志也，未有爱利之心也。臣有道于此，使天下丈夫女子莫不欢然皆欲爱利之，此其贤于勇有力也。居四累之上，大王独无意邪?"王曰："此寡人之所欲得。"惠盎对曰："孔、墨是也，孔丘、墨翟无地为君，无官为长，天下丈夫、女子莫不延颈举踵而愿安利之。今大王，万乘之主也，诚有其志，则四境之内，皆得其利，其贤于孔、墨也远矣。"宋王无以应。惠盎趋而出，宋王谓左右曰："辨矣！客之以说服寡人也。"（《吕氏春秋·顺说》、《淮南子·道应训》、《列子·黄帝》同）

案：此谓宋康王好勇有力，盖与秦武王、赵武灵王相似。惠盎，《淮南子》作惠孟，《吕氏春秋》高诱注云：“惠盎，宋人，惠施族也。”《列子》张湛注亦云：“惠盎，惠施之族。”惠盎推崇孔丘、墨翟，而宋王因而说服，则宋王尚非暴君。

章素侈，心不服其弟所立，主父又使田不礼相章也。李兑谓肥义曰：“公子章强壮而志骄，党众而欲大，殆有私乎？田不礼之为人也，忍杀而骄。二人相得，必有谋阴贼起（《史记会注考证》云：“枫山、三条本‘谋’上有‘阴’字。”《资治通鉴》“谋阴”作“阴谋”），一出身徼幸。夫小人有欲，轻虑浅谋，徒见其利，而不顾其害，同类相推，俱入祸门。以吾观之，必不久矣（《资治通鉴》“必”上有“难”字）。子任重而势大，乱之所始，祸之所集也，子必先患。仁者爱万物，而智者备祸于未形，不仁不智，何以为国？子奚不称疾毋出，传政于公子成？毋为怨府，毋为祸梯。”肥义曰：“不可。昔者主父以王属义也，曰：‘毋变而度，毋异而虑（《资治通鉴》“异”作“易”），坚守一心，以殁而世。’义再拜受命而籍之。今畏不礼之难而忘吾籍，变孰大焉。进受严命，退而不全，负孰甚焉。变负之臣，不容于刑。谚曰：‘死者复生，生者不愧。’吾言已在前矣，吾欲全吾言，安得全吾身。且夫贞臣也，难至而节见，忠臣也，累至而行明，子则有赐而忠我矣。虽然，吾有语在前者也，终不敢失。”李兑曰：“诺。子勉之矣，吾见子已今年耳。”涕泣而出。李兑数见公子成，以备田不礼之事。异日，肥义谓信期曰：“公子与田不礼，甚可忧也。其于义也，声善而实恶，此为人也，不子不臣。吾闻之也，奸臣在朝，国之残也，谗臣在中，王之蠹也。此人贪而欲大，内得主而外为暴，矫令为慢，以擅一旦之命，不难为也，祸且逮国。今吾忧之，夜而忘寐，饥而忘食，盗贼出入，不可不备。自今以来，若有召王者必

见吾面,我将先以身当之,无故而王乃入。”信期曰:“善哉!吾得闻此也。”(《赵世家》惠文王三年下)

案:信期,《索隐》云:“即下文高信也。”肥义为赵肃侯之贵臣,深得武灵王之崇敬。《赵世家》云:“武灵王少,未能听政,及听政,先问先王贵臣肥义,加其秩。”十九年正月大朝信宫,召肥义与议天下,五日而毕。武灵王推行胡服骑射,群臣皆不欲,于是肥义侍,武灵王传国于少子,肥义为相国,并傅王。

齐、燕战而赵氏兼中山。(《齐策五》第一章苏秦说齐闵王)

今夫齐王,长主也,而自用也。南攻楚五年,稸积散;西困秦三年,民憔瘁,士罢弊;北与燕战,覆三军,获二将,而又以其余兵,南面而举五千乘之劲宋,而邑十二诸侯。(《燕策一》第八章苏代见燕王曰,《苏秦列传》同)

昔者齐、燕战于桓之曲,燕不胜,十万之众尽,胡人袭燕、楼烦数县,取其牛马。(《齐策五》第一章苏秦说齐闵王)

权之难,齐、燕战。秦使魏冉之赵,出兵助燕击齐。薛公使魏处之赵,谓李向曰:“君助燕击齐,齐必急,急必以地和于燕,而身与赵战矣。然则是君自为燕东兵,为燕取地也。故为君计者,不如按兵勿出,齐必缓,缓必复与燕战,兵罢弊,赵可取唐曲逆;战而不胜,命悬于赵,然则吾中立而割穷齐与疲燕也。两国之权,归于君矣。”(《齐策二》第六章)

案:《荀子·王霸》谓齐湣、薛公“南破楚,西诎秦,北败燕”,《燕策一》苏代亦云:齐王南攻楚,西困秦,“北与燕战,覆三军,获二将。”《齐策五》苏秦亦云:“齐、燕战于桓之曲,燕不胜,十万之众尽。”又云:“齐、燕战而赵氏兼中山”,可知齐、燕大战即在此年。《齐策二》"权之难"，亦指此事。盖大败于权，覆三军，十万之众尽，故称为"难"。犹楚大败于垂沙，称为垂沙之难。是时秦使魏冉至赵，促赵出兵助燕击齐，盖是时秦与赵正相合。秦正以赵大臣楼缓为相，魏冉亦正用事于秦。薛公使魏处至赵，劝阻赵助燕攻齐，盖薛公即孟尝君正主持攻燕之役。

权之难，燕再战不胜，赵弗救。哙子谓文公曰："不如以地合于齐，赵必救我。若不吾救，不得不事。"文公曰："善。"令郭任以地请讲于齐，赵闻之，遂出兵救燕。（《燕策一》第三章，"文公"当为"昭王"之误）

案：燕文公卒于周显王三十六年，顾观光附此于周显王三十六年。鲍彪曰："《齐策》此役言及魏冉，知为文公末年。"其说不确。魏冉于秦昭王时用事，与燕昭王同时，不及参与燕易王、燕王哙时之事，更无论燕文公时之事。据《燕世家》及《六国表》，燕文公时未见与齐战事。可知文公必为昭王之误。"哙子"二字亦当误。

隹（惟）主五年，奠□坔昜再立事岁，孟冬戊辰，大𤄶□孔陈璋内（"内"读作"入"）伐匽（即"燕"字）亳邦之隻（"隻"读作"获"，陈璋方壶铭文）。

案：郭沫若《两周金文辞大系考释》以此为齐襄王五年齐击败燕师时所获燕器。谓是年田单以即墨攻破燕军，迎襄王回临淄，齐故地尽复，言内伐匽亳邦者，即进而侵伐燕之某邑。但据文献记载，田单虽尽复齐之失地，未尝攻入燕国，与此言"入伐燕亳邦"不合。陈梦家又定此为齐宣王五年破燕时之战利器，以为陈璋即齐伐燕之主将匡章（见《美国劫掠我国殷周铜器集录》），亦未得。匡章不可能又称陈璋。马承源主编《商周青铜器铭文选》，因“陈𣅀”之名又见于子禾子釜，子禾子即田和，以为此乃田桓公五年伐燕取桑丘时事（见该书第四册第五六〇页）。考《田世家》记桓公五年齐起兵袭燕取桑丘，据《六国表》乃齐康公二十五年，即赵敬侯七年，今以《古本竹书纪年》相校，知《史记》所载田氏世系年代有误，田桓公午四年实为田侯剡四年之误。可知将“惟主五年”定为田午五年之说，亦不妥。唐兰以为陈璋即《秦策二》第十五章所称齐“令田章以阳武合于赵”之田章，此为齐湣王五年攻入燕国之战利品。今按此役战将陈璋，未必即是齐出使赵之田章，但齐湣王五年齐大胜燕，“覆三军，获二将”，即所谓“权之难”。因此齐获得大批战利品，较为合理。（唐兰之说见其所著《司马迁所没有见过的珍贵史料》之注十九，收入《战国纵横家书》，一九七六年文物出版社出版）

又案：齐于此役败燕之主帅，当为司马穰苴，《司马穰苴列传》云：“司马穰苴者，田完之苗裔也。齐景公时晋伐阿、甄，而燕侵河上，齐师败绩，景公患之。晏婴乃荐田穰苴……将兵扞燕晋之师……于是追击之，遂取所亡封内故境，未至国，释兵旅，解约束，誓盟而后入邑。……尊为大司马而引兵归。……已而大夫鲍氏高国之属害之，谮之景公，景公退穰苴……齐威王用兵行威，大放穰苴之法，而诸侯朝齐。齐威王使大夫追论古者司马兵法，而附穰苴于其中，因号曰《司马穰苴兵法》。”苏辙辨之曰：“太史公为《司马穰苴列传》，世皆信之，余以《春秋左氏》考之，未有燕、晋伐齐者也。而《战国策》称：‘司马穰苴执政者也，湣王杀之。’意者穰苴尝为湣王却燕、晋，而战国杂说遂以为景公时耶？”（见所著《古史·孙武吴起列传》）惠士奇《礼说》亦云：“司马穰苴兵法，因号《司马法》，《战国策》齐闵王时，司马穰苴为政，闵王杀之，大臣不亲。则穰苴乃闵王之将，以故齐南破楚，西屈秦，用韩、魏、燕、赵之众犹鞭策者。盖穰苴之力居多，及穰苴死，而闵王亡矣。”考《赵策二》苏子曰：“宣王用之，逼韩威魏，以南伐楚，西攻秦，为齐兵困于殽塞，十年攘地，秦人远迹不服。而齐为虚戾……今富非有齐威、宣之余也……而将非有田单、司马之虑也……”案伐楚攻秦，困秦殽塞，皆湣王事，今《赵策》“宣王”乃“湣王”之误，则穰苴之为齐湣之将，又可见矣。雷学淇《纪年义证》云：“闵王胜燕之事，可考者二：《策》以司马穰苴为湣王臣，而《穰苴列传》谓燕侵河上，苴追击之，遂取所亡封内故竟。又苏代说燕，本在昭王二十七年，故有燕谋齐及齐举劲宋之说，其曰：‘齐与燕战，覆三军，获二将’，此亦闵王时事。”其说至是。司马穰苴当曾参与齐南破楚、西屈秦之战事，惟破燕之役为主将。田穰苴于破燕之役为主将，或即薛公荐之，传述者误以为此时之薛公仍为田婴，又误田婴为晏婴，遂误传穰苴破燕在齐景公时也。

[秦昭王]十一年彗星见。(《秦本纪》，《六国表》同)

宋康王之时，有雀生䲹于城之陬(“䲹”，《新序》作“鹯”，《资治通鉴》作“䲹”)，使史占之。曰：“小而生巨，必霸天下。”康王大喜，于是灭滕伐薛，取淮北之地。(《宋策》第八章，《新序·杂事四》第二十八章同，《资治通鉴》列于周赧王二十九年)

案：《赵策四》第四章载五国伐秦无功，罢于成皋，苏代谓齐王曰：“天下事秦，秦按为义，存亡继绝，固危扶弱，定无罪之君，必起中山与胜焉……而赵、宋同命，何暇言阴。”鲍注：“胜，中山之后”，王先谦《鲜虞中山国事表疆域图说》从鲍注，于赵惠文王四年与齐、燕共灭中山之后，据此云："其后有名胜者不知所终。"大误。"胜"当为"滕"之字误。金正炜云："胜当为滕，《宋策》于是灭滕伐薛，取淮北之地。中山灭于赵，滕灭于宋，秦复起二国，故曰赵、宋同命。"金氏又于《宋策》云："今据《赵策》苏代之言，秦起中山与滕而赵、宋同命为证，此策自视诸书为可据。"其说是也。钱穆《宋康王灭滕考》云："苏代之说在五国攻秦后，当赵惠文王三年。时中山新灭，与滕俱举，则滕灭亦不久。"又云："《索隐》不谓《竹书》有宋灭滕，知宋康灭滕在魏襄二十年后，故《竹书》不及载，然则滕灭于宋正在赵惠文王元年至三年间。"(《先秦诸子系年》第四二三至四二四页)考五国攻秦，罢成皋，在周赧王二十七年，即赵惠文王十一年，钱氏谓在惠文王三年，盖误以三国攻秦为五国攻秦。但宋灭滕、取淮北之地，确与赵灭中山同时。《战国纵横家书》第八章苏秦谓齐王曰："薛公相齐也，伐楚九岁，攻秦三年，欲以残宋，取淮北，宋不残，淮北未得。……王弃薛公，身断事。立帝，帝立。伐秦，秦伐。谋取赵，得。攻宋，宋残。是王之明也。"可知孟尝君为齐相而未出奔以前，在攻秦三年之后，即欲攻宋取淮北。是时宋已灭滕，并乘楚为三国攻破之时机攻取淮北。《宋策》称宋康王灭滕伐薛，伐薛当在孟尝君因"田甲劫王"而出走之后，否则薛公合齐、魏、韩三国，连年破楚，屈秦，败燕，声势煊赫，正欲攻宋取淮北。宋为小国，宋王偃虽强劲，岂敢伐薛？《宋世家》云："君偃十一年自立为王，东败齐，取五城；南败楚，取地三百里；西败魏，乃与齐、魏为敌国。"此乃夸大之辞，所谓"东败齐"，即指"伐薛"而言，所谓"南败楚"，即指"取淮北之地"。

卷十四

周赧王二十年（公元前二九五年）至二十七年（公元前二八八年）

周赧王二十年（公元前二九五年）

秦昭王十二年，魏昭王元年，韩釐王元年，赵惠文王四年，齐湣王六年，楚顷襄王四年，燕昭王十七年。

［齐湣王］二十九年（当作六年）齐佐赵灭中山。（《田世家》，《六国表》同）

赵惠文王四年围杀主父。与齐、燕共灭中山。（《六国表》）

案，吴师道、梁玉绳力辨无赵与齐、燕共灭中山之事，甚是。辨已见前。盖赵主父既灭中山，齐、燕乘机略取邻近之中山地，犹如齐宣王破燕，中山乘机略取大块燕地，非齐与中山共破燕也。《资治通鉴》于是年书："赵主父与齐、燕共灭中山，迁其君于肤施。"《周季编略》于上年记："赵主父灭中山，迁其王于肤施，还行赏，大赦，置酒酺五日，齐、燕亦共分中山之地。"并云："《年表》载此事于明年、弑主父之后，非也。此据《赵世家》。”皆误从《六国表》。

［秦昭襄王］十二年楼缓免，穰侯魏冉为相，予楚粟五万石。(《秦本纪》,《六国表》作“楼缓免，穰侯魏冉为丞相”)

案：魏冉官为相邦，十四年相邦冉戈(《双剑诊古器物图录》卷上)，廿年相邦冉戈(一九七一年岳阳城陵矶墓葬出土，见《湖南考古辑刊》第一辑)，卅一年相邦冉戈(《双剑诊吉金图录》卷下)，可证。

赵人楼缓来相秦，赵不利，乃使仇液之秦，请以魏冉为秦相。仇液将行，其客宋公谓液曰：“秦不听公，楼缓必怨公。公不若谓楼缓曰：请为公毋急秦。秦王见赵请相魏冉之不急，且不听公。公言而事不成，以德楼子，事成，魏冉故德公矣。”于是仇液从之，而秦果免楼缓而魏冉相秦。(《穰侯列传》)

赵使仇郝之秦(“仇”原误作“机”，从鲍彪改正，《穰侯列传·索隐》引此正作“仇”)，请相魏冉。宋突谓仇郝曰：“秦不听，楼缓必怨公。公不若阴辞楼子曰：请无急秦王。秦王见赵之相魏冉之不急也，且不听公言也，是事而不成，以德楼子，事成(以上六字原缺，从吴师道据史文补)，魏冉固德公矣。”(《赵策三》第二章)

案：楼缓原为赵主父之重臣，主父推行“结秦连宋之交”策略，使秦与齐、魏、韩三国对峙，以便乘机攻灭中山。因而使楼缓相秦，仇郝相宋。见《赵策四》第十六章。赵既灭中山，赵因结秦策略不利于赵，又使仇郝至秦，请以魏冉为相，而将楼缓召回。仇郝，《穰侯列传》作仇液，《索隐》云：“盖是一人而记别也。”宋突，《穰侯列传》作宋公，《索隐》引《战国策》又误作“宋交”。当以宋突为是。《赵策四》第八章亦有“宋突谓仇郝”云云。

十二年上郡守寿造,漆垣工师乘,工更长猗。(十二年上郡守寿戈刻铭,见于"内"正面。"内"反面有刻铭上下两款,皆作"洛都"二字,上一款自右向左横写,字较小;下一款直写,字大。"胡"正面有刻铭"□□广衍"。见崔璿《秦汉广衍故城及其附近的墓葬》,刊于《文物》一九七七年第五期)

广衍上武。(广衍矛刻铭,见于銎上一面,另于刺上中脊右边血糟内有刻铭"□阳",此矛与十二年上郡守寿戈同地出土)

□□年上郡守□造,漆垣工师乘,工更长猗。(□□年上郡守戈刻铭,见于"内"正面,"内"反面有刻铭"定阳"二字,见《文博》一九八八年第六期三十九页所刊摹本)

案:上述十二年上郡守寿戈与广衍矛发现于内蒙古准格尔旗勿尔图沟注入牸牛川附近沟北之上塔墓地,距秦、汉广衍故城甚近。广衍,西汉时为西河郡属县,此时属秦之上郡。今勿尔图沟注入牸牛川口南岸有一古城,残存东城墙无北城墙,城内出土有半两、五铢、大泉五十等货币以及"长乐未央""千秋万岁"瓦当,附近墓地出土壶,腹刻有"广衍"二字,即广衍故城之遗址。此上郡守戈为漆垣工师所造,漆垣在今陕西铜川市西北。广衍在今内蒙古准格尔旗西南,南距漆垣有千里之遥。洛都亦秦、汉上郡之属县,其今地不详。定阳在今陕西宜川西北,原为魏邑,此时归秦,秦、汉时亦属上郡。考今陕西榆林县以北、黄河以南之地区,古称榆中,原为林胡之地。赵武灵王胡服骑射,北灭中山而西略胡地,榆中乃为赵所有。《赵世家》称武灵王二十年"西略胡地至榆中,林胡王献马"。《赵策二》第七章亦云:"王遂胡服,率骑入胡……至榆中,辟地千里。"榆中至秦、汉之际尚为胡人留居之地。《项羽本纪》载陈馀遗章邯书曰："蒙恬为秦将，北逐戎人，开榆中地数千里。"《秦始皇本纪》三十三年亦载："西北斥逐匈奴，自榆中并河以东，属之阴山，以为三十四县，城河上为塞。"赵武灵王二十年当秦昭王元年，广衍当为赵西略胡地榆中而创设之城邑。是年已为秦所占有。此戈原为漆垣所造，至洛都加刻"洛都"款，至广衍再加刻"广衍"款而留存广衍。此即秦逐步向北开拓上郡割境之经历。处上郡中心之肤施，在今陕西榆林县南，原亦为赵邑，上年赵灭中山后，尝迁中山王于此，亦当于此时为秦所得。《水经注》以为秦昭王三年以肤施为上郡郡治，"三年"当为"十三年"之误。

[赵惠文王]四年，朝群臣，安阳君亦来朝，主父令王听朝，而自从旁观，窥群臣宗室之礼。见其长子章傫然也，反北面为臣，诎于其弟，心怜之，于是乃欲分赵而王章于代，计未决而辍。主父及王游沙丘异宫，公子章即以其徒与田不礼作乱，诈以主父召王，肥义先入，杀之。高信即与王战，公子成与李兑自国至，乃起四邑之兵入距难，杀公子章及田不礼，灭其党贼而定王室。公子成为相，号安平君。李兑为司寇，公子章之败，往走主父，主父开之（案：《索隐》云："开谓开门而纳之。俗本亦作闻字者，非也。谯周及孔衍皆作闭之，闭谓藏之也。"《正义》云："谓不责其反叛之罪，容其入宫藏也。"王念孙云："开之当从《正义》本作闭之。《列女传·孽嬖传》亦作闭之。"考《资治通鉴》作"开之"）。成、兑因围主父宫，公子章死，公子成、李兑谋曰："以章故（《史记会注考证》：枫山、三条本，章下无故字），围主父，即解兵，吾属夷矣。"乃遂围主父，令宫中人后出者夷。宫中人悉出，主父欲出不得，又不得食，探爵鷇而食之，三月余而饿死沙丘宫。主父定死，乃发

丧,赴诸侯。是时王少,成、兑专政,畏诛,故围主父。主父初以长子章为太子,后得吴娃爱之,为不出者数岁,生子何,乃废太子章而立何为王。吴娃死,爱弛,怜故太子,欲两王之,犹豫未决,故乱起,以至父子俱死,为天下笑,岂不痛乎?(《赵世家》)

案:《韩非子·外储说右下》云:"武灵王使惠文王莅政,李兑为相,武灵王不以身躬亲杀生之柄,故劫于李兑。"考《赵世家》言兑为司寇,而此云为相者,盖兑后尝相赵。

李兑用赵,饿主父于沙丘,百日而杀之。(《楚策四》第九章孙子为书谢春申君,《韩诗外传》卷四第二十五章同。《秦策三》第十章范雎云:"李兑用赵,减食主父,百日而饿死。"《范雎列传》作"李兑管赵,囚主父于沙丘,百日而饿死。"《韩非子·奸劫弑臣》和《喻老》皆云:"李兑之用赵也,饿主父百日而死。"《韩非子·备内》云:"李兑傅赵王而饿主父")

魏昭王元年秦尉错来击我襄。(《六国表》,《魏世家》作"秦拔我襄城")

案:《资治通鉴》胡注:"尉,国尉也。"非是。据《秦本纪》,司马错于昭王十四年、十六年皆为左更,不应此时已为尉。此后白起由左更升迁国尉,可知国尉较左更为高。疑此《六国表》有误,"尉"疑"将"字之误。

薛公相齐也("齐"原误作"脊"),伐楚九岁,功(通"攻")秦三年。欲以残宋,取淮北("淮"误作"进"),宋不残,淮北不得。以齐封奉阳君,使梁、韩皆效地。欲以取赵,赵是(通"氏")不得。身率梁王与成阳君北面而朝奉阳君于邯郸,而赵氏不得。(《战国纵横家书》第八章苏秦谓齐王)

案：据此可知孟尝君相齐，在攻秦三年后，又尝攻宋，欲取淮北，未得，又尝以齐地作为赵奉阳君李兑封邑，并使梁、韩两国献地，更率魏昭王与韩相成阳君到邯郸朝见奉阳君献地。《魏策三》第九章谓魏王曰："王尝身济漳，朝邯郸，抱葛薜、阴成以为赵养邑。"《赵策四》第二章谓齐王曰："且王尝济于漳而身朝于邯郸，抱阴成，负葛薜（"负"下原衍"蒿"字，从吴师道删），以为赵蔽。"皆指此事。葛薜之"薜"，鲍本作"薛"，又改作"孽"，黄丕烈云："薜即孽之省，薛，形近之讹也。"《赵世家》载成侯十七年"成侯与魏惠王遇葛孽"，葛孽为赵、魏间地，在今河北肥乡县西南。

乐毅者，其先祖曰乐羊。乐羊为魏文侯将，伐取中山，魏文侯封乐羊以灵寿。乐羊死，葬于灵寿，其后子孙因家焉。中山复国，至赵武灵王复灭中山，而乐氏后有乐毅。乐毅贤，好兵，赵人举之。及武灵王有沙丘之乱，乃去赵适魏。闻燕昭王以子之之乱而齐大败燕，燕昭王怨齐，未尝一日而忘报齐也。燕国小、地远，力不能制，于是屈身下士，先礼郭隗，以招贤者。乐毅于是为魏昭王使于燕，燕王以客礼待之，乐毅辞让。遂委质为臣，燕昭王以为亚卿。（《乐毅列传》）

案：此谓乐毅在赵武灵王灭中山之后，因贤而好兵，赵人举之，不确。赵灭中山在赵惠文王三年，即燕昭王十六年。据《赵策三》第三章，齐破燕，赵欲存之，乐毅建议赵王与楚、魏"伐齐而存燕"，事在赵武灵王十二年，即燕王哙七年，乐毅已在赵用事，主谋"伐齐而存燕"，赵武灵王因而使乐池送燕公子职入燕立以为王，即燕昭王。是时乐毅已为赵武灵王之大臣，毅去赵经魏而入燕，当因沙丘之乱、武灵王去世之后，即在燕昭王十七年以后。

苏秦说李兑曰："雒阳乘轩里苏秦（"里"原作"车"，吴师道云："一本作乘轩里，既曰乘轩车，下又云无罢车驽马，则此作里为是。"《苏秦列传·索隐》引作乘轩里)，家贫亲老，无罢车驽马，桑轮蓬箧，羸縢负书担橐(鲍本"羸"作"嬴"，"橐"作"囊")，触尘埃，蒙霜露，越漳、河(鲍本"漳河"作"河漳")，足重茧，日百而舍，造外阙愿见于前，口道天下之事。"李兑曰："先生以鬼之言见我则可，若以人之事，兑尽知之矣。"苏秦对曰："臣固以鬼之言见君，非以人之言也。"李兑见之。苏秦曰："今日臣之来也暮，后郭门，藉席无所得，寄宿人田中，傍有大丛，夜半土梗与木梗斗曰(汤炳正云："土梗乃土偶之误。")：汝不如我，我乃土也，使我逢疾风淋雨，坏沮，乃复归土。今汝非木之根，则木之枝耳，汝逢疾风淋雨，漂入漳河，东流至海，泛滥无所止，臣窃以为土梗胜也("土梗"乃"土偶"之误)。今君杀主父而族之，君之立于天下，危于累卵，君听臣计则生，不听臣计则死。"李兑曰："先生就舍，明日复来见兑也。"苏秦出，李兑舍人谓李兑曰："臣窃观君与苏公谈也，其辩过君，其博过君，君能听苏公之计乎?"李兑曰："不能。"舍人曰："君即不能，愿君坚塞两耳，无听其谈也。"明日复见，终日谈而去，舍人出，送苏君。苏秦谓舍人曰："昨日我谈粗而君动，今日精而君不动，何也?"舍人曰："先生之计大而规高，吾君不能用也。乃我请君塞两耳，无听谈者("塞"上鲍本有"坚"字)。虽然，先生明日复来，吾请资先生厚用。"明日来，抵掌而谈。李兑送苏秦明月之珠，和氏之璧，黑貂之裘，黄金百镒。苏秦得以为用，西入于秦。(《赵策一》第八章)

案：苏秦初次见李兑当在杀赵武灵王之后不久。

周赧王二十一年(公元前二九四年)

秦昭王十三年，魏昭王二年，韩釐王二年，赵惠文王五年，齐湣王七年，楚顷襄王五年，燕昭王十八年。

［秦昭王］十三年向寿伐韩，取武始。左更白起攻新城。（《秦本纪》）

白起者，郿人也。善用兵，事秦昭王。昭王十三年而白起为左庶长，将而击韩之新城。（《白起列传》）

［秦昭王］十三年攻伊阙。（秦简《编年记》）

韩氏城新城，期十五日而成，段乔为司空，有一县后二日，段乔执其吏而囚之。囚者之子，走告封人子高曰："惟先生能活臣父之死，愿委之先生。"封人子高曰："诺。"乃见段乔，自扶而上城，封人子高左右望曰："美哉城乎！一大功矣！子必有厚赏矣。自古及今，功若此其大也，而能无有罪戮者，未尝有也。"封人子高出，段乔使人夜解其吏之束缚而出之。（《吕氏春秋·开春》）

案：《秦本纪》言昭王十三年白起攻新城，十四年攻韩、魏于伊阙，《白起列传》大略相同。《秦本纪·正义》引《括地志》云："洛州伊阙县本汉新城县，隋文帝改为伊阙，在洛州南七十里。"《高祖本纪》"新城三老"《正义》引《括地志》云："洛州伊阙县在州南七十里，本汉新城县也。隋文帝改新城为伊阙，取伊阙山为名。"《秦本纪·正义》引《括地志》云："伊阙在洛州南十九里。"又引《水经注》云："当大禹疏龙门以通水，两山相对，望之若阙，伊水历其间，故谓之伊阙"，并谓"今洛南犹谓之龙门也"。《白起列传》"攻韩、魏于伊阙"，《正义》亦云："今洛州南十九里伊阙山号曰龙门是也。"据此可知伊阙在洛州南十九里，新城则在洛州南七十里。秦简《编年记》记昭王"十三年攻伊阙"，"十四年伊阙"，"伊阙"下当脱"陷"字。盖新城为韩新建之城，用以防守与保卫伊阙之要害者，故此新城，既名新城，亦可统称为伊阙。白起于昭王十三年所攻者为新城，《编年记》统称为攻伊阙，白起于十四年又大破韩、魏于伊阙。是役相战两年，白起先攻克韩之新城，继而韩得魏之助，退守伊阙，白起又大破之。《吕氏春秋》记“韩氏城新城”事，当在白起攻新城之前，因军情紧急，限期十五日而成。此一新城建于称为龙门之伊阙以南五十里，当时亦可统称为伊阙。此新城与楚之新城不同，楚之新城更在其西南约五十里，在今伊川县西南。

[魏昭王]二年与秦战，我不利。(《魏世家》，《六国表》“我”作“解”，当是误字)

[秦昭襄王]十三年任鄙为汉中守。(《秦本纪》，《六国表》同)

是岁穰侯相秦，举任鄙以为汉中守。(《白起列传》)

案：秦武王有力好戏，任鄙、乌获、孟说皆为大官。此时又因魏冉推举而为汉中郡守，至昭王十九年卒于官。《韩非子·守道》篇云：“上下相得，故能使用力者自极于权衡，而务至于任鄙。”盖任鄙能遵守秦之法制行事而得重用。

[秦昭襄王]十三年五大夫礼出亡奔魏。(《秦本纪》)

魏冉相秦，欲诛吕礼，礼出奔齐。(《穰侯列传》列于昭王十四年前)

周冣谓吕礼曰(“吕”原误作“石”，今从鲍本改正)：“子何不以秦攻齐？臣请令齐相子。子以齐事秦，必无处矣(“处”，鲍本改“虑”)。子因令周冣居魏以共之。是天下制于子也。子东重于齐，西贵于秦，秦、齐合则子常重矣。”(《东周策》第九章)

案：吕礼于是年由秦来齐，后曾一度为齐相，使秦、齐相合。

《东周策》第十六章谓薛公曰:"听祝弗,相吕礼,欲取秦。"《东周策》第十七章谓齐王曰:"逐周冣,听祝弗,相吕礼者,欲深取秦也。"据此可知吕礼并非由秦出奔之亡臣,乃秦派遣入齐企图拉拢齐国之重臣。所谓吕礼出亡奔魏、奔齐,乃吕礼入齐时假托之辞。《孟尝君列传》称"秦亡将吕礼相齐",非是。《秦本纪》载昭王十九年"王为西帝,齐为东帝,皆复去之。吕礼来自归"。《穰侯列传》亦谓"昭王十九年秦称西帝,齐称东帝,月余,吕礼来,而齐、秦各复归帝为王"。盖是时齐与秦合而又分裂,即将爆发大战,作为秦、齐联合之大臣吕礼,不得不自齐归来。

齐湣王三十年(当作七年)田甲劫王,相薛文走。(《六国表》,《孟尝君列传·集解》引徐广曰:"湣王三十四年田甲劫王,薛文走。")

孟尝君相齐,其舍人魏子为孟尝君收邑入,三反而不致一入。孟尝君问之,对曰:"有贤者,窃假与之,以故不致入。"孟尝君怒而退魏子。居数年,人或毁孟尝君于齐湣王曰:"孟尝君将为乱。"及田甲劫湣王,湣王意疑孟尝君(《史记会注考证》云:"宽永本标记云:一本无疑字。"王念孙云:"意下本无疑字,意孟尝君者,疑其使田甲劫王也。意即疑也,后人不知意之训为疑,故又加疑字耳。《太平御览》—《人事部》引此无疑字"),孟尝君乃奔。魏子所与粟贤者闻之,乃上书言孟尝君不作乱,请以身为盟,遂自刭宫门以明孟尝君。湣王乃惊,而踪迹验问,孟尝君果无反谋,乃复召孟尝君。孟尝君因谢病归老于薛。湣王许之。(《孟尝君列传》)

案:此谓魏子为收邑入尝与粟贤者,及孟尝君出奔,魏子所与粟之贤者自刭以明孟尝君,湣王乃复召孟尝君。《齐策四》与《孟尝君列传》又谓冯谖或冯驩为收债,烧债券以赐民,施狡兔三窟之计，王乃复孟尝君相位。盖一事之两传。所谓复召孟尝君与复其相位，皆不可信。此谓田甲劫王，王疑孟尝君，孟尝君因而出奔。与《六国表》相合，其说可信。《齐策四》第一章所述冯谖故事，称齐王谓孟尝君曰："寡人不敢以先王之臣为臣"，孟尝君因而就国于薛。《孟尝君列传》所述冯驩故事，称"齐王惑于秦、楚之毁，以为孟尝君名高其主而擅齐国之权，遂废孟尝君"。盖湣王因孟尝君以先王之臣为臣，名高其主而擅权，及田甲劫王，因而疑孟尝君所使，于是孟尝君出奔。《战国纵横家书》第八章苏秦谓齐王曰："王弃薛公，身断事，立帝，帝立。伐秦，秦伐。谋取赵，得。攻宋，宋残。是则王之明也。"所谓"王弃薛公，身断事"，即指湣王废孟尝君而亲自执政，掌握政权。所有因食客尝与粟贤者或烧债券以赐民，孟尝君得以复召或复位之掌故，皆出于策士之传说，并非事实。《孟尝君列传》所述魏子故事，谓孟尝君得复召之后，"因谢病归老于薛"，亦不足信。《孟尝君列传》云："后齐湣王灭宋，益骄，欲去孟尝君，孟尝君恐，乃如魏，魏昭王以为相，西合秦、赵与燕共伐破齐。"此谓湣王灭宋后，再次"欲去孟尝君"，孟尝君因而"如魏"。其实，齐灭宋以前，孟尝君早已入魏为相。《东周策》第二十一章记有人谓周冣曰："薛公背故主（"背"字原脱），轻忘其薛，不顾其先君之丘墓。"此谓孟尝君为魏相后，尝主谋合纵攻齐而不顾其封邑薛，以及先君之丘墓。《宋策》第八章称宋康王"灭滕伐薛"，《齐策三》第四章称"孟尝君在薛，荆人攻之"。盖孟尝君失去齐相，其封邑孤立无援，宋、楚皆谋侵取之。

孟尝君前在于薛，荆人攻之。淳于髡为齐使于荆，还反，过于薛。

孟尝君令人礼貌而亲郊送之(《齐策三》第四章“礼”作“体”,姚注:“体一作礼。”“体”、“礼”古通。《齐策》“送”作“迎”,鲍本无“亲”字)。谓淳于髡曰:“荆人攻薛,夫子弗为忧,文无以复待矣。”(李本“待”作“侍”,毕沅校本改作“侍”,《齐策》作“侍”,高诱《吕氏春秋》注作“待,见也”)淳于髡曰:“敬闻命矣。”至于齐,毕报。王曰:“何见于荆?”对曰:“荆甚固,而薛亦不量其力。”王曰:“何谓也?”对曰:“薛不量其力,而为先王立清庙,荆因而攻之,薛清庙必危(《齐策》无“薛”字),故曰:薛不量力而荆亦甚固。”齐王知颜色(《齐策》“知颜色”作“和其颜色”,王念孙曰:“作知者是也。高注训知为发,谓发动也。知其颜色者,急先君之庙,而颜色为之动也”),曰:“嘻!先君之庙在焉,疾举兵救之。”(《齐策》“举”作“兴”)由是薛遂全。颠蹶之请,坐拜之谒(《齐策》“坐”作“望”),虽得则薄矣(“得”原误作“薄”,从毕沅据《齐策》改正)。故善说者,陈其势,言其方,见人之急也,若自在危厄之中(《齐策》“危厄”作“隘窘”),岂用强力哉?(《吕氏春秋·报更》,《齐策三》第四章同)

案:鲍彪曰:“史言文代立在薛,时未相也。”吴师道云:“代立在薛,归老亦在薛,此不可知为何时。”顾观光附此于周赧王二十一年,曰:“《策》言薛为先王立庙,故附此。”今从之。是时都城均建有先君之宗庙。《左传》庄公二十八年云:“凡邑有宗庙先君之主曰都。”孟尝君田文之父田婴,为齐威王之少子,因而薛之宗庙亦为齐湣王之先君宗庙。

[苏秦]谓燕王曰:“今日愿耤(藉)于王前。叚(假)臣孝如增(曾)参,信如尾星(生),廉如相(伯)夷,节(即)有恶臣者,可毋挚(慚)乎。”王曰:“可矣。”“臣有三资者以事王,足乎?”王曰:“足矣。”“王足之,臣

不事王矣。孝如增(曾)参，乃不离亲，不足而(以)益国。信如尾星(生)，乃不延(诞)，不足而(以)益国。廉如相(伯)夷，乃不窃，不足以益国。臣以信不与仁俱彻，义不与王皆(偕)立。”王曰：“然则仁义不可为与？”对曰：“胡为不可。人无信则不彻，国无义则不王。仁义所以自为也，非所以为人也。自复之术，非进取之道也。三王代立，五相(伯)蛇(弛)正(政)，皆以不复亓(其)掌(常)。若以复亓(其)掌(常)为可王，治官之主，自复之术也，非进取之路也。臣进取之臣也，不事无为之主。臣愿辞而之周，负笼操臿，毋辱大王之廷。”王曰：“自复不足乎？”对曰：“自复而足，楚将不出雎(沮)章(漳)，秦将不出商阉(於)，齐不出吕遂(隧)，燕将不出屋、注，晋将不蒳(逾)泰(太)行，此皆以不复亓(其)常为进者。”(《战国纵横家书》第五章，假借字下加圆括号注明)

人有恶苏秦于燕王者，曰：“武安君，天下不信人也！王以万乘下之，尊之于廷，示天下与小人群也！”武安君从齐来，而燕王不馆也。谓燕王曰：“臣东周之鄙人也！见足下，身无咫尺之功，而足下迎臣于郊，显臣于廷。今臣为足下使，利得十城，功存危燕，足下不听臣者，人必有言臣不信，伤臣于王者……臣之不信，是足下之福也！使臣信如尾生，廉如伯夷，孝如曾参，三者天下之高行，而以事足下，不可乎？”燕王曰：“可。”曰：“有此，臣亦不事足下矣！”苏秦曰：“且夫孝如曾参，义不离亲一夕宿于外，足下安得使之之齐？廉如伯夷，不取素湌(鲍本“湌”作“飧”)，污武王之义而不臣焉，辞孤竹之君，饿而死于首阳之山，廉如此者，何肯步行数千里而事弱燕之危主乎？信如尾生，期而不来，抱梁柱而死，信至如此，何肯杨燕、秦之威于齐(鲍本“杨”作“扬”)而取大功乎哉？且夫信行者，所以自为也，非所以为人也。皆自覆之术，非进取之道也。且夫三王代兴，五霸迭盛，皆不自覆也。君以自覆为可乎？则齐不益于营丘，足下不逾楚境，不窥于边城之外。且臣有老母于周，离老母而事足下，去自覆之术而谋进取之道，臣之趍固不与足下合者（鲍本"趍"作"趣"）。足下皆自覆之君也！仆者进取之臣也！所谓以忠信得罪于君者也！"燕王曰："夫忠信又何罪之有也？"对曰："足下不知也！臣邻家有远为吏者，其妻私人，其夫且归，其私之者忧之。其妻曰：'公勿忧也！吾已为药酒以待之矣！'后二日，夫至，妻使妾奉卮酒进之。妾知其药酒也，进之则杀主父，言之则逐主母，乃阳僵弃酒。主父大怒而笞之。故妾一僵而弃酒，上以活主父，下以存主母也，忠至如此，然不免于笞！此以忠信得罪者也。臣之事，适不幸而有类妾之弃酒也！且臣之事足下，亢义益国，今乃得罪。臣恐天下后事足下者，莫敢自必也。且臣之说齐曾不欺之也。使之说齐者莫如臣之言也，虽尧、舜之智不敢取也。"（《燕策一》第五章，《苏秦列传》谓"燕易王初立，齐宣王因燕丧伐燕，取十城"，苏秦见齐王，于是乃归燕之十城，人有毁苏秦者曰："左右卖国反覆之臣也，将作乱"，苏秦恐得罪，归，而燕王不复官也。苏秦见燕王曰云云，与此大体相同）

苏代谓燕昭王曰："今有人于此，孝如曾参、孝己，信如尾生高，廉如鲍焦、史鳝，兼此三行以事王，奚如？"王曰："如是足矣！"对曰："足下以为足，则臣不事足下矣。臣且处无为之事，归耕乎周之上地，耕而食之，织而衣之。"王曰："何故也？"对曰："孝如曾参、孝己，则不过养其亲耳！（"耳"原作"其"，从鲍本改正）信如尾生高，则不过不欺人耳。廉如鲍焦、史鳝，则不过不窃人之财耳。今臣为进取者也。臣以为廉不与身俱达，义不与生俱立。仁义者，自完之道也！非进取之术也。”王曰：“自忧不足乎（“自忧”，《战国纵横家书》作“自复”，《燕策一》第五章作“自覆”，当以“自复”为是）?”对曰：“以自忧为足，则秦不出殽塞，齐不出营丘，楚不出疏章。三王代位，五伯改政，皆以不自忧故也。若自忧而足，则臣亦之周负笼耳。何为烦大王之廷耶？昔者，楚取章武，诸侯北面而朝；秦取西山，诸侯西面而朝；曩者使燕毋去周室之上，则诸侯不为别马而朝矣（“别马”鲍本作“别驾”）。臣闻之，善为事者，先量其国之大小，而揆其兵之强弱，故功可成而名可立也。不能为事者，不先量其国之大小，不揆其兵之强弱，故功不可成而名不可立也。今王有东向伐齐之心，而愚臣知之。”王曰：“子何以知之?”对曰：“矜戟砥剑，登丘东向而叹，是以愚臣知之。今夫乌获举千钧之重，行年八十而求扶持。故齐虽强国也，西劳于宋，南罢于楚，则齐军可败而河间可取。”燕王曰：“善！吾请拜子为上卿，奉子车百乘，子以此为寡人东游于齐，何如?”对曰：“足下以爱之故与，则何不与爱子与诸舅、叔父、负床之孙？不得，而乃以与无能之臣，何也？王之论臣，何如人哉？今臣之所以事足下者，忠信也。恐以忠信之故，见罪于左右。”王曰：“安有为人臣，尽其力，竭其能，而得罪者乎?”对曰：“臣请为王譬。昔周之上地尝有之。其丈夫官三年不归，其妻爱人，其所爱者曰：‘子之丈夫来，则且奈何乎?’其妻曰：‘勿忧也！吾已为药酒而待其来矣！’已而其丈夫果来，于是因令其妾酌药酒而进之。其妾知之，半道而立，虑曰：‘吾以此饮吾主父，则杀吾主父；以此事告吾主父，则逐吾主母。与杀吾父、逐吾主母者，宁佯踬而覆之。’于是因佯僵而仆之。其妻曰：‘为子之远行来之故，为美酒，今妾奉而仆之。’其丈夫不知，缚其妾而笞之。故妾所以笞者，忠信也。今臣为足下使于齐，恐忠信不谕于左右也。臣闻之曰：‘万乘之主，不制于人臣；十乘之家，不制于众人；疋夫徒步之士，不制于妻妾。’而又况于当世之贤主乎？臣请行矣！愿足下之无制于群臣也！”（《燕策一》第十四章）

案：以上三篇皆记苏秦为燕昭王主谋，伐破齐国之事，乃同一事件之不同记述。惟《燕策一》第十四章误作苏代，其实苏代未尝参与其事。《战国纵横家书》所载苏秦原始资料十四章中皆未述及苏代。苏秦自称以“孝、信、廉”三资事王尚不足，必为“进取”之臣，不以“自复”为足。《战国纵横家书》第五章较为原始，但有残缺。据《燕策一》第十四章，可知苏秦之策略，欲使齐“西劳于宋，南罢（疲）于楚”，从而击败齐军而略取齐地，“则齐军可败而河间可取”，因而欲促使齐攻宋与灭宋。《燕策一》第五章记苏秦曰：“且夫孝如曾参……足下安得使之之齐？廉如伯夷……饿而死于首阳之山，廉如此者，何肯步行数千里而事弱燕之危主乎？信如尾生，期而不来（《苏秦列传》作“与女子期于梁下，女子不来”），抱梁柱而死（《庄子・盗跖》于“抱梁柱而死”上有“水至不去”四字），信至如此，何肯扬燕、秦之威于齐而取大功乎哉?”可知苏秦“事弱燕之危主”（指燕昭王），出使至齐，将欲“扬燕、秦之威于齐而取大功”。盖弱燕不足以败齐，惟有以燕合秦方能伐破齐国而扬威于齐。此后苏秦以燕使入齐活动，一贯遵循此一计谋。《苏秦列传》载有相同之事迹，惟将“何肯扬燕、秦之威于齐而取大功乎哉”，改为“王又安能使之步行千里而却齐之强兵哉”，失去原意，非其本旨。盖苏秦与燕昭王已有密约，正欲策划利用秦、赵之力以伐破齐国，苏秦正全力推行之，自以为忠信超越伯夷、尾生。《邹阳列传》所载狱中上书，曰：“是以苏秦不信于天下，而为燕尾生。”即据此而言，邹阳谓其欲如苏秦然，对燕王为尾生也。

臣之计曰：齐必为燕大患。臣循用于齐，大者可以使齐毋谋燕，次可以恶齐、勺(赵)之交，以便王之大事，是王之所与臣期也。臣受教任齐交五年，齐兵数出，未尝谋燕。齐、勺(赵)之交，壹美壹恶，壹合壹离，燕非与齐谋勺(赵)，则与赵谋齐。(《战国纵横家书》第四章，苏秦自齐献书于燕王)

案：苏秦作为燕昭王派遣至齐国之使者，与燕昭王早有密约，所谓“是王之所与臣期也”。期即约定。既欲使齐不谋燕，更欲“恶齐、赵之交”，“与赵谋齐”，“以便王之大事”。“王之大事”即苏秦所谓“扬燕、秦之威于齐而取大功”。苏秦自称“进取”之臣，不以“自复”为足，“自复”指保守与恢复原有领土，“进取”指进取与扩展领土。苏秦所谓“进取之道”，即广结与国，合纵攻齐而谋求开拓领土。

客谓燕王曰：“齐南破楚，西屈秦，用韩、魏之兵，燕、赵之众，犹鞭策也。使齐北面伐燕，即虽五燕不能当。王何不阴出使，散游士，顿齐兵，弊其众，使世世无患。”燕王曰：“假寡人五年，寡人得其志矣！”苏子曰：“请假王十年。”燕王说，奉苏子车五十乘，南使于齐。谓齐王曰：“齐南破楚，西屈秦，用韩、魏之兵，燕、赵之众，犹鞭策也。臣闻当世之举王(吴师道、王念孙谓“举”字衍，金正炜云：“举王”当为“兴王”)，必诛暴正乱，举无道，攻不义。今宋王射天笞地，铸诸侯之象，使侍屏匽，展其臂，弹其鼻。此天下之无道不义，而王不伐，王名终不成。且夫宋，中国膏腴之地，邻民之所处也，与其得百里于燕，不如得十里于宋。伐之，名则义，实则利，王何为弗为？”齐王曰：“善。”遂与兵伐宋(“与”鲍本作“兴”),三覆宋,宋遂举。燕王闻之,绝交于齐,率天下之兵以伐齐,大战一,小战再,顿齐国,成其名。故曰:“因其强而强之,乃可折也;因其广而广之,乃可缺也。”(《燕策二》第十一章)

案:吴师道以苏子为苏代,《周季编略》同,据《战国纵横家书》,当为苏秦无疑。此谓苏子南使于齐,说齐闵王伐宋,时在“齐南破楚,西屈秦”之后,用以避免“齐北面而伐燕”,“顿齐兵,弊其众”。苏子曰:“请假王十年。”经苏秦游说齐王,“遂与兵伐宋,三覆宋,宋遂举。”燕王因率天下之兵伐破齐国。考燕破齐于周赧王三十一年,前此十年,即周赧王二十一年,即燕昭王十八年,苏秦说齐闵王伐宋。所谓“与兵伐宋”,燕曾出兵助齐攻宋。鲍本改“与兵”为“兴兵”,非是。是年正当齐、魏、韩合兵“屈秦”之后二年,亦即齐伐燕“覆三军,杀二将”,所谓“权之难”之后二年。燕促使齐伐宋,并出兵助齐伐宋,既以避免齐伐燕,又欲以弊齐师,从而谋求伐破齐国。所谓“三覆宋,宋遂举”,即经过三次伐宋,将宋攻灭。

【附编】

苏秦死,其弟苏代欲继之。乃北见燕王哙曰:“臣东周之鄙人也。窃闻王义甚高甚顺,鄙人不敏,窃释钽耨而干大王。至于邯郸,所闻于邯郸者又高于所闻东周。臣窃负其志,乃至燕廷,观王之群臣下吏,大王天下之明主也。”王曰:“子之所谓天下之明主者,何如者也?”对曰:“臣闻之,明主者,务闻其过,不欲闻其善。臣请谒王之过。夫齐、赵者,王之仇雠也;楚、魏者,王之援国也。今王奉仇雠以伐援国,非所以利燕也。王自虑此,则计过;无以谏者,非忠臣也。”王曰:“寡人之于齐、赵也,非所敢欲伐也。”曰:“夫无谋人之心而令人疑之,殆;

有谋人之心而令人知之,拙;谋未发而闻于外,则危。今臣闻王居处不安,食饮不甘,思念报齐。身自削甲扎,曰:‘有大数矣。’妻自组甲絣,曰:‘有大数矣!’有之乎?”王曰:“子闻之,寡人不敢隐也。我有深怨积怒于齐,而欲报之二年矣!齐者,我仇国也!故寡人之所欲伐也!直患国弊力不足矣。子能以燕敌齐,则寡人奉国而委之于子矣!”对曰:“凡天下之战国七,而燕处弱焉。独战则不能,有所附则无不重。南附楚,则楚重;西附秦,则秦重;中附韩、魏,则韩、魏重。且苟所附之国重,此必使王重矣。今夫齐王,长主也,而自用也。南攻楚,五年,稸积散;西困秦,三年,民憔瘁,士罢弊;北与燕战,覆三军,获二将;而又以其余兵,南面而举五千乘之劲宋,而包十二诸侯。此其君之欲得也。其民力竭也。安犹取哉?且臣闻之,数战则民劳,久师则兵弊。”王曰:“吾闻齐有清济浊河,可以为固;有长城钜防,足以为塞;诚有之乎?”对曰:“天时不与,虽有清济浊河,何足以为固?民力穷弊,虽有长城钜防,何足以为塞?且异日也,济西不役,所以备赵也;河北不师,所以备燕也;今济西、河北尽以役矣。封内弊矣。夫骄主必不好计,而亡国之臣贪于财。王诚能毋爱宠子母弟以为质,宝珠玉帛以事其左右,彼且德燕而轻亡宋,则齐可亡已!”王曰:“吾终以子受命于天矣。”曰:“内寇不与,外敌不可距。王自治其外,臣自报其内,此乃亡之之势也。”(《燕策一》第八章,《苏秦列传》同,惟中段无“曰夫无谋人之心”至“而欲报之二年矣”一节,末段无“内寇不与”至“亡之之势也”)

案:此亦苏代与燕王定计亡齐之故事,为后世策士之拟作。燕王哙当是燕昭王之误。《策》言“举五千乘之劲宋”,则已在齐灭宋之后,惟燕王曰:“我有深怨积怒于齐,而欲报之二年矣!”则又当在齐败燕“覆三军，获二将”之后二年，当齐灭宋之前，前后矛盾。齐败燕之后二年，正当周赧王二十一年，即燕昭王十八年，正苏秦与燕昭王定计亡齐之时。

齐人有冯谖者（“谖”鲍本作“煖”，《太平御览》四二二引作“谖”，五七一引作“煖”），贫乏不能自存，使人属孟尝君，愿寄食门下。孟尝君曰：“客何好？”曰：“客无好也。”曰：“客何能？”曰：“客无能也。”孟尝君笑而受之曰：“诺。”左右以君贱之也，食以草具。居有顷，倚柱弹其剑（吴师道谓“剑”下疑当有“铗”字。《太平御览》五七一引作“弹其剑铗”），歌曰：“长铗归来乎！食无鱼。”左右以告，孟尝君曰：“食之”，比门下之客（姚注：“一本客上有鱼字”）。居有顷，复弹其铗，歌曰：“长铗归来乎！出无车！”左右皆笑之，以告，孟尝君曰：“为之驾”，比门下之车客，于是乘其车，揭其剑，过其友曰：“孟尝君客我。”后有顷，复弹其剑铗，歌曰：“长铗归来乎！无以为家。”左右皆恶之，以为贪而不知足。孟尝君问：“冯公有亲乎？”对曰：“有老母。”孟尝君使人给其食用，无使乏，于是冯谖不复歌。后孟尝君出记，问门下诸客：“谁习计会，能为文收责于薛者乎？”冯谖署曰：“能。”孟尝君怪之，曰：“此谁也？”左右曰：“乃歌夫长铗归来者也。”孟尝君笑曰：“客果有能也，吾负之，未尝见也。”请而见之，谢曰：“文倦于事（“事”，鲍本作“是”，鲍注：“是谓国事。”吴师道云：“一本是作事，盖因音而讹”），愦于忧，而性懧愚，沉于国家之事，开罪于先生，先生不羞，乃有意欲为收责于薛乎？”冯谖曰：“愿之。”于是约车治装，载券契而行。辞曰：“责毕收，以何市而反？”孟尝君曰：“视吾家所寡有者。”驱而之薛，使吏召诸民当偿者，悉来合券。券遍合，起矫命以责赐诸民（“责”读作“债”，下同。“起”，鲍本作“赴”，鲍注：“乃来听命。”吴师道云：“一作赴作起，则起属下文，谓作起而矫命也。合读起句亦通”），因烧其券，民称万岁。长驱到齐，晨而求见，孟尝君怪其疾也，衣冠而见之，曰：“责毕收乎？来何疾也。”曰：“收毕矣。”“以何市而反？”冯谖曰：“君云视吾家所寡有者，臣窃计君，宫中积珍宝，狗马实外厩，美人充下陈，君家所寡有者，以义耳。窃以为君市义。”孟尝君曰：“市义奈何？”曰：“今君有区区之薛，不拊爱子其民，因而贾利之，臣窃矫君命，以责赐诸民，因烧其券，民称万岁，乃臣所以为君市义也。”孟尝君不说，曰：“诺，先生休矣！”后期年，齐王谓孟尝君曰：“寡人不敢以先王之臣为臣。”孟尝君就国于薛，未至百里，民扶老携幼迎君道中。孟尝君顾谓冯谖曰：“先生所为文市义者，乃今日见之。”冯谖曰：“狡兔有三窟，仅得免其死耳。今君有一窟，未得高枕而卧也。请为君复凿二窟。”孟尝君予车五十乘，金五百斤，西游于梁。谓惠王曰（“惠”鲍本改作“梁”，鲍注：“梁王，昭王”）：“齐放其大臣孟尝君于诸侯，诸侯先迎之者，富而兵强。”于是梁王虚上位，以故相为上将军，遣使者黄金千金、车百乘、往聘孟尝君。冯谖先驱，诫孟尝君曰：“千金重币也，百乘显使也，齐其闻之矣。”梁使三反，孟尝君固辞不往也。齐王闻之，君臣恐惧，遣太傅赍黄金千斤，文车二驷，服剑一，封书，谢孟尝君曰：“寡人不祥，被于宗庙之祟，沉于谄谀之臣，开罪于君，寡人不足为也，愿君顾先王之宗庙，姑反国统万人乎？”冯谖诫孟尝君曰：“愿请先王之祭器，立宗庙于薛。”庙成，还报孟尝君曰：“三窟已就，君姑高枕为乐矣。”孟尝君为相数十年，无纤介之祸者，冯谖之计也。（《齐策四》第一章，《孟尝君列传》有大体相同之传说，“冯谖”作“冯驩”，初置传舍，因歌“长铗归来乎”云云，迁之幸舍，而食有鱼，再歌又迁之代舍而出入乘舆车。冯驩至薛收债，“贫不能与息者取其券而烧之”。“齐王惑于秦、楚之毁，以孟尝君名高其主而擅齐国之权，乃废孟尝君。”冯驩西说秦王，秦遣使以迎孟尝君。冯驩又说齐王，“王召孟尝君而复其相位，而与其故邑之地，又益以千户”。）

孟尝君逐于齐而复反，谭拾子迎之于境，谓孟尝君曰：“君得无有所怨齐士大夫？”（鲍本“怨”下有“于”字）孟尝君曰：“有。”“君满意杀之乎？”孟尝君曰：“然。”谭拾子曰：“事有必至，理有固然，君知之乎？”孟尝君曰：“不知。”谭拾子曰：“事之必至者，死也；理有固然者，富贵则就之，贫贱则去之；此事之必至，理之固然者。请以市谕，市朝则满，夕则虚，非朝爱市而夕憎之也，求存故往，亡故去，愿君勿怨。”孟尝君乃取所怨五百牒削去之，不敢以为言。（《齐策四》第四章，《孟尝君列传》所述冯驩故事，有大体相同之情节。冯驩云：“生者必有死，物之必至也；富贵多士，贫贱寡友，事之固然也。君独不见夫趣市朝乎？明旦，侧肩争门而入，日暮之后，过市朝者掉臂而不顾，非好朝而恶暮，所期物亡其中，今君失位，宾客皆去，不足以怨士而徒绝宾客之路。愿君遇客如故。”“亡”，各本作“忘”，从《史记会注考证》据枫山、三条本改正。梁玉绳云：“其为仿撰无疑。”）

成驩谓齐王曰：“王太仁，太不忍人。”王曰：“太仁，太不忍人，非善名邪？”对曰：“此人臣之善也，非人主之所行也。夫大臣必仁而后可与谋，不忍人而后可近也，不仁则不可与谋，忍人则不可近也。”王曰：“然则寡人安所太仁？安不忍人？”对曰：“王太仁于薛公，而太不忍于诸田。太仁薛公则大臣无重，太不忍诸田，则父兄犯法。大臣无重，则兵弱于外，父兄犯法，则政乱于内。兵弱于外，政乱于内，此亡国之本也。”（《韩非子·内储说上》，《荀子·解蔽》杨注引“成驩”作“戴驩”。）

周赧王二十二年（公元前二九三年）

秦昭王十四年，魏昭王三年，韩釐王三年，赵惠文王六年，齐湣王八年，楚顷襄王六年，燕昭王十九年。

［魏昭王］三年佐韩攻秦。秦将白起败我军伊阙二十四万。（《魏世家》）

［韩］釐王三年使公孙喜率周、魏攻秦，秦败我二十四万，虏喜伊阙。（《韩世家》，《六国表》作“秦败我伊阙二十四万，虏将喜”）

［秦昭襄王］十四年左更白起攻韩、魏于伊阙，斩首二十四万，虏公孙喜，拔五城。（《秦本纪》，《六国表》作“白起击伊阙，斩首二十四万”）

［秦］昭王十四年魏冉举白起，使代向寿将而攻韩、魏，败之伊阙，斩首二十四万，虏魏将公孙喜。（《穰侯列传》）

案：此谓“虏魏将公孙喜”，公孙喜确为魏将。《韩世家》谓“使公孙喜率周、魏攻秦”，误以公孙喜为韩将。《资治通鉴》、《周季编略》皆误称“韩将公孙喜”。《资治通鉴》谓是年“韩公孙喜、魏人伐秦”，胡三省注：“魏书人，其将微也。”非是。公孙喜为魏之大将，乃是役主帅。

白起为左更，攻韩、魏于伊阙，斩首二十四万，又虏其将公孙喜，拔五城。起迁为国尉，涉河取韩安邑以东至乾河。（《白起列传》）

［楚顷襄王］六年，秦使白起伐韩于伊阙，大胜，斩首二十四万。秦乃遗楚王书曰：“楚倍秦，秦且率诸侯伐楚，争一旦之命，愿王之饬士卒，得一乐战。”楚顷襄王患之，乃谋复与秦平。（《楚世家》）

韩、魏相率兴兵甚众，君所将之，不能半之，而与战之于伊阙，大破二国之军，流血漂卤，斩首二十四万。（苏辙《古史·白起传》引《国

策》应侯谓武安君语，见今本《战国策》末章）

伊阙之战，韩孤顾魏，不欲先用其众，魏持韩之锐，欲推以为锋，二军争便之力不同，是以臣得设疑兵以待韩阵，专军并锐，触魏之不意。魏军既败，韩军自溃，乘胜逐北，以是之故能立功。（《古史·白起传》引《国策》武安君答应侯语）

案：上年秦将白起攻韩，攻克韩新建用以防卫伊阙之新城。此年韩得魏之助，防守伊阙，并对秦反攻。魏、韩、东周联军之主帅为公孙喜，乃魏之大将，八年前，曾统率大军与齐将匡章、韩将暴鸢共攻楚方城，大破楚军而杀楚将唐昧。伊阙为韩在中原重要之关塞，因而伊阙之战成为秦与韩、魏之决战。据苏辙《古史·白起传》所引《战国策》范雎与白起之问答，白起所指挥之主要大战即伊阙之战，与长平之战。伊阙之战，韩、魏联军在数量上较秦军多一倍以上。作战时韩、魏二军皆不欲作先锋，相互观望，秦军出其不意，以全力先击破魏军，擒主帅公孙喜。魏军既败，韩军自溃，因而取得斩首二十四万之大胜。从此削弱韩、魏二国之战斗力，范雎谓"韩、魏以故至今称东藩"。《西周策》第六章记苏厉谓周君曰："败韩、魏，杀犀武，攻赵，取蔺、离石、祁者，皆白起。"《周本纪》赧王三十四年有相同之记载，惟杀"犀武"作"仆师武"。《西周策》、《魏策》皆谓魏将犀武败于伊阙而不及公孙喜。《史记·秦本纪》、《韩世家》、《穰侯列传》、《白起列传》皆谓虏将公孙喜而不及犀武。《周本纪》作"仆师武"而不及公孙喜。"师""犀"古读同音，两字通用。余谓犀武或师武，非别一大将，当即公孙喜之称号，犹如公孙衍之号称犀首也。公孙喜与公孙弘为昆仲，已说明在周赧王十四年案语中。伊阙之战又称周南之战,《韩非子·说林下》云:“周南之战,公孙喜死焉。”《周季编略》谓是役“杀魏将犀武,虏韩将公孙喜”,非是。

秦败魏将犀武于伊阙(“败”原误作“攻”,从王念孙据《周本纪·集解》徐广所引改正),进兵而攻周,为周冣谓李兑曰:“君不如禁秦之攻周。赵之上计,莫如令秦、魏复战。今秦攻周而得之,则众必多伤矣。秦欲待周之得,必不攻魏。秦若攻周而不得,前有胜魏之劳,后有攻周之败,又必不攻魏。今君禁之,而秦未与魏讲也,而全赵令其止,必不敢不听。是君却秦而定周也。秦去周,必复攻魏。魏不能支,必因君而讲,则君重矣。若魏不讲而疾支之,是君存周而战秦、魏也。重亦尽在赵。”(《西周策》第二章)

秦败东周,与魏战于伊阙(“战”字疑衍),杀犀武,乘胜而留于境。魏令公孙衍请卑辞割地以讲于秦(“魏令公孙衍”五字原误移在“乘胜而留于境”之上,今从金正炜改正)。为窦屡谓魏王曰:“臣不知衍之所以听于秦之少多,然而臣能半衍之割而令秦讲于王。”王曰:“奈何?”对曰:“王不若与窦屡关内侯,而令赵王重其行(鲍本“令”下有“之”字),而厚奉之。因扬言曰:‘闻周、魏令窦屡以割魏于奉阳君而听秦矣。’夫周君、窦屡、奉阳君之与穰侯,贸首之仇也。今行和者,窦屡也,制割者,奉阳君也。太后恐其不因穰侯也,而欲败之,必以少割请合于王,而利于东周与魏也。”(《魏策一》第二十四章)

魏令公孙衍请和于秦,綦毋恢教之语,曰:“无多割。曰和成(鲍本无“曰”字),固有秦重,以与王遇(“以”上原衍“和”字,黄丕烈据吴师道引孙本删)。和不成,则后必莫能以魏合于秦者矣。”(《魏策一》第二十六章)

犀武败,周使周足之秦。或谓周足曰:“何不谓周君曰:臣之秦,秦、周之交必恶。主君之臣又秦重而欲相者，且恶臣于秦，而臣为不能使矣。臣愿免而行，君因相之。彼得相，不恶周于秦矣。君重秦，故使相往，行。而免，是轻秦也，公必不免。公言是而行，交善于秦，是公之成事也。交恶于秦，不善于公者，且诛矣。”（《西周策》第十七章，“公”下原无“者”，从鲍彪补）

犀武败于伊阙，周君之魏求救，魏王以上党之急辞之。周君反，见梁囿而乐之也。綦毋恢谓周君曰：“温囿不下此，而又近，臣能为君取之。”反，见魏主，王曰：“周君怨寡人乎？”对曰：“不怨且谁怨乎？（“乎”原误作“王”，从鲍本改正）臣为王有患也。周君谋主也，而设以国为王扞秦，而王无之扞也。臣见其必以国事秦也。秦悉塞外之兵，与周之众，以攻南阳，而两上党绝矣。”魏王曰：“然则奈何？”綦毋恢曰：“周君形不利事秦而好小利（“不”下原有“小”字，从黄丕烈删），今王许戍三万人，与温囿，周君得以为辞于父兄百姓，而私温囿以为乐（“私”原误作“利”，从姚引钱本及鲍本改正），必不合于秦。臣尝闻温囿之利，岁八十金，周君得温囿，其以事王者岁百二十金，是上党毋患而赢四十金。”魏王因使孟卯致温囿于周君而许之戍也。（《西周策》第十一章）

案：周师从魏、韩之师抗秦，大败于伊阙，周君至魏求救，自魏都大梁返回，路经梁囿而乐之。梁囿为大梁近郊之苑囿，乃魏君所有，不能为周君所得。周臣綦毋恢为之向魏王请求温囿。温囿为河内温地之苑囿。苑囿建有林池、离宫、亭榭，养有鸟兽，以供狩猎、游乐，并为王室财源之一，不仅其中物产为王室收入，更有地段租借于民而收取租金者。秦、汉之上林苑等，沿用此制。綦毋恢曰：“臣尝闻温囿之利，岁八十金，周君得温囿，其以事王者岁百二十金，是上党毋患而赢四十金。”高诱注：“温囿贡于魏王八十金耳，周君得之则贡百二十金，故曰是赢四十金也。”

[卫嗣君]四十二年卒，子怀君立。(《卫世家》)

卫嗣君病，富术谓殷顺且曰：“子听吾言也，以说君，勿益损也，君必善子。人生之所行，与死之心异。始君之所行于世者，食高丽也；所用者緤错、挐薄也。群臣尽以为君轻国而好高丽，必无与君言国事者。子谓君：君之所行天下者甚谬，緤错主断于国，而挐薄辅之，自今以往者，公孙氏必不血食矣。”君曰：“善。”与之相印，曰：“我死，子制之。”嗣君死，殷顺且以君令相公期。緤错、挐薄之族皆逐也。(《卫策》第十三章)

案：吴师道云：“食高丽疑人名。”金正炜云：“緤、泄音近，或即世姬、挐薄谓如耳、薄疑也。”

又案：卫嗣君不称姬姓，而称为公孙氏，盖战国中期卫子南劲在魏之扶助下取得君位，魏惠王至卫而命以为侯。至于卫君为公孙氏，已说明在周显王二十五年案语中。

周赧王二十三年(公元前二九二年)

秦昭王十五年，魏昭王四年，韩釐王四年，赵惠文王七年，齐湣王九年，楚顷襄王七年，燕昭王二十年。

[秦昭襄王]十五年大良造白起攻魏，取垣，复予之。攻楚，取宛。(《秦本纪》)

[秦昭王十五年]又取楚之宛、叶。魏冉谢病免相，以客卿寿烛为相。(《穰侯列传》，《六国表》亦云是年“魏冉免相”。《秦本纪》记“冉免”在次年)

[秦昭王十五年]白起为大良造，攻魏，拔之，取城小大六十一。(《白起列传》)

[秦昭王]十五年攻魏。(秦简《编年记》)

案:《秦本纪》称是年攻楚取宛，《穰侯列传》亦谓取楚之宛、叶，而《韩世家》、《六国表》之韩表皆记“秦拔我宛”在次年。据秦简《编年记》“攻宛”，确在次年。《秦本纪》、《穰侯列传》盖误上一年。《资治通鉴》从《韩世家》、《六国表》记“秦伐韩拔宛”在次年，而《周季编略》既记“秦伐楚取宛、叶”在此年，又记“秦伐韩取宛”在次年。前此九年，齐、魏、韩共攻楚方城，杀楚将唐昧，韩、魏尝取得宛、叶以北地。顾观光谓“盖一地而韩、楚两属也”。但宛之主要部分，其时尚当属楚，是时为秦所攻取，非同时共攻两国。

又案:《秦本纪》言是年“白起攻魏，取垣，复予之”，而《白起列传》称:“攻魏，拔之，取城小大六十一。”但《魏世家》记“秦拔我城大小六十一”在后三年，《六国表》亦记在秦昭王十八年、魏昭王七年。当以《魏世家》、《六国表》为是。韩连琪《睡虎地秦简编年记考证》(收入《先秦两汉史论丛》)以为魏即魏武侯别都所在之魏县，在今山西芮城县北。非是。考魏武侯作为别都之魏，在今河北大名西南，非秦所能攻及。此乃西周时分封之魏国所在，此时沿用作为地名，地在阳晋、封陵之东，盖秦于昭王四年攻取阳晋封陵之后，进一步向东开拓。

又案:《穰侯列传》言是年客卿寿烛为相。其明年，烛免，复相冉。《贞松堂集古遗文补遗》著录有丞相触戈，铭文作“□□年丞相触造，咸□□师叶，工”，背面有“武”字，“咸”下当残缺“阳工”二字，陈邦怀以为触即寿烛，马非百、王辉皆从之。《资治通鉴》记此"寿烛"作"烛寿",胡注云:"烛,姓也。《左传》郑大夫烛之武。"不知何据。《水经·济水注》述及魏冉冢,亦谓冉代客卿寿烛为相。

[楚顷襄王]七年楚迎妇于秦,秦、楚复平。(《楚世家》,《六国表》作"迎妇秦")

十五年高陵君丞趯、工师游、工□一斗五升大半。(秦昭王十五年高陵君鼎,一九五六年陕西陇县东南乡板桥沟村出土,见《考古》一九九三年第三期张懋镕、萧琦《秦昭王十五年高陵君鼎考论》)

案:此鼎形制与咸阳塔儿坡出土之三十六年私官鼎相似,铭文格式亦与私官鼎、二十九年漆卮相近。私官鼎乃宣太后食官(即私官)所造,二十九年漆卮亦太后所造。据此可知,当时宣太后、高陵君等擅权,皆拥有官营手工业作坊,由家丞监造。

周赧王二十四年(公元前二九一年)

秦昭王十六年,魏昭王五年,韩釐王五年,赵惠文王八年,齐湣王十年,楚顷襄王八年,燕昭王二十一年。

[韩釐王]五年秦拔我宛。(《韩世家》,《六国表》亦作"秦拔我宛城")

[秦昭王]十六年攻宛。(秦简《编年记》)

[秦昭王]十六年左更错取轵及邓。冉免。封公子市宛,公子悝邓,魏冉陶,诸侯。(《秦本纪》)

[秦昭王十六年](白)起与客卿错攻垣城,拔之。(《白起列传》)

[秦昭王十六年]烛免,复相冉。乃封魏冉于穰,复益封陶,号曰穰侯。(《穰侯列传》)

案：错即司马错，轵及邓在魏之河内。《正义》引"《括地志》云：故轵城在怀州济源县东南三十里，故邓城在怀州河阳县西三十一里，并六国时魏邑也。按二城相连，故云及也。"轵在今河南济源县东南，邓在今济源县南。是年秦即以新得之宛、邓分别封公子市、公子悝。《秦本纪》言是年魏冉封陶，《穰侯列传》言是年魏冉封穰及陶，并非事实。冉于初相时已封于穰，此时秦尚未得陶，不可能以陶封冉。陶《集解》徐广曰："一作阴。"《索隐》曰："陶即定陶也。徐广云作阴，陶阴字本易惑也。王劭按陶有魏冉冢，作阴，误也。"沈涛《铜熨斗斋随笔》论之曰："定陶，齐地，此时未为秦有，岂得以封穰侯。《汉书·地理志》京兆华阴故阴，穰侯所封疑即在此，则作阴为是。下文诸陶字，徐广本皆作阴。"此说不确。《史记》中"陶"多处讹作"阴"，《战国策》亦如此。魏冉封于陶，在秦攻齐取得陶邑之后。王劭谓陶有魏冉冢。《水经·济水注》于"东过定陶县西"下云："济水又东径秦相魏冉冢南，冉……卒于陶而因葬焉，世谓之安平陵，墓南崩，碑尚存。"

[赵惠文王]八年，城南行唐。(《赵世家》)

齐湣王灭宋益骄，欲去孟尝君。孟尝君恐，乃如魏，魏昭王以为相，西合于秦、赵，与燕共伐破齐。(《孟尝君列传》)

案：梁玉绳《史记志疑》云："孟尝奔魏有之，故《魏策》载孟尝为魏借燕、赵兵退秦师一章。若相魏，是妄也。知者，《年表》、《世家》皆不载其事，即《国策》亦无明文。而《魏世家》取《国策》太子首相一节，则薛公之不相魏明甚。盖魏有田文，即《吕览·执一》之商文，为武侯相，见《吴起传》，在孟尝前，又有魏文子相襄王，见《国策》，并孟尝时，《史》误以文子为孟尝，遂谓其相魏也。至齐之破,乃燕昭复仇,与孟尝何涉?如《传》所言,竟似孟尝为之,岂不冤哉!《荀子·王霸》言齐闵薛公权谋日行,国不免危亡,《臣道》言孟尝篡臣,殆当时恶孟尝者造为斯语而传之欤!”梁氏为孟尝辩护甚力,其实孟尝确尝相魏昭王,确曾参与发动合纵共伐破齐,特孟尝之相魏昭在齐灭宋前,《传》误以为灭宋后。《孟尝君列传》既谓“田甲劫湣王,王意孟尝君,孟尝君乃奔”,又谓“齐湣王灭宋益骄,欲去孟尝君。孟尝君恐,乃如魏”。其实,孟尝君因“田甲劫王”而出奔,即如魏,并非先“归老于薛”,然后再“如魏”。《韩非子·外储说右上》有“薛公之相魏昭侯也”云云,魏昭侯当即魏昭王。《韩非子·外储说左下》又有“魏昭王欲与官事,孟尝君请‘试习读法’”,皆足证孟尝确为魏昭之相。《秦策四》第二章载“薛公入魏而出齐女”,韩春谓秦王曰:“珉欲以齐、秦劫魏而困薛公。”珉即韩珉,“珉”一作“珉”,《战国纵横家书》作韩蒷,韩珉主张秦、齐联合“劫魏而困薛公”。盖薛公正为魏相。考韩珉用事于齐在齐伐宋以前,可知薛公于齐灭宋前确已为魏相。《秦策四》第四章、《韩非子·难三》及《说苑·敬慎》记秦昭王问于左右曰:“今之如耳、魏齐,孰与孟尝、芒卯之贤?”可知孟尝与芒卯(一作孟卯)乃先于如耳、魏齐一辈之魏国相将。芒卯于魏昭王初年已用事于魏,盖与孟尝同事。《魏策二》第七章:五国伐秦,无功而还,其后齐欲伐宋,而秦禁之。齐令宋郭之秦,请合而以伐宋,秦王许之。魏王畏齐、秦之合也,欲讲于秦。谓魏王曰:“(当是苏秦谓魏王曰)……而臣以致燕甲而起齐兵矣,臣又遍事三晋之吏:奉阳君、孟尝君、韩珉、周冣、韩徐为(即韩徐为,“韩”上原衍“周”字)。”可知齐伐宋前,孟尝已为三晋之吏，于三晋之吏中，其重要性仅次于奉阳君。《赵策四》第二章：齐欲攻宋，秦令起贾禁之。齐乃捄赵以伐宋，秦王怒，属怨于赵。李兑约五国以伐秦，无功，留天下之兵于成皋，而阴构于秦，又欲与秦攻魏，以解其怨而取封焉。魏王不说，之齐谓齐王曰（当是苏秦之齐谓齐王曰）：臣为足下谓魏王曰："……今王又挟故薛公以为相，善韩徐（当作韩徐为）以为上交。"可知齐灭宋以前，孟尝君已为魏昭王之相。《秦策三》：薛公为魏谓魏冉曰："……君不如劝秦王令弊邑卒攻齐之事，齐破，文请以所得封君。"《孟尝君列传》作孟尝君遗秦相穰侯魏冉书，亦云："子不如劝秦王伐齐，齐破，吾请以所得封子。"可知孟尝君确主谋合纵共伐破齐之事。《东周策》第二十一章谓周冣曰："薛公故主（"故主"上当脱"背"字），轻忘其薛，不顾其先君之丘墓。"又曰："公不如谓魏王、薛公曰：'请为王入齐，天下不能伤齐而有变，臣请为救之；无变，王遂伐之。'"据此亦可见孟尝君为魏相而参与合纵破齐之事。《战国纵横家书》第十四章记苏秦自梁遗书齐王曰："王尚（尝）与臣言，甘薛公以就事，臣甚善之，今爽也，强得也，皆言王之不信薛公，薛公甚惧，此不便于事，非薛公之信，莫能合三晋以功（攻）秦，愿王之甘之□也。臣负齐燕以司（伺）薛公，薛公必不敢反王。薛公有变，臣必绝之。……是故臣以王令（命）甘薛公，骄（矫）敬（檠）三晋，劝之为一，以疾功（攻）秦，必破之。……臣欲王以平陵予薛公。"据此可知，苏秦发动五国合纵攻秦，以为薛公在三晋颇有威信，必须依赖薛公合三晋以攻秦，因而必欲争取薛公，欲齐王以宋之平陵许愿作为薛公封邑。同上书第七章，苏秦自梁献书燕王曰："薛公未得所欲于晋国，欲齐之先变以谋晋国也（晋国指魏国)。……薛公、徐为(即韩徐为)有辞,言劝晋国变矣。齐先鬻勺(赵)以取秦,后卖秦以取勺(赵)而功(攻)宋,今有(又)鬻天下以取秦,如是薛公、徐为不能以天下为其欲,则天下故(固)不能谋齐矣。愿王之使勺(赵)弘急守徐为,令田贤急[守]薛公,非是毋有使于薛公、徐之所(徐即徐为),它人将非之以败臣。”据此可见,是时薛公与赵将韩徐为正合谋攻齐,燕王使者赵弘与田贤正在赵、魏,与薛公、韩徐为合谋攻齐。在当时秦、齐两强对峙的形势下,合纵连横争夺宋国及其繁荣商业城市陶邑(定陶)之斗争中,三晋之向背是其关键,赵相奉阳君李兑主张合五国攻秦,而魏相孟尝君、赵将韩徐为主合纵攻齐,结果五国攻秦无功而退。五国攻齐取得胜利,燕将乐毅遭逢时会,得以成破齐之大功。后世策士震于乐毅之声威,乃以是役全由乐毅主其谋,为燕昭复仇,结赵而约四国攻之,大败齐人,轻卒锐兵长驱至国。不知其不符史实也。乐毅《报燕惠王书》即出于策士拟作,梁玉绳深信为燕昭复仇之说,反而以孟尝相魏主伐齐之说为虚妄,盖未深考耳。

薛公之相魏昭侯也(当作魏昭王),左右有栾子者曰阳胡、潘其,于王甚重,而不为薛公,薛公患之。于是乃召与之博,予之人百金,令之昆弟博,俄又益之,人二百金。方博有间,谒者言客张季之子在门,公怫然怒,抚兵而授谒者,曰:“杀之,吾闻季子不为文也。”立有间,时季羽在侧曰:“不然。窃闻季为公甚,顾其人阴未闻耳。”乃辍不杀,客而大礼之曰:“曩者闻季之不为文也,故欲杀之,今诚为文也,岂忘季哉!”告廪献千石之粟,告府献五百金,告驺私厩献良马、固车二乘,因令奄将宫人之美妾二十人并遗季也。栾子因相谓曰:“为公者必利,

不为公者必害，吾曹何爱不为公?”因私竞劝而遂为之。(《韩非子·外储说右上》)

魏昭王欲与官事，谓孟尝君曰：“寡人欲与官事。”君曰：“王欲与官事，则何不试习读法?”昭王读法十余简而睡卧矣。王曰：“寡人不能读此法。”(《韩非子·外储说左下》)

薛公入魏而出齐女。韩春谓秦王曰：“何不取为妻，以齐、秦劫魏? 则上党秦之有也。齐、秦合而立负蒭，负蒭立，其母在秦，则魏、秦之县也已。呡欲齐、秦劫魏而困薛公，佐欲定其弟，臣请为王因呡与佐也，魏惧而复之，负蒭必以魏殁世事秦，齐女入魏而怨薛公，终以齐奉事王矣。”(《秦策四》第二章)

案：高诱注：“秦王，昭王也。劝使取魏所出齐女以为妻，而与齐并势攻魏。攻魏则并得上党也。负蒭即魏公子，其母即魏所出之齐女也。欲令秦王取之，故曰：其母在秦，故云魏、秦之县也。呡，魏之臣也。劫，胁也。薛公在魏，故欲困苦之也。佐，负蒭兄也，故欲定其弟。呡欲困薛，故言请为王因呡与佐也。”盖是时薛公入魏为相，薛公怨齐而出齐女。韩呡即韩珉，或作韩聂、韩景，正为齐相，欲以齐、秦劫魏而困薛公。韩珉为齐相在次年，今定薛公为魏相在此年。吕祖谦《大事记》定魏以田文为相在周赧王二十九年，当齐灭宋前，盖未注意及此。

周赧王二十五年(公元前二九〇年)

秦昭王十七年，魏昭王六年，韩釐王六年，赵惠文王九年，齐湣王十一年，楚顷襄王九年，燕昭王二十二年。

[秦昭襄王]十七年城阳君入朝，及东周君来朝。秦以垣为蒲阪、

皮氏(当作“秦攻垣及蒲阪、皮氏”)。王之宜阳。(《秦本纪》)

[秦昭王]十七年攻垣、枳。(秦简《编年记》)

案:《秦本纪·索隐》云:“为当为易,盖字讹也。”此为臆说。据《秦本纪》,前二年“秦攻垣,复予之”,秦简《编年记》又言十八年攻蒲反。可知此说不确。“秦以垣为蒲阪、皮氏”,当为“秦攻垣及蒲阪、皮氏”之误,《编年记》可证。枳即轵,《秦本纪》载“左更错取轵”在上年。

成阳君欲以韩、魏听秦,魏王弗利。白圭谓魏王曰:“王不如阴侯人说成阳君曰(姚注:“侯一作使”,鲍本作“使”,金正炜疑“侯”上脱“使”字):“君入秦,秦必留君,而以多割于韩矣。韩不听,秦必留君而伐韩矣。故君不如安行求质于秦。成阳君必不入秦,秦、韩不敢合,则王重矣。”(《魏策四》第十五章)

案:鲍注:“成阳君,秦昭十七年入朝者,于此知为韩人不疑。”成阳君即城阳君,是年与东周君入朝于秦。成阳君为韩之亲秦者。是时秦正大举攻韩,成阳君入朝于秦而不能回韩。《秦策三》第七章记“五国罢成皋,秦王欲为成阳君求相韩、魏,韩、魏弗听,秦太后谓魏冉曰:成阳君以王之故,穷而居于齐”,可知成阳君因此即投奔齐国。

韩珉相齐,令吏逐公畴竖,大怒于周之留成阳君也(“大”鲍本改为“又”)。谓韩珉曰:“公以二人者为贤人也,所入之国,因用之乎?则不如其处小国。何也?成阳君为秦去韩,公畴竖,楚王善之。今公因逐之。二人者必入秦、楚,必为公患。且明公之不善天下。天下不善公者,与欲有求于齐者,且收之,以临齐而市公。”(《韩策三》第十三章)

案:鲍注:"君(指成阳君)本在齐,为秦善之,珉欲使之入秦,过周,周留之,故怒。"成阳君主张以韩、魏听秦者,韩珉主张齐、秦相合者,皆为当时秦所重用之人。故周留成阳君,韩珉大怒之。《赵策四》第四章记苏代曰:"天下争秦,秦王内韩珉于齐,内成阳君于韩。"可见两人同为秦所重用。顾观光定此事于周赧王二十五年,云"因涉成阳君附此"。其说可从。韩珉相齐当在此年。

谓齐王曰:始也燕累臣以求挚(质),臣为是未欲来,亦未可为王为也。今南方之事齐者多故矣,是王有忧也,臣何可以不亟来。南方之事齐者,欲得燕与天下之师,而入之秦与宋以谋齐,臣诤(争)之于燕王,燕王必弗听矣。臣有(又)来则大夫之谋齐者大解(懈)矣。臣为是,虽无燕,必将来。缯(管)子之请,贵循也,非以自为也,□[桓]公听之。臣贤王于桓[公],臣不敢忘(妄)请。□□□□王诚重御臣,则天下必曰:燕不应天下以师,有(又)使苏[秦]□□□大贵(缺十九字)齐□翼之□□□□之车也。王□□□□□□请以百五十乘,王以诸侯御臣。若不欲□□□请以五[十]乘来。请贵重之(缺约十字)高贤足下,故敢以闻也。(《战国纵横家书》第九章,所补缺文加方括号,所注假借字加圆括号)

案:此为苏秦为燕入使齐以前,使人谓齐王之辞。所谓"今南方之事齐者多故",指三晋而言。苏秦推崇齐湣王贤于齐桓公,而自比于管仲,希望能用重礼迎接,若以诸侯之礼迎接,将带车一百五十乘,否则只以五十乘。

臣之以燕事王循也。翼谓臣曰:"伤齐者必勺(赵)也。秦虽强,终不敢出塞涑(溯)河,绝中国而功(攻)齐。楚、越远,宋、鲁弱,燕人承，乾（韩）、粱（梁）有秦患，伤齐者必勺（赵）。勺（赵）氏终不得已，为之若何？”臣谓䝤曰：“请劫之。子以齐大重秦，秦将以燕事齐。齐、燕为一，乾（韩）、粱（梁）必从，勺（赵）悍则伐之，愿掔（质）而功（攻）宋。”䝤以为善。臣以车百五十乘入齐，䝤逆于高闾，身御臣以入。（《战国纵横家书》第八章，苏秦谓齐王）

案：䝤即韩䝤，《国策》作韩珉或韩岷，《田世家》又作韩聂。原为韩人，与秦昭王友善，主齐、秦相合而谋拓展者。据此可知，在苏秦出使齐以前，已与韩䝤有密约，苏秦将以燕事齐，“赵悍则伐之，愿掔（质）而攻宋。”韩䝤亦以秦、燕两国为后援而出任齐相。苏秦又谓齐王曰：“犹䝤不知变事以功（攻）宋也，不然䝤之所与臣前约者善矣。”可知是时韩䝤因秦之故，尚不能仰合齐湣王之意，“变事以攻宋”。

以燕之事齐也为尽矣，先为王绝秦，掔（质）子，宦二万甲自食以功（攻）宋。（《战国纵横家书》第十一章，苏秦自赵献于齐王）

案：此即苏秦与韩䝤密约所谓“秦将以燕事齐。齐、燕为一，韩、梁必从。赵悍则伐之，愿掔（质）而攻宋”。“掔”即“质子”，“宦二万甲自食以攻宋”，即调遣二万甲士自备粮食而助齐攻宋。苏秦自齐献书于燕王曰：“齐之信燕也，虚北地行其甲。”《燕策二》第五章作“齐之信燕也，至于虚北地行其兵”，即指此事。亦即《吕氏春秋·行论》云：“齐伐宋，燕王使张魁将燕兵以从焉。”张魁，《战国纵横家书》第四章作张庳，“魁”“庳”声近通用。

齐攻宋，燕王使张魁将燕兵以从焉，齐王杀之。燕王闻之，泣数行下，召有司而告之曰：“余兴事而齐杀我使，请今举兵以攻齐也。”（“今”原误作“令”，从毕沅校正）使受命矣。凡繇进见，争之曰：“贤主故愿为臣(“主”原误作“王”,从许维遹据李本改正),今王非贤主也,愿辞不为臣。”昭王曰:“是何也?”对曰:“松下乱(王念孙云:“松下下脱之字”),先君以不安,弃群臣也。王苦痛之而事齐者,力不足也。今魁死而王攻齐,是视魁而贤于先君。”王曰:“诺。”“请王止兵。”王曰:“然则若何?”凡繇对曰:“请王缟素辟舍于郊,遣使于齐,客而谢焉。(“客”通“愙”)曰:‘此尽寡人之罪也,大王贤主也,岂尽杀诸侯之使者哉?然而燕之使者独死,此弊邑之择人不谨也,愿得变更请罪。’”使者行至齐。齐王方大饮,左右官实、御者甚众,因令使者进报。使者报言燕王之甚恐惧而请罪也,毕,又复之,以矜左右官实,因乃发小使以反令燕王复舍,此济上之所以败,齐国以虚也。(《吕氏春秋·行论》)

齐杀张庫,臣请属事辞为臣于齐。王使庆谓臣,“不之齐,危国”,臣以死之围,治齐、燕之交。……庫之死也,王辱之。(《战国纵横家书》第四章,苏秦自齐献书于燕王)

案:据此,可知张庫为齐王所杀,苏秦因而请辞为臣于齐,但燕昭王必欲苏秦立即至齐,谓不至齐将危国。苏秦因而冒死之险至齐请罪。“臣以死之围”,“围”当是“国”字之误。“国”即指齐都临淄。“国”常用以指国都,如《魏世家》载无忌谓魏王曰:“秦七攻魏,五入国中,边城尽拔……而国继以围。”“国”即指魏都大梁。所谓“治齐、燕之交”,即向齐王请罪,从而修好。《吕氏春秋·行论篇》述及燕王所遣向齐请罪之使者,即是苏秦。

王信田代、缫去[疾]之言功(攻)齐,使齐大戒而不信燕。……勺(赵)疑燕而不功(攻)齐,王使襄安君东,以便事也。(《战国纵横家书》第四章,苏秦自齐献书于燕王)

今王信田伐与参去疾之言，且攻齐，使齐犬马駹而不言燕。（《燕策二》第五章，苏代自齐献书于燕王。“犬马駹”当是“大戒”之误，“言”当是“信”之误）

案：以上两书，均叙此事于“齐之信燕也虚北地行其甲”之后，可知发生在燕出兵助齐攻宋之后。田代或作田伐，不知孰是，《战国纵横家书》第一章亦作田伐。参去疾或作缲去疾，“缲”疑“缪”字之误。

后薛公乾（韩）徐为与王约功（攻）齐，奉阳君鬻臣，归罪于燕，以定其封于齐。公玉丹之勺（赵）致蒙，奉阳君受，王忧之，故强臣之齐。臣之齐，恶齐、勺（赵）之交，使毋予蒙而通宋使。（《战国纵横家书》第四章，苏秦自齐献书于燕王）

案：苏秦自齐献书于燕王，叙此事于齐杀燕将张庫，苏秦因而至齐“治齐、燕之交”之后，时魏相孟尝君与赵将韩徐为约燕王共攻齐，苏秦当参与其事，赵相奉阳君李兑忽而改变，接受齐所致封邑而与齐联合，故苏秦谓“奉阳君鬻臣”。蒙为宋邑，在今河南商丘市东北。齐使公玉丹至赵，致蒙邑作为奉阳君封邑，当是约定待攻灭宋国后以蒙邑赠予奉阳君。苏秦为此至齐，恶齐、赵之交，使齐不以蒙予奉阳君而通宋使。通宋使，即齐与宋恢复邦交，而停止攻宋。

人告奉阳君曰：使齐不信赵者，苏子也。令齐王召蜀子使不伐宋者，苏子也。（《燕策二》第二章记苏代谓昭王，述及韩徐为之言，“令”原误作“今”，从金正炜改正）

案：据此，可知由于苏秦“恶齐、赵之交”，“使齐不信赵”。又由于苏秦游说，使齐王召回蜀子使不伐宋。蜀子即触子，乃齐之主将。其后，当五国之兵攻齐时，在济上应战而败走者，即是触子，见于《吕氏春秋·权勋》篇与《贵直》篇。《齐策六》第一章误作“向子”，“向”即“蜀”字之缺损。

宋以淮北与齐讲。王功(攻)之，毄(击)勺(赵)信，齐不以为怨，反为王诛勺(赵)信，以亓(其)无礼于王之边吏也。(《战国纵横家书》第十四章，苏秦谓齐王，述及苏秦使苏厉告楚王)

案：据此可知，时宋以淮北与齐讲和。《战国纵横家书》第八章苏秦谓齐王曰：“薛公……欲以残宋，取淮北，宋不残，淮北不得……王弃薛公……攻宋，宋残。”所谓“宋残”，即指宋割淮北地。赵信当为齐将，因接收淮北地于楚之边界，无礼于楚之边吏，招致楚之进击，齐因而诛赵信以求和解。

[赵惠文王]九年赵梁将，与齐合军攻韩，至鲁关下，反。(《赵世家》，“反”原作“及”，属下文，今从梁玉绳改正)

[韩釐王]六年与秦武遂地二百里。(《韩世家》，《六国表》作“与武遂地方二百里”)

[魏昭王]六年予秦河东地方四百里。芒卯以诈重。(《魏世家》，《六国表》同)

魏令孟卯割绛、㴸、安邑之地以与秦王，王喜，令起贾为孟卯求司徒于魏王，魏王不说，应起贾曰：“卯，寡人之臣也，寡人宁以臧为司徒，无用卯。愿大王之更以他人诏之也。”起贾出，遇孟卯于廷曰：“卯之事何如?”起贾曰：“公甚贱于公之主，曰宁用臧为司徒，无用卯。”孟卯入见，谓魏王曰：“秦客何言?”王曰：“求以女为司徒。”孟卯曰：“王应之谓何?”王曰：“宁以臧，无用卯也。”孟卯太息曰：“宜矣！王之制于秦也，王何疑秦之善臣也，以绛、㴸、安邑令负牛书与秦，犹乃善牛也。卯虽不肖，独不如牛乎？且王令三将军为臣，先曰视卯如身（杨树达云：“先假为诜”，致言也），是臣重也。令二轻臣也（陈昌齐曰：“令当作今”，俞樾曰：“令二当作今王”），令臣责，卯虽贤，固能乎？”居三日，魏王乃听起贾。（《吕氏春秋·应言》，“卯”原误作“印”，今从毕沅改正）

芒卯谓秦王曰：“王之士未有为之中者也。臣闻明主不胥中而行（“胥”原作“胃”，鲍本改作“揟”，金正炜云：“六朝人书胥多作胃，胥，待也。”），王之所欲于魏者，长羊、王屋、洛林之地也，王能使臣为魏之司徒，则臣能使魏献之。”秦王曰：“善。”因任之以为魏之司徒。谓魏王曰：“王所患者上地也，秦之所欲于魏者，长羊、王屋、洛林之地也，王献之秦，则上地无忧患，因请以下兵东击齐，攘地必远矣。”魏王曰：“善。”因献之秦，地入数月，而秦兵不下。魏王谓芒卯曰：“地已入数月，而秦兵不下何也？”芒卯曰：“臣有死罪。虽然，臣死则契折于秦，王无以责秦。王因赦其罪，臣为王责约于秦。”乃之秦，谓秦王曰：“魏之所以献长羊、王屋、洛林之地者，有意欲以下大王之兵东击齐也。今地已入，而秦兵不可下，臣则死人也，虽然后山东之士，无以利事王者矣。”秦王戄然曰：“国有事，未澹下兵也，今以兵从。”后十日，秦兵下，芒卯并将秦、魏之兵以东击齐，启地二十二县。（《魏策三》第二章）

案：孟卯即芒卯，以上两则为一事两传。《魏世家》言予秦河东地方四百里，不详记城邑之名。《吕氏春秋》言“魏令孟卯割绛、窃、安邑之地”。毕沅云：“窃疑即汾之异文，字书不载。”又引梁仲子曰：“安邑，魏都也，奈何割其国都以与人，此殊不可信。”王念孙曰：“梁说非，此时魏已都大梁矣。”今考秦简《编年记》云：

昭王"二十年攻安邑",《秦本纪》、《六国表》皆言昭王二十一年"魏献安邑"。则是年魏予秦河东地,安邑确不在内。《魏策三》谓所献乃长羊、王屋、洛林之地,王屋为山名,在桓东北,即今山西垣曲县东北,长羊、洛林当为王屋附近之地。盖秦于前年已攻取魏,在今山西芮城县北,上年又攻垣,是年魏被迫进献附近一带山地与秦。至于割献绛、安邑之地,则在其后,乃秦昭王二十一年之事。

秦、韩攻魏,昭卯西说而秦、韩罢,齐、荆攻魏,卯东说而齐、荆罢,魏襄王(当作魏昭王)养之以五乘将军。卯曰:"伯夷以将军葬于首阳山之下,而天下曰:'夫以伯夷之贤与其称仁,而以将军葬,是手足不掩也。'今臣罢四国之兵,而王乃与臣五乘,此其称功,犹嬴胜而履跻。"(《韩非子·外储说左下》)

孟卯妻其嫂而有五子焉,然而相魏,宁其危而解其患。(《淮南子·氾论训》)

案:芒卯,《吕氏春秋·应言》、《韩非子·说林上》和《显学》、《淮南子·氾论训》皆作孟卯,《韩非子·外储说左下》又作昭卯。俞樾云:"昭当作明,明卯即孟卯也,又作芒卯,明、孟、芒,古音俱同,孟卯之为明卯,犹孟津之为盟津,芒卯之为明卯,犹民甿之为民萌。"《韩非子·显学》云:"是以魏任孟卯之辩,而有华下之患。"所谓"孟卯之辩",即《魏世家》所说"芒卯以诈重"。所谓"华下之患",指秦昭王三十四年秦大破芒卯于华阳下,斩首十五万。

又案:《列女传》卷一有《魏芒慈母》,谓乃孟阳氏之女,芒卯之后妻,有三子,而前妻之子五人皆不爱慈母,慈母遇之甚异犹不爱。及前妻中子犯法当死,慈母忧戚悲哀,欲救其罪。魏安釐王高其义而赦之，自此五子亲附慈母。与《淮南子》所载不同。盖传闻异词。

秦、赵约而伐魏，魏王患之。芒卯曰："王勿忧也！臣请发张倚使谓赵王曰：夫邺，寡人固刑弗有也（"刑"通"形"）。今大王收秦而攻魏，寡人请以邺事大王。"赵王喜，召相国而命之曰："魏王请以邺事寡人，使寡人绝秦。"相国曰："收秦攻魏，利不过邺，今不用兵而得邺，请许魏。"张倚因谓赵王曰："敝邑之吏效城者，已在邺矣，大王且何以报魏。"赵王因令闭关绝秦，秦、赵大恶。芒卯应赵使曰："敝邑所以事大王者，为完邺也。今效邺者，使者之罪也，卯不知也。"赵王恐魏承秦之怒，遽割五城以合于魏而支秦。（《魏策三》第一章）

案：鲍注："此魏昭六年书卯以诈重者，此也。"此亦"芒卯以诈重"之一种传说，《魏策一》谓芒卯遣使以邺城献赵，欲赵绝秦。待赵既绝秦，芒卯不献，赵因而割五城以合于魏而支秦，如同儿戏，殊不可信。

【附编】

先时五诸侯共伐秦，韩反与诸侯先为雁行，以向秦军于关下矣。诸侯兵困力极，无奈何，诸侯兵罢。杜仓相秦，起兵发将以报天下之怨而先攻荆，荆令尹患之，曰："夫韩以秦为不义，而与秦兄弟共苦天下，已又背秦，先为雁行以攻关。韩则居中国，展转不可知。"天下共割韩上地十城以谢秦，解其兵。（《韩非子·存韩》载李斯上韩王书）

案：马非百《杜仓相秦考》（《历史研究》一九七八年第十二期）及《秦集史·杜仓传》，以为"五诸侯共伐秦"，指秦昭王九年齐、韩、魏共击秦。"攻荆"指秦昭王二十八九年间秦南攻鄢、郢，杜仓相秦在昭王二十六年至三十二年间，此时魏冉免相。所谓

“天下共割韩上地十城以谢秦”，指昭王四十五年秦攻取韩野王等十城。此说不合李斯上韩王书之原意。“五诸侯共伐秦”确指秦昭王九年至十一年间合纵攻秦事，先是齐、韩、魏三国攻秦，继而赵、宋参与，是役尝攻至函谷关。即此所谓“向秦军于关下矣”，是役韩为中军，确亦“先为雁行”。惟秦攻鄢郢，已相距十七年，秦取韩野王等十城，更相距三十四年，岂得谓“以报天下之怨”？且秦取韩野王等十城，出于范雎之献策，用以断韩上党之通道者，成为此后秦攻韩上党而引发长平大战之主因，岂得谓“天下共割韩上地十城以谢秦，解其兵”？余意此谓“报天下之怨而先攻荆”，当指昭王十六年攻宛，见于秦简《编年记》。《秦本纪》误上一年，《韩世家》记在韩釐王五年，即秦昭王十六年，但又误以为攻韩，此谓“天下共割韩上地十城以谢秦”，当指秦昭王十七年韩献秦武遂地方二百里，即指自武遂北上至韩旧都平阳之间二百里地，其间当有十城。杜仓相秦当在秦昭王十六至十八年间。《穰侯列传》称：昭王十五年“魏冉谢病免相，以客卿寿烛为相，其明年烛免，复相冉，乃封魏冉于穰”。“穰侯封四岁，为秦将攻魏，魏献河东方四百里。拔魏之河内，取城大小六十余。十九年魏冉复相秦，六岁而免。”可知“十九年魏冉复相秦”以前，魏冉尝为秦将攻魏，魏献河东方四百里。“魏献河东方四百里”事在昭王十七年，见于《六国表》及《魏世家》。《秦本纪》又称：昭王十六年“冉免”。盖十六年寿烛免相，冉复相，为时甚暂。《穰侯列传》称十六年“取楚之宛、叶，魏冉谢病免相”。则魏冉一再谢病免相，当因秦攻楚之故。而杜仓之所以相秦，正因其主张报天下之怨而先攻楚。

周赧王二十六年(公元前二八九年)

秦昭王十八年,魏昭王七年,韩釐王七年,赵惠文王十年,齐湣王十二年,楚顷襄王十年,燕昭王二十三年。

[秦昭襄王]十八年错攻垣、河雍,决桥取之。(《秦本纪》)

秦昭王十八年客卿错击魏,至轵,取城大小六十一。(《六国表》)

[魏昭王]七年秦拔我城大小六十一。(《魏世家》,《六国表》作"秦击我,取城大小六十一")

穰侯封四岁,为秦将攻魏,魏献河东方四百里。拔魏之河内,取城大小六十余。(《穰侯列传》)

[秦昭王]十八年攻蒲反。(秦简《编年记》)

案:是时秦分兵两路攻魏。《秦本纪》谓昭王十五年白起攻魏,取垣,复予之。《白起列传》称昭王十五年攻魏拔之,十六年起与客卿错攻垣城拔之。《秦本纪》又称昭王十六年左更错取轵及邓,十八年"错攻垣、河雍,决桥取之"。盖白起主攻河东,而司马错主攻河内,垣则两路军会合攻拔之。河雍原名河阳,在孟津对岸,为黄河中游主要渡口,时架设有浮桥。当司马错进攻时,冲决河桥而取得河雍,故云:"决桥取之。"已说明在周慎靓王六年案语中。

又案:《六国表》谓昭王十八年"客卿错击魏,至轵,取城大小六十一。"《穰侯列传》又谓"拔魏之河内,取城大小六十余"。轵即在河内,可知"取城大小六十一"即在河内,为司马错所攻取。《白起列传》谓白起于昭王十五年攻魏拔之,取城小大六十一,当有错误。

又案:《编年记》言是年攻蒲反,当由白起主攻。《秦本纪》言是年错攻垣,《正义》云:“盖蒲阪、皮氏又归魏,魏复以为垣,今重攻取之也。”其说非是。今本《秦本纪》言十七年“秦以垣为蒲阪、皮氏”,乃“秦攻垣及蒲阪、皮氏”之误,《正义》乃据误字以为说。韩连琪《睡虎地秦简编年记考证》从《正义》之说,以为“蒲反与垣实为一地,盖其时蒲反当又归于魏,故昭王十八年复有秦攻蒲反(垣)事”。其说不确。

使盛庆献书于[燕王曰]:“□□□□虽未功(攻)齐,事必美者。以齐之任臣,以不功(攻)宋,欲从韩、梁(梁)取秦,以谨勺(赵)。勺(赵)以(已)用薛公徐为之谋谨齐,故齐[赵]相倍(背)也,今齐王使宋窍谓臣曰:‘奉阳君使周纳告寡人曰:燕王请毋任苏秦以事’,信□□奉阳君使周纳言之曰:‘欲谋齐’,寡人弗信也。周纳言:‘燕勺(赵)循善矣,皆不任子以事。奉阳[君]□□□丹若得也,曰笱(苟)毋任子讲,请以齐为上交。天下有谋齐者请功(攻)之。’苏修在齐,使□□□□□□□□□予齐、勺(赵)矣。今[齐]王使宋窍诏臣曰:‘鱼(吾)□与子□有谋也。’臣之所□□□□□□□□□不功(攻)齐,全于介(界)。所见于薛公徐为,其功(攻)齐益疾。王必勺(赵)之功(攻)齐,若以天下□□□□□□□焉。外齐于禾(和),必不合齐、秦以谋燕,则臣请为免于齐而归矣。为赵择□□□□□□□□必赵之不合齐、秦以谋燕也,齐王虽归臣,臣将不归。诸可以恶齐、勺(赵)[者],将□□之。以恶可[也],以辱(辱)可也,以与勺(赵)为大仇可也。今王曰:‘必善勺(赵),利于国。’臣与不知其故。奉阳君之所欲,循[善]齐、秦以定其封,此其上计也。次循善齐以安其国。齐、勺(赵)循善,燕之大过(祸)。[将]养勺(赵)而美之齐乎,害于燕,恶之齐乎,奉阳君怨臣,臣将何处焉?臣以齐善勺(赵),必容焉,以为不利国故也。勺

(赵)非可与功(攻)齐也,无所用。勺(赵)毋恶于齐为上。齐、勺(赵)不恶,国不可得而安,功不可得而成也。齐、赵之恶从已,愿王之定虑而羽[翼]鑽(赞)臣也。勺(赵)止臣而它(他)人取齐,必害于燕。臣止于勺(赵)而侍(待)其鱼肉,臣□不利于身。”(《战国纵横家书》第三章,注明假借字用圆括号,所补缺字用方括号)

案:苏秦入赵被扣留,使盛庆献书于燕昭王,自称“以齐之任臣,以不攻宋”,欲从韩、梁取秦以防赵,可知当在齐第一次攻宋结束之后。是时赵正用薛公、韩徐为之谋以防齐,齐、赵相背,苏秦以为“虽未攻齐”,对于燕国是美事。但赵奉阳君欲循善齐、秦谋求取得封邑,若齐、赵循善,则为燕之大祸。苏秦之策略在于恶齐赵之交,盖齐、赵不恶,燕国不可得安,功不可得而成也。所谓“功”,即苏秦与燕昭王约定,主谋伐破齐国之“大事”。

使韩山献书燕王曰:“臣使庆报之后,徐为之与臣言甚恶(徐为即赵将韩徐为)。死亦大物已。不快于心而死,臣甚难之。故臣使辛谒大之(“大”疑“去”字之误)。王使庆谓臣:不利于国,且我忧之。臣为此无敢去之。王之赐使使孙与弘来,甚善已。言臣之后,奉阳君徐为之视臣益善,有遣臣之语矣。今齐王使李终之勺(赵),怒于勺(赵)之止臣也,且告奉阳君,相桥于宋,与宋通关。奉阳君甚怒于齐,使勺(赵)足问之臣,臣对以弗知也。臣之所患,齐、勺(赵)之恶日益,奉阳君尽以为臣罪,恐久而后不可□救也。齐王之言臣,反不如已。愿王之使人反复言臣,必毋使臣久于勺(赵)也。”(《战国纵横家书》第二章,苏秦使韩山献书燕王)

案:此为苏秦被赵扣留时,使韩山献于燕昭王之书,时在使盛庆献书之后。所谓“徐为之与臣言甚恶”,见于《燕策二》第二章苏代谓昭王之游说辞中，述及“韩为谓臣曰：人告奉阳君曰”云云，谓“其言恶矣”。韩为当即韩徐为。韩徐为所述“人告奉阳君”之言辞中，云“令齐王召蜀子使不伐宋，苏子也”，亦可见时在齐第一次伐宋结束之后。此书又述及齐王使李终至赵，“且告奉阳君，相桥于宋，与宋通关”。盖宋割淮北地与齐讲和之后，齐已派遣桥（人名）为宋相，并已开放边境关塞，互通来往，亦即《战国纵横家书》第四章苏秦献书于燕王所谓“通宋使”。

[苏秦]谓昭王曰：“韩为谓臣曰（韩为即赵将韩徐为）：‘人告奉阳君曰：使齐不信赵者，苏子也。令齐王召蜀子使不伐宋者（“令”原作“今”，从金正炜改正。蜀子即触子），苏子也。与齐王谋，道取秦以谋赵者，苏子也。令齐守赵之质子以甲者，又苏子也。请告子以请（下“请”字读作“情”，即事实），齐果以守赵之质子以甲，吾必守子以甲。’其言恶矣。虽然，王勿患也。臣故知入齐之有赵累也。出为之以成其欲，臣死而齐大恶于赵，臣犹生也。今齐、赵绝（“今”原作“令”，从鲍本改），可大纷已。持臣非张孟谈也（“持”读作“特”，但也），使臣也如张孟谈也，齐、赵必有为智伯者矣。奉阳君告朱讙与赵足曰：‘齐王使公玉丹命说曰（玉丹原作“王曰”，从吴师道改正，“说”读作“兑”，即奉阳君之名）：必不反韩珉，今召之矣。必不任苏子以事，今封而相之。必不合燕（必原作令，从金正炜改正），今以燕为上交，吾所恃者顺也，今其言变，有甚于其父（于鬯以为顺即顺子，为齐公子，其父即齐滑王）。顺始与苏子为仇，见之如无厉（“如”原作“知”，从鲍本改。“厉”读作“赖”，《史记·张释之冯唐列传·集解》引张晏“无赖，才无可恃”），今贤之两之（鲍彪曰：“两谓封与相”，甚是。《战国纵横家书》第四章所谓“王为臣有之两”，“两”亦谓“卿与封”），已矣，吾无齐矣。’

奉阳君之怒甚矣。如齐王之不信赵(“王”下原衍“王”字,从鲍本删),而小人奉阳君也,因是而倍之(“倍”读作“背”)。不以今时大纷之,解而复合,则后不可奈何也。故齐、赵之合(“合”当作“分”,“分”通“纷”),苟可循也,死不足以为臣患,逃不足以为臣耻,为诸侯不足以为臣荣,被发自漆为厉不足以为臣辱。然而臣有患也:臣死而齐、赵不循恶交分于臣也,而后相效,是臣之患也。若臣死而必相攻也,臣必勉之而求死焉。尧、舜之贤而死,禹、汤之知而死,孟贲之勇而死,乌获之力而死。生之物固有不死者乎?在必然之物,以成所欲,王何疑焉。”(《燕策二》第二章)

案:此章亦为苏秦被赵扣留时,使人献于燕昭王之书信。章首有一段云:“苏代为奉阳君说燕于赵以伐齐,奉阳君不听,乃入齐恶赵,令齐绝于赵,齐已绝于赵,因之燕。”系后人妄加。后又有一大段讲“臣以为不若逃而去之……故举大事,逃不足以为辱焉”,并结语云:“卒绝齐于赵,赵合于燕以攻齐,败之。”亦皆出于后人妄加,与书信之内容不合。此信内容,具体说明在赵被拘留而“守之以甲”之原因,因为有人向奉阳君检举,苏秦有一系列行动破坏齐、赵之间关系,致使齐、赵大恶。因此赵将韩徐为与之言甚恶,奉阳君亦甚怒。苏秦此书着重于表明对燕昭王之忠诚,以为若能使齐、赵“大纷”而“必相攻”,虽死不足为患。此当为苏秦被赵拘留之后第一封信。

自赵献书燕王曰:始臣甚恶事,恐赵足(缺二十四字)臣之所恶也,故冒赵而欲说丹与得,事非□□□□□□□臣也。今奉阳[君]之使与□□□□□□□□□□□封秦也,任秦也,比燕于赵。令秦与茞(兑)□□□□□□□宋不可信,若□□□□□我其从徐□□□□□□□制事,齐必不信赵矣。王毋忧事，务自乐也。臣闻王之不安，臣甚愿□□□□□之中重齐如□□□齐，秦毋恶燕，粱(梁)以自持(恃)也。今与臣约，五和，入秦使，使齐、韩、粱(梁)、[燕]□□□□□□□约御(却)军之日，无伐齐、外齐焉。事之上，齐、赵大恶；中，五和，不外燕；下，赵循合齐、秦以谋燕。今臣欲以齐大[恶]而去赵，胃(谓)齐王，赵之禾(和)也，阴外齐、谋齐，齐、赵必大恶矣。奉阳君、徐为不信臣，甚不欲臣之之齐也，有(又)不欲臣之之韩、粱(梁)也，燕事小大之诤(争)，必且美矣。臣甚患赵之不出臣也。知(智)能免国，未能免身。愿王之为臣故此也。使田伐若使使孙疾召臣，自辞于臣也。为予赵甲因在粱(梁)者。(《战国纵横家书》第一章，苏秦自赵献书燕王)

案：《战国纵横家书》第四章苏秦自齐献书于燕王曰："臣止于勺(赵)"，王谓"乾(韩)徐为：止某不道，逎(犹)免人之冠也，以振人之死。臣之德王，深于骨髓"。当是燕昭王遣使谓韩徐为，促使释于苏秦。此书云："使田伐若使使孙疾召臣，自辞于臣也。"即是请昭王遣使前来促使释放之。此书云："事之上，齐、赵大恶；中，五和，不外燕；下，赵循合齐、秦以谋燕。"此即苏秦为燕谋求"进取"之策略，使"齐、赵大恶"而乘机共伐破齐国，此为上策。"五和"而"不外燕"，指齐、赵、韩、梁、燕五国联合而攻秦，此为中策。若成为"赵循合齐、秦以谋燕"之形势，将成为"燕之大祸"，此乃下策。此后苏秦合纵连横之活动，无非避免"下策"，推行"中策"而达到"上策"。

周冣入齐，秦王怒，令姚贾让魏王。魏王为之谓秦王曰："魏之所以为王通天下者，以周冣也。今周冣遁寡人入齐，齐无通于天下矣，敝邑之事王，亦无齐累矣，大国欲急兵，则趣赵而已。"(《魏策四》第二十一章，“趣”读为“促”）

为周冣谓魏王曰：“秦知赵之难与齐战也，将恐齐、赵之合也，必阴劲之。赵不敢战，恐秦不己收也，先合于齐。秦、赵争齐，而王无人焉，不可。王不去周冣，合而收齐，而以兵之急，则伐齐无因事也。”（《东周策》第二十章）

谓周冣曰：“魏王以国与先生，贵合于秦以伐齐。薛公故主（“故主”上当脱“背”或“倍”字），轻忘其薛，不顾其先君之丘墓，而公独修虚信，为茂行，明群臣，据故主，不与伐齐者产（鲍本无“者”字，金正炜云：“产字未详，或当为座，座通作坐”），以忿强秦，不可。公不如谓魏王、薛公曰：‘请为王入齐，天下不能伤齐，而有变，臣请为救之；无变，王遂伐之。且臣为齐奴也，如累王之交于天下不可，王为臣赐厚矣。臣入齐，则王亦无齐之累也。’”（《东周策》第二十一章）

或为周冣谓金投曰：“秦以周冣之齐疑天下，而又知赵之难予齐人战（“予”原作“子”，从王念孙据姚引曾本、集本改正），恐齐、赵之合（“赵”原作“韩”，从金正炜改正），必先合于齐（“齐”原作“秦”，从金正炜改正），秦、齐合，则公之国虚矣（“虚”通“墟”）。公不如收齐（“收”原作“救”，从金正炜改正），因佐秦而伐韩、魏，上党、长子赵之有已。公东收宝于齐（“齐”原作“秦”，今改正），南取地于韩、魏，因以困徐为之东（“困”原作“因”，从《鲍本》改正。徐为即赵将韩徐为），则有合矣。”（《东周策》第十三章）

周冣谓金投曰：“公负全秦与强齐战（“全”原作“令”，从姚引钱本、刘本改正），战胜，秦且收齐而封之，使无多割而听天下。之战不胜（“之”犹“此”），国大伤，不得不听秦。秦尽韩、魏之上党，太原西止秦之有已（鲍本“止”作“土”，金正炜云：“西止当作之西”）。秦地天下

之半也，制齐、楚、三晋之命，复国且身危（“复”，鲍本作“覆”，“复”通“覆”），是何计之道也。”（《东周策》第十四章）

苏厉为周冣谓苏秦曰：“君不如令王听冣以地合于魏，赵故必怒（姚注：“曾无故字，怒一作恐”），合于齐，是君以合齐与强楚吏产子君（姚注：“以合一作全以。”金正炜云：“吏产子君，疑当作事产于君”），若欲因冣之事，则合齐者君也，割地者冣也。”（《东周策》第十八章）

案：此时赵臣金投与韩徐为欲合秦以与强齐战，而周冣正由魏入齐，周冣为周之公子，入魏为重臣而善于齐。尝与孟尝君合齐、魏、韩三国攻入秦之函谷，《赵策三》第六章记有人教子[illegible]谓李兑曰：“公不如令主父以地资周冣，而请相之魏，周冣以天下辱秦者也。”是时周冣由魏入齐，秦昭王怒，因令姚贾让魏昭王。或为周冣谓金投曰：“秦以周冣之齐疑天下。”盖秦恐周冣以三晋合齐共攻秦。盖是时孟尝君正为魏相，正谋合纵伐齐，赵将韩徐为亦欲合纵攻齐。

周赧王二十七年（公元前二八八年）

秦昭王十九年，魏昭王八年，韩釐王八年，赵惠文王十一年，齐湣王十三年，楚顷襄王十一年，燕昭王二十四年。

[赵惠文王]十一年董叔与魏氏伐宋。得河阳于魏。秦取梗阳。（《赵世家》，《六国表》作“秦拔我桂阳”，《集解》徐广曰“一作梗”，《资治通鉴》又误“梗阳”为“杜阳”）

奉阳君约魏（“奉”原误作“华”，从吴师道改正），魏王将封其子，谓魏王曰：“王尝身济漳，朝邯郸，抱葛薜、阴成以为养邑（“薜”，鲍本作“薛”，鲍改为“孽”，“薜”即“孽”之省），而赵无为王有也。王能又封其子河阳、姑密乎（“河”原作“问”，鲍本作“河”，“密”原作“衣”，鲍本作“密”，今从之）？臣为王不取也。”魏王乃止。（《魏策三》第九章）

案：《赵策四》第二章，李兑约五国以伐秦，无功，有人谓魏王曰：“且王尝济于漳而身朝于邯郸，抱阴成，负葛薛（“葛”上原衍“蒿”字，“薛”，鲍本作“薛”，改作“孽”），以为赵蔽，而赵无为王行也。今又以何阳、姑密封其子（鲍本“何”作“河”），而乃令秦攻王以便取阴（“阴”当作“陶”）。”考李兑约五国伐秦在是年，赵得河阳于魏亦在是年，盖即魏以河阳封李兑之子。按《秦本纪》昭王十八年攻河雍，决桥取之，在上年。河雍即河阳，河阳有单称阳者，《水经·济水注》引《纪年》“更名阳为河雍”，在魏襄王四年。河雍与孟津间设有浮桥，为黄河中游主要渡口，上年秦将司马错攻河雍，决桥取之。而是年魏又以其地献赵为奉阳君李兑之子封邑。顾观光《七国地理考》云：“盖秦取之而不守，故魏以其地入于赵也。”此为黄河中游主要渡口，秦不可能取之而不守，盖魏借助于赵之力，迫使秦归还，而魏又以之献于赵奉阳君。

又案：是时齐、赵、魏、秦正争夺攻取宋国之地。赵奉阳君李兑与秦穰侯魏冉皆欲得宋之陶邑作为封地。是年赵使董叔与魏氏伐宋。而齐湣王正欲灭宋，于是争夺宋地之斗争成为合纵连横之焦点所在。同时齐湣王欲避免秦、赵等国之干预而灭宋，亦不断调换其执政之相国，从而变更其合纵连横之策略。

又案：《赵世家》言秦取梗阳，梗阳在今山西清徐县。《六国表》误作桂阳。《资治通鉴》误作杜阳。桂阳、杜阳皆非赵地。胡三省云：“杜阳近栒邑，接上郡、北地之境，赵地西至上郡肤施，或者其时并有杜阳欤。”其说无据。杜阳在今陕西麟游县西北，在秦旧都雍(今陕西凤翔县)之东北,赵不可能并有其地。

[苏代]谓薛公曰:“周最于齐王厚也,而逐之,听祝弗(吴师道云:“一本作况弗”,《孟尝君列传》作“亲弗”),相吕礼者,欲取秦。秦、齐合,弗与礼重矣。有用齐(“用”原作“周”,从吴师道据《史记》改正),秦必轻君。君弗如急北兵趋赵以合秦、魏(“合”字原脱,从吴师道据《史记》补),收周最以为后行(吴师道云:“当从《史》,无为字,后作厚。”金正炜云:“厚又属之讹”),且反齐王之信,又禁天下之率(“率”,《史记》作“变”)。齐无秦,天下果(“果”《史记》作“集齐”,吴师道云:“果当从史作集。”金正炜又云:“果为谋字之讹”),弗必走,齐王谁与其为国?”(《东周策》第十六章,《孟尝君列传》作“秦亡将吕礼相齐,欲困苏代,代乃谓孟尝君”云云,与此相同)

齐听祝弗,外周最。谓齐王曰:“逐周最,听祝弗,相吕礼者,欲深取秦也。秦得天下,则伐齐深矣。夫秦、齐合(“夫”下原无“秦”字,鲍本补“秦”字),则赵恐伐,故急兵以示秦。秦以赵攻齐(“攻”下原无“齐”字,鲍注:“攻,攻齐”。金正炜云:“攻下疑遗齐字。”今据补),与之齐伐赵,其实同理,必不处矣。故用祝弗,即天下之理也。”(《东周策》第十七章)

薛公为魏谓魏冉曰:“文闻秦王欲以吕礼收齐,以济天下,君必轻矣。齐、秦相聚以临三晋,礼必并相之,是君收齐以重吕礼也。齐免于天下之兵,其仇君必深。君不如劝秦王令弊邑卒攻齐之事。齐破,文请以所得封君。齐破晋强,秦王畏晋之强也,必重君以取晋;齐予晋弊而不能支秦(“予”鲍本作“与”,金正炜云:“予与古通用,与,及也。”“弊”下原有“邑”字,金正炜云:“邑字涉上文而衍。”今据删。史作“晋国敝于齐而畏秦”),晋必重君以事秦。是君破齐以为功,挟晋以为重也。破齐定封，而秦、晋皆重君。若齐不破，吕礼复用，子必大穷矣。”(《秦策三》第一章，《孟尝君列传》谓“吕礼嫉害孟尝君，孟尝君惧，乃遗秦相穰侯魏冉书”云云，大体与此相同，并谓“于是穰侯言于秦昭王伐齐，而吕礼亡”)

案：吕祖谦《大事记》记吕礼相齐，孟尝君遗穰侯书，劝秦伐齐而礼亡之事，在周赧王二十九年齐灭宋以前。鲍彪注，谓：“吕礼以秦昭十三年奔魏，十九年复归秦，其相齐，在薛公归薛后，见《孟尝君列传》，盖赧王二十一年后也。”今按是年十月以前，秦、齐相合而五国连横，约定共伐灭赵而三分赵地。十月秦昭王于宜阳自称西帝，而尊齐湣王为东帝，苏秦游说齐湣王，以为伐赵不如伐宋之利，欲天下爱齐而憎秦，以便以其间举宋。于是旋而与赵“约攻秦而去帝”，由李兑主持五国攻秦之举，吕礼因而由齐归秦。吕礼为齐相，当即在是年十月以前。当齐逐周最，相吕礼时，有人谓齐王曰：“夫秦、齐合，则赵恐伐”，盖已预见吕礼为齐相，秦、齐相合必谋伐赵。

秦昭王十九年十月为帝，十二月复为王，任鄙卒。(《六国表》)

齐湣王三十六年(当作十三年)为东帝二月，复为王。(《六国表》)

[秦昭襄王]十九年王为西帝，齐为东帝，皆复去之。吕礼来自归……任鄙卒。(《秦本纪》，《魏世家》作“秦昭王为西帝，齐湣王为东帝，月余，皆复称王归帝”。《楚世家》作“齐、秦各自称为帝，月余，复归帝为王”。《田世家》作“王为东帝，秦昭王为西帝……齐去帝复为王，秦亦去帝位”。《穰侯列传》作“昭王十九年，秦称西帝，齐称东帝，月余，吕礼来，而齐、秦各复归帝为王”。《乐毅列传》作：“齐湣王……与秦昭王争重为帝，已而复归之，诸侯皆欲背秦而服于齐。”)

穰侯相秦而齐强，穰侯欲立秦为帝，而齐不听，因请立齐为东帝，而不能成也。（《韩非子·内储说下》）

秦王立帝宜阳，令许绾诞魏王，魏王将入秦。魏敬谓王曰："以河内孰与梁重？"王曰："梁重。"又曰："梁孰与身重？"王曰："身重。"又曰："若使秦求河内，则王将与之乎？"王曰："弗与也。"魏敬曰："河内，三论之下也；身，三论之上也；秦索其下而王弗听，索其上而王听之，臣窃不取也。"王曰："甚然。"乃辍行。（《吕氏春秋·应言》）

案：高诱注："诞，诈也。许绾，秦臣也。秦实未为帝也，诈魏王，言帝欲令魏王入朝也。"高注无当。《魏策三》第四章："秦败魏于华，魏王且入朝于秦，周䜣请王勿行，魏王曰：'子患寡人入而不出邪？许绾为我祝曰：入而不出，请殉寡人以头'"，此即许绾之诞魏王，以其头作为魏王入朝于秦而得出之保证。盖一事之两传耳。可知许绾乃魏臣之亲秦王者，非秦臣也。《新序·刺奢》第三章，记魏王将起中天台，因许绾进谏而作罢，亦可证许绾之为魏臣。马非百《秦集史·人物传》五之十二、陈奇猷《吕氏春秋校释》皆读"秦王立帝"为句，"宜阳令许绾诞魏王"为句，非是。当读"秦王立帝宜阳"为句，盖秦昭王是时于宜阳称帝，许绾未尝为宜阳令。若许绾为秦之宜阳令，将何缘而能"诞魏王"也。当秦惠王时，张仪主伐韩，欲下兵三川，挟天子以令诸侯而成王业。及秦武王时，即攻拔宜阳，欲车通三川，以窥周室。其后武王至周，举鼎比武，绝膑而死。秦昭王于十四年使白起大败魏、韩及周师于伊阙，十六年使司马错攻取魏河内大小城六十一。据《秦本纪》，昭王于十七年"主宜阳"，是年韩之成阳君及东周君入朝秦，入朝之地当即宜阳。十九年昭王于宜阳称西帝，欲魏王来朝，盖欲魏、韩与两周之君入朝如藩臣。《楚世家》称楚怀王入武关，往会秦昭王，昭王令一将军伏武关，“闭武关，遂与西至咸阳，朝章台，如蕃臣”。是时魏昭王见有楚怀王入朝而不能出之先例，故不敢入朝，许绾因而声称以头作为魏王入朝秦而得出之保证。

秦败魏于华（此句当作“秦立帝宜阳”），魏王且入朝于秦。周䜣谓王曰（“䜣”，鲍本作“诉”，吴师道云：“一本诉作䜣”）：“宋人有学者，三年反而名其母。其母曰：‘子学三年，反而名我何也？’其子曰：‘吾所贤者无过尧、舜，尧、舜名；吾所大者无大天地，天地名。今母贤不过尧、舜，母大不过天地，是以名母也。’其母曰：‘子之于学者，将尽行之乎？愿子之有以易名母也。子之于学也，将有所不行乎？愿子之且以名母为后也。’今王之事秦，尚有可以易入朝者乎？愿王之有以易之，而以入朝为后。”魏王曰：“子患寡人入朝而不出邪？许绾为我祝曰（“祝”读作“诅”）：‘入而不出，请殉寡人之头。’”周䜣对曰：“如臣之贱也，今人有谓臣曰：入不测之渊，而必出，请以一鼠首为女殉者，臣必不为也。今秦不可知之国也，犹不测之渊也，而许绾之首犹鼠首也。内王于不可知之秦，而殉王以鼠首，臣窃为王不取也。且无梁孰与无河内急？”王曰：“梁急。”“无梁孰与无身急？”王曰：“身急。”曰：“此三者，身上也，河内其下也。秦未索其下（“未”当作“本”），而王效其上，可乎？”王尚未听也，支期曰：“王视楚王。楚王入秦，王以三乘先之；楚王不入，楚、魏为一，尚足以捍秦。”王乃止。王谓支期曰：“吾始已诺于应侯矣（刘钟英《战国策辨讹》以为“应侯”当是“穰侯”之误，其说是也，下文同误），今不行者欺之矣。”支期曰：“王勿忧也。臣使长信侯请无内王，王待臣也。”支期说于长信侯曰：“王命召相国。”长信侯曰："王何以臣为？"支期曰："臣不知也，王急召君。"长信侯曰："吾内王于秦者，宁以为秦邪？吾以为魏也。"支期曰："君无为魏计，君自为计。且安死乎？安生乎？安穷乎？安贵乎？君其先自为计，后为魏计。"长信侯曰："楼公将入矣，臣今从。"支期曰："王急召君，君不行，血溅君襟矣。"长信侯行，支期随其后。且见王，支期先入，谓王曰："伪病者乎而见之（金正炜曰："乎"字古与"呼"通，"呼，虚惫之声也"），臣已恐之矣。"长信侯入见王，王曰："病甚奈何！吾始已诺于应侯矣，意虽道死（姚注："曾本作虽欲道死，刘本作意虽死"），行乎？"长信侯曰："王毋行矣，臣能得之于应侯，愿王无忧。"（《魏策三》第四章）

案：马骕《绎史》曰："应侯似非此时事。按华阳之役在昭王三十三年，范雎入秦在昭王三十六年，其封应侯在四十一年，此时何得有应侯？或应侯字误，抑异时别有战华之事邪？"顾观光隶此于周赧王五十六年长平战后，其言曰："按《吕氏春秋》亦载此事，而言秦虽大胜于长平，三年然后决。又言此时两周尚全。考长平战后至秦灭西周，中隔三年，而后秦以全力攻赵，不应复有败魏之事，则当在此年无疑。"于鬯《战国策注》从其说，并曰："疑《策》首本无'秦败魏于华'一句，乃涉上策首而衍此五字。下文言且者，将也，即作发首语，亦无害。《后汉书·马援传》李注引《策》自下文始，彼引虽未必依《策》原文，然无此句，似可举证如此。则此《策》从顾说在赧王五十六年，而不必谓赧五十六年有败华之事也。"今案：《吕氏春秋·应言》篇所载魏敬劝谏魏王弗入朝秦之事，与此《魏策三》所载王䜣劝谏魏王弗入朝秦之事，确为一事之两传。王䜣问魏王"无梁孰与无河内急"？"无梁孰与无身急"，谓"此三者，身上也，河内其下也。秦本索其下，而王效其上，可乎？”魏敬问魏王“以河内孰与梁重”？“梁孰与身重”？谓“河内，三论之下也，身，三论之上也，秦索其下而王弗听，索其上而听之，臣窃不取也”。两者大体相同，其为一事之两传无疑。此事当从《吕氏春秋》在秦昭王称帝于宜阳之时。策首“秦败魏于华”当从《吕氏春秋》改作“秦立帝宜阳”为是。策文中之应侯自当为穰侯之误。秦立帝宜阳，本由穰侯主其事。是时秦正谋完全占有魏之河内，与魏敬、王䜣所说皆合。《吕氏春秋》记此事之后，作者有一段评论，谓此后秦虽大胜赵于长平，三年然后决，及秦进围赵都邯郸，魏尚能救赵，且能“举陶削卫地方六百”，一时国势甚强，可知魏本可不入朝秦，不必待魏敬之劝说而辍行。并非谓魏敬劝谏魏王弗入朝秦在长平之役以后，顾观光据此定为长平战后之事，非是也。

昔者周佼以西周善于秦而封于梗阳，周启以东周善于秦而封于平原。(《韩策三》第二章或谓公仲)

案：秦于是年攻取得赵之梗阳。周佼与周启当为西周与东周之公子，秦之封西周周佼于梗阳、封东周周启于平原，当即在此年秦昭王在宜阳称帝之时，欲以拉拢两周公子之亲秦者，使两周服从于秦。梗阳在今山西太原市西南。清徐、平原不详。平原君所封平原，在今山东平原县南，此时为秦势力所不及。

苏秦自燕之齐(《田世家》“苏秦”作“苏代”)，见于华章南门(《史记》作“章华东门”)，齐王曰：“嘻！子之来也，秦使魏冉致帝子以为何如。”对曰：“王之问臣也卒，而患之所从生者微，今不听，是恨秦也；听之，是恨天下也。不如听之以卒秦，勿庸称也以为天下。秦称之，天下听之，王亦称之，先后之事，帝名为无伤也。秦称之，而天下不听，王因勿称，其于以收天下，此大资也。”苏秦谓齐王曰：“齐、秦立为两帝，王以天下为尊秦乎，且尊齐乎？”王曰：“尊秦。”“释帝则天下爱齐乎？且爱秦乎？”王曰：“爱齐而憎秦。”“两帝立，约伐赵，孰与伐宋之利也？”王曰：“不如伐宋。”（原无此六字，据姚注“刘本有王曰不如宋”而增补。鲍本作“对曰伐宋利”。《史记》作“王曰伐桀宋利”）对曰：“夫约与秦为帝，而天下独尊秦而轻齐，齐释帝，则天下爱齐而憎秦，伐赵不如伐宋之利，故臣愿王明释帝以就天下，倍约傧秦，勿使争重，而王以其间举宋。夫有宋则卫之阳城危，有淮北则楚之东国危，有济西则赵之河东危，有陶、平陆则梁门不启（“陶”原误作“阴”，据《史记》改正）。故释帝而贰之以伐宋之事，则国重而名尊，燕、楚以形服，天下不敢不听，此汤武之举也。敬秦以为名，而后使天下憎之，此所谓以卑易尊者也，愿王之熟虑也！”（《齐策四》第十章、第十一章，《田世家》在“齐湣王三十六年王为东帝，秦昭王为西帝”下，末云：“于是齐去帝复为王，秦亦去帝位。”）

齐、勺（赵）遇于阿，王忧之。臣与于遇，约功（攻）秦去帝。（《战国纵横家书》第四章）

案：阿有东阿、西阿。西阿属赵，在今河北保定东。东阿属齐，在今山东阳谷县东北。此当为齐之东阿，与赵相邻，齐、赵两君在阿会晤，当出于齐之主动。齐王盖接受苏秦之计谋而邀请赵王相会，苏秦因而得以参与。赵臣之参与者当为奉阳君李兑。处此赵国存亡之紧急时刻，因而即商定五国合纵伐秦之计，并推奉阳君为纵长，主持其事。《赵策四》第二章记苏秦曰：“今之攻秦，为赵也。五国伐赵，赵必亡矣。秦逐李兑，李兑必死，今之伐秦也，以救李子之死也。”

昔者五国之王，尝合横而谋伐赵（帛书《战国纵横家书》第二十一章“横”作“衡”），参分赵国壤地（帛书作“疎分赵壤”），著之盘盂（帛书“盘盂”作“鈑竽”），属之雠柞（帛书“雠柞”作“祝谱”，谱即籍。鲍注：“雠柞，酬酢同”），五国之兵出有日矣（原脱“出”字，从帛书补）。齐乃西师以禁秦国（“齐”原误作“韩”，从帛书改正，“禁”帛书作“唫”），使秦发令素服而听（帛书“发”作“废”，“素”作“疎”，《赵世家》作“秦废帝请服”），反温、枳、高平于魏（帛书“枳”作“轵”，《赵世家》作“反高平、根柔于魏”，《集解》曰：“根柔一作榿柔，一作平柔。”），反三公什清于赵（帛书作“反王公、符逾于赵”，《赵世家》作“反巠分、先俞于赵”。《集解》云：“一作王公。”《正义》云：“巠音邢，分字误，当作山字耳。”），此天下之明知也。（《赵策一》第九章，《战国纵横家书》第二十一章同，《赵世家》惠文王十六年下，作苏厉为齐遗赵王书）

案：《齐策四》苏秦谓齐王曰：“齐、秦立为两帝”，又曰“两帝立，约伐赵”，《田世家》同。与此谓“五国之王，尝合横而谋伐赵”相合，当是一事。温在今河南温县西南，轵在今河南济源县南。高平即向，在今济源县西南，皆为河阳附近之城邑。时孟津与河阳间，架有浮桥，为魏河南连结河内之通道，为确保此一通道之安全，温、轵、高平为魏必争之地。因而魏参与五国攻秦，首先欲返归此三邑。在此五国联合攻秦之形势下，秦欲分化五国，缓和其攻势，不得不废除帝号，恢复称王，而将此三邑归还于魏，又将二邑归还于赵。归赵之二邑，因记载有讹，不详所在。

自齐献书于燕王曰：燕、齐之恶也久矣。臣处于燕、齐之交，固知必将不信。臣之计曰：齐必为燕大患。臣循用于齐，大者可以使齐毋谋燕，次可以恶齐、勺（赵）之交，以便王之大事，是王之所与臣期也。

臣受教任齐交五年，齐兵数出，未尝谋燕。齐、勺（赵）之交。壹美壹恶，壹合壹离。燕非与齐谋勺（赵），则与赵谋齐。齐之信燕也，虚北地□[行]其甲。王信田代、缫去[疾]之言功（攻）齐，使齐大戒而不信燕，臣秦拜辞事，王怒而不敢强。勺（赵）疑燕而不功（攻）齐，王使襄安君东，以便事也，臣岂敢强王弋（哉）。齐、勺（赵）遇于阿，王忧之。臣与于遇，约功（攻）秦去帝。虽费，毋齐、赵之患，除群臣之聭（耻）。齐杀张庳，臣请属事辞为臣于齐。王使庆谓臣，“不之齐危国”，臣以死之围（“围”当为“国”字之误），治齐、燕之交。后薛公、乾（韩）徐为与王约功（攻）齐，奉阳君鬻臣，归罪于燕，以定其封于齐。公玉丹之勺（赵）致蒙，奉阳君受之。王忧之，故强臣之齐。臣之齐，恶齐、勺（赵）之交，使毋予蒙而通宋使。故王能材（裁）之，臣以死任事。之后，秦受兵矣，齐、勺（赵）皆尝谋。齐、勺（赵）未尝谋燕，而俱诤（争）王于天下。臣虽无大功，自以为免于罪矣。今齐有过辞，王不谕齐王多不忠也，而以为臣罪，臣甚惧。庳之死也，王辱之。襄安君之不归哭也，王苦之。齐改葬其后而召臣，臣欲毋往，使齐弃臣。王曰：“齐王之多不忠也，杀妻逐子，不以其罪，何可怨也”，故强臣之齐。二者大物也，而王以赦臣，臣受赐矣。臣之行也，固知必将有口，故献御书而行。曰：“臣贵于齐，燕大夫将不信臣。臣贱，将轻臣。臣用，将多望于臣，齐有不善，将归罪于臣。天下不功（攻）齐，将曰善与齐谋。天下功（攻）齐，将与齐兼弃臣。臣之所处者重卵也。”王谓臣曰：“鱼（吾）必不听众口与造言，鱼（吾）信若迺（犹）龀也。大可以得用于齐，次可以得信，下笱（苟）毋死，若无不为也。以奴（拏）自信可，与言去燕之齐可，甚者与谋燕可，期于成事而已。”臣恃之诏，是故无不以口齐王而得用焉。今王以众口与造言罪臣，臣甚惧。王之于臣也，贱而贵之，蓐(辱)而显之，臣未有以报王。以求卿与封不中意，王为臣有之两，臣举天下使臣之封不挚(惭)。臣止于勺(赵)，王谓韩徐为："止某不道，迺(犹)免寡人之冠也。"以振(拯)臣之死。臣之德王，突(深)于骨随(髓)。臣甘死蓐(辱)，可以报王，愿为之。今王使庆令(命)臣曰："鱼(吾)欲用所善。"王笱(苟)有所善而欲用之，臣请为王事之。王若欲钊舍臣而抟任所善，臣请归择(释)事，句(苟)得时见，盈愿矣。(《战国纵横家书》第四章，苏秦自齐献书于燕王)

案：此苏秦自齐献燕王书，当在五国开始伐秦之后。其中云："齐、赵遇于阿，王忧之。臣与于遇，约攻秦去帝。虽费，毋齐、赵之患，除群臣之耻。"又云："之后，秦受兵矣，齐、赵皆尝谋。齐、赵未尝谋燕，而俱争王于天下。臣虽无大功，自以为免于罪矣。"苏秦向燕昭王报告参与齐、赵两君在阿之会晤，而促成五国伐秦之事。并因燕王有责难，对燕昭王有所解释。

苏代自齐献书于燕王曰："臣之行也，固知将有口事，故献御书而行，曰：'臣贵于齐，燕大夫将不信臣；臣贱，将轻臣；臣用，将多望于臣；齐有不善，将归罪于臣；天下不攻齐，将曰善为齐谋；天下攻齐，将与齐兼鄮臣(鄮，鲍本作贸，吴师道云：贸当作买，金正炜云：贸当作贾。上引帛书作弃)。臣之所处，重卵也！'("卵"原作"卯"，鲍本作"留"。吴师道云："一本作卵"，"所"下原衍"重"字，今从吴师道删"所"下"重"字，改"卯"作"卵"，帛书正作"卵")王谓臣曰：'吾必不听众口与谗言！吾信汝也，犹刬刈者也(刬刈者，鲍本作"列眉"，帛书作"齕"。吴师道云："刬刈者，斩断果决之意。"金正炜云："列眉，朗若列眉。"齕，《说文》："啮也。"言如咬断食物，上下齿相对)。上可以得用于齐，次可以得信，于下苟无死，女无不为也。以女自信可也。与之言曰：去燕之齐可也！期于成事而已！’臣受令以任齐，及五年，齐数出兵，未尝谋燕。齐、赵之交，一合一离。燕王不与齐谋赵，则与赵谋齐。齐之信燕也，至于虚北地行其兵。今王信田伐与参去疾之言，且攻齐，使齐犬马骇而不言燕。今王又使庆令臣曰：‘吾欲用所善！’王苟欲用之，则臣请为王事之。王欲醳臣，刬任所善，则臣请归醳事。臣苟得见，则盈愿。”(《燕策二》第五章)

案：此苏代自齐献书于燕王，与上引帛书苏秦自齐献书于燕王，当为一事之两传。两书文句颇多雷同，惟帛书较详，此则较略。吴师道云：“苏代之徒，为之间齐，离赵之交，激秦之怒，劝之以伐宋，骄其兵而罢其师，齐卒以亡，代有力焉。而世不数何也？盖毅(乐毅)之为燕约结，信义服人，卒用此以胜，何假乎代为之哉？代之倾诈反覆，效用于燕，亦昭王之贤明有以御之，非倚以成功也。”其实《战国策》所述苏代之间齐、离赵之交，激秦之怒，劝齐伐宋，骄其兵而疲其师者，原为苏秦之所为，此《荀子·臣道》所以称苏秦为态臣，“用态臣者亡”。《吕氏春秋·知度》亦云“齐用苏秦而天下知其亡”。

卷十五
周赧王二十八年（公元前二八七年）至三十年（公元前二八五年）

周赧王二十八年（公元前二八七年）

秦昭王二十年，魏昭工九年，韩釐王九年，赵惠文王十二年，齐湣王十四年，楚顷襄王十二年，燕昭王二十五年。

谓齐王曰：薛公相脊（齐）也，伐楚九岁，功（攻）秦三年，欲以残宋，取进（淮）北，宋不残，进（淮）北不得。以齐封奉阳君，使粱（梁）、乾（韩）皆效地，欲以取勺（赵），勺（赵）是（氏）不得。身衛（率）粱（梁）王与成阳君，北面而朝奉阳君于邯鄲而勺（赵）氏不得。王弃薛公，身断事。立帝、帝立。伐秦，秦伐。谋取勺（赵），得。功（攻）宋，宋残。是则王之明也。虽然，愿王之察之也。是无它（他）故，臣之以燕事王循也。曩谓臣曰："伤齐者必勺（赵）也。秦虽强，终不敢出塞涑（溯）河，绝中国而功（攻）齐。楚、越远，宋、鲁弱，燕人承，乾（韩）、粱（梁）有秦患，伤齐者必勺（赵），勺（赵）氏终不可得已。为之若何？"臣谓曩曰:“请劫之。子以齐大重秦,秦将以燕事齐,齐、燕为一,乾(韩)、粱(梁)必从。勺(赵)悍则伐之,愿则挚(执)而功(攻)宋。”曩以为善。臣以车百五十乘入齐,曩逆于高闾,身御臣以入。事曲当臣之言,是则王之教也,然臣亦见亓(其)必可也。犹曩不知变事以功(攻)宋也,不然,曩之所与臣前约者善矣。今三晋之敢据薛公与不敢据,臣未之识。虽使据之,臣保燕而事王,三晋必不敢变。齐、燕为一,三晋有变,事乃时为也。是故当今之时,臣之为王守燕,百它(他)日之节。虽然,成臣之事者,在王之循甘燕也。王虽疑燕,亦甘之,不疑亦甘之。王明视(示)天下以有燕,而臣不能使王得志于三晋,臣亦不足事也。(《战国纵横家书》第八章,苏秦谓齐王)

案:此为苏秦在发动五国伐秦之后,列举往事向齐湣王表示“保燕而事王”之决心,以争取信任。

自勺(赵)献书于齐王曰:臣暨(既)从燕之粱(梁)矣,臣至勺(赵),所闻于乾(韩)、粱(梁)之功(攻)秦,无变志矣。以雨,未得遬(速)也。臣之所得于奉阳君者,乾(韩)、粱(梁)合,勺(赵)氏将悉上党以功(攻)秦。奉阳君谓臣:楚无秦事,不敢与齐遇。齐、楚果遇,是王收秦已。亓(其)不欲甚。欲王之赦粱(梁)王而复见之。勺(赵)氏之虑,以为齐、秦复合,必为两啇(敌)以功(攻)勺(赵),若出一口。若楚遇不必,虽必,不为功,愿王之以毋遇喜奉阳君也。臣以足下之所与臣约者告燕王:“臣以(已)好处于齐,齐王终臣之身不谋燕燕(一燕字衍文)。臣得用于燕,终臣之身不谋齐。”燕王甚兑(悦),亓(其)于齐循善。事卬(昂)曲尽从王。王坚三晋亦从王,王取秦、楚亦从王。然而燕王亦有苦。天下恶燕而王信之。以燕之事齐也为尽矣。先为王绝秦,挚(质)子,宦二万甲自食以功(攻)宋,二万甲自食以功(攻)

秦，乾（韩）、粱（梁）岂能得此于燕戋（哉）。尽以为齐，王猶（犹）听恶燕者（上此下四十九字错简移第十二章），燕王甚苦之。愿王之为臣甚安燕王之心也。燕、齐循善，为王何患无天下。（《战国纵横家书》第十一章，苏秦自赵献书于齐王）

案：此当在五国攻秦开始阶段，韩、魏已出兵，因遇雨而未能迅速进军。赵之奉阳君已许允，韩、魏既合兵，赵将悉发上党之兵攻秦。并谓燕之事齐，在以前派二万兵"自食以攻宋"之后，又发二万兵"自食以攻秦"。又因奉阳君怀疑齐、楚两国之君相会必为收秦，盼齐王不与楚王会晤，又盼齐王与魏王相会，说明苏秦正谋巩固与三晋之联盟，以便胜秦。

谓齐王曰：臣恐楚王之勤竖之死也（勤谓忧劳），王不可以不故解之。臣使苏厉告楚王曰："竖之死也，非齐之令（命）也。湿子之私也。杀人之母而不为亓（其）子礼，竖之罪固当死。宋以淮北与齐讲。王功（攻）之，毄（击）勺（赵）信，齐不以为怨，反为王诛勺（赵）信，以亓（其）无礼于王之边吏也。王必毋以竖之私怨，败齐之德。"前事愿王之尽加之于竖也，毋与它（他）人矣，以安无（抚）薛公之心。王□尚（尝）与臣言，甘薛公以就事，臣甚善之。今爽也、强得也，皆言王之不信薛公，薛公甚惧，此不便于事。非薛公之信，莫能合三晋以功（攻）秦，愿王之甘之□也。臣负齐、燕以司（伺）薛公，薛公必不敢反王。薛公有变，臣必绝之。臣请终事而与，王勿计，愿王之固为终事也。功（攻）秦之事成，三晋之交完于齐，齐事从横尽利。讲而归亦利，围而勿舍亦利，归息士民而复之，使如中山，亦利。功（攻）秦之事败，三晋之约散而静（争）秦，事卬曲尽害。是故臣以王令甘薛公，骄（矫）敬（檠）三晋，劝之为一，以疾功（攻）秦，必破之。不然则宾（摈）之。不则与齐共讲，欲而复之。三晋以王为爱己、忠己。今功（攻）秦之兵方始合，王有（又）欲得兵以功（攻）平陵，是害功（攻）秦也。天下之兵皆去秦而与齐诤（争）宋地，此亓（其）为祸不难矣。愿王之毋以此畏三晋也，独以甘楚。楚虽毋伐宋，宋必听。王以（已）和三晋伐秦，秦必不敢言救宋。□弱宋服，则王事遬（速）夬（决）矣。夏后坚欲为先薛公得平陵，愿王之勿听也。臣欲王以平陵予薛公，然而不欲王之无事予之也。欲王之县陶、平陵于薛公、奉阳君之上以勉之，终事然后予之，则王多资矣。御（御）事者必曰："三晋相竖（坚）也而伤秦，必以其余骄王，愿王之勿听也。三晋伐秦，秦未至[illegible]而王已尽宋息民矣。臣保燕而循事王，三晋必无变。三晋若愿乎，王遂（遂）役（役）之。三晋若不愿乎，王收秦而齐（剂）亓（其）后，三晋岂敢为王骄。若三晋相竖（坚）也以功（攻）秦，案以负王而取秦，则臣必先智（知）之。王收燕循楚而啖秦以晋国，三晋必破。是故臣在事中，三晋必不敢反。臣之所以备患者百余。王句（苟）为臣安燕王之心而毋听伤事者之言，请毋至三月而王不见王天下之业，臣请死。臣之出死以要事也，非独以为王也，亦自为也。王以不谋燕为臣赐，臣有以德燕王矣。王举霸王之业而以臣为三公，臣有以矜于世矣。是故事句（苟）成，臣虽死不丑。"（《战国纵横家书》第十四章，苏秦谓齐王）

案：此乃苏秦在梁使人谓齐湣王，当五国攻秦开始阶段，欲齐王安抚孟尝君，以宋之平陵许予孟尝君，悬平陵与陶于孟尝君与奉阳君以勉之。待终事然后予之，由"臣保燕而循事王，三晋必无变。"合三晋以疾攻秦，必破之，不至三月而能见"王天下之业"。

齐将攻宋，而秦阴禁之（"阴"原作"楚"，从姚引一本改）。齐因欲与赵，赵不听。齐乃令公孙衍说李兑以攻宋而定封焉（“衍”当为“弘”之误）。李兑乃谓齐王曰（“李兑”当为“苏秦”，涉上而误）：“臣之所以坚三晋以攻秦者，非以为齐得利秦之毁也，欲以使攻宋也。而宋置太子以为王，下亲其上而守坚，臣是以欲足下之速归休士民也。今太子走，诸善太子者，皆有死心，若复攻之，其国必有乱，而太子在外，此亦举宋之时也。臣为足下使公孙衍说奉阳君曰（“衍”当为“弘”之误）：‘君之身老矣，封不可不早定也。为君虑封莫若于宋，他国莫可。夫秦人贪，韩、魏危，燕、楚辟（“辟”通“僻”），中山之地薄，莫如于陶（“陶”原作“阴”，从张琦改正），失今之时，不可复得已。宋之罪重，齐之怒深，残乱宋，德大齐（“德”原作“得”，从鲍本改），定身封，此百代之一时也已’（“已”原作“以”，鲍本作“已”，“以”通“已”），奉阳君甚食之（“食”，鲍本改作“贪”。“食”谓受纳），唯得大封（“唯”读作“虽”，姚注“曾作虽”），齐无大异。臣愿足下之大发攻宋之举，而无庸致兵，姑待已耕（“耕”字疑衍，鲍本无“姑待已耕”四字），以观奉阳君之应足下也。县陶以甘之（“陶”原误作“阴”，今改正），循有燕以临之，而臣待忠之封（吴师道曰：“劝之定封，故曰臣且将忠之以封”），事必大成。臣又愿足下有地效于襄安君以资臣也。足下果残宋，此两地之时也（金正炜云：“时当为封”），足下何爱焉？若足下不得志于宋，与国何敢望也？足下以此资臣也，臣循燕观赵，则足下击溃而决天下矣。”（《赵策四》第三章）

案：吴师道云：“公孙衍为秦相而逐，在秦武王四年，武灵王之十九年也。后为魏所杀，虽不知何年，然去李兑合纵时已远，此公孙衍恐非犀首也。”考公孙衍与张仪同时，公孙衍原为秦惠王之大良造，因与张仪不合而入魏为将，约五国合纵攻秦，不应至此时尚健在。此处公孙衍当是公孙弘之误，此当在五国攻秦之开始阶段，苏秦献计齐王，为谋举宋，悬陶以为奉阳君未来之封邑，大发攻宋之声势，以观奉阳君之相应。同时又以地封于燕之襄成君，使苏秦得“循燕以观赵”，造成齐能攻克宋国之形势。苏秦以此取得齐湣王之信任而得为齐相。

又案：《苏秦列传》谓苏秦约六国合纵攻秦，为纵长，并相六国，佩六国相印，乃后世策士夸谈。但确尝约五国攻秦，推李兑为纵长，同时苏秦为齐、赵、燕三国之大臣兼封君，且为齐相。《战国纵横家书》第四章苏秦自齐献书于燕王曰：“王之于臣也，贱而贵之……以求卿与封，不中意，王为臣有之两，臣举天下之使臣之封不惭。”可知苏秦自燕出使于齐，即有“卿”与“封”两者。同上书第一章苏秦自赵献书燕王，转述奉阳君之使者谓苏秦曰：“封秦也，任秦也，比燕于赵。”可知苏秦入赵，赵亦比之于燕，予以“卿”与“封”之名位。《秦策一》第二章、《赵策二》第一章皆称赵封苏秦为武安君，《燕策一》第四章、第五章皆称苏秦为武安君。武安君当为赵给予苏秦之封号。《楚策一》第十八章所载后世策士所编张仪游说辞，称“苏秦封为武安君而相燕”。若可信，则燕给予苏秦之封号亦为武安君。《燕策二》第二章述及奉阳君告朱谨与赵足曰：“齐王使公玉丹命说（即兑）曰：必不反韩珉，今召之矣；必不任苏子以事，今封而相之；令不合燕，今以燕为上交。”可知苏秦为燕昭王使者入齐，合齐、燕之交，不久亦受封而为相。《楚策一》第十八章及《张仪列传》称：“苏秦封为武安君而相燕，即阴与燕王谋破齐，共分其地，乃佯有罪，出走入齐，齐王受而相之，居二年而觉，齐王大怒，车裂苏秦于市。”此中除“乃佯有罪，出走入齐”不确外，苏秦确是由燕入齐为齐相，借此为燕反间，及燕将破齐，被发觉而车裂于市。《战国纵横家书》第十七章记有人谓起贾曰：“今事来矣，此齐之以母质之时也，而武安君之弃祸存身之夬也（“夬”通“诀”）。”可知苏秦在齐之封号，亦为武安君。

自勺（赵）献书于齐王曰：臣以令告奉阳君曰：“寡人之所以有讲虑者有，寡人之所为功（攻）秦者，为粱（梁）为多。粱（梁）氏留齐兵于观，数月不逆，寡人失望，一。择（释）齐兵于荧阳、成皋，数月不从，而功宋，再。寡人之仍（仍）功（攻）宋也，请于粱（梁）闭关于宋而不许。寡人已举（与）宋讲矣，乃来诤（争）得，三。今燕、勺（赵）之兵皆至矣，俞（愈）疾功（攻）菑，四。寡人有（又）闻粱（梁）入两使阴成于秦，且君尝曰：吾县免（勉）于粱（梁）是（氏），不能辞已。虽乾（韩）亦然。寡人恐粱（梁）氏之弃与国而独取秦也，是以有讲虑。今曰不女（如）□之，疾之，请从。功（攻）秦，寡人之上计；讲，最寡人之大（太）下也。粱（梁）氏不恃寡人，树寡人曰：齐道楚取秦，苏修在齐矣。故天下汹汹然，曰：寡人将反量也。寡人无之。乃量固于齐，使人于齐大夫之所，而俞（偷）语则有之。寡人不见使□，□大对（怼）也。寡人有反量之虑，必先与君谋之。寡人与韦非约曰：‘若与楚遇，将与乾（韩）、粱（梁）四遇，以约功（攻）秦。若楚不遇，将与粱（梁）王复遇于围地，收秦等，遂（遂）明（盟）功（攻）秦。大（太）上破之，其[次]宾（摈）之，亓（其）下完交而□讲，与国毋相离也。’此寡人之约也。韦非以粱（梁）王之令（命），欲以平陵蛇（貤）薛，以陶封君。平陵虽（惟）成（城）而已，亓（其）鄙尽入粱（梁）氏矣。寡人许之已。”臣以告奉阳君，奉阳君甚兑（悦），曰：“王有（又）使周湿、长驷重令（命）挩（兑），挩（兑）也敬受令(命)。”奉阳君合(答)臣曰:“箽(彗)有私义(议),与国不先反而天下有功(攻)之者,虽知不利,必据之。与国有先反者,虽知不利,必怨之。”今齐、勺(赵)、燕循相善也。王不弃与国而先取秦,不弃箽(彗)而反量也,王何患于不得所欲。粱(梁)氏先反,齐、勺(赵)功(攻)粱(梁),齐必取大粱(梁)以东,勺(赵)必取河内,秦案不约而应,王何患于粱(梁)。粱(梁)、乾(韩)无变,三晋与燕为王功(攻)秦,以便王之功(攻)宋也,王何不利焉。今王弃三晋而收秦反量也,是王破三晋而复臣天下也。天下将入地与重挚(质)于秦而独为秦臣以怨王。臣以为不利于足不下(“足”下“不”字衍文),愿王之完三晋之交,与燕也讲亦以是,疾以是。(《战国纵横家书》第十二章,苏秦自赵献书于齐王)

案:此书发于五国攻秦数月无功,齐兵停留于荥阳成皋之时。齐正考虑与秦讲和。齐王告赵奉阳君,对梁有四点不满,一是梁留齐兵于观(在今河南清丰县南),数月未迎接前进。二是齐兵停留于荥阳、成皋数月,而梁一再攻宋,当齐第二次攻宋,请梁闭关于宋,梁不许。当齐与宋讲和时,又来争得土地。三是当燕、赵之兵来到时,梁更加紧攻菑。菑为宋邑,在今河南兰考县东宁陵县北,为宋、魏交界处。四是梁遣两使入秦谋暗中讲和。盖当时齐、魏正争夺宋地,齐王发起五国攻秦,目的在于挡住秦、赵之干预,以便攻灭宋国。梁之阻挠五国攻秦,目的亦在争夺宋地。

乾(韩)量献书于齐曰:“秦悔不听王以先事而后名。今秦王请侍(待)王以三四年。齐不收秦,秦焉受晋国。齐、秦复合,使量反(返),且复故事,秦印曲尽听王。齐取宋,请令楚、粱(梁)毋敢有尺地于宋,尽以为齐。秦取梁(梁)之上党。乾(韩)、粱(梁)从,以功(攻)勺(赵),秦取勺(赵)之上地,齐取河东。勺(赵)从,秦取乾(韩)之上地,齐取燕之阳地。三晋大破,而[攻楚],秦取鄢田、云梦,齐取东国、下蔡。使从亲之国,如带而已。齐、秦虽立百帝,天下孰能禁之。"(《战国纵横家书》第十三章,韩量献书于齐王)

案:此时韩量上书齐湣王,声称秦王后悔不听齐王"以先事而后名",即先造成事实,然后再立帝号,希望齐、秦复合,重召为相,且复故事,许诺齐攻取宋以后尽有宋地,并进而瓜分三晋及燕、楚之地。时齐湣王已任苏秦为相,直至爆发五国合纵攻齐时,未尝复相韩量。《田世家》记齐湣王三十八年(当作十五年)齐灭宋,出于"韩聂之攻宋"。韩聂即韩珉或韩量,此乃误以齐初次攻宋之事列于齐灭宋之年。

自粱(梁)献书于燕王曰:薛公未得所欲于晋国,欲齐之先变以谋晋国也。臣故令遂恐齐王曰:"天下不能功(攻)秦,□道齐以取秦。"[齐王]甚惧而欲先天下,虑从楚取秦,虑反(返)乾(韩)量,有(又)虑从勺(赵)取秦。今梁、勺(赵)、韩、□□□□□□□薛公、徐为有辞,言劝晋国变矣。齐先鬻勺(赵)以取秦,后卖秦以取勺(赵)而功(攻)宋,今有(又)鬻天下以取秦。如是而薛公、徐为不能以天下为亓(其)所欲,则天下故(固)不能谋齐矣。愿王之使勺(赵)弘急守徐为,令田贤急守薛公,非是毋有使于薛公、徐之所,它(他)人将非之以败臣。毋与奉阳君言事,非于齐,一言毋舍也。事必□□南方强,燕毋首。有(又)慎毋非令群臣众义(议)功(攻)齐。齐王以燕为必侍(待)亓(其)檠(敝)而功(攻)齐,未可解(懈)也。言者以臣□贱而邈于王矣。(《战国纵横家书》第七章,苏秦自梁献书于燕王)

案：此谓"齐先鬻赵以取秦"，即指齐、秦并称东、西帝而约伐赵。此谓"后卖秦以取赵而攻宋"，即指齐、赵会于阿，"约攻秦去帝"而谋灭宋。此谓"今又鬻天下以取秦"，即指齐在五国攻秦罢于成皋，欲先天下与秦讲和。是时齐王已发觉燕将待其攻宋疲而攻齐，苏秦因此请燕王"慎毋非令群臣众议攻齐"。

谓齐王："燕王难于王之不信己也则有之，若虑大恶□则无之。燕大恶，臣必以死诤（争）之，不能，必令王先知之。必毋听天下之恶燕交者。以臣所□□□鲁甚焉，□臣大□□息士民，毋庸发怒于宋、鲁也。为王不能，则完天下之交，复与粱（梁）王遇。□功（攻）宋之事，士民句（苟）可复用，臣必王之无外患也。若燕，臣必以死必之。臣以燕重事齐，天下必无敢东视□□，兄（况）臣能以天下功（攻）秦，疾与秦相萃也而不解，王欲复功（攻）宋而复之，不而舍之，王为制矣。"（《战国纵横家书》第十章，苏秦谓齐王）

案：此为齐湣王得知燕欲谋齐之策划，苏秦为燕辩解，并以"死"作保证。以为可乘此天下攻秦之时机，再度攻宋而覆灭之。

齐欲攻宋，秦令起贾禁之，齐乃捄赵以伐宋（捄，姚注："一作收。"鲍本改"援"）。秦王怒，属怨于赵。李兑约五国以伐秦，无功，留天下之兵于成皋，而阴构于秦（构，姚注："曾作讲。"鲍本改"讲"），又欲与秦攻魏，以解其怨而取封焉。魏王不悦，苏秦之齐谓齐王曰（"苏秦"二字原缺，今从徐中舒校补）："臣为足下谓魏王曰：'三晋皆有秦患，今之攻秦也，为赵也。五国伐赵，赵必亡矣。秦逐李兑（鲍本误改"秦"为"齐"），李兑必死，今之伐秦也，以救李子之死也。今赵留天下之甲于成皋，而阴鬻之于秦，已讲，则合秦攻魏以成其私封（"合"原作"令"，从金正炜改正，下文"而乃令秦攻王"，"令"亦"合"之误），王之事赵也何得矣？且王尝济于漳而身朝于邯郸，抱阴成，负葛孽（“葛孽”原作“蒿葛薜”，从吴师道改正），以为赵蔽，而赵无为王行也。今又以河阳、姑密封其子（“河”原作“何”，从鲍本改），而乃合秦攻王以便取陶。人比然后知贤不（“知”原作“如”，从鲍本改），如王若用所以事赵之半收齐，天下有敢谋王者乎？王之事齐也，无入朝之辱，无割地之费，齐为王之故，虚国于燕、赵之前，用兵于二千里之外，故攻城野战，未尝不为王先被矢石也；得二都，割河东，尽效之于王；自是之后，秦攻魏，齐甲未尝不岁至于王之境也，请问王之所以报齐者可乎？韩岷处于赵（姚注：“刘本赵作楚”），去齐三千里，王以此疑齐曰“有秦阴”，今王又挟故薛公以为相，善韩徐以为上交，尊虞商以为大客，王固可以反疑齐乎？’（鲍本“固”作“顾”，“疑”下有“于”字）魏王听此言也甚诎，其欲事王也甚循，其怨于赵（“其”读作“綦”，极也）。臣愿王之日闻魏而无庸见恶也（“日”原作“曰”，从鲍本改）。臣请为王推其怨于赵。愿王之阴重赵而无使秦之见王之重赵也。秦见之且亦重赵，齐、秦交重赵，臣必见燕与韩、魏亦且重赵也，皆且无敢与赵治。三国事赵（“三”原作“五”，从鲍本改），赵从亲以合于秦，必为王高矣。臣故欲王之遍劫天下而皆私甘之也（“遍”原作“偏”，从鲍本改）。王使以韩、魏与燕劫赵（“使”下原衍“臣”字，从关修龄改正），使丹也甘之。以赵劫韩、魏，使甘也甘之（“使”下“甘”字原作“臣”，从姚引一本改正）。以三晋劫秦，使顺也甘之。以天下劫楚，使岷也甘之。则天下皆逼秦以事王，而不敢相私也。交定，然后王择焉。”（《赵策四》第二章）

案：此章“之齐谓齐王曰”上所缺人名，当即苏秦，此与帛书《战国纵横家书》中所有苏秦游说辞同样未署名。当五国伐秦、留天下之兵于成皋后，赵欲阴讲于秦，又欲与秦攻魏，苏秦为此入魏进说魏昭王，使魏怨赵而不疑齐，因当时魏相薛公、赵将韩徐为谋合纵攻齐，甚得魏王信任。此乃苏秦进说魏王回齐后，向齐王之报告，欲齐王“遍劫天下”，即以威势迫使各国服从。

五国伐秦，无功，罢于成皋。赵欲构于秦（鲍本“构”皆作“讲”），楚与魏、韩将应之，齐弗欲（“齐”原作“秦”，从鲍本改）。苏代谓齐王曰：“臣以为足下见奉阳君矣（鲍本“以”作“已”）。臣谓奉阳君曰：‘天下散而事秦（鲍本“事”作“争”），秦必据宋，魏冉必妒君之有陶也（“陶”原皆误作“阴”，今一并改正）。秦王贪，魏冉妒，则陶不可得已矣。君无构，齐必攻宋，齐攻宋，则楚必攻宋，魏必攻宋，燕、赵助之。五国据宋，不至一二月，陶必得矣。得陶而构，秦虽无变，则君无患矣。若不得已而必构，则愿五国复坚约，愿得赵，足下雄飞，与韩氏大吏东免齐王（“免”，鲍本作“勉”，“免”通“勉”），必无召眠也，使坚守约（“坚”误作“臣”，从金正炜改），若与有倍约者（鲍本“与”下有“国”字），以四国攻之。无倍约者，而秦侵约，五国复坚而宾之（鲍本改“宾”为“摈”，“宾”通“摈”）。今韩、魏与齐相疑也，若复不坚约而讲，臣恐与国之大乱也。齐、秦非复合也，必有踦重者矣。后合与踦重者，皆非赵之利也。且天下散而事秦，是秦制天下也。秦制天下，将何以天下为？臣愿君之蚤计也。天下争秦有六举，皆不利赵矣。天下争秦，秦王受负海之国（“海”下原衍“内”字，今从鲍本删），合负亲之交，以据中国，而求利于三晋，是秦之一举也，秦行是计，不利于赵，而君终不得陶，一矣。天下争秦，秦王内韩珉于齐，内成阳君于韩，相魏怀于魏，复合衍交两王（姚注：“衍，刘作术”，金正炜云：“疑当作衡。”），王贲、韩他之曹，皆起而行事，是秦之一举也，秦行是计也，不利于赵，而君又不得陶，二矣。天下争秦，秦王受齐受赵，三强三亲（“强”原误作“疆”，从鲍本改正），以据魏而求安邑，是秦之一举也。秦行是计，齐、赵应之，魏不待伐，抱安邑而信秦（“信”，鲍本作“倍”，鲍注：“倍，益也。”），秦得安邑之饶，魏为上交，韩必入朝，秦过赵已安邑矣，秦行是计，不利于赵，而君必不得陶，三矣。天下争秦，秦坚燕、赵之交，以伐齐收楚，与韩呡而攻魏（金正炜云：“呡字涉上而衍”），是秦之一举也，秦行是计，而燕、赵应之，燕、赵伐齐，兵始用，秦因收楚而攻魏，不至一二月，魏必破矣，秦举安邑而塞女戟，韩之太原绝（吴师道云：“太原，《正义》以为太行，当是”），下轵道、南阳、高伐魏（鲍本改“高”为“而”），绝韩，包二周，即赵自消烁矣。国燥于秦（姚注：“燥一作烁”，鲍注：“燥，犹烁”），兵分于齐，非赵之利也，而君终身不得陶，四矣。天下争秦，秦坚三晋之交，攻齐，国破财屈（“财”原作“曹”，从鲍本改），而兵东分于齐。秦按攻魏（“按”下原有“兵”字，从王念孙删。按，语词，犹言于是），取安邑，是秦之一举也，秦行是计也，君按救魏，是以攻齐之已弊，与秦争战也？（“与”上原衍“救”字，从吴师道删）君不救也，韩、魏焉免西合，国在谋之中，而君有终身不得陶，五矣。天下争秦，秦按为义，存亡继绝，固危扶弱，定无罪之君，必起中山与滕焉，秦起中山与滕（“滕”原皆误作“胜”，从金正炜改正），而赵、宋同命，何暇言陶？六矣。故曰：君必无讲，则陶必得矣。’奉阳君曰：‘善。’”乃绝和于秦，而收齐、魏以成取陶。（《赵策四》第四章）

案：此章苏代谓齐王，苏代当为苏秦之误传，此即苏秦悬陶而争取奉阳君攻秦、以便灭宋之计。此称奉阳君因此而“绝和于秦，而收齐、魏以成取陶”，但齐湣王灭宋后，奉阳君未能因此得陶。此亦赵首先发动五国合纵伐齐之一原因。

［自］梁(梁)献书于燕王曰：齐使宋窍侯濡谓臣曰："寡人与子谋功(攻)宋，寡人恃燕、勺(赵)也。今燕王与群臣谋破齐于宋而功(攻)齐，甚急，兵衛(率)有子循而不知寡人得地于宋，亦以八月归兵，不得地亦以八月归兵。"今有(又)告薛公之使者田林，薛公以告臣，而不欲亓(其)从已闻也。愿王之阴知之而毋有告也。王告人，天下之欲伤燕者与群臣之欲害臣者，将成之。臣请疾之齐观之而以报。王毋忧，齐虽欲功(攻)燕，未能，未敢。燕南方之交完，臣将令陈臣、许翦以韩、梁(梁)问之齐。足下虽怒于齐，请养之以便事。不然，臣之苦齐王也，不乐生矣。(《战国纵横家书》第六章，苏秦自梁献书于燕王)

案：齐湣王从苏秦之计，放弃东帝称号，取消五国连横伐赵之约，反而与赵王约定，合纵五国攻秦，以便"以其间举宋"。当五国合兵攻秦，会师于成皋、荥阳之际，齐即发动第二次攻宋。是时赵、魏亦正合兵攻宋，于是齐、魏争夺宋地，魏即留五国之师于成皋，而不进兵攻秦。上引帛书第十四章苏秦谓齐王曰："王又欲得兵以攻平陵(宋邑)，是害攻秦也。天下之兵皆去秦而与齐争宋地，此其为祸不难矣。"其实，其为祸，不仅天下之兵"与齐争宋地"，而且魏相孟尝君、赵将韩徐为早已约燕昭王乘机合纵伐破齐国。虽然苏秦尝请燕昭王令群臣勿"众议攻齐"。是时，燕王与群臣谋乘机破齐之消息传至齐王，因燕谋"攻齐甚急"，齐王于是决定于八月归兵，即使不得地，亦以八月归兵，说明形势严峻。但齐王尚不知苏秦为燕之间谍，更不知孟尝君即是主谋合纵攻齐者，即将上述决定告知苏秦与孟尝君。而孟尝君亦不知苏秦为间谍而将上述决定转告之，因而苏秦在梁立刻将此确实情报上告燕昭王。苏秦此信，乃间谍之情报性质。苏秦又云："臣请疾之齐观之而以报"，可知苏秦此后继续向燕昭王送情报。此后燕昭王之得以合纵五国而攻破齐国，苏秦之间谍工作从中起了重大作用。

五国罢成皋，秦王欲为成阳君求相韩、魏，韩、魏弗听。秦太后为魏冉谓秦王曰："成阳君以王之故，穷而居于齐，今王见其达而收之，亦能翕其心乎？"王曰："未也。"太后曰："穷而不收，达而报之，恐不为王用。且收成阳君，失韩、魏之道也。"（《秦策三》第七章）

案：成阳君为韩公子之亲秦者，秦昭王十七年入朝秦，因秦攻韩，秦、韩交恶，成阳君不能回韩而居于齐。当五国攻秦无功，罢于成皋，韩、魏又欲亲秦，秦王因而欲为成阳君求相韩、魏，太后不许，谓不能见其达而收之。盖成阳君于是时已归韩矣。

[秦昭王]二十年攻安邑。（秦简《编年记》）

[魏昭王]九年秦拔我新垣、曲阳之城。（《魏世家》，《六国表》同）

案：是年秦攻魏，当在五国攻秦无功而罢于成皋之后。当齐约赵发动五国合纵攻秦之初，秦为缓解五国攻势，废除帝号，并将温、轵、高平归还于魏。及五国罢于成皋，秦又继续分兵两路攻魏，一路攻河内，拔新垣、曲阳。曲阳在今河南济源县西；新垣即在曲阳附近。《正义》云："新垣近曲阳，未详端的所之处也。"新垣、曲阳皆在轵、高平之西。秦兵另一路攻河东之安邑，次年魏被迫献纳安邑及河内之地。

[秦昭襄王]二十年王之汉中，又之上郡、北河。（《秦本纪》）

案：秦于昭王十二年已取得广衍，见十二年上郡守寿戈刻铭。是年秦王"又之上郡北河"，或者秦已进而北上取得北河之地。或者经过戎地而至北河，如同秦惠文王更元五年“王北游戎地至河上”（见《六国表》）。马非百《秦集史·郡县志》上郡下列有北河，云：“北河应为一县，其地当在无定河上，昭王时榆中、九原尚属赵，不得谓为黄河也。故《秦本纪》特言上郡北河，明谓北河属于上郡也。”此说大谬。

［赵惠文王］十二年赵、梁将攻齐。（《赵世家》）

案：是时齐、魏正分别攻宋，争夺宋地。魏相孟尝君、赵将韩徐为正约燕昭王共伐齐。赵于此年首先开始攻齐，当在五国攻秦无功而罢于成皋之后，成为此后五国合纵伐齐之先声。

秦昭王二十年牡马生子而死。（《汉书·五行志》引《史记》，《洪范五行传》同）

案：《秦本纪》于昭王二十年下有《集解》引徐广曰：“秦地有父马生驹。”于二十一年又有《集解》引徐广曰：“有牡马生牛而死。”张文虎《札记》以为所引徐广语，“乃《史记》本文误入注，讹子为牛。”

【附编】

苏秦说齐闵王曰（吴师道云：“此策旧为苏秦实误”）：“臣闻用兵而喜先天下者，忧；约结而喜主怨者，孤；夫后起者藉也；而远怨者时也；是以圣人从事，必藉于权而务兴于时。夫权藉者，万物之率也；而时势者，百事之长也；故无权藉，倍时势，而能事成者，寡矣！今虽干将莫邪，非得人力，则不能割刿矣；坚箭利金，不得弦机之利，则不能远杀矣；矢非不铦，而剑非不利也，何则？权藉不在焉！何以知其然也？昔者，赵氏袭卫，车不舍（“车”下原脱“不”字，从金正炜补），人不休，傅卫国，城刚平（“傅”原作“传”，“刚”原作“割”，从王念孙改正），卫八门土而二门堕矣。此亡国之形也。卫君跣行告溯于魏，魏王身被甲底剑（姚注“底一作砥”，鲍注：“底砥同，砺也。”），挑赵索战，邯郸之中骛，河、山之间乱。卫得是藉也，亦收余甲，而北面残刚平，堕中牟之郭。卫非强于赵也，譬之卫矢而魏弦机也，藉力于魏而有河东之地。赵氏惧，楚人救赵而伐魏，战于州西，出梁门，军舍林中，马饮于大河；赵得是藉也，亦袭魏之河北，烧棘蒲，坠黄城。故刚平之残也，中牟之堕也，黄城之坠也，棘蒲之烧也，此皆非赵、魏之欲也。然二国劝行之者，何也？卫明于时权之藉也。今世之为国者不然矣。兵弱而好敌强，国罢而好众怨（金正炜云：“众当为聚”），事败而好鞠之，兵弱而憎下人，地狭而好敌大，事败而好长诈，行此六者而求伯，则远矣。臣闻善为国者，顺民之意而料兵之能，然后从于天下；故约不为人主怨，伐不为人挫强。如此，则兵不费，权不轻，地可广，欲可成也。昔者齐之与韩、魏伐秦、楚也，战非甚疾也，分地又非多韩、魏也，然而天下独归咎于齐者，何也？以其为韩、魏主怨也。且天下遍用兵矣，齐、燕战而赵氏兼中山，秦、楚战韩、魏不休，而宋、越专用其兵。此十国者，皆以相敌为意，而独举心于齐者，何也？约而好主怨，伐而好挫强也。且夫强大之祸，常以王人为意也。夫弱小之殃，常以谋人为利也；是以大国危，小国灭也。大国之计，莫若后起而重伐不义。夫后起之藉与多而兵劲，则事以众强適罢寡也（鲍本改“適”为“敌”，吴师道云：“適、敌通”）。兵必立也。事不塞天下之心，则利必附矣。大国行此，则名号不攘而至，伯王不为而立矣。小国之情，莫如谨静而寡信诸侯。谨静（“谨”原作“仅”，从鲍本改正），则四邻不反；寡信诸侯，则天下不卖。外不卖，内不反，则摈祸朽腐而不用（鲍本改“摈祸”为“稸积”），币帛矫蠹而不服矣（黄丕烈云：“此以矫为槁字”）。小国道此，则不祠而福矣，不贷而见足矣。故曰：‘祖仁者王，立义者伯，用兵穷者亡。’何以知其然也？昔吴王夫差以强大为天下先，袭郢而栖越（“袭”上原有“强”字，姚注：“曾本无强字”，今据删），身从诸侯之君，而卒身死国亡为天下戮者，何也？此夫差平居而谋王，强大而喜先天下之祸也！昔者，莱、莒好谋，陈、蔡好诈，莒恃越而灭，蔡恃晋而亡。此皆内长诈外信诸侯之殃也。由此观之，则强弱大小之祸，可见于前事矣。语曰：‘骐骥之衰也，驽马先之；孟贲之倦也，女子胜之。’夫驽马、女子，筋力骨劲，非贤于骐骥、孟贲也，何则？后起之藉也。今天下之相与也不并灭，有而案兵而后起，寄怨而诛不直，微用兵而寄于义（金正炜改作“微怨而诛不直，用兵而寄于义”），则亡天下可跼足而须也（王念孙云：“跼与蹻同，蹻足，举足也”）。明于诸侯之故，察于地形之理者，不约亲，不相质而固，不趋而疾，众事而不反（金正炜云：“众当为逮，逮事不反，言及于有事而不相背也。”），交割而不相憎，俱强而加以亲。何则？形同忧而兵趋利也。何以知其然也？昔者，齐、燕战于桓之曲，燕不胜，十万之众尽，胡人袭燕楼烦数县，取其牛马。夫胡之与齐，非素亲也，而用兵又非约质而谋燕也，然而甚于相趋者，何也？则形同忧而兵趋利也。由此观之，约于同形则利长，后起则诸侯可趋役也。故明主察相，诚欲以伯王为志，则战攻非所先。战者，国之残也，而都县之费也。残费已先，而能从诸侯者，寡矣。彼战者之为残也，士闻战，则输私财而富军市，输饮食而待死士，令折辕而炊之，杀牛而觞士，则是路君之道也（黄丕烈云：“路，羸也，下作露。君是军之误。”金正炜云：“君或群字之损”）。中人祷祝，君翳禳（“禳”原作“酿”，从金正炜改正），通都小县置社，有市之邑，莫不止事而奉王。则此虚中之计也。夫战之明日，尸死扶伤，虽若有功也，军出费，中哭泣，则伤主心矣。死者破家而葬，夷伤者空财而共药，完者内酺而华乐，故其费与死伤者钧。故民之所费也，十年之田而不偿也。军之所出，矛戟折，镮弦绝，伤弩破车罢马亡矢之大半，甲兵之具，官私之所出也（“私”原在“所”字下，从金正炜移正）。士大夫之所匿，厮养士之所窃，十年之田而不偿也。天下有此再费，而能从诸侯者寡矣。攻城之费，百姓理襜蔽，举冲橹，蒙杂总（“蒙”原作“家”，从金正炜改正），穿掘穴（“穿”原作“身”，王念孙云：“身者穿之坏字。”“掘”原作“窟”。黄丕烈云：“此以窟为掘字。”），中罢于刀金（金正炜云：“中当为众。”“中”亦或“卒”字之误）。而士困于土功，将不释甲，期数而能拔城者，为亟耳。上倦于教，士断于兵，故三下城而能胜敌者寡矣。故曰：彼战攻者非所先也。何以知其然也？昔智伯瑶攻范、中行氏，杀其君，灭其国，又西围晋阳，吞兼二国而忧一主。此用兵之盛也。然而智伯卒身死国亡为天下笑者，何谓也？兵先战攻而灭二子之患也。昔者，中山悉起而迎燕、赵，南战于长子，败赵氏；北战于中山，克燕军，杀其将。夫中山，千乘之国也，而敌万乘之国二，再战比胜，此用兵之上节也，然而国遂亡，君臣于齐者，何也？不啬于战攻之患也。由此观之，则战攻之败，可见于前事矣。今世之所谓善用兵者，终战比胜而守不可拔，天下称为善。一国得而保之，则非国之利也。臣闻战大胜者，其士多死，而兵益弱；守而不可拔者，其百姓罢而城郭露；夫士死于外，民残于内，而城郭露于境，则非王之乐也。今夫鹄的，非咎罪于人也，便弓引弩而射之，中者则善，不中则愧，少长贵贱则同心于贯之者，何也？恶其示人以难也。今穷战比胜而守必不拔，则是非徒示人以难也，又且害人者也，然则天下仇之必矣。夫罢士露国而多与天下为仇，则明君不居也；素用强兵而弱之，则察相不事也；彼明君察相者,则五兵不动而诸侯从,辞让而重赂至矣。故明君之攻战也,甲兵不出而敌国胜,冲橹不施而边城降,士民不知而王业至矣。彼明君之从事也,用财少,旷日远,而为利长者。故曰:兵后起,则诸侯可趋役也。臣之所闻攻战之道非师者,虽有百万之军,北之堂上(“北”原作“比”,从吴师道改作“北”,鲍注:“谋之于堂,彼自败也”);虽有阖闾、吴起之将,禽之户内;千丈之城,拔之尊俎之间;百尺之冲,折之衽席之上;故钟鼓竽瑟之音不绝,地可广而欲可成;和乐倡优侏儒之笑不乏(“乏”原作“之”,从金正炜改正。《汉书·徐乐传》“俳优侏儒之笑不乏于前”,可证),诸侯可同日而致也。故名配天地不为尊,利制海内不为厚。故夫善为王业者,在劳天下而自佚,乱天下而自安(此下原有“诸侯无成谋,则其国无宿忧也,何以知其然”十七字,皆涉下文而衍,今从王念孙删去)。佚治在我,劳乱在天下,则王之道也。锐兵来则拒之,患至则趋之(姚注:“则趋一本作而移”),使诸侯无成谋,则其国无宿忧矣。何以知其然也?昔者魏王拥土千里,带甲三十六万,其强北拔邯郸(“北”原作“而”,从金正炜改正),西围定阳,又从十二诸侯朝天子,以西谋秦。秦王恐之,寝不安席,食不甘味,令于境内,尽堞中为战具,竟为守备,为死士置将,以待魏氏。卫鞅谋于秦王曰:‘夫魏氏,其功大而令行于天下,有从十二诸侯而朝天子,其与必众,故以一秦而敌大魏,恐不如。王何不使臣见魏王,则臣请必北魏矣。’秦王许诺。卫鞅见魏王,曰:‘大王之功大矣。令行于天下矣。今大王之所从十二诸侯,非宋、卫也,则邹、鲁、陈、蔡,此固大王之所以鞭箠使也,不足以王天下。大王不若北取燕,东伐齐,则赵必从矣;西取秦,南伐楚,则韩必从矣。大王有伐齐、楚心,而从天下之志,则王业见矣。大王不如先行王服,然后图齐、楚。’魏王说于卫鞅之言也,故身广公宫，制丹衣，建九斿之旌（“建九斿之旌”，原作“柱建九斿”，王念孙以为当作“建旌九斿”，金正炜以为当作“建九斿之旌”与“从七星之旟”对文。今从之），从七星之旟，此天子之位也，而魏王处之，于是齐、楚怒，诸侯奔齐，齐人伐魏，杀其太子，覆其十万之军。魏王大恐，跣行按兵于国，而东次于齐，然后天下乃舍之。当是时，秦王垂拱受西河之外，而不以德魏王。故卫鞅之始与秦王计也，谋约不下席，言于尊俎之间，谋成于堂上，而魏将以禽于齐矣；冲橹未施，而西河之外已入于秦矣。此臣之所谓北之堂上，禽将户内，拔城于尊俎之间，折冲席上者也。”（《齐策五》）

案：此章旧为“苏秦谓齐王”，姚注：“一本无上二字”，鲍本改为“苏子”。吴师道以为苏秦“竟欲敝齐而为燕”，苏代继之，“为燕反间，骄其君，劳其民，而速其亡也”，“此策旧为苏秦实误”，“本无章首二字者是矣”。此策反对用兵先天下，主张“后起”与“远怨”，利用“权藉”与“时势”，以逸待劳，以安待乱，以为“佚治在我，劳乱在天下，则王之道也”。献策者盖尝习黄老之学而又深知战国形势变化者，其所举历史事件，皆符合当时形势之变化。此时向齐湣王进言，盖已逆知其穷兵黩武，势必使国家劳乱将为人乘机破亡也。苏秦游说秦王主张“废文任武”，“并诸侯，吞天下，称帝而治。”苏秦为齐相而发动五国攻秦，以为由此可成“王天下之业”。与此章主旨极言攻战之害者，正针锋相对。可知此篇决非苏秦之作品。

或谓韩王曰：“秦王欲出事于梁，而欲攻绛、安邑，韩计将安出矣？秦之欲伐韩，以东窥周室甚，唯寐忘之。今韩不察，因欲与秦，必为山东大祸矣。秦之欲攻梁也，欲得梁以临韩，恐梁之不听也，故欲病之以固交也（“病”，姚注：钱、刘作“痛”，鲍本亦作“痛”）。王不察，因欲中立，梁必怒于韩之不与己，必折为秦用，韩必举矣。愿王熟虑之也。不如急发重使之赵、梁，约复为兄弟，使山东皆以锐师戍韩、梁之西边（“戍”原误作“戌”，今从卢本、闵本、畿辅本及鲍本改正），非为此也，山东无以救亡，此万世之计也。秦之欲并天下而王之也，不与古同。事之虽如子之事父，将犹亡之也。行虽如伯夷，犹将亡之也。行虽如桀、纣，犹将亡之也。虽善事之，无益也。不可以为存，适足以自令亟亡也。然则山东非能从亲合而相坚如一者，必皆亡矣。”（《韩策三》第四章）

案：吕祖谦《大事记》引此策，谓论秦最得其情，附见于周赧王二十九年魏献安邑之后。吴师道以此为陈轸之言，乃陈轸谋合纵抗秦时所说，当在周赧王十六年，见于《齐策一》第十五章所作补注。以为《齐策》载“秦伐魏，陈轸合三晋而东谓齐王曰：‘今秦欲攻梁、绛、安邑’”云云，与此所说相合。此后为《战国策》作注释者皆从其说。其实非是，仍当以《大事记》所说为是。秦简《编年记》载秦昭王二十年“攻安邑”。《燕策二》第一章记苏代约燕王曰：“秦正告魏曰：我举安邑……我下轵道、南阳……陆攻则击河内，水攻则灭大梁，魏氏以为然，故事秦。秦欲攻安邑，恐齐救之，则以宋委于齐。……已得安邑，塞女戟，因以破宋为齐罪。”所述正秦昭王二十年攻安邑前后之事。此策言“使山东皆以锐师戍韩、梁之西边，非为此也，山东无以救亡”，其合纵之主旨在于为山东各国救亡，此与周赧王十六年前后之形势不合，而与秦昭王二十年即周赧王二十八年之形势正合。此非陈轸之游说辞，当为苏秦或苏代等人之游说辞。

周赧王二十九年(公元前二八六年)

秦昭王二十一年,魏昭王十年,韩釐王十年,赵惠文王十三年,齐湣王十五年,楚顷襄王十三年,燕昭王二十六年。

五国伐秦,无功而还。其后齐欲伐宋,而秦禁之。齐令宋郭之秦请合而以伐宋,秦王许之。魏王畏齐、秦之合也,欲讲于秦。谓魏王曰:"秦王谓宋郭曰:'分宋之城,服宋之强者,六国也。乘宋之敝,而与王争得者,楚、魏也。请为王毋禁楚之伐魏也,而王独举宋。王之伐宋也,请刚柔而皆用之。如宋者,欺之不为逆者("者"字从曾本增补),杀之不为仇者也,王无与之讲以取地("无",发声助词),既已得地矣又以力攻之,期于啖宋而已矣。'臣闻此言,而窃为王悲,秦必且用此于王矣。又必且曰王以求地(鲍本改"曰"为"劫","以"作"必"。黄丕烈云:"曰当作因"),既已得地,又且以力攻王,又必谓王曰使王轻齐(黄丕烈云:"谓当作讲,曰当作因")。齐、魏之交已丑,又且收齐以更索于王、秦尝用此于楚矣,又尝用此于韩矣,愿王之深计之也。秦善魏不可知也已。故为王计,太上伐秦,其次宾秦("宾"通"摈"),其次坚约而详讲(吴师道云:"详、佯通"),与国无相离也("离",鲍本作"雠")。秦、齐合,国不可为也已。王其听臣也,必无与讲,秦权重,魏冉(旧讹作"魏魏再")明孰是("孰"通"熟"),故又为足下伤秦者,不敢显也。天下可令伐秦,则阴劝而弗敢图也。见天下之伤秦也,则先鬻与国而以自解也。天下可令宾秦("宾"通"摈"),则为劫于与国而不得已者("为"通"伪"),天下不可,则先去,而以秦为上交,以自重也。如是人者,鬻王以为资者也,而焉能免国于患?免国于患者,必穷三节而行其上,上不可则行其中,中不可则行其下,下不可则明不与秦,而生以残秦。使秦皆无百怨百利,惟已之曾安。令足下鬻之以合于秦，是免国于患者之计也。臣何足以当之？虽然，愿足下之论臣之计也。燕、齐仇国也，秦兄弟之交也，合仇国以伐婚姻，臣为之苦矣。黄帝战于涿鹿之野，而西戎之兵不至。禹攻三苗，而东夷之民不起。以燕伐秦，黄帝之所难也，而臣以致燕甲而起齐兵矣。臣又遍事三晋之吏奉阳君、孟尝君、韩呡、周冣、韩馀为（“遍”原作“偏”，今从鲍本改正。“周冣”下原衍“周”字，今删。韩馀为即韩徐为），徒为从而下之（黄丕烈云：“徒，但也。从，合从”），恐其伐秦之疑也，又身自丑于秦。扮之请焚天下之秦符者，臣也（黄丕烈云：“扮当作初”）。次传焚符之约者臣也。欲使五国约闭秦关者，臣也。奉阳君韩馀为既和矣，苏修、朱婴既皆阴在邯郸，臣又说齐王而往败之，天下共讲，因使苏修游天下之语，而以齐为上交，兵请伐魏（黄式三云：“疑当作楚兵伐魏，承上毋禁楚之伐魏而言也”）。臣又争之以死而果西，因苏修重报。臣非不知秦权之重也，然则所以为之者为足下也。”（《魏策二》第七章）

案：鲍彪云：“彪谓此非苏代不能也。”吴师道云：“按《赵策·五国伐秦章》，苏代说奉阳君云云，中有与此章出入者，知此必代之辞也。三策并陈，上则伐之，中则摈之，下则媾之，未及伐之败也。”今以帛书《战国纵横家书》中第十二章苏秦自赵献齐王书等比较，可知此必苏秦之辞。帛书第十二章曰：“太上破之，其次宾（摈）之，其下完交而□讲，与国毋相离也，此寡人之约也。”此亦曰：“太上伐秦，其次宾（摈）秦，其次坚约而详（佯）讲，与国无相离也。”如出一口。此又云：“臣遍事三晋之吏奉阳君、孟尝君、韩呡、周冣、韩馀为（即韩徐为），徒为从而下之”。就帛书有关苏秦十四章观之，苏秦确是常奔走于此等三晋之吏之间者。此云“初之请焚天下之秦符者，臣也”，即苏秦请齐王废除帝号而取消齐、秦并称东、西帝之约。此云：“次传焚符之约者臣也。”即苏秦至东方各国宣布废除“立两帝、约伐赵”之约。此云：“欲使五国约闭秦关者，臣也。”即苏秦以李兑名义发动五国攻秦之举。

泠向谓秦王曰：“向欲以齐事王，使攻宋也（姚注：“使一作故”）。宋破，晋国危，安邑王之有也。燕、赵恶齐、秦之合，必割地以交于王矣（金正炜云：“交当为效”）。齐必重于王。则向之攻宋也，且以恐齐而重王（金正炜云“恐字疑本为恣，言将使天下疾齐之恣，而交走秦也”）。王何恶向之攻宋乎？向以王之明为先知之，故不言。”（《秦策一》第四章）

秦欲攻安邑，恐齐救之，则以宋委于齐，曰：“宋王无道，为木人以写寡人（鲍本“写”作“象”，《苏秦列传》亦作“写”），射其面，寡人地绝兵远，不能攻也，王苟能破宋有之，寡人如自得之。已得安邑，塞女戟，因以破宋为齐罪。”（《燕策二》第一章苏代约燕王，《苏秦列传》末段同）

[秦昭襄王]二十一年错攻魏河内。魏献安邑，秦出其人，募徙河东，赐爵，赦罪人迁之。（《秦本纪》）

案：《六国表》作“魏纳安邑及河内”。当以《秦本纪》为是。是年错攻魏河内。魏献安邑，未尝以河内地区全部献纳。

又案：《魏策二》第七章谓“五国伐秦无功而还，其后齐欲伐宋，而秦禁之。齐令宋郭之秦，请合而以伐宋，秦王许之”。当五国伐秦无功而还以后，齐、赵、魏争欲与秦讲和而合作。首先为秦所接受者，即齐“请合而以伐宋”。《秦策一》第四章又称齐使泠向谓秦王“欲以齐事王使伐宋”，即秦王同意齐伐宋，而泠向又谓“宋破，晋国危，安邑王之有也”，即齐王许允安邑为秦所有。《燕策二》第一章又称：“秦欲攻安邑，恐齐救之，则以宋委于齐”，即是一事。故秦简《编年记》载昭王二十年攻安邑，《秦本纪》又载昭王二十年魏献安邑。安邑为魏之旧都，十分重要，秦欲取得，惧齐干涉，因而同意齐攻取宋国。齐湣王发动五国攻秦，目的本在灭宋，因而亦同意秦得安邑。

秦攻魏，取宁邑，诸侯皆贺。赵王使往贺，三反，不得通，赵王忧之，谓左右曰：“以秦之强，得宁邑以制齐、赵，诸侯皆贺，吾往贺而独不得通，此必加兵我，为之奈何？”左右曰：“使者三往不得通者，必所使者非其人也。曰谅毅者辨士也，大王可试使之。”谅毅亲受命而往（姚注：“一本无亲字”），至秦，献书秦王曰：“大王广地宁邑，诸侯皆贺，敝邑寡君亦窃嘉之，不敢宁居，使下臣奉其币物，三至王廷而使不得通。使若无罪，愿大王无绝其欢；若使有罪（鲍本“使”下有“者”字），愿得请之。”秦王使使者报曰：“吾所使赵国者，小大皆听吾言，则受书币；若不从吾言，则使者归矣。”谅毅对曰：“下臣之来，固愿承大国之意也，岂敢有难。大王若有以令之，请奉而行之（“而”下原有“西”字，乃衍文，今删），无所敢疑。”于是秦王乃见使者，曰：“赵豹、平原君数欺弄寡人，赵能杀此二人则可，若不能杀，请今率诸侯受命邯郸城下（鲍本“今”作“令”）。”谅毅曰：“赵豹、平原君，亲寡君之母弟也，犹大王之有叶阳君、泾阳君也。大王以孝治闻于天下，衣服之便于体，膳啖之嗛于口（以上二句“之”字上衍“使”字，今删），未尝不分于叶阳君、泾阳君。叶阳君、泾阳君之车马衣服，无非大王之服御者。臣闻之，有覆巢毁卵而凤皇不翔，刳胎焚夭而骐骥不至。今使臣受大王之令还报，敝邑之君畏惧不敢不行，无乃伤叶阳君、泾阳君之心乎?”秦王曰:“诺,勿使从政。”谅毅曰:“敝邑之君有母弟不能教诲,以恶大国,请黜之,勿使与政事,以称大国。”秦王乃喜,受其弊而厚遇之(“弊”读作“币”)。(《赵策四》第十四章)

案:鲍彪以此为秦昭王五十年解邯郸围而取魏宁新中时,不确。当魏、楚合纵救赵,秦军从邯郸败退后,攻取魏之宁新中(即安阳),诸侯不可能皆贺,赵亦不必往贺。马骕《绎史》卷一百三十八“范雎相秦”中,将此事列于周赧王四十七年秦拔魏怀后,黄式三《周季编略》驳之曰:“是时赵不肯贺,即贺不纳,何惧?今编于赧王四十二年,以修武即宁(寧)邑,古通用甯也。赵豹明年封平阳君,此年未封不称君。前此赵、魏同伐韩,同败于秦救,事皆相符,《绎史》不足据。”顾观光则隶此于赧王二十九年,云:“《秦本纪》昭襄王二十一年魏献安邑。《赵策》:秦攻魏取宁邑,诸侯皆贺。苏辙《古史》载于赵惠文王十二年,宁邑作安邑。考赵惠文王十二年冬,正当秦昭襄王二十一年春(赵正建寅,秦正建亥,故有三月之差)。是时魏冉用事,叶阳、泾阳方贵,故《魏策》有魏冉语,而《赵策》谅毅曰:赵豹、平原君亲寡君之母弟也,犹大王之有叶阳、泾阳君也。赵惠文王元年胜封平原君,二十七年豹封平阳君。此策不称豹封,亦事在十二年之一证。自鲍氏误以宁邑为宁新中,而移于秦昭王之五十年,遂使赵、魏两《策》皆不可通。”又曰:“宁与安义相近,故有二名。”今案赵王谓左右曰:“以秦之强,得宁邑以制齐、赵,诸侯皆贺”,正合周赧王二十九年之形势,是时秦、齐对峙,齐欲灭宋,秦欲兼并韩、魏,而赵亦谋有所扩展,是年秦许齐灭宋,而齐许秦攻取魏之安邑。因而秦得安邑具有约制齐、赵之作用。苏辙《古史》记此事不作“宁邑”而作“安邑”，当有所据。顾观光谓“宁与安义相近，故有二名”，未见其例。疑此策“宁邑”乃“安邑”之误。至于《魏策四》第十七章载“秦罢邯郸，攻魏取宁邑”，宁邑当即宁新中。此与《秦本纪》载昭王五十年秦将王龁“攻邯郸，不拔去”，“即从唐拔宁新中”相合。

谓穰侯曰：“为君虑封，莫若于陶（“若”上原无“莫”字，“陶”误作“除”，从王念孙改正），宋罪重，齐怒深（“深”原误作“须”，今从黄丕烈、王念孙改正），残伐乱宋，德强齐，定身封，此亦百世之一时已。”（《秦策三》第五章）

苏秦拘于魏，欲走而之韩，魏氏闭关而不通齐使。苏厉为之谓魏王曰：“齐请以宋地封泾阳君而秦不受也，夫秦非不利有齐而得宋地也，然其所以不受者，不信齐王与苏秦也。今秦见齐、魏之不合也如此其甚也，则齐必不欺秦而秦信齐矣！齐、秦合而泾阳君有宋地，则非魏之利也。故王不如复东苏秦，秦必疑齐而不听也。夫齐、秦不合，天下无忧，伐齐成则地广矣。”（《魏策一》第十三章）

案：《秦策三》第五章有人劝说穰侯谋封于陶而“德强齐”。《魏策一》第十三章谓“齐请以宋地封泾阳君，皆当为此时事。”盖齐欲悬陶为秦穰侯或泾阳君封邑，犹如欲悬陶以为赵奉阳君封邑，目的皆在避免外来干涉而谋取宋国。苏厉谓秦王曰：“然其所以不受者，不信齐王与苏秦也。”时苏秦正为齐相而执政。“苏秦拘于魏”，亦当为一时事。《魏策二》第七章谓是时“魏王畏齐、秦之合也，欲讲于秦”，苏秦因而入魏，欲魏王“必无与讲”。当是齐与秦讲和而出卖魏安邑之计谋暴露，因而为魏所拘留。《燕策一》第十一章、《苏秦列传》有与《魏策一》第十三章相同之记述，惟作“苏代过魏，魏为燕执代，齐使人谓魏王”云云，末云：“于是出苏代之宋，宋善待之。”《魏策一》“夫齐、秦不合，天下无忧”，《燕策一》与《苏秦列传》“忧”皆作“变”，金正炜云：“作变是也”。《魏策一》“伐齐成则地广矣”，《燕策一》、《苏秦列传》作“伐齐之形成矣”。确实五国合纵伐齐之形势正在形成中。

韩珉攻宋（“珉”原误作“人”，从吴师道、金正炜改正），秦王大怒曰（《田世家》“秦王”作“秦昭王”）：“吾爱宋，与新城、阳晋同也，韩珉与我交（《田世家》“韩珉”作“韩聂”，“交”作“友”），而攻我所甚爱，何也？”苏秦为齐说秦王曰（《田世家》“苏秦”作“苏代”，“齐”原误作“韩”，下文“齐”字皆误作“韩”，今皆据《田世家》改正）：“韩珉之攻宋，所以为王也。以齐之强，辅之以宋，楚、魏必恐，恐必西面事秦，王不折一兵，不杀一人，无事而割安邑，此韩珉之所以祷于秦也。”秦王曰：“吾固患齐之难知，一从一横，此其说何也？”对曰：“天下固令齐可知也。齐故已攻宋矣（“故”鲍本作“固”），其西面事秦，以万乘自辅，不西事秦则宋地不安矣（《田世家》“地”作“治”）。中国白头游敖之士皆积智欲离秦、齐之交，伏轼结靷西驰者（《田世家》“结靷”作“结轶”），未有一人言善齐者也。伏轼结靷东驰者，未有一人言善秦者也。皆不欲齐、秦之合者何也？则晋、楚智而齐、秦患也。晋、楚合必伺齐、秦，齐、秦合，必图晋、楚，请以决事。”秦王曰：“善。”（《韩策三》第三章，《田世家》同）

[齐湣王]三十八年（当作十五年）伐宋。秦昭王怒曰：……秦王曰：“诺。”（自“秦昭王怒曰”至“秦王曰诺”，与《韩策三》第三章相同，惟“韩珉”作“韩聂”）于是齐遂伐宋，宋王出亡，死于温。齐南割楚之淮北，西侵三晋，欲以并周室，为天子。泗上诸侯邹、鲁之君皆称臣，诸侯恐惧。（《田世家》）

案：《燕策二》第二章记苏代转述奉阳君告朱谨与赵足曰："齐王使公玉丹命说(即兑)曰：必不反韩珉，今召之矣；必不任苏子以事，今封而相之；令不合燕，今以燕为上交。"即指此时事。吴师道云："《赵策》谓魏王曰：韩珉处于赵，去齐三千里，王以此疑齐，曰有秦阴。"五国伐秦无功，苏代谓齐王，举说奉阳君之辞曰："天下事秦，秦内韩珉于齐"，又云："与韩氏大吏东勉齐王，必无召呡"，而《韩策》云"韩珉相齐"，盖韩珉为齐伐宋也。首句不云韩攻宋，而云韩人，疑人即珉之讹。吴说是也。是时齐王召回韩珉，主持齐、秦合作事宜而攻宋，秦昭王大怒，而苏秦为之进说秦王，盖苏秦又与韩珉合作而为齐灭宋。苏秦说秦王，谓齐灭宋，楚、魏必恐而西面事秦，秦可以不折一兵而得割安邑。盖齐、秦早已有约定，秦许齐灭宋而齐许秦取得魏之旧都安邑。在此齐、秦合作之形势下，魏果然于是年献纳安邑于秦，"秦出其人，募徙河东，赐爵，赦罪人迁之。"

[宋]君偃十一年自立为王。东败齐，取五城，南败楚，取地三百里；西败魏军，乃与齐、魏为敌国。盛血以韦囊，悬而射之，命曰射天。淫于酒、妇人。群臣谏者辄射之。于是诸侯皆曰桀宋，宋其复为纣所为，不可不诛。告齐伐宋。王偃立四十七年，齐湣王与魏、楚伐宋，杀王偃，遂灭宋而三分其地。(《宋世家》)

宋康王之时，有雀生鱥于城之陬("鱥"，《新序》作"鹯"，《资治通鉴》作"鳒")，使史占之，曰："小而生巨，必霸天下。"康王大喜，于是灭滕伐薛，取淮北之地，乃愈自信，欲霸之亟成，故射天笞地，斩社稷而焚之，曰："威服天下鬼神"(《新序》"下"作"地"，金正炜云："可据以订正，承射天笞地而言")，骂国老谏曰，为无颜之冠以示勇(《新序》作

“骂国老之谏臣者，为无头之冠以示勇”。鲍本改“谏曰”为“谏臣”，王念孙、黄丕烈皆谓“曰”即“者”之坏字）。剖伛之背，锲朝涉之胫，而国人大骇。齐闻而伐之，民散，城不守，王乃逃倪侯之馆（“倪侯”《新序》作“兒侯”），遂得而死（《新序》“得”下有“病”字）。见祥而不为祥，反为祸。（《宋策》第八章，《新序·杂事四》第二十八章同。）

宋王筑为蘗帝，鸱夷血，高悬之，射著甲胄，从下，血坠流地。左右皆贺曰：“王之贤过汤、武矣。汤、武胜人，今王胜天，贤不可以加矣。”宋王大悦，饮酒。室中有呼万岁者，堂上尽应，堂下尽应，门外庭中闻之，莫敢不应，不适也。（《吕氏春秋·过理》，高诱注：“宋王、康王也。‘蘗’当作‘巘’，‘帝’当作‘台’，蘗与巘其音同，帝与台字相似，因作蘗帝耳。诗云：庶姜巘巘，高长貆也。言康王筑为台，革囊之大者为鸱夷，盛血于台上，高悬之以象天，着甲胄，自下射之，血流堕地，与之名，言中天神下其血也。”）

案：《资治通鉴》记宋灭亡，即以《宋策》第六章为主，并在“灭滕伐薛”后上，加上《宋世家》“东败齐，取五城，南败楚，取地三百里，西败魏军，与齐、魏为敌国”，并在“射天笞地，斩社稷而焚灭之，以示威服鬼神”下，加上“为长夜之饮于室中，室中人呼万岁，则堂上之人应之，堂下之人又应之，门外之人又应之，以至于国中，无敢不呼万岁者”，即本《吕览》等书。考宋灭滕伐薛，确有其事，至于“东败齐”，当即指伐薛而言，“南败楚”当即指取淮北而言，已说明在周赧王十九年案语中。

又案：《燕策二》第一章苏代约燕王，谓秦以宋委于齐曰：“宋王无道，为木人以写寡人，射其面。”《燕策二》第十一章苏子谓齐王曰：“今宋王射天笞地，铸诸侯之象，使侍屏匽，展其臂，弹其鼻，此天下无道不义。”此当为宋国流行之“祝诅”巫术，在对敌作战前，制作敌国君王之像，穿着甲胄，一面在像前祝诅，一面射其面鼻，如同彝族在作战前，以草人写上敌人姓名，一面祝诅，一面打射。所谓“无道”，盖由于不理解此种落后之礼俗。

又案：《宋世家》言齐与魏楚共“灭宋而三分其地”，《汉书·地理志》更谓：“宋为齐、楚、魏所灭，三分其地。魏得其梁（指睢阳）、陈留，齐得其济阴、东平，楚得其沛。”其说不确。东平属鲁，原非宋地。陈留一带早于战国初期已为魏有，魏得睢阳，楚得沛，当在合纵破齐之后。《荀子·议兵》云：“齐能并宋而不能凝也，故魏夺之。”吴师道辨之曰：“苏代说燕曰：齐南攻楚，西困秦，又以其余兵举五千乘之劲宋。又说秦曰：齐强，辅之以宋，楚、魏必恐，恐必西事秦。使当时齐与楚、魏合，其言岂若是乎！史称齐既灭宋，南割楚之淮北，西侵三晋，是乘灭宋之强，并夺楚、魏地，而谓与之分宋地，岂其实哉？乐毅谓燕昭王曰：王欲伐齐，莫若结于赵，且又淮北宋地，楚、魏之所欲也。《史·表》，燕灭齐之年，书楚取齐淮北，则楚、魏分地当是乐毅破齐后事。”顾观光《七国地理考》称引其说，辨析甚明。

齐攻宋，宋王使人候齐寇之所至，使者还曰：“齐寇近矣，国人恐矣。”左右皆谓宋王曰：“此所谓肉自至虫者也，以宋之强，齐兵之弱，恶能如此？”宋王因怒而诎杀之。又使人往视齐寇，使者报如前，宋王又怒诎杀之。如此者三。其后又使人往视，齐寇近矣，国人恐矣。使者遇其兄，曰：“国危甚矣！若将安适？”其弟曰：“为王视齐寇，不意其近而国人恐如此也。今又私患乡之先视齐寇者，皆以寇之近也，报而死。今也报其情死，不报其情又恐死，将若何？”其兄曰：“如报其情，有且先夫死者死，先夫亡者亡。”于是报于王曰：“殊不知齐寇之所在，国人甚安。”王大喜。左右皆曰：“乡之死者宜矣！”王多赐之金。寇至，王自投车上，驰而走，此人得以富于他国。……狂而以行赏罚，此戴氏之所以绝也。（《吕氏春秋·壅塞》）

案：宋王偃为司城子罕之后，乃戴氏。此言“狂而以行赏罚，此戴氏之所以绝也”，以为宋之亡由于“狂而以行赏罚”。传说中宋王偃如同殷纣王一样荒淫暴虐，实不足信。详顾颉刚《宋王偃的绍述先德》，收入《古史辨》第二册。

[魏昭王]十年齐灭宋，宋王死我温。（《魏世家》，《六国表》亦作“宋王死我温”。《秦本纪》将“齐破宋，宋王在魏，死温”，误记于秦昭王十九年）

案：《宋策》云：“王乃逃倪侯之馆，遂得而死。”《新序》作“遂得病而死。”但《宋世家》又云：“杀王偃。”梁玉绳云：“《策》云逃倪侯之馆，盖馆在温地。”又云：“杀王偃，误。”黄丕烈云：“《新序》误衍也，得，获也，即《世家》杀王偃事。”当以黄说为是。《吕氏春秋·壅塞》云：“王自投车上，驰而走”，盖逃至魏之温地，居于倪侯之馆，为魏所得而杀死。程恩泽以为“倪”与“郳”同，即小邾，为泗上十二诸侯之一，在今山东滕县东南。与《史记》称宋王死于魏之温地之说不合。

[秦昭王]廿一年攻夏山。（秦简《编年记》）

[韩釐王]十年秦败我师于夏山。（《韩世家》，《六国表》同）

[赵惠文王]十三年韩徐为将，攻齐。公主死。

案：上年赵使赵梁将攻齐，是年又使韩徐为将攻齐，韩徐为乃赵之大将，与魏相孟尝君主张合纵攻齐，可知赵对齐之攻势加强。

周赧王三十年(公元前二八五年)

秦昭王二十二年,魏昭王十一年,韩釐王十一年,赵惠文王十四年,齐滑王十六年,楚顷襄王十四年,燕昭王二十七年。

[秦昭襄王]二十二年蒙武伐齐河东(蒙武当作蒙骜),为九县。与楚王会宛。与赵王会中阳。(《秦本纪》,《六国表》作“蒙武击齐”)

赵惠文王十四年与秦会中阳。(《六国表》,《赵世家》同)

[楚顷襄王]十四年,楚顷襄王与秦昭王好会于宛,结和亲。(《楚世家》,《六国表》作“与秦会宛”)

[齐滑王]三十九年(当作十六年)秦来伐,拔我列城九。(《田世家》,《六国表》作“秦拔我列城九”)

蒙骜自齐事秦昭王,官至上卿。(《蒙恬列传》)

案:梁玉绳云:“《蒙恬列传》蒙武乃蒙骜之子,骜事昭王至始皇四世,则此时击齐者,必是骜而非武也。河东上疑有脱字,《古史》作取河东。”梁说是也。《秦策三》记应侯失韩之汝南,蒙傲乃往见之,云:“今傲势得为秦王将,将兵”,云云,黄丕烈云:“李善注《求自试表》引作骜,傲、骜同字。”是秦昭王时蒙骜为将,非蒙武也。

秦……已得安邑,塞女戟,因以破宋为齐罪。秦欲攻齐,恐天下救之,则以齐委于天下,曰:“齐王四与寡人约,四欺寡人,必率天下以攻寡人者三,有齐无秦,无齐有秦,必伐之,必亡之。”(《燕策二》第一章苏代约燕王,《苏秦列传》同,惟“秦欲攻齐”,“齐”误作“韩”)

案:此苏代约燕王之辞,在秦欲攻安邑,恐齐救之,则以宋委于齐之后。秦于上年与齐约，秦许齐灭宋，而齐许秦取安邑，于是魏不得不献安邑于秦。秦既得安邑，即以破宋为齐罪，约三晋合纵攻齐。三晋中以赵最强，上两年正连续发动攻齐，赵之大将韩徐为与魏相孟尝君又正约燕昭王合纵攻齐，故是年秦昭王约赵惠文王相会于中阳，共谋合纵破齐之举。秦并使蒙骜越韩、魏向齐之河东进击，拔取九城而改为秦之九县，作为进一步攻齐之基地。当齐合纵五国攻秦时，齐尝推赵李兑为纵长。是年秦发起合纵五国攻齐，亦推赵以为纵长。故《赵策一》第九章称"赵收天下且以伐齐"。此《策》谓秦"以齐委于天下"，《战国纵横家书》第二十一章苏秦献书赵王，亦云：秦"故以齐饵天下"。《赵世家》载苏厉为齐遗赵王书亦云：秦"故以齐啖天下"。《赵策一》第九章又作"故以齐为饵，先出声于天下，欲邻国闻而观之也"。所谓"先出声于天下"，即先对齐发动较大规模之攻势，秦将蒙骜一举而攻下齐河东九城，改为秦之九县。

献书赵王：臣闻[甘]洛(露)降，时雨至，禾谷絳(丰)盈，众人喜之，贤君恶之("恶"字疑有误)。今足下功力非数加于秦也，怨竺(毒)积怒，非深于齐，下吏皆以秦为夏(忧)而曾(憎)齐。臣窃以事观之，秦几(岂)夏(忧)赵而曾(憎)齐哉。欲以亡韩，呻(吞)两周，故以齐饵天下。恐事之不□诚(成)，故出兵以割革赵、魏。恐天下之疑己，故出摯(质)以为信。声德与国，实伐郑韩。[臣]以秦之计必出于此。且说士之计皆曰："韩亡参(三)川，魏亡晋国，市□□朝未罢，过(祸)及于赵。"且物固[有势]异而患同者。昔者楚久伐，中山亡。今燕尽齐之河南("河南"当是"河北"之误)，距莎(沙)丘、巨(钜)鹿之囿三百里。距麋关，北至于[榆中]者千五百里。秦尽韩、魏之上党，则地与王布属壤芥者七百里(《赵策一》"布"作"邦","芥"作"挈")。秦以强弩坐羊肠之道,则地去邯郸百廿里。秦以三军功(攻)王之上常(党)而包其北,则注(即句注)之西,非王之有也。今增注、茬恒山而守三百里,遇燕、阳(案即唐)、曲逆(案即曲吾),此代马胡狗不东,纶(仑)山之玉不出,此三葆(宝)者,或非王之有也。今从强秦久伐齐,臣恐其过(祸)出于此也。且三国之主尝合衡谋伐赵,疏分赵壤,箸(著)之鈑(盘)竽(盂),属之祝谱(籍)。五国之兵出有日矣,齐乃西师以唫(禁)强秦,史(使)秦废令疏服而听,反温、轵、高平于魏,反王公、符逾于赵,此天下所明知也。夫齐之事赵,宜正为上交,乃以柢(抵)罪取伐,臣恐后事王者不敢自必也。今王收齐,天下必以王为义矣。齐抱(抱)社稷事王,天下必重王,然则齐义,王以天下就之,齐逆,王以天下□之(所缺字,《赵世家》作"禁",《赵策》作"收")。是一世之命制于王也。臣愿王与下吏羊(详)计某言而竺(笃)虑之也。(帛书《战国纵横家书》第二十一章,苏秦献书赵王)

赵收天下,且以伐齐。苏秦为齐上书说赵王曰(《赵世家》"苏秦"作"苏厉"):"臣闻古之贤君,德行非施于海内也;教顺慈爱,非布于万民也;祭祀时享,非当于鬼神也;甘露降,风雨时至,农夫登,年谷丰盈,众人喜之,而贤主恶之(《赵世家》"恶"作"图",帛书亦作"恶","恶"字疑误)。今足下功力非数痛加于秦国,而怨毒积恶,非曾深凌于韩也。臣窃外闻大臣及下吏之议,皆言主前专据以秦为爱赵而憎齐("齐"原误作"韩",据帛书及《赵世家》改正)。臣窃以事观之,秦岂得爱赵而憎齐哉("齐"原误作"韩",据帛书及《赵世家》改正。帛书"爱赵"作"忧赵",作"忧"为是)。欲亡韩吞两周之地,故以齐为饵("齐"原误作"韩",今改正。帛书作"以齐饵天下",《赵世家》作"以齐惔天下”），先出声于天下，欲邻国闻而观之也。恐事不成，故出兵以佯示赵、魏（“佯示”，帛书作“割革”，《赵世家》作“劫”，割谓宰割，“革”通“勒”，强制）；恐天下之惊觉，故微韩以贰之（《赵世家》作“故征兵于韩以威之”）；恐天下疑己，故出质以为信，声德于兴国，而实伐空韩。臣窃观其图之也。议秦以谋计必出于是。且夫说士之计，皆曰：‘韩亡三川，魏灭晋国，恃韩未穷而祸及于赵。’（“恃韩未穷”当从帛书改作“市朝未罢”，《赵世家》作“市朝未变”）且物固有势异而患同者，又有势同而患异者。昔楚人六伐，而中山亡。今燕尽韩之河南（“韩之河南”当作“齐之河北”，《赵世家》作“齐之北地”），距沙丘而至钜鹿之界三百里，距于扞关至于榆中千五百里（“扞关”，帛书作“麋关”，《赵世家》作“挺关”）。秦尽韩、魏之上党，则地与国都邦属而壤挈者七百里。秦以三军强弩坐羊唐之上，即地去邯郸百二十里（“百”字原脱，从帛书补）。且秦以三军攻王之上党而包其北（“包”原作“危”，从帛书改正），则句注之西，非王之有也。今鲁句注（“鲁”，《赵世家》作“逾”，帛书作“增”，金正炜云：“鲁当读为旅，拒也”），禁常山而守，三百里通于燕之唐、曲吾，此代马胡驹不东（“胡驹”当从帛书改作“胡狗”，《赵世家》作“胡犬”），而琨山之玉不出也。此三宝者，又非王之有也。今从于强秦国之伐齐，臣恐其祸出于是矣。昔者五国之王，尝合横而谋伐赵，参分赵国壤地，著之盘盂，属之雠柞，五国之兵有日矣（“兵”下当从帛书、《赵世家》补“出”字）。齐乃西师以禁秦国（“齐”字以及下文“齐”字，皆误作“韩”，从帛书、《赵世家》改正），使秦发令素服而听（“发”当改作“废”，《赵世家》“发令素服”作“废帝请服”，帛书作“废令疏服”），反温、枳、高平于魏（《赵世家》“温枳”作“根柔”），反三公什清于赵（“三公什清”，帛书作“王公符逾”，《赵世家》作“巠分、先俞”），此王之明知也。夫齐事赵，宜正为上交。今乃以抵罪取伐（“抵罪”《赵世家》作“抵皋”），臣恐其后事王者之不敢自必也。今王收天下，必以王为得，齐抱社稷以事王（“抱”原作“危”，姚注：“危，曾作抱”。《赵世家》正作“抱”，今据改），然则齐义，王以天下就之，下至齐慕（“慕”，帛书作“逆”，《赵世家》作“暴”，“慕”当为“逆”之误），王以天下收之（“收”，《赵世家》作“禁”），是一世之命制于王已。臣愿大王深与左右群臣卒计而重谋，先事成虑而熟图之也。”（《赵策一》第九章，《赵世家》惠文王十六年“秦复与赵数击齐，齐人患之”下，有苏厉为齐遗赵王书，大体相同）

案：据帛书《战国纵横家书》，此为苏秦为齐上书赵王，并非苏厉。《赵世家》改作苏厉，不确。帛书有多处脱落，《赵策》、《赵世家》可与帛书相参校。此谓“韩亡三川，魏亡晋国，市朝未罢而祸及于赵”，鲍彪注：“晋国谓安邑”，《史记·正义》云：“晋国，河北之地安邑河内。”可知晋国指河东及河内，指魏之旧地。据此可知，是时秦正以分割齐地为饵，拉拢赵、燕，发动三国合纵攻齐。帛书谓秦不仅以齐饵天下，更“出挚（质子）以为信”。《赵策》、《赵世家》所载相同，盖入质子于燕、赵作为保证。

胃（谓）燕王曰：“列在万乘，奇（寄）质于齐，名卑而权轻。奉万乘助齐伐宋，民劳而实费。夫以宋加之淮北，强万乘之国也，而齐兼之，是益齐也。九夷方一百里，加以鲁、卫，强万乘之国也，而齐兼之，是益二齐也。夫一齐之强，燕犹弗能支，今以三齐临燕，其过（祸）必大。唯（虽）然，夫知（智）者之[举]事，因过（祸）[而为]福，转败而为功。齐紫，败素也，贾（价）十倍。句浅（践）栖会稽，其后残吴，霸天下。此皆因过（祸）为福，转败而为功。今王若欲因过（祸）而为福，转败而为功，则莫若招霸齐而尊之，使明（盟）周室而棼（焚）秦符，曰：'大（太）上破秦，其次必长忠（摈）之。'秦［挟］忠（摈）以侍（待）破，秦王必患之。秦五世伐诸侯，今为齐下，秦王之心苟得穷齐，不难以国壹栖（接），然则王何不使辩士以若说说秦王曰：'燕、赵破宋肥齐，尊之，为之下者，燕、赵非利之也。燕、赵弗利而执（势）为者，以不信秦王也。然王何不使可信者栖（接）收燕、赵，如经（泾）阳君，如高陵君先于燕、赵曰：秦有变，因以为质，则燕、赵信秦。秦为西帝，燕为北帝，赵为中帝，立三帝以令于天下，韩、魏不听则秦伐，齐不听则燕、赵伐，天下孰敢不听。天下服听而迫（驱）韩、魏以伐齐，曰：必反（返）宋，归楚淮北。反（返）宋，归楚淮北，燕、赵之所利也；并立三王（当作三帝），燕、赵之所愿也。夫实得所利，尊得所愿，燕、赵之弃齐，说（脱）沙（躧）也。今不收燕、赵，齐伯必成。诸侯赞齐而王弗从，是国伐也。诸侯伐齐而王从之，是名卑也。今收燕、赵，国安名尊；不收燕、赵，国危而名卑。大去尊安，取卑危，知（智）者弗为。'秦王闻若说，必如谏（刺）心。然则［王］何不使辩士以如说（说）秦，秦必取，齐必伐矣。夫取秦，上交也；伐齐，正利也。尊上交，务正利，圣王之事也。"（《战国纵横家书》第二十章谓燕王，《燕策一》第十三章大体相同，开首作"齐伐宋，宋急，苏代乃遗燕昭王书曰"，末有"燕昭王善其书，曰：先人尝有德苏氏，子之之乱而苏氏去燕，燕欲报仇于齐，非苏氏莫可。乃召苏氏，复善待之，与谋伐齐，竟破齐，闵王出走"。《苏秦列传》有与《燕策一》相同之记述）

案：此策，《燕策一》与《苏秦列传》以为苏代遗燕昭王书，不确。"并立三帝"之议未成事实，但由此可知，五国合纵伐齐，以秦、赵、燕三国为主，韩、魏之参与，乃为形势所驱使，而秦、赵、燕三国中，又以秦为首要，由秦入质子泾阳君、高陵君于赵、燕以为信，用作保证。

当是时，齐湣王强……与秦昭王争重为帝，已而复归之。诸侯皆欲背秦而服于齐。湣王自矜，百姓弗堪。于是燕昭王问伐齐之事。乐毅对曰："齐，霸国之余业也，地大人众，未易独攻也。王必欲伐之，莫如与赵及楚、魏。"于是使乐毅约赵惠文王，别使连楚、魏，令赵嚪说秦以伐齐之利。诸侯害齐湣王之骄暴，皆争合从与燕伐齐。乐毅还报，燕昭王悉起兵，使乐毅为上将军，赵惠文王以相印授乐毅，乐毅于是并护赵、楚、韩、魏、燕之兵以伐齐，破之济西。诸侯兵罢归，而燕军乐毅独追，至于临淄。(《乐毅列传》)

[赵惠文王]十四年相国乐毅将赵、秦、韩、魏、燕攻齐，取灵丘。(《赵世家》)

案：是时合纵伐齐者为五国，非六国。《荀子·王制》云："闵王毁于五国。"《吕氏春秋·权勋》云："昌国君将五国之兵以攻齐。"《燕策二》第九章亦云："昌国君乐毅为燕昭王合五国之兵而攻齐。"《六国表》亦云："齐湣王四十年五国共击湣王，王走莒。"《乐毅列传》谓乐毅"并护赵、楚、韩、魏、燕之兵以伐齐"，而《赵世家》云："相国乐毅将赵、秦、韩、魏、燕攻齐。"当以《赵世家》之说为是。《吕氏春秋》高诱注亦云："五国谓燕、秦、韩、魏、赵也。"此与《秦本纪》亦相合。《秦本纪》昭王二十三年载"尉斯离与三晋、燕伐齐，破之济西"。《秦本纪》当本《秦记》，确实可信。《魏世家》亦云："与秦、赵、韩、燕共伐齐，败之济西。"惟《燕世家》谓六国，称"乐毅为上将军，与秦、楚、三晋合谋以伐齐"，除上述五国外，尚有楚参与；《楚世家》亦云："楚王与秦、三晋、燕共伐齐，取淮北。"《田世家》既云:"燕、秦、楚、三晋合谋,各出锐师以伐",又谓:"楚使淖齿将兵救齐,因相齐湣王。"前后矛盾,若楚参与合纵伐齐,楚又何以淖齿将兵救齐?而齐湣王又何以淖齿为相乎?《燕世家》、《乐毅列传》误以楚参与合纵伐齐,盖出于乐毅《报燕惠王书》,而《楚世家》、《田世家》亦因此而误。《资治通鉴》记此事,于"乐毅为上将军"下,采《秦本纪》,谓"秦尉斯离帅师与三晋之师会之",又于"赵惠文王以相印授乐毅"下,改作"乐毅并将秦、魏、韩、赵之兵以伐齐"。所记甚确。

又案:乐毅《报燕惠王书》称燕昭王欲以齐为事,乐毅对曰:"夫齐,霸国之余教也,而骤胜之遗事也,闲于甲兵,习于战攻,王若欲攻之,则必举天下而图之。举天下而图之,莫径于结赵矣,且又淮北、宋地,楚、魏之所同愿也,赵若许约,楚、魏尽力,四国攻之,齐可大破也。"昭王因而使乐毅于赵,"愿反命,起兵随而攻齐。"《乐毅列传》因之,谓昭王"使乐毅约赵惠文王,别使连楚、魏,令赵嚪说秦以伐齐之利。……乐毅还报,燕昭王悉起兵"。一若合纵伐齐之举,全由乐毅计谋出使组合而成。此与当时合纵连横形势之变化以及合纵伐齐形势之形成,完全不合。当时齐与赵因争夺宋地矛盾日增,及齐湣王灭宋,矛盾扩大,原来赵将韩徐为与魏相孟尝君皆主张合纵攻齐,并谋拉拢燕国参与。当齐湣王灭宋前后,赵先使赵梁为将攻齐,继又由韩徐为将而攻齐。秦乘此时机,图谋削弱齐国,改变齐、秦东西对峙之形势,并谋借此在中原开拓土地,主谋发动五国合纵攻齐,以瓜分齐地为饵,并推赵主持其事。秦昭王二十二年与赵王会于中阳,即为共谋合纵伐齐之事,同时使秦将蒙骜越过魏国,攻取齐之河东九城，改为秦之九县。即所谓“先出声于天下”，带头向齐发动进攻。秦此次主谋五国合纵攻齐，以秦、赵、燕三国为核心，并由秦出质于赵、燕两国以为信，由赵结合燕从而发动合纵攻齐，于是由乐毅为燕、赵二国之“共相”，并为赵、秦、韩、魏、燕五国联军之统帅。盖乐毅本为赵臣，当齐宣王破燕时，赵欲存之，赵武灵王从乐毅之计谋，以赵合楚、魏“伐齐而存燕”（见《赵策三》第三章），于是使乐池护送燕公子职由韩入燕，立以为王，即是燕昭王（见《赵世家》及《集解》所引《纪年》）。因此乐毅得为燕、赵二国之“共相”。《战国纵横家书》第十七章有人谓起贾曰：“燕、赵共相，二国为一，兵合以临齐，则秦不能与燕、赵争。”即指乐毅而言。因而是年乐毅得以赵相国率赵、秦、韩、魏、燕五国之师，由赵先攻取齐济西之灵丘，作为五国联军大举攻破齐国之基地。此后三年，即赵惠文王十七年“乐毅将赵师攻魏伯阳”（见《赵世家》），盖乐毅本兼为赵相。当燕昭王去世，燕惠王继立，疑乐毅而使骑劫代之，乐毅即入赵，盖毅本兼赵相之职。乐毅为赵相而率五国之师由赵攻齐济西之灵丘，独见于《赵世家》，盖史公所见战国史料，有关赵之记载尚有存在。《赵世家》记五国之师，以赵、秦列前，以燕殿后，盖赵、秦为其主力。《秦本纪》载昭王二十二年蒙武伐齐（“蒙武”当作“蒙骜”），河东为九县。二十三年“尉斯离与三晋、燕伐齐，破之济西”。《正义》云：“尉，都尉。”秦既先命将军蒙骜伐齐，继而又使尉斯离与三晋、燕会攻齐而破之济西。则“尉”当为国尉而非都尉。

胃（谓）起贾：私心以公为为天下伐齐，共约而不同虑。齐、秦相伐，利在晋国。齐、晋相伐，重在秦。是以晋国之虑，奉秦，以重虞秦。

破齐，秦不妒得，晋之上也。秦食晋以齐，齐毁，晋敝，余齐不足以为晋国主矣。晋国不敢倍（背）秦伐齐，有（又）不敢倍（背）秦收齐，秦两县（悬）齐、晋以持大重，秦之上也。是以秦、晋皆俠（策）若计以相笥（伺）也。古之为利者养人，□□立重，立重者畜人，以利。重立而为利者卑，利成而立重者轻。故古之人患利、重之□夺□□□，唯贤者能以重终，察于见反，故能制天下。愿御史之孰（熟）虑之也。且使燕尽阳地，以河为竟（境），燕、齐毋□难矣。以燕王之贤，伐齐，足以俌（刷）先王之餌（耻），利擅河山之间，执（势）无齐患，交以赵为死□友，地不与秦攘（壤）介（界），燕毕□□之事，难听尊矣。赵取济西，以方（防）河东，燕、赵共相，二国为一，兵全以临齐，则秦不能与燕、赵争。□□□□亡宋得，南阳伤于鲁，北地归于燕，济西破于赵，余齐弱于晋国矣。为齐计者不逾强晋，□□□□秦，秦（齐）不合，莫尊秦矣。魏亡晋国，犹重秦也。与之攻齐，攻齐已，魏为□国，重楚为□□□□重不在粱（梁）西矣。一死生于赵，毁齐，不敢怨魏，魏，公之魏已。楚割淮北，以为下蔡启□，得虽近越，实必利郢。天下□且功（攻）齐，且属从，为传棼（焚）之约。终齐事，备患于秦，□是秦重攻齐也，国必虑。意齐毁未当于秦心也。卢（虑）齐（剂）齐而生事于［秦］周与天下交长，秦亦过（祸）矣。天下齐（剂）齐不侍（待）夏，近虑周，周必半岁，上党、宁阳非一举之事也。然则韩□一年有余矣。天下休，秦兵适敝，秦有虑矣。非是犹不信齐也，畏齐大（太）甚也。公孙鞅之欺魏卬也，公孙鞅之罪也。身在于秦，请以其母质，襄疵弗受也。魏至今然者，襄子之过也。今事来矣，此齐之以母质之时也，而武安君之弃祸存身之夬（诀）也。（《战国纵横家书》第十七章，谓起贾）

案：此次五国合纵伐齐，由秦约赵主持，以秦、赵、燕三国为主力，由乐毅兼为赵、燕两国之相而作统帅，并由秦入质于赵、燕以作保证，秦并派遣御史至魏主持天下伐齐之事。此章记有人为齐游说起贾，起贾为秦之御史，故说者曰："愿御史之熟虑之也。"御史为国君之秘书兼有监察性质，起贾以御史之职，奉命至魏，主持监督合纵伐齐之事，故说者云："私心以公为为天下伐齐"。说者估计合纵伐齐之结果，谓燕取得齐之河北，即所谓"阳地"，将势无齐患，又得赵之死交，地又不与秦相接，将难以听从于秦；又谓赵取得齐之济西，以防河东，燕、赵两国以乐毅为"共相"，"二国为一"，秦将不能与燕、赵争。又谓魏与秦攻齐之后，将重视楚国，备患于秦，因而以为"齐毁未当于秦心也"。其实，此次秦发动并主持五国合纵伐齐，目的不仅在于削弱齐国，改变长期以来齐、秦东西两强对峙之局势，更欲乘机夺取中原土地，甚至攻灭韩国，吞并两周，攻取魏之河东、河内之地。即苏秦献赵王书，所谓"欲以亡韩，吞两周，故以齐为饵天下"，"声德与国，实伐郑、韩"，"韩亡三川，魏亡晋国，市朝未罢而祸及于赵。"所谓"晋国"，即指魏之河东、河内地。

[孟尝君]乃如魏，魏昭王以为相，西合于秦、赵与燕共伐破齐。(《孟尝君列传》)

诸侯见齐之罢弊，君臣之不和也，兴兵而伐齐，大破之，士辱丘顿，皆咎其王曰："谁为此计者乎？"王曰："文子为之，大臣作乱，文子出走。"(《范雎列传》记雎谓秦昭王)

案：此次五国合纵伐齐，由秦约赵连燕而主持。同时，魏相孟尝君与赵将韩徐为亦尝参与其事。据帛书《战国纵横家书》，在秦主谋发动五国合纵攻齐之前，魏相薛公(即孟尝君)与赵将韩徐为已合谋攻齐，并促使燕伐齐。《孟尝君列传》虽误以孟尝君入魏，在齐湣王灭宋之后，但所述孟尝君为魏昭王相："西合于秦、赵与燕共伐破齐"，当是事实。《荀子·王制》言齐闵、薛公权谋日行，国不免于危亡。《臣道》篇又称孟尝为篡臣，当与此有关。梁玉绳以为齐之破与孟尝无涉，《孟尝君列传》所说："殆当时恶孟尝君者造为斯语而传之欤？"盖未深考。齐之破，确如范雎所说，与齐之疲敝，君臣之不和有关，此皆孟尝君"权谋日行"之结果。合纵破齐之计谋，确实如范雎所说"文子为之"于先。《东周策》第二十一章记有人谓周冣曰："薛公[背]故主，轻忘其薛，不顾其先君之丘墓。"即指孟尝君谋合纵破齐而言。

齐负郭之民有狐咺者（"狐"上原有"孤"字，从吴师道删）正议，闵王斮之檀衢（"斮"同"斫"），百姓不附。齐孙室子陈举直言，杀之东闾，宗族离心。司马穰苴为政者也，杀之，大臣不亲。以故燕举兵……军破走。（《齐策六》第一章）

案：《汉书·古今人表》中下等有狐爰，颜注："即狐咺也，齐人，见《战国策》。"《吕氏春秋·贵直》篇作狐援，"爰""援""咺"，音同通用。

狐援说齐湣王曰："殷之鼎陈于周之廷，其社盖周之屏，其干戚之音在人之游（许维遹云："在当作充"），亡国之音不得至于庙，亡国之社不得见于天，亡国之器陈于廷，所以为戒，王必勉之。其无使齐之大吕陈之廷，无使太公之社盖之屏，无使齐音充人之游。"齐王不受。狐援出而哭国三日，其辞曰："先出也，衣絺纻；后出也，满囹圄。吾今见民之洋洋然东走而不知所处。"齐王问吏曰："哭国之法若何？"吏曰："斮。"王曰："行法。"吏陈斧质于东闾（"质"通"锧"，杀人所用椹垫)，不欲杀之而欲出之。狐援闻而蹶往过之。吏曰："哭国之法斮，先生之老欤昏欤?"狐援曰："曷为昏哉?"于是乃言曰："有人自南方来，鲋入而鲵居，使人之朝为草而国为墟。殷有比干，吴有子胥，齐有狐援。已不用若言，又斮之东闾。每斮者以吾参夫二者乎!"(于省吾云："每应读诲，古谋字")狐援非乐斮也，国已乱矣，上已悖矣，哀社稷与民人，故出若言。出若言非平论也，将以救败也，固嫌于危。此触子之所以去之也，达子之所以死之也。(《吕氏春秋·贵直》)

列精子高听行乎齐湣王，善衣柬布衣("柬"原作"东"，从江绍原改正，"柬"通"练")，白缟冠，颡推之履("推"通"颉"，出额也，盖高头鞋)。特会朝雨，袪步堂下，谓其侍者曰："我何若?"侍者曰："公姣且丽。"列精子高因步而窥于井，粲然恶丈夫之状也，喟然叹曰："侍者为吾听行于齐王也，夫何阿哉？又况于所听行乎万乘之主，人之阿之亦甚矣，而无所镜，其残亡无日矣。"(《吕氏春秋·达郁》)

【附编】

苏代自齐使人谓燕昭王曰："臣间离齐、赵("间"原作"闻"，今从鲍本改正)，齐、赵已孤矣。王何不出兵以攻齐，臣请为王弱之。"燕乃伐齐攻晋。令人谓闵王曰："燕之攻齐也，欲以复振古地也("古"，鲍本作"故")。燕兵在晋而不进，则是兵弱而计疑也。王何不令苏子将而应燕乎？夫以苏子之贤，将而应弱燕，燕破必矣。燕破则赵不敢不听，是王破燕而服赵也。"闵王曰："善。"乃谓苏子曰："燕兵在晋，今寡人发兵应之，愿子为寡人为之将。"对曰："臣之于兵，何足以当之，王其改举。王使臣也，是败王之兵，而以臣遗燕也。战不胜，不可振也。"王曰："行，寡人知之矣。"苏子遂将而与燕人战于晋下。齐军败，燕得甲首二万人。苏子收其余兵以宁阳城，而报于闵王曰："王过举，令臣应燕，今军败，亡二万人，臣有斧质之罪，请自归于吏以戮。”闵王曰：“此寡人之过也，子无以为罪。”明日，又使燕攻阳城及狸。又使人谓闵王曰：“日者齐不胜于晋下，此非兵之过，齐不幸而燕有天幸也。今燕又攻阳城及狸，是以天幸自为功也。王复使苏子应之，苏子先败王之兵，其后必务以胜报王矣。”王曰：“善。”乃复使苏子，苏子固辞，王不听。遂将以与燕战于阳城。燕人大胜，得首三万。齐君臣不亲，百姓离心。燕因使乐毅大起兵伐齐，破之。(《燕策二》第四章)

案：此为后世策士所伪托，用以夸张苏代为燕为反间而取得破齐之计者。考阳城及狸乃燕之腹地。《赵世家》称赵悼襄王九年赵攻燕，取貍、阳城，“兵未罢，秦攻邺拔之。”《韩非子·饰邪篇》言赵北伐燕，“兵至釐而六城拔矣，至阳城，秦拔邺矣。”“貍”或“釐”皆即狸。阳城在今河北完县东南，狸在今河北任丘县东北，皆为燕境内之重要都邑。狸为燕长城外之防守要地。而此云苏子败于晋下，收其余兵以守阳城，又谓燕攻阳城及狸，乃不知地理者之妄说。

廿二年临汾守曋，库系、工歃造。(秦戈刻铭，戈出土于江西遂川县，见《考古》一九七八年第一期《记江西遂川出土几件秦代铜兵器》)

案：秦昭王十七年魏纳秦河东地方四百里，二十一年魏又献安邑，此戈疑即二十二年所作，是时河东郡治设于临汾(在今山西曲沃北)，故称临汾守。

卷十六
周赧王三十一年(公元前二八四年)至三十五年(公元前二八〇年)

周赧王三十一年(公元前二八四年)

秦昭王二十三年,魏昭王十二年,韩釐王十二年,赵惠文王十五年,齐湣王十七年,楚顷襄王十五年,燕昭王二十八年。

[秦昭襄王]二十三年尉斯离与三晋、燕伐齐,破之济西。王与魏王会宜阳,与韩王会新城。(《秦本纪》,《六国表》作"尉斯离与韩、魏、赵、燕共击齐,破之")

[赵惠文王]十五年燕昭王来见。赵与韩、魏、秦共击齐,齐王败走。燕独深入,取临菑。(《赵世家》)

[魏昭王]十二年与秦、赵、韩、燕共伐齐,败之济西,湣王出亡。燕独入临菑。与秦王会西周。(《魏世家》,《六国表》作"与秦击齐济西。与秦王会西周")

[韩釐王]十二年与秦昭王会西周。而佐秦攻齐,齐败,湣王出

亡。(《韩世家》,《六国表》作“与秦击齐济西,与秦王会”)

[齐湣王]四十年(当作十七年)燕、秦、楚、三晋合谋,各出锐师以伐,败我济西,王解而却。燕将乐毅遂入临淄,尽取齐之宝藏器。湣王出亡,之卫,卫君辟宫舍之,称臣而共具。湣王不逊,卫人侵之,湣王去,走邹、鲁,有骄色,邹、鲁君弗内,遂走莒。楚使淖齿将兵救齐,因相齐湣王。淖齿因杀湣王,而与燕共分齐之侵地卤器。(《田世家》,《六国表》作“五国共击湣王,王走莒”)

[燕昭王]二十八年燕国殷富,士卒乐佚轻战,于是遂以乐毅为上将军,与秦、楚、三晋合谋以伐齐。齐兵败,闵王出走于外。燕兵独追北,入至临淄,尽取齐宝,烧其宫室宗庙。齐城之不下者,唯独莒、即墨。(《燕策一》第十二章,《燕世家》同,惟“闵王”作“湣王”,“莒”上有“聊”字。《六国表》作“与秦、三晋击齐,燕独入至临菑,取其宝器”)

[楚顷襄王]二十五年楚王与秦、三晋、燕共伐齐,取淮北。(《楚世家》,《六国表》作“取齐淮北”)

案:《田世家》既言“燕、秦、楚、三晋合谋,各出锐师以伐,败我济西”,又谓“楚使淖齿将兵救齐,因相齐湣王”,前后矛盾。“燕、秦、楚、三晋合谋”,“楚”字当衍。《六国表》于楚表亦云:“五国共击湣王”,并非六国合谋。《齐策六》第五章记齐之幸人曰:“燕之伐齐之时,楚王使将军将万人而佐齐。”即指“淖齿将兵救齐”而言。

燕昭王悉起兵,使乐毅为上将军,赵惠文王以相国印授乐毅,乐毅于是并护赵、楚、韩、魏、燕之兵以伐齐,破之济西。诸侯兵罢归,而燕军乐毅独追至于临菑。齐湣王之败济西,亡走保于莒。乐毅独留徇齐,齐皆城守。乐毅攻入临菑,尽取齐宝财物祭器输之燕。燕昭王大悦，亲至济上劳军，行赏飨士，封乐毅于昌国，号为昌国君。于是燕昭王收齐卤获以归，而使乐毅复以兵平齐城之不下者。乐毅留徇齐五年，下齐七十余城。皆为郡县以属燕，惟独莒、即墨未服。(《乐毅列传》)

案："乐毅于是并护赵、楚、韩、魏、燕之兵伐齐，破之济西"，"楚"乃"秦"之误，楚兵不能攻至济西。

昌国君将五国之兵以攻齐。齐使触子将，以迎天下之兵于济上。齐王欲战，使人赴触子，耻而訾之曰："不战必刬若类，掘若垄。"触子苦之，欲齐军之败，于是以天下兵战，战合，击金而却之，卒北，天下兵乘之。触子因以一乘去，莫知其所，不闻其声。达子又帅其余卒，以军于秦周，无以赏，使人请金于齐王。齐王怒曰："若残竖子之类，恶能给若金？"与燕人战，大败，达子死。齐王走莒。燕人逐北入国，相与争金于美唐甚多。(《吕氏春秋·权勋》)

案：高诱注："秦周，齐城门名也。"非是。梁玉绳《吕子校补》据《左传》襄公十八年"十二月戊戌及秦周，伐雍门之荻，己亥焚雍门及西郭、南郭"，以为"秦周当是近雍门之地名"。并云："考《齐记》，古齐城其西曰雍门，西北曰杨门。"无城门名秦周者，是也。

燕举兵，使昌国君将而击之，齐使向子(当作蜀子)将而应之。齐军破，向子以舆一乘亡，达子收余卒复振，与燕战。求所以赏者，闵王不肯与，军破走。(《齐策六》第一章)

案："向子"当为"蜀子"之形误。即《燕策二》第二章所谓"今齐王召蜀子使不伐宋"者，亦即触子，即济西之战败走者，"触""蜀"声同通用。

昔燕攻齐，遵雒路，渡济桥，焚雍门，击齐左而虚其右。王歜绝颈而死于杜山，公孙差格死于龙门，饮马于淄、渑，定获于琅邪。王与太后奔于莒，逃于城阳之山。(《说苑·奉使》第十八章，楚使者谓齐王)

案：遵，循也，行也，见《尔雅·释诂》、《广雅·释诂》。雒路亦称格道。《秦策四》第十章谓楚威王大败齐将申缚，"赵人闻之至枝桑，燕人闻之至格道。格道不通，平际绝。"谓赵、燕乘齐大败之时机出兵攻齐，燕兵至格道。格道当即雒路，"格""雒"皆从"各"音，疑皆"络"之通假，络犹绕也，见《山海经·海内经》郭注。络路或称络道，盖曲折之道路。盖燕师追随赵师，经赵国东边曲折道路南下，会攻齐之济西。得胜后，燕师渡济上之桥，向齐城即临淄进攻，在雍门以西之秦周，大胜齐军，于是焚雍门而攻克临淄，所谓"饮马于淄、渑"也。燕师又乘胜追击，向东南攻至琅邪，占据齐长城及险要之地，得以巩固其胜利果实，所谓"定获于琅邪"也。由此可见，所谓乐毅《报燕惠王书》云："起兵随而攻齐，以天之道，先王之灵，河北之地随先王举而有之济上。济上之军奉令击齐，大胜之，轻卒锐兵长驱至国("国"即指国都)，齐王逃遁走莒，仅以身免。"以为燕师单独先攻克河北，然后在济上大胜而长驱攻至临淄，非其实也。盖出于游士之伪托。乐毅破齐，主要经两战役。乐毅于上年以赵相而率赵、秦、韩、魏、燕五国之师，由赵攻取齐之灵丘。灵丘在高唐(齐五都之一)西南，作为大举破齐之基地，使齐集中兵力在济西抵抗，于是集中五国优势之兵力，用以歼灭齐集中之主力，结果使齐将触子败走，从而奠定击破齐国之基础。《吕氏春秋·行论》篇所谓"此济上之所以败，齐国以虚也"，"虚"同"墟"，谓破毁也。《吕氏春秋·先识》

篇又论此云："悉起而距军于济上，未有益也。"齐将达子率其战败之兵，退守秦周，即在临淄西门雍门之西，乐毅以燕相率燕师乘胜迅速追击，一战又得胜，达子败死。燕师遂得焚雍门而攻入临淄。乐毅破齐，主要经历济西之战与秦周之战。《燕策二》第十一章谓燕王"率天下之兵以伐齐，大战一，小战再，顿齐国，成其名"，"大战一"即是济西之战，"小战再"，即是秦周之战。《吕氏春秋·贵直》篇评论齐湣王之骄横，云："此触子之所以去之也，达子之所以死之也。"亦指济西之役与秦周之役。此亦可见乐毅《报燕惠王书》所谓"河北之地随先王举而有之济上"，出于游士伪托而夸大乐毅破齐之功者。按齐与燕接境之地为河北，齐与赵接境之地为济西。《燕策一》第八章及《苏秦列传》记苏秦策划破齐曰："且异日也，济西不役，所以备赵也；河北不役，所以备燕也。今济西、河北尽已役矣，封内弊矣。"顾观光释之曰："济西是齐之西境与赵为邻者。"又曰："按战国时，河已徙流，自宿胥口东行漯川至长寿津，与漯别行而东北流，合漳水入海，故齐地有错入河北者，盖距燕较近矣。《燕策》因北地之众以伐燕，又云齐之信燕也，至于虚北地以行其兵，北地当即河北。"其说是也。乐毅为赵、燕之共相，毅先以赵相率五国之师攻取齐之灵丘，进而大破齐军于济西。继而又以燕相独率燕师由济西乘胜追击，深入齐地，何劳再攻占河北，由河北南下经济上？《乐毅列传》称乐毅破之济西后而独率燕军追至临淄，《魏世家》、《田世家》亦相同。乐毅《报燕惠王书》谓"起兵随而攻齐，以天之道，先王之灵，河北之地，随先王举而有之于济上，济上之军奉令击齐大胜之。轻卒锐兵，长驱至国"。谓乐毅率燕师先攻占河北，再攻至济上而大胜之，然后长驱至国。以为乐毅破齐全由燕师连续得胜而成功。盖出于策士之伪托，用以夸大乐毅之功绩者。乐毅确是有谋略之将军，彼以燕、赵“共相”与五国合纵之时机，集中优势兵力，先歼灭齐之主力于济西，然后便于燕师长驱直入而攻克临淄。

《公孙固》一篇。(《汉书·艺文志》列儒家。班固自注：“十八章，齐闵王失国，问之，固因为陈古今成败也。”)

案：《史记·十二诸侯年表序》云：“及如荀卿、孟子、公孙固、韩非之徒，各往往捃摭《春秋》之文以著书。”由此可知齐湣王失国之后，尝请教于公孙固，固因而采集春秋时代之史事，编成十八章，为之陈古今成败之教训。

公孙子曰：“子发将西伐蔡，克蔡，获蔡侯，归致命曰：‘蔡侯奉其社稷而归之楚，舍属二三子而治其地。’(杨注：“舍，子发名”)既楚发其赏，子发辞曰：‘发诫布令而敌退，是主威也；徙举相攻而敌退，是将威也；合战用力而敌退，是众威也。臣舍不宜以众威受赏。’讥之曰：子发之致命也恭，其辞赏也固。夫尚贤使能，赏有功，罚有罪，非独一人为之也，彼先王之道也，一人之本也，善善恶恶之应也，治必由之，古今一也。古者明王之举大事、立大功也，大事已博，大功已立，则君享其成，群臣享其功，士大夫益爵，官人益秩，庶人益禄，是以为善者劝，为不善者沮，上下一心，三军同力，是以百事成而功名大也。今子发独不然，反先王之道，乱楚国之法，堕兴功之臣，耻受赏之属，无僇乎族党，而抑卑其后世。案独以为私廉，岂不过甚矣哉！故曰：子发之致命也恭，其辞也固。”(《荀子·强国》)

案：罗焌《诸子学述》之《周秦诸子书目表》云：“此与马、班所说正合，其为《公孙固》书无疑。”此说可从《荀子》此节，盖即取自《公孙固》十八章中。子发克蔡事，已说明在周显王二十九年案语中。据此可知，公孙固所陈古今成败，亦包括战国时事。此章论赏罚与成败之关系重大。盖滥罚而不肯赏，以致触子败走，达子败死。此为齐湣王失败原因之一，故公孙固据史事以讥之。

齐湣王亡居于卫，昼日步足（《新序·杂事五》第二十一章作“尽日步走”），谓公玉丹曰：“我已亡矣，而不知其故。吾所以亡者，果何故哉？我当已。”（高亨云：“已当作亡。”范耕研云：“言当止而改过也”）公玉丹答曰：“臣以王为已知矣，王故尚未知邪？王之所以亡者，以贤也。天下之主皆不肖，而恶王之贤也，因相与合兵而攻王，此王之所以亡也。”湣王慨焉太息曰：“贤固若是其苦邪？”此亦不知其所以也，此公玉丹之所以过也。（《吕氏春秋·审己》）

齐湣王亡居卫，谓公玉丹曰：“我何如主也？”玉丹曰：“王贤主也。臣闻古人有辞天下而无恨色者，臣闻其声，于王而见其实。王名称东帝，实辨天下（高诱注：“辨，治也。”《新序·杂事五》第二十一章“辨”作“有”），去国居卫，容貌充满，颜色发扬，无重国之意。”王曰：“甚善。丹知寡人，寡人自去国居卫也，带益三副矣。”（《吕氏春秋·过理》，《新序·杂事五》第二十一章同，“带益三副矣”作“带三益矣”）

齐闵王将之鲁，夷维子执策而从，谓鲁人曰：“子将何以待吾君？”鲁人曰：“吾将以十太牢待子之君。”夷维子曰：“子安取礼而来待吾君？彼吾君者，天子也。天子巡狩，诸侯辟舍（“辟”读作“避”），纳于筦键（“筦”同“管”），摄衽抱几，视膳于堂下，天子已食，退而听朝也。”鲁人投其籥（“籥”通“钥”），不果纳，不得入于鲁。将之薛，假涂于邹（“涂”通“途”）。当是时，邹君死，闵王欲入吊，夷维子谓邹之孤曰：

"天子吊，主人必将倍殡柩（"倍"通"背"），设北面于南方，然后天子南面吊也。"邹之群臣曰："必若此，吾将伏剑而死。"故不敢入于邹。（《赵策三》第十三章鲁仲连谓辛垣衍，《鲁仲连列传》同）

王奔莒，淖齿数之曰："夫千乘、博昌之间，方数百里（"百"当为"十"字之误，千乘在今山东高青县东北，博昌在今博兴县东南，两地相邻，不过数十里），雨血沾衣，王知之乎？"王曰："不知。""赢、博之间地坼至泉，王知之乎？"王曰："不知。""人有当阙而哭者，求之而不得，去之则闻其声，王知之乎？"王曰："不知。"（吴师道曰："三不知字，《春秋后语》皆作知之，《资治通鉴》从之。"金正炜曰："据后文，淖齿责王不知戒，则作知之，义胜。"《太平御览》八百七十七引作"不知"）淖齿曰："夫天雨血沾衣，天以告也；地坼至泉者，地以告也；人有当阙而哭者，人以告也。天、地、人皆以告矣，而王不知戒焉（《资治通鉴》"戒"作"诫"，胡注："诫与戒同"），何得无诛乎？"于是杀闵王于鼓里。（《齐策六》第一章）

案：《资治通鉴》胡注："鼓里，莒中地名，近齐庙。"莒为齐五都之一，设有宗庙，湣王被杀于庙，悬之庙梁而死。

淖齿闻齐王之恶己也，乃矫为秦使以知之。（《韩非子·内储说上》）

淖齿管齐之权，缩闵王之筋，悬之庙梁，宿昔而死。（《秦策三》第十章范雎谓秦王，《范雎列传》作"崔杼、淖齿管齐，射王股，擢王筋，县之于庙梁，宿昔而死"。"崔杼"二字为衍文）

淖齿用齐，擢闵王之筋，悬于其庙梁，宿夕而死。（《楚策四》第九章客谓春申君，《韩非子·奸劫弑臣》、《韩诗外传》卷四第二十五章同，"宿夕"作"宿昔"，"昔""夕"字通。《韩非子·外储说右下》亦作

“淖齿之用齐也，擢闵王之筋”）

滑王一用淖齿而身死乎东庙。（《韩非子·难一》，《淮南子·氾论训》同，惟“一”作“专”）

案：淖齿亦作卓齿，见《韩非子·奸劫弑臣》篇顾广圻云：“藏本、今本卓作淖，《策》、《外传》皆作淖，案卓、淖同字。乾道本未尝误，改者非也。”今案“淖”、“卓”皆当为“昭”之通假；犹如昭滑之或作“卓滑”。盖楚之贵族。《田世家》云：“楚使淖齿将兵救齐，因相齐湣王。淖齿遂杀湣王而与燕共分齐之侵地卤器。”《新序·杂事五》第二十一章同。《齐策六》第五章记齐之幸臣相与语于王曰：“燕之伐齐之时，楚王使将军将万人而佐齐，今国已定而社稷已安矣，何不使使者谢于楚王？”楚王所使佐齐之将军，当即淖齿。齐湣王因兵败出奔，经卫、邹、鲁等国，回国走莒，即依靠楚之救助。莒为齐五都之一，在齐长城之南，靠近楚国，据此可重建齐之政权，因而重用淖齿为相。《吕氏春秋·正名》篇论及齐湣王云：“此公玉丹之所以见信而卓齿之所以见任也，任卓齿而信公玉丹，岂非以自雠邪？”高注：“其毙由在此二人，非欲自毙也，然二人卒毙之。”齐湣王任用淖齿为相，依靠楚之救援重建政权，出于形势所迫。淖齿之杀湣王，盖由于利害冲突，猜疑而相恶。《韩非子·内储说上》云：“淖齿闻齐王之恶己也，乃矫为秦使以知之。”韩非列此为“倒言反事以尝所疑则奸情得”之一例，盖淖齿使人伪装秦使以见湣王，探得湣王厌恶自己，因而设计杀死湣王。

又案：《楚世家》言：“楚王与秦、三晋、燕共伐齐，取淮北。”《六国表》亦作“取齐淮北”，而《田世家》则云：“淖齿遂杀湣王而与燕共分齐之侵地卤器。”所谓“取齐淮北”与“分齐之侵地”，实为一事。淮北原为齐侵楚之地。当以《田世家》之说较为可信。是时五国合纵伐破齐国，分割齐地，楚实未尝参与。楚使淖齿率师救齐，齐湣王任淖齿为相，及淖齿杀死湣王，不久齐人王孙贾又攻杀淖齿，莒人又共立湣王子法章为齐王，楚并未干预其事。楚之收复齐之侵地淮北，当在淖齿为齐湣王之相国，齐正依靠楚之救援而重建政权之时。

齐能并宋而不能凝也，故魏夺之。（《荀子·议兵》）

案：魏夺得齐所并宋地，当在五国之师大败齐于济西之后。《楚世家》顷襄王十八年楚人有以弋射说楚王曰：“外举定陶，则魏之东外弃，而大宋、方与二郡举矣。”可知魏得宋地，尝置大宋、方与二郡。《汉书·地理志》称宋“为齐、楚、魏所灭，三分其地，魏得梁（指睢阳）、陈留”，不可信。陈留早为魏地，魏得睢阳及其周围之地，当在此时。

齐以东帝困于天下，而鲁取徐州。（《吕氏春秋·首时》）

案：高诱注：“齐湣王僭号于东，民不顺之，故困于天下，是以鲁国略取徐州。”此说不确切。秦昭王十九年，即齐湣王十三年，秦约齐并称东、西帝。齐忽而取消帝号，发动合纵攻秦，图谋乘机灭宋。后二年齐灭宋，诸侯恐惧。再后二年，秦发动合纵攻齐，于是乐毅攻破齐国。《吕氏春秋》所谓“齐以东帝困于天下”，当指五国合纵伐破齐国之时。鲁虽小国，亦乘此时机略取徐州。徐州即薛，原为孟尝君之封邑。《水经·泗水注》谓：“漷水西径薛县故城北”，“《竹书纪年》梁惠成王三十一年邳迁于薛，改名徐州。”“齐封田文于此，号孟尝君。”《孟尝君列传》又谓：“齐襄王立，而孟尝君中立于诸侯，无所属。”田文死后“诸子争立，而齐、魏共灭薛”。考齐湣王七年田甲劫王，孟尝君出走，入魏为相，尝主谋参与合纵攻齐。《东周策》第二十一章或谓周冣曰：“薛公[背]故主，轻忘其薛，不顾其先君之丘墓。”盖孟尝君出走后已离其薛邑。魏昭王十三年，即齐襄王元年秦攻魏大梁，孟尝君为魏请赵、燕出兵来救。时孟尝君正为魏相。若齐湣王末年五国合纵伐破齐国时，鲁已乘机取得徐州，则齐襄王初立时，徐州已为鲁有，孟尝君何得于时中立于诸侯而无所属也？《资治通鉴》因此记孟尝君中立于诸侯，以及齐、魏共灭薛在周赧王三十六年，即齐襄王五年。顾观光因云：“襄王五年齐、魏灭薛。其后地入于鲁。《吕氏春秋·首时》齐以东帝困于天下，而鲁取徐州。《鲁世家》顷公十九年楚伐我取徐州是也。”此说尚有可商，若在齐襄王五年以后，田单已收复齐之所有失地，此时鲁尚能乘机略取齐之徐州乎？

齐闵王之遇杀，其子法章，变姓名为莒太史家庸夫，太史敫女奇法章之状貌，以为非常人，怜而常窃衣食之，与私焉（《田世家》作“而与私通焉”，下有“淖齿既以去莒”句）。莒中及齐亡臣相聚求闵王子，欲立之，法章乃自言于莒（《田世家》作“法章惧其诛已也，久之，乃敢自言我湣王子也”），共立法章为襄王。襄王立以太史氏女为王后，生子建。太史敫曰：“女无媒而嫁者，非吾种也，污吾世矣！”终身不睹。君王后贤，不以不睹之故，失人子之礼也。（《齐策六》第八章，《田世家》略同）

杀闵王于鼓里，太子乃解衣免服，逃太史之家，为溉园。君王后太史氏女，知其贵人，善事之。（《齐策六》第一章）

王孙贾年十五，事闵王。王出走，失王之处。其母曰："女朝出而晚来，则吾倚门而望；女暮出而不还，则吾倚闾而望；女今事王，王出走，女不知其处。女尚何归？"王孙贾乃入市中曰："淖齿乱齐国，杀闵王，欲与我诛者袒右。"市人从者四百人，与之诛淖齿，刺而杀之。(《齐策六》第二章)

案：据《齐策》，淖齿为王孙贾所杀，可知《田世家》淖齿去莒之说不确。

淖齿之杀湣王也，莒人求湣王子法章，得之太史嬓之家，为人灌园，嬓女怜而善遇之。后法章私以情告女，女遂与通。及莒人共立法章为齐王，以莒距燕，而太史氏女遂为后，所谓君王后也。燕之初入齐，闻画邑人王蠋贤，令军中曰："环画邑三十里，无入，以王蠋之故。"已而使人谓蠋曰："齐人多高子之义，吾以子为将，封子万家。"蠋固谢。燕人曰："子不听，吾引三军而屠画邑。"王蠋曰："忠臣不事二君，贞女不更二夫。齐王不听吾谏，故退而耕于野，国既破亡，吾不能存。今又劫之以兵为君将，是助桀为暴也。与其生而无义，固不如烹。"遂经其颈于树枝，自奋绝脰而死。齐亡大夫闻之曰："王蠋，布衣也。义不北面于燕，况在位食禄者乎？"乃相聚如莒，求诸子，立为襄王。(《田单列传》，《说苑・立节》第二十一章与此"燕之初入齐"以下，大体相同。"王蠋"作"王歜"，"画邑"作"盖邑"，"经其颈"作"县其躯")

案：据《齐策六》第五章貂勃谓襄王曰："燕人兴师而袭，齐墟，王走而之城阳之山中。"又谓安平君"故为栈道木阁，而迎王与后于城阳山中，王乃得反，子临百姓。"可知襄王在莒重建之政权，不在莒之城内，而在山路险阻之深山中，因而需建栈道木阁而迎王返回临淄。

又案：钱穆《田骈考》附有王斶之考订云："《齐策》齐宣王见颜斶，吴师道曰：'《春秋后语》作王蠋。'又有先生王斗，吴师道曰：'一本标《文枢镜要》作王升。'今按《汉书·古今人表》有王升、颜歜。窃疑王升即王斶之脱讹，又误分颜、王为两姓。观颜斶对宣王曰：'斶前为慕势，王前为趋士'，而王升之对亦然，知为一事之两传矣。其后当湣王之亡，其画邑人王蠋，乐毅闻其贤，令环三十里毋入，而使人请之，蠋自经而死。盖即宣王时高论士贵之王斶也。……其人盖亦稷下先生之贤者，当湣王之末，诸儒散亡，彼殆以邦土未去，遂以死节也。"(《先秦诸子系年》四三一页)。朱起凤亦有相同之见解。《齐策四》第五章见齐宣王之颜斶，《史记·正义》、《后汉书》注、《文选》注及《太平御览》所引，或作"歜"、"蠋"、"触"，皆从蜀声。《齐策四》第六章之"王斗"，《太平御览》四百五十六引作"王歜"，《文选·文宣王行状》注引作"王叔"，《初学记》三十四引作"王升"，"升""斗""叔"形似而讹，"叔""歜"又声近而讹。

【附编】

燕王悉起兵，以乐毅为上将军，秦尉斯离帅师与三晋之师会之。赵王以相印授乐毅，乐毅并将秦、魏、韩、赵之兵以伐齐。齐滑王悉国中之众以拒之，战于济西，齐师大败。乐毅还秦、韩之师，分魏师以略宋地，部赵师以收河间。身率燕师，长驱逐北。剧辛曰："齐大而燕小，赖诸侯之助以破其军，宜及时攻取其边城以自益，此长久之利也。今过而不攻，以深入为名，无损于齐，无益于燕，而结深怨，后必悔之。"乐毅曰："齐王伐功矜能，谋不逮下，废黜贤良，信任谄谀，政令戾虐，百姓怨怼。今军皆破亡，若因而乘之，其民必叛，祸乱内作，则齐可图也。若不遂乘之，待彼悔前之非，改过恤下而抚其民，则难虑也。”遂进军深入。齐人果大乱失度，湣王出走。乐毅入临淄，取宝物、祭器，输之于燕。燕王亲至济上劳军，行当飨士，封乐毅为昌国君，遂使留徇齐城之未下者。(《资治通鉴》周赧王三十一年)

案：《资治通鉴》所记乐毅攻克临淄经过，不见《史记》与《战国策》，当别有所据。但所据史料，不符史实。此言乐毅大败齐师于济西后，身率齐师长驱逐北。剧辛劝谏，谓宜及时攻取齐边城以自益，深入无益，而乐毅以为“其民必叛，祸乱内作”，遂进军深入，齐人果大乱失度，湣王出走，乐毅因而攻入临淄。考剧辛为战国末年燕将，赵悼襄王三年为赵将庞煖所擒。见于《赵世家》，距此有四十二年，若是时剧辛年三十，则七十外犹为战将乎？《史》《策》所谓燕昭即位初，师事郭隗，乐毅自魏往，剧辛自赵往，本为后世纵横家之夸谈。《燕世家》谓“剧辛故居赵，与庞煖善，已而走亡燕”，即在剧辛被擒前不久，不得与乐毅共事燕昭王。则此剧辛与乐毅之争论，必为后世纵横家伪托，而用以夸大乐毅之计谋者。据《吕氏春秋·权勋》篇，齐湣王命触子将而迎战，脱走，余卒由达子率以军秦周，秦周在临淄雍门外，达子又败死。据《说苑·奉使》篇第十八章，燕攻齐，“渡济桥，焚雍门”而攻入临淄。盖乐毅在大胜触子于济西之后，乘胜追击，又大败达子于秦周，随即攻克临淄。非如《资治通鉴》所云，因齐人内乱而得逞也。

燕师乘胜长驱，齐城皆望风奔溃。乐毅修整燕军，禁止侵掠，求齐之逸民，显而礼之，宽其赋敛，除其暴令，修其旧政，齐民喜悦。乃遣左军渡胶东、东莱。前军循泰山以东至海，略琅邪，右军循河、济，屯阿、鄄以连魏师，后军旁北海以抚千乘，中军据临淄而镇齐都。祀桓公、管仲于郊，表贤者之闾，封王蠋之墓，齐人食邑于燕者二十余君，有爵位于蓟者百有余人。六月之间，下齐七十余城，皆为郡县。(《资治通鉴》周赧王三十一年)

案：黄式三《周季编略》云："《通鉴》于此年书六月之间下齐七十二城，惟莒、即墨未下，讹也。承讹者，求莒、即墨所以五年不下之故，尤讹也。据《史记·乐毅列传》五岁乃下齐七十二城。《后汉书·朱儁传》：昔秦用白起、燕任乐毅皆旷年历载，乃能克敌，李《注》引《史记》五年乃下齐七十余城，是也。苏氏《古史》：东发先生《日钞》所言，皆同。《稽古录》于三十五年书乐毅徇齐地，数岁下齐七十余城，是司马氏后知其误而不能追改《通鉴》也。"此乐毅攻克临淄后，分兵五路向四方进击，六月下齐七十余城之说，不见《史记》、《战国策》，先秦诸子，疑皆出后人增饰，未可轻信。《说苑·奉使》第十八章楚使者谓齐王，称乐毅攻齐，"焚雍门，击齐左而虚其右"，"饮马于淄、渑，定获于琅邪"。可知乐毅攻克临淄后，即乘胜向东南进击，直攻至琅邪，占据齐长城以北地区，以巩固其胜利所得，不宜分兵五路而向四方出击也。《乐毅列传》谓"乐毅留徇齐五年，下齐七十余城"，盖五年中逐步攻克七十余城。《资治通鉴》于周赧王三十六年言"乐毅乃并右军、前军以围莒，左军、后军围即墨"，以为原来分向四方出击之四路军队，又分别会合以围攻莒与即墨，更不可信。自临淄南下攻莒，不过二百余里，较为近便，若"并右军、前军以围莒"，右军已循河、济西进而屯于阿、鄄。鄄距莒有六百里之遥，乐毅何以不就近便进攻，而欲从六百里外调兵来围邪？自临淄东向攻即墨，亦不过二百余里，若并“左军、后军围即墨”，后军已“旁北海以抚千乘”，远在临淄东北百里以外，乐毅又何以不就近便进攻而欲从远处调兵来围邪？由此可见，《资治通鉴》所谓乐毅克临淄后分五路向四方出击之说非事实，《资治通鉴》继谓乐毅合出击四方之兵而围莒与即墨，更是不符实际之臆说。

又案：《大事记》引延平陈氏曰：“乐毅之下齐也，止侵略，宽赋敛，除暴令，修旧政，求逸民，显而礼之，祀桓公、管仲于郊，表贤者之闾，封王蠋之墓，凡可以悦民者，无不为之。此孟子所以教齐者，齐王不能用之于燕，而乐毅能用之于齐。”吴师道驳之曰：“朱子曰：‘乐毅亦战国之士，何尝是王者之师。’又曰：‘……毅在当时亦恣意虏掠，正孟子所谓毁其宗庙，迁其重器者尔。’愚谓乐毅之伐齐，取宝器，烧宫室，见于《田齐世家》、《燕世家》、《乐毅传》、《国策》皆然，征以毅之自言，盖不诬矣。陈氏首以止侵掠为美，似未察其实也。齐以燕伐燕，燕以齐伐齐，孟子所以教齐王者，毅实违之，是尚能用之乎？虽有宽赋、除暴、反政、礼贤诸端，不足以揜其罪也。”今按陈氏所论，依据《通鉴》，但《通鉴》所谓“禁止侵掠”云云，不知何据。《吕氏春秋·权勋》云：“燕人逐北入国，相与争金于美唐甚多。”高注：“美唐，金藏所在。”所谓“入国”即谓攻入国都临淄。可见燕兵攻入临淄，争相掠夺，《资治通鉴》所载，疑出于后人增饰，未可据信。

又案：《资治通鉴》谓乐毅“封王蠋之墓，齐人食邑于燕者二十余君”云云，恐亦不足信。《田单列传》、《说苑·立节》皆谓乐毅推尊王蠋之贤，而欲封之，而蠋绝颈而死，未有封墓之事。《水经·淄水注》谓澠水南山西有王歜墓,昔乐毅伐齐,贤而封之。歜不受,自缢而死。亦未有封墓之事。

尹文见齐王。齐王谓尹文曰:"寡人甚好士。"(《公孙龙子·迹府》此下有"以齐国无士何也"一句)尹文曰:"愿闻何谓士?"王未有以应。尹文曰:"今有人于此,事亲则孝,事君则忠,交友则信,居乡则悌,有此四行者,可谓士乎?"齐王曰:"此真所谓士已。"尹文曰:"王得若人,肯以为臣乎?"王曰:"所愿而不能得也。"尹文曰:"使若人于庙朝中(旧校:"庙一作广。"《公孙龙子》作"使此人于广庭大众之中"),深见侮而不斗,王将以为臣乎?"王曰:"否,大夫见侮而不斗("大夫",《公孙龙子》作"钜士也",《孔丛子·公孙龙》作"夫士也",许维遹云:"大夫当作夫士"),则是辱也。辱则寡人弗以为臣矣。"尹文曰:"虽见侮而不斗,未失其四行也。未失其四行者,是未失其所以为士矣("矣"上原衍"一"字,从谭戒甫删),未失其所以为士,而王一以为臣,一不以为臣,则向之所谓士者乃非士乎?"(原作"未失其所以为士一,而王以为臣,失其所以为士一,而王不以为臣,则向之所谓士者乃士乎",今从谭戒甫据《公孙龙子》改正)王无以应。尹文曰:"今有人于此,将治其国,民有非则非之,民无非则非之;民有罪则罚之,而恶民之难治,可乎?"(《公孙龙子》作"人有非则非之,无非则亦非之;有功则赏之,无功则亦赏之,而怨人之不理,可乎")王曰:"不可。"尹文曰:"窃观下吏之治齐也,方若此也。"王曰:"使寡人治信若是,则民虽不治,寡人弗怨也,意者未至然乎。"尹文曰:"言之不敢无说。请言其说。王之令曰:'杀人者死,伤人者刑。'民有畏王之令,深见侮而不敢斗者,是全王令也。而王曰见侮而不敢斗是辱也。夫谓之辱者,非此之谓也,以为臣不以为臣者罪之也,此无罪而王罚之也。"(《公孙龙子》作"谓之辱，非之也。无非而王非之，故因除其籍，不以为臣也。不以为臣者罚之也，此无罪而王罚之也")齐王无以应。论皆若此，故国残身危，走而之谷，如卫。齐湣王，周室之孟侯也。(《吕氏春秋·正名》，《公孙龙子·迹府》大体相同，惟末段尹文之言，尚有下列一段："且王不敢斗者，必荣敢斗也。荣敢斗者，是而王是之，必为臣矣。必以为臣者，赏之也。此无功而王赏之。王之所赏，吏之所诛也。上之所是，而法之所非也。赏罚是非，相与四谬，虽十黄帝不能理也。")

周赧王三十二年(公元前二八三年)

秦昭王二十四年，魏昭王十三年，韩釐王十三年，赵惠文王十六年，齐襄王元年，楚顷襄王十六年，燕昭王二十九年。

[魏昭王]十三年秦拔我安城，兵到大梁，去。(《魏世家》，《六国表》同，作"兵到大梁而还")

[秦昭襄王]二十四年与楚王会鄢，又会穰。秦取魏安城，至大梁，燕、赵救之，秦军去。魏冉免相。(《秦本纪》，《六国表》作"与楚会穰")

[秦昭王]廿四年攻林。(秦简《编年记》)

[楚顷襄王]十六年与秦昭王好会于鄢。其秋复与秦王会穰。(《楚世家》，《六国表》作"与秦王会穰")

从林乡军以至于今(帛书《战国纵横家书》第十六章、《魏策三》第八章无"乡"字)，秦七攻魏(《魏策》"七"误作"十")，五入囿中(《魏策》"囿"误作"国")，边城尽拔，文台堕(帛书"堕"作"随"，"随"通"堕")，垂都焚(帛书"焚"作"然"，"然"通"燃")，林木伐，麋鹿尽，而国继以围(帛书"继"作"续")，又长驱梁北(帛书"又"作"有"，"有"通"又"。帛书"驱"作"歐","歐"通"驱"),东至陶、卫之郊(《魏策》"至"下有"乎"字,帛书"至"下有"虖"字,"虖"通"乎"),北至乎监("乎"原误作"平",据帛书及《魏策》改正。"监",《魏策》作"阚","监""阚"音近通用)。(《魏世家》安釐王十一年下无忌谓魏王,帛书《战国纵横家书》第十六章、《魏策三》第八章同,"无忌"作"朱己")

案:是年秦乘五国破齐之时机,大举攻魏,欲一举攻破魏都大梁,于是有"攻林"之战。或称为"林军"或"林乡军"。即军于林或林乡。当时中原称林者,有南、北两地,皆因有森林而得名。《水经·渠水注》考定北林在中牟县西南,新郑以北四十许里,是时秦所攻之林,当为北林,但其地点当在中牟县东北,大梁之西北,并临近黄河。《齐策五》第一章所谓苏秦说齐闵王,述及赵敬侯六年(周安王二十一年)楚救赵攻魏之战役,谓"楚人救赵而伐魏,战于州西,出梁门,军舍林中,马饮于大河"。州在魏之河内,在今河南武陟西南,地当黄河之北。是役楚之前锋攻至州西,与魏军交战,后继之大军已出梁门,驻屯于黄河以南之林中,战马饮水於黄河。可知林中当在梁门之北。梁门当是大梁西北之关塞,而林中在梁门以北,临近黄河,便于战马饮水,为驻屯大军适宜之地。《秦本纪》言是年"秦取魏安城,至大梁"。《魏世家》亦云:"秦拔我安城,兵到大梁"。《集解》引《地理志》汝南有安成县。《正义》引《括地志》,安城在汝阳东南七十里,在今河南平舆县南。其说非是。杨守敬辨之曰:"考史接言秦兵到大梁,安成在大梁南四五百里,既非秦往大梁所经,且是时汝南地属楚,非魏有也。《阴沟水注》古渎东南径阳武城北,又东南绝长城,径安亭北。此安亭在大梁西,亭西南为魏之安城无疑。《魏世家》使道安成云云,《正义》引《括地志》,故城在郑州原武县东南二十里,指此。"此说甚是。此安城在大梁之西北,在今河南原武东南,原阳县西南,南靠魏长城。秦兵出函谷关及殽塞,经周、韩之地,越魏长城,攻拔安城,以此为进攻大梁之据点。由此向东南进军,为进攻大梁方便之路线。而大梁西北之林,为驻屯大军以便进攻之基地,因必首先攻克之。

又案:朱己谓魏王,述及"林军","秦七攻魏,五入囿中",此"囿"当即《西周策》第十一章述及之梁囿。梁囿在大梁近郊,犹如温囿在温邑近郊。是时中原各国都城之结构,皆为东设大郭而西建宫城。韩都新郑,宫城在大郭之西北。魏都大梁亦当如此,为魏君经常游乐之苑囿,必在宫城附近,当在大梁西北郊。故《西周策》记周君由魏都大梁向西北返国途中,得见梁囿而乐之。文台、垂都即梁囿中离宫所在。是时秦军经周、韩之地,越魏长城,从西北向大梁进攻,梁囿为必经之地,因而先攻入囿中,文台因而被堕,垂都因而被焚,林木被伐,麋鹿被杀。《魏世家》"五入囿中",《索隐》云:"囿即圃田。圃田,郑薮,属魏。"此说大谬。据《水经·渠水注》圃田"泽在中牟县西,西限长城(即魏长城),东极官渡,北佩渠水,东西四十许里,南北二十许里,中有沙冈,上下二十四浦,津流径通,渊潭相接,各有名焉。"此乃一大湖泊,周围为水网地带,西面又限有长城。此时秦军已在圃田泽以北,越过长城,拔取安城,由此向东南进攻大梁,岂可折而南下,入此水网地带而自投罗网乎?魏惠王三十一年为大沟于北郛,以行圃田之水(《水经·渠水注》引《纪年》)。梁囿建于大梁西北郊,其中池沼当通此大沟。大沟与圃田泽相通,但梁囿在大梁近郊，并不建于圃田泽中。程恩泽《国策地名考》深信“囿即圃田”之说，以为梁囿介于郑州、中牟之间，并谓“郑州、中牟皆自梁返周必经之路，梁囿应在此，旧以梁囿在大梁非是”。此乃颠倒是非。张琦亦谓：“《史》作囿中，《索隐》曰即圃田，按在今中牟县西北七里。”其说不确。自大梁返周，当出大梁西北之高门，梁囿即在高门外，因而成为必经之路。由此西北行，经安城（在今河南原阳西南），越魏长城而西行。圃田泽在大梁之西，在今中牟县西，为水网地带，岂可作为必经之路？梁囿为魏君经常游乐之苑囿，必设在宫城附近，在大梁近郊，岂可设在圃田泽中？后人沿袭《史记·索隐》之误解，以为圃田泽一名囿中，尤为荒谬。

秦、韩围梁，燕、赵救之。谓韩山阳君曰（“韩”字原脱，从鲍本补。鲍以“韩”字为衍文，非是）：“秦战而胜三国，秦必过周、韩而有梁，三国而胜秦，三国之力虽不足以攻秦，足以拔郑。计者，不如构三国而攻秦。”（《赵策一》第六章）

案：鲍彪以此策为秦献公三十二年战少梁，非是。此言“秦必过周、韩而有梁”，则必为大梁。此与《秦本纪》言是年“秦至大梁，燕、赵救之”相合。据此可知，是年韩被迫附从秦而攻魏大梁。梁玉绳云：“各处皆不言燕、赵救魏。考是年为燕昭王二十九年、赵惠文王十六年，燕昭新破齐湣，方围莒、即墨未下，何暇出兵救魏抗秦，此之不实，了然可知。”其说殊非。秦于是年乘五国合纵破齐之时机，迫使韩附从而攻魏大梁。盖秦之主谋合纵五国攻齐，目的即在于削弱齐国，从而乘机攻取中原韩、魏之地。是时秦大举进攻大梁，先有攻林之战，继而攻入梁囿，于是大梁被围，甚为危急。一旦大梁为秦所拔，魏被灭亡，势将危及燕、赵，因此燕虽以主力攻齐，在此大梁危急形势下，又不得不与赵联合救魏而攻秦。此一说客进说韩山阳君，为韩之安全计，谓“不如构三国攻秦”。此计未行。盖秦避免与燕、赵决战而退却。

秦将伐魏，魏王闻之，夜见孟尝君告之曰：“秦且攻魏，子为寡人谋奈何？”孟尝君曰：“有诸侯之救，则国可存也。”王曰：“寡人愿子之行也。”重为之约车百乘。孟尝君之赵，谓赵王曰：“文愿借兵以救魏。”赵王曰：“寡人不能。”孟尝君曰：“夫敢借兵者，以忠王也。”王曰：“可得闻乎？”孟尝君曰：“夫赵之兵非能强于魏之兵，魏之兵非能弱于赵也（姚注谓上二句，曾本无两“能”字）。然而赵之地不岁危而民不岁死，而魏之地岁危而民岁死者，何也？以其西于赵蔽也。今赵不救魏，魏歃盟于秦，是赵与强秦为界也。地亦且岁危，民亦且岁死，此文之所以忠于大王也。”赵王许诺，为起兵十万，车三百乘。又北见燕王曰：“先日公子常约两王之交矣（鲍本“王”作“主”），今秦且攻魏，愿大王之救之。”燕王曰：“吾岁不熟二年矣，今又行数千里而以助魏，且奈何？”田文曰：“夫行数千里而救人者，此国之利也。今魏王出国门而望见军，虽欲行数千里而助人，可得乎？”燕王尚未许也，田文曰：“臣效便计于王，王不用臣之忠计，文请行矣！恐天下之将有大变也。”王曰：“大变可得闻乎？”曰：“秦攻魏未能克之也，而台已燔，游已夺矣。而燕不救魏，魏王折节割地，以国之半与秦，秦必去矣，秦已去魏，魏王悉韩、魏之兵，又西借秦兵以因赵之众，以四国攻燕，王且何利？利行数千里而助人乎？利出燕南门而望见军乎？则道里近而输又易矣！王何利？”燕王曰：“子行矣！寡人听子。”乃为之起八万，车二百乘，以从田文。魏王大悦曰：“君得燕、赵之兵甚众且亟矣。”秦王大恐，割地请讲于魏。魏因归燕、赵之兵而封田文。（《魏策三》第七章，

"因"上从姚引一本添"魏"字）

案：此策顾观光、于鬯皆系于周赧王三十二年，是也。时孟尝君田文正为魏相。当田文说赵王时，大梁尚未被围。及见燕王时，大梁已被围，故田文曰："今魏王出国门而望见军。"大梁城门今可考者，惟东郭之夷门与西城之高门。周城《宋东京考》云："高门在固子门外西北二里，即梁惠王故城之门也。门已废久，今土人犹名其乡曰高门，亦曰梁王城。"固子门即今开封城外之固子村，在城西三里余，高门又在其西二里。田文所谓"国门"，即此高门。供魏王游乐之梁囿，当即在高门外侧。时秦军已拔梁囿，故魏王能从高门望见其军。田文所谓"台已燔"，即朱己所谓"文台堕"。田文所谓"游已夺"，亦即朱己所谓"垂都焚"。金正炜据《周礼·天官序》注，释"游"为"离宫"，是也。金正炜谓"夺"为"毁"之讹，非是。"夺"谓被占有。此策谓秦因燕、赵来救，"割地请讲于魏"，乃夸辞，非事实。空雄之遇，秦、赵相与约，约曰："自今以来，秦之所欲为，赵助之；赵之所欲为，秦助之。"居无几何，秦兴兵攻魏，赵欲救之。秦王不悦，使人让赵王曰："约曰：秦之所欲，赵助之；赵之所欲为，秦助之。今秦欲攻魏，而赵因欲救之，此非约也。"赵王以告平原君。平原君以告公孙龙。公孙龙曰："亦可以发使而让秦王曰：赵欲救之，今秦王独不助赵，此非约也。"（《吕氏春秋·淫辞》）

案：《吕氏春秋·听言》云："公孙龙之说燕昭王以偃兵及应空洛之遇也。""空洛之遇"即此"空雄之遇"，毕沅引梁仲子云："空雄岂非空雒之误欤？"考公孙龙之说燕昭王见《吕氏春秋·应言》，公孙龙述及"日者大王欲破齐"，"其卒果破齐以为功"。时在燕昭王二十八年破齐之后。公孙龙之“应空洛之遇”，亦当在同一时期。是年秦大举攻魏之大梁，赵、燕发大军而救之，盖即此时事。

［赵惠文王］十六年王与燕王遇。廉颇将，攻齐昔阳，取之。（《赵世家》，《六国表》记“取齐昔阳”于赵惠文王十五年）

廉颇者，赵之良将也。赵惠文王十六年廉颇为赵将，伐齐，大破之，取阳晋，拜为上卿，以勇气闻于诸侯。（《廉颇列传》）

案：廉颇所攻取齐邑，《赵世家》谓昔阳，而《廉颇列传》作阳晋。张文虎云：“《索隐》本作阳晋，各本误倒。”考昔阳原为春秋时肥国所都，《正义》引《括地志》云：“在并州乐平县东。”在今河北晋县西北，并非齐邑。阳晋，《正义》云：“故城在今曹州乘氏县西北四十七里。”在今山东郓城县。洪颐煊谓《赵世家》“昔阳当作晋阳，是阳晋之讹”。甚是。

又案：《赵世家》又谓是年“秦复与赵数击齐，齐人患之。苏厉为齐遗赵王书曰：（见于周赧王三十二年所引）于是赵乃辍，谢秦不击齐”。此说不足信。

【附编】

赵王封孟尝君以武城，孟尝君择舍人以为武城吏而遣之，曰：“鄙语岂不曰借车者驰之，借衣者被之哉？”皆对曰：“有之。”孟尝君曰：“文甚不取也。夫所借衣、车者，非亲友，则兄弟也。夫驰亲友之车，被兄弟之衣，文以为不可。今赵王不知文不肖，而封之以武城，愿大夫之往也，毋伐树木，毋发屋室（《太平御览》二〇一引“发”作“废”），訾然使赵王悟而知文也。谨使可全而归之。”（《太平御览》二〇一引“谨”作“仅”）（《赵策一》第十六章）

案：林春溥《战国纪年》、顾观光《国策编年》皆系此事于周赧王三十二年。盖是年孟尝君正为魏相，因秦攻魏都大梁，入赵、燕借兵救魏，迫使秦即退兵。《魏策三》第七章云："因归燕、赵之兵而封田文"，当为魏王因田文有功而封之。或者同时赵王亦因而封田文。

田单者，齐诸田疏属也。湣王时单为临菑市掾，不见知。及燕使乐毅伐破齐，齐湣王出奔，已而保莒城。燕师长驱平齐，而田单走安平，令宗人尽断其车轴末而傅铁笼。已而燕军攻安平，城坏，齐人走，争涂，以辖折车败，为燕所虏，唯田单宗人以铁笼故得脱，东保即墨。（《田单列传》）

案：《资治通鉴》将田单从安平得脱之事，记在周赧王三十六年，而于开首以"初"字发之。胡三省注云："按[周赧王]三十一年乐毅入临淄，以中军据之，燕人攻安平，当在三十二年、三十三年之间，故《资治通鉴》于是年以'初'字发之。"

周赧王三十三年（公元前二八二年）

秦昭王二十五年，魏昭王十四年，韩釐王十四年，赵惠文王十七年，齐襄王二年，楚顷襄王十七年，燕昭王三十年。

[秦昭襄王]二十五年拔赵二城。（《秦本纪》）

[赵惠文王]十七年秦怨赵不与己击齐，伐赵，拔我两城。（《赵世家》，《六国表》亦作"秦拔我两城"）

[秦昭王]廿五年攻兹氏。（秦简《编年记》）

案：是时秦乘五国合纵破齐之时机，攻取三晋之地，《秦本纪》、《赵世家》、《六国表》皆谓秦拔赵两城，未明言何地。《西周策》第六章苏厉谓周君曰:“败韩、魏,杀犀武;攻赵,取蔺、离石、祁,皆白起。”钱穆据此谓“杀犀武在秦昭王十四年,前攻赵拔两城十一年,然则两城者蔺与祁也。云蔺、离石者,兼言两年事”。盖秦攻离石即在秦昭王二十六年。见其所著《公孙龙说赵惠文王偃兵考》(《先秦诸子系年》第四三五至四三七页)。但秦简《编年记》云是年攻兹氏,可知拔赵两城,兹氏必为其一。韩连琪《睡虎地秦简编年记考证》云:“秦攻兹氏,不见于史。《水经·原水》:‘原公水出兹氏县西羊头山,并过其县北,注:县故秦置也。’是兹氏当即秦昭王取祁后改称。……《汉书·地理志》有祁、兹氏并列太原郡,或至汉时兹氏又分祁、兹氏两县。”此说非是。祁县在今山西祁县东南,兹氏在今山西汾阳南。中隔大泽昭余祁,显为两城,不容混而为一。出土有兹氏尖足布与圆足布,皆为赵币,可知赵已称兹氏,非出秦之改称。《赵世家》载惠文王十年秦取梗阳,梗阳在今山西清徐,由梗阳南下,即是祁城。由祁向西,越昭余祁泽,即为兹氏。是年秦攻取赵之两城,必为祁与兹氏无疑。蔺在离石之东,靠近西河。《赵世家》载肃侯二十二年“赵疵与秦战败,秦杀疵河西,取我蔺、离石”。武灵王十九年王召楼缓谋曰:“我先王因世之变,以长南藩之地,属阻漳、滏之险,立长城,又取蔺,郭狼,败林人于荏,而功未遂。”郭狼即皋狼,在离石西北。盖肃侯已收复蔺、皋狼等地。《周本纪》周赧王三十四年苏厉谓周君曰:“北取赵蔺、离石者皆白起也。”《西周策》作“取蔺、离石、祁者皆白起”。《吕氏春秋·审应》篇公孙龙谓赵惠文王曰:“今蔺、离石入秦,而王缟素布总。”《燕策三》苏代约燕王,谓秦“已得宜阳(当作“曲阳”)、少曲,至蔺、石,因以破齐为天下罪”，石即离石。《赵策三》第四章云：“秦攻赵，蔺、离石、祁拔，赵以公子部为质于秦。”皆以蔺、离石连称。盖蔺与离石同时为白起所拔，时在周赧王三十四年，较白起拔祁与兹氏迟一年。

[赵惠文王]十七年乐毅将赵师攻魏伯阳。（《赵世家》）

案：梁玉绳云：“毅是时方为燕攻齐，何从将赵师攻魏，盖非毅将耳。”此说非是。时乐毅身兼赵、燕两国之相，当能将赵师攻魏伯阳。伯阳在今河南安阳西北，正当赵、魏交界处。

[秦昭襄王]二十五年与韩王会新城，与魏王会新明邑。（《秦本纪》）

[韩釐王]十四年与秦会两周间。（《韩世家》，《六国表》同）

魏昭王十四年大水。（《六国表》）

廿五年上郡守，㢈造，高奴工师窑，丞申，工鬼薪诎。上郡武库，洛都。（二十五年上郡守戈铭文，见原田淑人《周汉遗宝》五十五，出土于朝鲜平壤附近）

廿七年上守趞造，漆工师诸，丞挾，工隶臣積。（二十七年上郡守戈铭文，器藏北京故宫博物院）

案：“上”当为上郡之省称。廿五年上郡守戈，守之名，或释为“㞐”，或释为“厝”。近人考释，或以为以上二戈之上郡守，一作厝，一作趞，应为一人，可能即是秦名将司马错，此一推断尚无确证。秦常以庶长一级爵位之人为将。如白起由左庶长升为左更，又迁为国尉，更升为大良造。左庶长、左更、大良造皆为庶长一级，相当于别国之卿。《秦本纪》于昭王十六年称司马错为“左更错”，《六国表》于魏昭王元年（即秦昭王十二年）称“秦尉错”，于秦昭王十八年又称“客卿错”。司马错与白起常同时分别为将作战，其作战地区皆离上郡较远。昭王十二年攻魏襄城，在魏之南边，十六年攻取魏之轵及邓，皆在河内。十八年攻垣、河雍，亦在中原地区。是时秦分两路进攻，白起主攻河东，司马错主攻河内。二十七年秦又分兵攻赵与楚，白起攻赵取代、光狼城，深入赵之北边，司马错则一面攻楚之北边邓，一面攻拔楚西南之黔中。可知司马错未尝以上郡守参与作战。是时上郡守在于夺取赵所得之原林胡、楼烦之地。

【附编】

蔺相如者，赵人也，为赵宦者令缪贤舍人。赵惠文王时，得楚和氏璧。秦昭王闻之使人遗赵王书，愿以十五城请易璧。赵王与大将军廉颇诸大臣谋，欲予秦，秦城恐不可得，徒见欺；欲勿予，即患秦兵之来。计未定，求人可使报秦者，未得。宦者令缪贤曰："臣舍人蔺相如可使。"王问："何以知之？"对曰："臣尝有罪窃计欲亡走燕，臣舍人相如止臣，曰：'君何以知燕王？'臣语曰：'臣尝从大王与燕王会境上，燕王私握臣手，曰愿结友（王念孙曰："友，交之误"。《文选·恨赋》注、《太平御览·治道部》引并作交）。以此知之，故欲往。'相如谓臣曰：'夫赵强而燕弱，而君幸于赵王，故燕王欲结于君。今君乃亡赵走燕，燕畏赵，其势必不敢留君，而束君归赵矣。君不如肉袒伏斧质请罪，则幸得脱矣。'臣从其计，大王亦幸赦臣。臣窃以为其人勇士，有智谋，宜可使。"于是王召见，问蔺相如曰："秦王以十五城请易寡人之璧，可予不？"相如曰："秦强而赵弱，不可不许。"王曰："取吾璧，不予我城，奈何？"相如曰："秦以城求璧而赵不许，曲在赵。赵予璧而秦不予赵城，曲在秦。均之二策，宁许以负秦曲。"王曰："谁可使者？"相如曰："王必无人，臣愿奉璧往使。城入赵而璧留秦，城不入，臣请完璧归赵。”赵王于是遂遣相如奉璧西入秦。秦王坐章台见相如，相如奉璧奏秦王。秦王大喜，传以示美人及左右，左右皆呼万岁。相如视秦王无意偿赵城，及前曰：“璧有瑕，请指示王。”王授璧，相如因持璧却立，倚柱，怒发上冲冠（《史记会注考证》云：“‘枫’、‘三’本”，《太平御览》三百七十三、八百六“冲”作“穿”）。谓秦王曰：“大王欲得璧，使人发书至赵王，赵王悉召群臣议，皆曰秦贪，负其强，以空言求璧，偿城恐不可得。议不欲予秦璧。臣以为布衣之交尚不相欺，况大国乎！且以一璧之故逆强秦之欢，不可。于是赵王乃斋戒五日，使臣奉璧，拜送书于庭。何者？严大国之威以修敬也。今臣至，大王见臣列观，礼节甚倨，得璧传之美人，以戏弄臣。臣观大王无意偿赵王城邑，故臣复取璧。大王必欲急臣，臣头今与璧俱碎于柱矣！”相如持其璧睨柱，欲以击柱。秦王恐其破璧，乃辞谢固请，召有司案图，指从此以往十五都予赵。相如度秦王特以诈详为予赵城，实不可得，乃谓秦王曰：“和氏璧，天下所共传宝也，赵王恐，不敢不献。赵王送璧时，斋戒五日，今大王亦宜斋戒五日，设九宾于廷，臣乃敢上璧。”秦王度之，终不可强夺，遂许斋五日，舍相如广成传（张文虎曰：“各本传下衍舍字，《索隐》本无”）。相如度秦王虽斋，决负约不偿城，乃使其从者衣褐，怀其璧，从径道亡，归璧于赵。秦王斋戒五日后，乃设九宾礼于廷，引赵使者蔺相如。相如至，谓秦王曰：“秦自缪公以来二十余君，未尝有坚明约束者也。臣诚恐见欺于王而负赵，故令人持璧归，间至赵矣。且秦强而赵弱，大王遣一介之使至赵，赵立奉璧来。今以秦之强而先割十五都予赵，赵岂敢留璧而得罪于大王乎？臣知欺大王之罪当诛，臣请就汤镬，唯大王与群臣孰计议之（“孰”通“熟”）。”秦王与群臣相视而嘻。左右或欲引相如去，秦王因曰：“今杀相如，终不能得璧也，而绝秦、赵之欢，不如因而厚遇之，使归赵，赵王岂以一璧之故欺秦邪?”卒廷见相如，毕礼而归之。相如既归，赵王以为贤大夫，使不辱于诸侯，拜相如为上大夫。秦亦不以城予赵，赵亦终不予秦璧。(《廉颇蔺相如列传》)

案：此即蔺相如“完璧归赵”之故事。《蔺相如列传》于此下云：“其后秦伐赵拔石城”，石城即离石，乃赵惠文王十八年事。则此事当在十七年前，不知的为何年。

赵奢者，赵之田部吏也。收租税，而平原君家不肯出租，赵奢以法治之，杀平原君用事者九人。平原君怒，将杀奢。奢因说曰：“君于赵为贵公子，今纵君家而不奉公，则法削，法削则国弱，国弱则诸侯加兵，诸侯加兵，是无赵也，君安得有此富乎？以君之贵，奉公如法，则上下平，上下平则国强，国强则赵固。而君为贵戚，岂轻于天下邪?”平原君以为贤，言之于王。王用之治国赋，国赋大平，民富而府库实。(《廉颇蔺相如列传》)

平原君赵胜者，赵之诸公子也。诸子中胜最贤，喜宾客，宾客盖至者数千人。平原君相赵惠文王及孝成王，三去相，三复位，封于东武城。(《平原君列传》)

案：梁玉绳云：“《六国表》于惠文王元年书平原君为相，孝成王元年又书平原君为相，两书而已。考惠文以相国印授乐毅，孝成割济东地求田单为将，遂留相赵，故《赵世家》惠文十四年有乐毅攻齐事，孝成元年有单攻燕、二年有单为相之事，则平原之三相三去，固有征矣。孝成二年相单，是平原复相逾年而罢。迨单去赵归齐之后，不再书平原复位者，《史》略之也。”考平原君为赵惠文王同母弟，《赵策四》第十四章谅毅曰：“赵豹、平原君，亲寡君之母弟也。”据《赵世家》，惠文王为惠后所生，武灵王娶惠后在十六年，传位于惠文王在二十七年，时惠文王年才十一，平原君当不过十岁，岂能为相？其为相，当在惠文王十四年相乐毅之前后，不能在惠文元年。平原君之“三去相，三复相”，犹如秦魏冉之四去相而四复相，不知平原君初相的在何年。

又案：平原君家不肯出租，赵奢以法治之。平原君欲杀之，奢说平原君为贵公子，盖为相以前之事，亦不知的在何年。《资治通鉴》系之于周赧王四十四年。

周赧王三十四年（公元前二八一年）

秦昭王二十六年，魏昭王十五年，韩釐王十五年，赵惠文王十八年，齐襄王三年，楚顷襄王十八年，燕昭王三十一年。

[秦昭王]廿六年攻离石。（秦简《编年记》）

[赵惠文王]十八年秦拔我石城。（《赵世家》，《六国表》同。《蔺相如列传》在叙述“完璧归赵”故事后，亦云：“其后秦伐赵，拔石城。”）

案：梁玉绳《史记志疑》辨赵世家“秦拔我石城”事云：“《正义》引右北平之石城县及相州石城为证，而在北平者燕境，在相州者魏境，皆非赵地，胡注《通鉴》谓即魏西河之离石县，然赵肃侯二十二年秦已取之矣，何待是时始拔乎？”考石城固即离石。《周本纪》周赧王三十四年苏厉谓周君曰：“秦破韩、魏，扑师武，北取赵蔺、离石者皆白起也。”《西周策》同，惟作“取蔺、离石、祁者皆白起”。周赧王三十四年正当赵惠文王十八年，与《赵世家》、《六国表》赵惠文王十八年拔石城之说合，此其证一也。《吕氏春秋·审应览》公孙龙谓赵惠文王曰：“今蔺、离石入秦，而王缟素布总，东攻齐得城而王加膳置酒。”考《赵世家》次年赵奢将，攻齐麦邱，取之。公孙龙既以蔺、离石入秦与攻齐得城为先后事，明是年秦所拔赵之石城即离石，此其证二也。《燕策二》、《苏秦列传》苏代约燕王曰：“秦……已得宜阳、少曲（“宜阳”当作“曲阳”），致蔺、石，因以破齐为天下罪，秦欲攻魏重楚，则以南阳委于楚。”据此，是秦得赵蔺、石固在天下合纵破齐后。《西周策》苏厉谓周君曰：“败韩、魏，杀犀武，攻赵取蔺、离石、祁者皆白起……今攻梁，梁必破。”与苏代约燕王语，以秦得蔺石后欲攻魏之说又合，是石固离石之简称，此其证三也。《赵策三》第四章云：“秦攻赵，蔺、离石、祁拔，赵以公子部为质于秦，而请内焦、黎、牛狐之城，以易蔺、离石、祁于赵。赵背秦……秦王大怒，令卫胡易伐赵，攻阏与。”考阏与之役，在赵惠文王二十九年，事既由易回蔺、离石、祁失信而起，明赵失蔺、离石、祁，固当在赵惠文王时。此其证四也。秦简《编年记》正作秦昭王廿六年攻离石，此其证五也。赵肃侯二十二年秦尝取赵蔺、离石，不久即收复。是年又为秦所拔。是年为秦所拔者亦为蔺、离石两城，说明已在上年案语中。

苏厉谓周君曰：“败韩、魏（《周本纪》“败”作“秦破”），杀犀武（《周本纪》作“扑师武”，《集解》徐广曰：“扑一作仆”），攻赵取蔺、离石、祁者（《周本纪》“攻赵”作“北”，无“祁”字）皆白起。是攻用兵（《周本纪》“攻”作“善”），又有天命也。今攻梁（《周本纪》作“今又将兵出塞攻梁”），梁必破，破则周危（《周本纪》作“梁破则周危矣”），君不若止之，谓白起曰（《周本纪》作“君何不令人说白起乎？曰”）：‘楚有养由基者善射，去柳叶者百步而射之（《周本纪》无“者”字），百发百中，左、右皆曰善(《周本纪》作"左、右观者数千人皆曰善射"),有一人过曰(《周本纪》作"有一夫立其旁曰"):善射,可教射也矣。养由基曰:人皆善,子乃曰可教射,子何不代我射之也(《周本纪》作"养由基怒,释弓搤剑曰:客安能教我射乎?")。客曰:我不能教子支左屈右(《周本纪》作"非吾能教子支左诎右也"),夫射柳叶者(《周本纪》作"夫去柳叶百步而射之"),百发百中,而不已善息(《周本纪》"已"作"以"),少焉气力倦(《周本纪》"气"下有"衰"字),弓拨矢钩,一发不中,前功尽矣。'(《周本纪》作"百发尽息")今公破韩、魏(《周本纪》无"公"字),杀犀武(《周本纪》作"扑师武"),而北攻赵取蔺、离石、祁者(《周本纪》"攻"作"取",无"祁"字),公也(《周本纪》作"公之功多矣")。今公又以秦兵出塞(《周本纪》作"今又将兵出塞"),过两周,践韩而以攻梁(《周本纪》作"倍韩攻梁"),一攻而不得(《周本纪》"攻而"作"举"),前功尽灭(《周本纪》"灭"作"弃"),公不若称病不出也。"(《西周策》第六章,《周本纪》大体相同,系周赧王三十四年下)

案:前二年,秦拔魏安城,攻林,入囿中,围攻大梁。是年秦将白起在攻取蔺、离石之后,又出塞过两周、经韩而攻大梁。《周本纪·正义》"出塞"之"塞"谓伊阙塞,非是。塞当即殽塞,经两周之北边及成皋、荥阳一带,越魏长城而进攻大梁。前二年秦先拔安城,盖安城即在魏长城之北边。秦昭王三十二年穰侯将兵攻魏,先入北宅,进围大梁,盖北宅即宅阳,即在魏长城之东。岂可绕道至伊阙而进攻大梁?《魏世家》载无忌(当作朱己)谓魏王"秦七攻魏,五入囿中",可知秦屡次攻魏,进攻之路线相同。是年白起率秦兵出塞,过两周,践韩而以攻魏大梁,当为七次攻大梁之一。

[赵惠文王]十八年王再之卫东阳，决河水，伐魏氏，大潦，漳水出。魏冉来相赵。(《赵世家》)

[秦昭襄王]二十六年赦罪人迁之穰，侯冉复相。(《秦本纪》，《六国表》作"魏冉复为丞相")

案：梁玉绳读"赦罪人迁之"为句，"穰侯冉复相"为句。因云："但言迁罪人，不知迁于何地，《评林》谓迁于新明邑，亦臆说无据。盖明年迁之南阳，史误重也。"此说非是。《秦本纪》下文二十七年"赦罪人迁之南阳"下，《正义》云："南阳及上迁之穰，皆今邓州也。"可知当读"赦罪人迁之穰"为句，"侯冉复相"为句。《史记会注考证》云："'古钞'、'枫'、'三'、'南'本侯下有魏字，据下文迁之南阳《正义》，穰字当连上句，上文云魏冉免相，侯疑魏字。"其说疑是。《六国表》亦作"魏冉复为丞相"，史文未见称穰侯魏冉为"侯冉"者。

又案：《赵世家》言是年"魏冉来相赵"，梁玉绳云："冉复为秦相，安得相赵之事哉，误矣。《大事记》谓相赵未几复相秦，非也。"此说当是。是时秦、赵正不合，魏冉无缘为赵相，更不能兼为秦、赵之相。

穰侯越韩、魏而东攻齐五年，而秦不益尺土之地，乃成其陶邑之封。(《韩非子·定法》，"成"原误作"城"，按下文"应侯攻韩八年，成其汝南之封"文例改正)

案：《秦本纪》云：昭王十六年"冉免。封公子市宛，公子悝邓，魏冉陶为诸侯"。《穰侯列传》云：昭王十六年"烛免，复相冉，乃封魏冉于穰，复益封陶，号曰穰侯"。秦昭王十六年当齐湣王十年，尚在齐、秦并称东、西帝之前三年，秦不能越韩、魏而得陶以封魏冉。是年实公子市、公子悝封于宛、邓之岁,《史记》误以冉亦于是年封于陶。顾观光《七国地理考》论之曰:“李兑约五国伐秦后,欲取阴(阴者陶之讹)定封,说穰侯者亦劝之。《策》文容有复混,而其事实并一时,上距冉复相秦五岁,使冉已封陶,兑安得欲之? 而言者亦安得云冉妒君之有阴,因此言而知冉之未封陶而欲得之也。其后齐灭宋,两年而为五国所破,赵既不取陶,而齐卒亦不能有,穰侯之取陶,在此时与?”其说甚是。秦于昭王二十二年开始伐齐,拔齐河东列城九,次年乐毅以赵、燕两国之相,统率五国之兵攻齐,大破齐军于济上。《资治通鉴》称“乐毅还秦、韩之师,分魏师以略宋地,部赵师以收河间,身率燕师,长驱逐北”。胡三省注:“秦、韩与齐隔远,故先还其师。宋地近于魏,故使略之。河间近于赵,故以方略部赵取之。”其实,秦未还师至本国,而乘五国合纵破齐之时机,移兵与魏争夺齐所兼并之宋地。定陶一带原为宋最富庶之区,奉阳君李兑与穰侯魏冉皆欲取为封邑。是时李兑既不便越卫、魏而攻取陶邑,魏虽与宋接壤,便于夺得宋地,但其兵力不足与秦争夺,穰侯因而得以逐步攻占定陶一带。秦自昭王二十二年开始攻齐,至二十六年取得定陶一带,当魏冉三次复为丞相时,陶邑成为其封邑。故《韩非子·定法》云:“穰侯经韩、魏东攻齐五年,而秦不益尺土之地,乃成其陶邑之封。”盖早先攻取河东之列城九,因移兵争夺宋地而放弃。可知魏冉三次复相时,取得当时最富庶之陶邑作为封地,有巨大之市租收入,因而“私家富重于王室”。是魏冉封于陶在三次复相时,《史记》误以为在再次复相时耳。

楚人有好以弱弓微缴加归雁之上者,顷襄王闻,召而问之。对曰："小臣之好射鶀雁、罗鸗，小矢之发也，何足为大王道也？且称楚之大，因大王之贤，所弋非直此也。昔者三王以弋道德，五霸以弋战国，故秦、魏、燕、赵者，鶀雁也；齐、鲁、韩、卫者，青首也；邹、费、郯、邳者，罗鸗也（钱大昕曰："《孟子书》有邹穆公、费惠公，此文云泗上十二诸侯，则战国之世小诸侯存者尚多也"）。外其余，则不足射者。见鸟六双，以王何取？王何不以圣人为弓，以勇士为缴，时张而射之，此六双者，可得而囊载也。其乐非特朝昔之乐也（《索隐》云："昔犹夕也"），其获非特凫雁之实也。王朝张弓而射魏之大梁之南，加其右臂，而径属之于韩，则中国之路绝，而上蔡之郡坏矣。还射圉之东，解魏左肘，而外击定陶，则魏之东外弃，而大宋方与二郡者举矣。且魏断二臂，颠越矣，膺击郯国，大梁可得而有也。王绩缴兰台（《集解》徐广曰："兰一作简"，《正义》云："兰台，桓山之别名也"），饮马西河，定魏大梁，此一发之乐也。若王之于弋，诚好而不厌，则出宝弓，碆新缴，射噣鸟于东海，还盖长城以为防，朝射东莒，夕发浿丘，夜加即墨，顾据午道，则长城之东收而太山之北举矣（"太"通"泰"，太山即泰山）。西结境于赵，而北达于燕，三国布翄，则从不待约而可成也。北游目于燕之辽东，而南登望于越之会稽，此再发之乐也。若夫泗上十二诸侯，左萦而右拂之，可一旦而尽也。今秦破韩以为长忧，得列城而不敢守也，伐魏而无功，击赵而顾病，则秦、魏之勇力屈矣。楚之故地汉中、析、郦，可得而复有也。王出宝弓，碆新缴，涉鄳塞，而待秦之倦也，山东河内可得而一也。劳民休众，南面称王矣。故曰：秦为大鸟，负海内而处，东面而立。左臂据赵之西南，右臂傅楚鄢郢，膺击韩、魏，垂头中国，处既形便，势有地利，奋翼鼓翄，方三千里，则秦未可得独招而夜射也。"欲以激怒襄王，故对以此言。襄王因召与语，遂言曰:“夫先王为秦所欺,而客死于外,怨莫大焉。今以匹夫有怨,尚有报万乘,白公、子胥是也。今楚之地方五千里,带甲百万,犹足以踊跃中野也,而坐受困,臣窃为大王弗取也。”于是顷襄王遣使于诸侯,复为从,欲以伐秦。秦闻之,发兵来伐楚。(《楚世家》顷襄王十八年下)

案:此文原载《战国策》,宋以后逸失。《艺文类聚》六十、《北堂书钞》一百二十五、《太平御览》三百四十七,皆引有《战国策》,同于此文开首之片段。见诸祖耿《战国策逸文》第三十六。明张文欢所编《战国策谈棷》,据《史记》辑入此文。《太平御览》八百三十二引《春秋后语》亦有此文前段。楚人弋射者说顷襄王,分析当时形势,以秦、魏、燕、赵为鶀雁,即大雁;以齐、鲁、韩、卫为青首,即中雁;以邹、费、郯、邳为罗[illegible],即小雁。盖当五国合纵破齐之后,齐之国力衰落,而燕、赵方强盛。弋射者主张楚首先攻魏。《正义》解释云:“言王朝张弓射魏大梁,汴州之南,即大梁之右臂,连韩、郑,则河北中国之路向东南断绝,则韩上蔡之郡自破坏矣。复绕射雍丘、圉城之东,便解散魏左肘宋州,而外击曹定陶,及魏东之外解弃,则宋、方与两郡并举。”盖五国破齐后,魏取得宋原有定陶以南之地,魏新建有大宋、方与二郡。弋射者以为楚攻魏,不仅可以取得魏都大梁,更可深入魏地,“饮马西河”。时魏之河东已为秦占有,但五国破齐后,魏又得大块宋地,因而弋射者以魏与秦、燕、赵并列为大国。弋射者又主张楚攻齐。是时齐新为燕所破,国都临淄及北方大块土地为燕占有,尚保有莒与即墨两都,及其周围地区,故弋射者以为“朝射东莒,夕发浿丘,夜加即墨,顾据午道,则长城之东收而太山之北举矣”。弋射者又主张由此连结燕、赵。若楚、燕、赵三国合纵，可以“北游目于燕之辽东，而南登望于越之会稽”。盖越已为楚所灭，楚建有江东郡，越君虽尚保留，已服属于楚。楚、燕、赵三国合纵，其势力可以北及燕之辽东而南及越之会稽，泗上十二诸侯如邹、费、郯、邳等，皆可包容在内。如此可以合纵攻秦，楚之故地汉中、析、郦皆可收复。待秦国力疲倦，山东、河内皆可取得统一。从此楚可以南面称王矣，秦虽为大鸟，处既形便，势有地利，“未可得独招而夜射也。”此弋射者依据当时形势，主张楚、燕、赵三国合纵，先攻魏、齐，而后攻秦，收复失地。

楚欲与齐、韩连和伐秦，因欲图周。周赧王使武公谓楚相昭子曰：“三国以兵割周郊地以便输，而南器以尊楚，臣以为不然。夫弑共主，臣世君，大国不亲，以众胁寡，小国不附，大国不亲，小国不附，不可以致名实。名实不得，不足以伤民。夫有图周之声，非所以为号也。”昭子曰：“乃图周则无之，虽然，周何故不可图也。”对曰：“军不五不攻，城不十不围，夫一周为二十晋，韩尝以二十万之众，辱于晋之城下，锐士死，中士伤，而晋不拔。公之无百韩以图周，此天下之所知也。夫结怨于两周，以塞驺、鲁之心，交绝于齐，声失天下，其为事危矣。夫危两周以厚三川，方城之外，必为韩弱矣。何以知其然也？西周之地，绝长补短，不过百里，名为天下共主，裂其地不足以肥国，得其众不足以劲兵，虽无攻之，名为弑君。然而好事之君，喜攻之臣，发号用兵，未尝不以周为终始，是何也？见祭器在焉，欲器之至而忘弑君之乱。今韩以器之在楚，臣恐天下以器仇楚也。臣请譬之：夫虎肉臊，其兵利身，人犹攻之也。若使泽中之麋蒙虎之皮，人之攻之，必万之于虎矣。裂楚之地，足以肥国，诎楚之名，足以尊主。今子将以欲诛残天下之共主，居三代之传器，吞三翮六翼，以高世主，非贪而何？周书曰：‘欲起无先’，故器南，则兵至矣。”于是楚计辍不行。（《楚世家》顷襄王十八年下）

案：武公，《集解》引徐广曰：“定王之曾孙，而西周惠公之子。”鲍彪驳之曰：“此武公，赧王臣也，而徐注以为惠公之子，疏矣。惠公之子自为东周君，岂为西周用耶？”《资治通鉴》载此事，武公作东周武公。考东周确有武公，为东周惠公之子。《周本纪·正义》引郭缘生《述征记》云：“巩县，周地，巩伯邑。《史记》周显王二年西周惠公封少子班于巩，以奉王室，为东周惠公也，子武公，为秦所灭。”《赵世家·正义》引《括地志》相同。今本《史记》不见有此记载。据《赵世家》赵成侯八年“与韩分周为两”，赵成侯八年正是周显王二年，可知《述征记》与《括地志》所引《史记》，确有所据。盖赵、韩乘西周内乱而助西周威公少子于东部独立，因而分周为二。已说明在周显王二年案语中。周赧王徙都西周，居于王城，名为天下共主，但已不能派遣东周君入楚。武公曰：“西周之地，绝长补短，不过百里，名为天下共主”，可知武公乃西周之臣。《资治通鉴》改作“东周武公”，不确。黄式三《周季编略》改作“使西都君谓令尹、昭雎”，更误。《楚世家》“楚相昭子”，《资治通鉴》改“相”为“令尹”，是也。楚未设相位，仍以令尹为最高官职。但“昭子”并非“昭雎”。昭雎为楚怀王之令尹，未见于顷襄王时用事。

周赧王三十五年（公元前二八〇年）

秦昭王二十七年，魏昭王十六年，韩釐王十六年，赵惠文王十九年，齐襄王四年，楚顷襄王十九年，燕昭王三十二年。

[秦昭王]廿七年攻邓。（秦简《编年记》）

[秦昭襄王]二十七年，错攻楚。赦罪人迁之南阳。白起攻赵，取代、光狼城。又使司马错发陇西，因蜀攻楚黔中，拔之。（《秦本纪》，《六国表》作“击赵，斩首三万”）

[楚顷襄王]十九年秦伐楚，楚军败，割上庸、汉北地予秦。（《楚世家》，《六国表》作“秦击我，与秦汉北及上庸地”）

[赵惠文王]十九年秦败我二城。赵与魏伯阳。赵奢将，攻齐麦丘，取之。（《赵世家》，《六国表》作“秦败我军，斩首三万”）

案：《资治通鉴》胡注：“秦兵时因蜀出巴郡枳县路，以攻拔楚之黔中。”所谓“出巴郡枳县路”，盖本《华阳国志》。《华阳国志》载周赧王七年，司马错从枳南入，以巴蜀水师攻取楚商於地为黔中郡，实则此役未能攻拔楚之黔中，此后十年，楚怀王受骗入秦而被留，秦尝“要以割巫、黔中之郡”。秦亦未得楚黔中。因而是年又遣司马错调发陇西之众，入蜀而再攻楚黔中，拔之。考《秦本纪》又云：秦昭王三十年“蜀守若伐楚，取巫郡及江南为黔中郡”。《水经·沅水注》云：“秦昭襄王二十七年使司马错以陇蜀军攻楚，楚割汉北与秦。至三十年，秦又取楚巫、黔及江南地，以为黔中郡。”未叙及司马错拔黔中事，盖秦昭王二十七年至三十年间，楚尝一度收复黔中。因而秦之设黔中郡在三十年蜀守若伐楚取得巫、黔及江南之后。

又案：秦败我二城，梁玉绳云：“败当作拔。”

[秦昭王]二十七年白起攻赵，取光狼城。（《白起列传》）

案：《赵世家》言是年“秦败我二城”。梁玉绳云：“败当作取”，即《秦本纪》所言“取代、光狼城”。《六国表》谓“击赵，斩首三万”，可知是役亦是大战。

又案：梁玉绳《史记志疑》于《赵世家》云：“是时齐亦尚止二城，麦丘属燕，《年表》《田完世家》及《赵奢列传》皆不书，未知此何以言之？”钱穆辨之曰：“不知《史》《策》言齐独存二城者，指其五年中最后而言，非齐一败而诸城皆下，即无地可攻也。谓余城皆属燕，特举大数言之，以燕独入齐临淄，又始终主其事也。非谓其他三晋诸国，均不得尺土一城，不博观会通，而一切以绳，失者多矣。今以《吕览》公孙龙之言参之，知《赵世家》所记固不误。”又曰：“《赵世家》‘惠文王十七年秦拔我两城，十八年秦拔我石城，十九年秦败我二城，赵奢将攻麦邱，取之，二十年廉颇将攻齐’，公孙龙言盖指是时事。”（《先秦诸子系年》第四三五至四三七页）钱辨是也。《乐毅列传》云：“乐毅留徇齐五年，下齐七十余城。”知七十余城非一年皆下，且齐城本不止七十余城，所谓惟独莒、即墨未下者，由其别都言之，说已见前。《楚世家》上年楚人以弋说楚王曰：“朝射东莒，夕发浿丘，夜加即墨，顾据午道，则长城之东收而太山之北举矣，西结境于赵，而北达于燕。”是其时齐地固不止莒、即墨二城。此年赵取齐麦丘，即苏代所谓“以胶东委于燕，以济西委于赵”。据苏代约燕王语，苏代此言，指天下破齐及秦得赵蔺、离石以后事，若齐一破而诸城皆下，即无地可攻，则苏代所谓济西、胶东又将何指？

秦已得宜阳、少曲（“宜阳”当作“曲阳”），至蔺、石（《苏秦列传》“至”作“致”，鲍本“石”上补“离”字，实则不必补“离”字，“离石”时或称“石”），因以破齐为天下罪。秦欲攻魏，重楚，则以南阳委于楚，曰：

“寡人固与韩且绝矣。残均陵，塞鄳隘(《苏秦列传》“隘”作“阸”)。苟利于楚，寡人如自有之。”魏弃与国而合于秦，因以塞鄳隘为楚罪。兵困于林中，重燕、赵，以胶东委于燕，以济西委于赵。已得讲于魏(“已”原作“赵”，依鲍本、《苏秦列传》改)，至公子延因犀首属行而攻赵(“至”，《索隐》云：“当为质。”鲍本改作“质”。金正炜云：“至与致通，不烦改字”)，兵伤于离石，遇败于马陵，而重魏(《苏秦列传》“离石”作“谯石”，“马陵”作“阳马”)，则以叶、蔡委于魏。已得讲于赵，则劫魏，魏不为割，困，则使太后穰侯为和(《苏秦列传》“后”下有“弟”字)，嬴则兼欺舅与母。(《燕策二》第一章，秦召燕王，燕王欲往，苏代约燕王。并云因而“燕昭王不行”。《苏秦列传》同)

案：苏代约燕王，开首曰：“楚得枳而国亡。”《集解》引徐广曰：“燕昭王三十三年秦拔楚鄢、西陵。”燕昭王卒于三十三年，苏代约燕昭王当在次年王未卒之前。此段苏代所述，皆当为上年秦拔取蔺、离石以后事。据此可知，秦得蔺、离石之后，即谋攻魏，许楚攻取韩之南阳地。当秦攻魏大梁，燕、赵出兵救魏，使秦攻大梁之举无功。即所谓“兵困于林中”，又许燕取齐之胶东，赵取齐之济西，及魏背燕、赵而合于秦，秦又分兵攻楚与赵。是时秦之大将为白起与司马错，故是年白起攻赵，取代、光狼城，斩首三万。司马错则一面攻楚之邓，迫使楚割上庸、汉北地，一面又攻拔楚之黔中。至于秦攻大梁之举，因无功，史略而未记。据苏代所言，是时秦攻赵，尚有“兵伤于谯石，遇败于阳马”之事。谯石、阳马两地无考。梁玉绳《史记志疑》谓谯石、阳马，“《策》作离石、马陵，疑误”。

秦昭王二十七年地动，坏城。(《六国表》)

卷十七
周赧王三十六年（公元前二七九年）至四十一年（公元前二七四年）

周赧王三十六年（公元前二七九年）

秦昭王二十八年，魏昭王十七年，韩釐王十七年，赵惠文王二十年，齐襄王五年，楚顷襄王二十年，燕昭王三十三年。

[秦昭王]二十八年大良造白起攻楚，取鄢、邓，赦罪人迁之。（《秦本纪》）

[楚顷襄王]二十年秦将白起拔我西陵。（《楚世家》）

楚顷襄王二十年秦拔鄢、西陵。（《六国表》）

后七年（秦昭王二十八年）白起攻楚，拔鄢、邓五城。（《白起列传》）

顷襄王二十年秦白起拔楚西陵，或拔鄢、郢、夷陵，烧先王之墓，王徙东北，保于陈城，楚遂削弱，为秦所轻。（《秦策四》第九章）

江水又东径西陵县故城南，《史记》秦昭王遣白起伐楚取西陵者

也。(《水经·江水三》)

案:《资治通鉴》作“秦白起伐楚,取鄢、邓、西陵”。梁玉绳《史记志疑》综合《秦本纪》、《六国表》、《楚世家》,以为“《白起列传》言拔鄢、邓五城,乃拔鄢、邓、西陵三城之误”。考秦简《编年记》书“攻邓”于秦昭王二十七年,或者攻邓在二十七年,至二十八年而拔之。邓在今湖北襄樊市北,鄢在今湖北宜城县东南,西陵在今湖北新洲县西。惟《资治通鉴》胡三省注以为西陵非汉江夏郡之西陵,“西陵即夷陵,《汉书·地理志》夷陵县属南郡,《水经》江水东径夷陵县,又东径西陵峡,盖县城去峡不远。”程恩泽《国策地名考》从其说,以为“当时秦兵所及,亦仅至安陆而止,未尝越汉阳武昌而至黄州也,”亦谓西陵指西陵峡。其实非是。《秦策四》第九章言是年“白起拔楚西陵,或拔鄢、郢、夷陵”。金正炜《补释》云:“此文或,犹又也,说见《经传释词》,非谓别将”。盖白起分兵两路进攻,东路拔西陵,西路拔鄢、郢、夷陵,可知西陵与夷陵非指一地。《水经注》亦以为白起所伐取之西陵,即西陵县故城。《白起列传》称“其明年攻楚,拔郢,烧夷陵,遂东至竟陵,楚王亡去郢,东走徙陈”。郢在今湖北江陵县西北,夷陵在今湖北宜昌市东南,竟陵在今湖北潜江县东北。秦简《编年记》又谓秦昭王廿九年“攻安陆”,安陆在今湖北云梦县,在竟陵东北约一百里,西陵则又在安陆以东约一百公里。是役白起于两年间,攻取得楚都周围许多城邑,东至西陵,西至夷陵,大约有三百公里宽阔之富庶地带,楚因而大为削弱。秦以斩首为功,每次大战得胜,皆有斩首多少万之记录,但是役除鄢之战,白起引水灌城,淹死军民数十万以外,未见有斩首多少万之记载,盖如白起所说楚军“各有散心，莫有斗志”（姚本《战国策》末章武安君答应侯语），《楚世家》所谓“楚襄王兵散，遂不复战”。

献书秦王曰：“臣窃闻大王之谋出事于梁（“臣”原作“昔”，今从鲍本改正），谋恐不出于计矣（“出”读作“屈”，短也。“不”字疑衍），愿大王之熟计之也。梁者，山东之要也（“要”读作“腰”）。有蛇于此，击其尾其首救，击其首其尾救，击其中身首尾皆救。今梁者天下之中身也（“者”原作“王”，今从鲍本改正，“中身”鲍本作“脊”），秦攻梁者，是示天下要断山东之脊也（“要”读作“腰”）。是山东首尾皆救中身之时也。山东见亡必恐，恐必大合，山东尚强，臣见秦之必大忧可立而待也。臣窃为大王计，不如南出事于南方，其兵弱，天下不能救（“不”原作“必”，鲍本于“必”上补“不”字，吴师道云：“必字恐当作不”，今据改），地可广大（姚注：“曾无大字”），国可富，兵可强，主可尊。王不闻汤之伐桀乎，试之弱密须氏以为武教，得密须氏而汤之服桀矣（“之”鲍本作“知”）。今秦国与山东为仇（“国”鲍本作“欲”），不先以弱为武教，兵必大挫，国必大忧。”秦果南攻蓝田、鄢、郢。（《魏策四》第一章）

案：鲍彪曰：“蓝田，秦地，疑衍文。”非是。战国时有两地名蓝田：一在秦国，在今陕西蓝田县西。另一蓝田，在楚国，在今湖北钟祥县西北，汉水之西，即《续汉书·郡国志》南郡之蓝口聚，或作蓝田口聚，正当鄢之南，郢之北，为从鄢攻郢必经之地。

夷水又东注于沔。昔白起攻楚，引西山长谷水，即是水也。旧堨去城百许里，水从城西灌城东，入注为渊，今熨斗陂是也。水溃城东北角，百姓随水流，死于城东者数十万，城东皆臭，因名其陂为臭池。（《水经·沔水注》）

故宜城，在县南九里，本楚鄢县。秦昭王使白起伐楚，引蛮水灌

鄢城，拔之，遂取鄢，即此城也。(《元和郡县图志》卷二十一)

案：《大事记·解题》云："鄢，楚之别都也，在今襄州之宜城县。南丰曾氏巩曰：荆及康狼，楚之西山也。水出二山之间，东南而流，春秋之世曰鄢水。……秦昭王二十八年，使白起将攻楚，去鄢百里立堨，壅是水为渠，以灌鄢，遂拔之。秦既得鄢，以为县。"《读史方舆纪要》又云："长渠在宜城县西四十里，亦曰罗川，又曰鄢水，亦曰白起渠，即蛮水也。秦昭王二十八年使白起攻楚，去鄢百里立堨，壅是水为渠，以灌鄢。鄢入秦，而起所为渠不废，今长渠是也。"今案：白起引水灌鄢。乃此次秦大举攻楚之重要战役。长谷水即蛮水、鄢水，亦称白起渠，今鄢之遗址尚存，在今湖北宜城县东南，俗称楚皇城。白起渠之遗迹亦存于古城之西北。今古城东北角有缺口，即引水灌城之入口，东城墙南端又有出口，东南更有洼地。参看拙作《中国古代都城制度史研究》上编第八章楚之别都鄢。

洮水又北径狄道县故城西……滥水又西北径武街城南，又西北径狄道故城东。……汉陇西郡治，秦昭王二十八年置。(《水经·河水注》)

[秦昭王]廿八年陇栖郡守□造，西工宰阉，工□。(戈刻铭，此戈一九七八年二月陕西宝鸡县建河秦墓出土，见《文物》一九八〇年第九期报道)

案：戈刻铭"陇"字有残缺，"栖"即"西"字，"造"下"西"字，即陇西郡所属西县，在今甘肃天水县西南。"廿八"或释作"廿六"，《秦本纪》称昭王二十七年"司马错发陇西"，秦设陇西郡当在二十七年前。考释有李仲操《二十六年秦戈考》(《文博》一九八九年第一期)，刘占成《陇西郡戈考》(《考古与文物》一九九四年第四期)。

[赵惠文王]二十年，廉颇将，攻齐。王与秦昭王遇西河外。(《赵世家》)

赵惠文王二十年与秦会黾池，蔺相如从。(《六国表》)

秦王使使者告赵王，欲与王为好会于西河外黾池。赵王畏秦，欲毋行。廉颇、蔺相如计曰："王不行，示赵弱且怯也。"赵王遂行，相如从。廉颇送至境，与王诀曰："王行，度道里会遇之礼毕，还，不过三十日。三十日不还，则请立太子为王，以绝秦望。"王许之，遂与秦王会黾池。秦王饮酒酣，曰："寡人窃闻赵王好音，请奏瑟。"赵王鼓瑟。秦御史前书曰："某年月日，秦王与赵王会饮，令赵王鼓瑟。"蔺相如前曰："赵王窃闻秦王善为秦声，请奏盆缻秦王，以相娱乐。"秦王怒，不许。于是相如前进缻，因跪请秦王。秦王不肯击缻。相如曰："五步之内，相如请得以颈血溅大王矣！"左右欲刃相如，相如张目叱之，左右皆靡。于是秦王不怿，为一击缻。相如顾召赵御史书曰："某年月日，秦王为赵王击缻。"秦之群臣曰："请以赵十五城为秦王寿。"蔺相如亦曰："请以秦之咸阳为赵王寿。"秦王竟酒，终不能加胜于赵。赵亦盛设兵以待秦，秦不敢动。既罢归国，以相如功大，拜为上卿，位在廉颇之右。廉颇曰："我为赵将，有攻城野战之大功，而蔺相如徒以口舌为劳，而位居我上，且相如素贱人，吾羞，不忍为之下。"宣言曰："我见相如，必辱之。"相如闻，不肯与会。相如每朝时，常称病，不欲与廉颇争列。已而相如出，望见廉颇，相如引车避匿。于是舍人相与谏曰："臣所以去亲戚而事君者，徒慕君之高义也。今君与廉颇同列，廉君宣恶言而君畏匿之，恐惧殊甚，且庸人尚羞之，况于将相乎！臣等不肖，请辞去。"蔺相如固止之，曰："公之视廉将军孰与秦王？"曰："不若也。"相如曰："夫以秦王之威，而相如廷叱之，辱其群臣。相如虽驽，独畏廉将军哉？顾吾念之，强秦之所以不敢加兵于赵者，徒以吾两人在也。今两虎共斗，其势不俱生。吾所以为此者，以先国家之急而后私仇也。"廉颇闻之，肉袒负荆，因宾客至蔺相如门谢罪。曰："鄙贱之人，不知将军宽之至此也。"卒相与欢，为刎颈之交。是岁，廉颇东攻齐，破其一军。(《廉颇蔺相如列传》)

秦召燕王，燕王欲往。苏代约燕王曰："楚得枳而国亡，齐得宋而国亡，齐、楚不得以有枳、宋事秦者，何也？是则有功者，秦之深仇也。秦取天下，非行义也，暴也。秦之行暴于天下，正告楚曰(《苏秦列传》作"秦之行暴，正告天下，告楚曰")：'蜀地之甲，轻舟浮于汶，乘夏水而下江，五日而至郢。汉中之甲，乘舟出于巴，乘夏水而下汉，四日而至五渚。寡人积甲宛，东下随，知者不及谋，勇者不及怒，寡人如射隼矣。王乃待天下之攻函谷，不亦远乎？'楚王为是之故，十七年事秦。秦正告韩曰：'我起乎少曲，一日而断太行。我起乎宜阳而触平阳，二日而莫不尽繇，我离两周而触郑，五日而国举。'韩氏以为然，故事秦。秦正告魏曰：'我举安邑，塞女戟，韩氏太行卷("行"原作"原"，《苏秦列传·正义》引刘伯庄云，"太原"，当为"太行"。于鬯《战国策注》："太原，赵地，此为韩太原，当非赵之太原，则是太行耳"。今据改。"韩氏太原卷"，《赵策四》第四章作"韩之太原绝")。我下轵道、南阳、封、冀，包两周，乘夏水，浮轻舟，强弩在前，铦戈在后("铦"，《苏秦列传》作"锬")，决荥口，魏无大梁；决白马之口，魏无济阳(《苏秦列传》作"魏无外黄、济阳")；决宿胥之口，魏无虚、顿丘。陆攻则击河内，水攻则灭大梁。'魏氏以为然，故事秦。秦欲攻安邑，恐齐救之，则以宋委于齐，曰：‘宋王无道，为木人以写寡人（鲍本“写”作“象”），射其面，寡人地绝兵远，不能攻也。王苟能破宋有之，寡人如自得之。’已得安邑，塞女戟，因以破宋为齐罪。秦欲攻韩（“韩”原作“齐”，据《苏秦列传》、鲍本改），恐天下救之，则以齐委于天下，曰：‘齐王四与寡人约，四欺寡人，必率天下以攻寡人者三。有齐无秦，无齐有秦，必伐之，必亡之。’已得宜阳、少曲，致蔺、石，因以破齐为天下罪。秦欲攻魏，重楚，则以南阳委于楚，曰：‘寡人固与韩且绝矣！残均陵，塞鄳隘，苟利于楚，寡人如自有之。’魏弃与国而合于秦，因以塞鄳隘为楚罪。兵困于林中，重燕、赵，以胶东委于燕，以济西委于赵。已得讲于魏（“已”原作“赵”，依鲍本、《苏秦列传》改），至公子延，因犀首属行而攻赵。兵伤于离石，遇败于马陵（《苏秦列传》作“兵伤于谯石，而遇败于阳马”），而重魏，则以叶、蔡委于魏。已得讲于赵，则劫魏，不为割（“不”上原有“魏”字，当衍。金正炜谓，此盖误复“魏”字。文以六字句，谓前以叶、蔡委于魏，今劫魏而不为之割也。今据《苏秦列传》删）。困则使太后、穰侯为和（《苏秦列传》后下有“弟”字），赢则兼欺舅与母（“赢”原作“羸”，《苏秦列传》作“羸”，此依鲍本改）。适燕者曰以胶东，适赵者曰以济西，适魏者曰以叶、蔡，适楚者曰以塞鄳隘，适齐者曰以宋，此必令其言如循环，用兵如刺蜚绣（《苏秦列传》、鲍本无“绣”字。《全上古三代秦汉六朝文》引无“蜚”。黄丕烈谓：“此必《策》文作‘绣’，《史记》作‘蜚’，遂两存也。”当删“蜚”字），母不能制，舅不能约。龙贾之战，岸门之战，封陵之战（“陵”原作“陆”。王念孙谓“陵”“陆”二字相似，古书多乱。今依《苏秦列传》、鲍本改），高商之战，赵庄之战，秦之所杀三晋之民数百万，今其生者皆死秦之孤也。西河之外、上雒之地、三川晋国之祸，三晋之半，秦祸如此其大。而燕、赵之秦者，皆以争事秦说其主，此臣之所大患。”燕昭王不行。苏代复重于燕。燕反约诸侯从亲（“反”，《苏秦列传》作“使”。金正炜谓“反”当为“乃”之误），如苏秦时。或从或不，而天下由此宗苏氏之从约。代、厉皆以寿死，名显诸侯。（《燕策二》第一章）

案：顾观光系此于周赧王三十年，林春溥附此于赧王三十一年，黄式三、于鬯定在赧王三十六年。今从后说。《苏秦列传·集解》引徐广，谓“楚得枳而国亡”，指“燕昭王三十三年秦拔楚鄢、西陵”，燕昭王三十三年当周赧王三十六年。策文“楚得枳而国亡，齐得宋而国亡”，两“国亡”，“国”皆指国都，指楚失别都鄢，齐失国都临淄。《苏秦列传》叙此策文于燕昭王二十八年五月“破齐，湣王出走”之后，云：“久之，秦召燕王”。时当燕昭王末年。策文所谓“楚王十七年事秦”，盖指秦昭王十年至二十六年间秦、楚友好而秦未尝攻取楚地。

乐毅留徇齐五岁，下齐七十余城，皆为郡县以属燕，唯独莒、即墨未服。会燕昭王死，子立为燕惠王。惠王自为太子时尝不快于乐毅，及即位，齐之田单闻之，乃纵反间于燕，曰：“齐城不下者两城耳。然所以不早拔者，闻乐毅与燕新王有隙，欲连兵且留齐，南面而王齐。齐之所患，唯恐他将之来。”于是燕惠王固已疑乐毅，得齐反间，乃使骑劫代将，而召乐毅。乐毅知燕惠王之不善代之，畏诛，遂西降赵。赵封乐毅于观津，号曰望诸君，尊宠乐毅以警动于燕、齐。齐田单后与骑劫战，果设诈诳燕军，遂破骑劫于即墨城下，而转战逐燕，北至河上，尽复得齐城，而迎襄王于莒，入于临菑。（《乐毅列传》）

案：乐毅本为赵武灵王之谋臣，当齐宣王破燕时，尝为赵主谋合纵伐齐而存燕。当燕昭王参与五国合纵攻齐时，乐毅以燕相兼赵相而为五国联军之统帅，先以赵师为主力由赵破齐于济西，继而独率燕师深入，攻破齐都。及燕惠王以骑劫代乐毅为将，乐毅因而归赵，此云“降赵”，不确。赵因而封号为望诸君。《索隐》云：“望诸，泽名，在齐，盖赵有之，故号焉。《战国策》望作蓝也。”今案蓝诸君见《中山策》第一、二章，又作望诸君，见《燕策二》第二章，乃中山之相，与乐毅同号，司马贞误以为即毅。《资治通鉴》胡三省注：“望诸，泽名，本齐地，毅自齐奔赵，赵人以此号之，本其所从也。”此说非是。毅既得封邑于观津，不当以望诸泽名为封号，况且以所从之地为封号，战国尚无它例。《正义》佚文曰：“诸，之也。言王起望君之日久矣，故号望诸君也。”（见南化、幻、梅、狩本，张衍田《史记正义佚文辑校》第三七四页）其说可信。战国封君有以封邑称君者，亦用具有意义之称号。

燕既尽降齐城，唯独莒、即墨不下。燕军闻齐王在莒，并兵攻之。淖齿既杀湣王于莒，因坚守距燕军，数年不下。燕引兵东围即墨。即墨大夫出与战，败死。城中相与推田单，曰：“安平之战，田单宗人以铁笼全，习兵。”立以为将军。以即墨距燕。（《田单列传》）

案：《吕氏春秋·行论》篇云：“此济上之所以败，齐国以虚也，七十城微田单固几不反，湣王以大齐骄而残，田单以即墨而立功。”《齐策六》云：“燕攻齐，取七十余城，惟莒、即墨不下。”《燕策一》亦云：“齐城之不下者惟独莒、即墨”，而《燕世家》作“独唯聊、莒、即墨”。《燕策二》云：“下七十余城，尽郡县以属燕，三城未下。”而《乐毅列传》又作“乐毅留徇齐五岁，下齐七十余城，皆为郡县以属燕，唯独莒、即墨未服”。《田单列传》亦云：“燕既尽降齐城，唯独莒、即墨不下。”《燕世家·索隐》云：“按余篇及《战国策》并无聊字。”梁玉绳《史记志疑》云：“考《史》乐毅、田单《列传》及《齐策》、《燕策》并无聊也，惟《燕策》又有三城未下之语，史或因此增加以实之。盖牵合燕将守聊城不下事而与莒、即墨乱也；然《后汉书·李通传·论》注引《史》此文无'聊'字，岂所见本异欤?"又云:"《潜夫论·救边篇》言田单围聊、莒不拔，亦误仍《策》《史》合为一事。"梁说甚是，林春溥《战国纪年》又论之曰:"据《国策》邹忌谓齐地方千里，百二十城，是在威王之世已然，况宣、湣以来，取燕灭宋，楚割淮北，西侵三晋，拓地愈广，而谓七十余城之外惟余莒与即墨，其他别无可取，岂其然乎?"林说亦是。余考齐终战国之世未设郡，别有五都之制。《燕策一》、《燕世家》谓齐宣王伐燕，"王因令章子将五都之兵，以因北地之众以伐燕"，《索隐》云:"临淄，五都之一。"《孟子·公孙丑下》孟子谓平陆大夫孔距心曰:"子之持戟之士，一日而三失伍则去之否乎?"又见于王曰:"王之为都者，臣知五人焉，知其罪，惟孔距心。"则平陆亦必五都之一。余疑齐于临淄外，四境各设别都，遣大夫将兵守之，有如魏、韩等国于边境要冲设郡而置郡守然，此时莒与即墨亦齐之别都，未为燕下，故湣王奔莒而田单守即墨。盖齐都之未下者惟独莒、即墨，非齐城邑之未下者仅莒、即墨也。

燕昭王卒，惠王立，与乐毅有隙。田单闻知，乃纵反间于燕，宣言曰:"齐王已死，城之不拔者二年。乐毅畏诛而不敢归，以伐齐为名，实欲连兵南面而王齐。齐人未附，故且缓攻即墨以待其事。齐人所惧，唯恐他将之来，即墨残矣。"燕王以为然，使骑劫代乐毅。乐毅因归赵，燕人士卒忿。而田单乃令城中人食必祭其先祖于庭，飞鸟悉翔舞城中下食。燕人怪之。田单因宣言曰:"神来下教我。"乃令城中人曰:"当有神人为我师。"有一卒曰:"臣可以为师乎?"因反走。田单乃起，引还，东乡坐，师事之。卒曰："臣欺君，诚无能也。"田单曰："子勿言也！"因师之。每出约束，必称神师。乃宣言曰："吾唯惧燕军之劓所得齐卒，置之前行，与我战，即墨败矣。"燕人闻知，如其言。城中人见齐诸降者尽劓，皆怒，坚守，唯恐见得。单又纵反间曰："吾惧燕人掘吾城外冢墓，僇先人，可为寒心。"燕军尽掘垄墓，烧死人。即墨人从城上望见，皆涕泣，俱欲出战，怒自十倍。田单知士卒之可用，乃身操版插，与士卒分功，妻妾编于行伍之间，尽散饮食飨士。令甲卒皆伏，使老弱女子乘城，遣使约降于燕，燕军皆呼万岁。田单又收民金，得千溢，令即墨富豪遗燕将，曰："即墨即降，愿无掳吾族家妻妾，令安堵。"燕将大喜，许之。燕军由此益懈。田单乃收城中，得千余牛，为绛缯衣，画以五彩龙文，束兵刃于其角，而灌脂束苇于尾，烧其端。凿城数十穴，夜纵牛，壮士五千随其后。牛尾热，怒而奔燕军，燕军夜大惊。牛尾炬尾光明炫耀，燕军视之皆龙文，所触尽死伤。五千人因衔枚击之，而城中鼓噪从之，老弱皆击铜器为声，声动天地。燕军大骇，败走。齐人遂夷杀其将骑劫。燕军扰乱奔走，齐人追亡逐北，所过城邑皆畔燕而归田单，兵日益多，乘胜，燕日败亡，卒至河上，而齐七十余城皆复为齐。乃迎襄王于莒，入临菑而听政。襄王封田单，号曰安平君。（《田单列传》）

案：《索隐》云："以单初起安平，故以为号。"安平在临菑东，亦为单封邑，故《齐策六》第五章称夜邑为其"益封"。《资治通鉴·周纪四》赧王三十六年胡注："齐以田单安国平难，又尝保安平，故因以安平封之。"其说是。

襄王在莒五年，田单以即墨攻破燕军，迎襄王于莒，入临菑。齐故地尽复属齐，齐封田单为安平君。（《田世家》）

［燕昭王］三十三年卒，子惠王立。惠王为太子时，与乐毅有隙，及即位，疑毅，使骑劫代将。乐毅亡走赵。齐田单以即墨击败燕军，骑劫死，燕兵引归，齐悉复得其故城。湣王死于莒，乃立其子为襄王。(《燕世家》)

齐襄王五年杀燕骑劫。(《六国表》)

燕攻齐，齐破。闵王奔莒，淖齿杀闵王。田单守即墨之城，破燕兵，复齐虚。襄王为太子微("微"原作"徵"。孙诒让《札迻》卷三谓："此'徵'当为'微'，亦形之误。襄王易姓名为太史敫家庸，故曰微也"。微，隐匿。今据改)。齐以破燕，田单之立疑，齐国之众，皆以田单为自立也。襄王立，田单相之。过菑水，有老人涉菑而寒，出不能行，坐于沙中。田单见其寒，欲使后车分之衣("衣"上"之"字原脱，从姚引一本补)，无可以分者，单解裘而衣之。襄王恶之，曰："田单之施，将欲以取我国乎？不早图，恐后之。"左右顾无人，岩下有贯珠者，襄王呼而问之曰："女闻吾言乎？"对曰："闻之。"王曰："女以为何若？"对曰："王不如因以为己善。王嘉单之善，下令曰：'寡人忧民之饥也，单收而食之。寡人忧民之寒也，单解裘而衣之。寡人忧劳百姓，而单亦忧之，称寡人之意。'单有是善而王嘉之，单之善亦王之善已！"王曰："善。"乃赐单牛酒，嘉其行。后数日，贯珠者复见王，曰："王至朝日，宜召田单而揖之于庭，口劳之，乃布令求百姓之饥寒者，收穀之。"乃使人听于闾里，闻丈夫相与语，举曰："田单之爱人，嗟，乃王之教泽也！"(《齐策六》第四章)

案：田单破燕，为齐相，二者当为同年之事。《资治通鉴》隶此于赧王三十六年，今从之。"贯珠"者有二说。姚注："《元和姓纂》引《战国策》，'齐有贯殊'。则贯姓，殊名。"或以为穿珠匠人。

于鬯《战国策注》谓，"姚定为人姓名，于此文（按指上文"贯珠"）固可通，至下文'贯珠'下似不必复著'者'字，则竟似'贯殊'非姓名。"于说是。

赵惠王谓公孙龙曰："寡人事偃兵十余年矣而不成，兵不可偃乎？"公孙龙对曰："偃兵之意，兼爱天下之心也。兼爱天下，不可以虚名为也，必有其实。今蔺、离石入秦，而王缟素布总；东攻齐得城，而王加膳置酒。秦得地而王布总，齐亡地而王加膳，非所兼爱之心也。此偃兵之所以不成也。"今有人于此，无礼慢易而求敬，阿党不公而求令，烦号数变而求静，暴戾贪得而求定，虽黄帝犹若困。（《吕氏春秋·审应》）

案："今蔺、离石入秦"，即指秦昭王二十五年（赵惠文王十七年）秦取赵之蔺城，次年攻取离石，离石亦简称石。"东攻齐得城"，即指赵惠文王十九年"赵奢将攻齐麦丘，取之"。见钱穆《公孙龙说赵惠文王偃兵考》（《先秦诸子系年》第四三四至四三五页）。《周季编略》已定此事在赵惠文王二十年，今从之。

公孙龙在赵之时，谓弟子曰："人而无能者，龙不能与游。"有客衣褐带索而见曰："臣能呼。"公孙龙顾谓弟子曰："门下故有能呼者乎？"对曰："无有。"公孙龙曰："与之弟子之籍。"后数日，往说燕王，至于河上，而航在一汜，使善呼者呼之，一呼而航来。（《淮南子·道应训》）

案：据此，公孙龙之说燕王，盖自赵前往。

公孙龙说燕昭王以偃兵，昭王曰："甚善，寡人愿与客计之。"公孙龙曰："窃意大王之弗为也。"王曰："何故？"公孙龙曰："日者大王欲破齐，诸天下之士，其欲破齐者，大王尽养之。知齐之险阻要塞君臣之际者，大王尽养之。虽知而弗欲破者，大王犹若弗养。其卒，果破齐以为功。今大王曰‘我甚取偃兵’，诸侯之士，在大王之本朝者尽善用兵者也，臣是以知大王之弗为也。”王无以应。（《吕氏春秋·应言》）

案：公孙龙说燕昭王，既自赵前往，当在燕昭王之晚年。

燕昭王墓前华表。（《太平御览》卷一百九十八）

案：此为帝王墓前设置华表之最早记载。当即设置于燕昭王死后兴建陵墓之时。

其后（指赵武灵王北破林胡、楼烦置云中、雁门、代郡之后），燕有贤将秦开，为质于胡，胡甚信之。归而袭破走东胡，东胡却千余里。（《史记·匈奴列传》）

案：吕祖谦《大事记·解题》卷四云：“秦开不知当燕何君之世，然秦武阳乃开之孙，计其年，或在昭王时。”

始楚威王时，使将军庄蹻将兵循江上，略巴、蜀、黔中以西（《汉书·西南夷传》无“蜀”字）。庄蹻者，故楚庄王苗裔也。蹻至滇池，地方三百里（《汉书》无“地”字），旁平地，肥饶数千里，以兵威定属楚。欲归报，会秦击夺楚巴、黔中郡，道塞不通，因还，以其众王滇，变服，从其俗，以长之。（《史记·西南夷列传》）

初，楚顷襄王时，遣将庄豪从沅水伐夜郎，军至且兰，椓船于岸而步战。既灭夜郎，因留王滇池。以且兰有椓船牂柯处，乃改其名为牂柯。（《后汉书·西南夷传》）

周之季世，楚顷襄王遣将军庄蹻泝沅水、出且兰，以伐夜郎，（“顷”原作“威”，《汉书·地理志》颜注，《史记·正义》，《艺文类聚》卷七十一，《北堂书钞》卷一百三十八，《太平御览》一百六十六、七百七十一，并引作“顷襄王”，顾观光《校勘记》谓“必《华阳国志》古本如此，后人依《史》、《汉》改耳”。今改还）。植牂柯，系船于是（《太平御览》

卷七七一引作“椓牂柯，系舡于且兰”）。且兰既克，夜郎又降，而秦夺楚黔中地，无路得反，遂留王滇池。蹻，楚庄王苗裔也（《北堂书钞》卷一百三十六，《太平御览》卷一百六十六，叶梦得《玉涧杂书》，曹学佺《蜀中广记》卷六九均引作“遂留王之，号为庄王”。刘琳《华阳国志校注》谓“蹻，楚庄王苗裔也”乃李垩擅改，当依《书钞》诸书所引改还）。以牂柯系船，因名且兰为牂柯国。（《华阳国志》卷四《南中志》）

案：楚将庄蹻将兵攻至滇池，《史记》《汉书》谓在楚威王时，不确。当从《后汉书》、古本《华阳国志》定在楚顷襄王时。《史记》称“庄蹻将兵循江上，略巴、蜀、黔中以西”，《汉书》无“蜀”字，其实“巴蜀”二字皆为衍文。秦于惠王时已灭巴、蜀，建有蜀郡、巴郡，并以巴、蜀作为攻略兼并楚地之主要据点。秦将司马错主张伐取蜀地，并由蜀攻楚。错曰：“且蜀，水通于楚，有巴之劲卒，浮大舶船以东向楚，楚地可得，得蜀则得楚，楚亡则天下并矣。”（《华阳国志》卷三《蜀志》）司马错伐蜀之议为秦惠王所接受，错即为攻灭巴、蜀之主将。司马错由蜀伐楚之议，又为秦武王、秦昭王所接受，错又为由蜀伐楚之主将。《华阳国志》称：周赧王七年即秦武王三年，“司马错率巴蜀众十万，大舶船万艘，米六百万斛，浮江伐楚，取商於之地，为黔中郡。”结果未见成功。《秦本纪》载昭王二十七年“使司马错发陇西，因蜀攻楚黔中，拔之”。三十年“蜀守若伐楚，取巫郡及江南，为黔中郡”。《楚世家》载顷襄王二十二年（即秦昭王三十年）“秦复拔我巫、黔中郡”。次年“襄王乃收东地兵，得十余万，复西取所拔我江旁十五邑以为郡距秦”。可知当时秦、楚之间争夺黔中甚为激烈，秦先由巴蜀夺取黔中，楚尝收复黔中而秦复拔之，楚又夺回江旁十五邑再建郡以距秦。当秦昭王二十七年秦将司马错拔黔中之后，三十年秦复拔楚黔中之前，楚必尝大败秦军而一度收复黔中。当楚顷襄王二十一年即秦昭王二十九年，楚将白起已连续大败楚师而攻取楚都郢，楚已无力遣军西征而收复黔中，可知楚大败秦军而收复黔中，当在楚顷襄王二十年。是役大败秦军之楚将，当即庄蹻，故而荀子以楚之庄蹻与齐之田单等人同为世俗所谓善用兵之名将。庄蹻即乘此大胜之时机，略黔中以西而攻至滇池。此后庄蹻留王滇池，即因原来经过黔中之通道为秦所夺，楚已大败而徙都。是役为庄蹻所大败之秦将，疑即司马错。据《秦本纪》，是时司马错与白起正为秦主攻东方之南北两员大将，司马错主攻楚以及韩、魏，白起主攻韩、魏以及赵、楚。但秦昭王二十八年(即楚顷襄王二十年)以后，忽而不见司马错之踪迹，改由白起为主攻楚之统帅。司马错为司马迁之祖先，献伐蜀而攻楚之策，自秦惠王后元九年攻灭巴、蜀，至秦昭王二十七年攻拔楚黔中。三十六年间错屡建战功，何以史公不为之立传？盖一败之后，前功尽弃，有难言之隐邪？

貂勃常恶田单(“貂勃”，《文选·狱中上书自明》注引作“刁覨”，《檄吴将校部曲·注》引作“刁勃”，“刁”、“貂”音同)，曰：“安平君，小人也！”安平君闻之，故为酒而召貂勃，曰：“单何以得罪于先生，故常见恶于朝？”(“恶”，原作“誉”，姚注：曾一作“恶”。今据改。《太平御览》九百零四引《春秋后语》，作“常见恶乎”)貂勃曰：“跖之狗吠尧，非贵跖而贱尧也，狗固吠非其主也。且今使公孙子贤而徐子不肖，然而使公孙子与徐子斗，徐子之狗，犹时攫公孙子之腓而噬之也，若乃得去不肖者而为贤者狗，岂特攫其腓而噬之耳哉！”安平君曰：“敬闻命。”明之，任之于王。王有幸臣九人（原作“王有所幸臣九人之属”。今从《太平御览》四百五十六引文改。《资治通鉴》作“王有所幸臣九人”），欲伤安平君，相与语于王曰：“燕之伐齐之时，楚王使将军将万人而佐齐，今国已定而社稷已安矣，何不使使者谢于楚王？”王曰：“左右孰可？”九人之属曰：“貂勃可。”貂勃使楚，楚王受而觞之，数日不反（《资治通鉴》“日”作“月”），九人之属相与语于王曰：“夫一人之身（“之”据姚注引别本及《资治通鉴》增），而牵留万乘者，岂不以据势也哉？且安平君之与王也，君臣无礼（《资治通鉴》“礼”作“异”）而上下无别，且其志欲为不善，内牧百姓（鲍本“牧”作“收”，作“牧”为是。“牧百姓”即所谓“牧民”，《管子》有《牧民》篇，“牧”有爱护保养之意，与下文“子临百姓”之意相同），循抚其心，振穷补不足，布德于民，外怀戎翟，天下之贤士（《资治通鉴》“天”上有“礼”字），阴结诸侯之雄俊豪英，其志欲有为也。愿王之察之！”异日而王曰：“召相单来！”田单免冠、徒跣、肉袒而进，退而请死罪。五日而王曰：“子无罪于寡人。子为子之臣礼，吾为吾之王礼而已矣。”貂勃从楚来，王赐诸前（“赐”，吴《补》曰，“一本王觞诸前。恐‘赐’乃‘觞’之讹”。金正炜谓当从吴说作“觞”。按，“赐”亦通。《太平御览》四五六引作“王赐诸酒”，《资治通鉴》作“王赐之酒”），酒酣，王曰：“召相田单而来。”（《资治通鉴》无“田”字）貂勃避席稽首曰：“王恶得此亡国之言乎？王上者孰与周文王？”王曰：“吾不若也。”貂勃曰：“然，臣固知王不若也。下者孰与齐桓公？”王曰：“吾不若也。”貂勃曰：“然，臣固知王不若也。然则周文王得吕尚以为太公，齐桓公得管夷吾以为仲父，今王得安平君而独曰：‘单’！且自天地之辟，民人之治（“治”，姚注：曾作“始”字。《资治通鉴》同。诸祖耿改从曾本。按，“治”、“始”古通。于鬯谓此当读

"治"为"始"),为人臣之功者,谁有厚于安平君者哉?而王曰'单'(原作"单单",王念孙谓衍一"单"字。今删),恶得此亡国之言乎?且王不能守先王之社稷("先",鲍本作"乎"。何建章疑"先"乃"夫"字之讹。按,《资治通鉴》无"先"字),燕人兴师而袭,齐墟(《资治通鉴》无"墟"字,诸祖耿疑"墟"字衍文,不确。"齐墟"谓临淄被攻破),王走而之城阳之山中。安平君以惴惴之即墨三里之城,五里之郭,敝卒七千,禽其司马而反千里之齐,安平君之功也。当是时也,阖城阳而王(吴《补》:《春秋后语》"阖"作"舍"。案《资治通鉴》作"舍城阳而自王"),天下莫之能止("天"上原有"城阳"二字。吴《补》曰:"城阳"二字因上文衍。今从之。《通鉴》亦无此二字)。然而计之于道,归之于义,以为不可,故为栈道木阁,而迎王与后于城阳山中,王乃得反,子临百姓。今国已定,民已安矣,王乃曰'单',且婴儿之计不为此(《资治通鉴》无"且"字)。王不亟杀此九子者以谢安平君(《资治通鉴》无"不"字。金正炜《补释》又疑"不"乃"亓"(其)之讹。案,"不",语助词,非"其"之讹),不然,国危矣!"王乃杀九子而逐其家,益封安平君以夜邑万户。(《齐策六》第五章,《资治通鉴》胡注:"夜邑,《战国策》作掖邑"。"夜""掖"古字通用)

案:《资治通鉴》、《大事记》、顾观光《战国策编年》、林春溥《战国纪年》并隶此策于赧王三十六年,黄式三《周季编略》、于鬯《战国策年表》系于三十八年。案,此策之事在田单破燕复国,"国已定而社稷已安"之后,襄王听信九子谗言,猜忌田单,后又纳貂勃之谏,益封安平君以夜邑万户。当在齐襄王五年即周赧王三十六年田单迎襄王自莒返临淄复位之后。貂勃使楚谢楚王,当在襄王六年即周赧王三十七年楚都郢为秦所拔之前。

又案:缪文远《战国策考辨》谓此策为后人拟托,并引黄少荃曰:"楚无使淖齿救齐事,即有之,淖齿实杀湣王,尚何谢楚之可言?貂勃又谓襄王弃社稷而走,误湣为襄,《策》文盖伪,不足信也。《春秋后语》有貂勃尝恶田单于襄王,田单问之,以狗为喻,单任之于王一段,与《策》同,而无貂勃使楚,则《策》文之后段为伪附益明。又《齐策》有《齐以淖君之乱秦章》……顾观光《编年》引作'齐以淖君之乱恶楚',顾氏所改是也。既云恶楚,以《策》证《策》,则貂勃谢楚事益伪。"此说不确。楚确有使淖齿,为将救援齐国之事,齐确曾依仗楚之救援而重建政权。已说明在周赧王三十一年案语中。此时齐复国初定,尚需楚之支助。所谓"王不能守先王之社稷,燕人兴师而袭,齐墟,王走而之城阳之山中"。《资治通鉴》胡注谓指"襄王从湣王走莒",甚是。并非谓襄王弃社稷而走,误湣为襄。胡注云:"班《志》莒县属城阳国,故云城阳之山中。"缪文远《战国策新校注》据此云:"按莒属城阳,当在汉置城阳国后,可见此策之拟托当在汉时。"此说亦不确。《说苑·奉使》篇第十八章记楚使亦曰:"王与太后奔于莒,逃于城阳之山。"城阳为当时地区名,因在齐长城之南而得名,包括莒在内。此地有崇山峻岭,是时襄王从湣王与太后走莒,即深藏于崇山峻岭中,并非居住莒之城内,故云:"逃于城阳之山",或"走而之城阳之山中"。及田单复国,因山路险阻,"为栈道木阁,而迎王与后于城阳山中。"汉文帝封朱虚侯章为城阳王而都莒,乃沿用原有地区名。《中国历史地图集》第一册战国齐、鲁、宋图中,定城阳为地区名而包括莒在内,确实无误。此章所记,当为当时实情,非后人所能伪托。

又案:《齐策六》第一章谓淖齿杀闵王于莒后,“太子乃解衣免服,逃太史之家为溉园。君王后,太史氏女知其贵人,善事之。”《齐策六》第八章又云:“齐闵王遇杀,其子法章变姓名,为莒太史家庸夫,太史敫女奇法章之状貌,以为非常人,怜而常窃衣食之,与私焉。莒中及齐亡臣相聚求闵王子,欲立之。”据此可知,太史为姓氏,非官名,当为居于山中之农民,法章在其父闵王被杀之后,为避杀害,乃解衣免服,逃至山中农民家为庸夫而灌园。

楚使使聘于齐,齐王飨之梧宫,使者曰:“大哉梧乎?”王曰:“江海之鱼吞舟,大国之树必巨,使何怪焉。”使者曰:“昔燕攻齐,遵雒路(“雒”通“络”),渡济桥,焚雍门,击齐左而虚其右,王歜绝颈而死于杜山,公孙差格死于龙门,饮马乎淄、渑,定获乎琅邪,王与太后奔于莒,逃于城阳之山。当此之时,则梧之大何如乎?”王曰:“陈先生对之。”陈子曰:“臣不如刁勃。”王曰:“刁先生应之。”刁勃曰:“使者问梧之年耶?昔者荆平王为无道,加诸申氏,杀子胥父与其兄,子胥被发乞食于吴,阖庐以为将相,三年将吴兵复仇乎楚,战胜于柏举,级头百万,囊瓦奔郑,王保于随。吴引师入郢(“吴”字原脱,从卢文弨《群书拾补》补),军云行乎郢之都,子胥亲射宫门,掘平王冢,笞其坟,数其罪,曰:‘吾先人无罪而子杀之,士卒人加百焉。’然后止。当若此时,梧可以为其柎矣。”(《说苑·奉使》第十八章)

案:刁勃即《齐策六》第五章之貂勃。《水经·淄水注》云:“系水又北径临淄城西门北,而西流经梧宫南。昔楚使聘齐,齐王飨之梧宫,即是宫矣。其地犹名梧台里,台甚层秀,东西百余步,南北如减,即古梧宫之台。”《晏子春秋·杂下》篇与《说苑·

辨物》篇云:"齐景公畋于梧丘。"《齐策六》第六章记田单攻狄,三月不克,齐婴儿谣曰:"攻狄不下,垒于梧丘。"梧丘或称梧宫,在临淄宫城西门外,乃齐君游乐之苑囿。《水经注》谓"楚使聘齐,齐王飨之梧宫",即指《说苑·奉使》篇所记。此事当即在齐遣召勃入楚谢楚王之后。楚遣使来齐答谢,齐王因而飨之于梧宫,隆重接待。楚使之问,与刁勃之对,皆有深寓劝诫之意。

[鲁文公]二十三年文公卒,子雠立,是为顷公。(《鲁世家》)

案:《六国表》列鲁顷公元年在楚顷襄王二十七年,即周赧王四十三年,记楚"取鲁,鲁君封于莒"在楚考烈王八年,即鲁顷公十八年,记楚"灭鲁,顷公迁卞为家人,绝祀"于楚考烈王十四年,即鲁顷公二十四年。而《鲁世家》云:"顷公二年秦拔楚之郢,楚顷王东徙于陈。十九年楚伐我取徐州,二十四年楚考烈王伐灭鲁,迁于下邑。"(《集解》徐广曰"下一作卞")考秦拔郢,楚徙陈在楚顷襄王二十一年,即周赧王三十七年。据此,则鲁顷公元年在周赧王三十六年,楚灭鲁在楚考烈王七年。《春申君列传》称"春申君相楚八年,为楚北伐灭鲁"。春申君为相在楚考烈王元年,春申君相楚八年,正是考烈王八年。与《鲁世家》相差一年。钱穆有《鲁灭在楚考烈王七年非八年非十四年辨》(《先秦诸子系年》第四六二至四六四页)。钱氏据此以为《鲁世家》之记载为可信。定鲁顷公元年在周赧王三十六年。

【附编】

是时齐地皆属燕,独莒、即墨未下,乐毅乃并右军、前军以围莒,左军、后军围即墨。即墨大夫出战而死。即墨人曰:"安平之战,田单宗人以铁笼得全,是多智习兵。"因共立以为将以距燕。乐毅围二邑,期年不克,乃令解围,各去城九里而为垒,令曰:“城中民出者勿获,困者赈之,使即旧业,以镇新民。”三年而犹未下。或谗之于燕昭王曰:“乐毅智谋过人,伐齐,呼吸之间克七十余城,今不下者两城耳,非其力不能拔。所以三年不攻者,欲久仗兵威以服齐人,南面而王耳。今齐人已服,所以未发者,以其妻子在燕故也。且齐多美女,又将忘其妻子,愿王图之。”昭王于是置酒大会,引言者而让之曰:“先王举国以礼贤者,非贪土地以遗子孙也。遭所传德薄,不能堪命,国人不顺。齐为无道,乘孤国之乱以害先王。寡人统位,痛之入骨,故广延群臣,外招宾客,以求报仇;其有成功者,尚欲与之同共燕国。今乐君亲为寡人破齐,夷其宗庙,报塞先仇,齐国固乐君所有,非燕之所得也。乐君若能有齐,与燕并为列国,结欢同好,以抗诸侯之难,燕国之福,寡人之愿也。汝何敢言若此!”乃斩之。赐乐毅妻以后服,赐其子以公子之服;辂车乘马,后属百两,遣国相奉而致之乐毅,立乐毅为齐王。乐毅惶恐不受,拜书,以死自誓。由是齐人服其义,诸侯畏其信,莫敢复有谋者。(《资治通鉴》周赧王三十六年)

案:《资治通鉴》叙乐毅伐破齐国之事,颇多不见于现存战国史料者,当别有所据,但所据史料并不可信,乃后人拟作而用以夸大乐毅之计谋与功绩者,已说明在周赧王三十一年案语中。《资治通鉴》于此年所载乐毅并右军、前军以围莒,并左军、后军以围即墨之说,亦不可信。所谓燕昭王“立乐毅为齐王”之故事,亦非事实。《乐毅列传》称“乐毅留徇齐五岁,下齐七十余城”,而此云“呼吸之间克七十余城”。战国国君有分封臣下为封君之制,封君称为“君”或“侯”,而此谓燕昭王“立乐毅为齐王”,使“与燕并为列国”,岂能得诸侯公认?此为虚构之故事无疑。

周赧王三十七年(公元前二七八年)

秦昭王二十九年,魏昭王十八年,韩釐王十八年,赵惠文王二十一年,齐襄王六年,楚顷襄王二十一年,燕惠王元年。

[秦昭襄王]二十九年大良造白起攻楚,取郢为南郡,楚王走。周君来。王与楚王会襄陵。白起为武安君。(《秦本纪》,《六国表》作"白起击楚,拔郢,更东至竟陵,以为南郡")

案:梁玉绳曰:"是秦攻楚取郢,烧其先王墓夷陵,楚襄王兵散,遁保于陈,安得楚与秦为好会乎?必非二十九年事也。"

四岁(案指秦昭王二十九年),而使白起拔楚之郢,秦置南郡,乃封白起为武安君。白起者,穰侯之所任举也,相善。(《穰侯列传》)

[白起]攻楚拔郢,烧夷陵,遂东至竟陵。楚王亡去郢,东走徙陈,秦以郢为南郡。白起迁为武安君。(《白起列传》)

案:是年白起攻楚拔郢,郢在今湖北江陵。又西向攻至夷陵而烧楚先王陵园,夷陵在今湖北宜昌东南,又东向攻至竟陵,竟陵在今湖北潜江东北,横扫郢之周围地区,继而又南下攻至洞庭湖周围地区。白起封为武安君,《六国表》载于次年。《正义》云:"言能抚养军士,战必克,得百姓安集,故号武安。故城在潞州武安县西南五十里,七国时赵邑,即赵奢救阏与处也。"崔適驳之曰:"武安为名号,非起封邑名,如蔡泽为纲成君、赵奢为马服君之类,《正义》一名两释,乖误。"又云:"秦昭王三十七年攻韩阏与,军武安西,则前此秦安得有武安以封白起。"其说是。

[楚顷襄王]二十一年秦将白起遂拔我郢,烧先王墓夷陵。楚王兵散,遂不复战,东北保于陈城。(《楚世家》,《六国表》作"秦拔我郢,烧夷陵,王亡走陈")

秦已前使白起攻楚巫、黔中郡，拔鄢、郢，东至竟陵，楚顷襄王东徙治于陈县。(《春申君列传》)

案：白起取巫、黔中郡，在拔鄢、郢之后，当在次年。

秦昭襄王二十九年使白起拔鄢、郢，以汉南地而置南郡焉。《周书》曰：南，国名也。……按韩婴叙《诗》云：其地在南郡、南阳间。《吕氏春秋》所谓禹自涂山巡省南土者也。是郡取名焉。(《水经·江水注》)

江水又东径故城北(按故城为地名)……北对夷陵县之故城。城南临大江，秦令白起伐楚，三战而烧夷陵者也。应劭曰："夷山在西北，盖因山以名县也。"(《水经·江水注》)

巾水又西径竟陵县北，西注扬水，谓之巾口。水西有古竟陵大城，古郧国也。……昔白起拔郢，东至竟陵即此也。(《水经·沔水注》)

白起率数万之师，以与楚战，一战而举鄢、郢，再战而烧夷陵。(《秦策三》第十八章蔡泽谓应侯)

白起小竖子耳，率数万之众，兴师以与楚战，一战而举鄢、郢，再战而烧夷陵，三战而辱王之先人。(《平原君列传》载毛遂谓楚王)

秦与荆大战，大破荆，袭郢，取洞庭、五渚、江南，荆王君臣亡走，东服于陈。(《韩非子·初见秦》,《秦策一》第五章同，惟"五渚"作"五都","服"作"伏")

案：《苏秦列传·集解》引《战国策》，亦作"五渚"，作"渚"为是。据此可知白起大破楚军，在取得楚都郢以后，更南下取得洞庭五渚，包括洞庭湖周围之水泽地带，大片长江以南土地。

[秦昭王]二十九年攻安陆。(秦简《编年记》)

案：安陆在今湖北云梦，据此可知，白起在攻取郢以后，不仅南下进攻，更北上进取，安陆在竟陵东北约一百公里。

[秦昭]王乃使应侯往见武安君，责之曰："楚地方五千里，持戟百万，君前率数万之众入楚，拔鄢、郢，焚其庙，东至竟陵，楚人震恐，东徙而不敢西向。……"武安君曰："是时楚王恃其国大，不恤其政，而群臣相妒以功，谄谀用事，良臣斥疏，百姓心离，城池不修，既无良臣，又无守备，故起所以得引兵深入，多倍城邑，发梁焚舟以专民心，掠于郊野以足军食。当此之时，秦中士卒，以军中为家，将帅为父母，不约而亲，不谋而信，一心同功，死不旋踵。楚人自战其地，咸顾其家，各有散心，莫有斗志，是以能有功也。"（原为苏辙《古史·白起传》采自《战国策》，今本《战国策》失载，姚宏以此收入《战国策》附于末尾）

案：吴师道云："焚其庙，即所谓烧夷陵先王墓也。"可知夷陵楚之陵园附近建有宗庙。

田单将攻狄（《说苑·指武》作"田单为齐上将，兴师十万，将以攻翟"），往见鲁仲子（"仲子"，《说苑》皆作"仲连子"），仲子曰："将军攻狄，不能下也（《说苑》作"将军之攻翟，必不能下矣"）。"田单曰："单以五里之城（"单"，原作"臣"。《说苑》、《太平御览》三百十一引作"单"，今据改），七里之郭，破亡余卒，破万乘之燕，复齐墟（此句《说苑》作"单以五里之城，七里之郭，复齐之国"），今攻狄而不能下，何也？"（"能"，据《太平御览》三百十一引增。《说苑》作"何为攻翟不能下"）上车弗谢而去（《说苑》作"去，上车不与言决"）。遂攻狄，三月而不克之也（《说苑》作"三月而不能下"）。齐婴儿谣曰："大冠若箕，修剑拄颐，攻狄不能下，垒于梧丘。"（原作"垒枯丘"。《说苑》作"垒于梧丘"，《资治通鉴》作"垒枯骨成丘"，王念孙谓当从《说苑》为是。《北堂书钞》引策文同《说苑》）田单乃惧，问鲁仲子曰（《说苑》作“于是田将军恐骇，往见鲁仲连曰”）：“先生谓单不能下狄，请闻其说（《说苑》作“先生何以知单之攻翟不能下也”）。”鲁仲子曰：“将军之在即墨（《说苑》作“夫将军在即墨之时”），坐而织蒉，立则丈插（《说苑》作“坐则织蒉，立则杖臿”），为士卒倡曰：‘无可往矣（无据《资治通鉴》及姚注引别本增。《说苑》无此四字）！宗庙亡矣！云白尚矣（原作“云日”，《资治通鉴》作“今日”。黄丕烈《战国策札记》谓“日”当作“白”，“云白”者“魂魄”之省文。朱起凤谓“云白”乃“魂魄”之讹缺。皆通。《说苑》作“魂魄丧矣”）！归于何党矣！’当此之时（《说苑》无此四字），将军有死之心，而士卒无生之气（《说苑》“将”上有“故”字，下无“军”字。无“而”字），闻若言，莫不挥泣奋臂而欲战，此所以破燕也（《说苑》无此十八字）。当今将军东有夜邑之奉（《说苑》无“当”字。“夜”作“掖”，“奉”作“封”），西有菑上之虞（《说苑》“虞”作“宝”，《资治通鉴》“虞”作“娱”），黄金横带（《说苑》作“金银黄带”），而驰乎淄、渑之间（《说苑》作“驰骋乎淄、渑之间”），有生之乐，无死之心（《说苑》作“是以乐生而恶死也”），所以不胜者也（《说苑》无此句）。”田单曰：“单有心，先生志之矣（《说苑》无此十一字）。”明日，乃厉气循城，立于矢石之所及（“及”，原作“乃”，姚注：刘本“乃”作“及”。按，“及”“乃”形近，古书多误。当据刘本改。《说苑》作“田将军明日结发，径立矢石之所乃”。“乃”亦“及”之误），援枹鼓之，狄人乃下（《说苑》作“引枹而鼓之，翟人下之”）。（《齐策六》第六章，《说苑·指武》第八章同）

案，田单攻狄事，《史记》未载。《资治通鉴》、《大事记》、顾观光《编年》、林春溥《纪年》系此章于赧王三十六年，黄式三《编略》、于鬯《年表》系于三十九年，皆非。攻狄之事在田单“复齐墟”、益封夜邑之后，且历时三月不能下，当在赧王三十七年左右。狄，城邑名，在今山东高青东南，博兴之西，距齐都临淄只百里之遥，不可能在田单复国三年后，尚未攻克。《说苑》谓单“兴师十万”攻狄，盖夸大之词，不足尽信。

[赵惠文王]二十一年赵徙漳水武平西。(《赵世家》)

案：赵惠文王十八年“决河水，伐魏氏，大潦，漳水出”，造成连年水灾。是年漳水又徙武平西，二十七年“徙漳水武平南”，“河水出，大潦”。

【附编】

昌国君乐毅为燕昭王合五国之兵而攻齐，下七十余城，尽郡县之以属燕。三城未下而燕昭王死(“三”当作“二”，详案语)。惠王即位，用齐人反间，疑乐毅而使骑劫代之将。乐毅奔赵，赵封以为望诸君。齐田单欺诈骑劫，卒败燕军，复收七十城以复齐。燕王悔，惧赵用乐毅，承燕之弊以伐燕。燕王乃使人让乐毅，且谢之曰：“先王举国而委将军，将军为燕破齐，报先王之仇，天下莫不振动，寡人岂敢一日而忘将军之功哉！会先王弃群臣，寡人新即位，左右误寡人，寡人之使骑劫代将军者，为将军久暴露于外，故召将军且休、计事。将军过听，以与寡人有郄(“郄”，鲍本作“隙”，《乐毅列传》亦作“隙”，“隙”同“郄”)，遂捐燕而归赵。将军自为计则可矣，而亦何以报先王之所以遇将军之意乎？”望诸君乃使人献书报燕王曰(《乐毅列传》作乐毅《报遗燕惠王书》曰)：“臣不佞(《新序·杂事三》“佞”作“肖”)，不能奉承先王之教(《乐毅列传》、《新序》皆作“不能奉承王命”)，以顺左右之心，恐抵斧质之罪，以伤先王之明(《新序》“质”作“钺”，《乐毅列传》无“抵斧质之罪以”六字)，有害于足下之义，故遁逃奔赵(《乐毅列传》“奔”作

"走",《新序》无"奔赵"两字),自负以不肖之罪,故不敢为辞说(《乐毅列传》无以上两句,《新序》"故"作"而")。今王使使者数之罪(《乐毅列传》作"今足下使人数之罪",《新序》作"今王数之以罪"),恐侍御者之不察先王之所以畜幸臣之理(《新序》无"幸"字),而又不白于臣之所以事先王之心,故敢以书对。臣闻圣贤之君,不以禄私其亲,功多者授之(《乐毅列传》"授"作"赏");不以官随其爱(《乐毅列传》无此句),能当之者处之。故察能而授官者,成功之君也;论行而结交者,立名之士也。臣以所学者观之,先王之举错(以上两句,《乐毅列传》作"臣窃观先王之举也",《新序》"错"作"措"),故假节于魏王(《乐毅列传》、《新序》皆无"王"字),而以身得察于燕。先王过举,擢之乎宾客之中(《乐毅列传》"擢"作"厕"),而立之乎群臣之上,不谋于父兄,而使臣为亚卿(《乐毅列传》、《新序》"使臣为"皆作"以为")。臣自以为奉令承教(《乐毅列传》"臣"下有"窃不自知"四字),可以幸无罪矣,故受命而不辞(《乐毅列传》"命"作"令")。先王命之曰:'我有积怨深怒于齐,不量轻弱,而欲以齐为事。'臣对曰:'夫齐,霸国之余教也(《乐毅列传》、《新序》"教"皆作"业",《新序》"霸国"作"霸王"),而骤胜之遗事也("骤",《乐毅列传》作"最",最训丛,与"骤"义同。《新序》作战胜)。闲于兵甲(《乐毅列传》"闲"作"练",《新序》"甲"作"革"),习于战攻,王若欲攻之(《乐毅列传》"攻"作"伐"),则必举天下而图之(《乐毅列传》、《新序》"举"作"与")。举天下而图之(《乐毅列传》作"与天下图之",《新序》作"图之",连下句),莫径于结赵矣(《乐毅列传》作"莫若结于赵",《新序》作"莫若往结赵")。且淮北、宋地,楚魏之所同愿也(《新序》无"同"字,《乐毅列传》"同愿"作"欲")。赵若许约,楚魏尽力(魏下原有"宋"字,《新序》无"宋"字,黄丕烈、金正炜、于鬯皆以“宋”为衍字，下文言“四国攻之”，四国者燕、赵、楚、魏，不当有宋。今从《新序》删。《乐毅列传》无此句，《乐毅列传》上文载乐毅对曰：“齐霸国之余业也，地大人众，未易独攻也，王必欲伐之，莫如与赵及楚魏”，盖即据此书）。四国攻之，齐可大破也。’臣乃口受令（金正炜疑“口”为“躬”之泐文，或本作□，阙文符号。今案《新序》作“臣乃受命”，“口”当为衍字。《乐毅列传》以上两句作“先王以为然”），具符节，南使臣于赵，顾反命（《新序》无“命”字），起兵随而攻齐（《乐毅列传》、《新序》皆无“随而”二字），以天之道，先王之灵，河北之地，随先王举而有之于济上（《乐毅列传》“举而有之于”作“而举之”；《新序》亦作“而举之”而无“济上”二字）。济上之军奉令击齐（《乐毅列传》“奉令”作“受命”，《新序》亦作“受命”而无击齐二字），大胜之（《新序》“大”作“而”，《乐毅列传》作“大败齐人”），轻卒锐兵，长驱至齐（“齐”原作“国”，《乐毅列传》作“国”，《新序》作“齐”。王念孙谓作“齐”者原文，作“国”者后人据《乐毅列传》改之也，上文既言“击齐”，此不当复言“至齐”，至齐谓至齐都，并引《新序》与《文选注》引《燕策》文为证。今据改）。齐王逃遁走莒，仅以身免，珠玉财宝，车甲珍器，尽收入燕。大吕陈于元英，故鼎反于历室（《乐毅列传》“历”作“磿”），齐器设于宁台，蓟丘之植植于汶皇（鲍本“皇”作“篁”，《乐毅列传》、《新序》皆作“篁”，竹田曰篁。程恩泽谓皇通隍，植于汶上之城池耳，因讹为篁，说者误以竹田训之）。自五伯以来，功未有及先王者也（《新序》“功”作“功业之盛”）。先王以为惬其志（《乐毅列传》“惬”作“慊”，《新序》又作“快”），以臣为不顿命（《新序》“顿”作“损”，《乐毅列传》无此句），故裂地而封之，使之得比乎小国诸侯。臣不佞（《乐毅列传》作“臣窃不自知”），自以为奉令承教，可以幸无罪矣，故受命而弗辞（《新序》无以上四句)。臣闻贤明之君(《乐毅列传》、《新序》“贤明”皆作“贤圣”),功立而不废,故著于春秋;蚤知之士,名成而不毁,故称于后世。若先王之报怨雪耻(《新序》“耻”作“丑”),夷万乘之强国(《新序》“强国”作“齐”),收八百岁之蓄积,及至弃群臣之日,余令诏后嗣之遗义(《新序》“遗义”作“义法”,《乐毅列传》此句作“余教未衰”),执政任事之臣所以能循法令(《乐毅列传》无“所以能”三字,“循”作“修”,《新序》无“之臣所以能”五字),顺庶孽者(《乐毅列传》“顺”作“慎”,无“者”字,《新序》亦无“者”字),施及萌隶,皆可以教于后世。臣闻善作者不必善成,善始者不必善终。昔,五子胥说听于阖闾(《乐毅列传》、《新序》“五”皆作“伍”,鲍本亦作“伍”,五、伍同字),故吴王远迹至于郢。夫差弗是也,赐之鸱夷而浮之江(《新序》“浮”作“沈”),故吴王夫差不悟先论之可以立功(《乐毅列传》“悟”作“寤”,《新序》作“计”),故沉子胥而不悔。子胥不蚤见主之不同量,故入江而不改(《乐毅列传》、《新序》“改”皆作“化”,《索隐》云:“言子胥怀恨,故虽投江而神不化,犹为波涛之神也”)。夫免身全功以明先王之迹者(《乐毅列传》“全”作“立”),离毁辱之非(《乐毅列传》“非”作“诽谤”,《新序》“毁”作“亏”,“非”作“诽”。“离”通“罹”,遭也),堕先王之名者,臣之所大恐也。临不测之罪,以幸为利者,义之所不敢出也。臣闻古之君子,交绝不出恶声,忠臣之去也,不洁其名(《乐毅列传》“洁”作“絜”,《新序》作“绝交无恶言,去臣无恶声”),臣虽不佞,数奉教于君子矣。臣恐侍御者之亲左右之说而不察疏远之行也,故敢以书报,唯君之留意焉。”(《乐毅列传》“君”下有“王”字,《新序》无此句)(《燕策二》第九章,《乐毅列传》有大体相同之记载,《新序·杂事三》第五章所载乐毅使人献燕王书,亦与此大体相同)

案:《策》文"三城未下",姚注:"聊、即墨、莒",盖据《燕世家》云:"齐城之不下者,独唯聊、莒、即墨。"《索隐》云:"按余篇及《战国策》并无聊字。"吴师道、金正炜、梁玉绳、于鬯皆据《齐策六》第三章、《田单列传》等以证此"三城"乃"二城"之误。《燕世家》盖因燕将守聊城,田单攻之岁余不下而误。所谓"二城未下",实指当时齐有五都,尚有即墨与莒两都未为燕所攻下。

乐毅为昭王谋,必待诸侯兵,齐乃可伐也。于是乃使乐毅使诸侯,遂合连四国之兵以伐齐,大破之。闵王亡逃,仅以身脱,匿莒。乐毅追之,遂屠七十余城,临淄尽降,唯莒、即墨未下。尽复收燕宝器而归,复易王之辱。乐毅谢罢诸侯之兵,而独围莒、即墨。时田单为即墨令,患乐毅善用兵,田单不能诈也,欲去之,昭王又贤,不肯听谗。会昭王死,惠王立,田单使谗之惠王,惠王使骑劫代乐毅,乐毅去之赵,不归燕。骑劫既为将军,田单大喜,设诈大破燕军,杀骑劫,尽复收七十余城。是时,齐湣王已死,田单得太子于莒,立为齐襄王。而燕王大惭,自悔易乐毅,以致此祸。惠王乃使人遗乐毅书曰:"寡人不佞,不能奉顺君志,故君捐国而去,寡人不肖明矣。敢谒其愿而君弗肯听也,故使使者陈愚志,君诚谕之。语曰:'仁不轻绝,智不轻怨。'君于先王,世之所明知也。寡人望有非,则君覆盖之,不虞君明弃之也!望有过,则君教悔之,不虞君明罪之也。寡人之罪,百姓弗闻,君微出,明怨以弃寡人,寡人必有罪矣,然恐君之未尽厚矣。谚曰:'厚者不损人以自益,仁者不危躯以要名。'故覆人之邪者,厚之行也;救人之过者,仁之道也。世有覆寡人之邪,救寡人之过,非君恶所望之?今君厚受德于先王之成尊,轻弃寡人以快心,则覆邪救过,难得于君矣。且世有厚薄,故施异;行有得失,故患同。今寡人任不肖之罪,而君有失厚之累，于为君择无所取。国有封疆，犹家之有垣墙，所以合好覆恶也。室不能相和，出讼邻家，未为通计也。怨恶未见而明弃之，未为尽厚也。寡人虽不肖，未如殷纣之乱也；君虽未得志，未如商容、箕子之累也。然不内尽寡人，明怨于外，恐其适足以伤高义而薄于行也。非然，苟可以成君之高，明君之义，寡人虽恶名，不难受也。本以为明寡人之薄，而君不得厚；扬寡人之毁，而君不得荣，是一举而两失也。义者不毁人以自益，况伤人以自损乎？愿君无以寡人之不肖，累往事之美。昔者，柳下季为理于鲁，三绌而不去，或曰：'可以去矣！'柳下季曰：'苟与人异，恶往而不绌乎？犹且绌也，宁故国耳。'柳下季不以绌自累，故自前业不忘；不以去为心，故远近无议。寡人之罪，国人不知，而议寡人者天下。谚曰：'仁不轻绝，知不简功。'简功弃大者仇也，轻绝厚利者怨也。仇而弃之，怨而累之，宜在远者，不望之乎君。今寡人无罪，君岂怨之乎？愿君捐忿和怒，追顺先王，以复教寡人，寡人意君之曰：'余将快心以成而过，不顾先王以明而恶'，使寡人进不得循初，退不得变过，此君所制，唯君图之。此寡人之愚志，敬以书谒之。"乐毅使人献书燕王曰："臣不肖，不能奉承王命，以顺左右之心，恐抵斧钺之罪，以伤先王之明，有害足下之义，故遁逃自负以不肖之罪，而不敢有辞说。今王数之以罪，恐侍御者不察先王之所以畜臣之理，不白乎臣之所以事先王之心，故不敢不以书对。臣闻贤圣之君，不以禄私亲，功多者授之；不以官随爱，能当者处之。故曰：'察能而授官者，成功之君也；论行而结交者，立名之士也。'臣以所学，观先王举措，有高世主之心，故假节于魏，以身得察于燕。先王过举，擢之宾客之中，立之群臣之上，不谋父兄，以为亚卿。臣自以为奉令承教，可幸无罪，故受命而不辞。先王命臣曰：'我有积怨深怒于齐，不量轻弱，而欲以齐为事。’臣对曰：‘夫齐者，霸王之余业，战胜之遗事，闲于兵革，习于战攻。王若欲攻之，必与天下图之。图之莫若径结赵，且淮北、宋地，楚、魏之愿也。赵若许约，楚、魏尽力，四国攻之，齐可大破也。’王曰：‘善。’臣乃受命，具符节，南使赵，顾反，起兵攻齐。以天之道，先王之灵，河北之地，随先王而举之，济上之兵，受命而胜之。轻卒锐兵，长驱至齐。齐王遁逃走莒，仅以身免。珠玉货宝，车甲珍器，皆收入燕。大吕陈于元英，故鼎反于历室，齐器设于宁台，蓟丘之植，植于汶篁。五伯以来，功业之盛，未有及先王者也。先王以为快其志，以臣不损令，故裂地而封臣，使比小国诸侯。臣闻贤圣之君，功立不废，故著于春秋；蚤知之士，名成而不毁，故称于后世。若先王之报怨雪仇，夷万乘之齐，收八百年之积，及其弃群臣之日，余令诏后嗣之义法，执政任事，循法令，顺庶孽，施及萌隶，皆可以教后世。臣闻善作者不必善成，善始者不必善终。昔伍子胥说听于阖闾，吴为远迹至郢。夫差不是也，赐之鸱夷沉之江。故夫差不计先论之可以立功也，沉子胥而不悔。子胥不蚤见王之不同量也，故入江而不化。夫免身而全功，以明先王之迹，臣之上计也；离亏辱之诽、堕先王之明，臣之大恐也。临不测之罪，以幸为利，义之所不敢出也。臣闻君子绝交无恶言，去臣无恶声。臣虽不肖，数奉教于君子。臣恐侍御者亲交之说，不察疏远之行，故敢以书谢。”（《新序·杂事三》第五章）

案：《燕策一》与《燕世家》俱称燕昭王收破燕即位，卑身厚币以招贤者，尊郭隗而师事之，于是士争趋燕，乐毅自魏往，邹衍自齐往，剧辛自赵往。经二十八年，燕国殷富，士卒乐佚轻战，于是乐毅合纵伐齐。乐毅《报燕惠王书》亦云：毅假节于魏王入燕，昭王“擢之乎宾客之中，而立之乎群臣之上，不谋于父兄，而使臣为亚卿”。《资治通鉴》据之,因定周赧王三年乐毅自魏往燕,“昭王以乐毅为亚卿,任以国政”。此皆与史实不符,乃后世策士虚构而为游士张目者,已辨明在周赧王三年案语中。不但邹衍、剧辛皆仕燕王喜,不及见燕昭王;乐毅入燕亦非在昭王初即位时。《乐毅列传》称乐毅为魏名将乐羊之后,乐羊因伐取中山之功,封于中山之灵寿,子孙因家焉。乐毅尝为赵臣,及赵武灵王有沙丘之乱,乐毅乃去赵适魏,其后为魏使入燕,其事已在燕昭王十七年以后。惟《乐毅列传》称赵灭中山,“乐毅贤、好兵,赵人举之”,尚不确切。赵灭中山在赵惠文王三年,即燕昭王十六年。据《赵策三》第三章,当齐宣王破燕时,赵欲存之,乐毅谓赵王,不能与诸侯无约而攻齐,主张以赵河东易燕地于齐,使天下憎齐,诸侯“必皆事王以伐齐,是因天下以破齐”。赵武灵王从其谋,以河东与齐,楚、魏因而憎齐,使大臣淖滑(即昭滑)、惠施至赵,请合纵伐齐而存燕。事在燕王哙七年,乐毅已为赵大臣而主谋“伐齐而存燕”。赵武灵王因而使乐池送燕公子职入燕,立以为王,即燕昭王。此即乐毅在赵主谋“伐齐而存燕”之结果。及沙丘之乱,武灵王去世,乐毅去赵经魏而入燕,因前功而为燕昭王所重用,立以为亚卿。乐毅并非如《报燕惠王书》所说,凭空为燕昭王“擢之乎宾客之中,而立之乎群臣之上”。乐毅《报燕惠王书》称燕昭王欲以齐为事,乐毅主张结赵而约楚、魏,合四国攻之,昭王使乐毅于赵,“顾反命,起兵随而攻齐”。《乐毅列传》因谓昭王“使乐毅约赵惠文王,别使连楚魏”,“乐毅还报,燕昭王悉起兵。”一若是役合纵伐破齐国,全出乐毅之计谋与出使之结果,皆与当时史实不合。当齐灭宋时,赵已发兵攻齐,齐灭宋后,赵与齐之矛盾扩大,秦乘机主谋发动五国合纵攻齐,以瓜分齐地为饵,并推赵主持其事,并攻取齐之河东九城,作为秦之九县,即所谓"先出声于天下"。更由秦出质于赵、燕以为信。于是以赵、秦、燕三国为核心,赵、秦、韩、魏、燕五国合纵之形势结成,由乐毅为燕、赵两国之"共相"而为五国合纵之统帅,已辨明在周赧王三十年案语中。据此可知,乐毅《报燕惠王书》亦出于后世策士之拟作,讲究对仗排比,徒以文采华丽,为世传诵,为人所信。太史公曰:"始齐之蒯通及主父偃读乐毅之报燕王书,未尝不废书而泣也。"盖已不知其为拟作而信之。

又案:《新序》所载燕惠王遗乐毅书,与《燕策二》、《乐毅列传》所载燕惠王让乐毅书不同;而《燕策二》、《乐毅列传》所载燕王喜遗乐间书又与《新序》所载燕惠王遗乐毅书相同。《乐毅列传》载:燕王恨不用乐间,乐间既在赵,乃遗乐间书曰:"纣之时,箕子不用,犯谏不怠,以冀其听;商容不达,身只辱焉,以冀其变。及民志不入,狱囚自出,然后二子退隐。故纣负桀暴之累,二子不失忠圣之名。何者?其忧患之尽矣。今寡人虽愚,不若纣之暴也;燕民虽乱,不若殷民之甚也。室有语,不相尽,以告邻里。二者,寡人不为君取也。"此书内容较为简略。《燕策三》所载燕王喜遗乐间书,则较为详细,与《新序》所载燕惠王遗乐毅书基本相同。《燕策三》第三章载:"赵使廉颇以八万遇栗腹于鄗,使乐乘以五万遇庆秦于代。燕人大败,乐间入赵,燕王以书且谢焉,曰:'寡人不佞,不能奉顺君意,故君捐国而去,则寡人之不肖明矣。敢端其愿,而君不肯听,故使使者陈愚意,君试论之。语曰:仁不轻绝,智不轻怨。君之于先王也,世之所明知也,寡人望有非，则君掩盖之，不虞君之明罪之也（“罪”，鲍本作“弃”，当是）。望有过，则君教诲之，不虞君之明罪之也！且寡人之罪，国人莫不知，天下莫不闻。君微出明怨以弃寡人，寡人必有罪矣。虽然，恐君之未尽厚也！谚曰：厚者不毁人以自益也，仁者不危人以要名。以故掩人之邪者，厚人之行也；救人之过者，仁者之道也。世有掩寡人之邪，救寡人之过，非君心所望之？（鲍本“心”作“恐”，又改作“孰”。黄丕烈云：“心即恶之坏”。王念孙曰：“作恐者恶之讹，作心者恶之脱，恶，何也！”）今君厚受位于先王以成尊，轻弃寡人以快心，则掩邪救过，难得于君矣。且世有薄于故厚施（鲍本“于”作“而”），行有失而故惠用。今使寡人任不肖之罪，而君有失厚之累，于为君择之也，无所取之。国之有封疆，犹家之有垣墙（鲍本无“犹”字），所以合好掩恶也。室不能相和，出语邻家，未为通计也。怨恶未见而明弃之，未尽厚也（鲍本“未”下有“为”字）。寡人虽不肖乎，未如殷纣之乱也；君虽不得意乎，未如商容、箕子之累也。然则不内盖寡人而明怨于外（鲍注：“盖一作尽”），恐其适足以伤于高而薄于行也。非然也，苟可以明君之义，成君之高，虽任恶名，不难受也。本欲以为明寡人之薄，而君不得厚；杨寡人之辱（鲍本“杨”作“扬”），而君不得荣。此一举而两失也！义者不亏人以自益，况伤人以自损乎？愿君无以寡人不肖累往事之美。昔者，柳下惠吏于鲁，三黜而不去，或谓之曰：可以去！柳下惠曰：苟与人之异，恶往而不黜乎？犹且黜乎，宁于故国尔！柳下惠不以三黜自累，故前业不忘；不以去为心，故远近无议。今寡人之罪，国人未知，而议寡人者遍天下。语曰：论不修心，议不累物，仁不轻绝，智不简功。弃大功者辍也

(鲍本“弃”上有“简”字),轻绝厚利者怨也。辍而弃之,怨而累之,宜在远者,不望之乎君也!今以寡人无罪,君岂怨之乎?愿君捐怨,追惟先王,复以教寡人!意君曰(王念孙云:“意,词也,读与抑同”):余且慝心以成而过(金正炜云:“慝当作㥾,快也”)。不顾先王以明而恶,使寡人进不得修功,退不得改过,君之所揣也(姚注:“揣,曾作剬”,王念孙云:“揣者剬之讹,剬者制之讹。《新序》作制,是其明证。”于鬯谓:“剬制二字义通”)。唯君图之!此寡人之愚意也。敬以书谒之。’乐间、乐乘怨不用其计,二人卒留赵不报。”(金正炜云:“乐乘及二人四字并衍”)

又案:吴师道云:“考之毅答惠王书云:‘今足下使人数之以罪。’而《史》所载惠王让毅,无数罪之语。前章燕王使人让毅(案,指《燕策二》第九章),且谢之曰云云,当是此章之首,盖错简也。且《策》以此为乐间答书,而末云‘间、乘怨不用其计’,于乘何与?《史记·赵世家》,孝成王十五年,廉颇破杀栗腹,虏卿秦、乐间,则是间为将而被掳。《燕世家》则出奔赵。又赵孝成王十六年,廉颇围燕,以乐乘为武襄君。二十一年孝成王卒,廉颇将,攻繁阳,取之。使乐乘代之,颇攻乘,乘走。据《策》,《史》所记多舛,故知此书非乐间事,而《新序》之说为是。”马骕《绎史》、顾炎武《日知录》、牟庭《雪泥书屋杂志》、钟凤年《战国策勘研》、张国铨《新序校注》、诸祖耿《战国策集注汇考》并赞同吴说。牟庭云:“今案毅报书与此针对,知为惠王遗乐毅书无疑。《国策》多断烂之文,而《史记》误据之,及刘向校《国策》,尚沿误未能是正也。其作《新序》,必别有所据。”马骕云:此书与乐毅答书“往复词旨,颇相酬合,当以《新序》为是”。黄丕烈则谓:“《策》文与《史记·

乐毅列传》同,《新序》当系别记,吴氏所说未是。"梁玉绳亦云:"余疑燕惠遗毅,燕喜遗间,或系二事,未可混并为一。盖《国策》不载遗间书,止载遗毅书,而误分为两章。《史》又止载前半,截去'寡人不佞'已下。其实书辞条畅婉丽,不可删也。此百余字(案,指《乐毅列传》遗间书),当是喜遗间书,但文意虽别而意则同,岂古之视草者亦袭旧诏乎?"(《史记志疑》卷三十)今案乐毅《报燕惠王书》既出于后世策士拟托,辨已见前,所谓燕惠王《让乐毅书》或《让乐间书》亦当出于后世拟托,更不可信。

昔乐毅走赵,赵王欲与之图燕,乐毅伏而垂泣,对曰:"臣事昭王,犹事大王。臣若获戾,放在他国,没世然后已,不忍谋赵之徒隶,况燕后嗣乎!"(《三国志·魏书·武帝纪》注引《魏武故事》)

乐毅忠于昭王,其子惠王立而疑乐毅,乐毅惧而奔赵。赵王谓乐毅曰:"燕王竭于齐,其主信谗,国人不附,其可图乎?"毅伏而垂涕曰:"臣事昭王,犹事大王也。臣若获戾于他国,没身不忍谋赵徒隶,况其后嗣乎!"(《后汉书·邓禹传》注)

案:以上两则所记同为一事,不见于先秦古籍,盖亦乐毅忠于燕昭之传说。

齐襄王立,而孟尝君中立于诸侯,无所属。齐襄王新立,畏孟尝君,与连和,复亲薛公。文卒,谥为孟尝君。诸子争立,而齐、魏共灭薛。孟尝绝嗣无后也。(《孟尝君列传》)

案:《资治通鉴》以孟尝君归薛而中立于诸侯,在齐襄王五年(即周赧王三十六年)齐复国之后,因而云:"湣王死,襄王复国,而孟尝君中立于诸侯,无所属。"同时又连叙"孟尝君卒,诸子争立,而齐、魏共灭薛",似乎孟尝君归薛不久即卒。黄式三《周季编略》则列“薛君田文卒”于周赧王三十七年，并云：“至是齐王入临淄，与连和，复亲之而适卒。”今案《孟尝君列传》此节所述，可疑之处甚多。《传》称孟尝君，卒后诸子争立而“齐、魏共灭薛”，但《吕氏春秋·首时》篇云：“齐以东帝困于天下，而鲁取徐州。”徐州即薛。所谓“齐以东帝困于天下”当指五国合纵伐破齐国之时。《鲁世家》载顷公十九年“楚伐我，取徐州”，可知此后薛确为鲁有，至鲁顷公十九年方为楚所取。顾观光以为“襄王五年齐、魏灭薛，其后地入于鲁”，若齐、魏二大国共灭薛，鲁为小国，尚能取薛乎？

又案：《说苑·善说》篇第十七章载孟尝君为张禄作荐书，“寄之秦王，往而大遇”。张禄即范雎，秦昭王三十六年入秦，上距齐复国已八年，孟尝君恐已卒，此一传说不可信。明人陈霆谓：秦有两张禄，《说苑·善说》篇之张禄，居范雎之先入秦（《两山墨谈》卷十）。然史书中受秦王“大遇”者，唯有范雎别号张禄，陈说无据。

又案：《传》言“文卒，谥为孟尝君”。《索隐》云：“此云谥，非也。孟，字也。尝，邑名。《诗》云：‘居常与许’，郑《笺》‘常或作尝，尝邑在薛之旁’，是也。”今案此“谥”犹“号”也，不作谥法解。田文生前已号孟尝君，非卒后之称号。《史记会注考证》引中井积德：“疑孟尝乃封邑名，田婴四十余子，文贱妾之子，盖在叔季，无字孟之理。”

［漷水］又西径薛县故城北……齐封田文于此，号孟尝君，有惠喻，今郭侧犹有文冢，结石为郭，作制严固，莹丽可寻，行人往还，莫不径观，以为异见矣。（《水经·泗水注》）

案：《孟尝君列传·集解》引《皇览》曰："孟尝君冢在鲁国薛城中向门东，向门，出北边门也。"《正义》引《括地志》云："孟尝君墓在徐州滕县五十二里，卒在齐襄王之时也。"贺次君《括地志辑校》云："薛城所在，《元和郡县图志》、《太平寰宇记》并云在滕县东南四十二里，则此引脱东南二字，五当作四。"

周赧王三十八年（公元前二七七年）

秦昭王三十年，魏昭王十九年，韩釐王十九年，赵惠文王二十二年，齐襄王七年，楚顷襄王二十二年，燕惠王二年。

[秦昭襄王]三十年蜀守若伐楚，取巫郡及江南，为黔中郡。（《秦本纪》）

武安君因取楚，定巫、黔中郡。（《白起列传》）

[楚顷襄王]二十二年秦复拔我巫、黔中郡。（《楚世家》，《六国表》作"秦拔我巫、黔中"）

沅水又东径临沅县南……县治武陵郡下，本楚之黔中郡矣。秦昭襄王二十七年使司马错以陇、蜀军攻楚，楚割汉北与秦。至三十年，秦又取巫、黔及江南地，以为黔中郡。（《水经·沅水注》）

秦武安君定巫、黔中，初置黔中郡。（《资治通鉴》周赧王三十八年）

案：秦昭王二十七年秦将司马错率陇西、蜀郡兵攻拔楚黔中，不久即为楚所收复，故《水经注》但言"使司马错以陇、蜀军攻楚"，而不言"拔楚黔中"。三十年秦发大军伐楚，再度拔取巫、黔中，初置黔中郡，故《楚世家》言"秦复拔我巫、黔中郡"，《水经注》亦谓"秦又取巫、黔及江南地"，《资治通鉴》又称"秦武安君定巫、黔中”,“定”即谓确实占有。是役秦之主将,《白起列传》《春申君列传》并言是白起,《秦本纪》则谓蜀守张若,梁玉绳《史记志疑》以为起与若共之,是也。白起当为统帅,张若则以蜀守率蜀郡兵随同作战。秦之黔中郡治在黔中。《元和郡县图志》辰州沅陵县下载:“秦黔中故郡城在县西二十里”,《秦本纪·正义》引《括地志》亦云:“黔中故城在辰州沅陵县西二十里。”在今湖南沅陵县西二十里。汉改黔中郡为武陵郡,郡治移义陵,在今湖南溆浦县。东汉移治临沅,在今湖南常德市东。《读史方舆纪要》卷八十武陵县下云:“临沅城一名张若城。《地记》:‘秦昭王三十年使白起伐楚,起定黔中,留其将张若守之,若因筑此城以拒楚。’”

又案:是年秦所取江南,乃楚之江南。《正义》引《括地志》云:“江南,今黔府亦在其地也。”《华阳国志·蜀志》载秦昭王二十二年张若为蜀守,“因取笮及其江南地”,则指金沙江以南地区,与此非一事。

庄辛谓楚襄王曰(“谓”,《文选·咏怀诗》注引作“谏”):“君王左州侯,右夏侯,辇从鄢陵君与寿陵君,专淫逸侈靡,不顾国政,郢都必危矣!”襄王曰:“先生老悖乎?将以为楚国袄祥乎?”庄辛曰:“臣诚见其必然者也,非敢以为国袄祥也。君王卒幸四子者不衰,楚国必亡矣!臣请辟于赵,淹留以观之。”庄辛去,之赵,留五月,秦果举鄢、郢、巫、上蔡、陈之地(“月”当作“年”,“上蔡”当作“上庸”,“陈”为衍文),襄王流掩于城阳(鲍本“城”作“成”,“城阳”当是“陈城”之误)。于是使人发驺征庄辛于赵,庄辛曰:“诺。”庄辛至,襄王曰:“寡人不能用先生之言,今事至于此,为之奈何?”庄辛对曰:“臣闻鄙语曰:‘见兔而顾犬,未为晚也;亡羊而补牢,未为迟也。’臣闻昔汤、武以百里昌,桀、纣以天下亡。今楚国虽小，绝长续短，犹以数千里，岂特百里哉！王独不见乎夫蜻蛉乎？六足四翼，飞翔乎天地之间，俛啄蚊虻而食之，仰承甘露而饮之，自以为无患，与人无争也。不知夫五尺童子，方将调饴胶丝（“饴”原作“鈆”，从鲍本改。《太平御览》九百零五引作“调钩胶丝”），加己乎四仞之上，而下为蝼蚁食也。蜻蛉其小者也（鲍本无此七字），黄雀因是已。俛噣白粒（《艺文类聚》九十二引“粒”作“粮”），仰栖茂树，鼓翅奋翼，自以为无患，与人无争也。不知夫公子王孙，左挟弹，右摄丸，将加己乎十仞之上，以其颈为招（“颈”原作“類”，王念孙谓“類”乃“颈”之误。《文选・咏怀诗》注引“招”作“的”，“招”“的”声近义通），倏忽之间，坠于公子之手。昼游乎茂树，夕调乎酸醎（“倏忽”以下十字，原在“醎”之下。金正炜谓乃错简，“倏忽”句当在“昼游”句上。今从金说）。夫黄雀其小者也，黄鹄因是已。游于江海，淹乎大沼，俯噣鰋鲤（“鰋”原作“鳝”。王念孙谓当从《新序》及《艺文类聚・鸟部》、《太平御览・羽族部》引文作“鰋鲤”，今改正），仰啮蔆衡（《太平御览》九百十六引作“仰断菱藕”，《艺文类聚》九十引作“仰断菱藕”），奋其六翮而凌清风，飘摇乎高翔，自以为无患，与人无争也，不知夫射者方将修其碆卢，治其缯缴，将加己乎百仞之上，被礛磻（“被”原作“彼”，从鲍本），引微缴，折清风而抎矣。故昼游乎江湖，夕调乎鼎鼐。夫黄鹄其小者也，蔡圣侯之事因是已。南游乎高陂，北陵乎巫山，饮茹溪之流（“溪”下原夺“之”字，从《春秋后语》、《文选・咏怀诗》注引补），食湘波之鱼，左抱幼妾，右拥嬖女，与之驰骋乎高蔡之中，而不以国家为事。不知夫子发方受命乎宣王，系己以朱丝而见之也（“左抱”以下句，《荀子・强国篇》注引，“抱”作“枕”，无“与之”二字，“中”作“间”，“乎”作“于”，无“己”字）。蔡圣侯之事，其小者也，君王之事因是已。左州侯，右夏侯，辇从鄢陵君与寿陵君（“辇”原作“辈”，从鲍本改），饭封禄之粟，而戴方府之金（“戴”，《鲍本》作“载”），与之驰骋乎云梦之中，而不以天下国家为事。不知夫穰侯方受命乎秦王，填黾塞之内，而投己乎黾塞之外。”襄王闻之，颜色变作，身体战栗（《文选·咏怀诗》注引作“襄王闻，颜色变，四体战栗”）。于是乃以执珪而授之，封之为阳陵君（姚本原无“封之”二字，今从曾本补），与举淮北之地也（原无“举”字。《新序·杂事》作“与举淮北之地十二诸侯”。《春秋后语》“而与谋秦，复取淮北之地”。程恩泽《国策地名考》谓“与”盖“举”字之讹。金正炜云，据《新序》，“与”下脱“举”字。今从金说增之）。（《楚策四》第四章）

案：吕祖谦《大事记》载周赧王三十七年庄辛受封阳陵君，林春溥、顾观光从之。黄式三、于鬯系此策于赧王三十八年。《策》言楚顷襄王召辛在秦拔鄢、郢、巫地之后，故以黄、于二氏之说为是。《策》文“庄辛去，之赵，留五月”，金正炜谓“五月”当作“五年”。辛去楚，当在顷襄王十八年，迄于秦人取巫，适为五年，其说是。《策》中“城阳”（鲍本改作“成阳”）之地望，程恩泽、张琦谓在河南汝宁府信阳东北，或光州息县之西，顾观光谓陈城之阳（今河南淮阳）。金正炜疑“城阳”乃“陈城”之讹，“陈”误为“阳”，又误倒于“城”字下。今案楚失鄢、郢后，即东走徙陈，“城阳”当是“陈城”之误。盖“陈”字错入上句，后人又于“城”下妄加“阳”字耳。

庄辛谏楚襄王曰：“君王左州侯，右夏侯，从新安君，与寿陵君同轩，淫衍侈靡，而忘国政，郢其危矣！”王曰：“先生老悖欤！妄为楚国妖欤！”庄辛对曰：“臣非敢为楚妖，诚见之也。君王卒近此四子者，则楚必亡矣。辛请留于赵以观之。”于是不出十月，王果亡巫山、江汉、鄢郢之地。于是王乃使召庄辛，至于赵。辛至，王曰：“嘻！先生来耶。寡人以不用先生言至于此，为之奈何？”庄辛曰：“君王用辛言则可，不用辛言，又将甚乎此。庶人有称曰：‘亡羊而固牢，未为迟。见兔而呼狗，未为晚。’汤、武以百里王，桀、纣以天下亡。今楚虽小，绝长继短，以千里数，岂特百里哉！且君王独不见夫青蛉乎？六足四翼，蜚翔乎天地之间，求蚊虻而食之，时甘露而饮之，自以为无患，与民无争也。不知五尺之童子，胶丝竿加之乎四仞之上，而下为虫蛾食也。青蛉犹其小者也。夫爵俛啄白粒，仰栖茂树，鼓其翼，奋其身，自以为无患，与民无争也。不知公子王孙，左把弹，右摄丸，定操持，审参连，故昼游乎茂树，夕和乎酸醎。爵犹其小者也。鸿鹄嬉游乎江汉，息留乎大沼，俛啄鳗鲤，仰奋陵衡，修其六翮，而陵清风，熛摇高翔，一举千里，自以为无患，与民无争也。不知弋者选其弓弩，修其防翳，加缯缴其颈，投乎百仞之上，引纤缴，扬微波，折清风而殒。故朝游乎江河，而暮调乎鼎俎。鸿鹄犹其小者也，蔡侯之事故是也。蔡侯南游乎高陵，北经乎巫山，逐麋麇獐鹿，彉溪子随时鸟，嬉游乎高蔡之囿，溢满无涯，不以国家为事。不知子发受令宣王，厄以淮水，填以巫山，庚子之朝，缨以朱丝，臣而奏之乎宣王也。蔡侯之从新安君与寿陵君，淫衍侈靡，康乐游娱，驰骋乎云梦之中，不以天下与国家为事。不知穰侯方与秦王谋，寘之以黾厄，而投之乎黾塞之外。”而襄王大惧，形体悼栗，曰：“谨受令。”乃封庄辛为成陵君而用计焉，与举淮北之地十二诸侯。(《新序·杂事二》第十四章)

【附编】

齐以淖君之乱仇楚(“乱”下原为“秦”字，无“仇楚”。一本作“齐以淖君之乱仇秦"，今从金正炜说改"秦"为"楚"），其后秦欲取齐，故使苏涓之楚，令任固之齐。齐明谓楚王曰："秦王欲楚，不若其欲齐之甚也。其使涓来，以示齐之有楚，以资固于齐。齐见楚之听涓也，必受固，是适为固驱以合齐秦也。齐秦合，非楚之利也。且夫涓来之辞，必非固之所以之齐之辞也。王不如令人以涓来之辞谩固于齐，齐、秦必不合，齐、秦不合，则王重矣。王欲收齐以攻秦，汉中可得也，王即欲以秦攻齐，淮、泗之间亦可得也。"（《齐策六》第十章）

案：顾观光《战国策编年》系此策于赧王三十九年，曰："因言以秦攻齐，淮、泗之间可得，故附此。"然此年并无楚攻齐事。《楚世家》虽云："襄王乃收东地兵，得十余万"，并未明言"东地"即齐淮、泗之地。顾说无确证。考《楚策四》第四章，顷襄王二十二年（周赧王三十八年）封庄辛为阳陵君，"与举淮北之地"。《新序·杂事二》作"与举淮北之地十二诸侯"，则此策时间当更在前。今姑附于赧王三十八年。

楚王问庄辛曰："君子之行，奈何？"庄辛对曰："居不为垣墙，人莫能毁伤；行不从周卫，人莫能暴害；此君子之行也。"楚王复问："君子之富，奈何？"对曰："君子之富，假贷人，不德也，不责也；其食饮人，不使也，不役也；亲戚爱之，众人善之，不肖者事之，皆欲其寿，乐而不伤于患，此君子之富也。"楚王曰："善。"（《说苑·贵德》第二十二章）

案：《周季编略》编此于是年，今附编于此。

周赧王三十九年（公元前二七六年）

秦昭王三十一年，魏安釐王元年，韩釐王二十年，赵惠文王二十三年，齐襄王八年，楚顷襄王二十三年，燕惠王三年。

[秦昭王]三十一年，白起伐魏，取两城。楚人反我江南。(《秦本纪》)

魏安釐王元年，秦拔我两城。(《魏世家》)

魏安釐王元年秦拔我两城。封弟公子无忌为信陵君。(《六国表》)

楚顷襄王二十三年秦所拔我江旁反秦。(《六国表》)

[楚顷襄王]二十三年，襄王乃收东地兵，得十余万，复西取秦所拔我江旁十五邑以为郡，距秦。(《楚世家》)

案：此江旁十五邑，当指今巴东一带临江地区，原属楚江南。

魏公子无忌者，魏昭王少子而魏安釐王异母弟也。昭王薨，安釐王即位，封公子为信陵君。(《魏公子列传》)

[赵惠文王]二十三年，楼昌将攻魏幾，不能取。十二月，廉颇将攻幾，取之。(《赵世家》)

居二年，廉颇复伐齐幾，拔之。(《廉颇列传》)

案："居二年"指渑池之会后二年，即赵惠文王二十二年，当是"居三年"之误。《索隐》云："《世家》云惠文王二十三年颇将攻魏之幾邑取之，与此列传合。《战国策》云秦败阏与及攻魏幾(案见《赵策三》第四章)，幾亦属魏。而裴骃引《齐世家》及年表无伐齐拔幾之事，疑其幾是故邑，或属齐、魏故耳。"梁玉绳《史记志疑》云："此作齐幾误，裴骃谓或魏或属齐，非也。先是楼昌攻幾，不能取，故云复伐。又居二年，乃居三年之误。"其说是。幾为魏邑，魏之布币，有"幾氏"、"幾城"、"幾釿"等种，即魏之幾邑所铸。幾在今河北大名东南。

周赧王四十年(公元前二七五年)

秦昭王三十二年,魏安釐王二年,韩釐王二十一年,赵惠文王二十四年,齐襄王九年,楚顷襄王二十四年,燕惠王四年。

[秦昭襄王]三十二年,相穰侯攻魏至大梁,破暴鸢,斩首四万,鸢走,魏入三县以和。(《秦本纪》)

[魏安釐王]二年[秦]又拔我二城,军大梁下,韩来救,予秦温以和。(《魏世家》,《六国表》同,无"又"字,有"秦"字,"予"作"与")

[韩釐王]二十一年使暴䳒救魏,为秦所败,䳒走开封。(《韩世家》,《六国表》同)

案:《秦本纪》暴鸢,《韩世家》作暴䳒,"鸢"、"䳒"音义俱同。据《魏世家》,《秦本纪》所谓"魏入三县以和",三县包括秦所拔之二城,所入者实仅温一县。梁玉绳《史记志疑》谓"斩首四万"是秦昭王三十三年事,《秦本纪》误书于三十二年,是也。《穰侯列传》云:"明年(指秦昭王三十三年)魏背秦,与齐从亲,秦使穰侯伐魏,斩首四万,走魏将暴鸢,得魏三县。穰侯益封。"此又误以韩将暴鸢误为魏将,并将秦败暴鸢误次于昭王三十三年。

[秦昭王]卅二年攻启封。(秦简《编年记》)

案:启封即开封,《史记》因避汉景帝讳改为开封,在今河南尉氏县东北。《韩世家》言暴鸢败走开封,而《编年记》云攻启封。盖暴鸢败走开封,秦随即追击之。

[赵惠文王]二十四年廉颇将,攻魏房子,拔之,因城而还。又攻安阳,取之。(《赵世家》)

后三年廉颇攻魏之防陵、安阳,拔之。(《廉颇列传》,《集解》徐广曰："一作房子。"）

案："后三年"指拔之后三年，误。梁玉绳云："当作后一年，乃惠文王二十四年也。"防陵，《魏世家》作房子。《索隐》云："案防陵，在楚之西，属汉中郡，魏有房子，盖陵字误也。"《正义》谓防陵城"在相州安阳之南二十里，因防水为名"。当以《正义》为是。沈涛《铜熨斗斋随笔》云："房子赵邑，汉属常山郡，即今赞皇，魏境不得到此。此与安阳同拔，则地近安阳，《正义》之说必有所据。"其说是。魏防陵在今河南安阳西南，非楚之西。

周赧王四十一年（公元前二七四年）

秦昭王三十三年，魏安釐王三年，韩釐王二十二年，赵惠文王二十五年，齐襄王十年，楚顷襄王二十五年，燕惠王五年。

[秦昭王]卅三年攻蔡、中阳。（秦简《编年记》）

[秦昭王]三十三年客卿胡伤攻魏卷、蔡阳、长社，取之。（《秦本纪》）

[魏安釐王]三年秦拔我四城，斩首四万。（《魏世家》，《六国表》同）

明年（指秦昭王三十三年）魏背秦，与齐从亲。秦使穰侯伐魏，斩首四万，走魏将暴鸢，得魏三县，穰侯益封。明年，穰侯与白起、客卿胡阳攻赵、韩、魏，破芒卯于华阳下，斩首十万。取魏之卷、蔡阳、长社，赵氏观津。且与观津，益赵以兵，伐齐。（《穰侯列传》）

案：《穰侯列传》误以上年秦败走暴鸢为此年事，又误以救魏之韩将暴鸢为魏将，更误以秦攻取魏之卷、蔡阳、长社为下年事。以秦简《编年记》与《史记》比勘，可知《秦本纪》与《穰侯列传》之"蔡阳"，当是"蔡、中阳"之误。西汉南阳郡有蔡阳，当今湖北枣阳县东，时属楚，非魏地。《秦本纪·正义》引《括地志》云："蔡阳，今豫州上蔡水之阳，古城在豫州北七十里。"盖以古蔡国所在之上蔡，又名蔡阳，但于史籍无确据。是时蔡为魏地，中阳亦为魏地，即梁惠王十七年郑釐侯（即韩昭侯）来朝中阳之中阳。《魏世家》、《六国表》谓"秦拔我四城"，四城当即卷、蔡、中阳、长社。卷在今河南原阳县西，中阳在今河南郑州市东，长社在今河南长葛县东北，蔡在今河南上蔡县西南，皆在韩、魏接境之边缘，盖秦兵据韩地以攻取魏西边之城邑。

[赵惠文王]二十五年燕周将，攻昌城、高唐取之。（《赵世家》）

案：昌城、高唐皆为齐地。高唐为齐西北之重要城邑，在今山东高唐县东北，昌城在今河北冀县西北。《赵世家》载孝成王十年燕攻昌壮，《正义》谓"壮"乃"城"之误，引《括地志》云："昌城故城在冀州信都县西北五里。"原为齐邑而赵取之。此处《正义》引《括地志》云："故昌城在淄州淄川县东北四十里也。"盖误以昌城为昌国，昌国曾为乐毅封地，在今山东淄博市南，齐都临淄之西，赵不能突然攻取其地。

卷十八
周赧王四十二年(公元前二七三年)至五十年(公元前二六五年)

周赧王四十二年(公元前二七三年)

秦昭王三十四年,魏安釐王四年,韩釐王二十三年,赵惠文王二十六年,齐襄王十一年,楚顷襄王二十六年,燕惠王六年。

[秦昭王]卅四年攻华阳。(秦简《编年记》)

[秦昭襄王]三十三年客卿胡伤攻魏卷、蔡阳、长社取之。击芒卯、华阳破之,斩首十五万,魏入南阳以和。(《秦本纪》,"击芒卯、华阳"乃三十四年事,此误上一年)

[秦]昭王三十四年白起攻魏,拔华阳,走芒卯,而虏三晋将("晋"字当为衍文),斩首十三万。与赵将贾偃战,沈其卒二万人于河中。(《白起列传》)

秦昭王三十四年白起击魏华阳军,芒卯走,得三晋将("晋"字当为衍文),斩首十五万。(《六国表》)

［赵惠文王］二十五年与魏共击秦，秦将白起破我华阳，得一将军。（《赵世家》）

魏安釐王四年与秦南阳以和。（《六国表》）

明年（指秦昭王三十四年）穰侯与白起、客卿胡阳复攻赵、韩、魏（“韩”字当为衍文），破芒卯于华阳下，斩首十万，取魏之卷、蔡阳、长社，赵氏观津。（《穰侯列传》）

秦昭王使白起攻韩、魏，败之于华阳，禽魏将芒卯，韩、魏服而事秦。（《春申君列传》，“禽”当为“走”字之误）

案：据《韩世家》及《韩策三》第十五章，是年赵、魏攻韩华阳，韩相遣使入秦见穰侯求救，穰侯请秦王发兵救之，大败赵、魏于华阳。《魏世家》、《白起列传》、《穰侯列传》、《六国表》以及秦简《编年记》皆系华阳之役于是年。《秦本纪》与《赵世家》则误上一年。此役秦之主将，《秦本纪》只言胡伤，《六国表》、《赵世家》、《白起列传》、《春申君列传》皆言白起。《穰侯列传》则谓穰侯与白起、客卿胡阳，盖穰侯主其事，白起为指挥作战之大将，而胡伤为主攻之将军也。《穰侯列传》作胡阳，《赵策三》作“胡易”（误作“胡易”），梁玉绳谓“伤”乃“阳”之讹，作“阳”为是。今案“阳”、“伤”均从“昜”声，音同字通，“伤”非讹字。陈直举封斯侯刘胡伤、吴胡伤之名，谓《秦记》之“胡伤”为人名，非姓名连称（《史记新证》十六页），尚不足以为定论。芒卯又作孟卯，见帛书《战国纵横家书》第十五章，《西周策》第十一章，《吕氏春秋·应言》，《韩非子》的《说林》、《显学》篇、《淮南子·氾论训》等。“孟”“芒”音转通用。作“芒”者疑后起。陈直以为《周金文存》著录一剑，铭曰：“王立事岁，衢衢令孟卯、右军师司马奁，尉旱执剂”（卷六第九十一页)，盖即魏将孟卯之物(《史记新证》第十六页)。此说不足信。此为赵国兵器，陈氏释文有误，当释作："王立事，南行阳令瞿卯，左库工师司马郃，冶导执齐"(拓本见《殷周金文录遗》五九九)，此剑与孟卯无关。

又案：《秦本纪》、《六国表》言"斩首十五万"，据《白起列传》，当是指华阳之役十三万，又沉赵卒二万人而言。《白起列传》称"虏三晋将"，《六国表》作"得三晋将"，"晋"字当为衍文。《资治通鉴》作"虏三将"，是也。《穰侯列传》称"复攻赵、韩、魏"，"韩"字当为衍文。梁玉绳曰："是时秦救韩而伐赵、魏，何云攻韩，当衍韩字。"《穰侯列传》云"斩首十万"，当作"十三万"。

赵、魏攻华阳，韩谒急于秦，冠盖相望，秦不救。韩相国谓田苓曰："事急。愿公虽疾，为一宿之行。"田苓见穰侯，穰侯曰："韩急乎？何故使公来？"田苓对曰："未急也。"穰侯怒曰："是何以为公之主使乎("主"原误作"王"，从鲍本及《韩世家》改正)？冠盖相望，告弊邑甚急，公曰：'未急'，何也？"田苓曰："彼韩急则将变矣。"穰侯曰："公无见王矣！臣请今发兵救韩("今"原作"令"，今从《韩世家》改正)！"八日中，大败赵、魏于华阳之下。(《韩策三》第十五章)

[韩釐王]二十三年，赵、魏攻我华阳。韩告急于秦，秦不救。韩相国谓陈筮曰："事急，愿公虽病，为一宿之行。"陈筮见穰侯。穰侯曰："事急乎？故使公来。"陈筮曰："未急也。"穰侯怒曰："是可以为公之主使乎？夫冠盖相望，告敝邑甚急，公来言未急，何也？"陈筮曰："彼韩急则将变而佗从，以未急，故复来耳。"穰侯曰："公无见王，请今发兵救韩。"八日而至，败赵、魏于华阳之下。是岁，釐王卒，子桓惠王立。(《韩世家》)

案：陈筮，《集解》徐广曰："一作筌"，《索隐》引徐广作"荃"，又引《战国策》作"田茶"。今本《韩策三》第十五章作"田苓"，《太平御览》四百六十所引，讹作"由余"。今案："田""陈"古通用，"筮""筌""茶""苓"形近，未知"筮""苓"孰是。《古今人表》作陈筮，同于《韩世家》。

天下又比周而军华下，大王以诏破之，兵至梁郭下。（《韩非子·初见秦》，《秦策一》第五章同，惟"周"作"志"，"诏"作"诈"，无下字，鲍改"郭"为"都"）

案：《魏策三》第五章云："华军之战，魏不胜秦。"《战国纵横家书》第十五章亦云："华军，秦战胜魏，走孟卯，攻大梁"，《魏策三》第三章与第四章皆谓"秦败魏于华"，盖华阳原名华，亦称华下。所谓"华军"，即"军华下"也。韩非子称"天下又比周而军华下"，《秦策》"比周"作"比志"，吴曾祺《补注》："比志谓志合也。"朱起凤以为"作比周者传写之误"，恐不确。"比周"谓密集聚屯。《秦本纪·正义》云："《括地志》云：故华城在郑州管城县南三十里，《国语》云史伯对郑桓公，虢郐十邑，华其一也。华阳即此城也。按是时韩、赵聚兵于华阳攻秦，即此矣。"华阳即在今河南郑州南三十里，正当韩都新郑之北。是时魏、赵聚兵于华阳欲大举进攻韩都也。秦军于八日突然大举围攻华阳，取得大胜，斩首十三万，又追击溃退之赵军，当赵将贾偃所部溃退渡河时，击沉其二万人于河中。秦军继而乘胜，围攻魏都大梁。《韩非子》所谓"兵至梁郭下"。梁即大梁，郭即其大郭。程恩泽云："《竹书纪年》梁惠王三十一年为下沟于北郛，以行圃田之水，北郛即梁郭也。"甚是。"兵至梁郭下"即是"围大梁"。

秦败魏于华，走芒卯而围大梁（《穰侯列传》“走芒卯”下有“入北宅”，帛书《战国纵横家书》十五章“围”作“攻”）。须贾为魏谓穰侯曰：“臣闻魏氏大臣父兄皆谓魏王曰：初时惠王伐赵，战胜乎三梁，十万之军拔邯郸，赵氏不割，而邯郸复归。齐人攻燕，杀子之，破故国，燕不割而燕国复归。燕、赵之所以国全兵劲而地不并乎诸侯者，以其能忍难而重出地也。宋、中山数伐数割，而随以亡。臣以为燕、赵可法，而宋、中山可无为也。夫秦，贪戾之国而无亲，蚕食魏，尽晋国，战胜睾子（“睾”，当依帛书及《穰侯列传》作“暴”，暴子即韩将暴鸢。二字形近而讹），割八县，地未毕入而兵复出矣。夫秦何厌之有哉！今又走芒卯，入北地（“北地”，帛书及《穰侯列传》作“北宅”，当依改。“北宅”，又名“宅阳”，今郑州北），此非但攻梁也，且劫王以多割也！王必勿听也。今王循楚、赵而讲（“循”，《穰侯列传》作“背”，帛书亦作“循”。帛书编者注：“循当作遁，逃避”），楚、赵怒而与王争事秦，秦必受之。秦挟楚、赵之兵以复攻，则国救亡不可得也已，愿王之必无讲也。王若欲讲，必少割而有质，不然必欺。是臣之所闻于魏也。愿君之以是虑事也。《周书》曰：‘维命不于常。’此言幸之不可数也。夫战胜睾子而割八县（“睾”当作“暴”），此非兵力之精，非计之工也，天幸为多矣。今又走芒卯，入北地以攻大梁，是以天幸自为常也，知者不然。臣闻魏氏悉其百县胜兵以止戍大梁（“止”，帛书、《穰侯传》皆作“上”，“上”字于义为长），臣以为不下三十万，以三十万之众，守十仞之城（“十仞”，当依帛书及《穰侯列传》作“七仞”。“十”、“七”形近古书多相讹），臣以为虽汤、武复生，弗易攻也。夫轻信楚、赵之兵（“信”，当从帛书作“倍”，形近而讹。“倍”通“背”。《穰侯列传》正作“背”），陵十仞之城（“十”乃“七”之讹，说见上），戴三十万之众而志必举之(戴,《穰侯列传》作“战”,吴师道云:“一本标孙作战。”帛书“戴”作“犯”),臣以为自天地之始分以至于今(“地”原作“正”,从《穰侯列传》改正),未尝有之也。攻而不能拔,秦兵必罢,陶必亡(“陶”原误作“阴”,从帛书及《穰侯列传》改正),则前功必弃矣。今魏方疑,可以少割收也,愿之及楚、赵之兵未任于大梁也(“愿之”,当从帛书、《穰侯列传》作“愿君”。“任”当为“位”(莅)之误),亟以少割收,魏方疑,而得以少割为和,必欲之,则君得所欲矣。楚、赵怒于魏之先己讲也,必争事秦,从是以散,而君后择焉。且君之尝割晋国取地也,何必以兵哉。夫兵不用而魏效绛、安邑,又为陶启两机,尽故宋(“机”,帛书作“畿”,帛书编者注:“疑幾字与畿通,疆界之意。”《穰侯列传》作“又为陶开两道,幾尽故宋”,亦可通),卫效尤惮(鲍本作“惮尤”,当为“单父”之误。《穰侯列传》作单父)。秦兵已令而君制之(“已令”,帛书作“苟全”,《穰侯列传》作“可全”,“令”乃“全”之讹),何求而不得?何为而不成?臣愿君之熟计而无行危也!”穰侯曰:“善。”乃罢梁围。(《魏策三》第三章)

华军,秦战胜魏,走孟卯,攻大粱(梁)。须贾说穰侯曰:“臣闻魏长吏胃(谓)魏王曰:‘初时者,惠王伐赵,战胜三粱(梁),拔邯战(“战”,“郸”之讹),赵氏不割而邯战(郸)复归。齐人攻燕,拔故国,杀子之,燕人不割而故国复反。燕、赵之所以国大兵强而地兼诸侯者,以其能忍难而重出地也。宋、中山数伐数割,而国隋(随)以亡。臣以为燕、赵可法,而宋、中山可毋为也。秦,贪戾之国也,而无亲,蚕食魏氏,尽晋国,胜暴子,割八县,地未毕入而兵复出矣。夫秦何厌(餍)之有戈(哉)。今有(又)走孟卯,入北宅,此非敢粱(梁)也(《战国纵横家书》编者注谓“敢”下当依《穰侯列传》补“攻”字)。且劫王以多割,王必勿听也。今王循(遁)楚、赵而讲,楚、赵怒而与王争秦,秦必受之。秦挟楚、赵之兵以复攻,则国求毋亡,不可得已。愿王之必毋讲也。王若欲讲,必小(少)割而有质,不然必欺。'此臣之所闻于魏也,愿君之以氏(是)虑事也。周书曰:'唯命不为常。'此言幸之不可数也。夫战胜暴子,割八县之地,此非兵力之请(精)也,非计虑之攻(工)也,夫天幸为多。今有(又)走孟卯,入北宅,以攻大粱(梁),是以天幸自为常也。知(智)者不然。臣闻魏氏悉其百县胜甲以上,以戎("戎"、"戍"之讹)大粱(梁),臣以为不下卅万。以卅万之众,守七仞之城,臣以为汤、武复生,弗易攻也。夫轻倍(背)楚、赵之兵,陵七刃(仞)之城,犯卅万之众,而志必举之,臣以为自天地始分,以至于今,未之尝有也。攻而弗拔,秦兵必罢,陶必亡,则前功有必弃矣。今魏方疑,可以小(少)割而收也。愿君遝(逮)楚、赵之兵未至于粱(梁)也,亟以小(少)割收魏。魏方疑,而得以小(少)割为和,必欲之,则君得所欲矣。楚、赵怒于魏之先己也,必争事秦,从(纵)已散,而君后(後)择焉。且君之得地也,岂必以兵𢦏(哉)。□(割)晋国也,秦兵不功(攻),而魏效降(绛)、安邑,有(又)为陶启两幾,尽故宋,而率("率","卫"之讹)蝉尤("尤","父"之讹)。秦兵苟全而君制之。何索而不得,奚为□□□(而不成)。愿□(君)之孰(熟)虑之而毋行危也。"君曰:"善。"乃罢粱(梁)围。(《战国纵横家书》第十五章)

[秦]昭王三十二年(当作三十四年),穰侯为相国,将兵攻魏,走芒卯,入北宅,遂围大梁,梁大夫须贾说穰侯曰:"臣闻魏之长吏谓魏王曰:'昔梁惠王伐赵,战胜三梁,拔邯郸;赵氏不割,而邯郸复归。齐人攻卫,拔故国,杀子良;卫人不割,而故地复反(帛书作"齐人攻燕,拔故国,杀子之,燕人不割而故国复反",《穰侯列传》大体相同,此处

“卫”当作“燕”，“子良”当作“子之”）。卫、赵之所以国全兵劲而地不并于诸侯者，以其能忍难而重出地也。宋、中山数伐割地，而国随以亡。臣以为卫、赵可法，而宋、中山可为戒也。秦，贪戾之国也，而毋亲，蚕食魏氏，又尽晋国，战胜暴子，割八县，地未毕入，兵复出矣。夫秦何厌之有哉。今又走芒卯，入北宅，此非敢攻梁也，且劫王以求多割地。王必勿听也。今王背楚、赵而讲秦，楚、赵怒而去王，与王争事秦，秦必受之。秦挟楚、赵之兵以复攻梁，则国求无亡不可得也。愿王之必无讲也。王若欲讲，少割而有质；不然，必见欺。’此臣之所闻于魏也，愿君之以是虑事也（“君”下原衍“王”字，从帛书与《魏策》删）。《周书》曰‘惟命不于常’，此言幸之不可数也。夫战胜暴子，割八县，此非兵力之精也，又非计之工也，天幸为多矣。今又走芒卯，入北宅，以攻大梁，是以天幸自为常也，智者不然。臣闻魏氏悉其百县胜甲以上戍大梁，臣以为不下三十万。以三十万之众守梁七仞之城，臣以为汤、武复生，不易攻也。夫轻背楚、赵之兵，陵七仞之城，战三十万之众，而志必举之，臣以为自天地始分以至于今，未尝有者也。攻而不拔，秦兵必罢，陶邑必亡，则前功必弃矣。今魏氏方疑，可以少割收也。愿君逮楚、赵之兵未至于梁，亟以少割收魏。魏方疑而得以少割为利，必欲之，则君得所欲矣。楚、赵怒于魏之先己也，必争事秦，从以此散，而君后择焉。且君之得地岂必以兵哉。割晋国，秦兵不攻，而魏必效绛安邑。又为陶开两道，幾尽故宋，卫必效单父。秦兵可全，而君制之，何索而不得，何为而不成。愿君熟虑之而无行危。”穰侯曰：“善。”乃罢梁围。（《穰侯列传》）

案：据《韩世家》、《白起列传》、《魏策三》第三章，华阳之战，走芒卯，入北宅，围大梁，须贾为魏说穰侯，乃秦昭王三十四年事，《穰侯列传》以“穰侯为相国，将兵攻魏，走芒卯，入北宅，围大梁，须贾说穰侯”误列于昭王三十二年，又以穰侯与白起胡阳“破芒卯于华阳下”列于三十四年，将一事误分为二，分列两年。

又案：《魏策》、《穰侯列传》载须贾说穰侯曰：“战胜暴子，割八县，地未毕入而兵复出矣。”暴子即暴鸢，《秦本纪》载秦破暴鸢，“魏入三县以和”，《穰侯列传》称“得三县”，梁玉绳谓“八县误”。其实不误。帛书亦作“八县”，“八县”乃魏请和之许诺，地未毕入而秦兵复出，予秦者盖三县而已，二县秦已拔之，温县为魏所献。

又案：因须贾说穰侯而解梁围之说，鲍彪以为不可信。鲍彪辨之曰：“贾之说不足以已秦也，为其为魏也过深，而说秦者不切。夫以秦为天幸，而欲其无行危也，秦岂信之哉？秦行是，何危之有？且其为魏之过深也，适足以疑秦，岂沮于是哉？梁围之解，将别有故，非贾之力也。”梁玉绳从其说，云：“梁围之罢，因献南阳，何曾是须贾说穰侯而罢乎？鲍彪辨是也。”

[魏安釐王]四年，秦破我及韩、赵（“韩”字衍文），杀十五万人，走我将芒卯。魏将段干子请予秦南阳以和。苏代谓魏王曰：“欲玺者段干子也，欲地者秦也。今王使欲地者制玺，使欲玺者制地，魏氏地不尽则不知已。且夫以地事秦，譬犹抱薪救火，薪不尽，火不灭。”王曰：“是则然也。虽然，事始已行，不可更矣。”对曰：“王独不见夫博之所以贵枭者，便则食，不便则止矣。今王曰‘事始已行，不可更’，是何王之用智不如用枭也？”（《魏世家》）

案：南阳，《集解》徐广曰：“在修武。”

华军之战（姚注：“华下一本有阳字。”鲍本“军”作“阳”），魏不胜秦，明年，将使段干崇割地而讲。孙臣谓魏王曰："魏不以败之上割，可谓善用不胜矣。而秦不以胜之上割，可谓不能用胜矣（鲍本"能"作"善"）。今处期年，乃欲割，是群臣之私，而王不知也。且夫欲玺者，段干子也，王因使之割地；欲地者秦也，而王因使之受玺；夫欲玺者制地，而欲地者制玺，其势必无魏矣！且夫奸臣固皆欲以地事秦（鲍本"臣"作"人"），以地事秦譬犹抱薪而救火也，薪不尽，则火不止。今王之地有尽，而秦之求无穷（鲍本"之求"作"求之"），是薪火之说也。"魏王曰："善。虽然，吾已许秦矣，不可以革也。"对曰："王独不见夫博者之用枭邪？欲食则食，欲握则握，今君劫于群臣而许秦，因曰'不可革'，何用智之不若枭也？"魏王曰："善。"乃案其行。（《魏策三》第五章）

案：魏使段干子割地而讲，《魏世家》在安釐王四年华阳战败之后，《六国表》亦记是年"与秦南阳以和"。《秦本纪》亦记"魏入南阳以和"在破芒卯华阳之后。而《魏策三》则谓在"华军之战"之明年。今从《魏世家》。

又案：《魏世家》段干子，《魏策三》作段干崇。《史记·老子列传》云："老子之子名宗，宗为魏将，封于段干。"姚范《援鹑堂笔记》云："崇疑即宗，计崇之年，似不为老子之子。"（见《史记会注考证》所引）《老子列传》又谓：尝见秦献公之周太史儋或即老子，汪中《老子考异》以为段干崇即为太史儋之子。

又案：《魏策三》云："魏王曰：'善。'乃案其行。"《太平御览》九百二十七引《春秋后语》亦云："王乃止其行。"但《秦本纪》言"魏入南阳以和"，《六国表·魏表》亦谓"与秦南阳以和"，《资治通鉴》作"魏王不听，卒以南阳为和，实修武"，当有所据。

又案:《青照堂丛书次编》引《春秋后语》,以及《太平御览》九百二十七引《春秋后语》,大体皆与《魏世家》相合,惟《青照堂丛书》所引作"王使段干木子从,与秦南阳,木以千金和",与《魏世家》不合,恐不确。

明年(指秦昭王三十四年),穰侯与白起、客卿胡阳复攻赵、韩、魏("韩"为衍文),破芒卯于华阳下,斩首十万,取魏之卷、蔡阳、长社,赵氏观津。且与赵观津,益赵以兵,伐齐。齐襄王惧,使苏代为齐阴遗穰侯书曰:"臣闻往来者言曰:'秦将益赵甲四万以伐齐',臣窃必之敝邑之王曰:'秦王明而熟于计,穰侯智而习于事,必不益赵甲四万以伐齐。'是何也?夫三晋之相与也,秦之深仇也。百相背也,百相欺也,不为不信,不为无行。今破齐以肥赵,赵,秦之深仇,不利于秦。此一也。秦之谋者,必曰'破齐,弊晋、楚,而后制晋、楚之胜'。夫齐,罢国也,以天下攻齐,如以千钧之弩决溃痈也,必死,安能弊晋、楚?此二也。秦少出兵,则晋、楚不信也;多出兵,则晋、楚为制于秦。齐恐,不走秦,必走晋、楚。此三也。秦割齐以啖晋、楚,晋、楚案之以兵,秦反受敌(《史记会注考证》:枫山、三条本"敌"作"弊")。此四也。是晋、楚以秦谋齐,以齐谋秦也,何晋、楚之智而秦、齐之愚?此五也。故得安邑以善事之,亦必无患矣。秦有安邑,韩氏必无上党矣。取天下之肠胃,与出兵而惧其不反也,孰利?臣故曰秦王明而熟于计,穰侯智而习于事,必不益赵甲四万以伐齐矣。"于是穰侯不行,引兵而归。(《穰侯列传》,其中苏代遗穰侯书,同于《秦策二》第十五章)

案:"取魏之卷、蔡阳、长社",据秦简《编年记》与《秦本纪》,乃上年之事,此误下一年。

陉山之事,赵且与秦伐齐,齐惧(《太平御览》三百五十五、《初学记》二十二引“齐”下有“王”字，当是），令田章以阳武合于赵，而以顺子为质，赵王喜，乃案兵告于秦，曰：“齐以阳武赐弊邑，而纳顺子，欲以解伐，敢告下吏。”秦王使公子他之赵，谓赵王曰：“齐与大国救魏而倍约，不可信。恃大国弗义，以告弊邑，而赐之二社之地，以奉祭祀，今又案兵，且欲合齐而受其地，非使臣之所知也！请益甲四万，大国裁之！”苏代为齐献书穰侯曰：“臣闻往来者之言曰（“之”原在“者”上，从《初学记》二十二、《太平御览》三百五十五所引及鲍本改正）：‘秦且益赵甲四万人以伐齐’，臣窃必之弊邑之王曰：‘秦王明而熟于计，穰侯智而习于事，必不益赵甲四万人以伐齐。’（《初学记》二十二、《太平御览》三百五十五引“甲”下有“兵”字，下同）是何也？夫三晋相结，秦之深仇也。三晋百背秦，百欺秦，不为不信，不为无行。今破齐以肥赵，赵，秦之深仇，不利于秦，一也。秦之谋者，必曰：‘破齐弊晋（“晋”下当依《穰侯列传》补“楚”字），而后制晋楚之胜。’夫齐，罢国也；以天下击之，譬犹以千钧之弩决溃痈也。秦王安能制晋楚哉？二也。秦少出兵，则晋、楚不信；多出兵，则晋、楚为制于秦；齐恐，则必不走于秦（鲍本无“必”字），且走晋、楚。三也。齐割地以实晋、楚，则晋、楚安；齐举兵而为之顿剑，则秦反受兵。四也。是晋、楚以秦破齐，以齐破秦（鲍本“破”作“伐”），何晋、楚之智而齐、秦之愚？五也。秦得安邑，善齐以安之，亦必无患矣。秦有安邑，则韩、魏必无上党哉（《太平御览》一百六十三引“韩”下无“魏”字，同于《穰侯列传》）。夫取三晋之肠胃，与出兵而惧其不反也，孰利？故臣窃必之以弊邑之王曰：‘秦王明而熟于计，穰侯智而习于事，必不益赵甲四万人以伐齐矣。’”（《秦策二》第十五章）

案：唐兰曰：《史记·穰侯列传》把此事（案，指陉山之事）放在穰侯和白起等破芒卯于华阳下之后。华阳在今河南省密县，在郑州西南，不知与陉山何涉。陉山属太行山脉，当指(公元)前二八五年乐毅以赵相国名义伐齐取灵丘一事。田章即陈璋。顺子大概是齐闵王的子侄，过去就曾在赵国当作质子，见《燕策二》。如果是破芒卯以后，那就在(公元)前二七三年，齐闵王已死十一年，怎么能有这两个人物呢？破齐肥赵，正是五国攻齐时的话。齐灭宋后，魏国就向秦国献安邑，那么献书穰侯当在(公元)前二八五年无疑。《秦策》"苏代"当是"苏秦"(《司马迁所没有见过的珍贵史料》注二十九，收入《战国纵横家书》)。此说根据不足。唐氏据高注，以为陉山盖赵井陉塞，陉山之事，指赵惠文王十四年相国乐毅率五国之师攻齐取灵丘一事。灵丘在今山东高唐之南，"取灵丘"与陉山何涉。《楚世家》载威王十年魏伐楚取陉山，《正义》引《括地志》云："陉山在郑州新郑县西南三十里。"《苏秦列传》记苏秦说韩王："南有陉山"，《集解》："徐广曰：召陵有陉亭，密县有陉山。"鲍彪因谓"陉山在密，《后汉书·地理志》注云：《史记》秦破魏华阳，地亦在县，则此策书陉山，史书华阳，一役也。事在(秦昭)三十四年。"其说是。徐广谓"召陵有陉亭，密县有陉山"。盖称陉山者非一地，除密县有陉山外，楚与韩、魏之间尚有陉山，即召陵之陉山。《策》言"夫齐，罢(疲)国也，以天下击之，譬犹以千钧之弩决溃痈也"，盖齐已为乐毅所破而后经田单复国者。若将此事定在公元前二八五年，当齐湣王十六年，乐毅方率五国之兵攻齐，齐尚未攻破，兵力尚强，岂得"譬犹以千钧之弩决溃痈也"？《策》言"赵且与秦伐齐"，赵因齐献地而案兵，秦又欲益甲四万伐齐，齐因使苏代献书穰侯，请不益甲伐齐，此与乐毅方合五国之兵攻齐之形势亦不合。陈梦家《六国纪年》以为陈璋、田章、章子、匡章是一人，亦无当。匡章不能与田章混为一谈。匡章于齐威王晚年已为将，于齐宣王时屡建战功，至齐湣王初年仍为攻秦函谷之主将，其后无闻，盖已高年不为将。

春申君者楚人也，名歇，姓黄氏。游学博闻，事楚顷襄王。顷襄王以歇为辩，使于秦。秦昭王使白起攻韩、魏，败之于华阳，禽魏将芒卯，韩、魏服而事秦。秦昭王方令白起与韩、魏共攻楚，未行，而楚使黄歇适至于秦，闻秦之计。当是之时，秦已前使白起攻楚，取巫、黔中之郡，拔鄢、郢，东至竟陵，楚顷襄王东徙治于陈县。黄歇见楚怀王之为秦所诱而入朝，遂见欺，留死于秦。顷襄王，其子也，秦轻之，恐壹举兵而灭楚。歇乃上书说秦昭王……秦昭王曰："善。"于是乃止白起而谢韩、魏。发使赂楚，约为与国。（《春申君列传》）

楚庄王之弟春申君有爱妾曰余，春申君之正妻曰甲。余欲君之弃其妻也，因自伤其身以视君而泣……君因信妾余之诈，为弃正妻。（《韩非子·奸劫弑臣》）

案：《春申君列传》称黄歇因游学博闻，楚顷襄王以为辩而使于秦，不确。春申君乃顷襄王之弟。金正炜于《楚策三》第十章《补释》云："按春申与孟尝、信陵、平原并称四公子，当亦楚之疏属，故朱英说以代立。《韩非子·奸劫弑臣》谓为楚庄王之弟，庄王即襄王，后章庄辛谓楚襄王，《荀子·注》作庄辛谓楚庄王可证。其言当必有据。"其说是。钱穆继此作《楚顷襄王又称庄王考》与《春申君乃顷襄王弟不以游士致显辨》（见《先秦诸子系年》第四〇五至四〇九页）："楚顷襄王盖又谥庄王，《韩非子·喻老》

篇称：楚庄王欲伐越，庄子谏曰（“庄”原误作“杜”，从王先慎据《荀子注》所改正）：‘庄蹻为盗于境内’云云，庄子即庄辛，庄辛与庄蹻皆楚顷襄王时人。所谓楚庄王亦即楚顷襄王。”考《史记·游侠列传》云：“近世延陵、孟尝、春申、平原、信陵之徒，皆因王者亲属，藉于有土、卿相之富厚，招天下贤者，显名诸侯。”可知司马迁亦知春申君非游士致显，乃王者亲属。孟尝君之父田婴为齐宣王弟，平原君为赵惠文王弟，信陵君为魏安釐王弟，春申君亦为楚顷襄王弟，韩非亲与春申同时，其言不致有谬误。不知何故，《春申君列传》误为“游学博闻”而致显也。《春申君列传》所载黄歇上秦昭王书，原见《秦策四》第十章，鲍本策文开首原作“说秦王曰”，不以为黄歇所作，所说秦王，高诱注明云“秦王名正，庄王楚之子”，是秦王政而非秦昭王。此乃秦王政十二年当秦攻楚时，有人游说秦王之辞，《春申君列传》误以为黄歇上秦昭王书。黄歇使秦，当有其事，事在秦大败魏、赵于华阳之后，《传》称“攻韩、魏”，“禽魏将芒卯”，皆有误。是年秦攻韩，芒卯败走。

[赵惠文王]二十六年取东胡欧代地。（《赵世家》）

案：《索隐》：“东胡叛赵，驱略代地人众以叛，故取之也。”《史记会注考证》：“古钞本、枫山本、三条本欧作殴，中井积德曰：欧代类地名。”考《史记·匈奴列传》，“赵襄子逾句注而破并代，以临胡貉，其后既与韩、魏共灭智伯，分晋地而有之，则赵有代、句注以北。”是赵在灭智伯而分晋时，已据有代北。《索隐》将是年赵“取东胡欧代地”，解释为东胡“驱略代地人众以叛，故取之也”，则所谓“取”者，究为何地？中井氏谓“欧代类地名”，亦不确。欧代若为地名，则不能称为“欧代地”。此所谓“欧代”，当即匈奴、东胡之方言“瓯脱”。《匈奴列传》云：东胡“与匈奴间中有弃地，莫居千余里，各居其边为瓯脱”。“欧脱”亦作“区脱”。“欧”“瓯”同音，“代”“脱”声近。丁谦《汉书匈奴传地理考证》谓：“欧脱指弃地而言，原极明析。”又云：“‘瓯脱’二字为当时方言，今难确解，然大意不过为不毛之地，不足以居人。”

［周赧王］四十二年，秦破华阳约。马犯谓周君曰：“请令梁城周。”乃谓梁王曰：“周王病若死，则犯必死矣。犯请以九鼎自入于王，王受九鼎而图犯。”梁王曰：“善。”遂与之卒，言戍周。因谓秦王曰：“梁非戍周也，将伐周也。王试出兵境以观之。”秦果出兵。又谓梁王曰：“周王病甚矣（《索隐》云：“《战国策》‘甚’作‘愈’。”义较长）。犯请后可而复之，今王使卒之周，诸侯皆生心，后举事且不信。不若令卒为周城，以匿事端。”梁王曰：“善。”遂使城周。（《周本纪》）

案：《索隐》云：“马犯见秦破魏约，惧周危，故谓周君请梁城周，而设诡计也。”《正义》云：“马犯，周臣也。乃说梁王曰，秦破魏华阳之军，去周甚近，周王忧惧国破，犹身之重病，若死，则犯必死也。”《索隐》引《战国策》有此事，今本《战国策》佚此章。吕祖谦《大事记》云：“所谓周者，西周也。周君者，西周武公也。周王者，赧王也。太丘社之亡，九鼎已毁，特以虚名绐魏耳。使九鼎是时尚存，则后十余岁秦遂灭周，鼎必入于秦始皇，何为索之于泗水哉（《周本纪》书周亡秦取九鼎宝器，亦非也）。”此以周君为西周武公，不确。武公乃西周之臣，周赧王尝使武公谓楚相昭子，见于《楚世家》顷襄王十八年下。周君当指西周君。武公谓楚相昭子，周为“天下之共主，居三代之传器”。秦武王至周，尝与孟说举龙文赤鼎，绝膑而死。可知西周确有较大之鼎，但未必是作为传国之宝的九鼎。所谓周显王三十三年宋太丘社亡而鼎没于泗水只是一种传说。《周本纪》、《秦本纪》所载西周为秦所灭，秦取九鼎入秦，亦非事实。秦始皇二十八年过彭城，"欲出周鼎泗水，使千人没水求之，弗得"。可知九鼎并未入秦。

《史记》曰(《水经·渭水注》作"《史记·秦本纪》云")：秦武王三年，渭水赤者三日(《水经注》无"者"字)，昭王三十四年，渭水又赤三日(《水经注》"赤"上有"大"字)。(《汉书·五行志》,《洪范五行传》同)

案：今本《秦本纪》无此文。《秦始皇本纪》所附《秦记》谓悼武王"立三年，渭水赤三日"，当为《秦始皇本纪》所载。今本《秦始皇本纪》脱去"昭王三十四年，渭水又赤三日"。

【附编】

穰侯攻大梁，乘北郢，魏王且从。谓穰侯曰："君攻楚，得宛、穰以广陶。攻齐，得刚、博以广陶。得许、鄢陵以广陶。秦王不问者，何也？以大梁之未亡也，今日大梁亡，许、鄢陵必议，议则君必穷。为君计者，勿攻便。"(《魏策四》第六章)

案：鲍彪以此为秦昭王二十四年(即周赧王三十二年)秦攻魏至大梁时事。《大事记》、顾观光《编年》、林春溥《纪年》、黄式三《编略》系于周赧王四十年，皆无据。吴师道、张琦皆谓"北郢"乃"北宅"之讹，则事在赧王四十二年。张琦《释地》云："此文多舛误。宛为公子市所封，穰为冉之本邑，此云得宛穰，一也。穰封在前，益封陶在后，此云广陶，二也。穰，战国时属韩，《韩世家》、《秦记》、《年表》并云取韩、穰，此云攻楚，三也。军大梁在秦昭三十二年(案张氏误将此役与三十二年围大梁，混为一事)，取刚寿在秦昭三十七年，吴氏已辨之，四也。攻许、鄢陵，《世家》、《秦记》皆不书，五也。”今案：吴师道云：“得许上当有攻魏字”，此云“今日大梁亡，许、鄢陵必议，议则君必穷”，可知此事在秦攻魏得许、鄢陵之后，今不知秦得许、鄢陵在何年，因而不能确定此次攻大梁在何年。姑附编于此。

周赧王四十三年（公元前二七二年）

秦昭王三十五年，魏安釐王五年，韩桓惠王元年，赵惠文王二十七年，齐襄王十二年，楚顷襄王二十七年，燕惠王七年。

[燕]惠王七年卒。韩、魏、楚共伐燕。燕武成王立。（《燕世家》）

案：《索隐》云：“《赵世家》赵惠文王二十八年，燕相成安君公孙操弑其王。乐资以为惠王也。徐广按《年表》，是年燕武成王元年，武成即惠王子，则惠王为成安君弑明矣。此不言者，燕远，讳不告，或太史公之说疏也。”今案：《燕世家》未言武成王为惠王子，《索隐》谓武成即惠王子，不确。《资治通鉴》书“燕惠王薨，子武成王立”，大谬。据《赵世家》，次年燕将成安君公孙操弑王，公孙操盖封君兼相而专权者，杀惠王而拥立武成王。是年秦、楚助三晋伐燕，因燕内乱而干预之。次年公孙操杀惠王而拥武成王，武成王未逾年而改元，其实惠王八年见杀，《燕世家》因讳言见杀，而去“惠王七年卒”。

[韩]桓惠王元年伐燕。（《韩世家》）

魏安釐王五年击燕。（《六国表》）

楚顷襄王二十七年击燕。（《六国表》）

案：梁玉绳云：“《韩表》当有‘击燕’二字，各本俱脱。”

[楚顷襄王]二十七年使三万人助三晋伐燕。复与秦平,而入太子为质于秦,楚使左徒侍太子于秦。(《楚世家》)

[秦昭王]三十五年佐韩、魏、楚伐燕,初置南阳郡。(《秦本纪》)

案:《燕策三》第一章云:"齐、韩、魏共攻燕,燕使太子请救于楚,楚王使景阳将而救之……景阳怒……于是遂不救燕而攻魏雍丘,取之,以与宋。"鲍彪注:"燕惠王七年书韩、魏、楚共伐燕,他不书,则楚当是齐。此楚顷襄王二十七年。"梁玉绳从其说,以为"楚方救燕,不闻伐燕,即秦亦无击燕之事,而赵未出师,又何云三晋?然则伐燕者齐、韩、魏三国也,秦、赵不与也。楚乃救燕者也,《秦本纪》与《燕世家》同误。"今案:吴师道驳鲍云:"《策》有宋,盖宋未灭时,岂得改楚为齐?"黄式三《周季编略》以为《燕策》所述,与此自是两事。其说甚是。《楚世家》称"使三万人助三晋伐燕"当是事实。韩、魏不与燕接界,不能越赵而伐燕,赵必参与其事,《赵世家》失载。

[淯水]又南径宛城东……秦襄王使白起为将,伐楚取郢,即以此地为南阳郡,改县曰宛。(《水经·淯水注》)

案:秦以宛为南阳郡治。

黄歇受约归楚,楚使歇与太子完入质于秦,秦留之数年。(《春申君列传》)

案:《楚世家》言是年"入太子为质于秦,楚使左徒侍太子于秦",盖黄歇时为左徒。《资治通鉴》称左徒黄歇,当有所据。

楚以左徒黄歇侍太子完为质于秦。(《资治通鉴》周赧王四十三年)

[赵惠文王]二十七年,徙漳水武平南。封赵豹为平阳君。河水

出，大潦。（《赵世家》）

案：《集解》曰："《战国策》曰：赵豹，平阳君，惠文王母弟。"今案《赵策四》第十四章记赵惠文王时谅毅见秦王曰："赵豹，平原君，亲寡君之母弟也。"

及昭王立，义渠王朝秦，遂与昭王母宣太后通，生二子。至赧王四十三年，宣太后诱杀义渠王于甘泉宫，因起兵灭之，始置陇西、北地、上郡焉。（《后汉书·西羌传》）

案：蒙文通《周秦少数民族研究》"义渠与匈奴"条云："《秦本纪》言昭王二十年王之上郡北河，此义渠灭始置地也。以前例后，则列传言杀义渠王甘泉宫，遂伐残义渠，应在二十年以前，则赧王四十三年，为衍'四'字，正昭王之五年，而义渠灭也。"此说不可信。考《战国策·秦策三》及《范雎列传》，雎入秦，待命岁余，昭王始见之，曰："寡人宜以身受令久矣。会义渠之事急，寡人日自请太后。今义渠之事已，寡人乃得以身受命。"是时昭王已立三十六年。足证《后汉书·西羌传》之说不误，当在秦昭王三十五年，即周赧王四十三年。《大事记》列之于周赧王四十四年，盖误后一年。

周赧王四十四年（公元前二七一年）

秦昭王三十六年，魏安釐王六年，韩桓惠王二年，赵惠文王二十八年，齐襄王十三年，楚顷襄王二十八年，燕武成王元年。

[赵惠文王]二十八年，蔺相如伐齐，至平邑。罢城北九门大城。（《赵世家》，《六国表》亦作"蔺相如攻齐，至平邑"）

案："罢城北九门大城"，谓邯郸"大城"中地处"城北"之"九门”(苑囿名),废弃不用。已说明在周赧王六年案语中。

后四年(指攻防陵、安阳之后四年,即赵惠文王二十八年),蔺相如将而攻齐,至平邑而罢。(《廉颇蔺相如列传》)

[秦]昭王三十六年,相国穰侯言客卿灶,欲伐齐取刚、寿以广其陶邑。(《穰侯列传》)

案:《资治通鉴》周赧王四十五年载:“穰侯言客卿灶于秦王,使伐齐,取刚、寿以广陶邑。”是《资治通鉴》作者所见《史记》,“客卿灶”下有“于王”两字。黄式三云:“言客卿灶当作用客卿灶言。”

秦客卿造谓穰侯曰:“秦封君以陶,藉君天下数年矣。攻齐之事成,陶为万乘,长小国,率以朝天子(鲍本无“率”字,帛书《战国纵横家书》作“率以朝”),天下必听,五伯之事也。攻齐不成,陶为邻恤而莫之据也(“邻恤”,鲍注:“言近于忧”,金正炜云:“疑恤或为殈之讹。”帛书作“廉监”,帛书编者注:“廉、邻声近,监、恤形近而误。廉监即磏礛,磨玉之粗石”)。故攻齐之于陶也,存亡之机也。君欲成之,何不使人谓燕相国曰:‘圣人不能为时,时至而弗失(鲍本无“而”字,帛书“而”作“亦”)。舜虽贤,不遇尧也,不得为天子。汤、武虽贤,不当桀、纣不王。故以舜、汤、武之贤,不遭时,不得帝王。今攻齐(姚本“今”作“令”,帛书作“今天下攻齐”),此君之大时也已。因天下之力,伐仇国之齐,报惠王之耻,成昭王之功,除万世之害,此燕之长利,而君之大名也。《书》云(“书”,鲍本作“诗”,注:“诗,逸《诗》。”伪古文《泰誓》:“树德务滋,除恶务本。”黄丕烈《札记》云:“东晋伪古文以为《泰誓》耳,《策》文当本作诗,后人误以古文改作书也。”):树德莫如滋,除害莫如尽(帛书“害”作“怨”)。吴不亡越,越故亡吴。齐不亡燕,燕故亡齐。齐亡于燕，吴亡于越，此除疾不尽也。非以此时成君之功（“非以”从鲍本，姚本作“以非”，帛书亦作“非以”），除君之害，秦卒有他事而从齐，齐、赵合（鲍本“赵”作“秦”，帛书作“赵”），其仇君必深矣。挟君之仇以诛于燕，后虽悔之，不可得也已。君悉燕兵而疾僭之（鲍本“僭”作“攻”，吴师道云：“当作从。”金正炜云：“疑为债。”帛书作“赞”，帛书编者注：“赞，助。《秦策》作僭，字形相近而误”），天下之从君也，若报父子之仇。诚能亡齐，封君于河南，为万乘，达途于中国，南与陶为邻，世世无患。愿君之专志于攻齐而无他虑也。’”（《秦策三》第二章，帛书《战国纵横家书》第十九章大体相同）

胃（谓）穰侯：“秦封君以陶，假君天下数年矣。攻齐之事成，陶为万乘，长小国，率以朝，天下必听，五伯之事也。攻齐不成，陶为廉监（编者读为“磏磁”，磨玉粗石），而莫［之］据。故攻齐之于陶也，存亡之幾（机）也。君欲成之，侯不使人胃（谓）燕相国曰（“侯”当从《秦策》作“何”）：‘圣人不能为时，时至亦弗失也。舜虽贤，非适思（遇）尧，不王也。汤、武虽贤，不当桀、纣，不王天下。三王者皆贤矣，不曹（遭）时不王。今天下攻齐，此君之大时也。因天下之力，伐仇国之齐，报惠王之醜（耻），成昭襄王之功，除万世之害，此燕之利也，而君之大名也。《诗》曰：树德者莫如兹（滋），除怨者莫如尽。吴不亡越，越故亡吴。齐不亡燕，燕故亡齐。吴亡于越，齐亡于燕，余（除）疾不尽也。非以此时也，成君之功，除万世之害，秦有它事而从齐，齐、赵亲，其仇君，必深矣。挟君之仇以于燕（编者注：当依《秦策》作以诛于燕），后虽悔之，不可得已。君悉燕兵而疾赞之，天下之从于君也，如报父子之仇。诚为邻（据《秦策》相校，诚字下脱十九字：能亡齐，封君于河南，为万乘，达途于中国，南与陶。盖帛书抄录时脱去一简），世世无

患。愿君之刬(专)志于攻齐而毋有它虑也。'"(帛书《战国纵横家书》第十九章)

案:《穰侯列传》言秦昭王三十六年穰侯纳客卿灶之言,灶欲攻齐取刚、寿以广陶邑。而《秦本纪》言三十六年客卿灶攻齐取刚、寿予穰侯。《周季编略》遂谓是年"魏冉纳灶言,遂使灶攻齐刚、寿"。《田世家》及《六国表》又列秦击齐刚、寿在齐襄王十四年,即秦昭王三十七年。《周季编略》又列"秦攻齐刚、寿"在周赧王四十五年,即秦昭王三十七年,盖以秦攻取刚、寿经历两年。而《资治通鉴》则记"穰侯言客卿灶于秦王,使伐齐,取刚、寿以广其陶邑"于周赧王四十五年。今从《穰侯列传》定穰侯纳客卿灶之言在周赧王四十四年,即秦昭王三十六年,从《田世家》与《六国表》定伐取刚、寿在次年。近人马雍谓:《策》文言"报惠王之耻,成昭王之功","惠王之耻"即指齐田单破燕军之事,秦昭王三十六年正当燕武成王元年,惠王初死,《赵世家》载惠文王二十八年燕将成安君公孙操弑其王,《燕世家·索隐》引"燕将"作"燕相",此年正是燕武成王元年,故知公孙操所弑者即燕惠王,本章之燕相国即公孙操。(《帛书战国纵横家书各篇年代和历史背景》,收入《战国纵横家书》)其说甚是。

范雎者("睢",当作"雎",下同),魏人也,字叔。游说诸侯,欲事魏王,家贫无以自资,乃先事魏中大夫须贾。须贾为魏昭王使于齐,范雎从。留数月,未得报。齐襄王闻雎辩口,乃使人赐雎金十斤及牛酒,雎辞谢不敢受。须贾知之,大怒,以为雎持魏国阴事告齐,故得此馈,令雎受其牛酒,还其金。既归,心怒雎,以告魏相。魏相,魏之诸公子,曰魏齐。魏齐大怒,使舍人笞击雎,折胁摺齿。雎详(佯)死,即卷以箦，置厕中。宾客饮者醉，更溺睢，故僇辱以惩后，令无妄言者。睢从箦中谓守者曰："公能出我，我必厚谢公。"守者乃请出弃箦中死人。魏齐醉，曰："可矣。"范睢得出。后魏齐悔，复召求之。魏人郑安平闻之，乃遂操范睢亡，伏匿，更名姓曰张禄。当此时，秦昭王使谒者王稽于魏。郑安平诈为卒，侍王稽。王稽问："魏有贤人可与俱西游者乎？"郑安平曰："臣里中有张禄先生，欲见君，言天下事。其人有仇，不敢昼见。"王稽曰："夜与俱来。"郑安平夜与张禄见王稽。语未究，王稽知范睢贤，谓曰："先生待我于三亭之南。"与私约而去。王稽辞魏去，过载范睢入秦。至湖，望见车骑从西来。范睢曰："彼来者为谁？"王稽曰："秦相穰侯东行县邑。"范睢曰："吾闻穰侯专秦权，恶内诸侯客，此恐辱我，我宁且匿车中。"有顷，穰侯果至，劳王稽，因立车而语曰："关东有何变？"曰："无有。"又谓王稽曰："谒君得无与诸侯客子俱来乎？无益，徒乱人国耳。"王稽曰："不敢。"即别去。范睢曰："吾闻穰侯智士也，其见事迟，乡者疑车中有人，忘索之。"于是范睢下车走，曰："此必悔之。"行十余里，果使骑还索车中，无客，乃已。王稽遂与范睢入咸阳。已报使，因言曰："魏有张禄先生，天下辩士也。秦王之国危于累卵，得臣则安。然不可以书传也。臣故载来。"秦王弗信，使舍食草具。待命岁余。当是时，昭王已立三十六年。南拔楚之鄢郢，楚怀王幽死于秦。秦东破齐。湣王尝称帝，后去之。数困三晋。厌天下辩士，无所信。（《范睢列传》）

案：范睢之"睢"，《战国策》、《资治通鉴》皆作"雎"，《资治通鉴》胡三省注、吴师道《战国策补》皆云："音虽。"《史记》各种版本"睢""雎"杂出，张文虎云："宋本、毛本作'雎'，《汉书·古今人表》同，它本'睢''雎'杂出。"《史记会注考证》云："庆长本标记云：雎，七余反，盖驺诞生音。"《韩非子·外储说左上》、《武梁祠石刻画像》皆作"范且"。钱大昕《武梁祠堂画像跋尾》与《通鉴注辨正》以及梁玉绳《古今人表考》均以作"雎"为是。钱氏云："战国、秦、汉人多以且为名，读子余切，且旁或加隹。""且""雎"音同字通，如《魏世家》唐雎，《魏策四》与《楚策三》均作"唐且"，是其例证。作"睢"者乃"雎"之形误。范雎入秦，《列传》书于秦昭王三十六年，《大事记》从之，《资治通鉴》载于明年。

[赵惠文王二十八年]燕将成安君公孙操弑其王。(《赵世家》)

案：《集解》徐广曰："《年表》云是燕武成王元年。"《索隐》云："按乐资云其王即惠王。"《燕世家·索隐》引《赵世家》作"燕相成安君公孙操弑其王"，疑作"相"为是。盖是年公孙操以封君兼相而专权，杀燕惠王而拥立武成王。武成王未逾年而改元，故《六国表》以是年为燕武成王元年。《燕世家》讳言惠王见杀，乃谓惠王七年卒而武成王立。

周赧王四十五年(公元前二七〇年)

秦昭王三十七年，魏安釐王七年，韩桓惠王三年，赵惠文王二十九年，齐襄王十四年，楚顷襄王二十九年，燕武成王二年。

[齐襄王]十四年秦击我刚、寿。(《田世家》，《六国表》作"秦、楚击我刚、寿")

案：梁玉绳谓《六国表》"楚"字衍，《秦记》、《田完世家》、《穰侯列传》、《范雎列传》无"楚"字。

[秦昭王]三十六年客卿灶攻齐，取刚、寿予穰侯。(《秦本纪》)

案：秦取刚、寿，当从《编年记》、《田世家》、《六国表》，定在昭王三十七年。《秦本纪》"六"乃"七"字之误。"刚"亦或作"纲"，《范雎列传》记雎曰："夫穰侯越韩、魏而攻齐纲、寿，非计也。"

[秦昭王]卅七年□寇刚。(秦简《编年记》)

案：《编年记》所记秦攻伐别国之事皆称"攻"，惟此用贬词作"寇"，或者以为此乃作者对穰侯越韩、魏而攻齐纲、寿，表示指斥。但《编年记》中未见有反对穰侯之意图。原文此三字并不清楚，第一字不能辨识，第二、三两字，右侧残缺。因而所识"寇"字，恐不确。

范子因王稽入秦，献书昭王曰："臣闻明主莅政(《范雎列传》"莅"作"立")，有功者不得不赏，有能者不得不官，劳大者其禄厚，功多者其爵尊，能治众者其官大，故不能者不敢当其职焉(《传》"不能"作"无能")，能者亦不得蔽隐(《传》"能"作"有能")。使以臣之言为可，则行而益利其道(《传》"则"作"愿")，若将弗行(《传》作"以臣之言为不可")，则久留臣无为也。语曰：'人主赏所爱而罚所恶("人主"，《传》作"庸主"，姚注："《后语》作庸主")，明主则不然，赏必加于有功，刑必断于有罪。'今臣之胸不足以当椹质，要不足以待斧钺，岂敢以疑事尝试于王乎？虽以臣为贱而轻辱，臣独不重任臣者后无反复于王前耶？(《传》作"独不重任臣之无反复于王邪"。鲍本"王前"作"前者"，金正炜云："王"字当从《鲍本》省)臣闻周有砥厄("厄"，《传》作"砨"。《史记会注考证》云："砨，秘阁本作厉，三条本作砺")，宋有结绿，梁有悬黎(《传》"黎"作"藜")，楚有和璞(《传》"璞"作"朴")，此四宝者，工之所失也(《传》作"土之所生、良工之所失也")，而为天下名器，然则圣王之所弃者(金正炜云："圣王，疑当作世主。""王"改作"主"为是)，独不足以厚国家乎？臣闻善厚家者，取之于国；善厚国者，取之于诸侯；

天下有明主,则诸侯不得擅厚矣。是何故也?(鲍本无“故”字,《传》作“何也”)为其凋荣也(姚注:“凋荣”,曾、钱、刘一作“凋弊”。《史记》“割荣”,《后语》“害荣”。“凋”疑“害”之误),良医知病人之死生,圣主明于成败之事,利则行之,害则舍之,疑则少尝之,虽尧、舜、禹、汤复生(《传》无“尧”“汤”二字),弗能改已。语之至者,臣不敢载之于书;其浅者又不足听也。意者臣愚而不阖于王心耶?(“阖”,《传》作“概”,《索隐》引《战国策》作“关”)亡其言臣者将贱而不足听耶?(“亡”,姚本作“已”,钱本、曾本作“亡”。王引之云:“亡其,转语词也。”《传》亦作“亡”)非若是也(《传》作“自非然者”),则臣之志,愿少赐游观之间,望见足下而入之。”(《传》作“望见颜色,一语无效,请伏斧质”。《史记会注考证》:“秘阁、枫山、三条本无颜色二字。”)书上,秦王说之,因谢王稽说(姚注:“一无说字。”《传》作“乃谢王稽”),使人持车召之(《传》作“使以传车召范睢”)。(《秦策三》第八章,《范睢列传》大体相同)

范睢至(“睢”当作“雎”,下同),秦王庭迎,谓范睢曰(鲍本无“谓”字,《范睢列传》作“遂延迎,谢曰”。黄丕烈云:“考《史记》,谓或谢字误也。”):“寡人宜以身受令久矣。会义渠之事急(“会”原作“今日”,《传》作“会”。王念孙曰:“下既云今义渠之事已,则上文义渠之事急二句乃追叙之词,今日二字,即会字之讹。”今改正),寡人日自请太后(《传》“日”作“旦暮”)。今义渠之事已,寡人乃得以身受命(鲍本无“得”字,《传》无“以身”二字),躬窃闵然不敏,敬执宾主之礼。”范睢辞让。是日见范睢见者(“是日”下“见”字,《传》作“观”),无不变色易容者(《传》作“群臣莫不洒然变色易容者”)。秦王屏左右,宫中虚无人,秦王跪而请曰(鲍本“请”作“进”,《传》“跪”作“跽”):“先生何以幸教寡人?”范睢曰:“唯,唯。”有间,秦王复请(《传》作“秦王复跽而请曰:先生何以幸教寡人”)。范睢曰:“唯唯。”若是者三,秦王跽曰:“先生不幸教寡人乎?”(《传》“生”下有“卒”字,“乎”作“邪”)范睢谢曰:“非敢然也。臣闻始时吕尚之遇文王也(《传》“始”作“昔”),身为渔父而钓于渭阳之滨耳(《传》“渭阳之滨”作“渭滨”)。若是者,交疏也。已一说而立为太师(曾本无“一说”二字,《传》无“一”字),载与俱归者,其言深也。故文王果收功于吕尚(《传》“果”作“遂”),卒擅天下而身立为帝王(《传》作“而卒王天下”)。即使文王疏吕尚而弗与深言(“尚”原作“望”,《传》作“尚”,今据改,使上下文一律。“即”《传》作“乡”),是周无天子之德,而文、武无与成其王也(《传》“王”下有“业”字)。今臣,羁旅之臣也,交疏于王,而所愿陈者,皆匡君之事(原本作“之之事”,鲍本上“之”字作“臣”。今从《传》删“之”字)。处人骨肉之间,愿以陈臣之陋忠(《传》作“愿效愚忠”),而未知王心也,所以王三问而不对者是也。臣非有所畏而不敢言也,知今日言之于前,而明日伏诛于后,然臣弗敢畏也。大王信行臣之言,死不足以为臣患,亡不足以为臣忧,漆身而为厉,被发而为狂,不足以为臣耻。五帝之圣焉而死,三王之仁焉而死,五伯之贤焉而死,乌获之力焉而死(以上四句“焉”字原脱,据姚引钱本及《传》增补,“乌获”下《传》有“任鄙”),奔、育之勇焉而死(《传》作“成荆、孟贲、王庆忌、夏育之勇焉而死”,“奔”“贲”乃同音通用)。死者,人之所必不免也。处必然之势,可以少有补于秦,此臣之所大愿也。臣何患乎?(《传》作“臣又何患哉”)伍子胥橐载而出昭关,夜行而昼伏,至于蔆水(《传》作“陵水”,《索隐》引刘氏云:“陵水即栗水也”)。无以饵其口(“饵”当从《传》改作“糊”),坐行蒲服(《传》“坐”作“膝”,“服”作“伏”。按“坐行”即“膝行”,见《左传》昭公二十六年注。《传》下有“稽首肉袒，鼓服吹篪”两句，《集解》徐广曰：“篪一作箫”），乞食于吴市，卒兴吴国，阖庐为霸（《传》“霸”作“伯”）。使臣得进谋如伍子胥（《传》“进谋”作“尽谋”），加之以幽囚，终身不复见（鲍本无“终身”，《传》有“终身”），是臣说之行也，臣何忧乎？箕子、接舆漆身而为厉，被发而为狂，无益于殷、楚（《传》“殷、楚”作“主”）。使臣得同行于箕子、接舆（《传》无“接舆”二字），可以补所贤之主，是臣之大荣也。臣又何耻乎？臣之所恐者，独恐臣死之后，天下见臣尽忠而身蹶也（《传》作“身死”），是以杜口裹足，莫肯即秦耳（《传》“即”作“乡”）。足下上畏太后之严，下惑奸臣之态，居深宫之中，不离保傅之手（《传》“保傅”作“阿保”），终身暗惑（《传》作“迷惑”），无与照奸（《传》“照”作“昭”），大者宗庙灭覆，小者身以孤危。此臣之所恐耳！若夫穷辱之事，死亡之患，臣弗敢畏也。臣死而秦治，贤于生也。”（《传》作“是臣死贤于生”）秦王跽曰：“先生是何言也。夫秦国僻远，寡人愚不肖，先生乃幸至此（《传》“幸至此”作“幸辱至于此”），此天以寡人慁先生（姚注：“慁，《后语》作授。”《传》亦作“慁”，《集解》徐广曰：“乱先生也。音溷”），而存先王之宗庙也（“宗”字原脱，从《传》补）。寡人得受命于先生，此天所以幸先王而不弃其孤也。先生奈何而言若此？事无大小，上及太后，下至大臣，愿先生悉以教寡人，无疑寡人也。”范雎再拜，秦王亦再拜。范雎曰：“大王之国，北有甘泉、谷口，南带泾、渭，右陇、蜀，左关、阪，战车千乘，奋击百万（《传》于此下有“利则出攻，不利则入守，此王者之地也。民怯于私斗而勇于公战，此王者之民也。王并此二者而有之”）。以秦卒之勇，车骑之多，以当诸侯（《太平御览》四六〇引“当”作“赴”，《传》“多”作“众”，“当”作“治”），譬若驰韩卢而逐蹇兔也（鲍本“驰”作“施”，“蹇”

作“弩”,《传》“驰”作“施”,“蹇”作“搏”),霸王之业可致(《传》于此下有“而群臣莫当其位”)。今反闭关而不敢窥兵于山东者(姚本无“关”字,此从鲍本。《传》“今反闭关”作“至今闭关十五年”),是穰侯为国谋不忠,而大王之计有所失也。”王曰:“愿闻所失计。”(《传》于此下有“然左右多窃听者,范雎恐,未敢言内,先言外事,以观秦王之俯仰”)雎曰(《传》作“因进曰”):“大王越韩、魏而攻强齐(《传》作“夫穰侯越韩魏而攻齐纲寿”),非计也。少出师,则不足以伤齐,多之,则害于秦。臣意王之计,欲少出师,而悉韩、魏之兵也,则不义矣。今见与国之不可亲,越人之国而攻,可乎?疏于计矣。昔者齐人伐楚战胜(《传》作“且昔齐滑王南攻楚”),破军杀将,再辟千里(《传》“辟”下有“地”字),肤寸之地无得者(《传》作“而齐尺寸之地无得焉者”),岂齐不欲地哉?(《传》作“岂不欲得地哉”)形弗能有也(《传》“形”作“形势”)。诸侯见齐之罢露(《传》“露”作“弊”),君臣之不亲(《传》“亲”作“和”),举兵而伐之(《传》作“兴兵而伐齐”),主辱军破为天下笑(《传》作“大破之,士辱兵顿,皆咎其王”。《传》在此下有“曰:谁为此计者乎?王曰文子为之,大臣作乱,文子出走”)。所以然者(《传》作“故齐所以大破者”),以其伐楚而肥韩、魏也。此所谓藉贼兵而赍盗食者也(《传》“藉”作“借”,“食”作“粮”)。王不如远交而近攻,得寸则王之寸,得尺亦王之尺也。今舍此而远攻(《传》“舍”作“释”),不亦缪乎?且昔者,中山之地方五百里,赵独擅之(《传》“擅”作“吞”),功成、名立、利附(《传》作“功成名立而利附焉”),则天下莫能害。今韩、魏,中国之处,而天下之枢也。王若欲霸(《传》“若”作“其”),必亲中国而以为天下枢,以威楚、赵;赵强则楚附,楚强则赵附(《传》作“楚强则附赵,赵强则附楚”),楚、赵附(《传》“附”上有“皆”字),则齐必惧,惧必卑辞重币以事秦(《传》“惧”上有“齐”字),齐附而韩、魏可虚也。”(《传》“虚”作“虏”)王曰:“寡人欲亲魏(《传》“魏”下有“久矣”),魏多变之国也,寡人不能亲。请问亲魏奈何?”范睢曰:“卑辞重币以事之。不可,削地而赂之。不可,举兵而伐之。”于是举兵而攻邢丘(《传》作王曰:“寡人敬闻命矣。”乃拜范睢为客卿,谋兵事。卒听范睢谋,使五大夫绾伐魏,拔怀。后二岁,拔邢丘)。邢丘拔而魏请附。(《秦策三》第九章,《范睢列传》大体相同而有不少增补)

穰侯、华阳君,昭王母宣太后之弟也;而泾阳君、高陵君皆昭王同母弟也。穰侯相,三人者更将,有封邑,以太后故,私家富重于王室。及穰侯为秦将,且欲越韩、魏而伐齐纲、寿,欲以广其陶封。范睢乃上书曰:(“睢”当作“雎”,下同。范雎上书,见《秦策三》第八章,《范雎列传》大体相同,已见前,此从略)

于是秦昭王大说,乃谢王稽,使以传车召范睢。于是范睢乃得见于离宫,详为不知永巷而入其中。王来而宦者怒,逐之,曰:“王至!”范睢缪为曰:“秦安得王?秦独有太后、穰侯耳。”欲以感怒昭王。昭王至,闻其与宦者争言,遂延迎,谢曰:(案秦昭王延迎范雎,谢雎,雎因而进言,见《秦策三》第九章,《范雎列传》大体相同,已见前,此从略)范睢拜,秦王亦再拜。范睢曰:“大王之国,四塞以为固,北有甘泉、谷口,南带泾、渭,右陇、蜀,左关、阪,奋击百万,战车千乘,利则出攻,不利则入守,此王者之地也。民怯于私斗而勇于公战,此王者之民也。王并此二者而有之。夫以秦卒之勇,车骑之众,以治诸侯,譬若施韩卢而搏蹇兔也,霸王之业可致也,而群臣莫当其位。至今闭关十五年,不敢窥兵于山东者,是穰侯为秦谋不忠,而大王之计有所失也。”秦王跽曰:“寡人愿闻失计。”然左右多窃听者,范睢恐,未敢言内，先言外事，以观秦王之俯仰。因进曰："夫穰侯越韩、魏而攻齐纲、寿，非计也。少出师则不足以伤齐，多出师则害于秦。臣意王之计，欲少出师而悉韩、魏之兵也，则不义矣。今见与国之不亲也，越人之国而攻，可乎？其于计疏矣。且昔齐湣王南攻楚，破军杀将，再辟地千里，而齐尺寸之地无得焉者，岂不欲得地哉，形势不能有也。诸侯见齐之罢弊，君臣之不和也，兴兵而伐齐，大破之。士辱兵顿，皆咎其王，曰：'谁为此计者乎？'王曰：'文子为之。'大臣作乱，文子出走。故齐所以大破者，以其伐楚而肥韩、魏也。此所谓借贼兵而赍盗粮者也。王不如远交而近攻，得寸则王之寸也，得尺亦王之尺也。今释此而远攻，不亦缪乎！且昔者中山之国地方五百里，赵独吞之，功成名立而利附焉，天下莫之能害也。今夫韩、魏，中国之处而天下之枢也，王其欲霸，必亲中国以为天下枢，以威楚、赵。楚强则附赵，赵强则附楚，楚、赵皆附，齐必惧矣。齐惧，必卑辞重币以事秦。齐附而韩、魏因可虏也。"昭王曰："吾欲亲魏久矣，而魏多变之国也，寡人不能亲。请问亲魏奈何？"对曰："王卑词重币以事之；不可，则割地而赂之；不可，因举兵而伐之。"王曰："寡人敬闻命矣。"乃拜范雎为客卿，谋兵事。卒听范雎谋，使五大夫绾伐魏，拔怀。(《范雎列传》)

魏人范雎自谓张禄先生，讥穰侯之伐齐，乃越三晋以攻齐也，以此时奸说秦昭王。昭王于是用范雎。(《穰侯列传》)

案：据《范雎列传》，秦昭王三十六年雎入秦，"待命岁余"，得见秦王。进献远交近攻之策，事在秦灭义渠与取齐刚、寿之后，《资治通鉴》列于周赧王四十五年，即秦昭王三十七年，甚确。《大事记》、《周季编略》等系之于秦昭王三十六年，不确。《范雎列传》所载雎进献远交近攻策略之说辞，较《秦策三》第九章有所增订，盖别有所据。钱大昕云："范雎说秦在昭王三十六年，是时秦用白起破赵、魏及楚者屡矣，而穰侯方出兵攻纲、寿，安有闭关十五年之事。"此固为浮夸之辞，不合事实。梁玉绳又谓："《国策》既误，史公所增又误。湣王二十三年伐楚有功，至四十年诸侯伐齐，败于济西，相越已十八年。且济西之役，实燕欲报齐，故合秦、楚、三晋以伐之，何曾因攻楚罢敝而兴兵乎？此史公仍《策》之误也。齐败济西，孟尝谢相印归老于薛，将十年矣，而曰文子为之哉？当是别一人。至所谓大臣作乱，文子出走，乃闵王三十年田甲劫王之事，在败济西前十年，不得并为一案，此史公增益之误也。"梁氏此说，误解范雎之说。范雎以齐远攻近交之失误为教训，向昭王进献远交近攻之策，齐湣王重用孟尝，合韩、魏攻楚，破军杀将，辟地于千里之外，其势不能据有，继而合纵攻秦伐燕，连年大战，虽得胜利，使齐罢敝，成为后来齐败破原因之一。齐之君臣不和，田甲劫王而孟尝君出走，因而国力削弱，成为后来齐败破原因之二。孟尝君出奔入魏，为魏相国，常与赵将韩徐为合谋攻齐，又促使燕昭王伐齐，见于《战国纵横家书》，成为促成秦合纵伐齐之因素。《孟尝君列传》称孟尝君为魏相，"西合秦、赵与燕共伐破齐。"《范雎列传》称范雎进说秦王，谓齐大破之后，"士辱兵顿，皆咎其王曰：谁为此计者乎？王曰：文子为之。"并非出于史公增益之误。或人谓周最曰："薛公[背]故主，轻忘其薛，不顾其先君之丘墓。"（《东周策》第二十一章）即指薛公主谋伐齐之事。薛公尝为魏谓秦相魏冉曰："君不如劝秦王令弊邑卒攻齐之事，齐破，文请以所得封君。"（《秦策三》第一章）即是"西合秦、赵与燕共伐破齐"之计谋。

[周赧王]四十五年,周君之秦,客谓周冣曰:“公不若誉秦王之孝,因以应为太后养地,秦王必喜,是公有秦交。交善,周君必以为公功。交恶,劝周君入秦者,必有罪矣。”秦攻周,而周冣谓秦王曰:“为王计者不攻周。攻周,实不足以利,声畏天下。天下以声畏秦,必东合于齐,兵弊于周。合天下于齐,则秦不王矣。天下欲弊秦,劝王攻周。秦与天下弊,则令不行矣。”(《周本纪》)

周君之秦。谓周冣曰:“不如誉秦王之孝也,因以原为太后养地(“原”本作“应”,《周本纪・索隐》引《策》文作“原”,今据改),秦王、太后必喜,是公有秦也。交善,周君必以为公功,交恶,劝周君入秦者,必有罪矣。”(《西周策》第五章)

秦欲攻周,周冣谓秦王曰:“为王之国计者不攻周(鲍本“王之国”作“国之”),攻周,实不足以利国而声畏天下。天下以声畏秦,必东合于齐。兵弊于周而合天下于齐,则秦孤而不王矣。是天下欲罢秦,故劝王攻周。秦与天下罢(“罢”上原有“俱”字,《周本纪》无“俱”字。王念孙云:“与犹为也,谓秦为天下所罢也,后人不达与字之义而加入俱字”,今删),则令不横行于周矣。”(《西周策》第十三章)

案:《周本纪・索隐》云:“冣,音词喻反。周之公子也。”《周本纪》周赧王五十八年“则固有周聚以收齐”。《集解》徐广曰:“一作冣,冣亦古之聚字。”据此可知周冣即周聚,今本《史记》、《战国策》多数讹为周最。“冣”为古“聚”字,与“最”音义本别,至南北朝始混同,说详段玉裁《说文解字注》。

又案:《周本纪》“应”,《策》文作“原”。应在今河南鲁山东,原在今河南济源西北。《索隐》云:“原,周地”,《正义》云:“应城此时属周”,均不确。原为魏邑,应当已入秦。张宗泰云:“考秦昭襄王时范雎封应侯，应本属秦。其先请以为太后养地，说自可通。至原为周邑，周襄王以赐晋文公。三家分晋，地归于魏，周何能以魏之地必其予秦，以奉养太后也。窃以为此等处皆当时随意而为之说，固不可以为依据也。”（《鲁严所学集》）当从《周本纪》作“应”为是。

周赧王四十六年（公元前二六九年）

秦昭王三十八年，魏安釐王八年，韩桓惠王四年，赵惠文王三十年，齐襄王十五年，楚顷襄王三十年，燕武成王三年。

[秦昭王]卅八年阏舆。（秦简《编年记》）

[秦昭王]三十八年中更胡伤攻赵阏与，不能取。（《秦本纪》）

[赵惠文王]二十九年（当作三十年）秦、韩相攻，而围阏与，赵使赵奢将，击秦，大破秦军阏与下，赐号为马服君。（《赵世家》）

赵惠文王二十九年（当作三十年）秦拔我阏与（“拔”当作“攻”），赵奢将击秦，大败之，赐号曰马服。（《六国表》）

韩桓惠王三年（当作四年）秦击我阏与城，不拔。（《六国表》，此条有误，阏与为赵地，非韩地）

[南水]又东北径梁榆城南，即阏与故城也。秦伐韩阏与（“韩”当作“赵”），惠文王使赵奢救之，奢纳许历之说，破秦于阏与，谓此也。司马彪、袁山松《郡国志》并言涅县有阏与聚。卢谌《征艰赋》曰：访梁榆之虚郭，吊阏与之旧都。阚骃亦云阏与，今梁榆城是也。（《水经·清漳水注》，“阚骃”原误作“桓”，今改正）

案：赵破秦于阏与，《赵世家》、《六国表》、《廉颇蔺相如列传》均列于赵惠文王二十九年，即秦昭王三十七年，惟《秦本纪》在昭王三十八年。考秦简《编年记》亦在三十八年，当以《秦本纪》为是。《资治通鉴》记赵奢大败秦师于阏与于周赧王四十五年即秦昭王三十七年，又记秦胡伤攻赵阏与不拔于次年，误分一事于两年。《大事记》、《战国纪年》、《周季编略》皆沿其误。阏与之“与”，《编年记》作“舆”，同音通假。《秦本纪》、《廉颇蔺相如列传》及《六国表》之《赵表》以阏与为赵地，而《六国表》之《韩表》又以为韩地，《赵世家》又谓“秦、韩相攻而围阏与”。《水经·清漳水注》亦称“秦伐韩阏与”，杨守敬《水经注疏》以为阏与赵地，“阏与”上当补“军于”二字。据《正义》引《括地志》，阏与有三处，一在潞州铜鞮县西北，今山西沁县南，一在仪州和顺县，今山西和顺县，一在洺州武安西南，今河北武安。当从《水经注》，定阏与在今山西和顺为是。《秦始皇本纪》载十一年“王翦攻阏与轑阳”。轑阳在今山西左权，即在和顺西南约八十里，两地相邻，同时为王翦所攻取。

秦攻赵蔺、离石、祁，拔，赵以公子部为质于秦，而请内焦、黎、牛狐之城，以易蔺、离石、祁于秦（“秦”原作“赵”，从鲍本改）。赵背秦，不予焦、黎、牛狐。秦王怒，令公子缯请地。赵王乃令郑朱对曰：“夫蔺、离石、祁之地，旷远于赵，而近于大国。有先王之明与先臣之力，故能有之。今寡人不逮，其社稷之不能恤，安能收恤蔺、离石、祁乎？寡人有不令之臣，实为此事也，非寡人之所敢知。”卒倍秦。秦王大怒，令卫胡易伐楚（“易”原作“易”，从黄丕烈改正。易、阳、伤，古音同通用），攻阏与，赵奢将救之。魏令公子咎以锐师居安邑以挟秦。秦败于阏与，反，攻魏幾（《廉颇蔺相如列传·索隐》引《策》文“反”作“及”）。廉颇救幾，大败秦师。（《赵策三》第四章）

案：秦攻取赵蔺、离石、祁，事当秦昭王三十五、三十六年，即周赧王三十三、三十四年，在秦使胡伤攻阏与之前十二、十三年。据《赵策》文，秦使胡伤攻赵阏与，由于赵请纳焦、黎、牛狐三城换取蔺、离石、祁三邑，失约背秦。盖秦攻拔蔺、离石、祁三邑在十二、十三年之前，而赵请纳三城以易蔺、离石、祁三邑则当为不久之事。

又案：《秦本纪》言“胡伤攻赵阏与”，而《赵世家》又云：“秦、韩相攻而围阏与”，杨守敬调停两说，云：“阏与实赵地，但与韩境相接耳。本秦伐韩，故史云秦、韩相攻，溯其始也，而波及赵地，故史又云：秦攻赵地阏与也。”(《水经注疏》卷十)今案此说不可信。据《赵策》文，秦王因赵失约背秦，大怒而令胡阳伐赵攻阏与，与韩无涉也。《廉颇蔺相如列传》作“秦伐韩，军于阏与”。赵王召廉颇、乐乘、赵奢问而欲救之。亦不确。《资治通鉴》改作“秦伐赵围阏与”。赵王召廉颇、乐乘、赵奢问而欲救之，甚是。《廉颇列传》称赵王令赵奢将而救之，大破秦军，“秦军解而走，遂解阏与之围而归”。阏与既为赵地，若秦伐韩，波及赵地，秦竟以重兵围攻赵城，于情理不合。

又案：《策》言“魏令公子咎以锐师居安邑以挟秦”，钟凤年《战国策勘研》云：“考《年表》，秦昭王二十一年(当赵惠文十三年)魏已纳安邑，则斯时尚何能以锐师居之?”《大事记》则云：“岂战国之时城邑往来不常，是时或属魏与?”考秦昭王三十四年，秦围魏大梁，须贾为魏说秦相穰侯云：“且君之得地岂必以兵哉！割晋国，秦兵不攻，而魏必效绛、安邑。”见于《魏策三》、《穰侯列传》及《战国纵横家书》。同年秦将益甲四万以伐齐，苏代为齐献书穰侯曰:"秦得安邑,善齐以安之,亦必无患矣,秦有安邑,则韩、魏必无上党矣。"可知秦昭王三十四年安邑尚为魏地。盖秦昭王二十一年魏纳安邑于秦后,一度又收复安邑。

又案:《策》言"秦败于阏与,反,攻魏幾",钟凤年云:"秦既败于阏与,魏更蹑其后,乃竟反攻魏幾,岂非自取覆灭?所言殊多可疑。"此说亦非。周赧王三十九年廉颇取魏幾,幾遂为赵邑。吕祖谦《大事记》谓《策》文所谓魏幾者,"因其本魏地而称之也",非攻魏地。幾在今河北大名东南,秦从阏与败退,不可能又绕道反攻至此。"反"当读为"返",当读为句,谓因败于阏与而退兵,"攻魏幾",乃另一战役。于鬯《战国策年表》系阏与之战于周赧王四十五年,系廉颇救幾在次年。盖有见于此。

秦伐韩,军于阏与。王召廉颇而问曰:"可救不?"对曰:"道远险狭,难救。"又召乐乘而问焉,乐乘对如廉颇言。又召问赵奢,奢对曰:"其道远险狭,譬之犹两鼠斗于穴中,将勇者胜。"王乃令赵奢将,救之。兵去邯郸三十里,而令军中曰:"有以军事谏者死。"秦军军武安西,秦军鼓噪勒兵,武安屋瓦尽振。军中候有一人言急救武安,赵奢立斩之。坚壁,留二十八日不行,复益增垒。秦间来入,赵奢善食而遣之。间以报秦将,秦将大喜曰:"夫去国三十里而军不行,乃增垒,阏与非赵地也。"赵奢既已遣秦间,乃卷甲而趋之(《史记会注考证》云:"枫"、"三"本"趋"上有"行"字。《太平御览》二百九十三引《战国策》"趋"上亦有"行"字),二日一夜至,令善射者去阏与五十里而军。军垒成,秦人闻之,悉甲而至。军士许历请以军事谏,赵奢曰:"内之。"许历曰:"秦人不意赵师至此,其来气盛,将军必厚集其阵以待之。不然,必败。"赵奢曰:"请受令。"许历曰:"请就铁质之诛。"赵奢曰："胥后令邯郸。"许历复请谏(《索隐》本"复请"作"请复")，曰："先据北山上者胜，后至者败。"赵奢许诺，即发万人趋之。秦兵后至，争山不得上，赵奢纵兵击之，大破秦军。秦军解而走，遂解阏与之围而归。赵惠文王赐奢号为马服君，以许历为国尉。赵奢于是与廉颇、蔺相如同位。(《廉颇蔺相如列传》)

案：《太平御览》二百九十二引《战国策》云："秦师围赵阏与，赵将赵奢救之，去赵国都三十里不进，秦间来，奢善食遣之，间以报！秦将以为奢师怯弱而止不行，奢即随而卷甲趋秦师，击破之。"盖概括引之。《太平御览》二百九十三引上文，自"秦伐韩"至"秦人闻之，悉甲而至"，加上结句"奢纵兵击破之，阏与围解"，共一百八十六字。《太平御览》三百三十一引"许历曰"云云，又引"先据北山上者胜"至"大破秦军"，加结句"遂解阏与之围"，皆谓引自《战国策》。可知《太平御览》作者所见《战国策》有与《廉颇列传》相同之文，今佚。

又案：《索隐》云：王粲诗云："许历为完士，一言犹败秦"，是言赵奢用其计，遂破秦军也。江遂曰："汉令称完而不髡曰耐，是完士未免从军也。"所谓"完而不髡"，即仅去鬓须，不剃其发者。可知许历曾受耐刑而从军者。"完"原指不加肉刑髡剃而罚服劳役者。

又案："赵奢曰：胥后令邯郸许历复请谏"，《索隐》读"胥后令"为句，以"邯郸"属下文，并以"邯郸"为"欲战"之讹。《索隐》云："案胥须古人通用，今者须后令。谓胥为须，须者待也，待后令，谓许历之言，更不拟诛之，故更待后令也。"又云："按'邯郸'二字，当为欲战，谓临战之时，许历复谏也。"《资治通鉴》胡三省注，读"胥"为句，"后令邯郸"为句，云："许历请刑，赵奢令其且待也，盖谓敢谏者死，邯郸之令耳，今既自邯郸进军近阏与矣，许历之谏固在邯郸之后，不当用邯郸之令以杀之，故曰后令邯郸。"钱大昕读"胥后令邯郸"为句，云："赵都邯郸，谓须待赵王之令也。"梁玉绳赞同其说。以上三说，以《索隐》之说为惬。

又案：《赵世家·正义》释马服君曰："因马服山为号也。"虞喜《志林》云："马，兵之首也。号马服者，言能服马也。"《括地志》云："马服山，邯郸县西北十里也。"按《正义》之说非是，虞喜之说是也。《赵世家》、《六国表》、《廉颇列传》皆谓赐号为马服君。马服应为封号，而非封地之名。《赵策三》第十六章载魏牟谓赵王曰："且王之先帝，驾犀首而骖马服，以与秦角逐"，先帝即指赵惠文王，所谓"驾犀首而骖马服"，即指重用赵奢为将与秦在阏与决战，"驾犀首"是用来陪衬"骖马服"之形容词，但由此可知"马服"亦如"犀首"同为战将之称号而非封地名。《廉颇列传·集解》引张华曰："赵奢冢在邯郸界西山上，谓之马服山。"可知马服山因葬赵奢而得名，并非由于赵奢封于此地。

赵惠文王三十年，相都平君田单问赵奢曰（鲍本"都平"改作"平都"）："吾非不说将军之兵法也，所以不服者，独将军之用众。用众者，使民不得耕作，粮食挽赁，不可给也，此坐而自破之道也，非单之所为也。单闻之，帝王之兵，所用者不过三万，而天下服矣。今将军必负十万二十万之众乃用之，此单之所不服也。"马服曰（鲍本"曰"上有"君"字）："君非徒不达于兵也，又不明其时势，夫吴干之剑（《荀子·强国》篇杨注引作"吴干将之剑"，鲍注从其说，金正炜以为不确。《吕氏春秋·疑似》篇亦云："患剑之似吴干者。"干为国名），肉试则断牛马，金试则截盘匜，薄之柱上而击之，则折为三，质之石上而击之，则碎为百。今以三万之众而应强国之兵，是薄柱击石之类也（鲍本“类”作“谓”）。且夫吴干之剑材难，夫毋脊之厚而锋不入（鲍本“毋”作“无”），无脾之薄而刃不断，兼有是两者（鲍本“两”作“二”），无钓罕镡蒙须之便（姚注：曾本“须”作“顷”。鲍本“钓”作“钩”，“罕”作“罕”，又改作“竿”。吴师道谓：“罕即咢字，锷同，刃锋也。”孙诒让《札迻》疑“罕”当作“票”，即“镖”，刀剑鞘下饰也），操其刃而刺，则未入而手断。君无十万二十万之众（“十万”原作“十余”，从吴师道改正），而为此钓罕镡蒙须之便，而徒以三万行于天下，君焉能乎？且古者四海之内，分为万国，城虽大，无过三百丈者；人虽众，无过三千家者，而以集兵三万距，此奚难哉？今取古之为万国者，分以为战国七，能具数十万之兵（鲍本“能”上补“不”字），旷日持久数岁，即君之齐已。齐以二十万之众攻荆，五年乃罢；赵以二十万之众攻中山，五年乃归，今者，齐、韩相方而国围攻焉，岂有敢曰我其以三万救是者乎哉？今千丈之城、万家之邑相望也。而索以三万之众围千丈之城，不存其一角，而野战不足用也，君将以此何之？”都平君喟然大息曰：“单不至也。”（《赵策三》第一章）

案：鲍彪据章首“赵惠文王三十年，相都平君田单”句，谓是年单已为赵相。云：“孝成元年，单将赵师攻燕，二年为相。盖相平都（案：鲍改“都平”为“平都”）而将之，实自惠文。至孝成，乃攻燕复相也。”然据《赵世家》，田单并无两度拜相之事。金正炜《补释》云，“‘相都平君’之上疑脱‘齐’字，是时单犹未相赵也。”黄式三《编略》系于赧王四十六年，赵惠文王三十年，曰：“齐安平君田单如赵，见马服君赵奢。”钟凤年《勘研》云：“此既与攻燕策

(案,指《赵策四》第七章)无相关明文,或单于赵惠文王三十年曾一游赵,亦未可知。”而林春溥《纪年》、顾观光《编年》据《赵世家》孝成二年田单为相与章首“相都平君田单”,系此策于赧王五十一年,赵孝成王二年。吴师道《补正》又有一说,云:“《史记·赵世家》,惠文王三十三年卒,孝成王元年,田单将赵师攻燕及韩,二年,田单为相。此称都平君,是仍齐相之称。都平即安平也。……惠文王三十年,正赵奢破秦军阏与之战后一载,单未至赵也。疑‘三十年’下有缺文。”吴氏盖以此策与《赵世家》孝成元年单将赵师同时。今案,吴氏谓此策安平君田单仍为齐相,其说是也。本章有明确纪年,吴、顾诸氏疑“赵惠文王三十年”之下有脱文,并无确证。又赵奢讥单“非徒不达于兵也,又不明其时势”。若此时单已为赵相,且于上年率赵师败燕、韩,赵奢置辞决不能如此率意为之。辞中又屡举齐为证,当因田单仍任齐相之故。故此策当从黄、金、钟氏之说,系于赧王四十六年,赵惠文王三十年。

又案,于鬯《战国策注》谓惠文三十年燕攻赵,赵“求安平君将”即在是年。此乃田单入赵之缘起,说详赧王五十年《赵策四》第七章案语。

秦昭王三十八年上郡大饥。(《太平御览》九十五引《洪范五行传》)

周赧王四十七年(公元前二六八年)

秦昭王三十九年,魏安釐王九年,韩桓惠王五年,赵惠文王三十一年,齐襄王十六年,楚顷襄王三十一年,燕武成王四年。

［秦昭王］卅九年攻怀。（秦简《编年记》）

［魏安釐王］九年秦拔我怀。（《魏世家》，《六国表》作"秦拔我怀城"）

［秦昭王］卒听范雎谋，使五大夫绾伐魏拔怀。（《范雎列传》）

昔者秦人下兵攻怀，服其人，三国从之，赵奢、鲍佞将（姚注"佞一作接"），楚有四人起而从之，临怀而不救，秦人去而不从，不识三国之憎秦而爱怀邪？忘其憎怀而爱秦邪（鲍本"忘"作"亡"，王引之曰："忘与亡同，亡其，转语词也"）？夫攻而不救，去而不从，是以三国之兵困（鲍本"以"下补"知"字），而赵奢、鲍佞之能也（金正炜曰："能"下当有脱文，或"也"为"弛"之缺损半字），故裂地以败于齐。（《赵策二》第二章苏子谓秦王）

案：《秦本纪》载昭王四十一年"夏攻魏，取邢丘、怀"，此误以秦攻取魏怀与攻取邢丘在同年。《范雎列传》言"使五大夫绾伐魏拔怀，后二岁拔邢丘"，是也。秦简《编年记》亦记攻怀在昭王卅九年，攻邢丘在卌一年。《秦本纪·集解》引《韩诗外传》："武王伐纣，到于邢丘，勒兵于宁，更名邢丘曰怀，宁曰修武。"（见于卷三第十三章）此以怀与邢丘为一地而前后异名，其实不然。《左传》宣公六年"赤狄伐晋，围怀及邢丘"，可知明为二邑。怀在今河南武陟县西南，邢丘在今河南温县东二十里，两地邻近。

周赧王四十八年（公元前二六七年）

秦昭王四十年，魏安釐王十年，韩桓惠王六年，赵惠文王三十二年，齐襄王十七年，楚顷襄王三十二年，燕武成王五年。

［秦昭襄王］四十年悼太子死魏，归葬芷阳。（《秦本纪》）

秦昭王四十年太子质于魏者死，归葬芷阳。（《六国表》）

秦昭王十年太子死。（《吕不韦列传》）

［魏安釐王］十年秦太子外质于魏死。（《魏世家》）

案：悼太子当为秦昭王之太子，悼为死后之谥，《周季编略》云：“秦太子质于魏卒，称曰悼太子。”是也。马非百《秦集史·质子表》云：“若秦之出质，则既非求和，又非乞援，而全为远交近攻政策之运用，乃属于攻势外交，与六国之仅属于守势外交者大异其趣。……范雎说昭王，亲中国以为天下枢，以实现其远交近攻之政策，则使悼太子出质于魏，此其彰明较著者也。”此说非是。秦之出质子于他国，当应合其推行合纵连横政策之需要。当秦惠王时，张仪当国而推行连横之政策，欲连韩、魏而攻齐、楚，因使公子繇出质于魏。悼太子出质于魏，当在范雎推行远交近攻政策之前。范雎欲远交齐、楚而近攻韩、魏，则不必出质子于魏。悼太子之出质，当在魏冉当权而欲合韩、魏以攻齐之时。

周赧王四十九年（公元前二六六年）

秦昭王四十一年，魏安釐王十一年，韩桓惠王七年，赵惠文王三十三年，齐襄王十八年，楚顷襄王三十三年，燕武成王六年。

［秦昭王］卌一年攻邢丘。（秦简《编年记》）

［秦昭襄王］四十一年夏攻魏，取邢丘、怀。（《秦本纪》，取怀在上二年，此误下二年）

［魏安釐王］十一年秦拔我郪丘。（《魏世家·集解》徐广曰：“郪丘一作廪丘，又作邢丘。”）

魏安釐王十一年秦拔我廪丘。（《六国表·集解》徐广曰：“或作邢丘。”）

后二岁（指秦王卒听范雎谋，使大夫绾伐魏拔怀之后二年），拔邢丘。（《范雎列传》）

[秦]王曰：“寡人欲亲魏，魏多变之国也，寡人不能亲，请问亲魏奈何？”范雎曰：“卑辞重币以事之，不可，削地而赂之，不可，举兵而伐之。”于是举兵而攻邢丘，邢丘拔而魏请附。（《秦策三》第九章）

案：是年秦取魏邢丘，《魏世家》作郪丘，《六国表》作廪丘，梁玉绳以为当从《魏世家》作郪丘，云：“廪丘乃齐地，时属于赵。郪丘为汝南郡新郪县，春秋时属齐，六国时属魏。《汉书·地理志》应劭注云：秦伐魏取郪丘，可为证据矣。若邢丘之地，久入于秦，不待是时始取，故魏襄王时苏秦说魏，历数魏地不及邢丘，而《魏世家》安釐王十一年信陵君谓魏王曰：秦固有怀、茅、邢丘也，则非是时始取可知。”此说不可从。秦简《编年记》、《秦本纪》、《范雎列传》以及《秦策三》第九章皆作邢丘，以邢丘为是。应劭之说不足为是年伐魏取郪丘之证。《汉书·地理志》汝南郡有新郪县，应劭注：“秦伐魏，取郪丘，汉兴为新郪。”新郪在今安徽界首县东北，非是时秦所能攻取。苏秦游说魏襄王之辞，述及魏地有新郪而无邢丘，本出后世策士拟作，不足为据。《魏世家》载信陵君谓魏王一节，采自《魏策三》第八章，当隶周赧王五十三年，即魏安釐王十五年，上距秦取邢丘已五年，自可谓“秦固有怀、茅、邢丘”也。

雎复说昭王曰（策文此节在“于是举兵而攻邢丘，邢丘拔而魏请附”之下，鲍注：“雎复说也。”《范雎列传》在“后二岁拔邢丘”下有此一节，开首作“客卿范雎复说昭王曰”。金正炜谓《策》文当从《史》补“雎复说昭王曰”六字）："秦、韩之地形相错如绣，秦之有韩，若木之有蠹（《传》“若”作“譬如”），人之病心腹。天下有变（《传》此句上有“天下无变则已”六字），为秦害者莫大于韩（《传》“害”作“患”，“莫”作“孰”，“韩”下有“乎”字），王不如收韩。”王曰："寡人欲收韩（《传》作“吾固欲收韩”），韩不听（“韩”字原无，姚注谓刘本有。鲍本亦有。《传》亦有），为之奈何？”范雎曰："举兵而攻荥阳（《传》作“韩安得无听乎？王下兵而攻荥阳”），则成睪之路不通（《传》作“则巩、成皋之道不通”）；北斩太行之道（《艺文类聚》七引“斩”作“壍”，“斩”通“壍”，《传》“斩”作“断”），则上党之兵不下（《传》“兵”作“师”），一举而攻荥阳（《传》作“五一兴兵攻荥阳”），则其国断而为三（于鬯云："攻荥阳则四字涉上文而衍。”）。夫韩见亡（“夫”原作“魏”，鲍注："衍魏字。”《传》“魏”作“夫”，今据改），焉得不听？若韩听而霸事可成也。”（《传》“成也”作“虑矣”）王曰："善。”（《秦策三》第九章，《范雎列传》大体相同。“善”下有“且欲发使于韩”六字）

案：范雎以韩为秦心腹之患，其远交近攻之策略，重点即在攻韩，因而在“邢丘拔而魏请附”以后，即向昭王献计，请举兵攻韩；从河南与河北分两路进击。《赵策一》第十一章记：秦昭王谓公子他（“他”当作“池”）曰："韩之在我，心腹之疾，吾将伐之。”公子他曰："王出兵韩，韩必惧，惧则可以不战而深取割。”王曰“善。”乃起兵，一军临荥阳，一军临太行，韩恐，使阳城君入谢于秦，请效上党之地以为和。顾观光以为“秦乃起兵，一军临荥阳，一军临太行，正用范雎说也”，其说甚是。秦昭王谓“韩之在我，心腹之疾”，即用范雎之说；分兵两路进击，主要在于“北断太行之道”，即是范雎攻韩之谋。次年秦攻取韩之少曲、高平，后年白起攻取韩之陉城，三年秦攻取韩太行山南之南阳，四年秦又攻取韩之野王，从而切断上党通韩都新郑之孔道，即范雎“北断太行之道”之攻韩战略。吴师道云：“昭王四十四年攻韩取南阳，绝太行道，皆行雎之谋也。”其说至确。

范睢曰（“睢”当作“雎”，下同）：“臣居山东，闻齐之内有田单（姚注：“一无内字，单，《后语》作文。”《范雎列传》作“闻齐之有田文”），不闻其王（鲍本“王”上有“有”字，《传》亦有“有”字）。闻秦之有太后、穰侯、泾阳、华阳、高陵，不闻其有王。夫擅国之谓王，能专利害之谓王（《传》无“专”字），制杀生之威之谓王。今太后擅行不顾，穰侯出使不报，泾阳、华阳击断无讳，高陵进退不请（原无此句，姚注谓曾本有，《传》亦有，金正炜云当补，以足四贵之数），四贵备而国不危者，未之有也。为此四者下（《传》“四”下有“贵”字），乃所谓无王已。然则权焉得不倾，而令焉得从王出乎？臣闻善为国者（《传》“为”作“治”），内固其威而外重其权。穰侯使者操王之重，决裂诸侯（《传》“裂”作“制于”），剖符于天下，征敌伐国（《传》“征敌”作“政適”，《集解》徐广曰：“音征敌”），莫敢不听。战胜攻取，则利归于陶，国弊御于诸侯（《传》“弊”作“獘”，《索隐》云：“獘者断也。御，制也。言穰侯执权，以制御主断于诸侯。”吴师道曰：“下章利尽归于陶，国之币帛云云，恐有缺误。”金正炜曰：“按下章，利尽归于陶，国之币帛竭入太后之家，则此文弊即币也，币弊古通用。御，进也”）；战败则怨结于百姓，而祸归社稷。《诗》曰：‘木实繁者披其枝，披其枝者伤其心。大其都者危其国，尊其臣者卑其主。’淖齿管齐之权（《传》“淖齿”上误衍“崔杼”二字），缩闵王之筋（《传》作“射王股，擢王筋”），县之庙梁，宿昔而死。李兑用赵（《传》“用”作“管”），减食主父（《传》作“囚主父于沙丘”），百日而饿死。今秦太后、穰侯用事(《传》“今”下有“臣闻”),高陵、华阳、泾阳佐之(原无“华阳”二字,据曾本及《传》增补),卒无秦王,此亦淖齿、李兑之类已(此句下,《传》有“且夫三代所以亡国者”云云一小节)。臣今见王独立于庙朝矣(《传》作“见王独立于朝”),且臣将恐后世之有秦国者,非王之子孙也!”秦王惧。于是乃废太后,逐穰侯,出高陵,走泾阳、华阳于关外(原无“华阳”二字,据曾本及《传》增补)。昭王谓范雎曰:“昔者齐公得管仲,时以为‘仲父’。今吾得子,亦以为父。”(《秦策三》第十章,《范雎列传》大体相同,无章末昭王谓范雎“亦以为父”之语。《传》记昭王谓平原君曰:“今范君亦寡人之叔父也”,金正炜云:“亦以为父,当作亦以为叔父。”)

范雎日益亲,复说用数年矣,因请间说曰:“臣居山东时,闻齐之有田文(《史记会注考证》:“秘阁、枫山、三条本田文作田单”)。不闻其有王也;闻秦之有太后、穰侯、华阳、高陵、泾阳,不闻其有王也。夫擅国之谓王,能利害之谓王,制杀生之威之谓王。今太后擅行不顾,穰侯出使不报,华阳、泾阳等击断无讳,高陵进退不请。四贵备而国不危者,未之有也。为此四贵者下,乃所谓无王也。然则权安得不倾,令安得从王出乎?臣闻善治国者,乃内固其威而外重其权。穰侯使者操王之重,决制于诸侯,剖符于天下,政適伐国,莫敢不听。战胜攻取则利归于陶,国弊御于诸侯;战败则结怨于百姓,而祸归于社稷。诗曰‘木实繁者披其枝,披其枝者伤其心;大其都者危其国,尊其臣者卑其主’。崔杼、淖齿管齐(《史记会注考证》:“枫山、三条本无崔杼二字”,《秦策》亦无“崔杼”二字。“崔杼”二字当为衍文),射王股,擢王筋,县之于庙梁,宿昔而死。李兑管赵,囚主父于沙丘,百日而饿死。今臣闻秦太后、穰侯用事,高陵、华阳、泾阳佐之,卒无秦王,此亦淖齿、李兑之类也。且夫三代所以亡国者，君专授政，纵酒驰骋弋猎，不听政事。其所授者，妒贤嫉能，御下蔽上，以成其私，不为主计，而主不觉悟，故失其国。今自有秩以上至诸大吏（《史记会注考证》：枫山、三条本“吏”作“史”），下及王左右，无非相国之人者。见王独立于朝，臣窃为王恐，万世之后（《史记会注考证》：秘阁、枫山、三条本“恐”下重“恐”字），有秦国者非王子孙也。”昭王闻之大惧，曰：“善。”于是废太后，逐穰侯、高陵、华阳、泾阳君于关外。秦王乃拜范睢为相。收穰侯之印，使归陶，因使县官给车牛以徙（《史记会注考证》：秘阁、枫山、三条本“徙”作“从”），千乘有余。到关，关阅其宝器，宝器珍怪多于王室。秦封范睢以应，号为应侯。当是时，秦昭王四十一年也。（《范睢列传》）

范睢言宣太后专制，穰侯擅权于诸侯，泾阳君、高陵君之属太侈，富于王室。于是秦昭王悟，乃免相国，令泾阳之属皆出关，就封邑。穰侯出关，辎车千乘有余。穰侯卒于陶，而因葬焉。秦复收陶为郡。（《穰侯列传》）

应侯谓昭王曰：“亦闻恒思有神丛与？恒思有悍少年，请与丛博，曰：‘吾胜丛，丛籍我神三日（鲍本籍作藉，下同），不胜丛，丛困我。’乃左手为丛投；右手自为投。胜丛，丛籍其神。三日，丛往求之，遂弗归。五日而丛枯，七日而丛亡。今国者，王之丛；势者，王之神。籍人以此，得无危乎？臣未尝闻指大于臂，臂大于股，若有此，则病必甚矣。百人舆瓢而趋，不如一人持而走疾（姚注：“曾、钱、刘，一无疾字”。《太平御览》七百六十二引有）。百人诚舆瓢（《太平御览》七百六十二引“诚”作“试”），瓢必裂。今秦国，华阳用之，穰侯用之，太后用之，王亦用之。不称瓢为器则已，已称瓢为器（鲍本无“已”字），国必裂矣。臣闻之也：‘木实繁者枝必披，枝之披者伤其心。都大者危其国，臣强者危其主。’且今邑中自斗食以上（“且今”原作“其令”，从金正炜据鲍本改正），至尉内史，及王左右，有非相国之人者乎？国无事则已；国有事，臣必见王独立于庭也（“见”上原有“闻”字，鲍本无，与上章“臣今见王独立于庙朝也”相合，与《范雎列传》作“见王独立于朝”亦同，今据删）。臣窃为王恐，恐万世之后，有国者非王子孙也。臣闻古之善为政也，其威内扶，其辅外布，四时治政（“四”，鲍本作“而”。金正炜云：“改四为而，义仍未安，疑四下或脱时字”），不乱不逆，使者直道而行，不敢为非。今太后使者分裂诸侯，而符布天下，操大国之势，强征兵（鲍本作“征强兵”），伐诸侯，战胜攻取，利尽归于陶；国之币帛，竭入太后之家；竟内之利，分移华阳。古之所谓危主灭国之道，必从此起。三贵竭国以自安，然则令何得从王出？权何得毋分？是王果处三分之一也。”（“王”上原有“我”字。姚注：“刘本无我字”，黄丕烈曰：“鲍衍我字”，今删）（《秦策三》第十一章）

案：穰侯魏冉、高陵君悝、泾阳君市与华阳君芈戎，时称四贵。魏冉为宣太后之异父弟，芈戎为宣太后之同父弟，公子悝与市皆秦昭王之同母弟。魏冉于昭王十二年为相，已称穰侯，封于新得韩之穰（在今河南邓县），昭王二十六年加封新得于齐之陶邑（今山东定陶）。公子市原封于泾阳（今陕西泾阳西北），故称泾阳君，昭王十六年又封于新得楚之宛（今河南南阳）。公子悝初封于彭（当即彭衙，在今陕西澄城西北），后封高陵（今陕西高陵），故称高陵君。昭王十六年又封于新得韩之邓（今河南郾城东南），又称为叶阳君。《赵策四》第十四章谅毅谓昭王曰：“赵豹、平原君亲寡君之母弟也，犹大王之有叶阳君、泾阳君也。”《秦本纪》昭王四十五年“叶阳君悝出之国”。可见悝确又称为叶阳君。于鬯《战国策注》谓“盖悝封邓，邓在河南郾城，当叶县东南，故又称叶阳”。此以叶阳即是邓，恐不确。《魏策三》第八章朱己曰：“秦之叶阳、昆阳与舞阳邻。”《魏世家》同，《正义》引《括地志》云：“叶阳今许州叶县也。”可知叶阳即叶，叶在邓之西，盖同为悝之封邑，故又称叶阳君。芈戎先封于华阳（今陕西华阴县华山之阳），后又加封新得韩之新城（今河南密县东南），故芈戎称华阳君或新城君。“华”“叶”二字形近，常相混误。《艺文类聚》二十五、《太平御览》四百六十引《赵策》“犹大王之有叶阳君、泾阳君也”，“叶阳君”皆作“华阳君”。鲍彪辨之曰：“此言叶阳为王之母弟，则非戎矣，叶不可作华。”其说是。《秦本纪》“叶阳君悝出之国”，《集解》云：“一云华阳”，梁玉绳以叶阳为华阳之误，当作华阳君芈戎为是。

又案：《秦策三》第十章与《范雎列传》所载废太后、逐四贵之事，盖出于游士夸大，未可全信。吕祖谦、吴师道皆以《皇极经世》书“罢穰侯相国及宣太后权”为实。吕祖谦《大事记》曰：“《秦本纪》宣太后没，书薨，书葬，初未尝废。魏公子无忌谏魏王亲秦之辞，止曰：太后母也，而以忧死，亦未尝言其废。穰侯虽免相，犹以太后之故未就国，在太后既葬之后，始出之陶耳。《范雎列传》所载，特辩士增饰之辞，欲夸范雎之事，而不知甚昭王之恶也。《皇极经世》曰罢穰侯相国及宣太后权，盖得其实矣。”全祖望《经史问答》亦有类似之辨析。今案《秦策三》第十一章应侯谓昭王，“臣闻之也”以下，与《秦策三》第十章及《范雎列传》所述，用意相同，但不以穰侯、华阳、高陵、泾阳为“四贵”，而以太后、穰侯、华阳为“三贵”，不及高陵、泾阳。谓三贵操大国之势，伐诸侯而利归“三贵”，朝廷中秦王仅“处三分之一”地位，将恐后世有国者非王之子孙，因而必须收回“三贵”所分去之权势。此与《秦策三》第十章及《范雎列传》所载范雎谏请废太后、逐四贵之言论，盖一事而两传。以两者比较，当以第十一章所载谏请夺回“三贵”权势为得实。《秦本纪》载昭王四十二年十月“宣太后薨，九月穰侯出之陶”，盖是年秦用颛顼历，以十月为岁首，宣太后死于岁首，穰侯就封至陶已在岁末。《魏策三》第八章朱己谓魏王曰：“故太后母也，而以忧死。穰侯舅也，功莫大焉，而竟逐之，两弟无罪，而再夺之国。”是则高陵君、泾阳君取消封国，未被逐走。《秦本纪》载昭王四十五年“叶阳君悝出之国，未至而死”。《集解》云：“一云华阳”，当作“华阳君芈戎出之国”为是。若为叶阳君悝被逐，何以泾阳君又不逐，何以华阳君亦不逐？李斯《谏逐客书》云：“昭王得范雎，废穰侯，逐华阳，强公室，杜私门。”可知所逐者确为华阳。高陵、泾阳则未逐也。

又案：《范雎列传》言“崔杼、淖齿管齐，射王股，擢王筋”，《索隐》云：“言射王股，误也。崔杼射庄公之股，淖齿擢湣王之筋，是说二君事也。”张文虎因谓“此两王字皆主之讹，下又云：不为主计而主不觉悟，是其证”。《史记会注考证》云：“枫山、三条本无‘崔杼’二字，与《策》合，可从。崔杼、淖齿，古今不类，下文亦不言崔杼，二字后人依《索隐》误增，昔、夕通，《策》‘射王股，擢王筋’作‘缩闵王之筋’，义长。”其说是。考《索隐》、《集解》于“崔杼、淖齿管齐”下，解释“淖齿”而不及“崔杼”，可知原无“崔杼”二字。

又案:《韩非子·定法》篇云:“应侯攻韩八年,成其汝南之封。”据《秦策三》第九章,范雎复说秦昭王,以为攻韩而使“韩听而霸事可成”,事在拔魏邢丘之后,当秦昭王四十一年。如韩非之说,应侯得封于应,当在昭王四十八年,正当秦破赵长平之后。范雎所封之应,《索隐》云:“刘氏云河东临晋有应亭(案:临晋在今陕西大荔东),则秦地有应也。又案:《秦本纪》以应为太后养地,解者云在颍川之应乡,未知孰是。”《正义》引《括地志》云:“故应城,古应乡,在汝州鲁山县东四十里也。”顾观光云:“证以《秦策》,应侯失韩之汝南,说者谓与应邻,则在汝州者是也。”今按韩非称“应侯攻韩八年,成其汝南之封”,汝南即应,在今河南鲁山县东,秦攻韩,“北断太行之道”,夺取上党之地,原出范雎之谋,疑范雎即因攻韩得胜之功而封于应。《范雎列传》谓范雎进说昭王废太后、逐四贵而拜相后,即封于应而号为应侯,此亦游士夸饰之辞耳。

范雎既相秦,秦号曰张禄,而魏不知,以为范雎已死久矣(《史记会注考证》云:“秘阁、枫山本‘雎’下有‘良’字”)。魏闻秦且东伐韩、魏(《史记会注考证》:“秘阁、三条、枫山本‘东’下有‘兵’字”),魏使须贾于秦。范雎闻之,为微行,敝衣闲步之邸,见须贾。须贾见之而惊曰:“范叔固无恙乎!”范雎曰:“然。”须贾笑曰:“范叔有说于秦邪?”曰:“不也。雎前日得过于魏相,故亡逃至此,安敢说乎!”(《史记会注考证》:秘阁、三条本“敢”下有“有”字)须贾曰:“今叔何事?”范雎曰:“臣为人庸赁。”须贾意哀之,留与坐饮食,曰:“范叔一寒如此哉!”乃取其一绨袍以赐之。须贾因问曰:“秦相张君,公知之乎?吾闻幸于王,天下之事皆决于相君。今吾事之去留在张君。孺子岂有客习于相君者哉?”范睢曰:“主人翁习知之。唯睢亦得谒,睢请为见君于张君。”须贾曰:“吾马病,车轴折,非大车驷马,吾固不出。”范睢曰:“愿为君借大车驷马于主人翁。”(《史记会注考证》:秘阁、枫山、三条本无“翁”字)范睢归取大车驷马,为须贾御之,入秦相府。府中望见,有识者皆避匿。须贾怪之。至相舍门,谓须贾曰:“待我,我为君先入通于相君。”须贾待门下(《史记会注考证》:秘阁本无“待门下”三字),持车良久,问门下曰:“范叔不出,何也?”门下曰:“无范叔。”须贾曰:“乡者与我载而入者。”(《史记会注考证》:秘阁本“乡”作“向”,枫山本“我”下有“俱”字)门下曰:“乃吾相张君也。”须贾大惊,自知见卖,乃肉袒膝行,因门下人谢罪。于是范睢盛帷帐,侍者甚众,见之。须贾顿首言死罪,曰:“贾不意君能自致于青云之上(《史记会注考证》:秘阁本句下有“制海内至于今”六字)。贾不敢复读天下之书,不敢复与天下之事。贾有汤镬之罪,请自屏于胡貉之地,唯君死生之!”范睢曰:“汝罪有几?”曰:“擢贾之发以续贾之罪,尚未足。”范睢曰:“汝罪有三耳。昔者楚昭王时而申包胥为楚却吴军,楚王封之以荆五千户(《史记会注考证》:秘阁、枫山、三条本无“荆”字),包胥辞不受,为丘墓之寄于荆也。今睢之先人丘墓亦在魏,公前以睢为有外心于齐而恶睢于魏齐,公之罪一也。当魏齐辱我于厕中,公不止,罪二也。更醉而溺我,公其何忍乎?罪三矣。然公之所以得无死者,以绨袍恋恋,有故人之意,故释公。”乃谢罢。入言之昭王,罢归须贾。须贾辞于范睢,范睢大供具,尽请诸侯使,与坐堂上,食饮甚设。而坐须贾于堂下,置莝豆其前,令两黥徒夹而马食之。数曰:“为我告魏王,急持魏齐头来。不然者(《史记会注考证》:“秘阁、枫山、三条本无‘然’字,是”),我且屠大梁。”须贾归,以告魏齐。魏齐恐,亡走赵,匿平原君所。范睢既相,王稽谓范雎曰："事有不可知者三，有不可奈何者亦三。宫车一日晏驾，是事之不可知者一也。君卒然捐馆舍，是事之不可知者二也。使臣卒然填沟壑，是事之不可知者三也。宫车一日晏驾，君虽恨于臣，无可奈何。君卒然捐馆舍，君虽恨于臣，亦无可奈何。使臣卒然填沟壑，君虽恨于臣，亦无可奈何。"范雎不怿，乃入言于王曰："非王稽之忠，莫能内臣于函谷关；非大王之贤圣，莫能贵臣。今臣官至于相，爵在列侯，王稽之官尚止于谒者，非其内臣之意也。"昭王召王稽，拜为河东守，三岁不上计。又任郑安平，昭王以为将军。范雎于是散家财物，尽以报所尝困厄者(《史记会注考证》："秘阁本'尝'下有'与'字，枫山、三条本有'共'字")。一饭之德必偿，睚眦之怨必报。(《范雎列传》)

秦昭王谓左右曰(《韩非子·难三》"谓"作"问于"。《说苑·敬慎》此句之上有"魏安釐王十一年")："今日韩、魏，孰与始强？"("日"，《韩非子》作"时"。此句《史记·魏世家》作"今时韩、魏与始孰强"，《说苑》作"今时韩、魏与秦孰强")对曰："弗如也。"(《韩非子》作"左右对曰：'弱于始也'"。《史记》作"对曰：'不如始强'"。《说苑》作"对曰：'不如秦强'")王曰："今之如耳、魏齐(《史记》、《说苑》"之"作"时"。《韩非子》无"王曰"二字)，孰与孟尝、芒卯之贤？"(《韩非子》此句作"孰与曩之孟常、芒卯"，常、尝古通。《史记》、《说苑》"孰"在"贤"上，无"之"字)对曰："弗如也。"(《韩非子》作"不及也"。《史记》作"不如"。《说苑》作"不如孟尝、芒卯之贤")王曰："以孟尝、芒卯之贤，帅强韩、魏之兵，以伐秦，犹无奈寡人何也(《韩非子》"孟尝"上无"以"字。"芒卯"下无"之贤"字。"魏"下无"之兵以伐秦"五字。《史记》、《说苑》"帅"作"率"，下同。无"之兵"二字)。今以无能之如耳、魏齐，帅弱韩、魏以攻秦，其无奈寡人何，亦明矣。"(《韩非子》脱此句)左右皆曰："甚然。"(鲍本无此六字。《韩非子》"皆"作"对"。《说苑》无"甚"字)中期推琴对曰(今本《韩非子》作"中期推琴而对曰"。《索隐》引《韩子》作"推瑟"。《史记》作"中旗冯琴而对曰"。《说苑》作"申旗伏瑟而对曰"。《索隐》引《后语》"推琴"作"伏琴")："王之料天下过矣！昔者六晋之时("昔者"，《韩非子》作"夫"，《说苑》作"当"。《史记》此句作"当晋六卿之时")，智氏最强，灭破范、中行(《韩非子》、《史记》"智"作"知"，下同。二字古通。与《说苑》并无"破"字)，又帅韩、魏以围赵襄子于晋阳(《韩非子》此句作"而从韩、魏之兵以伐赵"。《史记》、《说苑》"魏"下有"之兵"二字)，决晋水以灌晋阳，城不沈者三板耳(《韩非子》此句作"灌以晋水，城之未沈者三板"。《史记》、《说苑》"阳"下并有"之"字，"城"连上读。"沈"，《史记》作"湛"，二字古通，《说苑》作"满"。均无"耳"字)。智伯出行水，韩康子御，魏桓子骖乘(《韩非子》无"行水"二字。下文作"魏宣子御、韩康子为骖乘"。《史记》、《说苑》无"出"字，下二句同《韩非子》。唯《史记》"宣"作"桓"，"骖"作"参"，均为通用字)。智伯曰：'始吾不知水之可亡人之国也，乃今知之(《史记》、《说苑》"始吾"作"吾始"。《韩非子》"亡"作"灭"，无"也"字。《说苑》"人"下无"之"字)。汾水利以灌安邑；绛水利以灌平阳。'(《韩非子》、《史记》、《说苑》"利以"并作"可以")魏桓子肘韩康子，康子履魏桓子，蹑其踵(《韩非子》、《说苑》"桓子"均作"宣子"，二书与《史记》均无"蹑其踵"三字。末句《韩非子》作"康子践宣子之足"，《说苑》作"康子履魏宣子之足")。肘、足接于车上，而智氏分矣。身死国亡，为天下笑(《韩非子》作"肘足接乎车上，而知氏分于晋阳之下"，无"身死国亡为天下笑"八字。《史记》"分矣"作"地分"。《说苑》无"矣"字)。今秦之强，不能过智伯(《韩非子》作"今足下虽强，未若知氏”。《史记》“秦”下有“兵”字，“智伯”作“知氏”。《说苑》无“能”字）；韩、魏虽弱，尚贤在晋阳之下也（鲍本“在”上有“其”字，同《史记》、《说苑》。《韩非子》后句作“未至如其在晋阳之下也”）。此乃方其用肘、足时也，愿王之勿易也。”（《韩非子》作“此天下方用肘足之时”，下句“之”在“易”下。《史记》、《说苑》“此”下无“乃”字，“时”上有“之”字。《说苑》“时”下无“也”字，“勿”上有“必”字。二书末尾皆有“秦王恐”三字）（《秦策四》第四章，《史记·魏世家》、《韩非子·难三》、《说苑·敬慎》第十八章大体相同）

案：《魏世家》系此章于魏安釐王十一年下。中期，《魏世家》作中旗，《说苑》作申旗，《韩非子》同《秦策》。黄丕烈云：“申即中讹耳，期、旗同字。”韩非评论此事，云：“且中期之所官，琴瑟也。弦不调，弄不明，中期之任也，此中期所以事昭王也。”是中期乃秦之乐官。《秦策五》第二章又记“秦王与中期争论而不胜，秦王大怒，中期徐行而去。”高诱注因曰：“中期，秦辨士也。”不确。此章谓“中期推琴对曰”，或作“冯琴”，或作“推瑟”、“伏瑟”，可知其为乐官。门无子《韩子迂评》作“钟期”，汪中《述学·伯牙事考》以为即钟子期，与伯牙相友者，非是。钟子期、伯牙乃春秋时楚人。

秦、魏为与国（《史记·魏世家》无此句），齐、楚相约而欲攻魏（《史记》无“欲”字）。魏使人求救于秦，冠盖相望，秦救不出。魏人有唐且者（《史记》“且”作“雎”下同），年九十余，谓魏王曰：“老臣请西说秦（“请”下原有“出”字，从王念孙据《史记》、《新序·杂事三》以及《艺文类聚》、《太平御览》引《策》文删），令兵先臣出，可乎？”（《史记》无“可乎”二字）魏王曰：“敬诺。”（《史记》“曰敬诺”作“再拜”），遂约车而遣之。唐且见秦王(《史记》"见"上有"到人"二字),秦王曰:"文人芒然乃远至此(《新序》"芒然"作"罔然"),甚苦矣。魏来求救数矣(《新序》无"救"字),寡人知魏之急矣。"唐且对曰(《新序》"对"作"答"):"大王已知魏之急而救不至者(《史记》"至"作"发",《新序》无"者"字),是大王筹策之臣无任矣(《新序》"无任矣"作"失之也",《史记》作"臣窃以为用策之臣无任矣"),且夫魏一万乘之国(《史记》此下有"然而所以西面而事秦"九字),称东藩,受冠带,祠春秋者,以为秦之强足以为与也(《新序》"为秦"上无"以"字,《史记》"秦"上无"为"字)。今齐、楚之兵已在魏郊矣(《史记》"在"作"合于"),大王之救不至(《史记》作"秦救不发,亦将赖其未急也"),魏急则且割地而约齐、楚(《新序》无"且"字,《史记》作"使之大急彼且割地而约从"),王虽欲救之岂可及哉!(《史记》作"王尚何救焉,必待其急而救之")是亡一万乘之魏而强二敌之齐、楚也(《史记》"是亡一万乘之魏"作"是失一东藩之魏")。窃以为大王筹策之臣无任矣。"(《新序》"无任"作"失之",《史记》作"王何利焉")秦王喟然愁悟(《新序》作"秦王惧然以悟"),遽发兵,日夜赴魏(《新序》"发兵"下有"救之"二字,"日夜赴魏"作"驰骛而往"。《史记》上二句作"于是秦昭王遽发兵救魏")。齐、楚闻之,乃引兵而去(《新序》无"乃"字,《史记》无上两句)。魏氏复全("全",《史记》作"定",《新序》作"故")。唐且之说也。(《史记》无此句,《新序》作"唐且一说,定强秦之策,解魏国之患,散齐、楚之兵,一举而折冲消难,辞之功也")(《魏策四》第二十二章,《魏世家》与《新序·杂事三》第三章大体相同)

案:此章《魏世家》系于魏安釐王十一年下。

[赵惠文王]三十三年,惠文王卒,太子丹立,是为孝成王。(《赵

世家》,《廉颇蔺相如列传》亦记阏与之战“后四年,赵惠文王卒,子孝成王立”)

【附编】

虞卿请赵王曰(姚注:“请一作谓”,鲍本作“谓”):“人之情,宁朝人乎?宁朝于人也?”(姚注:“也”,曾本作“乎”)赵王曰:“人亦宁朝人耳!何故宁朝于人?”虞卿曰:“夫魏为从主,而违者范座也(鲍本“座”作“痤”),今王能以百里之地若万户之都,请杀范座于魏,范座死,则从事可移于赵。”赵王曰:“善。”乃使人以百里之地请杀范座于魏。魏王许诺,使司徒执范座而未杀也(姚注:“徒,曾、刘作空”)。范座献书魏王曰:“臣闻赵王以百里之地请杀座之身,夫杀无罪范座,薄故也(“薄”上原重“座”字,姚注:“刘无下座字。”鲍彪、吴师道以座字衍,今删),而得百里之地,大利也。臣窃为大王美之。虽然,而有一焉,百里之地不可得,而死者不可复生也,则主必为天下笑矣(鲍本“主”作“王”)。臣窃以为与其以死人市,不若以生人市也。”(“市”下原有“使”字,姚注:“一本无使字。”鲍本“使”作“便”,今删)又遗其后相信陵君书曰:“夫赵、魏敌战之国也,赵王以咫尺之书来,而魏王轻为之杀无罪之座。座虽不肖,故魏之免相望也(姚注:“望,刘作室。”金正炜曰:“作室当是。相室犹言相国”)。尝以魏之故,得罪于赵。夫国内无用臣(鲍本无“内”字,鲍注:“用,言可任者。”吴师道云:“一本国内无用,是”),外虽得地,势不得守。然今能守魏者,莫如君矣。王听赵杀座之后,强秦袭赵之欲(姚注:“欲,刘作俗”),倍赵之割,则君将何以止之?此君之累也!”信陵君曰:“善。”遽言之王而出之。(《赵策四》第六章,《魏世家》、《说苑·善说》与此略同)

赵使人谓魏王曰:“为我杀范痤,吾请献七十里之地。”魏王曰:

"诺。"使吏捕之，围而未杀。痤因上屋骑危(《说苑·善说》"因"作"自")，谓使者曰："与其以死痤市，不如以生痤市。有如痤死，赵不予王地则王将奈何？(《说苑》"予"作"与"，无"将"字)故不若与先定割地(《说苑》无"先"字)，然后杀痤。"魏王曰："善。"痤因上书信陵君曰："痤，故魏之免相也，赵以地杀痤而魏王听之，有如强秦亦将袭赵之欲，则君且奈何？"信陵君言于王而出之。(《魏世家》、《说苑·善说》同)

案：《魏世家》列此章于魏安釐王十一年之后，二十年之前。顾观光、于鬯据此列为周赧王四十九年事。黄式三则编入周赧王五十年，并云："《魏策》以为赵虞卿之谋，式三谓虞卿不应为此谋，改为赵客。"并无依据。此章谓虞卿因"魏为从主"，因请赵王使人纳百里之地于魏请杀范座，范座死，"则从事可移于赵"。虞卿之谋与魏安釐王十一年之形势不合。是年秦攻魏邢丘，邢丘拔而魏请附于秦。《魏策四》第二十二章所载赵、魏为与国，齐、楚因而相约攻魏，于是魏请秦救之。《魏世家》列于安釐王十一年下，符合当时秦、魏连横之形势。此时魏正"称东藩，受冠带，祠春秋"，魏安得为"从主"而主谋合纵之事？范座一作"范痤"，"座""痤"同音通用。原为魏之相国，此时已免相，其事迹不明，所谓"魏为从主"之事亦不详，因而不能确断为何年。

周赧王五十年(公元前二六五年)

秦昭王四十二年，魏安釐王十二年，韩桓惠王八年，赵孝成王元年，齐襄王十九年，楚顷襄王三十四年，燕武成王七年。

[秦昭王]卌二年攻少曲。(秦简《编年记》)

范睢相秦二年，秦昭王之四十二年，东伐韩少曲、高平，拔之。

(《范雎列传》)

案:《范雎列传》叙范雎为相,“一饭之德必偿,睚眦之怨必报”之后,接叙伐韩少曲、高平。梁玉绳《史记志疑》论之曰:“上文方叙雎偿德报怨,便当接入报魏、齐仇一段,何得横插伐韩事。遍检《纪》、《表》、《世家》、《列传》,亦无秦昭四十二年伐韩事。少曲虽无考,盖与高平相近,而高平为魏地,《赵世家》云反高平于魏是也。况雎相二年,乃秦昭王四十三年,非四十二年,疑此廿三字当衍。”此说非是。据秦简《编年记》,昭王四十二年确有攻少曲之事。可知《传》所叙至确。《燕策二》第一章苏代约燕王,言“秦正告韩曰:我起乎少曲,一日而断太行”,又曰:“已得宜阳、少曲”(“宜阳”当是“曲阳”之误),是少曲确为韩地,因在少水(即沁水)弯曲处而得名,在今河南济源东北。高平在少曲之西南,在今河南孟县西,据古本《竹书纪年》,高平原名向,魏襄王四年韩以此地归魏。一度此地为秦攻占,秦昭王二十年苏秦、李兑约五国攻秦,秦又以此地归魏,见于《赵世家》惠文王十六年所载苏厉遗赵王书。此时又归属于韩。两地正当太行山脉之西南,《索隐》云:“刘氏以为盖在太行西南”,是也。因而成为秦推行范雎伐韩“北断太行之道”战略必攻之起点。范雎为相在昭王四十一年,至四十二年首尾正是“相秦二年”。范雎主张以“远交近攻”之策作为秦进行统一战争之方针,其伐韩“北断太行之道”战略,盖欲切断上党通韩都新郑之通道,从而夺取韩之上党郡大块土地。

又案:梁玉绳疑此二十三字为衍文,既不确,崔適《史记探源》又以此二十三字误列于“睚眦之怨必报”句下,义不相属。

谓:此事在昭王四十一年,当赵惠文王三十三年。若在四十二年,乃当孝成王元年,安得称平原君为王之弟耶?因而主张将此二十三字移至“秦昭王乃出平原君归赵”句之下。此说亦不当。平原君乃孝成王之叔父,《史记》所载秦昭王遗赵王书误作“王之弟”,不能因此而改孝成王为惠文王,并以此二十三字为错简。

秦昭王闻魏齐在平原君所,欲为范睢必报其仇,乃详为好书遗平原君曰:“寡人闻君之高义,愿与君为布衣之友,君幸过寡人,寡人愿与君为十日之饮。”平原君畏秦,且以为然,而入秦见昭王。昭王与平原君饮数日,昭王谓平原君曰:“昔周文王得吕尚以为太公,齐桓公得管夷吾以为仲父,今范君亦寡人之叔父也(《史记会注考证》:“枫山本‘范君’作‘范睢’,下同。《艺文类聚》亦作睢”)。范君之仇在君之家,愿使人归取其头来;不然,吾不出君于关。”平原君曰:“贵而为交者,为贱也;富而为交者,为贫也。夫魏齐者,胜之友也,在,固不出也,今又不在臣所。”昭王乃遗赵王书曰:“王之弟在秦(钱大昕曰:“平原君为惠文王之弟,于孝武王为叔父,此时惠文已没,不当更称弟。”“王之弟”当作“王之叔父”,下同),范君之仇魏齐在平原君之家。王使人疾持其头来;不然,吾举兵而伐赵,又不出王之弟于关。”赵孝成王乃发卒围平原君家,急,魏齐夜亡出,见赵相虞卿。虞卿度赵王终不可说,乃解其相印,与魏齐亡,间行,念诸侯莫可以急抵者,乃复走大梁,欲因信陵君以走楚。信陵君闻之,畏秦,犹豫未肯见,曰:“虞卿何如人也?”时侯嬴在旁,曰:“人固未易知,知人亦未易也。夫虞卿蹑屩檐簦,一见赵王,赐白璧一双,黄金百镒;再见,拜为上卿;三见,卒受相印,封万户侯。当此之时,天下争知之。夫魏齐穷困过虞卿,虞卿不敢重爵禄之尊,解相印,捐万户侯而间行。急士之穷而归公子,公子曰‘何如人’，人固不易知，知人亦未易也！”信陵君大惭，驾如野迎之。魏齐闻信陵君之初难见之，怒而自刭。赵王闻之，卒取其头予秦。秦昭王乃出平原君归赵。（《范雎列传》）

虞卿者，游说之士也。蹑跻檐簦说赵孝成王，一见赐黄金百镒，白璧一双；再见为赵上卿，故号为虞卿。（《虞卿列传》开首）

案：《集解》谯周曰：“食邑于虞。”《索隐》云：“赵之虞在河东大阳县，今之虞乡县是也。”虞为食邑之说不确。虞当为氏，故所著书名为《虞氏春秋》。卿当为字，非因上卿而得名。《韩非子·外储说左上》作虞庆，“庆”“卿”同音通用。据《范雎列传》记侯嬴曰：“夫虞卿蹑跻檐簦，一见赵王，赐白璧一双，黄金百镒；再见，拜为上卿；三见，卒受相印，封万户侯。”《虞卿列传》盖脱“三见，卒受相印，封万户侯”十字。

虞卿既以魏齐之故，不重万户侯、卿相之印，与魏齐间行，卒去赵，困于梁。魏齐既死，不得意，乃著书。上采《春秋》，下观近世，曰《节义》、《称号》、《揣摩》、《政谋》，凡八篇，以刺讥国家得失，世传之曰《虞氏春秋》。（《虞卿列传》末尾）

赵孝成王时，其相虞卿上采《春秋》，下观近势，亦著八篇，为《虞氏春秋》。（《十二诸侯年表·序》）

《虞氏春秋》十五篇。（《汉书·艺文志》列儒家）《虞氏微传》二篇。（《汉书·艺文志》列春秋家）

案：《范雎列传》称秦昭王欲为范雎报仇，闻魏齐在平原君所，因召平原君入秦，虞卿以魏齐之故，偕魏齐逃之大梁，魏齐在梁自刭，赵以其头予秦。秦乃出平原君归赵。事在秦昭王四十二年。但《虞卿列传》记虞卿为赵谋划之事皆在秦破赵长平之后，又谓虞卿因魏齐之故困于梁，“魏齐既死，不得意”而著《虞氏春秋》。《资治通鉴》因之将秦昭王召平原君、虞卿与魏齐偕亡、魏齐自杀而秦乃归平原君等事，列于周赧王五十六年，即秦昭王四十八年。《资治通鉴》之说未可信据。《古史》云：“意者魏齐死，卿自梁还相赵，而太史公失不言耳。”全祖望《经史问答》亦云：“虞卿尝再相赵，何尝穷愁以老。”梁玉绳《史记志疑》亦谓：“虞卿尝再相赵，则其著书非穷愁之故。”黄式三《周季编略》更云：“司马《资治通鉴》，朱、赵《纲目》书秦诱赵公子胜于下五十六年，由读《虞卿列传》不明而误也。《虞卿列传》末追叙前事，言虞卿自魏齐死后，志在著书，而后犹仕赵，非其志也。误以《传》为循时事先后而叙之，则书执胜于五十六年虞卿如齐之后，不思秦自赵取韩上党，与赵仇怨甚深，岂于此时佯为好书以召平原君？平原君创取上党之策者，岂此时敢入秦乎？”

又案：赵孝成王发卒围平原君家，虞卿偕魏齐走大梁，时在赵孝成王元年，与上年魏齐走赵匿平原君所，非一时事。故《范雎列传》插叙于秦昭王四十二年伐韩少曲、高平之后。崔適因昭王遗赵王书称平原君为“王之弟”，以为赵孝成王当改为赵惠文王，不确。虞卿为赵相已在赵孝成王时，虞卿是时“解相印，捐万户侯”而偕魏齐出走，必不得在赵惠文王时。平原君乃孝成王叔父，昭王遗赵王书误作“王之弟”耳。

赵孝成王元年秦拔我三城，平原君相。（《六国表》）

案：《六国表》谓赵惠文王元年以公子胜为相，封平原君，平原君为赵惠文王之胞弟，是年不过十一二岁，不能为相。已辨在周赧王十七年案语中。《六国表》又谓赵孝成王元年平原君相。

据《范雎列传》与《虞卿列传》,是年虞卿正为相国。平原君当为相于孝成王时,未必元年已为相。因平原君有“相赵惠文王及孝成王,三去相,三复位”(《平原君列传》)之说,《六国表》分别书“平原君相”于惠文王元年与孝成王元年。

[赵]孝成王元年,秦伐我,拔三城。赵王新立,太后用事,秦急攻之。(《赵世家》)

赵太后新用事(帛书《战国纵横家书》“新”作“规”,编者注云:“规疑亲字之误,亲与新通”),秦急攻之。赵氏求救于齐(帛书无“赵氏”二字)。齐曰:“必以长安君为质(帛书作“必[以]大(太)后少子长安君来质”),兵乃出。”太后不肯,大臣强谏。太后明谓左右(帛书、《史记·赵世家》、《太平御览》卷三百八十七引,“右”下皆有“曰”字):“有复言令长安君为质者(《史记》无“有”、“令”字。帛书无“为”字),老妇必唾其面。”左师触龙言愿见太后(“龙言”二字,原误合为“讋”,今从王念孙据《史记》、《汉书·古今人表》、《荀子·议兵》注及《太平御览》所引改正,帛书正作“龙言”),太后盛气而揖之(帛书、鲍本“太后”二字不重,“揖”,帛书、《史记》作“胥”,作“胥”为是。《太平御览》所引作“须”,胥犹须也,待也)。入而徐趋(《史记》作“入,徐趋而坐”),至而自谢曰(《史记》无“至而”二字):“老臣病足,曾不能疾走,不得见久矣。窃自恕(帛书作“窃自□老”,编者注:“自下一字疑是赦字,赦与恕音义俱近。”),而恐太后玉体之有所郄也(“而”,帛书作“與”[与],二字古通用。郄同郤,疲羸。《史记》“郄”作“苦”),故愿望见太后。”太后曰:“老妇恃辇而行。”(帛书、鲍本“太后”不重。帛书作“老妇持(恃)连(辇)而睘(还)。”还,旋动)曰:“(日)食饮得无衰乎?”(帛书、《史记》无“日”字。金正炜云“日”即“曰”字之误衍。帛书、《史记》

"无"作"毋"。《史记》无"饮"字)曰:"恃鬻耳。"(《史记》"鬻"作"粥","鬻"通"粥"。帛书作"鬻鬻","鬻"是误写)曰:"老臣今者殊不欲食(帛书、《史记》"今者"作"间者",义近)。乃自强步,日三四里,少益耆食,和于身也。"("耆",《史记》、鲍本作"嗜"。"和",帛书作"智",编者注:"智通知。"《赵策》与《赵世家》并作和,字形之误。《方言》三:知,愈也,南楚病愈者或谓之知)太后曰:"老妇不能。"(帛书、鲍本无"太后"二字)太后之色少解(《史记》"后"下有"不和"二字)。左师公曰(帛书作"左师触龙曰",下同):"老臣贱息舒祺最少,不肖(帛书"舒祺"作"訏旗","肖"作"宵"。字均通),而臣衰(帛书无"臣"字),窃爱怜之,愿令得补黑衣之数(鲍本无"得"字。《史记》无"令"字,"数"作"缺"),以卫王宫("宫"原误作"官",从帛书、《史记》及鲍本改正),没死以闻。"(帛书、《史记》"没"作"昧",字通)太后曰:"敬诺。年几何矣?"对曰:"十五岁矣!虽少,愿及未填沟壑而托之。"(帛书"沟壑",作"叡[壑]谷")太后曰:"丈夫亦爱怜其少子乎?"(帛书,《史记》、《太平御览》卷四五六引,均无"其"字)对曰:"甚于妇人!"太后笑曰(帛书无"太后笑"三字,鲍本无"笑"字):"妇人异甚。"对曰:"老臣窃以为媪之爱燕后,贤于长安君。"(帛书无"于"字)曰:"君过矣!不若长安君之甚!"(帛书无"之"字。《史记》"曰"上有"太后"二字)左师公曰:"父母之爱子,则为之计深远(帛书、《史记》"母"下无"之"字)。媪之送燕后也,持其踵,(帛书"持"作"攀")为之泣(姚注,刘作"而泣之甚"),念悲其远也,亦哀之矣!(帛书、《史记》无"悲"字,当据删。帛书无"之"字)已行,非弗思也(《史记》"弗"作"不"),祭祀必祝之,祝曰(帛书、《史记》均作"祭祀则祝之曰"):'必勿使反。'岂非计久长,有子孙相继为王也哉。"("久长",帛书作"长久",无"有"字。"有",《史记》、姚引曾本、《太平御览》卷四五六引均作“为”）太后曰：“然。”左师公曰：“今三世以前，至于赵之为赵，赵主之子孙侯者（帛书无“孙”字。此与《史记》误衍“孙”字，当据帛书删。鲍本“主”作“王”，形误。《史记》脱“赵之为赵”四字，《史记会注考证》引古钞、枫山、三条本，有此四字），其继有在者乎？”曰：“无有。”曰：“微独赵，诸侯有在者乎？”曰：“老妇不闻也。”（帛书作“老妇弗闻”。此下与《史记》皆有“曰”字）“此其近者祸及身（帛书、《史记》“及”下有“其”字），远者及其子孙（帛书无“孙”字）。岂人主之子孙则必不善哉？（帛书、《史记》及鲍本“孙”皆作“侯”，当据改）位尊而无功，奉厚而无劳，而挟重器多也。今媪尊长安君之位（帛书、鲍本无“君”字），而封之以膏腴之地（帛书无“以”字，鲍本无“之”字），多予之重器，而不及今令有功于国，一旦山陵崩（帛书无“一旦”二字），长安君何以自托于赵？老臣以媪为长安君计短也（帛书“计”下有“之”。《史记》“之”在“计”上），故以为其爱不若燕后”（“爱”下，帛书有“也”字，《史记》有“之”字，无“其”字）。太后曰：“诺。恣君之所使之。”于是为长安君约车百乘质于齐。齐兵乃出（帛书“齐”不重）。子义闻之曰：“人主之子也，骨肉之亲也（帛书“子”上无“之”。《史记》“子”下无“也”），犹不能恃无功之尊，无劳之奉（帛书、《史记》“恃”作“持”。帛书“无”作“不”），而守金玉之重也！而况人臣乎？”（帛书“而”作“然”。《史记》“人臣”作“于予”）（《赵策四》第十八章，《赵世家》、《战国纵横家书》第十八章大体相同）

案：《赵世家》系此章于孝成王元年，《索隐》言“東广微言太后才三十有奇者，误也”。并谓“如世家计之，则武灵王十六年梦吴娃而纳之，至二十七年王薨，及惠文王三十二年卒，孝成王元年遣长安君质于齐。若娃年二十入王宫，至此亦年六十左侧，亦可称老”。此说不确。赵太后即惠文后，赵孝成王之母。据《世家》，武灵王十六年纳吴娃孟姚，是为惠后，二十五年惠后卒，二十七年立惠后之子何为王，是为惠文王，时约十余岁。惠文王在位三十三年，享年约四十四岁，则惠文后之年不过四十岁内外。钱大昕云：“古者夫殁称未亡人，太后自称老妇，不必计年之多寡。”（《廿二史考异》卷四）焦袁熹亦云：“惠王之夫人，既称太后，虽年止三十有奇，自称老妇何害？恃辇而行，恃粥以养，岂须迟暮乃当有此，中年疾恙盖亦如然。”（《此木轩杂著》）。俞正燮亦曰：“老是太后常称，恃辇是仪制，恃粥是饮食之常。”（《癸巳存稿》）皆确。《索隐》因“老妇”、“媪”、“恃辇”、“恃粥”之语，误以太后乃武灵王之后吴娃，不顾《史记》已有吴娃卒年之明文，反谓束皙言太后才三十奇者为误。

又案：长安君，《索隐》引孔衍云：“惠文后之少子也。赵亦有长安，今其地阙”，以“长安”为封地名。《正义》云：“长安君者，以长安善，故名也。”以“长安”为封号。吴师道补曰：“按《赵世家》，封长安君以饶。《正义》云，即饶阳也。明长安是号。”今案，赵悼襄王六年封长安君以饶，此长安君乃秦王政之弟成蛟，因降赵而受封，非孝成王之弟长安君也，详见秦王政八年相关案语。

又案：“左师触詟愿见太后”，《史记》作“左师触龙言愿见太后”。黄丕烈《札记》言：“詟当作龙，《古今人表》中下云左师触龙，即此。‘言’字本下属‘愿见’读，误合二字为一。《史记》不误。”王念孙《读书杂志》亦有详论。帛书此句正作“左师触龙言愿见”，可证其说不误。“左师”，《资治通鉴》卷五赧王五十年胡注云，“春秋时宋国之官有左右师，上卿也。赵以触龙为左师，盖冗散之官，以优老臣者也”。

又案：左师触龙言有少子“愿令得补黑衣之数”，《史记》“数”作“缺”；盖为少子求为侍卫国君之郎。郎具有候补官员之性质，国君常从郎官中选拔人才。金正炜云：“《汉书·梁丘贺传》夜玄服入庙，居郎间。师古曰：郎着皂衣，故章玄服以厕也。下云以卫王宫，则颜说为得。王宫当从《史记》作王宫。”

[赵孝成王元年]齐安平君田单将赵师而攻燕中阳，拔之。又攻韩注人，拔之。(《赵世家》)

燕武成王七年齐田单拔中阳。(《六国表》)

案：中阳，《集解》徐广曰：“一作人”，《正义》云：“燕无中阳，《括地志》云：中山故城一名中人亭，在定州唐县东北四十一里，尔时属燕国也。”《资治通鉴》胡注所引作“唐县北四十一里”，考《水经·滱水注》载“滱水又东径中人亭南”，又云：“应劭《地理风俗记》曰：唐县西四十里得中人亭，今于此城取中人乡，则四十也。”据此中人当在今河北唐县西四十里。

[秦昭襄王]四十二年安国君为太子。十月宣太后薨，葬芷阳郦山。九月穰侯出之陶。(《秦本纪》，《六国表》作“宣太后薨，安国君为太子”)

秦宣太后爱魏丑夫(《太平御览》五五三引作“爱魏馀”)，太后病将死，出令曰：“为我葬(《艺文类聚》三十五、《太平御览》五五三引“葬”作“死”)，必以魏子为殉。”魏子患之。庸芮为魏子说太后曰(姚注：《十二国史》作“虞其为丑夫说太后”)：“以死者为有知乎?”太后曰：“无知也。”曰：“若太后之神灵，明知死者之无知矣，何为空以生之所爱，葬无知之死人哉?(“生”下原无“之”字，“葬”下原有“于”字，从

《太平御览》五百五十三引增删）若死者有知，先王之积怒之日久矣（《太平御览》五百五十三引作“先王之积怒久矣”）。太后救过不赡，何暇及私魏丑夫乎？”（“及”原作“乃”，从姚引曾、钱、刘本改。吴师道曰：“一无乃字。”《艺文类聚》三十五引作“太后救过不暇，何得更殉魏丑”。《太平御览》五百五十三后句引作“何得私魏子乎”）太后曰：“善。”乃止。（《秦策二》第十六章）

案：《秦本纪》于是年先记十月，次记九月，吕祖谦《大事记》及阎若璩《尚书古文疏证》皆以为此时秦已用颛顼历，以十月为岁首。梁玉绳《史记志疑》以为《秦记》“十月”乃“七月”之误，《大事记》及《尚书古文疏证》之说“恐未然”。泷川资言《史记会注考证》引古钞、南本“十月”作“七月”，亦以作“十月”者讹。今案秦简《编年记》言昭王四十五年“十二月甲午鸡鸣时喜产”，与汪曰桢《历代长术辑要》所推定之秦颛顼历相合，可知秦昭王时确已用颛顼历。《秦本纪》是年先记十月，确已用十月为岁首。据秦简《编年记》及同出土之秦简有“后九月”之记载，可知秦以建亥之月（夏历十月）为岁首，但月名次第仍同夏正，故此“十月”下复有九月，“十”决非“七”字之讹。秦昭王四十二年十月岁首，正当周赧王四十九年十二月，顾观光《编年》隶此于周赧王四十九年，并云：“秦正建亥，则此十月乃岁首十月。”甚确。

又案：魏丑夫，鲍彪注：“魏人，仕秦。”《太平御览》五百五十三引作“魏馀”，盖馀其名，“丑夫”乃时人所称之别号。

秦王乃拜范雎为相，收穰侯之印，使归陶，因使县官给车牛以徙，千乘有余。到关，关阅其宝器，宝器珍怪多于王室。（《范雎列传》误记入秦昭王四十一年）穰侯出关，辎重千乘有余。穰侯卒于陶，秦复

收陶为郡。(《穰侯列传》)

济水又东北径冤朐县故城南……济水又东径秦相魏冉冢南，冉……免相，就封出关，辎车千乘，卒于陶而因葬焉。世谓之安平陵，墓南崩碑尚存。(《水经·济水注》)

[齐襄王]十九年襄王卒，子建立。(《田世家》)

齐襄王死，子建立，建年少，国事皆决于君王后。(《资治通鉴》周赧王五十年)

[齐]襄王卒，子建立为齐王。君王后事秦谨，与诸侯信，以故建立四十有余年，不受兵。(《齐策六》第八章)

案：君王后即齐襄王之后，太史敫之女。《齐策六》第一章云："襄王即位，君王后以为后，生齐王建。"

【附编】

燕封宋人荣蚠为高阳君，使将而攻赵。赵王因割济东三城卢、高唐、平原陵地城邑市五十七("卢"上原有"令"字，鲍本"令"作"合"，今删。姚注："一本无陵字"，鲍本"邑市"作"市邑")，命以与齐而以求安平君而将之。马服君谓平原君曰："国奚无人甚哉。君致安平君而将之，乃割济东三城市邑五十七以与齐("三"下原有"令"字。姚注："一本无令字。"鲍本"三"下补"城"字，"令"作"合")，此夫子与敌国战("子"鲍本作"予"，又改为"子"。《大事记》删"夫予"二字)，覆军杀将之所取，割地于敌国者也，今君以此与齐，而求平安君而将之，国奚无人甚也(鲍本"也"作"哉")。且君奚不将奢也？奢尝抵罪居燕，燕以奢为上谷守，燕之通谷要塞奢习知之。百日之内，天下之兵未聚，奢已举燕矣。然则君奚求安平君而为将乎?"平原君曰："将军释之矣。仆已言之仆主矣。仆主幸以听仆也(鲍本"以"作"已")，将军无言已。”马服君曰：“君过矣。君之所以求安平君者，以齐之于燕也，茹肝涉血之仇耶（“肝”原作“盰”，从《鲍本》改正），其于奢不然（鲍本“奢”下有“也”字）。使安平君愚，固不能当荣盆；使安平君知（“知”鲍本作“智”，下同），又不肯与燕人战；此两言者，安平君必处一焉。虽然，两者有一也。使安平君知，则奚以赵之强为？赵强，则齐不复霸矣。今得强赵之兵以杜燕，将旷日持久数岁，令士大夫余子之力尽于沟垒，车甲羽毛裂敝（鲍注：“羽毛谓箭，裂即裂字。”吴师道曰：“羽毛即羽旄”），府库仓廪虚，两国交以习之（“交以习之”，姚注：“曾、刘作交敝”。金正炜读“习”为“慴”，惧也），乃引其兵而归。夫尽两国之兵，无明此者矣。”夏军也县釜而炊（鲍本“夏”作“是”，鲍注：“《大事记》无夏主炊七字，云已而得三城。”吴师道云：“未详，恐上下文有缺误。”），得三城也，城大无能过百雉者，果如马服之言也。（《赵策四》第七章）

案：吕祖谦《大事记》系此于周赧王五十年，云：“《国策》言田单为赵将，攻燕得三城，此即《赵世家》今岁所载之事也，但载所得之城微不同也。”黄式三《周季编略》从之，结尾云：“是役也，安平君田单攻燕中人拔之，又攻韩注人拔之，得二城，城大无过百雉者，果如马服君奢之言。”将《国策》此章与《赵世家》牵合为一事。林春溥、顾观光亦系此于周赧王五十年。其实，此章田单攻燕得三城与《赵世家》单为赵将而拔燕中人与拔韩注人，明为不同之两事，不仅所攻之国与所得之城不同，田单所将之师亦不同。此《策》言赵割三城、市邑五十七与齐，而求田单将之，又谓赵之所以求田单为将，“以齐之于燕也，茹肝涉血之仇耶”。可知求田单所将不仅是赵师，且欲合齐师以攻燕也。赵奢又谓：“使安平君知，又不肯与燕人战”，亦不愿使赵强而齐不复霸，将旷日持久数岁，使两国交敝，“乃引其兵而归”。金正炜云：“其兵，盖单将以助赵之齐人，谓之其者，以别于赵之兵也，归谓归齐。”其后果如马服之言。而《赵世家》田单攻燕、韩，所将者唯赵师，连拔燕、韩二城，费时甚短，显然与此策所言不合。于鬯《战国策注》以为此章战事起于惠文王三十年，止于孝成王元年，历时五年之久，所谓“旷日持久数岁”是也。亦为推测之辞，不足为定论。

卷十九
周赧王五十一年(公元前二六四年)至五十九年(公元前二五六年)

周赧王五十一年(公元前二六四年)

秦昭王四十三年,魏安釐王十三年,韩桓惠王九年,赵孝成王二年,齐王建元年,楚顷襄王三十五年,燕武成王八年。

[秦昭襄王]四十三年,武安君白起攻韩拔九城,斩首五万。(《秦本纪》)

[秦]昭王四十三年,白起攻韩陉城,拔五城,斩首五万。(《白起列传》)

[秦]昭王四十三年,秦攻韩汾、陉,拔之,因城河上广武。(《范雎列传》)

[韩桓惠王]九年,秦拔我陉,城汾旁。(《韩世家》,《六国表》同。)

案:《白起列传》谓"白起攻韩陉城,拔五城",疑"陉城"乃"陉、汾"之误。《范雎列传》作"秦攻韩汾、陉",盖指汾水两岸汾城、陉城一带。《韩世家》与《六国表》言“秦拔我陉，城汾旁”，而《范雎列传》则称“因城河上广武”，《索隐》引刘氏云：“此河上，盖近河之地，本属韩，今秦得而城。”此说可疑，陉城既在汾旁，因得陉城，而“城河上广武”，“河”疑“汾”之误。

秦攻韩，围陉。范雎谓秦昭王曰：“有攻人者，有攻地者，穰侯十攻魏而不得伤者（姚注：“得一作能”），非秦弱而魏强也，其所攻者地也。地者，人主所甚爱也；人主者，人臣之所乐为死也；攻人主之所爱，与乐死者斗，故十攻而弗能胜也。今王将攻韩围陉，臣愿王之毋独攻其地而攻其人也。王攻韩围陉，以张仪为言（鲍注：“仪死至雎之相，四十四年矣。仪亦未尝在韩，此必误”）。张仪之力多，且削地而以自赎于王（鲍本“削”作“割”。姚注：“钱、刘本无而字”），几割地而韩不尽；张仪之力少，则王逐张仪，而更与不如张仪者市（鲍本无“张”字。黄丕烈云：“无者当是，上文张字皆有讹”）。则王之所求于韩者，言可得也。”（鲍本“言”作“尽”。金正炜云：“按《广雅·释诂》：言，从也，谓所求从此可得也。亦与云同，发语词也。说详《经传释词》”）（《秦策三》第十二章）

案：马骕《绎史》亦云：“张仪死已久，且不在韩，此策舛误。”鲍彪列此在秦昭王四十三年，是也。惟误以为召陵之陉亭，吴师道以为汾水旁之陉是也。范雎不仅主张远交近攻，而且主张“毋独攻其地而攻其人”，此后长平之战，秦坑杀赵俘四十余万人，盖即雎之主张。“张仪”，以为“张平”之误，“据《史记·留侯世家》云：良父平相釐王、惠王，卒于惠王之二十二年。秦围韩陉，在秦昭王四十二年，当韩桓惠王九年，张平正为韩相。秦攻韩围陉，韩之执政者请割地言和，而范雎正谋大举破韩，不欲言和也。

秦攻陉，韩使人驰南阳之地（“驰”读作“移”，移，易也。详案语）。秦已驰，又攻陉，韩因割南阳之地。秦受地，又攻陉。陈轸谓秦王曰：“国形不便故驰，交不亲故割。今割矣而交不亲，驰矣而兵不止，臣恐山东之无以驰割事王者矣。且王求百金于三川而不可得，求千金于韩，一旦而具。今王攻韩，是绝上交而固私府也，窃为王弗取也。”（《韩策一》第十章）

案：鲍彪曰：“此事史不书。后至韩桓惠王九年秦拔我陉，然陈轸、张仪同时，仪死至桓惠九年，四十六年矣，轸必不存，故因旧。”鲍彪因陈轸与张仪同时，以为此事远在韩桓惠九年之前。其实，此章之陈轸，与《秦策三》第十二章之张仪同为字误。此事固当在韩桓惠九年。王念孙曰：鲍说甚谬。驰读为移。移，易也。谓以南阳之地易秦地也。下文曰：“国形不便故驰，谓两国之地形不便，故交相易也。”王说尚不确切。此时韩以“驰割”（即移割）事秦，并非由于两国间地形不便而作友好之相互交易，而是在秦不断进攻中，韩以其他土地割让，换取秦正谋攻取之城邑。韩之南阳，指太行山东南一带之地，包括野王等地在内，此乃韩由中原连通上党之太行通道所在。此时秦相范雎之策谋，欲攻取南阳之太行道，以切断韩上党郡与其国都之联系，从而攻占全部上党地区。韩以“国形不便”，欲以其他地方“驰割”于秦，但秦一面接受“驰割”之地，一面继续进攻，欲韩割南阳之地，因此韩以“驰割”事秦，秦仍进攻不止，因而韩桓惠王十年秦即攻取韩之南阳之太行道，迫使韩上党郡守以上党郡降赵。

虞卿谓春申君曰：“臣闻之，于安思危，危则虑安。今楚王之春秋高矣，而君之封地不可不早定也。为主君虑封者，莫如远楚。秦孝公封商君，孝公死而后王杀之（“王”原误作“不免”，从金正炜改正，帛书《战国纵横家书》第二十三章作“秦孝公死，公孙鞅杀”）。秦惠王封冉子，惠王死而后王夺之（帛书作“惠王死，襄子杀”，“襄”与“穰”通，魏冉封穰侯，穰子即是冉子。“杀”疑为“敓”字之误“敓”古“夺”字。“惠王死”当是“太后死”之误）。公孙鞅功臣也，冉子亲姻也，然而不免夺死者，封近故也。太公望封于齐，邵公奭封于燕，为其远王室矣。今燕之罪大而赵怒深，故君不如北兵以德赵，践乱燕以定身封，此百代之一时也。”君曰：“所道攻燕，非齐则魏，魏、齐新怨楚（“怨”帛书作“恶”），楚虽欲攻燕，将何道哉？”（“何道”原作“道何”，今从帛书改正）对曰：“请令魏王可。”君曰：“何如？”对曰：“臣请到魏而使所以信之。”（帛书“使”作“便”，“信”作“言”）乃谓魏王曰：“夫楚亦强大矣，天下无敌，乃且攻燕。”魏王曰：“乡也子云天下无敌，今也子云乃且攻燕者何也？”对曰：“今为马多力则有矣，若曰胜千钧则不然者何也？夫千钧非马之任也。今谓楚强大则有矣，若越赵、魏而斗兵于燕（帛书“斗兵”作“关甲”，“关”通“擐”），则岂楚之任也哉？非楚之任而楚为之，是敝楚也。敝楚，强楚（“强楚”原误作“是强魏也”，今从帛书改正），其于王孰便也？”（《楚策四》第十三章，帛书《战国纵横家书》第二十三章同）

案：吴师道曰：“按《史》考烈王元年封歇春申君，赐淮北地……此策言楚王春秋高，君之封地不可不早定，则在未封之前，顷襄王时乎？顷襄王三十四年，赵尝伐燕，岂或此时劝以践燕定封，亦欲其取地于大国如魏冉乎？”今案此云“秦惠王封冉子，惠王死而后王夺之”，“惠王死”当作“太后死”。虞卿之说春申，当在穰侯出之陶以后，即楚顷襄王三十五年以后，盖燕自成安君公孙操杀燕惠王而拥立武成王，引发内乱，三晋与楚尝伐燕干预，未能成功。虞卿谓"今燕之罪大而赵怒深"，当即指此，因而进说春申君"北兵以德赵，践乱燕以定身封"也。

王曰："向也，子曰天下无道（金正炜曰："道当作適，读如敌"），今也，子曰乃且攻燕者，何也？"对曰："今谓马多力则有矣，若曰胜千钧则不然者，何也？夫千钧，非马之任也。今谓楚强大则有矣，若夫越赵、魏而斗兵于燕，则岂楚之任也哉？且非楚之任而楚为之，是弊楚也，强楚、弊楚，其于王孰便也？"（《韩策一》第二十二章）

案：吴师道谓此章"乃《楚策·虞卿谓春申君》之文脱简误衍，略有不同。"顾观光附此于《虞卿谓春申君》章后，曰："即上文而佚其前半，应删并归一。"

[赵孝成王]二年惠文后卒。田单为相。（《赵世家》）

【附编】

齐王使使者问赵威后，书未发，威后问使者曰："岁亦无恙耶？民亦无恙耶？王亦无恙耶？"使者不说，曰："臣奉使使威后，今不问王而先问岁与民，岂先贱而后尊贵者乎？"威后曰："不然。苟无岁，何以有民？苟无民，何以有君？故有舍本而问末者耶？"（"有"下原有"问"字，姚注："一无问字"。金正炜云："有问之问，当从一本省。"）乃进而问之曰："齐有处士曰钟离子，无恙耶？是其为人也，有粮者亦食，无粮者亦食；有衣者亦衣，无衣者亦衣，是助王养其民者也，何以至今不业也。叶阳子无恙乎？是其为人，哀鳏寡，恤孤独，振困穷，补不足，是助王息其民也，何以至今不业也？北宫之女婴兒子无恙耶？彻其环瑱，至老不嫁，以养父母，是皆率民而出于孝情者也，胡为至今不朝也。此二士弗业，一女不朝，何以王齐国、子万民乎？於陵子仲尚存

乎？是其为人也，上不臣于王，下不治其家，中不索交诸侯，此率民而出于无用者，何为至今不杀乎？”（《齐策四》第七章）

案：鲍彪谓赵威后乃惠文后，又编次于齐王建时。吴师道云：“问王而不及后，必非君王后、王建时。”顾观光列此在周赧王五十年。黄式三《周季编略》编入周赧王五十一年。

秦昭王问孙卿子曰：“儒无益于人之国？”孙卿子曰：“儒者法先王，隆礼义，谨乎臣子，而致贵其上者也（《新序·杂事五》第十章“致”上有“能”字）。人主用之，则势在本朝而宜（《新序》作“则进在本朝”），不用则退编百姓而悫（《新序》作“置而不用则退编百姓”），必为顺下矣（《新序》“必”上有“而敌”二字）。虽穷困冻餧（《新序》“餧”作“馁”），必不以邪道为贪（《新序》“贪”作“食”，梁启雄曰：“《新序》贪作食，义长”）。无置锥之地，而明于持社稷之大义（《新序》“义”作“计”）。呜呼而莫之能应（《新序》“呜”作“叫”，王先谦校改“呜”为“嘄”，谓“嘄”与“叫”同），然而通乎财万物、养百姓之经纪（《新序》“乎”作“呼”，“财”作“裁”）。势在人上，则王公之材也；在人下，则社稷之臣，国君之宝也。虽隐于穷阎漏室（《新序》“阎”作“闾”），人莫不贵，贵道诚存也（“贵”原作“之”，王先谦据《治要》校改，云：“言人所以莫不贵此人者，以其可贵之道在也。”）。仲尼将为司寇，沈犹氏不敢朝饮其羊，公慎氏出其妻，慎溃氏逾境而徙（《新序》“徙”作“走”），鲁之粥牛马者不豫贾（《新序》“粥”作“鬻”，古通用），必蚤正以待之也（《新序》无“必”字，“蚤”作“布”。俞樾云：“必字衍文，蚤疑修字之误”）。居于阙党，阙党之子弟，罔不必分（《新序》作“罔罟分”，王绍兰《读书杂记》云：“不即罘之省文”，梁启雄云：“罔网古今字”），有亲者取多，孝弟以化之也。儒者在本朝则美政，在下位则美俗，儒之为人下如是矣。”王曰：“然则其为人上何如?”孙卿曰：“其为人上也广大矣。志意定乎内，礼节修乎朝，法则度量正乎官，忠信爱利形乎下。行一不义、杀一无罪而得天下，不为也。此君义信乎人矣，通于四海，则天下应之如讙(《新序》作“则天下之外应之而怀之”)，是何也？则贵名白而天下治也。(《荀子·儒效》)

应侯问孙卿子曰：“入秦何见?”孙卿子曰：“其固塞险，形势便，山林川谷美，天材之利多，是形胜也。入境，观其风俗，其百姓朴，其声乐不流污，其服不挑，甚畏有司而顺，古之民也。及都邑官府，其百吏肃然，莫不恭俭敦敬忠信而不楛，古之吏也。入其国，观其士大夫，出于其门，入于公门；出于公门，归于其家，无有私事也；不比周，不朋党，倜然莫不明通而公也，古之士大夫也。观其朝廷，其朝闲(“闲”上原脱“朝”字，从久保爱《荀子增注》据宋本补)，听决百事不留，恬然如无治者，古之朝也。故四世有胜，非幸也，数也(顾广圻据《荀子》中《荣辱》、《王制》等篇，校改“治”为“愿”)；故近者歌讴而乐之，远者竭蹶而趋之，四海之内若一家，通达之属莫不从服，夫是之谓人师。《诗》曰：自西自东，自南自北，无思不服，此之谓也。夫其为人下也如彼，其为人上也如此，何谓其无益于人之国也。”昭王曰：“善。”(《荀子·儒效》，《新序·杂事五》第十章大体相同)

力术止，义术行。曷谓也？曰：秦之谓也。威强乎汤、武，广大乎舜、禹，然而忧患不可胜校也；諰諰然常恐天下之一合而轧己也，此所谓力术止也。曷谓乎威强乎汤、武？汤、武也者，乃能使说己者使耳。今楚父死焉，国举焉，负三王之庙而辟于陈、蔡之间，视可，司间，案欲剡其胫而以蹈秦之腹，然而秦使左案左，使右案右，是乃使仇人役也。此所谓威强乎汤、武也。曷谓广大乎舜、禹也？曰：古者百王之一天下臣诸侯也,未有封内千里者也。今秦南乃有沙羡与俱,是乃江南也。北与胡貉为邻,西有巴戎,东在楚者乃界于齐,在韩者逾常山乃有临虑,在魏者乃据圉津(杨注:“圉当为围。《汉书》:曹参下修武,度围津。颜师古曰:在东郡,岂古名围津,转写为圉,或作韦津,今有韦城,岂是邪?《史记》:朱忌谓魏安釐王曰:秦固有怀、茅、邢丘,城垝津以临河内,河内共、汲必危。垝、围声相近,疑同”),即去大梁百有二十里耳。其在赵者剡然有苓而据松柏之塞,负西海而固常山,是地遍天下也,威动海内,强殆中国,然而忧患不可胜校也,諰諰然常恐天下之一合而轧己也。此所谓广大乎舜、禹也。然则奈何?曰:节威反文,案用夫端诚信全之君子治天下焉,因与之参国政,正是非,治曲直,听咸阳。顺者错之,不顺者而后诛之。若是则兵不复出于塞外而令行天下矣。若是则虽为之筑明堂于塞外而朝诸侯,殆可矣。假今之世,益地不如益信之务也。(《荀子·强国》)

案:《周季编略》列荀况由齐如秦在周赧王五十一年。据《荀子·强国篇》所述秦“广大乎舜、禹”之疆域,以及“威强乎汤、武”之形势,当在秦大胜于长平之前,荀况入秦当在周赧王五十一至五十四年间。

周赧王五十二年(公元前二六三年)

秦昭王四十四年,魏安釐王十四年,韩桓惠王十年,赵孝成王三年,齐王建二年,楚顷襄王三十六年,燕武成王九年。

[秦昭襄王]四十四年攻韩南阳,取之。(《秦本纪》,“阳”原误作“郡”,从《六国表》、《白起列传》改正)

秦昭王四十四年秦攻韩取南阳。(《六国表》,《集解》徐广曰:“一

作郡。”作郡乃字误。按表例，“秦”字当为衍文）

[秦昭王]四十四年白起攻南阳、太行道，绝之。（《白起列传》）

[秦昭王]四十四年攻大行，□攻。（秦简《编年记》）

[韩桓惠王]十年秦击我于太行，我上党郡守以上党郡降赵。（《韩世家》）

[韩桓惠王]十年秦击我太行。（《六国表》）

案：钱大昕《潜研堂文集》卷十二“答问九”，以为《秦本纪》攻韩南郡，《六国表》作南阳，当以南阳为是，甚确。钱氏又谓：“韩之南阳，即秦、汉之南阳郡，昭王三十五年初置南阳郡者也。昭王十六年拔韩宛城，又封魏冉穰侯，皆南阳郡地，是南阳属秦已久。而此时又云攻取韩南阳，盖战国时，大郡或领十数城，非一时所能尽拔。秦虽置南阳郡，尚未全有其地，至是始悉取之。”此说大谬。《白起列传·集解》曰：“此南阳，河内修武是也。”《正义》又曰：“案南阳属韩，秦攻之，则韩太行羊肠道绝矣。”此说是也。盖韩、魏有两处名南阳，一处即秦、汉之南阳郡，与楚上庸相近。另一处乃太行山之南阳，因地处太行山之南而得名。《续汉书·郡国志》：河内郡修武故南阳。《汉书·地理志》注引应劭曰：“晋始启南阳，今南阳城是也。”修武在今河南获嘉县，《白起列传》称昭王四十五年“伐韩之野王，野王降秦，上党道绝”。野王在今河南沁阳县，当修武之西南。是时秦攻取韩之南阳、野王，占有太行山东南一带，以绝断韩上党郡与韩国都之通道。《白起列传》称“攻南阳、太行道，绝之”，又称“上党道绝”，《蔡泽列传》记蔡泽说范睢曰：“今君相秦，计不下席，谋不出廊庙，坐制诸侯，利施三川，以实宜阳；决羊肠之险，塞太行之道。”亦指此而言。此乃范雎攻破韩国之计谋。范雎说秦昭王曰:“北断太行之道,则上党之师不下;王一兴兵而攻荥阳,则其国断而为三。”秦简《编年记》称是年攻太行,《韩世家》称秦击我于太行,皆指太行道而言。

天下之士合从相聚于赵,而欲攻秦。秦相应侯曰:“王勿忧也,请今废之(“今”原作“令”,从王念孙改正。王念孙曰:“今犹即也,言请即废之也”)。秦于天下之士非有怨也,相聚而攻秦者,以己欲富贵耳(鲍本“欲”作“有”)。王见大王之狗,卧者卧,起者起,行者行,止者止,毋相与斗者,投之一骨,轻起相牙者何则?有争意也。”于是使唐雎载音乐(“使”字原缺,从鲍本补),予之五千金(“千”原作“十”,鲍本作“千”。黄丕烈云:“千字是也。下复载五十金同。”金正炜曰:“五十金并应作五千金,下文散不能三千金,可证”),居武安,高会相与饮,谓邯郸人谁来取者?于是其谋者固未可得予也,其可得与者(鲍本“与”作“予”),与之昆弟矣。“公与秦计功者,不问金之所之,金尽者功多矣。今令人复载五千金随公。”唐雎行,行至武安,散不能三千金,天下之士,大相与斗矣。(《秦策三》第十四章)

案:顾观光附此于周赧王四十九年,盖《魏世家》载安釐王十一年记齐、楚相约攻魏,魏使人求救于秦,而秦救不至。魏王使唐雎入见秦游说,于是秦发兵救魏。顾氏以为一时事。此事当在长平之战前。是时东方六国中以赵最强,因而天下之士有相聚于赵谋合纵攻秦之举。吴师道曰:“《秦记》尉缭说秦王曰:愿大王毋爱财物,赂其豪臣,不过亡三十万金,则诸侯可尽。《大事记》云:前此范雎之散合纵,后此陈平之间项羽,同出一术。”范雎赂天下之士以散合纵,盖欲个别击破韩、赵等国。

魏将与秦攻韩(《史记·魏世家》作“魏王以秦救之故,欲亲秦而伐韩,以求故地”)。朱己谓魏王曰(今本《史记》“朱己”误作“无忌”,《荀子·强国》篇杨倞注引《史记》作“朱忌”):“秦与戎翟同俗,有虎狼之心,贪戾好利而无信(帛书《战国纵横家书》第十六章“信”作“亲”),不识礼义德行。苟有利焉,不顾亲戚兄弟,若禽兽耳。此天下之所同知也(《史记》“知”作“识”),非所施厚积德也。故太后,母也,而以忧死。穰侯舅也,功莫大焉(帛书“大”作“多”),而竟逐之;两弟无罪,而再夺之国。此于其亲戚兄弟若此(帛书、《史记》皆无“兄弟”二字),而又况于仇雠之敌国也。今大王与秦伐韩,而益近秦患(“患”字原脱,从帛书、《史记》补),臣甚惑之,而王弗识也,则不明矣。群臣知之而莫以此谏(帛书、《史记》皆作“群臣莫以闻”),则不忠矣。今夫韩氏,以一女子承一弱主(帛书、《史记》“承”作“奉”),内有大乱,外安能支强秦、魏之兵(帛书无“安能”二字,《史记》“安能支”作“交”),王以为不破乎?(帛书、《史记》“破”作“亡”)韩亡,秦尽有郑地,与大梁邻,王以为安乎?王欲得故地,而今负强秦之祸也(《史记》“祸”作“亲”),王以为利乎?秦非无事之国,韩亡之后必且更事(“更”原误作“便”,从帛书、《史记》改正),更事必就易与利,就易与利必不伐楚与赵矣。是何也?夫越山逾河,绝韩之上党而攻强赵,则是复阏与之事也,秦必不为也。若道河内,倍邺、朝歌(“倍”与“背”通),绝漳、滏之水,而以与赵兵决胜于邯郸之郊,是智伯之祸也,秦又不敢。伐楚,道涉谷(“谷”上误衍“山”字,从帛书、《史记》删),行三千里而攻黾隘之塞(“黾”原误作“危”,从王念孙改正,“黾隘”,帛书作“冥戹”,《史记》作“冥阸”,古通用),所行甚远,而所攻者甚难,秦又弗为也。若道河外,背大梁而右上蔡、召陵,以与楚兵决于陈郊,秦又不敢也。故曰:

秦必不伐楚与赵矣，又不攻燕与齐矣（“燕”，原误作“卫”，《史记》同误，今从帛书改正）。韩亡之后，兵出之日，非魏无攻矣（帛书、《史记》“矣”作“已”）。秦故有怀、茅、邢丘（“故”，帛书、《史记》作“固”，“故”与“固”通。“茅”原误作“地”，从帛书、《史记》改正），城垝津，而以之临河内，河内之共、汲莫不危矣。秦有郑地，得垣雍，决荧泽，而水大梁（《史记》“水”下有“灌”字，帛书无“而水大梁”四字），大梁必亡矣。王之使者大过矣，乃恶安陵氏于秦，秦之欲许久矣（“许”下原衍“之”字，今从帛书删。《史记》误作“诛之”）。然而秦之叶阳、昆阳与舞阳邻（“舞阳”下原衍“高陵”二字，从帛书、《史记》删），听使者之恶也，随安陵氏而欲亡之（“随”帛书作“堕”，“随”与“堕”通）。秦绕舞阳之北（“绕”帛书作“缭”，二字通用），以东临许，则南国必危矣。南国虽无危，则魏国岂得安哉？（帛书作“南国必危，国先害已”，《史记》“先”误作“无”）。且夫憎韩不爱安陵氏可也（“爱”原误作“受”，从帛书、《史记》改正），夫不患秦之不爱南国非也（帛书无“之”字，金正炜云：“之字疑又字之讹”）。异日者，秦乃在河西，晋国之去梁也，千里有余，河山以阑之，有周、韩而间之。从林军以至于今（《史记》“林”作“林乡”），秦七攻魏（“七”原误作“十”，从帛书、《史记》改正），五入囿中（“囿”误作“国”，从帛书、《史记》改正），边城尽拔，文台堕，垂都焚（“焚”帛书作“然”，通“燃”），林木伐，麋鹿尽，而国继以围。又长驱梁北，东至陶、卫之郊，北至乎阚（帛书、《史记》“阚”作“监”，音近通用），所亡于秦者，山南、山北、河外、河内（“山南”二字原脱，从帛书、《史记》补），大县数十（“十”原误作“百”，从帛书、《史记》改正），名部数百（“部”原误作“都”，“百”原误作“十”，从帛书改正），秦乃在河西。晋国之去大梁也尚千里，而祸若是矣，又况于使秦无韩而有郑地，无河山以阑之，无周、韩以间之，去大梁百里，祸必百此矣（《史记》“百”误作“由”）。异日者，从之不成也（“从”与“纵”通），楚、魏疑而韩不可得而约也。今韩受兵三年，秦挠之以讲，韩知亡犹弗听（帛书、《史记》“知”作“识”），投质于赵，而请为天下雁行顿刃。以臣观之，则楚、赵必与之攻矣（帛书、《史记》皆作“楚、赵必集兵”），皆知秦之欲无穷也（“欲”原脱，从《史记》补），非尽亡天下之兵而臣海内之民，必不休矣。是故臣愿以从事乎王（“从”与“纵”通），王速受楚、赵之约，而挟韩之质（“韩”上原衍“魏”字，从帛书、《史记》删），以存韩为务，因求故地于韩，韩必效之。如此则士民不劳而故地得（帛书“得”作“反”，“反”与“返”通），其功多于与秦共伐韩，然而无与强秦邻之祸（帛书“无”上有“必”字，《史记》“无”误作“又”）。夫存韩安魏而利天下，此亦王之大时已。通韩之上党于共、宁（“宁”原误作“莫”，从帛书、《史记》改正），使道安成之关（原作“使道已通因而关之”，《史记》作“使道安成”，帛书作“使道安成之□”，今据以校正），出入赋之，是魏重质韩以其上党也，共有其赋（帛书“共”作“合”，《史记》误作“今”），足以富国，韩必德魏，爱魏，重魏，畏魏，韩必不敢反魏，是韩，魏之县也。魏得韩以为县，则卫大梁，河外必安矣（帛书“河外”作“河北”）。今不存韩，则二周必危，安陵必易（帛书“易”作“哋”，与“弛”通），楚、赵大破，燕、齐甚卑（原误作“卫、齐甚畏”，《史记》同误，今从帛书改正），天下之西乡而驰秦、入朝为臣之日不久矣。”（帛书“乡”作“舟”，“舟”与“輈”通。“矣”字从帛书、《史记》补）（《魏策三》第八章，《魏世家》与帛书《战国纵横家书》第十六章同）

案：《魏世家》系此于安釐王十一年后，顾观光列此于周赧王四十九年，林春溥、于鬯列此于周赧王五十三年，皆不确。此云穰侯见逐，穰侯出之陶，在秦昭王四十二年九月，已是岁末，此事必在周赧王五十一年以后，此谓"今韩受兵三年"，考是时秦伐韩，起于秦昭王四十二年，则此事必在昭王四十四年即周赧王五十二年。此又谓"夫越山逾河，绝韩之上党而攻强赵，则复阏与之事也，秦必不为也"，可知必在此年秦攻绝韩之太行道之前。《秦策三》第十四章，谓"天下之士合从相聚于赵而欲攻秦"，正此时事，朱己即是谋合纵攻秦之士而游说于魏安釐王者。彼分析当时形势，了若指掌，此后未见魏助秦攻韩，或与此有关。

楚顷襄王病，太子不得归。而楚太子与秦相应侯善，于是黄歇乃说应侯曰："相国诚善楚太子乎？"应侯曰："然。"歇曰："今楚王恐不起疾(《史记会注考证》："枫山、三条本王下有病字。"《资治通鉴》作"楚王疾恐不起")，秦不如归其太子。太子得立，其事秦必重而德相国无穷，是亲与国而得储万乘也。若不归，则咸阳一布衣耳。楚更立太子，必不事秦，夫失与国而绝万乘之和(《资治通鉴》"夫"作"是")，非计也。愿相国孰虑之。"应侯以闻秦王。秦王曰："令楚太子之傅先往问楚王之疾，返而后图之。"黄歇为楚太子计曰(《资治通鉴》"为"作"与"，"计"作"谋")："秦之留太子也，欲以求利也。今太子力未能有以利秦也，歇忧之甚。而阳文君子二人在中，王若卒大命，太子不在，阳文君子必立为后，太子不得奉宗庙矣。不如亡秦，与使者俱出，臣请止，以死当之。"楚太子因变服为楚使者御以出关，而黄歇守舍，常为谢病(《资治通鉴》"为"下有"太子"二字)。度太子已远，秦不能追，歇乃自言秦昭王曰："楚太子已归，出远矣，歇当死，愿赐死。"昭王大怒，欲听其自杀也。应侯曰："歇为人臣，出身以徇其主，太子立，必用歇，故不如无罪而归之，以亲楚。"秦因遣黄歇。歇至楚三月，楚顷襄

王卒，太子完立，是为考烈王。(《春申君列传》)

[楚顷襄王]三十六年顷襄王病，太子亡归。秋顷襄王卒，太子熊元代立，是为考烈王。考烈王以左徒为令尹，封以吴，号春申君。(《楚世家》)

考烈王元年以黄歇为相，封为春申君，赐淮北地十二县。(《春申君列传》，《六国表》亦记"黄歇为相于考烈王元年")

楚考烈王完。(《楚世家》"太子熊元"下引《世本》作"完")

案：考烈王之名，或作元，或作"完"，音同通用。金文作"肯"，见楚王酓肯鼎、簠之铭文。"元"古读若昆，《说文》"阮"字下云："读若昆"，元、肯乃一声之转。

又案：《楚世家》谓春申君受封于考烈王立年是也。初受封，即赐淮北十二县，当以《春申君列传》为是。春申君改封于吴，在此后十五年。《资治通鉴》作"考烈王即位，以黄歇为相，封以淮北地，号曰春申君"，甚是。

[赵孝成王]三年相邦建郼君("郼"读作"信")，邦左库工师□□，冶尹月执齐("齐"读作"剂")。(三年相邦建信君矛刻铭，《周金文存》卷六著录)

[赵孝成王]三年相邦建郼君("郼"读作"信")，邦右库工师……(三年相邦建信君剑刻铭，《善齐吉金录·古兵下》著录)

案：此外尚有八年相邦建信君矛、剑刻铭，见于《三代吉金文存》卷二十等。矛剑刻铭，"建信君"皆作"建郼君"，古"信"与"伸""身"同音通用。《赵策三》第十六章记魏公子牟称建信君为"幼艾"，即《孟子·万章上》所谓"知好色，则慕少艾"。古称年轻美貌之男子为少艾或幼艾。《赵策三》第十七章又载或谓建信曰："君之所以事王者色也。"赵孝成王因好男色，宠幸建信君而任以为相邦，当在此年或即位之后。今人或以西汉千乘郡之建信作为建信君之封邑，尚无确证。千乘郡之建信，在千乘之西，漯水之南，在今山东高青西北，已是齐之腹地。建信疑是封号。

【附编】

或谓建信："君之所以事王者色也，葺所以事王知也（"葺"原作"萺"，今从鲍本）。色老而衰，知老而多。以日多之知，而逐衰恶之色，君必困矣。"建信君曰："奈何？"曰："并骥而走者，五里而罢；乘骥而御之，不倦而取道多。君令葺乘独断之车，御独断之势，以居邯郸，令之内治国事，外刺诸侯，则葺之事有不言者矣。君因言王而重责之，葺之轴今折矣。"建信君再拜受命，入言于王，厚任葺以事能，重责之。未期年而葺亡走矣。（《赵策三》第十七章）

魏魁谓建信君曰（"魁"原作"鮐"，吴师道云：一本作"魖"，皆误字，今从《文选》陈琳《檄吴将校部曲文》李注所引改正）："人有置系蹄者而得虎，虎怒，决蹯而去。虎之情，非不爱蹯也，然而不以环寸之蹯，害七尺之躯者，权也。今有国者，非直七尺之躯也，而君之身于王，非环寸之蹯也，愿公之熟图之也。"（《赵策三》第二十章）

翟章从梁来，甚善赵王。赵王三延之以相，翟章辞不受。田驷谓柱国韩向曰："臣请为卿刺之。客若死，则王必怒而诛建信君。建信君死，则卿必为相矣。建信君不死，以为交，终身不敝。卿因以德建信君矣。"（《赵策四》第十章）

案：顾观光以此系秦王政三年，即赵悼襄王元年，不确。建信君以色为赵孝成王之幸臣。《魏世家·索隐》引《纪年》谓魏襄王八年"翟章伐卫"，《水经·汾水注》引《纪年》，又谓魏襄王十二年“翟章率师救皮氏围”。魏襄王八年乃公元前三一一年，距此已有四十八年。此从梁来赵之翟章，疑为同名之另一人。

周赧王五十三年（公元前二六二年）

秦昭王四十五年，魏安釐王十五年，韩桓惠王十一年，赵孝成王四年，齐王建三年，楚考烈王元年，燕武成王十年。

［秦昭襄王］四十五年五大夫贲攻韩，取十城。叶阳君悝出之国（《集解》：“一云华阳”），未至而死。（《秦本纪》，《六国表》作“攻韩取十城”）

案：叶阳君，《集解》云：“一云华阳”。梁玉绳曰：“华形近叶，传写致讹。华阳君即昭王舅芈戎，悝乃昭王母弟高陵君，此纪当有脱误。不然，将以芈戎为公子悝矣。”今案：此疑“华阳君芈戎”之误，说在周赧王五十年案语中。

［秦昭王］四十五年攻大壄王（“壄”即“野”之别体）。十二月甲午鸡鸣时喜产。（秦简《编年记》）

［秦昭王］四十五年伐韩之野王，野王降秦，上党道绝。其守冯亭与民谋曰：“郑道已绝，韩必不可得为民。秦兵日进，韩不能应，不如以上党归赵。赵若受我，秦怒，必攻赵。赵被兵，必亲韩。韩、赵为一，则可以当秦。”因使人报赵。赵孝成王与平阳君、平原君计之。平阳君曰：“不如勿受。受之，祸大于所得。”平原君曰：“无故得一郡，受之便。”赵受之，因封冯亭为华阳君。（《白起列传》）

［赵孝成王］四年王梦衣偏裻之衣，乘飞龙上天，不至而坠，见金玉之积如山。明日王召筮史敢占之，曰：“梦衣偏裻之衣者，残也。乘飞龙上天不至而坠者，有气而无实也。见金玉之积如山者，忧也。”后

三日，韩氏上党守冯亭使者至，曰："韩不能守上党，入之于秦。其吏民皆安为赵，不欲为秦。有城市邑十七(《赵策一》第十一章"十七"误作"七十")，愿再拜入之赵，听王所以赐吏民。"("听"或作"财"。《史记会注考证》云："宋、中统、王、柯、毛本作财，今从古钞本、枫山、三条本、凌本")王大喜，召平阳君豹告之曰："冯亭入城市邑十七，受之何如?"对曰："圣人甚祸无故之利。"王曰："人怀吾德，何谓无故乎?"对曰："夫秦蚕食韩氏地，中绝不令相通，固自以坐而受上党之地也。韩氏所以不入秦者，欲嫁其祸于赵也。秦服其劳而赵受其利，虽强大不能得之于小弱，小弱顾能得之于强大乎？岂可谓非无故之利哉？且夫秦以牛田之(《赵策一》第十一章无"之"字，"之"字疑衍)，水通粮，蚕食(《赵策一》无此二字，当涉上而衍)，上乘倍战者裂上国之地，其政行(《赵策一》作"令严政行")，不可与为难，必勿受也。"王曰："今发百万之军而攻，逾年历岁未得一城也。今以城市邑十七币吾国，此大利也。"赵豹出，王召平原君与赵禹而告之。对曰："发百万之军而攻，逾岁未得一城，今坐受城市邑十七，此大利，不可失也。"王曰："善。"乃令赵胜受地，告冯亭曰："敝国使者臣胜，敝国君使胜致命，以万户都三封太守，千户都三封县令，皆世世为侯，吏民皆益爵三级，吏民能相安，皆赐之六金。"冯亭垂涕不见使者，曰："吾不处三不义也(《赵策一》"处"上无"不"字，疑此"不"字衍文)。为主守地，不能死固，不义一矣；入之秦，不听主令，不义二矣；卖主地而食之，不义三也。"赵遂发兵取上党。廉颇将军军长平。(《赵世家》，《赵策一》第十一章大体相同。梁玉绳曰："廉颇上失书六年二字。")

秦王谓公子他曰："昔岁殽下之事，韩为中军，以与诸侯攻秦，韩与秦接境壤界，其地不能千里，辗转不可约。日者，秦、楚战于蓝田，韩出锐师以佐秦，秦战不利，因转与楚，不固信盟，唯便是从。韩之在我，心腹之疾，吾将伐之。何如?”公子他曰：“王出兵韩，韩必惧，惧则可以不战而深取割。”王曰：“善。”乃起兵，一军临荧阳(鲍本“荧”作“荥”)，一军临太行。韩恐，使阳成君入谢于秦(鲍注：“疑当作成阳，秦昭十七年入朝者也”)，请效上党之地以为和，令韩阳告上党之守靳黈曰(鲍改“黈”为“黈”，以为字书无此字)：“秦起二军以临韩，韩不能有(鲍本“有”作“支”，金正炜云：“当从之”)，今王令韩兴兵以上党入和于秦(金正炜云：“令韩兴兵疑当作全韩舆兵”)，使阳言之太守，太守其效之。”靳黈曰：“人有言：挈瓶之知，不能守器。王则有令而臣太守(黄丕烈云：“今本太误失”)，虽王与子亦有猜焉，臣请悉发守以应秦，若不能卒，则死之。”韩阳趋以报王。王曰：“吾始已诺于应侯矣，今不与，是欺之也。”乃使冯亭代靳黈。冯亭守三十日，阴使人请赵王曰：“韩不能守上党，且以与秦，其民皆不欲为秦，而愿为赵，今有城市之邑十七(“十七”原误作“七十”，从王念孙据《赵世家》改正)，愿拜内之于王，唯王才之(鲍注：“才，财，裁同”)。”赵王喜，召平阳君而告之曰：“韩不能守上党，且以与秦，其吏民不欲为秦，而皆愿为赵，今冯亭令使者以与寡人(黄丕烈云：“今本今误令”)，何如?”赵豹对曰：“臣闻圣人甚祸无故之利。”王曰：“人怀吾义，何谓无故乎!”赵豹对曰：“秦蚕食韩氏之地，中绝不令相通，故自以为坐受上党也。且夫韩之所以内赵者，欲嫁其祸也。秦被其劳而赵受其利，虽强大不能得之于小弱，而小弱顾能得之强大乎？今王取之，可谓有故乎？且秦以牛田，水通粮，其死士皆列之于上地(《赵世家》作“裂上国之地”)，令严政行，不可与战。王自图之。”王大怒曰：“夫用百万之众攻战，逾年历岁，未得一城也(“得”原误作“见”，从王念孙据《赵世家》改正)，今不用兵而得城十七，何故不为？”赵豹出，王召赵胜、赵禹而告之曰：“韩不能守上党，今其守以与寡人，有城市之邑十七。”二人对曰：“用兵逾年，未得一城，今坐而得城十七，此大利也。”乃使赵胜往受地。赵胜至，曰：“敝邑之王使使者臣胜，太守有诏，使臣胜谓曰：请以三万户之都封太守，千户封县令，诸吏皆益爵三级，民能相集者赐家六金。”冯亭垂涕而勉曰（鲍改“勉”为“免”，黄丕烈云：“此以勉为俛字也。”）：“是吾处三不义也：为主守地而不能死，而以与人，不义一也；主内之秦，不顺主命，不义二也；卖主之地而食之，不义三也。”辞封而入韩，谓韩王曰：“赵闻韩不能守上党，今发兵已取之矣。”韩告秦曰：“赵起兵取上党。”秦王怒，令公孙起、王齮以兵遇赵于长平。（《赵策一》第十一章，吴师道云：“公孙起即白起，《史》王龁非齮，秦将有桓齮，此恐讹舛。”黄丕烈云：“吴说非也。《秦始皇本纪》王齮、麃公，徐广注：一作龁。《索隐》曰：王齮即王龁。《六国表》秦庄襄王三年王齮击上党，徐广亦注：一作龁，是王齮即王龁，其证甚明，与桓齮迥不相涉。”）

案：以上两则，大体相同，而文不全同，盖一事而两传，《白起列传》又有概括之记述，而冯亭所谈，又有不同。《资治通鉴》既采《白起列传》冯亭之谋，又据《赵世家》记赵受上党之经过。赵豹云：“且秦以牛田，水通粮，其死士皆列之于上地，令严政行，不可与战。”此从经济与政治以说明秦之强大，颇为重要。吴师道云：“牛耕积谷，水漕通粮，秦从渭水漕运入河、洛。”可知其时秦奖励耕战，已普遍推广牛耕。并以水漕通粮，支持前线军队之作战。所谓“其死士皆列之于上地”，《赵世家》作“上乘倍战者裂上国之地”，“列”当读作“裂”，即指秦按军功分割田宅以赏赐之二十等爵制。再加“令严政行”，因而不能战胜之。鲍彪以牛田为秦地名，无据。

又案：《赵策一》言冯亭辞封而入韩，而《白起列传》谓赵封冯亭为华阳君。《汉书·冯奉世传》云："赵封亭为华阳君，与赵将括距秦，战死于长平。宗族由是分散，或在赵。在赵者为官师将，官师将子为代相，及秦灭六国，而冯亭之后冯无择、冯去疾、冯劫皆为秦将相焉。汉兴，冯唐即代相之子也。"《赵世家·集解》曾引此为证。《后汉书·冯衍传》亦有相同之记载。可知《白起列传》所载确实。《赵世家·集解》又引《上党记》云："冯亭冢在壶关城西五里。"

楚考烈王元年秦取我夏州。（《六国表》，"夏"字原脱，《苏秦列传》"东有夏州"下，《集解》引徐广曰："楚考烈王元年秦取夏州。"今据补）

[楚]考烈王元年纳夏州于秦，是时楚益弱。（《楚世家》，"夏"字原脱，今据《苏秦列传·集解》引徐广之说，加以补正）

案：《苏秦列传》楚"东有夏州"下，《集解》云："徐广曰：楚考烈王元年秦取夏州，骃案《左传》楚庄王伐陈，乡取一人焉以归，谓之夏州。"注者不说夏州所在。车胤《桓温集》云："夏口城上数里有洲名夏州，东有夏州谓此也。"《正义》云："大江中州也，夏水口在荆州江陵县东南二十五里。"《周季编略》据《集解》所引徐广说，改作"楚纳夏州于秦"，甚是。惟据《正义》以为夏州在江陵县，不确。秦昭王二十九年白起攻取楚都郢及其周围地区，江陵县一带当早已为秦所取。江永《春秋地理考实》谓"夏州盖在北岸江、汉合流之间，其后汉水遂有夏名"。程恩泽《国策地名考》以为夏州当指汉阳一带，亦即《离骚》所谓夏浦。今案夏州当为楚东部之地区名，指汉水与长江合流之间，包括汉阳以下，长江以西之水泽地带，为楚东边之要地，此时楚被迫而献纳于秦，故《楚世家》云“是时楚益弱”。若仅为一城名州，《楚世家》不能据此谓“楚益弱”。但《楚世家·集解》引徐广曰“南郡有州陵县”以解释，《续汉书·郡国志》南郡州陵县下有注云：“楚考烈王纳州于秦，即其地。”则《楚世家》早已作“纳州”而脱“夏”字。盖《楚世家》先脱“夏”字，后人又据《楚世家》误删《六国表》之“夏”字。楚顷襄王时有封君夏侯，《楚策四》庄辛谓楚顷襄王：“君王左州侯，右夏侯。”夏侯当即封于夏州。

周赧王五十四年（公元前二六一年）

秦昭王四十六年，魏安釐王十六年，韩桓惠王十二年，赵孝成王五年，齐王建四年，楚考烈王二年，燕武成王十一年。

赵孝成王五年使廉颇拒秦于长平。（《六国表》）

案：《赵世家》记此事于上年。

［秦昭王］四十六年秦攻韩缑氏、蔺，拔之。（《白起列传》，“蔺”乃“纶”之音转）

案：《正义》云：检诸地记，颍川无蔺，《括地志》云：洛州嵩县本夏之纶国也。在缑氏东南六十里。《汉书·地理志》云：纶氏属颍川郡。按既攻缑氏、蔺，二邑合相近，恐纶、蔺声相近，字随音而转作蔺。”缑氏在今河南登封县西北，纶氏在今登封县西南。传世有戈，刻铭云：“七年仑氏命（读作“令”）韩□、工师荣原、冶□。”仑氏即纶氏，乃韩之兵器。见黄盛璋《试论三晋兵器的国别和年代及其相关问题》（收入所著《历史地理考古论丛》）。

［秦昭王］四十六年王之南郑。（《六国表》）

［秦昭王］四十六年攻□亭。（秦简《编年记》，“亭”上缺一字，不详何地）

［鲁顷公］十九年楚伐我取徐州。（《鲁世家》）

案：《鲁世家》言顷公二年秦拔楚之郢，楚顷襄王东徙于陈，可知鲁顷公元年当周赧王三十六年，十九年当周赧王五十四年。是年楚乘秦攻韩与赵之时机，攻取鲁之徐州。徐州即薛，乃鲁往年乘齐为五国攻破时所取得者。

秦大饥，应侯请曰：“五苑之草著、蔬菜、橡果、枣栗，足以活民，请发之。”昭襄王曰：“吾秦法，使民有功而受赏，有罪而受诛，今发五苑之蔬草者，使民有功与无功俱赏也。夫使民有功与无功俱赏者，此乱之道也。夫发五苑而乱，不如弃蔬而治。”一曰：“令发五苑之蓏、蔬、枣、栗，足以活民，是用民有功与无功争取也。夫生而乱，不如死而治，大夫其释之。”（《韩非子·外储说右下》）

案：今本《战国策》末章（姚宽据苏辙《古史·白起传》增补）记秦昭王既息民缮兵，复欲伐赵，谓武安君白起曰：“前年国虚民饥，君不量百姓之力，求益军粮以灭赵。”此当秦昭王四十八年九月秦复发兵攻赵邯郸时。今据此定《韩非子》所载“秦大饥”于是年。《周季编略》编此于周赧王五十六年，较迟二年。

周赧王五十五年（公元前二六〇年）

秦昭王四十七年，魏安釐王十七年，韩桓惠王十三年，赵孝成王六年，齐王建五年，楚考烈王三年，燕武成王十二年。

［秦昭王］四十七年秦攻韩上党，上党降赵，秦因攻赵，赵发兵击

秦，相距。秦使武安君白起击，大破赵于长平，四十余万尽杀之。（《秦本纪》，《六国表》作“白起破赵长平，杀卒四十五万”）

［赵孝成王六年］廉颇将军，军长平。（《赵世家》原脱“六年”二字）

赵孝成王六年使赵括代廉颇将，白起破括四十五万。（《六国表》）

［秦昭王］四十七年，秦使左庶长王龁攻韩，取上党。上党民走赵。赵军长平，以按据上党民。四月龁因攻赵。赵使廉颇将。赵军士卒犯秦斥兵，秦斥兵斩赵裨将茄。六月，陷赵军，取二鄣四尉。七月赵军筑垒壁而守之。秦又攻其垒，取二尉，败其阵（阵，《集解》引徐广曰：“一作乘”），夺西垒壁。廉颇坚壁以待秦，秦数挑战，赵兵不出。赵王数以为让。而秦相应侯又使人行千金于赵为反间，曰：“秦之所恶，独畏马服子赵括将耳，廉颇易与，且降矣。”赵王既怒廉颇军多失亡，军数败，又反坚垒不敢战，而又闻秦反间之言，因使赵括代廉颇将以击秦。秦闻马服子将，乃阴使武安君白起为上将军，而王龁为尉裨将，令军中有敢泄武安君将者斩。赵括至，则出兵击秦军。秦军佯败而走，张二奇兵以劫之。赵军逐胜，追造秦壁（《正义》云：“秦壁一名秦垒，今亦名秦长垒”）。壁坚拒不得入，而秦奇兵二万五千人绝赵军后，又一军五千骑绝赵壁间，赵军分而为二，粮道绝。而秦出轻兵击之，赵战不利，因筑壁坚守，以待救至。秦王闻赵食道绝，王自之河内，赐民爵各一级，发年十五以上悉诣长平，遮绝赵救及粮食。至九月，赵卒不得食四十六日，皆内阴相杀食。来攻秦垒，欲出。为四队，四五复之，不能出。其将军赵括出锐卒自搏战，秦军射杀赵括。括军败，卒四十万人降武安君。武安君计曰：“前秦已拔上党，上党民不乐

为秦而归赵。赵卒反覆，非尽杀之，恐为乱。”乃挟诈而尽坑杀之，遗其小者二百四十人归赵。前后斩首虏四十五万人。赵人大震。（《白起列传》）

案：《赵世家·正义》引《括地志》云：“长平故城在泽州高平县西二十一里，即白起败括于长平处。”《白起列传》“赵军长平”下，《集解》引徐广曰：“在泫氏。”《索隐》云：“泫氏今在上党郡也。”今案泫氏与长平并非一城，泫氏在今山西高平县，长平故城则在高平县西北二十一里，汉时属于泫氏县，故徐广谓在泫氏。《水经·沁水注》云：“绝水东南流，左会长平水。水出长平县西北小山，东南径其县故城，泫氏之长平亭也。……括四十万众降起，起坑之于此。”

又案：《白起列传》“陷赵军，取二鄣四尉”下，《正义》引《括地志》云：“赵鄣故城一名都尉城，今名赵东城，在泽州高平县西二十五里，又有故谷城，此二城即二鄣也。”今案“鄣”乃“障”之通假。亭、障原为作战前线或关塞、长城上所建守望之所，设有尉主管。《白起列传》“夺西壁垒”下，《正义》引《括地志》云：“赵西垒在泽州高平县北六里，即廉颇坚壁以待秦，王龁夺赵西垒壁者。”《白起列传》：“赵战不利因筑壁垒守”，《正义》引《括地志》云：“赵壁，今名赵东壁，亦名赵东长垒，在泽州高平县北五里，即赵括作壁败处。”可知长平之战遗迹至唐犹存，在今高平县西北一带山地中。

［赵孝成王］七年廉颇免而赵括代将，秦人围赵括，赵括以军降（“以”当为“死”字之误，当读作“赵括死，军降”）。卒四十余万皆坑之。王悔不听赵豹之计，故有长平之祸焉。（《赵世家》）

案：沈家本云："疑'以'字乃'死'字之讹。"甚是。梁玉绳云："七年，七月之误，《白起列传》可证。"其说不确。《赵奢列传》亦记在赵孝成王七年，《范雎列传》亦记秦大破赵于长平在"昭王四十三年"之"后五年"，即昭王四十八年，亦即赵孝成王七年。《韩世家》亦记"秦拔赵上党，杀马服子卒四十余万于长平"于桓惠王十四年，亦即秦昭王四十八年。《春申君列传》亦记秦"破赵之长平军四十余万"，于春申君为相之四年，即楚考烈王七年，亦即秦昭王四十八年。《白起列传》称大败赵括军在秦昭王四十七年九月，是时秦用颛顼历，九月已是岁末，盖战争结束，赵军四十余万之受降，挟诈而尽坑杀之，已在翌年。长平之战首尾有三年之久，《吕氏春秋·应言》篇已言之。

[秦昭王四十三年]后五年，昭王用应侯谋，纵反间卖赵，赵以其故，令马服子代廉颇将，秦下破赵于长平，遂围邯郸。(《范雎列传》)

[赵孝成王]七年秦与赵兵相距长平。时赵奢已死，而蔺相如病笃，赵使廉颇将攻秦，秦数败赵军，赵军固壁不战。秦数挑战，廉颇不肯。赵王信秦之间。秦之间言曰："秦之所恶，独畏马服君赵奢之子赵括为将耳。"赵王因以括为将，代廉颇。蔺相如曰："王以名使括，若胶柱而鼓瑟耳。括徒能读其父书传，不知合变也。"赵王不听，遂将之。赵括自少时学兵法，言兵事，以天下莫能当，尝与其父奢言兵事，奢不能难，然亦不谓善。括母问奢其故，奢曰："兵，死地也，而括易言之。使赵不将括即已，若必将之，破赵军者，必括也。"及括将行，其母上书言于王曰："括不可使将。"王曰："何以？"对曰："始妾事其父，时为将，身所奉饭饮而进食者以十数，所友者以百数，大王及宗室所赏赐者尽以予军吏士大夫，受命之日不问家事。今括一旦为将，东向而

朝,军吏无敢仰视之者,王所赐金帛,归藏于家,而日视便利田宅可买者买之。王以为如其父,父子异心,愿王勿遣。”王曰:“母置之,吾已决矣。”括母因曰:“王终遣之,即有如不称,妾得无随坐乎?”王许诺。赵括既代廉颇,悉更约束,易置军吏。秦将白起闻之,纵奇兵,详败走,而绝其粮道,分断其军为二,士卒离心。四十余日军饿,赵括出锐卒自搏战,秦军射杀赵括。括军败,数十万之众遂降秦,秦悉坑之。赵前后所亡凡四十五万。(《廉颇蔺相如列传》,《太平御览》二百七十二引《战国策》二百四十六字,大体与此相同)

[秦昭王]四十七年攻长平。十一月敢产。(秦简《编年记》)

秦虽大胜于长平,三年然后决,士民倦,粮食□。(《吕氏春秋·应言》“粮食”下原缺一字)

案:长平之战首尾三年,《编年记》与《秦本纪》、《六国表》、《白起列传》相同,记长平之战于秦昭王四十七年,盖是年为秦用全力攻破长平也。

《上党记》曰:长平城在郡之南,秦垒在城西,二军共食流水,涧相去五里。秦坑赵众,收头颅筑台于垒中,因山为台,崔嵬桀起,今仍号之曰白起台。城之左右沿山亘湿,南北五十许里,东西二十余里,悉秦、赵故垒,遗壁旧存焉。……《上党记》曰:长平城在郡南山中,丹水出长平北山,南流,秦坑赵众,流血丹川,由是俗为丹水,斯为不经矣。(《水经·沁水注》)

案:《赵世家·正义》佚文云:“《白起列传》云:斩首虏四十五万人。《括地志》云:头颅山一名白起台,在泽州高平县西五里。《上党记》云:秦坑赵兵,收头颅,筑台于垒中,因山为台,崔嵬桀起,今称白起台是也。”(见南化、枫、三、梅、狩本)见张衍田《史记正义佚文辑校》第一六七页。《元和郡县图志》泽州高平县下，亦云："头颅山一名白起台，在县西五里。秦坑赵众，收头颅筑此台。"

秦、赵战于长平，赵不胜，亡一都尉。赵王召楼昌与虞卿曰："军战不胜，尉复死，寡人使束甲而趋之(《新序·善谋》"趋"作"赴")，何如?"楼昌曰："无益也，不如发重使为媾。"虞卿曰："昌言媾者，以为不媾，军必破也，而制媾者在秦。且王之论秦也，欲破赵之军乎？不邪?"王曰："秦不遗余力矣，必且欲破赵军。"虞卿曰："王听臣发使，出重宝以附楚、魏，楚、魏欲得王之重宝，必内吾使。赵使入楚、魏，秦必疑天下之合从，且必恐(此二句《新序》作"秦必疑天下，恐天下之合从必一心")，如此则媾乃可为也。"赵王不听，与平阳君为媾，发郑朱入秦，秦内之。赵王召虞卿曰："寡人使平阳君为媾于秦，秦已内郑朱矣，卿以为奚如?"虞卿曰："王不得媾，军必破矣。天下贺战胜者皆在秦矣，郑朱贵人也(《赵策三》第十二章"郑朱"下有"赵之"二字)，入秦，秦王与应侯必显重以示天下。楚、魏以赵为媾，必不救王。秦知天下不救王，则媾不可得成也。"应侯果显郑朱以示天下贺战胜者，终不肯媾。长平大败，遂围邯郸，为天下笑。(《虞卿列传》，"秦、赵战于长平"以下，《新序·善谋》篇第十章同。末有"不从虞卿之谋也"一句。《赵策三》第十二章亦同，惟末节作："赵卒不得媾，军果大败。王入秦，秦留赵王而后许之媾。")

案：《赵策三》谓赵于长平大败之后，赵王入秦，秦留赵王而后许之媾。今本《战国策》末章载白起对答秦昭王，谓长平战后，"赵之死者不得收，伤者不得疗，涕泣相哀，戮力同忧，耕田疾作，以生其财。"又曰："赵自长平已来，君臣忧惧，早朝晏退，卑辞重币，四面出嫁，结亲燕、魏，连好齐、楚，积虑并心，备秦为务。其国内实，其外交成，当今之时赵未可伐也。”

秦攻赵长平（姚注：“一本无长平二字”，《田世家》亦无“长平”二字），齐、燕救之（《田世家》“燕”作“楚”，《田世家·索隐》云：《战国策》“楚字皆作燕”）。秦计曰：“齐、燕救赵（鲍本改“燕”为“楚”，《田世家》作“楚”），亲则将退兵，不亲则且遂攻之。”赵无以食，请粟于齐，而齐不听。周子谓齐王曰（“周子”原作“苏秦”，《田世家》作“周子”，《索隐》云：“盖齐之谋臣，史失名也。《战国策》以周子为苏秦，而楚字皆作燕，然此时苏秦死已久矣。”鲍本改“苏秦”为“苏子”。《太平御览》三百二十五引《春秋后语》亦作周子，今据以改正）：“不如听之，以却秦兵（《田世家》“却”作“退”），不听则秦兵不却。是秦之计中，而齐、燕之计过也。且赵之于燕、齐，隐蔽也（《田世家》“隐”作“扞”），犹齿之有唇也，唇亡则齿寒。今日亡赵，则明日及齐、燕矣。且夫救赵之务，宜若奉漏瓮、沃燋釜（《田世家》“燋”作“焦”）。夫救赵，高义也，却秦兵，显名也。义救亡赵（《田世家》“赵”作“国”），威却强秦之兵，不务为此而务爱粟，则为国计者过矣。”（《齐策二》第七章，《田世家》系于“王建立六年”下，结语作“齐王弗听，秦破赵于长平四十余万，遂围邯郸”）

案：《齐策》言“齐、燕救之”，《田世家》作“齐、楚救之”，鲍彪改《国策》为“齐、楚”，非是。《田世家·正义》云：“此时秦伐赵上党欲克，无意伐齐、楚，故言赵之于齐、楚为扞蔽也。”此一解释亦不确。张琦《战国策释地》云：“楚原作燕，于隐蔽义为得，赵无由蔽楚也。但此役无与于燕，盖衍字耳。”当以作燕为是，燕非衍文。是时燕、齐虽言救赵，徒为空言，未出兵往救，请粟亦不听。

故秦计曰:"亲则将退兵,不亲则且遂攻之。"周子曰:"不听则秦兵不却。"

长平之役,平都君说魏王曰:"王胡不为从?"("从"与"纵"通)魏王曰:"秦许吾以垣雍。"平都君曰:"臣以垣雍为空割也。"魏王曰:"何谓也?"平都君曰:"秦、赵久相持于长平之下而无决,天下合于秦则无赵,合于赵则无秦。秦恐王之变也,故以垣雍饵王也。秦战胜赵,王敢责垣雍之割乎?曰不敢。秦不胜赵,王能令韩出垣雍之割乎?曰不能。臣故曰垣雍空割也。"魏王曰:"善。"(《魏策四》第十章,"曰不敢"与"曰不能"上,原皆有"王"字。今从王念孙之说改正。王念孙曰:"王曰不敢、王曰不能,两'王'字皆后人所加也。曰不敢,曰不能,皆平都君之语,与上文自为问答,是以'秦战不胜赵'上,'臣故曰'上,皆无'曰'字。而魏王答平都君之语,则必加'魏王曰'三字以别之。后人误以'不敢'、'不能'为魏王答语,故于'曰'上加'王'字耳。"王校甚是)

案:据此可知,秦、赵久相持于长平时,秦以韩之垣雍许割于魏,使魏与秦连横而不参与合纵攻秦。垣雍为韩地,在今河南原阳县西,正当魏长城以南,与魏长城以北魏之卷正相对。此处为韩、魏交界之交通要道,又为水上交通之要道。《水经·济水注》云:"济隧上承河水于卷县北河,南径卷县故城东,又南径衡雍城西。"又云:"言济水荥泽中北流,至衡雍西,与出河之济会。"衡雍即垣雍,此地有济水北通河水,南会于荥泽。《魏策三》第八章朱己谓魏王曰:"秦有郑地,得垣雍,决荧泽而水大梁(《魏世家》"水"下有"灌"字),大梁必亡矣。"《魏世家》同。《正义》曰:"言韩亡之后,秦有郑地,得垣雍城,从荥泽决沟灌大梁是也。"《大事记》又云:"始皇灭魏,果用此策。"可知垣雍一地,于魏之安危关系重大。因而秦以此为饵而使魏不敢变心。《秦本纪》载秦昭王四十八年十月韩献垣雍，盖秦破赵长平后，即迫使韩献垣雍于秦，秦不但如平都君所言，以空割垣雍饵魏，且迫使韩献垣雍于秦，从而以此威胁于魏。

卫先生为秦画长平之事，太白食昴，而昭王疑之。（邹阳《狱中上书》，见《邹阳列传》）

传书言……卫先生为秦画长平之事，太白蚀昴，此言精感天，天为变动也。……太白蚀昴，实也。……卫先生之画感动皇天……太白蚀昴者，虚也。（《论衡·感虚篇》）

卫先生为秦画长平之计，太白食昴，复妄言也。……夫太白食昴，犹钩星在房心也。谓卫先生长平之议，令太白食昴，疑矣。（《论衡·变动篇》）

案：《邹阳列传·集解》引苏林曰："白起为秦伐赵，破长平军，欲遂灭赵，遣卫先生说昭王益兵粮，乃为应侯所害，事用不成。其精诚上达于天，故太白为之蚀昴。昴，赵地分野，将有兵，故太白食昴。食，干历之也。"《索隐》引服虔曰："卫先生秦人。白起攻赵军于长平，遣卫先生说昭王，请益兵粮，为穰侯（当为应侯之误）所害。事不成，精诚感天，故太白食昴。昴，赵分也。"又引如淳云："太白主西方，秦在西，败赵之兆也。食谓干历之也。"据齐藤国治、小泽贤二《中国古代天文记录检证》，当公元前二六〇年前后，太白与昴确为接近之时期，确有"太白蚀昴"之"天变"。（见该书第八〇至八一页）

【附编】

[孔]子高生子慎，年五十七，尝为魏相。（《孔子世家》）

案：子高名穿，孔子后六世。《孔子世家》谓："子慎生鲋为陈王涉博士，死于陈下。"子慎，《汉书·孔光传》作"顺"，"慎""顺"音同通用。伪《孔丛子》详记穿、顺、鲋三世行事，皆出于伪托虚构。黄式三《周季编略》因《孔丛子》记子顺（名斌）述及"秦伐赵"，定子顺为魏相，当秦攻赵长平之役，当魏安釐王十七年。并无确据。钱穆《孔丛子载孔子顺事迹辨》有详辨。（《先秦诸子系年》第四八九至四九一页）

周赧王五十六年（公元前二五九年）

秦昭王四十八年，魏安釐王十八年，韩桓惠王十四年，赵孝成王七年，齐王建六年，楚考烈王四年，燕武成王十三年。

［秦昭襄王］四十八年十月韩献垣雍。秦军分为三军。武安君归。王龁将伐赵武安、皮牢，拔之。司马梗北定太原，尽有韩上党。正月兵罢，复守上党。其十月，五大夫陵攻赵邯郸。（《秦本纪》）

［秦昭王］四十八年十月，秦复定上党郡。秦分军为二：王龁攻皮牢，拔之。司马梗定太原。韩、赵恐，使苏代厚币说秦相应侯曰（"苏代"二字有误，此时苏代当已去世，《秦策三》第十五章仅作"谓应侯曰"，无游说者姓名）："武安君禽马服子乎？"曰："然。"又曰："即围邯郸乎？"曰"然。""赵亡则秦王王矣，武安君为三公。武安君所为秦战胜攻取者七十余城，南定鄢、郢、汉中，北擒赵括之军（《秦策》"赵括"作"马服"，下有"不亡一甲"一句），虽周、召、吕望之功，不益于此矣（《秦策》"益"作"过"）。今赵亡，秦王王，武安君为三公，君能为之下乎？虽无欲为之下，固不得已矣。秦尝攻韩，围邢丘（《秦策三》无"丘"字），困上党，上党之民皆反为赵，天下不乐为秦民之日久矣。今

亡赵，北地入燕，东地入齐，南地入韩、魏(《秦策》“韩”误作“楚”)，则君之所得民亡几何人(《秦策》作“则秦所得亡几何”)，故不如因而割之，无以为武安君功也。”(“武安君禽马服子乎”以下，至此，《秦策三》第十五章相同)于是应侯言于秦王曰：“秦兵劳，请许韩、赵之割地以和，且休士卒。”王听之，割韩垣雍、赵六城以和，正月皆罢兵。武安君闻之，由是与应侯有隙。其九月，秦复发兵，使五大夫王陵攻赵邯郸。是时武安君病，不任行。(《白起列传》)

[赵氏]悉其士民军于长平之下，以争韩之上党，大王以诏破之，(《秦策一》第五章“诏”误作“诈”)，拔武安。(《韩非子·初见秦》，《秦策一》第五章同)

[秦昭王]四十八年攻武安。(秦简《编年记》)

案：《秦本纪》言王龁伐赵武安、皮牢，拔之，而《白起列传》仅言攻皮牢拔之，不言攻武安。梁玉绳曰：“不言武安是也，盖前二十年，秦封白起武安，则其地久已属秦，何待是时拔乎？二字宜衍。”张文虎亦云：“盖武安二字，涉上而衍。”其说非是。《秦本纪》载昭王二十九年白起为武安君。《正义》云：“言能抚养军士，战必克，得百姓安集，故号武安。”又谓：“故城在潞州武安县西南五十里，七国时赵邑，即赵奢救阏与处也。”崔適论之曰：“案是名号侯之滥觞也。……七国时或有封邑而别为名号……或有名号而无封邑……赵有两武安君，始苏秦，终李牧，而秦亦以是名封白起，亦但有名号耳。《正义》故号武安是也，故城以下又以为封邑，一名而两释之，乖矣。秦攻韩阏与，军武安西，大为赵奢所破，在秦昭王三十七年，则前此秦安得有武安以封白起耶?”其说是也。秦简《编年记》言秦昭王四十八年攻武安，足证《秦本纪》

之确实。《韩非子·初见秦》篇与《秦策一》第五章所言，并可作证。

应侯攻韩八年，成其汝南之封。（《韩非子·定法》篇）

案：范雎说秦昭王伐韩，始于昭王四十一年，至八年而得封汝南，汝南即应，即因攻韩成功而得封。《范雎列传》谓雎拜相即封于应，出于游士之夸说。已说明在周赧王四十九年案语中。

秦赵战于长平……赵卒不得媾，军果大败。王入秦，秦留赵王而后许之媾。（《赵策三》第十二章）

秦攻赵于长平，大破之，引兵而归，因使人索六城于赵而讲。（《赵策三》第十章，下接“赵计未定，楼缓新从秦来”一段）

秦既解邯郸围，而赵王入朝，使赵郝约事于秦，割六县而媾。（《虞卿列传》，“既解邯郸围”当是“既破赵长平”之误）

［赵孝成王］七年，王还，不听秦，秦围邯郸。武垣令傅豹、王容、苏射率燕众反燕地。赵以灵丘封楚相春申君。（《赵世家》）

案：《秦本纪》言是年十月韩献垣雍，武安君归，正月兵罢。《白起列传》谓：应侯言于秦王曰：“秦兵劳，请许韩、赵之割地以和，且休士卒。”王听之，割韩垣雍、赵六城以和，正月皆罢兵。可知秦破赵长平后，确如《赵策》所云“引兵而归”。《虞卿列传》言“秦既解邯郸围，而赵王入朝，使赵郝约事于秦，割六县而媾”，所谓“既解邯郸围”，当是“既破赵长平”之误。秦围赵邯郸，久攻不克，后因魏、楚合纵出兵救赵，秦军在赵与魏、楚军内外夹击中大败，因而赵得胜解围。赵王决无入朝秦而割六县以和之事。鲍彪曰：“史书此事在邯郸围解后，按邯郸之围，非秦德赵而解也，赵赖魏之力尔，何事朝秦而讲以六城？此《策》以长平破、惧而赂之是也。”其说是。《虞卿列传》谓此时赵王与虞卿皆言秦兵“倦而归”，即《白起列传》谓应侯言于秦王曰：“秦兵劳，请许韩、赵之割地以和，且休士卒。”可知必为秦破赵长平后事。《赵世家》谓是年“王还，不听秦，秦围邯郸”。所谓“王还”，即指赵王在长平大败后“入朝”于秦而还。赵史讳言赵王入朝于秦，而但言“王还”耳。《赵世家·正义》佚文云：“还犹仍也”（见南化、枫、三、梅、狩本，《史记正义佚文辑校》第一六七页），此乃曲解。崔適云：“王还不听秦五字不知所谓，当是衍文。”其实，并非衍文，确是赵史之实录。《赵策三》第十二章谓“王入秦，秦留赵王而后许之媾”。盖赵王入朝于秦，请割地求和。一度赵王为秦所留，其后秦“许之媾”而许其归国。赵王归国后，与群臣商讨“割六城而媾”之事。秦使人索六城于赵，不能得，因而秦再伐赵，攻邯郸。

秦既解邯郸围（当作“秦既破赵长平，引兵而归”），而赵王入朝，使赵郝约事于秦，割六县而媾（《新序·善谋》篇第十章与此同。而《赵策三》第十章记：“秦攻赵于长平，大破之，引兵而归，因使人索六城于赵而讲。赵计未定，楼缓新从秦来，赵王与楼缓计之。”楼缓以为“不如予之”，虞卿闻之入见王，王以楼缓言告之，虞卿曰：“此饰说也。”王曰：“何谓也？”此后即有虞卿言，以及楼缓之辩论，与此赵郝之辩论相同）。虞卿曰：“秦之攻王也，倦而归乎？亡其以力尚能进（“亡”原作“王以”，《赵策》姚注：“钱、刘去‘王以’字，添‘亡’字。”王引之曰：“钱本、刘本并作亡其，与《新序·善谋》篇合，亡其，转语词也。”今从之），爱王而弗攻乎？”王曰：“秦之攻我也，不遗余力矣，必以倦而归也。”虞卿曰：“秦以其力攻其所不能取，倦而归，王又以其力之所不能取以送之（《赵策》“送”作“资”），是助秦自攻也。来年秦复攻王，王无救矣。”王以虞卿之言告赵郝，赵郝曰(《赵策》“赵郝”作“楼缓”)：“虞卿能尽秦之力之所至乎？(《新序》，“尽”作“量”，作“量”义长)诚知秦力之所不能进(《赵策》“能进”作“至”)，此弹丸之地弗予(《赵策》“弗予”作“犹不予也”)，令秦来年复攻王(《赵策》无“王”字)，王得无割其内而媾乎？”王曰：“请听子割矣(《赵策》“请”作“诚”)，子能必使来年秦之不复攻我乎？”(《赵策》、《新序》皆无“使”字)赵郝对曰(《赵策》“赵郝”作“楼缓”)：“此非臣之所敢任也。他日三晋之交于秦相善也(《新序》“善”作“若”，《赵策》“他”作“昔”)。今秦善韩、魏而攻王(《赵策》“善”作“释”)，王之所以事秦，必不如韩、魏也。今臣为足下解负亲之攻，开关通币(《新序》误“币”作“弊”，《赵策》作“敝”)，齐交韩、魏，至来年而王独取攻于秦(《新序》无“王”字，《赵策》“取攻”作“不取”)，此王之所以事秦，必在韩、魏之后也。此非臣之所敢任也。”王以告虞卿，虞卿对曰：“郝言不媾(《赵策》“郝”作“楼缓”)，来年秦复攻王，王得无割其内而媾乎？(《赵策》无“王”字，“割”上有“更”字)今媾，郝又以不能必秦之不复攻也(《赵策》“郝”作“楼缓”，《新序》、《赵策》无“以”字)，今虽割六城何益(《新序》、《赵策》皆作“虽割何益”)。来年复攻，又割其力之所不能取而媾，此自尽之术也，不如无媾。秦虽善攻，不能取六县。赵虽不能守，终不失六城(《新序》“终”作“亦”，《赵策》“终不”作“亦不至”)，秦倦而归，兵必罢(《新序》“罢”作“疲”，“罢”“疲”古通用)。我以六城收天下以攻罢秦，是我失之于天下而取偿于秦也。吾国尚利，孰与坐而割地、自弱以强秦哉？今郝曰(《赵策》“郝”作“楼缓”)：‘秦善韩、魏而攻赵者，必王之事秦不如韩、魏也’(“必”字下原有错简“以为韩、魏不救赵也而王之军必孤有以”十六字，从王念孙据《赵策》、《新序》删去)，是使王岁以六城事秦也，即坐而城尽（《赵策》、《新序》“城”作“地”，作“地”义长），来年秦复求割地（《新序》“求”作“来”），王将与之乎？弗与，是弃前功而挑秦祸也；与之，则无地而给之，语曰：‘强者善攻，弱者不能守。’（《赵策》“守”上有“自”字）今坐而听秦，秦兵不弊而多得地，是强秦而弱赵也。以益强之秦（《赵策》“强”上有“愈”字），而割愈弱之赵，其计故不止矣（《赵策》、《新序》“故”作“固”）。且王之地有尽而秦之求无已（《赵策》作“且秦，虎狼之国也，无礼义之心，其求无已，而王之地有尽”），以有尽之地给无已之求，其势必无赵矣。”（《虞卿列传》，《新序·善谋》篇第十章相同，《赵策三》第十章与此语辞相同，而“赵郝”皆作“楼缓”，盖一事而两传）

赵王计未定（《赵策三》无“王”字），楼缓从秦来（《赵策》“从”上有“新”字），赵王与楼缓计之，曰：“予秦地，如毋予，孰吉？”（“如”上原衍“何”字。《新序·善谋》篇作“予秦地，与无予，孰吉？”如者，与也。《赵策》作“与秦城何如不与何如”，“不与”下误衍“何如”二字。《太平御览·人事部》引此作“与秦地何如勿与”，盖后人误读“与秦城何如”为句，因于“不与”下加“何如”二字。今皆从王念孙改正）缓辞让曰：“此非臣之所能知也。”王曰：“虽然，试言公之私。”楼缓对曰：“王亦闻夫公甫文伯母乎？（《新序》“甫”作“父”，古“甫”“父”通用）公甫文伯仕于鲁（《赵策》“仕”作“官”），病死，女子为之自杀于房中者二人（《赵策》“女子”作“妇人”，“二人”作“二八”），其母闻之，弗哭也（《赵策》、《新序》“弗”作“不肯”），其相室曰：“焉有子死而弗哭者乎？”其母曰：“孔子贤人也，逐于鲁，而是人不随也。今死而妇人为之自杀者二人（《赵策》“自杀”作“死”，“二人”作“十六人”），若是者，必其长者薄而于妇人厚也。”故从母言之是为贤母（《赵策》“是”作“之”），从妻言之是必不免为妒妻(《赵策》两"妻"字作"妇",《新序》"妒妻"作"妒妇")。故其言一也,言者异则人心变矣。今臣新从秦来而言勿予,则非计也;言予之,恐王以臣为为秦也,故不敢对。使臣得为大王计,不如予之。"王曰"诺。"虞卿闻之,入见王曰:"此饰说也,王眘勿予。"(《新序》"眘"作"慎",《赵策》无"王眘勿予"一句,下接"王曰何谓也?"虞卿曰"秦之攻赵也,倦而归乎"一大段)楼缓闻之,往见王。王又以虞卿之言告楼缓。楼缓对曰:"不然。虞卿得其一,不得其二(《赵策》"得"作"知")。夫秦、赵构难而天下皆说,何也?曰:'吾且因强而乘弱矣。'今赵兵困于秦,天下之贺战胜者,则必尽在于秦矣。故不如亟割地为和(《赵策》"为"作"求"),以疑天下而慰秦之心。不然,天下将因秦之怒("怒"上原衍"强"字,今从《赵策》、《新序》删去),乘赵之弊,瓜分之。赵且亡,何秦之图乎?故曰虞卿得其一,不得其二(《赵策》无以上二句),愿王以此决之(《赵策》"决"作"断"),勿复计也。"虞卿闻之,往见王曰:"危哉楼子之所以为秦者,是愈疑天下(《赵策》此句上有"夫赵兵困于秦又割地为和"一句),而何慰秦之心哉?独不言其示天下弱乎?(《赵策》"独不言其"作"是不亦大")且臣言勿予者,非固勿予而已也。秦索六城于王,王以六城赂齐(《赵策》"六"作"五"),齐、秦之深仇也,得王之六城(《赵策》"六"作"五"),并力西击秦,齐之听王,不待辞之毕也。则是王失之于齐而取偿于秦也。而齐、赵之深仇可以报矣,而示天下有能为也。王以此发声,兵未窥于境,臣见秦之重赂至赵而反媾于王也。从秦为媾,韩、魏闻之,必尽重王,重王,必出重宝以先于王(《赵策》无"则是王失之于齐而取偿于秦也"以下至此一节),则是王一举而结三国之亲,而与秦易道也。"赵王曰:"善。"则使虞卿东见齐王(《赵策》"则使"作"因发"),与之谋秦。虞卿未返,秦使者已在赵矣。楼缓闻之亡去(《赵策》“亡”作“逃”)。赵于是封虞卿以一城。(《虞卿列传》,《新序·善谋》篇第十章相同,惟无“虞卿未返”以下四句,而末有结论云:“虞之谋行而赵霸,此存亡之枢机。枢机之发,间不及旋踵,是故虞卿一言而秦之震惧趁风驰指而请备,故善谋之臣其于国岂不重哉?微虞卿,赵以亡矣。”《赵策三》第十章与此大体相同,而先后次序不同,末无“赵于是封虞卿以一城”句)

案:赵于长平大败后,赵王入朝于秦,请割地求和。赵王一度为秦所留,由赵郝讲定割六城而赵王得还。赵王归国后,虞卿反对割六城,力言割六城无益,将使赵亡国,先与赵郝辩论。其后,秦使人索六城于赵而讲,楼缓新从秦来,楼缓为赵亲秦之老臣,一度曾为秦相,主张割与。虞卿又大加驳斥,主张与齐合纵而抗秦,为赵王所许诺。秦因索城不得,于是又发动攻赵,围攻赵都邯郸。《虞卿列传》与《新序·善谋》所载,当为事实。《赵策三》第十章偏重于叙述虞卿驳斥楼缓之经过,而将虞卿与赵郝之辩论,亦作为虞卿与楼缓之辩论,前后不协调。《资治通鉴》取《虞卿列传》之说是也。

秦始皇帝者,秦庄襄王子也。庄襄王为秦质子于赵,见吕不韦姬,悦而取之,生始皇。以秦昭王四十八年正月生于邯郸。及生,名为政,姓赵氏。(《秦始皇本纪》)

案:政,《集解》云:“徐广曰:一作正,宋忠曰:以正月旦生,故名正。”《索隐》云:“《世本》作政,又生于赵,故曰赵政。一曰:秦与赵同祖,以赵城为荣,故姓赵氏。”《正义》曰:“正音政,周正建子之正也。始皇以正月旦生于赵,因曰政,后以始皇讳,故音征。”

吕不韦取邯郸诸姬绝好善舞者与居,知有身。子楚从不韦饮,见而说之，因起为寿，请之。吕不韦怒，念业已破家为子楚，欲以钓奇，乃遂献其姬。姬自匿有身，至大期时，生子政。子楚遂立姬为夫人。（《吕不韦列传》）

案：《集解》徐广曰："期，十二月也。"梁玉绳《史记志疑》云："《左传》僖十七年孕过期，疏云：十月而产，妇人大期，则大期乃十月之期，不作十二月解，即如《史》注，十二月曰大期，夫不及期，可疑也，过期尚何疑？若谓始皇之生本不及期，隐之至大期而乃以生子告，则子楚决无不知之理，岂非欲盖弥彰乎？……史公于《本纪》特书生始皇年月，而于此更书之，犹云世皆传不韦献匿身姬，其实秦政大期始生也，别嫌明征，合于《春秋》书子同之义，人自误读《史记》尔。"今案：吕不韦本为大贾，以商业之投机运用于政治，以质于赵之秦公子子异为"奇货可居"，为之谋归国而立为太子，确为事实。但所谓不韦"欲以钓奇"及遂献其"有身"之姬，并非情实。《吕不韦列传》又称秦昭王五十年秦围赵邯郸，"赵欲杀子楚妻子，子楚夫人赵豪家女也，得匿，以故母子竟得活"。若子楚夫人原为邯郸诸姬绝好善舞者，安得为豪家女？此亦可见吕不韦献姬之说不实。《吕不韦列传》谓吕不韦为子楚入秦游说立以为太子，事在昭王时，而《秦策五》第五章则谓已在孝文王时，秦王政生已十年，不韦安得预为钓奇？钱穆辨之是也。（见《春申君见杀考》，《先秦诸子系年》第四九一至四九二页）

吕不韦者，阳翟大贾人也，往来贩贱卖贵（《集解》引徐广曰："一本云：阳翟大贾也，往来贱买贵卖"），家累千金。秦昭王四十年太子死，其四十二年，以其次子安国君为太子。安国君有子二十余人。安国君有所甚爱姬，立以为正夫人号曰华阳夫人。华阳夫人无子。安国君中男名子楚，子楚母曰夏姬，毋爱。子楚为秦质子于赵。秦数攻赵，赵不甚礼子楚。子楚，秦诸庶孽孙，质于诸侯，车乘进用不饶，居处困，不得意。吕不韦贾邯郸，见而怜之，曰："此奇货可居。"乃往见子楚，说曰："吾能大子之门。"子楚哭曰："且自大君之门，而乃大吾门。"吕不韦曰："子不知也。吾门待子门而大。"子楚心知所谓，乃引与坐，深语。吕不韦曰："秦王老矣，安国君得为太子。窃闻安国君爱幸华阳夫人，华阳夫人无子，能立適嗣者独华阳夫人耳。今子兄弟二十余人，子又居中，不甚见幸，久质诸侯，即大王薨，安国君立为王，则子毋幾得与长子及诸子旦暮在前者争为太子矣。"子楚曰："然，为之奈何？"吕不韦曰："子贫，客于此，非有以奉献于亲及结宾客也。不韦虽贫，请以千金为子西游，事安国君及华阳夫人，立子为適嗣。"子楚乃顿首曰："必如君策，请得分秦国与君共之。"吕不韦乃以五百金与子楚，为进用，结宾客，而复以五百金买奇物玩好，自奉而西游秦，求见华阳夫人姊，而皆以其物献华阳夫人，因言子楚贤智，结诸侯宾客遍天下，常曰："楚也以夫人为天，日夜泣思太子及夫人。"夫人大喜。不韦因使其姊说夫人曰："吾闻之，以色事人者，色衰而爱弛。今夫人事太子，甚爱而无子，不以此时蚤日自结于诸子中贤孝者，举立以为適子而子之，夫在则重尊，夫百岁之后，所子者为王，终不失势，此所谓一言而万世之利也。不以繁华时树木，即色衰爱弛后，虽欲开一语，尚可得乎？今子楚贤，而自知中男也，次不得为適，其母又不得幸，自附夫人，夫人诚以此时拔以为適，夫人则竟世有宠于秦矣。"华阳夫人以为然，承太子闲，从容言子楚质于赵者绝贤，来往者皆称誉之。乃因涕泣曰："妾幸得充后宫，不幸无子，愿得子楚立以为適嗣，以托妾身。"安国君许之，乃与夫人刻玉符，约以为適嗣。安国君及夫

人因厚馈遗子楚，而请吕不韦傅之，子楚以此名誉益盛于诸侯。（《吕不韦列传》）

案：子楚于秦昭王四十八年正月生政于邯郸。子楚夫人为邯郸豪家女，乃吕不韦所献，史称子楚质于赵，因“秦数攻赵，赵不甚礼子楚”，未言及秦破赵长平事，则不韦进说子楚及入秦游说华阳夫人当在长平之役前。

濮阳人吕不韦贾于邯郸，见秦质子子异（“子异”原误作“异人”，《秦始皇本纪·索隐》云：“按《战国策》本名子异”，今本《战国策》作“异人”者二处，作“子异人”者七处，皆当作“子异”为是。其异母兄弟曰子傒，子异后又改名子楚，盖安国君之子，皆以“子某”为名）。归而谓其父曰（原脱“其”字，从《吕不韦列传·正义》及《太平御览》四百八十所引增补）：“耕田之利几倍？”曰：“十倍。”“珠玉之赢几倍？”曰：“百倍。”“立主定国之赢几倍？”（原作“立国家之主赢几倍”，今从《吕不韦列传·正义》及《太平御览》四百八十改正），曰：“无数。”曰：“今力田疾作，不得暖衣余食（《吕不韦列传·正义》引“余食”作“饱食”），今建国立君，泽可以遗世，愿往事之。”秦子异质于赵（“异”下原衍“子”字，以下有六处皆衍“子”字，今一律删去），处于聊城（《吕不韦列传·正义》引作“聊城”，但“聊城”为齐城，不见赵城亦有聊城），故往说之，曰：“子傒有承国之业，又有母在中。今子无母于中，外托于不可知之国，一日倍约，身为粪土。今子听吾计事求归，可以有秦国。吾为子使秦必来请子。”乃说秦王后弟阳泉君曰：“君之罪至死，君知之乎！君之门下无不居高官尊位（“官”字原脱，从《吕不韦列传·正义》所引补），太子门下无贵者，君之府藏珍珠宝玉，君之骏马盈外厩，美女充后庭。王之春秋高，一日山陵崩，太子用事，君危于累卵，而不寿于朝生。计有可以使君富贵千万岁（“计有可以”原误作“说有可以一切而”，今从《吕不韦列传·正义》所引改正），其宁于太山四维，必无危亡之患矣。”阳泉君避席曰：“请闻其说。”不韦曰：“王年高矣，王后无子，子傒有承国之业，士仓又辅之（“士”疑“杜”字之误，杜仓当为秦昭王之相），王后之门必生蓬蒿。子异贤材也，弃在于赵，无母于内，引领西望，而愿一得归，王后诚请而立之，是子异无国而有国，王后无子而有子也。”阳泉君曰：“然。”入说王后，王后乃请于赵而归之。赵未之遣，不韦说赵曰：“子异，秦之宠子也，无母于中，王后欲取而子之，使秦而欲屠赵，不顾一子以留计，是抱空质也。若使子异归而得立，赵厚送遣之，是不敢倍德畔施，是自为德讲。秦王老矣，一日晏驾，虽有子异，不足以结秦。”赵乃遣之。子异至（“子异”原误作“异人”，今改正），不韦使楚服而见，王后悦其状，高其知，曰：“吾楚人也，而自子之。”乃变其名曰楚，而使子诵，子曰：“少弃捐在外，尝无师傅所教学，不习于诵。”王罢之，乃留止（姚注：“止，曾作请”）。间曰：“陛下尝轫车于赵矣，赵之豪桀，得知名者不少，今大王反国，皆西面而望，大王无一介之使以存之，臣恐其皆有怨心，使边境早闭晚开。”王以为然，奇其计，王后劝立之，王乃召相，令之曰：“寡人子莫若楚，立以为太子。”子楚立，以不韦为相，号文信侯，食蓝田十二县，王后为华阳太后，诸侯皆致养邑。（《秦策五》第五章，鲍注：“致邑为太后养地也。”“养”原作“秦”，从金正炜据鲍注改正）

案：以上二则，盖一事而传闻异辞。

【附编】

八年，谓魏王曰：“昔曹恃齐而轻晋，齐伐釐莒（“釐”读作“莱”），而晋人亡曹。缯恃齐以悍越（“悍”读作“捍”，鲍本“以悍”作“而轻”），齐和子乱，而越人亡缯。郑恃魏以轻韩，伐榆关而韩氏亡郑。原恃秦、翟，以轻晋，秦、翟年谷大凶而晋人亡原。中山恃齐、魏以轻赵，齐、魏伐楚而赵亡中山。此五国所以亡者，皆其所恃也（鲍本改“其”作“有”）。非独此五国为然而已也，天下之亡国皆然矣。夫国之所以不可恃者多，其变不可胜数也。或以政教不修、上下不辑而不可恃者。或有诸侯邻国之虞而不可恃者。或以年谷不登、稸积竭尽而不可恃者。或化于利、比于患。臣以此知国之不可必恃也。今王恃楚之强，而信春申君之言，以是质秦（鲍本改“质”为“宾”，非是，“质”谓箭靶，“质秦”谓为秦之攻击目标），而久不可知。即春申君有变，是王独受秦患也。即王有万乘之国，而以一人之心为命也。臣以此为不完，愿王之熟计之也。”（《魏策四》第二章）

案：《策》首“八年”，鲍彪于“八”上补“十”字，以为此乃魏安釐王十八年之事，张琦《战国策释地》从之。黄式三隶此于秦王政六年，即魏景湣王二年，顾观光、于鬯皆主此说。盖秦王政六年五国合纵攻秦，楚王被推为纵长，春申君正用事。但与《策》首“八年”之记载不合。魏安釐王十八年，当秦昭王四十八年，赵孝成王七年，正当秦大破赵于长平之后，秦使人索六城于赵，赵不听，谋合纵抗秦，赵以灵丘封楚相春申君，盖楚春申君正欲合纵攻秦，魏亦信春申君而参与。《秦本纪》称是年十月将军张唐攻魏，疑即因此故。此策游说者谓魏王曰：“今王恃楚之强，而信春申君之言，以是质秦”，疑即指此而言。

周赧王五十七年（公元前二五八年）

秦昭王四十九年，魏安釐王十九年，韩桓惠王十五年，赵孝成王八年,齐王建七年,楚考烈王五年,燕武成王十四年。

[秦昭襄王]四十九年正月益发卒佐陵,陵战不善,免,王龁代将。其十月将军张唐攻魏,为蔡尉捐弗守,还斩之。(《秦本纪》)

[秦昭王]四十九年正月陵攻邯郸,少利,秦益发兵佐陵,陵兵亡五校。武安君病愈,秦王欲使武安君代陵将。武安君言曰:"邯郸实未易攻也。且诸侯救日至,彼诸侯怨秦之日久矣。今秦虽破长平军,而秦卒死者过半,国内空。远绝河山而争人国都,赵应其内,诸侯攻其外,破秦军必矣。不可。"秦王自命,不行,乃使应侯请之,武安君终辞不肯行,遂称病。秦王使王龁代陵将,八九月围邯郸不能拔。(《白起列传》)

昭王既息民缮兵,复欲伐赵。武安君曰:"不可。"王曰:"前年国虚民饥,君不量百姓之力,求益军粮以灭赵。今寡人息民以养士,蓄积粮食(鲍本"食"作"实"),三军之俸,有倍于前,而曰不可,其说何也?"武安君曰:"长平之事,秦军大剋(鲍本"剋"作"克","克""剋"字通),赵军大破,秦人欢喜,赵人畏惧。秦民之死者厚葬,伤者厚养,劳者相飨,饮食铺馈,以靡其财。赵人之死者不得收,伤者不得疗,涕泣相哀,戮力同忧,耕田疾作,以生其财。今王发军,虽倍其前,臣料赵国守备,亦以十倍矣。赵自长平已来,君臣忧惧,早朝晏退(鲍本"退"作"罢"),卑辞重币,四面出嫁,结亲燕、魏,连好齐、楚,积虑并心,备秦为务。其国内实,其交外成,当今之时,赵未可伐也。"王曰:"寡人既以兴师矣。"乃使五大夫王陵将而伐赵("五"下原有"校"字,涉下而衍。今从黄丕烈删去)。陵战失利,亡五校。王欲使武安君,武安君称疾不行。王乃使应侯往见武安君,责之曰:"楚地方五千里,持戟百万,君前率数万之众入楚,拔鄢、郢,焚其庙,东至竟陵,楚人震恐,东徙而不敢西向。韩、魏相率兴兵甚众，君所将之卒（“卒”字从鲍本补），不能半之，而与战之于伊阙，大破二国之军，血流漂卤，斩首二十四万，韩、魏以故至今称东藩。此君之功，天下莫不闻。今赵卒之死于长平者已十七八，其国虚弱，是以寡人大发军（鲍注：“睢称王命，故曰寡人”），人数倍于赵国之众，愿使君将，必欲灭之矣。君尝以寡击众，取胜如神，况以强击弱、以众击寡乎？”武安君曰：“是时楚王恃其国大，不恤其政，而群臣相妒以功，谄谀用事，良臣斥疏，百姓心离，城池不修，既无良臣，又无守备，故起所以得引兵深入，多倍城邑，发梁焚舟以专民心（“心”原作“以”，从《大事记》改正），掠于郊野，以足军食。当此之时，秦中士卒（金正炜云：“中当为军”），以军中为家，将帅为父母，不约而亲，不谋而信，一心同功，死不旋踵。楚人自战其地，咸顾其家，各有散心，莫有斗志，是以能有功也。伊阙之战，韩孤顾魏，不欲先用其众，魏恃韩之锐，欲推以为锋，二军争便之力不同，是以臣得设疑兵以待韩阵，专军并锐，触魏之不意。魏军既败，韩军自溃，乘胜逐北，以是之故能立功。皆计利形势，自然之理，何神之有哉？今秦破赵军于长平，不遂以时乘其振惧而灭之，畏而释之，使得耕稼以益蓄积，养孤长幼以益其众，缮治兵甲以益其强，增城浚池以益其固。主折节以下其臣，臣推体以下死士。至于平原君之属，皆令妻妾补缝于行伍之间，臣人一心，上下同力，犹句践困于会稽之时也。以今伐之（“今”原作“合”，今从鲍本改正），赵必固守；挑其军战，必不肯出；围其国都，必不可克；攻其列城，必未可拔；掠其郊野，必无所得。兵出无功，诸侯生心，外救必至。臣见其害，未睹其利。又病，未能行。”应侯惭而退，以言于王。王曰：“微白起，吾不能灭赵乎！”复益发军，更使王龁代王陵伐赵，围邯郸八九月，死伤者众而弗下。赵王出轻锐以寇其后，秦数不利。武安君曰："不听臣计，今果何如？"王闻之怒，因见武安君，强起之曰："君虽病，强为寡人卧而将之。有功，寡人之愿，将加重于君，如君不行，寡人恨君。"武安君顿首曰："臣知行虽无功，得免于罪，虽不行无罪（金正炜曰："虽，假令也。或本在不行下，误淆于上"），不免于诛。然惟愿大王览臣愚计，释赵养民，以观诸侯之变（"观"字原脱，从于鬯、关修龄据《战国策纂》、《大事记·解题》补），抚其恐惧，伐其憍慢，诛灭无道，以令诸侯，天下可定，何必以赵为先乎？此所谓为一臣屈而胜天下也。大王若不察臣愚计，必欲快心于赵，以致臣罪，此亦所谓胜一臣而为天下屈者也。夫胜一臣之严焉，孰若胜天下之威大耶？臣闻明主爱其国，忠臣爱其名，破国不可复完，死卒不可复生。臣宁伏受重诛而死，不忍为辱军之将，愿大王察之。"王不答而去。（姚本《战国策》末章，姚注："子由《古史》云《战国策》文，并收入。"盖采自苏辙《古史·白起王翦列传》）

［燕武成王］十四年武成王卒，子孝王立。（《燕世家》）

【附编】

秦攻赵，鼓铎之音闻于北堂。希卑曰："夫秦之攻赵，不宜急如此，此召兵也。必有大臣欲衡者耳。王欲知其人，旦日赞群臣而访之，先言横者，则其人也。"建信君果先言横。（《赵策三》第二十一章）

案：顾观光、于鬯皆隶此于秦王政十一年秦伐赵取九城之时，不确，是年秦分两路攻赵，一路攻取上党之阏与等城，一路攻取漳水流域之邺等城。此谓"鼓铎之音闻于北堂"，当指秦攻赵围邯郸之时，希卑云："此召兵也。"乃谓如此行军使鼓铎之声闻于北堂，疑是内应者以此为信号，盖大臣中有欲与秦连横者作为内应，请赵王查访，结果建信君"先言横"。缪文远《战国策新校注》以为当在周赧王五十七年秦王龁攻赵邯郸时，此说可从。

周赧王五十八年（公元前二五七年）

秦昭王五十年，魏安釐王二十年，韩桓惠王十六年，赵孝成王九年，齐王建八年，楚考烈王六年，燕孝王元年。

赵孝成王九年秦围邯郸，楚、魏救我。（《六国表》）

［赵孝成王］八年（当作九年）平原君如楚请救，还，楚来救，魏公子无忌亦来救，秦围邯郸乃解。（《赵世家》）

楚考烈王六年春申君救赵。（《六国表》）

［楚考烈王］六年秦围邯郸，赵告急楚，楚遣将军景阳救赵。（《楚世家》）

［楚考烈王］五年（当作六年）围邯郸，邯郸告急于楚，楚使春申君将兵救之。秦兵亦去。春申君归。（《春申君列传》）

秦破马服君之师（"君"当为"子"字之误），围邯郸，齐、魏亦佐秦伐邯郸，齐取淄鼠，魏取伊是。公子无忌为天下循便计，杀晋鄙，率魏兵以救邯郸之围，使秦弗有而失天下，是齐入于魏而救邯郸之功也。（《齐策三》第十二章国子曰）

案：淄鼠，金正炜疑是区鼠。伊是，程恩泽疑即猗氏。吴师道曰："循便计，行便宜之计，言窃符夺兵事。"又曰："按《史·年表》、《魏世家》、《公子无忌传》，公子矫杀晋鄙、破秦兵，皆在安釐王二十年。《资治通鉴》以矫杀晋鄙在前一年，《大事记》以晋鄙留军壁邺在前一年，谓以《传》修。今按《传》亦止一年事也。当考。"今案，据《秦本纪》秦昭王五十年十二月"龁攻邯郸，不拔，去，还奔汾军"，可知邯郸之围确解于魏安釐王二十年，《六国表》

所记是也。《赵世家》作孝成王八年,《春申君列传》作考烈王五年,皆误前一年。《资治通鉴》以平原君如楚请救,春申君将兵救赵,在周赧王五十七年,公子无忌破秦师于邯郸,王龁解围在次年,分别为两年事,不确。楚不与赵接界,中隔魏国,赵得楚合纵来救,必待魏参与,而后楚、魏方能联合救赵。赵都邯郸,地处赵之东南边,东与齐接界,南与魏接界,救赵最便者为齐、魏,但当秦围邯郸时,齐、魏正谋乘机略取赵地,不能救赵,因而赵向楚求救。及魏公子无忌"为天下循便计",终于使魏、楚联合救赵,而取得破秦军之大功。

秦之围邯郸,赵使平原君求救合从于楚,约与食客门下有勇力文武备具者二十人偕。平原君曰:"使文能取胜,则善矣。文不能取胜,则歃血于华屋之下,必得定从而还。士不外索,取于食客门下足矣。"得十九人,余无可取者,无以满二十人。门下有毛遂者前,自赞于平原君曰:"遂闻君,将合从于楚,约与食客门下二十人偕,不外索。今少一人,愿君即以遂备员而行矣。"平原君曰:"先生处胜之门下几年于此矣?"毛遂曰:"三年于此矣。"平原君曰:"夫贤士之处世也,譬若锥之处囊中,其末立见。今先生处胜之门下三年于此矣,左右未有所称诵,胜未有所闻。是先生无所有也,先生不能,先生留。"毛遂曰:"臣乃今日请处囊中耳。使遂蚤得处囊中,乃颖脱而出,非特其末见而已。"平原君竟与毛遂偕。十九人相与目笑之而未发也(《索隐》本"发"作"废",《正义》本作"发"。《索隐》云:"按郑氏曰:皆目视而轻笑之,未能即废弃之也。"《正义》佚文云:"言十九人相与目视之,窃笑,未敢发声也。发字或作废者,非也。毛遂不由十九人而得废弃也。"见南化、幻、梅、狩野、高本,《史记正义佚文辑校》二六一页。王念孙曰:"废即发之借字,谓目笑之而未发于口也。")。毛遂比至楚,与十九人议论,十九人皆服。平原君与楚合从,言其利害,日出而言之,日中不决。十九人谓毛遂曰:"先生上。"毛遂按剑历阶而上,谓平原君曰:"从之利害,两言而决耳。今日出而言从,日中不决,何也?"楚王谓平原君曰:"客何为者也。"曰:"是胜之舍人也。"楚王叱曰:"胡不下!吾与而君言,汝何为者也?"毛遂按剑而前曰:"王之所以叱遂者,以楚之众也。今十步之内,王不得恃楚国之众也,王之命县于遂手,吾君在前,叱者何也?且遂闻汤以七十里之地王天下,文王以百里之壤而臣诸侯,岂其士卒众多哉,诚能据其势而奋其威。今楚地方五千里,持戟百万,此霸王之资也。以楚之强,天下弗能当。白起小竖子耳,率数万之众,兴师以与楚战,一战而举鄢、郢,再战而烧夷陵,三战而辱王之先人。此百世之怨而赵之所羞,而王弗知恶焉。合从者为楚,非为赵也。吾君在前,叱者何也。"楚王曰:"唯唯,诚若先生之言,谨奉社稷而以从。"毛遂曰:"从定乎?"楚王曰:"定矣。"毛遂谓楚王之左右曰:"取鸡、狗、马之血来。"毛遂奉铜盘而跪进之楚王曰:"王当歃血而定从,次者吾君,次者遂。"遂定从于殿上。毛遂左手持盘血而右手招十九人曰:"公相与歃此血于堂下。公等录录,所谓因人成事者也。"平原君已定从而归,归至于赵,曰:"胜不敢复相士。胜相士多者千人,寡者百数,自以为不失天下之士,今乃于毛先生而失之也。毛先生一至楚,而使赵重于九鼎大吕。毛先生以三寸之舌,强于百万之师,胜不敢复相士。"遂以为上客。(《平原君列传》)

案:《资治通鉴》记楚王使春申君将兵救赵,魏王亦使将军晋鄙将兵救赵,公子无忌杀晋鄙而进兵在周赧王五十七年,而记公子无忌大破秦师于邯郸下在次年,分为两年事,不确。据《秦本纪》“龁攻邯郸不拔，去，还奔汾军”，在秦昭王五十年十二月，魏、楚合纵救赵而进兵解邯郸之围必在周赧王五十八年，不当在上年。

魏有隐士曰侯嬴，年七十，家贫，为大梁夷门监者。公子［无忌］闻之，往请，欲厚遗之，不肯受，曰：“臣修身絜行数十年，终不以监门困故而受公子财。”公子于是乃置酒大会宾客。坐定，公子从车骑，虚左，自迎夷门侯生。侯生摄敝衣冠，直上载公子上坐，不让，欲以观公子。公子执辔愈恭。侯生又谓公子曰：“臣有客在市屠中，愿枉车骑过之。”公子引车入市，侯生下见其客朱亥，俾倪，故久立与其客语，微察公子。公子颜色愈和。当是时，魏将相宗室宾客满堂，待公子举酒。市人皆观公子执辔。从骑皆窃骂侯生。侯生视公子色终不变，乃谢客就车。至家，公子引侯生坐上坐，遍赞宾客，宾客皆惊。酒酣，公子起，为寿侯生前。侯生因谓公子曰：“今日嬴之为公子亦足矣（《集解》徐广曰：“为一作羞”）。嬴乃夷门抱关者也，而公子亲枉车骑，自迎嬴于众人广坐之中，不宜有所过，今公子故过之。然嬴欲就公子之名，故久立公子车骑市中，过客以观公子，公子愈恭。市人皆以嬴为小人，而以公子为长者能下士也。”于是罢酒，侯生遂为上客。侯生谓公子曰：“臣所遇屠者朱亥，此子贤者，世莫能知，故隐屠间耳。”公子往，数请之，朱亥故不复谢，公子怪之。魏安釐王二十年，秦昭王已破赵长平军，又进兵围邯郸。公子姊为赵惠文王弟平原君夫人，数遗魏王及公子书，请救于魏。魏王使将军晋鄙将十万众救赵。秦王使使者告魏王曰：“吾攻赵旦暮且下，而诸侯敢救者，已拔赵，必移兵先击之。”魏王恐，使人止晋鄙，留军壁邺，名为救赵，实持两端以观望。平原君使者冠盖相属于魏，让魏公子曰：“胜所以自附为婚姻者，以公子之高义，为能急人之困。今邯郸旦暮降秦，而魏救不至，安在公子能急人之困也！且公子纵轻胜，弃之降秦，独不怜公子姊邪？”公子患之，数请魏王，及宾客辩士说王万端。魏王畏秦，终不听公子。公子自度终不能得之于王，计不能独生而令赵亡，乃请宾客，约车骑百余乘，欲以客往赴秦军，与赵俱死。行过夷门，见侯生，且告所以欲死秦军状。辞决而行，侯生曰：“公子勉之矣，老臣不能从。”公子行数里，心不快，曰：“吾所以待侯生者备矣，天下莫不闻，今吾且死，而侯生曾无一言半辞送我。我岂有所失哉？”复引车还，问侯生。侯生笑曰：“臣固知公子之还也。”曰：“公子喜士，名闻天下。今有难，无他端而欲赴秦军，譬若以肉投馁虎，何功之有哉？尚安事客？然公子遇臣厚，公子往而臣不送，以是知公子恨之复返也。”公子再拜，因问。侯生乃屏人间语，曰：“嬴闻晋鄙之兵符常在王卧内，而如姬最幸，出入王卧内，力能窃之。嬴闻如姬父为人所杀，如姬资之三年，自王以下欲求报其父仇，莫能得。如姬为公子泣：公子使客斩其仇头，敬进如姬。如姬之欲为公子死无所辞，顾未有路耳。公子诚一开口请如姬，如姬必许诺，则得虎符夺晋鄙军，北救赵而西却秦，此五霸之伐也。”公子从其计，请如姬。如姬果盗晋鄙兵符与公子。公子行，侯生曰：“将在外，主令有所不受，以便国家。公子即合符，而晋鄙不授公子兵而复请之，事必危矣。臣客屠者朱亥可与俱，此人力士。晋鄙听，大善；不听，可使击之。”于是公子泣。侯生曰：“公子畏死邪？何泣也？”公子曰：“晋鄙嚄唶宿将，往恐不听，必当杀之，是以泣耳，岂畏死哉？”于是公子请朱亥。朱亥笑曰：“臣乃市井鼓刀屠者，而公子亲数存之，所以不报谢者，以为小礼无所用。今公子有急，此乃臣效命之秋也。”遂与公子俱。公子过谢侯生。侯生曰：“臣宜从，老不能。请数公子行日，以至晋鄙军之日，北乡自刭，以送公子。”公子遂行。至邺，矫魏王令代晋鄙。晋鄙合符，疑之，举手视公子曰：“今吾拥十万之众，屯于境上，国之重任，今单车来代之，何如哉？”欲无听。朱亥袖四十斤铁椎，椎杀晋鄙，公子遂将晋鄙军，勒兵下令军中曰：“父子俱在军中，父归；兄弟俱在军中，兄归；独子无兄弟，归养。”得选兵八万人，进兵击秦军。秦军解去，遂救邯郸，存赵。赵王及平原君自迎公子于界，平原君负韊矢为公子先引。赵王再拜曰：“自古贤人未有及公子者也。”当此之时，平原君不敢自比于人。公子与侯生决，至军，侯生果北乡自刭。魏王怒公子之盗其兵符，矫杀晋鄙，公子亦自知也。已却秦存赵，使将将其军归魏，而公子独与客留赵。赵孝成王德公子之矫夺晋鄙兵而存赵，乃与平原君计，以五城封公子。公子闻之，意骄矜而有自功之色，客有说公子曰：“物有不可忘，或有不可不忘。夫人有德于公子，公子不可忘也。公子有德于人，愿公子忘之也。且矫魏王令，夺晋鄙兵以救赵，于赵则有功矣，于魏则未为忠臣也。公子乃自骄而功之，窃为公子不取也。”于是公子立自责，似若无所容者。赵王埽除自迎，执主人之礼，引公子就西阶。公子侧行辞让，从东阶上。自言辠过，以负于魏，无功于赵。赵王侍酒至暮，口不忍献五城，以公子退让也。公子竟留赵。赵王以鄗为公子汤沐邑，魏亦复以信陵奉公子，公子留赵。（《魏公子列传》）

信陵君杀晋鄙，救邯郸，破秦人，存赵国。赵王自郊迎。唐且谓信陵君曰：“臣闻之曰：事有不可知者，有不可不知者，有不可忘者，有不可不忘者。”信陵君曰：“何谓也？”对曰：“人之憎我也，不可不知也；吾憎人也，不可得而知也；人之有德于我也，不可忘也；吾有德于人也，不可不忘也。今君杀晋鄙，救邯郸破秦人，存赵国，此大德也。今赵王自郊迎，卒然见赵王，臣愿君之忘之也。”信陵君曰：“无忌谨受教。”(《魏策四》第二十三章，与上列《魏公子列传》末节所载，盖一事而二传)

秦围赵之邯郸，魏安釐王使将军晋鄙救赵，畏秦，止于荡阴不进。魏王使客将军辛垣衍间入邯郸，因平原君谓赵王曰：“秦所以急围赵者，前与齐闵王争强为帝，已而复归帝，以齐故(《史记·鲁仲连列传》无“以齐故”三字)。今齐已益弱(“齐”下原有“闵王”二字，盖涉上而衍，今删。《史记》作“湣王”，亦衍)，方今唯秦雄天下，此非必贪邯郸，其意欲求为帝，赵诚发使尊秦昭王为帝，秦必喜罢兵去。”平原君犹豫未有所决。此时鲁仲连适游赵，会秦围赵，闻赵将欲令赵尊秦为帝，乃见平原君曰：“事将奈何矣?”平原君曰：“胜也何敢言事。百万之众折于外(《史记》作“前亡四十万之众于外”)，今又围邯郸而不能去，魏王使客将军辛垣衍令赵帝秦，今其人在是，胜也何敢言事!”鲁仲连曰：“始吾以君为天下之贤公子也，吾乃今然后知君非天下之贤公子也。梁客辛垣衍安在？吾请为君责而归之。”平原君曰：“胜请为召而见之于先生。”(《史记》“召”作“绍介”，“召”与“绍”古通)平原君遂见辛垣衍，曰：“东国有鲁仲连先生者，其人在此，胜请为绍介而见之于将军。”(《史记》“见”作“交”)辛垣衍曰：“吾闻鲁仲连先生齐国之高士也，衍人臣也，使事有职，吾不愿见鲁仲连先生也。”平原君曰：“胜已泄之矣。”辛垣衍许诺。鲁仲连见辛垣衍而无言。辛垣衍曰：“吾视居此围城之中者，皆有求于平原君者也，今吾视先生之玉貌，非有求于平原君者，曷为久居此围城之中而不去也?”鲁仲连曰：“世以鲍焦无从容而死者(《史记》“容”作“颂”，“容”“颂”古通)，皆非也。令众人不知(鲍本“令”作“今”，《史记》无此字)，则为一身。彼秦者，弃礼义而上首功之国也，权使其士，虏使其民，彼则肆然为帝（《史记》“则”作“即”），过而遂正于天下（《史记》“遂”作“为”），则连有赴东海而死耳（《史记》“赴”作“蹈”），吾不忍为之民也。所为见将军者，欲以助赵也。”辛垣衍曰：“先生助之奈何？”鲁仲连曰：“吾将使梁及燕助之，齐楚则固助之矣。”辛垣衍曰：“燕则吾请以从矣（“从”与“纵”通），若乃梁，则吾乃梁之人也，先生恶能使梁助之耶？”鲁仲连曰：“梁未睹秦称帝之害故也，若梁睹秦称帝之害，则必助赵矣。”辛垣衍曰：“秦称帝之害将奈何？”鲁仲连曰：“昔齐威王尝为仁义矣，率天下诸侯朝周，周贫且微，诸侯莫朝，而齐独朝之；居岁余，周烈王崩（据《六国表》，周烈王七年崩，当齐威王十年，但《六国表》齐威王年世有误。“烈王”当为“显王”之误，周显王四十八年卒，当齐威王三十六年），诸侯皆吊，齐后往，周怒，赴于齐曰：‘天崩地坼，天子下席，东藩之臣田婴齐后至（《史记》“田婴齐”作“因齐”，按齐威王名因齐，“婴”当为“因”字之误。齐威王之少子名婴，即靖郭君。决无父子同名与君臣同名之例），则斮之。’威王勃然怒曰：‘叱嗟，而母婢也’，卒为天下笑。故生则朝周，死而叱之，诚不忍其求也。彼天子固然，其无足怪。”辛垣衍曰：“先生独未见夫仆乎？十人而从一人者，宁力不胜、智不若耶？畏之也。”鲁仲连曰：“然梁之比于秦若仆耶？”辛垣衍曰：“然。”鲁仲连曰：“然吾将使秦王烹醢梁王。”辛垣衍怏然不悦曰：“嘻！亦太甚矣！先生之言也！先生又恶能使秦王烹醢梁王？”鲁仲连曰：“固也，待吾言之：昔者鬼侯、鄂侯、文王（“鬼”《史记》作“九”，“九”“鬼”古通），纣之三公也。鬼侯有子而好，故入之于纣，纣以为恶，醢鬼侯。鄂侯争之急，辨之疾，故脯鄂侯。文王闻之，喟然而叹，故拘之于牖里之库，百日而欲舍之死（舍，鲍本作“令”，《史记》亦作“令”）。曷为与人俱称帝王（《史记》无“帝”字），卒就脯醢之地也？齐闵王将之鲁，夷维子执策而从，谓鲁人曰：‘子将何以待吾君？’鲁人曰：‘吾将以十太牢待子之君。’夷维子曰：‘子安取礼而来待吾君？彼吾君者天子也。天子巡狩，诸侯辟舍，纳筦键（《史记》“键”作“籥”），摄衽抱几，视膳于堂下，天子已食，退而听朝也。’鲁人投其籥，不果纳，不得入于鲁。将之薛，假涂于邹（《史记》“涂”作“途”，“涂”“途”古通）。当是时，邹君死，闵王欲入吊，夷维子谓邹之孤曰：‘天子吊，主人必将倍殡柩，设北面于南方，然后天子南面吊也。’邹之群臣曰：‘必若此，吾将伏剑而死。’故不敢入于邹。邹、鲁之臣，生则不得事养，死则不得饭含（《史记》“饭含”作“赙襚”），然且欲行天子之礼于邹、鲁之臣，不果纳。今秦万乘之国，梁亦万乘之国，俱据万乘之国，交有称王之名，睹其一战而胜，欲从而帝之，是使三晋之大臣，不如邹、鲁之仆妾也。且秦无已而帝，则且变易诸侯之大臣，彼将夺其所不肖而予其所贤，夺其所憎而与其所爱，彼又将使其子女谗妾为诸侯妃姬，处梁之宫，梁王安得晏然而已乎？而将军又何以得故宠乎？”于是辛垣衍起，再拜，谢曰：“始以先生为庸人，吾乃今日而知先生为天下之士也。吾请去，不敢复言帝秦。”秦将闻之，为却军五十里。适会魏公子无忌夺晋鄙军以救赵击秦，秦军引而去。于是平原君欲封鲁仲连，鲁仲连辞让者三，终不肯受。平原君乃置酒，酒酣起前，以千金为鲁仲连寿。鲁仲连笑曰：“所贵于天下之士者，为人排患、释难、解纷乱而无所取也。即有所取者，是商贾之人也，仲连不忍为也。”遂辞平原君而去，终身不复见。（《赵策三》第十三章，《鲁仲连列传》同）

案：此谓晋鄙军“止于荡阴不进”，与《魏公子列传》谓“留军壁邺”不同。荡阴在今河南汤阴县。邺尚在荡阴之北约八十里，在河北磁县以南、正当赵长城之南，北距赵都邯郸亦不过八十里地。盖魏使辛垣衍入邯郸时，晋鄙军正停留于荡阴，当信陵君循便计杀晋鄙时，晋鄙已进至邺。邺为魏之北边重镇，此所谓“秦将闻之，为却军五十里”，当游士之夸说，不足信。

平原君既返赵，楚使春申君将兵赴救赵，魏信陵君亦矫夺晋鄙军往救赵，皆未至。秦急围邯郸，邯郸急，且降，平原君甚患之，邯郸传舍吏子李谈说平原君曰（“谈”，司马迁避其父讳改作“同”，今从《说苑·复恩》篇第九章作“谈”）：“君不忧赵亡乎？”平原君曰：“赵亡则胜虏，何为不忧乎？”李谈曰：“邯郸之民炊骨易子而食，可谓急矣（《说苑》“急矣”作“至困”），而君之后宫以百数，婢妾被绮縠（《说苑》“婢”作“妇”，“被”作“荷”），余粱肉（《说苑》“余”上有“厨”字），而民褐衣不完，糟糠不厌。民困兵尽，或剡不为矛矢（《说苑》“矢”作“戟”），而君器物鐘磬自若（“鐘”原作“鍾”，今从《说苑》改正，“若”《说苑》作“恣”）。使秦破赵，君安得有此？使赵得全，君何患无有？今君诚能令夫人以下，编于士卒之间，分工而作，家之所有尽散以飨士，士方其危苦之时，易德耳（《说苑》“德”作“为惠”）。”于是平原君从之，得敢死之士三千人。李谈遂与三千人赴秦军，秦军为之却三十里。亦会楚、魏救至，秦兵遂罢，邯郸后存。李谈战死，封其父为李侯。（《平原君列传》，《说苑·复恩》第九章大体相同）

案：《集解》引徐广曰：“河内成皋有李城。”《正义》曰：“怀州温县本李城也，李同（当作谈）所封。隋炀帝从故温城移县于此。”《水经·济水注》于“又南当巩县北，南入于河”下，云：“济水故渎东南合奉沟水，水上承朱沟于野王城西，东南径阳乡城北。又东南径李城西……李同死，封其父为李侯。故徐广曰：河内平皋县有李城，即此城也。”李城在今河南温县，此说不可信。温县一带为魏地，赵不能以此封李谈之父。李侯当为称号，并无封邑。

虞卿欲以信陵君之存邯郸为平原君请封。公孙龙闻之，夜见平原君曰：“龙闻虞卿欲以信陵君之存邯郸为君请封，有之乎？”平原君曰：“然。”龙曰：“此甚不可。且王举君而相赵者，非以君之智能为赵国无有也。割东武城而封君者，非以君为有功也，而以国人无勋，乃以君为亲戚故也。君受相印不辞无能，割地不言无功者，亦自以为亲戚故也。今信陵君存邯郸而请封，是亲戚受城而国人计功也（《集解》引徐广曰：“一本，是亲戚受城而以国许人”，今案徐广所引一本非是。《赵策三》第十一章相同）。此甚不可。且虞卿操其两权，事成操右券以责，事不成以虚名德君。君必勿听也。”平原君遂不听虞卿。（《平原君列传》，公孙龙之言，与《赵策三》第十一章有相同处）

秦攻赵，平原君使人请救于魏，信陵君发兵至邯郸城下，秦兵罢，虞卿为平原君请益地，谓赵王曰：“夫不斗一卒，不顿一戟，而解二国患者，平原君之力也。用人之力而忘人之功，不可。”赵王曰：“善。将益之地。”公孙龙闻之，见平原君曰：“君无覆军杀将之功而封以东武城，赵国豪杰之士多在君之右，而君为相国者，以亲故。夫君封以东武城，不让无功，佩赵国相印，不辞无能，一解国患，欲求益地，是亲戚受封而国人计功也。为君计者，不如勿受便。”平原君曰：“谨受令。”乃不受封。（《赵策三》第十一章）

案：此章言虞卿为平原君请益地，谓赵王曰：“夫不斗一卒，不顿一戟而解二国之患者，平原君之力也。”所言不符当时情实。信陵君发兵至邯郸救赵，经过赵与来救之魏、楚联军内外夹攻，激烈之大战，岂有“不斗一卒，不顿一戟而解两国之患”之事？盖游士之夸说。当以《平原君列传》所记为是。

秦昭王五十年王龁、郑安平围邯郸。及龁还军，拔新中。（《六国表》）

秦昭王五十年攻邯郸。（秦简《编年记》）

秦王使王龁代陵将，八九月围邯郸，不能拔。楚使春申君及魏公子将兵数十万攻秦军，秦军多失亡。武安君言曰：“秦不听臣计，今何如矣。”秦王闻之怒，强起武安君。武安君遂称病笃。应侯请之不起，于是免武安君为士伍，迁之阴密，武安君病，未能行。居三月，诸侯攻秦，军急，秦军数却，使者日至，秦王乃使人遣白起，不得留咸阳中。武安君既行，出咸阳西门十里，至杜邮，秦昭王与应侯、群臣议曰：“白起之迁，其意尚怏怏，有余言。”秦王乃使使者赐之剑自裁。武安君引剑将自刭，曰：“我何罪于天而至此哉？”良久曰：“我固当死。长平之战，赵卒降者数十万人，我诈而尽坑之，是足以死。”遂自杀。武安君之死也，以秦昭王五十年十一月。死而非其罪，秦人怜之，乡邑皆祭祀焉。（《白起列传》）

案：《甘茂列传》附《甘罗传》言：“应侯欲攻赵，武安君难之，去咸阳七里而立死于杜邮。”《水经·渭水注》云：“渭水北有杜邮亭，去咸阳十七里，今名孝里亭，中有白起祠。嗟乎，有制胜之功，惭尹商之仁，是地即其伏剑处也。”《三国志·吴书·钟离牧传》，记钟离牧云：“武安君谓秦王曰：‘非成业难，得贤难。非得贤难，用之难。非用之难，任之难。’”若其说可信，白起已有先见之明。

秦大破赵于长平，遂围邯郸。已而与武安君有隙，言而杀之。任郑安平，使击赵。郑安平为赵所围，急，以兵二万人降赵。应侯席稿请罪。秦之法，任人而所任不善者，各以其罪罪之。于是应侯罪当收三族。秦昭王恐伤应侯之意，乃下令国中：“有敢言郑安平事者，以其罪罪之。”而加赐相国应侯食物日益厚，以顺适其意。（《范雎列传》）

郑平于秦王臣也，其于应侯交也，欺交反王，为利故也。方其为秦将也，天下所贵无不以者，重也。重以得之，轻以失之，去秦将，入赵魏，天下所贱之无不以也，所可羞无不以也。行方可贱可羞，而无秦将之重，不穷奚待？（《吕氏春秋·无义》）

案：郑平即郑安平，盖平其名，安平其字。《赵世家》载孝成王十一年“武阳君郑安平死，收其地”，《集解》引徐广曰：“故秦将降赵也。”《吕氏春秋》称其“去秦将，入赵、魏”，盖郑安平为秦将军而围攻邯郸，魏信陵君率兵来救，为赵、魏内外夹攻而包围，郑安平以二万人降赵，赵封为武阳君，并有封地，三年即死，收其地。

秦攻邯郸，十七月不下。庄谓王稽曰：“君何不赐军吏乎？”王稽曰：“吾与王也，不用人言。”庄曰：“不然。父之于子也，令有必行者，必不行者。曰：‘去贵妻，卖爱妾’，此令必行者也，因曰：‘毋敢思也’，此令必不行者也。守闾妪曰：‘某夕某孺子内某士’（“夕”上“某”字原作“其”，今从鲍本改“某”。“孺”原作“懦”，姚注：“刘作孺”，作孺是也），贵妻已去，爱妾已卖，而心不有（金正炜曰：“不有疑为不肯”），欲教之者，人心固有。今君虽幸于王，不过父子之亲，军吏虽贱，不卑于守闾妪，且君擅主轻下之日久矣。闻‘三人成虎，十夫楺椎，众口所移，毋翼而飞’，故曰不如赐军吏而礼之。”王稽不听，军吏穷，果恶王稽、杜挚以反。秦王大怒，而欲兼诛范雎。范雎曰：“臣东鄙之贱人也，开罪于魏（“魏”上原衍“楚”字，从鲍本删），遁逃来奔，臣无诸侯之援，亲习之故，王举臣于羁旅之中，使职事，天下皆闻臣之身与王之举也。今遇惑与罪人同心（“惑”下原衍“或”字，从鲍本删），而王明诛之，是王过举显于天下，而为诸侯所议也。臣愿请药赐死，而恩以相葬臣，王必不失臣之罪，而无过举之名。”王曰：“有之。”（金正炜曰：“有字当读为宥”）遂弗杀而善遇之。（《秦策三》第十七章）

案：《范雎列传》言郑安平降赵“后二岁，王稽为河东守，与诸侯通，坐法诛”，盖事发与郑安平降赵同时，而定罪坐法在后二年，此章连言之。

［秦昭襄王］五十年十月武安君白起有罪，为士伍，迁阴密。张唐攻郑（“郑”疑为“邺”字之误），拔之。十二月益发卒军汾城旁。武安君白起有罪死。龁攻邯郸，不拔，去，还奔汾军。二月余，攻晋军，斩首六千。晋、楚流死河二万人（“死”下疑脱“我”字，“河”当作“汾”），攻汾城。即从唐拔宁新中，宁新中更名安阳。初作河桥。（《秦本纪》）

案：上年十月秦遣将军张唐攻魏，盖秦久围邯郸不克，为防止魏越赵长城北上袭其后路，先发制人，遣将军张唐越赵长城南下攻魏。是年魏信陵君循便计，杀晋鄙，北上进攻正在围攻邯郸之秦军，张唐乃包抄魏军之后路。《秦本纪》言是年“张唐攻郑拔之”。梁玉绳辨之曰：“此所拔之郑，为旧郑欤？则即咸林之地，东迁时已属秦也。以为新郑欤？韩徙都于其地，不闻是时韩失国都也，疑是鄚字之讹，赵地也。”梁说非是。“郑”疑为“邺”字之误。当时魏军进军路线，由荡阴，经宁新中至邺，再由邺越漳水与赵长城而北上攻邯郸外围之秦军。邺为魏北边之重镇，张唐拔邺城，即包抄魏军之后路。《六国表》称“及龁还军，拔新中”，新中即宁新中，亦即安阳，在今河南安阳市西南，正当邺与荡阴之中点。《秦本纪》称“即从唐拔宁新中”，唐即张唐，盖王龁由邯郸溃退，一路“还奔汾军”，另一路即与张唐会合，共攻宁新中。盖由邺南下而攻取安阳，企图包抄魏军后路而制服魏，并抵御北上救赵之楚军。

又案：《秦本纪》言是年“十二月益发卒军汾城旁”，《正义》引《括地志》云：“临汾古城在绛州正平县东北二十五里，即古临汾县故城也，按汾城即此城也。”汾城即汉河东郡临汾，在今山西侯马市西北，为当时河东郡之郡治所在。近年江西遂川出土秦戈铭文有称“临汾守”者，可以证明。《资治通鉴》胡三省注云：“秦盖屯兵于此，为王龁声援。”其实，不仅是声援，即为秦支援其大军进攻邯郸之主要基地，故“益发卒军汾城旁”。是时范雎既任郑安平为将军与王龁同攻邯郸，又任王稽为河东郡守，坐镇汾城而支援前线作战，以便取得拔邯郸而灭赵之大功。及秦将郑安平为赵、魏夹击大败，以二万人降赵，秦围攻邯郸之王龁所部亦在赵、魏两军夹击中溃退，其中一部随从张唐共攻取魏宁新中，即《秦本纪》所谓“即从唐拔宁新中”。其中大部则“还奔汾军”，即回师至汾城与驻屯汾城旁之大军会合，以抵御乘胜追击之魏、楚联军。所谓“二月余，攻晋军，斩首六千”，盖秦军自称在“还奔汾军”之后，反攻魏军而取得“斩首六千”之战果。所谓“晋、楚流死河二万人，攻汾城”，《集解》引徐广曰：“楚一作走。”《正义》云：“按此时无楚军，走字是也。”梁玉绳驳之曰：“改楚为走，则流死文不可接，谓时无楚军，尤为呓语。即楚救邯郸之兵，始缘秦伐邯郸而救赵，继缘秦伐魏宁新中而救魏。《楚世家》称救赵至新中可证。愚谓晋即魏也。”此说甚是。是时魏、楚救赵之联军，不仅与赵内外夹击，大胜于邯郸，迫使秦将郑安平率军二万降赵，秦将王龁解围邯郸而溃退，并与秦将张唐相战于宁新中。魏、楚联军更乘胜追击至河东，进攻屯驻汾城之秦军。“晋、楚流死河二万人”，“死”下疑脱“我”字，“河”当为“汾”字之误。汾城离河甚远而在汾水西岸。盖驻屯汾城之秦军，在魏、楚联军进攻下又大败，由汾水东岸渡汾而退守汾城之际，遭魏、楚联军袭击，流死于汾二万人。于是魏、楚联军得以渡汾水而“攻汾城”。《范雎列传》称“王稽为河东守，与诸侯通，坐法诛”。《秦策三》第十七章称河东郡之军吏“告王稽、杜挚以反”。盖王稽于汾城大败之后，亦尝有投降赵、魏之计议。

又案：“初作河桥”，《正义》云：“此桥在同州临晋县，渡河至蒲州，今蒲津桥也。”盖是年秦为攻取赵都邯郸，以便于进军与支援前线而建设者。

又案：《周本纪》赧王五十八年“三晋距秦，周令其相国之秦，以秦之轻也，还其行……秦信周，发兵攻三晋。”所载不确。《东周策》第二十五章“三国隘秦，周令其相国之秦”云云，原指赧王十七年齐、韩、魏三国攻秦而军于函谷之事，《周本纪》误系于五十八年，改作“三晋距秦”，已详赧王十七年案语中。鲍彪、吴师道原定在周赧王十七年，甚是。顾观光、黄式三据《周本纪》编之于赧王五十八年，与史实不合。

秦罢邯郸，攻魏，取宁邑。吴庆恐魏王之构于秦也（“吴”当读作“虞”，吴庆即虞卿，“构”鲍本作“搆”，改作“讲”），谓魏王曰：“秦之攻王也，王知其故乎？天下皆曰王近也，王不近秦，秦之所去。皆曰王弱也，王不弱二周，秦人去邯郸，过二周，而攻王者，以王为易制也，王亦知弱之召攻乎？”(《魏策四》第十七章)

案：吴师道曰：“凡攻赵皆言邯郸，此策罢邯郸，必非赧王五十八年解邯郸围时事。且《秦记》书拔宁新中，次年赧王五十九年，《年表》韩、魏、楚救赵新中，而秦兵罢，不闻卒拔也。是岁赧王入秦，而此云过二周攻王，是二周无恙时也，决为在前无疑。宁新中非宁邑。”此说不确。《秦本纪》与《六国表》皆谓秦将王龁攻邯郸不拔而去，还军拔宁新中，宁新中或称新中，此谓宁邑当即宁新中之简称。吴师道谓吴庆无考，其实，“吴”当读作“虞”，“庆”“卿”同音通用，吴庆即虞卿。《韩非子·外储说左上》虞庆亦即虞卿。虞卿为赵臣之主合纵者。是时魏、楚合纵救赵，击败秦围攻邯郸之秦军，秦还军攻拔魏之宁新中(即安阳)，盖欲制服魏而分解合纵，因而虞卿为此进说魏王。

秦拔宁邑，魏王令人谓秦王曰(“人”原误作“之”，今从鲍本改)：“王归宁邑，吾请先天下构。”或谓秦王曰(原误作“魏魏王曰”，今改正)：“王无听。魏王见天下之不足恃也，故欲先构。夫亡宁者，宜割二宁以求构。夫得宁者，安能归宁乎？”(《魏策四》第十六章)

案：“魏王曰”，鲍彪改作“魏冉曰”，不确。此时魏冉已免相，执政者为范睢。于鬯以为当作“王龁”，云：“此时王龁拔宁，王下脱龁字也。”亦无据。是时魏未尝因此先讲于秦。故下年韩、魏、楚联军合攻新中，迫使“秦兵罢”，新中即宁邑。

天下合从，赵使魏加见楚春申君曰：“君有将乎？”曰：“有矣，仆欲将临武君。”魏加曰：“臣少之时好射，臣愿以射譬之，可乎？”春申君曰:"可。"加曰:"异日者,更嬴与魏王处京台之下,仰见飞鸟。更嬴谓魏王曰:'臣能为王引弓虚发而下鸟。'("能"字原脱,从《荀子·议兵·注》、《文选·西都赋·注》、《子虚赋·注》、《东门行·注》、《魏都赋·注》所引及《太平御览》四百六十二引《春秋后传》补)魏王曰:'然则射可至此乎?'更嬴曰:'可。'有间,雁从东方来,更嬴以虚发而下之,魏王曰:'射之精乃至于此乎?'(原作"然则射可至此乎",今从《荀子·议兵·注》、《文选·东门行·注》所引改正)更嬴曰:'此孽也。'王曰:'先生何以知之?'对曰:'其飞徐而鸣悲。飞徐者故疮痛也(《荀子·议兵篇·注》所引疮作创,下同),鸣悲者久失群也,故疮未息而惊心未去也("去"原作"至",鲍本作"去",《荀子·议兵·注》、《文选·东门行·注》、《太平御览》七百四十四所引皆作"去",作"去"是)。闻弦音引而高飞(《荀子·议兵篇·注》引"引"作"烈",《鲍本》"引"作"烈"),故疮陨也(黄丕烈云:"烈者裂之误,当在疮字下,云故疮裂而陨也")。'今临武君尝为秦孽,不可为拒秦之将也。"(《楚策四》第十章)

案:黄式三、顾观光皆列此于秦王政六年,非是。《春申君列传》称为相二十二年(即秦王政六年)合纵伐秦,而"楚王为从长,春申君用事"。但据《赵世家》称赵悼襄王四年(即秦王政六年)"庞煖将赵、楚、魏、燕之锐师攻秦蕞,不拔,移攻齐,取饶安",可知实际主其事者为赵将庞煖。且楚于此年将国都东徙寿春,以避秦之锋芒。此章所谓"天下合从",即指楚、魏合纵救赵攻秦,时人称之为天下合纵攻秦。当春申君已赞同合纵攻秦后,赵因使魏加问何人为将,率军出战。春申君以临武君对,临武君疑即景阳。即《楚世家》言"楚遣将军景阳救赵"。《淮南子·氾论训》

云："景阳淫酒，被发而御于妇人，威服诸侯。"高注："景阳楚将。"《氾论训》又谓颜喙聚、段干木、孟卯、景阳，"此四人者，皆有所短，然而功名不灭者，其略得也。"高注："略犹道也。"《荀子·议兵》篇记临武君与孙卿子（即荀卿）议兵于赵孝成王前，盖临武君率楚军救赵得大胜，故赵孝成王先向临武君"请问兵要"，因而引起荀卿与临武君议兵于赵孝成王前。

临武君与孙卿子议兵于赵孝成王前。王曰："请问兵要。"临武君对曰："上得天时，下得地利，观敌之变动，后之发，先之至，此用兵之要术也。"孙卿子曰："不然。臣所闻古之道，凡用兵攻战之本，在乎壹民。弓矢不调，则羿不能中微；六马不和，则造父不能以致远；士民不亲附，则汤、武不能以必胜也。故善附民者，是乃善用兵者也。故兵要在乎善附民而已。"临武君曰："兵之所贵者势利也，所行者变诈也（《新序·杂事三》第二章"变诈"下有"攻夺"二字），善用兵者，感忽悠暗（《新序》作"奄忽焉"，"感""奄"声近。《韩诗外传》卷三第三十六章作"犹脱兔"），莫知其所从出，孙、吴用之无敌于天下，岂必待附民哉。"孙卿子曰："不然。臣之所道，仁人之兵，王者之志也。君之所贵，权谋势利也；所行，攻夺变诈也；诸侯之事也。仁人之兵，不可诈也；彼可诈者，怠慢者也，路亶者也（《新序》"路亶"作"落单"，王念孙曰："路亶犹羸惫也"）。君臣上下之间，涣然有离德者也（"涣"原误作"滑"，《新序》作"涣"，《韩诗外传》作"突"，王引之以作"涣"为是，涣然，离貌）。故以桀诈桀，犹巧拙有幸焉。以桀诈尧，譬之若以卵投石，以指挠沸；若赴水火，入焉焦没耳。故仁人上下，百将一心，三军同力；臣之于君也，下之于上也，若子之事父，弟之事兄，若手臂之扞头目而覆胸腹也。诈而袭之，与先惊而后击之，一也。且仁人之用十里之国，则将有百里之听；用百里之国，则将有千里之听；用千里之国，则将有四海之听。必将聪明警戒和传而一。故仁人之兵，聚则成卒，散则成列，延则若莫邪之长刃(《韩诗外传》“延”下有“居”字，《新序》“延”作“铤”)，婴之者断；兑则若莫邪之利锋(《新序》、《韩诗外传》“兑”皆作“锐”，“兑”与“锐”通)，当之者溃。圜居而方止，则若盘石然，触之者角摧，案角鹿埵陇种东笼而退耳(《新序》作“触之者陇种而退耳”，《韩诗外传》作“触之摧角折节而退尔”。郝懿行云：“鹿埵、陇种、东笼，盖皆摧败披靡之貌)。且夫暴国之君，将谁与至哉！彼其所与至者，必其民也，而其民之亲我欢若父母，其好我芬若椒兰，彼反顾其上，则若灼黥，若仇雠；人之情，虽桀、跖，岂又肯为其所恶、贼其所好者哉。是犹使人之子孙自贼其父母也，彼必将来告之，夫又何可诈也。故仁人用国日昭，诸侯先顺者安，后顺者危，虑敌之者削，反之者亡。诗曰：‘武王载发，有虔秉钺；如火烈烈，则莫我敢遏。’此之谓也。”(《荀子·议兵》，《新序·杂事三》第二章、《韩诗外传》卷三第三十六章载此一节，大体相同，略有改动)

孝成王、临武君曰：“善。请问王者之兵设何道？何行而可？”孙卿子曰：“凡在大王，将率末事也；臣请遂道王者诸侯强弱存亡之效，安危之势。君贤者其国治，君不能者其国乱。隆礼贵义者其国治，简礼贱义者其国乱。治者强，乱者弱，是强弱之本也。上足卬则下可用也(“卬”古“仰”字)，上不足卬则下不可用也。下可用则强，下不可用则弱。是强弱之常也。隆礼效功，上也；重禄贵节，次也；上功贱节，下也；是强弱之凡也。好士者强，不好士者弱。爱民者强，不爱民者弱。政令信者强，政令不信者弱。民齐者强，民不齐者弱。赏重者强，赏轻者弱。刑威者强，刑侮者弱。械用兵革攻完便利者强，械用兵革窳楛不便利者弱。重用兵者强，轻用兵者弱。权出一者强，权出二者弱。是强弱之常也。齐人隆技击，其技也，得一首者则赐赎锱金，无本赏矣，是事小敌毳则偷可用也，事大敌坚则涣焉离耳，若飞鸟然，倾侧反复无日，是亡国之兵也，兵莫弱是矣，是其去赁市佣而战之幾矣。魏氏之武卒，以度取之，衣三属之甲，操十二石之弩，负服矢五十个（“服”通“箙”，弩矢箙也），置戈其上，冠軸带剑（“軸”同“胄”），赢三日之粮，日中而趋百里，中试则复其户，利其田宅。是数年而衰而未可夺也（《资治通鉴》于“数年”上增“其气力”三字，“未”上增“复利”二字），改造则不易周也，是故地虽大，其税必寡，是危国之兵也。秦人，其生民也陿阸（《资治通鉴》“阸”作“隘”），其使民也酷烈，劫之以势，隐之以阸，忸之以庆赏（杨倞注：“忸与狃同，惯习也”），鰌之以刑罚（王先谦云：鰌盖即遒之借字，《说文》：“遒，迫也”），使天下之民所以要利于上者（《资治通鉴》无“天下”二字。顾广圻云：“天字疑不当有，此以‘下之民’与‘要利于上’相对为文”。陶鸿庆曰：“天乃夫之误”），非斗无由也。阸而用之，得而后功之，功赏相长也，五甲首而隶五家，是最为众强长久，多地以正（“正”读为“征”），故四世有胜，非幸也，数也。故齐之技击不可以遇魏氏之武卒，魏氏之武卒不可以遇秦之锐士，秦之锐士不可以当桓、文之节制，桓、文之节制不可以敌汤、武之仁义；有遇之者，若以焦熬投石焉。兼是数国者，皆干赏蹈利之兵也，佣徒鬻卖之道也，未有贵上安制綦节之理也。诸侯有能微妙之以节，则作而兼殆之耳。故招延募选（“延”原作“近”，从杨倞改），隆势诈，尚功利，是渐之也；礼义教化，是齐之也。故以诈遇诈，犹有巧拙焉；以诈遇齐，辟之犹以锥刀堕太山也（“辟”读作“譬”，“太”读作“泰”），非天下之愚人莫敢试，故王者之兵不试。汤、武之诛桀、纣也，拱挹指麾("挹"通"揖"),而强暴之国莫不趋使,诛桀、纣若诛独夫。故《泰誓》曰:'独夫纣',此之谓也。故兵大齐则制天下,小齐则治邻敌(王念孙曰:"治读为殆,殆,危也,谓危邻敌也")。若夫招延募选,隆势诈,尚功利之兵,则胜不胜无常,代翕代张,代存代亡,相为雌雄耳矣。夫是之谓盗兵,君子不由也。故齐之田单、楚之庄蹻、秦之卫鞅、燕之缪虮("缪虮"即"乐毅",音转通用),是皆世俗之所谓善用兵者也,是其巧拙强弱则未有以相君也,若其道一也,未及和齐也,掎契司诈(杨倞注:"契读为挈,挈,持也。掎挈犹言掎摭也。司读为伺,诈,欺诳也"),权谋倾覆,未免盗兵也。齐桓、晋文、楚庄、吴阖闾、越句践,是皆和齐之兵也,可谓入其域矣,然而未有本统也;故可以霸而不可以王,是强弱之效也。"孝成王、临武君曰:"善,请问为将。"孙卿子曰:"知莫大乎弃疑,行莫大乎无过,事莫大乎无悔,事至无悔而止矣,成不可必也。故制号政令欲严以威;庆赏刑罚欲必以信;处舍收藏欲周以固;徙举进退,欲安以重,欲疾以速;窥敌观变,欲潜以深,欲伍以参;遇敌决战,必道吾所明,无道吾所疑;夫是之谓六术。无欲将而恶废,无急胜而忘败,无威内而轻外,无见其利而不顾其害,凡虑事欲孰而用财欲泰("孰"读作"熟"),夫是之谓五权。所以不受命于主有三:可杀而不可使处不完,可杀而不可使击不胜,可杀而不可使欺百姓,夫是之谓三至。凡受命于主而行三军,三军既定,百官得序,群物皆正,则主不能喜,敌不能怒,夫是之谓至臣。虑必先事而申之以敬,慎终如始,终始如一,夫是之谓大吉。凡百事之成也必在敬之,其败也必在慢之,故敬胜怠则吉,怠胜敬则灭;计胜欲则从,欲胜计则凶。战如守,行如战,有功如幸。敬谋无圹("圹"通"旷"),敬事无圹,敬吏无圹,敬众无圹,敬敌无圹,夫是之谓五无圹。慎行此六术、五权、三至,而处之以恭敬无圹,夫是之谓天下之将,则通于神明矣。”临武君曰:“善。请问王者之军制。”孙卿子曰:“将死鼓,御死辔,百吏死职,士大夫死行列。闻鼓声而进,闻金声而退,顺命为上,有功次之;令不进而进,犹令不退而退也,其罪惟均。不杀老弱,不猎禾稼,服者不禽(“禽”读作“擒”),格者不舍(《资治通鉴》“舍”作“赦”),奔命者不获。凡诛,非诛其百姓也,诛其乱百姓者也;百姓有扞其贼,则是亦贼也。以故顺刃者生,苏刃者死(杨倞《注》:“苏读为傃,傃,向也,谓相向格斗者”),奔命者贡(刘师培云:“贡系置字之讹,《说文》:赦,置也。奔命者置,犹言奔命者舍之勿获也”)。微子开封于宋(“开”当作“启”,盖避汉景帝讳而改),曹触龙断于军;殷之服民所以养生之者也无异周人;故近者歌讴而乐之,远者竭蹶而趋之,无幽闲辟陋之国,莫不趋使而安乐之,四海之内若一家,通达之属莫不从服,夫是之谓人师。《诗》曰:‘自西自东,自南自北,无思不服。’此之谓也。王者有诛而无战,城守不攻,兵格不击。上下相喜则庆之。不屠城,不潜军,不留众(高亨曰:“留假为镏,《说文》:“镏,杀也”),师不越时。故乱者乐其政,不安其上,欲其至也。”临武君曰:“善。”(《荀子·议兵》)

案:刘向《荀子叙》谓荀子见秦昭王及秦相应侯皆不能用,“至赵与孙膑议兵赵孝成王前”。所谓孙膑,即深通孙、吴兵法之临武君之误。此深通孙、吴兵法之临武君,据当时形势而论,当即景阳。景阳以楚之主将与魏信陵君合纵救赵攻秦,不仅解邯郸之围,并大破秦军,迫使秦将郑安平以二万人降赵,并追击至河东,大破秦军于汾城,因而威震诸侯,为赵孝成王所推崇,得以与荀子议兵于王前。《淮南子·氾论训》称景阳“威服诸侯”,其所以“功名不灭者,其略得也”。盖景阳在合纵破秦之战役中,颇以谋略得胜。即临武君所谓“孙、吴用之无敌于天下”者。《荀子》于此所述，仅为荀子之儒家理论。临武君所述“用兵之要术”，为荀子所略。

有能比知同力，率群臣百吏而相与强君矫君，君虽不安，不能不听，遂以解国之大患，除国之大害，成于尊君安国，谓之辅。有能抗君之命，窃君之重，反君之事，以安国之危，除君之辱，功伐足以成国之大利，谓之拂。……平原君之于赵可谓辅矣，信陵君之于魏可谓拂矣。传曰从道不从君，此之谓也。（《荀子·臣道》）

争然后善，戾然后功，出死无私，致忠而公，夫是之谓通忠之顺，信陵君似之矣。（《荀子·臣道》）

案：平原君率食客出围城邯郸，往楚求救成功，又数遗魏王及魏公子无忌书请救于魏，更从李谈之建议，令夫人以下编于士卒之间，分工而作，家之所有尽散以飨士。又得敢死之士三千人与秦作战。白起称是时赵国“主折节以下其臣，臣推体以下死士，至于平原君之属皆令妻妾补缝于行伍之间，臣人一心，上下同力，犹句践困于会稽之时也”。荀子盖目睹平原君于赵之行事，因而称之“可谓辅矣”。至于信陵君循便计，窃虎符，杀晋鄙，夺兵权，以救解邯郸之围，因而大破秦军，使当时形势转危为安，尤为荀子所称道。荀子赞许平原君与信陵君之评价，高出太史公甚多。太史公赞许信陵君者，不过“接岩穴隐者，不耻下交”而已，太史公评平原君则曰：“平原君翩翩浊世之佳公子也，然未睹大体。”盖荀子于时尝亲至赵访问，身历其事，因而极称平原、信陵之功绩。

秦昭王五十年使王齮围邯郸（“齮”与“龁”通），急，赵欲杀子楚。

子楚与吕不韦谋，行金六百斤予守者吏，得脱，亡赴秦军，遂以得归。赵欲杀子楚妻子，子楚夫人赵豪家女也，得匿，以故母子竟得活。（《吕不韦列传》）

秦王立帝宜阳，令许绾诞魏王，魏王将入秦，魏敬谓王曰：……乃辍行。秦虽大胜于长平，三年然后决，士民倦，粮食□（"食"下原缺一字）。当此时也，两周全，其北存赵（"赵"原误作"魏"，今改正），举陶削卫地方六百（"百"下疑脱"里"字），有之势是（陶鸿庆曰："势是当作是势，高注释之云有是之势，是其所见本不误"），而入大蚤，奚待于魏敬之说也？（《吕氏春秋·应言》）

案：孙锵鸣曰："其北存三字未详，疑有衍文。"陶鸿庆曰："存字衍文。"谭戒甫曰："其北下疑脱一宅字，读作其北宅存为句。"许维遹曰："其北存犹云梁北尚存。"陈奇猷曰："北当为比，形近之讹也。比，并也。"以上诸家校勘，皆无确证。"其北存"三字不误，"存"下"魏"当为"赵"字之误。所谓"北存赵"，指魏信陵君救邯郸之围，破秦兵，存赵国。《魏策四》第二十三章，称"信陵君杀晋鄙，救邯郸，破秦人，存赵国"。唐雎谓信陵君曰："今君杀晋鄙，救邯郸，破秦人，存赵国，此大德也。"《平原君列传》又谓"虞卿欲以信陵君之存邯郸为平原君请封"。"存赵"与"存邯郸"为当时成语。"其北存赵"，盖赵在魏之北，谓魏乘秦经三年长平战后"士民倦，粮食□"之时机，救邯郸之围，得以破秦兵而存赵。所谓"举陶削卫地方六百"，盖魏北向破秦存赵之后，乘胜利之时机，又东向攻取秦在破齐时取故宋地而建立之陶郡。陶即定陶，乃当时中原最富庶之地区，向为秦、齐、魏等国所欲夺取者。同时卫都濮阳一带亦为繁华富庶之区，时人常以陶、卫并称。如鲁仲连与燕将书，尝云："请裂地定封，富比陶、卫。"故卫亦成为魏欲夺取之目标。此篇谓秦昭王十九年王于宜阳称帝，魏昭王将入秦朝见，魏敬劝阻，乃辍行。"秦虽大胜于长平"以下，乃此篇作者评论之辞，谓魏昭王之入秦为时太早，其后当魏安釐王时，秦虽大胜于长平，进而围邯郸，欲灭赵，但魏犹能利用时势，取得"北存赵"及"举陶削卫地方六百"之盛势。足见魏之国力尚强，本可不入秦朝见，何待于魏敬之劝说而辍行耶？

初时者，魏数年东乡（"乡"与"向"通），攻尽陶、卫。（《韩非子·饰邪》）

魏安釐王攻燕救赵（乾道本作"攻赵救燕"，从顾广圻改正），取地河东，攻尽陶、卫之地（"卫"原误作"魏"，据《饰邪》篇改正），加兵于齐，私平陆之都；攻韩拔管，胜于淇下；睢阳之事（"睢"，乾道本误作"雎"，今改正），荆军老而走，蔡、召陵之事，荆军破。兵四布于天下，威行于冠带之国。（《韩非子·有度》）

案：所谓"取地河东"，即指信陵君率魏师破秦兵于邯郸后，乘胜追击溃退之秦兵至河东，攻汾城，夺回若干河东郡之城邑。所谓"攻尽陶、卫之地"，即《吕氏春秋·应言》篇所称"举陶削卫地方六百"，亦当开始于此时，经"数年东向"进攻而取得。盖秦既为魏、楚联军大破于邯郸，再大败于河东，于是地处魏东之秦陶郡，陷于孤立无援之境地，成为便于魏攻取之目标。地处陶郡西北之卫国，亦同时成为魏兼并之目标。

周赧王五十九年（公元前二五六年）

秦昭王五十一年，魏安釐王二十一年，韩桓惠王十七年，赵孝成王十年，齐王建九年，楚考烈王七年，燕孝王二年。

魏安釐王二十一年韩、魏、楚救赵新中，秦兵罢。（《六国表》）

韩桓惠王十七年秦击我阳城。救赵新中。（《六国表》）

[韩桓惠王]十七年秦拔我阳城、负黍。（《韩世家》）

[楚考烈王]七年至新中，秦兵去。（《楚世家》楚考烈王六年“楚遣将军景阳救赵”之后。《六国表》作“救赵新中”）

案：《史记会注考证》以为《六国表·魏表》有误，云：“韩未尝救，魏不应挨入。当书曰：赵、楚救我宁新中军，秦兵去。”不确。是时秦大军溃退，但秦一路南下攻取魏新中，因而韩、魏、楚合兵反攻新中，秦兵罢去。是年韩亦参与合纵救赵。

[秦昭襄王]五十一年将军摎攻韩，取阳城、负黍，斩首四万。攻赵取二十余县，首虏九万。西周君背秦，与诸侯约从，将天下锐兵出伊阙攻秦，令秦毋得通阳城，于是秦使将军摎攻西周。西周君走来自归，顿首受罪，尽献其邑三十六城，口三万。秦王受献，归其君于周。（《秦本纪》）

[周赧王]五十九年秦取韩阳城、负黍，西周恐，倍秦，与诸侯约从，将天下锐师出伊阙攻秦，令秦无得通阳城。秦昭王怒，使将军摎攻西周。西周君奔秦，顿首受罪，尽献其邑三十六，口三万。秦受其献，归其君于周。周君、王赧卒，周民遂东亡。秦取九鼎宝器，而迁西周公于𢠸狐。（《周本纪》）

案：《太平御览》八十五引《帝王世纪》云：“赧王五十九年秦攻韩、赵、魏，大破之，王惧，乃背秦，与诸侯合从，将天下锐师出伊阙攻秦，秦昭襄王大怒，使将军摎攻周王，王恐乃秦顿首受罪，尽献其邑。秦尽纳其献，使赧王归于周，降为庶人，以寿终。”此以西周君之事改为周赧王所为，大误。《资治通鉴》沿用《帝王世纪》之误谬，而不采《史记》所载，殊非。

[西周惠公]其子武公为秦所灭。(《太平寰宇记》卷五引皇甫谧云)

案：《周本纪·正义》引郭缘生《述征记》亦谓西周惠公“子武公为秦所灭”。《索隐》亦云：“徐以西周武公是惠公之长子，此周君即西周武公。盖此时武公与王赧皆卒，故连言也。”《太平御览》八十五引《帝王世纪》云：“秦尽纳其献，使赧王归于周，降为庶人，以寿终”，盖隐讳之辞。《太平寰宇记》卷三引《帝王世纪》云：“赧王尽献其邑三十六于秦，秦昭襄王纳其献，立为三川郡，初理洛阳。”此说不确。《秦本纪》谓庄襄王元年灭东周及取得韩之成皋、巩，秦界至大梁，“初置三川郡”。

又案：《秦本纪》又谓周亡后“其九鼎入秦”。《封禅书》云：“秦灭周，周之九鼎入于秦。或曰：“宋太丘社亡而鼎没于泗水彭城下。”所谓“宋太丘社亡”，事在周显王三十三年，早于赧王卒八十年。《秦始皇本纪》谓二十八年自琅邪还，“过彭城，斋戒祷祀，欲出周鼎泗水，使千人没水求之，弗得。”可知秦昭王灭周后，九鼎实未尝入秦。所谓“九鼎入秦”，乃夸饰之辞。

[赵孝成王]十年燕攻昌壮(《集解》引徐广曰：“一作社。”《正义》曰：“壮字误，当作城。《括地志》云：昌城故城在冀州信都县西北五里。此时属赵，故攻之也。”)，五月拔之。赵将乐乘、庆舍攻秦信梁军，破之。太子死。而秦攻西周，拔之。徒父祺出。(《赵世家》)

案：“赵将乐乘、庆舍攻秦信梁军”，《集解》引徐广曰：“《年表》云新中军也。”《索隐》云：“信梁秦将也。”《正义》曰：“信梁盖王龁号也。《秦本纪》云昭襄王五十年王龁从唐拔宁新中，宁新中更名安阳，今相州理县也。《年表》云韩、魏、楚救赵新中军，秦兵罢是也。”梁玉绳评之曰：“《集解》、《正义》皆谓此即前年秦拔宁新中事，非也。是岁为赵孝成王十年、秦昭王五十一年，《秦记》言将军摎攻赵取二十余县，首虏九万，疑即此事。信梁即摎号也，此言破秦，《记》言取县、首虏者，秦讳言败，虚功非实。史公于《本纪》依秦史书之而未改耳。”梁说是也。秦简《编年记》载秦昭王五十一年攻阳城，盖是年秦攻韩阳城得胜，若如《秦本纪》，是年秦攻拔韩阳城后，继而攻赵，取得二十余县，首虏九万，所得远较攻韩为大，《编年记》不应但书攻阳城也。

又案：“太子死”，《集解》引徐广曰：“是年周赧王卒，或者太子云天子乎?”《索隐》云：“赵之太子也，史失名。”当以徐广之说为是。“太子”当为“天子”之误。“徒父祺出”，《正义》云：“赵见秦拔西周，故令徒父祺将兵出境也。”是年周赧王死，秦拔西周，使天子绝灭，故赵使徒父祺出访邻国，图谋联合挽救。

应侯失韩之汝南。秦昭王谓应侯曰：“君亡国(姚注：“一本亡下有汝南二字”)，其忧乎?”应侯曰：“臣不忧。”王曰：“何也?”曰：“梁人有东门吴者，其子死而不忧，其相室曰：‘公之爱子也，天下无有，今子死而不忧何也?’(“而”字原缺，从鲍本补)东门吴曰：‘吾尝无子，无子之时不忧，今子死，乃即与无子时同也，吾无忧焉。’(“吾”原作“臣”，依《文选·西征赋》李注引《列子》改正)臣亦尝为余子，为余子时不忧(上二句“子”上原脱“余”字，今补)，今亡汝南，乃与即为梁余子同也(姚注：“一无即为二字。”鲍本改“与即”为“即与”)，臣何为忧。”秦王以为不然，告蒙傲曰(黄丕烈曰：“李善注《求自试表》作鹜，傲、鹜同字")："今也，寡人一城围，食不甘味，卧不便席，今应侯亡地而言不忧，此其情也?"(姚注："一本情下有何字?")蒙傲曰："臣请得其情。"蒙傲乃往见应侯，曰："傲欲死。"应侯曰："何谓也?"曰："秦王师君，天下莫不闻，而况于秦国乎！今傲势得秦为王将(姚注："一本无为字"，鲍本改"为王"作"王为"，金正炜曰："疑本作今傲势得为秦王将。")，将兵，臣以韩之细也，显逆诛(吴师道曰："显逆乱之诛，又作显违诛戮，义亦通。"金正炜曰："显逆二字误倒")，夺君地，傲尚奚生，不若死。"应侯拜蒙傲曰："愿委之卿。"蒙傲以报于昭王。自是之后，应侯每言韩事者，秦王弗听也，以其为汝南虑也。(《秦策三》第十六章，"虑"原误作"虏"，从金正炜改正)

案：鲍注："汝南，豫州郡，近应国，应侯尝取得之。"鲍说非是。汉汝南郡分秦颍川郡设置，离应三百余里，应侯无由得之。张琦、顾观光以为汝南即指应，应在今河南宝丰县南，当汝水之南。因而亦称汝南。《韩非子·定法》篇云："应侯攻韩八年，成其汝南之封"，可证。此言应侯失韩之汝南，又言"应侯亡地"，即指其封邑无疑。蒙骜谓"以韩之细也，显逆诛，夺君地"，可知是时应侯封邑为韩所夺。盖魏、楚合纵救赵攻秦得胜，韩亦参与合纵攻秦，夺回应邑，当即在此年。《周季编略》系之于上年，非是。上年韩尚未参与合纵攻秦也。

卷二十
秦昭王五十二年（公元前二五五年）至秦王政（始皇帝）十年（公元前二三七年）

秦昭王五十二年（公元前二五五年）

魏安釐王二十二年，韩桓惠王十八年，赵孝成王十一年，齐王建十年，楚考烈王八年，燕孝王三年。

[秦昭王]五十二年取西周。（《六国表》，“西周”下原衍“王”字，今删）

[秦昭襄王]五十二年周民东亡，其器九鼎入秦。周初亡。（《秦本纪》）

案：《周本纪》记秦使将军摎攻取西周，西周君入秦献其邑，秦归其君于周，与周君、周王赧卒及民东亡在上年。《秦本纪》记周民东亡在是年。而《六国表》记取西周在是年。《韩非子·五蠹》篇云：“周去秦为从（纵），期年而举。”可知秦取西周，当在秦“为从”之后一年。秦因西周参与合纵攻秦而伐之。西周武公入秦献其邑，秦归其君于西周，当在上年。周君与周王赧卒而西周为秦所取，迁西周武公之后裔于墨狐聚，当在是年。墨狐聚在今河南伊川县与临汝县之间。

楚考烈王八年取鲁，鲁君封于莒。（《六国表》）

春申君相楚八年为楚北伐灭鲁。以荀卿为兰陵令。当是时，楚复强。（《春申君列传》）

案：《六国表》记“楚考烈王八年取鲁，鲁君封于莒”，又记“十四年灭鲁，顷公迁卞为家人，绝祀”。《鲁世家》又载顷公二十四年“楚考烈王伐灭鲁。顷公亡，迁于下邑，为家人，鲁绝祀，顷公卒于柯”。据《春申君列传》楚于是年灭鲁，《六国表》所谓“取鲁”，亦即灭鲁。《六国表》谓鲁君“封于莒”，而《鲁世家》又言“顷公卒于柯”，疑莒即为柯之小邑。柯即东阿，亦即阿，在今山东东平县西北，《六国表》载“齐宣公四十四年伐鲁莒及安阳”。疑安阳即阿，“安”“阿”声近通用，莒即在安阳附近。齐之莒，为五都之一，不可能为楚所得而用以封莒。据此可知，此时楚不仅灭鲁，且占有齐西边之城邑。故《春申君列传》云：“当是时，楚复强。”

［秦昭王］五十二年王稽弃市。（《六国表》）

［秦昭王五十年］后二岁，王稽为河东守，与诸侯通，坐法诛。而应侯日益以不怿。昭王临朝叹息，应侯进曰：“臣闻主忧臣辱，主辱臣死。今大王中朝而忧，臣敢请其罪。”昭王曰：“吾闻楚之铁剑利而倡优拙。夫铁剑利则士勇，倡优拙则思虑远。夫以远思虑而御勇士，吾恐楚之图秦也。夫物不素具，不可以应卒（“卒”与“猝”通）。今武安君死，而郑安平等畔，内无良将而外多敌国，吾是以忧。”欲以激励应侯。应侯惧，不知所出。蔡泽闻之，往入秦也。（《范雎列传》）

蔡泽者，燕人也。游学于诸侯小大甚众，不遇。而从唐举相（《集解》引荀卿曰："梁有唐举。"《索隐》云："《荀卿书》作唐莒。"《荀子·非相》篇云："今之世梁有唐举。""举""莒"音近通用），曰："吾闻先生相李兑，曰百日之内持国秉，有之乎？"曰："有之。"曰："若臣者何如？"唐举孰视而笑曰："先生曷鼻、巨肩、魋颜，蹙齃、膝挛（《集解》引徐广曰："曷一作偈，偈一作仰，巨一作渠"，挛，两膝曲也，徐广曰："一作率。"王念孙曰："曷读为遏，遏鼻者偃鼻也，偃鼻者仰鼻也。"《正义》本"巨肩"作"巨唇"）。吾闻圣人不相，殆先生乎？"蔡泽知唐举戏之，乃曰："富贵吾所自有，吾所不知者寿也，愿闻之。"唐举曰："先生之寿，从今以往者四十三岁。"蔡泽笑谢而去，谓其御者曰："吾持粱刺齿肥（《集解》云："刺齿二字当作齧，又作龇也。"《索隐》云："刺齿二字字误，当为齧字也。齧肥谓食肥肉也"），跃马疾驱，怀黄金之印，结紫绶于要，揖让人主之前，食肉富贵四十三年足矣。"去之赵，见逐。之韩、魏（《集解》云："之一作入"），遇夺釜鬲于涂。（《蔡泽列传》）

蔡泽见逐于赵，而入韩、魏，遇夺釜鬲于涂。闻应侯任郑安平、王稽，皆负重罪，应侯内惭。乃西入秦。将见昭王，使人宣言以感怒应侯，曰："燕客蔡泽，天下骏雄弘辩之士也，彼一见秦王，秦王必相之而夺君位。"（《史记·蔡泽列传》"相之"作"困君"）应侯闻之（《史记》下有"曰：五帝三代之事，百家之说，吾既知之，众口之辩，吾皆摧之，是恶能困我而夺我位乎"），使人召蔡泽。蔡泽入，则揖应侯，应侯固不快，及见之，又倨。应侯因让之曰："子尝宣言代我相秦，岂有此乎？"对曰："然。"应侯曰："请闻其说。"蔡泽曰："吁！何君见之晚也。夫四时之序，成功者去。夫人生手足坚强（《史记》作"人生百体坚强，手足便利"），耳目聪明圣知（《史记》"圣知"上有"而心"二字），岂非士之所愿与?”应侯曰:“然。”蔡泽曰:“质仁秉义,行道施德于天下(《史记》“于”上有“得志”二字),天下怀乐敬爱(《史记》此下有“而尊慕之”四字),愿以为君王,岂不辩智之期与?”应侯曰:“然。”蔡泽曰:“富贵显荣,成理万物,万物各得其所(《史记》“万物”作“使”)。生命寿长(《史记》“生”作“性”),终其年而不夭伤(《史记》“年”上有“天”字),天下继其统,守其业,传之无穷,名实纯粹,泽流千世(《史记》“世”作“里”),称之而毋绝(《史记》“称”上有“世世”二字),与天下终(《史记》“终”下有“始”字),岂非道之符(《史记》“道”作“道德”),而圣人所谓吉祥善事者与。”应侯曰:“然。”泽曰:“若秦之商君,楚之吴起,越之大夫种,其卒亦可愿矣。”应侯知蔡泽之欲困己以说,复曰(《史记》“曰”上有“谬”字):“何为不可?夫公孙鞅事孝公,极身毋二虑(“虑”字原缺,从《史记》补),尽公不还私(《史记》“还”作“顾”,王念孙曰:“还读为营,还顾义同。”此下《史记》有“设刀锯以禁奸邪”一句),信赏罚以致治,竭智能(《史记》作“披腹心”),示情素,蒙怨咎,欺旧交(《史记》“交”作“友”),虏魏公子卬(《史记》“虏”作“夺”,此下《史记》有“安秦社稷,利百姓”二句),卒为秦禽将破敌(“敌”下原衍“军”字,从《史记》删),攘地千里。吴起事悼王,使私不害公,谗不蔽忠,言不取苟合,行不取苟容(《史记》此下有“不为危易行”),行义不固毁誉(《史记》作“行义不辟难”),必有伯主强国,不辞祸凶。大夫种事越王,主离困辱(“离”读如“罹”,《史记》“离”作“虽”),悉忠而不解,主虽亡绝,尽能而不离,多功而不矜(《史记》“多”作“成”),贵富不骄怠。若此三子者,义之至,忠之节也。故君子杀身以成名(《史记》作“是故君子以义死难,视死如归,生而辱不如死而荣,士固有杀身以成名”),义之所在,身虽死无憾悔(《史记》作“虽死无所恨”),何为不可哉?”蔡泽曰:“主圣臣贤,天下之福也(《史记》“福”上有“盛”字);君明臣忠,国之福也;父慈子孝,夫信妇贞,家之福也。故比干忠,不能存殷;子胥知,不能存吴(《史记》“存”作“完”);申生孝而晋惑乱(姚注:“惑一作国”,《史记》作“国”,作“国”为是),是有忠臣孝子,国家灭乱,何也?无明君贤父以听之,故天下以其君父为戮辱,怜其臣子(《史记》此下有“今商君、吴起、大夫种之为人臣,是也;其君,非也。故世称三子致功而不见德,岂慕不遇世死乎”)。夫待死而后可以立忠成名,是微子不足仁,孔子不足圣,管仲不足大也。”(《史记》此下有“夫人之立功,岂不期于成全邪?身与名俱全者,上也。名可法而身死者,其次也。名在僇辱而身全者下也”)于是应侯称善。蔡泽得少间,因曰:“商君、吴起、大夫种,其为人臣,尽忠致功,则可愿矣。闳夭事文王,周公辅成王也,岂不亦忠乎?(姚注:“一本‘忠’下有圣字”,《史记》有“圣”字)以君臣论之,商君、吴起、大夫种,其可愿孰与闳夭、周公哉?”应侯曰:“商君、吴起、大夫种不若也。”蔡泽曰:“然则君之主,慈仁任忠,不欺旧故(《史记》“不欺”作“惇厚”,此下有“其贤智与有道之士为胶漆,义不倍功”),孰与秦孝公、楚悼王、越王乎?”应侯曰:“未知何如也。”蔡泽曰:“主固亲忠臣,不过秦孝、越王、楚悼。君之为主,正乱、批患、折难,广地殖谷,富国、足家、强主,威盖海内,功章万里之外,不过商君、吴起、大夫种。而君之禄位贵盛,私家之富过于三子,而身不退,窃为君危之(以上蔡泽所言一节,《史记》作“今主亲忠臣,不过秦孝公、楚悼王、越王,君之设智,能为主安危修政,治乱强兵,批患折难,广地殖谷,富国足家,强主,尊社稷,显宗庙,天下莫敢欺犯其主,主之威盖震海内,功彰万里之外,声名光辉传于千世,君孰与商君、吴起、大夫种?”应侯曰:“不若。”蔡泽曰:“今主之亲忠臣、不忘旧故不若孝公、悼王、句践,而君之功绩爱信亲孝又不若商君、吴起、大夫种，然而君之禄位贵盛，私家之富过于三子，而身不退者，恐患之甚于三子，窃为君危之”）。语曰：‘日中则移，月满则亏。’物盛则衰，天之常数也（《史记》“天”下有“地”字），进退盈缩变化（《史记》“变化”上有“与时”二字），圣人之常道也（《史记》此下有一段：“故国有道则仕，国无道则隐。圣人曰：飞龙在天，利见大人。不义而富且贵，于我如浮云。今君之怨已雠而德已报，意欲至矣，而无变计，窃为君不取也。且夫翠、鹄、犀、象，其处势非不远死也，而所以死者，惑于饵也。苏秦、智伯之智，非不足以辟辱远死也，而所以死者，惑于贪利不止也。是以圣人制礼节欲，取于民有度，使之以时，用之有止，故志不溢，行不骄，常与道具而不失，故天下承而不绝。”）。昔者齐桓公九合诸侯，一匡天下，至葵丘之会，有骄矜之色（《史记》“色”作“志”），畔者九国。吴王夫差无敌于天下（《史记》“无”上有“兵”字），轻诸侯（《史记》“轻”上有“勇强以”三字），陵齐、晋，遂以杀身亡国。夏育、太史启叱呼骇三军（姚注“启，曾作噭”，《史记》作“噭”），然而身死于庸夫，此皆乘至盛不及道理也（“及”，鲍本作“近”，《史记》作“返”。金正炜云：“及当为服。”此下《史记》有“不居卑退处俭约之患也”句）。夫商君为孝公，平权衡，正度量，调轻重，决裂阡陌，教民耕战（以上五句，《史记》作“明法令，禁奸本，尊爵必赏，有罪必罚，平权衡，正度量，调轻重，决裂阡陌，以静生民之业而一其俗，劝民耕农利土，一室无二事，力田蓄积，习战阵之事”），是以兵动而地广，兵休而国富，故秦无敌于天下，立威诸侯（《史记》下有“成秦国之业”一句）。功已成矣，遂以车裂。楚地方数千里（“方数千里”四字原脱，从《史记》补），持戟百万，白起率数万之师，以与楚战，一战举鄢、郢，再战烧夷陵（《史记》“再战”作“以”），南并蜀、汉（《史记》

"南"上有"再战"二字)，又越韩、魏攻强赵，北坑马服，诛屠四十余万之众(《史记》此下有"尽之于长平之下"句)，流血成川，沸声若雷(《史记》此下有"遂入围邯郸"句)，使秦业帝(《史记》作"使秦有帝业"，下有"楚、赵天下之强国而秦之仇敌也"句)。自是之后，赵、楚慑服不敢攻秦者，白起之势也，身所服者七十余城，功已成矣，赐死于杜邮(《史记》"赐死"作"遂赐剑死")。吴起为楚悼罢无能(《史记》"罢无能"上有"立法卑减大臣之威重")，废无用，损不急之官，塞私门之请，壹楚国之俗(《史记》下有"禁游客之民，精耕战之士"句，《史记会注考证》云："客，枫、三本作宕。""客"疑"宦"字之误，"精"疑"赏"字之误)，南收杨越，北并陈、蔡，破横散从，使驰说之士无所开其口(《史记》下有"禁朋党以励百姓，定楚国之政，兵震天下，威服诸侯")，功已成矣，卒支解。大夫种为越王(《史记》下有"深谋远计，免会稽之危，以亡为存，因辱为荣")垦草创邑(姚注："创，刘一作仞，曾一作入"，《史记》作"入")，辟地殖谷，率四方之士，专上下之力(《史记》此下有"辅句践之贤，报夫差之仇")，以禽劲吴(《史记》"以"作"卒")，成霸功(《史记》作"令越成霸")，句践终倍而杀之(《史记》此上有"功已彰而信矣"一句，"倍"原误作"棓"，从王念孙改正，"倍"与"背"通。《史记》作"负")。此四子者，成功而不去，祸至于此，此所谓信而不能诎，往而不能反者也。范蠡知之，超然避世，长为陶朱(《史记》"朱"下有"公"字)。君独不观博者乎？或欲大投，或欲分功，此皆君之所明知也。今君相秦，计不下席，谋不出廊庙，坐制诸侯，利施三川，以实宜阳；决羊肠之险，塞太行之口(《史记》"口"作"道")，又斩范、中行之途(《史记》下有"六国不得合从"句)；栈道千里，通于蜀、汉，使天下皆畏秦。秦之欲得矣，君之功极矣，此亦秦之分功之时也。如是不退，则商君、白公、吴起、大夫种是也(此下《史记》有:“吾闻之,鉴于水者见面之容,鉴于人者知吉与凶。《书》曰:‘成功之下,不可久处。’四子之祸,君何居焉?”)。君何不以此时归相印,让贤者授之(《史记》此下有“退而岩居川观”一句),必有伯夷之廉,长为应侯,世世称孤,而有乔、松之寿(《史记》“有”下有“许由延陵季子之让”八字),孰与以祸终哉?此则君何居焉。”(《史记》此下有“忍不能自离,疑不能自决,必有四子之祸矣。《易》曰:‘亢龙有悔’,此言上而不能下,信而不能诎,往而不能自返者也,愿君孰计之”)应侯曰:“善。”(《史记》此下有“吾闻之,欲而不知止,失其所以欲;有而不知足,失其所以有。先生幸教,睢敬受命”)乃延入坐为上客。后数日,入朝,言于秦昭王曰:“客新有从山东来者蔡泽,其人辩士(《史记》此下有“明于三王之事,五伯之业,世俗之变,足以寄秦国之政”),臣之见人甚众,莫有及者,臣不如也。”(《史记》下有“臣敢以闻”一句)秦昭王召见,与语,大说之,拜为客卿。应侯因谢病请归相印。昭王强起应侯,应侯遂称笃(《史记》“笃”上有“病”字),因免相。昭王新说蔡泽计画,遂拜为秦相,东收周室。蔡泽相秦王数月,人或恶之,惧诛,乃谢病归相印。号为刚成君。(《秦策三》第十八章,《蔡泽列传》大体相同,而增加不少字句,今并详记之。“刚”,《史记》作“纲”)

[秦昭王]五十二年王稽、张禄死。(秦简《编年记》)

案:张禄即范雎之别名,前二年,魏、楚合纵救邯郸之围,大破秦军,秦将郑安平以二万人降赵,赵封为武阳君。魏、楚联军乘胜追击,又在河东郡治汾城一带大败秦军。秦军吏告发河东郡守王稽通敌谋反,是年王稽以“与诸侯通”之罪,坐法诛。《六国表》载是年王稽弃市。郑安平、王稽皆为魏冉所任。秦法,“任人而所任不善者，各以其罪罪之"，即有连坐之法。当郑安平降赵，范雎"罪当收三族"，昭王未执行。及王稽通敌谋反之罪举发，昭王大怒而欲兼诛范雎。范雎"愿请药赐死，而恩以相葬臣"。昭王又弗杀而善遇之。见于《秦策三》第十七章，是年王稽因定罪而弃市，范雎因而亦死。秦简《编年记》称是年"王稽、张禄死"，必然魏冉因王稽之罪连带而死。是否因药赐死，则不得而知。

又案：《秦策三》与《蔡泽列传》称蔡泽闻应侯任郑安平、王稽皆负重罪，西入秦，游说范雎及早退位让贤，范雎因而推荐蔡泽以代，自称病笃归相印。是时蔡泽谋乘此时机代为秦相，范雎亦欲有人接替其相位而能减免其罪刑。蔡泽以秦之商鞅、楚之吴起与越之大夫种作为先例，劝范雎及时引退。范雎确实亦如同商鞅、吴起等人有变法图强之功。李斯《谏逐客书》云："昭王得范雎，废穰侯，逐华阳，强公室，杜私门，蚕食诸侯，使秦成帝业。"范雎确曾为秦帝业有所建设，蔡泽称许范雎曰："今君相秦……坐制诸侯，利施三川，以实宜阳；决羊肠之险，塞太行之口，又斩范、中行之途；栈道千里，通于蜀、汉，使天下皆畏秦。秦之欲得矣，君之功极矣"。秦昭王尝于宜阳称帝，此时又在宜阳有所建设，使成为控制中原之政治中心，又扩展四方交通，使秦便于控制四方诸侯，以便成其帝业。其失败由于任人偏私，拜王稽为河东守，三年不上计，又任郑安平为将军；又与白起争功而有隙，并言而杀之，任郑安平伐赵邯郸。蔡泽称其"禄位贵盛，私家之富过于三子"（商鞅、吴起、大夫种），因而谓范雎"身不退，窃为君危之"。

[赵孝成王]十一年城元氏，县上原。武阳君郑安平死，收其地。(《赵世家》)

案：郑安平降赵后，虽封为武阳君而有封地，二年后，即不得意而死，与王稽、范雎死于同年。

[燕孝王]三年卒，子今王喜立。(《燕世家》)

赵平原君使人于春申君，春申君舍之于上舍。赵使欲夸楚，为玳瑁簪，刀剑室以珠玉饰之，请命春申君客。春申君客三千余人，其上客皆蹑珠履以见赵使，赵使大惭。(《春申君列传》记此于"春申君相楚八年"以后)

平原君谓冯忌曰("谓"原作"请"，姚云："刘本作谓。"鲍本亦作"谓"，今改正)："吾欲北伐上党，出兵攻燕，何如?"冯忌对曰："不可。夫以秦将武安君公孙起乘七胜之威，而与马服子战于长平之下("子"上原衍"之"字，从王念孙据《太平御览·兵部》所引删)，大败赵师，因以其余兵围邯郸之城("郸"原误作"战"，鲍本作"郸"，今改正)，赵以七败之余("七"原误作"亡"，"余"下原衍"众"字，今从王念孙改正)，收破军之敝("敝"下原衍"守"字，从王念孙删)，而秦罢于邯郸之下，赵守而不可拔者，以攻难而守者易也。今赵非有七克之威也，而燕非有长平之祸也。今七败之祸未复，而欲以罢赵攻强燕("罢"读作"疲")，是使弱赵为强秦之所以攻，而使强燕为弱赵之所以守。而强秦以休兵承赵之敝，此乃强吴之所以亡，而弱越之所以霸也。故臣未见燕之可攻也。"平原君曰："善哉。"(《赵策三》第八章)

案：顾观光附此于周赧王五十六年，曰："因言长平事附此。"不当。当在赵孝成王十年(即秦昭王五十一年)"赵将乐乘、庆舍攻秦信梁军，破之"之后。若赵未击破秦军，未击退秦之进攻，平原君不能“北伐上党，出兵攻燕”也。此事当系于赵孝成王十一年以后，当魏、楚合纵救赵大败秦军之后，魏、楚正乘机向东攻占卫及旧宋地，赵亦谋乘机攻燕而向东开拓。

【附编】

齐人或谗荀卿，荀卿乃适楚，而春申君以为兰陵令。(《孟子荀卿列传》)

案：《孟子荀卿列传》言：“齐襄王时，而荀卿最为老师。齐尚修列大夫之缺，而荀卿三为祭酒焉。”又谓荀卿由齐适楚，在“三为祭酒”之后，盖已在齐王建时。春申君以荀卿为兰陵令已在楚考烈王八年，当齐王建十年。荀卿适楚当在此以前，且未必由齐而适楚；或由赵经齐而入楚。

客说春申君曰：“汤以亳，武王以鄗，皆不过百里以有天下(《韩诗外传》卷四第二十五章作“汤以七十里，文王百里，皆兼天下，一海内”)。今孙子天下贤人也，君籍之以百里之势，臣窃以为不便，于君何如?”春申君曰：“善。”于是使人谢孙子。孙子去之赵，赵以为上卿(姚注：“荀子未尝为上卿，《后语》作上客，当是”)。客又说春申君曰：“昔伊尹去夏入殷，殷王而夏亡。管仲去鲁入齐，鲁弱而齐强。大贤之所在，其君未尝不尊也(《韩诗外传》“尊”作“善”)，国未尝不荣也(《韩诗外传》“荣”作“安”)。今孙子，天下贤人也，君何辞之?”春申君又曰：“善。”于是使人请孙子于赵。孙子为书谢曰：“疠人怜王(《韩诗外传》无“人”字)，此不恭之语也。虽然，不可不审察也。此为劫弑死亡之主言也。夫人主年少而矜材(《韩诗外传》“矜材”作“放”)，无法术以知奸，则大臣主断图私，以禁诛于己也(“图”原误作“国”，从《韩诗外传》改正)，故弑贤长而立幼弱，废正適而立不义。《春秋》戒之曰:'楚王子围聘于郑,未出竟(《韩诗外传》"竟"作"境"),闻王病,反问疾,遂以冠缨绞王,杀之,因自立也。齐崔杼之妻美,庄公通之,崔杼帅其群党而攻("群"原作"君",从金正炜改正),庄公请与分国,崔杼不许;欲自刃于庙,崔杼不许。庄公走出,逾于外墙,射中其股,遂杀之,而立其弟景公。'近代所见,李兑用赵,饿主父于沙丘,百日而杀之。淖齿用齐,擢闵王之筋,县于其庙梁,宿夕而死。夫疠虽瘫肿胞疾("胞疾",《韩非子·奸劫弑臣》作"疕疡",《韩诗外传》作"痂疕"),上比前世,未至绞颈射股,下比近代,未至擢筋而饿死也。夫劫弑死亡之主也,心之忧劳,形之困苦,必甚于疠矣,由此观之,疠虽怜王可也。"因为赋曰:"宝珍隋珠(《荀子·赋篇》、《韩诗外传》作"琁玉瑶珠"),不知佩兮;杂布与锦(原误作"祎布与丝",从《荀子·赋篇》、《韩诗外传》改正),不知异兮;闾姝子奢(《荀子》、《韩诗外传》"姝"作"娵"),莫之媒兮;嫫母、力父,是之喜兮。以瞽为明,以聋为聪,以是为非,以吉为凶,呜呼上天,曷惟其同。"(《楚策四》第九章,《韩诗外传》卷四第二十五章同,末引《诗》曰:"上帝甚蹈,无自瘵焉。")

案:此章出于后人杜撰伪托,杂采《韩非子·奸劫弑臣》与《荀子·赋篇》而成。汪中《荀卿子通论》辨之曰:"春申君请孙子,孙子答书,或去或就,曾不一言,而泛引前世劫杀死亡之事,未知其意何属。且灵王虽无道,固楚之先君也,岂宜向其臣子斥言其罪?不知何人凿空为此,韩婴误以说《诗》,刘向不察,采入《国策》,其叙《荀子》、《新书》又载之,斯失之矣。此书自'厉怜王'以下,乃《韩非子·奸劫弑臣》文,其言刻覈舞知以御人,固非之本志。其赋词乃《荀子·佹诗》之小歌,见于《赋篇》,由二书杂采成篇,故文义前后不属,幸本书具在,其妄不难破尔。孙子自为兰陵令，逮春申君之死，凡十八年，其间实未尝适赵，亦无以荀卿为上卿之事。"其说是也。《荀卿列传》称"春申君死而荀卿废，因家兰陵"，"因葬兰陵"。未言至赵为卿之事。刘向谓春申君得荀卿书后，复谢荀卿，荀卿复为兰陵令。黄式三以为荀卿"反赵之后，无弃赵卿而再仕兰陵之理。"《风俗通义·穷通篇》谓孙卿去兰陵，"游赵，应聘于秦。"此说亦不确。《荀子·强国》篇有应侯与孙卿子之问答，若此时荀子入秦，不仅应侯已罢相，且已去世矣。荀子游赵，与临武君议兵于孝成王前，当在邯郸解围、大破秦军之后；荀子入秦见昭王、应侯则尚在其前。

秦昭王五十三年(公元前二五四年)

魏安釐王二十三年，韩桓惠王十九年，赵孝成王十二年，齐王建十一年，楚考烈王九年，燕王喜元年。

[秦昭襄王]五十三年天下来宾。魏后，秦使摎伐魏，取吴城("吴"读为"虞")。韩王入朝。魏委国听令。(《秦本纪》)

案："吴"读为"虞"，吴城即虞城，为周武王封弟虞仲之邑。《正义》引《括地志》云："虞城古城在陕州河北县东北五十里虞山之上，亦名吴山。"《左传》哀公元年《正义》引皇甫谧云："今河东大阳县西山上虞城是也。"此乃魏在河东重要防守之地。秦攻取之，迫使"魏委国听令。"

[秦昭王]五十三年吏谁从军。(秦简《编年记》，"谁"读为"推")

案：秦、汉时，"谁"常读为"推"，推择之意。《释名·释言语》云："谁，采也，有推择，言不能一也。""吏推从军"乃秦于此年新公布之从军制度，用以增强军队之实力。《秦始皇本纪》载十一年"王翦攻阏与、橑阳，皆并为一军。翦将十八日，军归，斗食以下什推二人从军"。盖秦王政时沿用此制。《编年记》作者，即墓主名喜者，因为"令史"有治狱之职，于秦王政十三年"从军"，十五年"从平阳军"。

[赵孝成王]十二年邯郸𡌬烧。(《赵世家》)

秦昭王五十四年(公元前二五三年)

魏安釐王二十四年，韩桓惠王二十年，赵孝成王十三年，齐王建十二年，楚考烈王十年，燕王喜二年。

[秦昭襄王]五十四年王郊见上帝于雍。(《秦本纪》)

案：《资治通鉴》胡三省注："班《志》：雍县属扶风，秦惠公都之，有五畤，故于此郊见上帝，欲行天子之礼也。"今案郊为祭天于郊外之礼，周公营建东都成周，尝"用牲于郊"。秦国原无郊祀之礼，别有建畤祭黄帝、炎帝、白帝、青帝之礼。秦昭王尝于宜阳称帝，其攻邯郸，盖欲灭赵，以成其帝业，是年昭王"郊见上帝于雍"。郊见者，当于郊外举行，并不沿用"五畤"以祭祠五色帝之礼，确是欲行天子祭天之礼。

[卫]怀君三十一年朝魏，魏囚杀怀君。魏更立嗣君弟，是为元君。元君为魏婿，故魏立之。(《卫世家》，《六国表》记卫元君元年当秦昭王五十五年，则卫怀君三十一年当秦昭王五十四年。《资治通鉴》记于次年)

卫离魏为衡，半岁而亡。(《韩非子・五蠹》)

案：魏自与楚合纵救赵破秦之后，即连年东向进攻，攻取陶、卫之地，至此年，卫与秦连横以对抗魏之进攻，因而为魏灭亡。

此年魏乘卫怀君来朝之时,囚杀怀君,卫即灭亡。魏所立卫元君,为魏君之婿,已为附庸性质。卫元君未必为卫嗣君之弟。若卫元君为嗣君之弟,嗣君在位四十二年,怀君在位又三十一年,则元君已八十余岁。《集解》引徐广曰:"班氏云元君者怀君之弟。"盖据《汉书·古今人表》。《资治通鉴》从之。

楚考烈王十年徙于巨阳。(《六国表》)

案:据《春申君列传》,春申君相二十二年(即楚考烈王二十二年),以朱英之言,"楚于是去陈徙寿春"。《资治通鉴》胡注因云:"此时虽徙巨阳,未离陈地也。"

秦昭王五十五年(公元前二五二年)

魏安釐王二十五年,韩桓惠王二十一年,赵孝成王十四年,齐王建十三年,楚考烈王十一年,燕王喜三年。

[魏安釐王]廿五年闰再十二月丙午朔辛亥,[王](此字原缺)告相邦:民或弃邑居壄(即"野"字),入人孤寡,徼人妇女,非邦之故也。自今以来,叚门逆吕("叚"即"假"字,"假门"当读为"贾门"。"逆吕"当读"逆旅"),赘婿后父,勿令为户,勿鼠田宇("鼠"读为"予"),三枼之后("枼"读为"世"),欲士士之(下"士"读为"仕"),乃署其籍曰("乃"读为"仍"):故某虑赘婿某叟之乃孙("虑"读为"乡闾"之"闾","乃孙"读为"仍孙",即曾孙)。(《魏户律》)(云梦秦简《为吏之道》末尾附抄《魏户律》一条,见《睡虎地秦墓竹简》第二九二至二九四页)

[魏安釐王]廿五年闰再十二月丙午朔辛亥,[王](此字原缺)告将军:叚门逆闢(读作"贾门逆旅"),赘婿后父,或衛(即"率"字)民不作,不治室屋,寡人弗欲。且杀之,不忍其宗族昆弟,今遣从军,将军

勿恤视，享牛食士（“享”读作“烹”），赐之参饭而勿鼠殽（“参饭”亦作“参食”，早晚两餐各三分之一斗。“鼠”读为“予”）。攻城用其不足，将军以堙豪（“豪”读作“壕”，“堙壕”谓平填敌城之池壕）。（《魏奔命律》）（云梦秦简《为吏之道》末尾附抄《魏奔命律》一条，见《睡虎地秦墓竹简》第二九四至二九五页）

案：《睡虎地秦墓竹简》整理小组注释云：“廿五年应为魏安釐王二十五年（公元前二五二年），丙午为初一日，则辛亥为初六日。历朔与汪曰桢《历代长术辑要》所推相合。”“奔命，一种军队名称。《汉书·昭帝纪》注：“旧时郡国皆有材官骑士，以赴急难……闻命奔走，故谓之奔命。”

[赵孝成王]十四年平原君赵胜死。（《赵世家》）

平原君以赵孝成王十五年卒，子孙代，后竟与赵俱亡。（《平原君列传》）

赵孝成王十五年平原君卒。（《六国表》）

案：《平原君列传·索隐》云：“《六国年表》及《世家》并云十四年卒，与此不同。”据古本《六国年表》与《赵世家》同。

秦昭王五十六年（公元前二五一年）

魏安釐王二十六年，韩桓惠王二十二年，赵孝成王十五年，齐王建十四年，楚考烈王十二年，燕王喜四年。

[秦昭襄王]五十六年秋昭襄王卒，子孝文王立。尊唐八子为唐太后，而合其葬于先王。韩王衰绖入吊祠，诸侯皆使其将相来吊祠，视丧事。（《秦本纪》）

秦昭王五十六年薨。太子安国君立为王，华阳夫人为王后，子楚

为太子。赵亦奉子楚夫人及子政归秦。(《吕不韦列传》)

[秦]昭襄王享国五十六年。葬茝阳。生孝文王。(《秦始皇本纪》所附《秦记》)

[秦]孝文王生五十三年而立。(《秦始皇本纪》所附《秦记》)

[楚考烈王]十二年,秦昭王卒,楚王使春申君吊祠于秦。(《楚世家》)

[秦昭王]五十六年后九月昭死。正月遬产。(秦简《编年记》)

案:遬当为墓主喜之弟。

燕王喜四年伐赵,赵破我军,杀栗腹。(《六国表》)

燕王喜使栗腹以百金为赵孝成王寿酒,三日反报曰:"赵民其壮者皆死于长平,其孤未壮,可伐也。"王乃召昌国君乐间而问曰:"何如?"对曰:"赵,四达之国也,其民皆习于兵,不可与战。"王曰:"吾以倍攻之,可乎?"曰:"不可。"曰:"以三可乎?"曰:"不可。"王大怒,左右皆以为赵可伐。遽起六十万以攻赵,令栗腹以四十万攻鄗,使庆秦以二十万攻代。赵使廉颇以八万遇栗腹于鄗(《燕世家·索隐》、《正义》引"八万"并作"二十万"),使乐乘以五万遇庆秦于代。燕人大败,乐间入赵,燕王以书且谢焉(此下有燕王谢乐间书,《新序·杂事三》作"燕惠王遗乐毅书",从略),乐间、乐乘怨不用其计,二人卒留赵不报。(《燕策三》第三章,梁玉绳云:"乐乘字,二人字,衍。")

案:《燕策》文中有燕王喜谢乐间书,与燕惠王遗乐毅书,俱出策士杜撰伪托,已说在周赧王三十七年案语中,此从略。

今王喜四年,秦昭王卒。燕王命相栗腹约欢赵,以五百金为赵王酒 。还报燕王曰:"赵王壮者皆死长平(《燕策》"王"作"民","王"疑"民"字之误),其孤未壮,可伐也。"王召昌国君乐间问之。对曰:"赵,四战之国，其民习兵，不可伐。”王曰：“吾以五而伐一。”对曰：“不可。”燕王怒，群臣皆以为可。卒起二军，车二千乘，栗腹将而攻鄗，卿秦攻代，唯独大夫将渠谓燕王曰：“与人通关约交，以五百金饮人之王，使者报而反攻之，不祥，兵无成功。”燕王不听，自将偏军随之。将渠引燕王绶止之曰：“王必无自往，往无成功。”王蹵之以足。将渠泣曰：“臣非以自为，为王也。”燕军至宋子，赵使廉颇将，击破栗腹于鄗，乐乘破卿秦于代（“乐乘”二字错在“卿秦”下，今从梁玉绳校正），乐间奔赵。廉颇逐之五百余里，围其国。燕人请和，赵人不许，必令将渠处和。燕相将渠以处和。赵听将渠，解燕围。（《燕世家》）

案：据《赵世家》，廉颇围燕在次年。

［赵孝成王］十五年以尉文封相国廉颇为信平君。燕王令丞相栗腹约欢，以五百金为赵王酒。还归报燕王曰：“赵氏壮者皆死长平，其孤未壮，可伐也。”王召昌国君乐间而问之，对曰：“赵，四战之国也，其民习兵，伐之不可。”王曰：“吾以众伐寡，二而伐一，可乎？”对曰：“不可。”王曰：“吾即以五而伐一，可乎？”对曰：“不可。”燕王大怒，群臣皆以为可。燕卒起二军、车二千乘，栗腹将而攻鄗，卿秦将而攻代。廉颇为赵将破杀栗腹，虏卿秦。乐间奔赵。（《赵世家》，“奔赵”二字原脱，从梁玉绳补正）

于是燕王复以乐毅子乐间为昌国君。……乐间居燕三十余年。燕王喜用其相栗腹之计，欲攻赵，而问昌国君乐间。乐间曰：“赵，四战之国也，其民习兵，伐之不可。”燕王不听，遂伐赵。赵使廉颇击之，大破栗腹之军于鄗，禽栗腹。乐乘（“乐乘”二字下当脱“败庆秦于代”五字，今本“乐乘”二字误连上文，乐乘为赵将，不能为赵所擒，下文以乐间乐乘同留赵，并为误衍），乐乘者，乐间之宗也。于是乐间奔赵。

赵遂围燕，燕重割地以与赵和，赵乃解去，燕王恨不用乐间。乐间既在赵，乃遗乐间书曰：（此下有燕王喜遗乐间书，与《燕策三》所载又不同，皆出策士伪托，今从略。）乐间、乐乘怨燕不听其计，二人卒留赵（此与《燕策三》同误，“乐乘”“二人”四字为衍文），赵封乐乘为武襄君。（《乐毅列传》）

案：据《赵世家》，乐乘于孝成王十年已为赵将，屡建战功，因而封为武襄君。上文有脱文或衍文。

自邯郸围解五年，而燕用栗腹之谋曰：“赵壮者尽于长平，其孤未壮。”举兵击赵。赵使廉颇将，击，大破燕军于鄗，杀栗腹，遂围燕。燕割五城请和，乃听之。赵以尉文封廉颇为信平君，为假相国。廉颇之免长平归也，失势之时故客尽去。及复用为将，客又复至。廉颇曰：“客退矣。”客曰：“吁！君何见之晚也！夫天下以市道交，君有势，我则从君，君无势则去，此固其理也，有何怨乎？”（《廉颇列传》）

楚考烈王十二年柱国景伯死。（《六国表》）

案：景伯疑即景阳，阳其名，伯其字。尝率楚军与魏合纵救赵破秦，是时为柱国。

十五年相邦春平侯、邦左伐器，工师长雚、冶□挞齐。（“齐”读作“剂”，十五年相邦春平侯铍刻铭，上海博物馆藏，《商周金文录遗》六〇〇著录）

十五年相邦春平侯、邦右伐器，工师□□、冶□挞齐，大攻尹韩耑。（十五年相邦春平侯铍刻铭，《贞松堂集古遗文》卷十二著录）

十七年相邦春平侯、邦左伐器，工师长雚、冶□挞齐。大攻尹韩耑。（十七年相邦春平侯铍刻铭。上海博物馆藏有相同刻铭五件）

十七年相邦春平侯、邦左伐器，工师□□、冶□挞齐。大攻尹韩峃。(十七年相邦春平侯铍刻铭,加拿大多伦多市安大略博物馆藏,见黄盛璋《关于加拿大多伦多市安大略博物馆所藏三晋兵器及其相关问题》,《考古》一九九一年第一期)

案:春平侯即《赵世家》悼襄王二年为秦所召而遣回之春平君。《六国表》谓悼襄王二年"太子从质秦归",《正义》以为"太子即春平君"。所见春平侯之兵器刻铭皆称相邦春平侯,既有十五年,十七年制作者,更有元年、二年、三年、四年、八年所作者,可知春平侯不仅为赵孝成王晚年之相,且为赵悼襄王之相,盖继建信君而为相者。八年相邦建信君铍刻铭云:"八年相邦建郉君、邦左库工师□□、冶尹□挞齐。大攻尹韩峃。"监造之大工尹与春平侯十五年、十七年兵器同为韩峃,可为明证。盖春平侯为赵公子而为相者,《六国表》"太子从质秦归","太子"当为"公子"之误。

十三年右……守相申毋官……邦右□□□韩狄、冶醽执齐。工君韩峃。(《三代吉金文存》卷二十,《贞松堂集古遗文》卷十二著录)

十六年守相□□□,邦右库□□韩狄、冶明执齐。大工尹韩□。(《小校经阁金文拓本》卷十一著录)

案:黄盛璋以为大工尹韩峃见于八年相邦建信君与十五年及十七年相邦春平侯监造兵器,故此十三年剑应属孝成王时,十六年剑守相与大工尹之名亦当与十三年剑相同,为同时所造。此说可信。

秦孝文王元年(公元前二五〇年)

魏安釐王二十七年,韩桓惠王二十三年,赵孝成王十六年,齐王建十五年,楚考烈王十三年,燕王喜五年。

[秦]孝文王元年赦罪人,修先王功臣,褒厚亲戚,弛苑囿。孝文王除丧,十月己亥即位,三日辛丑卒,子庄襄王立。(《秦本纪》)

秦王立一年薨,谥为孝文王。太子子楚立,是为庄襄王。庄襄王所母华阳后为华阳太后(《索隐》云:“刘氏本作所生母,生衍字也。今检诸本并无生字”),真母夏姬尊以为夏太后。(《吕不韦列传》)

[秦]孝文王享国一年,葬寿陵,生庄襄王。(《秦始皇本纪》所附《秦记》)

[秦]庄襄王生三十二年而立。(《秦始皇本纪》所附《秦记》)

[秦]孝文王元年,立(“立”当读为“位”,指“即位”),即死。(秦简《编年记》)

案:秦昭王死于上年后九月,至十二月仅三月,至是年待孝文王除丧,于十月己亥行改元即位之礼,三日而死。秦简《编年记》“立”当读为“位”,即指“即位”,即位三日而死,故云“即死”,非谓秦孝文王继昭王而立之后即死,指逾年行改元即位之礼后即死。故《秦记》谓“孝文王享国一年”,《吕不韦列传》亦云“立一年薨”。详本书《引论》下篇(一)《战国历法之验证》。《资治通鉴》据《秦本纪》记载,正确。黄式三《周季编略》于上年记:“冬十二月己亥朔秦王即位,以为元年正月朔,越三日辛丑秦王柱薨,谥曰孝文,子楚立。”出于杜撰。

又案:《吕不韦列传·正义》云:“秦孝文王陵在雍州万年县东北二十五里。”

[赵孝成王]十六年廉颇围燕。以乐乘为武襄君。(《赵世家》)

案:《燕世家》记燕王喜四年廉颇击破栗腹于鄗后,“廉颇逐之五百余里，围其国”。“燕相将渠以处和。赵听将渠，解燕围”，盖误上一年，解围之说亦不确。“围燕”，即围燕之国都。《赵世家》记次年武襄君又攻燕，围其国。

初，燕将攻下聊城，人或谗之，燕将惧诛，遂保守聊城，不敢归。田单攻之，岁余，士卒多死，而聊城不下，鲁仲连乃为书，约之矢以射城中，遗燕将。（《齐策六》第三章，《鲁仲连列传》同）

案：《鲁仲连列传》谓此事在鲁仲连当秦围赵都邯郸时反对“魏将欲令赵尊秦为帝”之后二十余年。《集解》引徐广曰：“案《年表》田单攻聊城在长平后十余年也。”《索隐》云：“按徐广据《年表》以为田单攻聊城在长平后十余年耳，言三十余年，误也。”今《六国表》脱去此条记载。今按鲁仲连所为书，有云：“且燕国大乱，君臣失计，上下迷惑，栗腹以十万之众五折于外”（《齐策》“十万”作“百万”）。《集解》引徐广曰：“此事去长平十年。”鲁仲连书又云：“以万乘之国被围于赵，壤削主困，为天下僇矣。”赵围燕国都，正当赵廉颇大破栗腹军之后。《资治通鉴》记此事于秦孝文王元年，甚是。秦孝文王元年当赵孝成王十六年，正与《赵世家》载是年“廉颇围燕”相合。《齐策六》第三章记此事之上，有云：“燕攻齐，取七十余城，唯莒、即墨未下，齐田单以即墨破燕，杀骑劫。”误以此事在田单以即墨破燕时，盖出于后人误为牵合，非是。吴师道谓“自‘燕攻齐’止‘杀骑劫’二十五字，或他策脱简”，并谓：“考之《单传》（指《田单列传》），自复齐之后，无可书之事。齐襄王十九年，当赵孝成王元年，赵割地求单为将，次年遂相赵，必不复返齐矣。距聊城之役凡十六年，单岂复为齐将哉？此因岁余不下之言，聊、莒、即墨之混，而误指以为单也。”田单为齐之名将，盖误传以为田单耳。《燕世家》称乐毅破齐，惟聊、莒、即墨未下，《燕策二》第九章所谓“三城未下”，皆由此讹传而后人所误增者。钱大昕曰：“吴师道谓田单相赵之后，必不返齐，亦恐不然。孟尝君相秦而归为齐相，此其证也。”姚鼐《古文辞类纂》亦有此说，但无确证。

［鲁仲连遗燕将书］曰：“吾闻之，智者不倍时而弃利，勇士不怯死而灭名（“怯”，《史记·鲁仲连列传·索隐》本作“却”，王震泽本作“怯”），忠臣不先身而后君，今公行一朝之忿，不顾燕王之无臣，非忠也；杀身亡聊城，而威不信于齐，非勇也；功废名灭（《史记》“废”作“败”），后世无称，非知也（《史记》此下有“三者世主不臣，说士不载”）。故知者不再计，勇士不怯死。今死生荣辱，尊卑贵贱，此其一时也（《史记》“一时也”作“不再至”），愿公之详计而无与俗同也。且楚攻南阳（《史记》“南阳”上有“齐之”二字），魏攻平陆，齐无南面之心，以为亡南阳之害（《史记》“害”下有“小”字），不若得济北之利（《史记》“利”下有“大”字），故定计而坚守之（《史记》“坚守”作“审处”）。今秦人下兵，魏不敢东面，横秦之势合（《史记》“横”作“衡”，“合”作“成”），则楚国之形危。且弃南阳（《史记》“且”作“齐”），断右壤，存济北（《史记》“存”作“定”），计必为之（《史记》“必”作“犹且”，此下《史记》有“且夫齐之必决于聊城，公勿再计”）。今楚、魏交退（《史记》“退”下有“于齐”二字），燕救不至，齐无天下之规（《史记》“齐”作“以全齐之兵”）与聊城共据期年之弊，即臣见公之不能待也（“待”原作“得”，姚注“钱、刘一作待”，金正炜曰：“作待是也，待犹御也”）。齐必决之于聊城，公无再计（《史记》此二句在上文“今楚、魏交退”之上）。彼燕国大乱（《史记》“彼”作“且”），君臣过计（《史记》“过”作“失”），上

下迷惑，栗腹以百万之众（《史记》“百”作“十”），五折于外，万乘之国被围于赵，壤削主困，为天下戮（《史记》作“僇笑”），公闻之乎？今燕王方寒心独立，大臣不足恃（《史记》无以上三句），国弊祸多，民心无所归（《史记》“心”字在“归”下），今公以弊聊之民，距全齐之兵，期年不解（《史记》无此句），是墨翟之守也。食人炊骨，士无反北之心（《史记》“北”作“外”），是孙膑、吴起之兵也（《史记》无“吴起”二字），能以见于天下矣。故为公计者，不如罢兵休士，全车甲归报燕王（《史记》无“罢兵、休兵”四字，“归”作“从”），燕王必喜（此下《史记》有“身全而归于国”）。士民见公如见父母（《史记》无“见公”二字），交游攘臂而议于世，功业可明矣。上辅孤主以制群臣，下养百姓以资说士，矫国革俗于天下（《史记》作“矫国更俗”），功名可立也。意者亦捐燕弃世东游于齐乎？（《史记》“意者”作“亡意”，《索隐》曰：“亡音无。”）请裂地定封，富比陶、卫，世世称孤，与齐久存，此亦一计也。二者显名厚实也，愿公熟计而审处一也。且吾闻效小节者不能行大威（《史记》“效”作“规”，“行大威”作“成荦名”），恶小耻者不能立荣名（《史记》“荣名”作“大功”）。昔者管仲射桓公中钩，篡也（《史记》“管仲”作“管夷吾”）；遗公子纠而不能死，怯也；束缚桎梏，辱身也（《史记》无“身”字）。此三行者，乡里不通也，世主不臣也。使管仲终穷抑幽囚而不出，惭耻而不见，穷年没寿，不免为辱人贱行矣，然而管子并行三行之过，据齐国之政，一匡天下，九合诸侯，为伍伯首，名高天下，光照邻国（《史记》“使管仲”以下，作“乡使管子幽囚而不出，身死而不反于齐，则亦名不免为辱人贱行矣，臧获且羞与之同名矣，况世俗乎！故管子不耻身在缧绁之中而耻天下之不治，不耻不死公子纠，而耻威之不信于诸侯，故兼三行之过而为五霸首，名高天下而光烛邻国”。）曹沫为鲁君将，三战三北而丧地千里。使曹子之足不离陈，计不顾后，出必死而不生，则不免为败军禽将。曹子以败军禽将，非勇也；功废名灭，后世无称，非知也。故去三北之耻，退而与鲁君计也（《史记》"曹沫为鲁君将"以下，作："曹子为鲁将，三战三北而亡地五百里。乡使曹子计不反顾，议不还踵，刎颈而死，则亦不免为败军禽将矣。曹子弃三北之耻，而退与鲁君计"）。齐桓公有天下，朝诸侯（此句上原有"曹子以为遭"五字，今从《史记》删去。"有天子，朝诸侯"，《史记》作"朝天下，会诸侯"，皆当作"朝天子，霸诸侯"）。曹子以一剑之任，劫桓公于坛位之上（《史记》作"枝桓公之心于坛坫之上"），颜色不变，而辞气不悖，三战之所丧（《史记》"丧"作"亡"），一朝而反之（《史记》"反"作"复"），天下震动，诸侯惊骇，威信吴、楚（《史记》作"威加吴、越"），传名后世（《史记》无此句）。若此二公者（《史记》"公"作"士"），非不能行小节、死小耻也（《史记》作"非不能成小廉而行小节也"），以为杀身绝世（《史记》作"以为杀身亡躯，绝世灭后"），功名不立，非知也。故去忿恚之心（《史记》作"故去感忿之怨"），而成终身之名（《史记》"成"作"立"）；除感忿之耻（《史记》作"弃忿悁之节"），立累世之功（《史记》"立"作"定"）。故业与三王争流，名与天壤相敝也。公其图之。"（《史记》作"愿公择一而行之"）……因罢兵到读而去（鲍本改"到读"作"倒韣"。黄丕烈云："到即倒字，又以读为椟字耳，不当辄改"）。故解齐国之围，救百姓之死，仲连之说也。（《齐策六》第三章，《鲁仲连列传》大体相同，多所增改，其结果不同。《鲁仲连列传》云："燕将见鲁连书，泣三日，犹豫不能自决，欲归燕，已有隙，恐诛；欲降齐，所杀虏于齐甚众，恐已降而后见辱。喟然叹曰："与人刃我，宁自刃。"乃自杀。聊城乱，田单遂屠聊城。归而言鲁连，欲爵之。鲁连逃隐于海上，曰：

“吾与富贵而诎于人，宁贫贱而轻世肆志焉。”）

案：吴师道论之曰：“夫仲连之言，正谓栗腹败，燕国乱，聊城孤守，齐方并攻，势将必拔。其言初不涉湣、襄、昭、惠之际。所谓楚攻南阳，魏攻平陆。闵王时，楚取淮北，单复齐后，盖已复之，不闻楚、魏交攻之事，二事必在后也。燕将被谗惧诛，连书亦无此意，此因乐毅而讹也。《史》又称燕将得书自杀，单遂屠聊城，尤非事实。齐前所杀燕将惟骑劫尔，不闻其他，此因骑劫而讹也。连之大意在于罢兵息民，而其料事之明，劝以归燕降齐，亦度其计之必可者，排难解纷，又素无所蓄积也。迫之以穷而致之于死，岂其心哉？夫其劝之，正将以全聊城之民，而忍坐视屠之哉！燕将死，聊城屠，连何功美之称，而齐欲爵之哉？《策》所云解兵而去者，当得其实，而《史》不可信也。”其说是也。聊为齐城，齐不战而得收复聊城，何以反屠聊城？其不信甚明。

魏安釐王：……攻尽陶、卫之地，加兵于齐，私平陆之都。（《韩非子·有度》）

案：鲁仲连遗聊城燕将书，谓是时燕将攻下齐聊城而保守，同时楚正攻齐之南阳，魏正攻齐之平陆。盖魏、楚合纵救赵而大破秦兵后，乘机向东方兼并。魏既攻尽陶、卫之地，再东向攻齐之平陆。平陆为齐五都之一，因而成为魏攻取之主要目标。楚既攻灭鲁国后，再北向攻齐之南阳。《鲁仲连列传》“楚攻齐之南阳”下，《索隐》云：“即齐之淮北、泗上之地”，非是。《史记·货殖列传》云：“泰山之阳则鲁，其阴则齐。”南阳因在泰山之南而得名。全祖望云：“自齐言之，则谓之南阳，山南曰阳也。自鲁言之，则谓之汝阳，水北曰阳也。”指泰山西南、汶水以北之地。春秋之世为齐、鲁所争之地，本属鲁，后渐为齐所取得。《孟子·告子下》称鲁欲使慎子为将军，孟子曰："一战胜齐，遂有南阳，然且不可。"即指此地。

[张良]父平，相[韩]釐王、悼惠王（即桓惠王）。悼惠王二十三年平卒。（《留侯世家》）

秦孝文王五年（"五"当作"元"），斿朐衍（"斿"同"游"），有献五足牛者。（《汉书·五行志》，《洪范五行传》同）

案：《汉书·五行志》云："秦孝文王五年斿朐衍，有献五足牛者，刘向以为近牛祸也。先是文惠王初都咸阳，广大宫室，南临渭，北临泾，思心失，逆土气。足者止也，戒秦建止奢泰，将致危亡。""五年"当是"元年"之误。朐衍即昫衍，属北地郡，在今宁夏盐池东南。是年秦孝文王巡游至此，乃当时记载中秦孝文王惟一之大事。

秦庄襄王元年（公元前二四九年）

魏安釐王二十八年，韩桓惠王二十四年，赵孝成王十七年，齐王建十六年，楚考烈王十四年，燕王喜六年。

[秦]庄襄王元年大赦，修先王功臣，施德厚骨肉，布惠于民。东周与诸侯谋秦，秦使相国不韦诛之，尽入其国。秦不绝其祀，以阳人地赐周君，奉其祭祀。（《秦始皇本纪》附《秦记》）

[秦]庄襄王元年大赦罪人，修先王功臣，施德厚骨肉而布惠于民。东周君与诸侯谋秦，秦使相国吕不韦诛之，尽入其国。秦不绝其祀，以阳人地赐周君，奉其祭祀。使蒙骜伐韩，韩献成皋、巩（梁玉绳曰："巩，荥阳之误。巩为东周所居"）。秦界至大梁，初置三川郡。

(《秦本纪》)

[韩桓惠王]二十四年秦拔我城皋、荥阳。(《韩世家》,《六国表》同)

秦庄襄王元年蒙骜取成皋、荥阳,初置三川郡。吕不韦相,取东周。(《六国表》)

蒙恬者,其先齐人也。恬大父蒙骜自齐事秦昭王,官至上卿。秦庄襄王元年骜为秦将,伐韩,取成皋、荥阳,作置三川郡。(《蒙恬列传》)

案:蒙骜亦作蒙傲,秦昭王时已为秦将,昭王二十二年伐齐河东,取九城,已说在周赧王三十年案语中,非庄襄王时始为秦将。

子楚立,以[吕]不韦为相,号曰文信侯,食蓝田十二县。王后为华阳太后,诸侯皆致养邑。(《秦策五》第五章)

庄襄王元年以吕不韦为丞相,封为文信侯,食河南雒阳十万户。(《吕不韦列传》)

案:据《秦策》,庄襄王初立,即以吕不韦为相,食蓝田十二县。其食河南洛阳十万户,当在吕不韦取东周以后。洛阳原为东周都邑。《集解》引徐广曰:"周比亡之时,凡七县:河南、洛阳、谷城、平阴、偃师、巩、缑氏。"

阴沟首受大河于卷县,故渎东南径卷县故城南,又东径蒙城北。《史记》秦庄襄王元年蒙骜击取成皋、荥阳,初置三川郡。疑即骜所筑也,于事未详。(《水经·阴沟水注》)

[赵孝成王]十七年假相、大将武襄君(按即乐乘)攻燕,围其国。(《赵世家》)

其明年（指“赵封乐乘为武襄君”之明年），乐乘、廉颇为赵围燕，燕重礼以和，乃解。（《乐毅列传》）

案：《燕世家》记廉颇破燕相栗腹于鄗之后，“廉颇逐之五百余里，围其国。……燕相将渠以处和。赵听将渠，解燕围。”《廉颇列传》称：“廉颇大破燕军于鄗，杀栗腹，遂围燕。燕割五城请和，乃听之。”《赵世家》记“廉颇围燕于赵孝成王十六年”，即廉颇破栗腹之后一年，又记“乐乘攻燕，围其国”于赵孝成王十七年。《乐毅列传》又称乐乘、廉颇同时为赵围燕。当以《赵世家》所记为是。

楚考烈王十四年楚灭鲁，顷公迁卞，为家人，绝祀。（《六国表》）

［鲁顷公］二十四年楚考烈王伐灭鲁，迁于下邑（《集解》引徐广曰：“下，一作卞”，《索隐》云：“下邑谓国外之小邑。或有本作卞邑，然鲁有卞邑，所以惑也”），为家人，鲁绝祀。顷公卒于柯。（《鲁世家》）

案：柯在今山东东平县西北，卞在今山东泗水县东，相距三百里以上。若顷公迁于卞，不能卒于柯。“卞”当为“下邑”之误。《六国表》称楚考烈王八年取鲁，鲁君封于莒。“取鲁”即灭鲁，莒疑即柯之下邑。至是年鲁顷公卒于柯，鲁绝祀。

［齐王建］十六年君王后卒。（《田世家》）

君王后事秦谨，与诸侯信，以故建立四十有余年，不受兵。秦始皇尝使使者遗君王后玉连环（鲍本改“始皇”为“昭王”），曰：“齐多知，而解此环不？”（姚注：“而别本作能。”《太平御览》七百六十三所引及《太平御览》六百九十二引《春秋后语》“而”皆作“能”）君王后以示群臣，群臣不知解，君王后引椎椎破之，谢秦使曰：“谨以解矣。”及君王后病，且卒，诫建曰：“群臣之可用者某。”建曰：“请书之。”君王后曰：

“善。”取笔牍受言，君王后曰：“老妇已亡矣。”君王后死后，后胜相齐，多受秦间金玉，使宾客入秦，皆为变辞，劝王朝秦，不修攻战之备。（《齐策六》第八章）

始，君王后贤，事秦谨，与诸侯信，齐亦东边海上，秦日夜攻三晋、燕、楚，五国各自救于秦，以故王建四十余年不受兵。君王后死，后胜相齐，多受秦间金，多使宾客入秦，秦又多予金，客皆为反间，劝王去从朝秦，不修攻战之备，不助五国攻秦，秦以故得灭五国。（《田世家》）

案：所谓王建四十余年不受兵，不确。此时燕尝攻齐，一度占有济北之聊城，魏尝攻取齐之平陆，楚尝攻齐之南阳。

秦庄襄王二年（公元前二四八年）

魏安釐王二十九年，韩桓惠王二十五年，赵孝成王十八年，齐王建十七年，楚考烈王十五年，燕王喜七年。

秦庄襄王二年蒙骜击赵榆次、新城、狼孟，得三十七城。日蚀。（《六国表》）

[秦庄襄王]二年蒙骜攻赵，取三十七城。（《蒙恬列传》）

[燕王喜]七年秦拔赵榆次三十七城，初置太原郡。（《燕世家》）

案：《秦本纪》、《六国表》、《水经·汾水注》皆谓秦置太原郡在次年。

[赵孝成王]十八年延陵钧率师从相国信平君助魏攻燕。秦拔我榆次三十七城。（《赵世家》）

[秦庄襄王]二年使蒙骜攻赵，定太原。三年（当为“三月”之误），蒙骜攻魏高都、汲，拔之（《集解》引徐广曰：“汲一作波”）。攻赵榆次、

新城、狼孟，取三十七城。四月日食。(《秦本纪》)

[秦庄襄王]立二年取太原地。(《秦始皇本纪》附《秦记》)

案：梁玉绳云："使蒙骜攻赵定太原"八字乃羡文。《年表》及《赵世家》、《蒙恬列传》皆无其事。盖所谓攻赵者，因是年有蒙骜攻赵取三十七城之事也。所谓定太原者，因明年有置太原郡之事也。二事下文皆书之，则此为错出无疑。况前十二年得韩上党地，已北定太原矣，何烦再定乎?"其说非是。秦昭王四十八年于大破赵于长平之后，使"司马梗北定太原，尽有韩上党"，但五十年魏、楚合纵救赵邯郸之围，大破秦军，并大败秦军于河东之后，形势大变。赵孝成王十年当秦昭王五十一年，《赵世家》称"赵将乐乘、庆舍攻秦信梁军，破之"，因而秦所"定太原"又为赵恢复。是年秦重振旗鼓，"使蒙骜攻赵，定太原"。下文云"攻赵榆次、新城、狼孟，取三十七城"，即是"定太原"之军事行动。

又案：梁玉绳云："三年二字亦羡文，所书事，表在二年是已。"张文虎以为此"三年"二字不误，以为"四月日食"下"四年"二字乃衍文。其言曰："案王齮攻上党，《六国表》书在三年不误，此四年二字涉上四月而衍，观下文五月即接上文四月，其证也。三年上已书，何必复出。"二家之说，尚未剖明。朱文鑫云："张文虎《札记》既知王齮攻上党，《六国表》书在三年不误，而不知蒙骜攻赵得三十七城、日食，《六国表》书在二年亦不误。且二年四月之日食，经黄河流域，确为中原可见之全食，三年四月并无日食，益足证《六国表》无误。……盖《本纪》四年之四乃三之误，而上文三年之年字乃月之误，于是四月日食，正接三月之下，同为二年事，始与《六国表》全相符合。此后世传写之讹，非史公原文之误也。惟表中但言二年日食，而纪中有四月二字，是《表》略而《纪》详也。”（《历代日食考》三《战国及秦日食考》注五）朱说甚是。

又案：《秦本纪》云：“蒙骜攻魏高都、汲，拔之。”梁玉绳云：“汲字当依徐广作波，秦拔魏汲在始皇七年也。”黄式三云：“拔汲在始皇七年、魏景湣王三年，见《秦记》及《魏世家》，此当删汲字。”今无据可以确定。

楚考烈王十五年春申君徙封于吴。（《六国表》）

后十五岁（指考烈王元年“封春申君赐淮北地十二县”之后），黄歇言之楚王曰：“淮北地边齐，其事急，请以为郡便。”因并献淮北十二县，请封于江东。考烈王许之。春申君因城故吴墟，以自为都邑。（《春申君列传》）

案：《正义》云：“墟音虚，今苏州也。阖闾于城内小城西北别筑城居之，今圮毁也。”《越绝书·吴地传》称吴大城“阖庐所造也”。因吴为吴国旧都，有吴墟之称。《吴地传》又云：“南越宫在长乐里，东到春申君府。”可知春申君封于江东，其都邑即是吴国旧都。《吴地传》称“吴诸里大闬，春申君所造。”“楚门春申君所造，楚人从之，故为楚门。”《续汉书·郡国志》吴郡无锡国，《注》云：“《史记》曰：春申君城故吴墟，以自为都邑，城在无锡。”此说不确。无锡当为春申君封地中之一重要城邑，但并非都邑。《汉书·地理志》会稽郡，记：“无锡有历山，春申君岁祠以牛。”《吴地传》亦云：“无锡历山，春申君时，盛祠以牛。立无锡塘，去吴百二十里。无锡湖者，春申君治以为陂。凿语昭渎以东到大田，田名胥卑，凿胥卑下以南注太湖，以泻西野，去县三十五里。无锡西龙尾陵道者，春申君初封吴所造也。”盖在无锡尝有水利之建设。

将军不见井忌乎？为秦据赵而攻燕，拔二城。燕使蔡鸟股符胠璧（按：谓以符藏于股，以璧藏于胠），奸赵入秦（“奸”读作“间”），以河间十城封秦相文信侯。文信侯弗敢受，曰：“我无功。”蔡鸟明日见，带长剑，案其剑（“案”读作“按”），举其末，视文信侯曰：“君曰：我无功。君无功，胡不解君之玺以佩蒙敖、王齮也（“敖”与“骜”通，“齮”与“龁”通）。秦王以为贤，故加君二人之上，今燕献地，此非秦之地也，君弗受，不忠。”文信侯敬若（“若”读作“诺”）。言之秦王，秦王令受之，馀燕为上交（“馀”读作“与”），秦祸案环归于赵矣（“环”读作“还”）。秦大举兵，东面而赍赵（“赍”读作“剂”），言毋攻燕。以秦之强，有燕之怒，割勺必突（“勺”通“赵”，“突”通“深”）。赵不能听，逐井忌，诛于秦。（《战国纵横家书》第二十五章，李园谓辛梧）

案：王齮死于秦王政三年，此必为三年以前之事。当在“文信侯欲攻赵以广河间”之前。《秦策五》第六章载：“文信侯欲攻赵以广河间，使刚成君蔡泽事燕，三年而燕太子质于秦，文信侯因请张唐相燕。”《史记·甘茂列传》所附《甘罗传》同。吴师道谓：《秦策》所谓下甲攻赵，赵赂以河间十二县，秦以河间地封不韦。张琦力辨吕不韦并无益封河间之事。谓是时秦欲与燕共伐赵，以广河间之地，因国事决于不韦，故《策》首冠以文信侯。据此李园谓辛梧之说，可知吕不韦确有益封河间之事，乃受燕之所献。因燕献河间十城以为吕不韦封邑，因而秦以燕为上交，欲与燕合攻赵，以广河间之地。吴师道与张琦之推断，皆非。《战国纵横家书》编者注，以为此事必在庄襄王元年至秦王政三年间。今以《赵策一》第十五章及《赵策三》第十八章比勘，当在庄襄王三年信陵君合纵五国却秦兵前，庄襄王二年秦攻取赵太原，赵连年攻燕之后。

或谓皮相国曰："魏杀吕辽而卫兵，亡其北阳而梁危（姚注："北一作比"），河间封不定而赵危（"赵"原作"齐"，鲍本改作"赵"，据下文"赵患又起"，当以鲍改为是，今从之）。文信不得志，三晋倍（"倍"读作"背"），之忧也（"之"谓是）。今魏耻未灭，赵患又起，文信侯之忧大矣。齐不从，三晋之心疑矣。忧大者不计其构，心疑者事秦急。秦、魏之构不待割而成（"构"读作"讲"，谓求和也）。秦从楚、魏攻齐，独吞赵，齐、赵必俱亡矣。"（《赵策一》第十五章）

案：此策顾观光附于秦王政八年，曰："因有收河间，附此。"今据《战国纵横家书》第二十五章，当在元年。因燕献河间十城以为文信侯封邑，文信侯正欲与燕合攻赵而以广河间。此云："河间封不定而赵危。文信侯不得志，三晋倍，之忧也。"即指此而言。

苦成常谓建信君曰："天下合从，而独以赵恶秦，何也？魏杀吕辽而天下交之（"辽"原作"遗"，今从鲍本改正，吴师道曰："交下当有缺字"），今收河间，是与杀吕辽何以异？君唯释虚伪疾（金正炜曰："唯当读如虽，释虚疑当作释虑"），文信犹且知之也。从而有功乎，何患不得收河间？从而无功乎，收河间何益也。"（《赵策三》第十八章）

案：此谓"天下合从"，而《赵策一》第十五章又谓"齐不从"，当即在信陵君谋合纵五国攻秦之前。《赵策一》第十四章谓赵建信君与楚春申君合纵而"齐不从"，亦当为同时事。是时"天下合纵"，以赵、楚、魏三国为主谋，信陵君正留赵不归，因窃符合纵救赵而破秦，颇具威名，因而被推为五国合纵之师之统帅。

谓皮相国曰:“以赵之弱,而据之建信君、涉孟之雠(“雠”通“俦”),然者何也?以从为有功也。齐不从,建信君知从之无功。建信者安能以无功恶秦哉?不能以无功恶秦,则且出兵助秦攻魏,以楚、赵分齐,则是强毕矣(“毕”读作“必”)。建信、春申从,则无功而恶秦,分齐亡魏则有功而善秦(“分齐”上原有“秦”字,“亡魏”上原有“齐”字,今从吴师道、黄丕烈删),故两君者奚择有功之无功为知哉?”(“之”犹“与”也)(《赵策一》第十四章)

案:于鬯曰:“此因建信君、春申君合从,齐不从,而说之从,皮相国盖齐相。”顾观光、于鬯皆系此于秦王政六年,不确。建信君为赵孝成王宠臣而为相邦,继平原君而当权者,并非赵悼襄王之大臣。

建信君贵于赵。公子魏牟过赵,赵王迎之。顾反,王坐前有尺帛(“王”原作“至”,从何建章据《太平御览》八百十八所引改正。“坐”读作“座”),且令工以为冠。工见客来也,因辟(“辟”读作“避”,鲍本作“避”)。赵王曰:“公子乃驱后车,幸以临寡人,愿闻所以为天下。”魏牟曰:“王能重王之国若此尺帛,则王之国大治矣。”赵王不说,形于颜色。曰:“先王不知寡人之不肖(“王”原作“生”,姚注:“一作王”,鲍本作“王”,今据改),使奉社稷,岂敢轻国若此。”魏牟曰:“王无怒。请为王说之。”曰:“王有此尺帛,何不令郎中以为冠?”王曰:“郎中不知为冠。”魏牟曰:“为冠而败之,奚亏于王之国?而王必待工而后乃使之。今为天下之工,或非也,社稷为虚戾,先王不血食,而王不以予工,乃与幼艾(朱起凤曰:“此幼艾指外嬖言,古人谓男色为艾”)。且王之先帝,驾犀首而骖马服,以与秦角逐,秦当时适其锋(“适”读作“敌”,鲍本改为“避”),今王憧憧,乃辇建信以与秦角逐,臣恐秦折王之椅也。”

（鲍本改“椅”为“犄”，“椅”当读作“犄”）（《赵策三》第十六章）

案：顾观光隶此于秦王政三年，赵悼襄王元年，曰：“建信君与文信侯、春申君同时，则为悼襄王之幸臣明矣。吴注据魏牟谓赵王曰：‘王之先帝驾犀首骖马服，今王乃辇建信，断为孝成王时，不知先帝乃上世之通称，非必父也。’”此说非是。今按所谓先帝骖马服，当指赵惠文王以马服君赵奢为将，于阏与大破秦军，此文上称先王“使奉社稷”，又称先帝云云，当指其父无疑。此言“今王憧憧，乃辇建信以与秦角逐”，当指此时赵王听从建信君主持合纵抗秦之事。

建信君轻韩熙，赵敖为谓建信君曰（“君”原作“侯”，从鲍本改）：“国形有之而存、无之而亡者，魏也。不可无而从者，韩也。今君之轻韩熙者，交善楚、魏也。秦见君之交反善于楚、魏也（吴师道云：一本作“之交之善”），其收韩必重矣。从则韩轻，横则韩重，则无从轻矣。秦出兵于三川，则南围鄢（鄢即鄢陵），蔡、邵之道不通矣（邵即召陵）。魏急，其救赵必缓矣，秦举兵破邯郸，赵必亡矣。故君收韩，可以无亹（“亹”同“舋”，又同“衅”）。”（《韩策三》第二十一章）

案：顾观光系此于秦王政三年，于鬯系此于六年，当五国攻秦时，不确。建信君为赵孝成王之幸臣，至赵悼襄王时已失势。赵敖谓赵依靠魏而存，又必须合韩而得合纵。韩若参与合纵则无足轻重，韩若与秦连横则必为秦所重。若韩与秦连横，秦据韩以攻魏，则魏危急。若秦此时攻赵邯郸，魏救赵必缓，赵因而必亡。鲍彪曰：“此为从者说也，从宜善韩。”其说是。盖当秦庄襄王二三年间，建信君正主谋合纵抗秦。

又案：传世有郑令韩熙戈，刻铭云：“六年奠命韩熙（“奠命”

读作“郑令”),右库工师司马□、冶狄”(《三代吉金文存》卷十九著录)。新郑出土韩兵器亦有郑令韩熙戈,刻铭云:“王三年奠命韩熙,右库工师史狄、冶□。”(见郝本性《新郑“郑韩故城”发现一批战国铜兵器》,刊于《文物》一九七二年第十期)此郑令韩熙,当即赵建信君所轻之韩熙,初为首都郑之县令,此时当已为韩之相国而执政。

【附编】

希写见建信君,建信君曰:“文信侯之于仆也甚无礼。秦使人来仕,仆官之丞相(金正炜曰:“官犹仕也”),爵五大夫。文信侯之于仆也,甚矣其无礼也。”希写曰:“臣以为今世用事者,不如商贾。”建信君悖然曰:“足下卑用事者而高商贾乎?”曰:“不然。夫良商不与人争买卖之贾,而谨司时(“司”读作“伺”)。时贱而买,虽贵已贱矣;时贵而卖,虽贱已贵矣。昔者文王拘于牖里,而武王羁于玉门,卒断纣之头而县于太白者(“县”读作“悬”,鲍本作“悬”),是武王之功也。今君不能与文信侯相伉以权,而责文信侯少礼,臣窃为君不取也。”(《赵策三》第十九章)

案:吕不韦封文信侯在庄襄王元年,建信君为赵孝成王之幸臣,孝成王卒于秦王政二年,则此事当在庄襄王元年至秦王政二年间。

十八年相邦平国君、邦右伐器,段工师吴痶(“段”读作“锻”)、冶瘼挞齐。大攻尹赵解。(十八年相邦平国君铍刻铭,加拿大多伦多市安大略博物馆藏,见黄盛璋《关于加拿大多伦多市安大略博物馆所藏三晋兵器及其相关问题》,《考古》一九九一年第一期)

案:赵孝成王十五年廉颇封为信平君,为假相国。传世或出土兵器有守相杜波监造者，杜波即廉颇，黄盛璋因刻铭格式与十七年春平侯铍相同，亦推定为孝成王十八年所制，盖廉颇为假相国之外，别有平国君为相邦。

秦庄襄王三年（公元前二四七年）

魏安釐王三十年，韩桓惠王二十六年，赵孝成王十九年，齐王建十八年，楚考烈王十六年，燕王喜八年。

秦庄襄王三年王齮击上党（《集解》引徐广曰："齮一作龁"），初置太原郡。魏公子无忌率五国却我军河外，蒙骜解去。（《六国表》）

[秦庄襄王]三年（原误作"四年"，今改正），王龁攻上党，初置太原郡。魏将无忌率五国兵击秦，秦却于河外。蒙骜败，解而去。五月丙午，庄襄王卒，子政立，是为秦始皇帝。（《秦本纪》）

太原郡治晋阳城，秦庄襄王三年立。（《水经·汾水注》）

庄襄王享国三年，葬茝阳。生始皇帝。吕不韦相。（《秦始皇本纪》附《秦记》）

[秦]庄王三年庄王死。（秦简《编年记》）

[韩桓惠王]二十六年秦悉拔我上党。（《韩世家》，《六国表》作"秦拔我上党"）

案：《秦本纪·正义》云："上党又反，秦故攻之。"梁玉绳辨之曰："前此昭王四十八年尽有上党地，北定太原，是时何烦再攻？疑前所定者惟降赵之城邑十七；今所攻者，并其余城而攻之，故《韩世家》云秦悉拔我上党也。《纪》及《表》欠明。《正义》谓上党又反，故攻之，臆测之词，非事实矣。"此说非是。《秦本纪》昭王四十八年既称"尽有韩上党"，必已尽取之。自魏、楚联军破秦军于邯郸，又大败秦军于河东之后，韩即参与合纵攻秦，秦相范雎之封邑应既为韩所收复，则上党亦必为韩所收复，盖与赵之收复太原同时。故是年秦在攻赵再定太原之后，继而攻韩，再悉拔韩之上党。《正义》之说并非臆测，盖事实也。

[霸水]又东径子楚陵北，皇甫谧曰："秦庄王葬于芷阳之丽山，京兆东南霸陵山。刘向曰：庄王大其名立坟者也。《战国策》曰：庄王字异人，更名子楚，故世人犹以子楚名陵。(《水经·渭水注》)

案：《秦始皇本纪·正义》引《括地志》云："秦庄襄王陵在雍州新丰县西南三十五里，俗亦谓子楚陵；始皇陵在北，故亦谓为见子陵。"

秦始皇帝者，秦庄襄王子也。……以秦昭王四十八年正月生于邯郸。及生，名为政。姓赵氏。年十三岁，庄襄王死，政代立为秦王。当是之时，秦地已并巴、蜀、汉中，越宛有郢，置南郡矣；北收上郡以东，有河东、太原、上党郡；东至荥阳，灭二周，置三川郡。吕不韦为相，封十万户，号曰文信侯。招致宾客游士，欲以并天下。李斯为舍人。蒙骜、王齮、麃公等为将军(《集解》引徐广曰："齮一作龁。"《索隐》曰："王齮即王龁。"《集解》曰："麃，秦邑。"《索隐》曰："麃公盖麃邑公，史失其姓名。"《正义》曰："麃，彼苗反，盖秦之县邑，大夫称公，若楚制")。王年少，初即位，委国事大臣。晋阳反。(《秦始皇本纪》)

秦始皇帝即位，尚幼，委政太后。(《汉书·五行志》)

[秦]庄襄王即位三年，薨，太子政立为王，尊吕不韦为相国，号称"仲父"。秦王年少，太后时时窃私通吕不韦。不韦家僮万人。(《吕不韦列传》)

李斯者，楚上蔡人也。年少时，为郡小吏，见吏舍厕中鼠食不絜，近人犬,数惊恐之。斯入仓,观仓中鼠食积粟,居大庑之下,不见人犬之忧。于是李斯乃叹曰:"人之贤不肖,譬如鼠矣,在所自处耳。"乃从荀卿学帝王之术。学已成,度楚王不足事,而六国皆弱,无可为建功者,欲西入秦,辞于荀卿曰:"斯闻得时无怠,今万乘方争时,游者主事。今秦王欲吞天下,称帝而治,此布衣驰骛之时而游说者之秋也。处卑贱之位而计不为者,此禽鹿视肉,人面而能强行者耳。故诟莫大于卑贱,而悲莫大于穷困。久处卑贱之位、困苦之地,非世而恶利,自托于无为,此非士之情也。故斯将西说秦王矣。"至秦,会庄襄王卒,李斯乃求为秦相文信侯吕不韦舍人,不韦贤之,任以为郎。(《李斯列传》)

李斯问孙卿子曰:"秦四世有胜,兵强海内,威行诸侯,非以仁义为之也,以便从事而已。"孙卿子曰:"非女所知也。女所谓便者,不便之便也。吾所谓仁义者,大便之便也。彼仁义者,所以修政者也。政修则民亲其上,乐其君,而轻为之死。故曰:凡在于军,将率末事也(王懋竑曰:"军当作君")。秦四世有胜,諰諰然常恐天下之一合而轧己也,此所谓末世之兵,未有本统也。故汤之放桀也,非其逐之鸣条之时也;武王之诛纣也,非以甲子之朝而后胜之也。皆前行素修也,此所谓仁义之兵也。今女不求之本而索之于末,此世之所以乱也。"(《荀子·议兵》)

案:李斯问于荀卿,当在李斯入秦之前、学于荀卿之时。

公子(魏公子无忌)闻赵有处士毛公藏于博徒,薛公藏于卖浆家(《集解》引徐广曰:浆一作醪。《索隐》曰:按《别录》云:浆或作醪字),公子欲见两人,两人自匿不肯见公子。公子闻所在,乃闲步往,从此两人游,甚欢。平原君闻之,谓其夫人曰:"始吾闻夫人弟天下无双,今吾闻之，乃妄从博徒、卖浆者游，公子妄人耳。”夫人以告公子。公子乃谢夫人去，曰：“始吾闻平原君贤，故负魏王而救赵，以称平原君。平原君之游，徒豪举耳，不求士也。无忌自在大梁时，常闻此两人贤，至赵，恐不得见。以无忌从之游，尚恐其不我欲也，今平原君乃以为羞，其不足从游。”乃装为去（《史记会注考证》云：“枫山、三条本‘去’上有‘欲’字”）。夫人具以语平原君。平原君乃免冠谢，固留公子。平原君门下闻之，半去平原君归公子，天下士复往归公子，公子倾平原君客。公子留赵十年不归。秦闻公子在赵，日夜出兵东伐魏。魏王患之，使使往请公子。公子恐其怒之，乃诫门下：“有敢为魏王使通者，死。”宾客皆背魏至赵，莫敢劝公子归。毛公、薛公两人往见公子曰：“公子所以重于赵，名闻诸侯者，徒以有魏也。今秦攻魏，魏急而公子不恤，使秦破大梁而夷先王之宗庙，公子当何面目立天下乎？”语未及卒，公子立变色，告车趣驾归救魏。魏王见公子，相与泣，而以上将军印授公子，公子遂将。魏安釐王三十年，公子使使遍告诸侯。诸侯闻公子将，各遣将将兵救魏。公子率五国之兵破秦军于河外，走蒙骜。遂乘胜逐秦军至函谷关，抑秦兵，秦兵不敢出。当是时公子威振天下，诸侯之客进兵法，公子皆名之，故世俗称《魏公子兵法》。（《魏公子列传》，《集解》云：“刘歆《七略》有《魏公子兵法》二十一篇，《图》七卷。”）

案：《资治通鉴》于是年云：“蒙骜帅师伐魏，取高都、汲。魏师数败，魏王患之，乃使人请信陵君于赵，信陵君畏得罪，不肯还……。”

魏攻管而不下，安陵人缩高，其子为管守（《太平御览》四百二十二引此谓：“秦缩高，鄢陵人也，其子仕秦，秦以为管守，魏信陵君攻之不下。”鄢陵即安陵,《资治通鉴》胡注云:“安陵本魏地,魏襄王封其弟”)。信陵君使人谓安陵君曰:“君其遣缩高,吾将仕之以五大夫,使为持节尉。”安陵君曰:“安陵小国也,不能必使其民,使者自往,请使道使者至缩高之所(“缩”原误作“缟”,今从鲍本。《资治通鉴》亦作“缩”),复信陵君之命。”缩高曰:“君之幸高也,将使高攻管也。夫以父攻子守,人大笑也。是臣而下(“是”应读作“视”,鲍本及《资治通鉴》作“见”),是倍主也(“倍”通“背”)。父教子倍,亦非君之所喜也,敢再拜辞。”使者以报信陵君,信陵君大怒,遣大使之安陵,曰:“安陵之地,亦犹魏也。今吾攻管而不下,则秦兵及我,社稷必危矣。愿君之生束缩高而致之。若君弗致也,无忌将发十万之师,以造安陵之城(《太平御览》所引及《资治通鉴》“城”下有“下”字)。”安陵君曰:“吾先君成侯,受诏襄王,以守此地也,手受大府之《宪》,《宪》之上篇曰:‘子弑父,臣弑君,有常不赦。国虽大赦,降城亡子,不得与焉。’今缩高谨解大位(鲍本及《资治通鉴》“解”作“辞”),以全父子之义,而君曰必生致之,是使我负襄王之诏而废大府之《宪》也(“诏”上“之”原脱,从鲍本及《资治通鉴》补),虽死终不敢行。”缩高闻之曰:“信陵君为人悍而自用也。此辞反,必为国祸。吾已全己之为人臣之义矣(“之”字原作“无”,从姚引一本改。鲍本及《资治通鉴》“之为”作“无违”),岂可使吾君有魏患也。”乃之使者之舍,刎颈而死。信陵君闻缩高死,素服缟素辟舍(《太平御览》所引及《资治通鉴》无“素服”二字,“素服”二字当为衍文),使使者谢安陵君曰:“无忌小人也,困于思虑,失言于君,敢再拜释罪。”(《魏策四》第二十四章)

魏安釐王攻燕救赵,取地河东,攻尽陶、卫之地;加兵于齐,私平陆之都;攻韩拔管,胜于淇下(“淇”疑“泽”字之误)。……(《韩非子·

有度》）

案：《资治通鉴》于秦庄襄王三年记信陵君攻管不下之事，开首云："安陵人缩高之子仕于秦，秦使之守管，信陵君攻之不下。"《太平御览》四百二十二引此事，云："秦缩高，鄢陵人也，其子仕秦，秦以为管守，魏信陵君攻之不下。"其实，管为韩邑，缩高之子为韩之管守。《魏策四》第八章载"秦攻韩之管，魏王发兵救之"，结果"秦释管而攻魏"。因昭忌进说秦王，秦王乃止。管即今河南郑州考古发现之商城。信陵君之攻管，当在信陵君率五国之兵逐走秦之蒙骜军之后，盖欲巩固魏都大梁之防守。前二年，蒙骜攻取韩成皋、荥阳等地，置三川郡。《秦始皇本纪》谓秦地"东至荥阳，灭二周，置三川郡。"《秦本纪》称："秦界至大梁，初置三川郡。"盖荥阳地处荥泽西北，管在荥泽东南，若由荥阳越荥泽得管，即可进攻大梁；若将荥泽水灌大梁，大梁即无法防守。《魏策三》第八章朱己谓魏王曰："秦有郑地，得垣雍，决荥泽水灌大梁，大梁必亡。"此时信陵君攻韩取管，即防止秦由荥阳攻取管，再由管进攻大梁，从而灭亡魏国，故信陵君曰："今吾攻管而不下，则秦兵及我，社稷必危矣。"盖得管而加强防守，可以防止秦兵攻及大梁。若缩高之子为秦之管守，守管者即为秦兵，则秦兵早已"及我"，信陵君不得为此言矣。鲍彪于"则秦兵及我，社稷必危矣"下注云："管在秦东，可以捍魏。"盖不以缩高之子为秦守。吴师道从《通鉴纲目》，云："秦攻韩管而得之，缩高之子为秦守者也。"于是在"则秦兵及我，社稷必危矣"下注云："不得秦地，必为秦攻。"未免强词夺理。《太平御览》四百二十二引此者，改"秦兵及我"为"秦兵不返"，则窜改原文矣。此句姚本、鲍本《战国策》及《资治通鉴》皆作“及我”。《韩非子·有度》篇称魏安釐王“攻韩拔管”，作为其“兵四布于天下，威行于冠带之国”中之一事，可知信陵君在缩高死后，即将管攻下。所谓“胜于淇下”，“淇”字当误，淇水离管甚远，“淇”疑“泽”字之误，即指荥泽而言。

又案：荀卿与临武君议兵于赵孝文王前，尝云：“秦人其生民也陿阸，其使民也酷烈，劫之以势，隐之以阸，忸之以庆赏，鰌之以刑罚……功赏相长也，五甲首而隶五家，是最为众强长久，多地以正（“正”当读为“征”），故四世有胜，非幸也，数也。”荀卿答李斯之问又曰：“秦四世有胜，諰諰然常恐天下之一合而轧己也，此所谓末世之兵，未有本统也。”（见《荀子·议兵》）諰諰然，恐惧貌。秦确是四世有胜，经常战胜三晋及楚、齐之兵，但不免为东方各国合纵所破，因而“常恐天下之一合而轧己也”。魏、楚合纵救赵邯郸之围，不仅攻邯郸之秦军为魏、楚、赵夹击而大破，而且秦将郑安平率军降赵，秦将王龁溃退至河东，又为魏、楚大败。此为秦从来未有之惨败。因而十年后，信陵君再度统率合纵之师进击秦于河外，屡建战功之秦将蒙骜未敢抵抗，即败退而解去，于是信陵君“威振天下”。信陵君之宾客中盖颇有知兵法者，因而有《魏公子兵法》传世。

又案：《秦始皇本纪》称秦王政初即位，晋阳反。《资治通鉴》胡注：“是年秦攻得晋阳，置太原郡，未久而秦有庄襄王之丧，故反。”此说不确。盖信陵君合纵击秦得胜，蒙骜退兵，赵乘机使晋阳又反。犹如十年前魏、楚合纵救赵破秦后，赵使太原反，韩使上党反。

[魏安釐王]三十年无忌归魏，率五国兵攻秦，败之河外，走蒙骜。

魏太子增质于秦，秦恐，欲囚魏太子增。或为增谓秦王曰(《索隐》云按《战国策》作“苏秦为公子增谓秦王”)：“公孙喜(《索隐》云：“《战国策》作公孙衍”)因谓魏相曰：‘请以魏疾击秦，秦王怒，必囚增。魏王又怒，击秦，秦必伤。’今王囚增，是喜之计中也。故不若贵增而合魏，以疑之于齐、韩。”秦乃止增(“止增”二字有误，《周季编略》改作“不囚增”)。(《魏世家》)

案：《索隐》所引《战国策》，今本已佚。《战国策》所载“苏秦”、“公孙衍”当有误。《魏世家》作“公孙喜”亦误。此时不仅苏秦、公孙衍久已去世，公孙喜亦不在。

[赵孝成王]十九年赵与燕易土：以龙兑、汾门、临乐与燕；燕以葛、武阳、平舒与赵。(《赵世家》)

易水又东流屈径长城西，又东流南径武阳县南，新城县北。《史记》曰赵将李牧伐燕取武遂方城是也。俗又谓是水为武隧津。津北对长城门，谓之汾门。《史记·赵世家》云：孝成王十九年赵与燕易土：以龙兑、汾门与燕，燕以葛城、武阳与赵，即此也。亦曰汾水门，又谓之梁门矣。(《水经·易水注》)

案：此乃赵连年攻燕、围燕国都而后和解之结果。龙兑、汾门、临乐三地，即赵所攻取之燕地，并用以进围燕国都之主要据点。汾门又称长城门，乃燕南边靠易水所建燕长城之主要城门。汾门与武遂隔易水相对，在今河北徐水县西北，龙兑在武遂西南二十余里，在今河北满城县北，临乐在方城之南，在今河北固安县西南，正当汾门东北一百余里。赵连年攻燕之主要路线，即由龙兑一带，经武遂与汾门，攻至方城或临乐，再由此北上进围燕国都。是时燕求赵和解，以葛、武阳、中舒三城换取为赵所攻取之龙兑、汾门、临乐三城，使赵兵撤退至燕长城以外。平舒在今河北大城县，亦称徐州，为燕南边之重镇，武阳即燕下都，此乃燕西北之重要门户，具有军事重镇性质之别都。燕以此与赵交换土地，盖迫于形势，不得不然。

始皇初即位，穿治郦山。（《秦始皇本纪》三十七年九月“葬始皇郦山”下）

案：《赵世家》载赵肃侯十五年“起寿陵”，从此战国君主于生前已建寿陵。及秦王政即位，自初位即营寿陵，此后西汉沿用此制。

【附编】

二年上郡守冰造，高工丞沐□，工隶臣徒（二年上郡守冰戈刻铭，见《文物》一九八二年第十一期七十五页，“内”反面有“上郡武库”刻铭）。

三年上郡守□造，漆工师□，丞□，工城旦□。（三年上郡守戈刻铭，见《商周金文录遗》第五八三号，现藏上海博物馆）

案：二年上郡守冰戈，一九七九年发现于内蒙古准格尔旗纳林。以上二器可能为秦庄襄王时或秦王政时所造，三年上郡守戈之上郡守名，残存右半，可能为“冰”字之残。

冯忌为庐陵君谓赵王曰：“王之逐庐陵君，为燕也。”王曰：“吾所以重者，无燕、秦也。”对曰：“秦三以虞卿为言，而王不逐也；今燕一以庐陵君为言，而王逐之，是王轻强秦而重弱燕也。”王曰：“吾非为燕也，吾固将逐之。”“然则王逐庐陵君，又不为燕也，行逐爱弟，又兼无燕、秦，臣窃为大王不取也。”（《赵策四》第十一章）

案：此事疑即在是年燕、赵和解，交换土地之时。“逐庐陵君"亦为燕所提之和解条件之一。

秦王政(始皇帝)元年(公元前二四六年)

魏安釐王三十一年,韩桓惠王二十七年,赵孝成王二十年,齐王建十九年,楚考烈王十七年,燕王喜九年。

秦始皇帝元年击取晋阳。作郑国渠。(《六国表》)

晋阳反。[秦始皇帝]元年将军蒙骜击定之。(《秦始皇本纪》)

[赵孝成王]二十年秦王政初立,秦拔我晋阳。(《赵世家》,《六国表》亦作"秦拔我晋阳")

案:魏信陵君合纵,率五国兵击退秦将蒙骜于河外,赵又乘机恢复太原之晋阳。因而击取晋阳成为秦王政即位后第一件大事。

韩闻秦之好兴事,欲罢之("罢"读作"疲"),毋令东伐,乃令水工郑国间,说秦令凿泾水自中山西邸瓠口为渠(《索隐》引小颜云:"中音仲。"《正义》引《括地志》云:"中山一名仲山。""邸"读作"抵",至也。瓠口即谷口),并北山东注洛三百余里,欲以溉田。中作而觉,秦欲杀郑国。郑国曰:"始臣为间,然渠成亦秦之利也。"(《索隐》引《汉书·沟洫志》记郑国曰:"臣为韩延数岁之命,为秦万代之功也")秦以为然,卒使就渠。渠就,用注填阏之水,溉泽卤之地四万余顷,收皆亩一鐘("鐘"读作"鍾")。于是关中为沃野,无凶年,秦以富强,卒并诸侯,因命曰郑国渠。(《史记·河渠书》,《汉书·沟洫志》大体相同)

沮水东注郑渠。昔韩欲令秦无东伐,使水工郑国间,秦凿泾引水("秦"上疑脱"为"字),谓之郑渠。渠首上承泾水于中山,西邸瓠口,所谓瓠中也。《尔雅》以为周焦获矣。为渠并北山，东注洛三百余里，欲以溉田。中作而觉，秦欲杀郑国。郑国曰："始臣为间，然渠亦秦之利。"卒使就渠，渠成而用注填阏之水，溉泽卤之地，四万余顷，皆亩一锺，关中沃野，无复凶年，秦以富强，卒并诸侯，命曰郑渠。渠渎东径宜秋城北，又东径中山南。《河渠书》曰："凿泾水自中山"，而《封禅书》："汉武帝获宝鼎于汾阴，将荐之甘泉，鼎至中山，氤氲有黄云盖焉。"徐广《史记音义》曰："关中有中山，非冀州者也。"指证此山，俗谓之仲山，非也。郑渠又东径舍车宫，南绝冶谷水。郑渠故渎又东径巀薛山南，池阳县故城北，又东绝清水。又东径北原下，浊水注焉。自浊水以上，今无水。浊水上承云阳县东大黑泉，东南流，谓之浊谷水，又东南出原，注郑渠。又东历原径曲梁城北，又东径太上陵南原下，北屈径原东与沮水合，分为二水，一水东南流，即浊水也……其一水东出，即沮水也，东与泽泉合。水出沮东泽中，与沮水隔原，相去十五里，俗谓是水为漆水也。东流径薄昭墓南，冢在北原上。又径怀德城北，东南注郑渠，合沮水。……沮循郑渠东径当道城南，城在频阳县故城南，频阳宫也，秦厉公置。……应劭曰："县在频水之阳"，今县之左右，无水以应之，所可当者，惟郑渠与？沮水又东径莲芍县故城北……其水又东北流，注于洛水也。（《水经·沮水注》）

案：郑国渠利用焦获泽作为水库。《水经注》谓《河渠书》所谓瓠口即周之焦获泽，亦称瓠中，盖湖泊形如瓠而得名。《尔雅》十薮，周有焦获，郭注："今扶风池阳县瓠中也。"《元和郡县图志》京兆泾阳县下云："焦获薮亦名瓠口。……按韩水工郑国说秦，令凿泾水，自仲山西抵瓠口为渠，即所谓郑、白二渠是也。"瓠口当在陕西泾阳县西北。据《水经注》，可知郑国渠凿泾水自中山向西到瓠口（亦作谷口），靠北山向东，经三百余里，注入洛水，穿越截断若干纵流之小河，使若干小河之水注入渠中，用以灌溉四万余顷之田。并创造“淤灌压碱”之法，以改良土壤与增加肥力，所谓“用注填阏之水，溉泽卤之地”。《汉书》颜注云：“注，引也。阏读与淤同。……填阏谓壅泥也，言引淤浊之水，灌碱卤之田，令更肥美。”即用中流作“堰”之法，使泾水流速变慢，沉淀部分粗沙，引进具有肥效之细沙入渠，用以灌溉含有盐碱之耕田，可以起冲压、降低耕土中盐碱含量之作用，从而改良土壤与增加肥力。

[李斯]，不韦贤之，任以为郎。李斯因以得说。说秦王曰：“胥人者，去其幾也。成大功者，在因瑕衅而遂忍之。昔者秦穆公之霸，终不东并六国者，何也？诸侯尚众，周德未衰，故五伯迭兴，更尊周室。自秦孝公以来，周室卑微，诸侯相兼，关东为六国，秦之乘胜役诸侯，盖六世矣。今诸侯服秦，譬若郡县。夫以秦之强，大王之贤，由灶上骚除（《集解》引徐广曰：“骚音埽”），足以灭诸侯，成帝业，为天下一统，此万世之一时也。今怠而不急就，诸侯复强，相聚约从，虽有黄帝之贤，不能并也。”秦王乃拜斯为长史，听其计，阴遣谋士赍持金玉以游说诸侯。诸侯名士可下以财者，厚遗结之。不肯者，利剑刺之。离其君臣之计，秦王乃使其良将随其后。秦王拜斯为客卿。（《李斯列传》）

案：《李斯列传》记李斯为长史、为客卿在其上《谏逐客书》之前。《李斯列传》谓韩使郑国来秦为反间，说秦作溉渠以疲秦人，中作而觉，因而下逐客令，李斯乃上《谏逐客书》。《六国表》记“作郑国渠”在秦王政元年，但《秦始皇本纪》则称十年“相国吕不韦坐嫪毐免。……大索，逐客，李斯上书说，乃止逐客令。”梁玉绳引孙侍讲云：“逐客之议，因嫪毐，不因郑国。郑国事在秦王政初年，《大事记》云是时不韦专国，亦客也，孰言逐客乎？《本纪》载于不韦免相后，得之矣。”其说是。据此可知李斯为客卿，当在秦王政十年前，其为长史，或在初年。

当是时公子（指魏公子信陵君）威振天下，诸侯之客进兵法，公子皆名之，故世俗称《魏公子兵法》。秦王患之，乃行金万斤于魏，求晋鄙客，令毁公子于魏王曰：“公子亡在外十年矣，今为魏将，诸侯将皆属，诸侯徒闻魏公子，不闻魏王。公子亦欲因此时定南面而王，诸侯畏公子之威，方欲共立之。”秦数使反间，伪贺公子得立为魏王未也。魏王日闻其毁，不能不信，后果使人代公子将。公子自知再以毁废，乃谢病不朝，与宾客为长夜饮，饮醇酒，多近妇女，日夜为乐饮者四岁，竟病酒而卒。（《魏公子列传》）

案：《资治通鉴》记此事于上年，《稽古录》记此事于是年。盖据乐饮四岁而卒。秦行金万于魏以毁魏公子于魏王，即李斯“阴遣谋士赍持金玉以游说诸侯”之计。

魏安釐王……睢阳之事，荆军老而走；蔡、召陵之事，荆军破；兵四布于天下，威行于冠带之国，安釐王死而魏以亡。（《韩非子·有度》）

案：《韩非子·有度》叙魏战胜楚之二战役，于“魏安釐王攻燕救赵，取地河东；攻尽陶、卫之地；加兵于齐，私平陆之都；攻韩拔管，胜于淇下（“淇”疑“泽”之误）”之后，盖魏安釐王晚年之事。睢阳原为宋之旧都，战国时宋已迁都彭城，睢阳一带当已为魏所有。是时魏已据有陶、卫之地，而略取齐东边之地，楚亦已灭鲁，攻齐之南阳。魏、楚两国因扩张领土而引起冲突，先在睢阳相战，楚军因疲困而退走，继在上蔡、召陵相战，楚军又为魏所破。

今元年喜傅。（秦简《编年记》）

案："傅"亦称"傅籍"。"傅"即"附"，谓附著姓名于户籍。墓主喜生于秦昭王四十五年，是年正十五足岁，虚年龄为十七岁。据此可见，秦制，男子十五足岁，即登记户籍，开始有服役与纳户赋之责任。《汉书·景帝纪》二年颜师古注："傅，著也，言著名籍，给公家徭役也。"《白起列传》称长平之战，"秦王闻赵食道绝，王自之河内，赐民爵各一级，发年十五以上悉诣长平，遮绝赵救及粮食。"盖秦制，年十五以上应服役。

秦王政（始皇帝）二年（公元前二四五年）

魏安釐王三十二年，韩桓惠王二十八年，赵孝成王二十一年，齐王建二十年，楚考烈王十八年，燕王喜十年。

［秦始皇帝］二年麃公将卒攻卷，斩首三万。（《秦本纪》）

案：梁玉绳云："秦昭王三十四年已取魏卷，何烦此时攻之？疑卷字误。"《史记会注考证》云："古钞本、南本卷作权。""卷"字实不误。秦简《编年记》云："三年卷军。"盖二年攻卷得胜，次年墓主喜到此服役，参与军事行动。

［赵孝成王］二十一年孝成王卒。廉颇将，攻繁阳取之。使乐乘代之，廉颇攻乐乘，乐乘走，廉颇亡入魏。子偃立，是为悼襄王。（《赵世家》）

居六年（指廉颇破燕军、杀栗腹之后六年），赵使廉颇伐魏之繁

阳，拔之。赵孝成王卒，子悼襄王立，使乐乘代廉颇。廉颇怒，攻乐乘，乐乘走，廉颇遂奔魏之大梁。(《廉颇列传》)

[燕王喜]十年赵使廉颇将，攻繁阳，拔之。赵孝成王卒，子悼襄王立，使乐乘代廉颇，廉颇不听，攻乐乘，乐乘走，廉颇奔大梁。(《燕世家》)

案：《廉颇列传》与《燕世家》同，所记当是。梁玉绳以为《赵世家》“孝成王卒”，“子偃立，是为悼襄王”十二字，当在“廉颇将，攻繁阳取之”下，今本错乱，是也。

李牧者，赵之北边良将也。常居代、雁门，备匈奴。以便宜置吏，市租皆入莫府(“莫”读作“幕”)，为士卒费。日击数牛飨士，习射骑，谨烽火，多间谍，厚遇战士。为约曰：“匈奴即入盗，急入收保，有敢捕虏者斩。”匈奴每入，烽火谨，辄入收保，不敢战(《资治通鉴》无“敢”字)。如是数岁，亦不亡失。然匈奴以李牧为怯，虽赵边兵，亦以为吾将怯。赵王让李牧，李牧如故。赵王怒，召之，使他人代将。岁余，匈奴每来出战，数不利(“数”上原衍“出战”二字，从崔适据《资治通鉴》及《太平御览》二百九十四引《战国策》删)，失亡多，边不得田畜。复请李牧，牧杜门不出，固称疾，赵王乃复强起使将兵。牧曰：“王必用臣，臣如前，乃敢奉令。”王许之。李牧至，如故约。匈奴数岁无所得，终以为怯。边士日得赏赐而不用，皆愿一战，于是乃具选车得千三百乘，选骑得万三千匹，百金之士五万人，彀者十万人(《太平御览》引《战国策》“彀”下有“弓弩”二字)。悉勒习战，大纵畜牧，人民满野。匈奴小入，详北不胜(“详”读作“佯”)，以数千人委之(《资治通鉴》“千”作“十”，当是)，单于闻之，大率众来入(《太平御览》引《战国策》“大”下有“喜”字)。李牧多为奇陈，张左右翼击之，大破，杀匈奴十余万骑。灭襜褴（“褴”《集解》引徐广曰：“一作临”），破东胡，降林胡，单于奔走。其后十余岁，匈奴不敢近赵边城。（《廉颇列传》所附《李牧传》，《太平御览》二百九十四引《战国策》大体相同，今本《战国策》无此文）

李牧为赵将居边，军市之租皆自用飨士，赏赐决于外，不从中扰也。委任而责成功，故李牧乃得尽其智能，遣选车千三百乘，彀骑万三千，百金之士十万，是以北逐单于，破东胡，灭澹林，西抑强秦，南支韩、魏。当是之时，赵几霸。（《史记·冯唐列传》，冯唐称“臣大父言”）

【附编】

齐人李伯见孝成王，成王说之，以为代郡守。而居无几何，人告之反。孝成王方馈，不堕食。无几何，告者复至，孝成王不应。已乃使使者言：“齐举兵击燕，恐其以击燕为名而以兵袭赵，故发兵自备。今燕、齐已合，臣请要其敝而地可多割。”自是之后，为孝成王从事于外者，无自疑于中者。（《赵策三》第二十二章）

秦王政（始皇帝）三年（公元前二四四年）

魏安釐王三十三年，韩桓惠王二十九年，赵悼襄王元年，齐王建二十一年，楚考烈王十九年，燕王喜十一年。

［秦始皇帝］三年蒙骜攻韩取十三城。王齮死。十月，将军蒙骜攻魏氏旸、有诡（《集解》引徐广曰：“旸音场。”《索隐》曰：“音畅”）。岁大饥。（《秦本纪》）

秦始皇帝三年蒙骜击韩取十二城，王齮死。（《六国表》）

［韩桓惠王］二十九年秦拔我十三城。（《韩世家》，《六国表》作“秦拔我十二城”）

[秦]始皇三年蒙骜攻韩,取十三城。(《蒙恬列传》)

案:《秦始皇本纪》、《韩世家》、《蒙恬列传》皆作蒙骜攻韩,取十三城。惟《六国表》作十二城,《资治通鉴》、《稽古录》亦作十二城。《周季编略》云:《秦记》十三城,《韩世家》、《蒙恬列传》同,《年表》作十二,《资治通鉴》、《大事记》作十一。《通鉴》刻本亦有作十一城者。

[赵]悼襄王元年大备魏(“备”,《集解》引徐广曰:“一作修”)。欲通平邑、中牟之道不成。(《赵世家》)

案:《正义》读“大备”句,魏“欲通平邑、中牟之道不成”句。《正义》云:谓“行大备之礼也。”又云:“平邑在魏州昌乐县东北三十里。相州汤阴县西五十八里有牟山。按中牟,山之侧。时二邑皆属魏,欲渡黄河作道相通,遂不成也。”《周季编略》云:“大备魏句,赵欲以平邑通中牟,事不成而备之也。旧读讹,事因不明。”今案当以《周季编略》所读为是。中牟时为魏邑,在今河南鹤壁市西。平邑为赵邑,下文“五年傅抵将,居平邑”,可证。平邑在今河南南乐县。赵于上年攻魏取得繁阳,繁阳在今河南内黄县北,正当平邑之西。由此渡黄河向西,经黄城、荡阴可达中牟。中牟为赵之旧都。是年赵“大备魏”,盖大修战备,欲开通自平邑向西,直通至中牟之道路,以备进军之用,不得成功。

赵悼襄王元年廉颇既亡入魏,赵使李牧攻燕,拔武遂、方城。(《廉颇列传》附《李牧传》)

案:《廉颇列传》记“赵孝成王卒,子悼襄王立”,廉颇奔魏大梁,“其明年赵乃以李牧为将而攻燕,拔武遂、方城。”与此同。惟《赵世家》以此为赵悼襄王二年之事,《燕世家》、《六国表》亦以此为燕王喜十二年之事。盖此事起于是年，而终于次年。《资治通鉴》、《稽古录》皆定李牧取武遂、方城于是年。

[今]（即秦始皇帝）三年卷军，八月喜揄史。（秦简《编年记》）

案：是年墓主喜至卷服军役。八月为揄史。以下文"四年□军，十一月喜□安陆□史"比勘，知揄当为地名。黄盛璋释揄为榆关（见所著《云梦秦简编年记地理与历史问题》，收入《历史地理与考古论丛》），甚为确当。卷在今河南原阳县西，原为魏邑。榆关在大梁西南，在今河南中牟县南，两地相近。

三年相邦吕[不韦造，上]郡假守宪（?），高工□、丞申，工地。（三年相邦吕不韦矛刻铭，此矛一九八三年内蒙古乌兰察布盟清水河县贾浪村出土，见《文物》一九八七年第八期《内蒙古清水河县拐子上古城发现秦兵器》）

案：同时同地出土另一矛铭作："四年相邦吕不韦造，高工龠、丞申、工地"，两铭同称吕不韦造，同为"高工"即高奴工师主造，而且"丞申、工地"亦同。此矛刻铭有残缺，可据以补充"不韦造，上"四字。此矛刻铭，既称"相邦吕不韦造"，又称"上郡假守宪"，此与九年吕不韦戈刻铭称"相邦吕不韦造"又称"蜀守宣"同例。盖是时相邦吕不韦专权，郡守造戈亦称吕不韦造。

燕太子丹者，故尝质于赵，而秦王政生于赵，其少时与丹驩（"驩"同"欢"）。及政立为秦王，而丹质于秦。秦王遇燕太子丹不善。（《刺客列传》）

[蔡泽]号为刚成君，居秦十余年，事昭王、孝文王、庄襄王，卒事始皇帝，为秦使于燕，三年而燕使太子丹入质于秦。（《秦策三》第十八章，《蔡泽列传》同）

【附编】

文信侯欲攻赵以广河间，使刚成君蔡泽事燕，三年而燕太子质于秦。文信侯因请张唐相燕（姚本此下衍“欲与燕共伐赵，以广河间之地”十二字，鲍本无。鲍本是也。盖后人据《史记·甘茂列传》添入而误复）。张唐辞曰：“燕者，必径于赵，赵人得唐者受百里之地”（《史记》作“臣尝为秦昭王伐赵，赵怨臣，曰：得唐者与百里之地，今之燕必经赵，臣不可以行”）文信侯去而不快（《史记》作“文信侯不快，未有以强也”）。少庶子甘罗曰：“君侯何不快甚也？”文信侯曰：“吾令刚成君蔡泽事燕三年，而燕太子已入质矣，今吾自请张卿相燕，而不肯行。”甘罗曰：“臣行之。”（姚注：“一本臣下有请字”，《史记》亦有）文信侯叱曰：“去（“去”字原在“叱”字下，今从《史记》改正）。我自行之而不肯，汝安能行之也？”甘罗曰：“夫项橐生七岁而为孔子师（《史记》“夫”作“大”，《索隐》云：“音托，尊其道德，故曰大项橐”，“橐”原误作‘櫜’，今从《史记》改正），今臣生十二岁于兹矣，君其试臣，奚以遽言叱也？”甘罗见张唐曰：“卿之功，孰与武安君？”唐曰：“武安君战胜攻取（《史记》“武安君”下有“南挫强楚，北威燕、赵”二句），不知其数；攻城堕邑，不知其数；臣之功不如武安君也。”甘罗曰：“卿明知功之不如武安君欤？”曰：“知之。”“应侯之用秦也，孰与文信侯专？”曰：“应侯不如文信侯专。”曰：“卿明知为不如文信侯专欤？”曰：“知之。”甘罗曰：“应侯欲伐赵，武安君难之，去咸阳七里，绞而杀之（《史记》作“而立死于杜邮”），今文信侯自请卿相燕，而卿不肯行，臣不知卿所死之处矣。”唐曰：“请因孺子而行。令库具车，厩具马，府具币（以上三句，《史记》作“令装治行”）。行有日矣。”甘罗谓文信侯曰：“借臣车五乘，请为张唐先报赵。”（此下《史记》有一节：“文信侯乃入言之于始皇曰：“昔甘茂之孙甘罗，年少耳，然名家之子孙，诸侯皆闻之。今者张唐称疾不肯行，甘罗说而行之，今愿先报赵，请许遣之。始皇召见，使甘罗于赵。"）见赵王，赵王郊迎（《史记》作"赵襄王郊迎甘罗"）。谓赵王曰："闻燕太子丹之入秦与？"曰："闻之。""闻张唐之相燕与？"曰："闻之。""燕太子入秦者，燕不欺秦也；张唐相燕者，秦不欺燕也；秦、燕不相欺，则伐赵，危矣。燕、秦所以不相欺者无异故，欲攻赵而广河间也。今王赍臣五城以广河间（《史记》"王"下有"不如"二字，义长），请归燕太子，与强赵攻弱燕。"赵王立割五城以广河间，归燕太子。赵攻燕，得上谷三十六县（《史记》作"三十城"），与秦什一（姚注引《后语》作"三十余城，令秦有其十二"）。（《秦策五》第六章，《甘茂列传》附《甘罗传》大体相同，而略有增饰，末有"甘罗还报秦，乃封甘罗以为上卿，复以始甘茂田宅赐之"）

案：《周季编略》记此事于是年，并云："传言赵攻燕得上谷，非一年事，罗为上卿，不知何年，故不录。"此事当在李牧攻取燕武遂、方城之前。若赵已攻取得燕之武遂、方城，则赵师已攻入燕长城而威胁燕国都，秦便不能以"与燕共攻赵"而迫使赵割五城以广河间。但据《燕世家》、《六国表》，燕太子丹由秦亡归燕，已在秦王政十五年，文信侯已于六年前免相，四年前死矣。可知此章所谓赵割五城以广文信侯之河间，秦归燕太子，不确。所谓赵攻燕得上谷三十六县而与秦什一，亦不见其他记载，疑亦不实，疑皆策士夸大之辞。

秦王政（始皇帝）四年（公元前二四三年）

魏安釐王三十四年，韩桓惠王三十年，赵悼襄王二年，齐王建二十二年，楚考烈王二十年，燕王喜十二年。

[秦始皇帝]四年，拔畼、有诡。三月军罢。秦质子归自赵，赵太子出归国。十月庚寅蝗虫从东方来，蔽天，天下疫（“十月”当为“七月”之误）。百姓内粟千石，拜爵一级。（《秦始皇本纪》）

秦始皇帝四年七月蝗蔽天下，百姓纳粟千石，拜爵一级。（《六国表》）

案：《秦始皇本纪》“十月庚寅”当为“七月庚寅”。《资治通鉴》从《六国表》作“七月”是也。《周季编略》云：“十月无蝗。”是年七月丁亥朔，庚寅为初六日。

赵悼襄王二年太子从质秦归。（《六国表》“太子”疑是“公子”之误）。

[赵悼襄王]二年李牧将攻燕，拔武遂、方城。秦召春平君，因而留之。泄钧为之谓文信侯曰：“春平君者，赵王甚爱之而郎中妒之，故相与谋曰：‘春平君入秦，秦必留之’，故相与谋而内之秦也。今君留之，是绝赵而郎中之计中也。君不如遣春平君而留平都（“平都”下当脱“君”或“侯”字）。春平君者言行信于王，王必厚割赵而赎平都。”文信侯曰：“善。”因遣之。城韩皋。（《赵世家》）

秦召春平侯，因留之。世钧为之谓文信侯曰：“春平侯者，赵王之所甚爱也，而郎中甚妒之，故相与谋曰：‘春平侯入秦，秦必留之’，故谋而入之秦，今君留之，是空绝赵而郎中之计中也。故君不如遣春平侯而留平都侯。春平侯者言行于赵王，必厚割赵以事君而赎平都侯。”文信侯曰：“善。”因与接意而遣之。（《赵策四》第十七章）

案：春平侯与平都侯当如平原君、平阳君，同为公子而封为君侯者，故可以作为留秦之人质。《正义》以春平侯为悼襄王之太子，不确。《六国表》“太子从质秦归”，“太子”疑是“公子”之误。春平侯又长期为相邦，由赵孝成王晚年直至悼襄王八九年。所见春平侯矛剑，既有十五年、十七年者，又有元年至八年者。

［燕王喜］十二年赵使李牧攻燕，拔武遂、方城。（《燕世家》，《六国表》作“赵拔我武遂、方城”）

魏安釐王三十四年信陵君死。（《六国表》）

魏公子……日夜为乐饮者四岁，竟病酒而卒，其岁安釐王亦薨。（《魏公子列传》）

［魏安釐王］三十四年安釐王卒，太子增立，是为景湣王。信陵君无忌卒。（《魏世家》）

安釐王生景湣王午。（《魏世家·索隐》引《世本》）

［秦始皇帝］四年□军，十一月喜□安陆□史。（秦简《编年记》）

案：是年墓主至某地服军役，十一月为安陆之小吏。

秦王政（始皇帝）五年（公元前二四二年）

魏景湣王元年，韩桓惠王三十一年，赵悼襄王三年，齐王建二十三年，楚考烈王二十一年，燕王喜十三年。

［秦始皇帝］五年将军骜攻魏，定酸枣、燕、虚、长平（“平”《集解》引徐广曰：“一作千”）、雍丘、山阳城，皆拔之，取二十城。初置东郡。冬雷。（《秦始皇本纪》，《六国表》作“蒙骜取魏酸枣二十城，初置东郡”。冬雷，又见《汉书·五行志》）

今王三使盛桥守事于韩（鲍本无“三”字，“盛”作“成”。《史记·春申君列传》与《新序·善谋》篇皆无“三”字，皆作“盛桥”），盛桥以其地入秦（“其地”原误作“北”，“秦”原误作“燕”，今从《史记》、《新序》改正)。是王不用甲,不伸威(《史记》、《新序》"伸"作"信",《索隐》云:"信音申"),而出百里之地(《史记》、《新序》"出"作"得"),王可谓能矣。王又举甲兵而攻魏(《史记》、《新序》无"兵"字),杜大梁之门,举河内,拔燕、酸枣、虚、桃人,楚、燕之兵云翔而不敢救(《史记》、《新序》"桃"下"人楚"二字误作"入邢","邢"乃"荆"字之讹。"救"原作"校",《史记》作"捄",《新序》作"救",今据以改正),王之功亦多矣。(《秦策四》第十章,原为有人说秦王,高诱注:"秦王名正",《史记·春申君列传》误作春申君说秦昭王,《新序·善谋》篇第九章从之。《春秋后语》亦从之。姚宏据以增补《战国策》,其实非是)

案:《史记·索隐》云:"按秦使盛桥守事于韩,亦如楚使召滑相越然也,并内行章义之难。""越"字今本误作"赵"。金正炜云:"《始皇本纪》:'王弟长安君成蟜将军击赵,反',此即其人。成、盛古通用。"其说是。《秦始皇本纪》未载盛桥此事,或因其后盛桥反叛,前功不得记载。《史记·集解》于"拔燕、酸枣、虚"下,引徐广说,以为"秦始皇五年取酸枣、燕、虚"。据此可见,盛桥此事亦当在秦始皇五年或稍前。

[魏]景湣王元年秦拔我二十城,以为秦东郡。(《魏世家》,《六国表》作"秦拔我二十城")

秦闻公子死,使蒙骜攻魏,拔二十城,初置东郡。(《魏公子列传》)

[秦始皇帝]五年蒙骜攻魏,取二十城,作置东郡。(《蒙恬列传》)

案:是年秦攻取魏二十城,不在同一地区。《史记·集解》云:"《地理志》陈留有雍丘县,河内有山阳县。"雍丘在今河南杞县,当魏都大梁之东南,此即《秦策四》有人谓秦王所说"杜大梁之门”。山阳在今河南焦作市东南，此即《秦策四》有人所说“举河内”。此为河内之重要城邑，其后即为嫪毐之封邑。《资治通鉴》胡注云：“余考上下文，此非河内之山阳，盖班《志》山阳郡之地。”其说非是。汉之山阳郡地，在今山东巨野、嘉祥一带，是时秦军尚不能攻及。《正义》谓长平故城在陈州宛丘县西六十六里，在今河南西华县西北，盖远在魏之南边。《索隐》谓虚即《春秋》桓公十二年“会于虚”之虚，又谓：“《战国策》曰：‘拔燕、酸枣、虚、桃人’，桃人亦魏地。”其说是也。酸枣在今河南延津县东南，虚在延津县东，燕在延津县东北，桃人又在燕、虚二地之东，在今河南长垣西北，此四城即属秦初置之东郡。秦初置东郡不过数城，其后秦继续向东进攻，使东郡逐步扩大。

赵悼襄王三年赵相、魏相会鲁柯盟。（《六国表》）

案：《史记会注考证》云：“鲁已灭七年，鲁字衍，柯盖魏地。”“鲁”字未必是衍文，楚考烈王灭鲁之后，迁鲁君于柯。鲁顷公卒于柯。因而此地有鲁柯之称。

燕王喜十三年剧辛死于赵。（《六国表》）

［赵悼襄王］三年庞煖将，攻燕，禽其将剧辛。（《赵世家》）

［燕王喜］十二年（当作十三年）剧辛故居赵，与庞煖善，已而亡走燕。燕见赵数困于秦，而廉颇去，令庞煖将也，欲因赵弊攻之。问剧辛，辛曰：“庞煖易与耳。”燕使剧辛将击赵，赵使庞煖击之，取燕军二万，杀剧辛。（《燕世家》）

居二年（指赵悼襄王元年李牧拔武遂、方城之后）庞煖破燕军，杀剧辛。（《廉颇列传》附《李牧传》）

凿龟数策，兆曰大吉而以攻燕者，赵也。凿龟数策，兆曰大吉而

以攻赵者，燕也。剧辛之事燕，无功而社稷危；邹衍之事燕，无功而国道绝。(《韩非子·饰邪》)

案：今本《鹖冠子》称庞煖尝师事鹖冠子。钱穆《庞煖即临武君考》以庞煖即是与荀卿议兵于赵孝成王前之临武君(见《先秦诸子系年》第四八二至四八四页)，并无确据。余疑临武君即景阳，乃率楚师与魏合纵攻秦而救赵得胜者，因而能与荀卿议兵于赵孝成王前，而颇为赵王所尊重。

秦王政(始皇帝)六年(公元前二四一年)

魏景湣王二年，韩桓惠王三十二年，赵悼襄王四年，齐王建二十四年，楚考烈王二十二年，燕王喜十四年。

秦始皇帝六年五国共击秦。(《六国表》)

[秦始皇帝]六年韩、魏、赵、卫、楚共击秦，取寿陵。秦出兵，五国兵罢。(《秦本纪》)

[赵悼襄王]四年庞煖将赵、楚、魏、燕之锐师攻秦蕞，不拔。移攻齐，取饶安。(《赵世家》)

[楚考烈王]二十二年与诸侯共伐秦，不利而去，楚东徙都寿春，命曰郢。(《楚世家》,《六国表》作“王东徙寿春，命曰郢”)

春申君相二十二年，诸侯患秦攻伐无已时，乃相与合从西伐秦，而楚王为从长，春申君用事。至函谷关，秦出兵攻，诸侯兵皆败走。楚考烈王以咎春申君，春申君以此益疏。客有观津人朱英谓春申君曰(《韩策一》第二十四章“观津人朱英”作“观鞅”)：“人皆以楚为强，而君用之弱。其于英不然(《策》文“英”作“鞅”)。先君时善秦二十年而不攻楚何也?”(《策》文作“先君者二十余年未尝见攻”，《资治通鉴》

作“先君时秦善楚，二十年而不攻楚何也”）秦逾黾隘之塞而攻楚（《策》文作“今秦欲逾兵于渑隘之塞”），不便；假道于两周，背韩、魏而攻楚，不可。今则不然，魏旦暮亡，不能爱许、鄢陵，魏割以与秦（“魏”上原有“其许”二字，《策》文作“与梧”。黄丕烈云：“《策》文与《史记》皆有误。”“其许”二字涉上而误衍，今从《资治通鉴》删去），秦兵去陈百六十里。臣之所观者，见秦、楚日斗也。”楚于是去陈徙寿春。……春申君由此就封于吴，行相事。（《春申君列传》，其中朱英谓春申君语，又见《韩策一》第二十四章，盖原在《楚策》而错简入《韩策》者）

案：梁玉绳引翟灏曰：“卫微弱仅存，被秦迎逐，徙居野王，将救亡不暇，何敢攻秦，盖燕、楚、赵、魏、韩五国伐秦耳。此《纪》误以卫替燕，而《赵世家》误脱韩也。至取寿陵之说更非，无论不胜而罢，未尝取秦寸土，而五国所攻者，乃新丰之蕞，非寿陵也。”今案是役虽推楚王为纵长，实由赵将庞煖为主帅，庞煖不仅为军事家，且为纵横家。《汉书·艺文志》，兵权谋家著录有《庞煖》三篇，纵横家又著录有《庞煖》二篇。所攻者为函谷关，以《楚世家》所记为实。蕞在今陕西临潼北，已深入秦地，非此时五国之师所能攻及。

太史公曰：吾适楚，观春申君故城，宫室盛矣哉。（《春申君列传》）

今宫者，春申君子假君宫也。前殿屋盖地，东西十七丈五尺，南北十五丈七尺。堂高四丈七尺，霤高丈八尺。殿屋盖地，东西十五丈，南北十丈二尺七寸，户霤高丈二尺。库东乡屋南北四十丈八尺，上下户各二。南乡屋东西六十四丈四尺，上户四，下户三。西乡屋南北四十二丈九尺，上户三，下户二。凡百四十九丈一尺。檐高五丈二

尺，霤高二丈九尺，周一里二百四十一步。春申君所造。（《越绝书》卷二《记吴地传》第三）

今太守舍者，春申君所造。后壁屋以为桃夏宫。（《越绝书》卷二《记吴地传》第三）

案：《越绝书》卷二所载春申君之事大多错误，皆不符史实。但所记春申君所造宫室，当有所据。

吴两仓，春申君所造，西仓名曰均输，东仓周一里八步。（《越绝书》卷二《记吴地传》第三）

[秦始皇帝]六年，拔卫，迫东郡，其君角率其支属徙居野王，阻其山以保魏之河内。（《秦始皇本纪》）

[魏景湣王]二年秦拔我朝歌。卫徙野王。（《魏世家》，《六国表》亦作"秦拔我朝歌，卫从濮阳徙野王"）

[卫]元君十四年（当作十二年）秦拔魏东地，秦初置东郡，更徙卫野王县，而并濮阳为东郡。（《卫世家》）

秦徙卫野王，作置东郡。（《春申君列传》）

荆轲者卫人也。其先乃齐人，徙于卫，卫人谓之庆卿，而之燕，燕人谓之荆卿。荆卿好读书击剑，以术说卫元君，卫元君不用。其后秦伐魏，置东郡，徙卫元君之支属于野王。（《刺客列传》）

濮上之邑徙野王，野王好气任侠，卫之风也。（《货殖列传》，《集解》引徐广曰："卫君角徙野王。"《正义》曰："秦拔卫濮阳，徙其君于怀州野王。"）

秦始皇徙卫君角于野王，置东郡，治濮阳县。（《水经·睢水注》）

案：《秦始皇本纪》言是年秦拔卫，迫东郡，其君角率其支属徙居野王。盖魏安釐王二十四年，即秦昭王五十四年，卫怀君因与秦连横，为魏所囚杀，另立魏王之婿卫元君作为附庸。上年秦攻取魏东地设东郡，是年攻拔濮阳，并归入东郡而作为郡治，于是另立角以为卫君，命角率其支属(并非卫之全族)徙居野王，作为秦之附庸。野王在今河南沁阳县，原属魏之河内，故《本纪》谓“阻其山以保魏之河内”。《卫世家》谓是年卫元君徙野王，不确。《卫世家》又谓其后十一年，即卫元君二十五年，元君卒，子君角立。君角九年秦并天下，二十一年秦二世废君角为庶人，卫绝祀。所谓君角为元君之子，亦不确。所谓卫至秦二世废为庶人，当是事实。盖卫因与秦连横为魏所灭、作为附庸，秦因而拔卫后，另立君角为卫君作为附庸，延至秦二世方废为庶人。

[秦始皇帝]六年四月为安陆令史。(秦简《编年记》)

案：是年墓主喜为安陆县之令史。

当是时，魏有信陵君，楚有春申君，赵有平原君，齐有孟尝君，皆下士喜宾客以相倾。吕不韦以秦之强，羞不如，亦招致士，厚遇之，至食客三千人。是时诸侯多辩士，如荀卿之徒著书布天下。吕不韦乃使其客人人著所闻，集论以为《八览》、《六论》、《十二纪》，二十余万言，以为备天地万物古今之事，号曰《吕氏春秋》。布咸阳市门，悬千金其上，延诸侯游士宾客有能增损一字者予千金。(《吕不韦列传》)

吕不韦者，秦庄襄王相，亦上观尚古，删拾《春秋》，集六国时事，以为《八览》、《六论》、《十二纪》，为《吕氏春秋》。(《史记·十二诸侯年表·序》)

秦吕不韦请迎高妙，作《吕氏春秋》。……书成，皆布之都市，悬置千金，以延示众士，而莫能有变易者，乃其事约艳，体具而言微也。(《文选》杨德祖《答临淄侯笺》李善注引《桓谭新论》)

《吕氏春秋》二十六篇。(《汉书·艺文志》,班固自注:“秦相吕不韦辑智略士作。”)

维秦八年,岁在涒滩,秋,甲子朔,朔之日,良人请问十二纪。文信侯曰:“尝得学黄帝之所以诲颛顼矣,爰有大圜在上,大矩在下,汝能法之,为民父母。盖闻古之清世,是法天地。凡十二纪者,所以纪治乱存亡也,所以知寿夭吉凶也。上揆之天,下验之地,中审之人,若此则是非、可不可,无所遁矣。天曰顺,顺维生;地曰固,固维宁;人曰信,信维听。三者咸当,无为而行。行也者,行其理也。行数,循其理,平其私。夫私视使目盲,私听使耳聋,私虑使心狂。三者皆私设精则智无由公。智不公,则福日衰,灾日隆,以日倪而西望知之。”(《吕氏春秋·序意》,旧云:一作“《廉孝》”,毕沅云:“案廉孝二字与此无涉,必尚有脱文。”)

案:《吕不韦列传》及《十二诸侯年表·序》皆谓《吕氏春秋》以《八览》、《六论》、《十二纪》为次,今本以《十二纪》居首,出于后人移易。《序意》篇当《十二纪》之末,本在全书之末。诸子自述作书之意者,皆殿全书之末,如《庄子·天下》、《淮南子·要略训》、《论衡·自纪》之类,《序意》篇亦如此。但《序意》篇文章简短,仅叙《十二纪》之主旨,而不及《八览》、《六论》,盖已有缺佚。且旧云“一作《廉孝》”,后有“赵襄子游于囿中”,青荓退而自杀之事,与上文不相连属,当为错简。

又案:高诱注:“八年,秦王政即位八年也。岁在申名涒滩。”毕沅云:“今谓始皇即位之年,岁在乙卯。钱氏塘以超辰法推之,知在癸丑,再加七年是庚申,是年又当超辰,则为辛酉,而此犹云涒滩者,失数超辰之岁也。”严可均曰:“《吕不韦列传》秦王年少云云，乃使其客人人著所闻，然后云始皇帝益壮，然后云七年、九年，知不韦著书在始皇初即位之时，八盖六之误。始皇四年，岁在戊午，太阴在申，则太岁在午，此其证也。”张文虎曰：“我友顾君观光以三统术，推得始皇八年七月甲子朔，然是年实壬戌，当为阉茂，非涒滩。钱少詹事以岁有超辰为解，超辰之说始于刘歆，古法无之。今姑以三统积年求得是年岁星在寿星，太岁在作鄂，仍差一次。王氏《杂志》用许周生说，以八年为六年之误，而六年秋无甲子朔，则无以定其果是也。”姚文田作《吕览维秦八年岁在涒滩考》云：“超辰之说起于汉人，当时亦未行，安得强先秦以就我法？又读者据太初元年岁在丁丑，溯而上之，遂改始皇为乙卯，固欲并改《吕览》之八年为六年。……今考《韩非子·五蠹》篇云：周去秦为从，期年而举。……《困学纪闻》云：壬子秦迁东周君而周遂不祀，作史者当自丙午至壬子系周统于七国之上。以韩非及王氏之言证之，知自癸丑以后乃可书秦，而《吕览》之文，实统庄襄言之矣。”（见《邃雅堂集》）孙星衍曰：“考庄襄王灭周之后二年癸丑岁，至始皇六年，共八年，适得庚申岁，申为涒滩，吕不韦指谓是年。”若《吕氏春秋》著成于秦王政六年，“甲子朔”当有误，或者古人以“甲子”为吉日，混称为“甲子朔”。

物固莫不有长，莫不有短，人亦然。故善学者，假人之长以补其短，故假人者遂有天下。（《吕氏春秋·用众》）

今周室既灭，而天子已绝。乱莫大于无天子，无天子则强者胜弱，众者暴寡，以兵相残，不得休息，今之世当之矣。（《吕氏春秋·谨听》篇，《观世》篇大体相同，惟“已绝”作“既废”，“残”作“划”，“休息”

下有“而佞进”三字）

当今之世濁甚矣，黔首之苦不可以加矣，天子既绝，贤者废伏，世主恣行，与民相离，黔首无所告愬，世有贤主秀士宜察此论也，则其兵为义矣。（《吕氏春秋·振乱》）

欲为天子，民之所走不可不察。今之世，至寒矣，至热矣，而民无走者，取则行钧也。欲为天子，所以示民不可不异也。（《吕氏春秋·功名》）

兵诚义，以诛暴君而振苦民，民之说也（“说”读作“悦”），若孝子之见慈亲也，若饥者之见美食也，民之号呼而走之，若强弩之射于深溪也，若积大水而失其壅堤也。（《吕氏春秋·荡兵》）

案：吕不韦集合宾客，共著《吕氏春秋》一书，公布于国都，盖欲集各家之长，以完成秦之帝业。即所谓“假人者遂有天下”。以为是时周室既灭，天子已绝，惟有用“义兵”，以诛暴君而振苦民，方能重立天子，消除相战不休之局势，救民于水深火热之中。其书取名为《吕氏春秋》，《春秋》本为历史记载之名称，原为教诲太子之用，所谓“教之《春秋》而为之耸善而抑恶焉，以戒劝其心”（《国语·楚语上》申叔时语）。《吕氏春秋·序意》篇谓所以著《十二纪》，乃“学黄帝之所以诲颛顼矣”。吕不韦是时“招致宾客游士，欲以并天下”，此书即其行动之纲领。是时李斯为吕不韦之舍人，必参与其事。李斯入秦，亦因见“秦王欲吞天下，称帝而治”。此书亦即吕不韦欲使秦王“吞天下，称帝而治”者。吕不韦先后执政十二年，宣称奉行此书之政纲。先灭亡东周，建三川郡，又攻取韩、赵二国地，建上党郡与太原郡，更攻取魏之东地，建东郡，使秦之领土向东伸展，与齐接界，切断赵与韩、魏之联系，造成包围三晋之形势。秦为尚首功之国，当以斩首数目作为其战胜之标志，动辄以万计，先后所杀三晋及楚之民数百万。秦昭王时白起为将，斩首最多。是时战争之最大变化，所攻占之城邑甚多，如秦庄襄王三年蒙骜击赵榆次等三十七城，秦王政三年蒙骜攻韩取十三城，五年蒙骜攻魏取二十城，皆无斩首之记录。惟有秦王政二年麃公攻卷，斩首三万之记录，而此后麃公未见将军作战。盖三晋已丧失战斗力，望风而逃，因而杀伤较少，同时亦当与吕氏宾客鼓吹以“义兵”“诛暴君”有关。

秦王政（始皇帝）七年（公元前二四〇年）

魏景湣王三年，韩桓惠王三十三年，赵悼襄王五年，齐王建二十五年，楚考烈王二十三年，燕王喜十五年。

［秦始皇帝］七年彗星先出东方，见北方，五月见西方。将军骜死。以攻龙、孤、庆都（《集解》引徐广曰：“庆一作麃”），还兵攻汲。彗星复见西方十六日。夏太后死。（《秦始皇本纪》）

秦始皇帝七年彗星见北方、西方。夏太后薨。蒙骜死。（《六国表》）

［秦］始皇七年蒙骜卒。（《蒙恬列传》）

［魏景湣王］三年秦拔我汲。（《魏世家》，《六国表》同）

案：据齐藤国治、小泽贤二《中国古代天文记录检证》，是年哈雷彗星于五月二十五日先见于东方，六月三日见于北方，六月九日再见于西方，即《秦始皇本纪》所谓“五月见西方”。

［赵悼襄王］五年傅抵将，居平邑；庆舍将东阳、河外师，守河梁。（《赵世家》）

[秦]始皇七年庄襄王母夏太后薨。孝文王后曰华阳太后与孝文王会葬寿陵。夏太后子庄襄王葬芷阳,故夏太后独别葬杜东,曰:"东望吾子,西望吾夫。后百年,旁当有万家邑。"(《吕不韦列传》)

案:《正义》曰:"夏太后陵在万年县东南三十五里。"

[秦始皇帝]七年正月甲寅鄢令史。(秦简《编年记》)

案:是年墓主喜为鄢县之令史。是年正月癸卯朔,甲寅为十二日。

秦王政(始皇帝)八年(公元前二三九年)

魏景湣王四年,韩桓惠王三十四年,赵悼襄王六年,齐王建二十六年,楚考烈王二十四年,燕王喜十六年。

[秦始皇帝]八年王弟长安君成蟜将军击赵,反死屯留("死"字衍),军吏皆斩死,迁其民于临洮。将军壁死,卒屯留、蒲鶮反(《集解》引徐广曰:"鶮一作鹖"),戮其尸。(《秦始皇本纪》)

[赵悼襄王]六年封长安君以饶。(《赵世家》)

案:《秦始皇本纪》所载,当有误字,旧注又多误解。《正义》于"壁死"下释云:"言成蟜自杀壁垒之内。"《索隐》云:"谓成蟜为将军而反,秦兵击之,而蟜壁于屯留而死。屯留、蒲鶮二邑之反卒,虽死犹皆戮其尸。"钱大昕云:"辟与蒲鶮皆似人名,壁乃讨成蟜之将军,辟死而部卒又叛,因更戮其尸耳。"梁玉绳《瞥记》引许周生云:"反下衍死字,《汉书·五行志》无。王弟长安君成蟜将军击赵,反屯留,军吏皆斩,迁其民于临洮,此为一事。据《汉书·五行志》所引止此,可证。以下别为一事。壁当将兵在外者,前所衍死字,疑当在蒲鶮反下,将军壁死,卒屯留蒲鶮反,戮其尸。盖蒲鶮、屯留人闻迁屯留民，惧祸及己，故因将军之死而反，反亦即死，故戮其尸也。”今案：“反死屯留”，《汉书·五行志》所引无“死”字，“死”字当为衍文。据《赵世家》，是年封长安君以饶，可知长安君未死，亦如郑安平降赵而接受封邑。饶在今河北饶阳县东北。《周季编略》云：“秦王弟长安君成蟜将军击赵，至屯留有叛谋，赵封以饶，受之，事不克，成蟜自杀，军吏皆斩死，卒之从叛而死者，戮其尸；徙屯留之民于临洮。”此乃杜撰故实，并不足信。按上文“将军骜死”之文例，“将军壁死”，壁当为将军名。上文称“蒙骜、王齮、麃公等为将军”，是时王齮、蒙骜先后去世，疑壁乃麃公之名。

嫪毐封为长信侯，予之山阳地，令毐居之。宫室、车马、衣服、苑囿、驰猎恣毐。事无大小皆决于毐。又以河西、太原郡为毐国。（《秦始皇本纪》，《集解》引徐广曰：“河一作汾。”《六国表》作“嫪毐封长信侯”）

始皇帝益壮，太后淫不止。吕不韦恐觉祸及己，乃私求大阴人嫪毐为舍人，时纵倡乐，使毐以其阴关桐轮而行，令太后闻之，以啖太后。太后闻，果欲私得之。吕不韦乃进嫪毐，诈令人以腐罪告之。不韦又阴谓太后曰：“可事诈腐，则得给事中。”太后乃阴厚赐主腐者吏，诈论之，拔其须眉为宦者，遂得侍太后。太后私与通，绝爱之。有身，太后恐人知之，诈卜当避时，徙宫居雍。嫪毐常从，赏赐甚厚，事皆决于嫪毐。嫪毐家僮数千人，诸客求宦为嫪毐舍人千余人。（《吕不韦列传》，“千余人”当作“四千余人”。《秦始皇本纪》谓毐处死后，其舍人迁蜀四千余家）

秦攻魏急。或谓魏王曰：“弃之不如用之易也，死之不如弃之易也。能弃之，弗能用之；能死之，弗能弃之；此人之大过也。今王亡地数百里，亡城数十，而国患不解，是王弃之非用之也。今秦之强也，天下无敌；而魏之弱也甚；而王以是质秦，王又能死而弗能弃之，此重过也。今王能用臣之计，亏地不足以伤国，卑体不足以苦身，解患而怨报。秦自四境之内，执法以下至于长挽者，故毕曰：'与嫪氏乎？与吕氏乎？'虽至于门闾之下，廊庙之上，犹之如是也。今王割地以赂秦，以为嫪毐功，卑体以尊秦（"体"读作"礼"），以因嫪毐，王以国赞嫪毐，以嫪毐胜矣。王以国赞嫪氏，太后之德王也深于骨髓，王之交最为天下上矣。秦、魏百相交也，百相欺也。今由嫪氏善秦，而交为天下上，天下孰不弃吕氏而从嫪氏，天下必舍吕氏而从嫪氏（"舍"原误作"合"，从鲍本及《大事记》改正），则王之怨报矣。"（《魏策四》第二十六章）

案：吴师道曰："《大事记》以此章附见于始皇八年封嫪毐长信侯之下，谓嫪、吕争权，略见于此。景闵元年秦拔二十城，《策》言亡地数百里，亡城数十，则此在后矣。二年拔朝歌，三年拔汲。《大事记》所书，则拔汲之年。所谓秦攻魏急者，盖其时矣。"其说可从。是时秦攻魏急，或人请魏王赂秦以为嫪毐功，以国赞嫪毐，使嫪毐争胜吕不韦，使天下舍吕氏而从嫪氏，从而解患而怨报。可见吕氏执政足以强秦，嫪氏当权足以败秦，吕之与嫪，正邪判然。或人谓魏王曰："王以国赞嫪氏，太后之德王也深于骨髓，王之交最为天下上矣。"可知嫪毐确因太后之宠幸而权势独揽。

又案：钱穆辨之曰："因以牵连及于嫪毐之事，不韦自杀，诸宾客或诛或逐，其事遂莫肯明言。而乃妄造吕政之讥，与嫪毐自不韦荐身之说，同为当时之诬史而已。”钱穆据上引《魏策四》而辨之曰：“据此吕之与嫪，邪正判然。嫪氏显与吕氏争政，太后倾私嫪氏。未见嫪之必为不韦所进也。又《秦始皇本纪》嫪毐封长信侯，《索隐》云：‘按《汉书》嫪氏出邯郸，钱氏《廿二史考异》云：“班氏无此文，当是《汉书》注也。《南越传》婴齐取邯郸摎氏女，《索隐》云：摎音纪虬反，摎姓出邯郸。”此嫪字《正义》亦音纪虬反，盖摎嫪古文通用。今人读嫪为郎到切，非也。’据此嫪毐乃邯郸人。疑始皇母在邯郸，本识毐，不俟于不韦之进显，而史传所称私求大阴人嫪毐，使以其阴关桐轮而行，令太后闻之，以啖太后者，皆故为丑语，非事实也。毐与始皇母私生二子容有之，因并谓始皇乃不韦子，则亦无稽之丑诋耳。”今案：所谓“使毐以其阴关桐轮而行”，其事妄谬，难以置信。至于始皇母是否本识嫪毐，亦无确证。

秦王欲见顿弱。顿弱曰：“臣之义，不参拜。王能使臣无拜，即可矣。不即不见也。”秦王许之。于是顿子曰：“天下有有其实而无名者（“有”下原不重“有”字，姚注：“一本有下更有有字。”鲍本“有”下补“有”字，今从之），有无其实而有其名者，有无其名而无其实者，王知之乎？”王曰：“弗知。”顿子曰：“有其实而无其名者，商人是也，无把铫推耨之劳（“劳”原作“势”，鲍本作“劳”，今从之），而有积粟之实，此其有实而无其名者也。无其实而有其名者，农夫是也，解冻而耕，暴背而耨，无积粟之实，此无其实而有其名者也。无其名又无其实者，王乃是也，已立为万乘，无孝之名；以千里养，无孝之实。”秦王悖然而怒。顿弱曰：“山东战国有六，威不掩于山东而掩于母，臣窃为大王不取也。”秦王曰：“山东之战国可兼与？”（“战”原作“建”，今从鲍本改正）顿子曰："韩，天下之咽喉也；魏，天下之胸腹也（上二句"也"字原脱，从黄丕烈据《后汉书·蔡邕传·注》、《文选·魏都赋·注》所引补）；王资臣万金而游，听之韩、魏，入其社稷之臣于秦，即韩、魏从。韩、魏从而天下可图也。"秦王曰："寡人之国贫，恐不能给也。"顿子曰："天下未尝无事也，非从即横也。横成则秦帝，从成则楚王。秦帝，即以天下恭养；楚王，即王虽有万金，弗得私也。"秦王曰："善。"乃资万金，使东游韩、魏，入其将相。北游于燕、赵而杀李牧。齐王入朝，四国必从（"必"读作"毕"，鲍本作"毕"），顿子之说也。（《秦策四》第八章）

案：顿弱乃游士之主张秦与韩、魏连横而攻赵者。彼游说秦王政曰："威不掩于山东而掩于母"，盖尚在太后当实权而秦王政未亲政之时，当在八年或九年四月以前。四月以后，秦王政亲自当国，太后见迁，嫪毐见杀，吕不韦见废，秦即改变其兼并六国之策略，与韩、魏连横而谋攻赵、楚，即从顿弱之说也。秦王于此后以间谍工作配合军事行动，逐步攻灭六国，亦即采顿弱之策略。沈钦韩《汉书疏证》论之曰："《秦策》有顿弱，说秦王资万金，东游韩、魏，入其将相，北游燕、赵而杀李牧，正与尉缭谋同。顿弱与尉缭乃一人，记异耳。"其说甚是。《秦始皇本纪》称：大梁人尉缭说秦王："愿大王毋爱财物，赂其豪臣，以乱其谋，不过亡三十万金，则诸侯可尽。"秦王"以为秦国尉，卒用其计策，而李斯用事"。《李斯列传》称："秦王乃拜斯为长史，听其计，阴遣谋士赍金玉以游说诸侯，诸侯名士可下以财者，厚遗结之，不肯者利剑刺之，离其君臣之计，秦王乃使其良将随其后。"据此可知，尉缭之与顿弱，乃一事之两传，顿弱确即尉缭。尉乃其官职，缭乃其名，顿为其姓氏，"弱""缭"乃一声之转。"弱"古读若"溺"，"弱""溺"通用，《禹贡·弱水》，《说文》作"溺水"。《大戴礼·劝学》篇"弱约危通似察"，《荀子·宥坐》篇"弱约"作"淖约"，《说苑·杂言篇》、《孔子家语·三恕》篇又作"绰约"。《说文》云："弱，桡也"，"弱"与"缭"不仅是一声之转，义亦相通。

河鱼大上，轻车重马东就食。（《秦始皇本纪》，此二句夹于"卒屯留、蒲鹝反，戮其尸"之下，"嫪毐封为长信侯"之上，《集解》引徐广曰："一无此重字。"）

案：《索隐》云："言河鱼大上，秦人皆轻车重马，并就食于东，言往河食鱼也。一云：河鱼大上为灾，人遂东就食，皆轻车重马而去。"当以后说为是。《索隐》又云："谓河水溢，鱼大上平地，亦言遭水害也。即《汉书·五行志》刘向所谓豕虫之孽。明年嫪毐诛。鱼阴类，小人象。"《正义》亦云："始皇八年黄河之鱼西上入渭。渭，渭水也。《汉书·五行志》云"鱼者阴类，臣民之象也"。盖秦史官信天人相应之说，以成蟜、嫪毐之事为河水大上之应，故夹叙于其间。《汉书·五行志》亦持此说。

［韩桓惠王］三十四年桓惠王卒，子王安立。（《韩世家》）

秦王政（始皇帝）九年（公元前二三八年）

魏景湣王五年，韩王安元年，赵悼襄王七年，齐王建二十七年，楚考烈王二十五年，燕王喜十七年。

［秦始皇帝］九年彗星见，或竟天。攻魏垣、蒲阳。……四月寒冻有死者，杨端和攻衍氏。彗星见西方，又见北方，从斗以南八十日。（《秦始皇本纪》，《六国表》作"彗星见，竟天。嫪毐为乱，迁其舍人于

蜀。彗星复见”）

［魏景湣王］五年秦拔我垣、蒲阳、衍。（《魏世家》、《六国表》同）

王休甲息众三年然后复之（“休”字原脱，“甲”原误作“申”，“三”原误作“二”，今从《史记·春申君列传》、《新序·善谋》篇第九章补正），又取蒲、衍、首垣（《史记》“取”作“并”，《新序》“蒲”误作“满”），以临仁、平丘、小黄、济阳、甄城（姚本“丘”误作“兵”，鲍本作“丘”，《史记》、《新序》皆作“丘”，今据以改正。“甄”，《史记》、《秦策》皆误作“婴”，今从《新序》改正），而魏氏服矣。王又割濮、磿之北（《新序》“磿”作“历”，“磿”“历”古通用），属之燕（《史记》、《新序》无此句），断齐、赵之要（“赵”原误作“秦”，从金正炜改正。“要”读作“腰”。“断”《史记》、《新序》误作“注”），绝楚、魏之脊（“魏”，《史记》、《新序》误作“赵”），天下五合六聚而不敢救也，王之威亦惮矣（《史记》、《新序》“惮”作“单”，《集解》引徐广曰：“单一作殚。”《索隐》曰：“单音丹，尽也，言王之威尽行也。”王念孙曰：“惮者盛威之名，此言秦之威盛”）。（《秦策四》第十章或说秦王，《史记·春申君列传》与《新序·善谋》第九章误作“春申君上书秦昭王”，内容大体相同）

案：是年秦攻魏，攻取得魏东部之地甚大，以扩大秦之东郡，使秦取得大块中原之地，东北与燕接境，东与齐接境，北面包围赵国，南面包围韩、魏两国，从而“断齐、赵之腰，绝楚、魏之脊”。从此使东方六国不能再合纵抗秦，直至陆续为秦所兼并。

又案：梁玉绳云：“考秦昭王四十八年取魏垣，是河东之垣也，而《春申君列传》上昭王书，又有并蒲、衍、首垣之语，是开封之长垣也，则垣有两地，已与衍俱为昭王所拔，奚待始皇九年复攻，此与《年表》、《世家》同误，盖此时但当言攻魏蒲阳耳，垣与衍皆属羡文。”此说大谬。《秦策四》第十章，开首作“说秦王曰”，高诱注：“秦王名正，庄王楚之子。”《文选》陆机《辩亡论下》李善注引《战国策》顿子说秦王曰：“今楚、魏之兵云翔而不敢拔。”盖李善所见《战国策》，以此与上章顿弱（亦作顿子）说秦王，同为顿弱说秦王正之辞。此中述及史实皆为秦王政十年以前事。盖司马迁误以为春申君上秦昭王书，而《新序》从之。梁玉绳据此以为垣、衍两地已为秦昭王所拔，而以《秦始皇本纪》、《魏世家》、《六国表》之“垣”“衍”皆属羡文，失之远矣。其实，《本纪》、《世家》、《年表》所载，不但无羡文，尚过于简略，有待于以此说秦王之辞加以补充。三年前，秦攻取魏酸枣、燕、虚、桃人等城而初置东郡，是年继续大举向魏之东部进攻。《秦始皇本纪》、《魏世家》所谓秦拔魏之垣、蒲阳，即《秦策四》所谓首垣、蒲，盖垣亦称首垣，又称长垣，蒲又称蒲阳。蒲即在桃人东南，即今河南长垣县，首垣在今长垣县东北。《秦始皇本纪》所谓秦所攻之衍氏，即《魏世家》与《秦策四》所谓衍。盖衍亦称衍氏，在今河南郑州之北。此在魏之西边，盖秦另一军所攻取。《秦始皇本纪》所谓“杨端和攻衍氏”。至于《秦策四》所谓“以临仁、平丘、小黄、济阳”等城，平丘在今河南封丘县东。平丘与首垣原为韩邑，乃梁惠王十三年韩来致于魏者，见《水经·河水注》所引《竹书纪年》。小黄在今河南兰考县西，济阳在今兰考县东北。仁之地望不详。《秦策四》“济阳”之下原作“婴城”，《史记》同，《新序》作“甄城”，当以甄城为是。甄城在今山东鄄城县北，正当濮阳之东，原为齐邑，是时盖已为魏占有，而秦又夺之也。若作“婴城”，谓婴城自守，则与下文“而魏氏服矣”，辞意不接。所谓“王又割濮、磨之北”，盖谓割取濮水、历山以北之地。据《水经注》，历山在雷泽西南十许里，当濮水之南。而濮阳、甄城正当濮水之北。

[秦始皇帝九年]四月上宿雍，己酉王冠，带剑。长信侯作乱而觉，矫王御玺及太后玺以发县卒及卫卒、官骑、戎翟君公、舍人，欲攻蕲年宫为乱。王知之，命相国、昌平君、昌文君发卒攻毐，战咸阳，斩首数百，皆拜爵，及宦者皆在战中，亦拜爵一级。毐等败走。即令国中："有生得毐，赐钱百万；杀之，五十万。"尽得毐等。卫尉竭、内史肆、佐弋竭、中大夫令齐等二十人皆枭首，车裂以徇，灭其宗。及其舍人，轻者为鬼薪。及夺爵迁蜀四千余家，家房陵。(《秦始皇本纪》)

案：是年四月己丑朔，己酉为二十一日。《集解》引徐广曰："年二十二。"秦以年二十二岁行冠礼于宗庙。秦之宗庙在雍，故往宿雍而行冠礼。秦惠文王年十九而立，三年王冠。秦昭王年十九而立，亦三年王冠。按礼，冠而亲政。秦王政从此亲政，不再如"初即位"时"委国事大臣"。

[秦]始皇九年，有告嫪毐实非宦者，常与太后私乱，生子二人，皆匿之。与太后谋曰："王即薨，以子为后。"于是秦王下吏治，具得情实，事连相国吕不韦。九月夷嫪毐三族，杀太后所生两子，而遂迁太后于雍。诸嫪毐舍人皆没其家而迁之蜀。王欲诛相国，为其奉先王功大，及宾客辩士为游说者众，王不忍致法。(《吕不韦列传》)

不韦及嫪毐贵，封号文信侯(当作长信侯)。人之告嫪毐，毐闻之，秦王验左右，未发。上之雍郊，毐恐祸起，乃与党谋，矫太后玺发卒以反蕲年宫。发吏攻毐，毐败亡走，追斩之好畤，遂灭其宗。而吕不韦由此绌矣。孔子之所谓闻者，其吕子乎？(《吕不韦列传》太史公曰)

案:《秦始皇本纪》谓是年四月上宿雍,己酉王冠,带剑。而此云"上之雍郊",盖是时秦王政"宿雍",先郊见,而后行冠礼。《秦本纪》称昭王五十四年"郊见上帝于雍"。《史记·封禅书》曰:"三年一郊。秦以冬十月为岁首,故常以十月上宿郊见。"又曰:"今上初至雍,郊见五畤,后常三岁一郊。"盖秦及汉初,仍沿用至雍郊见之礼。

秦始皇帝太后不谨,幸郎嫪毐,封以为长信侯,为生两子,毐专国事,侵益骄奢,与侍中左右贵臣俱博(《吕不韦列传·集解》引"俱博"作"博弈","俱"乃"弈"之形讹),饮酒,醉,争言而斗,瞋目大叱曰:"吾乃皇帝之假父也,窭人子何敢乃与我亢!"所与斗者走,行白皇帝,皇帝大怒。毐惧诛,因作乱,战咸阳宫("宫"字当衍),毐败。始皇乃取毐四支车裂之("支"读作"肢"),取其两弟囊扑杀之,取皇太后迁之于萯阳宫(《吕不韦列传·索隐》引作"迁太后棫阳宫","萯"乃"棫"之误)。下令曰:"敢以太后事谏者,戮而杀之,从蒺藜其脊肉、干、四支而积之阙下。"谏而死者二十七人矣。(《说苑·正谏》第八章)

案:《吕不韦列传·索隐》云:"按《说苑》云迁太后棫阳宫。《地理志》雍县有棫阳宫,秦昭王所起也。"今本《说苑》"棫"误作"萯"。《汉书·地理志》鄠县有萯阳宫。《三辅黄图》云:"萯阳宫,秦文王所造,在今鄠县西南二十三里。"《汉书·地理志》雍县有"棫阳宫,昭王起"。《三辅黄图》云:"棫阳宫秦昭王所作,在今岐州扶风县东北。"《长安志》谓在扶风县东北十五里。今陕西凤翔南古城村东北发现有"棫阳"残瓦,可证棫阳宫确实在雍。《吕不韦列传》称"迁太后于雍",即迁于棫阳宫。《资治通鉴》作"迁太后于雍萯阳宫",不确。

又案：《秦始皇本纪》谓王命相国、昌平君、昌文君发卒攻毐，战咸阳。《说苑》作“战咸阳宫”，“宫”字当为衍文。

九年相邦吕不韦造。蜀守宣，东工守文、丞武，工极，成都。（九年吕不韦戈刻铭，此戈一九八七年九月四川青川县白水区出土，见《文物》一九九二年第十一期戴家祥《四川青川县出土九年吕不韦戈考》）

案：此戈字体风格与四川涪陵出土秦王政二十六年蜀守武戈相同。此戈称“东工守文”，蜀守武戈称“东工师宦”，均为成都“东工”作坊所造。此称“相邦吕不韦造，蜀守宣”，与三年吕不韦矛称“相邦吕[不韦造，上]郡假守宪(?)”，体例相同。盖此时吕不韦为相邦而擅权，郡守所造兵器，亦称相邦吕不韦造。

[楚考烈王]二十五年考烈王卒，子幽王悍立。李园杀春申君。（《楚世家》）

案：幽王名悍，金文作“忎”，见楚王酓忎鼎铭文。

【附编】

楚考烈王无子，春申君患之，求妇人宜子者进之，甚众，卒无子。赵人李园持其女弟，欲进之楚王，闻其不宜子，恐久无宠。李园求事春申君为舍人，已而谒归，故失期，还谒，春申君问状（《史记·春申君列传》“状”上有“之”字），对曰：“齐王遣使求臣女弟，与其使者饮，故失期。”春申君曰：“聘人乎？”对曰：“未也。”春申君曰：“可得见乎？”曰：“可。”于是园乃进其女弟，即幸于春申君。知有身，园乃与其女弟谋，园女弟承间说春申君曰：“楚王之贵幸君，虽兄弟不如。今君相楚二十余年，而王无子，即百岁后，将更立兄弟，即楚王更立（《史记》“即”作“则”，“立”下有“后”字），彼亦各贵其故所亲（《史记》无“彼”

字），君又安得长有宠乎？君用事久（《史记》"君"下有"贵"字），多失礼于王兄弟，兄弟诚立，祸且及身，奈何以保相印、江东之封乎？（姚注："一本无奈字。"《史记》无"奈"字）今妾自知有身矣，而人莫知。妾之幸君未久，诚以君之重而进妾于楚王，王必幸妾。妾赖天而有男，则是君之子为王也，楚国封尽可得（《史记》无"封"字），孰与其临不测之罪乎？"（《史记》"其"作"身"）春申君大然之，乃出园女弟，谨舍而言之楚王。楚王召入，幸之，遂生子男，立为太子，以李园女弟立为王后（《史记》无"立"字）。楚王贵李园，李园用事。李园既入其女弟为王后，子为太子，恐春申君语泄而益骄，阴养死士，欲杀春申君以灭口，而国人颇有知之者。春申君相楚二十五年，考烈王病，朱英谓春申君曰："世有无妄之福，又有无妄之祸，今君处无妄之世，以事无妄之主，安不有无妄之人乎？"（以上五"无妄"，《史记》皆作"毋望"，"不有"作"可以无"）春申君曰："何谓无妄之福？"曰："君相楚二十余年矣，虽名为相国，实楚王也，五子皆相诸侯（《史记》无此句），今王疾甚（《史记》作"今楚王病"），旦暮且崩（《史记》"崩"作"卒"），太子衰弱，疾而不起（《史记》无上二句，疑是衍文），而君相少主，因而代立当国，如伊尹、周公，王长而反政，不即遂南面称孤，因而有楚国，此所谓无妄之福也。"春申君曰："何谓无妄之祸？"曰："李园不治国，王之舅也（《史记》作"而君之仇也"，梁玉绳云："此因声近而误，言李园为王舅也，下文春申君云仆善李园，则不以为仇明矣。"按《索隐》曰："言园是春申之仇也。《战国策》作君之舅也，谓为王之舅，意异也"。梁说不确。盖朱英以李园已成为春申君之仇，而春申君不以为是仇），不为兵将而阴养死士之日久矣（《史记》无"将"字）。楚王崩，李园必先入，据本议制断君命（《史记》无此句），秉权而杀君以灭口（《史记》"秉"作"据"），此所谓无妄之祸也。”春申君曰：“何谓无妄之人！”曰：“君先仕臣为郎中，君王崩，李园先入，臣请为君劏其胸，杀之(《史记》作“君置臣郎中，楚王卒，李园必先入，臣为君杀李园”)，此所谓无妄之人也。”春申君曰：“先生置之，勿复言已(《史记》作“足下置之”)。李园软弱人也(《史记》无“软”字)，仆又善之，又何至此？”朱英恐(《史记》作“朱英知言不用，恐祸及身”)，乃亡去。后十七日，楚考烈王崩，李园果先入，置死士止于棘门之内(《史记》作“伏死士于棘门之内”)，春申君后入，止棘门，园死士夹刺春申君(《史记》“夹”作“侠”)，斩其头，投之棘门外，于是使吏尽灭春申君之家，而李园女弟初幸春申君有身而入之王所生子者，遂立为楚幽王也。(《楚策四》第十二章，《春申君列传》同)

昔者楚考烈王相春申君，吏李园。园女弟环谓园曰：“我闻王老无嗣，可见我于春申君？我欲假于春申君，我得见于春申君，径得见于王矣。”园曰：“春申君贵人也，千里之佐，吾何托敢言？”女环曰：“即不见我，汝求谒于春申君：‘才人告有远道客，因请归待之。’彼必问汝：‘汝家何等远道客者？’因对曰：‘园有女弟，鲁相闻之，使使者来求之园，才人使告园也。’彼必有问汝：‘汝女弟何能？’对曰：‘能鼓音、读书、通一经。’故彼必见我。”园曰：“诺。”明日辞春申君：“才人有远道客，请归待之。”春申君果问：“汝家何等远道客？”对曰：“园有女弟，鲁相闻之，使使来求之。”春申君曰：“何能？”对曰：“能鼓音、读书、通一经。”春申君曰：“可得见乎？”园曰：“可。”“明日使待于离亭。”园曰：“诺。”既归，告女环曰：“吾辞于春申君，许我明日夕待于离亭。”女环曰：“园宜先供待之。”春申君到，园驰人呼女环到。黄昏女环至，大纵酒，鼓琴，曲未终，春申君重言善；女环鼓琴而歌，春申君大悦。留宿。明日女环谓春申君曰：“妾闻王老无嗣，属邦于君(“属”读作“嘱”)。

君外淫不顾政事。使王闻之，君上负于王，使妾兄下负于夫人，为之奈何？无泄此口，君召而戒之。”春申君以告官属莫有闻淫女也，皆曰：“诺。”与女环通未终月，女环谓春申君曰：“妾闻王老无嗣，今怀君子一月矣，可见妾于王。幸产子男，君即王公也，而何为佐乎？君戒念之。”五日而道之：“邦中有好女，中相可属嗣者。”烈王曰：“诺。”即召之，烈王悦取之，十月产子男。烈王死，幽王嗣立。女环使园相春申君。相之三年然后告园，以吴封春申君，使备东边。园曰：“诺。”即封春申君于吴。（《越绝书》卷十四《越绝外传·春申君》）

春申君，楚考烈王相也。烈王死，幽王立，封春申君于吴，三年幽王征春申为楚令尹。春申君自使其子为假君治吴。十一年幽王征假君与春申君，并杀之。二君治吴凡十四年。后十六年秦始皇并楚，百越叛去。（《越绝书》卷二《越绝外传·记吴地传》）

案：黄式三《周季编略》辨之曰：“《策》、《史》言春申君纳李园妹，知娠而献之。据《越绝书》十四篇则云：烈王娶李园妹，十月产子男，则《策》、《史》之说非矣。春申君果知娠而出诸谨宫，言诸王而入幸之，则事非一月，安必其十月后生子乎？生而果男乎？行不可知之诡计，春申君何愚？此必后负刍谋弑哀王犹之诬言也。”又曰：“《列女传》云：公子负刍之徒闻知幽王非考烈王子，疑哀王，乃袭杀哀王及太后，尽灭李园之族，然则负刍谋篡构衅造谤，楚事有不实者，当考。”钱穆又辨之曰：“战国晚年有两事相似而甚奇者，则吕不韦之子为秦王政，而黄歇之子为楚幽王悍是也。然细考之，殆均出好事者为之，无足信者。……余考《越绝书》，其言又不仅如黄氏所辨者……夫通未终月，乌得怀子已一月？此全写女环之愚春申，而欲假借以得幸于楚王，与下言十月产子，同一笔法，凡以明幽王之非春申子也，黄氏既援据《越绝》驳《史记》，而曰春申何愚，不知诚如《越绝》之言，春申固不免为愚耳。……今文信、春申之事，一何若符节之合，而又同出于一时，不奇之尤奇者邪？……今并举而著之，亦足使读史者知此故实之不尽可信耳。”（《先秦诸子系年》第四九一至四九四页，《春申君见杀考》）所辨甚是。《吕不韦列传》称“姬自匿有身，至大期时生子政”。梁玉绳辨之曰：“夫不及期，可疑也，过期尚何疑？”《越绝书》又称女环“十月产子男”。十月到期而产，亦尚何疑？《春申君列传》称此出于李园之谋，而《越绝书》则以为出于园女弟环之计谋，盖奇之尤奇者，凡此皆出于“传奇”之创作，不足信也。《越绝书》所记春申君之行事，皆不符史实，出于杜撰。

秦王政（始皇帝）十年（公元前二三七年）

魏景湣王六年，韩王安二年，赵悼襄王八年，齐王建二十八年，楚幽王元年，燕王喜十八年。

［秦始皇帝］十年相国吕不韦坐嫪毐免。桓齮为将军。齐、赵来置酒。齐人茅焦说秦王曰：“秦方以天下为事，而大王有迁母太后之名，恐诸侯闻之，由此倍秦也（“倍”读作“背”）。”秦王乃迎太后于雍而入咸阳，复居甘泉宫。（《秦始皇本纪》，《集解》引徐广曰：“《表》云咸阳南宫也。”）

秦始皇帝十年相国吕不韦免。齐、赵来置酒，太后入咸阳。大索。（《六国表》，据《秦始皇本纪》，《集解》引徐广曰：“《表》云咸阳南宫也。”今本“咸阳”下脱“南宫”二字）

案：《周季编略》以为表作咸阳南宫是也，“《秦记》及《三辅黄图》皆言始皇二十七年作甘泉宫。”

秦王十年十月免相国吕不韦。及齐人茅焦说秦王，秦王乃迎太后于雍，归复咸阳(《集解》引徐广曰：“入南宫。”)，而出文信侯就国河南。(《吕不韦列传》)

始皇……取皇太后迁之于萯阳宫(《秦始皇本纪· 正义》引“萯”作“咸”，“萯”“咸”皆为“棫”字之误)，下令曰：“敢以太后事谏者，戮而杀之，从蒺藜其脊肉、干、四支而积之阙下。”谏而死者二十七人矣。齐客茅焦乃往上谒曰：“齐客茅焦愿上谏皇帝。”皇帝使使者出问：“客得无以太后事谏也。”茅焦曰：“然。”使者还白曰：“果以太后事谏。”皇帝曰：“走往告之，若不见阙下积死人耶?”使者问茅焦，茅焦曰：“臣闻之天有二十八宿，今死者已有二十七人矣，臣所以来者，欲满其数耳，臣非畏死人也，走入白之。”茅焦邑子同食者，尽负其衣物行亡。使者入白之，皇帝大怒曰：“是子故来犯吾禁，趣炊镬汤煮之，是安得积阙下乎?”趣召之入，皇帝按剑而坐，口正沫出。使者召之入，茅焦不肯疾行，足趣相过耳。使者趣之，茅焦曰：“臣至前则死矣，君独不能忍吾须臾乎?”使者极哀之。茅焦至前，再拜谒起，称曰：“臣闻之，夫有生者不讳死，有国者不讳亡。讳死者不可以得生，讳亡者不可以得存。死生存亡，圣主所欲急闻也，不审陛下欲闻之不?”皇帝曰：“何谓也?”茅焦对曰：“陛下有狂悖之行，陛下不自知邪?”皇帝曰：“何等也，愿闻之。”茅焦对曰：“陛下车裂假父，有嫉妒之心；囊扑两弟，有不慈之名；迁母萯阳宫(“萯”为“棫”字之误)，有不孝之行；从蒺藜于谏士，有桀、纣之治。今天下闻之，尽瓦解、无嚮秦者(《秦始皇本纪·正义》引“嚮”作“向”，“嚮”通“向”)，臣窃恐秦亡，为陛下危之。所言已毕，乞行就质。”乃解衣伏质。皇帝下殿，左手接之，右手麾左右曰：“赦之，先生就衣，今愿受事。”乃立焦为仲父（《正义》引“仲父”为“傅”，当作“傅”为是），爵之为上卿。皇帝立驾千乘万骑，空左方，自行迎太后萯阳宫（“萯”为“棫”字之误），归于咸阳。太后大喜，乃大置酒待茅焦。及饮，太后曰：“抗枉令直，使败更成，安秦之社稷，使妾母子复得相会者，尽茅君之力也。”（《说苑·正谏》第八章）

案：《秦始皇本纪·正义》引《括地志》云：“茅焦，沧州人也。”

大索，逐客。李斯上书说，乃止逐客令。（《秦始皇本纪》）

会韩人郑国来间秦，以作注溉渠，已而觉。秦宗室大臣皆言秦王曰：“诸侯人来事秦者，大抵为其主游间于秦耳，请一切逐客。”李斯议亦在逐中。斯乃上书曰……（《李斯列传》）

案：《资治通鉴》叙“宗室大臣议曰：诸侯人来仕者”云云，于“十月文信侯免相，出就国”之后，盖从《秦始皇本纪》，以为秦大索逐客，即因嫪毐叛乱而作。甚是。《李斯列传》误以为因韩人郑国来间秦作郑国渠而起，非是。《六国表》明载“作郑国渠”在秦始皇帝元年，非此年事。《周季编略》以“作郑国渠”移至此年，非是也。马骕《绎史》据《李斯列传》编在是年，并云：“《通鉴》载于元年，然以《秦记》考之，似宜在是年。”不足信。

[李]斯乃上书曰：“臣闻吏议逐客，窃以为过矣。昔缪公求士，西取由余于戎，东得百里奚于宛，迎蹇叔于宋，来丕豹、公孙支于晋。此五子者不产于秦，而缪公用之，并国二十（《文选》卷三十九“二十”误作“三十”），遂霸西戎。孝公用商鞅之法，移风易俗，民以殷盛，国以富强，百姓乐用，诸侯亲服，获楚、魏之师，举地千里，至今治强。惠王用张仪之计，拔三川之地，西并巴、蜀，北收上郡，南取汉中，包九夷，制鄢、郢，东据成皋之险，割膏腴之壤，遂散六国之从，使之西面事秦，

功施到今。昭王得范雎，废穰侯，逐华阳，强公室，杜私门，蚕食诸侯，使秦成帝业。此四君者，皆以客为功。由此观之，客何负于秦哉？向使四君却客而不内（《文选》“内”作“纳”，“内”通“纳”），疏士而不用，是使国无富利之实而秦无强大之名也。今陛下致昆山之玉，有随、和之宝，垂明月之珠，服太阿之剑，乘纤离之马，建翠凤之旗，树灵鼍之鼓（《文选》“鼍”作“鱓”，“鼍”通“鱓”），此数宝者，秦不生一焉，而陛下说之（《文选》“说”作“悦”，“说”通“悦”），何也？必秦之所生然后可，则是夜光之璧不饰朝廷，犀象之器不为玩好，郑、卫之女不充后宫（《文选》“郑”作“赵”），而骏良駃騠不实外厩，江南金、锡不为用，西蜀丹青不为采。所以饰后宫、充下陈、娱心意、说耳目者，必出于秦然后可，则宛珠之簪、傅玑之珥、阿缟之衣、锦绣之饰不进于前，而随俗雅化、佳冶窈窕赵女不立于侧也。夫击瓮叩缶、弹筝搏髀，而歌呼呜呜快耳者（“耳”下原衍“目”字，王念孙曰：“《文选》、《北堂书钞》、《艺文类聚》、《太平御览》引此无目字，案声能快耳，不能快目，目字后人所加。”今删“目”字），真秦之声也；郑、卫、桑间、《昭》、《虞》、《武》、《象》者（《集解》引徐广曰：“昭一作韶。”《文选》作“韶”，“昭”通“韶”），异国之乐也。今弃击瓮叩缶，而就郑、卫，退弹筝而取《昭》、《虞》，若是者何也？快意当前，适观而已矣。今取人则不然，不问可否，不论曲直，非秦者去，为客者逐。然则是所重者在乎色乐珠玉，而所轻者在乎人民也。此非所以跨海内、制诸侯之术也。臣闻地广者粟多，国大者人众，兵强则士勇。是以太山不让土壤，故能成其大；河海不择细流，故能就其深；王者不却众庶，故能明其德。是以地无四方，民无异国，四时充美，鬼神降福，此五帝、三王之所以无敌也。今乃弃黔首以资敌国，却宾客以业诸侯，使天下之士退而不敢西向，裹足不入秦，此所谓藉寇兵而赍盗粮者也。夫物不产于秦，可宝者多；士不产于秦，而愿忠者众。今逐客以资敌国，损民以益仇，内自虚而外树怨于诸侯，求国无危不可得也。”秦王乃除逐客之令，复李斯官，卒用其计谋，官至廷尉。（《李斯列传》）

斯在逐中，道上上谏书，达始皇，始皇使人逐至骊邑，得还。（《李斯列传·集解》引《新序》曰）

案：《资治通鉴》据此谓：“王乃召李斯，复其官，除逐客之令，李斯至骊邑而还。”

大梁人尉缭来，说秦王曰：“以秦之强，诸侯譬如郡县之君，臣但恐诸侯合从，翕而出不意，此乃智伯、夫差、湣王之所以亡也。愿大王毋爱财物，赂其豪臣，以乱其谋，不过亡三十万金，则诸侯可尽。”秦王从其计，见尉缭亢礼，衣服食饮与缭同。缭曰：“秦王为人，蜂准（《集解》引徐广曰：“蜂一作隆”），长目，挚鸟膺，豺声，少恩而虎狼心，居约易出人下，得志亦轻食人。我布衣，然见我常自下我。诚使秦王得志于天下，天下皆为虏矣。不可与久游。”乃亡去。秦王觉，固止，以为秦国尉，卒用其计策，而李斯用事。（《秦始皇本纪》）

《尉缭子》二十九篇。（《汉书·艺文志》列杂家）《尉缭》三十一篇。（《汉书·艺文志》列兵形势家）

案：今本《尉缭子》存二十四篇，首篇有梁惠王问尉缭，全书论述军事上之政策、法令及设施，用以保证其“必胜”。当即兵形势家之《尉缭》。钱穆辨之曰：“所谓尉缭者，尉乃其官名而逸其姓也，若是则秦有尉缭，岂得魏亦有尉缭，而秦之尉缭又系魏之大梁人。以此言之，知非二人矣。且缭之说秦，与《秦策》顿弱之言同。书又称梁惠王问，则出依托。”

［齐王建］二十八年王入朝秦，秦王政置酒咸阳。（《田世家》，《六国表》作“入秦置酒”）

赵悼襄王八年入秦置酒。（《六国表》）

案：《秦始皇本纪》言是年“相国吕不韦坐嫪毐免，桓齮为将军。齐、赵来置酒”。所谓“齐、赵来置酒”，盖十月免吕不韦相之后，秦王政亲自主政，改变“初即位”以来“委国事大臣”之政局，新任命桓齮为将军，盖欲重用桓齮为将军，从而完成其兼并六国而称帝于天下之计划。是时齐王建与赵悼襄王入朝秦王政，秦王政置酒咸阳以接待。盖秦王政初亲政，欲以壮大其亲政之威势，而齐王、赵王欲以改变秦之对外策略，谋与秦合作以利其国。是时赵正谋兼并燕之土地，欲迎求秦之特许。《燕策三》第四章载：“秦并赵，北向迎燕。”“并”乃合一之意。燕使使者入贺秦王，秦王曰：“夫燕无道，吾使赵有之，子何贺？”可知赵王朝见秦王，秦王已许允赵攻燕而有之。其后秦背信，乘赵攻燕之时机，而遣桓齮、王翦等大将会攻赵国。

【附编】

李斯因说秦王，请先取韩以恐他国，于是使斯下韩。韩王患之，与韩非谋弱秦。（《秦始皇本纪》系此于十年）

韩非者，韩之诸公子也。喜刑名法术之学，而其归本于黄、老。非为人口吃，不能道说而善著书。与李斯俱事荀卿，斯自以为不如非。非见韩之削弱，数以书谏韩王，韩王不能用，于是韩非疾治国不务明其法制，执势以御其臣下，富国强兵而求人任贤，反举浮淫之蠹而加之于功实之上。以为儒者用文乱法，而侠者以武犯禁。宽则宠名誉之人，急则用介胄之士。今者所养非所用，所用非所养。悲廉直不容于邪枉之臣，观往者得失之变，故作《孤愤》、《五蠹》、《内外储》、《说林》、《说难》十余万言。……人或传其书至秦。秦王见《孤愤》、《五蠹》之书，曰："嗟乎，寡人得见此人与之游，死不恨矣。"李斯曰："此韩非之所著书也。"秦因急攻韩。（《韩非列传》）

案：《秦始皇本纪》言是年使李斯下韩，不确。据《韩非子·存韩》篇，秦遣斯使韩，在韩非入秦上书秦王之后，其事已在十四年。至于秦王得见韩非所著书，未知在何年，当在秦王政亲政之后。秦王赞许韩非之书，当为事实。《韩非子·饰邪》篇云："彼法明则忠臣劝，罚必则邪臣止，忠劝邪止而地广主尊者，秦是也。"《外储说左上》云："夫慕仁义而弱乱者三晋也。不慕而治强者秦也。然而未帝者，治未毕也。"《五蠹》篇以"学者"、"言谈者"、"带剑者"、"患御者"（即逃避耕战而依附重臣之人）、"商工之民"为"五蠹"，因而其结论曰："故明主之国，无书简之文，以法为教；无先王之语，以吏为师；无私剑之捍，以斩首为勇。是境内之民，其言谈者必轨于法，动作者归之于功，以勇者尽之于军，是故无事则国富，有事则兵强，此之谓王资。既畜王资而承敌之舋，超五帝、侔三王者，必此法也。"所谓"王资"，即完成统一而称王于天下之凭借。此后秦始皇兼并六国而完成统一，即采取韩非所主张之方针政策："以法为教"，"以吏为师"，"以斩首为勇"。李斯创议焚书坑儒，其主旨即在禁绝"私学"，强制人民"学法令，以吏为师"。

卷二十一
秦王政(始皇帝)十一年(公元前二三六年)至二十六年(公元前二二一年)

秦王政(始皇帝)十一年(公元前二三六年)

魏景湣王七年,韩王安三年,赵悼襄王九年,齐王建二十九年,楚幽王二年,燕王喜十九年。

[赵悼襄王]九年,赵攻燕,取貍、阳城。兵未罢,秦攻邺,拔之。悼襄王卒,子幽缪王迁立。(《赵世家》,《六国表》于次年《集解》引徐广曰"幽愍元年",盖又谥"幽愍")

赵悼襄王九年秦拔我阏与、邺九城。(《六国表》)

[秦始皇帝]十一年王翦、桓齮、杨端和攻邺,取九城。王翦攻阏与、橑阳(《资治通鉴》"橑"作"轑"),皆并为一军。翦将十八日,军归斗食以下,什推二人从军。取邺、安阳,桓齮将。(《秦始皇本纪》,《六国表》作"王翦击邺、阏与,取九城")

[燕王喜]十九年秦拔赵之邺九城。(《燕世家》)

王翦者，频阳东乡人也。少而好兵，事秦始皇。始皇十一年翦攻赵阏与，破之，拔九城。（《王翦列传》）

赵又尝凿龟数策而北伐燕，将劫燕以逆秦，兆曰大吉。始攻大梁而秦出上党矣（“大”当为“勺”字之误），兵至釐而六城拔矣（“釐”与“貍”通），至阳城，秦拔邺矣，庞援揄兵而南（“援”与“煖”通，庞援即庞煖），则鄣已尽矣（“鄣”当作“漳”）。臣故曰：赵龟虽无远见于燕，且宜近见于秦。秦以其大吉，辟地有实，救燕有有名（上“有”字通“又”）；赵以其大吉，地削兵辱（“地”乾道本误作“利”，从迂评本、凌瀛初本改正），主不得意而死。（《韩非子·饰邪》）

秦并赵，北向迎燕（鲍注：“并，合也。迎，以兵迎之”）。燕王闻之，使人贺秦王。使者过赵，赵王系之。使者曰：“秦、赵为一而天下服矣。兹之所以受命于赵者（鲍本“兹”作“燕”），为秦也。今臣使秦而赵系之，是秦、赵有郄。秦、赵有郄（鲍本“郄”作“隙”），天下必不服，而燕不受命矣。且臣之使秦，无妨于赵之伐燕也。”赵王以为然而遣之。使者见秦王曰：“燕王窃闻秦并赵，燕王使使者贺千金。”秦王曰：“夫燕无道，吾使赵有之，子何贺？”使者曰：“臣闻全赵之时，南邻为秦，北下曲阳为燕，赵广三百里，而与秦相距五十余年矣。所以不能反胜秦者，国小而地无所取。今王使赵北并燕，燕、赵同力，必不复受于秦矣（鲍本“受”下补“命”字）。臣切为王患之（鲍本“切”作“窃”）。”秦王以为然，起兵而救燕。（《燕策三》第四章）

案：此章鲍注云：“赵悼襄王九年攻燕，取貍、阳城。兵未罢，秦攻邺拔之，此燕王喜十九年。”其说是。赵王于上年入朝于秦，秦王置酒咸阳接待，于是秦、赵相合，秦许赵攻燕。即此章秦王所谓“夫燕无道，吾使赵有之”。后因燕使者进说秦王，秦又起兵救燕而攻赵，赵因而为秦拔取九城。

又案：《赵世家》“赵攻燕，取貍、阳城”，《正义》以“貍阳”连读，云：“按燕无貍阳，疑貍字误，当作渔阳，故城在檀州密云县南十八里，燕渔阳郡城也。按赵东界至瀛州，则檀州在北，赵攻燕取渔阳城也。”《资治通鉴》胡注仍连读貍阳，云：“《战国策》燕昭王攻齐阳城及貍，窃意貍即貍阳也。其地当在齐、燕境上。”今案：《燕策二》第四章称“燕攻阳城及狸”，狸与阳城分明为两城，不得连读为貍阳。《正义》之说未可据，吴师道已据《策》文辨正。胡三省以为貍即貍阳，亦未得。貍与阳城，亦不在齐、燕境上，已深入燕之境内。据《韩非子·饰邪》篇，是年赵攻燕，先攻大梁，次攻釐，后攻至阳城。釐即貍，音同通用，在今河北任丘县东北。阳城在今河北保定市北。至于“大梁”，当为“勺梁”之误。《水经·滱水注》云：“博水又东南循渎，重源涌发，东南径三梁亭南，疑即古勺梁也。《竹书纪年》曰：燕人伐赵，围浊鹿，赵武灵王及代人救浊鹿，则燕师于勺梁者也。”勺梁在今河北定县北。

又案：梁玉绳论《秦始皇本纪》记述是役曰：“此所叙攻取之事，错杂不明。盖是役也，王翦为主将，桓齮为次将，杨端和为末将，并军伐赵，攻邺未得，先取九城，王翦遂别攻阏与、橑阳，而留桓齮攻邺。齮既取邺，翦复令齮攻橑阳，己独攻阏与，皆取之，故又言取邺、橑阳，桓齮将也。安阳当作橑阳，必传写之误。安阳即魏宁新中，无论本非赵地，且前廿余年已为昭王拔之矣。再考《王翦传》，但言拔阏与九城而不及邺、橑阳，足见邺、橑阳是齮而非翦拔，正与《纪》合。《表》于赵书曰：秦拔我阏与、邺九城，而失书橑阳，于《秦表》书曰：“王翦击邺阏与，取九城，就前半事言之，而亦失书取橑阳，至《燕世家》称拔邺九城，《赵世家》仅称拔邺，则更属疏脱。”今案梁氏此说。但据《史记》推测，又不顾地理形势，所论不符史实。谓安阳为橑阳之误，更为武断。今以《韩非子·饰邪》篇所述与《史记》所载比勘，可知是年秦乘赵攻燕之时机攻赵，盖分两路进军，一路由王翦为主将，主攻赵之上党，一路由桓齮为主将，主攻赵之漳水流域。据《秦始皇本纪》，桓齮于十年为将军，特有记载。据《王翦列传》，王翦于十一年是役攻赵，亦初为主将。《韩非子·饰邪》篇云：赵始攻燕之“勺梁（原误作“大梁”）而秦出上党矣”，即《秦本纪》所谓“王翦攻阏与、橑阳皆并为一军”。阏与为赵上党之军事重镇，在今山西和顺县，橑阳在今山西左权县，正当阏与之西南，同时为王翦所攻拔。《饰邪》篇又云：“兵至釐而六城拔矣”，谓当赵攻至燕之貍，秦已攻得赵之六城，当包括阏与、橑阳二城在内。《饰邪》篇更云：“至阳城，秦拔邺矣”，谓赵攻至燕之阳城，秦又拔邺城，即《秦始皇本纪》所称“取邺、安阳，桓齮将”。邺原为魏东北之军事重镇，在今河北磁县邺镇，据《赵世家》悼襄王六年（即秦王政八年）“魏与赵邺”。安阳即魏宁新中，曾一度为秦昭王所攻拔，当魏、楚合纵救赵攻秦时已为魏所收复，其地在今河南安阳西南，正当邺之南，当在“魏与赵邺”之时同为赵所有者。因邺为军事重镇，赵有重兵防守，桓齮久攻之乃克。《饰邪》篇又云：“庞援揄兵而南，则鄣已尽矣。”有人以为鄣乃城邑之名，在今山东东平县东，此离赵之边境甚远，并非赵地，是时秦军尚不能攻及鄣城。“鄣”当为“漳”字之误，指漳水流域而言。盖赵攻燕，由庞煖率大军主攻，连克勺梁、貍、阳城等地，待庞煖率师南下救援，漳水流域已尽为秦所得矣，包括邺、安阳二城在内。是役秦共拔九城，以王翦攻拔阏与、橑阳二城与桓齮攻拔邺、安阳二城较重要，故《本纪》分别载明。九城中以邺为首要，故《本纪》先总叙为“王翦、桓齮、杨端和攻邺，取九城”，《燕世家》亦称“秦拔赵之邺九城”。九城中以阏与为次要，故《六国表》于《秦表》称“击邺、阏与，取九城”，于《赵表》又称“秦拔我阏与、邺九城”。

赵王迁其母倡也嬖于悼襄王，悼襄王废適子嘉而立迁。迁素无行，信谗，故诛其良将李牧，用郭开。（《赵世家》太史公曰：“吾闻冯王孙曰”）

倡后者邯郸之倡（四字原脱，从梁端据《赵世家·集解》、《冯唐传·索隐》校增），赵悼襄王之后也。前嫁而乱一宗之族（“嫁”原作“日”，从卢文弨校正），既寡，悼襄王以其美而取之。李牧谏曰：“不可。女之不正，国家之所以覆而不安也，此女乱一宗，大王不畏乎？”王曰：“乱与不乱，在寡人为政。”遂娶之。初，悼襄王后生子嘉为太子，倡后既入为姬，生子迁。倡后既嬖幸于王，阴谮后及太子于王，使人犯太子而陷之于罪。王遂废嘉而立迁，黜后而立倡姬为后。及悼襄王薨，迁立，是为幽闵王。倡后淫佚不止，通于春平君，多受秦赂而使王诛其良将武安君李牧。其后秦兵径入，莫能距，迁遂见虏于秦。赵亡大夫怨倡后之谮太子及杀李牧，乃杀倡后而灭其家，共立嘉于代。（《列女传》卷七“赵悼倡后”）

秦始皇帝十一年吕不韦就国河南。（《六国表》，《吕不韦列传》记“就国河南”在上年十月）

廉颇居梁久之，魏不能信用。赵以数困于秦兵，赵王思复得廉颇，廉颇亦思复用于赵。赵王使使者视廉颇尚可用否。廉颇之仇郭开多与使者金，令毁之。赵使者既见廉颇，廉颇为之一饭斗米，肉十斤，被甲上马，以示尚可用。赵使还报王曰："廉将军虽老，尚善饭，然与臣坐，顷之三遗矢矣。"(《索隐》曰："谓数起便也。矢一作屎")赵王以为老，遂不召。楚闻廉颇在魏，阴使人迎之。廉颇一为楚将，无功，曰："我思用赵人。"廉颇卒死于寿春。(《廉颇列传》)

案：此事当在赵屡为秦败之后，李牧大破秦军之前，又在郭开已用事之时。《周季编略》系于是年，今从之。

[秦始皇帝]十一年十一月获产。(秦简《编年记》)

案：获，当为墓主喜之子或侄。

秦王政(始皇帝)十二年(公元前二三五年)

魏景湣王八年，韩王安四年，赵王迁元年，齐王建三十年，楚幽王三年，燕王喜二十年。

秦始皇帝十二年发四郡兵助魏击楚。(《六国表》)

魏景湣王八年秦助我击楚。(《六国表》)

[楚]幽王三年秦、魏伐楚。(《楚世家》，《六国表》作"秦魏击我")

说秦王曰："物至而反，冬夏是也(《史记·春申君列传》、《新序·善谋》第九章此二句上有一节："天下莫强于秦、楚。今闻大王欲伐楚，此犹两虎相与斗。两虎相与斗而驽犬受其弊，不如善楚")。物至而危，累棋是也。今大国之地半天下(《史记》、《新序》"半"作"遍")，有二垂，此从生民以来，万乘之地未尝有也。先帝文王、庄王、王之身三世而不接地于齐，以绝从亲之要("要"读作"腰")，今王三使盛桥守事于韩，盛桥以其地入秦，是王不用甲，不伸威而出百里之地，王可谓能矣。王又举甲兵而攻魏，杜大梁之门，举河内，拔燕、酸枣、虚、桃人，楚、燕之兵云翔而不敢救，王之功亦多矣。王休甲息众，三年然后复之，又取蒲、衍、首垣，以临仁、平丘、小黄、济阳、甄城，而魏氏服矣。王又割濮、磨之北，属之燕，断齐、赵之要，绝楚、魏之脊，天下五合六聚而不敢救也，王之威亦惮矣（以上二节，已引录于五年及九年，附注有校勘）。王若能持功守威，省攻伐之心而肥仁义之地（“省”，《史记》作“绌”，“地”原误作“诫”，今从《史记》、《新序》改正），使无复后患，三王不足四，五伯不足六也。王若负人徒之众，杖兵甲之强（《史记》、《新序》“甲”作“革”），乘毁魏氏之威，而欲以力臣天下之主，臣恐有后患。《诗》云：‘靡不有初，鲜克有终。’《易》曰：‘狐濡其尾。’（《史记》、《新序》“狐”下有“涉水”二字）此言始之易、终之难也。何以知其然也。智氏见伐赵之利，而不知榆次之祸也。吴见伐齐之便，而不知干隧之败也。此二国者，非无大功也，没利于前而易患于后也。吴之信越也，从而伐齐，既胜齐于艾陵，还为越王禽于三江之浦（《史记》、《新序》“江”作“渚”）。智氏信韩、魏，从而伐赵，攻晋阳之城，胜有日矣，韩、魏反之，杀智伯瑶于凿台之上（《史记》“上”作“下”）。今王妒楚之不毁也，而忘毁楚之强韩、魏也，臣为大王虑而不取也。《诗》云：‘大武远宅不涉。’从此观之，楚国，援也；邻国，敌也。《诗》云：‘他人有心，予忖度之。跃跃毚兔，遇犬获之。’今王中道而信韩、魏之善王也，此正吴信越也。臣闻敌不可易（《史记》、《新序》“易”作“假”），时不可失。臣恐韩、魏之卑辞虑患（《史记》、《新序》“虑”作“除”），而实欺大国也。此何也？王既无重世之德于韩、魏，而有累世之怨矣。韩、魏父子兄弟接踵而死于秦者累世矣（“累”原误作“百”，《史记》、《新序》作“十”，高诱注：“百一作累”，作“累”是，今改正）。本国残，社稷坏，宗庙隳（《史记》“隳”作“毁”），刳腹折颐（“折颐”，《史记》作“绝肠折颈摺颐”,《新序》作“绝肠折颡摺颈”),首身分离,暴骨草泽,头颅僵仆,相望于境,父子老弱系虏(“系虏”,《史记》作“系脰束手为群虏者”),相随于路(《史记》、《新序》“随”作“及”),鬼神狐祥无所食(“狐祥”,《史记》作“孤伤”,《新序》作“潢洋”),百姓不聊生,族类离散,流亡为臣妾(《史记》、《新序》“臣”作“仆”),满海内矣。韩、魏之不亡,秦社稷之忧也。今王之攻楚,不亦失乎?且王攻楚之日(“且”原误作“是”,鲍本作“且”,《史记》、《新序》皆作“且”),恶出兵?王将藉路于仇雠之韩、魏乎?(《史记》“藉”作“借”)兵出之日,而王忧其不反也,是王以兵资于仇雠之韩、魏。王若不藉路于仇雠之韩、魏,必攻随阳右壤(《史记》、《新序》“阳”作“水”),随阳右壤此皆广川大水,山林溪谷,不食之地,王虽有之,不为得地。是王有毁楚之名,无得地之实也。且王攻楚之日,四国必悉起应王。秦、楚之兵构而不离,魏氏将出兵而攻留、方与、铚、胡陵、砀、萧、相,故宋必尽。齐人南面,泗北必举(《史记》“北”作“上”)。此皆平原四达、膏腴之地,而王使之独攻。王破楚以肥韩、魏于中国而劲齐,韩、魏之强,足以校于秦矣。齐南以泗为境,东负海,北倚河,而无后患。天下之国,莫强于齐。齐、魏得地葆利而详事下吏,一年之后,为帝若未能,于以禁王之为帝有余。夫以王壤土之博,人徒之众,兵革之强,一举事而注怨于楚(“事”原误作“众”,“怨”原误作“地”,从《史记》、《新序》改正。“注”,《史记》、《新序》作“树”),诎令韩、魏归帝重于齐(“诎”,《史记》作“迟”,《集解》引徐广曰:“迟一作还”,《新序》作“出”),是王失计也。臣为王虑,莫若善楚。秦、楚合而为一,以临韩,韩必授首(“授首”,《史记》作“敛手”,《新序》作“拱手”)。王襟以山东之险(《史记》、《新序》“襟”作“施”),带以河曲之利(《史记》、《新序》“河曲”作“曲河”),韩必为关中之侯

（“侯”原误作“候”，今从《史记》改正）。若是王以十万戍郑（原脱“万”字，“戍”误作“成”，今从《史记》改正。《新序》“戍”误作“伐”），梁氏寒心，许、鄢陵婴城，而上蔡、召陵不往来也。如此而魏亦为关内侯矣（“侯”原误作“候”，今从《史记》改正）。王一善楚，而关内二万乘之主注地于齐，齐之右壤可拱手而取也。是王之地，一经两海（“经”原作“任”，《史记》作“经”，《新序》作“桎”，今从《史记》改正），要绝天下也（“要”读作“腰”，《史记》、《新序》“绝”作“约”）。是燕、赵无齐、楚，齐、楚无燕、赵也（“齐楚”二字原不重叠，从鲍本据《史记》补），然后危动燕、赵，直摇齐、楚（“直摇”原作“持”，从《史记》、《新序》及《资治通鉴》改正），此四国者不待痛而服矣。”（《秦策四》第十章，《史记·春申君列传》、《新序·善谋》第九章大体相同，误以为春申君说秦昭王）

案：此章原无游说者姓名，高诱以为所说“秦王名正”，即秦始皇，是也。李善注《文选·辩亡论下》，引此“楚、魏之兵云翔而不敢拔”（“拔”乃“捄”之误），以为顿子说秦王，盖蒙上章为说，可见其原非春申君之说辞或书信。是时东方六国中，以楚较大，尚据有东南大块土地。是年魏投靠于秦，使秦助魏攻楚，其目的在于夺取故宋之地。而秦发四郡兵大规模助魏攻楚，其目的在于摧毁楚之实力，并迫使楚国服从。此游说者，当即进说秦王于出兵之际，以为秦“欲以力臣天下之主”恐有后患，谓“破楚以肥韩、魏于中国而劲齐”，将使“韩、魏之强，足以校于秦矣”，又使“天下之国莫强于齐”。是年秦以四郡兵助魏攻楚，未有胜利之记载，或与游说者之进说有关。

[出文信侯就国河南]岁余，诸侯宾客使者相望于道，请文信侯。

秦王恐其为变，乃赐文信侯书曰："君何功于秦，秦封君河南食十万户？君何亲于秦，号称仲父？其与家属徙处蜀。"吕不韦自度稍侵，恐诛，乃饮鸩而死。秦王所加怒吕不韦、嫪毐皆已死，乃皆复归嫪毐舍人迁蜀者。（《吕不韦列传》，《六国表》作"吕不韦卒，复嫪毐舍人迁蜀者"）

[秦始皇帝]十二年文信侯不韦死，窃葬："其舍人临者，晋人也逐出之；秦人六百石以上夺爵迁。五百石以下不临，迁，勿夺爵。自今以来，操国事不道如嫪毐、不韦者籍其门，视此。"秋，复嫪毐舍人迁蜀者。当是之时，天下大旱，六月至八月乃雨。（《秦始皇本纪》）

案：《秦始皇本纪・索隐》云："按不韦饮鸩死，其宾客数千人窃共葬于洛阳北芒山。"《吕不韦列传・集解》引《皇览》曰："吕不韦冢在河南洛阳北邙道西大冢是也。民传言吕母冢。不韦妻先葬，故其冢名吕母也。"《续汉书・郡国志・注》引《皇览》同。

[赵]幽缪王迁元年城柏人。（《赵世家》）

[秦始皇帝]十二年四月癸丑喜治狱鄢。（秦简《编年记》）

案：是年墓主喜以鄢之令史而治狱于鄢。与《编年记》同时出土有《秦律》多种，盖即喜用以治狱者。

秦王政（始皇帝）十三年（公元前二三四年）

魏景湣王九年，韩王安五年，赵王迁二年，齐王建三十一年，楚幽王四年，燕王喜二十一年。

[秦始皇帝]十三年桓齮攻赵平阳，杀赵将扈辄，斩首十万。王之河南。正月彗星见东方。十月桓齮攻赵。（《秦始皇本纪》，《六国表》作"桓齮击平阳，杀赵扈辄，斩首十万，因东击赵。王之河南。彗

星见”）

［赵王迁］二年秦攻武城，扈辄率师救之，军败，死焉。（《赵世家》，《六国表》作“秦拔我平阳，败扈辄，斩首十万”）

后七年（指“庞煖破燕军、杀剧辛”之后七年，当作“后八年”），秦破杀赵将扈辄于武城（“武”下原衍“遂”字，从钱大昕据《赵世家》删。《索隐》本、金陵局刻本《史记》又误脱“城”字），斩首十万。（《廉颇列传》附《李牧传》）

案：《索隐》本《史记》“武城”误作“武遂”，《索隐》释之曰：“按刘氏云：武遂本韩地，在赵西，恐非《地理志》河间武遂也。”今按：战国地名武遂者有三：一为韩地，在今山西垣曲县东南，靠近黄河。二为赵地，在今河北献县西南，即所谓河间武遂。三为燕地，在今河北保定市北，为燕长城之重要门户。凡此皆非秦破赵将扈辄之地。是役秦破赵将扈辄于平阳与武城，平阳在邺之东，在今河北磁县东南。武城在邺之西，在今磁县西南。武遂则离此甚远，非是役所能及。钱大昕曰：“《赵世家》武遂城作武城，武遂在燕、赵之交，秦兵未得至其地，遂字衍。”甚是。《秦始皇本纪》亦谓“桓齮定平阳、武城”。

白渠水又西南径云中故城南，故赵地。……秦始皇十三年立云中郡。（《水经·河水注》）

案：云中故城在今内蒙古托克托东北。《汉书·地理志》称雁门郡，秦置。《水经·河水注》云：“中陵水又西北流，经善无县故城西……雁门郡治。”善无故城在今山西右玉南。秦设雁门郡当与设云中郡同时。

［秦始皇帝］十三年从军。（秦简《编年记》）

案：墓主喜以鄢令史而治狱于鄢，于是年从军。开始参与秦兼并六国之战役。

秦王政（始皇帝）十四年（公元前二三三年）

魏景湣王十年，韩王安六年，赵王迁三年，齐王建三十二年，楚幽王五年，燕王喜二十二年。

［秦始皇帝］十四年攻赵军于平阳，取宜安，破之，杀其将军。桓齮定平阳、武城。（《秦始皇本纪》）

秦始皇帝十四年桓齮定平阳、武城、宜安。（《六国表》）

［赵王迁］三年秦攻赤丽、宜安，李牧率师与战肥下，却之。封牧为武安君。（《赵世家》）

赵王迁三年秦拔我宜安。（《六国表》）

赵乃以李牧为大将军，击秦军于宜安，大破秦军，走秦将桓齮。封李牧为武安君。（《廉颇列传》附《李牧传》，系于"秦破杀赵将扈辄于武城"以后）

李牧数破走秦军，杀秦将桓齮。（《赵策四》第十九章，"杀"字当为"走"字之误）

秦将樊於期得罪于秦王，亡之燕。（《史记·刺客列传》，《燕策三》第五章作"樊将军亡秦之燕"，樊於期当即桓齮）

案：梁玉绳评论《秦始皇本纪》是年记载云："此秦史诞词，史公未之改尔。赤丽、宜安攻而未拔，则桓齮所定者，只前年攻得之平阳、武城而已。《纪》、《表》不言攻赤丽，略之也。《秦表》云桓齮定平阳、武城、宜安，《赵表》云：秦拔我宜安，并误仍秦史，故彼此抵牾，多不齐一，《秦表》宜衍宜安二字，《赵表》当改拔作攻字。"今案以上史料，当以《李牧传》与《赵世家》所记为实。《秦始皇本纪》及《六国表》依据《秦记》，讳败为胜，声称桓齮定平阳、武城、宜安等城。是年秦以桓齮为主将，经赵之上党，越太行山进攻赵之后方，攻赤丽、宜安，宜安在今河北省石家庄市东南，赤丽亦当在其附近。赵使长期与匈奴作战之名将李牧应战，交战于肥。肥即在宜安东北，在今河北省晋县西，结果李牧"大破秦军，走秦将桓齮"，李牧因而封为武安君。《李牧传》所记甚确。《赵世家》谓"李牧率师与战肥下，却之。封牧为武安君"，亦是。《赵策四》作"杀秦将桓齮"，"杀"当为"走"字之误。所谓"走"，当是大败之后畏罪逃走。《史记·刺客列传》之《荆轲传》，谓燕太子丹作为质子，因秦王遇之不善，怨而亡归，"秦将樊於期得罪于秦王，亡之燕，太子受而舍之。"荆轲尝私见樊於期曰："秦之遇将军可谓深矣，父母宗族皆为戮没，今闻购将军首金千斤，邑万家。"据《燕世家》，"太子丹质于秦，亡归燕"在燕王喜二十三年，当秦王政十五年，即在桓齮败走之明年。《秦始皇本纪》详载历次出战秦将之名，独不见樊於期，盖樊於期即桓齮。"樊"与"桓"是不同来源之两姓，不能同音通假。但因荆轲刺秦王之故事，出于后人转相传述，传述者但凭口语相传，而记录者未能核对史料，但凭语音记录，因而秦将桓齮写作同音之樊於期。《李牧传》记李牧于宜安"大破秦军，走秦将桓齮"误上一年，《资治通鉴》因而于秦王政十三年载："赵王以李牧为大将军，复战于宜安肥下，秦师败绩，桓齮奔还，赵封李牧为武安君。"又于十四年依据《六国表》载："桓齮伐赵，取宜安、平阳、武城。"竟以为桓齮在上年因败而"奔还"，于是年又得胜而定宜安等城。《稽古录》亦于十三年记李牧“大破秦师于宜安，桓齮走”，于十四年记“桓齮定平阳、武城、宜安”。皆颇谬误。《周季编略》不从《秦记》与《六国表》，依据《赵世家》、《李牧传》、《大事记》载：是年“秦桓齮伐赵，攻赤丽、宜安，赵使李牧将，战于肥下，大破秦军，桓齮奔，赵封李牧为武安君。”盖得其实。

[秦始皇帝十四年]韩非使秦，秦用李斯谋，留非，非死云阳。韩王请为臣。(《秦始皇本纪》，《六国表》作“韩使非来，我杀非，韩王请为臣”)

[韩]王安五年秦攻韩，韩急，使韩非使秦，秦留非，因杀之。(《韩世家》)

韩王始不用非，及急，乃遣非使秦。秦王悦之，未信用。李斯、姚贾害之，毁之曰：“韩非，韩之诸公子也。今王欲并诸侯，非终为韩不为秦，此人之情也。今王不用，久留而归之，此自遗患也，不如以过法诛之。”秦王以为然，下吏治非。李斯使人遗非药，使自杀。韩非欲自陈，不得见。秦王后悔之，使人赦之，非已死矣。(《韩非列传》)

[韩非上书秦王政曰：]“韩事秦三十余年，出则为扞蔽，入则为席荐。秦特出锐师取地而韩随之(“地而韩”原作“韩地而”，今从王先慎改正)，怨悬于天下，功归于强秦。且夫韩入贡职，与郡县无异也。今臣窃闻贵臣之计，举兵将伐韩。夫赵氏聚士卒养从徒(“从”通“纵”)，欲赘天下之兵(“赘”读作“缀”)，明秦不弱则诸侯必灭宗庙，欲西面行其意，非一日之计也。今释赵之患，而攘内臣之韩，则天下明赵氏之计矣。夫韩，小国也，而以应天下四击，主辱臣苦，上下相与同忧久矣。修守备，戒强敌，有蓄积，筑城池以守固。今伐韩，未可一年而灭，拔一城而退，则权轻于天下，天下摧我兵矣。韩叛则魏应之，赵据

齐以为原，如此则以韩、魏资赵假齐以固其从，而以与争强，赵之福而秦之祸也。夫进而击赵不能取，退而攻韩弗能拔，则陷锐之卒勤于野战，负任之旅罢于内政（“罢”读作“疲”），则合群苦弱以敌而共二万乘，非所以亡韩之心也（“韩”原误作“赵”，今从顾广圻改正）。均如贵臣之计，则秦必为天下质矣。陛下虽以金石相弊，则兼天下之日未也。今贱臣之愚计，使人使荆，重币用事之臣，明赵之所以欺秦者，与魏质以安其心，从韩而伐赵，赵虽与齐为一，不足患也。二国事毕，则韩可以移书定也。是我一举，二国有亡形，则荆、魏又必自服矣。故曰：兵者凶器也，不可不审用也。以秦与赵敌衡，加以齐，今又背韩，而未有以坚荆、魏之心。夫一战而不胜，则祸构矣。计者所以定事也，不可不察也。赵、秦强弱在今年耳（“赵”原误作“韩”，从松皋圆改正），且赵与诸侯阴谋久矣。夫一动而弱于诸侯，危事也；为计而使诸侯有意我之心，至殆也。见二疏，非所以强于诸侯也。臣窃愿陛下之幸熟图之，夫攻伐而使从者间焉，不可悔也。”诏以韩客之所上书，书言韩子之未可举，下臣斯（按即李斯）。“臣斯甚以为不然，秦之有韩，若人之有腹心之病也，虚处则该然，若居湿地，著而不去，以极走（“极”读作“及”），则发矣。夫韩虽臣于秦，未尝不为秦病，今若有卒报之事（“卒”读作“猝”），韩不可信也。秦与赵为难，荆苏使齐，未知何如。以臣观之，则齐、赵之交未必以荆苏绝也。若不绝，是悉秦而应二万乘也（“秦”原误作“赵”，从顾广圻引王渭说改正）。夫韩不服秦之义而服于强也，今专于齐、赵，则韩必为腹心之病而发矣。韩与荆有谋，诸侯应之，则秦必复见崤塞之患。非之来也，未必不以其能存韩也为重于韩也。辩说属辞，饰非诈谋，以钓利于秦，而以韩利窥陛下。夫秦、韩之交亲，则非重矣，此自便之计也。臣视非之言，文其淫说，靡辩才甚。臣恐陛下淫非之辩而听其盗心，因不详察事情。今以臣愚议：秦发兵而未名所伐，则韩之用事者以事秦为计矣。臣斯请往见韩王，使来入见，大王见，因内其身而勿遣（"内"读作"纳"），稍召其社稷之臣，以与韩人为市，则韩可深割也。因令蒙武发东郡之卒（"蒙"原误作"象"，今改正），窥兵于境上而未名所之，则齐人惧而从苏之计（"苏"指荆苏），是我兵未出而劲韩以威擒，强齐以义从矣。闻于诸侯也，赵氏破胆，荆人狐疑，必有忠计。荆人不动，魏不足患也，则诸侯可蚕食而尽，赵氏可得与敌矣。愿陛下幸察愚臣之计，无忽。"秦遂遣斯使韩也。李斯往诏韩王，未得见，因上书曰："昔秦、韩戮力一意，以不相侵，天下莫敢犯，如此者数世矣。前时五诸侯尝相与共伐韩，秦发兵以救之。韩居中国，地不能满千里，而所以得与诸侯班位于天下，君臣相保者，以世世相教事秦之力也。先时五诸侯共伐秦，韩反与诸侯先为雁行以向秦军于关下矣，诸侯兵困力极，无奈何，诸侯兵罢。杜仓相秦，赵兵发将以报天下之怨而先攻荆。荆令尹患之，曰：'夫韩以秦为不义，而与秦兄弟共苦天下。已又背秦，先为雁行以攻关。韩则居中国，展转不可知。'天下共割韩上地十城以谢秦，解其兵。夫韩尝一背秦而国迫地侵，兵弱至今，所以然者，听奸臣之浮说，不权事实，故虽杀戮奸臣，不能使韩复强。今赵欲聚兵士，卒以秦为事，使人来借道，言欲伐秦，其势必先韩而后秦。且臣闻之，唇亡则齿寒。夫秦、韩不得无同忧，其形可见。魏欲发兵以攻韩，秦使人将使者于韩。今秦王使臣斯来而不得见，恐左右袭曩奸臣之计，使韩复有亡地之患。臣斯不得见，请归报，秦、韩之交必绝矣。斯之来使，以奉秦王之欢心，愿效便计，岂陛下所以逆贱臣者邪？臣斯愿得一见前，进道愚计，退就菹戮，愿陛下有意焉。今杀臣于韩，则大王不足以强，若不听臣之计，则祸必构矣。秦发兵不留行，而韩之社稷忧矣。臣斯暴身于韩之市（“暴”读作“曝”），则虽欲察贱臣愚忠之计，不可得已。边鄙残，国固守，鼓铎之声于耳，而乃用臣斯之计，晚矣。且夫韩之兵于天下可知也，今又背强秦。夫弃城而败军，则反掖之寇必袭城矣。城尽则聚散，聚散则无军矣。城固守，则秦必兴兵而围王一都，道不通，则难必谋，其势不救，左右计之者不用，愿陛下熟图之。若臣斯之所言有不应事实者，愿大王幸使得毕辞于前，乃使吏诛不晚也。秦王饮食不甘，游观不乐，意专在图赵，使臣斯来言，愿得身见，因急与陛下有计也。今使臣不通，则韩之信未可知也。夫秦必释赵之患而移兵于韩，愿陛下幸复察图之，而赐臣报决。”（《韩非子·存韩》）

四国为一，将以攻秦。秦王召群臣、宾客六十人而问焉，曰：“四国为一，将以图秦，寡人屈于内，而百姓靡于外，为之奈何？”群臣莫对。姚贾对曰：“贾愿出使四国，必绝其谋而安其兵。”乃资车百乘，金千斤，衣以其衣，冠以其冠，带以其剑（以上二句原作“冠舞以其剑”，今从王念孙改正）。姚贾辞行，绝其谋，止其兵，与之为交，以报秦，秦王大悦，封贾千户，以为上卿。韩非短之（“短”原误作“知”，姚注：“知一作短”，《韩非列传·集解》引《战国策》正作“短”，今据改），曰：“贾以珍珠重宝，南使荆、吴，北使燕、代之间，三年，四国之交未必合也，而珍珠重宝尽于内，是贾以王之权、国之宝，外自交于诸侯，愿王察之。且梁监门子，尝盗于梁，臣于赵而逐。取世监门子、梁之大盗、赵之逐臣，与同知社稷之计，非所以厉群臣也”（“厉”通“励”）。王召姚贾而问曰：“吾闻子以寡人财交于诸侯，有诸？”对曰：“有之。”王曰：“有何面目复见寡人？”对曰：“曾参孝其亲，天下愿以为子；子胥忠于君，天下愿以为臣；贞女工巧，天下愿以为妃（“妃”读作“配”）；今贾忠王而王不知也，贾不归四国，尚焉之？使贾不忠于君，四国之王尚焉用贾之才？桀听谗而诛其良将，纣闻谗而杀其忠臣，至身死国亡。今王听谗，则无忠臣矣。”王曰：“子监门子，梁之大盗，赵之逐臣。”姚贾曰：“太公望齐之逐夫，朝歌之废屠，子良之逐臣，棘津之雠不庸（金正炜曰：“当作庸不雠”），文王用之而王。管仲其鄙人之贾人也（吴师道曰：“鄙下‘人’字疑衍”），南阳之弊幽，鲁之免囚，桓公用之而伯。百里奚虞之乞人，传卖以五羊之皮，穆公相之而朝西戎。文公用中山盗而胜于城濮。此四士者，皆有诟丑，大诽天下（姚注：“曾作于天下”），明主用之，知其可与立功也。使若卞随、务光、申屠狄，人主岂得其用哉！故明主不取其污，不听其非，察其为己用，故可以存社稷者，虽有外诽者不听；虽有高世之名、无咫尺之功者不赏，是以群臣莫敢以虚愿望于上。”秦王曰：“然。”乃复使姚贾而诛韩非。（《秦策五》第八章）

案：“四国为一”，高诱注云：“四国者，燕、赵、吴、楚也。”鲍彪注云：“四国，荆、齐、燕、代也。”盖皆据韩非所说：“贾以珍珠重宝，南使荆、吴，北使燕、代之间”。鲍彪改“吴”作“齐”，注云：“此章无吴事。”程恩泽曰：“越本兼有吴地，当时与诸国遥为声援，似即《策》文所言之吴。”金正炜曰：“按吴已先亡，疑当作越。”又曰：“黄丕烈据《韩诗外传》谓《策》文本如是，则是吴并于越，而犹称吴。亦犹代并于赵，而仍称代也。鲍氏改吴为齐，大谬。”今案：以上各家之说，皆不确。所谓“南使荆、吴，北使燕、代之间”，乃谓其南北所至有如此广远，与上“四国为一”之“四国”不同。据《春申君列传》，楚由陈徙都寿春，“春申君由此就封于吴，行相事”，吴已成为楚南部之重要都邑，故此以荆、吴连言。代为赵北部之重要都邑，与燕相邻，故此又以燕、代连言。所谓“四国为一”，当指燕、赵、魏、楚四国而言。

赵王使其相李牧来约盟，故归其质子，已而倍盟，反我太原。(《秦始皇本纪》二十六年载秦初并天下令丞相、御史曰)

案：此为秦王政初并天下时宣布所以兴兵灭赵之原因，此事不见其他记载。疑即在秦大兴兵进攻赵之前。太原为赵贵族长期盘据之地，有根深蒂固之旧势力存在，多次赵战胜秦之后，赵利用旧势力恢复太原之地，此乃最后一次。

又案：秦自昭王以来，即谋兼并六国。昭王以白起为将，连续攻占三晋及楚之土地，并大量杀伤其兵力。伊阙之战胜韩、魏，斩首二十四万；鄢之战，秦引水灌城，淹死楚军民数十万；华阳之战胜赵、魏，斩首十五万；长平之战大胜，坑杀赵俘四十五万，并进而取得赵之太原郡与韩之上党郡。但当秦进围邯郸企图灭赵之时，由于赵国上下之坚决抵抗，不能攻克。及魏、楚合纵救赵而攻秦，秦军被包围，以致秦将郑安平降赵，秦将王龁败退河东，又为魏、楚联军所败，因而魏得恢复河东，赵得恢复太原，韩得恢复上党。秦庄襄王时继续进攻三晋，初置三川郡，又重拔太原郡与上党郡。及魏信陵君合纵五国攻秦，却秦军于河外，于是晋阳又反。秦王政即位初期，攻取晋阳，攻韩取十三城，又攻魏东部而建东郡，继而向东进攻，扩大东郡，使秦之领土横贯中原而与齐接境，从而截断“山东从亲之要(腰)”。及秦王政亲自执政，采用尉缭、李斯、姚贾等人之计策，以金玉财宝贿赂东方六国之权臣，用以瓦解东方六国合纵抗秦之谋划，并谋害东方六国抗秦之将领，以削弱抗秦之力量，从而加速兼并六国。秦为尚首功之国，战胜以斩首数目记功。秦王政时，二年麃公攻魏卷，斩首三万。十三年桓齮攻赵平阳，斩首十万。此后兼并六国之战争中，即不见有斩首之记录。桓齮于十四年攻赵宜安时，即为赵将李牧所大败而出走。蒙骜、王翦先后在秦兼并六国过程中建有大功，经历多次大战，但全无斩首记录。盖六国已丧失战斗力，同时秦亦以“义兵”自居。吕不韦之《吕氏春秋》鼓吹以“义兵”诛暴而重立天子，当秦初并天下时，秦王政下令亦自称“寡人以眇眇之身，兴兵诛暴乱”。丞相等亦皆曰：“今陛下兴义兵，诛残贼，平定天下。”

秦王政（始皇帝）十五年（公元前二三二年）

魏景湣王十一年，韩王安七年，赵王迁四年，齐王建三十三年，楚幽王六年，燕王喜二十三年。

[秦始皇帝]十五年大兴兵，一军至邺，一军至太原，取狼孟。地动。（《秦始皇本纪》，《六国表》作“兴军至邺，军至太原，取狼孟”）

案：《秦本纪》，《六国表》言庄襄王二年蒙骜攻赵得三十七城，其中有狼孟，是年又云“取狼孟”。盖狼孟一度为赵恢复，是年再取之也。狼孟在今山西阳曲，正当晋阳之北。

[秦始皇帝]十五年从平阳军。（秦简《编年记》）

赵王迁四年秦拔我狼孟、鄱吾。（《六国表》）

[赵王迁]四年秦攻番吾，李牧与之战，却之。（《赵世家》）

居三年（指李牧破秦军于宜安后三年，当作明年），秦攻番吾，李牧击破秦军，南距韩、魏。（《廉颇列传》附《李牧传》）

秦、赵战于河漳之上，再战而再胜秦；战于番吾之下，再战而再胜秦;四战之后,赵亡卒数十万,邯郸仅存,虽有胜秦之名,而国破矣。是何故也?秦强而赵弱也。(《齐策一》第十七章,策士所伪托张仪为秦连横说齐王,《张仪列传》同)

案:是年秦分军两路攻赵,一路至太原攻取狼孟;另一路为主力军至邺,在今河北磁县南之邺镇。平阳即在邺东,秦简《编年记》云:"从平阳军",盖分屯于平阳。赵有南北两地名番吾,北番吾在今河北灵寿西南,南番吾在今河北磁县,正当邺之北,乃由邺越漳水与赵长城进攻赵都邯郸必经之战略要地。策士所伪托苏秦说赵王曰:"秦甲涉河逾漳,据番吾,则兵必战于邯郸之下矣。"(《赵策二》第一章)策士所伪托张仪说赵王亦曰:"愿渡河逾漳,据番吾,迎战邯郸之下。"(《赵策二》第三章)是年秦军由邺攻番吾,再度为李牧所大败。《赵世家》与《李牧传》所载是也。《六国表》谓秦拔赵番吾,盖秦史讳败为胜。《资治通鉴》作"一军抵太原,取狼孟、番吾,遇李牧而还",出于杜撰,不符史实。

[燕王喜]二十三年太子丹质于秦,亡归燕。(《燕世家》,《六国表》作"太子丹质于秦,亡来归")

案:此后太子丹有使荆轲刺秦王之事,因而传为英雄人物,有神奇之传说。《论衡·感虚篇》云:"传书言:燕太子丹朝于秦,不得去,从秦求归,秦王执留之,与之誓曰:'使日再中,天雨粟,令乌白头,马生角,厨门木象生肉足,乃得归。'当此之时,天地佑之,日为再中,天雨粟,乌白头,马生角,厨门木象生肉足,秦王以为圣,乃归之。"《风俗通义·正失篇》亦载此传说。《刺客列传》载太史公曰:"世言荆轲,其称太子丹之命,天雨粟、马生角也。"《索隐》引《燕丹子》亦载此传说。

秦始皇之时，十五年彗星四见，久者八十日，长或竟天。其后秦遂以兵灭六王，并中国，外攘四夷，死人如乱麻，因以张楚并起，三十年之间兵相骀藉，不可胜数。（《史记·天官书》）

案：此言秦王政时十五年间，彗星四次见到。《秦始皇本纪》言七年彗星先出东方，见北方，五月见西方。九年，先记“彗星见或竟天”，夹叙四月平定嫪毐作乱后，又记四月彗星见西方，又见北方，从斗以南八十日。十三年正月彗星见东方。盖九年作两次见到，因而云彗星四见，“久者八十日，长或竟天”即指九年所见者。黄式三误读上文，误以为“彗星四见云云”乃十五年之事，因而于是年书“彗星四见”云云，大谬。作者所以称“十五年彗星四见”，盖用以证明天人相应之变化，因而有三十余年之兵灾。即《天官书·正义》“谓从秦始皇十六年起兵灭韩，至汉高祖五年灭项羽，则三十六年矣”。

秦王政（始皇帝）十六年（公元前二三一年）

魏景湣王十二年，韩王安八年，赵王迁五年，齐王建三十四年，楚幽王七年，燕王喜二十四年。

[秦始皇帝]十六年九月发卒受地韩南阳假守腾。初令男子书年。魏献地于秦。秦置丽邑。（《秦始皇本纪》）

秦始皇帝十六年置丽邑。发卒受韩南阳。（《六国表》）

魏景湣王十二年献城秦。（《六国表》）

韩王安八年秦来受地。（《六国表》）

案：《秦始皇本纪》称是年九月“发卒受地韩南阳假守腾”，可知秦发卒受韩南阳，乃出于韩南阳假守腾之投献。《资治通鉴》

作“韩献南阳地，九月，发卒受地于韩”，盖出于误解。《本纪》又称次年“内史腾攻韩，得韩王安，尽纳其地”。此内史腾当即投献于秦之韩南阳假守腾，因得秦之重用，升为内史。内史为掌京师之官，秦又命彼率军攻灭韩国。秦不用将军王翦攻韩而命腾攻韩，盖腾熟悉韩之内情而便于攻克。此乃尉缭、李斯使用间谍勾结诸侯“豪臣”、“名士”而“离间其君臣之计”之成功，韩因而灭亡。

又案：是年置丽邑，即为营建秦始皇帝陵园而创设。《秦始皇本纪》称“始皇初即位，穿治郦山，及并天下，天下徒送诣七十余万人，穿三泉”。郦山古称丽山，丽邑即设其旁。此后西汉诸帝营建寿陵，即沿用此制，创设陵邑。三十五年“徙三万家于丽邑，五万家云阳，皆复不事十岁”。此后西汉大举从东方徙民至陵县，亦沿用此制。《汉书·地理志》所谓“盖亦以强干弱支，非独以奉山园也”。

[秦始皇帝]十六年七月丁巳，公终。自占年。（秦简《编年记》）

案：是年七月丁未朔，丁巳为十一日，是年七月十一日墓主之父去世。“自占年”即《本纪》“初令男子书年”。盖秦原有“傅籍”之制，即男子到服兵役年龄必须登记户籍，国家可随时征调入伍。“初令男子书年”，则更进一步，命令所有男子不论是否到服役年龄，一律自报年龄登记，以便国家在紧急需要时，按年龄提早征调入伍。长平之战时，秦王尝亲至河内，“发年十五以上悉诣长平”（《白起列传》）。十五岁乃服役年龄。此次“初令男子书年”，以便国家征调十五岁以下之男子提早入伍，以应此后兼并六国之战争需要。“占”为亲自实报之意。“自占年”即亲自实报年龄登记户籍。此与“傅籍”不同。“傅籍”只登记到服役年龄之男子，“令男子书年”，即“自占年”，乃不论服役年龄到否，必须一律登记。此后将一律按此办理，故《本纪》称为“初令男子书年”。近人或以为“实际等于进行一次全国人口情况调查统计”，其实非是。

[赵王迁]五年代地大动，自乐徐以西，北至平阴，台屋墙垣太半坏，地坼东西百三十步。(《赵世家》,《六国表》作“地大动”)

秦王政(始皇帝)十七年(公元前二三〇年)

魏景湣王十三年，韩王安九年，赵王迁六年，齐王建三十五年，楚幽王八年，燕王喜二十五年。

[秦始皇帝]十七年内史腾攻韩，得韩王安，尽纳其地，以其地为郡，命曰颍川。地动。华阳太后卒。民大饥。(《秦始皇本纪》,《六国表》作:“内史腾(原误作“胜”)击得韩王安，尽取其地，置颍川郡。华阳太后薨。”)

[韩王安]九年秦虏王安，尽入其地为颍川郡。韩遂亡。(《韩世家》,《六国表》作“秦虏王安，秦灭韩”)

秦始皇十七年灭韩，以其地为颍川郡，盖因水以著称者也。……王隐曰:阳翟本栎也，故颍川郡治也。(《水经·颍水注》)

[秦始皇帝]十七年攻韩。(秦简《编年记》)

[秦]孝文王后曰华阳太后，与孝文王会葬寿陵。(《吕不韦列传》)

[赵王迁]六年大饥，民讹言曰:“赵为号，秦为哭。以为不信，视地之生毛。”(《赵世家》)

案：所谓“赵为号，秦为哭”，盖秦可乘赵大饥而灭赵。次年赵即为秦灭。

［张］良年少，未宦事韩。韩破，良家僮三百人，弟死不葬，悉以家财求客刺秦王，为韩报仇，以大父、父五世相韩故。良尝学礼淮阳，东见仓海君，得力士，为铁椎重百二十斤。（《留侯世家》，《说苑·复恩篇》第十六章同，“仓”作“沧”）

秦既灭韩，徙天下不轨之民于南阳，故其俗夸奢，上气力，好商贾、渔猎、藏匿，难制御也。（《汉书·地理志》）

国子曰：“秦破马服君之师（“君”疑“子”之误），围邯郸。齐、魏亦佐秦伐邯郸，齐取淄鼠，魏取伊是（鲍本“是”作“氏”，古“氏”“是”通用），公子无忌为天下循便计，杀晋鄙，率魏兵以救邯郸之围，使秦弗有而失天下。是齐入于魏而救邯郸之功也。安邑者，魏之柱国也；晋阳者，赵之柱国也；鄢、郢者，楚之柱国也。故三国欲与秦壤界（“欲”读作“犹”），秦伐魏取安邑，伐赵取晋阳，伐楚取鄢、郢矣。福三国之君（姚注：福，曾作覆，刘一作“偪”，鲍改“福”为“覆”，改“君”为“军”。“福”当读作“逼”），兼二周之地，举韩氏，取其地（“取”读作“聚”），且天下之半。今又劫赵、魏，疏中国，封卫之东野，兼魏之河内（“内”原误作“南”，从鲍本改正），绝赵之东阳，则赵、魏亦危矣。赵、魏危，则非齐之利也。魏、赵、楚之志（“魏”上原衍“韩”字，何建章《注释》云：“上文言举韩氏，下文言三国之与秦壤界而患急，三国指赵、魏、楚，则不当有韩，此韩字误衍，当删”），恐秦兼天下而臣其君，故专兵一志以逆秦。三国之与秦壤界而患急，齐不与秦壤界而患缓，是以天下之势不得不事齐也。故秦得齐则权重于中国；赵、魏、楚得齐则是以敌秦。故秦、赵、魏、楚得齐者重（“楚”字原脱，从鲍本补），失齐者轻。齐有

此势，不能以重于天下者何也？其用者过也。"（《齐策三》第十二章）

案：顾观光、于鬯系此于秦王政十七年灭韩之后，是也。

【附编】

十七年丞相启、状造，郃阳嘉，丞兼，库脽，工邪。（十七年丞相启状戈刻铭，此戈一九八二年天津文管处从蓟县运往天津之废铜中拣得，见《文物》一九八六年第三期田凤岭、陈雍《新发现的十七年丞相启状戈》）

案：田凤岭等，因秦武王始置丞相，秦昭王十七年魏冉为相，因而推定此为秦王政十七年所作，并以为启与状为二人，状即隗状；启即昌平君。启为昌平君之说不确，已有人加以驳斥。王辉《秦铜器铭文编年集释》以为此戈应在秦昭王时，丞相启状应是姓启名状。无确据。隗状见于秦始皇帝二十六年诏版及刻石，不知其为丞相始于何年。历来秦相邦与丞相所制作，皆在国都或旧都，惟此作郃阳。郃阳在河西，为秦内史属县，盖亦设有丞相监造之作坊。

秦王政（始皇帝）十八年（公元前二二九年）

魏景湣王十四年，赵王迁七年，齐王建三十六年，楚幽王九年，燕王喜二十六年。

［秦始皇帝］十八年大兴兵攻赵，王翦将上地，下井陉；端和将河内，羌瘣伐赵，端和围邯郸城。（《秦始皇本纪》）

［赵王迁］七年秦人攻赵，赵大将李牧，将军司马尚将，击之。李牧诛，司马尚免，赵忽及齐将颜聚代之。赵忽军破，颜聚亡去。以王

迁降。(《赵世家》)

今秦已虏韩王,尽纳其地,又举兵南伐楚,北临赵。王翦将数十万之众临漳、邺(“临”,鲍本作“距”,《史记》亦作“距”,作“临”为是),而李信出太原、云中。(《燕策三》第五章,燕太子丹谓荆轲,《史记·刺客列传》同)

案:是年秦大兴兵攻赵,分三路进军。王翦率上地(即上党)之师,越太行山,下井陉塞,攻赵之中部。杨端和率河内之师北上,临漳、邺,由邺进围赵都邯郸,羌瘣亦攻赵之国都周围,此为秦之南路。李信出云中、太原,乃秦之北路,攻赵之代一带。燕太子丹称“王翦将数十万之众临漳、邺”,《赵策》、《王翦传》、《李牧传》,皆称“王翦攻赵”,盖王翦为秦是役之统帅。

赵王迁七年秦使王翦攻赵,赵使李牧、司马尚御之。秦多与赵王宠臣郭开金,为反间,言李牧、司马尚欲反。赵王乃使赵葱及齐将颜聚代李牧。李牧不受命,赵使人微捕得李牧,斩之。废司马尚。后三月,王翦因急击赵,大破,杀赵葱,虏赵王迁及其将颜聚,遂灭赵。(《廉颇列传》附《李牧传》)

秦使王翦攻赵,赵使李牧、司马尚御之。李牧数破走秦军,杀秦将桓齮(“杀”当为“走”字之误),王翦恶之。乃多与赵王宠臣郭开金等(“乃”上脱“秦”字,《李牧传》有“秦”字,《史记·甘茂列传·集解》引《战国策》云:“秦多与开金”,与《李牧传》同),使为反间,曰:“李牧、司马尚欲与秦反赵,以多取封于秦。”赵王疑之,使赵苾及颜㝡代将(“苾”,鲍本作“葱”,作“葱”为是。“㝡”即“聚”字),斩李牧,废司马尚。后三月,王翦因急击,大破赵,杀赵军(“军”当“葱”之误),虏赵王迁及其将颜㝡,遂灭赵。(《赵策四》第十九章,与《李牧传》大体相同)

文信侯出走,与司空马之赵(金正炜曰:"按《说文》,与,党与也。"吴师道、黄丕烈以"与字疑衍",不确),赵以为守相。秦下甲而攻赵,司空马说赵王曰:"文信侯相秦,臣事之为尚书,习秦事。今大王使守小官,习赵事。请为大王设秦、赵之战,而亲观其孰胜。赵孰与秦大?"曰:"不如。""民孰与之众?"曰:"不如。""金钱粟米孰与之富?"曰:"弗如。""国孰与之治?"曰:"不如。""相孰与之贤?"曰:"不如。""将孰与之武?"曰:"不如。""律令孰与之明?"曰:"不如。"司空马曰:"然则大王之国,百举而无及秦者,大王之国亡。"赵王曰:"卿不远赵而悉教以国事,愿于因计。"司空马曰:"大王裂赵之半以赂秦,秦不接刃而得赵之半,秦必悦。内恶赵之守(姚注:"之一作地"),外恐诸侯之救,秦必受之。秦受地而郄兵("郄",鲍本作"却"),赵守半国以自存。秦衔赂以自强,山东必恐,亡赵自危,诸侯必惧,惧而相救,则从事可成。臣请大王约从(鲍本"请"下有"为"字)。从事成,则是大王名亡赵之半,实得山东以敌秦,秦不足亡。"赵王曰:"前日秦下甲攻赵,赵赂以河间十二县,地削兵弱,卒不免秦患。今又割赵之半以强秦,力不能自存,因以亡矣,愿卿之更计。"司空马曰:"臣少为秦刀笔,以官长而守小官(下"官"字鲍本作"吏"),未尝为兵首(鲍本"首"误作"百",改作"臣",非是),请为大王悉赵兵以遇。"赵王不能将(高诱注:"赵不能用司空马为将")。司空马曰:"臣效愚计,大王不用,是臣无以事大王,愿自请。"(高诱注:"自请而去")司空马去赵,渡平原,平原津令郭遗劳而问:"秦兵下赵,上客从赵来,赵事何如?"司空马言其为计而弗用,赵必亡。平原令曰:"以上客料之,赵何时亡?"司空马曰:"赵将武安君,期年而亡,若杀武安君,不过半年。赵王之臣有韩仓者,以曲合于赵王,其交甚亲,其为人疾贤妒功臣("疾"读作"嫉"),今国危亡，王必用其言，武安君必死。”韩仓果恶之，王使人代。武安君至，使韩仓数之曰：“将军战胜，王觞将军。将军为寿于前而捍匕首（“捍”原作“捍”，姚注：“捍，刘一作捍”。《文选》谢灵运《之郡初发都诗》李善注引此作“捍”，今从黄丕烈改正），当死！”武安君曰：“繓病钩（高诱注：“繓，李牧名。”吴师道曰：“繓，子活反，《说文》，结也。病钩即所谓臂短也。”），身大臂短，不能及地，起居不敬，恐获死罪于前，故使工人为木杖以接手（“获”原作“惧”，“杖”原作“材”，从王念孙据《文选·初发都诗》李善注所引改正），上若不信，繓请以出示。”出之袖中，以示韩仓，状如振捆（姚注：“捆，曾作梱。”鲍本“捆”作“梱”。又以为“梱”，云：“梱，门橛也。”），缠之以布，“愿公入明之。”韩仓曰：“受命于王，赐将军死，不赦，臣不敢言。”武安君北面再拜赐死，缩剑将自诛（高诱注：“缩，取。”鲍彪注：“缩当作摍，《集韵》：引也，抽也”），乃曰：“人臣不得自杀宫中。”过司马门（“过”原误作“遇”，“司”下衍“空”字，从姚注所引刘本改正），趣甚疾（鲍本“趣”作“趋”，“趣”“趋”古通），出诹门也（鲍本“诹”作“讲”，又改为“谚”，云：“谚，别也。”金正炜云：“诹当作诔，诔门即棘门，古音同假借”）。右举剑将自诛，臂短不能及，衔剑征之于柱以自刺（《后汉书·王符传》李注引作：“衔刀于柱以自杀”），武安君死。五月，赵亡。平原令见诸公，必为言之（鲍本“言之”作“之言”），曰：“嗟嗞乎！司空马！”又以为司空马逐于秦，非不知也。去赵，非不肖也。赵去司空马而国亡。国亡者，非无贤人，不能用也。（《秦策五》第七章）

案：李牧为秦之间谍工作所害，诸书记载不一。《秦策四》第八章谓秦王资顿弱以万金，“北游燕、赵而杀李牧。”《李牧传》谓“秦多与赵王宠臣郭开金，为反间，言李牧、司马尚欲反”，捕得李牧斩之。《张释之传》亦云："迁用郭开谗卒诛李牧。"《列女传》又称赵王迁母赵悼后，"通于春平君，多受秦赂"，而使王诛李牧。而此章又言韩仓诬害李牧而使自杀，盖传闻异辞。秦之灭赵，盖以间谍工作配合军事行动，传说不一。

[秦始皇帝]十八年攻赵。正月恢生。（秦简《编年记》）

案：恢当为墓主喜之子。

又案：《秦始皇本纪》言秦攻赵在秦王政十八年，取赵地与俘赵王在十九年。《六国表》亦谓王翦拔赵虏赵王在十九年。《王翦列传》云："十八年翦将攻赵。岁余，遂拔赵，赵王降，尽定赵地为郡。"既云"岁余"，则"拔赵，赵王降"已在十九年。《楚世家》谓幽王十年卒，"是岁秦虏赵王迁"，幽王十年亦当秦王政十九年。惟《赵世家》谓李牧诛与王迁降同在赵王迁七年，即秦王政十八年。《李牧传》谓李牧被斩在赵王迁七年，后三月王翦破赵而虏迁。《赵策四》亦谓王翦破赵在"斩李牧"之后三月。《秦策五》则谓李牧死后"五月，赵亡"。盖李牧死于赵王迁七年，而王翦破赵已在八年，《赵世家》连言之而误混在一年。

荆轲既至燕，爱燕之狗屠及善击筑者高渐离。荆轲嗜酒，日与狗屠及高渐离饮于燕市。酒酣以往，高渐离击筑，荆轲和而歌于市中，相乐也，已而相泣，旁若无人者。荆轲虽游于酒人乎，然其为人沈深好书，其所游诸侯，尽与其贤豪、长者相结。其之燕，燕之处士田光先生亦善待之，知其非庸人也。居顷之，会燕太子丹质秦亡归燕。燕太子丹者，故尝质于赵，而秦王政生于赵，其少时与丹欢。及政立为秦王而丹质于秦，秦王之遇燕太子丹不善，故丹怨而亡归，归而求为报秦王者，国小，力不能。（《史记·刺客列传》）

燕太子丹质于秦亡归，见秦且灭六国，兵以临易水，恐其祸至(《史记·刺客列传》作“其后秦日出兵山东，以伐齐、楚、三晋，稍蚕食诸侯，且至于燕，燕君臣皆恐祸之至”)。太子丹患之，谓其太傅鞫武曰(《史记》“鞫”作“鞠”，鲍本亦作“鞠”)：“燕、秦不两立，愿太傅幸而图之。”(《史记》无此二句)武对曰：“秦地遍天下，威胁韩、魏、赵氏(《史记》此下有“北有甘泉、谷口之固，南有泾、渭之沃，擅巴、汉之饶，右陇蜀之山，左关、殽之险，民众而士厉，兵革有余，意有所出”等句)，则易水以北(《史记》作“则长城之南、易水以北”，按燕长城由易水堤防扩建而成，时人常以易水、长城连称。《史记》增“长城之南”一句，不确)，未有所定也，奈何以见陵之怨，欲排其逆鳞哉?”(“排”，鲍本作“批”，《史记》亦作“批”)太子曰：“然则何由?”太傅曰：“请入图之。”居之有间，樊将军亡秦之燕(《史记》作“秦将樊於期得罪于秦王，亡之燕”，案樊於期即桓齮)，太子容之(“容之”，《史记》作“受而舍之”)。太傅鞫武谏曰：“不可。夫秦王之暴而积怨于燕，足为寒心，又况闻樊将军之在乎？是以委肉当饿虎之蹊，祸必不振矣。虽有管、晏，不能为谋。愿太子急遣樊将军入匈奴以灭口，请西约三晋，南连齐、楚，北讲于单于(《史记》“讲”作“购”，“购”当读作“媾”，和也)，然后乃可图也。”太子丹曰：“太傅之计，旷日弥久，心惛然，恐不能须臾。且非独于此也。夫樊将军穷困于天下，归身于丹，丹终不迫于强秦而弃所哀怜之交，置之匈奴，是丹命固卒之时也(《史记》“固”在“丹”字上)。愿太傅更虑之。”鞫武曰：“燕有田光先生者(《史记》于此句上增加一节：“夫行危欲求安，造祸而求福，计浅而怨深，连结一人之后交，不顾国家之大害，此所谓资怨而助祸矣。夫以鸿毛燎于炉炭之上，必无事矣。且以雕鸷之秦，行怨暴之怒，岂足道哉!”)，其智深，其勇沉，可与之谋也。”太子曰：“愿因太傅交于田先生，可乎？”鞠武曰：“敬诺。”出见田光，道：“太子愿图国事于先生。”田光曰：“敬奉教。”乃造焉。太子跪而逢迎，却行为道（《史记》“道”作“导”，“道”与“导”通），跪而拂席（《史记》“拂”作“蔽”，《索隐》云：“蔽犹拂也”）。田光坐定（“光”原作“先生”，今从《史记》），左右无人，太子避席而请曰：“燕、秦不两立，愿先生留意也。”田光曰：“臣闻骐骥盛壮之时，一日而驰千里。至其衰也，驽马先之。今太子闻光壮盛之时，不知吾精已消亡矣。虽然，光不敢以乏国事也（《史记》“乏”作“图”），所善荆轲可使也。”太子曰：“愿因先生得愿交于荆轲，可乎？”田光曰：“敬诺。”即起，趋出。太子送之至门。曰：“丹所报，先生所言者，国大事也，愿先生勿泄也。”田光俯而笑曰：“诺。”偻行见荆轲曰：“光与子相善，燕国莫不知。今太子闻光壮盛之时，不知吾形已不逮也，幸而教之曰：‘燕、秦不两立，愿先生留意也。’光窃不自外，言足下于太子，愿足下过太子于宫。”荆轲曰：“谨奉教。”田光曰：“光闻长者之行（鲍本“之”作“为”，《史记》亦作“为”），不使人疑之，今太子约光曰：‘所言者，国之大事也，愿先生勿泄也。’是太子疑光也。夫为行使人疑之，非节侠士也。”欲自杀以激荆轲，曰：“愿足下急过太子，言光已死，明不言也。”遂自刭而死（《史记》“刭”作“刎”）。轲见太子，言田光已死，明不言也（《史记》作“致光之言”）。太子再拜而跪，膝下行流涕（《史记》无“下”字），有顷而后言曰：“丹所请田先生无言者，欲以成大事之谋。今田先生以死明不泄言，岂丹之心哉！”荆轲坐定，太子避席顿首曰：“田先生不知丹不肖，使得至前，愿有所道，此天所以哀燕不弃其孤也。今秦有贪饕之心（《史记》“饕”作“利”），而欲不可足也，非尽天下之地，臣海内之王者，其意不餍（《史记》“餍”作“厌”，“厌”与“餍”通）。今秦已虏韩王，尽纳其地。又举兵南伐楚，北临赵，王翦将数十万之众临漳、邺，而李信出太原、云中。赵不能支秦，必入臣，入臣则祸至燕。燕小弱，数困于兵，今计举国不足以当秦。诸侯服秦，莫敢合从。丹之私计，愚以为诚得天下之勇士，使于秦，窥以重利，秦王贪其贽，必得所愿矣(《史记》"贽"作"势"，"其势"连下读)。诚得劫秦王，使悉反诸侯之侵地，若曹沫之与齐桓公，则大善矣；则不可，因而刺杀之。彼大将擅兵于外，而内有大乱，则君臣相疑，以其间诸侯得合从(原复"诸侯"两字，从鲍本及《史记》删)，其偿破秦必矣(鲍本无"破"字，《史记》无"偿"字，金正炜云："偿当为傧字之讹，傧与摈同")。此丹之上愿，而不知所以委命，唯荆卿留意焉。"久之，荆轲曰："此国之大事，臣驽下，恐不足任使。"太子前顿首，固请无让，然后许诺。于是尊荆卿为上卿，舍上舍。太子日日造问(鲍本作"太子日造门下"，同于《史记》)，供太牢异物(鲍本"异物"上有"具"字，同于《史记》)，间进车骑、美女，恣荆轲所欲，以顺适其意。(《燕策三》第五章，《史记·刺客列传》同，惟鞠武之言略有增补)

秦王政(始皇帝)十九年(公元前二二八年)

魏景湣王十五年，赵王迁八年，齐王建三十七年，楚幽王十年，燕王喜二十七年。

[秦始皇帝]十九年王翦、羌瘣尽定取赵地，东阳得赵王。引兵欲攻燕，屯中山。秦王之邯郸，诸尝与王生赵时母家有仇怨，皆坑之。秦王还，从太原、上郡归。始皇帝母太后崩。赵公子嘉率其宗族数百人之代，自立为代王，东与燕合兵，军上谷。大饥。(《秦始皇本纪》)

[秦始皇帝]十八年翦将攻赵。岁余,遂拔赵,赵王降,尽定赵地为郡。(《王翦列传》)

赵国,故秦邯郸郡。(《汉书·地理志》)

案:据《汉书·地理志》,可知是年秦"定赵地为郡",即设邯郸郡。

秦始皇帝十九年王翦拔赵,虏王迁。之邯郸。帝太后薨。(《六国表》)

案:《史记会注考证》云:"'迁'下'之'字衍。"非是。"之邯郸"即《本纪》所谓"秦王之邯郸"。《本纪》谓"东阳得赵王",盖赵王迁由邯郸逃避至东阳,为秦兵所得。《本纪·正义》云:"赵幽缪王迁八年秦取赵地至平阳。平阳在贝州历亭县界。迁王于房陵。"《史记会注考证》云:"据《正义》,'东阳'当作'平阳'。"非是。既云"王翦、羌瘣尽定取赵地",不得云"至平阳"。《王翦列传》亦云:"岁余,遂拔赵,赵王降,尽定赵地为郡",可证。或将"东阳"二字连上读,非是。

[赵王迁]八年十月邯郸为秦。(《赵世家》)

赵王迁八年秦王翦虏王迁。邯郸。公子嘉自立为代王。(《六国表》,"邯郸"上疑有脱字)

赵王迁流于房陵,思故乡,作山水之讴,闻者莫不殒涕。(《淮南子·泰族训》,高诱注:"秦灭赵,王迁之汉中房陵。")

蜀卓氏之先,赵人也,用铁冶富。秦破赵,迁卓氏。卓氏见虏略,独夫妻推辇,行至迁处。诸迁虏少有余财,争与吏,求近处,处葭萌。唯卓氏曰:"此地狭薄,吾闻汶山下沃野,下有蹲鸱,至死不饥。民工于市,易贾。"乃求远迁,致之临邛,大喜,即铁山鼓铸,运筹策,倾滇、

蜀之民，富至僮千人。田池射猎之乐，拟于人君。（《史记·货殖列传》）

[秦始皇帝]十九年□□□□南郡备敬。（秦简《编年记》，“敬”读作“警”）

案：南郡原为秦昭王时白起攻取得楚都鄢、郢及其周围地区而设置，因而南郡为楚贵族盘据之地，楚亦常谋克复其地。云梦睡虎地秦墓，与《编年记》、《秦律》等同墓出土有秦王政二十年四月初二南郡守腾所发称为《语书》之文告，声称：“今法律令已具矣，而吏民莫用。乡俗淫失之民不止（“失”读作“泆”）”；“今法律令已布，闻吏民犯法为间私者不止，私好、乡俗之心不变。”说明当时楚贵族之旧势力尚存在活动，“犯法为间私”之“乡俗淫泆之民”尚不止。因而有“备警”之布置。《秦始皇本纪》记秦王政初并天下后，宣布所以灭楚之原因，谓“荆王献青阳以西，已而畔约，击我南郡，故发兵诛”云云。当秦使李信伐楚时，“又攻鄢、郢，破之。”事见《王翦列传》。

久之，荆卿未有行意。秦将王翦破赵，虏赵王，尽收其地，进兵北略地至燕南界。太子丹恐惧，乃请荆卿曰：“秦兵旦暮渡易水，则虽欲长侍足下，岂可得哉?”荆卿曰：“微太子言，臣愿得谒之。今行而无信，则秦未可亲也。夫今樊将军，秦王购之金千斤，邑万家。诚能得樊将军首与燕督亢之地图献秦王，秦王必说见臣，臣乃得有以报太子。”太子曰：“樊将军以穷困来归丹，丹不忍以己之私而伤长者之意，愿足下更虑之。”荆轲知太子不忍，乃遂私见樊於期曰：“秦之遇将军可谓深矣，父母宗族皆为戮没。今闻购将军之首，金千斤，邑万家，将奈何?”樊将军仰天太息流涕曰：“吾每念，常痛于骨髓，顾计不知所出耳。”轲曰:“今有一言,可以解燕国之患,而报将军之仇者,何如?”樊於期乃前曰:“为之奈何?”荆轲曰:“愿得将军之首以献秦,秦王必喜而善见臣,臣左手把其袖,而右手揕其胸(“揕”下原有“抗”字,姚注“一无抗字”。《史记》无“抗”,《集解》引徐广曰:“揕,音张鸩反,一作抗。”黄丕烈谓“抌、揕同字,作抗是形近之讹”),然则将军之仇报,而燕国见陵之愧除矣(《史记》“愧”作“耻”),将军岂有意乎?”樊於期偏袒扼腕而进曰(《史记》“扼”作“搤”):“此臣日夜切齿拊心也(鲍本“拊”作“腐”,同于《史记》),乃今得闻教。”遂自刭(《史记》“刭”作“刎”)。太子闻之驰往,伏尸而哭极哀。既已,无可奈何,乃遂收盛樊於期之首函封之(鲍本无“收”字,同于《史记》)。于是太子预求天下之利匕首,得赵人徐夫人之匕首,取之百金,使工以药淬之(《史记》“淬”作“焠”,“淬”、“焠”通),以试人,血濡缕,人无不立死者,乃为装遣荆轲。燕国有勇士秦武阳(《史记》“武”作“舞”),年十二(鲍本“二”作“三”,同于《史记》),杀人,人不敢与忤视(鲍本无“与”字,“忤”作“悟”,又改作“牾”。《史记》亦无“与”字)。乃令秦武阳为副。荆轲有所待,欲与俱,其人居远未来,而为留待(《史记》“留待”作“治行”),顷之未发。太子迟之,疑其有改悔(鲍本无“有”字,同于《史记》),乃复请之曰:“日以尽矣(《鲍本》“以”作“已”,同于《史记》),荆卿岂无意哉?(《史记》“无”作“有”)丹请先遣秦武阳。”荆轲怒,叱太子曰:“今日往而不反者(《史记》作“何太子之遣、往而不返者”),竖子也。今提一匕首入不测之强秦,仆所以留者,待吾客与俱,今太子迟之,请辞决矣。”遂发。太子及宾客知其事者,皆白衣冠以送之。至易水之上,既祖,取道。高渐离击筑,荆轲和而歌,为变徵之声,士皆垂泪涕泣,又前而为歌曰:“风萧萧兮易水寒,壮士一去兮不复还!”复为慷慨羽声,

士皆瞋目，发尽上指冠。于是荆轲遂就车而去，终已不顾。（《燕策三》第五章，《史记·刺客列传》同）

［魏景湣王］十五年景湣王卒，子王假立。（《魏世家》）

［楚幽王］十年幽王卒，同母弟犹代立，是为哀王。哀王立二月余，哀王庶兄负刍之徒袭杀哀王而立负刍为王。（《楚世家》）

楚幽王十年幽王卒，弟郝立，为哀王。三月负刍杀哀王。（《六国表》）

后有考烈王遗腹子犹立，是为哀王。考烈王弟公子负刍之徒闻知幽王非考烈王子，疑哀王，乃袭杀哀王及太后，尽灭李园之家，而立负刍为王。（《列女传》卷七《楚考李后》）

秦始皇十九年太后薨，谥为帝太后，与庄襄王会葬茝阳。（《吕不韦列传》）

秦王政（始皇帝）二十年（公元前二二七年）

魏王假元年，代王嘉元年，楚王负刍元年，齐王建三十八年，燕王喜二十八年。

［秦始皇帝］二十年燕太子丹患秦兵至国，恐，使荆轲刺秦王。秦王觉之，体解轲以徇，而使王翦、辛胜攻燕。燕、代发兵击秦军，秦军破燕易水之西。（《秦始皇本纪》，《六国表》作“燕太子使荆轲刺王，觉之，王翦将击燕”）

燕王喜二十八年太子丹使荆轲刺秦王，秦伐我。（《六国表》）

燕见秦且灭六国，秦兵临易水，祸且至燕。太子丹阴养壮士二十人，使荆轲献督亢地图于秦，因袭刺秦王。秦王觉，杀轲，使将军王翦击燕。（《燕世家》）

［荆轲］既至秦，持千金之资币物，厚遗秦王宠臣中庶子蒙嘉。嘉为先言于秦王曰："燕王诚振畏（"振"读作"震"），慕大王之威（《史记》作"燕王诚振怖大王之威"），不敢兴兵以拒大王（姚注："拒大王一作逆军吏。"鲍本作"逆军吏"，同于《史记》。《史记》"兴"作"举"），愿举国为内臣，比诸侯之列，给贡职如郡县，而得幸守先王之宗庙。恐惧不敢自陈，谨斩樊於期头，及献燕之督亢之地图，函封，燕王拜送于庭，使使以闻大王，唯大王命之。"秦王闻之大喜，乃朝服，设九宾，见燕使者咸阳宫。荆轲奉樊於期头函，而秦武阳奉地图匣（《史记》"匣"作"柙"），以次进。至陛下（鲍本无"下"字，同于《史记》），秦武阳色变振恐，群臣怪之，荆轲顾笑武阳，前为谢曰："北蛮夷之鄙人（《史记》"北"下有"蕃"字），未尝见天子，故振慑，愿大王少假借之，使毕使于前。"（《史记》"使"下有"得"字）秦王谓轲曰："起，取武阳所持图。"（《史记》无"起"字，"图"上有"地"字）轲既取图奉之（鲍本"之"下有"秦王"二字，《史记》作"奏之秦王"），发图，图穷而匕首见，因左手把秦王之袖，而右手持匕首揕之（"揕"下原有"抗"之，鲍本无"抗"字，同于《史记》，今从之）。未至身，秦王惊，自引而起，绝袖（鲍本作"袖绝"，同于《史记》）。拔剑，剑长，掺其室（《史记》"掺"作"操"），时怨急（鲍本"怨"作"惶"，同于《史记》），剑坚，故不可立拔。荆轲逐秦王，秦王还柱而走（《史记》"还"作"环"，按"还"通"环"），群臣惊愕（《史记》"惊"作"皆"），卒起不意（"卒"通"猝"），尽失其度。而秦法，群臣侍殿上者不得持尺兵（《史记》"尺兵"作"尺寸之兵"），诸郎中执兵皆陈殿下，非有诏不得上。方急时，不及召下兵，以故荆轲逐秦王，而卒惶急无以击轲，而乃以手共搏之（《史记》无"乃"字）。是时侍医夏无且，以其所奉药囊提轲（鲍本"轲"作"荆轲"，同于《史记》），秦王方还柱走

("方"上原衍"之"字,从鲍本及《史记》删。鲍本及《史记》"还"作"环"),卒惶急不知所为("卒"通"猝")。左右乃曰:"王负剑!王负剑!"遂拔剑以击荆轲,断其左股。荆轲废,乃引其匕首提秦王(《史记》"提"作"擿。"《索隐》曰:"擿与掷同,古字耳")。不中,中柱(《史记》"柱"上有"铜"字),秦王复击轲,被八创。轲自知事不就,倚柱而笑,箕踞以骂曰:"事所以不成者,乃欲以生劫之,必得约契以报太子也。"于是左右既前斩荆轲,秦王目眩良久(《史记》"目眩"作"不怡者")。而论功赏群臣及当坐者各有差(《史记》"而"上有"已"字),而赐夏无且黄金二百镒,曰:"无且爱我,乃以药囊提轲也。"于是秦王大怒燕("秦"下原脱"王"字,从《史记》补),益发兵诣赵,诏王翦军以伐燕,十月而拔燕蓟城。(《燕策三》第五章,《史记·刺客列传》同)

荆轲挟匕首卒刺陛下,陛下以神武扶揄长剑以自救。(《文选·吴都赋》刘渊注引《秦零陵令上书》)

案:《汉书·艺文志》著录有《秦零陵令信》一篇,注云:"难秦相李斯。"可知所称"陛下",即始皇帝,此乃当时人所述及者。其言与《史》《策》所载相符。

荆轲西刺秦王,高渐离、宋意为击筑,而歌于易水之上,闻者莫不瞋目裂眦,发植穿冠。(《淮南子·泰族训》)

案:高诱注云:"荆轲,燕人,太子丹之客。丹恐秦王,故遣轲刺之,高渐离、宋意皆丹之客。"据此,可知燕太子及宾客于易水上送别荆轲时,参与击筑者,除高渐离外,尚有宋意。

太史公曰:"世言荆轲,其称太子丹之命,天雨粟、马生角也,太过。又言荆轲伤秦王,皆非也。始公孙季功、董生与夏无且游,具知

其事，为余道之如是。”（《史记·刺客列传》）

案：《汉书·艺文志》著录有《荆轲论》五篇，注云：“轲为燕刺秦王，不成而死，司马相如论。”可知荆轲刺秦王之事，盛传于秦、汉之际，汉初文学家司马相如尝为专论五篇。《燕策三》及《刺客列传》所载荆轲之事迹，当有所本。司马迁谓“公孙季功、董生与夏无且游，具知其事”，当指荆轲于殿上刺秦王时，所经历亲见之惊险过程。司马迁据以描写，因而《刺客列传》中所述，极为生动而细致，并特意叙述夏无且掷药囊而得赏之事。《燕策三》第五章所载，燕太子丹使荆轲刺秦王之事，当采自纵横家之原有记载，《刺客列传》则采自《策》文而略有增饰，如鞠（鞫）武对答太子丹之言。惟有末段所叙殿上行刺经过，则依据公孙季功等所述夏无且所说。今本《战国策》所以与《刺客列传》全相同者，盖后人又据《史记》以增补《战国策》。方苞《书刺客传后》（《方望溪全集》卷二）以为《刺客列传》全“得之于公孙季功、董生口述”，“意《国策》本无是文，或以《史记》之文入焉”。李慈铭、吴汝纶亦有此说，皆非。说详范祥雍《战国策燕策荆轲刺秦王章辨疑》，收入《纪念顾颉刚学术论文集》。

又案：《燕策三》、《刺客列传》称，荆轲刺秦王后，秦使王翦伐燕，“十月而拔燕蓟城。”谓经历十月而拔燕都。据《秦本纪》、《燕世家》、《六国表》，此已是次年之事。

昔者荆轲慕燕丹之义，白虹贯日。（《史记·邹阳传》载《狱中上梁王书》）

传书言：荆轲为燕太子谋刺秦王，白虹贯日。（《论衡·感虚篇》）

案：《论衡》以为是时有“白虹贯日”之天文现象是实。而“言荆轲之谋感动皇天，故白虹贯日”是虚。

[秦王政]廿年四月丙戌朔丁亥南郡守腾谓县、道啬夫：“古者民各有乡俗，其所利及好恶不同，或不便于民，害于邦。是以圣王作为法度，以矫端民心（此以“端”代“正”，避秦王政讳），去其邪避（“避”读作“僻”），除其恶俗。法律未足，民多诈巧，故后有间令下者（“间”读作“干”）。凡法律令者，以教道民（“道”读作“导”），去其淫避（“避”读作“僻”），除其恶俗，而使之之于为善殹（“殹”读作“也”，下同）。今法律令已具矣，而吏民莫用，乡俗淫失之民不止（“失”读作“泆”），是即法主明法殹（上“法”字读作“废”），而长邪避淫失之民（“避”读作“僻”，“失”读作“泆”），甚害于邦，不便于民，故腾为是而脩法律令、田令及为间私方而下之（“脩”读作“修”，“间”读作“奸”），令吏明布，令吏民皆明智之（“智”读作“知”），毋巨于罪（“巨”读作“歫”）。今法律令已布，闻吏民犯法为间私者不止（“间”读作“奸”），私好、乡俗之心不变，自从令、丞以下智而弗举论（“智”读作“知”），是即明避主之明法殹，而养匿邪避之民（“避”读作“僻”），如此则为人臣亦不忠矣。若弗智（“智”读作“知”），是即不胜任、不智殹；智而弗敢论（“智”读作“知”），是即不廉殹。此皆大罪殹，而令、丞弗明智（“智”读作“知”），甚不便。今且令人案行之，举劾不从令者，致以律（“致”读为“抵”），论及令、丞。有且课县官（“有”读作“又”），独多犯令而令、丞弗得者，以令、丞闻。以次传，别书江陵布，以邮行。凡良吏明法律令，事无不能殹；有廉絜敦悫而好佐上（“有”读作“又”，“絜”读作“洁”），以一曹事不足独治殹，故有公心；有能自端殹（此以“端”代“正”），而恶与人辨治（“辨”读作“别”），是以不争书（“书”疑读作“署”）。恶吏不明法律令，不智事（“智”读作“知”），不廉絜（“絜”读作“洁”），毋以佐上，緰

随疾事（“緰随”读作“偷惰”），易口舌，不羞辱，轻恶言而易病人，毋公端之心（此以“端”代“正”），而有冒柢之治（“柢”读作“抵”），是以善斥事（“斥”读作“诉”），喜争书。争书，因恙瞋目扼掔以视力（“恙”读作“佯”，“掔”读作“腕”，“视”读作“示”），讦询疾言以视治（“询”读作“谖”，“视”读作“示”），誈认丑言麃斫以视险（“誈”疑读为“誖”，“认”疑读为“誖”，“视”读为“示”），阬阆强肮以视强（“肮”读作“抗”），而上犹智之殹。故如此者不可不罚。发书，移书曹，曹莫受，以告府，府令曹画之（“画”读作“过”）。其画最多者，当居曹奏令、丞，令、丞以为不直，志千里使有籍书之（“志”读作“誌”），以为恶吏。语书。”（《睡虎地秦墓竹简》第一四至二十二页）

案：出土竹简共十四支，标题“语书”在最后一支简之背面，语书意为教戒文告。从“廿年四月丙戌朔丁亥”，至“别书江陵布，以邮行”为前段，共八支简。从“凡良吏明法律令”为后段，共六支简，简首组痕比前八支简位置略低。前段末云“别书江陵布”，谓本文另有一份在江陵公布。江陵即楚旧都郢，在今湖北江陵。可知是时南郡郡治不在江陵，当在鄢。在今湖北宜城。后段末节有“发书，移书曹”云云，则谓本文将发送至所属县、道官署，按此执行。是年为南郡守之腾，即投献于秦之韩南阳假守腾，亦即攻灭韩国而虏韩王安之秦内史腾，盖腾因功为秦所重用而调任南郡守。

［秦始皇帝］廿年七月甲寅妪终，韩王居□山。（秦简《编年记》）

案：“居”下一字残，右半从“攴”。是年七月甲寅朔，墓主之母是日去世，故记载“妪终”。《史记》未载韩王安被虏之后下落。《编年记》载秦王政二十年“韩王居□山”，二十一年“韩王死，昌平君居其处”。而《秦始皇本纪》载二十一年“昌平君徙于郢”，当同指一事，可知□山当即在郢。郢原为楚之旧都，素为楚贵族势力盘据之地，需要防止楚之向郢反攻与楚贵族叛变。因而上年有“南郡备警”之举。是年又将虏得之韩王安迁居至郢之□山，盖欲防止新郑一带韩贵族之谋反。秦之所以调任内史腾为南郡守，盖腾熟悉韩之内情，又为灭韩而虏得韩王安之主将，甚得秦王之信任与重用。

秦王政（始皇帝）二十一年（公元前二二六年）

魏王假二年，代王嘉二年，楚王负刍二年，齐王建三十九年，燕王喜二十九年。

[秦始皇帝]二十一年王贲攻荆（“荆”原误作“蓟”，从梁玉绳据《六国表》、《王翦列传》“王贲击楚”改正）。乃益发卒诣王翦军，遂破燕太子军，取燕蓟城，得太子丹之首。燕王东收辽东而王之。王翦谢病老归。新郑反。昌平君徙于郢。大雨雪，深二尺五寸。（《秦始皇本纪》）

秦始皇帝二十一年王贲击楚。（《六国表》）

明年（指秦“尽定赵地为郡”之明年）燕使荆轲为贼于秦，秦王使王翦攻燕。燕王喜走辽东，翦遂定燕蓟而还。秦使翦子王贲击荆，荆兵败。还击魏，魏王降，遂定魏地。（《王翦列传》）

秦将李信者，年少壮勇，尝以兵数千逐燕太子丹至于衍水中，卒破得丹，始皇以为贤勇。（《王翦列传》）

案：《秦始皇本纪》载“王翦谢病老归”在“取燕蓟城”之后，而《王翦列传》谓翦因欲用六十万人伐荆，“王翦言不用，因谢病归老于频阳。"《王翦列传》以"秦王使翦攻燕……定燕蓟而还"与"荆轲为贼于秦"同年。盖连带而言，误前一年。《王翦列传》又言"王贲击荆"后"还击魏……定魏地"，亦因连带而言，将"定魏"误前一年。

［楚王负刍］二年秦使将军伐楚，大破楚军，亡十余城。(《楚世家》，《六国表》亦作"秦大破我，取十城")

［燕王喜］二十九年秦攻拔我蓟，燕王亡，徙居辽东，斩丹以献秦。(《燕世家》)

燕王喜二十九年秦拔我蓟，得太子丹，王徙辽东。(《六国表》)

于是秦王大怒(指荆轲刺秦王后)，益发兵诣赵，诏王翦军以伐燕，十月而拔燕蓟城。燕王喜、太子丹等皆率其精兵东保于辽东，秦将李信追击燕王，王急，用代王嘉计，杀太子丹，欲献之秦。(《燕策三》第五章，《史记・刺客列传》同)

于是秦王大怒，益发兵诣赵，诏王翦军以伐燕，十月而拔蓟城。燕王喜、太子丹等尽率其精兵东保于辽东。秦将李信追击燕王急，代王嘉乃遗燕王喜书曰："秦所以尤追燕急者，以太子丹故也。今王诚杀丹献之秦王，秦王必解，而社稷幸得血食。"其后李信追丹，丹匿衍水中，燕王乃使使斩太子丹，欲献之秦。秦复进兵攻之。后五年秦卒灭燕，虏燕王喜。(《刺客列传》)

［秦始皇帝］廿一年韩王死，昌平君居其处，有死□属。(秦简《编年记》)

案：《秦始皇本纪》言是年"新郑反，昌平君徙于郢"。《编年记》称是年"韩王死"，当与"新郑反"有关。上年韩王安自新郑徙居至郢之□山，加以监视，即为防止新郑韩贵族谋反而重新拥立韩王安。是年新郑韩贵族反叛，因而韩王安连带被处死。昌平君原为楚之公子，因功受封为秦之昌平君。《秦始皇本纪》载九年嫪毐作乱，秦王“令相国、昌平君、昌文君发卒攻毐，战咸阳”。《索隐》云：“昌平君，楚之公子，立以为相，后徙于郢，项燕立为荆王，史失其名。”今案此后二年“荆将项燕立昌平君为荆王”，见于《秦始皇本纪》，可知昌平君确为楚公子，但《索隐》谓秦立以为相，不确。盖误以“相国”与“昌平君”连读，当嫪毐作乱时，吕不韦正为相国，专断国事，当时未见有左右丞相之制，昌平君不得为相国。吕不韦与嫪毐关连之事尚未被揭发，故秦王使吕不韦与昌平君、昌文君共发兵平乱。是年韩王死，命昌平君徙居郢之□山而加以监视，盖是年秦开始攻灭楚国，防止昌平君因此反叛。郢之□山当为秦特设监视之禁地。《编年记》云：“有死□属”，“死”下缺字，疑是“士”或“甲”字，“属”当读为“瞩”。“死士”谓敢死之甲士。“有死士瞩”，即谓有甲士监视。犹如苏秦为赵所拘留，赵将韩徐为谓苏秦曰：“吾必守之以甲”（见《燕策二》第二章），谓有甲士看守。近人或读“有”为“又”，以为昌平君“又死”，与下文“瞩”字不连贯，此说不确。此后昌平君为楚将项燕拥立为楚王。至二十四年楚军被击破，昌平君死，见于《秦始皇本纪》。

秦王政（始皇帝）二十二年（公元前二二五年）

魏王假三年，代王嘉三年，楚王负刍三年，齐王建四十年，燕王喜三十年。

［秦始皇帝］二十二年王贲攻魏，引河、沟灌大梁，大梁城坏，其王

请降，尽取其地。（《秦始皇本纪》，《六国表》作“王贲击魏，得其王假，尽取其地”）

［秦始皇帝］廿二年攻魏梁。（秦简《编年记》）

［魏王假］三年秦灌大梁，虏王假，遂灭魏以为郡县。（《魏世家》，《六国表》作“秦虏王假”）

太史公曰：“吾适故大梁之墟，墟中人曰：‘秦之破梁，引河、沟而灌大梁，三月城坏，王请降，遂灭魏。’”（《魏世家》）

睢水又东径睢阳县故城南……秦始皇二十二年以为砀郡。（《水经·睢水注》）

案：《汉书·地理志》：“梁国，故秦砀郡。”《水经·获水注》云：“获水又东径砀县故城北”，应劭曰：“县有砀山，山在东，出文石，秦立砀郡盖取山之名也。”

［齐王建］四十年秦灭魏，秦兵次于历下。（《田世家》）

案：据此可见秦灭魏后，已攻至齐地历下。《读史方舆纪要》云：历下“城在济南府城南”。

秦攻魏破之，少子亡而不得（《列女传》卷五作“秦攻魏破之，杀魏王瑕，诛诸公子，而一公子不得”）。令魏国曰：“有得公子者赐金千斤（《列女传》“斤”作“镒”），匿者罪至十族。”（《列女传》“十族”作“夷”）公子乳母与俱亡。人谓乳母曰（《列女传》“人”作“魏之故臣”）：“得公子者赏甚重，乳母当知子处而言之。”乳母应之曰：“我不知其处。虽知之，死则死，不可以言也。为人养子，不能隐而言之，是畔上畏死，吾闻忠不畔上，勇不畏死，凡养人子者务生之（原脱“务”字，从《列女传》补），非务杀之也。岂可见利畏诛之故，废义而行诈哉？吾不能生而使公子独死矣。”（《列女传》乳母对答之辞较此为详）遂与公子俱逃泽中。秦军见而射之，乳母以身蔽之，著十二矢，遂不令中公子（《列女传》作“遂抱公子逃于深泽之中，故臣以告秦军，秦军追见争射之，乳母以身为公子蔽，矢著身者数十，与公子俱死”）。秦王闻之，飨以太牢，且爵其兄为大夫。（《韩诗外传》卷九第六章，《列女传》卷五大体相同，末节作“秦王闻之，贵其守忠死义，乃以卿礼葬之，祠以太牢，宠其兄为五大夫，赐金百镒”）

魏豹者，故魏诸公子也。其兄魏咎，故魏时封为宁陵君。秦灭魏，迁咎为家人。（《史记·魏豹列传》，此下云：“陈胜之起王也……陈王乃遣立咎为魏王。”）

鲍丘水又东南径渔阳县故城南，渔阳郡治也。秦始皇二十二年置。（《水经·鲍丘水注》）

蓝水注之，水出北山，东流屈而南，径无终县故城东……故燕地矣。秦始皇二十二年灭燕，置右北平郡，治此。（《水经·鲍丘水注》）

濡水又东南流经令支县故城东，王莽之令氏亭也。秦始皇二十二年分燕置辽西郡，令支隶焉。……西南流，右会卢水……左合阳乐水，水出东北阳乐县溪，《地理风俗记》曰：“阳乐故燕地，辽西郡治，秦始皇二十二年置。”（《水经·濡水注》）

张耳者，大梁人也。其少时，及魏公子毋忌为客。张耳尝亡命，游外黄。外黄富人女甚美……嫁之张耳……张耳以故致千里客，乃宦魏为外黄令，名由此益贤。陈馀者，亦大梁人也，好儒术，数游赵苦陉，富人公乘氏以女妻之，亦知陈馀非庸人也。馀年少，父事张耳，两人相与为刎颈交。秦之灭大梁也，张耳家外黄。……秦灭魏数岁，已闻此两人魏之名士也，购求有得张耳千金，陈馀五百金。张耳、陈馀乃变名姓，俱之陈，为里监门以自食。（《史记·张耳陈馀列传》）

【附编】

秦王使人谓安陵君曰(“安陵君”,《说苑·奉使篇》第四章作“鄢陵君”,“安”“鄢”音近通假,鄢陵在今河南鄢陵西北):“寡人欲以五百里之地易安陵,安陵君其许寡人。”安陵君曰:“大王加惠,以大易小,甚善。虽然,受地于先王,愿终守之,弗敢易。”秦王不说。安陵君因使唐且使于秦(“且”,鲍本作“雎”,《文选·檄吴将校部曲文》李注引作“且”,而《册魏公九锡文》李注引作“雎”,“且”“雎”同音通用)。秦王谓唐且曰:“寡人以五百里之地易安陵,安陵君不听寡人,何也?且秦灭韩亡魏,而君以五十里之地存者,以君为长者,故不错意也(“错”读作“措”。《说苑》此二句作“吾岂畏其威者,吾多其义耳”)。今吾以十倍之地,请广于君,而君逆寡人者,轻寡人与?”唐且对曰:“否。非若是也。安陵君受地于先生而守之,虽千里不敢易也,岂直五百里哉?”秦王怫然怒,谓唐且曰:“公亦尝闻天子之怒乎?”唐且对曰:“臣未尝闻也。”秦王曰:“天子之怒,伏尸百万,流血千里。”唐且曰:“大王尝闻布衣之怒乎?”秦王曰:“布衣之怒,亦免冠徒跣,以头抢地尔(《说苑》“抢”作“颡”)。”唐且曰:“此庸夫之怒也,非士之怒也。夫专诸之刺王僚也,彗星袭月;聂政之刺韩傀也,白虹贯日;要离之刺庆忌也,仓鹰击于殿上。此三子者,皆布衣之士也。怀怒未发,休祲降于天,与臣而将四矣。若士必怒,伏尸二人,流血五步,天下缟素,今日是也。”挺剑而起(《说苑》作“即案匕首起视”)。秦王色挠,长跪而谢之曰:“先生坐,何至于此?寡人谕矣。夫韩、魏灭亡,而安陵以五十里之地存者,徒以有先生也。”(《魏策四》第二十七章,《说苑·奉使篇》第四章大体相同,措辞略有不同)

案:吴师道论之曰:“以始皇之兵威,何惮于安陵而易以五百里地？是特为之辞，而使之纳地耳。唐且之使愚矣，虽抗言不屈，岂能沮之乎？荆轲之见也，匿匕首于图。秦法侍者不得操兵，此云挺剑而起，何也？其辞固多夸矣。”秦灭魏后，未对五十里地之安陵用兵，盖无必要，即所谓“不措意也”，其势必须纳地，此章所叙，乃游士之夸言耳，并非事实。

秦王政（始皇帝）二十三年（公元前二二四年）

代王嘉四年，楚王负刍四年，齐王建四十一年，燕王喜三十一年。

秦始皇既灭三晋，走燕王，而数破荆师。……于是始皇问李信：“吾欲攻取荆，于将军度用几何人而足？”李信曰：“不过用二十万人。”始皇问王翦，王翦曰：“非六十万人不可。”始皇曰：“王将军老矣，何怯也？李将军果势壮勇，其言是也。”遂使李信及蒙恬将二十万南伐荆（“恬”字当为“武”字之误，下同）。王翦言不用，因谢病，归老于频阳。李信攻平与（舆），蒙恬攻寝，大破荆军。信又攻鄢郢破之。于是引兵而西（“西”当为“东”字之误），与蒙恬会城父。荆人因随之，三日三夜不顿舍，大破李信军，入两壁，杀七都尉，秦军走。（《王翦列传》）

案：梁玉绳曰：“此前后三称蒙恬，考《六国表》及《蒙恬传》，是时恬未为将，当是蒙武之误。”其说是。

又案：“信又攻鄢郢破之”，《资治通鉴》胡注：“此鄢郢非楚故都之鄢郢也。楚故都为白起所取，秦已置南郡。据楚都寿春，以寿春为郢，则其前自郢徙陈，亦必以陈为郢矣。然则此郢乃陈也。鄢即颍川之鄢陵，与平舆（与）、城父地皆相近。或曰：鄢郢当作鄢陵。”其说殊非。鄢郢乃指楚故都郢及鄢而言，不得用以称陈。颍川之鄢陵乃魏地，魏封有鄢陵君。梁玉绳又谓“信又攻鄢郢破之七字衍”，亦非是。是时东方六国都城之贵族势力根深柢固，不甘心于被秦攻灭，一有机会即谋反复。秦王政初即位，赵故都“晋阳反，元年蒙骜击定之”。其后又反复。当秦完成统一后，宣称所以兼并六国之原因，谓赵“反我太原，故兴兵诛之”，即指此而言。始皇二十年“新郑反”，即韩都新郑之贵族起而反复。是时楚故都鄢郢贵族亦起而反复，当秦完成统一后，宣称“荆王献青阳以西，已而畔约，击我南郡，故发兵诛”，即指此而言。李信在击败平舆（今河南平舆县北）之楚军后，即南下攻破鄢郢。盖是时鄢郢已为楚贵族所反复，并已为楚军所克复。原为秦所徙居而监禁于郢之□山之昌平君，亦已出山而主持反秦之战争，因而李信必须引大军南下而攻破之。鄢郢之楚军未作坚决抵抗而退出，待李信引大军回师东进，以与蒙武在城父（今安徽亳县东南）会合，以便向楚新都寿春进攻，楚军即跟踪追击，三日三夜不顿舍，从而大破李信军。

[秦始皇帝]二十三年秦王复召王翦强起之，使将击荆，取陈以南至平舆，虏荆王。秦王游至郢陈。荆将项燕立昌平君为荆王，反秦于淮南。（《秦始皇本纪》，《集解》引徐广曰：“淮一作江。”）

秦始皇帝二十三年王翦、蒙武击破楚军，杀其将项燕。（《六国表》）

[楚王负刍]四年秦将王翦破我军于蕲，而杀将军项燕。（《楚世家》，《六国表》作“秦破我将项燕”）

始皇闻之（指楚大破李信军），大怒，自驰如频阳，见谢王翦曰：“寡人以不用将军计，李信果辱秦军。今闻荆兵日进而西，将军虽病，独忍弃寡人乎？”王翦谢曰：“老臣罢病悖乱（《正义》曰：“罢音皮，悖音背”，“罢”读作“疲”，“悖”读作“背”），唯大王更择贤将。”始皇谢曰：“已矣，将军勿复言。”王翦曰：“大王必不得已用臣，非六十万不可。”始皇曰：“为听将军计耳。”于是王翦将兵六十万人，始皇自送至灞上。王翦行，请美田宅园池甚众。始皇曰：“将军行矣，何忧贫乎？”王翦曰：“为大王将，有功终不得封侯，故及大王之向臣，臣亦及时以请园池为子孙业耳。”始皇大笑。王翦既至关，使使还请善田者五辈（《集解》引徐广曰：“善一作菑”）。或曰：“将军之乞贷亦已甚矣。”王翦曰：“不然。夫秦王怚而不信人（“怚”，《集解》曰：“音麤”，引徐广曰：“一作粗”）。今空秦国甲士而专委于我，我不多请田宅为子孙业以自强，顾令秦王坐而疑我邪？”王翦果代李信击荆。荆闻王翦益军而来，乃悉国中兵以拒秦。王翦至，坚壁而守之，不肯战。荆兵数出挑战，终不出。王翦日休士洗沐，而善饮食，抚循之，亲与士卒同食。久之，王翦使人问：“军中戏乎？”对曰：“方投石超距。”（《集解》引徐广曰：“超一作拔”）于是王翦曰：“士卒可用矣。”荆数挑战而秦不出，乃引而东。翦因举兵追之，令壮士击，大破荆军。至蕲南，杀其将军项燕，荆兵遂败走。秦因乘胜略定荆地城邑。（《王翦列传》）

[秦]始皇二十三年蒙武为秦裨将军，与王翦攻楚，大破之，杀项燕。（《蒙恬列传》）

项籍者，下相人也，字羽。……其季父项梁，梁父即楚将项燕，为秦将王翦所戮也。项氏世世为楚将，封于项，故姓项氏。（《项羽本纪》）

案：《秦始皇本纪》言“项燕立昌平君为荆王，反秦于淮南”，《集解》引徐广曰：“淮一作江。”当以作“淮”为是。据此后项燕之战绩，可知其反秦之军驻屯于淮北，“淮南”当为“淮北”之误。

《本纪》所称王翦击荆，“取陈以南至平舆，虏荆王”，与“项燕立昌平君为荆王，反秦于淮北”，盖指同一事件。昌平君当是随同楚军由鄢郢跟踪追击秦军而至楚故都陈者，项燕之所以在楚王负刍建都寿春时，又拥立昌平君于故都陈，盖欲借用昌平君威望以反秦。昌平君原为楚公子，入秦而封为昌平君，尝与秦相吕不韦平定嫪毐之叛乱，因而在秦颇有威望。正因项燕拥立昌平君于楚故都陈，因而秦王复召王翦为将攻楚，陈成为首先进攻之重点。云梦睡虎地四号秦墓出土两封木牍家信，家信作者即参与王翦攻陈战役之士兵。其第一信发于二月辛巳，查秦王政二十三年二月己亥朔，无辛巳之日。二十四年二月癸亥朔，辛巳为十九日，信中言：“直佐淮阳，攻反城久，伤未可知也。”淮阳即是陈之别名，即今河南淮阳县城，因此时为昌平君与项燕反秦之都城所在，围攻之秦军称之为“反城”。可知是役从为二十三年开始，围攻至二十四年二月尚未攻下，所以云“攻反城久，伤未可知也”。其第二信云：“入居反城”，当即攻入陈城。《本纪》称“取陈以南至平舆，虏荆王”，此荆王当即项燕所拥立之昌平君。昌平君之被虏当在二十四年。

又案：项燕与王翦决战之地在蕲南，蕲在今安徽宿州市南。秦末陈胜吴广起义于蕲县大泽乡，陈胜即假借“项燕为天下唱”。陈胜曰：“项燕为楚将，数有功，爱士卒，楚人怜之，或以为死，或以为亡”，以为借此“为天下唱，宜多应者”（《史记·陈涉世家》）。所谓“数有功”，当即指“大破李信军”，“立昌平君为荆王”坚守淮阳而抗御秦军。

[秦始皇帝]廿三年兴攻荆，□□守阳□死。四月昌文君死。（秦

简《编年记》)

　　案:“兴攻荆”以下,因多缺字,不详其事。昌文君为何而死,亦不详。

甲兵之符,右才王(“才”读作“在”,下同),左才新郪。凡兴士被甲,用兵五十人以上,必会王符,乃敢行之。燔队事(“队”读作“燧”),虽毋会符,行殹(“殹”同“也”)。(《新郪虎符》铭文,《秦汉金文录》著录)

　　案:王国维以为此乃战国末年秦攻得魏地新郪后所造,是秦并天下前二三十年间物(《观堂集林》卷十八《秦新郪虎符跋》)。唐兰以为作于秦灭韩置颍川郡之后(《中国文字学》第一五六页)。当战国末年,楚徙都至陈以后,新郪当已为楚有。新郪在今安徽太和县北,正当平舆(今河南平舆北)、寝(今安徽临泉县)与城父(今安徽亳县)东南之间。是年秦将李信攻楚之平舆,蒙武攻楚之寝,然后会师于城父,新郪为必经之地,可知新郪当于是年之后,为秦所有,新郪虎符当作于此年之后。

相县,故宋地也。秦始皇二十三年以为泗水郡,汉高帝四年改曰沛郡,治此。(《水经·睢水注》)

[鲁]县,即曲阜之地……秦始皇二十三年以为薛郡。(《水经·泗水注》)

灅水又东北径蓟县故城南……秦始皇二十三年灭燕,以为广阳郡。(《水经·灅水注》)

[上谷],故燕地,秦始皇二十三年置上谷郡。王隐《晋书·地理志》曰:“郡在谷之头,故因以上谷名焉。”(《水经·圣水注》)

清夷水又西径沮阳县故城北,秦上谷郡治此。(《水经·灅

水注》)

秦王政(始皇帝)二十四年(公元前二二三年)

代王嘉五年,楚王负刍五年,齐王建四十二年,燕王喜三十二年。

[楚王负刍]五年秦将王翦、蒙武遂破楚国,虏楚王负刍,灭楚名为楚郡云。(《楚世家》,《六国表》作“秦虏王负刍,秦灭楚”)

案:《集解》引孙检曰:“秦虏楚王负刍,灭去楚名,以楚地为三郡。”《资治通鉴》作“以其地置楚郡”。胡注云:“按秦三十六郡无楚郡,此盖灭楚之时暂置耳,后分为九江、鄣、会稽三郡。”钱大昕曰:“秦始皇父名楚,故《始皇本纪》称楚为荆,灭楚之后,未尝置楚郡也。孙氏谓灭去楚名,盖得其实。楚郡之楚,当是衍文。”王鸣盛、梁玉绳亦以“楚”字为衍。今案:“楚”字非衍。秦始皇灭六国时确有以其国名为郡名者,如《田世家》称“遂灭齐为郡”,即灭齐后置郡名为齐郡。又如《赵世家》称灭赵为“邯郸为秦”,《王翦列传》云:“尽定赵地为郡”,即灭赵后置郡名为邯郸郡,时人或称赵国为“邯郸”。《陈涉世家》云:“攻陈,陈守、令皆不在。”《索隐》引张晏云:“郡守及令皆不在,非也。按《地理志》云秦三十六郡,并无陈郡,则陈是县,言守令,则守非官也,与下文守丞同也,则皆字是衍字。”张说非是。《汉书》颜注云:“守,郡守也。令,县令也。守丞,郡丞之居守者。”王先谦云:“陈是秦楚郡治,故有守有令。”王说甚是,犹如秦之河东郡治在临汾,秦戈铭文有称“临汾守”者。

[秦始皇帝]二十四年王翦、蒙武攻荆,破荆军,昌平君死,项燕遂自杀。(《秦始皇本纪》,《六国表》作“王翦、蒙武破楚,虏其王负刍”)

岁余(指大破荆军、杀项燕之后岁余),虏荆王负刍,竟平荆地为郡县。(《王翦列传》)

[秦始皇帝]二十四年蒙武攻楚,虏楚王。(《蒙恬列传》)

[淮水]又东北流径寿春县故城西。县即楚考烈王自陈徙此。秦始皇立九江郡,治此,兼得庐江、豫章之地,故以九江名郡。(《水经·淮水注》)

案:秦灭楚,取淮南地,得寿春,在二十四年,设九江郡当在是年。《汉书·地理志》云:"九江郡,秦置。"

[湘水]又右径临湘县故城西……故楚南境之地也。秦灭楚,立长沙郡,即青阳之地。秦始皇二十六年令曰荆王献青阳以西。《汉书·邹阳传》曰:越水长沙,还舟青阳。注:张晏曰:"青阳,地名也。"苏林曰:"青阳,长沙县也。"(《水经·湘水注》)

案:《越世家》记齐使曰:"复雠、庞、长沙,楚之粟也。"《汉书·地理志》云:"长沙,秦郡。"长沙设郡当在秦灭楚后。

二月辛巳,黑夫、惊敢再拜问中,母毋恙也?黑夫、惊毋恙也。前日黑夫与惊别,今复会矣。黑夫寄益就书曰:"遗黑夫钱,毋操夏衣来。"今书节到("节"读作"即")。母视安陆丝布贱,可以为禅裙襦者,母必为之令与钱偕来。其丝布贵,徒钱来,黑夫自以布此。黑夫等直佐淮阳,攻反城久,伤未可智也("智"通"知")。愿遗黑夫用勿少。书到皆为报,报必言相家爵来未来,告黑夫其未来状。闻王得,苟得毋恙也?辞相家爵不也?书衣之南军毋……不也?

为黑夫、惊多问姑姊、康乐季须("须"读作"媭"),故术长姑外内……

为黑夫、惊多问东室季须("须"读作"媭"),苟得毋恙也?

为黑夫、惊多问婴汜季事可如？（“可”读作“何”）定不定？

为黑夫、惊多问夕阳吕婴（“夕阳”当为里名）、匽里闻误丈人……得毋恙……矣。

惊多问新负（“负”读作“妇”），婴得毋恙也？新负勉力视瞻丈人，毋与……勉力也。（一九七六年湖北云梦县睡虎地四号秦墓出土木牍甲，墨书于正反两面：“闻王得苟得”以上，书于正面，“毋恙也”以下书于反面。详见湖北云梦《睡虎地十一座秦墓发掘简报》，刊于《文物》一九七六年第九期）

惊敢大心问衷，母得毋恙也？家室外内同……以衷，母力毋恙也？与从军，与黑夫居，皆毋恙也。……钱衣，愿母幸遗钱五六百，𫄸布谨善者毋下二丈五尺……用垣柏钱矣，室弗遗，即死矣。急急急。惊多问新负（“负”读作“妇”），婴得毋恙也？新负勉力视瞻两老。……

惊远家故，衷教诏婴，令毋敢远就若取新（“新”读作“薪”），衷令……闻新地城多空不实者，且令故民有为不如令者实。……为惊视祀，若大发毁（“发”读作“废”），以惊居反城中故。

惊敢大心问姑秭（“秭”读作“姊”），姑秭子产得毋恙？新地入盗，衷唯毋方行新地，急急。（一九七六年湖北云梦县睡虎地四号秦墓出土木牍乙，墨书于正反两面。“新负勉力视瞻两老……”以上，书于正面；“惊远家故”以下，书于反面）

案：此为秦王政二十三年参与王翦攻陈战役之士兵家信。计先后两信。第一信发于二十四年二月十九日，第二信未记日期，当在三月中，已说明在上年案语中。第一封发信者为黑夫与惊二人，皆为安陆人，此时家住“新地城”，即今云梦古城。受信者名中，又作衷，当为同母兄弟，即出土木牍之墓主。所谓“新负”即“新妇”，当为惊之妻，媭乃其年幼之女儿。信开首先问“母毋恙也”，父当已去世。信中叮嘱新妇“勉力视瞻”之丈人或两老，当指新妇之父母，两亲家当离不远。两信向其母要衣、布与钱。第二信云：“用垣柏钱矣，室弗遗，即死矣。急急急。”谓已借用别人之钱，急需要钱，由此可见当时从军士兵之生活情况。

秦王政（始皇帝）二十五年（公元前二二二年）

代王嘉六年，齐王建四十三年，燕王喜三十三年。

［秦始皇帝］二十五年大兴兵，使王贲将，攻燕辽东，得燕王喜。还攻代，虏代王嘉。王翦遂定荆江南地，降越君，置会稽郡。五月天下大酺。（《秦始皇本纪》，《六国表》作“王贲击燕，虏王喜。又击得代王嘉。五月天下大酺”）

［燕王喜］三十三年秦拔辽东，虏燕王喜，卒灭燕。是岁，秦将王贲亦虏代王嘉。（《燕世家》，《六国表》作“秦虏王喜，拔辽东，秦灭燕”）

秦既虏迁，赵之亡大夫共立嘉为王，王代六岁，秦兵破嘉，遂灭赵以为郡。（《赵世家》，当作“遂灭代以为郡”。《六国表》作“秦将王贲虏王嘉，秦灭赵”）

［大辽水］屈而西南流，径襄平县故城西，秦始皇二十二年灭燕置辽东郡，治此。（《水经·大辽水注》，“二十二年”当为“二十五年”之误）

《山海经》曰：雁门之水，出于雁门之山……其山重峦叠巘，霞举云高，连山隐隐，东出辽塞。其水东南流径高柳县故城北，旧代郡治，

秦始皇二十三年虏赵王迁,以国为郡。(《水经·濛水注》,“二十三年”当为“二十五年”之误,“赵王迁”当为“代王嘉”之误)

秦始皇二十五年以吴、越地为会稽郡,治吴。(《三国志·吴书·虞翻传·注》引《会稽典录》)

案:《越世家》称:楚威王败越“而越以此散,诸族子争立,或为王,或为君,滨于江南海上,服朝于楚”。楚威王为楚怀王之误,已明辨在周赧王九年之案语中。是时王翦“定荆江南地,降越君”,《正义》云:“楚威王(当作楚怀王)已灭越,其余自为君长,今降秦。”盖“服朝于楚”之越君又降秦,秦于其地置会稽郡。《项羽本纪》称:陈胜起义后项梁在吴杀会稽守通,而自称会稽守,可知会稽郡郡治在吴,盖沿用楚春申君就封于吴而行相事之局势。

岁余(指王翦大破荆军、杀项燕之后“岁余”),虏荆王负刍,竟平荆地为郡县,因南征百越之君。而王翦子王贲与李信破定燕、齐地。(《王翦列传》)

闽越王无诸及越东海王摇者,其先皆越王句践之后也。姓驺氏,秦已并天下,皆废为君长,以其地为闽中郡。(《史记·东越传》)

案:战国时已有“百越”之称,用以指东南沿海地区之原始部族,《吕氏春秋·恃君篇》所谓“扬、汉之南,百越之际……多无君。”闽越或称东越,分布于今福建北部与浙江南部。瓯越或称东瓯,分布于今浙江南部瓯江、灵江流域。闽越与瓯越乃百越中较进步之地区,其君长原为越王句践分封之封君。《太平寰宇记》卷九十与《路史·国名纪丁》引《越绝书》云:“东瓯,越王所立也,周元王四年(公元前四七二年)越相范蠡所筑。”(今本《越绝书》失载)可知东瓯君乃越句践二十五年所分封。闽越君亦当出于句践之分封，故《东越传》称“其先皆越王句践之后也”。《王翦列传》谓王翦“平荆地为郡县，因而南征百越之君”，盖秦灭楚、平定江南、降服越君、建置会稽郡之后，王翦继而南下进攻瓯越与闽越，“皆废为君长，以其地为闽中郡。”《东越传》继称：“及诸侯畔秦，无诸、摇率越归鄱阳令吴芮，所谓鄱君者也，从诸侯灭秦。”《项羽本纪》云：“鄱君吴芮率百越佐诸侯。”所谓“百越”即指瓯越与闽越。

又案：闽中郡，《汉书·地理志》未载，《晋书·地理志》则补载而以为不在秦初并天下所设三十六郡之列，乃与南海等郡同为既并天下后所增置。王国维谓《秦始皇本纪》系“降越君”于二十五年，则闽中郡之置亦当在是年，其说是也。

衡水又北径巨鹿县故城东……巨鹿郡治。秦始皇二十五年灭赵以为巨鹿郡。(《水经·浊漳水注》)

【附编】

六年𢦏相(?)吏微，左库工师公孙涅、冶吏息挞齐。(六年代铍刻铭，原为章乃器所藏，今藏中国历史博物馆。见黄盛璋《新发现之三晋兵器及其相关问题》，《文博》一九八九年第二期)

案：古文字从“弋”往往从“戈”，黄盛璋以为“𢦏”即“㢤”，即文献上之“代”，“相”字已残缺，代在赵国地位特殊，仅次于赵国都。赵襄子以代封其兄伯鲁子周为代成君，赵武灵王又封其长子章为代安阳君。秦灭赵王迁之后，公子嘉又率其宗族据代称王，代王嘉六年为秦所灭。因而推定“六年”应即代王嘉六年，代相吏微即亡大夫而拥立代王嘉者，因以为相。余在《战国史·战国郡表》中，谓赵武灵王时设有代郡，代郡有三十六县。黄氏加以驳斥，并云："不知何据。"其实，《史记·匈奴列传》明言赵武灵王北破林胡、楼烦"而置云中、雁门、代郡"。《韩非子·初见秦》乃策士初见秦昭王之游说辞（《战国策·秦策一》第五章误作张仪游说辞），尝谓秦"西攻修武，逾羊肠，降代、上党，代三十六县、上党十七县不用一领甲，不苦一士民，此皆秦有也"。可知秦昭王时，赵确已设有代郡，代郡有三十六县。此铍刻铭"相"字有残缺，难以确定是否为代王嘉之相所监造。

秦王政（始皇帝）二十六年（公元前二二一年）

齐王建四十四年。

[秦始皇帝]二十六年齐王建与其相后胜，发兵守其西界，不通秦。秦使将军王贲从燕南攻齐，得齐王建。（《秦始皇本纪》）

秦始皇帝二十六年王贲击齐，虏王建。初并天下，立为皇帝。（《六国表》）

案：《王翦列传》谓"王翦子王贲与李信破定燕、齐地"。

[秦]始皇二十六年蒙恬因家世得为秦将，攻齐，大破之，拜为内史。（《蒙恬列传》）

[齐王建]四十四年秦兵击齐。齐王听相后胜计，不战，以兵降秦。秦虏王建，迁之共。遂灭齐为郡。天下壹并于秦，秦王政立号为皇帝。始君王后贤，事秦谨，与诸侯信。齐亦东边海上，秦日夜攻三晋、燕、楚，五国各自救于秦，以故王建立四十余年不受兵。君王后死，后胜相齐，多受秦间金，多使宾客入秦，秦又多予金，客皆为反间，劝王去从朝秦，不修攻战之备，不助五国攻秦，秦以故得灭五国，五国已亡，秦兵卒入临淄（"卒"读作"猝"），民莫敢格者。王建遂降，迁于

共。故齐人怨王建不蚤与诸侯合从攻秦（“蚤”读作“早”），听奸臣宾客以亡其国，歌之曰：“松耶柏耶？住建共者客耶？”疾建用客之不详也。（《田世家》，《六国表》作“秦虏王建，秦灭齐”）

齐王建入朝于秦，雍门司马横戟当马前曰（“横戟当马”四字原脱，从王念孙据《北堂书钞·武功部·戟类》所引增补）：“所为立王者，为社稷耶？为王耶（“王”下原衍“立王”二字，从王念孙删去）？”王曰：“为社稷。”司马曰：“为社稷立王，王何以去社稷而入秦？”齐王还车而反。即墨大夫以雍门司马谏而听之（“以”原误作“与”，从黄丕烈改正），则以为可与为谋（“与”原误作“可”，从黄丕烈改正），即入见齐王曰：“齐地方千里（“千”上原衍“数”字，今删），带甲数十万（“十”原误作“百”，今从鲍本）。夫三晋大夫皆不便秦，在阿、鄄之间者百数，王收而与之十万之众（“十”原作“百”，今从鲍本），使收三晋之故地，即临晋之关可入矣。鄢郢大夫不欲为秦，而在城南下者百数，王收而与之百万之师（“百”疑当作“十”），使收楚故地，即武关可以入矣。如此则齐威可立，秦国可王。夫舍南面之称制，乃西面而事秦，为大王不取也。”齐王不听。秦使陈驰诱齐王内之，约与五百里之地。齐王不听即墨大夫而听陈驰，遂入秦。处之共松柏之间，饿而死。先是，齐为之歌曰：“松邪，柏邪？住建共者客耶？”（《齐策六》第九章）

秦始皇二十四年（“四”当为“六”之误）灭齐为郡，治临淄。（《水经·淄水注》）

案：《汉书·地理志》云：“齐郡，秦置。”王国维《齐鲁封泥集存序》云：“临淄守一印，齐国既建之后，当称内史，国除之后又当称齐郡太守。此云临淄守，必在高帝初叶，悼惠未封之前。且临淄犹当年秦郡之名也。始皇灭国置郡，无即以其国名名之者，何独临淄乃称齐郡？然则汉之初郡必袭秦名，则班固以齐即为秦郡、而不云故临淄郡者，非也。”今案王说非是。秦始皇灭国置郡，有即以其国名名之者，如楚郡是也，如邯郸郡亦是。时人常以邯郸称赵国，如《竹书纪年》即如此。临淄原亦称为齐城，《孙膑兵法·擒庞涓》篇即称临淄为齐城，盖临淄南郊有水名齐，亦称天齐渊，《水经·淄水注》引《地理风俗记》曰：“齐之所以为齐者，即天齐渊也。”

琅邪，山名也，越王句践之故国也。……秦始皇二十六年灭齐以为郡，城即秦皇之所筑也。（《水经·潍水注》）

案：《汉书·地理志》云：“琅邪郡，秦置。”

廿六年蜀守武造，东工师宦、丞耒，工□。（二十六年蜀守武戈刻铭，此戈一九七二年四川涪陵县小田溪战国墓中出土。见《文物》一九七四年第五期清理简报）

案：详见《文物》一九七六年第七期童恩正、龚廷万《从四川两件铜戈的铭文看秦灭巴蜀后统一文字的措施》。

秦初并天下，令丞相、御史曰：“异日韩王纳地效玺，请为藩臣，已而倍约（“倍”读作“背”），与赵合从畔秦，故兴兵诛之，虏其王。寡人以为善，庶几息兵革。赵王使其相李牧来约盟，故归其质子，已而倍盟，反我太原，故兴兵诛之，得其王。赵公子嘉乃自立为代王，故举兵灭之。魏王始约服入秦，已而与韩、赵谋袭秦，秦兵吏诛，遂破之。荆王献青阳以西，已而畔约，击我南郡，故发兵诛，得其王，遂定其荆地。燕王昏乱，其太子丹乃阴令荆轲为贼，兵吏诛，灭其国。齐王用后胜计，绝秦使，欲为乱，兵吏诛，虏其王，平齐地。寡人以眇眇之身，兴兵诛暴乱，赖宗庙之灵（《史记会注考证》：“枫、三、南本‘灵’上有‘神’

字”)，六王咸伏其辜，天下大定。今名号不更，无以称成功，传后世，其议帝号。”丞相绾、御史大夫劫、廷尉斯等皆曰(《索隐》:“绾”姓“王”,“劫”姓“冯”):“昔者五帝地方千里，其外侯服夷服，诸侯或朝或否，天子不能制。今陛下兴义兵，诛残贼，平定天下，海内为郡县，法令由一统，自上古以来未尝有，五帝所不及。”臣等谨与博士议曰:“古有天皇，有地皇，有泰皇，泰皇最贵。臣等昧死上尊号，王曰‘泰皇’，命为‘制’，令为‘诏’，天子自称曰‘朕’。”王曰:“去‘泰’，著‘皇’，采上古‘帝’位号，号曰‘皇帝’，他如议。”制曰:“可。”追尊庄襄王为太上皇。制曰:“朕闻太古有号毋谥，中古有号，死而以行为谥，如此则子议父、臣议君也，甚无谓，朕弗取焉。自今已来，除谥法，朕为始皇帝，后世以计数，二世、三世至于万世，传之无穷。”始皇推终始五德之传，以为周得火德，秦代周德，从所不胜。方今水德之始，改年始，朝贺皆自十月朔。衣服旄旌节旗，皆上黑。数以六为纪，符、法冠皆六寸，而舆六尺，六尺为步，乘六马。更名河曰德水，以为水德之始。刚毅戾深，事皆决于法；刻削毋仁恩和义，然后合五德之数。于是急法，久者不赦。丞相绾等言:“诸侯初破，燕、齐、荆地远，不为置王，毋以填之。请立诸子，唯上幸许。”始皇下其议于群臣，群臣皆以为便。廷尉李斯议曰:“周文、武所封子弟同姓甚众，然后属疏远，相攻击如仇雠，诸侯更相诛伐，周天子弗能禁止。今海内赖陛下神灵一统，皆为郡县，诸子功臣以公赋税重赏赐之，甚足为制。天下无异意，则安宁之术也。置诸侯不便。”始皇曰:“天下共苦战斗不休，以有侯王。赖宗庙，天下初定，又复立国，是树兵也，而求其宁息，岂不难哉！廷尉议是。”分天下以为三十六郡，郡置守、尉、监。更名民曰“黔首”。大酺。收天下兵，聚之咸阳，销以为鍾鐻金人十二(“鍾”读作“鐘”,“鐻”读作“虡”)，重各千石，置宫廷中（“宫廷”原作“廷宫”。《史记会注考证》云：“凌稚隆引一本云廷宫作宫廷，与《太平御览》、《文选·注》所引合，《资治通鉴》亦作宫廷。”今据以改正）。一法度衡石丈尺。车同轨。书同文字，地东至海暨朝鲜，西至临洮、羌中，南至北向户，北据河为塞，并阴山至辽东。徙天下豪富于咸阳十二万户。诸庙及章台、上林皆在渭南。秦每破诸侯，写放其宫室（叶昌炽以为“写”乃“象”之误，不确），作之咸阳北阪上，南临渭，自雍门以东至泾、渭，殿屋复道周阁相属，所得诸侯美人钟鼓以充入之。（《秦始皇本纪》）

收天下兵（原注：“古以铜为兵”），聚之咸阳，销以为钟鐻，高三丈。钟小者皆千石也（“钟”下脱“鐻”字）。销锋镝以为金人十二，以弱天下之人（“人”字原当作“民”，盖唐人避讳而改作“人”），立于宫门（原注：《三辅旧事》云：“铸金狄人，立阿房殿前”）。坐高三丈，铭其后曰：“皇帝二十六年初兼天下，改诸侯为郡县，一法律，同度量。”大人来见临洮，其大五丈，足迹六尺。铭李斯篆，蒙恬书。（《三辅黄图·秦宫》“朝宫”下，《汉书·王莽传下》云：莽梦长乐宫铜人五枚起立，莽恶之，念铜人铭曰：“皇帝初兼天下之文，即使尚方工镌灭所梦铜人膺文。”《汉书·五行志》云：“有大人长五丈，足履六尺，皆夷狄服，凡十二人，见于临洮，喜以为瑞，故铸而象之。”《史记·正义》引谢承《后汉书》云：“铜人，翁仲其名也。”又引《三辅旧事》云：“聚天下兵器，铸铜人十二，各重二十四万斤。汉世在长乐宫门。”又引《魏书·董卓传》云：“椎破铜人十及钟鐻，以铸小钱。”又引《关中记》云：“董卓坏铜人，余二枚，徙清门里，魏明帝欲将诣洛，载至霸城，重不可致，后石季龙徙之邺，苻坚又徙入长安而销之。”《长安志》引《三辅旧事》云：“秦作铜人，立在阿房殿前，汉徙著长乐宫大夏殿前。”又引《关中记》云：“长乐宫殿前铜人,其胸前铭,李斯篆,蒙恬书也。"《水经·渭水注》亦云:"魏明帝景初元年徙长安金狄,重不可致,因留霸城南。")

案:《秦始皇本纪》称"收天下兵,聚之咸阳,销以为鍾鐻金人十二","鍾"当读作"鐘"(钟),"钟鐻金人"当连续,即谓用作钟虡之金人。或以钟虡与金人为二物,大谬。《太史公自序》云:"始皇既立,并兼六国,销锋铸鐻,维偃干革,尊号为帝,矜武任力。"所谓"销锋铸鐻",即指收天下兵销以为钟鐻金人。秦、汉时,朝宫与宗庙前,皆建有钟虡而悬挂大钟,以便鸣钟而举行朝礼。《续汉书·礼仪志》述"上陵礼"云:"钟鸣,谒者治礼引客,群臣就位如仪。"《三辅黄图》记汉高祖庙,引《关辅记》曰:"秦庙中钟四枚,皆在汉高祖庙中。"又引《三辅旧事》云:"高庙钟重十二万斤。"又引《汉旧仪》曰:"高祖庙钟十枚,各受十石,撞之声闻百里。"可知汉朝宫前之钟鐻,取自秦之朝宫,汉高祖庙前之钟鐻,亦取自秦庙。高庙钟鐻重十二万斤,正合千石,正与十二钟鐻金人"各重千石"相当。如其记载不误,则秦始皇二十七年所建极庙亦有少数高大之钟鐻。梁玉绳云:"《正义》引《三辅旧事》云:铜人各二十四万斤,考《黄图》云:钟鐻高三丈,钟小者皆千石,则知千石者钟鐻重数,史误并之,又失书金人之重耳。"其说非是。此误分钟鐻与金人为二物。其实此为"钟鐻金人"之重量。十二钟虡所悬挂之钟,当为"编钟"性质,编钟十二枚大小不同,依次排列,钟虡金人十二座亦大小轻重不同,其小者重千石,即十二万斤,其大者重二千石,即二十四万斤。因而《三辅旧事》所记与《史记》有所不同。《汉书·五行志》称有大人长五丈皆夷狄服见于临洮,《三辅旧事》称"铸金狄人",秦始皇所铸用作钟虡之铜人，置于朝宫之前者，所以铸成狄人形像，穿夷狄服，欲以表示天下一统，四裔皆已服属，与金人铭文“初兼天下”云云，用意相同。至于大人见于临洮，乃附会之神怪传说耳。当铸造十二钟虡金人时，尚未建阿房宫。十二钟虡金人原当在咸阳宫宫门，及起建阿房宫，乃立于阿房宫宫门。

按秦始皇二十六年长狄十二见于临洮，长五丈余，以为善祥，铸金人十二以象之，各重二十四万斤，坐之宫门之前，谓之金狄。皆铭其胸云：“皇帝二十六年初兼天下，以为郡县，正法律，同度量。”大人来见临洮，身长五丈，足六尺。李斯书也，故卫恒《叙篆》曰：“秦之李斯，号为工篆，诸山碑及铜人铭，皆斯书也。”汉自阿房徙之未央宫前，俗谓之翁仲矣。地皇二年王莽梦铜人泣，恶之，念铜人铭有皇帝初兼天下文，使尚方工镌灭所梦铜人膺文。后董卓毁其九为钱，其在者三，魏明帝欲徙之洛阳，重不可胜，至霸水西停之。《汉晋春秋》曰：“或言金狄泣，故留之。石虎取置邺宫，苻坚又徙之长安，毁二为钱，其一未至而苻坚乱，百姓推置陕北河中，于是金狄灭。”（《水经·河水注》）

案：《洪范五行传》论之曰：“《史记》秦始皇二十六年有大人长五丈、足履六尺，皆夷狄服，凡十二人，见于临洮。天戒若曰：勿大为夷狄之行，将受其祸。是岁始皇初并六国，反喜为瑞，销天下兵器作金人十二以象之，遂自贤圣，燔《诗》、《书》，坑儒士，奢淫暴虐，务欲广地，南戍五岭，北筑长城，以备胡、越。堑山填谷，西起临洮，东至辽东，径数千里，故大人见于临洮，明祸乱之起。后十四年而秦亡。”此以天示灾异之说加以附会。

廿六年皇帝尽并兼天下诸侯，黔首大安，立号为皇帝。乃诏丞相状、绾：灋(法)度量则，不壹歉疑者("歉"读作"嫌")，皆明壹之。(上文多刻于量器或衡器上，或作诏版分发各地，钉于经校验之量器或衡器上，见《中国古代度量衡图集》)

案：《秦始皇本纪》载二十八年琅邪台石刻，后附有从臣姓名，述及"丞相隗林、丞相王绾"，"林"即"状"字之误，可知此云丞相状，即隗状。此二十六年诏书，最先著录于《颜氏家训·书证》，称："开皇二年五月长安民掘得秦时铁称权，旁有铜涂镌铭二所……余被敕写读之，与内史令李德林对，见此称权，今在官库，其'丞相状'字，为状貌之状，爿旁加犬，则知俗作'隗林'非也，当作'隗状'耳。"《琅邪台刻石》云："端平法度，万物之纪"，又云："器械一量，同书文字。"可知此诏所谓"法度量则"，"法度"乃指法制，"量则"乃指度量衡器。此与上引十二金人铭文作"一法律，同度量"，用意相同，亦即《秦始皇本纪》所谓："法令由一统"，"一法度衡石丈尺"。

始皇穷极奢侈，筑咸阳宫，因北陵营殿，端门四达，以则紫宫，象帝居。渭水贯都，以象天汉；横桥南渡，以法牵牛。桥广六丈，南北二百八十步，六十八间，八百五十柱，二百一十二梁，桥之南北堤，激立石柱。(《三辅黄图》"咸阳故城"，《史记·孝文本纪·正义》引《三辅旧事》云："秦于渭南有兴乐宫，渭北有咸阳宫，秦昭王欲通二宫之间，造横桥长三百八十步"，以横桥为秦昭王所造，与《三辅黄图》不同)

附录　列国纪年订正表

司马迁作《六国年表》，踵《春秋》之后，表六国时事。所谓六国乃时代名称，即指战国时代。其后班固著《汉书·艺文志》，常以"六国时"指战国时代。《六国年表》排比周、秦、魏、韩、赵、燕、田齐之纪年，成为一表，并以晋附于魏，齐附于田齐，鲁附于楚，宋附于田齐，郑附于韩，卫附于魏，蔡附于楚等，共列十五国之纪年。本表依此而作，颇有订正，以便考核本书所载编年之史料。兹定表例如下：

一、表起于周定王元年（公元前四六八年），上接《左传》之终年，下迄秦王政（始皇帝）二十六年（公元前二二一年）秦灭六国完成统一。本书所辑录疏证之编年史料，即此二百四十八年间之记事。

二、表先列公元，下列周、秦、魏、韩、赵、燕、田齐、宋、越之纪年，并附列齐、晋之纪年，以便考核。鲁、郑、卫、蔡等国，因不重要而省略。

三、表中周、秦、楚、齐之纪年，皆按《六国年表》而未有变动，《秦本纪·索隐》引《纪年》，谓秦简公与惠公间有敬公一代，因无确证，未据改，仅加说明。

四、《六国年表》于魏、田齐、宋三表纪年错误最多。韩表于哀侯以下懿侯、昭侯年世亦略误后。赵表于简子、襄子间年世有误，于烈侯年世中又误多武公一代。燕表中成公、孝公年世亦有误，晋自出公以下多误。今悉依《古本竹书纪年》考核改正。

五、司马迁据《秦记》以表六国时事，《秦本纪》所载最为确实，其次于《赵世家》之所记，亦较其他世家为确。盖其时赵之牒记尚有存者。其于越之记述，最为疏误，所记楚灭越之年代亦不确，今亦用可靠史料加以订正。

六、本表所列世次年数，凡已订正《六国年表》之错误者，皆按新订正者记载。其原有错误之世次年数，则以阿拉伯数字，并加括号［（　）］，附注于下，以便考核，并在“说明”中略作解释，详见《引论》下篇《列国纪年之考订》。

七、战国时，各国所用历法不同，三晋用夏历，其他国家或用周历。秦自昭王四十二年（公元前二六四年）起，改用十月岁首之颛顼历，至昭王四十九年恢复以正月为岁首。但仍沿用颛顼历之月日干支，至秦王政二十六年完成统一，再改用十月为岁首。

公元前	周	秦	魏	韩	赵	楚	燕	田齐	宋	越	齐	晋	说　明
468	定王元	厉共公九			襄子(简子)八(50)	惠王二十一	孝公(献公)二十五		昭公(景公)元(49)	句践二十九	平公十三	出公七	据《左传》，赵简子卒于鲁哀公二年（公元前四七六年）。宋景公卒于鲁哀公二十六年（公元前四六九年）。
467	二	十			九(51)	二十二	二十六		二(50)	三十	十四	八	
466	三	十一			十(52)	二十三	二十七		三(51)	三十一	十五	九	
465	四	十二			十一(53)	二十四	二十八		四(52)	三十二	十六	十	《史记》于燕简公之后有献公二十八年、孝公十五年，而《纪年》简公后次孝公，无献公。
464	五	十三			十二(54)	二十五	二十九(元)		五(53)	三十三	十七	十一	《纪年》谓句践卒于晋出公十年十一月，于周正已是翌年正月。
463	六	十四			十三(55)	二十六	三十(2)		六(54)	与夷元	十八	十二	与夷见《越绝书》，《史记》作鼫与，《纪年》作鹿郢。
462	七	十五			十四(56)	二十七	三十一(3)		七(55)	二	十九	十三	

续上表

公元前	周	秦	魏	韩	赵	楚	燕	田齐	宋	越	齐	晋	说　　明
461	八	十六			十五 (57)	二十八	三十二 (4)		八 (56)	三	二十	十四	
460	九	十七			十六 (58)	二十九	三十三 (5)		九 (57)	四	二十一	十五	
459	十	十八			十七 (59)	三十	三十四 (6)		十 (58)	五	二十二	十六	
458	十一	十九			十八 (60)	三十一	三十五 (7)		十一 (59)	六	二十三	十七	《纪年》谓晋出公二十三年奔楚,《晋世家》误作十七年奔齐。
457	十二	二十			十九 (元)	三十二	三十六 (8)		十二 (60)	不寿 元	二十四	十八	
456	十三	二十一			二十 (2)	三十三	三十七 (9)		十三 (61)	二	二十五	十九 (哀公) (元)	《晋世家》谓出公出奔乃立昭公曾孙骄为哀公。《赵世家》又作立昭公曾孙骄为懿公。《纪年》又谓立昭公孙为敬公。盖一人而三谥。《六国表》误分哀公、懿公为二人。见《晋世家·索隐》与《六国表·正义》所引《年表》。今本《六国表》脱懿公一代。

续上表

公元前	周	秦	魏	韩	赵	楚	燕	田齐	宋	越	齐	晋	说　明
455	十四	二十二			二十一(3)	三十四	三十八(10)		十四(62)	三	宣公元	二十(2)	
454	十五	二十三			二十二(4)	三十五	成公元(11)		十五(63)	四	二	二十一(懿公)(元)	
453	十六	二十四			二十三(5)	三十六	二(12)		十六(64)	五	三	二十二(2)	
452	十七	二十五			二十四(6)	三十七	三(13)		十七(65)	六	四	二十三(3)	《纪年》谓晋出公二十三年奔楚，乃立敬公。
451	十八	二十六			二十五(7)	三十八	四(14)		十八(66)	七	五	敬公元(4)	
450	十九	二十七			二十六(8)	三十九	五(15)		十九(昭公)(元)	八	六	二(5)	
449	二十	二十八			二十七(9)	四十	六(元)		二十(2)	九	七	三(6)	
448	二十一	二十九			二十八(10)	四十一	七(2)		二十一(3)	十	八	四(7)	
447	二十二	三十			二十九(11)	四十二	八(3)		二十二(4)	朱句元	九	五(8)	

续上表

公元前	周	秦	魏	韩	赵	楚	燕	田齐	宋	越	齐	晋	说明
446	二十三	三十一			三十 (12)	四十三	九 (4)		二十三 (5)	二	十	六 (9)	《晋世家·索隐》引《纪年》，魏文侯初立，在敬公十八年。雷学淇、王国维皆谓“十八”二字乃“六”字之误。
445	二十四	三十二	文侯元		三十一 (13)	四十四	十 (5)		二十四 (6)	三	十一	七 (10)	
444	二十五	三十三	二		三十二 (14)	四十五	十一 (6)		二十五 (7)	四	十二	八 (11)	
443	二十六	三十四	三		三十三 (15)	四十六	十二 (7)		二十六 (8)	五	十三	九 (12)	
442	二十七	躁公元	四		三十四 (16)	四十七	十三 (8)		二十七 (9)	六	十四	十 (13)	
441	二十八	二	五		三十五 (17)	四十八	十四 (9)		二十八 (10)	七	十五	十一 (14)	
440	考王元	三	六		三十六 (18)	四十九	十五 (10)		二十九 (11)	八	十六	十二 (15)	
439	二	四	七		三十七 (19)	五十	十六 (11)		三十 (12)	九	十七	十三 (16)	

续上表

公元前	周	秦	魏	韩	赵	楚	燕	田齐	宋	越	齐	晋	说明
438	三	五	八		三十八(20)	五十一	闵公元(12)		三十一(13)	十	十八	十四(17)	燕闵公,《史记》作湣公,《纪年》误作文公。《纪年》谓燕简公立十三年三晋为侯,则简公元年在周威烈王十二年。《纪年》又谓文公(即闵公之误)二十四年卒,可知闵公元年在周考王三年。
437	四	六	九		三十九(21)	五十二	二(13)		三十二(14)	十一	十九	十五(幽公)(元)	
436	五	七	十		四十(22)	五十三	三(14)		三十三(15)	十二	二十	十六(2)	
435	六	八	十一		四十一(23)	五十四	四(15)		三十四(16)	十三	二十一	十七(3)	
434	七	九	十二		四十二(24)	五十五	五(16)		三十五(17)	十四	二十二	十八(4)	
433	八	十	十三		四十三(25)	五十六	六(滑公)(元)		三十六(18)	十五	二十三	幽公元(5)	

续上表

公元前	周	秦	魏	韩	赵	楚	燕	田齐	宋	越	齐	晋	说明
432	九	十一	十四		四十四(26)	五十七	七(2)		三十七(19)	十六	二十四	二(6)	
431	十	十二	十五		四十五(27)	简王元	八(3)		三十八(20)	十七	二十五	三(7)	
430	十一	十三	十六		四十六(28)	二	九(4)		三十九(21)	十八	二十六	四(8)	
429	十二	十四	十七		四十七(29)	三	十(5)		四十(22)	十九	二十七	五(9)	
428	十三	怀公元	十八		四十八(30)	四	十一(6)		四十一(23)	二十	二十八	六(10)	
427	十四	二	十九		四十九(31)	五	十二(7)		四十二(24)	二十一	二十九	七(11)	
426	十五	三	二十		五十(32)	六	十三(8)		四十三(25)	二十二	三十	八(12)	
425	威烈王元	四	二十一		桓子元(33)	七	十四(9)		四十四(26)	二十三	三十一	九(13)	
424	二	灵公元	二十二(文侯)(元)	武子元	献侯(桓子)元	八	十五(10)		四十五(27)	二十四	三十二	十(14)	《史记》称魏文侯在位三十八年,《纪年》作五十年,其纪元《史记》误后二十一年。

续上表

公元前	周	秦	魏	韩	赵	楚	燕	田齐	宋	越	齐	晋	说　明
423	三	二	二十三 (2)	二	二 (元)	九	十六 (11)		四十六 (28)	二十五	三十三	十一 (15)	
422	四	三	二十四 (3)	三	三 (2)	十	十七 (12)		四十七 (29)	二十六	三十四	十二 (16)	
421	五	四	二十五 (4)	四	四 (3)	十一	十八 (13)		四十八 (30)	二十七	三十五	十三 (17)	
420	六	五	二十六 (5)	五	五 (4)	十二	十九 (14)		四十九 (31)	二十八	三十六	十四 (18)	
419	七	六	二十七 (6)	六	六 (5)	十三	二十 (15)		五十 (32)	二十九	三十七	十五 (烈公) (元)	
418	八	七	二十八 (7)	七	七 (6)	十四	二十一 (16)		五十一 (33)	三十	三十八	十六 (2)	
417	九	八	二十九 (8)	八	八 (7)	十五	二十二 (17)		五十二 (34)	三十一	三十九	十七 (3)	
416	十	九	三十 (9)	九	九 (8)	十六	二十三 (18)		五十三 (35)	三十二	四十	十八 (4)	《晋世家》称幽公十八年，淫妇人，盗杀幽公，《索隐》云："《纪年》云夫人秦嬴贼公于高寝之上。"未言年代有不同，可知《纪年》亦作十八年。

续上表

公元前	周	秦	魏	韩	赵	楚	燕	田齐	宋	越	齐	晋	说　　明
415	十一	十	三十一(10)	十	十(9)	十七	二十四(19)		五十四(36)	三十三	四十一	烈公元(5)	
414	十二	简公元	三十二(11)	十一	十一(10)	十八	简公元(20)		五十五(37)	三十四	四十二	二(6)	
413	十三	二	三十三(12)	十二	十二(11)	十九	二(21)		五十六(38)	三十五	四十三	三(7)	
412	十四	三	三十四(13)	十三	十三(12)	二十	三(22)		五十七(39)	三十六	四十四	四(8)	
411	十五	四	三十五(14)	十四	十四(13)	二十一	四(23)		五十八(40)	三十七	四十五	五(9)	《纪年》谓齐宣公四十五年田庄子卒。
410	十六	五	三十六(15)	十五	十五(14)	二十二	五(24)	悼子元	五十九(41)	翳元	四十六	六(10)	《史记》脱田悼子一代，今据《纪年》增补。
409	十七	六	三十七(16)	十六	十六(15)	二十三	六(25)	二	六十(42)	二	四十七	七(11)	
408	十八	七	三十八(17)	景侯元	烈侯元	二十四	七(26)	三	六十一(43)	三	四十八	八(12)	
407	十九	八	三十九(18)	二	二	声王元	八(27)	四	六十二(44)	四	四十九	九(13)	

续上表

公元前	周	秦	魏	韩	赵	楚	燕	田齐	宋	越	齐	晋	说　　明
406	二十	九	四十 (19)	三	三	二	九 (28)	五	六十三 (45)	五	五十	十 (14)	《纪年》云秦简公九年卒,次敬公立,十二年卒,乃立惠公。据此则惠公仅有七年。
405	二十一	十	四十一 (20)	四	四	三	十 (29)	六	六十四 (46)	六	五十一	十一 (15)	《水经·瓠水注》引《纪年》:"晋烈公十一年田悼子卒,公孙会以廪丘叛于赵",《田世家·索隐》引《纪年》"宣公五十一年公孙会以廪丘叛于赵"。《六国表》、《田世家》同。可知晋烈公十一年当齐宣公五十一年。
404	二十二	十一	四十二 (21)	五	五	四	十一 (30)	和子 元	六十五 (47)	七	康公 元	十二 (16)	
403	二十三	十二	四十三 (22)	六	六	五	十二 (31)	二	悼公 元	八	二	十三 (17)	
402	二十四	十三	四十四 (23)	七	七	六	十三 (釐公) (元)	三	二	九	三	十四 (18)	《燕世家·索隐》引《纪年》,简公十三年而三晋命邑为诸侯。
401	安王 元	十四	四十五 (24)	八	八	悼王 元	十四 (2)	四	三	十	四	十五 (19)	

续上表

公元前	周	秦	魏	韩	赵	楚	燕	田齐	宋	越	齐	晋	说明
400	二	十五	四十六 (25)	九	九	二	十五 (3)	五	四	十一	五	十六 (20)	《秦本纪》云简公十六年卒。而《六国表》作十五年。
399	三	惠公 元	四十七 (26)	列侯 元	十 (武公) (元)	三	十六 (4)	六	五	十二	六	十七 (21)	《史记》误多赵武公一代。谯周云:《世本》及说赵语者并无其事。
398	四	二	四十八 (27)	二	十一 (2)	四	十七 (5)	七	六	十三	七	十八 (22)	韩列侯,《史记·索隐》引《世本》作武侯。
397	五	三	四十九 (28)	三	十二 (3)	五	十八 (6)	八	七	十四	八	十九 (23)	
396	六	四	五十 (29)	四	十三 (4)	六	十九 (7)	九	八	十五	九	二十 (24)	
395	七	五	武侯 元 (30)	五	十四 (5)	七	二十 (8)	十	九 (休公) (元)	十六	十	二十一 (25)	《纪年》谓魏武侯元年当赵烈侯十四年,《史记》魏武侯元年误后九年。《史记》宋休公误前十年。
394	八	六	二 (31)	六	十五 (6)	八	二十一 (9)	十一	十 (2)	十七	十一	二十二 (26)	
393	九	七	三 (32)	七	十六 (7)	九	二十二 (10)	十二	十一 (3)	十八	十二	二十三 (27)	

续上表

公元前	周	秦	魏	韩	赵	楚	燕	田齐	宋	越	齐	晋	说　明
392	十	八	四 (33)	八	十七 (8)	十	二十三 (11)	十三	十二 (4)	十九	十三	二十四 (孝公) (元)	
391	十一	九	五 (34)	九	十八 (9)	十一	二十四 (12)	十四	十三 (5)	二十	十四	二十五 (2)	
390	十二	十	六 (35)	十	十九 (10)	十二	二十五 (13)	十五	十四 (6)	二十一	十五	二十六 (3)	
389	十三	十一	七 (36)	十一	二十 (11)	十三	二十六 (14)	十六	十五 (7)	二十二	十六	二十七 (4)	
388	十四	十二	八 (37)	十二	二十一 (12)	十四	二十七 (15)	十七	十六 (8)	二十三	十七	桓公 元 (5)	
387	十五	十三	九 (38)	十三	二十二 (13)	十五	二十八 (16)	十八	十七 (9)	二十四	十八	二 (6)	韩文侯,《索隐》云:“《纪年》无文侯,《世本》无列侯。”
386	十六	出子 元	十 (武侯) (元)	文侯 元	敬侯 元	十六	二十九 (17)	元	十八 (10)	二十五	十九	三 (7)	《史记》谓是年田和列为诸侯改称元年。 《纪年》谓宋悼公为十八年。

续上表

公元前	周	秦	魏	韩	赵	楚	燕	田齐	宋	越	齐	晋	说明
385	十七	二	十一 (2)	二	二	十七	三十 (18)	二	休公 元 (11)	二十六	二十	四 (8)	是年宋悼公为韩执去，休公于立年改元。 秦献公杀出子而继立，于立年改元，因而《秦本纪》谓二十四年卒，《六国表》仅二十三年。
384	十八	献公 元	十二 (3)	三	三	十八	三十一 (19)	侯剡 元 (桓公) (元)	二 (12)	二十七	二十一	五 (9)	《史记》谓上年田和卒，是年为田桓公元年，据《纪年》，当为侯剡元年。《史记》脱侯剡一代。
383	十九	二	十三 (4)	四	四	十九	三十二 (20)	二 (2)	三 (13)	二十八	二十二	六 (10)	
382	二十	三	十四 (5)	五	五	二十	三十三 (21)	三 (3)	四 (14)	二十九	二十三	七 (11)	
381	二十一	四	十五 (6)	六	六	二十一	三十四 (22)	四 (4)	五 (15)	三十	二十四	八 (12)	
380	二十二	五	十六 (7)	七	七	肃王 元	三十五 (23)	五 (5)	六 (16)	三十一	二十五	九 (13)	
379	二十三	六	十七 (8)	八	八	二	三十六 (24)	六 (6)	七 (17)	三十二	二十六	十 (14)	《史记》既误脱侯剡一代十年，又误田桓公十八年为六年，因而误将齐威王移前二十一年。

续上表

公元前	周	秦	魏	韩	赵	楚	燕	田齐	宋	越	齐	晋	说　　明
378	二十四	七	十八 (9)	九	九	三	三十七 (25)	七 (威王) (元)	八 (18)	三十三		十一 (15)	
377	二十五	八	十九 (10)	十	十	四	三十八 (26)	八 (2)	九 (19)	三十四		十二 (静公) (元)	
376	二十六	九	二十 (11)	哀侯 元	十一	五	三十九 (27)	九 (3)	十 (20)	三十五		十三 (2)	
375	烈王 元	十	二十一 (12)	二	十二	六	四十 (28)	十 (4)	十一 (21)	三十六		十四	
374	二	十一	二十二 (13)	懿侯 元 (3)	成侯 元	七	四十一 (29)	桓公 元 (5)	十二 (22)	孚错枝		十五	据《纪年》，韩哀侯见杀在此年，懿侯继位，于立年改元。《史记》误后三年。
373	三	十二	二十三 (14)	二 (4)	二	八	四十二 (30)	二 (6)	十三 (23)	初无余之立		十六	《纪年》称越大夫寺区平乱后立初无余之。
372	四	十三	二十四 (15)	三 (5)	三	九	桓公 元	三 (7)	十四 (辟公) (元)	初无余之 元		十七	《史记》宋辟公当从《纪年》作桓侯，其元年应移后十年。

续上表

公元前	周	秦	魏	韩	赵	楚	燕	田齐	宋	越	齐	晋	说　明
371	五	十四	二十五(16)	四(6)	四	十	二	四(8)	十五(2)	二		十八	
370	六	十五	二十六(惠王)(元)	五(庄侯)(元)	五	十一	三	五(9)	十六(3)	三		十九	魏惠王纪元,《史记》误前一年。《纪年》云:“梁惠成王元年昼晦”,与《六国表》谓秦献公十六年“日蚀”,盖同指一事。《六国表》韩庄侯即懿侯,误后五年。
369	七	十六	惠王元(2)	六(2)	六	宣王元	四	六(10)	十七(剔成)(元)	四		二十	剔成即司城子罕,其杀君自立在周显王十四年或稍后,误前十五年。
368	显王元	十七	二(3)	七(3)	七	二	五	七(11)	十八(2)	五			
367	二	十八	三(4)	八(4)	八	三	六	八(12)	十九(3)	六			
366	三	十九	四(5)	九(5)	九	四	七	九(13)	二十(4)	七			
365	四	二十	五(6)	十(6)	十	五	八	十(14)	二十一(5)	八			

续上表

公元前	周	秦	魏	韩	赵	楚	燕	田齐	宋	越	齐	晋	说　明
364	五	二十一	六 (7)	十一 (7)	十一	六	九	十一 (15)	二十二 (6)	九			
363	六	二十二	七 (8)	十二 (8)	十二	七	十	十二 (16)	二十三 (7)	十			《史记》谓韩懿侯在位十二年不误，惟卒年误后四年。
362	七	二十三	八 (9)	昭侯 元 (9)	十三	八	十一	十三 (17)	桓侯 元 (8)	十一			《赵世家》载是年赵成侯与韩昭侯遇上党。
361	八	孝公 元	九 (10)	二 (10)	十四	九	文公 元	十四 (18)	二 (9)	十二			
360	九	二	十 (11)	三 (11)	十五	十	二	十五 (19)	三 (10)	无颛 元			《纪年》谓初无余之十二年见杀，次无颛立。
359	十	三	十一 (12)	四 (12)	十六	十一	三	十六 (20)	四 (11)	二			
358	十一	四	十二 (13)	五 (昭侯) (元)	十七	十二	四	十七 (21)	五 (12)	三			
357	十二	五	十三 (14)	六 (2)	十八	十三	五	十八 (22)	六 (13)	四			《纪年》谓齐威王立于齐桓公十八年。当梁惠王十三年。

续上表

公元前	周	秦	魏	韩	赵	楚	燕	田齐	宋	越	齐	晋	说　明
356	十三	六	十四 (15)	七 (3)	十九	十四	六	威王元 (23)	七 (14)	五			《纪年》谓魏惠王十四年宋桓侯与鲁、卫、韩君来朝。
355	十四	七	十五 (16)	八 (4)	二十	十五	七	二 (24)	司城子罕元 (15)	六			司城子罕即易城盰或剔成,亦即皇喜,杀桓侯而自立。
354	十五	八	十六 (17)	九 (5)	二十一	十六	八	三 (25)	二 (16)	七			
353	十六	九	十七 (18)	十 (6)	二十二	十七	九	四 (26)	三 (17)	八			
352	十七	十	十八 (19)	十一 (7)	二十三	十八	十	五 (27)	四 (18)	九			
351	十八	十一	十九 (20)	十二 (8)	二十四	十九	十一	六 (28)	五 (19)	十			
350	十九	十二	二十 (21)	十三 (9)	二十五	二十	十二	七 (29)	六 (20)	十一			
349	二十	十三	二十一 (22)	十四 (10)	肃侯元	二十一	十三	八 (30)	七 (21)	十二			

续上表

公元前	周	秦	魏	韩	赵	楚	燕	田齐	宋	越	齐	晋	说　　明
348	二十一	十四	二十二 (23)	十五 (11)	二	二十二	十四	九 (31)	八 (22)	十三			
347	二十二	十五	二十三 (24)	十六 (12)	三	二十三	十五	十 (32)	九 (23)	十四			
346	二十三	十六	二十四 (25)	十七 (13)	四	二十四	十六	十一 (33)	十 (24)	十五			
345	二十四	十七	二十五 (26)	十八 (14)	五	二十五	十七	十二 (34)	十一 (25)	十六			
344	二十五	十八	二十六 (27)	十九 (15)	六	二十六	十八	十三 (35)	十二 (26)	十七			
343	二十六	十九	二十七 (28)	二十 (16)	七	二十七	十九	十四 (36)	十三 (27)	十八			《越世家·索隐》引《纪年》，谓无颛卒后十年楚伐徐州(指楚威王伐徐州)，可知无颛卒于此年。《索隐》又引《纪年》云："无颛八年薨"，"八"上当脱"十"字。
342	二十七	二十	二十八 (29)	二十一 (17)	八	二十八	二十	十五 (宣王) (元)	十四 (28)	无彊 元			《史记》齐宣王纪元误前二十三年。

续上表

公元前	周	秦	魏	韩	赵	楚	燕	田齐	宋	越	齐	晋	说　明
341	二十八	二十一	二十九(30)	二十二(18)	九	二十九	二十一	十六(2)	十五(29)	二			
340	二十九	二十二	三十(31)	二十三(19)	十	三十	二十二	十七(3)	十六(30)	三			
339	三十	二十三	三十一(32)	二十四(20)	十一	威王元	二十三	十八(4)	十七(31)	四			
338	三十一	二十四	三十二(33)	二十五(21)	十二	二	二十四	十九(5)	十八(32)	五			
337	三十二	惠文王元	三十三(34)	二十六(22)	十三	三	二十五	二十(6)	十九(33)	六			
336	三十三	二	三十四(35)	二十七(23)	十四	四	二十六	二十一(7)	二十(34)	七			
335	三十四	三	三十五(36)	二十八(24)	十五	五	二十七	二十二(8)	二十一(35)	八			
334	三十五	四	惠王后元元(襄王)(元)	二十九(25)	十六	六	二十八	二十三(9)	二十二(36)	九			《纪年》称梁惠王三十六年改元,从一年始,梁惠王三十六年即后元元年,则未改元前实只三十五年。《史记》误作惠王三十六年卒,误以后元元年作襄王元年,于是梁惠王未改元前误多一年。

续上表

公元前	周	秦	魏	韩	赵	楚	燕	田齐	宋	越	齐	晋	说　明
333	三十六	五	二 (2)	三十 (26)	十七	七	二十九	二十四 (10)	二十三 (37)	十			
332	三十七	六	三 (3)	宣惠王 元	十八	八	易王 元	二十五 (11)	二十四 (38)	十一			
331	三十八	七	四 (4)	二	十九	九	二	二十六 (12)	二十五 (39)	十二			
330	三十九	八	五 (5)	三	二十	十	三	二十七 (13)	二十六 (40)	十三			
329	四十	九	六 (6)	四	二十一	十一	四	二十八 (14)	二十七 (41)	十四			
328	四十一	十	七 (7)	五	二十二	怀王 元	五	二十九 (15)	君偃 元	十五			
327	四十二	十一	八 (8)	六	二十三	二	六	三十 (16)	二	十六			
326	四十三	十二	九 (9)	七	二十四	三	七	三十一 (17)	三	十七			
325	四十四	十三	十 (10)	八	武灵王 元	四	八	三十二 (18)	四	十八			

续上表

公元前	周	秦	魏	韩	赵	楚	燕	田齐	宋	越	齐	晋	说　明
324	四十五	更元元	十一(11)	九	二	五	九	三十三(19)	五	十九			
323	四十六	二	十二(12)	十	三	六	十	三十四(湣王)(元)	六	二十			
322	四十七	三	十三(13)	十一	四	七	十一	三十五(2)	七	二十一			
321	四十八	四	十四(14)	十二	五	八	十二	三十六(3)	八	二十二			
320	慎靓王元	五	十五(15)	十三	六	九	王哙元	三十七(4)	九	二十三			《纪年》称齐威王卒于梁惠王后元十五年。
319	二	六	十六(16)	十四	七	十	二	宣王元(5)	十	二十四			
318	三	七	襄王元(哀王)(元)	十五	八	十一	三	二(6)	十一	二十五			秦王哙传位于相国子之。

续上表

公元前	周	秦	魏	韩	赵	楚	燕	田齐	宋	越	齐	晋	说　明
317	四	八	二(2)	十六	九	十二	子之元(4)	三(7)	十二	二十六			《燕策一》第九章称燕王哙三年以国传子之，子之三年燕国大乱，可知子之于王哙四年改元。《史记》失载。
316	五	九	三(3)	十七	十	十三	二(5)	四(8)	十三	二十七			
315	六	十	四(4)	十八	十一	十四	三(6)	五(9)	十四	二十八			
314	赧王元	十一	五(5)	十九	十二	十五	四(7)	六(10)	十五	二十九			
313	二	十二	六(6)	二十	十三	十六	五(8)	七(11)	十六	三十			
312	三	十三	七(7)	二十一	十四	十七	六(9)	八(12)	十七	三十一			
311	四	十四	八(8)	襄王元	十五	十八	昭王元	九(13)	十八	三十二			
310	五	武王元	九(9)	二	十六	十九	二	十(14)	十九	三十三			

续上表

公元前	周	秦	魏	韩	赵	楚	燕	田齐	宋	越	齐	晋	说　明
309	六	二	十 (10)	三	十七	二十	三	十一 (15)	二十	三十四			
308	七	三	十一 (11)	四	十八	二十一	四	十二 (16)	二十一	三十五			
307	八	四	十二 (12)	五	十九	二十二	五	十三 (17)	二十二	三十六			
306	九	昭王 元	十三 (13)	六	二十	二十三	六	十四 (18)	二十三	三十七			楚怀王灭越，设郡江东。《史记》误作楚威王时。
305	十	二	十四 (14)	七	二十一	二十四	七	十五 (19)	二十四				
304	十一	三	十五 (15)	八	二十二	二十五	八	十六 (20)	二十五				
303	十二	四	十六 (16)	九	二十三	二十六	九	十七 (21)	二十六				
302	十三	五	十七 (17)	十	二十四	二十七	十	十八 (22)	二十七				
301	十四	六	十八 (18)	十一	二十五	二十八	十一	十九 (23)	二十八				

续上表

公元前	周	秦	魏	韩	赵	楚	燕	田齐	宋	越	齐	晋	说　明
300	十五	七	十九(19)	十二	二十六	二十九	十二	湣王元(24)	二十九				
299	十六	八	二十(20)	十三	二十七	三十	十三	二(25)	三十				
298	十七	九	二十一(21)	十四	惠文王元	顷襄王元	十四	三(26)	三十一				
297	十八	十	二十二(22)	十五	二	二	十五	四(27)	三十二				
296	十九	十一	二十三(23)	十六	三	三	十六	五(28)	三十三				
295	二十	十二	昭王元	釐王元	四	四	十七	六(29)	三十四				
294	二十一	十三	二	二	五	五	十八	七(30)	三十五				
293	二十二	十四	三	三	六	六	十九	八(31)	三十六				
292	二十三	十五	四	四	七	七	二十	九(32)	三十七				

续上表

公元前	周	秦	魏	韩	赵	楚	燕	田齐	宋	越	齐	晋	说明
291	二十四	十六	五	五	八	八	二十一	十 (33)	三十八				
290	二十五	十七	六	六	九	九	二十二	十一 (34)	三十九				
289	二十六	十八	七	七	十	十	二十三	十二 (35)	四十				
288	二十七	十九	八	八	十一	十一	二十四	十三 (36)	四十一				
287	二十八	二十	九	九	十二	十二	二十五	十四 (37)	四十二				
286	二十九	二十一	十	十	十三	十三	二十六	十五 (38)	四十三				齐灭宋。
285	三十	二十二	十一	十一	十四	十四	二十七	十六 (39)					
284	三十一	二十三	十二	十二	十五	十五	二十八	十七 (40)					
283	三十二	二十四	十三	十三	十六	十六	二十九	襄王 元					
282	三十三	二十五	十四	十四	十七	十七	三十	二					

续上表

公元前	周	秦	魏	韩	赵	楚	燕	田齐	宋	越	齐	晋	说明
281	三十四	二十六	十五	十五	十八	十八	三十一	三					
280	三十五	二十七	十六	十六	十九	十九	三十二	四					
279	三十六	二十八	十七	十七	二十	二十	三十三	五					
278	三十七	二十九	十八	十八	二十一	二十一	惠王元	六					
277	三十八	三十	十九	十九	二十二	二十二	二	七					
276	三十九	三十一	安釐王元	二十	二十三	二十三	三	八					
275	四十	三十二	二	二十一	二十四	二十四	四	九					
274	四十一	三十三	三	二十二	二十五	二十五	五	十					
273	四十二	三十四	四	二十三	二十六	二十六	六	十一					
272	四十三	三十五	五	桓惠王元	二十七	二十七	七	十二					
271	四十四	三十六	六	二	二十八	二十八	武成王元	十三					是年燕相成安君公孙操杀惠王而立武成王。武成王于立年改元。
270	四十五	三十七	七	三	二十九	二十九	二	十四					
269	四十六	三十八	八	四	三十	三十	三	十五					

续上表

公元前	周	秦	魏	韩	赵	楚	燕	田齐	宋	越	齐	晋	说　明
268	四十七	三十九	九	五	三十一	三十一	四	十六					
267	四十八	四十	十	六	三十二	三十二	五	十七					
266	四十九	四十一	十一	七	三十三	三十三	六	十八					
265	五十	四十二	十二	八	孝成王元	三十四	七	十九					此年起，秦用颛顼历，以十月为岁首。
264	五十一	四十三	十三	九	二	三十五	八	王建元					
263	五十二	四十四	十四	十	三	三十六	九	二					
262	五十三	四十五	十五	十一	四	考烈王元	十	三					
261	五十四	四十六	十六	十二	五	二	十一	四					
260	五十五	四十七	十七	十三	六	三	十二	五					
259	五十六	四十八	十八	十四	七	四	十三	六					此年秦以十月为岁首，又延长三月至十二月，以便明年复用正月为岁首。
258	五十七	四十九	十九	十五	八	五	十四	七					从此年起，秦复以正月为岁首，仍用颛顼历。

续上表

公元前	周	秦	魏	韩	赵	楚	燕	田齐	宋	越	齐	晋	说　明
257	五十八	五十	二十	十六	九	六	孝王元	八					
256	五十九	五十一	二十一	十七	十	七	二	九					
255		五十二	二十二	十八	十一	八	三	十					
254		五十三	二十三	十九	十二	九	王喜元	十一					
253		五十四	二十四	二十	十三	十	二	十二					
252		五十五	二十五	二十一	十四	十一	三	十三					
251		五十六	二十六	二十二	十五	十二	四	十四					
250		孝文王元	二十七	二十三	十六	十三	五	十五					
249		庄襄王元	二十八	二十四	十七	十四	六	十六					
248		二	二十九	二十五	十八	十五	七	十七					
247		三	三十	二十六	十九	十六	八	十八					
246		秦王政(始皇帝)元	三十一	二十七	二十	十七	九	十九					

续上表

公元前	周	秦	魏	韩	赵	楚	燕	田齐	宋	越	齐	晋	说明
245		二	三十二	二十八	二十一	十八	十	二十					
244		三	三十三	二十九	悼襄王元	十九	十一	二十一					
243		四	三十四	三十	二	二十	十二	二十二					
242		五	景湣王元	三十一	三	二十一	十三	二十三					
241		六	二	三十二	四	二十二	十四	二十四					
240		七	三	三十三	五	二十三	十五	二十五					
239		八	四	三十四	六	二十四	十六	二十六					
238		九	五	王安元	七	二十五	十七	二十七					
237		十	六	二	八	幽王元	十八	二十八					
236		十一	七	三	九	二	十九	二十九					
235		十二	八	四	王迁元	三	二十	三十					
234		十三	九	五	二	四	二十一	三十一					
233		十四	十	六	三	五	二十二	三十二					

续上表

公元前	周	秦	魏	韩	赵	楚	燕	田齐	宋	越	齐	晋	说　明
232		十五	十一	七	四	六	二十三	三十三					
231		十六	十二	八	五	七	二十四	三十四					
230		十七	十三	九	六	八	二十五	三十五					秦灭韩，虏韩王安。
229		十八	十四		七	九	二十六	三十六					秦破赵，赵王迁降。
228		十九	十五		八	十	二十七	三十七					秦灭赵，赵公子嘉自立为代王。
227		二十	王假元		代王嘉元	王负刍元	二十八	三十八					
226		二十一	二		二	二	二十九	三十九					秦简《编年记》谓韩王死。
225		二十二	三		三	三	三十	四十					秦灭魏，魏王假降。
224		二十三			四	四	三十一	四十一					
223		二十四			五	五	三十二	四十二					秦破楚，虏楚王负刍。
222		二十五			六		三十三	四十三					秦灭燕，虏燕王喜。秦破代，虏代王嘉。
221		二十六						四十四					秦破齐，虏齐王建。是年秦完成统一，又改年始，以十月为岁首。

图书在版编目(CIP)数据

战国史料编年辑证/杨宽著.—上海:上海人民出版社,2016
(杨宽著作集)
ISBN 978-7-208-13815-5

Ⅰ.①战… Ⅱ.①杨… Ⅲ.①中国历史-史料-编年体-战国时代 Ⅳ.①K231.03

中国版本图书馆 CIP 数据核字(2016)第 113005 号

责任编辑 张钰翰
封面设计 夏 芳

战国史料编年辑证
杨 宽 著

出 版 上海人民出版社
(200001 上海福建中路 193 号)
发 行 上海人民出版社发行中心
印 刷 常熟市新骅印刷有限公司
开 本 625×880 1/16
印 张 83
插 页 10
字 数 916,000
版 次 2016 年 7 月第 1 版
印 次 2018 年 7 月第 4 次印刷
ISBN 978-7-208-13815-5/K·2509
定 价 218.00 元(全二册)